BAPTISMAL RECORDS

OF THE

Dutch Reformed Churches

in the

City of Groningen
Netherlands

VOLUME 1

1640–1649

JoAnn Riley McKey

Heritage Books
2026

HERITAGE BOOKS
AN IMPRINT OF HERITAGE BOOKS, INC.

Books, CDs, and more—Worldwide

For our listing of thousands of titles see our website
at
www.HeritageBooks.com

Published 2026 by
HERITAGE BOOKS, INC.
Publishing Division
5810 Ruatan Street
Berwyn Heights, MD 20740

International Standard Book Number
Paperbound: 978-0-7884-0439-9

This book is for my mother,

Sophie Riley

Contents

Introduction

Dutch Reformed baptisms occurring in Martinikerk, A Kerk and Academie Kerk (and later Nieuwe Kerk) in the city of Groningen were recorded beginning in 1640. To assist in the reconstruction of 17th century families that lived in this area, the baptismal records in this volume have been alphabetized three different ways:

Child's given name
Father's given name (which is the same as the child's patronymic)
Surname

After finding a child's parents, one can find his siblings by looking up the father's name. Important clues may be lurking among the names of siblings; naming traditions of the Netherlands make these brothers and sisters especially significant.

Traditionally the first son received the given name of his paternal grandfather; the second son was named for the maternal grandfather. In a like manner the daughters were named for their grandmothers. Subsequent children were often named in honor of their great grandparents in similar fashion. This pattern was not always followed, but awareness of it can prove helpful. When children died young, as they often did, parents reused their given names for younger children--sometimes repeatedly.

In the Netherlands of the 1600's surnames were not as common as the use of patronymics--in which case a child used the possessive form of his father's first name. For example, Jantien, the daughter of Steven Adams, would be known as Jantien Stevens. Lucas, the son of Jan Harmens, might be known as Lucas Jans or Lucas Jansen.

The researcher should be aware of certain deviations that occasionally occurred:
--A child was sometimes given the FULL name of a grandparent, and therefore carried neither of his father's names.
--An illegitimate child probably would not carry his father's name.
--A child, in adulthood, may have replaced his patronymic with a surname. There are men named Boekbinder (bookbinder) and Timmerman (carpenter), de Groot (the large) and de Jonge (the younger).
--A child who moved from the Groningen area might adopt "van Groningen" as a surname in place of his original patronymic.
--A wife usually used the name of her father as a patronymic, but occasionally her husband's first name might be used.
--A parent might use a patronymic in one child's baptismal record, a surname in another, and perhaps both a patronymic and a surname in yet another. (In such cases access to the entire records is vital.)

In some cases it is impossible to be certain in the identification of an individual with a birth record; by using the naming patterns, however, it is usually possible to make a probable identification.

The mother's name and street address can also help identify individuals with common names, but the researcher should be aware that families could, and often did, move from place to place. It was also a time when parents often lost a partner to death and married again.

The father's title or military rank is included with his name. Occasionally occupations were listed--these have been treated as surnames when no other surname was given. In the original records a widowed mother was identified; the notation "decd." following the father's name indicates that he was deceased at the time of the baptism. Often the child in such records was named in honor of his dead father.

Illegitimate (onecht) children are identified by "ill." after their given name. Fortunately the father is usually identified. Occasionally an older person was baptized; in such cases the parents' names were rarely listed.

The spelling of an individual's name can vary widely. A father could be "Crijn" at one baptism and "Krijn" at another. The thorough researcher will look up every conceivable spelling--names appear here as they did in each original record. A question mark follows illegible or partially legible names.

Because capitalization in the original records was sporadic and inconsistent, this volume uses upper case letters. Street name spellings also were inconsistent, often being abbreviated. Others were too long to fit in the available space and were abbreviated by the compiler. During some years all married couples were designated by the notation "E.L." or a variation of "echtelieden." These notations have been omitted; the exceptions are noted.

While it is hoped that these lists will prove to be a helpful tool, they cannot take the place of the actual records. The original baptism records for the Dutch Reformed Churches in the city of Groningen, handwritten in the old-style script, have been microfilmed and are most readily available through local Family History Centers for a nominal rental fee. The Gereform Gemeente of Groningen--Baptismal Records of the Dutch Reformed Church, 1640-1705, are on the microfilm roll numbered 109091.

Year Mo Da	Chr	Child's Given Name	Father/Child's Patronymic	Father's Patronymic	Father's Surname	Mother	Address
1644 06 08	AK	AACHTE	SIJBOLT	PIETERS		LAMMECHIEN	OOSTERSTR
1644 08 08	MK	AAEFJEN	JAN		IRSSING?	MARIA	JADT
1643 10 13	AK	AAFJEN	DANIEL	CLAESSEN		GRIETJEN	HAVENSTR
1645 08 17	AK	AAFJEN	HAIJKE	HAIJKENS		AUCKE HILTIENS	BRUGGE
1641 10 01	AK	AAFJEN	HARMEN/SOLDAET		FREIJDACH	EESJEN	BREGANG/SCHUTNDP
1642 12 06	AK	AAFJEN	PHILIPS	LODUWICH		GRIETIEN	LAMHUINGESTR
1643 12 29	AK	AAFKE	DERCK	GABBES	MOESKER	HINDRICKJEN	OOSTERPRT
1647 06 18	AK	AAGTE	LOUTER	CHRISTNS.		TRIJNTIEN JANS	PEPERSTR
1644 05 19	MK	AARENT	ALBERT	JANSSEN		HARMTIEN	MUSKENGANG
1642 11 15	AK	AARENT	HINDRICK	AARENTS		IJKE?	HOOFSTRATE
1646 05 13	AK	AARENT	JACOB	IKENS		ANNECHIEN JANS	DAMSTERDP
1647 02 21	MK	AARENT	ROELEF		SINCK?	BETKJEN	BUTJENSTR
1647 06 07	AK	AARENTIEN	BERENT	ALBERTS		FELLETIE	CRANE
1641 10 01	AK	AARIS	HACKE	ARIS		FIJE PIETERS	STEENTLSTR
1643 08 06	MK	AASJEN	MARIJNNES?	JACKENS		AAFJEN MARIJNNES	SMAKERSGANG
1649 11 18	AK	AASJEN	ROELEF		POT	GRIETIEN HARMENS	A
1643 01 08	MK	AAUCKE	EGBERT	SIJMONS		GESE JANSSEN	N.EBBSTR
1645 04 17	AK	AAUCKE	REMKE	CLAESSEN		TRIJNTIEN JANS	KRANE
1644 12 31	AK	ABEL	CLAES	ABELS		GRIETIEN	CROMELBOGEN
1643 11 15	MK	ABEL	HARMEN	JANSSEN		JANTIEN JANS	SCHUITENDIEP
1646 02 06	AK	ABEL	HINDRICK	CALMES		ARIAENTIEN	VISCHMERKT
1645 02 09	AK	ABEL	JACOB	WILLEMS		LUBBECHIEN	POELESTR
1641 11 19	AK	ABEL	JAN	ABELS	WEVER	EETJEN	NIEUWESTADT
1643 01 29	AK	ABEL	JAN	ABELS		ETJEN	NIEUWESTADT
1647 01 31	MK	ABEL	JOOST	BARTELTS		GEESJEN HARMENS	NIJEMERKTSTR
1646 03 18	AK	ABEL	WIJPKE	ABELS		JANTIEN PIETERS	BOTTRSTR
1641 07 30	AK	ABELTIEN	LAMBERT	BERENTS		HILLE JERONIJUS	BOTJESTR
1645 08 18	AK	ABRAHAM	ABRAHAM	LUCAS		MAGDALENA	JANS BRUG
1642 08 26	AK	ABRAHAM	ABRAHAM		SWARTWOLDT	WILLEMTIEN	GELTINGSTR
1648 09 24	MK	ABRAHAM	ADRIAEN	ROGIERS		GRIETIE	KORD.GANG
1647 10 26	AK	ABRAHAM	ALBERT		DILLING	TRIJNTIEN	HEERESTR
1649 10 17	AK	ABRAHAM	BERENT		HERWICH	GRIETIEN	CRURENHOF?
1642 07 21	AK	ABRAHAM	CASPER	JASPERS		ELSE	HERESTR
1644 09 13	MK	ABRAHAM	CLAES	ONNENS		TRIJNTIEN	S.JANS STR
1644 12 20	AK	ABRAHAM	CORNELIS	EELKES		ANNE	SUIDERDIEP
1648 05 21	MK	ABRAHAM	CORNELIS	EELKENS		ANNE	OOSTEPIJP
1642 02 11	AK	ABRAHAM	DERCK	ALBERTS		FREE ALLERS	BREEGANG
1645 12 13	AK	ABRAHAM	DERCK	HARMENS		METJEN ARENTS	BREDEMERKT
1641 03 31	MK	ABRAHAM	DITMAR	BANES		MARIA	BEULSGANG
1649 12 09	MK	ABRAHAM	EEDE	RINJES		AELTIEN	HEERPRT
1644 11 06	AK	ABRAHAM	ENGELB.		HAMMING	AELTJEN SAS	GELT:STR
1646 06 20	AK	ABRAHAM	GEERT	NANNENS		ANNE	SCHUTENDP
1644 01 03	AK	ABRAHAM	GEERT	NANNES		ANNECHIEN	SCHUTENDIEP
1648 12 19	AK	ABRAHAM	GERRIT		HARTELEN	AELTIEN	GEESTM.STR
1646 09 05	AK	ABRAHAM	HANS	LUCAS		DUIJRKE MEIJNERTS	N.SWAENSTR
1648 12 28	MK	ABRAHAM	HANS		FOLST	SOPHIA	PAPENPOORTIE
1645 01 03	AK	ABRAHAM	HARMEN	HARMENS		ANNECHIEN	DAMSTERDP
1649 12 09	MK	ABRAHAM	HARMEN	HINDRIX		CORNELISJEN	SCHUTND.
1641 10 12	MK	ABRAHAM	HARMEN	HASE		GRIETE	VISSCHERSTR
1645 03 18	MK	ABRAHAM	HARMEN	BERENTS		GRIETE	
1648 03 17	AK	ABRAHAM	HARMEN	JANSSEN		JANTIEN	ROSENSTR
1644 05 08	AK	ABRAHAM	HINDRICK	ROTTENAN	SUIJDER	ANNECHIEN	N.BOTTRSTR
1642 04 13	AK	ABRAHAM	HINDRICK		LAAR,VANT	MARRECHIEN	SWANESTR
1649 07 04	AK	ABRAHAM	HINDRICK	JANS		SIJE?	DAMSTERDP
1647 11 18	AK	ABRAHAM	JACOB	CLAESSEN		ANNECHIEN	SCHOOLHOLM
1643 02 12	MK	ABRAHAM	JAN	DERCKS		AELTIEN JANS	GELTINGSTR
1645 01 05	MK	ABRAHAM	JAN	LAMBERTS		AERJAENTIEN	BOTTRSTR
1644 11 22	AK	ABRAHAM	JAN	JANSSEN		ANNECHJEN	SCHUTENDIEP
1646 02 11	AK	ABRAHAM	JAN		DOLBIER	BARBIER	ROESNSTR
1649 02 21	AK	ABRAHAM	JAN	ROELEFS		FENNETIEN	OOSTRSTR
1649 05 29	AK	ABRAHAM	JAN		LOMAN	MARRETIE JANS	VOLTSTR
1646 08 09	MK	ABRAHAM	MICHEL	ENES		ANNE JANS	BOTTERINGESTR
1646 01 11	AK	ABRAHAM	MICHEL	JOCHIMS		GEESKE HARMENS	OWERT
1648 01 09	MK	ABRAHAM	STEVEN	GERRITS		GEERTRUIT	HEERK.
1641 06 01	MK	ABRAHAM	TIJMEN	JANSEN		JANTIEN	PELSERSTR
1643 01 29	MK	ABRAHAM	WATZE	COEN	BOUTW.	MARGRIETE SOOR	BOTTERMERCKT
1649 03 13	AK	ADAM LODUWICH	ADAM		HELWICH	CATRIJNA	NIJEWECH
1644 01 10	MK	ADAM	ADAM	VREERX		HILLETIE ISAAX	GEESTE.MAAGDENSTR
1642 03 09	AK	ADAM	CLAES	ADAMS		LIJSEBETH	OOSTERPRT
1643 05 10	AK	ADAM	FOCKE	ADAMS		ANNA JANSSEN	3 MEULLENS
1648 08 30	AK	ADAM	HANS	ADAMS		BRECHIEN?	MEULENSTR
1647 12 10	AK	ADAM	HANS	MELCHERS		GRIETIEN	MEULENST
1646 09 08	AK	ADAM	HENDRICK	MARTENS		ANNEKE	HEERENCAMERS
1649 12 14	AK	ADAM	HINDRICK	JANS		AELTIEN	POELPRT
1643 12 19	AK	ADAM	HINDRICK	JANSSEN		JUDITH	HEERPOORTE
1647 11 24	AK	ADAM	JACOB		HOFFENER	MACHELT?	N.EBBINGSTR
1649 03 13	AK	ADAM	JOANNES	SMALS		SIAUCKE	HEERSTR
1643 01 08	AK	ADAM	JURJEN		KLOOSTERBOEL	EVA JURJENS	DRA
1644 05 02	AK	ADAM	JURJEN		HASSENSTEEN	TRIJNE ADAMS	DAMSTERDIEP
1647 01 29	AK	ADAM CHILIOP?	LUBBERT	STOUVOEN		GEERTRUIT HESZ?	MEULENSTR
1643 08 09	AK	ADAM	MEIJNT	JANSSEN		ELSJEN JACOBS	HEERPOORTE
1641 06 09	MK	ADAM	PIETER		BLEN	TIETS PIETERS	SCHUITENDP
1643 11 19	MK	ADAM	ROELEF		KEMPER	GEERTRUIT	MUSCHSNGANG
1644 01 14	MK	ADAM	VIJT	ADAMS		ANNE HARMENS	N.DIEP?
1641 02 09	AK	ADDE	DOEDE	ADDES	ruiter onder Graff Frits		
1644 11 17	AK	ADOLPH	ABEL	LEEUWE		MARIA RIPPERDA	VISSCHMERKT
1641 01 21	AK	ADOLPH	GERRIT		PHELTEN?	--	VISSCHRSTR
1644 08 27	AK	ADOLPHUS	ECKHARDUS	MATTHAUS		ADRIAENTIEN	LAMHUINGESTR
1647 09 05	AK	ADOLPHUS	GEERT	BEERTS	SLOTMAKER	HESTER	VISSCHERSTR
1647 04 11	MK	ADOLPHUS	WILLEM		BUNTE	ASSELE	BROERSTR
1643 02 14	AK	ADRIAEN	ADRIAEN		VRIESE	MARIA RODE	PLUIMERSGANCK
1649 07 31	AK	ADRIAEN	HANS	JACOBS		MARIA	HEERECAM
1643 09 03	AK	ADRIAEN	HINDRICK	ADRIAENS		GEERTRUIT	ROSENSTR
1648 07 05	AK	ADRIAEN	JACOB		HORENBECK	TRIJNTIEN JANSEN	DAMSTERDP
1643 12 12	AK	ADRIAEN	WILLEM	THOMAS		ANNEKE	CRANEPOORTE
1642 11 15	AK	ADRIAENTIEN	CASPARUS		WISSUM	NEELTIEN EPPINGA	N.STRATJEN
1643 06 14	MK	ADRIAENTIEN	JACOB	DERX		TEUNTIEN	OOSTERSTR
1643 12 06	AK	ADRIAENTIEN	PIETERS	CARELS		ANNEKE	RAAMSTR
1649 11 14	AK	ADRIANA MARG.	T./PROF	ANDREAS?		ELISAB. GEE,DE	N.MERKT
1646 12 09	AK	AECHTE	DUIRT	JACOBS		WIESKE	N.BOTTRINGESTR
1644 06 23	MK	AECHTE	POPKE	ENTES		CLAESJEN	DAMSTERDIEP
1643 01 15	MK	AECHTE	TAMME	WILLEMS		SWAENTIEN JEELIS	HEERPOORTE
1647 11 21	AK	AECHTIE	THOMAS	BERENS		HILLETIE	CRAENE
1641 05 05	AK	AECHTJEN	ALBERT	HINDRIX		GEESJEN JANSEN	HOECK/COSTERGN
1646 12 06	MK	AEFFJEN	ABEL	HARMENS		TRIJNTIEN	BUTJENSTR

1

Year Mo Da	Chr	Child's Given Name	Father/Child's Patronymic	Father's Patronymic	Father's Surname	Mother	Address
1642 11 27	AK	AEFJEN	ALBERTO	THOMA	PREDIGER?	AEFJEN GERRITS	HARDINGESTR
1641 06 20	MK	AEFJEN	HARMEN	HINDRIX	GOLTSMIT	AELTIEN	STOELDREIJERSTR
1645 03 16	MK	AEFJEN	HINDRICK	JANS		GEESJEN HINDRIX	SCHUTNDP
1644 11 10	AK	AEFJEN	JAN	ABELS		EETIE	NIJESTADT
1644 08 13	AK	AEFJEN	JAN	AARENTS		FRERICKJEN	BENTHEM
1643 03 19	AK	AEFJEN	JOCHIM	AUCKENS		AELTIEN CLAES	DRA
1643 12 26	AK	AEFJEN	LAMBERT	GEERTS	TOUWFL.	ANNECHIEN	A POORTE
1643 12 17	AK	AEFJEN	LUITIEN	WAELKENS		ANNECHIEN	VISSCHERSTR
1648 11 05	AK	AEFJEN	PETER	PETERS		AEFJEN	OOSTRPRTPIJP
1646 02 12	AK	AEFJEN	REIJDER		BRINCKMAN	TRIJNTIEN	CRAENDIEP
1644 11 05	AK	AEFJEN	TAKE	ENGELBERTS		ELLECHIEN	SLEMENNERSTR
1646 12 02	MK	AEFJEN	VECHTER	CLAESSEN		ABELE	RODEBRUGGE
1648 03 31	AK	AEFKE	ABRAHAM	RIJKENS		IDE LAMBERTS	CRANE
1647 12 07	AK	AEFKE	HARMEN	HINDRIX		AELTIEN	STOELDREIJERSTR
1642 08 24	AK	AEFKE	ROELEFS			AELTIEN	NIEUWEWECH
1644 07 04	AK	AEGTJE	JAN	BERENTS	SCHIPPER	AEFJEN	KRANE
1648 03 01	AK	AEKE?	JAN	TONNIS		MAIJE JANS	NIJESTADT
1649 08 06	AK	AELDRICH	LUVAEUS?	ALDRICI	BRUJIUS	MARIA	A
1649 09 14	AK	AELERTIEN	AELERT	EVERTS		GRIETJEN	VISSCHRSTR
1646 11 06	AK	AELIJT	DANIEL	TONNIS		AELTIEN BERENTS	HARDRINGESTR
1648 02 06	MK	AELTIE	ABRAM	ELTIENS		GEESJEN	STEENTILSTR
1644 09 10	MK	AELTIE	AEPKE	ARENTS		ANNECHIEN	MOESKERSGANG
1647 12 01	AK	AELTIE	ASSE	HERMENS	RUITER	MAGDALENA	GMAAGDENSTR
1645 01 01	AK	AELTIE	JAN	ARENTS		GRIETJEN	CRANEPRT
1642 12 10	AK	AELTIE	JG./PASTOOR		BESTEN	AELTIE GELDORPS	WEEM/MARTINIKERKHOF
1646 03 13	AK	AELTIEN	A./SCHR.		ZANDT	CATHARINA EPPES	BOTTRINGESTR
1647 07 17	AK	AELTIEN	AARENT	FOPPEN		ANNETIE	SLEMENNERS
1643 03 31	AK	AELTIEN	ABRAHAM	DERX		GEESJEN ALBERTS	N.BOTTRSTR
1648 11 30	MK	AELTIEN	ABRAM	MARTENS		AELTIEN RENSEN	PLUIMERGANG
1649 10 18	AK	AELTIEN	ABRAM	BERENTS		HINDRICKJEN JURJENS	PEPERSTR
1647 09 26	MK	AELTIEN	AERJAEN	JELIS		TRIJNTIE MICHELS	HEERPOORTE
1641 11 17	MK	AELTIEN	ALBERT		NIJEBORCH	GESE	MUSKENGANCK
1644 01 03	AK	AELTIEN	ALBERT	ALBERTS		MARIA	SLEMENNERSTR
1642 11 06	MK	AELTIEN	ALBERT	ARIES		MARRETIEN	DAMSTERDP
1642 10 02	AK	AELTIEN	ALBERT	HINDRIX		TRIJNE	VISSCHERSTR
1642 10 30	AK	AELTIEN	ALLERT	GERRITS		HESTER THOEMAS	CRANEPOORTE
1648 03 28	AK	AELTIEN	ALLERT	GERRITS		HESTER	SLEMENNERSTR
1645 01 03	AK	AELTIEN	ANTHONIUS		GEERMAN	TRIJNTIEN	VISSCHERSTR
1642 03 24	MK	AELTIEN	ARENT	ALBERTS		DIEWER	BOTTERDP
1647 03 26	MK	AELTIEN	ARENT		BRAEKE,TER	HILLECHIEN	CARELSWECH
1645 09 12	AK	AELTIEN	ARENT	ALBERTS		JANTIEN GEERTS	POPKENSTR
1646 02 19	MK	AELTIEN	B./SECR.	F.	EECK	AELTIEN ASSERHUIS	MART.KERKHOF
1647 03 06	AK	AELTIEN	BARTELT	BERENTS		ELSJEN	BREDEGANG
1645 12 06	AK	AELTIEN	BARTHELT	WALLEMS		GRIETE	SCHUITENDIEP
1641 04 11	MK	AELTIEN	BASTIAEN	EEMES		AELTIEN WOLTERS	BUTTJENSTR
1645 06 18	AK	AELTIEN	BERENT	LUELEFS		HINDRICKJEN	BOTTRPOORTE
1648 03 28	AK	AELTIEN	BERENT	CLAESSEN		KUNNETIE	HARDSTR
1643 04 18	AK	AELTIEN	BERENT	CLAESSEN		KUNNETIEN	N.JADTSTR
1642 05 08	AK	AELTIEN	BOELE	BEENES		LUBBETIEN BOELENS	BRUGGESTR
1645 09 10	AK	AELTIEN	CASPER	JANS		JANTIEN MICHELS	PELSERSTR
1641 04 21	AK	AELTIEN	CLAES	ALBERTS		ANNETIEN	DAMSTERDP
1648 04 19	AK	AELTIEN	CLAES	ALBERTS		ANNETIEN	DAMSTERDIEP
1648 03 07	MK	AELTIEN	CLAES	BERENT		ENGELTIEN	POELPBRUGGE
1642 06 12	AK	AELTIEN	CLAES	WIJTSEN		HILLETIEN	VISSCHERSTR
1642 01 28	AK	AELTIEN	CLAES	GERRITS		SWAENTIEN LUCAS	EBBSTR
1643 11 26	MK	AELTIEN	CLAES	NEENIJS		VREERKJEN	BOTTERDIEP
1648 06 12	MK	AELTIEN	COERT	BRANTSTEN?		TRIJNE BUWES?	LEELJENSTR
1643 08 20	MK	AELTIEN	DERCK	JORIS		AEFJEN ANDRIES	GELTINGESTR
1642 08 21	MK	AELTIEN	DERCK	CLAESSEN		HARMTIEN BERENTS	BUTJENSTR
1641 10 17	MK	AELTIEN	DERCK	JANSEN	SNICKVAERDER	HINDRICKJEN	DAMSTERDP
1641 12 30	AK	AELTIEN	DERCK	CRANSEN		TRIJNTIEN	A KERKE
1648 07 19	AK	AELTIEN	DERCK	JANSSEN		TRIJNTIEN DERX	VISSCHRPIJP
1648 08 17	AK	AELTIEN	DERK	MEIJES		DERKJEN	KERKHOF
1647 08 15	MK	AELTIEN	DOEDR	PIETERS	CUIPER	GEESJEN JANS	POELPOORTE
1645 02 26	AK	AELTIEN	EDZART		HUNSMAN	HELENA HAS	MERKEN
1645 14 20	MK	AELTIEN	EEBEL	REIJNERS		TIAKE GOOSSENS	BOTTERDP
1644 07 28	AK	AELTIEN	EGBERT	GEERTS		ANNECHETIEN	SCHOOLHOLM
1641 01 08	AK	AELTIEN	EGBERT	SCHOLTEN		ANNETIEN KUMPS	HEERSTR
1641 03 07	AK	AELTIEN	EGBERT	ANTHONIJ		SARA WALPEERT	HEERSTR
1643 12 06	AK	AELTIEN	EVERT	HINDRIX		LEENTIEN WIJBRANTS	POELESTRATE
1642 10 25	AK	AELTIEN	EVERT	AARENTS		LUCKE FOCKENS	KRANEPOORTE
1646 04 10	AK	AELTIEN	FREDERICK	COERTS		FENNECHIEN JANS	JADT
1641 04 09	AK	AELTIEN	FREDRIK	HINDRIX	SLD UND MERWE	TAELKE	
1642 09 20	AK	AELTIEN	FREERK	JANS		SUSANNA	VISSCHERSTR
1641 11 07	MK	AELTIEN	GABRIEL	MARTENS		TRIJNE	BOTTERDP
1640 07 13	AK	AELTIEN	GEERT	HARMENS		JANTIEN PIETERS	BLOEMSTR
1644 07 28	AK	AELTIEN	GEERT	ROELEFS		TRIJNTIEN GEERTS	HOFFSTR
1645 12 04	AK	AELTIEN	GEERT	ROELEFS		TRIJNTIEN JANS	A POORTE
1642 03 27	MK	AELTIEN	GEERT	BERENT		WIGBOLTIEN SUINGE	EBBSTR
1641 06 04	MK	AELTIEN	GERELF	JANSEN		ELSJEN JOOSTEN	HEERSTR
1646 06 23	AK	AELTIEN	GERRIT	EGBERTS		AEBELTIEN HINDRIX	A POORTE
1641 10 06	AK	AELTIEN	GERRIT	JANSEN		HINDRICKJEN	BOTTRINGSTR
1642 11 01	AK	AELTIEN	GERRIT	MARTENS		LEENTIEN	SLEMENNERSTR
1646 04 26	MK	AELTIEN	HAIJE	BERENTS		GRIETE	MOESKERSGANG
1644 01 07	MK	AELTIEN	HANS (decd)		MEIJER	GEESJEN HANS	MOESKERSGANG
1648 11 30	AK	AELTIEN	HANS		SMIT	MAGDALENE	HEREN
1644 11 22	AK	AELTIEN	HANS		WITTE	TRIJNE	OOSTERPOORTENPIJP
1644 08 22	AK	AELTIEN	HARCKE	LAURENTS		MARRECHJEN	SLEMENNERSTR
1647 03 28	MK	AELTIEN	HARMEN	STEVENS		AELTIEN	O.EBBPRT
1648 10 20	AK	AELTIEN	HARMEN	JACOBS		AELTIEN	MESMAKSTR
1648 01 08	AK	AELTIEN	HARMEN	HARMENS		ANNA	JADTSTR
1649 09 26	AK	AELTIEN	HARMEN	THOMES		DERCKIEN	DAMSTERDP
1646 01 18	MK	AELTIEN	HARMEN	THOMES		DERKJEN	DAMSTERDIEP
1647 12 30	AK	AELTIEN	HARMEN	FOLKERTS		GEESJEN	MUSSCH.
1643 08 13	MK	AELTIEN	HARMEN	JOOSTEN		GRIETE JANSSEN	SUIDERDP
1646 11 04	AK	AELTIEN	HARMEN	MEIJNERS		GRIETE JANS	SCHUITENDP
1647 03 23	AK	AELTIEN	HARMEN	LUITJENS		GRIETE	BLOEMSTR
1648 08 20	AK	AELTIEN	HARMEN	LUTJENS		GRIETE	BLOEMSTR
1649 10 05	AK	AELTIEN	HARMEN	MEIJNERS		GRIETIEN	SCHUTEND.
1647 07 15	AK	AELTIEN	HARMEN	PIETERS		HINDRICKIEN	VISSCHERSTAR
1648 12 31	MK	AELTIEN	HARMEN	HINDRIX		MAIJKE	OOSTRSGNG
1643 03 21	AK	AELTIEN	HARMEN	GEERTS		SWAENTIEN HINDRIX	KIJK/JAT
1644 05 07	AK	AELTIEN	HARMEN	HUIBERTS		TEUBE ALBERTS	TORFTOORNSTR
1648 11 30	AK	AELTIEN	HELMERICH	HARMENS		TEETJEN	MEULEN
1643 04 09	AK	AELTIEN	HELPRICH	ROELEFS		CORNELISJEN TIJSSEN	SCHOOLHOLM

Year Mo Da	Chr	Child's Given Name	Father/Child's Patronymic	Father's Patronymic	Father's Surname	Mother	Address
1642 07 05	MK	AELTIEN	HENDRICK	DERCKS		TRIJNTJEN	VISCHERSTR
1644 04 03	MK	AELTIEN	HINDRICK	DERX		AELTIEN JANS	SCHUITENDIEP
1648 01 12	AK	AELTIEN	HINDRICK	GEERTS		ANNECHIEN	BEULSGANG
1646 06 28	AK	AELTIEN	HINDRICK	LUITIENS		ANNETIEN	POELESTR
1646 10 02	NK	AELTIEN	HINDRICK	HANSSEN		FROUCKE	COSTERSGANG
1647 10 20	AK	AELTIEN	HINDRICK	BOECHERS		GEERTIEN	PELSERSTR
1644 01 28	MK	AELTIEN	HINDRICK	GEERTS		GRIETIEN	BOTTERDIEP
1646 06 17	MK	AELTIEN	HINDRICK	PIETERS		GRIETJEN ARENTS	CRANE
1647 09 16	AK	AELTIEN	HINDRICK	EVERS		HARMTIEN	LAMHUINGASTR
1645 09 21	AK	AELTIEN	HINDRICK	HINDRIX		HILLETIE BRUNS	JADT
1646 12 25	MK	AELTIEN	HINDRICK	JANSSEN		JANTIEN	SCHUITENDP
1641 10 08	AK	AELTIEN	HINDRICK	WIJBRANTS		MARRECHIEN JACOBS	OOSTERSTR
1643 08 15	AK	AELTIEN	HINDRICK/SOLD.	BERENTS		MARRETIE	NIJESTADT
1642 11 06	AK	AELTIEN	HINDRICK	JANSSEN		SARA JANSEN	LANE
1648 08 06	AK	AELTIEN	HINDRICK	HINDRIX		STIJNTIEN WARNERS	JAT
1644 03 06	AK	AELTIEN	HINDRICK	DERCKS		TRIJNTIEN VUIST	VISSCHERSTR
1646 01 22	AK	AELTIEN	HINDRICK	DERX		TRIJNTIEN	VISSCHERSTR
1647 11 10	MK	AELTIEN	HINDRICK	BORGERS		WEMELE	N.BOTTRSTR
1648 11 26	AK	AELTIEN	HINDRIK	EVERTS		HARMTIEN	LAMHUINGST
1648 06 21	AK	AELTIEN	JACOB	MENKES		ANNE	LAMHUINGESTR
1648 01 16	MK	AELTIEN	JACOB		HUISINGE	ELLE	HEERPOORTE
1645 14 30	AK	AELTIEN	JACOB		LODDEN	GESE	MOESKERSGANG
1642 01 16	AK	AELTIEN	JACOB		MUNNINCK	GRIETIEN VUIST	A KERKE
1643 07 13	MK	AELTIEN	JACOB	VALENTIJNS		SUSANNA HANSSEN	NIJERSTADT
1642 01 18	AK	AELTIEN	JACOB		BACK	SWAENTIEN	KLEIJNEPEPERSTR
1649 06 26	AK	AELTIEN	JAN	COENERS		AELEIT HILBRATS	BOTTRSTR
1648 02 22	AK	AELTIEN	JAN	HEINDIRX		AELTIE JERONIMI	SWANESTR
1642 11 27	AK	AELTIEN	JAN	BOELENS		AELTIEN KNOLS	BRUGGESTR
1643 06 09	AK	AELTIEN	JAN	HEIJNENS		AELTIEN JANSSEN	STEENTILSTR
1646 12 11	AK	AELTIEN	JAN	HINDRIX	PASMENT?	AELTIEN	HEERSTR
1648 03 27	AK	AELTIEN	JAN	POUWELS		ALBERTIEN WILLEMS	VOGELMERKT
1647 04 16	MK	AELTIEN	JAN	ARENTS		ANNA LUITJES	SCHUITENDP
1643 11 10	AK	AELTIEN	JAN		VISCHBACH	ANNECHIEN HINDRIX	WOERT
1641 03 10	AK	AELTIEN	JAN	GEERTS		CLAESJEN	N.EBBSTR
1642 12 16	AK	AELTIEN	JAN	JANSSEN		DIEWER JANS	DRAPOORTE
1646 06 24	AK	AELTIEN	JAN	REIJNERS		EESSE	NIJE STADT
1649 09 08	AK	AELTIEN	JAN	WIJBRANTS		FENNETIE	HEERSTR
1643 07 26	AK	AELTIEN	JAN	JANSSEN		GEPKE	HEERPOORTE
1645 01 19	MK	AELTIEN	JAN	JANSSEN		GEPKE	HEEREPRT
1641 11 07	AK	AELTIEN	JAN/SOLDAET	JANSEN		GRIETE	NIEUWESTADT
1642 05 22	MK	AELTIEN	JAN	DREEUS		GRIETIEN REMERS	SCHUTENDP
1647 12 26	AK	AELTIEN	JAN	HARMENS		HEBBEL	COSTERSGANG
1643 12 27	AK	AELTIEN	JAN	HARMENS		HILLE	MOESKERSGANG
1647 10 22	AK	AELTIEN	JAN	WILLEMS		HINDRICKJEN	HEERSTR
1644 06 12	AK	AELTIEN	JAN	HINDRIX		IDECHIEN ROELEFS	NIJESTADT
1643 08 18	AK	AELTIEN	JAN/SOLD.	WESSELS		JANNEKEN	DRIE MEULLENS
1643 05 10	AK	AELTIEN	JAN	JACOBS		JANTIEN TONNIS	VISSCHERPIJP
1649 06 20	MK	AELTIEN	JAN	JANSSEN		JANTIEN	PLUIMERSGNG
1641 01 15	AK	AELTIEN	JAN	ROTGERS	DIARON?	JR STARKENBORCHS	?
1642 10 19	AK	AELTIEN	JAN	REIJNERS	HOLTKOPER	LIESKE JANS	STEENTILPRT
1644 02 16	AK	AELTIEN	JAN	REIJNERTS		LIESKE JACOBS	STEENTILPOORTE
1645 06 02	AK	AELTIEN	JAN	GARBRANTS		LUCKE	POELPOORTE
1642 08 23	AK	AELTIEN	JAN	TONNIS		MAIJE	LAMMHUINGESTR
1644 09 15	MK	AELTIEN	JAN	ARIJS		MARRECHIEN	VISSCHERSPIJPE
1646 03 22	MK	AELTIEN	JAN		GRAEP	MARRECHIEN	COSTERSGANG
1644 06 21	AK	AELTIEN	JAN	GEERTS		STIJNTIEN	RAAMSTR
1646 01 29	AK	AELTIEN	JAN	JANSSEN	TANNENDRAIJER	TALKE	SCHUITENRSWAL
1649 04 22	AK	AELTIEN	JAN	ZESTART?	"JUNIOR"	TETEKE	HARDSTR
1645 12 06	AK	AELTIEN	JAN	GEERTS		TRIJNE	SUIDERDIEP
1643 08 01	AK	AELTIEN	JAN	HUSSUM?	BREMEN,VAN	TRIJNTIEN HARMENS	N.STRAATJEN
1644 04 11	AK	AELTIEN	JAN	JANSSEN		TRIJNTIEN	STOELDREIJERSTR
1644 12 20	AK	AELTIEN	JAN		MESTERINCK	TRIJNTIEN	EBBINGESTR
1645 03 06	AK	AELTIEN	JELIS		CETELER	SIJEKE	HEEREPOORTE
1646 02 22	MK	AELTIEN	JIBBE	JANS		MEENE JILLIS	ROSENSTR
1644 02 01	AK	AELTIEN	JOANNES	EDING	PASTR/POST &C	ANNECHIEN LAAR,VAN'T	--
1641 02 24	MK	AELTIEN	JOANNES	CLEOS		ELSJEN BERENTS	SWANESTR
1646 02 11	AK	AELTIEN	JOANNES	HARMENS		GEBBE BERENTS	MEULENSTR
1647 07 11	MK	AELTIEN	JOANNES	SMATS?		SIAEUCKE	HEERSTR
1647 12 19	AK	AELTIEN	JOANNES/DR.	MEINTS		TIETIEN TAMMMES	HEERSTR
1646 11 05	AK	AELTIEN	JOCHIM	BRANTS		AERJEN	HOFFSTR
1645 12 07	MK	AELTIEN	JURJEN	THOMES		CORNELISJEN	SCHUITENDIEP
1642 04 19	AK	AELTIEN	JURJEN (decd.)	ANDRIES		N.N.	CEUCHENIJGANG
1649 03 04	MK	AELTIEN	KOENR?	HINDRIX		AELTIEN	PLUIMERSGNG
1644 04 14	MK	AELTIEN	LAMBERT	HINDRIX		AELTIEN HEIJNENS	HELPEN
1643 09 22	AK	AELTIEN	LAMBERT	JANSSEN		ANNA LAMBERTS	NIJESTADT
1641 12 03	AK	AELTIEN	LESSERT	FREERX	COEVERDEN,VAN	ANNEKE	LELIJENSTR
1642 02 08	AK	AELTIEN	LOUTER	CHRISTIAENS		TRIJNTIEN JANS	EBBSTR
1646 07 07	AK	AELTIEN	LUBBERT/SOLD.	HARMENS		WIBBE	VOLTINGESTR
1646 02 20	MK	AELTIEN	MARCUS/RAERDR?	JANS	POT	ENGERTIEN RETS	DRA
1644 01 10	MK	AELTIEN	MARCUS	JOANNES		LIJSEBETH SIJBRANTS	BUTJENSTR
1645 09 21	MK	AELTIEN	MARCUS	JANS		LIJSEBETH	BOTTRINGESTR
1644 09 15	AK	AELTIEN	MARTEN	HARMENS		NIESJEN JANS	NIJESTRATJEN
1644 08 11	AK	AELTIEN	MEIJNERT	BRUINS		GEESJEN	HOSELLMUNERGANG?
1641 08 11	AK	AELTIEN	N.	FREITZ		GEESJEN	N.BOTTRINGESTR
1644 07 04	AK	AELTIEN	OCKE	JANS	ROOS	FENNETIE MENSSENS	BRUGGESTR
1649 01 28	MK	AELTIEN	ONNE	HINDRIX		VRE	OOSTRPIJP
1648 06 25	MK	AELTIEN	PETER	JACOBS		CIJE JANS	N.EBBSTR
1643 12 06	AK	AELTIEN	PIETER	JANSSEN		ANNA	RODE BRUGGE
1646 03 29	AK	AELTIEN PIETERS	PIETER	HINDRIX		GEESJEN	LAMHUINGESTR
1644 09 27	AK	AELTIEN	PIETER	ENGELBERTS		JANTIEN BERENTS	STOELDRSTR
1641 10 08	AK	AELTIEN	POPKE	SIJMENS		ANNE	JOANNESSTR
1641 05 06	AK	AELTIEN	REMKE	JACOBS		AELTIEN ROELEFS	BORGERWEESHUIJS
1644 03 03	MK	AELTIEN	ROELEF		POLLING	FENNE	BOTTERDIEP
1644 01 30	AK	AELTIEN	ROELEF	JANSSEN		JANTIEN	NIEUWEDIEP
1645 06 04	MK	AELTIEN	ROELEF	AARENTS		JEIJTJEN	POELSTRATE
1646 01 18	MK	AELTIEN	ROELEF	HARMENS	SWAEN	LUITIEN JANS	GOSTERSTR
1648 04 11	AK	AELTIEN	ROELEF	MARTENS		MARGRIETE	SCHUTM.ST
1647 01 17	MK	AELTIEN	ROELEF	JACOBS		ROELEFJEN	OOSTERSTR
1645 03 16	MK	AELTIEN	ROELF	SIJBERTS		ROELFJEN JANS	BOTTRPRT
1642 10 16	MK	AELTIEN	ROSIER	RITSZMA	MUNTEUR	RENEKE LURLOFS	EBBPRT
1643 11 02	AK	AELTIEN	THOMAS		GLASEMAKER	STIJNE PIETERS	SCHUTEMRSTR
1642 01 23	MK	AELTIEN	TOBIAS		FERGEHEM,VAN	TRIJNTIEN	BLOEMKERSSTR
1648 10 08	MK	AELTIEN	TONNIS	ALERS?		LUTGERT	OORKALDEER?
1643 09 20	AK	AELTIEN	TONNIS	ALLERTS		LUTGERTIEN	EERSTE VERLAET
1644 10 17	AK	AELTIEN	TONNIS	AERRIS		TRIJNE	SUIDERDIEP

Groningen Baptisms Alphabetized by CHILD'S GIVEN NAME, 1640-1649

Year Mo Da	Chr	Child's Given Name	Father/Child's Patronymic	Father's Patronymic	Father's Surname	Mother	Address
1645 08 21	AK	AELTIEN	TROCKE	CHRISTINS.		HILLE	OOSTERSTR
1647 03 14	MK	AELTIEN	TROX	CHRISTIAENS		HILLETIEN	OOSTERSTR
1643 05 14	AK	AELTIEN	VINCENT	GERRITS		AAFJEN SIJSSENS	ISCHMERKT
1641 06 08	MK	AELTIEN	WARMELT	JURJENS		HARMTIEN WARNERS	BUTTIENSTR
1641 05 16	AK	AELTIEN	WICHER	FROONS		JANTIEN	VOGELMERKT
1647 07 20	AK	AELTIEN	WICHER	FRONE		JANTIEN POTS	BOTTERMERKT
1647 07 05	AK	AELTIEN	WIJBE	JACOBS		METJE	SCHUITMKRSTR
1649 10 12	AK	AELTIEN	WIJBE	JACOBS		METTE	SCHUTEMKRSSTR
1646 02 13	AK	AELTIEN	WILLEM	HIJLKENS		GEERTRUIT	BREDEMERKEN
1642 06 23	MK	AELTIEN	WILLEM	JANSEN		WEMELTIEN SIJBRANTS	BRUGGESTR
1642 07 17	AK	AELTJEN	ALBERT	HERMENS		GRIETJEN	HOFFSTR
1646 09 01	AK	AELTJEN	BERENT	LUBBERTS		BETTJEN JANS	PELSERSTR
1646 09 25	AK	AELTJEN	CASPARUS		WUSSIM	NEELTJEN EPPINGA	OUDE EBB.PRT
1644 07 04	AK	AELTJEN	CLAES	WIJTSSEN		ELSJEN JERONIJMI	VISSCHERSTR
1646 07 26	MK	AELTJEN	EBBINGH		LANDT	ANNICHJEN JANS	MERKT
1646 09 01	AK	AELTJEN	HARMEN	PETERS		HINDRICKJEN	MUIJRE
1646 07 24	AK	AELTJEN	HENDRICK		BREMER	MECHTELT MARTENS	HEERPOORT
1646 09 13	MK	AELTJEN	JAN	ROTGERS		CATELIJNTJEN	MERCTEN
1646 08 07	AK	AELTJEN	JAN	GEERTS		STIJNE JANS	RAEMSTR
1642 07 17	MK	AELTJEN	JAN	JANSEN		TRIJNTJEN	BLOEMSTR
1646 09 16	AK	AELTJEN	JOANNES	LEORIUS		ELISABETH	N.OSSEMERCT
1646 09 13	AK	AELTJEN	PETER	MELCHERS		GEESJEN	MONNICKEHOLM
1646 08 30	MK	AELTJEN	STOFFER	ROELFFS		ANNA STOFFERS	POELPOORT
1646 09 09	AK	AELTJEN	WILLEM	STEFFENS		AGNETA	BUTTJENSTR
1649 02 20	AK	AERENT?	ARENT	JANSSEN		MARIA	DAMSTERDP
1649 04 05	AK	AERJEN	GERRIT	ALBERTS		DIEWERTIEN	CRANEPRT
1648 09 03	MK	AERJEN	JAN	ARENS		GEESJEN	N.EBBSTR
1649 03 27	AK	AESIEN	JULLE	CLAESSEN		ENGELTIEN RECHTS	DRA
1647 06 06	MK	AESJE	GEERT	LUBBERTS		WIJTSKE	POELSTR
1648 03 14	AK	AESKE	ABEL	HERMENS		CATRINE RENEMAN	BUTJENSTR
1647 08 17	AK	AGATHA	HAIJKE	HAIJKENS		AUCKE FOCKENS	BRUGGESTR
1646 07 22	AK	AGNEETJEN	BARTOLT	JANSEN		GEBBETJEN DERCKS	CRANEPOORT
1648 04 18	MK	AGNES	CLAES	JANSSEN		REOLEFJEN	CRAAN
1645 03 14	AK	AGNES	GERHARD		HOORNKEN	BELE MANNINGA	BRENNER
1647 01 31	AK	AGNES	HARMEN	TAMMENS		LIJSEBETH SIJMENS	HOORN
1645 03 28	AK	AGNES	JACOB		MONNINUS	GRIETJEN VOUST	A KERCK
1646 04 08	AK	AGNES	JAN	BREILS		NIESJEN MUNNICKS	BULDENSTR
1644 09 18	AK	AGNES	JAN		MONNING	TRIJNTIEN HINDRIX	EBBINGESTR
1646 01 16	AK	AGNES	JAN		MONNINCK?	TRIJNTIEN HINDRIX	EBBINGSTR
1647 11 10	MK	AGNES	JAN		MUNNING	TRIJNTIEN HINDRIX	EBBSTR
1649 11 11	AK	AGNES	JOCHIM		DROSLER	ELSJEN	VISSSTR
1646 06 16	MK	AGNES	OPKE	CLAESSEN		HINDRICKJEN WARNERS	HOORNSCHDIJK
1641 04 30	AK	AGNESJEN	JAN	GERRITS	MINDEN,VAN	ANNE	NIJEWECH
1643 06 04	AK	AGNETE	JAN	HINDRIX		HILLE	CRIJKINTJAT/MURE
1648 09 20	AK	AGNETE	JAN	CORNELIS		JANTIEN DERX	NIJEWECH
1648 10 19	AK	AGNETE	JAN	COIJTERS		MARRECHIEN LUICHENS	DRA
1641 02 07	MK	AGNETIEN	AIJLT		HOEDENBORCH	GEESJEN	GELTINGESTR
1648 03 30	AK	AGNIETE	AERJAEN	CLAESSEN		ANNA	WOERT
1642 08 14	AK	AIJBE	JAN	BOELENS	MULLER?	AUCKE	JONKERENSTR
1646 07 19	AK	AIJCKE	HANS	JACOBS	COLVE	TRIJNTJEN	SUIJDER DIEP
1641 11 17	MK	AIJELT	HINDRICK	AIJELTS		ANNECHIEN JANSEN	N.EBBSTR
1647 08 27	AK	AIJLT	CHRISTIAEN	PIETER?		ANTJE AIJELTS	STEENTILSTR
1642 06 17	AK	AIJLT	JURJEN	JURJENS		RIXTE	MOESKERSGANG
1649 08 02	AK	AIJLT	WICHER	AIJLTS		EEFJEN	OOSTERBREGANG
1648 10 11	AK	ALBERT	ALB/HOOSTMAN		WIJSRINUS	ELISABET CAMING,DE	HEERSTR
1644 09 29	MK	ALBERT	ALBERT		KRUISSE	ANNA	PRINCESTR
1641 03 16	MK	ALBERT	ALBERT	JANSEN		ANNE ALBERTS	LAANE
1644 09 13	MK	ALBERT	ALBERT	ROELEFS		GEERTRUIT	DAMSTERDIEP
1647 09 26	MK	ALBERT	ALBERT	RUIT		GEESJEN	JACOBIJNERSTAR
1644 11 24	MK	ALBERT	ALBERT/SERG.?		GRUBBE	GESE JANS	N.BOTTRSTR
1641 06 16	AK	ALBERT	ALBERT		LANDT	GRIETIEN LANDT	MESMAKERSSTR
1646 12 29	AK	ALBERT	ALBERT	JANSEN		HARMTIEN LAMBERTS	HOFSTR
1642 10 23	MK	ALBERT	ALBERT	ALBRECHTS		JANTIEN GEERTS	STEENTILSTR
1649 09 12	AK	ALBERT	ANDRIS	ALBERTS		ANNECHIEN	VISSCHPIJP
1647 07 16	AK	ALBERT	ARENT	ALBERTS		JANTIEN GERTS	BUTJENSTR
1646 08 25	AK	ALBERT	BOUCKE	SIJGERS		JANTJEN ALBERTS	PAPENPOORTJEN
1642 11 16	AK	ALBERT	CHRISTOFFER	ENGELBERTS		ANNE	N.EBBINGESTR
1648 12 20	AK	ALBERT	CLAES	WILLEMS		TEELKE	EBB.STR
1646 10 11	MK	ALBERT	DERCK	HANSSEN		AGNETE	BUTJENSTR
1647 02 03	AK	ALBERT	DETMER	JANSSEN		SWAENTIEN ALBERTS	RAAMSTR
1646 05 31	AK	ALBERT	EGBERT	GEERTS		GRIETIEN LUCAS	PELSERSTR
1642 04 21	AK	ALBERT	FREERCK	ALBERTS	BROUWER	JANTIEN DUBBELTS	VOLTINGESTR
1643 07 11	MK	ALBERT	FREERCK	ALBERTS		JANTIEN DUBBELTS	VOLTINGESTR
1648 09 12	AK	ALBERT	FREERK		MEIJER	GEESJEN DREEWS	LANE
1641 09 29	AK	ALBERT	GEERT	HINDRIX		AELTIEN GEERTS	HEERSTR
1644 02 06	AK	ALBERT	GEERT	ALBERTS		GEERTRUIT	PELSERSTR
1642 01 14	AK	ALBERT	GEERT	WARNERS		GEESE JANS	SCHUITNDP
1649 03 02	AK	ALBERT	GEERT	HINDRIX		HARMTIEN	COSTERSGNG
1647 03 09	AK	ALBERT	GEERT	WESSELS		LAMMECHIEN	CRANEPOORT
1642 08 21	AK	ALBERT	GERRIT	ALBERTS		DIEWER	KRANEPRT
1645 08 24	AK	ALBERT	GERRIT	ALBERTS		DIEWERTIE	CRANEPOORT
1646 11 09	AK	ALBERT	GERRIT	HILLMUS?		EEWEKE	SLEMMENNERSSTR
1644 04 07	AK	ALBERT	HAIJE	TONNES?		HILLETIEN	VOLTINGESTR
1642 04 01	MK	ALBERT	HARMEN	HARMENS		ANNE HINDRIX	DAMSTERDP
1648 02 17	AK	ALBERT	HARMEN	ALBERTS		GEERTIEN	A POORT
1646 09 27	NK	ALBERT	HARMEN	ALBERTS		GEERTJEN WILLEMS	A.POORT
1643 10 22	MK	ALBERT	HARMEN	BERENTS		GRIETE	HEERSTR
1646 03 01	MK	ALBERT	HARMEN	JACOBS		HILLECHIEN ABELS	SCHUTENDP
1643 01 31	AK	ALBERT	HARMEN		THILMAN	TRIJNTIEN	VISSCHERSTR
1644 02 23	AK	ALBERT	HINDRICK	ARENTS		ANNA	HELPEN
1649 09 23	MK	ALBERT	HINDRICK	ENGELS		ANNETIEN	EBBSTR
1642 02 13	MK	ALBERT	HINDRICK	DUIRTS		GRIETE	BOTTRSTR
1649 02 06	AK	ALBERT	JACOB		MUNNING	GRIETJEN	AKERKE
1642 02 08	MK	ALBERT	JACOB	CLAESSEN		JEUTTE JANSES	PEPERSTR
1646 02 08	AK	ALBERT	JAN	ROELEFS		AARENTIEN	NIEWEDIEP
1645 09 04	AK	ALBERT	JAN	HANSSEN		AELTIEN	SUIDERDIEP
1648 02 04	AK	ALBERT	JAN		BLENKE	AGNIETJE	NIJEWECH
1647 11 26	AK	ALBERT	JAN		BIJLEVELT,V?	ALBERTIEN	W.INDISCHHUIS
1642 04 05	AK	ALBERT	JAN		SUINCK	AMKE POUWELS	HARDINGESTR
1643 08 01	AK	ALBERT	JAN		SUINCK	ANNE POUWELS	PELSERSTR
1649 09 02	MK	ALBERT	JAN	JANSSEN		ANNE	SUIDERDP
1641 08 20	MK	ALBERT	JAN	ARENTS		FRERICKJEN	KERCKEWECH
1648 04 13	AK	ALBERT	JAN		MULLER	HARMTIEN	N.EBBSTR
1645 01 16	AK	ALBERT	JAN	ALBERTS		MARRETIEN	JADT
1642 07 31	AK	ALBERT	JAN	HANSEN		SIJBBEL	VISSCHERSTR

Year Mo Da	Chr	Child's Given Name	Father/Child's Patronymic	Father's Patronymic	Father's Surname	Mother	Address
1641 07 21	AK	ALBERT	JARMEN	JANSEN	IPPING	JANTIEN JANSEN	SCHUITENDP
1642 08 17	AK	ALBERT	JOCHEM	LUBBERT	ALBERTS	ANNETIEN	GULDENSTR
1641 08 20	AK	ALBERT	LUBBERT	ALBERTS		ANNE KLASSEN	DRA
1647 02 07	AK	ALBERT	LUBBERT	ALBERTS		ANNECHIEN	A.
1649 10 05	AK	ALBERT	ROELEF	JANSSEN		GRIETE	HEERENCAMERS
1646 02 15	MK	ALBERT	ROELEF	HINDRIX		JANTIEN	COLDEGAT
1646 05 19	AK	ALBERT	RUDOLPH	CHRISTOPH.		AELTIEN LATTRINGE	TORFTOORNSTR
1647 03 07	MK	ALBERT	TALE	BERENTS		METTE ALBERTS	PRINCENSTR
1646 07 26	MK	ALBERT	THOMAS	CORNELIJS		EESJEN HINDRICKS	HELPEN
1641 08 29	AK	ALBERT	TIACKE	ALBERTS		ANNECHIEN	A POORTE
1642 09 29	AK	ALBERT	TIACKE	ALBERTS		ANTIE	A POORTE
1646 12 20	AK	ALBERT	TIACKE	ALBERTS		ANTIETEKENS	A POORTE
1646 05 05	MK	ALBERT	TONNIS	BERENTS		JANTIEN ABBRINGE	HEERPIJP
1643 08 02	AK	ALBERT	TRIJMEN	ALBERTS		ELSJEN HINDRIX	OOSTERPOORTE
1643 04 21	AK	ALBERT	WESSEL	HARMENS		AELTIEN ALEFS	SUIDERDIEP
1646 06 12	AK	ALBERT	WILLEM	WILLEMS		JANS	PAPENPOORTIE
1647 12 26	MK	ALBERTIE	JAN	ALBERTS		ANNE CLAESSEN	BOTERDP
1648 02 09	AK	ALBERTIEN	ALBERT	WILLEMS		EVE JERONIMI	JONKERSTR
1643 03 09	MK	ALBERTIEN	ALBERT (decd)	PIETERS		GRIETIEN ALBERTS	N.BOTTRSTR
1643 11 29	AK	ALBERTIEN	GEERT	ALBERTS		MERRECHIEN	RAAMSTRATE
1642 01 16	AK	ALBERTIEN	HARMEN	JANSEN		TRIJNE	PAPENPOORTSBRUG
1645 14 23	AK	ALBERTIEN	JAN	HINDRIX	PASKENENTIER?	AELTIEN	HEERSTR
1641 12 09	AK	ALBERTIEN	JAN	OTTENS	WEIJER	HEBBELTIEN	A
1647 04 11	MK	ALBERTIEN	JAN	GEERTS		MECHTELINE	DAMSTERDP
1645 11 21	AK	ALBERTIEN	JAN	GEERTS		MECHTELTIEN	DAMSTERDIEP
1645 08 19	AK	ALBERTIEN	LUCAS	LUCKENS		ANNECHIEN	CRANEPOORT
1647 03 30	AK	ALBERTIEN	NICLAES		BUSCH	WILLEMTIEN WITTINGE	HEERST
1646 05 13	AK	ALBERTIEN	REGNERUS	TIAARDA		JOANNA FOLKERTS	HEERKE?
1649 02 06	AK	ALBERTIEN	SIJMON	JANSSEN		GEESJEN	BUITJENSTR
1647 04 23	AK	ALBERTIEN	TAICKE	DIRCKS		GRIETIEN WILLEMS	DAMSTERDP
1644 12 26	MK	ALBERTIEN	TOLE	BERENTS		METTE ALBERS	PRINCESTR
1648 05 23	AK	ALBERTIEN	WOLTER	JANS	PEPPINUS	TRIJNTIEN	WOMMEJAT?
1644 11 24	AK	ALBERTUS	ALB.	THOMAS	PREDIGER?	AEFJEN	HARDINGESTR
1648 11 08	AK	ALBERTUS	CHRISTOFFER		LAUDENBOCH	WOLTERTIEN	OOSTPRT
1643 01 10	AK	ALBERTUS	HANS/SERGEANT	OND.GISAU	MECHLIJN	N.	CRANERRUHOE
1643 07 13	MK	ALBERTUS	JAN	HEERENS		ANNA WIJSSRING	N.JATSBRUGGE
1644 05 10	AK	ALBERTUS	JAN	DREWES		ANNE	OOSTERSTR
1643 08 17	AK	ALEF	JURJEN	JURJENS		WIBBECHIEN ALEFS	PELSERSTR
1648 01 26	AK	ALEGONDA	H./BORGEMR		HEEK,VAN	ANNA HOEND.	BOTTRSTR
1647 07 17	MK	ALERT	TONNIS	ALERTS		LUTGERT	VISSCHERPIJPE
1641 10 03	MK	ALETTA	/HEER PROFSR		SCHOOKIUS	ANGELINA MERCK,VAN	HARD:STR
1645 03 21	MK	ALEXANDER	JOANNES	ALEXANDER		TRIJNTIEN HARMENS	SWANESTR
1649 12 30	MK	ALKE	ILE	JANS		MEENTIE	ROSENSTR
1647 06 18	AK	ALLART	DIETERT	HINDRIX		MARRECHIEN	JACOBIJNERSTR
1647 02 28	AK	ALLE	CORNELIS	ALLES		DIEWER ANNES	CRANEPOORTE
1641 10 17	AK	ALLE	GERRIT	ALLENS	SCHIPPER	ENGELE	VISSCHRSTR
1645 06 03	MK	ALLEGONDA HELENA	DEUCK/CAP:	ALBERDA		MARIA FOCKENS	EBBSTR
1643 01 08	MK	ALLERT	HARMENS	CRIJNS		JANTIEN	BOTTERDIEP
1642 06 29	AK	ALLERT	HINDRICK	ALLERTS		GRIETJEN	N.JOANNS STR
1649 09 09	AK	ALLERT	JACOB	JACOBS		MENSE	JADT
1648 11 28	AK	ALLERT	JALIS	JOANNIS		GRIETIEN	DRAKERKE
1641 12 05	AK	ALLERT	JAN		DRENTELMAN	EBELTIEN	JADTSTR
1646 05 17	AK	ALLERT	JELIS	JOANNES		GRIETE	RENEMANSGANG
1649 12 19	AK	ALLERT	PIETER	ALLERTS		ANNETIEN	VISSCHRSPIJP
1649 08 07	AK	ALLERT	SIJMON	ALLERTS		BARBER	RAAMSTR
1641 07 30	AK	ALMOEIJT	GEORG/SOLDAET		MERFS,VAN	ANNEKE	PRINCENSTR
1644 01 21	AK	ALMONDT	SIJWERT	WILLEMS		BRECHTIEN	JONKERENSTR
1643 11 26	AK	AMERENTIA	JOANNES		SCHUPHAM	CORNELIA GEERTS	JATSBRUGGE
1644 02 25	MK	AMERENTIANA	GEERT		HOORNKENS	BELE MANNINGA	MERCKT
1641 11 14	MK	ANDREAS	ANDREAS		CRIST?	CHRISTINA	OOSTERPRT
1646 04 19	AK	ANDREWS	STEFFEN	MARTENS		LIJSBETH	SCHUTEMAKERSSTR
1644 09 29	AK	ANDRIES	ADAM	GENEETS		WILLEMTIEN	VISSCHERSTR
1646 09 28	MK	ANDRIES	AEPKE	ANDRIES		ANNEKE	BEULSGANG
1649 06 29	AK	ANDRIES	ALBERT	JANS		N.N.	SUIDERDP
1645 12 19	AK	ANDRIES	ANDRIES	N.		ANNA	DAMSTERDIEP/COOP
1649 02 08	MK	ANDRIES	ANDRIES		ALBRECHT	CUNNE	JONKERENST
1646 12 07	AK	ANDRIES	BEERNT	WILLEMS		GRIETE ANDRIES	LEELJENSTR
1642 07 17	AK	ANDRIES	CORNELIJS	ALLES		DIEUWERTJEN	CRANEPRT
1646 05 17	AK	ANDRIES	HANS	HESER		CATARINA	--
1641 10 03	AK	ANDRIES	HINDRICK	MARTENS		CORNELISJEN ANDRIES	JADT
1646 03 13	AK	ANDRIES	HINDRICK	BORCHERS		WEMELTIEN	JADTSBRUG
1648 08 27	AK	ANDRIES	JACOB	HINDRIX		BAWE	DRA
1644 12 22	MK	ANDRIES	JAN	ROEBERS		ANNA	OOSTERPOORTE
1642 01 26	AK	ANDRIES	JOCHIM/SOLDAET	STEEN		AELTIEN	OOSTERPRT
1649 09 30	AK	ANIJTIEN	CEUT?	TONNIS		JANTIEN	JONKERENSTR
1641 09 22	AK	ANN	GEERT	JANS	TEKLENBORCH,V	ANNE	BUTJENSTR
1646 11 26	AK	ANNA MARIA	AARENT		WITTE	ELSE	SCHOEMAKERS
1642 10 25	AK	ANNA	AARJEN	CLAESSEN		ANNA ANDRIES	WOERT
1644 02 04	AK	ANNA	ALBERT	FREWSS?		MARGRIETA BONERS	A KERKE
1642 10 13	AK	ANNA	ALBERT	FRENS		MARGRIETE BONERS	A SCHOLE
1645 12 10	AK	ANNA ELSABETHA	ALBERT	DIETERINUS		TRIJNTIEN RIJKENS	HEERSTR
1648 01 02	AK	ANNA	ALBERT	TIESSENS		WOBBETIE CRANS	BRUGGSTR
1641 01 27	AK	ANNA	ALEXANER		ABERNETHIE	CATHRIJNA	POELSTR
1642 02 08	AK	ANNA	ALLERT	SICKENS		ANNETIE HILLENIJ	PELSERSTR
1649 09 23	MK	ANNA CATHRINA	ANDRIES		HEILBROU,V	TRIJNTE	BOTTRPRT
1645 01 01	MK	ANNA ELSA?	ANTHONIUS	LODUWIJE		DOROTHEA	MEULENSTR
1649 03 11	MK	ANNA MARIA	ANTHONIUS	LODUWICH		DOROTHEA	BUELSGANG
1641 11 14	MK	ANNA	ARENT	JANSEN		DIGNA	GELTINGESTR
1646 08 01	AK	ANNA CAT. BARB.	BASTIAEN		SCHAMPER	ELISABETH	MEULENSTR
1646 11 13	AK	ANNA	BERENT	BERENTS		LIJSEBETH JANS	BREDEMERKT
1649 04 26	AK	ANNA	BERENT	HINDRIX		TETEKE	MUIR/JAT
1643 06 01	MK	ANNA	BERENT		JEUGT?	TEUBECHIEN	GULDENSTR
1646 08 28	AK	ANNA	BRON		TRAMPETTER	JANTJEN	BLEOMSTR
1641 03 09	AK	ANNA MARIA	BRUNE	JANSEN		MAIJE DERX	HUIBERTIEN
1645 02 05	AK	ANNA	CASPER	SCHULTEN		GEERTRUIT	PRINCENSTR
1642 01 23	MK	ANNA SOPHIA	CHRISTIAEN		RIJKEN	AELTIEN WILKES	COLLEGIE
1642 04 03	AK	ANNA MARGRIETA	CHRISTOFFEL	WILLERS		KUNNETIE	SCHIEDAMSGANG
1649 04 03	AK	ANNA ELISABET	CHRISTOFFER		WISTEMSTEIJN	CATRINA	CRANEPRT
1644 09 29	MK	ANNA	CLAES/SOLDAET		BRUNKAUW.	ELSJEN	SUIDERDIEP
1649 08 12	AK	ANNA	CLAES	BERENTS		ENGELTIEN	POELPRT
1649 03 07	AK	ANNA APOLLONIA	CLAUDE		SWIJND	APOLLONIA	CLOSTER
1646 10 27	AK	ANNA	COERT	MARTENS		TRIJNE JANS	DRA
1648 02 15	AK	ANNA	COERT		DIEPHOLE,V	TRIJNTIEN	UIJVWERKSGANG
1649 02 02	AK	ANNA	CORNELIS	EGBERTS		WIJEKE	A
1648 11 28	AK	ANNA	DANIEL		STOOSWENDER?	REBECCA	MKERKE

Year Mo Da	Chr	Child's Given Name	Father/Child's Patronymic	Father's Patronymic	Father's Surname	Mother	Address
1643 01 06	AK	ANNA	DERCK		BREMEN	MARIA	PRINCENSTR
1649 09 14	AK	ANNA ELISABETH	DERCK	ALBERS		MARIA	EBBSTR
1647 12 09	AK	ANNA MARIJ	DERK		HOIJER	HANNE	DAMSTERDP
1646 01 16	AK	ANNA MARTA	ECKHART/SOLD.		SELTZER	ANNECHIEN	MUER/JAT
1641 11 12	AK	ANNA	ELLE	BUNNEKENS		HARMTIEN REMMERTS	JOANNESSTR
1649 02 23	AK	ANNA	FEERE	VREEX		ANNECHIEN	SCHUTENDP
1647 03 02	AK	ANNA	FEIJE		SICKKNIGHE	SOPHIA ECHTEN,V	HARDINGESTR
1643 05 17	AK	ANNA MARGRETA	FREERK		MEIJER	GEESJEN DREEUS	SCHUITENDP
1648 02 17	AK	ANNA	GANGLIEF		CREEST	ENGELE	PRINCENSTR
1643 01 10	AK	ANNA MARGRIETE	GEERT	JANSSEN		ANNE	BOTTERDIEP
1648 07 30	MK	ANNA MARIA	GEERT	JANS		CLAESKE GEERTS	DAMSTERDP
1643 07 23	AK	ANNA CATHRINE	GEERT		OHSTERMEIJER	MARGRIETE	COSTERSGANG
1643 12 19	AK	ANNA	HAIJE	HINDRIX		N.N.	ROSENSTR
1644 04 30	AK	ANNA CATRIJNA	HANS (decd)		BORCH,TER	ANNA NU?	JACOBIJNERSTRATE
1644 11 28	AK	ANNA MARGRETE	HANS/SOLD.		SCHULTE	ANNA JANS	PLUIMERSGANG
1644 02 11	MK	ANNA	HANS		DILCHER	ANNA MARIA	MEULENSTR
1641 09 07	AK	ANNA BARBARA	HANS	LODUVOIJX		CHRISTINA	SLOANSTR
1645 12 14	MK	ANNA	HANS		BACKWATER	CHRISTINA	BEULSGANG
1647 09 16	AK	ANNA MARGRIETE	HANS		HAISER?	HILLETIE JANS	VISSCHERSTR
1648 02 03	AK	ANNA CATHRIJNA	HANS	GEERTS		HILLETIE HEIJNES	3 MEULEN
1648 07 26	AK	ANNA MARIA	HANS	LEST	TROMPETTER	MARIA	BOTTERDIEP
1644 04 21	AK	ANNA MARGRIETA	HARMEN		MEIJER	ANNA JANSSEN	SUIDEDIEP
1646 06 10	AK	ANNA	HARMEN	HARMENS		ANNE	MOESKERSGANG
1647 09 26	AK	ANNA MARGRIETE	HARMEN	HINDRIX		ANNETIE	MERTENPIJPE
1647 04 02	AK	ANNA	HARMEN	JURJENS		GRIETE LUERTS	CRAMERRIJPE
1647 06 03	AK	ANNA MARIA	HELLEWICH	N.		CATHARIJNE	MEULENSTR
1648 09 05	AK	ANNA	HENRICUS		BRONGERSMA	JOANNA UCHTEMAN	AK
1642 07 29	AK	ANNA	HINDRICK		MEIJER	AELTJEN	NIEUWEJADTSTR
1649 03 11	MK	ANNA ELISABETH	HINDRICK	JACOBS		ANNA	BEULSGANG
1643 02 10	AK	ANNA	HINDRICK	MARTENS		CORNELIA	VOLTINGESTR
1643 12 16	AK	ANNA MARG.	HINDRICK/SOLD.	HARMENS		ELFKE	RAAMSTR
1643 10 08	MK	ANNA MARGRIETE	HINDRICK	BERENTS		GEESJEN	SCHUITEND.
1641 01 19	AK	ANNA	HINDRIK		BRUGGE,VAN	BARBER	RAAMSTR
1647 08 29	MK	ANNA CATRIJNA	HINDRIK/SRG.		BRUGMAN	IMME	WOLKCHSTR
1640 12 30	AK?	ANNA CATRINA	HINDRIK		GOSLER	MARGRIET GROEVEN	EBBSTR
1649 04 10	AK	ANNA MARIA	HINDRIK		RENTING	METJEN	A./
1646 02 22	AK	ANNA	HUIBERT	FOCKENS		MARIE	CRANEPOORTE
1647 04 16	MK	ANNA MARIA	J./PROF.	CONRADUS	MONAUS	ANNA CATH.	JADT
1648 09 10	MK	ANNA CAT:MARG.	JACOB		KOOLHAES	BARBER	OOSTERPRT
1646 05 10	MK	ANNA	JAN	FREERX		ANNA JANS	BOTTINGEGANG
1642 04 12	AK	ANNA	JAN	SANDERS		ANNE	NIEUWEWECH
1643 02 19	MK	ANNA	JAN	GERRITS		ANNE JANSSEN	NIJEWECH
1648 03 01	AK	ANNA	JAN/SOLD.	JANSSEN		ANNE	PRINCENSTR
1641 10 27	AK	ANNA MARGRETA	JAN	LUSSENS	RUIJTER	ARMGAERT	BLOEMSTR
1645 11 04	MK	ANNA	JAN	EDTZERTS		AUGTA	3 MEULENS
1648 03 28	AK	ANNA MARIA	JAN	DOLKES		BARBER	ROSENSTR
1648 11 15	AK	ANNA	JAN		CLEVE,V	ELISABET HARTMAN	HOGERBRUGGE
1645 02 23	MK	ANNA	JAN	KRIJTE		FENNECHIEN HINDRIX	PELSERSTR
1648 07 16	MK	ANNA MARIA	JAN	PIETERS		FOELKE JANSEN	ANTHONIJGSTHUIJS
1646 08 14	MK	ANNA	JAN		LESIJN	GRIETE JANSEN	THONNIJS GASTHUIJS
1642 02 03	AK	ANNA	JAN	ALBERTS		GRIETIEN JANSEN	3 MEULEN
1644 03 10	MK	ANNA MARGRETE	JAN	HINDRIX		GRIETIEN	HEERSTR
1646 08 31	AK	ANNA	JAN		KNORF	HARMTIEN	GEESTEGASTHUIS
1644 08 27	AK	ANNA	JAN	DERCKS		HILLE HELWICHS	PRINCENSTR
1641 03 23	AK	ANNA	JAN	JANS	BACKER	JANTIEN	DRAPRT
1649 08 26	MK	ANNA MARIA	JAN	GEERTS		MARIA	OOSTERPRT
1648 08 13	AK	ANNA	JAN		FLACK?	NIESJEN	W.BREGANG
1644 12 11	MK	ANNA	JAN	ALBERTS		PIETERTIEN	SCHUITENDIEP
1645 12 14	MK	ANNA	JAN	HINDRIX		RENTIEN	DRAE
1644 11 24	MK	ANNA	JAN	DIETERS		ROELEFJEN JANSEN	W.E.?
1644 11 03	AK	ANNA URSELE	JAN		DIJMER	STIJNTIEN	VOLTINGESTR
1643 09 21	AK	ANNA	JAN	JANSSEN		TANNEKEN HINDRIX	SCHUITEMAKERSTR
1645 05 27	AK	ANNA	JEFFERE	TILLES		ELIJSABETH	LANE
1642 04 11	MK	ANNA	JEREMIAS	MEES		ANNECHIEN SIJGERS	STEENTILSTR
1644 06 09	MK	ANNA	JOACH:	BORGESIUS		GEERTRUIT HUIBINGS	CLOOSTER
1647 03 31	MK	ANNA	JOANNES	BORGEHUIS		CATARINA NIJENBORCHS	JOANNESSTR
1642 01 07	AK	ANNA MARIA	JOANNES/RTSHR		CLINGE	LUBBETIEN DIURKEN	POELSTR
1645 05 28	AK	ANNA	JOCHIM	ROELEFS		AGNETA	OOSTERPIJPE
1643 10 24	AK	ANNA	JOCHIM		BULTER	HILLECHIEN HINDRIX	LANE
1642 06 05	MK	ANNA	JOCHIM	HOENDRIX		MARGRIETA HARDENWIJK	EBBSTR
1643 02 01	AK	ANNA MARGR:	JOHAN	PHILIPP	KECK	ANNA JUSTINA SILTMAN	POELSTR
1644 11 10	AK	ANNA	JOHAN		MOLLER	HARMTIEN	MEULENSTR
1644 02 08	AK	ANNA MARGR.	JOHAN	NICLAES	SCHOEFFER	MARGRIETE	MEULENSTR
1644 12 01	MK	ANNA	JOHAN/BORG.	DREEUWS		WIBBECHIEN	BOTTRSTR
1647 11 30	AK	ANNA MARIA	JONAS	JACOBS		GEERTRUIT STALPERTS	N.K.
1642 07 07	MK	ANNA MARGRETE	JONAS	DAVIDS		GRETE	LELJENSTR
1648 03 12	MK	ANNA	JURJEN	WESSELS	COMMENES	MARIA MUNNICHOF?	N.DIEP
1647 05 04	AK	ANNA CATHRIJNE	LAURENS		KOLMAN	BARBER	3 MEULLENS
1644 02 04	AK	ANNA	LAURENTS	HELLEWICH		AGNES DRONEN,VAN	PELSERSTR
1641 03 16	MK	ANNA	LAURENTZ		WEVER	TRIJNE OSEWOLTS	PLUIMERSGANG
1649 03 08	AK	ANNA	LEUTERT	CHRISTIAENS		TRIJNTIEN	PEPERSTR
1643 12 22	AK	ANNA MARGR.	LUBBERT	GEERTS		SWAENTIEN	MEULENSTR
1642 04 20	AK	ANNA GEERTRUIT	LUERT		LAMKENA	CATHRIJNE	ANTHONIJGASTHUIS
1644 08 18	AK	ANNA CATHRIJNE	MARTEN	GEERTS		GEERTJEN	RAAMSTR
1641 10 27	AK	ANNA	MARTEN	FRANSEN		LIJSEBETH	N.EBBSTR
1643 11 19	MK	ANNA CATHRINA	MATTHIES	TOBIAS		AELTIEN	HEERSTR
1649 04 24	MK	ANNA MARIA	MATTHIJS		FLEIJSCHER	MARIA	MEULENSTR
1643 01 25	AK	ANNA	MECKE	EVERTS		MAEIJKE HINDRIX	ENGEGANG
1645 12 28	MK	ANNA	MENSO		PIMPERLINUS	AELTIEN PIETERS	STEENTILSTR
1646 03 06	AK	ANNA	MICHEL	SCHELTENS		DUIRE	HARDINGESTR
1646 03 11	AK	ANNA CATHRINA	MICHEL		PAASCHEN	GEBBE HARMENS	JADT
1644 01 28	MK	ANNA MARIA	MICHEL	HARTMAN		JANTIEN HARMENS	MEULESTR
1648 05 23	AK	ANNA	NICLAES	JANICHEN		ELISABETH	SUIDERDP
1646 05 02	AK	ANNA MARIA	PAULUS		STRASBURGH	ANNA CATH. CAMERARUS	OSSM.
1649 06 27	AK	ANNA	PHELIPS		BARGE,V	CUNERN STECKENBORCH	VOLTINGESTR
1649 12 12	AK	ANNA	PIETER	JANSSEN		ANNE	OOSTERPRT
1649 09 11	AK	ANNA	REIJNER	JANS	CAMEN?	HILLE	HUINGA
1641 05 26	AK	ANNA CATHRINA	REIJNER		CLINGT	MARGRIET BONNATS	SCHUITENDP
1648 10 04	AK	ANNA	ROELEF		OVER,TER	ANNA EIJCK,VAN	DRUWE
1647 09 19	AK	ANNA	SICKE	JURJENS		FENNEKE OTTENS	JATSTR
1646 07 22	AK	ANNA	TOLE	HINDRIX		ELLSIEN	SUIJDERDP
1649 10 18	AK	ANNA	TONNIS	JANSEN		AELTIEN	SCHUTNKRST
1649 09 31	AK	ANNA BERNS?	ULRICH		EUSUM,V	JOANNA EMILIA MAGD	VISMERKT
1642 09 02	AK	ANNA MARGRIETE	WALDRICH	JACOBS	RUITER	AGNETA	BLOEMSTR
1649 11 14	AK	ANNA MARG.	WARNER	LUCKENS?		CATRINA	PAULGANG

Year Mo Da	Chr	Child's Given Name	Father/Child's Patronymic	Father's Patronymic	Father's Surname	Mother	Address
1646 10 25	MK	ANNA MARGR.	WARNER	WILLEMS		METTJEN JANS	BUTJENSTR
1647 02 06	AK	ANNA	WESSEL	REMMERTS		GEESJEN PIETERS	SUIDERDP
1644 12 24	AK	ANNA MARGRIETA	WILLEM		BUNTE	ASSELE	VOLT.STR
1645 08 21	AK	ANNA MARGR.	WILLEM	HINDRIX		GRIETE	N.BOTTRSTR
1649 11 20	AK	ANNA	WILLEM	WILLEMS		GRIETJEN	ANTHONIJGAST
1644 02 01	AK	ANNA CATHRINA	WILLEM		SPANDOU	HANNETIE HEIJNENS	VOLTINGESTR
1647 03 07	AK	ANNA CATRIJNA	WILLEM		SPANDOU	HARMETIEN	VOLTINGSTR
1648 11 19	MK	ANNA	WILLEM		HEEP	JACOBJEN ROULS	BOTTRDP
1648 02 16	AK	ANNA MARIE	WILLEM/SOL.	GEERTS		LISABETH	CROMELLBOG
1641 08 22	AK	ANNA MARIA	WOLF		KEMPER	GEERTRUIT	KOSTERSGANG
1648 02 16	AK	ANNA	ZENT?	TONNIS		JANTIEN	JONKERENSTR
1644 08 22	AK	ANNA	ZESART	MEES		GRIETE BRUINS	N.JADTSTR
1646 08 19	AK	ANNA-CATHARINA	CHRISTOPHER		VULLER	CUME	SCHEDAMSGANCK
1642 07 26	AK	ANNE (OLDER)	"dochter van deselve, ouderen"			ANNE ECHTE	PLUIMERSGANG
1646 11 04	AK	ANNE	ANDRIES	LUITJENS		CHRISTINE	SCHUTE.WAL
1645 02 11	AK	ANNE MARIE	ANDRIES		KURST	EMKE	BOTTERDIEP
1646 11 12	MK	ANNE	BARETHELT	HINDRIX		GEESJEN JURJENS	SWANESTR
1643 10 26	AK	ANNE	BORCHERT	HARMENS		JANTIEN ALBERTS	SUIDERDP
1641 09 07	AK	ANNE	BOUWE	SIJGERS		GRIETE	3 MEULENSDRIST
1649 04 29	AK	ANNE	CASPAR	FRANS		BERENTIEN HANSEN	N.KERKHOFF
1641 12 10	AK	ANNE	CHRISTOFFER		WEDIGE?	APOLONI	A
1646 12 30	AK	ANNE BARBERE	CLAUDI		SWING	GRIETE CLAESSEN	SCHUTENDP
1646 02 08	MK	ANNE	DOECKE	MELLES		ELSJEN	MERCKT
1641 07 22	AK	ANNE	EEDE	SIJMENS	SPAN./STOELMK	TRIJNTIEN	EBBINGEPRT
1641 10 03	MK	ANNE	FRANS	DOUWENS		ALBERTIEN GEERTS	BRUGGESTR
1643 05 14	AK	ANNE	GEERT	JORIS		TEET WUPKENS	A KERKE
1646 06 24	AK	ANNE	HAN	HANSSEN		ELSJEN HARMENS	RADEMERCKT
1642 05 18	AK	ANNE	HANS		HELWICH	GRIETE	RAAMSTR
1644 04 07	MK	ANNE	HANS	RIETS		IDE NIJMANS	JUD.HUIJS
1647 09 05	AK	ANNE	HANS	MARTENS		TRIJNE MELCHERS	W.HND.HUIS?
1646 09 30	AK	ANNE	HANS	THOMAS		HINDRICKJEN	KLEIJNE RAAMSTR
1646 05 14	AK	ANNE	HARMEN	HARMENS		JANNEKEN	MOESCHERSGNG
1641 07 23	AK	ANNE	HARMEN	HARMENS		ANNE	BORGERWEESHUIJS
1642 01 05	AK	ANNE	HINDRICK		SPANGE	BEERENTIEN	BENTHEM
1641 02 09	AK	ANNE	HINDRICK	LAMBERTS		ROELEFJEN	BREDEMERKT
1649 11 30	AK	ANNE	JAN	CLAESSEN		LIJSABETH JOANNES	3 MEULEN
1645 09 12	AK	ANNE MARIE	JOANNES		KLEIJN	AELTIEN	OOSTRPRT
1649 02 09	MK	ANNE	JOCHIM	JANS		ANNECHIEN SANDERS	PRINCENSTRATE
1643 11 28	AK	ANNE	JOCHIM	KLEPPERS		GRIETIE	3 MEULEN/HERENCA
1642 11 17	AK	ANNE MARIA	JURGEN	RIENEKE		MAGDALENA	HEERSTR
1646 08 12	AK	ANNE	LUIDOLPH	JANS		--	
1641 01 10	MK	ANNE	LUITIEN	HOMMENS		TRIJNTIEN LUILEFS	KOSTERSGANG
1644 07 18	MK	ANNE ELSEBE	LULEFF/SOLD.	SIJMONS		SICKE	WESTINDISCHHUIJS
1644 09 26	AK	ANNE	MARCK	GEERTS		AELTIEN	NIJEWECH
1645 12 19	AK	ANNE	PHILIPS	HANSSEN		GEERTRUIT	JONKERENSTR
1644 11 17	AK	ANNE	REIJNEKE	ROELEFS		ANNECHIEN BEERENS	KROMMEJADT
1643 04 16	AK	ANNE	SWEER	HARMENS	VRIJHOFF	JANTIEN	HEERWEE/MONNKEHLM
1643 01 08	AK	ANNE	THOMAS			GERSKE EVERTS	SCHUITMAKERSSTR
1642 05 01	AK	ANNE	TIAERT	SIJMENS		AELTIEN	HORRNSCHEDIJCK
1644 02 16	AK	ANNE	TIJMEN	PIETERS		AELTIEN JANSEN	SCHUITEMKRSTR
1642 01 20	AK	ANNE	TONNIS	JANSEN		SWAENTIEN	KOSTERSGNG
1648 11 02	AK	ANNE	VREERK	JANS		METTIEN	MUER
1648 05 17	AK	ANNE MARG.	WARNER	WILLEMS	DIJKMAN	LIJSABETH JANS	VISSCHPIJP
1649 04 27	AK	ANNE	WILKO	STEVENS		LAMMECHIEN	PELSERSTR
1647 03 30	AK	ANNECHIEN	ABRAM	ABRAMS		AELTIEN	ROSENSTR
1646 08 13	MK	ANNECHIEN	ADRIEN	LAMBERTS	LANTING	TRIJNTIEN	HERSTR
1644 11 15	AK	ANNECHIEN	ALBERT		LANTING	WIBBE	NIJESTADT
1643 09 26	AK	ANNECHIEN	ALBERT	BERENTS		JANTIEN DERX	BARRKMEULEN
1647 01 15	AK	ANNECHIEN	ANDRIES	MICHELS		HINDRICKJEN MINNES	BREEMERKT
1643 12 24	MK	ANNECHIEN	ARENT	JANSEN	VRESE,DE	TRIJNTIEN JACOBS	BRUGGESTR
1642 05 08	AK	ANNECHIEN	BARELT		VUIST	GERRTIEN ONNES	HELPEN
1647 06 10	AK	ANNECHIEN	BARTHELT	GERRITS		GRIETIE MUNTINGS	BOTTRINGESTR
1641 08 31	AK	ANNECHIEN	BERDERUS		CRIJN	ANNECHIEN	WURSH CLOOSTER
1645 01 22	MK	ANNECHIEN	BERENT	ROELEFS		DERCKJEN WOLDRING	EBBINGEPRT
1641 06 05	AK	ANNECHIEN	BERENT	JANS		GRIETIEN	PRINCENHOF?
1647 11 03	AK	ANNECHIEN	BERENT	HINDRIX		LIJSABETH JANS	MERCKT
1646 08 21	AK	ANNECHIEN	BERENT	BERENTS		LUCKE	SCHUITEMRSWAL
1644 10 10	AK	ANNECHIEN	CHRISOSTOMUS		BEMME?	DIEWER	HEERPRT
1649 01 07	MK	ANNECHIEN	CHRISTIAEN		AURICK	GRIETIEN	COSTERSGANG
1644 01 21	MK	ANNECHIEN	CHRISTOFFER	/SOLD	BUSCH	AELTIEN	VOLTINGESTR
1642 01 11	AK	ANNECHIEN	CLAES	CORNELIS		KUNNE JANS	LANE
1645 01 28	AK	ANNECHIEN	CLAES	JANSSEN	BRINKMAN	LUTGERT	LAMHUINGESTR
1641 08 11	AK	ANNECHIEN	CORNELIS/SOLD.		MEIJER	AGNIETE	BUTJENSTR
1641 05 02	MK	ANNECHIEN	DERCK		EGRINCK?	DIEWERTIEN	--?
1643 09 17	MK	ANNECHIEN	DERCK/SOLD.		BESUINCK	ANNA MARIE	BEULSGANG
1645 14 30	AK	ANNECHIEN	EERNST	HINDRIX		AELTIEN	CRAEMERRIJPE
1641 10 03	AK	ANNECHIEN	EGBERT		LINGEN,V	AELTIEN	O.BOTTRINGEPOORTE
1644 01 09	AK	ANNECHIEN	EGBERT	PIETERS		AELTIEN	WAGE
1649 06 14	MK	ANNECHIEN	EGBERT			HESTER JANS	SWANESTR
1644 02 11	MK	ANNECHIEN	EIJLERT	JANSSEN		JANTIEN HEERENS	A KERCKE
1644 10 10	AK	ANNECHIEN	ELLERUS	JOANNES		AEKTIEN DREEUWES	CRANE
1644 08 11	AK	ANNECHIEN	ENGELBERT	FOLKERTS		DOROTHEA	CRANEPRT
1648 12 14	AK	ANNECHIEN	FOCKE	TIEBBES		GEERTRUIT BOELENS	POELSTR
1647 09 09	AK	ANNECHIEN	GARBRANT		PENNING	LUMME	BRUGGESTR
1641 07 27	AK	ANNECHIEN	GEERT	BASSE		SERNNEIJE	VOLTERPRTE
1645 01 30	AK	ANNECHIEN	GEERT	WESSELS	DURCK	GEERTIEN	KL.PEPSTR
1649 04 14	MK	ANNECHIEN	GERRIT		JONGERING	ANNECHIEN	JADT
1644 09 10	MK	ANNECHIEN	GIJSBERT		ROIJEN,VAN	AARENTIEN	HARDINGESTR
1648 04 30	AK	ANNECHIEN	HAIJE	HINDRIX		TRIJNTIEN	POELESTR
1644 09 16	MK	ANNECHIEN	HAIJE	PIETERS		AELTIEN	NIEUWEWECH
1641 11 10	AK	ANNECHIEN	HANS/SOLDAET		KRECET	GRIETJEN	N.STRAATJEN/A
1641 08 22	AK	ANNECHIEN	HANS		PORRE?	ANNECHIEN	BOTTRSTR
1645 12 25	MK	ANNECHIEN	HARMEN	JANSSEN		ENGELTIEN	NIJESTADT
1644 11 13	AK	ANNECHIEN	HARMEN	LUBBERTS		GRIETIEN	N.EBBPOORT
1648 07 28	MK	ANNECHIEN	HARMEN	CLAESSEN		GRIETJEN	N.EBBSTR
1647 04 28	MK	ANNECHIEN	HARMEN	CLAESSEN		HILLETIEN	SCHUTNDP
1648 09 20	AK	ANNECHIEN	HARMEN	JACOBS		HINDRICKJEN JANSSEN	RAAMSTR
1643 02 19	AK	ANNECHIEN	HARMEN	HARMENS		JANTIEN	JADT
1643 09 03	AK	ANNECHIEN	HARMEN	JANS		SISSLEVE?	BOTTERMERCKT
1646 06 07	AK	ANNECHIEN	HARMEN	ENGELBERTS		SWAENTIEN	DONCKERSGANG
1647 01 12	AK	ANNECHIEN	HARMEN	WILLEMS		SWANE JANS	N.JATSTR
1644 06 23	AK	ANNECHIEN	HARMEN	JURJENS		TRIJNE JANS	STADT
1646 08 13	MK	ANNECHIEN	HARMEN	HARMENS		TRIJNTIEN	VISSCHERSTR
1646 01 06	AK	ANNECHIEN	HARMEN	JANS		TRIJNTIEN SICKMANS	JACOB.STR
1646 10 11	MK	ANNECHIEN	HARMEN	AEPKENS			

7

Year Mo Da	Chr	Child's Given Name	Father/Child's Patronymic	Father's Patronymic	Father's Surname	Mother	Address
1641 12 22	AK	ANNECHIEN	HAVICK	BONNENS		WOBBE	HELPEN
1641 12 14	AK	ANNECHIEN	HAVINEN	JANSEN		ANNECHIEN	BOTTRSTR
1645 07 18	AK	ANNECHIEN	HIJME		HORENBEECK,V	IDEKE AKECHENDORP	HATKE?
1644 10 13	AK	ANNECHIEN	HINDRICK	GERRITS		AELTIEN	KRANEPOORTE
1644 11 17	AK	ANNECHIEN	HINDRICK		MEIJER	AELTIEN	NIJEJADT
1649 07 29	AK	ANNECHIEN	HINDRICK	HINDRIX		ANNE POUWELS	LANE
1644 04 19	AK	ANNECHIEN	HINDRICK	GEERTS		ANNECHIEN CLAES	HOOCHSTRATE
1643 11 12	MK	ANNECHIEN	HINDRICK	HARMENS		GRIETJEN	N.EBBSTR
1646 01 24	MK	ANNECHIEN	HINDRICK	DERCKS		JANTIEN	BOTTRINGGANG
1644 06 06	AK	ANNECHIEN	HINDRICK	JANS	GROEVE,DE	MARRIJE	STEENTILSTR
1647 03 19	AK	ANNECHIEN	HINDRICK		SCHAINK	TETJEN JANS	HEERSTR
1647 06 29	MK	ANNECHIEN	ISAAC	MEIJERS		JEIJKE	HEERSTR
1643 12 29	MK	ANNECHIEN	J./E.SECR.		BRIZA	LAMMECHIEN HEECK,VAN	OOSTRSTR
1649 01 18	MK	ANNECHIEN	JACOB	JANSSEN		BAUWE	CRANEPOORT
1647 09 12	MK	ANNECHIEN	JACOB	JANSSEN		GEESJEN	PEPERSTR
1643 06 21	AK	ANNECHIEN	JACOB	WIGGERTS		HEBELTIEN	N.EBBINGESTR
1641 08 15	AK	ANNECHIEN	JACOB	CORNELIS		TRIJNTIEN ALLENS	3 MEULENS
1647 10 28	AK	ANNECHIEN	JAN	ENNES		AAFJEN WILLEMS	RAAMSTR
1647 10 31	AK	ANNECHIEN	JAN	BERENTS		AAFJEN	NIJESTR
1644 11 22	AK	ANNECHIEN	JAN	JANSSEN	RUBBE	AELTIEN	VISSCHERSTR
1645 03 12	AK	ANNECHIEN	JAN	VOS	SMIT	AELTIEN JAIJNES	N.EBBSTR
1644 02 11	AK	ANNECHIEN	JAN	JANSSEN		ANNECHIEN	VISSCHMERKT
1647 10 20	AK	ANNECHIEN	JAN	LUCAS		AUCKE	N.EBBSTR
1644 07 26	AK	ANNECHIEN	JAN	GEERTS	KUIPER	BERENTIEN	POELEPOORTE
1645 01 05	MK	ANNECHIEN	JAN	BARTOLTS		GEELTIEN BOELENS	EBBSTR
1645 01 12	AK	ANNECHIEN	JAN	WOLTERS		GEESE	PRINCENSTR
1643 09 15	AK	ANNECHIEN	JAN		ESSEN,VAN	GRIETE	RAAMSTR
1644 10 01	AK	ANNECHIEN	JAN	ALBERTS		GRIETJEN JANS	3 MEULLEN
1646 01 20	AK	ANNECHIEN	JAN	WATNERS		HILLE	3 MEULEN
1644 09 18	AK	ANNECHIEN	JAN	HINDRIX		HILLECHIEN JANSSEN	OOSTERPOORTE
1643 10 11	AK	ANNECHIEN	JAN		BEUVING	IMME	SUIDERDIEP
1641 09 28	AK	ANNECHIEN	JAN	WESSELS		JANTIEN REENERS	3 MEULEN
1643 03 17	MK	ANNECHIEN	JAN	HINDRIX		JANTIEN JANS	N.EBBSTR
1647 11 07	MK	ANNECHIEN	JAN	JANSSEN		JANTIEN	SCHUTENDP
1644 04 10	AK	ANNECHIEN	JAN	JANSSEN		LIESKE	DAMSTERDIEP
1643 10 08	AK	ANNECHIEN	JAN	JANSSEN		LIJSEBETH	LAAN
1645 03 16	AK	ANNECHIEN	JAN		HARMLICK	MENCKE	NIJE STADT
1643 03 15	MK	ANNECHIEN	JAN	OTTENS	BROIJLS	NIESJEN MUNNINX	GULDENSTR
1645 01 28	AK	ANNECHIEN	JAN	VLAECK?	VUIER:?	NIESJEN JANS	VOLTINGSTR
1644 09 08	MK	ANNECHIEN	JAN	DAVITS		TALLE	GELTINGESTR
1645 04 11	MK	ANNECHIEN	JAN	GEERTS		WIBBECHIEN	HEERPORT
1644 07 16	MK	ANNECHIEN	JAN	LAURENTS		WILLEMTIEN	N.SUIDERDIEP
1645 02 09	MK	ANNECHIEN	JAN	JANSSEN		WILLEMTIEN HINDRIX	GULDENSTR
1648 07 30	AK	ANNECHIEN	JANS	JANSSEN		DORENTHEA JANSSEN	HARDINGSTR
1644 11 22	AK	ANNECHIEN	JELTE	WILLEMS		AELTIE JANS	LEELJENSTR
1645 11 25	AK	ANNECHIEN	JELTE	WILLEMS		AELTIEN	LEELJENSTR
1642 01 16	AK	ANNECHIEN	JERONIMUS	ROELEFS	BACKER	LAMMECHIEN ANNES	A POORT
1647 06 27	MK	ANNECHIEN	JOANNES	ARENTS		STIJNTIEN JANS	CARELSWECH
1648 04 11	AK	ANNECHIEN	JOHAN	SELTER		HILLECHIEN	CRANE
1643 02 19	MK	ANNECHIEN	JORIS	MEES		HINDRICKJEN ROEBERTS	HEERESTR
1643 09 10	MK	ANNECHIEN	JURIEN	JANSSEN		GRIETJEN	N.POELESTR
1647 02 14	MK	ANNECHIEN	JURIEN	RICHTER		TIETSJEN	3 MEULENDRIST
1647 10 24	MK	ANNECHIEN	JURJEN	BALTSERS		GRIETJEN	EBBINGSTR
1646 11 15	MK	ANNECHIEN	LAMBERT	HINDRIX		AELTIEN HEIJNES	HELPEN
1649 12 14	AK	ANNECHIEN	LAURENS	HARMENS		MARRECHIEN	HOOCHSTR
1645 11 21	AK	ANNECHIEN	LIPKE	TONNIS		TAETJEN CLAESSEN	HARDINGESTR
1643 08 24	AK	ANNECHIEN	LOURENS	HARMENS		ANNECHIEN	BUTIENSTR
1643 06 14	MK	ANNECHIEN	LOUWRENTS	FRANSSEN		STIJNTIEN LUSSINGS	A KERK
1647 08 26	AK	ANNECHIEN	LUBBERT	JULSINUS		CLAESJEN FROOM	BOTTRSTR
1646 04 01	AK	ANNECHIEN	LUBBERT	LUBB.	BIRZA	ELLETIEN	STEENTILSTR
1645 07 06	AK	ANNECHIEN	LUCAS	TONNIS		GRIETIEN	STOELDRSTR
1646 01 08	AK	ANNECHIEN	MARTIEN	ABRAHAMS		AELTIEN	DAMSTRDIEP
1647 05 09	AK	ANNECHIEN	MICHEL		HARTMAN	MARRECHIEN JANS	WOERT
1642 11 18	AK	ANNECHIEN	MONES	LAURENTS		TRIJNE MONES	SCHUITENDIEP
1644 10 06	AK	ANNECHIEN	OTTE	REIJNERS	BROUWER	ANNECHIEN	BRUGGESTR
1642 02 06	MK	ANNECHIEN	PAUL	JOOSTEN		ANNECHIEN	HEERSTR
1643 12 05	AK	ANNECHIEN	PIETER	JANSSEN		ATJEN PIETERS	NIJEWECH
1644 07 02	AK	ANNECHIEN	PIETER	ALBERTS		GRIETIEN GEERTS	SUIDERDIEP
1648 12 15	AK	ANNECHIEN	PIETER	MICHELS		GRIETJEN	STEENTILPRT
1646 03 31	AK	ANNECHIEN	PIETER		BARKER	TRIJNTIEN	WOERT
1642 05 18	AK	ANNECHIEN	ROELEF	FREDERIKS	OEVER,TEN	ANNA EICK,VAN	MERCKT
1643 06 27	AK	ANNECHIEN	ROELEF	FREERX		ANNEKE EIJCK,VAN	BREDEMERKT
1644 04 03	MK	ANNECHIEN	ROELEF	DERX		GEBBEKE	S.JANSSTR
1649 09 28	AK	ANNECHIEN	ROELEF	GEERTS		GRIETIEN	BUTJENSTR
1643 08 13	AK	ANNECHIEN	SIJWERT	JANSSEN?		FROUCKE	HEERSTR
1643 10 19	AK	ANNECHIEN	STEENCK	LUIRTS		MARIA NIJKERX	STEENTILSTR
1643 06 16	MK	ANNECHIEN	STEVEN	MARTENS		GRIETIEN	OLDE STEENTILPRT
1647 05 16	AK	ANNECHIEN	TIERCK	ROELEFS		ANNETIE	SCHOOLHOLM
1643 11 07	AK	ANNECHIEN	TONNIS	SICKES		LIJSEBETH	HEERSTRATE
1643 09 10	AK	ANNECHIEN	WESSEL/SOLD.	EEVERTS		ABELTIE	SUIDERDIEP
1647 04 18	MK	ANNECHIEN	WILLEM	SCHANINUS		ANNECHIEN	SCHUITNDP
1646 04 17	AK	ANNECHIEN	WILLEM	WILLEMS		GEELE	DAMSTERDP
1643 07 14	MK	ANNECHIEN	WILLEM	JANSSEN		METTIEN HINDRIX	HUININGECAMER
1643 07 14	AK	ANNECHIEN	WOBBE	WOBBES		JANTIEN	SWANESTR
1643 10 16	AK	ANNECHIEN	WOLF	REIJNHOLT		BARBER SWINDEN	CRANEPOORTE
1649 04 20	MK	ANNECHIEN?	WOLTER	GERTS		AELTIEN	DAMSTERDP
1646 11 25	AK	ANNECHIEN?	DERCK	PIETERS		ANNE	HEIJERBRUGGE
1646 09 24	AK	ANNECHIEN?	HINDRICK	RIJLS		STIJNTIEN	N.EBBSTR
1644 10 18	AK	ANNECHJEN	BARTHOLT	JANS	SADELMAKER	EIJTJEN	POELESTR
1647 01 03	MK	ANNECHJEN	CORRELIS	EELKENS		ANNE	OOSTERPIJPE
1647 07 20	AK	ANNECHJEN	JAN	ALBERTS		GRIETE	BEULSTOORN
1648 03 01	AK	ANNECHJEN	JOCHIM	ADOLFFS		ELSJEN	PRINCENSTR
1648 07 18	AK	ANNECHJEN	TOLE	HINDRIX		ETTIEN TOLENS	OOSTERPIJPE
1644 07 04	AK	ANNEHIEN	LUBBERT	HINDRIX		JANTIEN	SCHOOLHOLM
1648 02 13	MK	ANNEJEN	DEPPEKE	HERES		NIESJEN	DAMSTERDP
1643 10 04	AK	ANNEKE	ALBERT	EBBENS	STEENMETSELR?	GEERTRUIT	N.KERKHOF
1641 07 26	MK	ANNEKE ANDRIES	ANDREES	JANSEN		AELTIEN HINDRIX	VERLATEN?
1642 06 31	AK	ANNEKE	ANTHONIJ		GERMAEN	TRIJNTIEN	VISSCHERSTR
1641 03 28	MK	ANNEKE	BARTELT	MEWES		GRIETIE	
1646 12 20	AK	ANNEKE	BERENT		WEIJNELT?	BARBER	HAVENSTR
1647 02 21	MK	ANNEKE	CORNELIS	JANS		JANTIEN DERX	OOSTERPRT
1644 09 27	AK	ANNEKE	DERCK		HARMELING	TEUBE	RAAMSTR
1648 11 26	AK	ANNEKE	EDE/SOLD.	ROELEFS		IDE E DERX?	STEENTILSTR
1643 11 10	AK	ANNEKE	EERNST	JURJENS		ELSKE	KORDEMAKERSGANG
1642 02 11	AK	ANNEKE	EERNST		BACKER	MARRECHIEN PIETERS	GELTINGESTR

Year Mo Da	Chr	Child's Given Name	Father/Child's Patronymic	Father's Patronymic	Father's Surname	Mother	Address
1647 02 24	AK	ANNEKE	GEERT	AARENTS		GEERTRUIT	RAEDEMERCKT
1643 02 17	AK	ANNEKE	GERRIT	HARMENS		AELTIEN	SUIDERDIEP
1647 01 22	AK	ANNEKE	GERRT	GEERTS		LIJSEBETH	RAAMSTR
1643 06 04	AK	ANNEKE	HANS	REIJMER		AELTIEN	HOFSTRSTE
1647 05 12	MK	ANNEKE	HANS	HICKES		GRIETE	BOTTRDP
1641 07 07	AK	ANNEKE	HARMEN	ARENTS		CLAESJEN THOMES	RAAMSTR
1645 11 18	AK	ANNEKE	HARMEN	HINDRIX		CORNELISJEN	NIEUWEWECH
1646 03 22	MK	ANNEKE	HARMEN	CLAESSEN		GEBKE	GULDENSTR
1641 11 07	AK	ANNEKE	HEMME	JACOBS		TRIJNTIEN	SWANESTR
1643 10 01	AK	ANNEKE	HINDRICK/SOLD.	BERENTS		GEESKE	RAAMSTR
1641 02 10	AK	ANNEKE	JAN	JURJENS	SOLDAET ONDER HUININGA		
1642 12 18	AK	ANNEKE	JAN	JACOBS		AELTIEN	JONKERENSTR
1646 04 04	AK	ANNEKE	JAN	GERRITS		ANNE	NIJEROECH
1648 04 18	AK	ANNEKE	JAN	PIETERS		CATALIJNE	N.MERKTSTR
1647 03 31	MK	ANNEKE	JAN	BUITJENS		CATHRIJNTIEN	RAEDMERKT
1643 09 28	AK	ANNEKE	JAN	WILKENS		CONRLEISJEN CLAESSEN	JACOBINERSTR
1648 08 18	AK	ANNEKE	JAN	REIJNERS		EESSE	S.DIEP
1647 11 18	AK	ANNEKE	JAN	CLAESSEN		GEERTIEN	STEENTILPOORTE
1646 12 30	AK	ANNEKE	JAN		ESSEN,VAN	GRIETE	RAAMSTR
1647 07 21	AK	ANNEKE	JAN	BALSJERS		WILLEMTIEN	COLDEGAT
1643 08 24	AK	ANNEKE	JARMEN	MARTENS		AELTIEN	SCHUTENDIEP
1644 12 04	AK	ANNEKE	JOCHIM	ENGELBERTS		HARMTIEN	COSTERSGANG
1642 06 31	AK	ANNEKE	JOOST		PODT	HARMTIEN HANSENS	HARDINGSTR
1647 11 24	AK	ANNEKE	JURJEN	STEMANS		BREE	DAMSTERDP
1642 08 02	AK	ANNEKE	JURJEN		MEIJER	LUCKE THIJES	WOERT
1643 10 10	AK	ANNEKE	JURJEN	JOOSTEN		SWAENTIEN	SCHEDAMSGANG
1644 07 09	AK	ANNEKE	MARTEN		GROOTMAN	MARGRIETE	RAAMSTR
1648 03 12	AK	ANNEKE	MEIJNERT	JANS		"MOEDER"	SCHUTNWAL
1643 08 29	AK	ANNEKE	PIETER	WARNERS		TRIJNE JURJENS	MONNEKEHOLM
1643 01 25	AK	ANNEKE	REMMERT/SOLD.	LOUWERS		HOUCKE	POELEPOORTE
1642 03 01	MK	ANNEKE	RIJNER	JANSEN		ANNE MULDERS	SCHIEDAMSGNG
1644 05 15	AK	ANNEKE	SIJMEN	JANSSEN		ANNEKE	JADT
1641 01 20	AK	ANNEKE	WESSEL	REMMERTS		--	SUIDERDP
1644 10 23	AK	ANNEKEN?	HINDRICK		DITMAER	ANNEKE	PRINCENSTR
1645 10 10	AK	ANNERIEN?	HANS		STELLER	TRIJNE HARMENS	SCHEDAMSGANGE
1643 04 30	MK	ANNETHIEN	JAN	CARELS		JANTIEN	OOSTERSTR
1645 02 05	AK	ANNETIE	ALBERT	CHRISTOFS		GRIETIEN	PELSERSTR
1647 12 28	AK	ANNETIE	BERENT	LEENERTS	TAMBOES?	MARGRIETE	MONKEHOLN
1649 12 27	AK	ANNETIE	BERENT	GEERTS		TRIJNTIE	STEENTIL;.BRUGGE
1648 01 20	AK	ANNETIE	CLAES		BRONHOU	EEFJEN ICK?	SUIDERDP
1648 03 14	AK	ANNETIE	EERNST	HINDRIX		ANNA MARIA	LEELJENSTR
1648 03 19	AK	ANNETIE	HARMEN	NITTERTS		ANNETIEN	LAMHUINGESTR
1649 06 03	AK	ANNETIE	HARMEN	JURJENS		GRIETE LUIRTS	HARDINGST
1642 06 09	AK	ANNETIE	HARMEN	JANSEN		JANTIEN	RECHTEJADT
1647 08 10	AK	ANNETIE	HARMEN		UDMIUS?	JANTIEN	SCHOOLHOLM
1648 05 14	AK	ANNETIE	HINDRICK		RUSTBACH	FENNETIEN	N.JATSTR
1647 10 12	AK	ANNETIE	HINDRICK	HINDRIX		GEESJEN	VOLTSTR
1647 03 31	MK	ANNETIE	HINDRIK	JACHLE?	SADELER?	AELTIE	POELESTR
1649 04 14	MK	ANNETIE	J./DR.	MEIJNTS		TIETIEN TAMMENS	HEERSTR
1649 05 26	MK	ANNETIE	JACOB	WICHERS		HEBELTIEN	N.EBBSTR
1649 02 21	AK	ANNETIE	JAN	EVERS		ANNA	SUIDERDP
1649 08 26	AK	ANNETIE	JAN	WILLEMS		RIENTIEN WOLDRING	MONKEH
1649 04 01	MK	ANNETIE	JELIS	HINDRIX		GRIETE COERTS	BLOEMSTR
1644 08 06	MK	ANNETIE	JOCHEM	BRUNS		ANNETIE PIETERS	PLUIMERSGANG
1643 09 06	AK	ANNETIE	OTTO	REIJNERS	BROUWER	ANNETIE	A KERKE
1648 08 24	AK	ANNETIE	PHILIPS	WILLEMS		ELSJEN	BOTTRSTR
1649 10 09	AK	ANNETIE	ROELEFS	TIAERTS		SWAENTIEN	PELSERSTR
1648 12 27	AK	ANNETIE	SIJMON	ISEBRANTS		AELTIEN HEIJSMA	CRANE
1649 09 01	AK	ANNETIE	TIJES	HANSSEN		LEENTIEN HINDRIX	SUIDERDP
1649 10 03	AK	ANNETIE	TONNIS	JANS		ANNE	RAAMSTR
1647 02 03	AK	ANNETIEN	WILLEM	JANSSEN		METTIEN	KLEIJNE PELSERST
1642 11 23	AK	ANNETIEN	AARENT	GEERTS		GEERTRUIT	POPKENSTR
1642 10 23	MK	ANNETIEN	ADAM	MARTENS		GEESKE WILLEMS	N.BOTTRSTR
1641 12 17	AK	ANNETIEN	ALBERT	BERENTS		TRIJNTIEN LAMBERTS	KREUPELSTR
1647 01 14	AK	ANNETIEN	BERENT	JANSSEN		GRIETIEN	MOESKERSGNAG
1649 04 17	MK	ANNETIEN	DAVID		KAPPELER	WALBERCH	N.STR
1642 06 26	AK	ANNETIEN	DEDE	SIJMENS	SPANS/STOELMR	ELSIEN	BREDEMERKT
1647 12 09	AK	ANNETIEN	DERCK	JOVIS		EEFJEN	GELTINGSTR
1641 03 07	MK	ANNETIEN	EGBERT	ROELEFS		--	BOTTRSTR
1642 08 21	AK	ANNETIEN	EGBERT	ROELEFS		GEERTRUIT	BOTTRSTR
1641 04 16	AK	ANNETIEN	ELTIE	PIETERS		AELTIEN	POELSTR
1641 01 12	AK	ANNETIEN	ENGELBERT	FOLKERTS		AELTIEN DREUWES	WOERT
1647 07 29	AK	ANNETIEN	EVERT		TOEL	ANNETIEN	ROSENSTR
1648 11 26	MK	ANNETIEN	EVERT	MEIJNERS		LUTGER	HOPMANSGNG
1643 01 10	AK	ANNETIEN	EVERT	HADDERS		TOEBE TEIJS	PRINCENSTR
1642 01 28	AK	ANNETIEN	FREDRICK		MEIJER	GEESJEN DREWES	KLEIJNEGANCK
1641 06 21	AK	ANNETIEN	GIJSBERT	HARMENS		GEERTRUIT	PRINCENSTR
1648 12 08	AK	ANNETIEN	GOETIEN	NANINS		GRIETIEN	DAMSTRDP
1648 01 04	AK	ANNETIEN	HARMEN	JANSSEN		ANNETIEN	N.MERKTST
1642 11 01	AK	ANNETIEN	HARMEN		GOCKINGE	DEDDA HARMENS	SUIDERDP
1648 10 05	AK	ANNETIEN	HARMEN	JANS		JANTIEN	SCHUTENDP
1646 03 25	AK	ANNETIEN	HARMEN	HINDRIX		TRIJNTIEN GEERTS	LANE
1642 07 31	AK	ANNETIEN	HINDRICK		MEIJER	GEESJEN	VISSCHERSTR
1648 01 12	AK	ANNETIEN	HINDRICK	HINDRIX		HILLE	NIJESTADT
1641 09 30	AK	ANNETIEN	HINDRICK	LUKES		JANTIEN HARMENS	PRINCENSTR
1643 08 14	AK	ANNETIEN	HINDRICK	LUBBERTS		MARRECHIEN	RAAMSTR
1648 11 04	MK	ANNETIEN	HINDRICK	BERENTS		RENSKE	BOTTRSTR
1649 10 19	AK	ANNETIEN	ISEBRANT	CLAESSEN		FOLKERTIEN JANS	DAMSTERDP
1643 08 13	MK	ANNETIEN	JACOB	JANSSEN		ENGELTIEN	PEPERSTR
1642 09 04	AK	ANNETIEN	JACOB	CORNELIS		TRIJNTIEN ALLENS	3 MEULLEN
1641 01 22	AK	ANNETIEN JANS	JAN	HINDRIX		--	BOTTRDIEP
1641 01 08	AK	ANNETIEN (older?)	JAN	HINDRIX		--	POELSTR
1649 07 17	MK	ANNETIEN	JAN	TAMMENS		AELTIEN GEERTS	VISSSTR
1641 02 24	MK	ANNETIEN	JAN	GIJSBERTS	VOS	CATHRIJNE	SWANESTR
1649 10 14	AK	ANNETIEN	JAN	FAES		ETJEN	N.EBBSTR
1642 10 18	AK	ANNETIEN	JAN	HARMENS		GESE JANS	KIJCK/JADT
1648 04 25	AK	ANNETIEN	JAN	LODUWIJX		GRIETE	BREDEMERKT
1641 09 21	AK	ANNETIEN	JAN	HEEKES		GRIETIEN	HEERSTR
1643 04 26	MK	ANNETIEN	JAN	JURJENS		JANTIEN	MUER/BOTTRSTR
1641 06 25	AK	ANNETIEN	JAN	ABRAMS	VREEMTMAN,EEN	LIJSEBETH	PRINCESTR
1641 11 21	MK	ANNETIEN	JAN	WESSELS		MAIJKE	HEERSTR
1648 01 20	AK	ANNETIEN	JAN		CLEIJNE	MARIA	RAAMSTR
1649 09 21	AK	ANNETIEN	JAN	HUIBERTS		MARIA	MOESKERSGNG
1649 06 15	AK	ANNETIEN	JAN	KRANS		MARIA	HEERESTR
1641 06 11	MK	ANNETIEN?	JETJEN	ALTENS	KLEERMAKER	GRIETIE BOELENS	BOTTRSTR

Year Mo Da	Chr	Child's Given Name	Father/Child's Patronymic	Father's Patronymic	Father's Surname	Mother	Address
1642 10 23	AK	ANNETIEN	JOANNES	CORNELIS		GEESJEN JOANNES	ROSENSTR
1641 03 09	AK	ANNETIEN	JOEST		CLEVE,VAN	TRIJNTIEN	VOLTINGESTR
1641 10 17	MK	ANNETIEN	JOOST	WARS	PATERBORN,VAN	STIJNTIEN	CORDEMKRSGNG
1641 01 24	MK	ANNETIEN	JURIEN	JANS		JETJKE	OOSTRPRT
1641 08 22	AK	ANNETIEN	JURJEN		WINTELMAN	ENGELE JANSEN	SLEMENNERSTR
1649 11 21	AK	ANNETIEN	JURJEN	OLBRANTS		WIJPERTIEN?	PEPERSTR
1648 06 04	MK	ANNETIEN	KRIJN	PIETERS		LIESKE SIJMENS	DAMSTERDP
1641 10 31	AK	ANNETIEN	MAREUS	ALLENS		SIJKE	SCHUTENKRSSTR
1646 12 27	MK	ANNETIEN	MENSE		PUMPERLINUS?	AELTIEN PIETERS	STEENTILSTR
1642 12 11	MK	ANNETIEN	NANNINCK	JANSSEN		LIJSEBET CLAESSEN	BOTTRPOO.
1643 07 18	AK	ANNETIEN	REIJNER	JANSSEN		GRIETIEN	N.BOTTRSTR
1642 04 11	AK	ANNETIEN	RENE	WILLEMS		MARIA	N.JADTSTR
1649 01 12	AK	ANNETIEN	ROELEF	JACOBS		ROELEFJEN	HEERSTR
1643 03 31	AK	ANNETIEN	STOFFER	BERENTS		ENGELE	PRINCENSTR
1649 01 30	AK	ANNETIEN	STOFFER	HAIJENS		HINDRICKJEN	NIJESTADT
1647 11 30	AK	ANNETIEN	TIJES	JANSSEN		LEENTIE	SUIDERDP
1641 04 08	AK	ANNETIEN	TIJMEN	ALBERTS		MARRETIEN	TORFTOORNST
1641 01 24	AK	ANNETIEN	TONNIS	JANSEN		AELTIEN	SCHUITEMKRST
1642 01 07	AK	ANNETIEN	TONNIS	JANSEN		LUTGERT	HEERPRT
1646 09 12	AK	ANNETJEN	DERCK	CRANSEN		TRIJNTJEN CHRISTOFFERS	A.KERCK
1645 07 22	AK	ANNICHIEN	HILBERT	JANS		GEERTRUIT	EBBPOORTE
1647 12 24	AK	ANNICHIEN	HINDRICK	ALERS		IMME	KIJK/JADT
1645 01 31	AK	ANNICHIEN	JAN	BERENTS		GEESJEN	DAMSTERDP
1646 09 08	AK	ANNICHJEN	ESAIAS	JANSEN		ELSJEN JANSEN	SCHOLHOLM
1646 07 26	MK	ANNICHJEN	GEERT	ROELFFS		AELTJEN GEERTS	N.WECH
1646 09 25	AK	ANNICHJEN	HANS	JURJENS		LIJSBETH HANSEN	SMARKERSGANCK
1646 07 16	AK	ANNICHJEN	JAN	JANS		GEESJEN JACOBI	SLEEMENDERSSTR
1646 07 19	MK	ANNICHJEN	JAN	DETERS		ROELEFJEN	EBBINGEPOORTE
1646 08 13	AK	ANNICHJEN	PETER	ALBERTS		GRIETJEN PETERS	SUIJDERDP
1646 09 00	AK	ANNICHJEN	SIJMON	HEIJNES		TRIJNTJEN JOCHUMS	CRUIJTSTR
1646 08 25	AK	ANNICHJEN	UBBO	ALBERTS		GESE	TIJMENS MEULEN
1645 01 01	AK	ANTHONETTE	JAN	WILLEMS		ANNECHIEN WOLDRING	MOUKEHOL?
1649 11 18	AK	ANTHONI	ANTHONI	KAUS		BAAWE JANS	JADTSTR
1646 11 06	AK	ANTHONI	LIPKE	TONNIS		TIETIE CLAESSEN	VOLTINGESTR
1641 11 30	AK	ANTHONIJ	HINDRICK/SOLD	BORCHERS		WEMELTIEN	POLMAN
1644 11 03	AK	ANTHONIJ	JAN	JACOBS	SCHRIJVER	GEERTRUIT	CRANE
1641 01 04	AK	ANTHONIJ	JAN	LODUWIJX		GRIETIEN JANS	WAL
1648 04 11	AK	ANTHONIJ	JAN/SERG:	TONNIS		GRIETIEN	VOLTINGESTR
1648 11 28	AK	ANTHONIJ	JAN	CLAESSEN		ROLEFJEN	RAEMSTR
1647 11 28	AK	ANTHONIJ	LIPKE	TONNIS		TIETIE CLAESZ.	VOLTINGESTR
1646 08 03	MK	ANTHONIUS	ALBERTUS		LAMBERCH	CATHARINA CLEVE,V.	EBBSTR
1649 09 30	MK	ANTHONIUS	CHRIANUS?		PERZONIUS	MARGR. HETZINGE	GULDENSTR
1643 03 10	MK	ANTHONIUS	ECHARDUS	MATTHEAUS		ADRIAENTIEN	LAMHUINGESTR
1641 03 21	AK	ANTHONIUS	EKHARDUS	MATHAEUS		ADRIAENTIEN	LAMHUINGE
1645 01 10	AK	ANTHONIUS	HINDRICK	CHRISTIAENS		LIEFKE	BOTTERDIEP
1644 03 06	AK	ANTHONIUS	JAN		KEMMER?	TIETE	3 MEULLEN
1648 04 14	AK	APOLLONIE	ANDRIES		HEIJLBROU,V	TRIJNE	SUIDDIEP
1647 03 07	MK	APPOLLONIJE	ANDRIES		HEIJLBRON,V.	TRIJNE	MEULENSTR
1644 08 16	AK	ARENT	ABRAHAM	ARENT		TRIJNTIEN ROELEFS	MONKEHOLM
1648 01 23	MK	ARENT	ARENT/SOLD	WERTS		GEESKE	PRINCENSTR
1642 12 09	AK	ARENT	ARENT/SAL:	LUITIERS		LAMMETIEN GEWESENT?	DAMSTERDIEP
1646 10 10	AK	ARENT	ARENT	ARENTS		NN.	NIEUWESTADT
1649 11 22	AK	ARENT	BERENT	LENERS		MARGRIETE	MONNEKEHOLM
1644 04 09	AK	ARENT	BOUDEWIJN	MARCELLIS		GRIETIEN	SLEMENNERSTR
1644 08 26	MK	ARENT	DERCK	MARTENS		AELTIEN	OOSTERSTR
1643 01 31	AK	ARENT	EBEL	JACOBS		WILLEMTIEN CLAESSEN	CRANEPOORTE
1648 11 08	AK	ARENT	ENGELBERT	ARENTS		JANTIEN	CROMELBOGEN
1649 04 18	MK	ARENT	FOLKERT	BALTZERS		TAELKE	BOTTRINGSTR
1649 05 26	MK	ARENT	GEERT	HINDRIX		ANNA	MKERKHOFF
1643 12 19	AK	ARENT	HARMEN	HINDRIX	GOLTSMIT	AELTIEN ARENTS	STOELDREIJERSTR
1645 03 21	MK	ARENT	HARMEN	HINDRIX	GOLTSMIT	AELTIEN ARENTS	STOELDRSTR
1646 05 13	AK	ARENT	HARMEN	ARENTS		GRIETIN	DAMSTERDP
1643 12 24	AK	ARENT	HARMEN/SOLD.	BERENTS		HILLE	SUIDERDIEP
1643 06 18	AK	ARENT	HARMEN		UDINCK,VAN	JANTIEN JURJENS	SHCOOLHOLM
1648 08 11	AK	ARENT	HARMEN	MENCKES		TRIJNE ARENTS	GELTSTR
1646 09 27	NK	ARENT	HENDRICK	ARENTS		JICKE	SUIJDERDP
1649 12 02	AK	ARENT	HENR/DR.		WERUMAUS	HESTER BAUKENS	SWANESTR
1642 07 27	AK	ARENT	HERMEN	HINDRIX		AELTJEN	STOELDREIJERSTR
1645 12 12	AK	ARENT	HILLEBRANDT	BERENTS		GEESJEN HEIJNES	MURE?
1641 01 31	MK	ARENT	HINDRICK	ARENTS		ANNA	
1642 07 16	AK	ARENT	HINDRICK	ARENTS		GEERTRUIJT	VISCHMERCT
1649 03 13	AK	ARENT	HINDRICK	N.		GRIETE	TIJMENSMEULE
1642 05 06	AK	ARENT	HINDRICK	ALBERTS		IMME	OLDE DOELE
1646 05 15	AK	ARENT	HINDRICK	ALBERTS		IMME	POELESTR
1648 09 22	AK	ARENT	HINDRICK	CRUSE		TRIJNTIEN	LEELJENSTR
1642 04 16	AK	ARENT	JACOB	SIJBRANTS		GESE BARTELS	STEENTILPRT
1643 11 19	AK	ARENT	JAN	LAURENTS	BOS	CLAERTIEN ARENTS	CRAMERRIJP
1647 12 16	AK	ARENT	JAN	LOURENS	BUS	CLAERTIEN	CRAMERIJPE
1649 12 23	AK	ARENT	JAN	LAURENS	BUS?	CLAESJEN ARENTS	CARNERIJP
1647 09 10	AK	ARENT	JAN	REIJNERS		HINDRICKJEN ARENS	HOPMANSGANG
1643 08 17	AK	ARENT	JAN	CLAESSEN		JANTIEN ARENTS	GULDENSTR
1646 11 01	MK	ARENT	JAN	ARENTS	SMIT	REIJNOU?	POELEPOORTE
1643 02 24	AK	ARENT	JOANNES	ARENTS		JANTIEN HAMMINGE	JAT
1644 12 22	MK	ARENT	JOANNES	ARENTS		STIJNTIEN	HARDINGSTR
1642 01 26	AK	ARENT	JOHANNES	ARENTS		JANTIEN HAMMINGE	KIJCK/JADT
1643 06 25	AK	ARENT	JOOST	JANSSEN		TRIJNE JOOSTES	SCHUITEMRSWAL
1649 02 18	MK	ARENT	KLAES	JACOBS		TRIJNTIEN	DAMSTRDP
1647 12 26	AK	ARENT	ROELEF	ARENTS		FIJE	PEOLESTR
1646 08 18	AK	ARENT	ROELFF	ROELFFS		ANNICHJEN ARENTS	HOFFSTR
1648 12 17	AK	ARENT	SWIJTERT	JANS		LUTGERT	SUIDERDP
1642 12 08	AK	ARENT	TEBBE	HELMICH		GRIETE	LEELJENSTR
1649 01 10	AK	ARENT	THOMAS	WILLEMS		JENNEKE	LANE
1641 10 19	AK	ARENT	TONNIS	HUISMAN	WAGENVEEDT,VAN	MARGRETE LODUWIJX	3 MEULEN
1642 03 11	AK	ARENT	WILLEM	ARENTS		HINDRICKJEN	GEEST/MAGDASTR
1647 11 07	MK	ARENTIEN	JURJEN	HILE	CHIR:	CLAETIEN	VISCHRSTR
1646 07 16	AK	ARENTJEN	ELLERUS	JOHANNIS		JANTJEN HERENS	CROMMEJADT
1647 06 07	AK	ARENTJEN?	LIPPE	NANNES		TRIJNTIE	SCHOOLHOLM
1645 12 28	MK	ARIAENTIEN	ARENT	LUBBERTS		SWAENTIEN	OOSTERPOORTE
1647 04 11	AK	ARIAENTIEN	GERRIT		ETTERCAMP?	WILLEMTIEN	JADT
1641 08 01	MK	ARIES	JAN	ARIS		BOUWE JANSEN	SCHUTNDP
1642 07 24	MK	ARIJS	JAN	ARIJS		BOUWE	SCHUIJTNDP
1643 11 14	AK	ARIS	HOIJKE	ARIS		GRIETIE CLAESSEN	N.BOTTRSTR
1641 04 26	AK	ARIS	JACOB	ARIS		JACOBJEN	VOLTINGESTR/MK
1649 10 09	AK	ARIS	JAN	JACOBS		HILLETIEN ARIS	A KERKE
1647 01 01	MK	ARIS	TONNIS	ARIS		TRIJNE	HEEREPIJPE

Year Mo Da	Chr	Child's Given Name	Father/Child's Patronymic	Father's Patronymic	Father's Surname	Mother	Address
1644 08 23	AK	ARJAEN	JAN	ISAAX		SUSANNA	CROMELBOGEN
1647 09 26	AK	ARNOUT	ENGELBERT/LT.	GEERTS	WEDDA	AEDRIANA SCHILDERS	SCHOOLHOLM?
1641 12 30	AK	ARRIAEN	JAN	JANSSEN		TRIJNE	HOFFSTR
1641 08 03	AK	ASENG	TIAERT	ASINGS		TEUBETIEN	POELEPRT
1648 05 09	AK	ASSELE	BAUCKE	REIJNTS		ANNE	FENEBOCK
1644 01 31	AK	ASSELE	JACOB	GEERTS		ANNA	HELPEN
1648 06 04	MK	ASSELTIEN	HINDRICK	BRANTS		GRIETIEN	MUSSCHENGANG
1645 06 04	MK	ASSELTIEN	LUBBERT	SIJBOLTS		LUBBE HINDRIX	STEENTILPOORTE
1642 11 06	MK	ASSUERUS	H.		HEECK, VAN	ANNA HOENDRIX	BOTTRSTR
1647 10 20	AK	AUCKE	AETE	AUCKES		ANNE EEDES	BLOEMSTR
1644 10 06	MK	AUCKE	EGBERT	CLAESSEN		ANNE	VISSCHERSPIJPE
1642 04 22	AK	AUCKE	EGBERT	WILLEMS		TRIJNE	HOPMANVINST/AKERK
1648 00 22	AK	AUCKE	GERRIT	SIJKENS		HILLETIEN	NOORDERDP
1643 12 26	AK	AUCKE	JAN	JANSSEN		GEERTIEN	VISCHMERCKT
1648 07 28	AK	AUCKE	JAN	DAVIDTS		TALLECHIEN JANS	GELTINGESTR
1644 01 10	AK	AUCKE	JONNES?	BARTELTS		TRIJNE	SWANESTR
1644 01 01	AK	AUCKJEN	KIJKE	BERENTS		JANTIEN	A POORTE
1645 03 05	AK	AUGUSTA	JOANNES		WISMAN	MARGRIETE	SCHUTENDP
1646 06 24	AK	AUGUSTINUS	SIJMON	SIJMONS		LIJSABETH	N.STADT
1645 10 10	AK	AUKE	CLAES	PIETERS		RINT?	A.
1642 11 20	MK	AUKE	JAN/SOLDAET	JANSEN		GERTIEN JANSSEN	HEMSINGSWAL?
1644 08 21	AK	AURELIA	GERRIT	RIJKENS		HILLECHIEN	OUD EBB.POORTENBRG
1644 06 25	AK	AUSANNA	CHRISTOFFER		DEUNTENAER?	CATHARINA EVERTS	POELESTR
1641 09 26	AK	AUSKE	BONNE	FUWERS	TIMMERMAN	DEEUKE JANS	HAVENSTR
1648 03 12	MK	AVE	EGBERT	SIJMONS		GESE JANS	MUERE
1649 12 27	AK	AVE	EGBERT	SIJMONS		GESE JANS	SWANESTR
1641 12 08	AK	AVE	EUCKE	HINDRIX		ANNE GERRITS	RODERWOLDER
1643 02 19	MK	AVE	GERHARDUS	BERENTS		HINDRICKJEN	POELESTR
1641 12 15	AK	AVE	HINDRICK	JANSEN		GRIETE JANSEN	BOTTRPRT
1646 03 01	AK	AVE	ROELEF	MARTENS		GRIETE	SCHUITMRS WAL
1642 02 20	MK	AVENT	JAN	EVERTS	LUBBERS, OF	ANNE	KOSTRGNG/OOSTRPRT
1649 02 22	AK	BAAUCHEN	WILLEM	WILLEMS		ANNETIEN	SLEMEN:STR
1643 11 12	MK	BAAUCHIEN	ARENT		BRAKE, TER	HILLECHIEN	CARELSWECH
1645 01 14	AK	BAAUCHIEN	MAIEUR/SERG		ISSELEMNIDEN	JOHANNA WELUEREN/VAN?	SCHOOLEN?
1642 11 01	AK	BAAUTIEN	GEERT	HARMENS		TRIJNTIEN	WOERT
1646 11 01	AK	BAAVIJEN?	GECKE	WIJGERS		GRIETJEN REIJNTIES	A POORTE
1644 12 24	AK	BALTSAR	DIDERICH		LIPHART?	CATELINA ARNU?	NIJESTADT
1646 06 25	AK	BALTSAR	JAN	BATHSARS		MARRECHIEN MENSSES	CRANEPOORTE
1642 11 06	MK	BALTSER	LAURENS	BALTZAR		TRIJNTIEN	SUIDERDP
1648 04 21	AK	BALTZAR	ISAAC	JAN		SUSANNA	VISSCHERSTR
1641 09 09	AK	BALTZER	BERENT	BALSERS		ANNETIEN	VISSCHERSSTR
1643 11 28	AK	BARBARA	HANS		JUNGER	ANNA	MEULENSTR
1644 01 16	AK	BARBER	BERNARD		WIJNARDT	BARBER	HAVENSTR
1649 07 11	AK	BARBER	CASPAR	JORIS		GGSJE	MARTINIKERK
1642 01 23	MK	BARBER	CHRISTIAEN		RIJKEN	AELTIEN WILKES	COLLEGIE
1642 05 08	AK	BARBER	HANS		SMIT	MAGDALENE	SCHUTENRSWAL
1647 12 26	MK	BARBER MARGR.	HANS/SOLD.		SCHILDER	TRIJNE	OOSTERPOORT
1645 03 13	AK	BARBER	HARMEN	KRACHTS		MARRECHIEN	STADT
1642 09 10	AK	BARBER	HINDRICK		KIJVERT	ELSJEN	NIEUWE SUIDERDP
1642 02 20	MK	BARBER	HINDRICK		HILLERVELT	HILLETIEN	PRINCENSTR
1645 09 16	AK	BARBER	JAN	TANIJES		GRIETE SANDERS	N.KERK STR
1644 05 09	AK	BARBER	JOANNES		OFFENBERGER	ELSJEN	PAPEN-POORTIE
1648 08 21	AK	BARBER	LAURENS	MATTHIJS		AELTIEN	N.MERKTSTR
1641 07 11	MK	BARBER	LULEF		HILDEVELT	MAIJE	BEULSGANG
1641 03 24	AK	BARBER	MARTEN		GROUTEMAN	GRIETJEN	HOMANSGANG
1646 06 28	AK	BARBER	MARTEN	TIEL--		GRIETJEN	BARDINGESTR
1642 04 05	MK	BARBER	MICHEL/SOLDAET	N. (soldaet under Rensen)		ELSSE	DRAE
1646 08 25	AK	BARBER	ROELEF	HANSSEN		ANNECHIEN	POTBACK.WAL
1641 07 02	MK	BARBER	SIJKE	JELTES		GRIETE	N.JATSTR
1642 03 27	MK	BARBER	WILLEM	BONTE	SNIJDER	ASSELE	RECHTHUIJS
1643 06 06	AK	BARBERA	ERASMUS		WIT	FENNETIEN	BOTTERDIEP
1643 02 15	AK	BARBERTIEN	JAN/SCHRIJTER	ROTGERS		CATELEIJN TELONSTAME?	TORFMERKT
1648 00 10	MK	BARELT	HINDRICK	JANS		FENNE	SCHUTNDP
1646 06 19	AK	BARELT	JAN		SCHUIRING	GEERTIEN HARMENS	POEL
1649 01 26	AK	BARENTIEN	JAN	HARMENS		JANTIEN	HEERPRT
1649 05 03	MK	BARNIJ	PIETER	BERENTS		WELMOET	NOORTDIJCK
1646 10 30	AK	BARNIO	PIETER	BARNJES		WOLTER?	PLUIMERSGANG
1643 03 15	MK	BARTELIJN	HANS		RUSTEBIJL	ANNA	GEERTR.GASTHUIJS
1641 06 17	MK	BARTELMEUS	PIETER		SCHROE	ANNE	HEERSTR/DRENTSCHEPL
1646 09 15	AK	BARTELT	BARTELT (decd)	ELMAS		GRIETJEN BARTELTS	HOFFSTR
1644 02 25	MK	BARTELT	HANS	BARTELTS		TRIJNE	BEULSGANG
1646 03 31	AK	BARTELT	JAN	ALBERTS		TRIJNTIEN BARTELTS	N.EBBSTR
1641 10 10	MK	BARTHELT	BARTHELT (decd	HARKENS		ALBERTIEN LAMBERTS	BUTJENSTR
1641 04 11	MK	BARTHELT	CHRISTOFFER		SCHUIT	BEKE	COSTERSGANG
1647 06 09	AK	BARTHELT	CHRISTOFFER		BUIS	GRIETIEN	MEULENSTR
1648 03 26	AK	BARTHELT	HARMEN	NITTERS		ANNETIEN	LAMHUINGESTR
1644 02 14	AK	BARTHELT	JAN	SIPKENS		DOETJEN	OOSTERPOORTE
1648 09 01	AK	BARTHELT	JAN	HARMENS		HARMTIEN	-LAET
1646 01 14	AK	BARTHELT	JAN	BARTHELS		WENDEL	PLUIMERSGANCK
1648 08 09	AK	BARTHELT	JOACHIM		CANTER	HILLENA WICHRING	M--
1648 01 23	MK	BARTHOLMA	DERK	HANSZ		ANNIETIEN	SCHUTNOP
1646 02 27	AK	BARTHOLOMAEUS	JOANNES	N.		GRIETIEN	MUERE
1648 02 27	AK	BARTHOLOMEUS	JAN	BARTHOLMS.		LUBBERCHIEN	SCHOOLHOLM
1643 05 16	AK	BARTHOLT	GERLEF	PIETERS		ANNA	BOTTRINGEPOORTE
1644 08 20	AK	BARTHOLT	JOOST	BARTHOLTS		TRIJNTIEN	DAMSTERDIEP
1644 08 06	MK	BARTHOLT	ROELEF	BARTHOLTS		WENDELE JANS	MEULENSTR
1648 10 25	AK	BARTLTIEN	JACOB	AIJLTS		BAEUTIEN	PEPERST
1648 04 28	AK	BASTIAEN	ALBERT	GEERTS		GRIETE BASTIAENS	RODEBRUG
1647 01 27	AK	BASTIAEN	ALBERT	BROILS		PIETERTIEN	N.MERKTSTR
1642 08 11	MK	BASTIAEN	BASTIAEN		OSSENDORP	TONNIS	N.KERKSTR
1645 09 10	AK	BASTIAEN	COOP	BROIJLS		GEERTRUIT LANDT	POELSTR
1643 07 21	AK	BASTIAEN	GEORGIUS/DR		NIJKERK	ALBERTIEN JANS	JACOBINERSTR
1642 05 22	MK	BASTIAEN	HARCULES	FRITS		DIEWERTIEN JANS	CUBO/O.PRT
1641 08 25	AK	BASTIAEN	JAN	OTTENS	BROIJLS	NIESJEN MONNICHE	GULDENSTR
1648 11 29	AK	BAUCKE	TONNIS	JANS		ANNE	RAAMSTR
1649 06 29	AK	BAUTIEN	HARMEN	JANS		PIETERTIEN	EBBSTR
1647 01 12	AK	BEATERIS	ALB./DNO?	THOMA	PDIGER ALHIER	AAFJEN ENG.	HARDING
1647 03 17	MK	BEERENT	BERENT	BERENTS		GRIETIEN	HELPEN
1642 09 28	AK	BEERENT	JOOST		CLEVE, VAN	TRIJNTIEN	VOLTINGESTR
1644 11 17	AK	BEERNT	LAMBERT/SOLD.	JANSSEN		FENNE	HARDINGESTR
1643 08 06	AK	BEERT	HARMEN	GEERTS		TRIJNTIEN BASSE	HEERESTR
1644 02 20	AK	BEERTE	HARMEN	HEERENS		ELSJEN	RAAMSTR
1641 06 08	MK	BEERTIEN	ALBERT	HERMENS		MARRECHIEN	SUIDERDP/HEERSTR
1649 09 08	AK	BEERTIEN	ARENT		ALTING	AUCKE	NIJEWECH
1645 03 20	MK	BEERTIEN	EGBERT	ALBERTS	STATSDIENER	SIADDE POUWLS	PELSERST

Year Mo Da	Chr	Child's Given Name	Father/Child's Patronymic	Father's Patronymic	Father's Surname	Mother	Address
1643 01 01	MK	BEERTIEN	HARMEN/SOLDAET	HERENS		ELSKE	RAAMSTR
1645 10 29	AK	BEERTIEN	RUDOLPH		NASSUM,TE	MARIA SCHAFFERS	HEERSTR
1647 10 10	AK	BEERTJE	ARENT		ALTING	ANNEKE MEUSES	NIEUWESTADT
1642 07 31	AK	BEERTRUIT	GEERT	HARMENS		BARBER	SUIDERDP
1648 11 12	AK	BEIJTSKE	JOANNES		VENEMAN?	IDECHIEN	CRANEPRRT
1648 07 23	AK	BELE	JAN	JANSSEN		MARIE	MUERE
1641 02 09	AK	BENE	ROELEF	DERX	BARKER	--	PELSERSTR/BONTE
1644 09 29	MK	BENEDICTUS (older)	"son vandeselve"			JEIJE	
1648 11 09	AK	BENEDICTUS	CORNELIS		BUEREN,V	JEIJE	NIJESTADT
1647 03 04	AK	BENEDICTUS	HARMEN	BERENTS		HILLE	SCHUITMERSWAL
1648 05 31	MK	BENEDICTUS TAKENS	HARMENS	BENEDICTS		MAGDALENE	MK
1642 12 04	MK	BENEDICTUS	VALENTIJN	GROSS	RUSTMR.	GEBBEKE ALLERTS	BREDEM.
1641 07 20	AK	BERENDT	RUDOLPH	CHRISTOP.		AELTIEN LATTRING	TORFTOORNSTR
1645 02 21	AK	BERENT	ABRAHAM		BAULINKHOFF	AELTIEN GEERTS	GULDENSTR
1648 01 02	AK	BERENT	ABRAHAM		BARLINKHOFF	AELTIEN	GULDENSTR
1649 12 07	AK	BERENT	ALBERT	ROELEFS		ETJEN	EBBPRT
1643 03 22	AK	BERENT	ALBERT	BERENTS		TRIJNTIEN LAMBERTS	CREUPELSTR
1642 02 13	AK	BERENT	ALBERT	BERENTS	WESTERHOLT	WIJPKE	3 MEULENS
1645 01 12	MK	BERENT	ALEF	AARENTS	POUTIER	BEELTIE BERENTS	EBBPROORT
1645 05 07	AK	BERENT	ANDRIES	EERNSTES		IMKE	HOIJEBEEKSTR?
1643 04 25	MK	BERENT	ANDRIS		WIDEMEIJER	HARMTIEN	POELPOORTENBRUGGE
1649 04 20	AK	BERENT	ANTHONI	WILLEMS		AELTIEN	PELSERSTR
1643 10 15	MK	BERENT	ARENT	JANSSEN		MARIA BERENTS	DEMSTERDIEP
1644 03 01	AK	BERENT	BARTHELT	BERENS		AVERES	S:JACOBSGASTHUIJS
1645 07 20	AK	BERENT	BARTHOLT	BERENTS		AVE JURJENS	DOELE
1644 12 18	AK	BERENT	BERENT	LAMMERTS		ANNA	ANTHONIJGASTHUIJS
1646 11 01	AK	BERENT	BERENT	BERENTS		ANNEKE	3 M3UL3NS
1641 09 28	AK	BERENT	BERENT	BERENTS		FENNE	BUNTHEM
1644 09 06	AK	BERENT	BERENT	EVERTS		GEESJEN	MIEUWEBRUG
1644 02 25	AK	BERENT	BERENT	HINDRIX		GEESKE JANS	RAAMSTR
1645 11 05	MK	BERENT	BERENT	HARMENS		HINDRICKJEN	KREUPELSTR
1644 04 02	MK	BERENT	BERENT	BERENTS		LIJSEBETH HANSSEN	BREEMERKT
1641 11 03	AK	BERENT	BRONNE		TROMPETTER	JANTIEN	BLEOMKERSTR
1644 03 03	AK	BERENT	CASPAR/SOLD.	FRERIX		GEESJEN EGBERTS	NIJESTADT
1648 10 29	AK	BERENT	CASPER	DREERKS?		GEESJEN	NIJESTADT
1643 01 08	MK	BERENT	CHRISTOFFER		BUS	SARA	OOSTERPOORTE
1645 11 05	MK	BERENT	CORNELIS	CLAESSEN		HINDRICKJEN	SCHUTENDIEP
1647 03 08	AK	BERENT	CORNELIS	CLAESSEN		HINDRICKJEN	SCHUITENDP
1648 05 17	AK	BERENT	DANIEL	TONNIS		AELTIEN	HARD.STR
1647 11 26	AK	BERENT	DERCK	BERENT		AELTIEN	JONKERNSTR
1647 07 01	MK	BERENT	DERCK	ROELEFS		HEIJLTIEN	HAVENSTR
1649 07 17	MK	BERENT	DERCK	JANS		NIESE	STEENTILPRT
1647 08 17	AK	BERENT	DERK	REIJNERS		SAERTIEN	TIMMERWARF
1646 11 05	AK	BERENT	ELTIE	JANSSEN		JANTIEN BERENTS	JADT
1643 02 08	AK	BERENT	ENGEL	HANSSEN		GEESE HARMENS	BEULSGANG
1649 10 16	AK	BERENT	FREECK	JANSSEN		SUSANNA	VISSCHRSTR
1641 01 31	MK	BERENT	GEERT	BERENTS	GEMMAGA	--	POELPRT
1643 11 23	AK	BERENT	GEERT	BERENTS		WIBBECHIEN SUIGE	EBBINGESTR
1646 04 03	AK	BERENT	GERRIT	JANS		ANNECHIEN PIETERS	VISSCHERSTR
1642 02 08	AK	BERENT	HARMEN	BERENTS		GRIETE CLAESSEN	KRANESTR
1648 06 03	AK	BERENT	HARMEN	JANS		JANTIEN	MEULENSTR
1644 02 06	AK	BERENT	HARMEN	BEENTS		METTE	KEER-WEER?
1648 02 20	MK	BERENT	HEMME	HERMELINUS		HINDRIKJEN	HEREESTR
1641 05 16	MK	BERENT	HERMEN	HERMENS		HINDRICKJEN JANS	RAAMSTR
1642 10 20	AK	BERENT	HILLEBRANT	WIJBES		AELTIEN BERENTS	STEENTILSTR
1647 08 13	AK	BERENT	HILLEBRANT	WIJBENS		AELTIEN BERENTS	STEENTIL
1648 12 20	AK	BERENT	HINDRICK	LUITIENS		ENGELE	DAMSTRDP
1646 11 06	AK	BERENT	HINDRICK	BERENTS		HILLE GOOSSENS	SCHOOLHOLM
1646 06 15	AK	BERENT	HINDRICK	GEERTS		HILLE	SUIDERDP
1648 04 02	AK	BERENT	HINDRICK	BERENTS		KUNNE	NIJESTADT
1643 01 15	AK	BERENT	HINDRICK	BERENTS		TRIJNE PIETERS	SWANESTR
1646 09 13	MK	BERENT	HINDRICK	BERENTS		TRIJNE HANSEN	SWAENESTR
1642 09 09	AK	BERENT	HINDRIK	BERENTS		RENSKE DERX	BUTJENSTR
1645 10 01	AK	BERENT	ISIJBRANT	JURJENS		AEFJEN BERENTS	SUIDDIEP
1648 08 08	AK	BERENT	JACOB	JANS		GEBETIEN	LANE
1648 10 10	AK	BERENT	JAN	DERX		AEGTE	KIJK/JAT
1643 10 26	AK	BERENT	JAN	BERENTS		AELTIEN JANS	LANE
1644 01 14	AK	BERENT	JAN		HASENCAMP	AELTIEN ALBERTS	TORFTOORNSTR
1648 02 20	AK	BERENT	JAN	BERENTS		AELTIEN	VISSCHERSTR
1645 08 13	MK	BERENT	JAN	LUILEFS		ANNA	DAMSTERDP
1641 09 11	AK	BERENT	JAN	JANSEN		ANNETIEN	TORSTOORNST
1646 01 11	MK	BERENT	JAN	BERENTS	ELDERCAMP	BIEUWE	BEIJDE MERKT
1648 02 11	AK	BERENT	JAN	BERENTS		BIJVOECHIEN?	MERKT
1646 04 12	MK	BERENT	JAN	BERENTS		CHRISTINA	N.BOTTRSTR
1646 02 01	MK	BERENT	JAN	EERNST		FENNE	CRENPESTR?
1647 09 05	AK	BERENT	JAN	JANSSEN		GEBBE	RAAMSTR
1641 09 10	AK	BERENT	JAN	JANSEN	MOESKER	GEBBETIE	HEERPRT
1643 02 08	AK	BERENT	JAN	HARMENS		GEPKE JANS	COSTERSGANG
1641 08 27	AK	BERENT	JAN	BERENTS	SCHIPPER	GRIETE HINDIRX	VISSCHRPIJP
1649 06 17	MK	BERENT	JAN	HARMENS		GRIETE	PLUIMERSGANG
1643 08 16	AK	BERENT	JAN	HINDRIX		HILLECHIEN BERENTS	POELESTR
1645 08 24	AK	BERENT	JAN	BASTENAES?		JANTIEN	KIJCK/JAT?
1643 11 16	MK	BERENT	JAN	LUBBERTS		LUTGERT JANS	HARDINGESTR
1648 07 22	AK	BERENT	JAN	COENDERS		MARGRIETA HANS	VOLTSTR
1647 08 29	MK	BERENT	JAN	MEIJNERS		MARRECHIEN	N.EWCH
1646 02 12	AK	BERENT	JAN		BOSCH,TER	METTE	SUIDERDP
1643 10 12	AK	BERENT	JOOST		CLEVE,V	TRIJNTIE	VOLTINGESTR
1647 11 21	AK	BERENT	LAMBERT	JANS		FENNETIE	N.HARDINGSTR
1641 11 03	AK	BERENT	LUBBERT	BERENTS		GRIETE JANSEN	SCHUTENDP
1643 08 02	AK	BERENT	LUBBERT	BERENTS		GRIETIEN JANS	SUIDERDIEP
1643 04 03	AK	BERENT	LUITJEN	JANS		AELTIEN BERENTS	VISSCHERSTR
1642 10 30	MK	BERENT	MEIJNT	BERENTS		SWAENTIEN JANSSEN	VISCHMERKT
1641 04 11	AK	BERENT	PIETER	JANS		BELE PETERS	WOERT
1647 12 05	AK	BERENT	PIETER	MENES		BERENTIE	DRA
1648 04 08	AK	BERENT	REGNERUS	TIAERDA		JOHANNA FOLKERTS	AKERKE
1649 12 21	AK	BERENT	REIJNER		JULSING	ANNA LUCIA GLINSRA?	A KERK
1643 10 25	AK	BERENT	REMMERT	DERX		ANNETIE BERENTS	CARELSWECH
1647 07 01	MK	BERENT	RIJPKE	HINDRIX		LIJSABETH	LAMHUINGEST
1644 10 09	AK	BERENT	ROELEF	BERENTS		GEERTRUIT	KLEINGBUTJENSTR
1643 07 27	AK	BERENT	ROELEF	HINDRIX		WILLEMTIEN SIJMENS	CRNAEPOORTE
1649 12 23	AK	BERENT	ROKES	TIJMENS		LIJSEBET BERENS	KIJK/JAT
1641 03 05	MK	BERENT	TONNIS	JUCKES?		AAFJEN HANTINCKS	N.KERKHOFF
1643 02 28	AK	BERENT	TONNIS	BERENTS		JANTIEN ABBRINGE	HEERPOORT
1642 02 09	AK	BERENT	VIJT		OUMAN	GEBBE BERENTS	BREDEMERCKT
1644 10 13	MK	BERENT	WARNER	WILLEMS		METJE	BOTTERINGESTR

Year Mo Da	Chr	Child's Given Name	Father/Child's Patronymic	Father's Patronymic	Father's Surname	Mother	Address
1649 09 23	AK	BERENT	WICHER	JANS		MARRETIEN	GELTINGSTR
1645 12 14	AK	BERENT	WIJBE	JACOBS		METTE BERENTS	SCHUTENRSSTR
1647 10 17	AK	BERENT	WILKE	JANS		ANNE	RAEMSTR/DRIST
1640 02 23	AK	BERENT	WILLEM	STEFFENS		AGNETE	BUITIENSTR
1641 07 25	AK	BERENTIE	HIJLKE	BERENTS		JANTIEN	P POORT
1643 10 16	MK	BERENTIE	JAN	BERENTS		FENNE	BREEGANG/SCHUITEND.
1648 09 29	AK	BERENTIEN	CHRISTOFFER		WEIJ	BERENTIEN	WOORT
1642 01 05	AK	BERENTIEN	DERCK	STEFFENS		JANTIEN AELINGE	--
1640 05 12	MK	BERENTIEN	GEERT	BERENTS		HINDRICKJEN	POELPOORTE
1647 03 31	MK	BERENTIEN	GEERT	BERENTS		WIGBOLTIEN? SUINK	GELT.STR
1641 12 11	MK	BERENTIEN	HARMEN		KRIJT	WEMELTIEN	GELTINGESTR
1643 11 12	MK	BERENTIEN	HINDRICK	HARMENS		TESJE	N.STRATJE/CALUIS?
1641 02 17	AK	BERENTIEN	JACOB	DERX		ABELTIEN	DAMSTERD[
1647 08 17	AK	BERENTIEN	JAN	BORCHERS	RUITER	GRIETJEN	PRINCENSTR
1648 01 26	AK	BERENTIEN	MARTEN	LUITIENS		JANTIEN	NIJESTR
1648 11 19	MK	BERENTS	FOCKE	LUITIENS		MARRETIEN	BREDEMERKT
1641 08 29	MK	BERENTUS	BERENT (decd)	GEERTS		GEBBECHIEN BERENTS	BROERESTR
1640 10 17	AK	BERETN	CONRAET		WITTE	ANNETIEN	HELPEN
1644 04 02	MK	BERHART	WOLTER		ELVERING	ELSJEN IPENS	LANE
1640 03 11	MK	BERNHARD	GEERT	CLAESSEN		MACHTELTIE	N.EBBSTR
1640 06 20	AK	BERNHARD	JACOB/DR.		BERKHUIS	ELISABETH	GULDENSTR
1645 03 21	MK	BERNHARDUS	CHRISTIAEN	BERENTS		STIJNTJEN JANS	AKERK
1642 04 10	MK	BERNIER	BERNIER	N	BURS-M[ake]R	JANTIEN	ACADEMIE
1643 01 26	AK	BERNIER	JAN	HARMENS		GESE BERNIERS	NIJESTAT
1642 02 18	AK	BERTHOLT	HARMEN	HINDRIX	MULDER	LIJSBETH	RAAMSTR
1642 03 20	MK	BERTIOLI?	ANDRIES		HEIJLBRUN,VAN	TRIJNE	OOSTERPRT
1643 12 29	AK	BETHSKE	DERCK	GABBES	MOESKER	HINDRICKJEN	OOSTERPRT
1649 12 06	AK	BETIEN	TIAERT	JACOBS		NELLE	A POORTE
1642 10 23	AK	BIEKE	DIRCK		FRIESE	MARIE	A POORTE
1649 05 13	MK	BIEWE	TEPE	JANS		ANNETIEN	MUERE/EBBSTR
1645 02 16	MK	BIJUROTIEN?	REIJNT	CLAESSEN		TRIJNE	DAMSTERDP
1648 03 03	AK	BIJUWETIE	LUITIEN	LUBBERS		HINDRICKJEN	HELPEN
1641 06 22	AK	BIJWE	JAN	GEERTS	WOLF/SCHOENMR	AVE	HEERSTR
1642 12 27	AK	BIJWETIE	WOLTER		CLANDT	ALLERGOND ELGERS	N.KERKHOFF
1645 12 07	MK	BOELE	ELIAS		VOS	HILLECHIEN BOELENS	BRETHEM?
1643 02 16	AK	BOELE	GEERT	JANSSEN		ANNE GEERTS	BOTTRPOORTE
1645 02 07	AK	BOELE	GEERT	JANSSEN		ANNE	BOTTRPOORTE
1644 06 25	AK	BOELE	JAN	JANSSEN		EGBERTIEN BOELENS	BRUGGESTR
1648 05 09	AK	BOELE	ROELEF	JANS		ANNEKE	CRANEPOORTE
1644 11 29	AK	BOELE	WIBBE	JANSSEN		GESE ROELEFS	PELSERSTR
1648 08 23	AK	BONATENTIEU?	JAN	ROTGERS		CATELEIJNTIE	NAAUW?
1645 11 26	AK	BONAVENTURE	BARTHOLOMEUS		CONSTANCE	HINDRICKJEN BRUNNES	TUFFCH--?
1642 05 15	MK	BONNE	HENDRICK	SANDERS		TIETIEN BONNENS	N.KERKHOFF
1649 04 03	AK	BORCHERT	HINDRICK	BORCHER		GEERTIEN	NIJESTADT
1642 09 22	AK	BORCHERT	HINDRICK		SMIT	GRIETE	ROSENSTR
1641 03 05	MK	BOUWE	BARTELT		WICHRINGE	EVERTIEN HILLEBRANTS	HEERSTR
1648 09 11	AK	BOUWE	DERK	BOUWES		METJE JANS	NIJESTADT
1645 10 30	AK	BOUWE	DERK	BOUWENS		METTE JANS	MEUWE?
1649 09 20	AK	BOUWE	JAN	ARENTS		GEESJEN HINDRIX	VISCHRMEKRT
1644 01 31	AK	BOUWE	ROELEF	JANSSEN		EEFKE	SCHOOLHOLM
1648 03 15	AK	BOUWETIE	WALDRICH	JACOBS		AGNIETE	BOTTERDIEP
1643 09 15	AK	BRANDT	HARMEN	LUBBERTS		EENJE HINDRIX	NIJESTADT
1643 09 26	AK	BRECHTIEN	LAURENS		PIMPERLING	AELTIEN REMMERTS	VISSCHERPIJP
1644 03 22	AK	BRECHTIEN	MENSE		PIMPERLING	AELTIEN PIETERS	SCHUTENDIEP
1641 07 25	MK	BRECHTJEN	ARENT/SOLDAET	FRERIX		JANTIEN	PRINCENSTR
1647 09 12	AK	BRECHTJEN	GISBERT		ROOIJEN,V	ANNETIE	JADT
1644 07 12	AK	BRECHTJEN	JACOB	HULEVERS		JUTJEN THOMES	DAMSTERDIEP
1642 06 09	AK	BRIGITTA	ENGELBERT	FOLKERTS		AELTIEN	N.EBBSTR
1648 12 16	MK	BROER	HINDRICK	BROERS		ANNETIE JANS	SCHUTND.
1646 01 06	AK	BROER	JURJEN	CLAESSEN		AELTIEN AMSINUS	POELSTR
1649 04 14	MK	BROER TOMES	POPKE	UTKES		GRIETE	BREDEGANG
1641 01 31	AK	BROUWER	JACOB	BERENTS		--	CRANEPRT
1645 10 19	MK	BRUIN	JAN	BRUINS		AELTIEN	MOESKERSGANG
1647 10 17	AK	BRUIN	JAN	JANSSEN		ANNA TONNIS	SLEMENNERSSTR
1649 07 26	AK	BRUIN	JAN	BRUINS		SWAENTIEN	BOTTRINGEPRT
1648 01 23	AK	BRUINE	JAN	BRUINS		SWAENTIEN	SLEMENNERSTR
1647 02 23	AK	BRUNNE	MEIJNERT	BRUNNENS		GEESJEN DREERX	PUTTE?
1645 01 28	AK	BRUUNE	FORBE	LUITIENS	ENTAPP?	MARRECHIEN	MERCKT
1643 08 29	AK	BUILIAM	JACOB	FERE		MARIA	MUER/BOTTRSTR
1643 03 22	AK	BUNNEKE	TAMME	JANSSEN		GEESJEN	PLUIMERSGANCK
1647 08 26	AK	BURNHART	HINDRICK		ULSSEN,VAN	ANNETIEN	STEENTILSTR
1643 02 26	MK	CAREL PIJEMANS	HINDRICK	HANSSEN		REBECCA PIJEMANS	POELESTR
1649 09 21	AK	CAREL	JAN	HUIBERTS		MARIA	MOESKERSGNG
1647 10 20	AK	CAREL	MARTINUS	SCHOCKIUS		ANGELICA MERCK,VAN	HARDSTR
1647 07 09	AK	CAREL	PAULUS		MARCH,VANDER	CUNNE ROGEN,VAN	N.EBBSTR
1646 12 04	AK	CAREL	SAMUEL		PIEMAN	SUSANNA	BOTTERMERKT
1647 03 16	AK	CARST	HILLEBRANT		WIERINGE,V	AELTIEN OTTENS	VOLTSTR
1641 11 14	AK	CARST	HILLEBRANT		WIERINGEN	AELTIEN	VOLTSTR
1640 12 30	MK	CARSTIEN	JAN	JANSEN		ANNA CARTSIENS	PLUMERS
1641 05 04	AK	CARSTIEN	JAN		MEIJER	ELSJEN	WOERT
1642 11 30	AK	CASPAR	CORNELIS	JANSEN		ITTIEN	GELTINGESTR
1649 01 25	AK	CASPAR	HILLEBRANT	HINDRIX		TALLE	NIEUWEST
1645 12 23	AK	CASPAR	HILLEBRANT	HINDRICKS		TALLETIEN CASPERS	NIJESTADT
1643 08 04	AK	CASPAR	JACOBUS		WUSSIN?	GRIETIEN	VISCHMERKT
1646 02 05	AK	CASPER	CHRISTOFFER	HARMENS		ANNECHIEN	ROSENSTR
1641 10 31	MK	CASPER	CLAES		ZWICKHAVER	LIJSEBETH	S.JOHANNESSTR
1644 09 29	AK	CASPER	DERCK		VRIESE	MARIA CASPERS	A POORTE
1648 12 05	AK	CASPER	HINDRICK		KIJVERS?	ELSIEN	HOGEBROERSTR
1643 11 16	MK	CASPER	STEVEN	CASPERS		ELSJEN	3 MEULENS
1644 02 04	AK	CATALEIJN	JAN	DEKENS		EISKE?	NIEUWESTRAATJEN
1646 07 14	AK	CATALIJNA	CLAES	JACOBS		SANNEKE	A.
1641 08 26	AK	CATALINA	HINDRICUS		KLINGE	JOHANNA ARNU	MARTINIKERKHOFF
1645 06 15	AK	CATARIJNA	MIJNKE	LAMBERTS		GEESJEN	PELSERSTR
1645 11 04	AK	CATARIJNE	HARMEN		BEECK,TER	SARA STRATEN,V	BREDEMERCKT
1642 05 20	AK	CATARIJNE	JAN		BROECK,VAN	AGNES	A.PRT
1645 10 30	AK	CATARIJNE	JAN	EEVERTS		ANNECHIEN FREERX	MONKEHOLM
1648 05 04	AK	CATARIJNTIEN	ALBERT	JANS		JACOBJEN	MONNEKEHOLM
1646 03 10	AK	CATARINA	HINDRICK/SOLD		ROOPKERCH?	FENNE	N.EBBSTR
1649 01 11	AK	CATARINA	HINDRICK	KROI		MEENTIEN	TONIS?
1641 09 12	MK	CATELEIJNTIE	JACOB		HORENBEECK,V	GEERTRUIT	HEERSTR
1642 02 13	AK	CATELEIJNTIE	RITZERT	KNOUELE?		FRANCIJNTIEN	BOTTRSTR
1644 08 18	AK	CATELIJN	PHILIPS		VOS,DE	GRIETIEN	LANE
1647 05 02	AK	CATHARIJNA	ANDRIES		KROEGER	GEERTIEN MARZELIS	SCHOOLHOLM
1642 12 04	AK	CATHARIJNA	WILLEM/SOLDAET	JANSSEN		JANTIEN	WOERDT
1643 04 30	MK	CATHARIJNE	CLAES		HOESSMIDT	MARIA	SCHUITENDIEP

Year Mo Da	Chr	Child's Given Name	Father/Child's Patronymic	Father's Patronymic	Father's Surname	Mother	Address
1648 03 10	MK	CATHARIJNE MARGR.	EERNST	HARMENS		GRIETIEN PLOCHMANS	SNST?
1641 12 26	MK	CATHARIJNE	JAN	SWERTS		GRIETIEN	GELTINGESTR
1645 02 02	MK	CATHARINA	ALBERT	JELMERS		MARIA	G.MAAGDENST
1649 02 18	MK	CATHARINA MARGR.	CLAES		MUNSTERMAUS?	WOBBETIE	O.EBBPRT
1643 12 15	AK	CATHARINA	GEERT	PIETERS		HINDRICKIEN CLAES	HEERPOORTE
1644 06 10	MK	CATHARINA	GILLIAEM		VELDE,VANDEN	GEERTRUIT	VISSCHERSTR
1641 06 01	MK	CATHARINA	HANS		BECKER	ANNEKE	SLEMENERSTR
1648 03 26	AK	CATHARINA	JACOB		BARKEN	SWANE JANS	KLEIJNSPET
1647 09 11	AK	CATHARINA	JAN/CAP.	COENDERS		MARGRIETE	VOLTINGESTAR
1646 08 16	MK	CATHARINA	LAMBERT	JANSEN		ANNEKE	N.STADT
1644 12 18	AK	CATHARINA	MENNE	GERRITS		WEMMELTIEN	KIJK/JAT
1649 04 22	MK	CATHARINA MODESTA	PAULUS		STRAATSBURG	MARG.CAM.	--
1646 10 02	NK	CATHARINA	SIJNDICUS	ROEBERS		SUSANNA RENEMA	MKHO?
1649 03 22	AK	CATHARINA	TOBIAS/VAEND		CLOPPENBORCH	HINDRCKJEN	SCHOOLHOLM
1644 10 13	MK	CATHARINE	HINDRICK	SIOURTS		CORNELISJEN JANS	SCHUTEND.
1644 10 02	AK	CATHARINE	HINDRICK		MULLER	MAGDALENE	MEULENSTR
1647 10 08	MK	CATHRIJNA	BERENT		BOS,TEN	MARRETIEN	NIJESTAR
1642 12 06	AK	CATHRIJNA	REIJMER/VNDR.		CLIJNGE	MARGRIETE	SCHUITENDP
1646 01 18	MK	CATHRIJNE	ANDRIES		CROEGER	GEERTIEN	NIJEWECH
1648 11 19	AK	CATHRIJNE	CHRISTOFFER		WIJLER	AAIJT	3 MEULEN
1642 03 01	MK	CATHRIJNE	CLAES	HANSEN		BERENTIEN	N.JADTSTR
1647 02 07	MK	CATHRIJNE	GERRIT	REMMERTS		JANTIEN HILLEBRANTS	HEERSTR
1649 08 02	AK	CATHRIJNE	HANS	JANSSEN		LIJSBET	EGGSTR
1642 11 01	AK	CATHRIJNE	JAN	KARSTS		BIJE	JATSBRUGGE
1646 07 05	MK	CATHRIJNE	MICHEL	HINDRIX		SALVIJE?	RAAMSTR
1649 09 16	MK	CATHRIJNE	NICLAES	JURICHS?		ELISABETH	MUERE
1641 10 13	MK	CATHRIJNE	PIETER		SCHAEL	MARIA	PRINCENSTR
1641 12 28	AK	CATHRIJNTIEN	ADAM		WILDEBAES	ANNECHIEN WELICH	BEULSGANG
1649 11 08	AK	CATHRINA	HANS	JOCHIMS		CHRISTINE	OOSTERPRT
1649 08 07	AK	CATHRINA	HARMEN	JURJENS		JANTI	VISSCHERSTR
1649 03 18	AK	CATHRINA	JOCHIM		BRANDENBORCH	LIJSEBETH	W.S HUIS
1641 11 23	AK	CATHRINA	WARNER	LUCKES		GRIETIEN	HUISSRONTE?VOLTINGESTR
1641 02 14	MK	CATHRINA	WATZE	COEN		MARGRIETE	BOTTRMERKT
1645 03 25	AK	CATRIJNE	JACOBUS	DUIDURUS		DIANA	BREDEMERCKT
1640 12 30	MK	CATRIJNE	JAN/SOLD	HINDRIX		LUITIEN PETERS	MEULENSTR
1645 08 01	AK	CATRIJNE	PHILIPS		CROET	ANNA PHILLIPS	VISSCHERSTR
1647 03 23	AK	CATRIJNE LIJSABE.	TOMAS	JANS		LISABETH	MOESKERSGANG
1645 08 14	MK	CATRINA	ANNCIJ?	WOLTDRIES?		TRIJNTIEN HEDRINANS?	HEERSTR
1649 12 09	MK	CATRINE	HINDRICK		KEIJSER	AELTIEN	KARPEERN?
1645 04 13	MK	CATTLEIJN	GABRIEL	ABERJONS		STIJNTIEN	POELPRT
1647 06 24	AK	CEBES	HENR/DR.		WIRUMAEUS?	HESTER BAUKENS	SWANESTR
1641 07 18	AK	CEBES	HENRICUS/DR		WIRUMAEUS	HESTER BAUCKENS	VISCHMERKT
1643 09 20	AK	CECILIA	SCHOTTO		TAMMINGHA	CATHRINA SICKINGE	BOTTRSTR
1646 12 25	MK	CELIA	HANSSEN	HANS		MARIA WICHELS	SUIDERDP
1649 03 16	AK	CELIE	ROELEF	JANS	CUIP	METJEN	STEENTILSTR
1647 10 17	MK	CELIJ	JACOB	FREERX		ELLECHIE GERRITS	BOTTRPOORTE
1646 04 19	MK	CELIJE	GEERT	HANSSEN	CUIPER	AELTIEN	HEERESTR
1647 12 26	AK	CHRISIJNE	ROTGER	BERENTS		AEGTE	LEELIJNSTR
1647 10 17	MK	CHRISTIAEN	ALBERT	CHRISTOFS.		GRIETIEN CHRISTIAENS	GELT:STR
1643 05 12	AK	CHRISTIAEN	CHRISTOFFER		MULLER	GEERTRUIT	JATSBRUG
1647 10 26	AK	CHRISTIAEN	HANS		SCHRINER	ANNE	JONKERENSTR
1647 02 06	KA	CHRISTIAEN	HARMEN	HARMENS		ANNA HINDRIX	DAMSTERDP
1649 08 12	AK	CHRISTIAEN	HARMEN	CHRISTIANS		ANNEKE CLAES	A POORTE
1644 02 16	AK	CHRISTIAEN	HINDRICK		HULSEMAN	EVERTIEN	PRINCENSTR
1642 03 18	MK	CHRISTIAEN	HINDRICK	CHRISTIAENS		LIESKE	BOTTERDP
1647 08 13	AK	CHRISTIAEN	HINDRICK	CHRISTIAENS		LUTGERT	BOTTERDIEP
1647 07 06	MK	CHRISTIAEN	HINDRICK	CHRISTNS.		TRIJNTIEN JANS	SCHIEDAMSGANG
1647 08 29	AK	CHRISTIAEN	JAN	ROELEFS		AELTIEN GERRITS	MU-TINGEN?
1646 01 01	MK	CHRISTIAEN	JORIS	CLEOPHAS		AEGTE ASMUS	PRINCENSTR
1641 08 17	AK	CHRISTIAEN	KLAES	GOSENS		MECHTELT	SCHIEDAMSGNCK
1643 04 18	AK	CHRISTIAEN	LOUTERT	CHRISTIAENS		TRIJNTIEN JANSSEN	NIJESTAT
1649 12 28	AK	CHRISTIAEN	OTTE	JANS		LUCRETIA	NIJE KERKHOF
1646 11 12	AK	CHRISTIAEN	PAUL	ROELEFS		BEATRIX	SCHEDAMSGANG
1646 04 04	AK	CHRISTIANUS	CHRISTIAEN		TIDDELEREN?	CATARINA FLAMMERS	NIJETOECKENGANG
1642 12 30	AK	CHRISTIJNTIE	ROELEF	JANSSEN		ELLETIEN JANS	3 MEULLENS
1646 10 10	AK	CHRISTINA MARGR.	ANDRIES	ALBERTS		CUNNE	3 MEULENS
1642 12 18	MK	CHRISTINA	BARTHOLOMEUS		VELDTKLUIGEN	APOLLONIA	COLLEGIE
1644 09 25	AK	CHRISTINA	CONRADUS		WAGENAER	LAMME	HEERSTR
1643 04 20	AK	CHRISTINA	CONRAET		FIJDE?	MARIA LAMBERTS	KIJCK/JATSBRUG
1649 02 27	AK	CHRISTINA	HANS	ADOLPH		CHRISTINA	SUIDKERKHOF
1644 07 21	AK	CHRISTINA	JAN	GEERTS	BOECKB.	GRIETIEN	BREDEMERKT
1649 08 04	AK	CHRISTINA	JAN		EICKLOF?	TRIJNTIEN	PRINCENSTR
1646 03 10	AK	CHRISTINA	JERONIJMUS	RUDERS		ANNECHIEN REDERS	SWANESTR
1646 02 22	AK	CHRISTINA MARGR.	JOANNES	COUR.	MONGUS?	ANNA M. WIPPINA	JAT
1644 10 15	AK	CHRISTINA	POPKE	LIGERS?		WILLEMTIEN PHILIPS	SWANESTR
1649 11 16	AK	CHRISTINA	TIAERT	ASINGS		TEUBEKE	BRUGGESTR
1646 04 21	AK	CHRISTINE	ROELEF	JANSSEN		ELLE OFAELLE?	MEULENDRIST
1643 08 06	MK	CHRISTINE	THOMAS/SOLD.		CARVATE	ANNA	BREDEGANG
1642 04 27	AK	CHRISTOFFEL	HANS	CHROSTOFLS.		ANNA	COSTERSGANG
1642 12 30	AK	CHRISTOFFEL	HINDRICK		ROEL	MARIJE BRUCKE	SHCUTEMRSWAL
1647 08 15	MK	CHRISTOFFEL	PIETER/SOLD.	CHRISTOFFES		MARIA	BOTTINGEGANG
1642 09 18	MK	CHRISTOFFER	ALBERT	CHRISTOFFS		GRIETIEN CHRISTIAENS	PELSERSTR
1649 12 09	AK	CHRISTOFFER	CHRISTOFFER	WIJBES		AECHTE	3 MEULENS
1647 04 19	AK	CHRISTOFFER	GEERT	GOOSSENS		GRIETJEN JURJENS	NIJESTR
1644 01 26	AK	CHRISTOFFER	JACOB	CHRISTOFFS.		AELTIEN JANS	OOSTERPRT
1643 10 08	AK	CHRISTOFFER	JAN	JANS	ELDERCAMP	ANNECHIEN	TORFTOORNSTR
1646 11 17	AK	CHRISTOFFER	JAN	LAURENS		WILLEMTIEN	SUIDERDP
1640 08 07	AK	CHRISTOFFER	JOANNES	BARELTS		TRIJNTIEN	SWANESTR
1648 01 07	AK	CHRISTOFFER	MARTEN		EIJCK	GRIETE	HEERSTR
1642 01 02	MK	CHRISTOFFER	MARTINUS	WICHARDUS		DILIANA	MUERE
1641 07 13	AK	CHRISTOFFER	REIJNER	GIJSENS		GEERTIEN CHRISTOFFERS	POELESPRT
1643 06 30	AK	CHRISTOFFER	ROEBERT		GILLERS-HOFF	TRIJNTIEN	PRINCENSTR
1646 02 16	AK	CHRISTOFFER	ROELEF	WILEMS?		BERENTIEN	LANE
1648 07 16	MK	CHRISTOFFER	ROELEF	CHRISTOFS.		GRIETE LAMBERS	EBBPRT
1644 11 28	AK	CHRISTOPHORUS	HENRICUS		BRONGERSMA	JOHANNA UCHTOMANS	AKERK
1641 12 22	AK	CIESE	TONIS	CIESES		LIJSEBETH	PELSERSTR/DP
1648 07 14	MK	CIJE	CASPARUS		WUSSUM	MEELTIE	GEWALDINGPRT
1648 07 07	AK	CIJEN	STOFFER	PIETERS		AVE	VERLATEN?
1646 05 29	AK	CIJRIACUS	CIJRIACUS		HOORN	AEFJEN	OLDE EBBPOORTE
1648 02 02	AK	CIJRIACUS	CIJRIACUS		HOORN	AEFJEN	OLDE EBBPOORTE
1643 02 26	AK	CIJRIACUS	JAN	GIJSBERTS		CATHARINA HOORN	SWANESTR
1649 02 01	AK	CIJRIACUS	WILLEM	TITZING		ELISABETH HOORN	WAGE
1647 03 11	AK	CIJRICK	CIJRICK	AIJSEMA		AELTIEN	IJNEWECH
1642 10 14	AK	CLAERTIEN	ABRAHAM		BARLINKHOF	AELTIEN GEERTS	GULDENSTR
1644 01 17	AK	CLAERTIEN	BARTHOLMEUS		CONSTANCE	HINDRICKJEN BROUWES	VISCHMERKT

Year Mo Da	Chr	Child's Given Name	Father/Child's Patronymic	Father's Patronymic	Father's Surname	Mother	Address
1642 06 03	AK	CLAERTIEN	BOLDERWIJN	MARSELLIS		GRIETIEN	SLEEMERSST
1643 12 13	AK	CLAERTIEN	ULRICH/SERG.	N.		MARIE HOORNKES	OOSTERSTR
1646 11 03	AK	CLAERTJEN	HARMEN	JANSSEN		TIETJEN	WOERT
1646 10 23	AK	CLAERTJEN	JURJEN		BATRAM	JANTIEN JANS	LANE
1648 01 16	AK	CLAES	AARENT	CLAESSEN		ANNECHIEN	SUIDERDP
1644 02 16	AK	CLAES	ABEL	CLAESSEN		MARRECHIEN	OOSTERPOORTE
1646 10 22	AK	CLAES	ALBERT	CLAESSEN		SWAENTIEN	PELSERSTR
1648 04 27	AK	CLAES SMIT	ANDRIES	CLAESSEN		IKE JELIS	HEERPOORTE
1641 01 17	MK	CLAES	ARENT	CLAESSEN	GROENOUW	--	EBBSTR
1649 11 20	AK	CLAES	BARTELT	WILLEMS		ANNA	N.BOTATRSTR
1647 10 03	MK	CLAES	BERENT	EVERTS		CORNELISJEN	3 MEULENS
1642 06 17	AK	CLAES	CLAES	CLAESSEN	BACKER	GRIETIEN	HEERPRTE
1647 05 23	MK	CLAES	CLAES	CLAESSEN		MARRECHIEN	MEULENSTR
1647 01 15	AK	CLAES	CLAES	STEIJES		MINKE CLAESSEN	VOLTINGSTR
1641 11 24	AK	CLAES	COERT	CLAESSEN		ELSJEN HINDRIX	DAMSTERDP
1648 01 07	AK	CLAES	CORNELIS	CLAESSEN		TRIJNTIEN ROELEFS	GROTEGANG
1644 10 18	AK	CLAES	CORNELIS	CLAESSEN		TRIJNTJEN ROELEFS	GROTEGANG
1645 12 16	AK	CLAES	CORNELLIS	HINDRIX		ANNE	PLUMMERSGANG
1649 07 27	AK	CLAES	DERCK		HOGER	TAMME DERX	TIJMENSMEULEN
1649 10 21	AK	CLAES	DERK	JACOBZ		ANNETIEN GERTRANS	HOORNSDIJK
1646 11 01	MK	CLAES	EGBERT	CLAESSEN		JANTIEN WILLEMS	STEENTILPOORTE
1649 01 28	AK	CLAES	EIJSSE	ONNENS		LUIBETEN	HORNSCHDIJK
1645 03 28	AK	CLAES	EMME	STEVENS		RENSKE TONNIS	HELPEN
1648 12 09	AK	CLAES	ENGELBERT	FRIETERS		AELTIEN	BOTTRPRT
1643 06 18	AK	CLAES	EVERT	ISEBRANDTS		AECHE CLAESSEN	TORFTOORNSTR
1648 01 18	AK	CLAES	FOCKE	TONNIS		HILLETIEN	HELPEN
1642 02 13	MK	CLAES	GEERT	BERENTS		HINDRICKJEN CLAESSEN	MUERE
1642 01 14	AK	CLAES	GEERT	CLAESSEN		MECHTELTIE BEMMENS	N.EBBSTR
1641 04 14	AK	CLAES	GEERT	CLAESSEN		MENJE HOVINGS	SCHUITNDP
1646 03 22	MK	CLAES	HAEKE	CLAESSEN		ANNECHIEN	BOTTRDIEP
1644 10 06	MK	CLAES	HAIJKE	DAEVIS?		MARRECHIEN	COSTERSGANG
1647 11 25	AK	CLAES BELANTE?	HANS	BELLER		JANTIEN	BREEGANG
1641 07 18	MK	CLAES	HARMEN	CLAESSEN	LANTMETER?	GRIETIEN	N.EBBSTR
1643 01 29	MK	CLAES	HARMEN		JONCKBLOET	HARTIEN	NOORDERDIEP
1643 01 29	MK	CLAES	HARMEN	ENBELBERTS		SISSELTIE	BOTTERMERCKT
1646 09 30	NK	CLAES	HENDRICK	EVERTS		JANTJEN THOMES	KAERELSWECH
1644 07 10	AK	CLAES	HILLEBRANT		WUSSUM	MEIJNE	NIJEWECH
1649 01 17	MK	CLAES	HINDRICK	COERTS		ROELEFJEN	M.KERKHOFF
1645 14 24	AK	CLAES	HOIJKE	AERIES		GRIETJE	BOTTRINGEPOORTE
1643 04 04	AK	CLAES	J./RADTSCH:	GRAUWERS		ANNA LUPPENS	OOSTERSTR
1641 06 15	MK	CLAES	JACOB	KOENER		ANNETIE	GRUIJSRAMERS/MEULE
1642 06 21	MK	CLAES	JACOB	COEN		ANNETIEN	CRANE
1645 12 31	AK	CLAES BERENTS	JACOB	CLAESSEN		GEERTIEN JANS	POELESTR
1647 05 09	MK	CLAES	JACOB	CLAESSEN		JUTTE	PEPERSTR
1644 03 13	AK	CLAES	JACOB	CLASSEN		TRIJNE	COSTERSGANG
1648 05 06	AK	CLAES	JACOB		FRIES	WIJPKE	BEULSTOORN
1647 09 26	AK	CLAES	JACOB?	JAECEMS?		WIJPKE JACOBS	BEULSTOORN
1642 10 27	AK	CLAES	JAN	CLAESSEN	SCHUITESCHVR	AASJEN	SCHUITENDP
1641 03 12	AK	CLAES	JAN	ELTES		ANKE CHRISTIAENS	JONKERSTR
1641 10 17	AK	CLAES	JAN	JANSEN		ANNEKE	DRIEMEULEN
1642 08 18	AK	CLAES	JAN	FOLKERTS		ANNETIEN CLAESSEN	VISSCHRSTR/MUIR
1643 11 19	AK	CLAES	JAN		BALCH	CATALIJNE	CROMMEJADT
1642 09 08	AK	CLAES	JAN		FACHER?	ELISAB. GARD.SCHOTTEN	N.WECH
1646 03 11	AK	CLAES	JAN	WILLEMS		ELSIEN	SCHEDAMSGANG
1641 11 18	AK	CLAES	JAN	PIETERS		GEERTIEN ROELEFS	A POORTE
1641 06 13	AK	CLAES	JAN	HARMENS		GEERTIEN JANS	RAAMSTR
1641 07 09	AK	CLAES	JAN	WIJLENS		GEESJEN	EBBINGESTR
1643 12 22	AK	CLAES	JAN	HEKES		GRIETJEN CLAESSEN	HEERSTR
1645 10 26	MK	CLAES	JAN	HERMENS		HERMTIEN	SCHUTENDIEP
1641 01 19	AK	CLAES	JAN	CLAESSEN		JANTIEN ARENTS	GULDENSTR
1648 10 26	AK	CLAES	JAN	CENTS?		MARRECHIEN	EBBPRT
1646 04 12	MK	CLAES	JAN	GOTTING		METTE	GROTE BROERNE STR
1646 03 03	AK	CLAES	JAN	HARMENS		SARA	RAAMSTR
1648 10 03	AK	CLAES	JAN	HARMENS		ZARA	RAAMSTR
1644 12 24	AK	CLAES	JELTE	EGBERTS		HILLE	NIJESTADT
1648 10 17	AK	CLAES	JOANNES	HINDRIX		MARRECHIEN	SLEMENNERST
1647 01 31	AK	CLAES	JOANNES	HINDRIX		MARRETIEN	SLEMENNERSSTR
1649 02 20	AK	CLAES	JOVIS	JANSSEN		LAMMETIEN	MEULENSTR
1646 08 02	AK	CLAES	JURJEN		WINCKELMAN	ENGELE JANS	SLEEMENDERSTR
1648 06 05	AK	CLAES	JURJEN	JURJENS		JANTIEN	VISSCHERSTR
1648 02 06	MK	CLAES	JURJEN	JURJENS		TRIJNTIEN WILLEMS	N.EBBSTR
1644 10 04	AK	CLAES	KLAES	CRIJNS		GRIETE	SCHIEDAMSGANG
1645 09 03	AK	CLAES	KOERT	CLAESSEN		ELSJEN	DAMSTERDIEP
1648 09 03	AK	CLAES	LAMBERT	JANS		MARRECHIEN	JAC.GSTHUIS
1648 04 02	AK	CLAES	LAURENS	FRANSZ		STIJNTIEN	AKERK
1642 06 08	AK	CLAES	LAURENS	CLAESSEN		TOEBE JANS	BRUGGESTR
1641 10 22	AK	CLAES	LUITIEN	EEVERT		HEBELE	SCHUTEMKRSTR
1645 11 12	MK	CLAES	LUITIEN	JANS		TALLE	COSTERSGANG
1641 03 19	MK	CLAES	LUITIEN	JANS	BACKER	TRIJNTIEN	N.EBBSTR
1642 01 16	MK	CLAES	LUITIEN	PIETERS		TRIJNTIEN	NIJEWECH
1644 09 20	AK	CLAES	LUITJEN	CLAESSEN		ROELEFJEN	SUIDERDIEP
1647 02 28	MK	CLAES	LUITJEN		HOVINGE	TETTIEN WALDRICHS	HELPEN
1644 07 17	MK	CLAES	LUITJEN	JANS		TRIJNTIEN	N.EBBINGESTR
1647 04 19	MK	CLAES	MEIJNERT	SIPKENS		GEERTIEN TONNIS	HEERPOORTE
1648 03 19	AK	CLAES	MENNE	CLAESSEN		ANNE	RAAMPOORT
1648 08 27	AK	CLAES	OTTO	EGBENS		FENNETIE	WOERT
1641 03 09	AK	CLAES	PIETER	JANSEN		GEBBE CLAESSEN	PELSERSTR
1641 10 31	MK	CLAES	PIETER	DANIELS		GRIETE	PRINCENSTR
1646 10 18	AK	CLAES	PIETER	CLAESSEN		HARMEN	S.TONISGASTH.
1645 01 07	AK	CLAES	PIETER	LUITIENS		TRIJNTIEN EDEMWS	A.DIEP
1646 11 08	AK	CLAES	REIJNT	CLAESSEN		TRIJNTIEN	HAVENSTR
1642 05 10	AK	CLAES	REMMERT	ALBERTS		DEDECHIEN	GELTINGESTR
1646 01 28	AK	CLAES	ROELEF	POULS		BEKE WILKENS	PLUIMERSGANG
1648 08 08	AK	CLAES	ROKES	HANSSEN		GREITE	HEERPOORTE
1646 07 14	AK	CLAES	THOMAS		MANTINCK	ANNEKE	HEERSTR
1645 03 23	MK	CLAES	TONNIS	CLAESSEN		TIETIEN PIETERS	BOTTRDP
1647 06 29	MK	CLAES TER BORCH	WIJBRANT	SIJKENS		HINDRICKJEN	VISCHRST
1647 04 22	AK	CLAES	WILLEM	CLAESSEN		ALBERTIEN	RAAMSTR
1647 11 24	AK	CLAES	WILTE	JANS		GESE	PELSERSTR
1646 04 10	AK	CLAES	WRITZER	JOCHIMS		BAUCHEN	EBBSTR
1647 04 21	AK	CLAESJEN	CLAES		HIJVINUS	LUCKE JANS	OLDEMEUWEWERF
1648 01 25	AK	CLAESJEN	EGBERT	GERRITS		GRIETJEN	CORMMEJADT
1645 12 07	AK	CLAESJEN	HARMEN	CORNELLIS		TRIJNTIEN HARMENS	LEELIENSTR
1648 05 23	AK	CLAESJEN	JACOB	CLAESSEN		AELTIEN	JACOBSGASTHUIS
1647 07 16	AK	CLAESJEN	JAN	JANSSEN		GEBBE	HEEREPOORTE

Year Mo Da	Chr	Child's Given Name	Father/Child's Patronymic	Father's Patronymic	Father's Surname	Mother	Address
1644 10 08	AK	CLAESJEN	JOANNES	LEORIUS		ELISABETH	OSSEMERCKT
1645 09 30	AK	CLAESJEN	SIJMON	CLAESSEN		MARRECHIEN JANS	N.STRAEJEN
1641 03 21	MK	CLARA	EGBERT	TONNIS	BACKER	ALBERTIEN	JACOBINERSTR
1644 05 10	AK	CLARA	GEERT	CLAESSEN		MEENE	DAMSTERDIEP
1646 10 07	AK	CLARE	EGGER	SELSTERS?		ANNE JOCHINK	OLDE DOELE
1649 07 15	MK	CLEMENS	GABRIEL	ABRAHAMS		STIJNTIEN	PRINCENSTR
1647 12 10	AK	CLES?	HARMEN	LAMBERTS		ALBERTIEN	BROERSTR
1641 09 24	AK	COERT	GEERT	COERTS		BRECHTJEN HINDRIX	GELTINGESTR
1643 10 13	AK	COERT	HARMEN	GEERTS		CORNELISJEN	GEWELD.POORTE
1646 09 24	AK	COERT	HEMME	JANS		SWAENTJEN	CRAENEPOORT
1642 08 16	AK	COERT	LUBBERT/SOLD.	GEERTS		SWAENTIEN	COSTERSGANG
1642 07 28	AK	COERT-HARMEN	CLAES	JEGER		ANNA-MARIA	HAVESTR
1644 08 27	AK	CONRADUS	ECKHARDUS	MATTHAUS		ADRIAENTIEN	LAMHUINGESTR
1640 01 11	AK	CONRADUS	HANS		KOCK	GRIETE	NIJEWECH
1647 04 16	MK	CONRADUS	HINDRICK		WINTER	GEERTRUIT	BRUGGESTR
1643 01 20	AK	CONRAET	COERT		ROSEBROECK	JEIJE CARST	DONKERSGANG
1648 08 10	AK	CONRAET	HENRI/DR		ZIRENBORCH	BEERTIE	BOTTRSTR
1645 14 29	AK	CONRAET	HINDRICK		WINTER	GEERTRUIT	BRUGGESTR
1648 08 25	AK	CONRAET	LUCAS	JURJENS		LIJSABETH	BOTATRSTR
1645 03 16	AK	CONRAET	STOFFER		POOL	AELTIEN	JADTSTR
1645 07 23	AK	COOP	JAN		VOOS	GEESJEN WOLFS	SCHOOLHOLM
1642 03 15	MK	COOP	JAN	PAASCHENS		TRIJNTIEN	STOELDRSTR
1644 03 17	AK	COOP	LUBBERT	ALBERTS		ANNECHIEN CLASSEN	A
1645 02 26	AK	COOPJEN	JAN	GECHERS		JANTIEN FOCKENS	JUDEJAT STR
1641 11 12	AK	CORNELESJEN ALM.?	ALLERT	JANSEN		ANNE HINDRIX	RAAMSTR
1648 05 14	MK	CORNELIA MARIA	CHRIANUS		PORIZONIUS?	MARG. HOTZINGE?	BOTTRSTR
1648 04 02	AK	CORNELIA	CLAES	STEIJES		CATALINA GERRITS	VOLTSTR
1647 01 26	AK	CORNELIA	DERCK	THOMAS		FRANSJEN	BUTJENSTR
1641 06 09	MK	CORNELIA	GERHARD		BERGE,TEN	HOUKE FREDEN,VAN	POELSTR
1647 02 14	AK	CORNELIA	JAN	JACOBS		RIXTE	TIMMERWAL
1649 07 01	AK	CORNELIA	SIJWERT	EGBERTS		HESTER HUMTING	CRAEN
1645 01 29	AK	CORNELIA	THOMAS		MUNTING	ANNECHIEN LEUSSINGH	HEERSTR
1647 03 10	MK	CORNELIE	HARMEN	ENGELBERTS		SESSELE	BOTTRMERKT
1641 04 30	AK	CORNELIJS	GARBRANT	THOMAS		GRIETIEN	HARDINGESTR
1646 09 20	MK	CORNELIJS	LUIJTJEN	JANSEN		HARMTJEN LUIJTIES	POELSTR
1645 04 02	AK	CORNELIJSEN	HINDRICK	LAMBERTS		GEESJEN	SCHUITENDP
1641 01 26	AK	CORNELIS (illig)	--			SUSANNA SOLKAMA	STOELDREIJERST
1648 11 14	AK	CORNELIS	ADAM		AREMEL	ANNETIE	POELSTR
1643 12 16	AK	CORNELIS	ARENT	VREERCKS		JANTIEN	PRINCENSTR
1647 02 14	MK	CORNELIS	ARENT	HINDRIX		LIJSABETH	SCHUITNDP
1644 04 21	MK	CORNELIS	BERENT	JACOBS		BEEKE RADIJS	BREDEMERCKT
1649 02 28	AK	CORNELIS	CHRISTOFF	RADIJS?		URSELA	STOELDSTR
1646 12 18	AK	CORNELIS	CLAES	WEEWS?		FRERICKJEN	BOTTERDIEP
1641 10 22	AK	CORNELIS	EEDE	HINDRIX		AELTIEN	HEERPRT
1645 08 20	AK	CORNELIS	EIJBO	JOREN	CHIRURGUS?	GRIETIEN PIETERS	EBBSTR
1648 11 10	AK	CORNELIS	GARBRANT	PIETERS		AELTIEN	HEERPRT
1641 11 10	AK	CORNELIS	HARMEN	HARMENS		GEERTIEN	BENTHOLM?
1645 07 01	MK	CORNELIS	HARMEN	DEPKES	KOCK	GIJSSELS	JADT
1648 06 19	AK	CORNELIS	HARMEN	ARENTS		GRIETIEN	DAMSTERDP
1643 09 08	AK	CORNELIS	HILLEBRANT	DERX		GEBBE CORNELIS	VISCHPIJP
1649 12 27	AK	CORNELIS	HILLEBRANTS	(sic)		GEERTIEN	VIOLENSTR
1642 03 09	AK	CORNELIS	HINDRICK	JANSEN		AEFJEN	LUTKEBUTJESTR
1642 04 11	MK	CORNELIS	HINDRICK		JALINGE?	ALE ALBERTS	RAAMSTR
1649 01 04	MK	CORNELIS	HINDRICK	JANS		JANTIEN	BOTTRDP
1641 07 11	NK	CORNELIS	HINDRICK	HANS	DOCKUM,VAN	MAIJE	PRINCENSTR
1646 02 22	AK	CORNELIS	JACOB	LUCAS	BOSSEL	ANNEKE	SUIDERDP
1642 08 21	AK	CORNELIS	JAN	JANSEN		AVE	SUIDERDP
1646 01 20	AK	CORNELIS	JAN	ABELS		EBELE	N.STADT
1647 10 10	AK	CORNELIS	JAN	MEIJERS		STIJNTIE CORNELIS	VOLTSTR
1647 04 25	AK	CORNELIS	JAN	CLAESSEN	KOLTHOF	WEIJNTIEN CORNELIS	CORELL
1648 10 02	AK	CORNELIS	JAN		HOLTHOFF	WENNETIEN CORNELIS	BIJTERSTR
1646 05 12	AK	CORNELIS	JOAN	JAN	MEURS	BEERTJEN	TORFTOORNSTR
1649 09 05	AK	CORNELIS	JOCHIM	ADOLPHS		ELSJEN	PRINCENSTR
1642 08 14	MK	CORNELIS	LAMBERT	WILLEMS		FROUCKE	OOSTERPRT
1642 06 04	AK	CORNELIS	PHILIPS		FLORIJN	ANNETIEN CORNELLIS	STOELDREIJRS
1648 06 19	AK	CORNELIS	PIETER	CLAESSEN		LAMMETIEN	ROSENSTR
1642 02 16	AK	CORNELIS	RIJNT	CLAESSEN		TRIJNTIEN	DAMSTERDP
1642 06 21	MK	CORNELIS	TEWES	ADAMS		GEESKE TEEWES	--
1641 04 26	MK	CORNELIS	THOMAS	CORNELIS		AELTIEN HINRIX	HELPEN
1643 12 19	AK	CORNELIS	WILLEM	LUITJENS		ANNA	VOLTINGESTR
1647 06 13	AK	CORNELIS	WILLEM	CORNELIS		GEESJEN JANS	HEERPOORTE
1648 12 19	AK	CORNELISJEN	CLAES	GERRITS		MARRETIEN	PICKEERST
1641 12 05	MK	CORNELISJEN	EGBERT	JANSEN		JANTIEN CORNELIS	DAMSTERD/PORT
1646 03 15	AK	CORNELISJEN	GERRIT	CORNELIS		WEMELE TANNIS	HARD.STR
1641 02 02	AK	CORNELISJEN	GODDE	EELIJNCKS	BARKER	--	DRA
1647 01 17	AK	CORNELISJEN	HAIJKO	GEERTS		ANNEKE VISSCHERS	JACOBS GASTHUIJS
1641 11 12	AK	CORNELISJEN	HARMEN	CORNELIS		TRIJNTIEN JANSEN	LEEIJENSTR
1649 08 17	AK	CORNELISJEN	HILLEBRANDT		WUSSUM	MEENTIEN	VISSCHRSTR
1645 11 05	MK	CORNELISJEN	HINDRICK	BRANTS		GEERTIEN	MUSSCH.GANG
1648 03 26	MK	CORNELISJEN	JACOB		GROEVE,DE	GEERTIEN	WOLBORGH
1644 03 01	AK	CORNELISJEN	JAN	JANSSEN	SCHUTENSCHE	AVE	SUIDERDIEP
1648 10 03	AK	CORNELISJEN	LUITIEN		KNOT	ETJEN LAMBERTS	HELPEN
1643 10 22	MK	CORNELISJEN	POUL	HEIJNES		TRIJNTIEN ROLEFS	NIJE EBBSTR
1643 10 22	AK	CORNELISJEN	POUWEL	HEIJNENS		TRIJNTIEN ROELEF	N.EBBSTR
1646 10 22	AK	CORNELISJEN	REMMERT	CORNELIS		N.N.	TORFTOORNSTR
1649 12 05	AK	CORNELISJEN	SIJBRANT	WIGBOLTS		WEMELA	SCHUTENDP
1643 12 28	AK	CORNELISJEN	TAMME	TIARCKS		ELSJE	CRANEPOORTE
1642 02 08	AK	CORNELIUS	JAN	CORNELIS		MARIA	LANE
1643 10 24	AK	CORNELLIS	JAN		HOSEWINKEL	EVE CORNELLIS	NIJESTADT
1643 01 17	AK	CORNELLIS	JAN	MEIJNTS		STIJNTIEN CORNELLIS	VOLTINGESTR
1646 07 12	MK	CORNELLIS	REIJNER	CORNELIS		GRIETE	STEENTILPOORTE
1643 02 06	AK	CORNELLIS	VREERCK	CORNELLIS		AELTIEN CLAES	MUERE
1643 03 30	AK	CORNELLISJEN	THOMAS	BEENTZ		JANTIEN	LEELIENSTR
1646 09 11	AK	CRACHTJEN	CRACHT (deed)		KETEL	[WEDUWE]	VISCHMERKT
1647 08 08	MK	CRIJN	HARMEN	CRIJNS		JANTIEN	BOTTRDIEP
1644 10 20	MK	CRIJN	JAN		DON	AELTIEN	DAMSTERDIEP
1647 11 14	MK	CRIJN	JAN	KRIJNS		NIESJEN JANS	HEERSTR
1647 11 05	AK	CUDOLPH?	JOANNES	WICHERS		CLARA LUDOLPHI	BOTTRSTR
1646 11 15	MK	CUNIERE	JOANNES	COOPS		JANTIEN	EBBPOORTE
1643 02 26	MK	CUNNETIE	ALBERT	CLAESSEN		AGTHE JANSSEN	GEESTL.MAAGDENSTR
1642 12 16	MK	CUNNETIE	THOMAS	OTTENS		ANNETIE WABBENS	CRAMERRIJP
1649 06 26	AK	CUNNETIEN	LUBBERT	ALBERTS		ANNECHIEN	A
1645 01 03	AK	DAMES	MICHEL	EMMELS		ANNECHIEN	DAMSTERDP
1647 09 05	AK	DANIEL	ARENT	EVERHEM?		ANNETIE EUSUM,V	VOLTINGSTR
1643 08 20	MK	DANIEL	BERENT	HINDRIX		GRIETIEN	HOFF

Year Mo Da	Chr	Child's Given Name	Father/Child's Patronymic	Father's Patronymic	Father's Surname	Mother	Address
1643 10 29	AK	DANIEL	DANIEL/SOLD.		POELIJ	LIJSABETH	VISSCHERSTR
1646 06 28	MK	DANIEL	GERHARDUS	NICOLAI		ELISABETH	N.EBBSTR
1644 03 08	AK	DANIEL	HANS	HINDRICKS		TRIJNTIEN	PRINCENSTR
1641 01 12	AK	DANIEL	HARMEN/LIEUT:	TEPENS			HEERSTR
1642 07 19	AK	DANIEL	HERMEN	MATTHIAS		ANNETJEN	PEPERSTR
1649 10 28	MK	DANIEL	HINDRICK	LEFFERS		STIJNE	N.EBBSTR
1645 05 11	AK	DANIEL	JAN	WILKENS		BARBER	SUIDERDP
1649 10 21	MK	DANIEL	JAN	PIETERS		CATELIJN LENERTS	OOSTRPRT
1644 09 08	MK	DANIEL	JAN	HARMENS		GRIETE ISEBRANTS	GELTINGESTR
1645 01 24	MK	DANIEL	JEREMIAS	MEES		ANNECHIEN SIJGERS	STEENTILSTR
1644 04 17	AK	DANIEL	JOOST		RAVO?	MARRECHIEN	PRINCNESTAL
1641 06 20	AK	DANIEL	MARTIEN	HINDRIX		ITIEN	MUER/O.BENTHEM?
1648 09 06	AK	DANIEL	/PROF.	BORGESIUS		CATH. NIJBORCH	BOTTRSTR
1642 08 14	MK	DANIEL	ROELEF		AMSING	GEESJEN JANS	BOVEN DE HALLE
1643 02 19	AK	DANIEL	TIJES	LUITJENS		LIJSABETH	SLEMENNERSTR
1646 04 26	AK	DANIEL	VOLTEN	HANS		MARGRIETE KLAMGE?	VISSCHERSTR
1642 02 27	MK	DANIEL	WILLEM	JANSEN		MAGDALEENTIEN	GELTINGESTR
1641 10 22	AK	DANKERICH	HENDRICH	MARTENS		LIJSEBETH	LEELLJENSTR
1648 08 16	AK	DATE	JAN	DATES		GRIETIEN	HEERPRT
1647 09 12	AK	DAUWE? (male)	WILLEM	WILLEMS		ANNECHIEN	SLEMENERS
1641 01 06	AK	DAVID	CHRISTOFFER		BUS	SARA	POELESTR
1641 04 26	MK	DAVID	CORNELIS	JANSEN		--	N.EBBSTR
1646 03 18	AK	DAVID	CORNELIS	SIJMENS		TIADEKE VULLEN,VAN	EBB.STR
1642 07 29	AK	DAVID	DAVID	SIJMENS		TEELCKE	BREDEMERCKT
1649 03 11	MK	DAVID	GEERT		WESELINEN	N.N.	BOTTINGEGANG
1643 12 21	AK	DAVID	GEERTS	--		TRIJNTIEN	SUIDERDIEP
1648 07 22	MK	DAVID	HINDRICK	LUBBERTS		MARRECHIEN	HEERSTR
1646 06 20	AK	DAVID	JACOB		HORENBEECK,V	GEERTRUIT	STEENTILSTR
1645 02 28	AK	DAVID	JACOB		HAMERSMIT	MARGRIETE SPRINGERIM	HAVENSTR
1646 10 21	AK	DAVID	JAN	DAVIDTS		TALLE	GELTINGESTR
1645 12 14	MK	DAVID	MATTHIJS	HINDRIX		AELTIEN	SCHUTEDIEP
1642 05 15	MK	DAVID	NANNE	JASPERS		LEENTIEN	MARTINIKERKE
1641 10 31	AK	DAVID	PHILIPS	DERCKS		SIJBRICH REMKENS	DRA-KERCKE
1646 08 28	AK	DAVID	SIMON		HOORENBECK	IDICHJEN ASEHENDORPS	STADTSHALLE
1647 10 07	MK	DAVIDT	PIETER	JANS		GESE	NIJEVISCHMKT/MUIR
1642 07 07	MK	DEETJEN	HERMEN	ROBERS		THIJSJEN	BOTTRINGESTR
1647 11 12	MK	DELIANE	POPKE	UTTKES		GRIETE	OOSTBREEGANG
1642 09 07	AK	DERCK	ABEL	DERKS		GEERTRUIT	O.POELEPRT
1643 11 19	MK	DERCK	ABEL	DERX		GEERTRUIT	BUTJENSTR
1642 04 03	MK	DERCK	ALBERT	JELMERS		MARIA LAURENS	JACOBINESTR
1648 09 12	AK	DERCK	ALBERT	HINDRIX		TRIJNE	HAVENSTR
1646 11 22	MK	DERCK	AUGUSTUS	AUGUSTI		GEERTRUIT	PLUIMERSGANG
1644 06 07	AK	DERCK	BARTELT	JANSSEN		JANTIEN	OOSTERPOORTE
1645 10 07	AK	DERCK	BERENT	GEERTS		DOETJEN	MUERE
1648 03 26	MK	DERCK	BERENT	ROELEFS		HILLECHIEN	BLEOMSTR
1642 12 22	AK	DERCK	CORNELIS	PIETERS		EBELTIEN	CRANEPOORTE
1644 01 12	AK	DERCK	CORNELIS	JANSSEN		JANTIEN	RADEMERCKT
1649 01 23	AK	DERCK	CORNELIS	PIETERS		MARRETIEN	HARDINGST
1645 12 28	AK	DERCK	DERCK	JACOBS		ORSELTIEN	NIJEJADTSTR
1644 07 24	AK	DERCK	FOCKE	HINDRIX		LIJSBET DERX	SCHUTEND./BREEGANG
1645 12 06	AK	DERCK	GERRIT		HUISMAN	ANNECHIEN	DRENKLERS
1646 02 22	MK	DERCK	GERRIT	JANSSEN		HINDRICKJEN GEERTS	BOTTERSTR
1642 09 13	MK	DERCK	GERRIT	REMMERTS		JANTIEN DERCKS	KRANEPOORTE
1642 12 06	AK	DERCK	GIJSBERT	HARMENS		GEERTRUIT DERX	RAMSTR
1644 02 09	MK	DERCK	GIJSBERT	HARMENS		GEERTRUIT	RAAMSTR
1648 08 06	MK	DERCK	GIJSBERT	HARMENS		GEERTRUIT	PRINCENSTR
1648 09 02	AK	DERCK	HANS	DERX		IDETIEN	JADT
1642 07 16	AK	DERCK	HARMEN	HARMENS		BEERTE	HEERSTR
1642 06 12	AK	DERCK	HARMEN	DERX		FROUWKE	JONKERENSTR
1647 01 14	AK	DERCK	HARMEN	GIJSENS		GEERTRUIT	TONNIS GANG?
1649 10 14	MK	DERCK	HARMEN	GIJSEN		GEERTRUIT	DRIST/PRINCENSTR
1641 11 07	AK	DERCK	HARMEN	JURJENS	SUIJDER	TRIJNTIEN	VISSCHERSTR
1648 09 27	AK	DERCK	HINDRICK	HARMENS		ANNEKE	RAAMSTR
1646 08 02	AK	DERCK	HINDRICK	CLAESSEN		ANNICHJEN HINDRICKS	SLEEMENDERSTR
1647 02 04	AK	DERCK	HINDRICK	HAIJES		FIJKE	N.EBBSTR
1643 09 06	AK	DERCK	HINDRICK		JONGBLOET	JETSKE ROEBERS	PELSERSTR
1649 01 07	MK	DERCK	JACOB	CHRISTOFFER		AELTIEN	SUDIERDP
1649 04 17	MK	DERCK	JACOB		COEN	MENJE	LEELJENSTR
1642 09 15	MK	DERCK	JAN/SOLDAET	DERX			VISSCHERSTR
1648 11 01	AK	DERCK	JAN	HINDRIX		AELTIEN	HEERSTR
1648 11 19	MK	DERCK	JAN		SCHELBART	ANNA	BEULSGANG
1644 05 15	AK	DERCK	JAN	JANSSEN		FENNE DERX	HELPEN
1646 01 01	MK	DERCK	JAN	HINDRIX		FENNE	BOTTERDIEP
1646 01 30	AK	DERCK	JAN	JANSSEN	SCHIJPER	FENNE DERX	MEULENSTR
1647 08 08	MK	DERCK	JAN	HARMENS		GRIETE	GELTINGESTR
1643 08 22	AK	DERCK	JAN/SERGEANT	TONNIS		GRIETJEN DERX	VOLTINGESTR
1642 04 21	AK	DERCK	JAN	LAMBERTS		HARMTIEN DERCKS	SWANESTR
1642 07 05	AK	DERCK	JAN	GEERTS		JACOBJEN	HEERPRT
1642 06 26	AK	DERCK	JAN	CLAESSEN	SANDWEER,VAN	JEIJTIEN	VISCHMERCKT
1646 05 29	AK	DERCK	JAN	JANSSEN		LIJSABETH	SCHUITMKRWAL
1642 10 26	AK	DERCK	JAN	DERX		SWANE JURJENS	DAMSTERDP
1642 08 21	AK	DERCK	JAN	EVERS		TRIJNTIE	JADTSBRUGGE
1647 02 17	AK	DERCK	JURJEN	JANSSEN		HEBBELTJEN	EBBINGPRT
1644 07 05	AK	DERCK	KOERT	MARTENS		TRIJNE HARMENS	DRA
1644 06 14	AK	DERCK	LAMBERT	WILLEMS		FROUCKE	OOSTERPOORTE
1646 09 23	AK	DERCK	MENSE	JANSEN		LAMME JANSEN	PLUIJMERSGANCK
1644 09 29	AK	DERCK	NANNE	HAIJENS		EEMECHIEN	WOERT
1642 08 23	AK	DERCK	PIETER	JANSEN		GRIETE	JONKERENSTR
1648 02 06	AK	DERCK	REIJNT/LIEUT	ALBERDA		HILLENA KETWICH,V?	VISSERST
1641 02 28	MK	DERCK	REMMERT	DERX	BARKER	ANNETIE	CARELSWECH
1646 03 30	MK	DERCK	ROELEF	DERCKS		GEPKE ETZKENS	JANSSTR
1641 10 24	AK	DERCK	ROTGER	JOANNES	MEINARDI	ELLETIEN DERX	SWANESTR
1648 03 22	AK	DERCK	SIABBE	EIJSENS		GEBBETIEN KERKERS	PEPERSTR
1644 08 30	AK	DERCK	TAKE	DERX		GRIETJEN WILLEMS	DAMSTERDIEP
1648 10 01	AK	DERCK	WILLEM	THOMAS		ANNA	CRANEPRT
1649 11 04	MK	DERCK	WILLEM	JANS		NIESJEN	PEPERSTR
1644 11 17	MK	DERCK	WOLTER	HEIJNENS		DELE DERCKS	HELPEN
1648 01 03	MK	DERCKIEN	GOOSEN	BARELTS		HEMKE	HAVENSTR
1641 03 09	AK	DERCKIEN	HARMEN	JURJENS		SWAENTIEN JANS	FIOELENSTR
1641 03 21	AK	DERCKIEN	HARMEN	WILLEMS		TRIJNTIE	KL.PELSSTR
1641 07 18	AK	DERCKIEN	JAN	DERCKJEN		MARGRIETE	KIJCK/JADTSBRUGGE
1649 01 10	AK	DERCKJEN	ANDRIES	EIJLERTS		NIESJEN	LAMHUINGESTR
1644 09 05	AK	DERCKJEN	BERENT	EVERTS		CORNELISJEN	3 MEULLENS
1649 05 09	AK	DERCKJEN	BERENT		MULLER	GEERTRUIT DRAPERS	POELSTR
1644 12 04	MK	DERCKJEN	CORNELIS	HINDRIX		ANNA	PLUIMERSGANG

Groningen Baptisms Alphabetized by CHILD'S GIVEN NAME, 1640-1649

Year Mo Da	Chr	Child's Given Name	Father/Child's Patronymic	Father's Patronymic	Father's Surname	Mother	Address
1648 02 18	AK	DERCKJEN	CORNELIS	HINDRIX		ANNE	PLUIMERSGANG
1642 06 03	AK	DERCKJEN	DERCK		WEERLE,VAN	JANTIEN	BOTTINGEGANG
1641 03 03	MK	DERCKJEN	DERK/ZLG. decd	REIJNTIES		WEED. (widow)	DAMSTDP
1647 04 01	AK	DERCKJEN	JAN	HINDRIX		FENNE	NIJEWECH
1648 04 17	MK	DERCKJEN	JURJEN	TOMES		CONRELISJE	O.BREGANG
1642 05 20	AK	DERCKJEN	WILLEM	JANSEN		JANTIEN	POELESTR
1649 05 23	MK	DERK MARTENS	ELIAS	DERX		HILLETIEN	N.EBBSTR
1649 05 27	MK	DERK	HINDRICK	OTTENS		ENGELTIEN	BOTTRSTR
1649 10 28	AK	DERK	JAN	LAMBERTS		GRIETE	3 M3UL3N
1642 10 05	AK	DERKEN	THOMAS	JANSEN		EVROU ALLERTS	CRANEPRT
1641 10 27	AK	DERKJEN	OTTE	JURJENS		ASSELE ONNENS	DAMSTERDP
1649 03 04	MK	DERKJEN	WARNER	LUCAS		GRIETIEN	N.STRAETIEN
1649 10 28	MK	DETERT	HANS		BARNEVLEET	GRIETIEN	COLLEGIE
1649 08 02	MK	DEUWE	JOANNES	DOUWES		ALBERTIEN BRUINING	SWANESTR
1644 03 06	AK	DEWER	ABRAHAM	FRERIX		ANNETIEN HINDRIX	SUIP-STRATE
1645 01 19	MK	DIELTIEN	JAN	TEEWES		ANNECHIEN EEVERTS	EBBSTR
1642 05 05	AK	DIEUKE	DERCK	JANSEN		FOKEL JANA	HAVENSTR
1646 08 09	MK	DIEUKE	DOUWE	MENTS		HELMERICH	BOTERDP
1644 09 29	AK	DIEUWER	MARTEN	GEERTS		SAARTJE	TIMMERWERF
1642 04 24	AK	DIEVERTIEN	FREERCK	OTTENS	HOOGBOOTSMAN	AELTIE JANS	CRANEPRT
1641 11 10	AK	DIEVERTIEN	THONIS?	ARIJS		TRIJNTIEN	ROODEBRUGGE
1644 09 29	MK	DIEWER	BOELE	EGBERTS	BLEIJKER	MARRECHJEN	JOAIS.BRUGGE
1641 03 05	MK	DIEWER	JACOB	JANS		GEPKE MEIJNERTS	BOATTRDP
1643 09 19	AK	DIEWERT	HARMEN	HINDRIX	MULLER	LIJSEBET WILLEMS	HEERPOORT
1643 11 10	AK	DIEWERTE	MEIJNT	BERENTS		SWAENTIE	SLACHTERSRIJP
1647 03 09	AK	DIEWERTIE	LUCAS	HINDRIX		CORNELISJEN	SCHUITEMRSSTR
1647 12 12	AK	DIEWERTIE	SIJWERT	JACOBS		FROUKE SIJBOLTS	HEERSTR
1641 03 19	MK	DIEWERTIEN	BOELE	EGBERTS	BLEIJKER	MARRECHIEN	SCHUITNDP
1649 04 08	MK	DIEWERTIEN	HARKES	FRITS		AELTIEN JANS	EUBA?
1644 01 30	AK	DIEWERTIEN	HINDRICK	HARMENS		GRIETJEN OTTENS	HARD.STR
1642 06 17	AK	DIEWERTIEN	JAN	JANSEN	POTBACKER	AELTIEN	DAMSTERDP
1643 10 03	AK	DIEWERTIEN	JAN	HARKENS		IDE	N.JADTSTR
1646 05 24	MK	DIEWERTIEN	SIJWERT	JACOBS		FROUKE	HEERSTR
1646 09 24	AK	DIEWERTJEN	PETER	JANSEN		ANNE	OOSTERPRT
1648 03 11	AK	DIRCK	HANS		ROEST	ANNA	SCHUTENWAL
1648 01 14	AK	DIRCK	JAN		FLUGGER	ALEIJT	CRAENDIEP
1641 10 08	AK	DIRCK	PIETER	DIRCKS		GEERTRUIT	OOSTERSTR/ANTHGSTH
1641 09 28	AK	DIRCK	VINCENT	PHILIPS		FROUWKE	N.JADTSTR
1641 07 27	AK	DIRCKJE	TIERCK	ROELEFS		ANTIE KRIJNS	MUNNEKEHOLM
1641 09 07	AK	DIRCKJEN	JAN	RICKELS		SEIJCKE DERX	SCHUITENRWAL
1646 05 07	AK	DOECHIEN	ALEN?	WESSELS		N.N.	DRAPOORTE
1646 08 27	AK	DOECKE	ROELFF	DOECKES		GEESJEN REIJCKENS	SCHOLHOLM
1644 01 10	AK	DOEDE	LUITIEN	EEVERTS		HEEBEL	SUIDERDIEP
1645 08 28	AK	DOEDE	TIDDE	EVERTS		FEIJE JANS	SUIDERDP
1643 10 08	MK	DOEDE	USKE	EGGENS		GRIETE REMKES	O.STEENTILPOORT
1646 11 04	AK	DOERTIEN	TONNIS	JACOBS		ANNECHIEN TONNIS	BREDEGANG
1647 03 12	AK	DOETJEN	JAN	JANSSEN		TRIJNTIEN	BLOEMSTR
1641 10 22	AK	DOETJEN	LUITIEN	EEVERT		HEBELE	SCHUTEMKRSTR
1644 10 08	AK	DOETJEN	WILLEM	HARMENS		BERENTIEN	JONKERENSTR
1646 12 20	MK	DORETHEA	JAN	SIPKES		DOUTIEN	OOSTERPOORTE
1643 04 09	MK	DORETHEA	JURJEN		MEIJER	HIDDE	TIJMENS MEULLE
1645 09 26	AK	DOROTHE	JAN	EGBERTS		GEESJEN SCHULENS	A.
1645 03 20	MK	DOROTHEA	ANTHONIS		MULLER	ELFJEN	RAAMSTR
1647 05 14	MK	DOROTHEA	HANS	ADAMS		BRECHTE	MEULENSTR
1644 01 24	AK	DOROTHEA	HANS/SOLD.		WITGREVEN	DOROTHEA	BOTTERDIEP
1645 14 25	AK	DOROTHEA	JOCHIM	HELM		TONISJIEN	JOANNESSTR
1647 06 22	AK	DOROTHEA	PIETER	ANTHONI		CATHARINA WEGERS	SCHOOLHOLM
1644 06 27	AK	DREEWS	CLAES	CLAESSEN		MARRECHIEN DREEWS	HOORNSCHEDIJK
1648 06 15	MK	DREWES?	JAN	DREWES		FENNE	SLEMENERSTR
1641 09 08	AK	DREWS	HARMEN	ABELS		ANNETIEN DRIEWS	SCHUTENDP
1648 03 29	AK	DUETIEN?	JAN	CLAESSEN		JANTIEN	NIJE EBBSTR
1644 05 19	AK	EBELE	MICHEL	CLAESSEN		LUBBE EBELS	SCHIEDAMSGANG
1644 05 28	AK	EBELTIE	STOFFER	JANS		GRIETE	BOTTERDIEP
1646 03 18	AK	EBELTIEN	ANDREAS		WITMANUS	HARMKE BERENTS	POELESTR
1646 05 13	AK	EBELTIEN	JACOB	IKENS		ANNECHIEN JANS	DAMSTERDP
1644 07 10	AK	EBELTIEN	JACOB	HINDRIX		HILLE	SCHUITENDIEP
1648 11 30	MK	EBELTIEN	JAN	JANSSEN		ANNA	SUIDERDP
1646 08 30	MK	EBELTJEN	PHILIPS	DERCKS		SIJBERICH REIJNTJES	N.WECH
1648 03 05	MK	ECKE	DOUWE	MEIJNTS		ELMERICH	BOTTERDIEP
1649 09 19	AK	ECKE	JACOB	HINDRIX		TRIJNTIEN	BOTTRSTR
1644 02 18	MK	EDSKE	JELTE	EDSKES		GEESE LUERTS	STEENTILPOORTE
1642 12 09	AK	EDZART FREDERICH	JAN		GREVING	ELTEKE TONGEREN,V.	EBBSTR
1649 01 31	AK	EDZE	ARNOLDUS		ZANDT	CATHARINA EPPE	BOTTRINGST
1641 10 17	AK	EDZERT	UDE	RIJKENS		MEIJNSJEN	SLEEMENNERSTR
1647 11 19	AK	EEBELTIE	ANDREAS		WIDEMANIJ?	HARMTIE BERENS	POELPOORT
1641 01 13	AK	EEBELTIE	ANDRIES		WEDEMEIJER	--	BOTTRDP
1647 10 10	AK	EEDE	HINDRICK	DREEUS		TRIJNE	RAEMSTR/DRIST
1643 10 15	MK	EEFJE	MEERTEN	MEERTENS		ANNETIE WIBBES	MUERE
1645 03 04	MK	EEFJEN	MARTIEN	MARTENS		ANNECHIEN	MUERE
1646 01 18	MK	EELIAS	MARTEN	TIJANIS		MORRITS?	NESMAKERSSTR
1647 03 17	AK	EELK	HARMEN	JANS		FOKEL	RIJCKINTJAT?
1649 10 16	AK	EELKE	HARMEN	JANS		FOKEL	JADT
1646 01 02	MK	EELKE	HARMEN	JANSSEN		FOKELE	JADT
1647 09 08	AK	EELKE	HEMME	JANSSEN		GEERTRUIT CROTMANS	BUTJENSTR
1648 12 04	AK	EELKE	THOMAS	EELKES		EVA THOMAS	HAVENSTR
1646 10 08	AK	EELTIEN	/LIEUTENANT	ALBERDA		HILLENA HETWICK,V	EBBSTR
1646 09 24	AK	EEME	JAN	ALBERTS		MARICHJEN JANS	LANE
1641 07 20	AK	EEMKE	HOMME?	HINDRIX		AELTIE	PLUIMERSGNG
1645 09 12	AK	EEMTIEN	EGBERT	JANS		ALBERTIEN	SCHUTENDIEP
1642 11 16	AK	EEMTIEN	JAN	ROTGERS		ANNETIEN ALBERTS	HELPEN
1649 10 04	AK	EENE	FREERK	ALBERTS		JANTIEN DUBBETS	VOLTSTR
1642 02 24	AK	EENJE	LAMBERT	JANS		JANTIEN EENENS	SCHUITNDP
1646 01 20	AK	EENJE?	EERNST	EENJES		GEESJEN	SCHOOLHOLM
1647 09 05	AK	EEPKE	TONNIS	PIETERS		HILKE ALBERTS MULLERS	3 MEULEN
1641 03 06	MK	EERNST FR.BRESSE	EERNST/SOLDAET	FRED.	BRESSE	EUSE HAIJES	RAAMSTR
1649 04 20	MK	EERNST	EERNST	LUCAS		GEESJEN JANS	NIJEWECH
1644 02 18	MK	EERNST	HINDRICK	SCHAINCK		TEETJEN JANS	HEERESTRATE
1642 04 06	AK	EERNST	JAN	GEERTS		ANNE JANS	NIEUWE WECH
1643 12 03	MK	EERNST	JAN	EERNSTS		FENNE JANS	BUTJENSTR
1644 11 24	MK	EERNST	JAN		OVING	MEIDINA SCHAFFERS	N.BOTTRSTR
1642 10 16	AK	EERNST	JAN		DIEMER	STIJNTIEN	VOLTINGESTR
1647 10 08	MK	EERNST	JAN		DIJMER	STIJNTIEN	VOLTINGESTR
1649 03 06	AK	EERNST	OTTE	REIJNERS		ANNETIEN	AKERKE
1641 06 13	AK	EERNST BERNHART	WIGBOLT/CAPT.		ISSELMUIDEN,V	JOHANNA ---,VAN	--
1642 06 19	MK	EERTWIJN	JAN	EERTWIJN		MECHTELT KEINGEMA?	HEERSTR

Year Mo Da	Chr	Child's Given Name	Father/Child's Patronymic	Father's Patronymic	Father's Surname	Mother	Address
1642 01 19	AK	EESJEN	JOANNES		BECKMAN	MARIA JANS	KERKJOFF
1640 08 15	AK	EESJEN	MARTEN	GEERTS		GRIETIEN	SUIDERDP
1649 02 08	MK	EESJEN	VREERK	GEERTS	BACKER	MARIA	3 MEULEN
1641 08 31	AK	EESSE	MARTIEN	GEERTS		GRIETE	RAAMSTR
1644 06 05	AK	EETE	FOCKE	CLAESSEN		DIEWER	STEENTILPOORTE
1642 10 04	AK	EETIEN	JAN	HINDRICKS	RUITER	MAAIJKE JANS	NOORDERDIEP
1641 08 01	MK	EETIEN	JAN	HINDRIX		MARRECHIEN PIETERS	BOTTRDP
1646 11 25	AK	EETJEN	ANDRIES	JACOBS		GEERTRUIT	SCHUITENDP
1648 02 22	AK	EETJEN	GERBRANT	BEMEEMA?		SARA	HARDSTR
1644 11 22	AK	EETJEN	JAN	PIETERS		GEBKE	STEENTILSPORTE
1646 10 22	AK	EETJEN	LUICHJEN	EVERTS		NEBEL	WESTIND.HUIS
1647 12 05	MK	EETJEN	ROTGER	HARMENS		METTE	SCHUITNDP
1647 07 11	AK	EETJEN	UDE	RIJCKENS		TAETJEN HINDRIX	CRANEPOORTE
1641 09 30	AK	EEVA	HINDRICK/SOLD		BREMER	MECHTELT	RAAMSTR
1641 01 17	AK	EEVE?	FREERK	ALBERTS		JANTIEN	VOLTSTR
1643 09 19	AK	EEVERT	CLAES	EVERTS		METTE LUBBERTS	SLEMENNERSTR
1647 06 03	AK	EEVERT	SIJWERT	EVERTS		MARIA JOCHIMS	BRUGGESTR
1645 11 20	AK	EEVERT	WESSEL	EEVERTS		ABELTIEN	SUIDERDIEP
1647 01 31	MK	EGBERT	ALBERT	ALBERTS		JANTIEN GEERTS	STEENTILSTR
1646 03 28	AK	EGBERT	BALTSAR	IVERTS		GEERTRUIT EGBERT	DRA POORTE
1643 12 29	AK	EGBERT	BALTSER	EEVERTS		GEERTRUIT EGBERTS	A POORTE
1646 07 30	AK	EGBERT	BASTIAEN	EGBERTS		GRIETE	SCHUIJTENDP
1641 04 13	AK	EGBERT	BERENT	EGBERTS		TIAKE	WEESHUIJS
1642 05 06	AK	EGBERT	BERENT	EGBERTS	HARBERGIER	TRIJNTIEN	HEERPRT
1648 01 05	AK	EGBERT	BOELE	EGBERTS		MARECHIEN HIDDENS	JANSBRG
1642 03 30	AK	EGBERT	BOELE		BLEIJCKER	MARRECHIEN	S:JANS BRUGGE
1648 04 14	AK	EGBERT	DERCK	EGBERTS		CELIE	BLOEMSTR
1645 08 24	DK?	EGBERT	DERCK		VOS	GEESJEN STAELS?	N.VISMERKT
1642 11 27	MK	EGBERT	EGBERT	ROELEFS		ANNECHIEN MANNINGS	POELPRT
1642 10 27	AK	EGBERT	EGBERT	JANSEN		GEESJEN	SCHUITEMKSWAL
1644 01 10	MK	EGBERT	EGBERT		HOUBOIJS?	HEIJLTIEN VERKERCK	BOTTRSTR
1642 03 20	MK	EGBERT EGBERTS	EGBERT	EGBERTS		JANTIEN LUITIENS	N.EBBSTR
1649 05 22	MK	EGBERT	EGBERT		HEIJSING	MELTIIEN	POELEPOORTE
1644 01 18	AK	EGBERT	GERRIT	EGBERTS		ABELTIEN HINDRIX	A POORTE
1649 02 07	AK	EGBERT	HANS	JOCHIKMS		JANTIEN	O.EBBPRT
1646 11 01	AK	EGBERT	HINDRICK	EGBERTS		ANNEKE	JATSBRUGGE
1649 04 26	AK	EGBERT	HINDRICK		STEIJNHOFF	JANTIEN	PRINCENSTR
1641 12 14	AK	EGBERT	JAN/LIEUT:	COENDERS		AELTIEN HILLEBRANTS	BOTTRSTR
1648 09 06	AK	EGBERT	JAN	JANSSEN		HILLETIEN	PAUSGANG
1646 06 05	AK	EGBERT	JAN	EGBERTS	SUIST?	LUMMECHIEN	GELTINGSTR
1642 06 30	AK	EGBERT	JAN	MEIJNERTS		MAAIJKE	SCHUITENDP
1647 08 27	AK	EGBERT	JAN	REMKES		MARRETIEN	ROOBRUGGE
1649 04 17	MK	EGBERT	JAN	EIJLERTS		ROELEFJEN	CRANEPOORTE
1644 11 08	AK	EGBERT	JAN	RIEMERTS		TRIJNTIEN	VISSCHERSTR
1646 02 22	MK	EGBERT	JELTE	EGBERTS		HILLECHIEN AELELFS	N.BOTTRSTR
1648 10 29	AK	EGBERT	LAMBERT		GOOR,V	WOBBETIEN	VOLTINGSTR
1648 07 09	MK	EGBERT	PETER	CLAESSEN		ROELEFJEN	N.EBBSTR
1643 11 19	AK	EGBERT	PHILIPS	DERX		SIJBRICH REMKES	AKERKE
1643 07 30	MK	EGBERT	POPPEL	EGBERTS		AELTIEN	N.S JOANNS STR
1644 06 07	AK	EGBERT	/RAATSH.		EIJBEN	CHRISTINA ALTING	A KERCK
1643 01 20	AK	EGBERT	ROELEF	EGBERTS		AELTIEN JOHANNIS	A POORT
1647 04 07	MK	EGBERT	STEFFEN	EGBERTS		TRIJNTIEN	PRINCENSTR
1641 01 07	AK	EGBERT	WILLEM	JANS		SIJBERTIEN	
1649 10 16	AK	EGBERTIEN	EGBERT	LUTSES		NIESJEN	MUERE
1642 09 22	AK	EGBERTIEN	LUITIEN	CLAESSEN		ROELEFJEN	SUIDERDP
1648 09 08	AK	EGBERTIEN	TONNIS	JANS		ANNETIE	MEULENSTR
1642 06 01	AK	EGBERTUS	ARNOLDUS		WIGGERINCH	GESE DERX	TORSTOORNSTR
1642 03 20	MK	EGER	POPKE	EEGERS		WILLEMTIEN PHILIPS	SWANESTR
1641 06 19	MK	EGGE	AARENT	EGGENS		AELTIEN	SCHUTNDP
1641 04 21	AK	EGGE	BUETKE	EGGENS		GRIETE REMKES	PLUMERSGN
1641 12 17	AK	EGRICUS	EGGO	PHEBENS		JANTIEN KNOLS	OOSTERSTR
1647 07 06	AK	EIJBO	EIJBO	INEN	CHIRUGIJN?	GRIETIEN PIETERS	EBBSTR
1645 10 03	AK	EIJLERT	BERENT	JANS		FENNECHIEN	BUTIJENSTR?
1641 12 21	AK	EIJLERT	GEERT	JANSEN		ELSJEN JANSEN	BREEGANG/SCHUT
1642 12 25	MK	EIJLERT	JAN/SOLD	EILERTS		ENGELTIEN	STEENTILP./BRUGGE
1643 07 25	AK	EIJLKE	ANDOLF		CLANT	MARGRIETE POLMANS	HEERSTR
1642 05 22	MK	EIJLKE	CORNELIS	EILKES		ANNA	OOSTERPRTPIJPE
1648 06 11	MK	EIJLKE	LENERT	ROELEFS		ENGEL	PRINCENSTR
1644 11 05	MK	EIJSKE	EPPE	ALBERTS		GEESJEN	SLEMENNERSTR
1641 03 17	MK	EIJSO BAAUKENS	HINDRICK	TAMKEN		TRIJNTIEN	POELSTR
1646 05 17	AK	EIJSSE	REMMERT	EIJSSENS		REMKE EBELS	BONTEBRUGGE
1647 10 17	AK	EIJTIEN	JAN	GERLEFS		DEIJF? JANS	A.
1641 12 04	AK	EILARDUS	MEIJNT	JANSEN	TAMBOER	MOEDER? DIRX	HEERNSTR
1642 07 13	AK	EISCKO? CLANDT	ANDOLPH/CAP:		CLANT	MARGRETA	HEERSTR
1642 06 02	AK	EITZO	REGNERUS	TIAERDA		JOHANNA FOLKERTS	A KERCK
1646 01 13	AK	ELDJEN	CLAES	JANS		ELSJEN GERRITS	HAVENSTR
1647 08 11	AK	ELFIEN	GEERT	JANS		GRIETE	SCHUITENDP
1644 08 28	AK	ELFJEN	CASPAR		STOCKEN?	ELSJEN COSTERS	PAULBLIEKERSGANG
1647 06 27	MK	ELFJEN	ENGEL	N.		GEESE ENGELS	RADEMERCK
1644 11 05	AK	ELFJEN	JAN	HANSSEN		SIBILLA	VISSCHERSTR
1641 02 24	MK	ELFJEN	JOANNES	CLEOS		ELSJEN BERENTS	SWANESTR
1644 12 15	MK	ELFJEN	VRERICK/SOLD.	HERENS		TRIJNTJEN	G.M.CLOOSTER
1643 11 05	AK	ELIAS	ALBERT	WOLTERS		MARRECHIEN	SCHOOLHOLM
1647 09 09	AK	ELIAS	CASPER	STOCKERS		CATHARINA	BLEKENSGANG
1647 07 14	AK	ELIAS	EGBERT	CLAESSEN		ANNE CLAESSEN	VISSCHERPIJP
1644 08 09	MK	ELIAS	ELIAS		RASKER	MARRECHIEN	GEESTL.MAAGDESTR
1644 05 07	AK	ELIAS	HANS/SERGEANT		NECHLIJN	GEERTRUIT	JADT
1642 06 11	AK	ELIAS	JOHAN	HARMENS		SWANE EGBERTS	LELLJENSTR
1642 01 23	AK	ELIAS	MARTEN		HAACK	LEENTJEN	MUERE
1641 03 03	MK	ELIJSABETH	EVERT	ISEBRANTS		--	N.JADTSTR
1641 10 27	AK	ELIJSABETH	HARMEN	EGBERTS		AECHTE	MUERE
1645 11 30	MK	ELIJSABETH	JAN	JURJENS		ELSJEN HARMENS	BEULSGANG
1648 06 10	AK	ELIJSABETH	JOHAN	HOENDRIX		AELTIEN ANTHONIJ	SWANESTR
1641 08 10	AK	ELIJSABETH	JURJEN/SOLDAET		MOER	BEATRIX	MUERE
1641 11 17	MK	ELISABET	ELIAS		REKENER,DE	SWAENTIEN	EBBSTR
1648 09 05	AK	ELISABET	ENGELBERT	HARMENS		JANTIEN	KALWERK
1642 07 27	AK	ELISABET	GERENIJN?		RODENBURGH	GEERTRUIJT	HELPEN
1645 10 29	AK	ELISABET	PAULUS		TRUNCK?	ELISABET ROEN	COSTERSGANG
1647 08 11	AK	ELISABETH	ANTHONIUS		DEUSINGIUS	SOPHIA OOSTERWIJLKS	BOTTRSTR
1648 12 17	AK	ELISABETH	CLAES	JACOBS		SUSANNE	DRA
1648 03 03	AK	ELISABETH	CONRAET		WAGENER	LAMMETIE	HEERSTR
1646 04 02	AK	ELISABETH	DEIJE	JANSSEN		GRIETE	VISSCHERSTR
1648 02 22	AK	ELISABETH	ECKE	CLAESSEN		TRIJNE JANS	SCHUTENDP
1642 10 11	AK	ELISABETH	EGBERT	SELTER	TAMBUER	ELISABETH	CRANE
1646 06 17	MK	ELISABETH	EVERWIJN		PATENIUS	MAGDALENE BRUCHERI	GELTINGSTR

Year Mo Da	Chr	Child's Given Name	Father/Child's Patronymic	Father's Patronymic	Father's Surname	Mother	Address
1642 03 26	MK	ELISABETH	EVERWINUS		PALTENIUS	MAGDALENA BRUCHERI	SWANESTR
1643 04 30	MK	ELISABETH	GILLIS		PUTTO,VANDEN	ANNA MARIA BUSSERS	BOTTRSTR
1644 01 09	AK	ELISABETH	GUILLIAEM		PALMER	MARGRIETE	BOTTRSTR
1646 10 20	AK	ELISABETH	HANS	PHILIPS		ANNA	ZUIDERDP
1649 06 17	MK	ELISABETH	HARMEN	BENEDICTUS		MAGDALENE	WOLBORCHST
1644 01 30	AK	ELISABETH	MART.	SCHOKIUS		ANGELICA MERCK,VAN	HARD.STR
1644 06 12	MK	ELISABETH	MARTIJN	SIJMONS		SAASTIEN JANS	HUINNGECAMERS
1644 12 04	MK	ELISABETH	MATTHIAS		RUNNA?	JANNEKEN ADAMS	PRINDENSTR
1644 08 25	AK	ELISABETH	MICHEL		SOULAGE	FRENIJ	NIJEJADTSTR
1642 11 27	AK	ELISABETH	NATHANAEL		BRUCE	GEESJEN VROERSMA	VOTLSTR
1646 09 03	AK	ELISABETH	PETER		BRANDENBORGH	ANNICHJEN HANSEN	ROSENSTR
1644 06 02	AK	ELISABETH	RENR.		CLINGE	JOHANNA ARNOU	S:JANSBRUGGE
1645 07 25	AK	ELISABETH	SIABBE	GUNNENS?		ANNECHIEN	PELSERSTR
1643 09 05	AK	ELISABETH	WILLEM	TITZINGE		ELISABETH HOORN	WAAGHE?
1646 08 23	AK	ELIZABETH	JOCHEM		DRESELAER	ELSJEN	JEMCKEBARKERSGN
1645 00 23	AK	ELLE	ELLE/W./CORP.	JANS		HESTER BECKERS	NIJEWECH
1644 01 12	AK	ELLE	GEERT	HANSSEN		AELTIEN ELLENS	HEERSTR
1646 12 15	AK	ELLE	JAN		FEERWERT,VAN	CATARINA WESSELS	A POORTE
1642 12 11	AK	ELLE	JAN	BALTSARS		WILLEMTIEN ARENTS	COLDEGADT
1642 04 28	AK	ELLECHIEN	AILKO	SIJBRANTS		ANNEKE ELLIENS	N.EBBSTR
1642 03 11	AK	ELLECHIEN	GOOTIEN	FREERX		TRIJNTIEN JACOBS	SCHUITNDP
1648 11 30	AK	ELLECHIEN	JACOB	POPKENS		GRIETIEN	BOTTRPOORT
1648 06 08	MK	ELLECHIEN	LUCAS	HINDRIX		TRIJNTIE JURJENS	BOTTRSTR
1647 02 17	AK	ELLECHJEN	BARTOLT	JANSSEN	/SADELM.?	JITJEN	POELESTR
1648 00 20	AK	ELSABE	LAURENS		OVERCAMP	NEELTIEN	HEERSTR
1646 11 27	AK	ELSABE	NICLAES	JANICHEN		ELISABETH	BEUTJE?
1646 01 23	AK	ELSE CATRINE	JURJEN		WEIJDEMAN	ELSE	MEULENSTR
1644 07 14	MK	ELSEBE	CONRAET		WITTEN	AMME	M/EBBOMGESTR
1645 02 27	AK	ELSEBE	JAN	JANSSEN		EVERTIEN	SUIDERDP
1648 12 29	AK	ELSEBE	JURJEN	WILKENS		HILLECHIEN	POELSTR
1643 06 06	AK	ELSEBE?	JAN	JANSSEN		EVERTIEN	WESTINDISCHHUIJS
1649 02 04	AK	ELSIEN	ALBERT	KUITS?		SWAENTIEN	SCHUTEMAKERSTR
1647 12 29	AK	ELSIEN	BOELE	JANS		WILLEMTIEN	SCHUTNDP
1649 12 19	AK	ELSIEN	EVERT	RAVENS		ANNECHIEN	JONKERSGANG
1645 09 08	AK	ELSIEN	HANS	PETER	KNOPEUS?	TRIJNTIEN	SCHUITMRSSTR
1646 06 17	MK	ELSIEN	HARMEN	LAMBERTS		ALBERTIEN GORRIS	BROERESTR
1642 05 10	AK	ELSIEN	HINDRICK	WILLEMS		ANNECHIEN BARCKHUIS	HEERPRT
1649 04 11	MK	ELSIEN	JAN	PIETERS		EEIJE	NIEUWEWECH
1643 08 29	AK	ELSIEN	LUCAS	EVERTS		ANNETIEN BERENTS	HEERENCAMERS
1646 04 15	AK	ELSIEN	WERT	CORNELIS		TRIJNTIEN	FIOLENSTR
1649 12 26	AK	ELSJEN	ALBERT	KUITS		SWAENTIEN	SCHUTEMRSWAL
1642 00 06	AK	ELSJEN	ARENT	ARENTS		HARMTIEN	JONCKERENSTR
1643 10 22	AK	ELSJEN	ARENT	ARENTS		HARMTIEN	JONKERENSTR
1646 02 17	MK	ELSJEN	BARTHOLOMEUS	BERBERER	BEDEL	AELTIEN	ACADEMIE
1641 09 24	AK	ELSJEN	BERENT		LIPPE,VANDER	JANTIEN OTTENS	HEERSTR
1645 12 31	AK	ELSJEN	BERENT	GEERTS		TRIJNE	SCHUTIENDIEP
1648 11 16	AK	ELSJEN	CASPER	STARKES		CATRIJNE	SUIDERDP
1647 02 11	AK	ELSJEN	CHRISTIAEN	BERENTS		TRIJNE	PELSERSTR
1647 09 22	AK	ELSJEN	D.G.	PICCARDUS		CATHARINA BAUKENS	BOTTRSTR
1644 10 10	AK	ELSJEN	DERCK	EIJLLERS		DIEWER JANS	SCHUITENDIEP
1649 08 29	AK	ELSJEN	EDE	GOSSENS		WOBBETIE	HEERPOORTE
1647 10 01	AK	ELSJEN	EERNST	IGEL?		GEESJEN EERNST	SUIDERDP
1642 11 15	AK	ELSJEN	ELLERUS?	JOANNIS		JANTIEN HERENS	SWANESTR
1641 12 15	AK	ELSJEN	ENGELBERT	HANSEN		FENNE	BEULSGANG
1646 08 14	MK	ELSJEN	ENNE	WIJNHOLTS		ANNEKE	JONKERENSTR
1641 11 02	AK	ELSJEN	EVERT	HARMENS		ANNE ARENTS	SUIDERDP
1648 06 21	AK	ELSJEN	FRANS	JURJENS		AELTIEN HARMENS	N.BOTTRSTR
1649 01 07	MK	ELSJEN	FREECK	HINDRIX		HINDRIKJEN	NOORTDIJCK
1644 07 23	AK	ELSJEN	FREERCK	JANS		SUSANNA	VISSCHERSTR
1646 01 14	AK	ELSJEN	FREERCK	HARMENS	CRUIDENER	TRIJNTIE FREERX	LUINDENST?
1644 04 02	MK	ELSJEN	FRITZE	WESSELS		LEENTIEN	NIJESTADT
1647 03 13	AK	ELSJEN	GAUCKE	JANS		TIETJEN LUITJES	A POORTE
1641 08 25	AK	ELSJEN	GEERT	ALBERTS	SUIJDER	GEERTRUIT HINDRIX	PELSERSTR
1643 07 09	MK	ELSJEN	GERRIT	HUISMAN		ANNECHIEN HINDRIX	TIJMENSMEULEN
1641 03 16	MK	ELSJEN	HANS	JURJENS	BREDA,VAN	ANNA MARIA	VISSCHRSTR
1643 09 17	FIJE	ELSJEN	HANS	JOCHIMS		FIJE	MEULENSTR
1645 03 21	MK	ELSJEN	HANS		KLEIJN	LIJSBETH	MUSSCHERSGANG
1643 08 14	AK	ELSJEN	HANS		HAVESTADT	TRIJNTIEN	BEULIJE
1646 06 24	AK	ELSJEN	HANS		HABESTADT	TRIJNTIEN HINDIRX	BEULSTOORN
1642 12 18	AK	ELSJEN	HARMEN/SOLD	JANSSEN		ANNE JANSSEN	NIJESTADT
1646 10 28	AK	ELSJEN	HARMEN		RIDDER	CATARIJNA	PLUIMERSGANG
1642 02 08	AK	ELSJEN	HARMEN	BERENTS		GRIETE CLAESSEN	KRANESTR
1643 12 16	AK	ELSJEN	HARMEN		BERCKHUIS	TRIJNTIEN	A KERKE
1645 11 19	AK	ELSJEN	HINDRICK	HARMENS		AGNETA	VISSCHERPIJP
1643 09 14	AK	ELSJEN	HINDRICK	HARMENS		AGNETE ROELEFS	VISSCHERSPIJP
1648 01 02	MK	ELSJEN	HINDRICK	HINDRICX		ANNEKE	HARDINGST
1643 12 29	AK	ELSJEN	HINDRICK	JANS		ELSJEN	BOTTERDIEP
1648 02 16	AK	ELSJEN	HINDRICK		SMIT	GEBBE	BEULSGANG
1643 11 23	AK	ELSJEN	HUIBERT	JANSSEN	BACKER	GEERTRUIT	STEENTILSTR
1645 04 18	AK	ELSJEN	JACOB	ROELEFS		JANTIEN	SCHEEDAMSGANG
1642 03 08	AK	ELSJEN	JACOB		IIJNE?	LUCKE JANSEN	SCHUITEMAKERSWAL
1646 02 10	AK	ELSJEN	JAN	BERENTS		AELTIEN	VISSCHERSTR
1644 11 19	AK	ELSJEN	JAN	SAPPENS		ANNA	KRANEPOORTE
1643 09 15	AK	ELSJEN	JAN	FOCKENS		EIJTE JANS	ROSENSTR
1643 03 29	AK	ELSJEN	JAN	JANSSEN	GOUTSMIT	GRIETIEN TIARCKS	STEENTILSTR
1646 07 21	AK	ELSJEN	JAN	GEERTS		GRIETJEN	NIEUWEWECH
1645 14 27	AK	ELSJEN	JAN	JACOBS	HOLSTEIJN	LUMKE MEIJNERTS	CRANERIPE
1645 08 14	MK	ELSJEN	JAN	JACOBS		MENSE PHILIPS	MOESKERSGANG
1647 03 31	MK	ELSJEN	JAN	JACOBS		MENSE	MOESKERSGANG
1643 10 31	AK	ELSJEN	JAN	JACOBS		N.N.	MOESKERSGANG
1641 06 08	MK	ELSJEN	JAN	HANSEN	DIEUWES D.D.	SIBBE	VISSCHERSTR
1642 03 20	AK	ELSJEN	JOCHIM		RODEVAEN	FENNE GEERTS	NIEUWESTADT
1644 03 20	AK	ELSJEN	LAMBERT		MUNTINCK	ANNETIE	CRAMERSRIJPE
1648 11 19	AK	ELSJEN	LUCAS	JANS		TALLE	SCHUTNDP
1646 01 02	MK	ELSJEN	MICHEL		KENNEMA	URSELE HERES	SWANESTR
1647 01 10	AK	ELSJEN	PIETER	EVERTS		ANNECHIEN	W.J.TEMMERWERF
1649 01 07	AK	ELSJEN	PIETER	EVERTS		ANNETIEN	WOERT
1646 11 10	AK	ELSJEN	PIETER	JACOBS		JANTIEN ROELEFS	HARDINGESTR
1647 06 25	AK	ELSJEN	ROELEF	JANSSEN		TRIJNE	RAAMSTR
1646 08 08	AK	ELSJEN	SIJWERT	CORNELIJS		GEESJEN	FIOELENSTR
1647 12 28	AK	ELSJEN	SIJWERT	CORNELIS		TRIJNTIEN ABBRINGE	NIJEJADTSTR
1643 01 22	AK	ELSJEN	SWIJTERT	JANSSEN	RUITER	LUTGERTJEN	HEERSTR
1648 02 11	AK	ELSJEN	TIAER	JANSZ		ANNETIE MATHIJS	BOTTRSTR
1646 01 27	AK	ELSJEN	WICHER	JANSSEN		MARRECHIEN JULLENS	GELTINGESTR
1642 08 07	MK	ELSJEN	WILLEM	STEFFENS		AGNETE	BUTJENSTR

Year Mo Da	Chr	Child's Given Name	Father/Child's Patronymic	Father's Patronymic	Father's Surname	Mother	Address
1648 11 19	MK	ELSJEN	WILLEM		HEEP	JACOBJEN ROULS	BOTTRDP
1643 09 14	AK	ELSJEN	WILLEM	JANSSEN		JANTIEN	DRA/BOUREBRUG
1645 12 30	AK	ELSJIEN	JORGEN	STEIJN		GRIETJEN	JONKERENSTR
1643 01 27	AK	ELSKE	CLAES/SOLD.		LIJP	TRIJNE	RADEMERCKT
1642 08 11	AK	ELSKE	HINDRICK	JACOBS		TRIJNE	BUTJENSTR
1642 12 13	AK	ELSKE	JAN	HARMENS		SAARTIEN JANS	RAAMSTR
1647 04 23	AK	ELSKE	JEBBE	SEKENS		GEBBE ISEBRANTS	HAVENSTR
1646 12 20	MK	ELSKE	ULDRICK	HANSSEN		DORENTHE	DAMSTERDP
1642 04 24	MK	ELTEKE	EVERDUS	AIJCKEMA		ENGELTIE STONIUS	POELSTR
1646 12 09	AK	ELTIE	GEERT	BERENTS		WILLEMTIEN	BOTERSTR
1643 03 17	MK	EMERENTIANA	GEERT		HORENHEN?	BEELE MANNINGHA	MERKT
1646 02 27	AK	EMMECHIEN	HARMEN	JANS		BEERTIEN	SCHUITENDP
1646 03 10	AK	EMMERENTIANA	JONAS		ORGANIST	GEERTRUDT STALPEERTS	JADT
1642 07 31	AK	EMMERENTIANA	JONAS	JACOBS		GEERTRUIT STALPAERTS	JADT
1640 12 30	AK?	EMMERENTZ	ABRAHAM		DIURKLAIJE,V	--	EBBSTR
1644 06 18	AK	ENGEL	CORNELIS	PIETERS		JEIJE WARNERS	RAAMSTR/DRIST
1647 07 08	AK	ENGEL	GIJSBERT	HARMENS		GEERTRUIT	PRINCENSTR
1644 06 01	AK	ENGEL	HARMEN	JANS	SCHUTENSCH	EGBERTIEN	SCHUTENDIEP
1647 12 11	AK	ENGEL	HARMEN	HINDRIX		TEUBEKE	WOERT
1645 01 05	MK	ENGEL	JAN	ENGELS		BEERTE	CLEIJNEBUITIENST
1649 03 04	AK	ENGEL	JAN	JANSEN		FENNE	PRINCENSTR
1649 01 17	MK	ENGEL	LAMBERT	LAMBERTS		ANNE	RAAMSTR
1643 06 20	AK	ENGELBERT	ALBERT	ENGELBERTS		ELSJEN BERENTS	DRAKERCK
1643 11 05	AK	ENGELBERT	DUIRT	JACOBS		FENNETIE	VOLTINGESTR
1644 10 03	AK	ENGELBERT	HARKE	ENGELBERTS		GEERTIEN ROELEFS	CROMELLEBOGEN
1641 07 08	AK	ENGELBERT	HARMEN	ENGELBERTS		SISSELTIEN	BOTTERMERCKT
1642 12 06	AK	ENGELBERT	HINDRICK	SICKENS		TRIJNTIEN	G.MAEGDENSTR
1647 08 23	AK	ENGELBERT	JAN		MASTMAN	DIEWER JACOBS	STOELDRSTR
1643 06 24	MK	ENGELBERT	JOANNES		WISMAN	MARGRIETE	SCHUITENDIEP
1643 08 02	AK	ENGELBERT	LUBBERT	JULSINGE		CLAESJEN FROME	BOTTRSTR
1649 05 15	AK	ENGELBERT	QUINTIJN		ALLERSHOFF	GESINA WINSH	TORFTOORNSTR
1644 09 15	MK	ENGELE	BANNES	THOMAS		AAGHTE	PRINCENSTR
1648 11 28	AK	ENGELE	/DR.		WICHEL	JANTIEN MIEES	BOTTRINGESTR
1643 01 24	AK	ENGELE	HARMEN	HARMENS		FENNE	PRINCENSTR
1643 02 19	AK	ENGELE	HINDRICK	RENGERS		AELTIEN	N.BOTTRPOORTE
1644 03 12	AK	ENGELE	JAN	JANSSEN		GIERTIEN	SCHOOLHOLM
1645 06 24	AK	ENGELE	JURIEN		GRUITER	STIJNE HEMMERS	RAAMSTR
1644 03 21	AK	ENGELE	MARCUS	ALTES		SIJTSKE ANDRIES	PAPENPOORTE
1645 07 13	MK	ENGELTIE	LUCAS	JANS		HAASJEN	BOTTERDP
1648 04 23	AK	ENGELTIEN	ADAM	PIETERS		JANTIEN	CROMELLEBOGEN
1642 06 26	AK	ENGELTIEN	ADRIAEN	SIMONIDES		HILLETIEN VULLEN,VAN	HARDINGESTR
1643 01 01	MK	ENGELTIEN	ANDRIES	EERNST		IMKE	HOOCKSTRATE
1643 08 27	AK	ENGELTIEN	CLAES	HARMENS	SLUITER	ALETIEN	VOLTINGESTR
1643 08 06	AK	ENGELTIEN	DERCK	JANSSEN		ANNECHIEN	BROEREKERK
1642 09 08	AK	ENGELTIEN	GEERT	ROELEFS		HEBELE LUITIENS	HOFSTR
1643 01 01	AK	ENGELTIEN	HANS		WEIJTER	ELSIEN	HERENKAMERS
1645 12 19	AK	ENGELTIEN	HANS	HINDRIX		GEBBE	DAMSTERDIEP/COOP
1647 06 27	AK	ENGELTIEN	HANS	HINDRIX		GEBBE	SCHUTENDP
1644 11 13	AK	ENGELTIEN	HANS		RUL	HIDTIE ROELEFS	DAMSTERDIEP
1641 01 10	MK	ENGELTIEN	HARMEN	HARMENS		HAKE EGB.?	PEPERSTR
1644 10 03	AK	ENGELTIEN	HINDRICK	RENGERS		AELTIEN HELVERIHERS?	BOTTRPOORT
1647 09 05	AK	ENGELTIEN	HINDRICK	OTTENS		ENGELTIEN	O.BOTTRPOORTE
1642 06 09	AK	ENGELTIEN	HINDRICK	HINDRIX		JANTIEN	OOSTERPRT
1649 12 02	MK	ENGELTIEN	JAN	GEERTS		ENNEKE JANS	OOSTRSTR
1642 01 25	AK	ENGELTIEN	JAN	ISAACK		SUSANNA RIETM?	JADT
1646 07 12	AK	ENGELTIEN	MAXIMILIAEN	THOMAS		MARRETIEN OTTENS	WOERDT
1646 14 20	MK	ENGELTIEN ROELEFS	ROELEF	JANS		TRIJNTIEN	RAAMSTR
1643 07 30	MK	ENGELTIEN	TONNIS		WOLF	FENNE	NIJEWECH
1647 08 27	AK	ENGELTIEN	WIJBO	NANNES		ANNEKE PHILIPS	MERKT
1642 11 11	AK	ENGELTIEN	WIJBRANT	SIPKENS		HINDRICKJEN COIJTERS	KERCKHOFF
1646 09 25	AK	ENGELTJEN	MICHEL	EVERARDS		ANNICHJEN HEMES	SLEEMENDERSSTR
1646 09 08	AK	ENGELTJEN	THONNIJS	WOLFFS		FENNE	SCHOLHOLM
1642 01 09	MK	ENNE	ALBERT		KRUISSE	ANNE	PRINCENSTR
1641 03 31	MK	ENNE	CLAES	DERCKS		MARIA	SUIDERDP
1648 02 06	MK	ENNE	EBEL	N.		TIAKE	KOORNSTR
1647 04 07	AK	ENNE	JAN		OVINUS	MEIJDINA SCHAFFERS	NIJEKERKHOFF
1644 08 23	AK	ENNE	RODOLPH		NANSSUM	MARIA SCHAFFERS	HEERSTR
1642 10 07	AK	ENNE EDSART	UDO	GEERTS	VALCK	MEDINA MAJART	EBBSTR
1646 10 27	AK	ENNECHIEN	JAN	GEERTS		TRIJNE COERTS	BROERESTR
1645 08 14	MK	ENNECHIEN	TOMAS		WESTERBEIJ	GEESKE	SCHUTENDP
1642 10 30	MK	ENNEKE	CRIJN	JANSEN		ANNETIEN MEMMES	BREEMERKT
1646 10 04	AK	ENNEKE	ENNE?	WIJNHOLTS?		ANNEKE?	LEELJENSTR?
1641 11 05	AK	ENNEKE	GEERT	HARMENS		AELTIEN	WOERT
1643 09 06	AK	ENNIUS	BALTEKER		BIJMA	ROLIJNA GRUIS	HEERSTR
1643 01 01	AK	EPHRAIM	JEFFRY	TILLES		ELISABETH	VISSCHERSTR
1649 04 25	AK	EPJEN	HARMEN	EGBERTS		JACOBJEN	NOORDERDP
1645 12 28	MK	EPKE	HARMEN	EGBERTS		JACOBJEN	BLOEMSTR
1645 11 30	MK	EPPE	FREERCK	EPPENS		TRIJNTIEN JANS	E.EBBINGSTR
1643 12 13	AK	EPPE	PETRUS	I.V.D.?	TETTEMA	ELSKE WILLEMS	BOTTRSTR
1646 04 02	AK	EPPE	PIETER/SECR		TETTEMA	ELSE WILLEMS	SWANESTR
1646 11 03	AK	EPPJEN	FOLKERUS		TETTEMA	HEMMECHIEN BLUWENS	TORSTSTR
1648 07 23	MK	EPPO	P./SECR:		TETTEMA	ELSJEN WILLEMS	OOSTRSTR
1646 07 15	AK	ERCK	ANDRIES	ERCKSEN		ANNE	HARDRINGESTR
1647 10 08	MK	ETJE HENRICA	J./RAATSH:		CLINGE	LOEWIJE	BREDEMERKT
1649 07 08	MK	ETJEN	JAN	VECHERS		ANNA	OOSTERBREDEGANG
1647 05 18	AK	ETJEN	JAN	PIETERS		GEBKE	STEENTILPOORT
1649 10 16	AK	ETJEN	LUCAS	OSEN	BRUGGEN	ELSKE	HARDRINGSTR
1647 09 17	AK	ETJEN	SIJMON		ROEREMAKER	ANNECHJEN HINDRIX	HEERSTR
1644 04 12	AK	ETJEN	TONNIS	JANS	MOESKES	ANNE EILLEMS	MEULENSTR
1646 12 06	MK	ETTE OF EEDE?	JAN	HARMENS		HILLE	KOSTERSGANG
1645 10 12	MK	ETTE ELISABETH	JOHAN		CLINGE	LUBBECHIE DIURCKS	POELSTR
1646 05 19	AK	ETTE	UDE	RIJKES		TAETJEN HINDRIX	SLEMENNERSSTR
1643 01 25	AK	ETTIEN	ONNE/SOLD.	HAIJENS		TRIJNTIEN	GROTEGANG
1648 02 04	AK	EUWE	FREERK	ALBERT		JANTIEN	VOLTINGSTR
1646 09 20	NK	EVA	ARIAEN		DONGER,VAN	ANNA	WOERT
1642 04 21	AK	EVA	CORNELLIS	HINDRIX		TIETE MECKENS	LEELJENSTR
1649 03 09	AK	EVA	HANS	REIJNERS		CUNNE	MEULENSTR
1643 12 19	AK	EVA	HINDRICK	JANSSEN		JUDITH	HEERPOORTE
1648 05 14	MK	EVA	HINDRIK	HARMENS		AGNETE	VERLAET
1641 03 23	AK	EVA	JAN	EFBERTS	SMIT	LUMMETIEN	GELTINGESTR
1647 04 25	MK	EVA	JOANNES	BARELS		TRIJNTIEN HARMENS	SWANESTR
1648 09 09	AK	EVA	WILHELMUS	BROUWS	VELT	TRIJNE	HEERPRT
1648 08 27	MK	EVE	ABEL	DERX		REBECKA	BUKTJENSTR
1644 09 22	MK	EVERICH?	HEMME	EVERTS	BOECKHOLT	GEERTUIT ROTMANS	BUTJENSTR
1648 01 19	AK	EVERT	ABEL			CUNNE	HEERSTR

Year Mo Da	Chr	Child's Given Name	Father/Child's Patronymic	Father's Patronymic	Father's Surname	Mother	Address
1646 02 28	AK	EVERT	ANDEL?	HIJLKENS		SWAENTIEN	RAAMSTR
1647 10 20	AK	EVERT	ASNNES?	WILTS	RUITER	FENNE	N.EBBINGEPOORTE
1649 11 28	AK	EVERT	BALTZER	EEVERTS		SOPHIE JANS	A PRT
1642 11 25	AK	EVERT	BERENT	MENSING		GEERTRUIT EVERARDI	STEENTILSTR
1648 09 22	AK	EVERT	DOEKE	MELES		GRIETIEN	BREEGANG
1644 11 08	AK	EVERT	ELTE	PIETERS		AELTIEN	POELESTR
1648 10 15	MK	EVERT	GEERT	EVERTS		MARRECHIEN	BOTTRDP
1647 01 03	AK	EVERT	HANS/SOLD.	MATTIJS		ANNE	MEULENSTR
1642 08 18	AK	EVERT	HANS	JURJENS		TRIJNTIEN	N.POELESTR
1646 09 02	AK	EVERT	HARMEN	MEIJER		CLARA HARMENS	SCHUITENDP
1641 01 17	MK	EVERT	HARMEN	EVETS	VOERMAIJ?	TRIJNE	BOTTRDP
1643 06 08	AK	EVERT	HARMEN	JANSSEN	CUIPER	TRIJNTIEN HARMENS	BRUGGESTR
1642 07 24	AK	EVERT	HERMEN	JANS		TRIJNTJEN	VISCHERSTR
1644 11 10	AK	EVERT	HESSEL	EVERTS		ELSJEN	HAVENSTR
1644 08 11	MK	EVERT	HINDRICK	EVERTS		GEESJEN	MOESKERSGANG
1647 02 03	AK	EVERT	HINDRICK	EEVERS		GEESJEN	COSTERSGANG
1642 07 15	AK	EVERT	HINDRICK	EVERTS		HARMTJEN JANSEN	--
1649 11 18	MK	EVERT	HINDRICK	EVERTS	SCHUIRING	JANTIEN	HEEREPIJP
1644 05 07	AK	EVERT	HINDRICK		SASSRADIJ	REMKE	SUIDERDIEP
1643 07 21	AK	EVERT	HINDRICK	HERMENS		RIXTE HERMENS	COSTERSGANG
1641 10 29	AK	EVERT	JACOB	DERCKS		HILLECHIEN WILLEMS	O.DEBOTTRPRT
1647 06 26	AK	EVERT	JACOB	FREERX	MOESKER	WILLEMTIEN	OOSTERPOORTE
1642 10 11	AK	EVERT	JAN	JANSEN		ANNA	JANSBRUG/SCHUTDP
1645 11 21	AK	EVERT	JAN	JANSSEN		JANTIEN	SCHUITENDIEP
1649 04 29	AK	EVERT	JAN	EVERTS		RIXTE	SUIDERDP
1641 10 06	AK	EVERT	LUCAS	EEVERTS		GEERTRUITJEN RIJKENS	EBBINGSTR
1644 05 07	AK	EVERT	MEIJKE	EVERTS		MAIJKE HINDRIX	DAMSTERDIEP
1646 08 04	AK	EVERT	OLGER	EVERTS		LUIJTJEN TIERTS	N.EBBSTR
1643 10 08	MK	EVERT	OLTGER	EVERTS	BROUWER	CUICHIEN	N.EBBSTR
1646 08 12	AK	EVERT	REIJNT/LUIT:	ALBERDA		HILLENA KETN.	
1642 05 05	AK	EVERT JACOB	REMMERT	CRANSENS		GESE	N.EBBSTR
1643 10 22	AK	EVERT	ROELEF	EVERTS		ASSELE ILENS	LANE
1643 11 26	AK	EVERT	WABBE	REIJNTIEN		OEDE EVERTS	A POORTE
1647 06 11	AK	EVERT	WILLEM	EEVERTS		IDECHIEN WARNERS	BOTTRINGSTR
1643 02 03	AK	EVERT	WILLEMS	--		GEELE	DAMSTERDIEP
1642 11 06	AK	EVERTIEN	ANDRIES	SIJBRANTS		AELTIEN EVERTS	VISSCHERSTR
1648 09 28	AK	EVERTIEN	JAN	MATTHIS		ANNE	EBBSTR
1644 10 20	AK	EVERTIEN	JAN	LAMBERTS		GRIETJEN EVERS	HARDINGESTR
1642 01 30	AK	EVERTIEN	MAXIMILIEN		GLASEMAKER	MARRECHIEN	WOERT
1644 05 12	AK	EVERTIEN	TIAERT	TIAERTS		GEESJEN	SLEMENNERSTRATE
1641 03 04	MK	EVERTIEN	WABBE	REIJNTIES		--	
1647 05 18	AK	EVERWIJN	WATZO	CUIEN?		MARGRIETA	ANNECK?
1641 10 24	MK	EWEKE	JACOB		GAREDDE	EWECKE	stranger/MEULENSTR
1648 04 12	AK	FAES	JOANNES	FAESSES		TRIJNTIEN PIETERS	JONK.STR
1648 07 16	AK	FEDDE	JACOB	JELLES		SIJBE JANS	PAPENPORTIE
1644 02 11	MK	FEELKE?	HARMEN	CLAESSEN	WANTSCHEER	GEPKE	GULDENSTR
1646 12 12	MK	FEIJKE	RUDOLPH	TONANSSUM?		MARIA SCHAFFERS	HEERSTR
1645 01 22	MK	FEIJT	NICLAES	REIJT		ANNE	SUIDERDIEP
1646 12 11	AK	FEMECHJEN	LUCAS	JURJENS		LIJSEBETH COERTS	KIJKINTJADT
1648 05 14	AK	FEMME CLAUS?	DERCK	JANSSEN		SWAENTIEN	LANE
1648 02 20	AK	FENNE	ABRAM	JANS		MARIE	NIJESTADT
1641 07 28	AK	FENNE	ARENT	SIJBENS		ANNETIEN JACOBS	PLUIMERSGANG
1646 03 22	MK	FENNE	CRIJN	SIJMONS		GEESE GEERTS	DAMSTERDP
1645 02 23	AK	FENNE	EGBERT	SIJMONS		GESE JANS	CRANEPOORTE
1641 08 25	AK	FENNE	GEERT	HAMMES		TOEBEKE	VISSCHRSTR
1647 12 19	AK	FENNE	HINDRICK	HINDRIX		AELTIEN	JONKERSTR
1646 08 07	AK	FENNE	HINDRICK	HINDRIX		AELTJEN	JONCKERENSTR
1646 01 30	AK	FENNE	JACOB		BARKER	SWANE	KLEIJENPEPERSTR
1645 09 23	AK	FENNE	JAN	LUBBERTS		ENTGERT	HARDRINGESTR
1641 08 22	AK	FENNE	JAN	HARMENS		MARIA	VOLTINGESTR
1647 07 17	MK	FENNE	JOHAN	JEMAN		AELTIEN	PLUIMERSGANG
1644 06 26	AK	FENNE	MENSSE	JANSSEN		LAMME JANSSEN	SCHUTENDIEP
1641 12 09	AK	FENNE	TONNIS	HINDRIX	METER	SWANE	KRANEPRT
1643 10 26	AK	FENNE	VIJTTEN	WILLEMS		GRIETE ILENS	SLEMENNERSTR
1644 08 20	AK	FENNECHIEN	ARENT	HENRICUS		GEESJEN	JADT
1642 03 20	MK	FENNECHIEN	BERENT	PIETERS		GRIETIEN JANS	SCHUITNDP
1645 06 26	AK	FENNECHIEN	FICKE	HARTOCHS		MARRECHIEN	LAMHUINGESTR
1644 08 30	AK	FENNECHIEN	FREERCK	JOOSTEN		TRIJNTIEN	PAULSBLEIJKE
1646 02 22	MK	FENNECHIEN	GARBRANT	HINDRIX		WIJBEN PIETERS	STEENTILSTR
1644 02 27	AK	FENNECHIEN	GEERT	CLAESSEN		MECHELTIEN	N.EBBINGESTR
1641 10 01	AK	FENNECHIEN	HINDIRK	GEERTS		TRIJNTIEN DILLINGS	SNORRECHIEN
1644 03 07	AK	FENNECHIEN	HINDRICK	HARMENS		CUTGERT?	EBBSTR
1642 10 27	AK	FENNECHIEN	HINDRICK/SOL.		VOS	GEERTIEN	GELTINGESTR
1643 11 15	MK	FENNECHIEN	JACOB		HORNBEECK,VAN	GEERTRUIT	HEERSTR
1647 06 10	AK	FENNECHIEN	JACOB	JANS	SCHOEMR.	JANTIEN ROELEFS	A KERK
1644 10 17	AK	FENNECHIEN	JACOB	JANSSEN		MARRECHIEN JANS	HIJESTADT
1646 11 11	AK	FENNECHIEN	JAN	JANSSEN		FENNE	PEPERSTR
1647 01 10	MK	FENNECHIEN	JAN	JANSSEN		GEERTRUIT TESSENS	MUSSCHEGANG
1648 03 08	MK	FENNECHIEN	JAN	JANSSEN		GRIETIEN	SCHUITENDP
1642 03 23	MK	FENNECHIEN	JAN	HIDNRIX	HENDIJCK	HINDRICKJEN	PELSERSTR
1648 11 21	AK	FENNECHIEN	JAN	TAMMENS		IDETIE TARX	OOSTERSTR
1641 12 05	MK	FENNECHIEN	SWIJTERT	VOS		EGBERTIEN JANS	N.EBBPRT
1646 02 25	AK	FENNECHIEN	WARNER	LUCAS?		GRIETIN	STRAETJEN
1646 01 18	AK	FENNECHINE	WESSEL	JANS	MULLER	JANTIEN	OLD RONDEEL
1647 02 18	AK	FENNECHINE	DUERT	JACOBS		FEBBECHIEN ASCHENDORP	A.KERKE
1647 02 14	MK	FENNECHINE	WILLEM	HINDRIX		SWAENTIEN HARMENS	BREDEMERKT
1644 09 22	MK	FENNECHJEN	HARMEN	JANSSEN		HINDRCKJEN	COSTERSGANG
1645 09 16	AK	FENNEKE	GEERT	GEERTS		LUBBE	RAAMSTR
1649 01 11	AK	FENNEKE	JAN	HANSSEN		ANNE JASPERS	N.HARDST
1648 08 06	AK	FENNETIE	HARMEN	JANS		GEERTRUIT	W JADHUIJS
1647 09 21	AK	FENNETIE	HARMEN	HINDRIX		STIJNTIEN	HARDRINGESTR
1647 07 22	AK	FENNETIE	HINDRICK	JANS		SARA	MUERE
1648 03 26	MK	FENNETIE	JAN	JANSZ		FENNE	KL.PEPERSTR
1642 09 16	AK	FENNETIE	LOBENS/SERGNT.	SCHRIJVER	MULLER,ONDER	ANNA	N.MERKTSTR
1643 05 28	AK	FENNETIEN	ALBERT	CLAESSEN		TRIJNTIEN	LEELJENSTR
1642 06 26	MK	FENNETIEN	ARENT	JANSEN	VRIESE,DE	HINDRIKJEN	BREEMERKT
1643 01 22	MK	FENNETIEN	CLAES	WILLEMS		TEELKE	EBBINGEPOORTE
1641 09 19	MK	FENNETIEN	DERCK	MEIJER		DERCKJEN	BOTTERDP
1641 04 06	AK	FENNETIEN	DOOIJE	HINDRIJX		JANTIEN	OLDEBBPRT
1641 02 16	AK	FENNETIEN	GEERT	WESSELS	MULLER	--	KRANEPRT
1641 02 26	MK	FENNETIEN	GERLEF	HARMENS	SCHIPSTIMMER	--	N.STRATJEN
1649 05 15	AK	FENNETIEN	HARMEN	JANS		GEESJEN FREERX	HEERSTR
1642 10 18	AK	FENNETIEN	HINDRICK	JANSSEN		TRIJNTIEN	TIJMENSMEULLEN
1642 11 13	MK	FENNETIEN	JACOB	WILLEMS		HARMMTIEN	N.POELSTR
1641 06 04	MK	FENNETIEN	JAN	JOCHEMS	LEIJDERKER	AELTIEN	WOERT

Year Mo Da	Chr	Child's Given Name	Father/Child's Patronymic	Father's Patronymic	Father's Surname	Mother	Address
1649 10 28	AK	FENNETIEN	JAN		MASTMAN	DIEWES JACOBS	STOELDRSTR
1647 01 06	AK	FENNETIEN	JAN	VOS	SMIT	ETJEN	N.EBBINGESTR
1641 05 12	AK	FENNETIEN	JAN	VOS	SMIT	GETTIEN	N.EBBSTR
1641 11 17	MK	FENNETIEN	JAN	GEERTS		GRIETJEN	BREDEMERCKT
1647 04 02	AK	FENNETIEN	JAN	DERX	SADELER	TRIJNTIEN	POELESTR
1644 04 11	AK	FENNETIEN	JAN	HARMENS		WILLEMTIE	VISSCHERSTR
1644 11 22	AK	FENNETJEN	EEVERT	HINDRICKS		TRIJNTIEN EIJLERTS	CRANE
1646 08 02	MK	FENNICHJEN	JAN		CUSE	GEESJEN JANS	PEPERSTR
1646 07 22	AK	FENNICHJEN	JAN	JANS		GRIETE JANS	GROTEGANCK/SCHUTNDP
1644 02 06	AK	FIJE	JOOST		POT	HARMTIEN	HARDINGSTR
1647 09 17	AK	FIJEKE	MICHEL	JANS		JANTIEN	MUEE
1642 10 02	AK	FIJKE	ABRAHAM	LUCAS		MAGDALENA	N.JADTSTR
1647 07 28	AK	FLERT? (male)	ROELEF	EEVERTS		ASSEL FLERS	SLEMENNERST
1645 01 07	AK	FLIPS	ANDRIES	--		AELTIEN EVERTS	JAT/MUER
1647 10 15	AK	FOCKE	ANDRIES	ALBERTS		ANNE	KARPER?
1649 10 17	AK	FOCKE	EGBERT	GERRITS		GRIETE	NIJEWECH
1646 03 11	AK	FOCKE	FOCKE		RAARDA	JANTIEN	MESMAKERSSTR
1645 09 03	AK	FOCKE	HEERE	FOCKES		TETTE	FPEURE?GANG
1647 04 02	AK	FOCKE	JAN	GECHERS		JANTIEN	JADTSTR
1644 04 07	MK	FOCKE	JAN	FOCKENS		LIJSABETH	MUER/EBB.POORT
1643 09 24	MK	FOCKE	PIETER	WILLEMS		MARRECHIEN	OOSTERPOORT
1645 09 25	AK	FOCKJEN	JAN	HAIJKENS	ARTELERIJ	ENNECHIEN	NIJE --
1646 02 17	MK	FOCKJEN	MATTHIJS	PIETERS	BUSSEMER?	AMCKE DERX	CROMMEJADT
1648 04 09	AK	FOEKEL	PIETER	JACOBS		GRIETIEN	KRAENE
1642 08 17	AK	FOKELE	JAN	LUITIENS		TRIJNE	PEEPERSTR
1646 03 07	AK	FOLKERT	CLAES	CLAESSEN		MARRECHIEN	HORENSCHEDIJCK
1645 01 16	AK	FOLKERT	FOLKERT	FOLCKERTS		ENGELE	SCHUITEMAKERSWAL
1642 01 23	MK	FOLKERT	HARMEN	JANSEN		ANNA JANS	DAMSTERDP
1641 11 04	AK	FOLKERT	HERE	FOCKENS		TETE HERENS	PLUIMERSGNG
1646 12 08	AK	FOLKERT	LIPPE	FOLKERTS		AELTIEN	SCHEDAMSGANG
1645 12 14	AK	FOLKERT	LOUWE	FOLKERTS		CLAESJEN ALBERTS	A POORTE
1645 06 11	AK	FOOKEL	JAN	LUITJENS		CATHRIJNA JANS	RADEMERKT
1648 12 02	MK	FOUCKE	GIJSBERT	MENSENS		ELSJEN	STEENTILPRT
1647 04 11	MK	FOUNS?	MARTEN	ABRAHAMS		AELTIEN ONNENS	DAMSTERDP
1645 09 26	AK	FOXHAN?	JOCHEM	BUTTES		HILLECHIEN HINDIRX	A KERKE
1641 06 22	AK	FRANCIJNTIEN	PIETER	TIESENS		BEERTIEN	DRA
1644 10 03	AK	FRANCISCUS	JAN	LUBBERTS		IERINE? HINDRIX	SCHOOLHOLM
1646 10 04	MK	FRANEKE	LAMBERT	LAMBERTS		ANNE JURJENS	HEERPORT
1642 11 06	MK	FRANS	CLAES	CRIJN		GRIETE	SCJEDA,SGAMG
1643 10 22	MK	FRANS	FRANS (decd.)	N.	"onder Mees"	ANNECHIEN	HEERSTR
1643 04 07	AK	FRANS	FRANS	HANSSEN		LUTGART PIETERS	COSTERSGANG
1641 02 07	MK	FRANS	HINDRICK/CORP.	REMMERTS		GRIETE	KOSTERSGN
1648 09 29	AK	FRANS	HINDRICK		MEIJER	JANTIEN JACOBS	SUIDERDP
1641 11 04	AK	FRANS	JOHAN	GEERTS		STIJNE	-
1642 03 06	AK	FRANS	LAMBERT		MUNTING	ANNECHIEN MUNTINGS	KRAMERSTIJPE
1641 01 12	AK	FRANS	LAURENS	FRANSEN		STIJNTIEN	A KERK
1643 07 23	MK	FRANS	MARTEN	ABRAHAMS		AELTIEN ONNENS	DAMSTERDIEP
1649 03 07	AK	FRANS	MARTEN	ABRAHAMS		AELTIEN	DAMSTERDP
1644 12 03	MK	FRANS	MARTEN	FRANSZ		ELISABETH ISEBRANTS	VISSCHERSTR
1642 12 07	AK	FRANS	WILLEM		HOFFIUS	HILLE HORST	HARDINGESTR
1648 03 15	AK	FRANSJEN	EDWART		GOWER	TRIJNTIEN	DOSTERSGANG
1649 06 14	AK	FRAUKIEN	NAMIS	LUCAS		GRIETE JANS	NIJEJATSTR
1648 08 13	AK	FRE? (female)	PIETER	JURJENS		JELLETIEN	HAVENSTR
1645 01 24	MK	FRECHIEN	EVERT	JOOSTEN		ANNECHIEN	MESMAKERSST
1644 06 12	AK	FREDERICH	JAN	DERX	SADELMAKER	TRIJNTIEN FREERX	POELESTR
1641 12 01	MK	FREDERICK	HANS		DIESHOLT	ANNEKE CLAESSEN	JACOBIJNERST
1641 10 08	MK	FREDERICK	HILLEBRANT	ENTENS		SIBILLA SWARTZENBORCH,V MERCKT	
1646 10 28	AK	FREDERICK	HINDRICK	HINDRIX		RIEWE SIJBOLTS	VISCHMERCT
1643 07 11	MK	FREDERICK	JACOB	FREERX		AELTIEN SASSENS	BOTTERDIEP
1644 02 20	AK	FREDERICK	JACOB		HANSMAN	MACHTELTIE	LEELJENSTR
1641 04 04	MK	FREDERICK	LAURENTZ	HELLEWICH	SCHILDR	--	BOTTREPRT
1643 01 17	AK	FREDERICK	PIETER	FREDRIX		ELSJEN SCHONINCKS	MONKEHOLM
1646 04 03	AK	FREDERICK	VAENDRICH	G.	BUINING	HINDRICKJEN POLLINUS	VOLTSTR
1642 11 30	AK	FREDERICUS	HENDRICK		WINSHEMIUS	HISJEN SIJBINGA	EBBINGESTR
1645 01 17	AK	FREDERIJCK	LENART	ROELEFS		ENGELE	PRINCENSTR
1644 11 26	AK	FREE	JELIS/SOLD.	JOANNES		GRIETIEN ALLERS	A KERKE
1645 09 28	AK	FREECHIEN	JAN	GEERTS		HILLE JANS	JONCKERENSTR
1641 11 28	AK	FREERCK	BOUWE	HANSEN		AELTIEN	STOELDREIJERSTR
1642 11 24	AK	FREERCK CARELS	CAREL	FREERX		AELTIEN	PRINCENSTR
1649 12 21	AK	FREERCK	JACOB	--AIJNGA		MECHTELT	NIJEEBBSTR
1643 03 29	AK	FREERCK	JARMEN	FREERCKS		MARRETIEN	OOSTERSTR
1643 11 12	MK	FREERCK	JOCHIM	GEERTS		TRIJNTIEN	OOSTERSTR
1641 04 13	AK	FREERCK	MARTEN	ABRAHAMS		AELTIEN	N.EBBSTR
1649 07 22	AK	FREERCK	MEIJNERT	BRUINS		GEESJEN	NIJESTADT
1646 04 03	AK	FREERCK	ROELEF	FREERX		ANNA DIJCK,VAN	BREDEMERKT
1647 07 11	MK	FREERCK	TIAERT	FREERX		MARRETIE LUCAS	POELESTR
1643 04 28	MK	FREERICKJEN	HARMEN		REUNST	SIBBEL EGGENS	KIJCKK/JADT
1649 09 14	AK	FREERK	FEBE	FRERIX		ANNETIEN	HOPMANSGANG
1642 02 25	AK	FREERK	FREDERICK	BUS		TIETIEN	OOSTERSTR
1644 08 21	AK	FREERK SLUITER	HINDRICK	FREERX		JANTIEN WESSELS	VOLT.STR
1642 08 31	AK	FREERK	JAN	JANSEN		AELTIEN LINGEN,VAN	POELESTR
1648 01 16	MK	FREERK SLUITER	PIETER	JANS		AELTIEN FREERX	HEERPOORTE
1649 06 27	AK	FREERK	PIETER	PAIJS?		JANTIEN LUCAS	HARDINGESTR
1643 02 01	AK	FREETIEN	FELTE	HINDRIX		HARMTIEN	BOTTRPRT
1647 08 29	AK	FREETIEN	HINDRIK	JANS		REENTIEN	SLEMENERS
1642 07 15	AK	FRERICK	BERENT	AITSKES		GESE	HEERPRT
1647 12 14	AK	FRERICK	COOP		BOSSINCK	GRIETIEN FREERX	OOSTERST
1643 07 18	AK	FRERICK	CORNELLIS	DERX	STEENMETS.	HIELLE DEDENS	PRINCENST
1643 03 22	AK	FRERICK	EVERT	JOOSTEN		ANNETIEN	WOLBORCHS STR
1648 08 13	AK	FRERICK	GERRIT	JANS		ANNETIE	HUIBERT
1647 12 11	AK	FRERICK	HANS		STELLER	TRIJNTIE	POELESTR
1642 08 05	AK	FRERICK	HARMEN	JANSEN		GEESJEN FREERX	HEERSTR
1649 06 29	AK	FRERICK	HARMEN	FRERIX		WIBBE	A.
1646 12 21	MK	FRERICK	JACOB	FRERICKS		ELLECHIEN GERRITS	BOTTRPOORTE
1644 09 19	AK	FRERICK	JAN	FREERX		ANNA	BOTTINGEGNAG
1643 09 19	AK	FRERICK	JAN		KNORF	HARMTIEN WILLEMA	GASTHUIJS
1643 12 16	AK	FRERICK	JAN/SOLD.	HARMENS		HILLECHIEN	MEULENSTR
1647 08 27	AK	FRERICK	JURJEN/SOLD	JURJENS		RIXTE	HEERPOORTE
1644 01 28	MK	FRERICK PIETERS	PIETER	GIJSSENS		EBELE JOOSTEN	OLDEWECH
1645 05 16	AK	FRERICK	ROELEF	PRORIX?	OEVER,TEN	ANNEKE EIJCK,VAN	BREDEMERCKT
1644 10 31	AK	FRERICKJEN	HINDRICK	ROELERS		JANTIEN	VISSHCERPIJP
1646 06 14	AK	FRERIKIEN	HINDRICK	ROELEFS		JANTIEN JANS	W.JUDISCHHOFF
1646 06 05	AK	FRITS	GOSSELE	BERENTS		ANNEKE FRITS	BREEGANG
1645 03 16	AK	FRITS	HANS		BARKER	ANNE	SCHUITEMRSWAL
1648 07 20	AK	FROUCK	HANS		VUSTELIJ	ANNA HANS	NIEUWEDIEP

Year Mo Da	Chr	Child's Given Name	Father/Child's Patronymic	Father's Patronymic	Father's Surname	Mother	Address
1649 09 05	AK	FROUCK	HINDRICK	HINDRIX		RIENE?	VISMERKT
1649 09 05	AK	FROUCK	JOANNES	JOANNES		PIETIE?	VOLTINGESTR
1645 04 15	AK	FROUCKE	ECKO	JURJENS		WEMMECHIEN OTTENS	JADT
1645 12 09	AK	FROUCKE	HARMEN	HINDRIX		TRIJNTJEN	WOERT
1646 07 08	AK	FROUCKE	LUINDER/VAENDR		MEPSCHE,DE	AGNES HOORENTIEN	CREMERRIJPE
1645 10 14	AK	FROUCKE	MARTEN	POUWELS		HAASKE CORNELIS	S.JAS.GA--?
1646 07 22	AK	FROUCKE	WILLEM	JACOBS		JANTJEN WIERINGA,VAN	GELTINGSTR
1645 07 08	AK	FROUCKE	WILLEM	WILLEMS		WIJTSKE	JAT
1642 05 10	AK	FROUCK	ALBERT		RIBERINGE	GEERTIEN	PAPENPRT
1641 01 13	AK	FROUKE	CLAES	ALLERTS		JANTIEN	POELSTR
1642 01 30	MK	FROUKE	CLAES	ALLERTS		JANTIEN	OLDE EBBPRT
1649 02 23	AK	FROUKE	JAN		BRAECK,TER	AEFJEN	VISSCHRST
1641 10 17	MK	FROUKE	WILLEM	JACOBS		JANTIEN WISRINGEN,VAN	--
1641 04 27	AK	FROW GEERTS?	GEERT	WOLTERS		ELSIEN	GULDENSTR
1647 11 21	MK	GABBE	DERCK	GABBENS		HINDRICKJEN	OSTPOORT
1641 08 09	AK	GABRIEL	ADRIAEN	LAMBERTS		ANNETIEN	JADTSTR
1642 04 03	AK	GABRIEL	GABRIEL/SAL:	SEERPS	WEVER	AELTIEN HINDRIX	NIEUWESTADT
1646 04 12	AK	GABRIEL	HANS	TONNIS		ANNE	VISSCHERSTR
1644 12 06	AK	GABRIEL	JAAQUES	JANSSEN		SWAENTIEN HARMENS	BOTTRPOORT
1647 02 18	AK	GABRIEL	JAN	JANSSEN		GRIETE	PRINCENSTR
1645 02 04	AK	GAEIJKE	SIJBRANDT	GAAIJKES		GEESJEN LAMBERTS	VISSCHER
1649 02 28	AK	GALE	GALE	HAIJENS		GRIETIE	PELSERSTR
1646 07 21	AK	GARBRANDT	CLAES	GARBRANTS		TRIJNE GERRIJTS	HORENSCHEDIJCK
1646 06 10	AK	GARBRANDT	CORNELIS	PIETERS		MARRECHIEN	HARDERINGESTR
1645 01 12	AK	GARBRANDT	JAN	BERENTS		GEERTRUIT	A KERCK
1647 09 23	AK	GARBRANT	DEIJE	JANSEN		GRIETE	VISSCHERSTR
1647 11 07	MK	GARBRANT	DERCK	JACOBS		ANNECHIEN	HOORNSDIJ
1647 12 07	AK	GARBRANT	HARMEN	JANS		BARBER	CRANEPOORTE
1648 11 23	AK	GARBRANT	HINDRICK	ALBERTS		AGRIETE	POELPRT
1647 11 14	AK	GARBRANT	TOBIAS	JACOB	FENES,V	LIEFJEN	KERK
1648 07 27	AK	GARMENTIEN	HINDRICK	ALBERTS		GEESJEN	HOPMANSGNAG
1643 08 23	AK	GEBBE	BEERENT	HARMENS		HINDRICKJEN	KREUPELSTR
1643 12 22	AK	GEBBE	EGBERT	HARMENS		HAIJKE	MUSKENGANG
1647 08 06	AK	GEBBECHIEN	BARTELT	JOANNIS		JANTIEN DERX	OOSTERPOORTE
1644 12 06	MK	GEBBECHIEN	CORNELIS	JANSSEN		JANTIEN	RADEMERKT
1644 03 06	AK	GEBBECHIEN	HINDRICK	TIJMENS	SCHRIJVER	GEERTRUIT RIJKENS	TORFTOORN
1642 09 09	AK	GEBBECHIEN	HINDRICK	GEERTS		KILLETIEN ABBRINGE	HEERSTR
1643 03 08	MK	GEBBECHIEN	JAN	HINDRIX		AEFJEN	BREDEGANG
1646 11 10	AK	GEBBECHIEN	WILLEM	JANS		NEESJEN	PEPERSTR
1647 04 07	MK	GEBBECHINE	HINDRICK	JANSSEN		FENNECHIEN	COSTERSGANG
1648 01 11	AK	GEBBETIE	JACOB	CHRISTNS.		GEERTRUIT	MURE
1642 12 15	AK	GEBBETIEN	EDSO	FOLKERTS		ROELEFJEN	SUIDERDP
1643 08 06	MK	GEBBETIEN	EERNST	REIJNERTS		MARRECHIEN	GELTINGESTR
1643 04 02	AK	GEBBETIEN	EGBERT	WARMELTS		NIESJEN HINDRIX	LEELJENSTR
1642 03 09	AK	GEBBETIEN	FOLKERT	BALTZARS		TAELKE FOLKERTS	BOTTRINGSTR
1642 02 27	MK	GEBBETIEN	GEERT	HINDRICKES		HARMTIEN ALBERTS	KOSTERSGANCK
1643 01 03	AK	GEBBETIEN	HINDRICK	TIJMENS	SCHRIJVER	GEERTRUIT RIJKENS	TORSTOORSTR
1647 11 14	AK	GEBBETIEN	JOANNES	BOUWSTEN		FENNETIE	TORFTOORNSTE
1646 09 06	AK	GEBBICHJEN	LAMMERT	JANSEN		HARMTJEN	CRAENEPOORT
1644 06 04	AK	GEBKE	BERENT	BERENTS	METJELER	JANTIEN	VOLTINGESTR
1647 12 28	AK	GEBKE	HEIJKE	HARMENS		HAESKE	PELSERSTR
1645 01 26	AK	GEBKE	HINDRICK	EGBERTS		ANNE	LEELIJENSTR
1644 10 29	AK	GEBKE	JOHAN	HINDIRX		MECHTELT HARMENS	NIJESTATJEN
1643 01 13	AK	GEBKE	LAMBERT	BERENTS		HILLE HIERONIJMES	BOTTRSTR
1646 12 17	AK	GEELTIEN	CHRISTOFFER		LUDENBACH	WOLTERTIEN	PRINCENSTR
1647 04 18	AK	GEERDT	JAN	BERENTS		NEESJEN GEERTS	NIJESTADT
1647 05 07	AK	GEERT	AARENT	GEERTS		GEERTIEN JANS	POPKENSTR
1647 08 20	AK	GEERT	ALLERT	PIETERS		WEMELTIEN	PRINCENSTR
1642 02 10	AK	GEERT ARENTS	ARENT	GEERTS		ANNE	KIJK/JADT
1649 12 01	AK	GEERT	ARENT	BERENTS		MARIA GEERTS	JONKERSTR
1642 12 11	AK	GEERT	ARENT	GEERTS		TRIJNE	KIJCK/JATSTR
1649 02 20	AK	GEERT	ASMUS		WIJSE	JANTIEN GEERTS	W.J.HUIJS.
1645 09 28	MK	GEERT	BARTHELMEUS	GEERTS		GEBBECHIEN GERRITS	MUERE
1645 03 11	AK	GEERT	BERENT	BERENTS		FENNA	N.VISCHMERKT
1643 01 10	AK	GEERT	BERENT	BERENTS		GEESJEN	PRINCENSTR
1644 01 23	AK	GEERT	BERENT	BERENTS		GEESJEN	PRINCENSTR
1647 12 12	AK	GEERT	BERENT	COERTS		GRIETIEN MEIJNTS	A.
1648 09 11	AK	GEERT	BERENT	GEERTS		JANTIEN	LANE
1647 05 02	MK	GEERT	BERENT	JACOBS		MARRECHIEN	WITTEWIERM?
1641 11 07	MK	GEERT	BERENT/SOLDAET	GEERTS		TRIJNE JANS	NIEUWEWECH
1643 04 04	AK	GEERT	BERENTS	GEERTS		DOETJEN	S.JACOBSGASTHUIJS
1644 11 12	AK	GEERT	BOELE	GEERTS		GEESJEN	PAPENPOORTJE
1643 01 22	AK	GEERT	BOELE	GEERTS		GEESKE	3 MEULENDRIST
1645 09 03	AK	GEERT	CLAES	JACOBS		ELSJEN SIJMENS	BOTTERDIEP
1647 05 13	MK	GEERT	CLAES	GEERTS		MARRECHIEN	HAVENSTR
1641 07 16	AK	GEERT	CORNELIS	JANSEN		TRIJNE	RAA-MERKT
1647 02 28	AK	GEERT	DERCK	LEFFERTS		AELTIEN	DAMSTERDP
1648 05 27	MK	GEERT	DERK	GEERTS		GEERTIEN	SUIDERDP
1642 05 15	MK	GEERT	DOEDE	PIETERS		AAVE	POELPOORTE
1648 06 11	MK	GEERT	DUTMAER	HINDRIX		ANNECHIEN	NIJEWECH
1646 07 19	AK	GEERT	EGBERT		BESUIJNCKS	AELTJEN	CREMERRIJP
1644 12 20	AK	GEERT	EGBERT	GEERTS		GRIETJEN	PELSERSTR
1645 02 02	MK	GEERT	EGBERT	JANS		MARRETIEN GEERTS	EBBPRT
1643 06 25	MK	GEERT	ENGELBERT	GEERTS		GRIETJEN LUCAS	PELSERSTR
1649 02 26	AK	GEERT	EVERHARD		STRATING	ITIEN SIBRANTS	EBBSTR
1648 11 15	AK	GEERT	EVERT	GEERTS		GRIETE	MUERE
1642 08 14	AK	GEERT	EVERT	TIARX		MARRTEITN GEERTS	N.JATSTR
1646 06 22	AK	GEERT	EVERT	BERENTS		METTE	HEERPOORTE
1646 06 24	MK	GEERT ROELEF	GEERT/JR		HOORNKEN	BELE MAMNGA	MERKT
1644 01 28	MK	GEERT	GEERT	GEERTS		CLAESJEN	PLUIMERSGANG
1644 10 09	AK	GEERT	GEERT/SOLD.	CENTS		CUNNE	N.KERKHOFF
1643 08 06	AK	GEERT	GEERT	GEERTS		HESTER	BOTTRSTR
1645 02 13	AK	GEERT	GEERT		STOTMAKER	HESTER	VISSCHERSTR
1643 12 02	AK	GEERT	GEERT	GEERTS		JANTIEN REMMERTS	BOTTRSTR
1647 06 27	MK	GEERT	GEERT	GEERTS		JANTIEN REMMERTS	BOTTRSTR
1649 03 25	MK	GEERT	GEERT	HENDRIX		MENJE REMBER	VISCHRSPIJP
1643 12 17	AK	GEERT	GEERT	ROELEFS		ROELEFJEN JOANNES	SLEMMENNERSSTR
1646 10 06	AK	GEERT	GEERT	WESSELS		SALMEEWE?	PRINCENSTR
1648 01 05	AK	GEERT	GEERTS	--		AELTIEN	OOSTERSTR
1648 10 13	AK	GEERT RUDOLPH	GERARD		HAVENKEN	BELE MANNINGA	MM.
1644 12 08	MK	GEERT	GERHARD		BERGE,TEN	HOUCKE FRENEN,VAN?	OOSTERSTR
1643 08 04	AK	GEERT	GERRIT	JANSSEN	SUIJDER	HINDRICKJEN	BOTTRSTR
1642 09 02	AK	GEERT	GERRIT	TIJMENS		SWAENTIEN CLAESSEN	MUIR
1648 07 07	AK	GEERT	HAIJE	TONNIS		HILLE	VOLTINGESTR
1641 04 28	AK	GEERT	HAIJE		STAPPEN,VD	HINDRICKJEN GEERTS	BREDEMERKT

Year Mo Da	Chr	Child's Given Name	Father/Child's Patronymic	Father's Patronymic	Father's Surname	Mother	Address
1641 03 17	MK	GEERT	HANS	CLEEN	STEIJN,VAN	LIJSEBETH	COSTERSGNG
1649 05 14	AK	GEERT	HARMEN	GERTS		AELTIEN	SUIDERDP
1646 02 01	MK	GEERT	HARMEN	GERRITS		ANNECHINE GEERTS	PICHEERSTR
1648 03 08	MK	GEERT	HARMEN	HARMENS		GEERTIEN	JOANNESBRUG
1647 04 07	MK	GEERT	HARMEN	LUCAS		GRIETE	SUIDERDP
1645 05 02	AK	GEERT	HARMEN		BEECKE,TER	SARA STRATEN,VANDER	BRDMERKT
1644 11 14	AK	GEERT	HINDRICK	GEERTS		ANNECHIEN	BEULSGANG
1644 09 06	AK	GEERT	HINDRICK	ENGELS		ANNETIE WILLEMS	EBB.STR
1642 04 10	MK	GEERT	HINDRICK	SWITERS		CLAESJEN	DAMSTERDP
1642 11 09	AK	GEERT	HINDRICK	JANSSEN		ELSJEN	BOTTERDIEP
1641 07 25	MK	GEERT	HINDRICK		BRUGMAN	IMMETIEN ONNEN,VAN	SCHUITENDP
1645 10 08	AK	GEERT	HINDRICK		MEIJER	JANTIEN JACOBS	STEENTILPOORTE
1645 05 15	AK	GEERT	HINDRICK		JONGBLOET	JETSKE	PELSERSTR
1645 01 28	AK	GEERT	HINDRICK	COERTS		ROELEFJEN	G:MAAGDENST
1641 12 28	AK	GEERT	HINDRICK	GERRITS		SMETIEN	LEELJENSTR
1641 07 21	AK	GEERT	HINDRICK		LANT	TRIJNTIEN	HEERPRT
1643 12 06	AK	GEERT	IWE	TIARX		ALBERTIEN	PRINCENSTR
1641 12 10	AK	GEERT	JACOB	GEERTS	BROUWER	AELTIEN WESSELS	POELEPOORTE
1646 06 10	AK	GEERT	JACOB	GEERTS		ANNE	HELPEN/OOSTERWECH
1646 06 10	AK	GEERT	JACOB	GEERTS		ANNECHIEN	HELPEN
1644 09 20	AK	GEERT	JACOB	THOMAS		LUTGERT	KIJK/JADT
1648 10 04	AK	GEERT	JACOB	GEERTS		MARRETIEN JANS	RADEMERKT
1641 01 06	AK	GEERT	JAN	WARNELS		--	
1649 04 04	AK	GEERT	JAN	GELTIES		AELE HINDRIX	VISSCHRPIJP
1643 12 03	MK	GEERT	JAN	LUILEFS		ANNA GEERTS	NIJEWECH
1644 09 29	AK	GEERT	JAN		HENNERINCK	ANNECHIEN GERTS	PELSERSTR
1649 06 24	MK	GEERT	JAN	GEERTS		ANNECHIEN MEES	EBBSTR
1642 12 04	AK	GEERT	JAN	GEERTS	SMIT	ANNETIEN MEES	EBB.STR
1642 04 12	AK	GEERT	JAN	LUCAS		AUCKE PELGRIMS	N.EBBSTR
1648 08 31	AK	GEERT	JAN	WILKENS		BARBER	CRANE
1645 09 28	MK	GEERT	JAN	GEERTS	CUPER	BERENTIEN	POELEPOORTE
1648 08 26	MK	GEERT	JAN		HORST	GEERTIEN	SUIDERDP
1647 06 05	AK	GEERT	JAN	BERENS	SCHEEMAKER	GEERTRUIT	DRAKERK
1642 11 30	AK	GEERT	JAN	JANSEN		GRIETIEN	GELTINGESTR
1648 07 27	AK	GEERT	JAN	COOPS		GRIETIEN	DAMSTERDP
1645 03 02	MK	GEERT	JAN	GEERTS		HILLICHEN HARMENS	N.BOTTR
1647 01 17	MK	GEERT	JAN	GEERTS		JANTIEN	PEPERSTR
1643 01 01	AK	GEERT	JAN	GEERTS	MAAN	LUBBETIEN	JADT
1648 05 28	MK	GEERT	JAN	HINDRIX		MARRECHIEN	JANTIENTIJSSENSGN
1648 12 22	AK	GEERT	JAN	CLAESSEN		METJEN	NIEUWE KERKHOF
1645 10 29	AK	GEERT	JAN/SOLD	JANSEN		TRIJNTIEN	SCHUTENDIEP
1643 01 17	AK	GEERT	JOHAN		HARMELING	ANNEKE GEERT	NIJESTAT
1643 03 02	MK	GEERT	JOHAN/SOLD.	JANS		GRIETE	ROSENSTR
1641 09 30	AK	GEERT	JOOST/SOLD	HANSEN		HARMTIEN	WOLBORCHSSTR
1642 09 08	AK	GEERT	MARCK	GEERTS		SICKJEN	BOLWERCK
1641 10 29	AK	GEERT	MARTENS	MARTEN	WOLTERS	FENNETIEN	HOGEBROERSTR
1642 09 08	AK	GEERT	MEUKE?	TEBBENS		GEESKE	MOESKERSGANG
1646 09 08	AK	GEERT	PETER	PETERS		SWAENTJEN	N.JADT STR
1644 07 02	AK	GEERT	PIETER	ALBERTS		GRIETIEN GEERTS	SUIDERDIEP
1643 12 17	MK	GEERT	REIJNER	HARMENS		JANTIEN	DAMSTERDIEP
1642 06 05	AK	GEERT	ROELEF	HARMENS		AELTIEN	KIJK/JADT
1647 08 12	AK	GEERT	ROELEF	GEERTS		ANNECHIEN	A POORTE
1648 09 08	AK	GEERT	ROELEF	GEERTS		LAMMECHJIEN	SLEMENNERST
1646 11 27	MK	GEERT	ROELEF	ALBERS		MARRECHIEN EVERS	PLUIMERSGN
1646 11 06	AK	GEERT	SCHUT	HANS		EELKE	N.KERKHOFF
1642 11 09	AK	GEERT	STEFFEN	MARTENS		LIJSABETH	N.KERKHOFF
1647 09 17	AK	GEERT	TAETE	GOMMES		AELTIEN	BOTTERDIEP
1643 01 10	AK	GEERT	TIEBBE/SOLD.	GEERTS		JANTIEN	SUIDERDP
1644 11 30	AK	GEERT	TONNIS		WOLF	FENNE	NIJEWECH
1649 01 07	AK	GEERT	WESSEL	EVERTS		ABELTIEN	NIEUWESTADT
1646 08 31	MK	GEERT	WIJBO	NANNES		ANNEKE PHILIPS	BREDEMERK
1643 11 29	AK	GEERT	WILLEM	DIETERS		ETTE FOCKENS	N.POELESTR
1648 05 19	AK	GEERT	WILLEM		ALTING	WIBBETIE GEERTS	SUIDERDP
1648 05 19	AK	GEERT	WOLTER	GEERTS		AELTIEN	STEENTILPOORTE
1648 03 10	MK	GEERTIEN	ALBERT	FREERX		LIJSEBETH PIETERS	VISSCHERPIJP
1648 09 06	MK	GEERTIEN	ALBERT	JANS		LUBBECHIEN	HEERSTR
1644 01 14	MK	GEERTIEN	BORCHERT	JAN		GRIETE JANSSEN	PRINCENSTR
1648 07 26	AK	GEERTIEN	BRONNE	LUITJENS	TROMPETTER	JANTIEN BERENTS	BLOEMSTR
1648 04 11	AK	GEERTIEN	EVERT	JANS		GEBETIEN	POELESTR
1647 12 05	MK	GEERTIEN	EVERT	EIJSSENS		TRIJNTIEN	DAMSTERDP
1647 06 10	AK	GEERTIEN	GARBRANT	DELIS		ANNETIE CORNELIS	BOTRINGSTAR
1643 12 07	AK	GEERTIEN	GEERT	WEESTZUIDER	WINSCHOTEN,V	ANNE	SCHEDAMSGANG
1648 11 05	MK	GEERTIEN	GEERT	JANSSEN		GRIETE	COSTERSGNG
1646 04 12	MK	GEERTIEN	GEERT	CLAESSEN		MECHTELTIEN	EBBSTR
1648 09 26	AK	GEERTIEN	GEERT		CLUNDER	TRIJNTIEN	PRINCESTR
1645 14 27	AK	GEERTIEN	GERRIT	REMMERTS		JANTIEN DERX	CRANEPOORTE
1648 05 09	AK	GEERTIEN	HARMEN	GEERTS		CORNELISJEN	GEWELD.HOFF
1642 03 04	MK	GEERTIEN	HINDIRCK	GEERTS		ANNA	BLEIJKE
1646 06 10	AK	GEERTIEN	HINDRICK	JANSKE		JANTIEN	HEERPOORTE
1648 03 30	AK	GEERTIEN	JACOB		WICHRAM	GIESJEN	PRINCENSTR
1646 02 25	AK	GEERTIEN	JACOB	EIJSSEN		TRIJNTIEN	N.EBBSTR
1649 04 11	MK	GEERTIEN	JAN	RIJKENS		AELTIEN	BREDEMERKT
1646 11 11	AK	GEERTIEN	JAN	GEERTS		ANNE JACOBS	DAMSTERDP
1647 10 10	MK	GEERTIEN	JAN	ROELEFS		FENNETIE	OOSTERSTR
1644 08 12	MK	GEERTIEN	JAN	HARMENS		GEESJEN	KIJCK/JADT
1647 06 26	AK	GEERTIEN	JAN	ROELEFS		GRIETIEN LAMBERTS	SNORRECHIEN
1641 11 04	AK	GEERTIEN	JAN	LUBBERTS		JANTIEN	NIEUWESTADT
1646 03 16	MK	GEERTIEN	JAN	GEERTS		MARIA JACOBS	COSTERPOORTE
1647 09 24	AK	GEERTIEN	JAN	WILLEMS		PIETERTIE	N.EBBINGESTR
1643 10 20	AK	GEERTIEN	JAN	ALBERTS		TRIJNE JANS	PRINCENSTR
1643 07 30	AK	GEERTIEN	JAN	JANSSEN		TRIJNE GEERTS	HAVENSTR
1648 07 02	AK	GEERTIEN	JOANNES		COP	JANTIEN JANS	TIMMERWERFF
1644 12 15	AK	GEERTIEN	OCKE	HEMMENS		GRIETJEN JACOBS	N.JADT
1648 03 29	AK	GEERTIEN	PIETER	HINDRIX		GRIETIEN	BOTTRDIEP
1646 06 24	MK	GEERTIEN	PIETER	HINDRIX		GRIETJEN	BOTTERDIEP
1646 03 31	AK	GEERTIEN	PIETERS	ROELEFS		TRITIEN FREERX	A.POORTE
1642 03 13	MK	GEERTIEN	REMKE	JANSEN		TRIJNTIEN FREERX	ROO-BRUGGE
1642 05 29	AK	GEERTIEN	ROELEF	JANSEN	VOERMAN	ANNEKE	KRANEPRT
1648 02 11	AK	GEERTIEN	ROELEF	NIENCKS		HILLECHIEN TEMES	BOTTRPRT
1648 01 11	AK	GEERTIEN	ROELEF	GEERTS		LAMME	CRANEPOORTE
1646 10 25	AK	GEERTIEN	TANNE	TIARCKS		ELSJEN	CRANEPOORTE
1642 10 23	AK	GEERTIEN	TOLE	BERENTS		METTIEN ALBERTS	OOSTERPRT
1649 02 23	AK	GEERTIEN	VIJPKE	HINDRIX		LIJSEBETH	LAMHIUNGESTR
1646 04 21	AK	GEERTIEN	WILLEM	SOEUEN		AELTIEN WILLEMS	COSTERGANG
1642 12 27	AK	GEERTIEN	WILLEM/SOLD.	JANSSEN		SWAENTIEN	BEULSGANG

Year Mo Da	Chr	Child's Given Name	Father/Child's Patronymic	Father's Patronymic	Father's Surname	Mother	Address
1647 06 11	AK	GEERTJEN	MENNE	WILLEMS		ANNE	HEERPOORTE
1649 01 10	AK	GEERTRUIDT	BERENT	TIARKS		JANTIEN	NIJEWECH
1642 07 24	AK	GEERTRUIJT	ASING	HERMENS		GRIETJEN	HERDRINGESTR
1646 09 08	AK	GEERTRUIJT	CHRISTIAEN	BERENTS		STIJNTIEN	HEERSTR
1646 08 28	AK	GEERTRUIJT	DERCK	EIJLERTS		DIEUWERTJEN	N.EBBSTR
1646 09 03	AK	GEERTRUIJT	GERRIJT	JANSEN		ANNA	SCHOLHOLM
1646 09 06	MK	GEERTRUIJT	HARMEN			GRIETJEN	STEENTILSTR
1642 06 05	AK	GEERTRUIJT	HILLEBRANDT		ABBERING	DOROTHEA	PLUIMERGN
1642 08 18	AK	GEERTRUIT	ABEL	GREVINGE	DINGEN,VAN	RIXT	BOTTRSTR
1641 12 05	MK	GEERTRUIT	ALBERT	JANSEN	VAENDRICH	FOSJEN TIDDENS	KEVESWECH?
1647 01 13	AK	GEERTRUIT	ALBERT	HARMENS		WOBBECHIEN	RAAMSTR
1642 10 20	AK	GEERTRUIT	ALBERT/SOLD.	HARMENS	und.Alberda	WOBBETIEN	RAAMSTR
1644 12 05	AK	GEERTRUIT	ALBERT	HARMENS		WOBKE	RAAMSTR
1649 11 04	MK	GEERTRUIT	ARENT	HINDRIX		GRIETE	DAMSTERDP
1642 12 18	AK	GEERTRUIT	BARTHELT/SOLD.		ELEMAN	GRIETIEN	A POORTE
1649 08 05	AK	GEERTRUIT	BARTHOLT		WICHRINGE	EVERTIEN HELLES	MSTR?
1644 09 17	AK	GEERTRUIT	BAUCKE	SIJGERS		JANTIEN ALBERTS	PAPENPOORTE
1641 10 14	MK	GEERTRUIT	BERENT	ANNENS	SCHIPPER	DUIF JACOBS	TIMMERWERF
1641 01 03	AK	GEERTRUIT	BERENT	LENERTS	TAMBOUR	GRIETE	MON?
1644 04 09	AK	GEERTRUIT	BERENT	GEERTS		JANTIEN	SLEMENNERSTR
1647 09 15	AK	GEERTRUIT	BERENT	TIARX		JANTIEN CLAES	STEENTILPOORTE
1648 01 05	AK	GEERTRUIT	BERNART		MULLER	GEERTRUIT DRAPER	POELSTR
1649 11 28	AK	GEERTRUIT	BRONNE		TROMPETER	JANTIEN	BLOEMKERSTR
1644 11 22	AK	GEERTRUIT	CHRISTIAEN	HANSSEN		TRIJNE	BOTTERDIEP
1647 06 04	AK	GEERTRUIT	CLAES	STEVENS		ANNECHIEN	SCHOOLHOLM
1648 10 26	AK	GEERTRUIT	CLAES	HINDRIX		ANNETIEN	WONWNST?
1644 12 11	MK	GEERTRUIT	CLAES	WILLEMS		JELKE JANSSEN	O.EBB.POORTE
1644 08 29	MK	GEERTRUIT	CLAES		HOFSMIT	MARRECHIEN	SCHUTENDIEP
1641 09 19	AK	GEERTRUIT	COERT	WIGGELS		EMMERENS BRANDER,TE	NIEUWESTADT
1641 01 24	AK	GEERTRUIT	CORNELIS	ALLENS			CRANEPRT
1645 02 02	AK	GEERTRUIT	CORNELIS	ALLES		DIEWER	CRANEPRT
1646 09 10	AK	GEERTRUIT	DAVID	FREECK	CLEVE,V.	HARMTIEN ROMAN	NIJE WECH
1645 12 13	AK	GEERTRUIT	DERCK	JORIS		EEFJEN	GELTINGESTR
1642 11 20	MK	GEERTRUIT	DERCK	GEERTS		GEESIEN	CAP:HUNINGACAMER
1643 10 22	AK	GEERTRUIT	DERCK	CRANSSEN		TRIJNTIEN CHRISTOFERS	A KERKE
1644 05 12	MK	GEERTRUIT	EILARDUS	AELRIX		CORNELIA WUSSUMS	GULDENSTR
1643 09 17	MK	GEERTRUIT	ELIAS		REKENAER,D'	SWAENTIEN GEERTS	EBBINGESTR
1641 03 03	MK	GEERTRUIT	ELLERUS	JOHANNIS		JANTIEN HERENS	SWANESTR
1641 03 25	AK	GEERTRUIT	GEERT		VASTENOUWE,VD	--	BOTTRINGSTR
1645 01 24	MK	GEERTRUIT	GEERT	CLAESSEN		ELSJEN PIETERS	HELPEN
1649 09 07	AK	GEERTRUIT	GEERT	HINDRIX		GEESJEN	SCHUTNDP
1644 11 10	MK	GEERTRUIT	GEERT	HELMES		WOLTERTIEN	PRINCESTR
1649 10 04	AK	GEERTRUIT	GERRIE?	JANS	KAMPER	ANNETIE	SCHOOLHOLM
1647 11 07	MK	GEERTRUIT	GIJLIAM	HANSSEN		CATHRIJNA	STEENTILSTR
1644 04 16	AK	GEERTRUIT	HARMEN	CORNELIS		TRIJNTIEN	LELJENSTR
1648 05 28	MK	GEERTRUIT	HARMEN	HINDRIX		WOBBE JANS	HEERSTR
1647 04 04	MK	GEERTRUIT	HENRICUS		DORGELLOU?	HINDRICKJEN	N.EBBSTR
1647 02 21	MK	GEERTRUIT	HENRICUS	BORGESIUS		WOLTERTIEN HARMENS	BOTTSTR
1644 09 08	MK	GEERTRUIT	HINDRICK		HELDERVELDT	ANNA ARENTS	MOUKEHOLM
1644 07 17	MK	GEERTRUIT	HINDRICK		LAAR,VAN	GEERTRUIT HOFS	KOORNMERCKT
1648 06 23	AK	GEERTRUIT	HINDRICK	BERENTS		GREITIEN JURJENS	CRANE
1644 04 21	MK	GEERTRUIT	HINDRICK	HINDRIX		HILLETIEN PIETERS	MUER/BOT.STR
1645 10 21	AK	GEERTRUIT	JACOB	VREERX		AELTIEN	POELESTR
1649 05 04	AK	GEERTRUIT	JACOB	GEERTS		AELTIEN	OOSTERSTR
1647 02 28	MK	GEERTRUIT	JACOB		ELLEBRECHT	FENNE	TIMMERWERF
1643 02 16	AK	GEERTRUIT	JAN	REIJNERS		AESKE JANS	OLDEBOTTRPOORTE
1643 03 08	MK	GEERTRUIT	JAN		KNIDERMAN?	ANNA	HEERPOORTE
1648 02 02	AK	GEERTRUIT	JAN	ELLES		ANNE	JONKERENSTR
1642 11 16	AK	GEERTRUIT	JAN	LUILOFS		ANNETIEN	DAMSTERDIEP
1649 01 11	AK	GEERTRUIT	JAN		FEERWERT,VAN	CATHRIJNE	DRA
1647 04 30	AK	GEERTRUIT	JAN	GEERTS	SLUCHER?	ELLEKE?	OOSTERSTR
1641 11 12	MK	GEERTRUIT	JAN/SOLDAET	REIJNERS		EVA	OLDEBOOTTRPRT
1648 10 26	AK	GEERTRUIT	JAN	TANGES		GRIETIEN SANDERS	EBBSTR
1642 10 20	AK	GEERTRUIT	JAN/SOLD.	HARMENS	(und.Rensen)	HILLE	COSTERSGANG
1645 09 18	AK	GEERTRUIT	JAN	CLAESSEN		JEIJE BEECKMANS	DRA KERK
1648 02 06	AK	GEERTRUIT	JAN	BARTHELS		JEIJTIEN	STOELDRSTR
1642 07 31	MK	GEERTRUIT	JAN	FOCKEN		LIJSABETH	BOTTRPRT
1641 05 09	MK	GEERTRUIT	JAN/SOLDAET	FOCKENS		LIJSEBET	BUTTIENSTR
1643 02 07	AK	GEERTRUIT	JAN	ROELEFS	SCHIPPER	LIJSEBETH JANS	VISSCHERSTR
1647 03 07	AK	GEERTRUIT	JAN		STRAETMMAN	MARGRIETE HOLBEEK	WAL
1643 09 15	AK	GEERTRUIT	JAN/SOLD.		BEECKMAN	MARIA HARMENS	SUIPESTR
1648 11 28	AK	GEERTRUIT	JAN			MARIE	PLUIMERSGANG
1649 09 27	AK	GEERTRUIT	JAN	ALBERTS		MARRETIEN	LANE
1641 11 14	MK	GEERTRUIT	JAN	OTTENS?		ROELESJEN	OLDE.EBB.STR
1641 12 19	MK	GEERTRUIT	JAN			STIJNTIEN	JANSSTR
1643 08 13	AK	GEERTRUIT	JAN		MUNSTER,VCSTR	TRIJNTIE HERMENS	N.JADT
1642 01 25	AK	GEERTRUIT	JAN	SANDERS	TAMBEEK,VAN	TRIJNTIEN	BRUGGESTR
1643 02 02	AK	GEERTRUIT	JAN	HARMENS	SMS BEREIJDER	TRIJNTIEN	MUERE
1644 10 02	AK	GEERTRUIT	JURJEN/SOLD	REMMERS		ANNETIE	PRINCENSTR
1648 10 15	MK	GEERTRUIT	JURJEN	JANS		GRIETE	NIJEWECH
1646 02 01	MK	GEERTRUIT	JURJEN	JURJENS		TRIJNTIEN	COSTERSGANG
1647 08 17	AK	GEERTRUIT	LAMBERT	POULS		WOPKE PIETERS	STEENTILSTR
1647 02 14	AK	GEERTRUIT	LAURENS	FRANSSEN		SLIJNTIEN LEUSING	A KERK
1643 09 24	AK	GEERTRUIT	LIPPE	FOLKERTS	TAMBOIR?	AELTIE	SCHIEDAM
1648 11 24	AK	GEERTRUIT	LUCAS	COERTS		CATRIJNE	ROSENSTR
1643 11 12	MK	GEERTRUIT	LUITIEN	PIETERS		TAALTIE	N.POELESTR
1647 05 16	MK	GEERTRUIT	LUITJEN	PIETERS		TELLECHIEN	NIJEWECH
1644 07 30	AK	GEERTRUIT	MAXIMILIAEN	THOMAS		MARRECHIEN OTTENS	WOERT
1645 03 14	AK	GEERTRUIT	MEIJNT	BERENTS		SWAENTIEN	VISCHRMERCKT
1641 09 14	AK	GEERTRUIT	MICHEL (decd)	TIJMENS		HELENA JANS	LANE
1641 10 07	AK	GEERTRUIT	NANNE	HAIJENS		EMMECHIEN DERX	WOERT
1647 01 10	AK	GEERTRUIT	OTTO	REIJNERTS		ANNECHIEN	A.KERK
1646 06 10	AK	GEERTRUIT	PETER	MEEWES		BERENTS	VISSCHERSTR
1641 02 16	AK	GEERTRUIT	PIETER	GOSENS		--	LANE
1649 08 05	AK	GEERTRUIT	PIETER	HOPPING	CHIR:	CATHRIJNE	JADT
1643 09 17	MK	GEERTRUIT	PIETER	HEIJNENS		GRIETIEN RIJKENS	STEENTILSTR
1645 05 07	AK	GEERTRUIT	PIETER	HEIJMENS		GRIETIEN RIJKENS	STEENTILSTR
1648 03 24	AK	GEERTRUIT	PIETER	JANS		MARIA	OOSTERSTR
1646 05 07	AK	GEERTRUIT	PIETER	CORNELIS		TRIJNTIEN	MONKEHOLM
1641 12 21	AK	GEERTRUIT	ROELEF	LAMBERTS		PIETERTIEN	MONNEKEHOLM
1647 01 22	AK	GEERTRUIT	SIABBE	EIJSSENS		GEBBETIEN KERKENS	PEPERSTR
1648 10 10	AK	GEERTRUIT	SWERKE	SIJSENS		JANTIEN	BOTRPRT
1645 02 09	MK	GEERTRUIT	TADE?	GUMMELS		AELTIEN	BOTTRDP
1647 11 18	AK	GEERTRUIT	TIDDE	EVERS		JEJIE JANS	SUIDERDP
1643 12 17	AK	GEERTRUIT	UDO/VAENDR		BALCK	MED:MAJARTS	N.KERKHOFF

Year Mo Da	Chr	Child's Given Name	Father/Child's Patronymic	Father's Patronymic	Father's Surname	Mother	Address
1642 09 14	MK	GEERTRUIT	WILLEM	JANSEN	SPOORM.R	NIESJEN	PEPERSTR
1649 05 14	MK	GEERTRUITA	EGBERT		LINGEN,V	AELTIEN	WAGE
1647 05 12	MK	GEERTRUITJE	BARTHOMEUS	JANS	CONSTANT	HINDRICKJEN BROUWES	VISMERKT
1648 11 22	AK	GEERTRUTEN	GEERT	JANS		SITJEN	HEERPRT
1645 02 04	AK	GEESE	HAIJE	HINDRIX		ARENTIE	NIJE KERKHOFF
1642 04 19	AK	GEESE	TONNIS	CORNELLIS		GRIETTE STOFFELS	SCHUITNDP
1645 04 10	MK	GEESE	VREERCK	CORNELIS		AELTIE	O.EBB/BOTTRPRT
1648 04 09	MK	GEESE	WILLEM	ABELS		ANNA	TIJMENSMEULEN
1648 01 02	MK	GEESIEN	ADAM	ALLERTS		GEESJEN	N.BOTTRSTR
1641 05 19	AK	GEESIEN	BERENT	HARMENS	BACKER	FENNETIEN	HARDINGESTR
1641 08 06	AK	GEESIEN	HARMEN		TALLEE	REGINA SCHRANCKMULLERS	CORPORAELSGNG
1648 10 17	AK	GEESIEN	JAN	JANS	FRIESE	TRIJNTIE	SUIDERDP
1642 01 02	MK	GEESJE	FRUIS	LUIRTS	BROECKEN,VAN	AELTIEN	KLOOSTER
1645 10 19	MK	GEESJE	JACOB	CHRISTOFS.		AELTIEN	ZUIDERDP
1647 08 25	AK	GEESJEN	"dr. van voomo ende."?			ANNETIEN EERICKS	STOELDREIJERSTR
1641 09 12	AK	GEESJEN	ABRAHAM	EGBERTS		HILLETIEN FULLEN,VAN	HARDINGESTR
1644 05 16	AK	GEESJEN	ADRIAEN	SIJMONIDES		AASJEN ROEBERTS	CLEIJNEPELSERST
1642 10 20	AK	GEESJEN	ALBERT	GIJSBERTS		ANNECHIEN	SCHUITEMRSWAL
1643 12 07	AK	GEESJEN	ALBERT	GOOSSENS			A
1649 06 22	AK	GEESJEN	ALBERT	ENGELBERTS		FENNETIEN	PELSERSTR
1644 01 23	AK	GEESJEN	ALLERT	SICKENS		ANNETIE HILLENIJ	N.SWANESTR
1642 08 02	AK	GEESJEN	ANDRIES	BASTIAENS		SWAENTIEN	GELTINGESTR
1646 01 04	MK	GEESJEN	ARENT	JANSSEN		DIGNE?	JONKERNSTR
1642 08 23	AK	GEESJEN	ARENT	DERX		FOCKJEN	BOTTRDP
1641 04 04	MK	GEESJEN	ARENT	HERMENS		TRIJNTIEN	REUPELSTR
1642 03 30	AK	GEESJEN	BERENT	HARMENS		HINDRICKJEN BERENTS	HARDINGESTR
1641 12 12	AK	GEESJEN	BERENT	GEERTS		JANTIEN BERENTS	HEERSTR
1645 10 24	AK	GEESJEN	BERENT		LIPPE,VANDER	JANTIEN	HEERSTR
1648 04 14	AK	GEESJEN	BERENT		LIPPE,VAN	JANTIEN	W. INDISCHHUIJS
1646 01 27	AK	GEESJEN	BERENT	LEENERTS		MARGRIETE	JADT
1644 09 15	AK	GEESJEN	BERENT	HINDRIX		TEKE HOMMENS	OOSTERSTR
1646 11 25	AK	GEESJEN	BOELE	PIETERS	SCHENUR?	JANTIEN	JADT
1648 12 19	AK	GEESJEN	BOUWE	JACOBS		GRIETE	VISSCHSTR
1643 06 23	AK	GEESJEN	BOUWE	JACOBS		MARGRIETE HARMENS	SLEMENNERSTR
1644 01 26	AK	GEESJEN	BRUIN	JANSSEN		GRIETIEN	N.EBBSTR
1648 03 18	MK	GEESJEN	BRUUNE	SICKENS		ASSELE JACOBS	SLEEMENDERSSTR
1646 09 27	NK	GEESJEN	CHRISTIAEN		SCHERK	TRIJNTJEN RECHTS	HARDINGESTR
1642 06 10	AK	GEESJEN	CLAES	JANSEN		JACOBJEN GERRITS	A.
1644 05 07	AK	GEESJEN	CLAES	PIETERS		RINT AUKES	CRANE
1649 05 22	MK	GEESJEN	CLAES		HULSMAN	SWAENTIEN	BOTTRSTR
1642 04 11	MK	GEESJEN	CORNELIS	SIJBRANDTS		LOETIEN JANS	JADT
1646 06 24	AK	GEESJEN	DAVID	HINDRIX		MECHELTIEN EVERTS	WOERT
1644 11 24	AK	GEESJEN	DAVID/SOLD.		KOPPELAER	WALBURCH	NIJESTR
1648 06 04	AK	GEESJEN	DERCK	JANSSEN		BELE HOMMES	HAVENSTRATE
1643 12 16	AK	GEESJEN	DERCK	ROELEFS		HEIJLTIEN DERX	NIJESTAET
1642 07 05	MK	GEESJEN	DERCK	HERMENS		TEUBE	VISSCHERSTR
1646 03 20	AK	GEESJEN	EERNST	DREEUWES		ANNE HARMENS	HEERPOORTE
1648 12 19	AK	GEESJEN	EERNST	JURJENS	VOS	WIJPKE	RAEMSTR
1648 11 26	AK	GEESJEN	EGBERT	LUITJENS		ANNETIEN	PELSERSTR
1641 10 24	MK	GEESJEN	EGBERT	GEERTS	POTBACKER	GEERTIEN LUCAS	DAMSTERDIEP
1644 07 02	AK	GEESJEN	EGBERT	JANSSEN		JANTIEN	HOVENSCHEDIJCK
1642 08 28	AK	GEESJEN	EPPE	CLAESSEN		HINDRICKJEN	MONCKEHOLM
1648 03 24	AK	GEESJEN	EVERT	ARENTS		LIESKE	NIJEPOELST
1648 11 08	AK	GEESJEN	FRITS		MEIJER	ANNETIEN	HARDSTR
1642 03 17	MK	GEESJEN	GARBRANT	THOMAS		GRIETIEN	3 MEULLEN
1642 05 17	AK	GEESJEN	GEERT	HINDIRX		BETJE GEERTS	SCHUITEND./BREDEGN
1643 05 22	MK	GEESJEN	GEERT	EIJLERTS		ELSJEN	PRINCENSTR
1642 12 23	AK	GEESJEN	GEERT	JANSSEN		GEERTIEN	HOORNSCHDIJK
1643 06 11	MK	GEESJEN	GEERT		HUSSEN	GEERTIEN	BOTTRINGESTR
1643 02 08	AK	GEESJEN	GEERT	WICHERS		GEESJEN	BOTTRSTR
1646 06 25	AK	GEESJEN	GEERT	WICHERS		GEESJEN WEEIJ,TER	NIJEWECHSHOECK
1644 06 02	MK	GEESJEN	GERENT	HARMENS		HILLECHIEN	QUINKENPLAETS?
1648 09 17	MK	GEESJEN	GERRIT	JANSSEN		ANNA	N.KERKHOF
1643 12 16	AK	GEESJEN	HAIJE	HARMENS		CORNELISJEN GARBRANTS	3 MEULENS
1646 01 07	AK	GEESJEN	HANS	JARJEN	ENGEL	ANNE JURJENS	MIEUWEDIEP
1642 07 21	AK	GEESJEN	HANS		SPICHT	EETE	BENTHEIM
1646 12 01	AK	GEESJEN	HANS	LOURENTS	RUITER	GEESJEN	NIJEWECH
1648 02 13	MK	GEESJEN	HANS	JURIENS		TRIJNTIEN EBELS	N.EBBSTR
1645 02 04	AK	GEESJEN	HARMEN	WESSELS		ALBERTIEN	SCHUTENDIEP
1644 02 04	MK	GEESJEN	HARMEN	JACOBS		HILLE ABELS	HEERSTR
1646 11 01	MK	GEESJEN	HARMEN	BARTHELS		HINDRICKJEN JANSEN	VOLTSTR
1648 11 14	AK	GEESJEN	HARMEN		SCHIVING	JANTIEN SOOR?	STEENTILSTR
1648 03 22	AK	GEESJEN	HARMEN	LEFFERS		MARRETIEN	SUIDERDP
1641 12 28	AK	GEESJEN	HARMEN	HINDRIX	RUITER	TRIJNTIEN	EBBINGEPORT
1643 04 27	MK	GEESJEN	HARMEN	WILLEMS		TRIJNTIEN	3 MEULLENS
1644 08 02	AK	GEESJEN	HARMEN	HINDRIX		GEESJEN	SCHUITENDP
1646 03 09	MK	GEESJEN	HEIJEN	EGBERTS		GEESJEN	SCHUITENDP
1642 09 07	AK	GEESJEN	HEIJNE	EGBERTS		GRIETE ROEBERS	POELPOORT
1647 12 28	AK	GEESJEN	HERE	BORCHERS		AEFJEN WINSHEMIJ?	VISCH
1647 05 08	AK	GEESJEN	HILLEBRANDT	ROEBERSTS		ANNA	SCHUTENDIEP
1644 01 05	AK	GEESJEN	HINDRICK	BROERS		BAAUTIE	RAAMSTR
1647 07 27	AK	GEESJEN	HINDRICK	HARMENS		ELSJEN	SCHUITNDP
1642 03 22	MK	GEESJEN	HINDRICK	STOFFELS		ENGELTIEN DERX	O.EBBSTR
1646 11 30	AK	GEESJEN	HINDRICK	OTTENS		GRIETE	BOTTRINGESTR
1644 05 10	AK	GEESJEN	HINDRICK	DUIRTS		JANTIEN	CARELSWECH
1644 04 17	AK	GEESJEN	HINDRICK	EVERTS		MARRECHIEN	OOSTERSTR
1646 12 27	MK	GEESJEN	HINDRICK	WIJBRANTS		RENSKE REIJNERS	POEL
1645 02 14	AK	GEESJEN	HINDRICK	MATTHIJS		TRIJNE	POELSTR
1648 10 15	MK	GEESJEN	HINDRICK	MATTHIJS		TRIJNTIEN	JUDEBARKERSKN.
1645 02 04	AK	GEESJEN	HINDRICK	SICKENS		GEERTRUIT RIJKENS	TORFTOORENST
1647 10 17	AK	GEESJEN	HINDRIK	RIJMANS		LUTGERT JANSSEN	MARTINIKERKHOFF
1642 11 23	AK	GEESJEN	J.	JANSSEN		AUCKE	VISSCHRSTR
1647 04 28	AK	GEESJEN	JACOB	FREERX	VISSCHER	DOROTHEA	BEULSGANG
1645 03 21	MK	GEESJEN	JACOB	HARMENS		JANTIEN	PLUMERSGANG
1642 01 18	AK	GEESJEN	JACOB	VOELEFS		LUCKE JANSEN	SCHUITEMAKERSWAL
1642 03 08	AK	GEESJEN	JACOB		IIJNE?	AELTIEN CLAESSEN	SCHUITENDIEP
1643 11 09	AK	GEESJEN	JAN	LUITJENS		ANNE	HEERENKAMERS
1642 09 08	AK	GEESJEN	JAN	MARTENS		ANNETIEN	SCHOOLHOLM
1641 08 10	AK	GEESJEN	JAN	LUBBERTS		BEELTIEN	GULDENSTR
1648 01 31	AK	GEESJEN	JAN	HARMENS		BEERTJEN JANS	TORFTOORNSTR
1642 03 29	AK	GEESJEN	JAN		MEURS,VAN	EIJLKE	NOORDERKERKHOF
1647 06 18	AK	GEESJEN	JAN	GERRITS		ELSJE	WOERT
1645 04 11	MK	GEESJEN	JAN		MEIJER	FOELKE	ANTHONIJGASTHUIS
1645 04 04	AK	GEESJEN	JAN	PIETERS		GEESJEN	MART.KERKHOF
1641 03 12	AK	GEESJEN	JAN		RENE,VAN		

Year Mo Da	Chr	Child's Given Name	Father/Child's Patronymic	Father's Patronymic	Father's Surname	Mother	Address
1643 08 08	AK	GEESJEN	JAN	RINDERS		GEESJEN JANS	SCHNOOLHOLM
1648 10 01	AK	GEESJEN	JAN	HARMENS		GEESJEN	N.JADTST
1645 12 14	AK	GEESJEN	JAN	COERTS		HEIJKE	NIJE EBBSTR
1644 04 07	AK	GEESJEN	JAN	COERTS		HEIJLTIEN	HARDINGESTR
1641 12 08	AK	GEESJEN	JAN	HINDRIX		HILLE	OOSTERPRT
1646 07 03	AK	GEESJEN	JAN	GEERTS		JANTIEN	A KERK
1646 02 01	AK	GEESJEN	JAN		ANNERPOEL	JANTIEN	SWANESTR
1649 04 03	AK	GEESJEN	JAN	LUBBERTS		LUTGERT	HARDINGSTR
1649 02 21	AK	GEESJEN	JAN		CLOECK	LUTGERTIE	MART.KERKHOF
1646 10 15	AK	GEESJEN	JAN	JANSSEN		LUTGERTJEN	MART.KERKHOFF
1649 11 04	AK	GEESJEN	JAN	ENGELBERTS		MAGRETIE	CROMJAT
1647 06 11	AK	GEESJEN	JAN	CRANS		MARIA JANS	HEERSTR
1641 06 06	MK	GEESJEN	JAN	BROMENS		MARRECHIEN BARBRANTS	STEENTILSTR
1648 02 26	AK	GEESJEN	JAN	GEERTS		MARRECHIEN	OOSTERPOORTE
1646 01 16	AK	GEESJEN	JAN	JANSSEN		MEENTIEN	EBBINGEPOORTE
1646 01 08	AK	GEESJEN	JAN	DERX		SWAENTIEN JURJENS	PLUIMERSGANG
1644 01 21	MK	GEESJEN	JAN	DERCKS		SWANE JURJENS	DAMSTERDIEP
1647 06 25	AK	GEESJEN	JAN	DERCKS		SWANE	PLUIMERSGANG
1649 09 27	AK	GEESJEN	JAN	BERENTS		TALLE	SCHUTNAKRWAL
1643 02 10	AK	GEESJEN	JAN	ROELEFS		TAMKE	VISSCHERPIJP
1646 07 26	AK	GEESJEN	JAN	PAESENEN		TRIJNTJEN	STOELDREIJERSSTADT
1642 03 20	MK	GEESJEN	JOANNES		SCHULONBORCH	HARMTIEN WINSHEMIJ	OOSTERSTR
1646 07 06	AK	GEESJEN	JOCHIM	JANSSEN		GEESJEN	HAVENSTR
1644 08 21	AK	GEESJEN	JOCHIM	JURJENS		HAASJEN	O.EBBINGESTR
1642 10 30	MK	GEESJEN	JOEST	HANSEN		HARMTIEN	SANT/BOTTRSTR
1646 10 30	AK	GEESJEN	JOHAN		KESTRING	IDA GROOTHUIJS	BOTTRSTR
1646 09 17	AK	GEESJEN	JOHANNES	ANDRIES	BLICKMAN	AUCKJEN LEUCKES	NIEUESTADT
1643 02 07	AK	GEESJEN	JOHANNES/DR.	MEINTS		TIETJEN TAMMENS	HEERSTR
1643 01 10	AK	GEESJEN	JURJEN		VUINCK	TRIJNTIEN	BOTTERDIEP
1649 03 28	AK	GEESJEN	JURJEN	JURJENS		TRIJNTIEN	NIJEWECH
1641 01 22	AK	GEESJEN	LAMBERT		LOON,VAN	LEENTIEN	PRINCENSTR
1643 07 16	MK	GEESJEN	LAMBERT	ARENTS		MARIA	COSTERSGANG
1641 10 03	AK	GEESJEN	LUCAS	HINDRIX		TRIJNTIEN JURJENS	BOTTRINGESTR
1648 05 14	MK	GEESJEN	LUITJEN	HILLEBRANTS		ANNETIEN ARENTS	CARELSWECH
1643 09 20	AK	GEESJEN	MEIJNERT	MEIJNERTS		MARRECHIEN HANS	LANE
1641 09 07	AK	GEESJEN	MENNE	HARMENS		WILLENTIEN HINDRIX	SCHOOLHOLM
1642 04 03	AK	GEESJEN	MICHEL	JOCJENS?		TRIJNTIEN	VOLTINGESTR
1646 09 27	MK	GEESJEN	NICLAES	DUIJSS		AELTJEN	EBBINGESTR
1649 08 19	AK	GEESJEN	PIETER	CORNELIS		CLAERTIEN	N.STRAETJE
1643 09 24	MK	GEESJEN	PIETER	JANSSEN		GEESJEN GEERTS	GELTINGESTR
1646 03 08	MK	GEESJEN	PIETER	JANS		JANTIEN	STEENTILPRTENBRG
1642 02 20	MK	GEESJEN	POUWEL	ROELEFS		BEATRIX	MUERE/BOTTRST
1642 09 23	AK	GEESJEN	ROELEF	ROELEFS		AELTIEN JANSEN	LUTKEDRA
1649 08 21	AK	GEESJEN	ROELEF	ARENTS		BIEKE	LANE
1647 03 14	MK	GEESJEN	ROELEF	CHRISTOF.	CUIJ	GRIETJEN	O.EBB.POORTE
1641 02 03	AK	GEESJEN	ROELEF	BRUINS		GUDELLA?	PELSERSTR
1649 01 28	MK	GEESJEN	ROELEF	HINDRIX		JANTIEN	HEERST
1648 03 22	AK	GEESJEN	ROELEF	JANS		JOESJEN	BOTTERDIEP
1644 08 23	AK	GEESJEN	ROELEF	JANSSEN		JOOSTJEN THOMAS	BOTTRDIEP
1647 09 26	AK	GEESJEN	ROELEF	LAMBERTS		PIETERTIEN JURJENS	VISSCHERSTR
1642 04 20	AK	GEESJEN	ROTGER	HARMENS		METTE	SCHUTENDP
1648 08 16	AK	GEESJEN	SIJMON		HORENBECK,V	IDETIE	HALLE
1648 02 06	AK	GEESJEN	SUIBBE	PIETERS		LAMME WESSELS	A
1646 09 17	AK	GEESJEN	SWIJER	SWIJERS		ELSE EDZES	SCHUIJTEMKRSTR
1649 01 03	MK	GEESJEN	TONNIS	CORNELIS		GRIETIEN	SCHUITNDP
1644 10 23	AK	GEESJEN	VREERK	JANSSEN		MARRECHIEN	JONKERENSTR
1648 07 23	MK	GEESJEN	WESSEL	MEIJNE		GRIETIEN	PRINCENSTR
1642 11 11	AK	GEESJEN	WESSEL	JANSENS		STIJNE	GELTINGESTR
1644 04 23	AK	GEESJEN	WIERT	CAMERS		METJEN	JONKERENSTR
1645 11 18	AK	GEESJEN	WIJBRANT	SIPKENS		HINDIRCKJEN COIJTENS	VOLTINGESTR
1647 03 31	MK	GEESJEN	WILLEM	TITZINUS		ELISABETH HOORN	BREDEMERCK
1645 09 28	AK	GEESJIEN	GERRIT	MARTENS		WILTIEN	TORFTOORNSTR
1646 09 03	AK	GEESKE	BERENT	BERENTS		FEENICHJEN	CARELSWECH
1646 10 18	AK	GEESKE	DERCK	JANS		AELTIEN	ROSENSTR
1647 01 17	AK	GEESKE	DERCK	HARMENS		TEUKEKE HARMENS	RAAMSTR
1647 06 02	AK	GEESKE	HARMEN	CHRISTIAENS		ANNECHIEN	HARDINGESTAR
1643 06 25	MK	GEESKEN	ALBERT	ROELEFS		MARRETIEN ALBERTS	COSTERSGANG
1648 10 15	MK	GEET	ROELEF	ALBERTS		MARRECHIEN	PLUIMERSGNG
1643 03 08	MK	GELLINCK	BERENT	TIAERS	SWIJTERA	JANTIEN CLAES	STEENTILPOORT
1642 04 03	AK	GENETTE	PAUL	REUS		HIJPOLITA RIJROU,DE	HARD.STR
1643 12 06	AK	GERARD JAN	DERCK		MEIJER	AGNETE	BUTJENSTR
1642 09 07	AK	GERARDUS	JAN	GEERTS		AALTIEN	SUIDERDP
1648 04 19	AK	GERARDUS	LUPPE	HUININGA		ELSJEN	SCHUTENDP
1647 03 07	MK	GERHARDUS	ARNOLDUS		GOLTSMIT	HEIJLTIEN ROELEFS	N.EBBSTR
1649 08 07	AK	GERHARDUS	HARMEN		BEECK,TER	SARA STRATEN,VANDER	MERK
1642 12 13	AK	GERHARDUS	HINDRICK		KISTEMAKER	JANTIEN ROMMERTS	TORSTOORNSTR
1646 07 26	MK	GERHARDUS	WILLEM		HEEP	JACOBJEN POUWELS	N.POELSTR
1647 07 14	AK	GERLACH	JULIUS/RENTMR	VERRUCIUS		ISABELLA CANTIERS	MKERK
1642 10 30	MK	GERLACUS	JAN		REDEKER	MARIA VERRUCIA	MART.KERKHOF
1644 01 21	MK	GERLEF	JACOB		BECKER	SWAANTIEN	KLEIJNE PEPERST
1643 02 02	AK	GERLOF	JAN	WILLEMA		JUDITH	NIEUWE EBBSTR
1646 09 12	AK	GERRIJT	HARMEN	LUITJENS		MAIJCKE GERRIJTS	DRAE
1646 09 08	AK	GERRIJTS	JOHAN		THORVELDE	ANNA	SCHUIJTENDP
1648 06 21	AK	GERRIT	ADAM	LAURENS		ANNECHIEN GERRITS	POELSTR
1644 04 07	MK	GERRIT	ALBERT	ROELEFS		AEFJEN	BOTTERDIEP
1644 08 22	AK	GERRIT	ALBERT	CUITS		SWAENTIEN WILKENS	SCHUTEMKSSTR
1646 05 06	MK	GERRIT	ALLERT	SICKENS		ANNETIE HILLENIJ	PELSERSTR
1648 07 05	AK	GERRIT	ANTHONIJ	GERRITS		JANTIEN	BOTTRDIEP
1642 11 16	AK	GERRIT	CASPAR	SACHARIAS		AELTIEN	OOSTERPOORTE
1643 01 11	AK	GERRIT	CLAES	ONNENS		TRIJNTIEN	N.S.JANSSTRATE
1643 01 01	MK	GERRIT	DERCK	HARMENS	SWEERTVEIJER	LUMMETIEN	BREDEMERKT
1647 12 23	AK	GERRIT	DERCK	JACOBS		ORFELTIE?	LEELJENSTR
1641 01 06	AK	GERRIT	EERNST/SOLDAET		VOS	--	PRINCENSTR
1649 03 22	AK	GERRIT	EGBERT	GERRTIS		GRIETIEN ARIENS	CROMMEJAT
1644 01 10	MK	GERRIT	ELIAS	JANSSEN	GARDENIER?	ANNEKE JANS	M.KERKHOFF
1645 10 08	AK	GERRIT	ELIAS	JANS		ANNEKE JANS	HOFFF/MECHOFF
1643 03 21	AK	GERRIT HILLEBRNTS	GERRIT	REMMERTS		JANTIEN HILLEBRANTS	hE--?
1647 03 21	AK	GERRIT	GERRIT/SAL:	REMMERS		JANTIEN DERX	A
1643 02 12	MK	GERRIT	GERRIT	GERRITS		SIJUWE BUWENS	HEERSTR
1642 01 25	AK	GERRIT	HARMEN	EEVERTS		ANNA LIPPENS	HOECK/HEERSTR
1648 02 24	AK	GERRIT	HARMEN	LUITIES		MAEGKE GERRITS	DRA
1646 03 17	AK	GERRIT	HINDRICK	GERRITS		ANNECHIEN	LELJENSTR
1646 05 06	MK	GERRIT	HINDRICK	GERRITS		FENNETIEN	TORFTOORNSTR
1645 01 26	AK	GERRIT	HINDRICK	ARENTS	BOUTW.?	GEERTRUIT	DISCHAN--?
1646 12 13	MK	GERRIT	HINDRIK	HINDRIX		GRIETIEN	NIJESTRAETJEN

Year Mo Da	Chr	Child's Given Name	Father/Child's Patronymic	Father's Patronymic	Father's Surname	Mother	Address
1645 04 13	MK	GERRIT	HUIBERT	EVERTS		GRIETJEN GEERTS	HEERESTR
1647 01 07	AK	GERRIT	JACOB		SUIST?	DIEWER	VISCHMERKT
1643 05 23	MK	GERRIT	JACOB	GERBRANTS		GEERTRUIT GERRITS	A POORTE
1642 08 16	AK	GERRIT	JACOB	GERRITS		MARRETIEN	RAAMEPRT
1649 08 29	AK	GERRIT	JAN	EGBERTS		ANNEKE CLAESSEN	BOTTDIEP
1644 10 20	MK	GERRIT	JAN	JANSSEN		CATHARINE JANSSEN	SCHUTENDIEP
1640 12 27	AK?	GERRIT	JAN		LUBECK	ELSE GERRITS	SLEMENNERSTR
1644 07 10	AK	GERRIT	JAN	HILLEBRANTS		GEERTIEN JANS	NIJEKERKHOF
1647 02 05	AK	GERRIT	JAN	EGBERTS		HILLE	BLOEMSTR
1644 06 14	AK	GERRIT	JAN	GEERTS		JANTIEN JANSSEN	A KERCK
1646 02 18	AK	GERRIT	JAN	ENGELBERTS		MARIJ GOOIJES	SWANESTR
1643 11 12	MK	GERRIT	JAN/LIEUT:	PIETERS		SWAENTIEN CALMUS	VOLTINGESTR
1641 03 21	AK	GERRIT	LUCAS/HOPMAN		HULTEN,VAN	--	VOLTST
1649 09 26	AK	GERRIT	PIETER		RASKE	JANTIEN	SCHUTNDP
1647 06 04	AK	GERRIT	PIETER	GERRITS		MARRETIEN HAIJEMA	N.BOTTRSTR
1649 03 22	AK	GERRIT	RIEMERT	JANS		REMKE	BONTEBRUGGE
1649 12 12	AK	GERRIT	SIJBOLT	PIETERS		AMMETIEN GERRITS	OOSTERPRT
1647 12 16	AK	GERRIT	STOFFER/SOLD.	HALLEIJE		HINDRIKJEN	N.ST
1648 09 17	MK	GERRIT	THOMAS	JANSEN		HILLETIEN	BOTTERDIEP
1649 11 19	AK	GERRIT	THOMAS	BERENTS		JANTIEN	BOTTRPRT
1645 08 21	AK	GERRIT	TIJES	WICHERS		ELSKE GERRITS	KROMELBOGEN
1645 14 29	AK	GERRIT	TOMAS		BLANCH?	JANTIEN GERRITS	HAVENSTR
1642 11 06	MK	GERRIT	WESSEL	REMMERTS		GESE	SCHUTEND.
1649 12 23	AK	GERRIT	WILLEM	JANS		AELTIEN	DRA
1649 12 06	AK	GERRIT	WILLEM	BERENTS		GREITIEN	STEENTILSTR
1648 01 07	AK	GERRITIEN	HINDRICK		SCHUIRING	JANTIEN	BOTTRPRT
1646 07 16	AK	GERRITS	FRERICK		MEIJER	GEESJEN DREEUWES	LAEN
1646 09 09	AK	GERRITS	JAN	EGBERTS		ANNICHJEN CLAESSEN	BOTERDP
1649 12 21	AK	GERRTI	ANDRIES	HINDRIX		EEVERTIEN	POELLESTR
1647 06 17	AK	GERRTRUIT	ABEL	DERX		REBECCA	BUTJENSTR
1647 05 02	AK	GERTIEN	ALBERT	CLAESSEN		TRIJNE	SCHUITMRSSTR
1643 04 05	AK	GESE	GEERT	ROELEFS		AELTIEN	NIEUWEWECH
1643 02 19	AK	GESE	HARMEN/SOLD.	JANSSEN		HARMTIEN NANNES	RAAMSTR
1646 01 14	AK	GESE	HINDRICK	ELLENS		GRIETE	JOANNES STR
1647 09 17	AK	GESE	VREERK	CORNELIS		AELTIEN CLAESSEN	PAAUS
1649 06 26	AK	GESINA	HILLEBRANT	ROEBERS		AEFJEN WINSHEMIUS	BOTTRSTR
1647 01 22	AK	GESJEN	JURJEN	WILKENS		HILLECHIEN	REVET
1646 06 03	AK	GESJIEN	ISEBRANT	CLAESSEN		FOLKERTIEN	DAMSTERDP
1646 11 27	MK	GIJSBERT	HARMEN	WESSELS		ALBERTIEN	N.EBBSTR
1648 03 23	AK	GIJSBERT	HINDRICK	GERRITS		AELTIEN	DRA
1647 11 04	AK	GIJSBERT	JAN	GIJSBERTS		CATRIJNE HOVEN	STOELDRST
1641 10 19	AK	GIJSBERT	JAN		SAMBEECK,VAN	TRIJNTIEN HARMENS	JADT
1648 04 05	AK	GIJSBERT	SIABBE	ONNES		ANNA	PELSERSTR
1644 06 25	AK	GIJSE	RUEIJNER	GIJSENS		GEERTIEN	POELESTR
1644 08 29	AK	GIJSSELE	LUCAS/R.		HULTEN,VAN	LUMMETIE HEIJMENS	VOLT:STR
1643 05 21	AK	GIJSSELE	LUCAS/R.		HULTEN,V	LUMMETIEN HEIJNENS	BOLT.STR
1646 10 23	AK	GILBERT	JOHAN		DIEWER	BEERTIEN	VOLTINGESTR
1646 02 22	AK	GISSELE	L./RAADTS	V.	HULTEN	LUMMECHIEN HEIJMENS	VOLT.STR
1645 01 09	AK	GOEIJTIEN	HINDRICK	REIJNS		BEERTJE	JACOBSGASTHUIS
1644 11 17	MK	GOOSSEN	GEERT	GOOSSENS		HINDRICKJEN EGBERTS	BOTTERDIEP
1642 06 05	MK	GOOSSEN	JACOB	JANSSEN	BOUR	HEBBELTIEN GOOSSENS	JACOBIJNESTR
1643 05 21	AK	GOOSSEN	JAN	JANSSEN		TALLE GOOSSENS	SCHUTEMRSWAL
1643 08 04	AK	GOOSSEN	MARTEN	TEUNNIS		MARIA	MESSEMAKERSST
1642 06 26	MK	GORIJTIEN	LAMBERT	FREERX		LAMMETIEN	MUSKENGANG
1642 12 09	AK	GOSSEL	TEBBE	AARENTS		GRIETIEN	KROMELLEBOGE
1644 12 06	MK	GOUTIEN	DIRCK	CRANSS		CORNELISJEN FRIX	OOSTERSTR
1643 10 17	AK	GRATIA	JOOST		THEGECER	SARA BERENTS	POELSTR
1649 05 24	AK	GRATIA?	JOOST		TEGEDER	SARA	GELTINGESTR
1642 06 26	AK	GREETIEN	HARMEN	SIJMENS		WIBBETIEN	LEELJENSTR
1647 09 28	AK	GRERTIEN?	JAN	LAMBERTS		GRIETIEN	HARDINGESTR
1644 10 20	MK	GRETIEN	ALBERT	JANS		ELSKEN HANSSEN	SCHUTENDIEP
1649 06 05	MK	GRETIEN BERENTS	BERENT	EVERTS		RENSJE	PAAUSGANG
1641 06 13	MK	GRETTIEN	HARMEN	ABBRINGE	SCHELDER	GRIETIEN	STEENTILSTR
1643 07 30	AK	GRIETE	ABRAHAM		BLEIJSTEEN	JANTIEN	VISSCHERSTR
1647 08 15	MK	GRIETE	ALERT	JANS		ANNE JANS	COSTERSGANG
1643 07 25	AK	GRIETE	BAIJE	REIJNERS		ANNA	ROSENSTR
1645 07 30	AK	GRIETE	BAIJE	REIJMERTS		ANNA	ROSENSTR
1642 03 13	MK	GRIETE	BAIJE	REIJNERTS		AUCKE	HEERPOORTE
1647 10 24	AK	GRIETE	BERENT	RITSKES		GEESJEN	DAMSTERDIEP
1643 05 30	AK	GRIETE	BERENT	WILLEMS		TRIJNE	RAAMSTR
1648 03 12	MK	GRIETE	COERT	WELTEN?		HAESKE DERX	BREDEMERKT
1641 04 22	AK	GRIETE	DERCK	AUCKES		STIJNE	VISCHRSPIJP
1649 03 25	MK	GRIETE	EGBERT	CLAESSEN		ANNA	SCHUTENDP
1645 09 24	AK	GRIETE	GEERT	WILLEMS		GEJE	PRINCEN
1649 07 31	AK	GRIETE	GIJSBERT	HARMENS		GEERTRUIT	HARDINGESTR
1645 10 19	AK	GRIETE	HANS		THOON	STIJNE ETERIJN	DAMSTRDP
1645 07 03	MK	GRIETE	HARMEN	REIJNTIES		GRIETE	PRINCENSTR
1647 10 13	AK	GRIETE	HARMEN	JANS		LUMME	DAMSTERDP
1646 03 30	MK	GRIETE	HINDRICK	JANSSEN		GEEGE	RODEBRUGKEN
1642 08 07	MK	GRIETE	JACOB	JACOBS		JANTIEN	SCHUTEMRSWAL
1643 07 27	AK	GRIETE	JAN/SOLD.	ELTENS		ANNA	BLOEMSTR
1645 12 07	MK	GRIETE	JAN	HINDRIX		ANNE	N.JADTSTR
1642 12 02	AK	GRIETE	JAN		BAVINCK	HILLE FOCKENS	BOTTRDP
1641 10 24	MK	GRIETE	JOOST	BARTELS		GEESJEN HARMENS	DRAPRTE
1649 03 04	AK	GRIETE	JURJEN	DELIS?		EPKE	UIJ-WERKERSGANG
1646 06 28	AK	GRIETE	MARTEN	MARTENS		ELSKE	3 MEULEN
1642 10 25	AK	GRIETE	MATTHIJES	JACOBS		TRIJNTIEN MATTHIJES	COSTERSGANG
1644 09 29	MK	GRIETE	MATTHIJS/SOLD.		HEGELER	TRIJNE	WOERT
1647 10 12	AK	GRIETE	MICHEL	JOCHIMS		GEESJEN	BOTTERDIEP
1644 12 22	MK	GRIETE	ROELEF	HARMENS		HINDRICKJEN	RAAMSTR
1644 06 16	AK	GRIETE	TOELE	HINDRIX		ETTE WILLEMS	SCHUTENDP
1649 06 06	MK	GRIETE	TOMES	PIETERS		GEESJEN	SCHEDAMSGNG
1648 10 08	AK	GRIETE	VICTOR	JANS		ANNA TONNIS	HEERPRT
1641 01 10	AK	GRIETE	WILLEM	HUMME	ENGELSMAN	ANNEKE	JACOBINERSTR
1643 11 07	AK	GRIETIE	ALBERT	RUIRTS		GEESJEN	OOSTERPOORTE
1647 06 13	MK	GRIETIE	FRERICK	KARSTIES		ANNECHIEN	HARD:STR
1643 08 13	AK	GRIETIE	HINDRICK		JONGBLOET	GEERTRUIT	3 MEULENS
1642 12 11	AK	GRIETIE	JAN	ARENTS		ARENTIEN	BOTTRPRT
1649 07 10	AK	GRIETIE	STOFFER	STOFFERS		LUTGERTIEN EVERS	CROMELBOG
1647 06 30	MK	GRIETIEN	"dr.van sc. v. onder d'onchts"?			PIETERTIEN	PRINCENSTR
1648 06 03	AK	GRIETIEN	ALBERT	BROIJLS		SWAENTIEN OUERTS	SUIDERDP
1643 10 26	AK	GRIETIEN	ANDEL	HIJLICKENS		AELTIEN	BLOEMSTR
1649 12 21	AK	GRIETIEN	ANDRIES	SIJBRANTS	BRESER	STIJNTIEN	POPKENSTR
1646 10 10	AK	GRIETIEN	ANDRIES			GEERTRUIT	
1641 07 02	MK	GRIETIEN	ARENT	GEERTS			

29

Year Mo Da	Chr	Child's Given Name	Father/Child's Patronymic	Father's Patronymic	Father's Surname	Mother	Address
1641 12 27	AK	GRIETIEN	BARTELS	--		GEELTIEN	EBBINGESTR
1641 01 06	AK	GRIETIEN	BARTELT	HERMENS		HILLETIEN CLAES	OOSTRPR
1647 08 29	AK	GRIETIEN	BEEME	JANSSEN		ELSJEN TONNIS	HARDINGESTR
1642 10 13	AK	GRIETIEN	BERENT	WILLEMS		GRIETE	LEELJENSTR
1648 08 26	AK	GRIETIEN	BERENT	HINDRIX		JANTIEN	A PRT
1644 06 10	MK	GRIETIEN	BERENT	EGBERTS		TIAKE	BORGERWEESHUIJS
1641 10 31	AK	GRIETIEN	BOCHART	HARMENS		GEESJEN JURJENS	N.STRAETJEN
1643 06 28	AK	GRIETIEN	BOELE	EGBERTS		MARRECHIEN	S.JANSBRUGG
1649 08 19	AK	GRIETIEN	BRUIN		BROMMER	ELSJEN	ROSENSTR
1648 10 26	AK	GRIETIEN	CLAES	HINDRIX		ANNETIE	WONENST?
1647 04 04	AK	GRIETIEN	CLAES	ABELS		DIETIEN STEFFENS	HEERPOORT
1649 06 17	AK	GRIETIEN	CLAES	TONNIS		HINDRICKJEN	BRUGGESTR
1644 12 17	AK	GRIETIEN	CLAES	JANSSEN		JANTIEN BERENTS	SWANESTR
1645 03 04	AK	GRIETIEN	CLAES	GERBRANTS		TRIJNE	HOORNSCHE
1648 08 13	MK	GRIETIEN	CLAES	TALENS		WARMELTIEN	HEERESTR
1645 02 28	AK	GRIETIEN	CORNELIS	JANSSEN		GRIETIEN HARMENS	HEERESTR
1646 02 24	AK	GRIETIEN	CORNELIS	JANSSEN		GRIETJEN	HEERSTR
1647 07 23	AK	GRIETIEN	DERCK	TIAERTS		AELTIE	EBBPRT
1641 08 03	AK	GRIETIEN	DERCK	JELMERS		DIEWERTIEN	MUERE
1643 12 28	AK	GRIETIEN	DERCK	JELMERS		DIEWERTIEN TIERX	KIJK/JAT
1645 06 26	AK	GRIETIEN	DERCK	CLAESSEN		JANTIEN	N.EBBPOORTE
1643 04 09	AK	GRIETIEN	DERCK	REIJNERTS		SAARTIEN	CRANEPOORTE
1648 02 10	AK	GRIETIEN	DERK	JANSZ		GESE	WOERT
1644 02 18	AK	GRIETIEN	DIETERT	EGBERTS		MARRECHIEN	HOFSTRATE
1648 03 10	MK	GRIETIEN	EERNST	HARMENS		GRIETIEN PLOCHMANS	SNST?
1641 06 02	MK	GRIETIEN	EEUWE	TAMMENS		ANNETIEN	OOSTERPRT
1643 09 29	AK	GRIETIEN	EEVERT	EEVERTS		ELLECHIEN	BUTJENSTR
1643 10 13	AK	GRIETIEN	EGBERT	ALBERTS		SIADDE	CLEIJNEPELSERSTR
1646 06 28	AK	GRIETIEN	EGBERT	HINDRIX		WILLEMTIEN ROELEFS	WOERT
1642 06 25	MK	GRIETIEN	EIJWE	TAMMENS		ANNECHIEN JANS	HEERPRT
1641 03 28	MK	GRIETIEN	ELIAS	(KISTEMKR)	VOS	JANNETIE	MUERE
1641 06 21	AK	GRIETIEN	EVERT	EGBERTS		--	DRAPOORTE
1648 12 06	AK	GRIETIEN	FREECK	SIJWERS		TEUBECHIEN	NIEUSTADT
1644 06 16	MK	GRIETIEN	GEERT	HINDRIX		AELTIEN	HEERSTR/BOGE
1649 12 27	AK	GRIETIEN	GEERT	WICHENS		GEESJEN	BOTRSTR
1648 11 10	AK	GRIETIEN	GEERT	ROTGERS		LIJSABETH	HELPEN
1649 06 17	AK	GRIETIEN	GEERT	HARMENS		MARRECHIEN	KIJK/JAT
1649 06 09	AK	GRIETIEN	GEERT	BERENTS		WIGBOLTIE SUINGE	BREDEM
1649 12 05	AK	GRIETIEN	GEORG/DR.		NIJKERK	ALBERTIEN	JACOBINERSTR
1649 06 02	AK	GRIETIEN	GERRIT	REMMERS		JANTIEN	HEERSTR
1648 03 01	AK	GRIETIEN	GERRIT	TIJMNES		SWAENTIEN	NIJESECH
1646 12 22	AK	GRIETIEN	HAIJE	TONNIS		HILLECHIEN HAIJES	VOLTRINGESTR
1643 01 17	AK	GRIETIEN	HANS		HARTMAN	AELTIEN	HOFSTRATE
1641 10 05	AK	GRIETIEN	HANS	HINDRICKS		GRETE MELCHERS	3 MEULENS
1642 04 24	AK	GRIETIEN	HANS	HINDRIX		GRIETIEN ROEVERTS	SUIDERDP
1646 01 04	AK	GRIETIEN	HANS	HINDRIX		GRIETIEN	SUIDERDP
1645 01 19	MK	GRIETIEN	HARMEN	REIJNERS		ADRIANTIEN PETERS	OOSTERSTR
1647 08 08	AK	GRIETIEN	HARMEN	HOEPE?		ANNEKE AMULDERS	WONEZ?
1648 03 10	MK	GRIETIEN	HARMEN	REIJNERS		ARIAENTIE	OOSTERPOORTE
1647 08 05	AK	GRIETIEN	HARMEN	HARMENS	SMIDT	GEERTIEN	HEERPOORTEN
1641 06 11	MK	GRIETIEN	HARMEN/SOLDAET	FREERX		GEERTRUIT	WELKERN/SCHOOLHOLM
1644 01 31	AK	GRIETIEN	HARMEN		ABBRINGE	GRIETIEN HEBLING	STEENTILSTR
1645 03 13	AK	GRIETIEN	HARMEN	KRACHTS		MARRECHIEN	STADT
1648 12 12	AK	GRIETIEN	HARMEN	JANS		TRIJNTIEN	SUIDERDP
1645 12 21	AK	GRIETIEN	HARMENS	SIJERTS		RENSKE	HARDINGESTR
1645 01 30	AK	GRIETIEN	HIEROMIJMUS	ROELEFS		LAMMECHIEN ANNENS	A POORTE
1646 11 13	AK	GRIETIEN	HILLEBRANDT		WISSUM	MEENTIEN HINDRIX	VISCHERSTR
1649 09 23	MK	GRIETIEN	HILWERT	BERENTS		SWAENTIEN	HEERPRT
1642 10 19	AK	GRIETIEN	HINDRICK/SOLD.	DRIJES	(und Rensen)	AELTIEN	BREEGANG
1643 07 26	AK	GRIETIEN	HINDRICK	JANSSEN		ALTIE	HELPEN
1647 08 08	AK	GRIETIEN	HINDRICK	JANS		ANNECHIEN	HEERPOORTE
1646 12 30	AK	GRIETIEN	HINDRICK	BROERS		ANNEKE	SCHUITENDP
1641 06 29	MK	GRIETIEN	HINDRICK		BROECKMAN	ANNETIEN	UIJRWERKERSGANG
1645 12 19	AK	GRIETIEN	HINDRICK	JANSSEN		ELSJEN	BOTTENDIEP
1648 09 17	MK	GRIETIEN	HINDRICK	ROELEFS		ELSJEN	CORELSWECH
1641 12 02	AK	GRIETIEN	HINDRICK	KIJS		ELSKE	VISSCHERSTR
1644 12 29	MK	GRIETIEN	HINDRICK	OTTENS		GELLE	BOTTRPRT
1645 12 18	AK	GRIETIEN	HINDRICK	BERENTS		GIJSSELE	RAAMSTR
1642 10 06	AK	GRIETIEN	HINDRICK	MENSENS	SCHOENMAKER	GRIETIEN	EBBSTR
1644 08 02	AK	GRIETIEN	HINDRICK	JANS		GRIETIEN JANS	STEENTILSTR
1648 06 25	MK	GRIETIEN	HINDRICK		LANDT	GRIETIEN THOMAS	BOTTERDIEP
1641 12 28	AK	GRIETIEN	HINDRICK	HINDRIX		HARMTIEN	RAAMSTR
1642 06 09	AK	GRIETIEN	HINDRICK	HINDRIX		JANTIEN	OOSTERPRT
1645 08 19	AK	GRIETIEN	HINDRICK	DURKEN		JANTIEN ROELEFS	DRAPOORT
1644 11 14	AK	GRIETIEN	HINDRICK		PLOECHMAN	MARRECHIEN EVERTS	BOTTRSTR
1644 03 13	AK	GRIETIEN	HINDRICK	BERENTS		TRIJNE PIETERS	SWANESTR
1642 02 13	AK	GRIETIEN	HINDRICK		STEUVERDEN,V	TRIJNTIEN	HARDINGESTR
1641 11 24	AK	GRIETIEN	HUIBERT	JANSEN		GEERTRUIT TIARX	STEEMTO;STR
1642 11 22	AK	GRIETIEN	ISAAC		TETARRE	ELSJEN	NIJESTADT
1643 06 25	AK	GRIETIEN	JACOB	KOENE		ANENCHIEN	LEELIENSTR
1642 08 30	AK	GRIETIEN	JACOB	JARGENS		FENNE	SMACKERSGANG/SCHTDP
1642 03 01	AK	GRIETIEN	JACOB	SIJMONS		GRIETIEN	WOERT
1648 07 21	AK	GRIETIEN	JACOB	CLAESSEN		JUTTE	PEPERSTR
1648 03 21	AK	GRIETIEN	JACOB		KEEWE?	MEIJNOU?	LEELJENSTR
1641 12 22	AK	GRIETIEN	JACOB	NIENGES		TRIJNTIEN JANS	HELPEN
1641 03 16	MK	GRIETIEN	JAN	HAIJENS	SCHUITENSCHVR	--	MUSSCHENGANG
1643 02 16	AK	GRIETIEN	JAN/SOLD.	BRUINS	LIER,VAN	AELTIEN JANS	PLUIMERSGANG
1643 10 01	MK	GRIETIEN	JAN	BASTIAENS	SMAELS?	AELTIEN	BREDEMERKT
1645 07 29	AK	GRIETIEN	JAN/SOLD.	ELTIENS		ANNA	SCHUTEN.WAL
1644 09 08	AK	GRIETIEN	JAN	REIJNERTS		ANNECHIEN JANS	A.
1645 10 15	AK	GRIETIEN	JAN		MASMAN	DIEWER JACOBS	STOELDRSTR
1644 03 05	AK	GRIETIEN	JAN		MASTMAN	DIEWERTIEN JACOBS	STOELDRSTR
1647 01 12	AK	GRIETIEN	JAN	CHRISTIAEN		GEERTIEN CLAESSEN	RAAMSTR
1649 11 04	AK	GRIETIEN	JAN		VOS	GEESJEN JANS	3 MEULEN
1644 06 30	AK	GRIETIEN	JAN	GEERTS		GEESKE JANS	3 MEULLENS
1641 08 01	AK	GRIETIEN	JAN	TONNIS	RUSTMESTER	GRIETIEN	VOLTINGESTR
1645 12 25	AK	GRIETIEN	JAN	TONNIS		GRIETIEN	VOLTINGESTR
1649 12 23	MK	GRIETIEN	JAN	GEERTS		HARMTIEN	BOTRDP
1649 02 13	AK	GRIETIEN	JAN	HANSSEN		HARMTIEN	CRANEPRT
1649 06 09	MK	GRIETIEN	JAN	WILLEMS		HEIJLTIEN	HEERPOORTE
1641 04 08	MK	GRIETIEN	JAN	ALBERTS		HILLETIEN	BREDEMERCKT
1649 08 12	AK	GRIETIEN	JAN	JANSSEN		HINDRICKJEN	RAAMSTR
1641 01 10	MK	GRIETIEN	JAN		HEIJDE,VANDER	JANTIEN	BOELSGANG
1642 01 30	AK	GRIETIEN	JAN	SWERTS		LIJSEBETH SIJBRANTS	DRA POORTE
1647 10 03	MK	GRIETIEN	JAN	PIETERS	TAMBOER	MARIA HARMENS	HERENCAMERS

Year Mo Da	Chr	Child's Given Name	Father/Child's Patronymie	Father's Patronymic	Father's Surname	Mother	Address
1642 10 06	AK	GRIETIEN	JAN	ULSSERTS		MARRECHIEN NANNENS	A
1649 08 12	AK	GRIETIEN	JAN	LAMBERTS		MARRETIEN	A POORTE
1643 04 25	MK	GRIETIEN	JAN	TONNIS	TOUSLAGER	TRIJNE	EBBINGEPOORTE
1649 11 02	AK	GRIETIEN	JANSSEN (sic)			TRIJNTIE	BLOEMSTR
1642 12 23	AK	GRIETIEN	JOHAN		CRIJTH	FENNETIEN HINDRIX	PELSERSTR
1642 09 01	AK	GRIETIEN	JURJEN	CLAESSEN		AELTIEN AMSING	POELSTR
1648 10 22	AK	GRIETIEN	JURJEN	HINDRIX		AELTIEN	BURGGESTR
1642 10 23	AK	GRIETIEN	JURJEN	DELLERS		EPKE JANSSEN	A POORTE
1642 03 11	AK	GRIETIEN	LAMBERT	TIDDES		AESJEN	DAMSTERDP
1648 03 03	AK	GRIETIEN	LAMBERT	JANS		HESTER	N.EBBSTR
1641 11 26	AK	GRIETIEN	LAURENS		PIMPERLING	AELTIEN REMMERTS	VISSCHRPIJP
1642 05 30	AK	GRIETIEN	LEENERT	WILLEMS		TRIJNTIEN REIJNTIES	DAMSTERDP
1642 05 01	AK	GRIETIEN	LUBBERT	LUBBERTS		MARRECHIEN	BUTJENSTR
1649 10 12	AK	GRIETIEN	LUCAS		VECHTER	LAMMECHJEN	CARELSWECH
1643 05 09	AK	GRIETIEN	LUITIEN	HILLEBRANTS		ANNETIE ARENTS	MONNKEHOLM
1648 01 23	MK	GRIETIEN	LUITIEN/SOLIC.	JANS		HARMTIEN	PEPERSTR
1641 01 10	AK	GRIETIEN	MARCUS	JANSEN	POT	ENGELTIEN	DRA
1643 08 24	AK	GRIETIEN	MARCUS/VAENDR.	JANSSEN		ENGELTIEN	DRA
1643 03 31	AK	GRIETIEN	MARTEN	MARTENS		ELSIEN	POELEPOORTE
1648 07 11	MK	GRIETIEN	MEERTEN	TONNIS		MARIA JURJENS	MESMAKERSTR
1643 12 20	AK	GRIETIEN	MICHEL	CASPERS	TOORNBLASER	BARBER	MART.KERKHOFF
1648 04 13	AK	GRIETIEN	MICHEL/SOLD:		BOCHER	MARIA	CROMELB.
1648 08 15	AK	GRIETIEN	NICOLAUS	BASSE		GEESJEN	SCHOL.
1642 05 31	AK	GRIETIEN	OBBE	OBBENS		GESE	VOLTINGESTR
1645 01 19	AK	GRIETIEN	PAUL/SOLD.		MORGENSTEEN	ANNA	NIJESTADT
1641 09 02	AK	GRIETIEN	PAUL		MARGENSTEUVE	ANNE PAULS	NIEUWESTADT
1641 03 16	MK	GRIETIEN	PIETER	JACOBS		..	N.EBBSTR
1642 01 16	MK	GRIETIEN	PIETER	HIJMES		GRIETIEN RIJKENS	STEENTILSTR
1642 12 30	AK	GRIETIEN	PIETER	HINDRIX		GRIETIEN	BOTTERDP
1646 10 13	AK	GRIETIEN	PIETER	PAPS		JANTIEN LUCAS	HARDRINGESTR
1647 10 31	MK	GRIETIEN	PIETER	ARENS		JANTIEN	MUSCHENGANG
1641 05 06	AK	GRIETIEN	PIETER	LUITJENS		TRIJNTIEN	DRA
1647 05 11	AK	GRIETIEN	ROELEF	HARMENS		AELTIEN	KIJKJADT
1644 02 07	AK	GRIETIEN	ROELEF	WILLEMS		ANNA DOEDENS	A POORTE
1645 08 28	AK	GRIETIEN	ROELEF	WILLEMS		ANNECHIEN DOEDES	DRAPOORT
1645 02 16	AK	GRIETIEN	ROELEF		SINCK	BIEKJEN	JADT
1649 06 12	AK	GRIETIEN	ROELEF	BERENTS		GEERTIEN	SCHOOLHOLM
1647 11 03	AK	GRIETIEN	ROELEF	HARMENS		HINDRICKJEN	BOTERDIEP
1642 08 09	AK	GRIETIEN	ROELEF	JANSEN		JANTIEN	NIJESTADT
1647 08 15	MK	GRIETIEN	ROELEF	ALBERTS		MOEKE	COSTERSGANG
1643 11 16	MK	GRIETIEN	ROTGER	BERENTS		AAGTHE	LEELJENSTR
1642 04 07	AK	GRIETIEN	SIJGER	ALBERTS		HILLE JACOBS	HOORNSCHEDIJCK
1644 03 10	AK	GRIETIEN	SIJWERT	EVERTS		MARIA JOCHIMS	OLVISCHMERKT
1648 03 18	MK	GRIETIEN	STEFFEN	WIJNOLTS		ANNEKE	BEULSGANG
1647 12 26	MK	GRIETIEN	TIJNMEN	JANS		TRIJNTIEN RIENX	BOTTRSTR
1643 08 20	MK	GRIETIEN	TONNIS/SOLD.		BEUKER	GEESJEN	COSTERSGANG
1643 02 17	AK	GRIETIEN	TONNIS	JACOBS		GRIETIEN NANNES	BOTTRSTR
1647 11 21	MK	GRIETIEN	TONNIS	CORNELIS		GRIETIEN	DAMSTERDP
1643 08 20	MK	GRIETIEN	VREDERICK		CLEVE,VAN	HARMTIEN ROMANS	N.MERKT
1649 03 18	MK	GRIETIEN	WICHER	COENINCK	CHIRURGIJ?	SIJBRICHJEN	POELSTR
1643 11 21	AK	GRIETIEN	WIJBE	JACOBS		METJEN BERENTS	VISSCHERSTR
1642 09 05	AK	GRIETIEN	WILLEM	GEERTS	METELEN	ELISABETH HINDRIX	VISCHRSTR
1641 12 02	AK	GRIETIEN	WILLEM	JANSEN		HESTER	A.POORTE
1643 06 09	AK	GRIETIEN	WILLEM	WILLEMS		MARRECHIEN	OOSTERPOORTE
1644 06 06	AK	GRIETIEN	WILLEM	WILLEMS		MARRECHIEN	OOSTERPOORT
1648 12 13	AK	GRIETIEN	WOLFF		KEMPER	GEERTRUIT	JACOBINERST
1649 09 16	AK	GRIETJE	JAN	MEIJRERS?		MARRETIEN EGBERTS	NIJEWEDH
1647 07 11	MK	GRIETJE	SIAMME	HARMENS		ANNECHIEN	HELPEN
1644 01 16	AK	GRIETJE	TONNIS	JANSSEN		AELTIEN HINDRIX	SCHUTEMRSSTR
1644 05 29	AK	GRIETJE?	GOOIJTIEN	JANS		GRIETE	NIJEWECH
1645 12 07	AK	GRIETJEN	ABRAHAM	EDDENS		AELTIEN	NIJESTADT
1646 07 15	AK	GRIETJEN	ABRAHAM	MARTENS		AELTJEN	DAMSTERDP
1645 06 12	AK	GRIETJEN	ADAM	PIETERS	BOECKEBINDER	JANTJEN JURJENS	JADT
1645 02 13	AK	GRIETJEN	ALBERT	LAMBERTS		LUTGERTIEN	BOTTERMERCT
1649 09 16	AK	GRIETJEN	ALBERT	GERRITS		TRIJNTIEN	SUIDERDP
1647 04 13	AK	GRIETJEN	ARENT	JANSSEN		GRIETJEN	NIJESTADT
1643 11 26	MK	GRIETJEN	BERNHART		MULLER	GEERTRUIT DRAPERS	POELESTR
1646 10 15	AK	GRIETJEN	BRUNNE?	ROELEFS		JANTIEN	VISSCHERPIJP
1643 08 20	AK	GRIETJEN	DAETO	JANS		ANNE DOUWENS	DRA
1645 07 25	AK	GRIETJEN	EDSE	FOLKERTS		ROELEFJEN CLAESSEN	JUDISHUIS
1649 11 28	AK	GRIETJEN	EERNST	HINDRIX		ANNA MARIA	BOTTRPRT
1647 04 13	AK	GRIETJEN	EIJNSE	JANSSEN		ROELEFJEN HARMENS	SLEMENNERST
1646 11 09	AK	GRIETJEN	EIJSSE	ONNENS		LUBBE JACOBS	HORENSCHEDIJCK
1645 09 17	AK	GRIETJEN	EVERT	EVERTS		ELTEKE	BUTJENSTR
1644 09 15	AK	GRIETJEN	FRANS	JURJENS		AELTIEN HARMENS	N.BOTTRSTR
1645 08 24	AK	GRIETJEN	FRANS	MARCUS		GRIETJEN	ROSENSTR
1646 02 18	MK	GRIETJEN	GEERT	CASPERS		GRIETJEN	BOTTRINGESTR
1646 07 21	AK	GRIETJEN	GEERT	WICHERS		GRIETJEN GEERTS	BOTTRINGESTR
1646 09 13	AK	GRIETJEN	GEERT	HARMENS		JANTJEN	SLEEMENDERSSTR
1647 11 21	MK	GRIETJEN	HAIJE	WIJERTS		ELSJEN	N.MERKTSTR
1649 08 08	AK	GRIETJEN	HANS	JURJENS		LIJSABET	SMAKERSGNG
1648 03 31	AK	GRIETJEN	HANS	JACOBS		TRIJNE	HARD.STR/DIEP
1648 12 12	AK	GRIETJEN	HARMEN	HARMENS		AELTIEN	BOTRDIIIP
1644 05 24	AK	GRIETJEN	HARMEN	SIJBERS		RENSKE	HARDINGESTR
1645 11 23	MK	GRIETJEN	HARMENS	JOOSTEN		GRETE JANS	SUIDERDIEP
1645 09 14	MK	GRIETJEN	HINDRICK	SCHUTES		ANNECHIEN	BREDEMERCK
1644 10 08	AK	GRIETJEN	HINDRICK	GEERTS		GRIETJEN	OOSTERSTR
1646 09 16	AK	GRIETJEN	HINDRICK	GEERTS		GRIETJEN	BOTERDP
1642 08 28	MK	GRIETJEN	HINDRICK	GERLOFS		JANTIEN	MERCKT
1646 08 23	MK	GRIETJEN	HINDRICK	ARENTS		LIJSBETH	HEERPOORDT
1646 06 18	MK	GRIETJEN	HINDRICK	BARTHELS		RENSKE	A POORTE
1647 03 14	MK	GRIETJEN	HINDRICK		NERINCK	WEMELE	SCHUITEND.
1649 05 27	MK	GRIETJEN	HINDRICK		NERING	WEMELTIEN	N.WECH
1649 06 06	MK	GRIETJEN	JACOB	GEERTS		ANNETIEN	HELPEN
1649 06 20	AK	GRIETJEN	JAN	OTTENS		AEFJEN ROELEFS	CLINKHAM?
1645 09 13	AK	GRIETJEN	JAN		ELDERCAMP	ANNECHIEN HIJLKENS	JADT
1645 02 02	AK	GRIETJEN	JAN	CHRISTNS.		GEERTIEN	RAAMSTR
1645 06 04	AK	GRIETJEN	JAN/SOLD.	HINDRIX		GEERTRUIT	SUIDERDP
1646 12 10	AK	GRIETJEN	JAN	WARMERS		GRIETIEN	OOSTERSTR
1647 12 08	AK	GRIETJEN	JAN	WARMERS?		GRIETJEN	OOSTERSTR
1648 02 09	AK	GRIETJEN	JAN	BERENTS		JANTIEN	SCHUTNDP
1645 12 19	AK	GRIETJEN	JAN/SOLD.	WARNERS		LUMME	WOERT
1644 03 10	AK	GRIETJEN	JAN	JACOBS	HOLSTEIJN	LUNKE? MEIJNERTS	VISCHMERKT
1649 09 18	AK	GRIETJEN	JAN	KRIJNS		NIESJEN	PELSERSTR
1645 01 16	AK	GRIETJEN	JAN	SANDERS		TRIJNTIEN ROELEFS	BRUGGESTR

Year Mo Da	Chr	Child's Given Name	Father/Child's Patronymic	Father's Patronymic	Father's Surname	Mother	Address
1647 01 10	AK	GRIETJEN	JANS	JANSSEN		LUMMECHIEN	PAPENPOORTIE
1644 12 03	MK	GRIETJEN	JOOST	HANSSEN		HARMTIEN GEERTS	WOLBORCHSSTR
1644 08 06	MK	GRIETJEN	JURJEN	CLAESSEN		AELTJEN AMSSING	POELSTR
1646 07 23	AK	GRIETJEN	JURJEN	JANS		ANNICHJEN	KIJCK/JADTSBRUGE
1643 09 08	AK	GRIETJEN	JURJEN/SOLD.	JANS		JETSKE	TIJMENS MEULE
1644 04 28	AK	GRIETJEN	LAMBERT	LAMBERTS		HINDRICKJEN	BRUGGESTRATE
1642 07 17	MK	GRIETJEN	LENART		MULLER	GEERTRUIJT	POELSTR
1646 07 28	AK	GRIETJEN	LOLCKE	DOUWES		AELTJEN JANS	CRANE/DRAEPOORT
1643 02 19	MK	GRIETJEN	LUBBERT	BERENTS		HINDRICKJEN GOSSENS	POELEPOORTE
1643 08 25	AK	GRIETJEN	LUCAS	HINDRIX	BRAS	TRIJNTIEN JURJENS	BOTTRSTR
1643 04 14	AK	GRIETJEN	NANNE/JONGE	WALDRICHS		DEIJSKE	KIJCK/JAT
1646 08 13	MK	GRIETJEN	PETER	JACOBS		SIJCKE	N.EGGINGSTR
1648 10 03	AK	GRIETJEN	PIETER		RICHEL	MARRECHIEN	CROMELBOGEN
1643 09 10	AK	GRIETJEN	ROELEF	GEERTS		ANNECHIEN LAMBERTS	BRUGGESTR
1642 06 02	AK	GRIETJEN	ROELEF	JANSEN		ROELEFJEN	RAAMSTR
1646 08 02	MK	GRIETJEN	ROELFF	ALBERTS		MOEKE	BEULSGANCK
1646 03 22	AK	GRIETJEN	TIAERT	JACOBS		NEELTIEN CORNELIS	A POORTE
1644 06 05	AK	GRIETJEN	TIJMEN	REJNTIES		LUTS DOUWES	A POORTE
1645 08 26	AK	GRIETJEN	TONNIS	TONNISSEN		SWANTIEN JANS	R---ST
1646 08 22	AK	GRIETJEN	WILLEM	LUIJRTS		LIJSBETH ARENTS	VISCHERSTR
1645 08 08	AK	HAARTIEN	JAN	DERX		ROELEFJEN	GELTINGESTR
1645 03 19	MK	HAASJEN	WESSEL	JANS		STIJNE	GELTINGESTR
1644 01 12	AK	HADEWIJE?	D.R.	ROEBERTS		SUSANNA RENEMAN	MKHOFF
1641 10 03	MK	HAIJE	ANDRIES	ALBERTS		ANNETIEN HEIJENS	SCHUITNDP
1645 09 26	AK	HAIJE	DOPKE	HARMENS		NIESE	PLUIMERSGANG
1649 04 25	AK	HAIJE	HARMEN/RAEND.	AEPKENS		TRIJNTIEN	OOSTRSTR
1646 07 24	AK	HAIJE	JACOB	JANS	SCHIFFER	TRUIJ HAJENS	VISCHERSPIJP
1646 02 01	MK	HAIJE	JAN	HAIJES		TRIJENE	ARTELERIJHUIJS
1641 07 30	AK	HAIJE	ONNE	HAIJENS		TRIJNTIEN HINDRIX	SCHUITND./GROTEGNG
1649 08 15	AK	HAIJE	PIETER	GERRITS		MARRETIEN HAIJES	BOTTRSTR
1644 10 27	MK	HAIJKE	JAN	HAIJES		TRIJNE	SCHUITENDIEP
1646 11 15	AK	HAIJTIE	ENGELBERT	HARMENS		JANTJEN	HALKWERCK
1644 02 25	AK	HALLECHIEN	CLAES	DERX		ANNE DERCKS	HAVENSTR
1644 02 28	AK	HAN	HANS	HEIJN	MEIJER	WOPKE	SLEEMENNEERSSTR
1648 11 26	AK	HANNA	RICHART	KNOULS		FRANCIJNTIE	BOTRST
1645 10 05	MK	HANS CHRISTOFFER	ADAMUS		LATOR	ANNA CATRINA DERDREREN	LUIJDEN
1643 07 26	AK	HANS	ADRIAEN	HANSSEN		MAGDALENA	JADT
1643 09 03	MK	HANS	ANDRIES		LOUTTER	ANNECHIEN	PLUIMERSGANG
1642 12 23	AK	HANS JOB	ANDRIES		CRUST?	CHRISTINA	SCHUITEMAKERSWAL
1643 10 06	AK	HANS ANDRIES	ANDRIES		RETZEL	GRIETE	VREMDELINGEN
1645 14 20	MK	HANS	ANDRIES		REFSET	MARGRIETE	MEULENSTR
1641 03 26	AK	HANS	ARENT	HANS		ALMENT	PRINCENSTR
1648 04 00	AK	HANS	ARENT		BLEIJDISSEL	DERK?	3 MEULEN
1646 09 01	AK	HANS	ARENT		LAIDIJSEL?	DOECKE	DRIST/3 MOLENS
1648 04 16	MK	HANS JURJEN	ARENT		WINKELMAN	GEERTRUIT	GANG
1649 10 18	AK	HANS	BAIJE	REIJNERS		ANNE	ROSENSTR
1642 09 29	AK	HANS JURJEN	BARTHELT		DANCK?	MARIA	SLEMENNERSTAR
1644 09 29	AK	HANS	BARTHOLT		EELMAN	GRIETJEN	HOFSTRAT
1642 09 29	AK	HANS	BERENT		JONG-BLOET	SUSANNA	WIPSTRATE
1645 08 24	DK?	HANS	CHRISTOFFER	WUIJ?		BERENTJEN HANSSEN	N.EBBSTR
1646 10 06	AK	HANS HERMAN	CLAES		HOESSMIT	MARIA	BOTTINGEGANG
1641 12 03	AK	HANS	CLAES	JACOBS		TRIJNTIEN	PLUIMERSGNCK
1646 12 11	AK	HANS HINDRICK	DANIEL		MOLLER	MARIA	COSTERSGANG
1646 12 13	AK	HANS	DAVID		KOPPELUER	WALBRECHT	NIJESTRAETJEN
1641 08 05	AK	HANS	DERCK	HANSEN		MAERRECHIEN ROELEFS	DAMSTERDP
1649 10 12	AK	HANS	DIRCK	HANSSEN		AGNIETIE ALBERTS	PEPERSTR
1648 10 28	AK	HANS	ECKHART?		SELTER	ANNETIEN	CRANE
1644 04 28	MK	HANS	ENGEL	HANSSEN		GEESE	RAAMSRCKT7
1642 07 01	AK	HANS SAS	ENGELBERTUS		HAMMING	AELTIEN SAS	geltingestr
1643 01 01	MK	HANS	FEDELAER/SOLD.		SUISING	WENDELE	COSTERSGANG
1649 06 21	AK	HANS	FRANS	SANDERS		JANNEKE	PRINCENSTR
1642 07 31	MK	HANS	FRANS		HARNVIT?	LUTGERT FRANS	N.EBBSTR
1647 01 07	AK	HANS FRERICKS	FREERK	JANSSEN		SUSANNA	VISSCHERSTR
1641 06 16	MK	HANS REIJNERT	GEORGIUS		RIDDEL	from Poland, passengers/WesteIndich	
1649 01 28	MK	HANS	HAIJE CHRISTN.	JANS		MARIA	ANTHGSTHS
1649 11 07	AK	HANS JURJEN	HANS		SCHREIJDER	AAFJEN	PLUIMERSGAGN
1644 11 10	MK	HANS	HANS	MENKES		AECHTE	PLUIMERSGANG
1643 12 12	AK	HANS/SOLD.	HANS		SCHADE	AELTIEN	NIJESTADT
1646 06 23	AK	HANS	HANS	JURIENS		AELTIEN	PLUIMERSGANG
1645 08 12	AK	HANS	HANS		SCHULLER	ANNA	JUDE RAAMSTR
1649 01 21	MK	HANS PHILIP	HANS	ISSERT		ANNE	LEGEWECH
1643 06 30	AK	HANS	HANS		JURG	ANNETIE	PRINCENSTR
1649 12 16	MK	HANS WILM.	HANS	BORGERS		ANNETIEN	SUIDDP
1648 04 30	MK	HANS MICHEL	HANS		SONDACH	CATHARINA	COSTERSGAGN
1644 01 14	AK	HANS GEORG	HANS		BEIJERLING	GRIETIEN	SLEMENNERSSTR
1643 06 27	AK	HANS	HANS		SMIDT	JANTIEN	N.JADTSTR
1646 01 28	AK	HANS	HANS		SMIT	JANTIEN	JADT STR
1642 12 19	AK	HANS HINDRICK	HANS		ZEGELER	MARGRIETE	BUTJENSTRATE
1644 02 06	AK	HANS	HANS		FUNLINGH?	MARRIE PIETERS	MEULENSTR
1647 01 26	AK	HANS	HANS	BERENTS		TRIJNE	MEULENSTR
1646 11 11	AK	HANS	HANS	BARTELTS		TRIJNTIEN	JANS BRUGGE
1646 07 19	AK	HANS JACOB	HANS	JACOBS	COLVE	TRIJNTJEN	SUIJDER DIEP
1645 06 11	MK	HANS	HANS		LAST?	WIEESKE JANSSEN	MEULENSTR
1648 11 21	AK	HANS	HARBER	BERENTS		DIEWER	MOESKGNG
1644 07 10	MK	HANS	HARMEN	JANSSEN		TRIJNE	N.KERCKHOFF
1641 12 31	AK	HANS	HINDRICK	JACOBS		ANNE	DRIE MEULLENS
1646 02 10	AK	HANS DANIEL	HINDRICK		MULLER	CATHRINE	MEULENSTR
1642 01 13	AK	HANS	HINDRICK		ARMEMAN	DOETIE	NIJESTADT
1648 02 29	AK	HANS JACOB	HINDRICK		AUKERCK	GEERTRUIT	VOLTINGSTR
1646 11 27	MK	HANS	HINDRICK	JANSSEN		GRIETE	SCHUT/HOPM.GANG
1642 09 27	AK	HANS	HINDRICK	HANSEN	VOERMAN	HILLE	LANE
1646 11 09	AK	HANS	HINDRICK	HANSSEN		HILLE	CRANEPOORTE
1647 12 05	MK	HANS HINDRICK	HINDRICK	MARTENS		ROELEFJEN	MEULENST
1645 03 09	AK	HANS	HINDRICK	HANS		SMIT LIJSABETH	WESTJUDHUIS
1646 01 14	AK	HANS DANIEL	HINDRICK	WILLEMS		STIJNE	MUSSCHENGANG
1644 12 08	MK	HANS HINDRICK	JACOB	MATTHIJSSEN		MARIA HANSSEN	OOSTERPOORTE
1642 05 04	AK	HANS JACOB	JACOB		MACKER	SOPHA	PRINCENSTR
1646 10 06	AK	HANS	JAN	HANSSEN		AELTIEN GEERTS	SUIDERDP
1642 12 27	AK	HANS WILLEM	JAN	TOESELDT	WESEL,VAN	ANNA CATHRIJNA	HEERPOORTE
1649 07 11	AK	HANS WILLEM	JAN	WARNERS		CATHRIJNE	PLUIMERSGNG
1641 12 05	MK	HANS	JAN	SIJMENS		ELSJEN	NIEUWESUIDERDP
1641 12 27	AK	HANS JURJEN	JANS		SWARTE	GEERTRUIT	PRINCENSTR
1646 11 05	AK	HANS	JOCHIM	BRANTS		AEFJEN	HOFFSTR
1648 01 23	AK	HANS	JOCHIM	BRANTS		AEFJEN	A POORTE
1645 08 17	MK	HANS	JOCHIM		KLEPER	ANNEKE	GOSTERPOORTE

32

Year Mo Da	Chr	Child's Given Name	Father/Child's Patronymic	Father's Patronymic	Father's Surname	Mother	Address
1646 12 29	AK	HANS	JOOST	HANSSEN		HARMTIEN GEERTS	WOLBORGESTR
1646 01 22	AK	HANS JOOSTENS	JOOSTEN	WILLEMS		MAGDELENE	BEULSGANG
1645 06 15	AK	HANS WILLEM	JURJEN		GRAVMERAET	MARRECHJEN	PRINCENSTR
1644 07 25	AK	HANS HINDRICK	KILIAEN		SCHUSEELER	KATHARINA KOCKS	COSTERSGANG
1647 06 06	AK	HANS NICLAES	KOERT		BOONHORST	EKSKE	HEERPIJPE
1644 03 06	AK	HANS	LAMBERT	LAMBERTS		ANNA	RAAMSTR
1643 10 08	AK	HANS WILLEMS	LAURENS		KOLMAN	BARBER	SCHUTM.W.
1647 06 10	AK	HANS ADAM NICLAUS	LEBITH?		WECHELER	MARGRETE HOSSEN?	MEULENSTR
1649 03 27	AK	HANS WINTER	LIJCKE	PIJRS		SIJKE JANS WINTER	OOLDEGAT
1646 02 23	AK	HANS	LODUVOICH	HONDACH?		LIJSEBETH	VISSCHERSTR
1648 06 13	MK	HANS	MARCUS		REGUL	ANNEKE	DAMSTERDP
1647 02 26	AK	HANS	MATTHIJS	JACOBS		TRIJNE	3 MEULENSDRIST
1646 01 18	AK	HANS	MATTHIJS	JACOBS		TRIJNTIEN	3 MEULLENS
1643 08 23	AK	HANS	MICHEL	ENNEN		ANNECHIEN LOUWRENS	N.WECH
1648 03 07	MK	HANS	MICHEL	PIETERS		ANNECHIEN	NIJESTADT
1645 10 16	AK	HANS	MICHEL		BRESSELDE	MARGRIETE	SUIDERDIEP
1647 09 12	MK	HANS MICHEL	MICHEL	HELT		N.N.	STEENTILSTR
1644 12 01	MK	HANS	PIETER	PIETERS		ANNETIE HANSSEN	ROSENSTR
1644 08 25	MK	HANS	PIETER	VARCH	REES,VAN	EBELTJEN	SUIDERDIEP
1647 10 17	MK	HANS ADAM OTTO	PIETER		WALTMAN	GRIETJEN	MEULENSTR
1642 10 02	MK	HANS	PIETER		KAN	TRIJNE	BREEGANG/SCHUTND
1646 04 10	MK	HANS	THOMAS	JONAS		ANNECHIEN	SUIDERKEIP
1641 12 27	MK	HANS PIETER	ULRICH		STRIJKER	LIJSABETH	MUERE
1649 10 02	AK	HANS	VALENTIJN		SCHUSSERT	STIJNTIEN	PRINCENSTR
1649 10 19	AK	HANS CHRISTOF.	VREDERICK	HANS		LIJSEBETH	MOESKERSGN
1648 03 08	MK	HANS	VREECK	HANSEN		HARMTIEN	NIJEWECH
1641 06 03	MK	HANS WILLEM	WILLEM		WAGENER	CATHARINE	BREEGANG
1648 11 12	AK	HANS	WILLEM	HANSSEN		MECHTELT	RAAMSTR
1646 09 20	MK	HANS-FREDERICK	FREDERICK	HANSEN		JANTJEN	MOLENSTR
1649 08 16	AK	HARBERT?	ROELEF	VOS		SUSANNA	PRINCENSTR
1648 12 02	MK	HARCKE	CORNELIS	HARKENS		SWAENTIEN	WIPSTR
1644 09 06	AK	HARCKE	JACOB	VREERCKS		AUCKE	MUERE
1642 04 19	AK	HARMANNUS	HANS	PRUIS		CLARE SLEPEGREL	LANE
1642 03 17	MK	HARMANNUS	HANS	PETER	CNOPEUS	TRIJNTIEN HINDRIX	SCHOOLHOLM
1649 01 28	AK	HARMANUS	CLAES	HARMENS		MARRETIEN TONIS	DRAKERCK
1644 10 16	AK	HARMANUS	JORIS	HARMENS		TALLE	GELTINGESTR
1647 07 01	MK	HARMEN	AARENT	HARMENS		GRIETJEN	A
1647 12 09	AK	HARMEN	ABEL	HARMENS		MAIJE PIETERS	BOLWERK
1642 04 17	AK	HARMEN	ALBERT	HANSSENS	RASWEVER	JACOBJEN HAMMINGHE	MUERE
1647 01 22	AK	HARMEN	ALBERT	ALBERTS		LUCKE	BENTHOLM
1643 03 08	MK	HARMEN	ALBERT		DILLING	TRIJNTIEN LAMBERTS	MLKERKHOF
1645 06 05	AK	HARMEN	ALLERT	HARMENS		GRIETIEN REIJNTIES	BOTTRPOORTE
1646 06 10	AK	HARMEN	ALLERT	EEVERTS		GRIETJEN HOLPEEN	ROSENSTR
1645 11 09	AK	HARMEN	ARENT	JANSSEN		GRIETIEN	NIJESTADT
1649 02 25	MK	HARMEN	ARENT	JANSSEN		GRIETIEN ARENTS	HERESTR
1647 12 30	AK	HARMEN	ARENT	JANS		MARIA	DAMSTERDP
1644 10 27	AK	HARMEN	ASMUS?	HARMENS		GRIETJEN	HARDINGESTR
1641 01 15	AK	HARMEN ASSES	ASSE	HERMENS		MAGDELEEN JANS	GEESTLMA.STR
1641 12 10	AK	HARMEN BARELTS	BARELT	JANS		CLAESJEN	BREEGANG/SCHUT
1642 06 26	MK	HARMEN	BARTELT		WALLIM	GRIETIE HARMENS	HOPMANSGANG
1642 08 07	AK	HARMEN OLTMAN	BERENT	LENERS	TAMBOER	GRIETE	MONCKEHOLM
1643 12 29	AK	HARMEN OLTMAN	BERENT	LEENERTS		GRIETE HARMENS	SCHOOLHOLM
1643 05 04	AK	HARMEN	BERENT		BOSCH,TEN	MARRETIEN	NIEUWESTR
1648 10 06	AK	HARMEN	CASPER		CREIJ	MECHELT	GELTINGSTR
1643 02 26	MK	HARMEN	CHRISTOFFEL	DERCKS		WIBBE	RAAMSTR
1643 08 11	AK	HARMEN	CHRISTOFFER		SWEERBERGER	ENGELE	PRINCENSTR
1641 05 20	AK	HARMEN	CLAES	HARMENS	GOUTSMIT	AELTIEN	VOLTINGESTR
1643 01 24	AK	HARMEN	COERT	WILLEMS		ANNETIEN COERTS	OOSTERPOORT
1647 11 14	MK	HARMEN	COERT	CLAESSEN		ELSKE	DAMSTERDP
1649 11 01	AK	HARMEN	CORNELIS	JANSSEN		GRIETIEN	SIEDAMSGAGN
1649 03 29	AK	HARMEN	DERCK	HARMENS		FOELKE	RAAMSTR
1643 10 06	AK	HARMEN	DOEDE	JANSSEN		AELTIEN HARMENS	OOSTERBREGANG
1648 03 12	AK	HARMEN	DUIRT	JACOBS		GEBBETIEN	A KERKE
1642 06 11	AK	HARMEN	EENSE	JANSEN		ROELEFJEN HARMENS	SLEMENNERSTR
1642 06 12	MK	HARMEN	EEWE	HARMENS		LIJSBET HARMENS	N.EBBSTR
1649 03 16	AK	HARMEN	EGBERT	HARMEN		MARIA	POELSTR
1642 05 10	AK	HARMEN	ELTIE	HARMENS		ALMET FOLKERTS	JONKERSTR
1647 05 19	AK	HARMEN	ENGELBERT	HARMENS		GRIETIEN	N.JADT
1647 11 21	MK	HARMEN	FOCKE	HINDRIX		LUBBE	O.BREEGANG
1645 12 30	AK	HARMEN	FREERCK	HARMENS		ANNE ROELEFS	JACOBSGASTHUIS
1641 07 20	AK	HARMEN	FREERK	HARMENS		JANTIEN PIETERS	BUTJENSTR
1648 10 20	AK	HARMEN	FRERICK	HARMENS		GRIETIEN	CREKUPELSTR
1646 12 10	AK	HARMEN	GEERT	HARMENS		AELTIEN	SUIDERDP\
1649 02 01	AK	HARMEN	GEERT		HELLING	EVA	SLEMENNERSTR
1644 02 18	AK	HARMEN	GEERT	HARMENS		GEESJEN	NIJESTADT
1644 04 23	AK	HARMEN	GEERT	WICHERS		GEESJENA WEEIJ,TER	BOTTRSTR
1646 01 27	AK	HARMEN	GEERT	HARMENS		GEESJEN	NEUWE STADT
1648 10 12	AK	HARMEN	GEERT	WICHERS		GEESJEN	BOTRSTR
1644 08 18	AK	HARMEN	GEERT	CASPERS		GRIETE	NIJE BOTTRSTR
1646 08 20	AK	HARMEN	GEERT	JANS		GRIETE	SCHUTDIEP
1649 11 11	MK	HARMEN	GEERT	HARMENS		GRIETE	DAMSTERDP
1643 01 26	AK	HARMEN	GEERT	HARMENS		JANTIEN	SLEMENNERSTR
1641 04 26	AK	HARMEN	GEERT	HARMENS	BRANTSLACH	LAMMETIEN	N.STADT
1644 02 08	AK	HARMEN	GERLEF	JANSSEN		ELSJEN	HEERSTRATE
1644 01 21	MK	HARMEN	GERRIT	HARMENS		HEBBELTIEN GOSSENS	JACOBINSTR
1649 02 23	AK	HARMEN	HAIJE	HARMENS		LUTGERTIEN PIETERS	CARELSWECH
1649 09 23	AK	HARMEN	HAN	HINDRIX		AELTIEN MENSENS	HAVENSTR
1641 12 19	AK	HARMEN	HANS		MILLER	BAUWE	WOERT
1647 10 13	AK	HARMEN	HANS		REIJT	EETE	SCHUTENDP
1649 01 03	MK	HARMEN	HANS		STELLER	EMETRIN?	LANTSIJNDICUS?
1648 07 16	MK	HARMEN	HARMEN	JANSSEN		AELTIEN HARMENS	PRINCENSTR
1648 06 15	MK	HARMEN	HARMEN	HARMENS		AELTIEN	STEENTILPRT
1643 10 17	AK	HARMEN	HARMEN	ALBERTS		ANNE JANSSEN	HEERESTR
1644 09 06	MK	HARMEN	HARMEN	GERRITS		ANNECHIEN GEERTS	MARTIKERKHOF
1648 12 16	AK	HARMEN	HARMEN		MEIJER	ARNE?	NIEUWEWECH
1644 04 04	MK	HARMEN	HARMEN	JANS		BARBER	NANNE WALRICHS
1642 07 15	AK	HARMEN	HARMEN	HARMENS		BEERTE	HEERSTR
1646 10 28	AK	HARMEN	HARMEN		RIDDER	CATARIJNA	PLUIMERSGANG
1643 08 24	MK	HARMEN	HARMEN	WILLEMS		CORNELISKE	SCHUITENDIEP
1644 08 25	MK	HARMEN	HARMEN	THOMES		DERKJEN	DAMSTERDIEP
1649 01 17	MK	HARMEN	HARMEN	JACOBS		DEWER	O.BREDEGANG
1646 09 16	AK	HARMEN	HARMEN	HERENS		ELSJEN HARMENS	NIEUWESTADT
1648 04 18	MK	HARMEN	HARMEN		VRIJDACH	ELSJEN	DAMSTER
1649 08 10	AK	HARMEN	HARMEN		HILLING	FENNE	SCHUTENDP
1647 11 16	AK	HARMEN	HARMEN	GUGELBECTS?		FENNETIEN JANS	A

Year Mo Da	Chr	Child's Given Name	Father/Child's Patronymic	Father's Patronymic	Father's Surname	Mother	Address
1644 09 29	MK	HARMEN	HARMEN		SMIDT	GEERTIEN	HEERPOORTE
1643 12 10	AK	HARMEN	HARMEN			GEERTRUIT	N.STRAATJEN
1648 01 18	AK	HARMEN	HARMEN	MEIJNERTS		GRIETE	SCHUTNDP
1647 10 17	AK	HARMEN	HARMEN	JANS		GRIETIEN HARMENS	COSTERSGANG
1645 11 26	AK	HARMEN	HARMEN	VREERX		MARRECHIEN	OOSTERSTR
1646 09 23	AK	HARMEN	HARMEN	HARMENS		MECHTELT	BOTERDIEP
1648 02 13	MK	HARMEN	HARMEN	STIENTJES		MEIJN:	MEULENSTR
1646 12 24	AK	HARMEN	HARMEN	JANSEN		N.N	SUIDERDP
1642 04 03	MK	HARMEN	HARMEN	N.		STIJNE	MEULLENSTR
1648 06 10	MK	HARMEN	HARMEN	HARMENS		SWAENTIEN	ROSENSTR
1647 01 19	AK	HARMEN	HARMEN	HARMENS		TRIJNTIEN JANSSEN	SCHOOLHOLM
1641 10 26	AK	HARMEN	HINDRICK	HARMENS		AAFJEN	NIJESTATJEN
1641 09 08	AK	HARMEN	HINDRICK	HARMES		AGNETA ROELEFS	VISSCHERSPIJP
1643 02 28	AK	HARMEN	HINDRICK		BREMER,VAN	ANNA	SCHUITEMAKSTR
1648 04 06	AK	HARMEN	HINDRICK	EGBERTS		ANNE	JADTSTR
1643 07 11	MK	HARMEN	HINDRICK	CLAESSEN		ANNECHIEN	SLEMENNERSTR
1645 01 30	AK	HARMEN	HINDRICK	HARMENS		ANNECHIEN	RAAMSTR
1642 08 14	AK	HARMEN	HINDRICK	HARMENS		ASSELTIEN TAMMENS	S.JACOB.
1645 12 09	AK	HARMEN OLTMAN	HINDRICK	JANS		BEERTE	W.IND.HUIS
1641 12 26	AK	HARMEN	HINDRICK	HARMENS		ELSIEN HINDRIX	NIJESTADT
1647 04 14	MK	HARMEN	HINDRICK	(barker)	HULSEMAN	EVERTIEN	PRINCENSTR
1643 01 26	AK	HARMEN	HINDRICK		WINTER	GEERTRUIT COERTS	NIJEJADT
1641 04 02	MK	HARMEN	HINDRICK		WESTERHOF	GEESKE	RAAMSTR
1642 01 21	AK	HARMEN	HINDRICK	HARMENS		GRIETIEN OTTENS	HARDINGESTR
1644 08 16	AK	HARMEN	HINDRICK	BERENTS		GRIETJEN JURJENS	CRANE
1646 09 04	AK	HARMEN	HINDRICK	GEERTS		GRIETJEN	OOSTERSTR
1649 05 20	MK	HARMEN	HINDRICK	HERMENS		LUTGERTIEN	O.EBBSTR
1641 05 12	AK	HARMEN	HINDRICK	HARMENS		RIXTE	SCHUTENDP
1645 10 12	AK	HARMEN	HINDRICK	HARMENS		SWAENTIEN	TICHELWECK
1641 09 07	AK	HARMEN	ISAAC	HARMENS		JENKE JANS	SLEMENNERSTR
1641 11 21	MK	HARMEN	JACOB	ELBERTS		FENNE HARMENS	TIJMENSMEULEN
1649 04 06	AK	HARMEN	JACOB		WUSSUM	GRIETJEN HARMENS	EBBSTR
1643 09 27	AK	HARMEN	JACOB	HARMENS		ILBERT	BREEGANG
1649 04 27	AK	HARMEN	JACOB		DALCHE?	JETSH?	PRINCENSTR
1646 04 12	MK	HARMEN	JACOB		SPEELMAN	TRIJNE	CARELSWECH
1643 06 30	AK	HARMEN	JACOB	JANSSEN		TRIJNTIEN	KERELSWECH
1643 02 08	AK	HARMEN	JAN	HARMENS		AELTIEN JANS	RAAMSTR
1645 09 24	AK	HARMEN CNOL.	JAN	BOELENS		AELTIEN CNOLS	BRUGGESTR
1642 10 19	AK	HARMEN	JAN/SOLD.	VREERCKS	(und. Clent)	ANNA	COSTERSGANG
1648 03 29	AK	HARMEN	JAN	VREEX		ANNE	STEENTILSTR
1649 12 09	MK	HARMEN	JAN	GEERTS		ANNE JANS	SCHUTNDP
1647 10 05	AK	HARMEN	JAN	JURJENS		ANNETIE	MOESKERSGANG
1643 11 01	AK	HARMEN	JAN		DOLCHER	BARBER	ROSENSTRATE
1647 09 17	AK	HARMEN	JAN	JURJENS		ELSJEN	BEULSGANG
1648 03 30	AK	HARMEN	JAN	HARMENS		FENNECHIEN	SUIDERDP
1649 05 13	MK	HARMEN	JAN	HARMENS		FROUKE	STEENTILBRUGG
1641 12 27	AK	HARMEN	JAN	BERENTS		GEERTRUIT GERBRANTS	STEENTILSTR
1645 03 13	AK	HARMEN	JAN	BERENTS		GEESJEN HARMENS	N.BOTTRSTR
1644 06 05	AK	HARMEN	JAN	HARMENS		GEPKE	MEULENSTR
1643 05 14	MK	HARMEN	JAN	EGBERTS		HANNA	PRINCENSTR
1645 04 02	AK	HARMEN	JAN	HARMENS		HARMENTIEN GEERTS	STEENTILPRT
1647 12 24	AK	HARMEN	JAN	KOLZES?		HEIJLTIEN	HARDINGESTR
1642 09 27	AK	HARMEN	JAN	GEERTS		HILLE	BOTTERDP
1644 09 22	MK	HARMEN	JAN	HARMENS		HILLE	COSTERSGANG
1646 08 30	AK	HARMEN	JAN	HARMENS		HILLICHJEN JANS	WOERT
1645 05 02	AK	HARMEN	JAN	JACOBS		JANTIEN TONNIS	VISSCHERPIJP
1649 01 23	AK	HARMEN	JAN	HARMENS		JUKE	N.JADT
1648 11 02	AK	HARMEN	JAN		BEEKMAN	MARIA	SUIPSTR
1643 03 03	MK	HARMEN	JAN		OVING	MEDINA SCHAFFERS	POELESTR
1648 08 25	AK	HARMEN	JAN	PIETERS		PIETERTIEN	BOTTRDIEP
1649 02 16	AK	HARMEN	JAN	SCHULTE		SARA HARMENS	O.EBBPRT
1647 07 06	AK	HARMEN	JAN	HARMENS		STIJNE	OOSTERBREEGANG
1645 10 31	AK	HARMEN	JAN	HARMENS		TRIJNE	NIEUWE WECH
1642 11 13	MK	HARMEN	JAN	MONNING?		TRIJNTIEN HINDRIX	O.EBBINGSTR
1645 09 17	AK	HARMEN	JAN	JANS		WIBKES?	MUERE
1641 07 06	AK	HARMEN	JAN	HARMENS		WILLEMTIEN	VISSCHRSTR
1644 12 22	AK	HARMEN	JAN	BALTSERS		WILLEMTIEN	COLDEGAT
1643 10 22	MK	HARMEN	JELES		TETELER	CIJEKE HARMENS	HEERPOORTE/DRIST
1644 03 06	AK	HARMEN	JOOST	BARTHELS		GEESJEN HARMENS	N.MERKTSTR
1645 05 14	AK	HARMEN	JURJEN	JANS		HEBBELTIEN	EBBPOORTE
1649 05 18	AK	HARMEN	JURJEN	HARMENS		MARRETIEN ONNES	BOTTR
1647 08 29	AK	HARMEN	LAMBERT	HARMENS		ANNEKE BERENS	JADT
1645 07 30	AK	HARMEN	LAMBERT		GOOR,VAN	WOBBERNT?	POPKENSTR
1648 10 04	AK	HARMEN	LIPPE	FOLKERS		AELTIEN	DCHIEDAMSGANG
1642 06 23	MK	HARMEN	LUCAS	TONNIS		GRIETIEN LUCAS	STOELDREIJERSTR
1648 02 04	AK	HARMEN	LUDOWICUS	SIJPERS?		GRIETIEN SELBARCH	SUIDERKERK
1648 01 05	AK	HARMEN	LUITIEN		MEIJER	ANNA	JONKERSGANG
1644 08 25	AK	HARMEN	MARTEN	HARBERTS		LIJSABETH	MEULENSTR
1645 06 04	MK	HARMEN	MENKE	HARMENS		GRIETJEN	BOTTERDIEP
1648 06 18	MK	HARMEN	MENSE	JANSSEN		LAMME	SUIDERDP
1649 09 21	MK	HARMEN	MENSE	JANSEN		LAMME HUBING	PLUIMERSGNG
1648 01 18	AK	HARMEN	NICOLAES/D.		BUSCH	WILLEMTIE WITTING	HEERSTR
1641 09 21	AK	HARMEN	OTTE	HEIJNENS	WIELDRAEIJER	JANTIEN	N.EBBINGESTR
1645 04 13	MK	HARMEN	OTTO	MATTHEI		METJEN	POELSTR
1649 02 04	MK	HARMEN	PAUL	EGBERTS		AELTIEN BOELENS	JOANNSSTR
1649 12 11	AK	HARMEN	PAULUS		LANGEN?	TRIJNTIEN	SUIDERDP
1641 06 17	MK	HARMEN	PIETER		SCHROE	ANNE	HEERSTR/DRENTSCHEPL
1646 09 23	AK	HARMEN	PIETER	TIEPENS		GEERTJEN DUIFFS?	VOLTINGESTR
1647 10 06	MK	HARMEN	PIETER/LIEUT.	TEPENS		GEERTRUIT DUISS	HEERSTR
1647 09 03	AK	HARMEN	PIETER	JANS		JANTIEN	SCHUTNEDP
1644 01 17	AK	HARMEN	PIETER	JAKES		SIJECKE	EBB.STR
1649 02 11	AK	HARMEN	RIJKEST	AIJLKES		HEIJLKE SIJMENS	HORCHSTR
1648 10 08	AK	HARMEN	ROELEF	HARMENS		GRIETIEN DERX	JADT
1642 01 18	AK	HARMEN	ROELEF	HERMENS		HINDIRCKJEN HINDRIX	BOTTERDP
1641 07 23	AK	HARMEN	ROELEF	ROELEFS		TRIJNE	COSTERSGNG
1648 05 22	MK	HARMEN	ROELEF	ROELEFS		TRIJNE	COSTERSGANG
1641 02 26	MK	HARMEN	SIAMME	HERMENS		ANNETIE	HELPEN
1647 01 28	AK	HARMEN	SIJMEN	JANSSEN		GEESJEN	BUTJENSTR
1647 12 28	AK	HARMEN	STEVEN	HARMENS		GEERTIEN	MUERE
1645 10 05	AK	HARMEN	STOFFER	HAIJENS		HINDRICKJEN	NIJESTADT
1645 08 29	AK	HARMEN (illig)	SWIJTERT?	HARM?		TRIJNE AARENTS	
1647 05 25	AK	HARMEN	TALE	HARMENS		JANTIEN	3 MEULENS
1646 08 12	MK	HARMEN	THOMAS	PETERS		GEESKE HARMENS	PLUIJMERSGANCK
1647 06 04	AK	HARMEN	VIJT	ADAMS		ANNA	TIJMENS MEULE
1643 10 26	AK	HARMEN	WESSEL/SOLD.	GEERTS		HINDRICKJEN	COSTERSGANG

Year Mo Da	Chr	Child's Given Name	Father/Child's Patronymic	Father's Patronymic	Father's Surname	Mother	Address
1645 03 05	AK	HARMEN	WESSEL	ALLERTS		WENNEKE	STEENTILPRT
1644 12 15	MK	HARMEN	WILKE/SOLD.	ROELEFS		ANNE	PRINCENSTR
1641 05 14	AK	HARMEN	WILLEM	ABELS		ANNE HERMENS	STEENPIJP/SCHUTIN
1644 03 01	AK	HARMEN	WILLEM		STEW?	SIBILLA	SUIDERDP/H.G.GAST
1647 12 29	AK	HARMEN	WILRICH	MENNES		TRIJNTIEN KNOLS	POELPOORT
1644 07 23	AK	HARMTIE	DEPKE	HARMENS		NEESJEN	PLUIMERSGANG
1645 08 03	MK	HARMTIEN	ABEL	HARMENS		TRIJNE RENEMANS	BUTJENSTR
1643 03 10	MK	HARMTIEN	ALBERT	EGGENS		LUTGART	NIEUWEWECH
1642 06 08	AK	HARMTIEN	BERENT		BOSCH,TEN	MARIE	N.STRAETJE
1643 11 01	AK	HARMTIEN	CRIJN	PIETERS		EEFKE SIJMENS	DAMSTERDIEP
1649 12 16	AK	HARMTIEN	DERK	ARENTS		AELTIEN	SLEMENSTR
1643 09 01	AK	HARMTIEN	EEDE	GOSSENS		WIBBECHIEN	HEERPOORTE
1643 10 08	AK	HARMTIEN	GERLEF	HARMENS		TALLE	N.STRAETJEN
1641 09 21	AK	HARMTIEN	HARKE	ENGELBERTS		GEERTIEN ROELEFS	KROMMEJADT
1645 05 30	AK	HARMTIEN	HARMEN	WILLEMS		CORNELIJSJEN	BREEGANG/SCHUT
1648 02 04	AK	HARMTIEN	HARMEN	GEERTS		TRIJNE	NIJESTADT
1641 01 07	AK	HARMTIEN	HINDRICK	GERRITS		AELTIEN HARMENS	HE?
1641 04 02	MK	HARMTIEN	JACOB	OLTGERS		LUITIEN TONIS	DAMSTERDP
1642 05 13	AK	HARMTIEN	JACOB	HULGERT		LUITIEN THOMES	DAMSTERDP
1642 09 02	AK	HARMTIEN	JAN		AMSINCK	AESJEN ROELEFS	BREDEMERCKT
1643 04 26	MK	HARMTIEN	JAN	HINDRIX		GRIETIEN	PELSERSTR
1647 01 10	MK	HARMTIEN	JAN	DERX		ROELEFJEN	GELTINGESTR
1643 09 01	AK	HARMTIEN	MARTEN	HINDRIX	PIJPMR.	EETIEN	STEENTILSTR
1643 09 06	AK	HARMTIEN	OTTO	JANS		LUCRETIE OTTENS	COSTERSGANG
1643 02 19	AK	HARMTIEN	PETRUS	WINSHEMIUS		MARGARETE LEUTS?	HEERSTR
1642 04 14	AK	HARMTIEN	ROELEF	HARMENS		DIEUWERE	CROMMEJADT
1643 07 13	MK	HARMTIEN	ROELEF	MARTENS		GRIETE	SCHUTEMAKERSWAL
1648 01 09	AK	HARMTIEN	ROELEF	JANS		GRIETIEN ALBERS	BOLWERKR?
1646 05 01	MK	HARMTIEN	ROELEF	JANSSEN		JANTIEN THOMES	BOTTERDP
1641 04 11	MK	HARMTIEN	ROELEF	JANS	BACKER	JOOSTJEN	BOTTRDP
1646 01 04	MK	HARMTIEN	THOMES	JANSSEN		HEIJLTIEN	BOTTERDIEP
1646 07 28	AK	HARMTJEN	JACOBUS		ECKHUIJS	MARGRETA JANS	MARTINIKERKHOFF
1643 11 19	AK	HARTMAN	HINDRICK		ROSBORCH	FENNE DERX	DRA
1649 03 22	AK	HARTWICHS	JAN	HARTWICH		MARRETIEN	LANE
1645 10 19	AK	HAUCKE	REIJNER	GEERTS		MERRECHIEN	HARDRINGESTR
1642 06 26	MK	HAUCKJEN	-- (decd)			WIPKE JANSEN, (widow)	MEULENSTR/OOSTRPRT
1645 10 05	MK	HAVNTIEN?	PORKE?	OTTENS		GRIETJEN	BREEGANG
1649 01 05	MK	HEBBEL	GEERT		ROVEST?	AELTIEN VREEX	SMAKERSGNG
1644 06 22	AK	HEBBELTIEN	FOLCKERUS		TETTEMA	HEMMECHIEN BAUKENS	BREDEMERKT
1644 01 10	MK	HEBBELTIEN	GEERT	JANS	SCHOEMAKER	GEESJEN STEVENS	BOTTRSTR
1647 03 31	MK	HEBBELTIEN	HINDRICK	COERTS		ROELEFJEN	MARTKERKHOFF
1649 11 29	AK	HEBBELTIEN	HINDRICK	CLAESSEN		TRIJNTIE	PLUMER
1641 11 24	AK	HEBBELTIEN	JAN	ARENTS		GRIETIEN	HOECK/BREEGANG
1646 12 15	AK	HEBBELTIEN	JAN		BUSCHUIS	WILLEMTIEN EEKENHORST	JADT
1641 10 17	MK	HEBELTIEN	HARMEN	AARENTS		GRIETIEN	BARKMOLLEN
1643 11 30	AK	HEDWIGH	MARTEN		BEWE	CORNELIA TEBBEN	N.STRAATJEN
1642 02 26	AK	HEERE	HANS	HICKES		GRIETIEN	LUTKESTR
1646 01 01	MK	HEERE LIPKES	LIPKE	HERVES?		CATARINA JERONIJMUS	BOTTRSTR
1642 04 22	AK	HEERE	LUITIEN	CLAESSEN		TIETIEN	HELPEN
1646 02 28	AK	HEERE	WESSEL	HEERES		MARIA BRUCHERI	GELTINGESTR
1646 09 16	AK	HEERO	HARMEN	HERENS		ELSJEN HARMENS	NIEUWESTADT
1648 02 08	MK	HEIJLE	GEERT	HINDRIX		GESE	HELPEN
1649 02 11	AK	HEIJLE	REIJNER	JANS		GRIETIEN	WONNEJADT
1647 11 04	AK	HEIJLKE	BORRIS		ONRUIT?	GRIETJEN	PRINCENSTR
1645 10 01	AK	HEIJLKEN	VREERK?	JANS		SUSANNA	VISSCHERSTR
1643 01 04	AK	HEIJLTIE	GEERT	HINDRIX		GEESKE SANDERS	HELPEN
1649 02 14	AK	HEIJLTIEN	BERENT	EVERTS		GRIETJEN	JACOBINERST
1642 12 02	AK	HEIJLTIEN	CLAES	JANSSEN		ALETIEN HARMENS	WOERT
1643 12 17	MK	HEIJLTIEN	CLAES	JACOBS		TRIJNTIEN	SCHUTENDIEP
1642 10 14	AK	HEIJLTIEN	DERCK	JANSEN		TRIJN EIJLERTS	DAMSTERDP
1646 12 10	AK	HEIJLTIEN	GEERT	PIETERS	CRUDENE?	HINDRICKJEN	HEERSTR
1647 09 19	AK	HEIJLTIEN	HINDRICK		MEIJER	AELTIEN	JADTSTR
1644 06 30	AK	HEIJLTJEN	CLAES	JANSSEN	LEIJENDERKES	AELTIEN	WOERT
1641 07 18	AK	HEIJLTJEN	HINDRICK	WIJROOS		MARGRIETE	N.JADTSTR
1646 07 01	AK	HEIJLTJEN	TIJES	SMEECKS		RIJCKJEN	MARTINIKERK
1643 04 19	AK	HEIJNE	ALBERT	HINDRIX		GEESJEN JANSSEN	HEERPOORTE
1649 11 27	AK	HEIJNE	HAIJE	HEIJNES		STIJNTIEN	N.EBBSTR
1647 12 19	MK	HEIJNE	HANS	REIJE		AELTIEN	PLUIMERGANG
1648 05 16	AK	HEIJNE	LAMBERT	HINDRIX		AELTIEN	HELPEN
1648 12 31	AK	HEIJNE	PETER	HEIJENS		LUITIEN POUWELS	CRANEPRT
1649 02 22	AK	HEIJNE	PIETER	HEIJNES		GRIETIEN	STEENTILSTR
1647 11 21	AK	HEIJNE	PIETER	HEIJNES		LUITIEN	CRANEPOORT
1647 12 19	AK	HEIJNE	SIJMON	JANS		AEGTIEN CLAESSEN	VISSCHERST
1649 08 05	MK	HEIJNE	SIJMON	HEIJNES		TRIJNTIEN	OOSTERPRT
1646 06 10	AK	HEIJNE	WARNER	ENGELBERTS		GRIETIEN BERENTS	BOTTERDIEP
1643 06 14	MK	HELBRICH	HINDRICK		BENSEMAN	GRIETIEN	N.KERKHOFF
1642 01 28	AK	HELENA	ANTHONIUS	REGNERI		ANNEKE WIARDI	MARTINIKERKHOF
1648 02 29	AK	HELENA	BERENT	POPKENS		MARRECHIEN	NIJESTADT
1649 03 11	AK	HELENA	HENRICUS		DORGELO	HENRICKJEN	TORFTOORNSTR
1645 11 06	MK	HELENA	JAN/DR.	WICHERS		CLARA LUDOLPHI	EBBPOORTE
1645 01 19	MK	HELENA	JOANNES?	CASSOU?		ANNE PHILIPS	PRINCENSTR/DRIST
1646 03 01	AK	HELENA	ROELEF	EERKENS		HINDRICKJEN JACOBS	CORMELLEBOGE
1647 02 24	AK	HELENA	SIJGER	SIJGERS		LIEUWTIEN GRUIS	OOSTERSTR
1646 11 17	AK	HELENE	HARMEN		WESTERVOLT	HILLETIE	VOLTINGESTR
1645 07 25	AK	HELLENA	JOCHIM	CANTER	ANEPTMAN	HELENA WICHERINGE	MERCK
1649 02 21	AK	HELLETIEN	TONNIS	JURJENS		MENE	JANSTR
1648 10 19	AK	HELM	JOCHIM	HELM		TONISJEN	JANSSTR
1641 12 24	AK	HELMERICH	JAN	HARMENS		HILLE	VISSCHERPIJP
1644 04 28	MK	HELMICH	JOCHIM	HELMICHS		THOMESJEN	S:JOANNESSTRATE
1649 02 13	AK	HELMICH	STEVEN	JANS		GIJWE	PAPENBRUGGE
1649 02 15	AK	HELPERICH	HELPERICH	ROELEFS		CORNELISJEN	AKERKE
1648 03 08	MK	HELPERICH	WILLEM	STEVENS		ANNE JACOBS	SLEMENERSTR
1642 04 12	AK	HEMKE	ALBERT	MERKENS		DIEWERTIEN PHILIPS	CRANEPOORTE
1647 03 14	AK	HEMKE	BERENT	OLIVIER		HAUCKE	HEERENKAMERS
1643 01 24	AK	HEMKE	JAN	AIJELS		TRIJNE DERCKS	SCHUITENDIEP
1641 08 01	MK	HEMKES	DERCK	JANSEN		LIJSEBETH	SCHIEDAMSGNG
1641 09 20	AK	HEMME	AJOLDIJ	HOMMENS		TIABETIEN TIDDINGA	OOSTERSTR
1649 02 13	AK	HEMME	DUIRT	JACOBS		NIESJEN JASN	MKERKHOF
1647 12 01	AK	HEMME	HARMEN	SICKENS		MARGRIE	PIRNCENSTR
1645 12 07	MK	HEMME	JAN	HARMELMUS		ANNECHIEN	PIRNCENSTR
1641 09 07	AK	HEMME	JAN/SOLDAET		HAERBLINCK	WOPKE	NIEUWESTADT
1643 12 05	AK	HEMME	ROELEF		HASELUNNE,VAN	GRIETJEN	LEELJENSTR
1641 12 07	AK	HEMMECHIEN	HARMEN	TIJMENS	MULLER	GEESJEN GERRITS	HEERPRT
1642 11 02	AK	HEMMETIEN	GERRIT	RIJKENS		ELLETIEN	O.EBBINGEPOORT
1643 02 08	AK	HEMMETIEN	LUCAS	EVERTS		GEERTRUIT RIJKENS	N.POELESTR

Year Mo Da	Chr	Child's Given Name	Father/Child's Patronymic	Father's Patronymic	Father's Surname	Mother	Address
1641 10 03	MK	HEMMICHJEN	JOCHEM	JURJENS	GLASEMAKER?	HAESJEN GEERTS?	O.EBBINGSTR
1647 11 04	AK	HENDRIC	JACOB		MOL	GRIETIEN CONRADTS	LEELIJNSTR
1648 12 19	AK	HENDRICK	BARTELT	BERENTS		ELSJEN	BREEGANG/SCHUT
1648 02 16	MK	HENDRICK	BARTELT	HENDRIX		IMMETIEN	BOTTRDIEP
1645 14 27	AK	HENDRICK	BERENT	COERTS		GRIETJEN MEIJNERS	A
1646 08 04	AK	HENDRICK	HENDRICK	JANS		MEENTJEN	PELSERSTR
1645 14 27	AK	HENDRICK	JAN	CLAESSEN		JANTIEN ARENTS	TULDENSTR
1646 09 23	AK	HENDRICK	JOHAN		BLAECK	NIESJEN REINEMANS	BREDEGANCK
1646 07 26	AK	HENDRICK	JURJEN	JURJENS		LUMMICHJEN JURJENS	HARDRINGHESTR
1646 09 16	AK	HENDRICK	TIEBBE	ARENTS		GRIETE	PRINCENSTR
1646 07 19	MK	HENDRICK	WIJBRANT	HINDRICKS		GEESJEN CLAESSEN	GULDENSTR
1642 07 22	AK	HENDRICK	WOLTER	JANSEN		BEERTE	PAUSGANCK
1643 09 29	AK	HENDRICKJEN	DERCK		MEIJER	DERCKJEN	BOTTERDIEP
1649 02 23	AK	HENDRIK HALEMECH	JAN		BRUINSTER	FENNETIEN HALEMECH	TORFTSTR
1646 04 19	MK	HENNINUS	JURJEN	HENNINUS	GEESKE	MEULENSTR	
1648 10 21	AK	HENRICA MARIA	HENRICUS		CLINGE	JOA ARNVA?	SCHUITNDP
1648 09 17	AK	HENRICH	HANS	PETER	KNOPENS	TRIJNTIEN	SCHUTE.ST
1641 10 06	AK	HENRICUS	ANTHONIJ	WILLEMS		AELTIEN HINDRIX	GELTINGSTR
1642 05 13	AK	HENRICUS	GERHARD/DR		BERGE,TEN	HOUWKE FREDEN,VAN	POELESTR
1641 10 31	MK	HENRICUS	HENRICUS/E:RCH		HECK,VAN	ANNA HOENDRIX	BOTTRSTR
1649 06 02	AK	HENRICUS	JACOBUS/PROF		ALTING	BAUUWE WALDRICH	ACAD.
1647 09 12	AK	HENRICUS	JOCHIM		BRANDENBORCH	LIJSEBET HINDRIX	SUIDERDP
1641 07 16	AK	HENRICUS	MICHEL		AULDRIJ	SOPHIA	RAAMSTR
1645 08 03	MK	HENRICUS	PHILIPS		LOMEIJER?	FENNETE? HUIBERTS	HOFF
1642 10 25	AK	HENRICUS	SIABBE	ONNENS		ANNECHIEN HARMENS	PELSERSTR
1643 05 07	MK	HENRICUS	STEFFEN		STEIJSSER	GEESJEN	ROSENSTR
1642 05 15	MK	HERCKE	HAIJKE	DAVIDTS		MARRECHIEN GEERTS	COSTERSGNCK
1641 04 23	AK	HERMAN	HERMAN	(CHIRURG)	BEECK,TER	SARA STRATEN,VAND	BREDMERK
1641 03 16	MK	HERMANNUS	GUALTER		ELVERING	ELSJEN IPENS	DRA
1646 08 26	AK	HERMANNUS	HAN		TETTART?	TETEKE TETTART	BREDEMERCT
1643 10 12	AK	HERMANNUS	WARNER	LUICKES		GRIETIEN	VOLTINGESTR
1648 11 19	AK	HERMEN	CORNELIS	ANDRIES		ANNETIE	SLEMENNSTR
1642 07 26	AK	HERMEN	HANS		BACKER	ANNA	PRINCENSTR
1643 04 30	AK	HERMEN	HINDRICK	HERMENS		ANNECHIEN	HERENCAMERS
1642 07 08	MK	HERMEN	HINDRICK	CLAESEN		ANNICHJEN	CRANEPRT
1646 09 30	NK	HERMEN	HINDRICK	LUCAS		JANTJEN HARMENS	RAEMSTR
1646 09 30	NK	HERMEN	JAN	ROTGERS		ANNETJEN	HELPEN
1645 01 10	AK	HERMEN	JURJEN/SOLD	JURJENS		RIJXSTE? HARMENS	RAAMECKE
1648 01 11	AK	HESSEL	HARMEN	DIRX		FROUKE	JONKERENSTR
1648 02 06	MK	HESSEL	HARMEN	HESSELS		HARMTIE	VISSCHERPIJP
1648 08 24	AK	HESSEL	HESSEL	HINDRIX		FENNETIEN	VISSCHERST
1648 08 25	AK	HESTER	BERENT	OLIVIER		HOUKE	HEERENKAMERS
1642 08 28	MK	HESTER	JAN	HINDIRX		GRIETE JAEKES	BLOEMSTR
1645 09 14	MK	HESTER	PIETER	HOIJSEMA		ANNECHIEN	HEEREN WIJNHUIJS
1641 09 19	AK	HESTER	ROELEF	JACOBS		SARA MARTENS	CROMELLEBOGEN
1643 11 19	AK	HESTERTIEN	ROELEF	JACOBS		SARA	CROMELBOGE/VAENDER
1642 09 01	AK	HICRONIJMUS?	HICRONIJMUS/RAET		EIJBEN	CHRISTINA ALTING	A KERK
1649 10 30	AK	HIERONIJMUS	JAN		VLAECK	MARRECHIEN	BREGANG
1649 04 12	AK	HIJECK	WILLEM	SIJKENS		GEERTIE	STEENTILSTR
1644 10 16	AK	HILBRANT	HINDRICK		NIJSENGE	HARMTIEN ALBERTS	HEERSTR
1642 03 13	MK	HILDEBRANT	JUSTING		THEGEDER	WIBBECHIEN JURJENS	BREDEMERKT
1648 08 01	AK	HILLE	BERENT	JANSSEN		ANNE WESTERIJS	A/CRANEPOORTE
1647 08 17	AK	HILLE	CRIJN	DERX		TRIJNE	SCHUTEMRSSTR
1646 11 09	AK	HILLE	GEERT	JURJENS		ANNE	HEERENKAMERS
1644 02 04	AK	HILLE	GOSSELE	BERENTS		ANNECHIEN FRITZ	HARDINGESTR
1648 09 19	AK	HILLE	HANS	TONNIS		ANNA	VISSCHERSTR
1649 08 26	MK	HILLE	HARMEN		MEIJER	CLARA	SCHUTNDP
1644 11 08	AK	HILLE	HINDRICK	SANDERS		TIETE	EBB:STR
1646 01 07	AK	HILLE	JACOB	CLAESSEN		TRIJNTIEN	HARDINGESTR
1641 10 03	AK	HILLE	JACOP	VREERCKS	VISSCHER	AAUCKE	MUERE
1642 12 30	AK	HILLE	JAN	JANSSEN	DALEN,VAN	AELTIEN	NIEUWEWECH
1648 03 03	AK	HILLE	JAN	CORNELIS		IEIJE SICKENS	DRABRUGGE
1647 11 09	MK	HILLE	JAN	PIETERS		JANTIEN	VISSCHERSTR
1641 08 11	AK	HILLE	JAN	JANSEN		TRIJNE GEERTS	BOTTRINGEPRT
1641 10 14	MK	HILLE	JAN	DERX	COORMUETER?	TRIJNTIEN	MUERE
1647 02 26	AK	HILLE	LUDOLPHUS	JANS		MAGDALENE	HEERSTR
1644 03 31	MK	HILLE	LUITJEN	JANSSEN		LUITJEN	VISSCHERSPIJP
1644 09 17	AK	HILLE	RIJCKE	HANSSENS		JANTIEN CHRISTIAENS	MOESKERSGANG
1645 03 26	AK	HILLE	ROELEF	BERENTS	SCHUTENSCH	ANNETIEN JANS	WOLBORCHBRUG
1641 04 21	AK	HILLE	SIJBOLT	JANSEN		GRIETE JANSEN	BOTTINGEGANCK
1641 06 11	MK	HILLE	SIJGER	JANSEN		AELTIEN WESSELS	TORSTOORNSTR
1645 05 23	AK	HILLE	TONNIS/CORP.	PIETERS		WILLEMTIEN	SCHUTEMKWAL
1644 12 18	AK	HILLE	WILKE	JANS		ANNA BERENTS	RAAMSTR
1642 06 12	AK	HILLEBRANDT	CHRISTOFFER		SCHAVENNOMBER	HILLE JACOBS	KALKWERK?
1646 06 10	AK	HILLEBRANDT	HILLEBRANT	DERX		GEBBE	SCHUTENDP
1643 02 02	AK	HILLEBRANDT	THOMAS	JANS		WOBBE HARMENS	CRANEPOERTE
1645 12 02	AK	HILLEBRANDT	THOMAS	JANSSEN		WOBBE HARMENS	CRANE
1648 01 11	AK	HILLEBRANT	BERENT	HILLEBRANTS		JANTIEN	CRANEPOORT
1647 09 28	AK	HILLEBRANT	HARMEN/SOLD.	HINDRIX		CORNELISJEN	N.WECH
1644 01 26	AK	HILLEBRANT	HILLEBRANT	HOENDRIX		ANNE	BEIJDEMERKTS
1641 01 03	AK	HILLEBRANT	JAN	HILLEBRANTS		--	CRANEPOORTE
1648 01 16	MK	HILLEBRANT	JAN	HILLEBRANTS		GEERTIEN	LAM.STR
1641 02 07	AK	HILLEBRANT	JOOST	HILLEBRANTS		--	
1641 07 30	AK	HILLEBRANT	MENKE	HARMENS		GRIETE	OBTTRDP
1646 04 03	AK	HILLECHIEN	ALBERT	SCHULTENS		DUWERTIEN JASPERS	GELTINGSTR
1648 08 23	AK	HILLECHIEN	ALBERT	JANS		GRIETIEN	MUSKENGANG
1645 07 22	AK	HILLECHIEN	ARENT	HINDRIX		AELTIEN HARMENS	HEERSTR
1644 10 20	AK	HILLECHIEN	ARENT	JANSSEN		HILLENA	NIEUWESTRATIEN
1643 08 20	MK	HILLECHIEN	BARTHELT	JANSSEN		EIJJEN	POELESTR
1644 10 03	AK	HILLECHIEN	BARTHOLT	GERRTIS		GEERTIEN	HELPEN
1642 09 29	AK	HILLECHIEN	FREERCK	JANSEN		TRIJNTIEN	SCHOOLHOLM
1647 03 02	AK	HILLECHIEN	HAIJKE	ARIJS		GRIETIE	BOTTRINGEPOORTE
1645 01 21	AK	HILLECHIEN	HARMEN	JURJENS		ANNE	HOECH/HARDINGEST
1645 04 16	AK	HILLECHIEN	HARMEN	BERENTS		JANNEKE JACOBS	DAMSTRDP
1646 01 22	AK	HILLECHIEN	HEERE	MEIJENS		SWAENTIEN	LEELJENSTR
1643 01 18	AK	HILLECHIEN	HILLEBRANT		WIERINGEN,VAN	AELTIEN OTTENS	SCHUITEN
1644 08 25	MK	HILLECHIEN	HINDRICK		BATTING	WIJMKE JANS	CREUPELSTR
1645 06 10	AK	HILLECHIEN	JAN	GIJSBERTS	VOS	CATRIJNE HOORN	SWANESTR
1644 12 29	AK	HILLECHIEN	JAN		CRABBE	TRIJNTIEN	SUIDERDIEP
1642 04 22	AK	HILLECHIEN	JURJEN	THOMES		CORNELISJEN	JOANNESBRUGGE
1646 04 28	AK	HILLECHIEN	LAMBERT	HARMENS		ANNECHIEN EEVENTS	JADT
1642 04 24	MK	HILLECHIEN	LUITIEN	JANS		TRIJNTIEN JANS	N.EBBSTR
1645 05 14	AK	HILLECHIEN	PAUL	JOOSTEN		ANNETIEN HARMENS	HEERPOORTE
1647 08 20	AK	HILLECHIEN	ROELEF	THOMAS		JANTIEN	WIJSRINGECAMERS
1646 03 26	AK	HILLECHIEN	TIJNNEN	ALBERTS		EEFJEN TIJMENS	BEULSGANG

Year Mo Da	Chr	Child's Given Name	Father/Child's Patronymic	Father's Patronymic	Father's Surname	Mother	Address
1644 08 28	AK	HILLECHIEN	TUNCKER	DERCKS		ANNECHIEN JOOSTS	BEULSGANG
1645 08 10	AK	HILLECHIEN	WALDRICH	JACOBS		AGNIETJEN	BOTTERDIEP
1646 03 15	MK	HILLECHIEN	WILLEM	PIETERS		TRIJNTIEN	BREDEMERKT
1644 09 22	MK	HILLECHJEN	FREERCK	BUSS		TIETJEN	OOSTERPOORTE
1647 03 10	AK	HILLECHJEN	IPE	ROELEFS		GRIETIEN JACOBS	CRANEPOORTE
1645 05 18	AK	HILLECHJEN	JACOB	POPKENS		GRIETJEN	BOTTRINGEPOORTE
1644 06 07	AK	HILLECHJEN	JAN	JANSSEN		GRIETE	MOESKERSGANG
1645 11 20	AK	HILLECHJEN	LUITJEN	JANS		TRIJNTIEN	NIEUWE EBBSTR
1643 04 18	AK	HILLEGONDE	J./RENEMR		VERRUCIUS	ISABELLA CANTORS	MART.KERK
1647 06 20	AK	HILLEGUNDA	JOCHIM	CAUTER		HELENA WICH	BREDEMERKT
1644 05 28	AK	HILLEKE	ROELEF	THOMAS		JANTIEN JANS	WIJFR.KAMERS
1644 09 25	AK	HILLENA	BALTZAR		BIJMAN?	ROELIJNA GRUIS	HEERSTR
1644 08 04	MK	HILLENA	FRANS	HINDRIX		AEFJEN	LEELJENSTR
1646 02 06	MK	HILLENE	CLAES	JANSSEN		ALBERTIEN WILLEMS	PRINCENST
1646 12 13	AK	HILLENEN?	ENGELBERT	FOKKERTS		AELTIEN DREUS	JADT
1642 11 18	AK	HILLETIE	ADOLPH/SECRET:	LOUWENS		HILLE GOCKINGA	EBBSTR
1642 04 24	AK	HILLETIE	CLAES	HARMENS		MARRECHIEN TONNIS	SCHOOLHOLM
1648 10 19	AK	HILLETIE	HAN	TONNIS		JANTIEN SIJGERS	JANSBRUG
1648 08 05	AK	HILLETIE	JACOB	CLAESSEN		HILLETIEN	KOSTERSGANG
1642 01 18	AK	HILLETIE	JACOB	JANSEN		TRUITJEN HAIJENS	DAMSTERDP
1647 06 14	MK	HILLETIE	JAN	JANSSEN		TELTJEN CHRISTOFFERS	VISSCHERST
1648 08 15	AK	HILLETIE	ROELEF	THOMAS		JANTIEN	HAVENCAM
1641 07 13	AK	HILLETIE	VOLTER		SWARTWOLT	MARRECHIEN HELMIGE	OOSTERPRT
1641 06 14	MK	HILLETIEN	ABRAHAM		BARLINKHOFF	AELTIEN	GULDENSTR
1646 11 08	MK	HILLETIEN	ABRAHAM		BARLINCKHOFF	AELTIEN GEERTS	GULDENSTR
1649 10 07	MK	HILLETIEN	ALBERT	JANS		GRIETIEN	MUSKENGANG
1641 10 05	AK	HILLETIEN	BRUIJN	JANSEN		ANNETIEN	A
1648 11 29	AK	HILLETIEN	EBBINK		LANDT	ANNETIEN	BREMERKT
1648 03 01	AK	HILLETIEN	GEERT	JANS		ENGELTIEN	BOTTRSTR
1642 08 11	AK	HILLETIEN	GOOIJER	JANSEN		GRIETIE JANS	NIJEWECH
1641 05 19	AK	HILLETIEN	HARMEN	LUBBERTS		GENTIEN	NIEUWESTADT
1648 02 06	AK	HILLETIEN	HINDRICK	WILLEMS		AELTIEN	SWANESTR
1642 05 29	AK	HILLETIEN	JACOB	EVERTS		GRIETIEN	TORFTOORNSTR
1643 01 06	AK	HILLETIEN	JACOB	WILLEMS		LUBBE ALBERTS	POELESTR
1648 02 11	MK	HILLETIEN	JAN	ROELEFS		FIJEPIETERS	SUIDERDP
1641 01 17	MK	HILLETIEN	JAN	LAMBERTS	KLEERMAKER	HARMTIEN DERX	HEERSTR
1648 09 07	AK	HILLETIEN	JAN	WARNERS		LAMME	WOERDT
1648 10 30	AK	HILLETIEN	JAN	BALTSERS		WILLEMTIEN	JADT
1647 09 19	AK	HILLETIEN	JOANNES	BOES		ELSJEN JANS	WESTINDISCHHUIJS
1644 11 24	AK	HILLETIEN	JOHANNE		DIJMER	BEERTIEN DERX	LAMHUINGESTR
1640 01 07	AK	HILLETIEN	KRIJN	DERX		TRIJNTIEN HINDRIX	SCHOOLHOLM
1648 10 08	MK	HILLETIEN	LUITIEN	JANS		GESE	VISSCHRPIJPE
1641 11 10	AK	HILLETIEN	MARTEN		EIJLEMAN	TRIJNE WOLTERS	RAAMSTR
1641 08 15	AK	HILLETIEN	ROELEF	WILLEMS		BICOINA	EBBINGESTR
1648 09 15	AK	HILLETIEN	ROELEFF	LAMBERTI		PIETERTIEN	PRINCENSTAR
1648 03 22	AK	HILLETIEN	VOERT	CORNELIS		ANNA	HELPEN
1648 11 03	AK	HILLETIEN	VREERK	JANS		JANTIEN	GROTEGANG
1646 09 15	AK	HILLETJEN	JAN	TAMMES		STIJNTJEN JANS	GELDENLEEUW
1642 10 13	AK	HILLICHJEN	HINDRICK	WIEROA		MARGRIETE	LEELJENSTR
1642 07 06	MK	HILLICHJEN	JAN	HILLEBRANTS		GEERTJEN	NIEUWEEBBPRT
1642 07 26	AK	HILLICHJEN	JAN		MULLER	HERMTJEN	MUIRE/SCHIEDAMSGN
1646 08 18	AK	HILLICHJEN	MARTEN	WIJBRANTS		ANNE MARTENS	N.WECH
1642 07 10	MK	HILLICHJEN	WOLTER	LUBBERTS		ANNE	SUIJDERDP
1643 09 22	AK	HINDRICK	HARMEN	HINDIRX		LAMMETIEN JANS	HARDINGESTR
1644 12 06	MK	HINDRICK	JAN	KARSTES		ANNE TONNIS	PLUIMERSGANG
1643 12 18	AK	HINDRICA	HAIJE	HINDRIX		N.N.	ROSENSTR
1641 03 09	AK	HINDRICH	HINDRICH	HINDRIX		HES:?	EBBPRTMUIR
1643 10 11	AK	HINDRICK	AEPKE/SOLD.	ANDRIES		ANNEKE	MUSKERSGANG
1647 06 08	AK	HINDRICK	ALBER	TIJSSEN		LAMME	GELTINGESTR
1648 12 20	AK	HINDRICK	ALBERT	HINDRIX		HINDRIKJEN	VISCHMERKT
1644 11 17	MK	HINDRICK	ALBERT	ALBERTS		JANTIEN GEERTS	STEENTILSTR
1642 12 04	MK	HINDRICK	ALBERT	JANSSEN		LIJSABETH	N.KERCKHOFF
1644 10 06	AK	HINDRICK	ALBERT	HINDRIX		TRIJNE DERKS	VISSCHERSTR
1647 04 11	AK	HINDRICK	ALBERT	GERRITS		TRIJNE	SUIDERDP
1644 07 28	MK	HINDRICK	ALEF	HINDRIX		GRIETIEN ROELEFS	BOTTERME--
1644 10 06	MK	HINDRICK	ALLERT	JANSSEN		ANNE	DAMSTERDIEP
1644 10 06	AK	HINDRICK	ANDRIES	HINDRIX		ELSJEN JANSSEN	POELESTR
1644 01 10	AK	HINDRICK	ANDRIES		BREMER,V.	ELSJEN	WIJFRINGHECAMERS
1648 11 22	AK	HINDRICK	ANDRIES	HINDRIX		ELSKE	POELSTR
1642 05 26	MK	HINDRICK	ANDRIES	ALBERTS		KUNNE	M.G.WIJSSCINGS?
1648 02 25	MK	HINDRICK	ANTHONIJ		MULLER	ELSKE	BOTTRINGGANG
1646 11 08	AK	HINDRICK	ARENT	HINDRIX		AELTIEN	HEERESTR
1645 09 28	MK	HINDRICK	ARENT	HINDRIX		FENNE JANS	HELPEN
1648 11 22	AK	HINDRICK	ARENT	JANS		GEESJEN	CINGEL
1641 06 16	MK	HINDRICK	ARENT		HARSFELT	GRIETE	SCHUTEND/PIJP
1647 06 02	AK	HINDRICK	AUKE	MARTENS		TRIJNE? PIETERS	LELJENSTR
1647 11 28	MK	HINDRICK	BALTZAR		KAURT	JANTIEN	N.POELSTR
1643 07 20	AK	HINDRICK	BATSASAR		KANT	JANNEHIEN	NIJEWECHE
1647 04 06	AK	HINDRICK	BERENT	CLAESSEN		CUNNE	KIJK/JADT
1646 03 03	AK	HINDRICK BERENTS	BERENT	CLAESSEN		CUNNETIEN	JADT
1643 12 05	AK	HINDRICK	BERENT	HINDRIX		EMPKE	NIJESTRATE
1646 11 03	AK	HINDRICK	BERENT	HINDRIX		GEESKE	RAAMSTR
1642 09 27	AK	HINDRICK	BRODERUS	CRIJN		GRIETIE MUNTINGS	BOTTRSTR
1648 06 27	AK	HINDRICK	CLAES	DERX		ANNE GEERTS	HAVENSTR
1642 10 30	MK	HINDRICK	CLAES	ALBERTS		ANNETIEN HINDRIX	STEENTILPRT
1642 01 23	MK	HINDRICK	CLAES	JURJENS		CUNNETIEN HINDRIX	N.EBBSTR
1649 07 04	AK	HINDRICK	COET		BIJMAN?	GRIETE HINDRIX	HEERPRT
1647 10 08	MK	HINDRICK	COOP	BROILS		GEERTRUIT LANT	BREDEMERKT
1642 10 05	AK	HINDRICK	CORNELIS	HINDRIX		ANNA	PLUIMERSGANG
1649 09 28	AK	HINDRICK	CRIJN	PIETERS		LIEFKE	DAMSTERDP
1648 12 29	AK	HINDRICK	DANIEL	EERNSTS		LIESJEN HINDRIX	SWANEST
1645 02 09	AK	HINDRICK	DERCK	JANSSEN		ANNE	BROERKERK
1641 04 09	AK	HINDRICK	DERCK		VOS	GEESJEN STAELS	BENTHEM
1646 03 26	AK	HINDRICK	DERCK	JANSSEN		HINDRICKJEN	EBBPOORTE
1644 08 20	AK	HINDRICK	DERCK		BREMEN,VAN	MARRECHIEN	CRANEPOORT
1644 11 10	MK	HINDRICK	DIETERT	HINDRIX		MARRECHIEN	JACOBINERSTR
1649 07 29	MK	HINDRICK	DOOIJE	HINDRIX		JANTIEN	BOTTRDP
1643 02 08	AK	HINDRICK	ECKE	HINDRIX		AELTIEN	A
1646 11 16	MK	HINDRICK	EERNST		OLDENBUTTEL	BEKE JANS	WOERT
1646 03 22	MK	HINDRICK	EERST	HINDRIX		ANNA MARIA	BEULSGANG
1641 10 17	MK	HINDRICK	EEVERT	HINDRIX		LEENTIEN	POELSTR
1642 09 27	AK	HINDRICK	EGBERT	GEERTS		ANNE HINDRIX	SCHUITMKRSSTR
1644 08 28	AK	HINDRICK	EGBERT	WARMELTS		NIESJEN	LEELJENSTR
1647 11 07	MK	HINDRICK	ELIAS		VOS	HILLETIE BOELENS	OOSTERSTR
1641 12 08	AK	HINDRICK	EUCKE	HINDRIX		ANNE GERRITS	RODERWOLDER

Year Mo Da	Chr	Child's Given Name	Father/Child's Patronymic	Father's Patronymic	Father's Surname	Mother	Address
1642 10 30	AK	HINDRICK	EVERT	HINDRIX		ANNETIEN POPKENS	H.JADT STRATE
1647 12 19	AK	HINDRICK	FRANS	MAROUS		GRIETIE	ROSENSTR
1644 09 24	AK	HINDRICK	FREERCK	HINDRIX		ANNECHIEN ABRAHAMS	BORERESTR
1646 01 16	AK	HINDRICK	FREERCK	PIETERS		CLAESJEN	DAMSTERDP
1643 12 17	AK	HINDRICK	GEER	HINDRIX		SARA	LUTKE DRA
1648 02 06	AK	HINDRICK	GEERRIT		BLENKE	ELISABETH	MENK.
1641 06 18	MK	HINDRICK	GEERT	HINDRIX		AELTIEN	HEERPRT
1643 06 04	MK	HINDRICK	GEERT	JANSSEN		AELTIEN	O.STEENTILPOORTE
1643 05 31	AK	HINDRICK	GEERT	HINDRIX		AELTIEN	A POORTE
1644 02 21	AK	HINDRICK	GEERT	AARENTS		GEERTRUIT	BEULSGANG
1646 12 10	AK	HINDRICK	GEERT	ALBERTS		GEERTRUIT	PELSERSTR
1648 03 05	MK	HINDRICK	GEERT	HINDRIX		GEESJEN	JANSSTR
1648 01 19	AK	HINDRICK	GEERT	HARMENS		GRIETIEN	DAMSTERDP
1644 10 06	MK	HINDRICK	GEERT	HINDRIX		HARMTIEN ALBERS	COSTERGANG
1647 09 29	AK	HINDRICK	GEERT	HINDRIX		IMME	OOSTERPOORTE
1641 07 20	AK	HINDRICK	GEERT/SOLDAET	N.		JANTIEN	N.STADT
1641 11 28	MK	HINDRICK	GEERT/SOLDAET	SIJGERS		JANTIEN	CREUPELSTR
1648 12 26	AK	HINDRICK	GEERT		MENSING	JANTIEN?	BOTTRSTRAET
1648 10 01	AK	HINDRICK	GEERT	HINDRIX		KARSTIEN	SCHOOLHOLM
1644 11 27	AK	HINDRICK	GEERT	JANSSEN		MARRECHJEN	COSTERSGANG
1642 04 05	AK	HINDRICK	GEERT	HINDRIX	SCHOEMAKER	MERRECHIEN	LUTKEDRA
1645 11 04	MK	HINDRICK	GEERT	HINDRIX		RIXTE	BOTTERDIEP
1648 04 28	AK	HINDRICK	GEERT	HINDRIX		TRIJNE	MOESKERSGANG
1643 10 17	AK	HINDRICK	GERFREST?		OLDENBUTTEL	BEKE	WOORDT
1648 06 15	AK	HINDRICK	GERRIT	EGBERTS		ABELTIEN	A.POORTE
1649 02 11	MK	HINDRICK	GERRIT	GERRITS		BEERTIEN	POELESTR
1642 01 13	AK	HINDRICK	GERRIT	JANSEN		CLAESSEN GEERTS	PLUIMERSGNG
1642 03 11	AK	HINDRICK	GERRIT	JANSEN	SNICKVAERDER	MARRECHIEN STEVENS	VISSCHRSPIJP
1646 08 31	MK	HINDRICK	GOOSSEN	ROELEFS		AELTIEN	D.
1647 01 05	AK	HINDRICK	HAEKE	HINDRIKS		MARIJE	ROSENSTR
1649 05 29	AK	HINDRICK	HANS	HANSSEN		ANNETIE	NIJESTADT
1642 02 01	AK	HINDRICK	HANS		GROSMAN	GEERTRUIT	PLUIMERSGNAG
1646 12 17	AK	HINDRICK	HANS	RIJKE		GRIETE	SUIDERDIEP
1646 03 21	MK	HINDRICK	HANS	WOLS		SOPHIA	PAPENPOORTIE
1641 11 09	AK	HINDRICK	HANS	HINDRIX		TRIJNTIE	PELSERSTAR
1641 12 07	AK	HINDRICK	HANS	KESSEL		TRIJNTIEN HINDRIX	RAAMSTR
1641 02 26	MK	HINDRICK	HARMEN	HINDRIX	SLOTMAKER	--	EBB/BOTTRPT
1649 07 04	AK	HINDRICK	HARMEN	HINDRIX		ANNETIEN	MEUKERSG
1641 06 25	AK	HINDRICK HARMENS	HARMEN	HINDRIX		CORNELISJEN	N.WECH
1642 02 16	AK	HINDRICK	HARMEN	HINDRIX		GEERTIEN	ROSHANE?
1642 03 08	AK	HINDRICK	HARMEN/SOLDAET		WESTERWOLT	HEIJLTIEN	WOERT
1645 01 02	AK	HINDRICK	HARMEN	HINDRIX		LAMME JANS	HARDRINGSTR
1649 04 29	AK	HINDRICK	HARMEN		BLENKE	LIJSABETH	NIEUWESTADT
1646 03 26	AK	HINDRICK	HARMEN	HINDRIX		LIJSBETH WILLEMS	RAAMSTR
1642 06 26	MK	HINDRICK	HARMEN	HINDRIX		MAIJKE	MEULENSTR
1648 08 13	AK	HINDRICK	HARMEN	HINDRIX		STIJNTIEN	N.STAT
1641 06 14	MK	HINDRICK	HARMEN	GEERTS		SWAENTIEN	NIEUWESTADT
1642 04 13	AK	HINDRICK	HARMEN	HINDRIX		TRIJNTIEN	MERKTEN/LANE
1643 09 28	AK	HINDRICK	HARMEN	HINDRIX		TRIJNTIEN	WOERT
1649 01 14	MK	HINDRICK	HENRICK	ROTMANS?		ANNETIE	EBBINGSTR
1646 01 12	AK	HINDRICK	HESSEL	HINDRIX		FENNECHIEN	VISSCHERSTR
1641 04 06	MK	HINDRICK	HESSEL	HINDRIX		FENNETIEN	DRA
1643 11 14	MK	HINDRICK	HIERONIJMUS	/SOLD	GIJSOLF	RENSKE	VOLTINGESTR
1643 10 01	AK	HINDRICK	HILLEBRANDT	HINDRIX		TALLE CASPERS	PAPENPOORT
1646 12 16	AK	HINDRICK	HINDRICK	HARMENS		AEFJEN	NIJESTADT
1641 07 07	AK	HINDRICK	HINDRICK	GEERTS		ANNE	HOGEBROERSTR
1644 06 15	AK	HINDRICK	HINDRICK		SPANG	ANNECHIEN	RODEWEESHUIJS
1643 08 25	AK	HINDRICK	HINDRICK		MARCKGRAEF	BARBER	MEULENSTR
1647 02 18	AK	HINDRICK	HINDRICK	BERENTS		ELSKE	SUIDERDP
1648 03 14	AK	HINDRICK	HINDRICK	(deed)	BECKERING	EVERTIEN GERRITS	CRAMEPRT
1645 08 27	AK	HINDRICK	HINDRICK	LUITJENS		FEGE	DAMSTRDP
1643 12 29	AK	HINDRICK	HINDRICK	HINDRIX		FENNE	JONKERENSTR
1648 06 09	MK	HINDRICK	HINDRICK		SPANGE	FENNE	RODEWEESHUIS
1644 03 31	MK	HINDRICK	HINDRICK		HARDERWIJK	GEERTRUIJT	ANTH.G.HUIS
1643 10 20	AK	HINDRICK	HINDRICK	SWEERS		GEERTRUIT	PRINCENSTR
1649 10 24	AK	HINDRICK	HINDRICK	HINDRIX		GEESE	SCHUTNDP
1641 11 03	AK	HINDRICK	HINDRICK	GEERTS		GRIETE	OOSTERSTR
1646 01 16	AK	HINDRICK	HINDRICK/SOLD		WALBOOM	GRIETE	COPERSGANG
1647 09 29	AK	HINDRICK	HINDRICK		WALBOOM	GRIETE	SUIDERDP
1646 10 15	AK	HINDRICK	HINDRICK	DERX		GRIETIEN	BOTTERDIEP
1645 09 28	MK	HINDRICK	HINDRICK	JANSSEN		GRIETIEN	SCHUTENDIEP
1645 02 23	MK	HINDRICK	HINDRICK	MENSSENS		GRIETIEN	POELESTR
1649 03 28	AK	HINDRICK	HINDRICK	DUIRTS		GRIETIEN	BOTTRSTR
1644 04 28	MK	HINDRICK	HINDRICK	HINDRIX		HARMTIEN	RAAMSTRATE
1645 07 29	AK	HINDRICK	HINDRICK	HINDRIX		HARMTIEN TONNIS	RAAMSTR
1645 11 20	AK	HINDRICK	HINDRICK	EGBERTS		HESTER CIJCKINS?	VOLTINGSTR
1646 06 19	AK	HINDRICK	HINDRICK		HILDERVELT	HILLE	COSTERSGANG
1647 03 21	MK	HINDRICK	HINDRICK	HINDRICKS		HILLE	OOSTERBREEGAGN
1643 12 26	AK	HINDRICK	HINDRICK	ALBERTS		IMME	POELEPOORTE
1643 12 25	AK	HINDRICK	HINDRICK	ALBERTS		IMMECHIEN	SCHUTEND.
1644 02 11	MK	HINDRICK	HINDRICK		TERNOOIJ	JANTIEN	PRINCENSTR
1646 09 04	MK	HINDRICK	HINDRICK	GEERTS		MARGIJN	BOTERDP
1644 03 24	MK	HINDRICK	HINDRICK		HOFFSTEDE	MARRECHIEN	N.POELESTRATE
1642 08 07	MK	HINDRICK	HINDRICK	NANNES		MARRETIEN	DAMSTERDP
1643 10 25	AK	HINDRICK	HINDRICK		BREMER	MECHTELT MARTENS	RAAMSTR
1642 01 07	AK	HINDRICK	HINDRICK		SASSRAEN	REMKE HARMENS	SUIDERDP
1648 10 31	MK	HINDRICK	HINDRICK	SAFFRAEN?		REMKE	SUIDERDP
1646 08 30	MK	HINDRICK	HINDRICK	GIJSBERTS		SAERTJEN	BREDEMERCT
1648 12 24	MK	HINDRICK	HINDRICK	HEIJES		SOPHIA	N.BOTTRST
1642 01 28	AK	HINDRICK	HINDRICK	JACOBS		TRIJNTIEN	SUIDERDP
1643 03 15	MK	HINDRICK JULSING	HINDRICK	HINDRICK	TAMBEN	TRIJNTIEN	POELESTR
1649 03 23	AK	HINDRICK	HINDRICK		DRENT	WEMELE	SCHUTNDP
1646 03 29	MK	HINDRICK	HINDRICK	NEERMUS		WEMELTIEN	SCHUTENDP
1647 01 01	MK	HINDRICK	HINDRICK		BATTING	WIJNKE JANS	CREUPELSTR
1648 06 23	AK	HINDRICK	HUITIEN	JANS		JANTIEN	N.EBBSTR
1642 03 27	MK	HINDRICK	ISAAC	JANSEN		AELTIEN GERRITS	NIEUWEWECH
1643 05 21	AK	HINDRICK	JACOB	GERRITS		AELTIEN	CRANEPOORTE
1643 01 29	AK	HINDRICK	JACOB		BUIJST	DIEWERTIEN JACOBS	VISCHMERKT
1647 03 16	AK	HINDRICK	JACOB		WUSSUM	GRIETIEN PIETERS	EBB.STR
1647 12 19	AK	HINDRICK	JACOB	KARSTIENS		HILLE JOANNIS	A POORTE
1647 02 09	AK	HINDRICK	JACOB	MATTHIJS		MARIA	MEULENSTR
1643 05 14	AK	HINDRICK	JACOB	BERENTS		REIJNOU CLAESSEN	CRANEPOORTE
1641 10 06	AK	HINDRICK	JAN	HANSJENS		AELTIEN HINDRICKS	LELIENSTR
1643 09 06	AK	HINDRICK	JAN	HINDRIX		AELTIEN BASTIAENS	HEERSTR
1643 12 20	AK	HINDRICK	JAN	HINDRIX	BOECKBINDER	AELTIEN	BOTTRSTR

Year Mo Da	Chr	Child's Given Name	Father/Child's Patronymic	Father's Patronymic	Father's Surname	Mother	Address
1646 04 12	AK	HINDRICK	JAN	SAPENS	COORUNETER	ANNE	VISSCHERSTR
1649 11 11	MK	HINDRICK	JAN	LUIRIENS		ARMGART	BLOEMSTR
1648 07 14	MK	HINDRICK	JAN		VREBERCH	CUNNECHIEN	JACOBINERSTR
1646 03 22	MK	HINDRICK	JAN	HINDIRX	SMIT	EEBELTIEN HANSEN	MART.KERKHOF
1649 06 17	AK	HINDRICK	JAN	HEERES		EMEKE HINDRIX	CRAMERIJP
1646 01 25	AK	HINDRICK	JAN		KNACHTING	EVA HINDRIX	UIJRWERKERSGANG?
1647 08 06	AK	HINDRICK	JAN		HOFWINKEL	EVA	DRA
1646 01 17	AK	HINDRICK	JAN	ROELEFS		FENNECHIEN	PELSERSTR
1647 12 22	AK	HINDRICK	JAN	WILLEMS		FROUCKE	STEENTILSTR
1648 10 11	AK	HINDRICK	JAN		ARNET	GRIETIEN	VISSCHRSTR
1643 10 15	AK	HINDRICK	JAN	JANSSEN	VERHOLT	HILLE	VISSCHERSTR
1642 03 06	MK	HINDRICK	JAN	JANSSEN		HILLICHIEN	COSTERSGANG
1648 08 20	AK	HINDRICK	JAN	JANSSEN		JACOBJEN	KRANE
1641 04 20	AK	HINDRICK	JAN	HINDRIX		JANTIEN WABBENS	DRA
1641 07 18	MK	HINDRICK	JAN	HINDRIX	BROUWER	JANTIEN SWARTWOLTS	STEENTILSTR
1642 03 22	MK	HINDRICK	JAN	ALBERTS		JANTIEN	NIEUWESTADT
1643 05 12	AK	HINDRICK	JAN	JANS	BACKER	JANTIEN	PRINCENSTR
1646 06 04	AK	HINDRICK	JAN	JANSSEN		JANTIEN VUUST	SLACHTERSRIJPE
1648 03 14	AK	HINDRICK	JAN	JANSSEN		JANTIEN	SLACHTERSRIJPE
1648 04 03	AK	HINDRICK	JAN	JANSSEN		JANTIEN	SCHUTEMRSSTR
1643 11 10	AK	HINDRICK	JAN	JANSSEN		LIJSEBETH	JADT
1649 07 25	AK	HINDRICK	JAN	GEERTS	MAEN	LUBBETIEN	JADT
1643 02 21	AK	HINDRICK	JAN/SOLDAET	HINDRIX		LUCKE NIJEMANS	VISSCHERSTR
1648 12 31	MK	HINDRICK	JAN		ORRSING?	LUTGERTIEN	MUSKENGNG
1643 04 11	AK	HINDRICK	JAN	HINDRICKS		MARGRIETE	KIJCK/JAT
1647 10 03	MK	HINDRICK	JAN	HINDRIX	BENNING	MARIA ESPIRE,DE L'?	STEENTIL
1641 02 11	AK	HINDRICK	JAN	HINDRIX		METTE	MONNEKEHOLMBRG
1647 02 28	MK	HINDRICK	JAN	HINDRICKS		NEESJEN LAMBERTS	BUTJEN STR
1646 11 12	AK	HINDRICK	JAN	LUBBERTS		REIJMA	SCHOOLHOLM
1648 06 04	MK	HINDRICK	JAN	AARENS	SMIT	REMMELT	POELESTR
1648 07 02	AK	HINDRICK	JAN	HINDRIX		RIENTIEN HOLKES	A POORTE
1649 01 12	AK	HINDRICK	JAN	EDENS		ROELEFIEN	BUITJENSTR
1648 02 25	AK	HINDRICK	JAN	PAASCHEN?		TRIJNTIEN	STOELDRSTR
1649 04 13	AK	HINDRICK			MUNNING?	TRIJNTIEN HINDRIX	EBBSTR
1644 03 31	MK	HINDRICK	JOANNES	HINDRIX		MARRECHIEN JANS	CRANEPOORT
1645 14 20	AK	HINDRICK	JOANNES	HINDRIX		MARRETIEN ALBERTS	SLEMENNERSTR
1648 10 06	AK	HINDRICK	JOCHIM		FRILING	GEESJEN MENSING	HOGESTR
1642 08 31	AK	HINDRICK	JOCHIM		LANGE	GIJSSELE	POELESTR
1644 11 12	AK	HINDRICK	JOHAN/LIEUT:	COENDERS		ALIJT HILLEBR.	BOTTRSTR
1642 03 29	AK	HINDRICK	JOHAN	HARMENS		GRIETE HINDRIX	MEULENSTR
1648 10 15	MK	HINDRICK	JOOST		AUMAN	ANNA	BEULSGANG
1641 04 16	AK	HINDRICK	JOOST	WILLEMS		GRIETE HINDRIX	BLEIJKE
1648 02 06	MK	HINDRICK	JUE?	JANSSEN		JANTIEN	SCHUTENDP
1644 09 28	AK	HINDRICK	JURJEN	REIJNTJES		GRIETE	JUNCKERENSTR
1647 05 11	AK	HINDRICK	JURJEN/SOLD.		REIJNKE	GRIETE	JONKERENST
1643 11 03	AK	HINDRICK	JURJEN	HINDRIX		SIBILE	NIJESTADT
1646 10 29	AK	HINDRICK	JURJEN		FINCK	TRIJNTJEN	BOTTERDIEP
1648 06 08	MK	HINDRICK	JURJEN	HINDRIX		WOLTERTIEN HAIJE,DE LA	MONKEHOLM
1648 04 16	MK	HINDRICK	KARST		HAVEMAN	IDA	BEULSGANG
1648 06 20	AK	HINDRICK	LAMBERT	ARENTS		GRIETE	RAAMSTR
1648 09 21	AK	HINDRICK	LUBBERT	BERENTS		NIESJEN	CRANE
1645 01 15	AK	HINDRICK	LUBBERT	JURJENS		TRIJNTJEN	LEELJENSTR
1642 08 14	MK	HINDRICK	LUCAS	MEIJER	BRAAMSCHE,VAN	ANNA	COSTERSGANG
1646 06 13	AK	HINDRICK	LUCAS	HINDRIX		CORNELISJEN	SCHUITMERSTR
1641 03 30	MK	HINDRICK	LUCAS	HINDRIX	BACKER	CORNELISKE	SCHUITMKRST
1641 12 19	MK	HINDRICK	LUITIEN	JANS		GEESJEN ROELEFS	RAAMSTR
1642 04 24	MK	HINDRICK	LUITIEN	JANS		TRIJNTIEN JANS	N.EBBSTR
1644 01 05	AK	HINDRICK	MARTEN/SOLD.		DALLIGA	STIJNE	PRINCESTR
1649 06 03	MK	HINDRICK	METEN	LUITJES		JANTIEN HINDRIX	NIJESTRAETJEN
1642 01 02	AK	HINDRICK	MICHEL	JANSEN		JANNETIEN	MUERE
1642 12 07	AK	HINDRICK	MICHEL		NAGEL	JANTIEN	HEERE/OOSTERPRT
1646 11 12	AK	HINDRICK	MICHEL		BERBER	MARRECHIEN	CORMELLEBOGE
1642 11 06	MK	HINDRICK	OOME	HINDRIX		VREE	OOSTERPOORTPIJP
1642 06 08	MK	HINDRICK	OTTE	MATTHEU		METTE	VISSCHRSTR
1640 12 29	AK?	HINDRICK	OTTO		MANTHEU?	--	WOERT
1645 01 26	AK	HINDRICK	OTTO	EIJBENS		GRIETJEN HINDRIX	CLEIJNE N.STR
1647 02 14	AK	HINDRICK	PIETER	CORNELIS		CLAERTIEN	BRUGGESTR
1643 09 16	AK	HINDRICK	PIETER	JACOBS		FENNE HINDRIX	VISSCHERSTR
1642 12 11	AK	HINDRICK	PIETER	JACOBS		GEERTRUIT	CAP:HUMINGA
1645 04 04	AK	HINDRICK	PIETER	HINDRIX		GEESE	LAMHUINGESTR
1641 02 16	AK	HINDRICK	PIETER	HINDRIX		GEESIEN	BLOEMSTR
1644 05 12	MK	HINDRICK	PIETER	JURJENS		JELLE COENES	OOSTERSTR
1641 01 31	MK	HINDRICK	POPKE	BARTELS		HARMKE	OOSTERSTR
1642 03 06	MK	HINDRICK	POPKE	BARTELTS		HOUKE	BOTTRINGEPRT
1642 01 13	AK	HINDRICK	R.	REMMERTS		ITTJEN	VOLT
1648 09 12	AK	HINDRICK	/RAETSH L?		HULTEN,V	CUMMETIE HEIJMMMANS	SCHUITMRSWAL
1647 03 31	AK	HINDRICK	REIJNER	GIJSENS		GEERTIEN	SCHEDAMSGNG
1648 11 18	AK	HINDRICK	REIJNER	HINDRIX		JANTIEN	HARDSTR
1648 09 03	AK	HINDRICK	REIJNER	GEERTS		MARRETIE HINDR	HARDINGESTR
1647 08 12	AK	HINDRICK	REIJNER	GEERTS		MARTIEN	LEELJENSTR
1643 11 14	MK	HINDRICK	REIJNER		BRINCKMAN	TRIJNTIEN	HEERPOORTENPIJP
1648 03 03	AK	HINDRICK	ROEBERT	N.		TRIJNE	DRA
1645 01 28	AK	HINDRICK	ROELEF	CORNELIS		ANNECHIEN	A DIEP
1643 10 24	AK	HINDRICK	ROELEF	HINDRIX		GEERTIEN JASPERS	OOSTERSTR
1644 03 02	MK	HINDRICK	ROELEF	HARMENS	CUIPER	LUITIEN JANS	H.G.GASTE
1643 12 15	AK	HINDRICK	ROELEF	TIAERTS		SWAENTIEN JANS	LUTKEPELSERST
1645 10 21	AK	HINDRICK	ROELEF	TIJMERS		SWAENTIEN JANS	LEELJENSTR
1641 12 08	AK	HINDRICK	ROTGER	BRINKES		AEGTE HOIJENHOFS	SCHUTNDP
1648 08 12	MK	HINDRICK	SIJMON	SIJMONS		IDEKE	BRUGGESTR
1645 11 20	AK	HINDRICK	SIJWERT	EVERTS	BARKER	MARIA JOCHIMS	HELPEN
1643 10 19	AK	HINDRICK	THOMAS	CORNELIS		AELTIEN HINDRIX	ISSCHRPIJP
1648 11 28	AK	HINDRICK	TIARKE	HARMENS		JEIJE	SCHUTEMAKERSTR
1646 12 15	AK	HINDRICK	TONNIS	JANSSEN		AELTIEN	N.EBBSTR
1648 11 22	AK	HINDRICK	TONNIS	HENDRIX		FENNE	N.EBBINGESTR
1647 01 10	MK	HINDRICK	TONNIS	HINDRIX		NEESJEN	KRANEPRT
1641 12 09	AK	HINDRICK	TONNIS	HINDRIX	METER	SWANE	MEULENS
1647 07 20	AK	HINDRICK	VIJT/SOLD.	SALOMONS		FENNE	BUTTIENSTR
1641 06 08	MK	HINDRICK	WARMELT	JURJENS		HARMTIEN WARNERS	SWANESTR
1649 12 04	AK	HINDRICK	WESSEL	HERES		MARIA BRUCHERI	STEENTILPOORTE
1647 02 21	MK	HINDRICK	WESSEL	ALLERTS		WENNEKE	BOTTERMERKT
1644 03 13	AK	HINDRICK	WICHER	FRONE?		JANTIEN POTT	BOTTERMERKT
1645 11 19	MK	HINDRICK	WICHER	FROME		JANTIEN POTS	STEETILSTR(sic)
1642 06 19	MK	HINDRICK	WILKE	STEVENS		LIJSEBETH JANSEN	STEENTILSTR
1647 08 08	MK	HINDRICK	WILLEM	JACOBS		METJEN	STEENTILSTR
1643 07 28	AK	HINDRICK	WILLEM	JACOBS		METTIEN	STEENTILSTR

Year Mo Da	Chr	Child's Given Name	Father/Child's Patronymic	Father's Patronymic	Father's Surname	Mother	Address
1643 08 25	AK	HINDRICK	WOLTER	VREERCKS		CATHERINE	N.POELESTR
1646 04 03	AK	HINDRICKIEN	JAN	HINDRIX		MARICHIEN	NIEUW POELSTR
1642 06 21	MK	HINDRICKIEN	JAN	STEVENS		MARRECHIEN	HEERSTR
1640 12 27	AK?	HINDRICKJE	ROELEF	JANS		ALBERTIEN	HEERSTR
1641 11 28	AK	HINDRICKJEN	ABRAHAM	BERENTS		AELTIEN	SCHOOLHOLM
1645 06 15	AK	HINDRICKJEN	ABRAHAM		GROENE?	HILLECHIEN	OOSTERSTR
1648 06 02	MK	HINDRICKJEN	ALBERT	JACOBS		DAUWTIEN?	HEERSTR
1648 07 20	AK	HINDRICKJEN	ALLERT	ENGELBERTS		ELSIEN	A KERKE
1642 09 20	AK	HINDRICKJEN	ARENT	LUBBERTS		SWAENTIEN HINDRIX	HEERPRT
1645 01 12	MK	HINDRICKJEN	BARTHELT	EGBERTS		ANNA JANS	JUDEPRINCENSTR
1644 10 11	AK	HINDRICKJEN	BORRIS		OUCRUIT?	GRIETIEN	PRINCENSTR
1649 03 13	AK	HINDRICKJEN	CLAES	JACOBS		ELSJEN SIJMONS	BOTRDP
1649 08 17	AK	HINDRICKJEN	CORNELIS	WILLEM		GEESJEN	HEERPRT
1645 12 26	AK	HINDRICKJEN	CORNELIS	EGBERTS		WIJKE HOLKES	BOUTEBRUGGE
1641 09 19	MK	HINDRICKJEN	DERCK		MEIJER	DERCKJEN	BOTTERDP
1649 11 11	MK	HINDRICKJEN	DERCK	STEFFENS		WILLEMTIEN	SCHUTEND
1646 04 12	AK	HINDRICKJEN	EGBERT	GEERTS		ANNE	SCHOOLHOLM
1642 11 20	MK	HINDRICKJEN	EGBERT	JANSEN		ANNETIEN EGBERTS	JANTIENTIJSGA–
1642 02 02	AK	HINDRICKJEN	EGBERT	ALBERTS	STATS-BODE	SIADDE POULS	PELSERSTR
1644 09 29	AK	HINDRICKJEN	ELLE	ONNENS		TRIJNE HOLKENS	DRA
1646 07 12	AK	HINDRICKJEN	ELLE	ONNENS		TRIJNTIEN	DRAE
1641 08 11	AK	HINDRICKJEN	GEERT	ROELEFS		AELTIEN	N.WECH
1649 05 14	AK	HINDRICKJEN	GEERT	JANS		JANTIEN JANS	O.VISMERKT
1645 04 13	MK	HINDRICKJEN	GERRIT	JANSSEN		WILLEMTIE	KLEIJNEPEPERSTR
1645 05 11	AK	HINDRICKJEN	HARMEN	GEERTS		SWAENTIEN HINDRIX	JADT
1643 01 22	MK	HINDRICKJEN	HENRICUS		WELMAN	MARIA BONNEMA,V.	BOTTRSTR
1648 08 04	AK	HINDRICKJEN	HILVERT	JANSEN		GEERTRUIT	ROSENSTR
1643 12 01	AK	HINDRICKJEN	HINDRICK	SWIJTER		CLAESJEN	DAMSTERDIEP
1646 11 06	AK	HINDRICKJEN	HINDRICK		LAER,VANT	GEERTRUIT HOFS	KOORNMERCKT
1642 06 26	AK	HINDRICKJEN	HINDRICK	REMMERTS		GRIETIEN BERENTS	JADT
1647 02 02	AK	HINDRICKJEN	HINDRICK	HINDRIX		JANTIEN ROELEFS	A POORTE
1641 09 26	AK	HINDRICKJEN	HINDRICK		JONCKBLOET	JETSKE	PELSERSTR
1641 01 01	MK	HINDRICKJEN	HINDRICK	SCHULTENS	SADELMAKER	OOSTERSTR	
1641 01 08	AK	HINDRICKJEN	JAN	HINDRIX			POELESTR
1641 12 27	AK	HINDRICKJEN	JAN	HINDRIX	PASSEMENTUNE?	AELTIEN JANS	HEERSTR
1649 01 28	MK	HINDRICKJEN	JAN	JANSSEN		AELTIEN TIJES	DAMSTERDP
1644 06 26	AK	HINDRICKJEN	JAN	JANS	BLENKE	AGNES	CINGEL
1645 14 27	MK	HINDRICKJEN	JAN		BLENCKE	AGNES	WIEUVERVOECH?
1643 11 07	AK	HINDRICKJEN	JAN	BERENTS		GEESJEN	DAMSTERDIEP
1642 03 31	MK	HINDRICKJEN	JAN	HINDRIX		GRIETE	RAAMSTR
1642 01 11	AK	HINDRICKJEN	JAN	LAMBERTS		GRIETJEN EVERTS	HARDINGESTR
1647 10 22	AK	HINDRICKJEN	JAN	JANSSEN		HIDNRIKJEN	GULDENSTR
1649 08 08	AK	HINDRICKJEN	JAN	DUIREN		HILLETIEN	BUTJENSTR
1644 11 15	AK	HINDRICKJEN	JAN	N.		JANTIEN	PLUMERSGANG
1646 11 25	AK	HINDRICKJEN	JAN	JANSSEN		JANTIEN	PLUIMERSGANG
1646 07 19	AK	HINDRICKJEN	JAN	JANS		JANTJEN	SCHUIJTEMAKERSSTR
1641 11 07	MK	HINDRICKJEN	JAN	GEERTS	BACKER	MARRECHIEN CLAESSEN	OOSTERSTR
1646 04 10	AK	HINDRICKJE	JAN	PIETERS		MARRECHIEN	N.EBBSTR
1641 11 18	AK	HINDRICKJEN	JAN	TONNIS		TRIJNE	S.JACOBSGASTHUIJS
1644 09 05	AK	HINDRICKJEN	JAN	ROELEFS	SCHULTE	TRIJNTIEN	SCHUTMRSSTR
1646 12 03	AK	HINDRICKJEN	JOEST	ROELEFS		SIJBRICH ALLES	A POORTE
1646 05 17	MK	HINDRICKJEN	JOHAN	JURJENS		TRIJNE	SCHUTENDIEP
1646 08 26	AK	HINDRICKJEN	JURJEN	SCHULTES		JANTJEN	OOSTERESTR
1645 01 17	AK	HINDRICKJEN	LAMBERT	LUBBERTS		GEERTIEN	A POORTE
1645 03 25	AK	HINDRICKJEN	LAMBERT		HIDDINUS	LAMMETIE DILLINGS	MONNEKE
1645 02 02	MK	HINDRICKJEN	LUBBERT	BERENTS		NIESJEN HINDRIX	POELEPRT
1646 08 23	MK	HINDRICKJEN	LUBBERT	BERENTS		NIESJEN HINDRICKS	POELPOORTE
1642 04 19	AK	HINDRICKJEN	MEIJNT	JANSEN		HINDRICKJEN MEIJNTS	A/KRANSPOORT
1646 12 26	MK	HINDRICKJEN	MENKE	HERMENS		GRIETJEN	BOTTERDP
1642 04 21	AK	HINDRICKJEN	PIETER	CORNELLIS		CLAERTIEN	LAMHUINGESTR
1643 07 25	AK	HINDRICKJEN	PIETER	FOLKERTS		FROUCKE FOCKENS	SEIJLMRSGANG
1642 06 26	MK	HINDRICKJEN	PIETER	ARENTS		JANTIEN	MUSKENGANG
1644 10 06	MK	HINDRICKJEN	PIETER	ARENTS		JANTIEN LUITJENS	MUSKENGANG
1641 04 15	AK	HINDRICKJEN	POUWEL	ONNEKEN		AELTIEN JANSEN	N.STRAETJEN
1641 11 02	AK	HINDRICKJEN	REIJNER	GEERTS		MARRECHIEN HINDRIX	HARDINGESTR
1643 05 16	AK	HINDRICKJEN	ROELEF	CORNELLIS		ANNA ROELEFS	--
1644 12 22	MK	HINDRICKJEN	ROELEF	HARMENS		HINDRICKJEN	BOTTERDIEP
1649 05 16	AK	HINDRICKJEN	SIJMEN		ROERMAKER	ANNETIEN	HEERSTR
1642 10 16	MK	HINDRICKJEN	SIJWERT	EEVERTS	BACKER	MARIA JOCHIMS	GELTINGESTR
1642 10 26	AK	HINDRICKJEN	TADE	GUMMELS		AELTIE	BOTTERDP
1640 07 08	AK	HINDRICKJEN	UDE	RIJKENS		TANTJEN? HINDRIX	SLEM.STR
1645 08 05	AK	HINDRICKS	HARMEN	HINDRIX		ANNECHIEN	A POORT
1646 09 18	AK	HINDRICKS	AEPKE	ANDRIES		ANNICHIEN	WOERT
1644 04 04	MK	HINDRICUS	JACOB	MENSENS		AVE	LAMHUINGESTRATE
1645 02 21	AK	HINDRIK	CASPARUS		WUSSUM	NEELTIEN JANSSEN	BOTTRSTR
1649 09 09	MK	HINDRIK RORINGH?	JAN	JANSEN		HINDRICKJEN	HOPMANSGN
1648 11 02	AK	HINDRIKJEN	HINDRICK	CLAESSEN		ANNETIEN	CRANEPRT
1647 05 02	AK	HINDRIKJEN	ROELEF	CORNELIS		ANNECHIEN	LUTKEDRA
1647 04 28	MK	HINDRINA	UDE		VALCKE	MEDINA MAJORS	OSSEMERCKT
1645 12 23	AK	HINRICUS	BERENT		MULDER	GEERTRUIT DRAPER	POELESTR
1641 02 11	AK	HOLKE	JAN	HINDRICKS	SCHIPPER	--	DRA
1642 11 27	AK	HOMME	BERENT	HINDRIX		JEIJKE HOMMENS	MUER
1641 05 28	AK	HOMMEN	PIETER	EGBERTS		AAFJEN HOMMENS	N.BOTTRPRT
1641 02 10	AK	HOOMEN	TIACKE	HOOMENS	SUIKVARER	JEIJE	OLDAMSTERDP
1645 10 12	MK	HOUCKE	HINDRICK	NANNENS		GEERTIEN HARMENS	DAMSTERDIEP
1644 12 04	MK	HOUWICHJEN	HAIJE	HARMENS		LUTGERTJE PIETERS	GELTINGESTR
1641 11 26	AK	HOUWKE	HAIJE	HARMENS		LUTGERTIEN PIETERS	VOGELMERKT
1642 08 02	AK	HUBERT	HARMEN	HUBERTS		TOBE	TORFTOORNSTR
1643 12 29	AK	HUBERTUS	EVERWIJN		PALTENIUS	MAGDALENA BRUCHERI	SWANESTR
1642 10 26	AK	HUIBERT	CORNELIS	CLAESSEN		HINDRICKJEN	GROTEGANG
1644 03 01	AK	HUIBERT	CORNELIS	CLAESSEN		HINDRICKJEN	GROTEGANG
1647 02 11	AK	HUMME	BERENT	HINDRIX		TETEKKE HUMMES	KIJKINTJADT
1644 04 07	AK	IAN	ABRAHAM	JANS		MARRETIEN	NIJESTADT
1642 08 18	AK	ICKJEN	JOANNES	CALMES		MARRETIEN JOOSTENS	SUIDERDP
1648 06 07	MK	IDA	ROELEF	TRIJSTEN?		ANNETIE	BREEGANGE
1649 05 31	AK	IDATIE	EERNST	JACOBS		ANNETIE JANS	CRANEBRUG
1641 03 16	AK	IDE	CLAUS	JANSEN	KNOOPMAKER	JACOBJEN	HARDINGESTR
1648 04 06	MK	IDE	GEERT	JANS		GRIETIEN	WOERDT
1646 01 01	MK	IDE LIJSABETH	GEERT	N.		TRIJNE GEERTS	MOESKERSGANGE
1646 04 05	AK	IDE	HINDRICK	GEERTS		AELTIEN	CRANEPORTE
1643 07 18	AK	IDE	HINDRICK	HINDRIX		HEMCKE	AK/STECHMANSGANG
1641 04 01	MK	IDE	JAN	HINDRICKS		NEESJEN	DRAEPRT
1642 08 21	MK	IDE	JOHAN	EIJLERTS	SCHRIJVER	AELTIEN	SWANESTR
1643 02 19	AK	IDE	PIETER	LUBBERTS		TALKE	DRIE MEULENS
1641 01 31	MK	IDE	ROELEF	EIJSENS		--	BREEGANG/SCHUTNDP

Year Mo Da	Chr	Child's Given Name	Father/Child's Patronymic	Father's Patronymic	Father's Surname	Mother	Address
1645 06 06	AK	IDE	STEFFEN	HINDRIX		GEESKE	ROSENSTR
1645 06 14	AK	IDECHIEN	JACOB		HOORENBEECK	GEERTRUIT	STEENTILSTR
1647 06 09	AK	IDECHIEN?	CLAES	JANSSEN		JACOBJEN GERRITS	HARDINGESTR
1642 09 22	AK	IDEKE	CORNELIS	EGBERTS		WIJEKE	A
1644 10 18	AK	IDEKE	EDE	RINNERS?		AEITIEN	HEERPOORTE
1648 04 26	AK	IDEKE	ISEBRANT	CLAESSEN		FOKELTIE	DANSTRDP
1643 03 23	AK	IDEKE	JACOB		VIECSSER,VAN	TIETE	PRINCENSTR
1643 06 27	AK	IDEKE	JAN	HINDRIX	SCHIPPER	RINDT JANS	DRA
1642 12 14	AK	IDEKE	MOSES	ISAACKS		GRIETIEN MOSES	HARDINGESTR
1642 06 10	AK	IDEKE	TOBIAS		STAPPEN, V D	ANNEKE	BREDEMERCKT
1649 10 16	AK	IDETIE	ADAM	PIETERS		JANTIEN	CROMMEJADT
1647 10 08	MK	IDETIE	JOCHIM	HELMICH		THOMASJEN THOMAS	S.JOANNESSTR
1648 06 17	AK	IDETIEN	HINDRICK		NIJEMAN	MARRETIEN	HEREPOORTE
1644 04 16	AK	IHNE? (son)	EVERT		MEIJER	MARIJE	NIJE DIEP
1645 11 30	MK	IMKE	HANS	ADAMS		BRECHTE HANSKENS	MEULENSTR
1648 11 21	AK	IMME	COEN	VELTEN		ELTEKE	3 MEULEN/DRIST
1642 02 22	AK	IMME	JAN	JANSEN		JANTIEN JANSEN	VISCHMERKT
1645 03 02	AK	IMMECHIEN	DEIJE	JANSSEN		GRIETE	VISSCHERSTR
1642 06 17	AK	IMMECHIEN	JAN	ALBERTS		CLAERTIEN RIEMEKES	WOERT
1643 04 30	AK	IMMECHIEN	JAN	JANSSEN		JANTIEN	VISCHMERCKT
1644 02 06	AK	IMMECHIEN	ROELEF	ROELEFS		TRIJNTIEN GEERTS	SCHOOLHOLM
1647 10 26	AK	IMMEKE?	ABRAHAM	VREERX		ANNETJE	SUI?STR
1649 01 19	MK	IMMETIEN	ANDEL	HIJLKENS		SWAENTIEN	RAEMSTR
1645 10 16	AK	IMMETIEN	FRERICK	JANS		SWAENTIEN	COSTERSGANG
1646 09 20	AK	IMMICHJEN	OCCO	JANS		FENNICHJEN MENSENS	BRUGGESTR
1642 06 24	AK	IMMKE	HILLEBRANT	SIJMENS		LIJSABETH WILLEMS	SLEMENNERSTR
1642 05 08	MK	INO	EIBO	INEN	CHIRURGIJN	GRIETIEN PIETERS	O.EBBPRT
1648 06 20	AK	INSE	JACOB	GERRITS		AELTIEN	VISSCHRSTR
1646 10 27	AK	ISAAC	ABRAHAM	BERENTS		AELTIEN	NIJESTADT
1645 09 18	AK	ISAAC	ABRAHAM	LUCAS		MAGDALENA	JANS BRUG
1643 08 30	AK	ISAAC	ELTIE	TADEN		FROUKE MEIJTS	SUIDERDIEP
1648 12 28	MK	ISAAC	HANS		FOLST	SOPHIA	PAPENPOORTIE
1648 07 30	MK	ISAAC	HARMEN	HARMENS		ANNE HINDRIX	DAMSTERDP
1642 03 27	MK	ISAAC	JAN	OLLET		CATHRIJNE LEIJNERS	N.EBBSTR
1642 10 13	AK	ISAAC	JOHAN	CELOS		ELSJEN FOLKERTS	SWANESTR
1642 09 08	AK	ISAAC	MARTINUS	SCHOCKIUS		ANGELICA MERK,VAN	HARDINGESTR
1643 07 20	AK	ISAAC	PIETER	HINDRIX		GEESJEN	LAMHUINGESTR
1648 06 22	MK	ISAAC	ROELEF	VOS		SUSANNA	SPEENTILSTR
1645 01 24	MK	ISAAC	THOMAS		DRIJHOFF	JANTIEN	NIJESTADT
1641 11 07	AK	ISABELLE	KAREL	JANSEN		GEERTRUIT	SWANESTR
1642 01 21	AK	ISABELLE	SECRETARIS		TETZMA	ELSJEN	BOTTRINGSTR
1649 06 18	AK	ISAC	ADAM	VRERIX		HILLETIEN ISAX	CREUPELSTR
1649 03 04	MK	ISACS?	HARMEN	REIJNTIES		GRIETJEN	DAMSTERDP
1647 07 06	AK	ISEBRANDT	HINDRICK	HARMENS	BARKER	GRIETIEN	N.EBBSTR
1649 09 01	AK	ISEBRANT	JAN	GEERTS		AELTIEN ISEBRANTS	OOSTERSTR
1648 10 12	AK	ISZO	AIJTIO		EDZEMA	MARIA OVINGE	LAMHUINGESTA
1648 01 12	AK	ITEN	JAN	LIPPENS		ANNE LEENERS	POPKENSTR
1642 11 09	AK	ITIEN	FOLKERT		ABBENHAER	TRIJNTIEN	POPKENSTR
1647 02 24	AK	ITIEN	JAN	JANSSEN		AELTIE TIJSSEN	DAMSTERDP
1643 02 28	AK	ITIEN	JAN	DIETERS		ROELEFJEN JANS	EBBINGEPOORTE
1642 09 23	AK	ITIEN	OTTE	EBENS		GRIETIEN HINDRIX	WOERT
1643 03 05	AK	ITJEN	ROELEF	CORNELIS		MAGDALENE PIETERS	A POORTE
1648 11 14	AK	JACKE	HARMEN	ARREN		CLAESKE	RAEMST
1648 03 19	MK	JACOB	AARENT	HINDRIX		FENNE JANS	HELPEN
1645 07 15	AK	JACOB	AARJAEN		DONGIEN,VAN	ANNA ANDRIES	WOERT
1647 09 11	AK	JACOB	AARJEN	HANSSEN		MAGDALENE	LEELJENSTAR
1641 12 12	MK	JACOB	ABEL	EPPENS	BOLHUIJS,VAN	JANTIEN MICHELS	OSSEMERKT
1643 11 09	AK	JACOB	AIJLT	HANSSEN		JANTIEN	NIJESTADT
1644 09 29	AK	JACOB	ALBERT	JANS		AELTIEN	MUERE
1645 07 20	AK	JACOB	ALBERT	CLAESSEN		TRIJNE	SCHUTENRS STR
1642 10 07	AK	JACOB	ALBERTUS		WIARDA	BAUCK AITSMA	TURFTOORNSTR
1648 10 22	MK	JACOB	ALLERT	ANNES		ELSIEN PIETERS	CARELSWECH
1649 01 25	AK	JACOB	ALTE	WESSELS		IDE	SLEMENNERST
1645 08 31	MK	JACOB	ANDRIES	JACOBS		GEERTRUIT	SCHUTENDP
1648 11 12	MK	JACOB	ANDRIES	JACOBS		GEERTRUIT	JANSBRUGGE
1645 07 30	AK	JACOB	ANDRIES	JACOBS		HINDRICKJEN	NIJEJADT
1646 09 20	AK	JACOB	ANDRIES	JACOBS		HINDRICKJEN TIALLINCKS	LELIENSTR
1644 05 24	AK	JACOB	ARENT/SOLD.		KOIJT	ELISABETH	SCHUTONDIEP
1645 07 25	AK	JACOB	ARENT	JURJENS		HINDRICKJEN	COSTERSGANG
1648 04 29	AK	JACOB	ARIAEN		DONGEN,VAN	ANNA ANDRIES	WOERT
1641 04 13	AK	JACOB	AUDLE	HIJLKENS	PASSEMENTUR?	SWAENTIEN DUERTS	PRINCENSTR
1645 03 23	AK	JACOB	BARTHELT	JACOBS		AELTIEN WILLEMS	SLEMENDERS ST
1643 04 21	AK	JACOB	BERENT	JANSSEN		AELTIEN JANS	GEESTL.MAAGDESTR
1647 10 12	AK	JACOB	BERENT	ANNES		DAUFKEN? JACOBS	CRAENE
1649 09 07	AK	JACOB	BERENT	HINDRIX		GEESJEN	RAAMSTR
1647 02 17	AK	JACOB	BERENT	PIETERS		GRIETJEN JANS	GROTEGANG
1648 01 18	AK	JACOB	BERENT		JONGBLOET	SUSANNA	BOTERDP
1644 11 10	AK	JACOB	BOUWE	JACOBS		MARGRIETE HARMESN	VISSCHERSTR
1646 07 19	AK	JACOB	BRUIJN	HANSEN		MAIJCKE	SCHOLHOLM
1645 06 04	AK	JACOB	BRUNNE	JANS		MAIJE	PAPENPOORTIE
1642 10 23	AK	JACOB	BRUNNE	JANSEN		MARIE	SCHOOLHOLM
1641 03 17	MK	JACOB	CHRISTIAEN	JACOBS		JANTIEN	DAMSTERDP
1642 10 30	MK	JACOB RAVENS	CHRISTIAEN	JACOBS		JANTIEN JACOBS	DAMSTERDP
1645 06 27	AK	JACOB	CHRISTOFFER		BORCH,VAN	EETJEN	HEERESTR
1646 09 18	AK	JACOB	CHRISTOFFER	JACOBS		MARTJEN ANDRIES	3 MOLENS
1641 07 06	AK	JACOB	CHRISTOFFER	(decd)	HOLDT	widow confined at Hans Barker's/BEULSGANG	
1642 08 17	AK	JACOB	CLAES	JANSEN		ROELEFJEN JANS	HAVENSCHEDIJCK
1644 05 21	AK	JACOB	EBBING	(surgeon)	LANDT/CHIRURGUS	ANNECHIEN JANS	POELESTR
1645 02 07	AK	JACOB	EGBERT	ROELEFS		GEERTRUIT JOEFSINCS	BOTTRSTR
1643 10 05	AK	JACOB EGBERTS	EGBERTS--"Een soon van deselve" (older)				
1649 09 25	AK	JACOB	ELIAS	JANSEN		JANTIEN	VISSCHRSTR
1643 07 27	AK	JACOB	EVERT		LINGEN,VAN	JANTIEN HOVINGE	CROMMEJADT
1647 03 28	MK	JACOB	EVERT	EVERTS		NEELTJEN VERKERCK	POELPRT
1642 09 20	AK	JACOB	EVERTS	JANSEN		MARRECHIEN JANSEN	N.KERKHOF
1646 10 13	AK	JACOB	FRANS		LAM	ANNECHIEN	3 MEULENS
1643 08 14	AK	JACOB	FRANS	JACOBS		HILLECHIEN	CRANEPOORTE
1644 10 13	MK	JACOB	GEERT	STEFFENS		CLAESJEN JACOBS	VISSCHERSPIJP
1642 12 21	AK	JACOB	GEERT	BERENTS		MARRECHIEN	BENTHEM
1645 07 13	MK	JACOB	GERRIT	GERRITS		SIOUWE BOUWENS	HEERSTR
1649 12 04	AK	JACOB	H./SECR:		BERGE,TER	HOUKE FREDEN,A'	EBBINGSTR
1643 12 29	AK	JACOB	HANS		WEBER	BARBARA	A POORTE
1641 07 27	AK	JACOB	HANS	LUCAS		DUIRKE	SWANESTR
1644 12 22	MK	JACOB	HARMEN	JACOBS		AELTIEN	MESSEMAKERSSTR
1641 12 02	AK	JACOB	HARMEN	JANSEN		BARBER	MUERE
1646 11 01	MK	JACOB	HARMEN	FOLKERS		GEESJEN	DAMSTERDP

Year Mo Da	Chr	Child's Given Name	Father/Child's Patronymic	Father's Patronymic	Father's Surname	Mother	Address
1646 03 03	AK	JACOB	HARMEN		BEREHUIS	TRIJNTIEN	A KERKE
1646 01 14	AK	JACOB	HEMME	JACOBS		TRIJNTIE	SWANESTR
1644 08 16	AK	JACOB	HEMME	JACOBS		TRIJNTIEN JANS	SWANESTR
1644 05 16	AK	JACOB	HINDRICK	GERRITS		AEITIEN OTTENS	A
1648 10 29	MK	JACOB	HINDRICK	FOLKERTS		GEERTRUIT	NIJEWECH
1646 12 23	AK	JACOB	HINDRICK		MEIJER	JANTIEN JACOBS	NIJEWECH
1647 11 30	AK	JACOB	HINDRICK	HINDRICK		MARGREITE	SCHUTENDP
1643 04 06	AK	JACOB	J./SECR.	ROEBERTS		CATHARINA HAICKENS	MERKT
1648 06 11	MK	JACOB	JAC./DR		BARCKHUIS	ELIS. HOEVEN,V	GULDENSTR
1647 06 13	MK	JACOB	JACOB	JACOBS		AELTIEN HARMENS	KRUITSTR?
1644 09 29	AK	JACOB	JACOB	COENS		ANNECHIEN	LEELJENSTR
1645 11 26	AK	JACOB	JACOB	COENE		ANNECHIEN JANS	LEELJENSTR
1647 08 01	AK	JACOB	JACOB		MOET	CATHARINA	SCHUITMRSWAL
1641 07 27	AK	JACOB	JACOB		FUUST	DIEWERTIEN	VISCHMERKT
1647 04 20	AK	JACOB	JACOB		BERKHUIJS	ELIS. HOEVEN,V	SWANESTR
1644 10 27	MK	JACOB	JACOB		ELBRECHT	FENNE	TIJMENSMEULLEN
1648 04 13	AK	JACOB	JACOB		HORENBEECK,V	GEERTRUIT	STEENTILSTR
1646 02 06	AK	JACOB	JACOB		DALGH	GEESE	BLEKERSGANG
1645 01 21	AK	JACOB/SOLD.	JACOB		DALCHO	GEESSUE?	SUIDERDP
1643 01 15	MK	JACOB	JACOB	HAIJKENS		JANTIEN HEECK,VAN	PEPERSTR
1647 03 26	MK	JACOB	JACOB	FREERX		JANTIEN WICHERS	SCHUTENDP
1642 04 05	AK	JACOB	JACOB	JACOBS		MARRETIEN	N.BOTTRPRT
1647 07 09	AK	JACOB	JACOB	JACOBS		MENSSE	BOTTE POORTE
1647 02 05	AK	JACOB	JACOB		APPBLMAN?	N.N.	JADTSTR
1649 09 05	AK	JACOB	JACOB	HINDRIX		REWEN? DREEUS	SUIDERDP
1644 04 09	AK	JACOB/SOL:	JACOB		VERKERCK	ROELEFJEN VERKERCK	BRUGGESTRATE
1644 04 24	AK	JACOB	JACOB	NEENCKS		TRIJNTIEN JANS	HELPEN
1648 05 06	MK	JACOB	JAN	JACOBS		AEFKE GEERTS	BUTJENSTR
1642 12 30	AK	JACOB	JAN/SOLD.		COP	AELTIEN JANS	BEULSGANG
1649 02 15	AK	JACOB	JAN	JACOBS		AELTIEN HARMENS	SCHUTEMSTR
1641 12 04	AK	JACOB	JAN/JONGE		DERENTER,VAN	AGNEETJEN	GELTINGESTAR
1647 09 28	AK	JACOB	JAN	REIJNERS		ANENTIE	CRANEPOORTE
1644 02 21	AK	JACOB	JAN	GEERDTS		ANNA JACOBS	STEENTILPOORTE
1645 06 04	MK	JACOB	JAN	GEERTS		ANNECHIEN	PLUIMERSGANG
1646 01 06	AK	JACOB	JAN	REIJNERS		ANNECHIEN	A.
1646 12 06	MK	JACOB	JAN	PIETERS		CATALEIJN	N.MERKTSTR
1645 01 21	AK	JACOB	JAN	PIETERS		CATALIJNTIEN HUIBERTS	N.MERCKTSTR
1642 09 08	AK	JACOB	JAN		MASMAN	DIEWER	STOELDREIJERSTR
1643 09 29	AK	JACOB/SOLD.	JAN	JACOBS		DIEWER	3 MEULENS
1645 06 03	MK	JACOB	JAN	JACOBS		ELSJEN	PRINCENSTR
1640 02 18	AK	JACOB	JAN	JANSSEN		ELSJEN	SLEMENNERSSTR
1642 09 27	AK	JACOB	JAN	ROELEFS		FENNETIEN CLAESSEN	OOSTERSTR
1641 08 01	MK	JACOB	JAN	BERGES	HORENBORG,VAN	GEESJEN SCHRITDERS	PLUMERSGNG
1643 01 17	AK	JACOB	JAN		WINSSUM	GRIETIEN BERENTS	STEENTILSTR
1643 10 03	AK	JACOB JAN	JAN		LODEWICH	GRIETIEN	MERKT
1644 07 26	AK	JACOB	JAN	WOBBENS		HEBBELTIEN TONNIS	CROMELBOGEN
1649 07 25	AK	JACOB	JAN	WOBBES		JANNEKE CLEVE,V	BOTATRSTR
1648 02 16	AK	JACOB	JAN	ROELEFS		JANTIEN	VISSCHERSTR
1649 07 29	AK	JACOB	JAN	ROELEFS		JANTIEN	VISSCHER/LANE
1644 09 08	MK	JACOB	JAN	GEERTS	MANE?	LUBBECHIEN	JADT
1649 10 14	AK	JACOB	JAN	SAUL		MAEIJKE	N.EBBSTR
1647 12 08	AK	JACOB	JAN	SAEL	RUITER	MAIJKE	HOORNSTRATE
1641 10 08	AK	JACOB	JAN	ABRAHAMS		MARIJA	RAAMSTR
1643 12 29	AK	JACOB	JAN	CLAESSEN		NIESJEN	DRAPOORTE
1649 09 27	AK	JACOB	JAN		MAIJE	TRIJNE	A POORTE
1648 11 12	MK	JACOB	JAN	PIETERS		TRIJNTIEN	PELSERST
1642 04 26	AK	JACOB	JAN	REIJNTIENS		WEMELTIEN OTTENS	CRANEPRT
1647 11 23	AK	JACOB	JELTE	PELGROM?		AELTIEN	SLEMENNERSTR
1642 03 27	AK	JACOB	JOACH:/D.	BORGESIUS	RECTOR.	GEERTRUIT HOUBING	SWANESTR
1646 01 23	AK	JOHAN	JOHAN		BODIJN	AELTIEN	NIJESTADT
1645 14 25	AK	JOHAN	JOHAN	CELOS		ELSJEN BERENTS	SWANESTR
1646 04 23	AK	JORIS	JORIS		GROENOUW	TALLECHIEN	RAAMSTR
1642 08 24	AK	JOSOT	JOSOT		INGOLDT,VAN	ANNE	HOECK/EBBSTR
1642 04 29	AK	JACOB	JURJEN	JANSEN		HEBBELTIEN JACOBS	EBB:POORT
1642 05 08	AK	JACOB	JURJEN	DAM	GLASEMR.	IDEKE	TORFTOORNSTR
1643 10 12	AK	JACOB	LAMBERT		GOOR,V	WOBBECHIEN	VOLTINGESTR
1649 12 16	MK	JACOB	OOK? "soon van deselve ouders"				
1641 06 28	AK	JACOB	PIETER	EGBERTS		AAFJEN HOMMENS	N.BOTTRPRT
1647 12 26	AK	JACOB	PIETER	HINDRIX		GEESJEN	LAMHUINGEST
1649 11 25	AK	JACOB	PIETER	JACOBS		JANTIEN ROELEFS	HARLINGESTR
1641 10 05	AK	JACOB	PIETER	PIETERS	SCHOENMAKER	MARCHIEN JACOBS	RAAMSTR
1648 03 30	AK	JACOB	PIETER	PIETERS		MARRETIEN	JONKERNSTR
1643 03 29	AK	JACOB	PIETER	JACOBS	SLUER?	SWAENTIEN JANS	BROEREKERK
1642 02 10	AK	JACOB	ROEBERT	ELIAS		GRIETE	PRINCENSTR
1645 06 15	AK	JACOB	ROELEF	JANSSEN		HILLECHJEN	SUIDERDP
1644 05 28	AK	JACOB	ROELEF	ERICKENS		HINDRICKJEN JACOBS	KROMELBOG
1643 07 23	MK	JACOB	ROELEF	JANSSEN		JANTIEN	SUDIERDP
1648 07 09	MK	JACOB	ROELEF	JACOBS		SARA ROELEFS	AKERKE
1646 01 12	AK	JACOB	SIJGER	ALBERTS		HILLECHIEN	HOORNSCHEDIJCK
1641 07 01	MK	JACOB	SIJWERT	EVERTS		MARIA JOCHIMS	GELTINGESTR
1644 08 14	AK	JACOB	SIPKE	JACOBS		HILLECHIEN JANS	GELTINGESTR
1648 12 27	MK	JACOB	TONNIS	JACOBS		N.N.	BOTTRST
1643 06 02	AK	JACOB	VECHTER	CLAESSEN		ABEL JANSSEN	RODEBRUGGE
1647 06 07	MK	JACOB	VRERICK	JACOBS		GRIETIEN	N.BOTTRSTR
1644 07 14	MK	JACOB	WARMOLT	ROELEFS		MARRECHIEN	HEERESTR
1647 10 10	AK	JACOB	WIGB./CAPT:	BROERSMA		HENDRINA JUNIUS	BROERSTR
1649 01 21	AK	JACOB	WIJBRANT	SIPKENS		HINDRICKJEN	VISMERKT
1642 08 28	AK	JACOB	WILLEM	JACOBS		ANNE JANSEN	HEERPRT
1645 12 12	AK	JACOB	WOLF		KEMPERS	GEERTRUIT	MUSKENGANG
1646 12 09	AK	JACOB	WOLF		KEMPER	GEERTRUIT BRUISSELER	JACOBINSTR
1645 12 19	AK	JACOBINA	BARTHOLOMEUS		VELTKLUIGER,V	APOLONIA	N.DIEP
1644 09 15	AK	JACOBJEN	ARENT	ROELEFS		WEMKE	ROSENSTR
1647 02 26	AK	JACOBJEN	HARMEN	JACOBS		GEESJEN	N.EBBSTR
1645 01 31	AK	JACOBJEN	JACOB	JACOBS		JANTIEN	RODEBRUGSTR
1644 10 18	AK	JACOBJEN	JAN	REMKES		ANNE JANS	HEERPOORTE
1643 09 29	AK	JACOBJEN	JAN	JANSSEN		GEESJEN JANS	SCHUITENDIEP
1647 07 03	MK	JACOBJEN	JAN	MESTERINUS		TRIJNTIEN	EBBSTR
1649 04 10	AK	JACOBJEN	JAN		ALTING	WILLEMTIEN	PLUIMERSGNG
1646 08 14	MK	JACOBJEN	LUITJEN	JANS		AELTIEN	JATSBRUGGE
1641 07 30	AK	JACOBJEN	MICHEL		HARTMAEN	MARRECHIEN JANSEN	WOEET
1641 03 24	AK	JACOBJEN	ROEBERT	BERENTS		METTIEN	BARKMOELEN
1642 06 29	AK	JACOBJEN	ROEBERT	BERENTS		METTIEN STEVENS	RODEBRUGE
1646 05 03	MK	JACOBUS	ARENT	SEBENS		ANNE	PLUIMERSGANG
1645 10 07	AK	JACOBUS	ARENT	JANSSEN	BONTWERKER	HINDRICKJEN	BOTTR.
1649 06 22	AK	JACOBUS	BRUIN	JANS		ASSELE	DAMSTRDP

Year Mo Da	Chr	Child's Given Name	Father/Child's Patronymic	Father's Patronymic	Father's Surname	Mother	Address
1647 04 29	AK	JACOBUS	JACOB	JANSSEN		MARIA	NIEUWESTADT
1642 09 18	AK	JACOBUS	JACOB	JANSEN		MARRETIEN	H.GEESTSG:HUIJS
1647 11 21	AK	JACOBUS	JAN	JANS	SCHOEM	GEESJEN JACOBS	SLEM.STR
1648 07 04	AK	JACOBUS	JOANNES		VOOREMAN?	ANEKE SERBAES	CRANEPOORTE
1645 01 16	AK	JACOBUS	M./PROF.		SCHOOCK	ANGELICA MENK,VAN DER?	HEERD:STR
1646 06 23	AK	JACOBUS	MARTINUS	SCHOOCK		ANGELICA MERCK,VAN	HARDRINGESTR
1644 03 12	AK	JACOBUS	MICHEL	SCHULTES		DIERBERE? SCHULTENS	
1642 09 23	AK	JACOBUS	MICHEL/SOLDAET	SCHOLT		DUIRE	CRAENE
1641 09 11	AK	JACOBUS	N.	FREITZ		GEESJEN	N.BOTTRINGESTR
1649 01 24	AK	JACOMIJNTIE	JOANNES	ICORIUS		ELIJSABETH	OSSEMERKT
1649 02 25	MK	JACOMINE	ALBERT	HELMERS		MARIA	MERCKT
1641 09 21	AK	JADDE	JAN	CORNELIS		GEESJEN	ROSENSTR
1645 10 21	AK	JADDEN	HARMEN	JANSSEN		JANTIEN JANS	VISSCHERSTR
1649 12 12	AK	JAEIJE	JAN	PIETERS		GEESKE	NIEUWE POELSTR
1646 06 27	AK	JAEIJE	JAN	PIETERS		GEPKE	STEENTILPOORTE
1646 06 26	AK	JAN (older)	"van deselve"			--	--
1645 07 16	AK	JAN	AARENT	GEERTS		GEERTIEN	POPKENSTR
1647 11 26	AK	JAN	ABEL	CLAESSEN		MARRECHIEN	HEERPOORTE
1648 11 02	AK	JAN	ABRAHAM	RIJKENS		IDEKE LAMBERTS	SCHUTMKWAL
1648 02 02	AK	JAN	ABRAM		GREVE	HILLECHIEN JANS	OOSTRST
1641 02 14	MK	JAN	ADAM	JANS	SOLDAET	ANNA	DAMSTERDP
1641 11 10	AK	JAN	ADRIAEN		DEIJPUN?	HILLE	COSTERSGANG
1646 10 07	AK	JAN ADRIAEN	ADRIAEN	DRAECK		MARRETIEN JANS	HARDRSTR
1642 08 12	AK	JAN	AELDERT	JANSEN		SIJE	SCHUITENDP
1644 03 06	AK	JAN	ALBERT	ENGELBERTS	SLACHTER	FENNETIE JANS	DRA
1648 08 16	AK	JAN	ALBERT	ROELEFS		GEERTRUIT	VISSCHPIJP
1642 06 21	MK	JAN	ALBERT	HINDRIX		GEESJEN JANS	HEERPOORTE
1645 03 07	AK	JAN	ALBERT	HINDRIX		GEESJEN JANS	HEERESTR
1642 10 30	MK	JAN	ALBERT	GEERTS		GRIETIEN BASTIAENS	HEREPOORTE
1648 02 04	AK	JAN	ALBERT	JANS	BARKER	HILLETIE	STEENTISTR
1642 04 26	AK	JAN	ALBERT	JANSEN		METTIEN	PRINCENSTR
1643 12 17	AK	JAN	ALBERT	JANSSEN	BACKES	SIADDE ELDERCAMP	CROMMEJADT
1645 01 19	AK	JAN	ALBERT	JANS	BACKER	SIADDE	TORFTOORNSTR
1648 02 16	AK	JAN	ALLERT	JANS		ANNETIEN	MEULENSTR
1644 06 25	AK	JAN	ALLERT	JANS		CIJE JACOPS	SCHUITENDIEP
1642 03 06	MK	JAN	ALLERT	JANSSEN		HILLICHIEN	COSTERSGANG
1642 04 12	AK	JAN	ALLERT	BERENTS		MARRECHIEN JANSEN	SCHUTEMAKERSSTR
1647 06 13	AK	JAN	ALLERT		BLOEMSAEDT	SOPHIA	TORFTOORNSTR
1641 08 01	AK	JAN	ALTE	WESSELS		IDE	SLEMENSTR
1642 12 13	AK	JAN	ANDRIES	JANSSEN		AELTIEN HINDRIKS	DRA
1645 12 10	AK	JAN	ANDRIES		COUPE	EEFJEN	SCHUITENDIEP
1642 08 16	MK	JAN	ANDRIES	HINDRICKS		ELSJEN JANS	POELESTR
1646 11 27	AK	JAN	ANDRIES	HINDRIX		ELSJEN	PELSERSTR
1647 11 24	AK	JAN	ANTHONIJ	ZENIJE? N.		MARIA	PROVINCIAEL G.H.
1641 02 18	AK	JAN	ARENT	trompetter	ONEZ,VAN	ABELTIEN	EBBSTR
1648 09 16	AK	JAN	ARENT	CLAESSEN		ANNA	PELSERSTR/DP
1642 12 25	MK	JAN	ARENT	JANSSEN	KISTEMAKER	DIGNA LUCAS	GELTINGESTR
1644 02 29	AK	JAN	ARENT	GEERTS		GEERTRUIT JANSSEN	POPKEN STRATE
1647 10 22	AK	JAN	ARENT	ROELEFS		GEESE JANS	ROSENSTR
1649 05 29	AK	JAN	ARENT	KISTEMS?		JANKE	JONKERNSTR
1643 01 10	AK	JAN	ARENT	JANS		JANTIEN ARENTS	NIJESTADT
1646 04 19	AK	JAN	ARENT	JANS		JANTIEN FOCKENS	SCHUTEMRSST
1643 06 30	AK	JAN	ARENT	HINDRICKS		JENNE?	HELPEN
1641 09 24	AK	JAN	ARENT	JANSEN		MARIE BERENTS	DAMSTERDP
1644 10 27	MK	JAN	ARENT	PIETERS		NIESJEN	OOSTERSTR
1646 09 15	AK	JAN	ARENT	CASPERS		STIJNTJEN	SCHUIJTENDP
1646 09 29	NK	JAN	ARIAEN	JERONIJUS		CLAESJEN	HOFFSTR
1641 06 23	AK	JAN	ARNOLDUS		SANDT?	CATHARINE EPPENS	BOTTRINGESTR
1648 02 08	AK	JAN	BAERLT		FUUST	TRIJNTIEN JACOBS	BRUGSTR
1645 12 28	MK	JAN	BALTSAR	COERTS		JANTIEN HINDRIX	NIJEWECH
1643 08 09	AK	JAN	BALTSER	REIJNERTS		HILLE	BREEGANG/SCHU
1643 11 02	AK	JAN	BARTHELMEUS		BECHERER	AEFJEN	JAT/BOEKBINDER
1644 03 09	AK	JAN	BARTHELT	CLAESSEN		GEBBECHIEN	A POORTEN
1648 06 11	MK	JAN	BARTHELT	JANS		JEIJKE	POELSTR
1641 07 04	MK	JAN	BARTHOLT	JANSEN	VOERMAN	JANTIEN	RAAMERCKT
1649 11 25	MK	JAN	BERENT	JANSEN		FENNETIEN	BUTJENSTR
1642 08 30	AK	JAN	BERENT	JANS		GEESJEN JANS	STEENTILSTR
1645 08 17	MK	JAN	BERENT	HENDRIX		GRIETJEN	PRINCENHOFF
1645 03 30	AK	JAN	BERENT		BOS,TEN	MARRETIE	NIJESTRATJEN
1642 09 14	AK	JAN	BERENT	GEERTS		REIJNERTIEN JANSEN	HEERPRT
1647 10 15	AK	JAN	BOCKE	JANS		GRIETE	PLUIMERSGANCK
1649 02 06	AK	JAN	CALES	JANSSEN		JANTIEN BERENS	MUERE
1649 03 20	AK	JAN	CAREL	JANS		ELSIEN	MEULENSTR
1644 01 05	AK	JAN	CASPAR	REIJNERTS		GEERTRUIT	MUERE/BOTT
1649 11 08	AK	JAN	CASPER		WUSSUM	NEELTIEN JANS	EBBSTR
1642 06 23	MK	JAN	CEBO	JANSEN		AELTIEN ALKES	3 MEULENS
1643 09 02	AK	JAN	CHRISTIAEN	BERENTS		STIJNTIEN JANS	A KERCK
1648 04 02	AK	JAN	CHRISTOFFER		POLANDER	AELTIEN	SLEMMENSTR
1642 09 29	AK	JAN	CHRISTOFFER	HARMENS		ANNA	ROSENSTR
1649 10 25	AK	JAN	CHRISTOFFER	HANSSEN		ANNA	ANTHONIJGST
1647 10 15	AK	JAN	CHRISTOFFER	ROELEFS		ANNE	POELPOORTE
1641 11 30	AK	JAN	CHRISTOFFER		BORCK,VAN	ETJEN TIJDEN	HEERSTR
1648 10 11	AK	JAN	CHRISTOFFER		EBERSLACH	FOLSTE MARIA?	HEERSTR
1649 10 10	AK	JAN	CHRISTOFFER		BOOS	SARA	NIJEWECH
1640 12 31	AK	JAN	CLAES	JOKLES?		--	A
1644 11 24	AK	JAN COIJTER	CLAES	THALENS		--	VOLTINGESTR
1646 04 07	AK	JAN	CLAES	JANS	LEIJENDERKER	AELTIEN	WOERT
1645 14 25	AK	JAN	CLAES	ALBERS		ANNECHIEN	STEENTILPOORTE
1642 09 20	AK	JAN	CLAES	BRANDTS		GEESJEN JANS	CROMMJADT
1644 01 16	AK	JAN	CLAES/SOLD.	JANSSEN		GRIETJEN	SUIDERDIEP
1645 03 28	AK	JAN	CLAES	JANSSEN		GRIETJEN	GULDENSTR
1646 02 01	AK	JAN	CLAES	GEERTS		GRIETJEN	3 MEULENS
1642 01 04	AK	JAN	CLAES	CLAESSEN		METTE	SCHUTEMAKERSST
1646 09 30	NK	JAN	CLAES	WILLEMS		TEELCKE JANS	EBBPOORTE
1648 03 29	AK	JAN	CLAES	JANS		TRIJNTIEN	MUSKENGANG
1649 07 17	MK	JAN CLAESJEN	CLAES	JANS		TRIJNTIEN	MUSKERGNG
1644 01 24	AK	JAN	CLAES	TAKENS		WARMELTIE	GELTINGESTR
1646 05 10	AK	JAN COIJTER	CLAES	TALENS		WARMELTIEN	VOLTINGESTR
1644 10 11	AK	JAN	CLAES		HOPPENBROUWER	WENDELTIEN	HEERSTR
1642 11 13	MK	JAN	COERT		ECKEMEIJER	FENNE JANSEN	GELTINGESTR
1644 05 26	AK	JAN	CONRAET	CATS		GRIETE DERCKS	SUIDERDIEP
1647 12 08	AK	JAN	CORNELIS	JANS		GRIETIEN	SCHIEDAMSGANG
1649 07 30	AK	JAN	CORNELIS	JANSSEN		HANNECHIEN	HEERPRT
1644 01 07	AK	JAN	CORNELIS		BRINKMAN	LUTGERT	HAVENSTR
1643 09 03	AK	JAN	CORNELIS	PIETERS		MARRECHIEN GARBRANTS	N.STRATJEN

Year Mo Da	Chr	Child's Given Name	Father/Child's Patronymic	Father's Patronymic	Father's Surname	Mother	Address
1642 12 11	MK	JAN	CRIJN	PIETERS		LIEFKE	STEENTILPRT
1649 10 28	AK	JAN	DATE	JANS		ANNA DOUWENS	A.
1646 02 08	AK	JAN	DATE	JANS		ANNETIE DOUWENS	DRA
1642 04 24	AK	JAN	DEIJE	JANSEN		GRIETE JANS	BOTTRINGESTR
1643 09 16	AK	JAN	DEIJE	JANS		GRIETE JANS	BOTTRSTR
1642 04 03	AK	JAN	DERCK	JANS		ABELTIEN	KRANEPRT/KEIJSER
1643 06 28	AK	JAN	DERCK	DERCKS		AELTIEN DERCKS	PELSSERSTR
1642 11 16	AK	JAN	DERCK	JANSSEN		AELTJEN	ROSENSTR
1642 09 28	AK	JAN	DERCK		MEIJER	AGNETE	BUTJENSTR
1643 08 02	AK	JAN	DERCK	JANS		BIELE DERCKS	DRA
1642 06 26	MK	JAN	DERCK	JANSEN		GEERTIEN	MUSKENGANCK
1644 03 20	AK	JAN	DERCK	JANSSEN		HINDRICKJEN JANS	DAMSTERDIEP
1646 01 03	AK	JAN	DETMER/SOLD.	JANSSEN		SWAENTIE	SUIDERDP
1648 02 13	MK	JAN	DEWOLT/SOLD.		VERDEGER	ELSEBE	PRINCENSTR
1642 12 03	AK	JAN	DIETERT	JANSSEN		ANNETIE NANNENS	N.BOTTRSTR
1649 05 31	AK	JAN	DIRCK	BERENTS		AELTIEN	SCHUTENRSWAL
1648 06 11	MK	JAN	DIRCK		MEIJER	AGNETE	BORGER WEESHUIS
1649 02 14	AK	JAN	DOEDE	PIETERS		GEESJEN	POELPRT
1642 07 19	AK	JAN	EBBINCK	LAUTS		ANNICHJEN	OOSTERSTR
1644 08 02	AK	JAN	EBEL	WRITSERS		WEMELE	OOSTERPOORTE
1641 08 01	AK	JAN	EBELE	JACOBS		GEESIEN CARSTIENS	UDESTIND.
1643 03 03	MK	JAN	EEDE	ULRICKS		CATALINE JANS	NIEUWE WECH
1643 01 06	AK	JAN	EERNST		MEIJER	AELTIEN	MOESKERSGANG
1644 03 24	MK	JAN	EGBERT	JANS		ALBERTIEN	PLUIMERSGANG
1649 03 14	AK	JAN	EGBERT	JANSEN		ALBERTIEN	PLUIMERSGANG
1642 10 26	AK	JAN	EGBERT	CLAESSEN		ANNE CLAESSEN	VISSCHERPIJP
1643 09 07	AK	JAN	EGBERT	LUITIENS		ANNECHIEN JANS	RAAMSTRAET
1648 08 13	AK	JAN	EGBERT	BASTIAENS		ANNETIE	S.DIEP
1643 04 23	MK	JAN	EGBERT	JANS		ELSJEN	DAMSTERDIEP
1648 02 02	AK	JAN	EGBERT	JANS		GRIETIEN	SUIDERDP
1646 02 02	MK	JAN	EGBERT	HARMENS		IDE	BOTTERDIEP
1648 10 26	AK	JAN	EIJLERT	TIAERTS		HAESKE	SCHEDAMSGNG
1646 04 19	MK	JAN	ELLE	JANSSEN		TRIJNE JANSSEN	POELPOORTSBRG
1643 12 03	AK	JAN	ELTIE	JANS		JANTIEN BERENTS	JADT
1641 08 22	MK	JAN	ELTJEN	HINDRIX		AAFJEN ARENTS	OOSTERPRT
1644 06 04	AK	JAN	ENGELBERT	JANS		JANTIEN	RAAMSTR
1647 01 24	AK	JAN	EVERT	HARMENS		ANNE	SUIDERDP
1643 01 05	AK	JAN	EVERT	JANSSEN		GEBBETIEN	POELESTR
1646 05 25	AK	JAN	EVERT		MIJER	MARIJE MEIJERS	VISSCHERSTR
1643 08 13	MK	JAN	EVERT	BERENTS		METTE	HEERPOORTE
1648 10 10	AK	JAN	EVERT	GERBRANTS		ROELEFJEN JANS	BOTTRPRT
1649 04 24	AK	JAN	FOLKERT	JANS		GRIETIEN	BUTJENSTR
1645 09 23	AK	JAN	FRANS	SIJMENS	ADELB.	GEERTIEN	NIJESTR
1646 10 07	AK	JAN	FREDERICK	JANS		MAIJKE	3 MEULLENS
1646 01 09	AK	JAN	FREERCK	OTTENS		AELTIEN	CRANEPOORTE
1641 02 12	AK	JAN	FREERCK	LUBBERTS	SUIKVARDR	GEESKE	OLDAMSTERD
1648 06 09	MK	JAN	FREERX	JANS		JANTIEN SCHUTING	KIJK/JAT
1646 09 02	AK	JAN	FRERICK		BUTTJENTER	GRETE	SCHUITENDP
1646 07 21	AK	JAN	FRERICK	JANS		JANTJEN JANSEN	DRIE MOLENS
1645 09 04	AK	JAN	GARBRANT	JANS		MARRECHIEN	SWANESTR
1648 11 12	MK	JAN	GARELT		GROOTHUIJS	JANTIEN	LUTKE
1641 04 06	AK	JAN	GEERT	JANSEN		--	DRAPRT
1646 02 12	AK	JAN	GEERT	ROELEFS		AELTIEN	NIJEWECH
1646 11 06	AK	JAN	GEERT	WILLEMS		ANNA	DAMSTERDP
1641 06 29	MK	JAN	GEERT	JANSEN	TIMMERMAN	ANNE	MUER/BOTTRST
1642 11 15	AK	JAN	GEERT	GEERTS		EBBE? JANSSEN	RAAMSTR
1642 11 15	AK	JAN BUINING	GEERT	JANS		GEERTIEN	N.DIEP
1646 05 17	MK	JAN	GEERT	JANS		GEESJEN GEERTS	BOTTRINESTR
1643 03 24	AK	JAN	GEERT	JANSSEN		GRIETE	JOANNISBRUG
1642 11 16	AK	JAN	GEERT	JANSSEN		JANTIEN JANSEN	HEERPOORT/WAL
1646 12 30	AK	JAN	GEERT	JANSSEN		JANTIEN JURJENS	N.EBBSTR
1641 11 26	AK	JAN	GEERT		BUSKER	KUNNE JANS	KERKHOF
1647 02 18	AK	JAN	GEERT	GEERTS		LUBBE JANSSEN	RAAMSTR
1643 11 26	AK	JAN	GEERT	BASSE		LUMMECHIEN	A KERCKE
1649 10 28	MK	JAN	GEERT	PIETERS		MARIA	ANTHONIGSTHUIS
1647 01 17	MK	JAN	GEERT	HEIJNENS		MARRECHEN	JADT
1646 12 30	AK	JAN	GEERT	JACOBS		MENJE REMKES	VISSCHERPIJP
1643 06 02	AK	JAN	GEERT	ALBERTS		TETTE JANS	PRINCENSTR
1641 08 31	AK	JAN	GEERT	JANS		TRIJNE	PRINCENSTR
1648 03 19	AK	JAN	GEERT	ROELEFS		TRIJNE	HOFSTR
1642 09 18	MK	JAN	GEERT	JANSEN	RUITER?	TRIJNTIEN GEERTS	GELTINGESTR
1643 06 23	AK	JAN	GEERT	JANSSEN		TRIJTNIEN LOUWENS	PRINCENSTR
1649 07 29	MK	JAN	GERARD		WESTERBORCH	GEERTRUIJT BRONGERSMA	MERKT
1641 08 01	AK	JAN	GERBRANT		MEPPEN,VAN	JANTIEN PETERS	CRAANPROORTEBRUGGE
1641 04 11	AK	JAN	GERRIT	MARTENS		--	LAMHUINGESTR
1649 10 19	AK	JAN	GERRIT	JANSEN		AELTIE	DAMSTERDP
1645 03 06	AK	JAN	GERRIT	JANSSEN		ANNECHIEN BERENTS	PAPERNPORIE
1645 06 29	MK	JAN	GERRIT	GERRITS		BEERTIEN	POELESTR
1647 06 13	AK	JAN	GERRIT	ALBERTS		DIEWER	CRANEPOORTE
1648 04 05	AK	JAN	GERRIT	JANSSEN		HINDRICKIEN	BOTTRSTR
1643 08 20	MK	JAN	GERRIT	SIJMONS		JANTIEN	OOSTERPOORTE
1649 02 26	MK	JAN	GERRIT	COERTS		JANTIEN	JOANNSSTR
1646 08 10	AK	JAN	GERRIT		BLEMKE	LIJSABET HAIJE,DE LA	MONKE
1646 03 26	AK	JAN	GERRIT	TIJMANS		SWANE	N.POELESTR
1647 08 31	AK	JAN	GERRIT	MARTENS		WELMOET	TORFTOORNST
1647 02 17	AK	JAN	GERRIT	JANS		WILLEMTJE	JACOBIJNERSTR
1648 11 14	AK	JAN	GERRIT	MARTENS		WILMTIEN	TORFTORRENSTR
1648 10 10	AK	JAN	GEUKE	GEUKENS		GEBBEKE HARMENS	BOTTRDP
1643 02 15	AK	JAN	GOIJTIE	NANNINGS	BARKER	GRIETIE ALBERTS	damsterdiep
1647 08 22	MK	JAN	GOOTIE	JANSSEN		GRIETIE	NIJEWECH
1641 01 08	AK	JAN	GOSSEN	ROELEFS		AELTIEN	SCHUITEND.
1643 12 13	AK	JAN	HAIJE		STAPPEN,V D	HINDRICKJEN	BREDEMERKT
1641 09 26	MK	JAN	HAIJE	PIETERS		TRIJNTIE	N.POELSTR
1647 01 15	MK	JAN	HAIJKE	DAVIDTS		MARRECHIEN	COSTERSGANG
1648 03 10	MK	JAN	HANS		BERENEVLIET	GRIETIEN	COLLEGIE
1644 11 26	AK	JAN	HANS/SOLD.		HELWICH	JANTIEN	KROMELLEBOGHE
1645 11 21	AK	JAN	HANS	JANSSEN		LIJSEBETH	HEERSTR
1646 10 04	AK	JAN	HANS	PIETERS		TRIJNTIEN JANSSEN	DRAE
1648 09 08	AK	JAN	HARM	--		JANT? SIJETIE	N.EBBSTR
1641 05 30	MK	JAN	HARMEN/SOLDAET	JANSEN			MEULENSTR
1642 05 27	MK	JAN	HARMEN	ALBERTS		AELTIEN HERMENS	VISSCHERSSTR
1646 08 02	AK	JAN	HARMEN	JACOBS		AELTJEN	MESSEMAKERSSTR
1641 11 14	MK	JAN	HARMEN	JANSEN		ANNA	SCHUTENDP
1648 03 12	MK	JAN	HARMEN		MEIJER	ANNA	SCHUITNDP
1645 09 28	AK	JAN	HARMEN	JANS		ANNE MEIJERS	NIEUWESTADT

Year Mo Da	Chr	Child's Given Name	Father/Child's Patronymic	Father's Patronymic	Father's Surname	Mother	Address
1646 02 27	AK	JAN	HARMEN	JANS		BEERTIEN	SCHUITENDP
1643 12 20	MK	JAN	HARMEN	JANSSEN		BEERTJEN JANS	STEENTILP.BRUGGE
1643 10 29	AK	JAN	HARMEN	HINDRIX		CORNELISJEN	NIJEWECH
1648 03 09	AK	JAN	HARMEN	JANSSEN		CUNNE	3 MEULENS
1647 02 17	AK	JAN	HARMEN	MARTENS		DERCKJEN	SCHUITENDP
1644 05 05	MK	JAN	HARMEN	JANSSEN		EGBERTIEN	PRINCENSTRATE
1646 06 05	AK	JAN	HARMEN	JANSSEN		EGBERTIEN	SCHUTENDIEP
1649 06 05	MK	JAN	HARMEN	JANSSEN		ELFJEN	HOFFSTR
1643 10 26	AK	JAN	HARMEN	JANSSEN		FOKEL JANS	N.JADT STR
1647 03 17	AK	JAN	HARMEN	JANS		FOKEL	RIJCKINTJAT?
1647 04 19	AK	JAN	HARMEN	JANSSEN		GEESJEN GEERTS	HARD.STR
1647 04 11	AK	JAN	HARMEN	JANSSEN		GEESJEN	HEERSTR
1646 12 13	MK	JAN	HARMEN	DERX		GEESKE EGBERTS	MOESKERSGAGN
1642 09 06	MK	JAN	HARMEN	JANSEN		GRIETE	COSTERSGANG
1643 11 19	MK	JAN	HARMEN	JANSSEN		GRIETE	COSTERSGANG
1644 11 22	AK	JAN	HARMEN	HINDRIX		GRIETE	NIJEWECH
1648 12 17	MK	JAN	HARMEN	EVERTS		GRIETIEN	BOTRDP
1646 07 20	AK	JAN	HARMEN	EVERTS		GRIETJEN JANS	BOTERDIEP
1647 05 20	AK	JAN	HARMEN	EGBERTS		JACOBJEN	EBBINGPOORT
1645 04 09	NK	JAN	HARMEN	HINDRIX		MAAIJKE JANS	KOSTERSGANG
1644 06 27	AK	JAN	HARMEN	HARMENS		MECHTELT	RAAMSTR
1649 10 07	MK	JAN	HARMEN	MENKES		TRIJNTIEN	GELTINGSTR
1642 05 19	AK	JAN	HELMER	JANSEN		AMKE	LELJENSTR
1645 03 07	AK	JAN	HELPRICH		BOTTINGE	MARRICHIEN	KRANE
1641 10 22	AK	JAN	HEMME	JANSEN		GEERTRUIT ROTMANS	BUTJENSTR
1644 11 27	AK	JAN	HEMME	JANSSEN	SCHIPP.	SWAENTIEN	KRANE
1646 09 20	MK	JAN	HENDRICK	ROELFFS		LAMMICHJEN	HEERSTR
1642 07 24	MK	JAN	HINDRICK	JANS		AELTJEN	STEENTILSTR
1643 02 28	AK	JAN	HINDRICK		BREMER,VAN	ANNA	SCHUITEMAKSTR
1646 03 27	AK	JAN	HINDRICK	ARENTS		ANNA	HELPEN
1646 07 30	AK	JAN	HINDRICK	HINDRICKS		ANNE POUWELS	SCHUIJTENDP
1643 06 08	AK	JAN	HINDRICK	GERRITS		ANNETIEN	LEELJENSTR
1648 07 25	AK	JAN	HINDRICK	JANS		AUSKE	BLOEMSTR
1648 05 04	AK	JAN	HINDRICK	JANS		BEERTE	INDISCHHUIS
1644 08 22	AK	JAN	HINDRICK	JANS		BEERTIE	WESTINDISCHHUIJS
1642 04 10	MK	JAN	HINDRICK	SWITERS		CLAESJEN	DAMSTERDP
1645 03 25	AK	JAN	HINDRICK	JANS		EEDWE ALLES	BOTTERDIEP
1649 08 26	MK	JAN	HINDRICK	JANS		ENGELTIEN	SCHUTNDP
1646 03 29	MK	JAN	HINDRICK	JURIENS		GEBBE	HUINGHA CAMER
1647 08 25	AK	JAN	HINDRICK	JANS		GEERTIEN	BOTTRPOORTE
1641 10 26	AK	JAN	HINDRICK	JONGE	MINDEN,VAN	GEERTRUIT	HARDINGESTR
1644 03 06	AK	JAN	HINDRICK	TIJMENS	SHCRIJVER	GEERTRUIT RIJKENS	TORFTOORN
1643 01 26	AK	JAN	HINDRICK	JANS		GEESJEN HINDRIX	BREEGANG/SCHUTEND.
1647 02 02	AK	JAN	HINDRICK	REMMERS		GRIETE PIETERS	COSTERSGANG
1648 11 24	AK	JAN	HINDRICK	HINDRIX		GRIETE	N.POELPRT
1641 12 15	AK	JAN	HINDRICK	JANSEN		GRIETIEN	NIJESTADT
1643 09 13	AK	JAN	HINDRICK	JANSSEN		GRIETIEN JANS	SCHUITENDIEP
1649 08 23	AK	JAN	HINDRICK		HIDDINGE	GRIETIEN	HEERSTR
1649 04 03	AK	JAN	HINDRICK	JANS		GRIETIEN	SCHUTENSTR
1646 09 05	MK	JAN	HINDRICK	DUIJRTS		GRIETJEN JERONIMUS	BOTTRINGESTR
1641 11 05	AK	JAN	HINDRICK	JANSEN		HEILTIEN	BUTTIENSTR
1642 03 24	MK	JAN	HINDRICK	JANSEN		JANTIEN HINDRIX	HEERPOORTE
1649 10 12	AK	JAN	HINDRICK	ROELEFS		JANTIEN JANS	SCHUTEMRSWAL
1646 12 23	AK	JAN	HINDRICK	HARMENS		LUTGERTIEN	O.EBBSTR
1645 01 30	AK	JAN	HINDRICK	JANSSEN		MARGRIETE	SCHUTEM.WALL
1647 01 17	MK	JAN	HINDRICK	OTTENS		MARRECHIEN	GOSTERPOORTE?
1646 10 25	MK	JAN	HINDRICK		PLOEGMAN	MARRETIEN EVERTS	BOTTRSTR
1649 09 23	AK	JAN	HINDRICK		HIJEMAN	MARRETIEN	WONENDE LA?
1646 04 03	AK	JAN	HINDRICK	JANZ		REENTIEN	SLEMENNERSTR
1648 10 05	AK	JAN ROEBERTS	HINDRICK	LEFFERS		STIJNE ROEBERS	LEELJENSTR
1646 03 25	AK	JAN	HINDRICK		SCHAMCK	TETJEN JANS	HEERSTR
1641 07 25	MK	JAN	HINDRICK	JANSEN		TRIJNTIEN COERTS	STEENTILPRT
1642 12 21	AK	JAN	HINDRICK	JANS		TRIJNTIEN JANS	VISSCHERSTR
1644 04 24	AK	JAN	HINDRICK		HORST	TRIJNTIEN	SUIDERDIEP
1643 09 17	AK	JAN	HINDRICK	BORCHERS		WEMELTIEN	OSSEMERCKT
1646 04 01	AK	JAN	HINDRICKS	HARMENS		RIXTE	VISSCHERPIJPE
1649 11 07	AK	JAN	HINDRIK	CARSTS		HARMTIEN	MUIERE
1647 07 08	AK	JAN ROEBERS	HINDRIK	LESSERS?		STIJNTIEN	MEUWEJADT
1642 07 17	MK	JAN	HOTZE	JELMERS		AELTJEN	PRINCENHOF
1648 04 09	MK	JAN	HUIBERT	JANSSEN		GEERTRUIT	STEENTILSTR
1643 04 30	AK	JAN	ILLE	JANS		MEENE TEUNIS	ROSENSTR
1644 09 15	AK	JAN	INSSE?	JANSSEN		ROELEFJEN	SLEMENNERSTR
1645 03 21	MK	JAN	ISAAC	JANSSEN		AELTIEN	NIJEWECH
1643 05 10	AK	JAN	ISEBRANDT	CLAESSEN		FOLKERTIEN JANS	DAMSTERDIEP
1646 01 15	AK	JAN	ISEBRANT	MARTENS		GEERTRUIT JOOSTEN	VOLTINGESTR
1641 03 21	AK	JAN	JACOB	JANSEN	SCHOENMAKER	--	DRAKERK
1646 12 01	AK	JAN	JACOB	CHROSTOFF.		AELTIEN JANS	OOSTRPOORTE
1647 02 16	AK	JAN	JACOB	MEUCKES		ANNECHIEN BERENTS	LAMHUINGESTR
1649 04 22	MK	JAN	JACOB	JURJENS		FENNE ARENTS	SCHUTNDP
1647 11 28	MK	JAN	JACOB	JANS		FENNECHIEN ROELEFF	BOTTERDP
1645 10 15	AK	JAN	JACOB		GROUN,DE	GRIETE	SUIDERDP
1647 05 30	AK	JAN	JACOB		MENNINGH	GRIETJEN FUUST	A KERKE
1641 02 21	MK	JAN	JACOB	WIGGERS		HEBBELTIE	N.EBBSTR
1644 08 14	AK	JAN	JACOB/VAENDR		CNOTTE	JANTIEN SAS	HEERSTR
1649 05 27	MK	JAN SAS	JACOB		CNOTTE	JANTIEN SAS	HERESTR
1644 02 14	AK	JAN	JACOB	JANSSEN		TRIJNE	DAMSTERDIEP
1642 09 29	AK	JAN	JACOB		HOORBEECKE,V	TRIJNTIEN JANSEN	DAMSTERDP
1646 03 22	MK	JAN	JACOB		HORENBEECK,V	TRIJNTIEN JANS	DAMSTERDP
1646 06 23	AK	JAN	JAN	JANSSEN		AAVE	PAPENPOORTIE
1642 04 11	AK	JAN	JAN	JANSSEN	DUININCK	AELTIEN ASSENS	VISSCHERST
1644 11 06	AK	JAN SCHOTING	JAN	JANSSEN	DALEN,VAN	AELTIEN	NIJEWECH
1645 05 04	MK	JAN	JAN	JANSSEN	POTBACKER	AELTIEN TIJES	DAMSTERDP
1649 08 28	AK	JAN	JAN	BERENTS		AELTIEN GEERTS	NIJESTADT
1641 04 04	AK	JAN	JAN		KINDERMAN	ANNA	HEERPRTE
1644 06 08	AK	JAN CHRISTOFFER	JAN		VEELEN,VAN	ANNA CATHRIJNE	MOESKERSGANG
1643 11 05	MK	JAN	JAN	PHILIPS		ANNE	NIJEWECH
1649 07 19	MK	JAN	JAN		ELDERCAMP	ANNECHIEN	JAT
1641 09 02	AK	JAN	JAN	FREERX		ANNETIEN JANS	SLEEMENNERSTR
1646 12 02	MK	JAN	JAN	LUICHIENS		ARMGART	BLOEMSTR
1644 08 27	AK	JAN	JAN	KLAESSEN		AVE	HOECK/COSTERSGANG
1641 11 12	AK	JAN	JAN	DOLCKER		BARBER JANS	HUISTOOUN ROSENSTR
1646 01 13	AK	JAN	JAN	JANSSEN	JONGE,DE	BAUWE	LAMHUINGESTR
1648 08 15	AK	JAN	JAN		KENNER	CIJTIE	3 MEULENS
1641 01 04	AK	JAN	JAN	GERRITS		CORNELISJEN JANS	VOLTINGSTR
1644 06 27	AK	JAN	JAN	JANSSEN		DIEWER	A POORTE

Year Mo Da	Chr	Child's Given Name	Father/Child's Patronymic	Father's Patronymic	Father's Surname	Mother	Address
1647 01 05	AK	JAN	JAN	HARMENS		EBBERICH	RAEMSTR
1644 03 21	AK	JAN	JAN	REIJNERS		EEFSE?	BOTTRINGEPOORTE
1647 11 09	MK	JAN (deod)	JAN	ABELS		EETIEN JANS	NIJESTR
1645 11 21	AK	JAN	JAN	CLAESSEN		EIJLKE JANS	N.EBBINGESTR
1643 12 03	MK	JAN	JAN	FOS	SMIT	ETJEN JOCHIMS	EBBINGESTR
1644 08 18	AK	JAN	JAN/SOL.(deod)	JANS		FENNE DESSELFS?	A POORTE
1648 02 25	AK	JAN	JAN	EERNST		FENNE	CREUPELSTR
1647 06 25	AK	JAN	JAN	HINDRIX		FENNECHIEN	HEERENCAMERS
1644 04 02	MK	JAN	JAN	JANSSEN		GEBBE PIETERS	VISSCHERSTR
1647 12 29	AK	JAN	JAN		HURST?	GEERTIEN	SUIDERDP
1649 02 06	AK	JAN	JAN	LUBBERS		GEERTIEN	WESSCHERSTR
1646 06 25	AK	JAN	JAN/SCHRIJVER	JACOBS		GEERTRUIJT	JADTSBRUGGE
1648 03 23	AK	JAN	JAN	JANSSEN		GEERTRUIT	MUSKERSGANG
1642 12 01	AK	JAN	JAN	HINDRICKS		GEESJEN	PRINCENSTR
1644 12 20	AK	JAN	JAN	ARENTS	GEWALDIGE	GEESJEN	EBBINGSTR
1645 06 20	AK	JAN	JAN	BERBRANTS		GEESJEN BERENTS	STEENTILSTR
1645 01 31	AK	JAN	JAN	PIETERS		GEESJEN	HEERPOORTE
1646 08 30	AK	JAN	JAN	TIAERTS		GEESJEN THOMAS	N.JADTSTR
1646 11 15	MK	JAN	JAN	BERENTS		GEESJEN	DAMSTERDP
1643 01 27	AK	JAN	JAN	JANSSEN	KUUTSE	GESE JANSSEN	PEPERSTR
1647 10 10	MK	JAN	JAN	JANSSEN		GESE	PLUIMERSGANG
1649 03 27	AK	JAN	JAN	JANSSEN	KUS	GESE	LUTKEPEPRST
1648 02 01	AK	JAN	JAN	ANDRIES		GRIET	VISCHRST
1642 11 25	AK	JAN	JAN	AEPKES		GRIETE	JACOBINERSTR
1644 01 05	AK	JAN	JAN	GEERT		GRIETE	NIJEWECH
1644 08 29	AK	JAN	JAN	EVERTS		GRIETE JANS	HEERSTR
1648 08 04	AK	JAN	JAN	BARTELTS		GRIETE JANS	HOFSTR
1649 10 24	AK	JAN	JAN	JANS		GRIETE JANS	N.WECH
1646 02 22	MK	JAN	JAN	JANSEN		GRIETIEN	OSTERSTR/MUIR
1647 08 08	MK	JAN	JAN	ARENTS		GRIETIEN JANS	SCHUITENDP
1643 05 07	AK	JAN	JAN		MEIJER	HARMTIEN JANS	O.BREDEGANG
1646 05 07	AK	JAN	JAN		MEIJER	HARMTIEN	SUIDERDP
1647 11 17	AK	JAN	JAN/SOLD.	JANS		HARMTIEN	PLUIMERSGANG
1648 09 01	AK	JAN	JAN	HARMENS		HARMTIEN	-LAET
1642 09 28	AK	JAN	JAN	FRANSEN		HEIJLE	CRUITSTAR
1644 06 02	AK	JAN	JAN	WARNERS		HILLE	WEER=KEER
1649 09 05	AK	JAN	JAN	JANSSEN		HILLECHIEN	NIJEWECH
1649 06 27	AK	JAN	JAN	HARMENS		HILLEKE	WOERT
1648 02 18	AK	JAN	JAN	GEERTS		HILLETIE	LANE
1641 07 09	AK	JAN	JAN	EGBERTS		HILLETIEN	BLOEMSTR
1648 03 03	AK	JAN	JAN	TONNIS		HILLETIEN	SUIDERDP
1644 06 02	MK	JAN	JAN	JANSSEN		HINDRICKJEN	HOPMANSGANG
1646 10 16	AK	JAN	JAN	WILSE		HINDRICKJEN	HEERSTR
1644 10 04	AK	JAN	JAN/SOLD.	ROELEFS		IDE	NIJESTRATE
1646 12 17	AK	JAN	JAN	JANSSEN		JACOBJEN WILLEMS	CRANE
1646 10 20	AK	JAN	JAN	GEERTS		JACOBJEN	HEERPOORTE
1642 03 24	MK	JAN	JAN	EGBERTS		JANTIEN	LUTKEPELSERSTR
1643 04 07	AK	JAN	JAN	JANSSEN	BACKER	JANTIEN	DRAPOORTE
1643 01 01	AK	JAN	JAN (deod)	TRIJNS		JANTIEN JANS	VISSCHERSTR
1644 12 18	AK	JAN	JAN	HINDRIX		JANTIEN JANS	N.EBBSTR
1647 07 06	AK	JAN	JAN	HINDRIX	BROUWER	JANTIEN	N.EBBSTR
1647 01 24	MK	JAN	JAN		SCHUIRMAN	JANTIEN	BOTTRINGESTR
1648 05 28	MK	JAN	JAN	CLAESSEN		JANTIEN AARENS	GULDENSTR
1649 05 14	MK	JAN	JAN	BERENTS		JANTIEN	SCHUTNDP
1641 05 05	AK	JAN	JAN	HINDRIX		JEIJE SICKES	BARCKMEULLEN
1646 02 08	MK	JAN	JAN	JANSSEN		LIESKE	DAMSTERDP
1646 07 14	AK	JAN	JAN	JANS		LIJSBETH JANS	LAEN
1641 03 05	MK	JAN	JAN		LUSSINCK	LIJSEBETH JANS	N.MERKTST
1644 08 15	AK	JAN	JAN	JANSSEN		LIJSEBETH PIETERS	CRANE
1642 12 01	AK	JAN	JAN	ISEBRANTS		LUBBE CLAESSEN	HOORNSCHEDIJCK
1645 11 05	MK	JAN	JAN	HINDRIX		LUCKE	VISSCHERSTR
1645 08 06	MK	JAN	JAN		STINCK	LUTGERT HINDRIX	SCHUITENDP
1646 11 15	MK	JAN	JAN		VOS,DE	MAGDALENE	O.BOTTRPOORTE
1644 12 26	MK	JAN	JAN		KRAN	MARIA	HEERSTR
1645 08 06	AK	JAN	JAN	JANSSEN		MARIA PIETERS	SUIDERDP
1646 09 06	AK	JAN	JAN	JANSEN		MARIA	CRAENEPOORT
1643 04 09	MK	JAN	JAN	GEERTS		MARRECHIEN	N.EBBSTR
1646 03 10	AK	JAN	JAN	BORGERS		MARRECHIEN REIJNERS	BOTTRDIEP
1646 10 16	AK	JAN	JAN	GEERTS	BARKER	MARRECHIEN	OOSTERSTR
1649 09 09	MK	JAN	JAN	ARIS		MARRETIEN	VISSCHPIJP
1642 07 24	MK	JAN	JAN	BRONNES		MARRICHJEN	STEENTILSTR
1646 11 06	AK	JAN	JAN	BARKER		MECHTELT JANS	PRINCENSTR
1647 10 21	AK	JAN	JAN	JANSSEN		MERRETIEN LAMBERS	A POORTE
1648 08 16	AK	JAN	JAN	BROILS		NIESJEN MONNINGE	GULDENSTR
1644 06 18	AK	JAN	JAN		HOIJTMAN	ROELEFJEN	SUIDERDIEP/POELSTR
1648 05 03	AK	JAN SANDERS	JAN	DIETERS		ROELEFJEN	EBBSTR
1646 11 12	AK	JAN	JAN	HANSSENS		SIBILLA	VISCHERSTR
1649 03 26	AK	JAN	JAN	JANSSEN		SUSANNA	STEENTILSTR
1649 11 18	AK	JAN	JAN	JANSSEN		SWAENTIEN JANS	RAAMSTR
1647 08 22	AK	JAN	JAN		KAMNER	TIJTE ECHTE	PAULSBLEIJKE
1641 11 23	AK	JAN	JAN	TEPENS		TOEBE VREECKS	RAAMSTR
1641 09 29	AK	JAN	JAN	BRUINS		TRIJNTIEN	SWANESTR
1643 01 05	MK	JAN	JAN	HILLEBRANTS		TRIJNTIEN	KRANEPOORTE
1644 10 11	AK	JAN	JAN	JANSSEN		TRIJNTIEN	BLOEMSTR
1645 08 03	AK	JAN	JAN/SOL:		SANDTBEECK	TRIJNTIEN	NIJEJADTSTR
1648 12 10	MK	JAN	JAN	JANSSEN		WILLEMTIEN	OOSTERSTR
1649 10 28	MK	JAN	JARELS	--		JANTIEN	POPKENSTR
1643 10 29	AK	JAN	JELTE	WILLEMS		AELTIEN JANS	HAVENSTR
1641 07 14	AK	JAN	JELTE	EGBERTS		HILLETIEN AELEFS	JADTSTR
1644 07 07	MK	JAN	JOANNES	JANS	CUIPER	GEESJEN WARMERS	HEERSTR
1645 08 12	AK	JAN	JOANNES	CORNELIS		GEESJEN	ROSENSTR
1644 06 14	AK	JAN	JOANNES	JANS		JANTIEN	GELTINGESTR
1648 08 25	AK	JAN	JOANNES	ARIENS		STIJNTIEN JANSSEN	CARELSWECH
1642 08 31	AK	JAN	JOANNES		BREDERODE	TRIJNTIEN JANSEN	N.EBBSTR
1648 07 09	MK	JAN	JOANNES		RUISMAN	TRIJNTIEN JANS	A
1647 12 12	AK	JAN	JOCHIM	BODEIJ		AELTIEN	NIJESTADT
1647 09 10	AK	JAN	JOCHIM	STEIJNS		ALIJT	BOTTINGEGANG
1641 03 04	MK	JAN	JOHAN		VASTENOUWE	ALBERTIEN	DRIST
1646 12 06	MK	JAN	JOHAN	JURJENS		ANNE	VISSCHERSPIJPE
1643 05 28	MK	JAN	JOHAN		BUNNE,VAN	LUICHIEN JANS	SMACKENGANG
1644 06 09	AK	JAN	JOHAN		LOMAN	TRIJNTIEN	JONKERENSTR
1642 04 08	AK	JAN	JOOST		AUWEMAN	ANNA	OOSTERPOORTE/FOUCKE
1649 11 02	AK	JAN	JOOST		CLEVE,V	TRIJNTIEN BERENTS	HARDSTR
1643 08 06	MK	JAN	JORIJS	PIETERS		JANTIEN	HEERPOORTE
1641 12 12	MK	JAN	JURJEN		HOLTE,TEN	AELTIEN CLANDT	JADT

Year Mo Da	Chr	Child's Given Name	Father/Child's Patronymic	Father's Patronymic	Father's Surname	Mother	Address
1644 03 03	AK	JAN	JURJEN	HINDRIX		ENGEL JANS	SLEMENNERSTR
1645 11 19	AK	JAN	JURJEN	JANS		GRIETIEN	NIEUWEWECH
1646 01 06	AK	JAN	JURJEN		KEETTEIJER?	GRIETJEN	ANTHONIJGSTHUIS
1645 05 13	AK	JAN	KLAES	JANS		ROELEFJEN JANS	CRANELANDT
1645 11 18	AK	JAN	KOERT	KOERTS		GESE JANSSEN	SLEMENNERSSTR
1648 03 04	MK	JAN	KOERT	CLAESSEN	OLSJEN	HINDRIX	DAMSTERDP
1643 09 17	MK	JAN	LAMBERT	WERNERS		AELTIEN	MUER/EBBPORT
1645 01 09	AK	JAN	LAMBERT	JANSSEN		AUKE ALBERTS	NIJESTADT
1648 05 25	AK	JAN	LAMBERT	LUBBERTS		GEERTIEN	A.POORTR
1648 06 07	MK	JAN	LAMBERT	JANS		GEERTIEN ALBERTS	JACOBSGASTH
1642 02 25	AK	JAN	LAMBERT	JANSEN		HESTER	N.EBBSTR
1641 02 21	MK	JAN	LAMBERT	JANS		HESTERTIEN WITTE	N.EBBSTR
1642 06 08	AK	JAN	LAURENS	CLAESSEN		TOEBE JANS	BRUGGESTR
1649 10 07	MK	JAN	LINTER	ROELEFS		ENGELE	PRINCENSTR
1644 09 17	AK	JAN	LOUTER	CHRISTIAENS		TRIJNTIEN JANS	PEPERSTR
1645 10 12	MK	JAN	LOUTER	CHRISTNS.		TRIJNTIEN JANS	PEPERSTR
1649 11 08	AK	JAN	LOUWE	JANS		LUCKE GEERTS	A PRT
1649 06 24	A	JAN	LUBBERT	ALBERTS		ANNECHIEN	A
1645 10 22	AK	JAN	LUBBERT	HINDRIX		GEERTIEN	LEELJENSTR
1645 14 30	AK	JAN	LUCAS/SOLD.		MEIJER	ANNA	DONCKERSGANG
1643 09 06	AK	JAN	LUCAS	HINDRIX		CORNELESKE	SCHUTEMRSSTR
1648 03 03	AK	JAN	LUCAS	JURJENS		LIJSABETH	WIJFIENGEGANG
1649 11 21	AK	JAN CLUNDER	LUDOLPH		STINT	GEESJEN CLUNDER	HEERPRT
1649 01 07	AK	JAN	LUDOLPHUS	JASPERS		GEESJEN	NIEWESTADT
1642 05 08	MK	JAN	LUILEF	JANSEN		TRIJNE	NIEUWEWECH
1641 10 12	MK	JAN	LUITIEN	JANSEN		AELTIEN BERENTS	BOTTRINGEPRT
1649 06 28	AK	JAN	LUITIEN	WALKENS		ANNA	ISSCHRSTR
1642 11 18	AK	JAN	LUITIEN	JANSEN		HARMTIEN JANSSEN	BLAEUROE ENGEL
1644 02 01	AK	JAN	LUITIEN	JANSSEN		HARMTIEN	POELESTR
1642 11 13	MK	JAN	LUITJEN	HOMMENS?		DIEWER JANSEN	BOTTERDP
1649 09 27	AK	JAN	LUITJEN/SCHR.	JANS		HARMTJEN	PEPERSTR
1644 11 07	AK	JAN	LUITJEN		VRIESE	LUTGERTJEN	BRUGGESTR
1641 04 06	AK	JAN	LUTMER	HINDRICKS		--	HEERPRT
1646 12 02	MK	JAN	MARTEN	SIJMONS		SARA	SUIDERDP
1643 06 28	AK	JAN	MEIJNERT	JANS		BEELE HINDRIX	BREEGANG/SCHUTDP
1644 08 23	AK	JAN	MENCKE	JANS		EENJE	NIJEWECH
1641 08 27	AK	JAN	MENES	JANSEN		LAMMECHIEN HUVINGE	PLUIMERSGANCK
1644 05 26	AK	JAN	MICHEL		HARTMAN	MARRECHIEN JANS	WOERDT
1645 11 28	AK	JAN	N./DOCTOR		NIJKERCK	ALBERTIEN JANS	JOCOBIJNERSTR
1648 12 02	AK	JAN	NANNINK	JANS		LUBBETIEN	BOTTRPRT
1649 09 11	AK	JAN	NICLAUS	DUIS		AELTIEN	EBBSTR
1644 02 04	MK	JAN	NICOLAES		DUIJST?	AELTIEN	EBBINGESTR
1644 02 04	MK	JAN	NICOLAES	BASSE		GEESJEN JOCHIMS	MESMAKERSSTR
1648 02 01	AK	JAN	OCKE	JANS		FENNETIE MENSES	BRUGSTR
1643 10 19	AK	JAN	PAUL		ONNEKEN	AELTIEN JANS	NIJESTRATJEN
1643 06 18	MK	JAN SCHRAM	PETER	EIJLERTS		ELSJEN	NIJE DIEP
1648 06 15	MK	JAN	PETER	HINDRIX		GESE PETERS	SUIDERDP
1648 06 22	AK	JAN	PETER		ULHOORN?	LIJSABETH JANSEN	WOERT
1643 08 20	AK	JAN	PETER		VARGER	TRIJNE JANS	WOERT
1648 11 15	AK	JAN	PETER	WARNERS		TRIJNE	W.INDISCHHUIJS
1649 09 26	AK	JAN	PHILIPS		DAM,V	BARBARA ISEBRANTS	JACOBAINERST
1645 11 20	AK	JAN	PHILIPS/SOLD.		BUSSMAN	GEBBE	SCHUITMRS WAL
1648 01 26	AK	JAN	PIETER	PIETERS		ANNA	CRANE
1648 08 06	MK	JAN	PIETER	JANSSEN		JANKE?	BOTTRPRT
1645 10 29	AK	JAN	PIETER	MEIJNERTS		JANTIEN	OOSTERSTR
1644 07 28	AK	JAN	PIETER	WESSELS		MAIJKE	HAVENSTR
1642 11 08	AK	JAN	PIETER	WESSELS		MARRETIEN	HAVENSTR
1646 03 15	MK	JAN	POUWEL	EGBERTS		AELTIEN BOELENS	N.JOANNESSTR
1641 07 30	AK	JAN	REIJNER	FOCKENS		GRIETIEN	RAADEMERKT
1646 07 21	AK	JAN	REIJNER	JANSEN		GRIETJEN JANS	LAMHUIJNGE STR
1643 12 17	MK	JAN	REIJNER		MEIJER	WIBBE	BOTTINGEGANCK
1646 07 19	AK	JAN	REIJNTJEN	EVERTS		DIEWER JANS	DRAEPOORTE
1648 07 29	AK	JAN	REMMERT	CORNELIS		METTE	CROMELBOGE
1644 08 18	AK	JAN	ROELEF	JANS		AELTIEN	3 MEULLENS
1643 10 15	MK	JAN	ROELEF	JANSSEN		ANNECHIEN	BUTJENSTR
1648 01 23	AK	JAN	ROELEF	HANS		ANNECHIEN	HAVENSTR
1645 02 06	AK	JAN	ROELEF	JANSSEN	VOERMAN	ANNEKE	CRANEPRT
1643 05 02	AK	JAN	ROELEF	WILLEMS		BERENTIEN JANS	LANE
1648 09 08	AK	JAN	ROELEF	DERX		GEPKE	N.BOTTRSTR
1649 07 29	AK	JAN	ROELEF		CUPER	GRIETJEN COERTS	HARDINGSTR
1644 01 14	AK	JAN	ROELEF	JANSSEN		HARMTIEN JANSSEN	RAEMSTR/DRIST
1648 11 14	AK	JAN	ROELEF	JANS		IDE	RAEMSTR
1646 12 08	AK	JAN	ROELEF	JANSSEN		JANTIEN JANSSEN	HEERPOORTE
1645 14 23	AK	JAN	ROELEF		GANSEVOORT	LAMMECHIEN	OOSTERSTR
1646 09 14	AK	JAN	ROELEF	CORNELIS		MAGDALENA	DRAEPOORT
1647 09 28	AK	JAN	KLAES	JANS		MARRECHIEN	STEENTILSTR
1647 11 17	AK	JAN	ROELEF	TIEERTS		SWAENTIEN	SUIDERDP
1641 09 19	MK	JAN	ROELEF	HELPRICHS	BROUWER	TRIJNTIEN CORNELIS	POELEPRT
1643 05 02	AK	JAN	ROTGER	JANSSEN		TRIJNTIEN	HEERESTR
1646 04 01	AK	JAN	/SECR:	MEES		HINDRICKJEN ROEBERS	HEERSTR
1647 12 26	MK	JAN	SIJMEN	JANS		HARMTIE MEIJNTS	OOSTERSTR
1647 12 19	AK	JAN	SIJMON	JANS		AEGTIEN CLAESSEN	VISSCHERST
1642 09 03	AK	JAN	SIJMON	JACSETS?		ANNE GEERTS	BOTTRDP
1645 08 20	AK	JAN	SIJMON	JANSSEN		GEESJEN	BUTJENSTR
1649 04 01	MK	JAN	SIJND.	ROEBERS		SUSANNA RENEMANS	MKHOF
1646 03 25	AK	JAN	STEVEN	JANS		BIJWE	RADEMERKT
1643 06 17	AK	JAN	STOFFEL		ISSELAER	FENNE	OOSTERPOORTE
1643 07 16	AK	JAN	STOFFEL	HAAS		HINDRICKJEN	NIJERSTADT
1647 08 29	MK	JAN	SWIJTERT	VOS		EGBERTIEN	N.BOTRSTR?
1646 08 20	AK	JAN	SWITER	JANSEN		LUTGERT	HEERPOORTEPIJP
1643 01 22	AK	JAN	TAKE	ENGELBERTS		ELLECHIEN TAKENS	SLEMENNERSTR
1646 12 30	AK	JAN	TAKE	ENGELBERTS		ELLECHIEN JAN	A.DIEP
1641 09 02	AK	JAN	TAMME	JANS		GEESKEN	PLUIMERSGANG
1648 03 26	MK	JAN	TEPE	JANS		ANNECHIEN	BUTJENSTR
1648 08 23	AK	JAN	THOMAS	ABELS		ENNE	BOTTRPRT
1641 12 19	MK	JAN	THOMAS	JANSEN		HEIJLE	BOTTRDP
1646 02 01	AK	JAN	THOMAS	BERENTS		HILLE JANS	JADTSBERUGGE
1642 08 30	AK	JAN TIARKS	TIARCK	GEERTS		TAELKE JANS	VISSCHERSTR
1643 04 20	AK	JAN	TIDDE	EVERTS		JEIJE JANS	SUIDERDP
1646 05 17	MK	JAN	TIJMEN	JANSSEN		TRIJNTIE RIENICKS	BOTTRINGSTR
1644 03 01	AK	JAN	TOBIAS		FORTHEIJM	TRIJNTIEN LAMBERTS	BOTTERDIEP
1642 04 01	MK	JAN	VECHTER	CLAESSEN		ABELE JANSEN	RODEBRUGKEN
1648 04 16	MK	JAN	VECHTER	CLAESSEN		ABELTIEN	RODEBRUGG
1643 08 18	AK	JAN	VIJT		ONNA	GEBBECHIEN BERENTS	BREDEMERKT
1642 05 12	AK	JAN	VREECK	JANSEN		SWAENTIEN	KOSTERSGANCK

Groningen Baptisms Alphabetized by CHILD'S GIVEN NAME, 1640-1649

Year Mo Da	Chr	Child's Given Name	Father/Child's Patronymic	Father's Patronymic	Father's Surname	Mother	Address
1643 03 28	AK	JAN	VREERCK	JANSSEN		JANTIEN JANS	HEERPOORTE
1643 03 05	MK	JAN	WARNER	BERENTS		FENNETIEN	SWANESTR
1642 07 31	MK	JAN	WARNER	HARMENS		TRIJNE JANS	DAMSTERDP
1647 02 09	AK	JAN	WESSEL	JANSSEN		JANTIEN	3 MEULENS
1647 06 17	AK	JAN	WESSEL/SOLD.	JANS		STIJNE	SUIDERDP
1642 12 07	MK	JAN	WIBBOLT	ROELEFS		GRIETIEN JANSSEN	STEENTILPRTBRUG
1643 10 22	MK	JAN	WIJBELT	JACOBS		GEESJEN CLAESSEN	NIJEWECH
1646 12 20	AK	JAN	WILLEM	JANS		AELTIEN	CRANE POORT
1644 03 17	MK	JAN	WILLEM	STEVENS		AGNIETE	KLEIJNEBUTJENSTR
1649 04 24	AK	JAN	WILLEM	STEVENS		ANNA JACOBS	SLEMENSTR
1646 09 27	NK	JAN	WILLEM	STEVENS		ANNE JACOBS	SLEEMENDERSST
1649 12 09	AK	JAN	WILLEM	TIJSSEN		GEESJEN JANS	GELTINGSTR
1648 12 31	AK	JAN	WILLEM	JANSSEN		GRIETIEN PIETERS	BRUGGESTR
1646 11 17	AK	JAN	WILLEM	JANS		JANTIEN COERTS	SLEMENNERSSTR
1646 10 26	AK	JAN	WILLEM	LOURENS		JANTIEN JANS	SLEMENNERSSTR
1646 09 22	AK	JAN	WILLEM	JANS		JANTJEN WILLEMS	WOERT
1642 07 03	AK	JAN BESINCK	WILLEM		BESINCK	LUTGERTJEN	GULDENSTR
1648 08 23	AK	JAN	WILLEM	KERKENS		MARIJE	STEENTILPRT
1643 06 23	AK	JAN	WILLEM	JANSSEN		MARRECHIEN	DRAPOORTE
1645 01 16	AK	JAN	WILLEM	JANSSEN		MARRETIEN	DRA POORTE
1644 06 15	AK	JAN	WILLEM	JANSSEN		NIESJEN	PEPERSTR
1648 02 20	MK	JAN	WILLEM	HINDRIX		STIJNE	NOORDERDIEP
1641 03 07	MK	JAN	WILLEM	JANSEN		SWAENTIEN HERMENS	BEULSGANG
1642 05 19	MK	JAN	WOLTER		FRIESE	CATRIJNE MAGD HAKENS	STEENTILSTR
1644 09 17	AK	JANDE WAEL	ISEBRANT	LIEUERTS		TIETJE WAELKES	CRANEPOORT
1642 12 28	AK	JANEKEN	JURJEN/SOLD.	JASPERS		ANNEKE CLAESSEN	OOSTERPOORTE
1647 01 31	AK	JANNEKE	HINDRICK		MEIJER	NN	MUERE
1645 04 04	AK	JANNEKE	JAN	GERRITS		ANNE	NIJEROECH
1645 08 31	MK	JANNEKE	LAMBERT	JANSSEN		HESTERTIE WITTE,DE	N.EBBSTR
1643 07 09	MK	JANNEKE	MINNE/SOLD.	JEBBENS		HILLECHIEN	BEULSGANG
1641 09 21	AK	JANNEKEN	ALBERT	ALBERTS		MARIJE	SLEMENNERSTR
1641 01 20	AK	JANNETIE	BARTELT	BERENTS		--	BREEGANG/SCHUTND
1647 03 16	AK	JANNETIE	PIETER	JASON		CATHALIJNE	NIJESTADT
1642 01 02	AK	JANNETIEN	EGBERT	WARNERS		NIESJEN	LEELJENSTR
1641 09 07	MK	JANNETIEN	HARMEN		BAVING	JEIJE	POELESTR
1641 04 20	AK	JANNETIEN	HINDRICK	LUBBERTS		JANTIEN	STEENTILPRT
1647 12 26	MK	JANTIE	HINDRICK	AIJLTS		STIJNTIEN	N.EBBSTR
1647 12 15	AK	JANTIE	JAN	GERRITS		TRIJNE	NIJEWECH
1642 09 22	AK	JANTIEN	ABEL	HARMENS		MARCHIEN	JONKERENSTR
1643 03 29	AK	JANTIEN	ABRAHAM		GRAEVE,DE	HILTIEN JANS	OOSTERSTRATE
1645 10 15	AK	JANTIEN	ADRIAEN	HANSSEN		MAGDALENE	KIJKINS JADT?
1644 06 13	AK	JANTIEN	AIJLT		HOEDENBORCH	GEESJEN	GELTINGESTR
1644 02 11	MK	JANTIEN	ALBERT	JANSSEN		FROUCKE	BREEGANG
1641 12 05	MK	JANTIEN	ALBERT	FRERIX		GRIETIEN	OLDE EBBPRT
1644 05 19	MK	JANTIEN	ALBERT	JANSSEN		LUBBECHIEN	NIEUWE-WECH
1649 06 05	MK	JANTIEN	ALBERT	HARMENS		MARRECHIEN	BOTTRPRT
1647 09 21	AK	JANTIEN	ALBERT/SOLD	JANSEN		METTE	PRINCENSTR
1646 03 13	AK	JANTIEN	ALBERT	BERENTS		WIJPKE	N.STADT
1643 03 10	MK	JANTIEN	ALEF	ARENTS		JANTIEN HINDRIX	EBBINGEPOORTE
1641 10 28	AK	JANTIEN	ANDRIES	HINDRIX		ELSJEN	WOERT
1641 01 15	AK	JANTIEN	ARENT		WOLF	--	SLEMENNERSTR
1641 11 04	AK	JANTIEN	ARENT		ANTINGE?	AUCKE MENSENS	NIEUWESTADT
1648 10 06	AK	JANTIEN	ARENT	JANS		DINGEME?	GELTSTR
1648 08 16	AK	JANTIEN	ARENT	CASPERS		STIJNTIEN	SCHUTENDP
1641 10 22	AK	JANTIEN	ARENT	ROELEFS		WEMELE	ROSENSTR
1641 10 05	AK	JANTIEN	BARTHELT	BERENTS		AAVE	MUER/O.DOELE
1642 05 20	AK	JANTIEN	BASTIAEN	GOSSENS		MARGRETE BURGMANS	A
1643 10 01	MK	JANTIEN	BERENT	JANSSEN		DERCKJEN	O.EBBINGEPOORTE
1647 09 30	AK	JANTIEN	BERENT	HARMENS		GEESJEN	PRINCENSTR
1648 10 29	MK	JANTIEN	BERENT	JANS		GRIETE	MEULENST
1642 11 15	AK	JANTIEN	BERENT	OLFERTS		HOUKE	M.H.WIJFRINGEKAMERS
1642 01 30	AK	JANTIEN	BERENT	HINDRIX		TESE	RAAMSTR
1649 09 09	AK	JANTIEN	CASPER		RONDER	BARBER	HOFFSTR
1643 09 20	AK	JANTIEN	CHRISTIAEN		BESTER	MARIA	STEENTILSTR
1644 11 22	AK	JANTIEN	CHRISTIAEN/SLD		BESTEE?	MARIA	STEENTILSTR
1644 04 17	AK	JANTIEN	CLAES	ALBERTS		ANNE	STEENTILPOORTE
1647 03 30	AK	JANTIEN	CLAES	JANSSEN		CLAERTIEN	NIJEJADT
1641 09 03	AK	JANTIEN	CLAES	NEENCKS		FREERKJEN	BOTTRDP
1646 04 19	AK	JANTIEN	CLAES	ONNENS		TRIJNTIE	HARDRINGESTR
1641 10 01	AK	JANTIEN	CORNELIS	CLAESSEN		HIJNDRICKIEN	SCHUITENDP/GRTGNG
1649 02 11	MK	JANTIEN	CORNELIS	CLAESSEN		HINDRICKJEN	GROTEGNG
1646 02 11	AK	JANTIEN	CORNELIS	CLAES		TRIJNTIEN ROELEFS	GROTEGANG
1641 04 27	AK	JANTIEN	DATE	JANSEN		ANNETIEDOUWES	DRA
1646 03 24	AK	JANTIEN	DERCK	DERX		AELTIEN	PELSERSTR
1648 09 27	AK	JANTIEN	DERCK	PIETERS		ANNE	HOGERBRUGE
1648 08 13	MK	JANTIEN	DERCK	JELMERS		DIEWERTIEN	MUER
1648 10 03	MK	JANTIEN	DERCK	REMMERTS		GEERTIEN	SLEMENNST
1643 12 17	MK	JANTIEN	DERCK	JANSSEN		GRIETIEN	MUSKENGANCK
1644 08 28	AK	JANTIEN	DERCK	GABBES		HINDRICKJEN	OOSTERPOORTE
1647 08 01	MK	JANTIEN	DERCK	HANSSEN		MARRECHIEN ROELEFS	DAMSTERDP
1645 08 15	MK	JANTIEN	DERK	GEERTS		AELTIEN	DAMSTERDP
1648 02 11	AK	JANTIEN	DERK	STEFFENS		WILLEMTIEN	SCHUTND.
1646 02 22	MK	JANTIEN	DONCKER	DERX		ANNECHIEN JOOSTEN	OOSTRPRT
1645 02 07	AK	JANTIEN	DREERCK	JACOBS		GEERTIEN	BOTTRSTR
1641 07 07	AK	JANTIEN	EEVERT	JANSEN		GEBBETIEN	VOLTINGESTR
1641 06 18	MK	JANTIEN	EGBERT	HARMENS	SCHUITENSCHVR	HEIJLKE	MUSKENGAGN
1645 02 02	MK	JANTIEN	EGBERT	JANS		MARRETIEN GEERTS	EBBPRT
1647 05 30	MK	JANTIEN	EGELBERT		HAMMING	AELTIEN SAS	GELTINGESTAR
1642 12 23	AK	JANTIEN	ELIAS		VOS	IMMECHIEN	BENTHEM
1641 08 15	MK	JANTIEN	EPSART?	HARMENS	HUISMAN	HELENA SAS	HEERSTR
1646 05 16	AK	JANTIEN	EVERT	HARMENS		MARRETIEN	A.
1643 11 07	AK	JANTIEN	EWE	HARRIS		LIJSEBETH HARMENS	N.EBB.STR
1645 07 30	AK	JANTIEN	FOCKE	ADAMS		ANNA	MEUWEPIJP
1641 06 04	MK	JANTIEN	FOLKERS		TATTEMA	HEMMETIEN	BREDEMERCKT
1649 01 31	AK	JANTIEN	GARBRANT	BENNEMA		SARA	HARDSTR
1641 11 21	AK	JANTIEN	GEERT	COOPS		GRIETIEN HACKENS	HEERSTR
1648 12 17	AK	JANTIEN	GEERT	COOPS		GRIETJEN	HEERSTR
1643 12 24	AK	JANTIEN	GEERT	GEERTS		LUBBE	CORMELBOGE
1646 12 30	AK	JANTIEN	GEERT	EVERS		MARRETIEN JACOBS	BOTTRDP
1648 11 28	AK	JANTIEN	GEERT	OBBENS		MARTIEN	STEENTILST
1645 14 23	AK	JANTIEN	GERCKE	WIJGERS		GRIETIEN REIJNTIEN	A.POORTE
1643 11 30	AK	JANTIEN GERCKES	GERKE	WIJGERS		GRIETJEN	A POORTE
1646 03 13	AK	JANTIEN	GERLEF	PIETERS		ANNECHIEN JANS	BOTTRPRT
1646 12 11	AK	JANTIEN	GERRIT	SIJMENS		AELTIEN CLAESSEN	OSTERPOORT
1648 06 20	AK	JANTIEN	HANS	HINDRIX		GRIETIEN	MEUWEDIEP

48

Year Mo Da	Chr	Child's Given Name	Father/Child's Patronymic	Father's Patronymic	Father's Surname	Mother	Address
1642 12 26	MK	JANTIEN	HANS	PIETERS		MARIA	PRINCENSTR
1646 10 04	MK	JANTIEN	HARMEN/SOLD.		MENER	ANNE	SCHUTENDP
1641 05 02	AK	JANTIEN	HARMEN	MENSENS		ANNEKE	KRANEPRT
1644 10 10	AK	JANTIEN	HARMEN	DERX		GEESIEN	MOESKERSGANG
1649 09 19	AK	JANTIEN	HARMEN	DERX		GEESJEN EGBERTS	NEOSKERSGNG
1645 07 03	MK	JANTIEN	HARMEN	REIJNTIES		GRIETE	DAMSTERDP
1648 02 29	AK	JANTIEN	HARMEN	HARMENS		GRIETE	NIJEDIEP
1646 06 31	AK	JANTIEN	HARMEN		HIDDINGE	GRIETEN	VISSCHERSTR
1648 01 23	MK	JANTIEN	HARMEN	JOOSTEN		GRIETJEN	SUIDERDP
1647 09 03	AK	JANTIEN	HARMEN	JANS		HINDRIKJEN	LANE
1641 06 01	MK	JANTIEN	HARMEN	JANSEN		MAIJE	NIEUWESTADT
1648 01 23	AK	JANTIEN	HARMEN	JURJENS		SWAENTIEN	N.BOTTRSTR
1641 10 17	AK	JANTIEN	HARMEN	GEERTS		TRIJNTIEN BASSE	HEERPRT
1643 09 02	MK	JANTIEN	HARMEN	MENKES		TRIJNTIEN	GELTINGESTR
1640 09 28	AK	JANTIEN	HARMEN		BIENER	TRIJNTIEN	NIJESTAT
1645 10 31	MK	JANTIEN	HARMENS	MENKES		TRIJNTIEN	DOUCKE--
1644 11 05	AK	JANTIEN	HEBEL	HACKENS		TIAERTJEN BOELENS	EBBINGESTR
1649 10 31	AK	JANTIEN	HILLEBRANT	DERX		GEBBE	DAMSTERDP
1642 09 16	MK	JANTIEN	HILLEBRANT	GERLOFS		GRIETIEN	MOESKERSGANG
1645 01 22	MK	JANTIEN	HINDRICK	JANSSEN	SANDLER?	AELTIEN	POELESTR
1642 05 06	AK	JANTIEN	HINDRICK	ENGELS		ANNECHIEN	EBBINGESTR
1648 11 15	AK	JANTIEN	HINDRICK	ARENTS		ANNETIEN	HELPEN
1647 03 04	AK	JANTIEN	HINDRICK	BERENTS		CONAETIE	NIJESTADT
1644 04 09	AK	JANTIEN	HINDRICK	JANS		EEVE	BENTHEM
1648 06 13	MK	JANTIEN	HINDRICK	ARENTS		GEERTRUIT SICKENS	CRANERIJP
1642 01 30	MK	JANTIEN	HINDRICK	LAMBERTS		GEESJEN BERENTS	NIJEWECH
1647 09 26	MK	JANTIEN	HINDRICK	JANS		GEESJEN	OOSTER BREEGANG
1646 12 08	AK	JANTIEN	HINDRICK	BERENTS		GRIETIEN JURJENS	CRANE
1648 05 25	AK	JANTIEN	HINDRICK	BERENTS		HILLETIEN	STEENTILSTR
1649 02 25	AK	JANTIEN	HINDRICK	GEERTS		HILLETIEN	SUIDERDP
1649 07 27	AK	JANTIEN	HINDRICK	EGBERTS		HILLETIEN	DAMSTERDP
1647 11 14	MK	JANTIEN	HINDRICK	WOLTERS		IKE	PRINCENSTR
1646 06 21	MK	JANTIEN	HINDRICK	HINDRIX		JANTIEN	OOSTERPOORTE
1649 10 16	MK	JANTIEN	HINDRICK	ARENTS		JANTIEN	BENTHOLM?
1645 02 19	AK	JANTIEN	HINDRICK	GEERTS		SWAENTIEN	NIJE WECH
1647 01 31	MK	JANTIEN	HINDRICK	REIJMERS		TRIJNE	N.EBBINGSTR
1644 04 23	AK	JANTIEN	HINDRICK		STENVORDEN,V.	TRIJNTIEN	HARDINGESTRATE
1646 01 25	MK	JANTIEN	HUIBERT	JANSSEN	BARKER	GEERTRUIT	STEENTILSTR
1645 10 24	AK	JANTIEN	ISAAC	JANSSEN		ELSJEN	HARDERINGESTR BR
1647 12 05	MK	JANTIEN	JAC./VAEND.		KNOTTE	JANTIEN	HEERSTR
1641 12 21	AK	JANTIEN	JACOB	MUNKENS		ANNA	LAMHUINGESTR
1645 05 04	AK	JANTIEN	JACOB		VUUST	DIEWER JACOBS	VISCHERMERKT
1641 07 04	AK	JANTIEN	JACOB	GERGRANTS		GEERTRUIT	A PRT
1643 07 21	AK	JANTIEN	JACOB		MUNNINGH	GRIETIEN VOUST?	DRAKERKE
1646 02 10	AK	JANTIEN	JACOB	REIJNTIEN		JANTIEN	DRADIEP
1641 08 11	AK	JANTIEN	JACOB	MARTENS		LAMME JANSEN	SLEMENNERSTR
1648 03 07	MK	JANTIEN	JACOB	BARTELTS		MARIA	LUTKEDRA
1648 02 04	AK	JANTIEN	JACOB		MEENCK	TRIJNTIE	HELPEN
1647 01 15	AK	JANTIEN	JACOB	MEINX		TRIJNTIEN JACOBS	HELPEN
1641 11 23	AK	JANTIEN	JAN (decd)	PIETERS		AELTIEN JANSEN	HOFFSTRATE
1646 12 13	MK	JANTIEN	JAN	JANSSEN	CRANNER	AELTIEN	POELESTR
1647 09 08	AK	JANTIEN	JAN	N.		AELTIEN JANS	VISSCHERPIJPE
1647 07 21	AK	JANTIEN	JAN		DALEN,VAN	AELTIEN	NIEUWEWECH
1641 09 11	AK	JANTIEN	JAN	JANSEN	ELDERCAMP	ANENTIEN	TORSTOORNST
1647 10 03	MK	JANTIEN	JAN	REENEKES		ANNA	HEERPOORTE
1641 10 31	AK	JANTIEN	JAN	SAPPENS		ANNE JANSEN	VISSCHERSTRA
1647 06 02	MK	JANTIEN	JAN	GERRITS		ANNE JANS	NIJEWECHE
1642 06 15	AK	JANTIEN	JAN	BUSS		CLAERTIEN ARENTS	KRAMERRIJPE
1648 04 14	AK	JANTIEN	JAN	WILKENS		CORNELISKE	JACOBINERSTAR
1649 04 10	AK	JANTIEN	JAN	ENGELBERTS		ELLETIEN JANSEN	SLEMENNSTR
1641 04 30	AK	JANTIEN	JAN	JANSEN		FENNE DERX	HELPEN
1642 11 06	AK	JANTIEN	JAN	JACOBS	SCHRIJVER	GEERTRUIT MENTINX	NOORDERDP
1642 10 21	AK	JANTIEN	JAN	GARBRANTS		GEESJEN BERENTS	STEENTILSTR
1643 05 31	AK	JANTIEN	JAN	BEERENTS		GRIETE HINDIRX	VISSCHERPIJP
1644 11 29	AK	JANTIEN	JAN	BERENTS	SNICKVARER?	GRIETE HINDRIX	VISSCHERSPIJP
1642 09 15	MK	JANTIEN	JAN	ARENET		GRIETIEN	VISSCHERSTR
1647 12 28	AK	JANTIEN	JAN	MARTENS		GRIETJEN	NIJEJADTSTR
1641 11 28	AK	JANTIEN	JAN/SOLDAET		KNORF	HARMTIEN WILLEMSA	NIJESTADT
1644 03 31	MK	JANTIEN	JAN	JANSSEN		HARMTIEN	GROTEGANG
1644 02 21	AK	JANTIEN	JAN	EGBERTS		HILLE	BLOEMSTR
1646 06 26	AK	JANTIEN	JAN	GEERTS		HILLECHIEN HARMENS	BOTTRINGESTR
1642 10 19	AK	JANTIEN	JAN	BASTENAER	RUITER	JANTIEN	KIJK/JADT
1642 03 15	MK	JANTIEN	JAN	GEERTS		JANTIEN GEERTS	DRAKERCK
1646 11 22	MK	JANTIEN	JAN	CLAESSEN	BOECKDRUCKER	JANTIEN ARENTS	GULDENSTR
1647 08 25	AK	JANTIEN	JAN		ALTING	JANTIEN	OOSTERSTR
1646 03 22	AK	JANTIEN	JAN	TONNIS		MAEIJE	POTBACKERWAL
1643 11 14	MK	JANTIEN	JAN	TONNIS		MAREIJE JANS	HOFSTRATE
1644 02 07	AK	JANTIEN	JAN	HINDRIX	BEUNINCK	MARIA ESPERE,DE L'	STEENTILSTR
1649 06 10	AK	JANTIEN	JAN	PIETERS		MARIE	HERENCAM
1643 09 07	AK	JANTIEN	JAN	ARIS		MARRECHIEN	VISSCHERSPIJP
1644 02 18	MK	JANTIEN	JAN	STEVENS		MARRECHIEN	POELESTR
1648 03 07	MK	JANTIEN	JAN (decd)	JANS		ROELEFJEN COERTS	NOORDERDP
1649 06 13	MK	JANTIEN	JAN	EVERTS		ROELEFJEN	HEERSTR
1646 01 01	MK	JANTIEN JANS	JAN	PIETERS		SIJE	DAMSTERDP
1649 06 25	MK	JANTIEN	JAN		RIDDER	SOPHIA TIASSEN	HEERSTR
1641 09 05	AK	JANTIEN	JAN	REIJNERS		STIJNTIEN	SCHUITEMAKERSSTR
1646 07 12	AK	JANTIEN	JAN/LIEUTENANT	PIETERS		SWAENTIEN	VOLTINGSTR
1644 07 17	MK	JANTIEN	JAN	EVERTS		TRIJNE HERMENS	LEELJENSTR
1649 10 24	AK	JANTIEN	JAN	GERRITS		TRIJNE JANS	NIJEWECH
1642 08 10	AK	JANTIEN	JAN	DERX	SADELMR.	TRIJNTIEN	POELESTR
1643 01 01	AK	JANTIEN	JAN	ROELEFS	POLITIJ-MR.	TRIJNTIEN	SCHUITMRSSTR
1644 11 22	AK	JANTIEN	JAN	JACOPS		WILLEMTIEN WILLEMS	NIJEPOELESTR
1649 10 04	AK	JANTIEN	JANS	JANS		GEESJEN SCHRE?	SLEMENNERSTR
1648 06 09	MK	JANTIEN	JELLE	WILLEMS		AELTIEN JANS	TIMMERWERF
1641 02 11	AK	JANTIEN	JOANNES	TONNIS		--	HOOCHSTR
1647 08 12	AK	JANTIEN	JOANNES	JANSSEN		GEESJEN WARNERS	HEERSTR
1647 03 19	AK	JANTIEN	JOVIS	PIETERS		JANTIEN WILLEMS	RAAMSTR
1648 10 19	AK	JANTIEN	JURJEN	JANSSEN		FENNE	SCHUITMRSTR
1644 08 28	AK	JANTIEN	JURJEN		RECHTER	TIJSSJEN	3 MEULENS
1644 01 14	MK	JANTIEN	JUWE?	JOANNES		ANNA	HEERPOORTE
1649 06 11	AK	JANTIEN	LAMBERT	HINDRIX		AELTIEN	HELPEN
1642 02 20	MK	JANTIEN	LAMBERT		HIDDINCK	LAMMECHIEN DILLINCK	N.EBBSTR
1646 04 12	MK	JANTIEN	LEMERT	WILLEMS		GEERTRUIT TONNIS	DAMSTERDP
1645 11 30	AK	JANTIEN	LENERT		KOOLHASE	TRIJNE	CRANEPOORTE
1648 03 02	AK	JANTIEN	LOLKE	DOUWENS		AELTIEN JANS	BOUTEBRUG

Year Mo Da	Chr	Child's Given Name	Father/Child's Patronymic	Father's Patronymic	Father's Surname	Mother	Address
1642 10 26	AK	JANTIEN	LOURENS		KOELENEN?	DOROTHEA JURJENS	SLEMENNERSTAR
1644 12 29	AK	JANTIEN	LOURENS		KOLDER	DOROTHEA	SLEMENDERSTR
1642 12 10	AK	JANTIEN	LUBBERT	HINDRIX		GEERTIEN LUERTS	LEELIENSTR
1648 04 12	AK	JANTIEN	LUDOLPHUS		STINT	GEESJEN CLUNERS	HELPEN
1646 12 27	MK	JANTIEN	LUITIEN	JOOSTS		BARBER	GROTEGANG
1645 02 11	AK	JANTIEN	MICHEL	JANSEN		JANTIEN JACOB	MUER
1645 07 11	AK	JANTIEN	NANNE	JASPERS		LEENE	MARTINIKERKHOFF
1641 09 29	AK	JANTIEN	PIETER	GIJSEN		EEBELE JOOSTEN	NIEUWEWECH
1643 04 16	MK	JANTIEN	PIETER	MEIJNERTS	OOPSLAIJER	JANTIEN	O.EBB.POORTE
1647 01 05	AK	JANTIEN	POPKE	ENTES		CLAESJEN	STEENTILPOORTE
1641 03 12	AK	JANTIEN	REIJNER	HARMENS	SCHUITENSCHTR	--	DAMSTERDP
1644 08 04	MK	JANTIEN	REIJNER	EVERTS		DIEUWERTIEN	DRAPOORTE
1646 10 13	AK	JANTIEN	REIJNER	HARMENS		JANTIEN	DAMSTERDP
1643 03 31	AK	JANTIEN	REIJNTIEN	GEERTS		AELTIEN HAIJKES	DRAPOORTE
1646 03 06	AK	JANTIEN	ROEBERT	BERENTS		METTE	RODEBRUGJEN
1643 02 26	AK	JANTIEN	ROELEF	JANSSEN		AELTIEN WARNERS	CRANEPOORTE
1642 09 13	MK	JANTIEN	ROELEF		SIENCK?	BIEKE	BROERESTR
1648 03 14	AK	JANTIEN	ROELEF	DOEKES?		GEESJEN RIJKENS	SCHOOLHOLM
1642 08 23	AK	JANTIEN	ROELEF	EERKENS		HINDRICKJEN JACOBS	POELESTR
1649 01 03	MK	JANTIEN	ROELEF	ERICKENS		HINDRICKJEN	CROMELBOG
1647 07 03	MK	JANTIEN	ROELEF	SIJBERTS		ROELEFJEN	BOTTRINGPRT
1645 07 20	MK	JANTIEN	ROELEF/SOLD.	ROELEFS		TRIJNE	COSTERSGANG
1644 01 16	AK	JANTIEN	SIASSE	SIJMENS		GERRIJTIEN	PAPENPOORTIE
1646 12 02	AK	JANTIEN	SIJMEN	ALLENS		BARBER JANS	RAAMSTR
1647 06 17	AK	JANTIEN	SIJMEN	CLAESSEN		MARRECHIEN	NIJESTR
1645 10 21	AK	JANTIEN	SIJMON	JANS		AAGTIE CLAESSEN	MUERE
1648 01 11	AK	JANTIEN	TAKE	ENGELBERTS		ELLETIE JANS	SLEMENNSTR
1641 01 10	MK	JANTIEN	TIJES	JANSEN		HARMTIEN WERMERS	BUTJENSTR
1642 03 20	AK	JANTIEN	TIJMES	REIJNTIES		LUTS DOUWES	A
1642 02 04	AK	JANTIEN	TONNIS	JACOBS		GRIEIEN	BOTTRSTR
1644 09 22	AK	JANTIEN	TONNIS	JACOBS		GRIETJEN NANNES	LAMHUINGESTR
1648 08 16	AK	JANTIEN	TONNIS		HUISINGE	SWAENTIEN	RAAMSTR
1649 12 26	AK	JANTIEN	UTJEN	WILLEMS		GRIETJEN ILENS	SLEMSTR
1642 10 12	AK	JANTIEN	WILLEM	ABELS		ANNA HARMENS	TIJMENS MEULLEN
1644 02 14	AK	JANTIEN	WILLEM	ABELS		ANNE HARMENS	TIJMENSMEULE
1645 11 30	MK	JANTIEN	WILLEM	ABELS		ANNE HARMENS	MEULENSTR
1645 01 24	MK	JANTIEN	WILLEM	CLAESSEN		ANNE	KIJCK/JADT
1646 11 01	AK	JANTIEN	WILLEM	HARMENS		BEERTJEN	JONKERENSTR
1643 04 30	AK	JANTIEN	WILLEM	HARMENS		BERENTIEN	JONKERENSTR
1644 01 11	AK	JANTIEN	WILLEM	WILLEMS		FIJE	S:DIEP/BLEIJKE
1643 08 27	MK	JANTIEN	WILLEM	CRANSSIEN		GEESJEN SCHAINX	POELPOORTE
1643 05 09	AK	JANTIEN	WILLEM	LOUWRENTS		JANTIEN	MUERE
1641 01 06	MK	JANTIEN	WILLEM	WILLEMS		JEIJE JANS	PAPENPRT
1643 02 26	MK	JANTIEN	WILLEM	HINDRIX		SWAENTIEN HARMENS	BREDEMERT
1644 01 07	MK	JANTIEN	WILLEM		ALTING	WIBBECHIEN GEERTS	STEENTILSTR
1646 10 16	AK	JANTIEN	WILLEM		ALTING	WIBBECHIEN	SCHUTENDIEP
1646 07 31	AK	JANTJEN	CORNELIJS	WIBBENS		EBELTJEN CLAESSEN	SCHUIJTENDP
1646 08 09	MK	JANTJEN	ENGELBERT	PETERS		AELTJEN CLAESSEN	EBB/BOTTRPOORT
1646 08 19	AK	JANTJEN	HARMEN	ARENTS		CLAESJEN THOMAS	RAEMSTR
1646 08 25	AK	JANTJEN	HINDRICK	BERENTS		CLAESJEN HINDIRX	JADTSTR
1646 08 06	AK	JANTJEN	JAN	MENOLTS		FENNICHJEN ANDRIES	DRAE
1642 07 17	MK	JANTJEN	LENART		MULLER	GEERTRUIJT	POELSTR
1646 09 08	AK	JANTJEN	PHILIPS		MEIJER	GRIETJEN	N.STADT
1646 10 02	MK	JANTJEN	PIETER	CLAESSEN		ROELEFJEN EGBERTS	N.EBBSTR
1642 07 20	AK	JANTJEN	WILLEM	JACOBS		METTJEN	STEENTILSTR
1642 07 06	MK	JASPER	CLAES	JASPERS		CORNELIJSJEN	STEENTILPRTBRG
1643 10 04	AK	JASPER	NANNE	JASPERS		LEENTIEN	MARTINIKERKHOF
1647 09 17	AK	JASPER	ROELEF	HINDRIX		GEERTIEN	CRANEPOORTE
1645 12 07	AK	JASPER	ROELEF	HINDRIX		GRIETE	SLEMENNERSSTR
1646 10 14	AK	JEAN LOUIJS	TOBIAS/PROF.	ANDREX?		ELISABETH GEER,DE	OSSEMERCKT
1648 07 05	AK	JEAN LOUIJS	TOBIAS/PROF:	ANDREA		ELISABETH GEER,DE	N.MERCKT
1642 07 05	MK	JEIJCKE	JACOB/COMIJS	PETERS		ETTJEN	KIJCK/JATSBRUGGE
1645 04 02	AK	JEIJE	BOELE	JANS		WILLEMTIEN	SCHUITENDP
1646 01 21	AK	JEIJE	COENE	HINDRIX		AELTIEN	PLUIMERSGANG
1647 06 02	AK	JEIJE	HINDRICK	JANSSEN		AELTIEN	RAAMSTR
1642 08 31	AK	JEIJE	JAN	GEERTS	KUIPER	BERENTJE	POELEPRT
1644 09 01	MK	JEIJE	KOERT		ROSEBROECK	IDE	VISSCHERSPIJP
1641 12 27	AK	JEIJE	MEIJNERT	MEIJNERTS		MARRECHIEN HANSEN	LANE
1644 11 24	AK	JEIJKE	JAN	OTTENS		HEBBETIEN	A KERKE
1641 10 27	AK	JEIJKE	THOMES	BENNENS		JANTIEN	LEELJENSTR
1648 04 09	AK	JEIJKIEN	HINDRICK	CALNIES?		AERIAENTIE	VISCHM
1648 12 07	AK	JEIJTIEN	HINDRICK		PLOECHMAN	MARRECHIEN	BOTT
1641 11 23	AK	JEIJTIEN (older)	JAN	WABBENS	HELPEN,TOT		VISSCHERSTR
1641 07 02	MK	JEIJTIEN	JAN	ROELEFS		FROUKE HANSEN	POELSTR
1645 11 21	AK	JEIJTIEN	TONNIS	ALLERTS		LUTGERTIEN	VISSCHERPIJP
1646 12 20	AK	JEINKE	CORNELIS	PIETERS		EEBEL	CRANEPOORT
1649 07 01	AK	JELTE	JURJEN	JURJENS		ANNECHIEN	A POORTE
1649 08 31	AK	JELTIE	JOANNES	JELTIES		EPKE PIETERS	N.BOTTRSTR
1644 07 07	AK	JELTIE	PETRUS	WINSHEMIUS		MARGRIETE LENS	HEERESTR
1646 04 29	AK	JELTIE	WARNER		HAVENER	BAAUCH WATNERS	GOSTERPOORTE
1641 10 17	MK	JELTIEN	PIETER	JANSEN		ANNECHJEN	ROEDBUGHEN
1646 08 21	AK	JELTSJE	JAN	CORNELIS		MARRECHIEN	DRAPOORTE
1643 01 29	MK	JENNEKEN	JAN	CHRISTIAENS		GEERTIEN	RAAMSTR
1647 12 26	MK	JENNETE?	CLAES	CRUSE		HESTER	N.EBBSTR
1645 10 16	AK	JEREMIAS	JAN	GEERTS		ANNECHJEN MEES	EBBINGESTR
1642 04 15	AK	JEREREN	EERNST/SOLD	JERERENS		ELSJEN	OOSTERPRT
1646 10 16	AK	JERONIJMUS	ANTHONI	GERTIS		JANTIEN	BOTTERDIEP
1645 11 18	AK	JERONIJMUS	JAN	HENDRIX	BOECKELHOP	AELTIEN	SWANESTR
1643 10 22	MK	JERONIMUS	ANTHONIUS	GERRITS		JANTIEN JERONIMUS	BOTTERDIEP
1646 05 31	AK	JETSKE	DERCK	JELMERS		DEEWERTIEN TIARX	JADT
1649 10 07	AK	JETSKE	EGBERT	ANDRIES		HESTER	PELSERSTR
1642 01 30	AK	JICKE	AALDRICK	EIJLTS		GRIETIEN JANS	HOECK/SCHIEDAMSGN
1648 10 01	MK	JIJCHIEN?	CLAES	JANS		HINDRICKJEN ALLERS	N.WECH
1647 11 05	AK	JOACHIM	PIETER	PIETERS		WILLEMTIEN	NOORDERDP
1645 06 15	AK	JOACHIMUS	HARMEN		SCHIJVINCK	JANTIEN	VOLTINGESTR
1649 02 09	MK	JOACHIMUS	HENRICUS	BORGESIUS		WOLTERTIEN	SJANSSTR
1647 09 19	AK	JOACHIMUS	WILHELMUS	KEVINS		CATHARINA BORGESIJ?	KRANE
1645 10 28	AK	JOANNA HILLENA	HANS/SAL:SERG:		NECHLIJN	GEERTRUIT PIETERS	JADT
1647 10 24	MK	JOANNA	PIETER	HOIJTSMA		ANNECHIEN	WIJNHUIJS
1648 07 20	AK	JOANNA MARGRIETA	W. (decd)/PROF		MONAUS	ANNA CATHRINA MONAS	
1645 04 13	MK	JOANNES	ALBERT		BLENCKE	MARIA JANS	S.WOLBOCHD?
1649 02 16	AK	JOANNES	ANDRIES	CONRADI		MARIA SCHANX	STOELDR
1649 04 03	AK	JOANNES	ASIAS	JANSEN		ELLETIEN JANSEN	SCHOOLHOLM
1644 05 21	AK	JOANNES	BARTHELT	CARSTS		FENNE	POELESTR
1643 06 02	AK	JOANNES	BASTIAEN	ENGELBERTS		FIJETIEN	STEENTILSTR

Year Mo Da	Chr	Child's Given Name	Father/Child's Patronymic	Father's Patronymic	Father's Surname	Mother	Address
1646 01 27	AK	JOANNES	BERENT	RITSKES		GEESJEN	HEEREPOORTE
1646 12 25	AK	JOANNES	BOELE	BEENES		LUBBETIE	BRUGGESTR
1649 04 01	AK	JOANNES	CAREL	HEIJNS		JANTIEN	SUIDERDP
1649 10 28	MK	JOANNES	CARST	JURJENS		METJEN HARMENS	HEERSTR
1648 06 25	AK	JOANNES	CHRISTIAEN		SCHERK	CRIJNTIEN RECHTS	SLEMENNERST
1643 12 20	AK	JOANNES	DERCK	HINDRIX		HINDRICKJEN	POELPOORTE
1644 10 04	AK	JOANNES	DIEWOLT	ROTGERS		ELSEBE	PRINCENSTR
1644 05 12	AK	JOANNES	DIRCK	DIRCKSZ		JANTIEN	HOFSTRATE
1646 02 01	MK	JOANNES	EERNST	SIJMONS		ANNECHIEN BUIRINX?	HEERSTR
1648 02 22	AK	JOANNES	ELLERIJ?	JOANNES		JANTIEN HEERENS	CROMJAT
1646 09 08	AK	JOANNES	ESAIAS	JANSEN		ELSJEN JANSEN	SCHOLHOLM
1646 05 01	AK	JOANNES	EVERWIJN		PALTER	MAGDELENA BRUCHERI	GELTINGSTR
1646 11 22	AK	JOANNES	GEERT	ROELEFS		ROELEFJEN JOANS?	SLEMENNERSSTR
1646 02 25	AK	JOANNES	GEERT	HARMENS		VARRECHIEN	DRAPOORTE
1648 02 20	MK	JOANNES	GILIAM?		BOEN?	MARIE	OOSTERPOORTE
1647 03 28	MK	JOANNES	HANS		WEBER	CATHARINA	AVJAENCRUID.GANG
1644 01 17	AK	JOANNES	HANS		LAUWERMAN	GRIETIEN GOETKES	HARDINGESTR
1644 06 25	AK	JOANNES	HANS	SPIGT	HOLTSAGER	OETE JANS	SUIDERDIEP
1644 05 14	AK	JOANNES MICHEL	HARMEN	DONIGES		GRIETE	PASSAGIERS/HESSEN
1646 04 18	MK	JOANNES	HARMEN	STEENTJES		MEIJNTIEN	MEULENSTR
1644 06 28	AK	JOANNES	HARMEN	ENGELBERTS		SISSEL	BOTTERMERCKT
1649 01 14	MK	JOANNES	HINDRICK		HUISING	FENNETIEN LUCAS	CARELSWECH
1648 08 26	AK	JOANNES	HINDRICK		WINTER	GEERTRUIT	BRUGGESTR
1645 12 06	AK	JOANNES	HINDRICK		VOS	GRIETIEN	GELTINGESTR
1646 04 18	AK	JOANNES	HINDRICK		KETTINUS	JANTIEN ROMELINGH	BOTTRSTR
1649 09 16	MK	JOANNES	HINDRICK		HOSSTER?	MARRECHIEN	POELSTR
1646 02 18	AK	JOANNES	HINDRICK	JANSSEN		SARA JANS	CANE
1648 02 20	AK	JOANNES	HINDRICK	JANSSEN		TRIJNE	HEERPOORTE
1648 04 14	AK	JOANNES	HINDRIK	HARMENS		AEFIEN CLAES	HEERSTR
1643 12 13	AK	JOANNES	J./DOCTOR		SWARTE	HELENA RENEMANS	BREDEMERKT
1648 03 21	AK	JOANNES	J.		AMERPOEL	JANTIEN	SWANESTR
1644 06 23	AK	JOANNES	JACOB	ARIS		JACOBJEN PIETERS	VISSCHMERKT
1648 03 30	AK	JOANNES	JAN		VISBACH	ANNECHIEN	PELSERSTR
1647 12 10	AK	JOANNES	JAN	HARMENS		ANNEKE	COSTERSGANG
1648 04 03	AK	JOANNES	JAN	JANSSEN		ANNEKE	HOECK/JONKERST
1644 09 15	MK	JOANNES	JAN	JANSSEN		FENNE HINDRIX	K.PEPERSTR
1649 12 26	MK	JOANNES	JAN		EIJSINGE	FROUKE	STEENTILSTR
1644 11 12	AK	JOANNES	JAN	WESSELS		JANTIEN	3 MEULLENS
1646 03 04	AK	JOANNES	JAN	FOCKENS		LISEBETH	MUIERE/EBBSTR
1645 02 02	MK	JOANNES	JAN		BERKMAN	MARIA HARMENS	SUIZSTR
1642 06 26	MK	JOANNES	JAN		TEKLENBORCH,V	MARRETIEN GERRITS	PELSERSTR
1644 07 02	AK	JOANNES	JAN	TOMMES		STIJNTIEN	LEELJENSTR
1649 08 28	AK	JOANNES	JAN	MEIJNERTS		SUSANNA	PRINCENSTR
1642 05 18	MK	JOANNES	JAN	JANSEN	ZEEUW/SCHLMR	TRIJNTIEN	GELTINGSTR
1645 05 18	MK	JOANNES	JAN	PIETERS		TRIJNTIEN	PEOLESTR
1647 10 06	MK	JOANNES	JAN	JANSSEN		TRIJNTIEN CLAESSEN	A POORTE
1647 08 01	MK	JEAN	JEAN		TESTART	TETEKE WISSINGS	MEERLT?
1644 06 10	AK	JOANNES	JOANNES	MARTINUS		EELKJEN GEERTS	A KERK
1644 10 27	MK	JOANNES	JOANNES		SCHULENBORCH	GRIETJEN JANS	NOORDERDIEP
1644 02 11	MK	JOANNES	JOANNES	JOANNES	ZEE,VAN	TRJINTIEN JANS	MARTINIKERKHOFF
1643 12 20	AK	JOANNES	JONAS	JACOBS	ORGANIST	GEERTRUIT STALPEERT	JADT
1649 11 14	AK	JOANNES	JURJEN	KNEELS?		ANNA	PLUIMERSGNG
1649 04 11	AK	JOANNES	JURJEN	FOCKES		MAGDALENE	VISMERKT
1649 02 11	MK	JOANNES	JURJEN		VRUCK?	TRIJNTIEN	SUIDERDP
1644 03 19	AK	JOANNES	LAMBERT	JANSSEN		HARMTIEN	CRANEPOORTE
1644 03 29	MK	JOANNES	LODUWICH	SIJPERS		MARGRIETE SELBACH	N.KERKSTR
1646 12 06	AK	JOANNES	LUBBERT	HINDRIX		JANTIEN	SCHOOLHOLM
1641 04 08	MK	JOANNES	LUBBERTUS	JULSING		CLAESIEN	BOTTRSTR
1648 12 10	AK	JOANNES	LUCAS	ARENTS		LIJSABETH	BRUGGESTR
1644 08 09	MK	JOANNES	LUITJEN		EUCKEMA	TRIJNTIEN ROELEFS	WINSUM
1647 07 05	AK	JOANNES	LUITJEN	PIETERS		TRIJNTIEN	SUIDERDP
1649 10 31	AK	JOANNES	MART.	SCHOKIUS		ANGELICA MERCK,VAN	OSSMERKT
1648 03 20	AK	JOANNES	MARTEN	JANS		HAESJEN	DRA
1649 12 05	AK	JOANNES	MATTHIAS	JANS	MENRS,V	HINDRIKJEN	PRINCENSTR
1645 10 21	AK	JOANNES	MATTHIJS	TOBIAS		AELTIEN JANS	A KERK
1649 02 08	MK	JOANNES	MELCHER		BRECHER	MARRETIE	PLUIMERSGNG
1642 10 23	MK	JOANNES	MERCUS	JOANNS		LIJSEBETH	MUERE
1643 07 12	MK	JOANNES	MICHEL		SULAGE?	FRENIJ MICHELS	N.JADTSTR
1649 05 03	MK	JOANNES	MOSES		HORA?	FOKELTIE	MARTENSTOORN
1645 12 21	AK	JOANNES	NANNINCK	JANSSEN		LUBBERTIEN BERENTS	BOTTRSTR
1646 09 08	AK	JOANNES	ONNE	HAIJES		TRIJNTJEN	BREDE GANCK
1646 10 11	AK	JOANNES	PAULUS	LANGIUS		TRIJNE	DRA
1649 06 24	MK	JOANNES	PIETER	JANSSEN		GEESJEN	BENTHEM?
1645 11 23	AK	JOANNES	POUL	HANSSEN		TRIJNTIEN HARMENS	DRAE DIEP
1648 03 01	AK	JOANNES	REIJNT	CLAESSEN		TRIJNE	DAMSTERDP
1649 06 10	MK	JOANNES	ROELEF	HANSSEN		ANTIEN	HEERPOORT
1646 11 08	MK	JOANNES	ROELEF		GANSEVOORT	LAMMECHIEN WARNERS	OOSTERSTR
1644 04 28	AK	JOANNES	SAMUEL	JOANNES		JACOBJEN	VOLTINGESTRATE
1649 05 06	AK	JOANNES	SIJWERT	CORNELIS		TRIJTIEN	NIEUWEJATSTR
1648 10 06	AK	JOANNES	TAEKE	TONIS		FOKELTIEN	SLEMENNSTR
1645 02 27	AK	JOANNES	THOMAS	ESSICH	GLAESMUR?	STIJEN	SCHUTEMFKSTR
1644 03 10	AK	JOANNES	TIAERT	JACOBS		NEELTIEN CORNELIS	A POORTE
1648 06 06	MK	JOANNES	TIJMEN	REIJNTIES		LUTS DOUWES	CRANEPOORTE
1642 09 21	AK	JOANNES	WILKE/SOLD	JANSEN		ANNEKE	SCHUITNDP
1644 01 04	AK	JOANNS	GEERT	GEERTS		MENSE	PEPERSTR
1648 05 19	AK	JOCHEM	ALBERT	SCHULTES		DIEWERTIEN JASPERS	MUERE
1641 10 12	MK	JOCHEM	CHRISTIAEN		AVERDIJCK	DIEWER JANS	DRAPOORTE
1643 11 29	AK	JOCHEM	JAN	LUICHIENS		ARMGART.	BLOEMSTR
1644 08 06	MK	JOCHEM	JOCHEM	BRUNS		ANNETIE PIETERS	PLUIMERSGANG
1643 05 18	AK	JOCHIM	HARMEN		SCHIJVING	JANTIEN	VOLTINGESTR
1648 12 05	AK	JOCHIM	JOCHIM	ROELEFS		AGNIETE	SUIDERDP
1646 02 12	AK	JOCHIM	JOCHIM		SOOR	ELLECHIEN CLAESSEN	TORFTOORNSTR
1646 06 25	AK	JOCHIM	JOCHIM		CANT	HELENA WICHERINGE	BROEEMERKE
1646 03 22	AK	JOCHIM	NICOLAUS	BASSE		GEESJEN JOCHIMS	HOOGE BROERESTR
1647 08 29	AK	JOCHIM LODEWIG	PAULS		STRASBURGH	ANNA CATH. CAMORARI?	N.
1648 10 01	MK	JOCHIM	ROELEF	JANS		FENNE BERENTS	BOTTRDP
1642 09 11	AK	JOCHIM BASTIAEN	RUDOLPH		CUEN?	CATHRIJNE LENERTS	BOTTRSTR
1649 09 25	AK	JOCHIM	SICKE	HARTECHS		MARRECHIEN	LAMHUING
1649 03 08	AK	JOCHIM	TOBIAS		ONVEUW?	GEBBEKE	S.WOLB.STR
1647 08 20	AK	JOCOMIJNE	GARBRANT	HINDRIX		WIBBETIEN	STEENTILSTR
1644 02 02	AK	JOHAN	BARTHELMEUS	WELMS?		GRIETE	SCHUITENDIEP
1644 09 27	AK	JOHAN DANIEL	BARTHOLMEUIJ		VELTKLINGEN	APPOLLONIA	SHCUITENDIEP
1643 02 03	AK	JOHAN	CASPAR/SOLD.	JANSSEN		JANTIEN MICHELS	SCHOOLHOLM
1647 03 11	AK	JOHAN CONRAET	CHRISTOFFER		EBERSLACH	FOLSTE	MESINAKERSST
1642 03 02	MK	JOHAN	FEIJE		SICKINGHE	SOPHIA ECHTEN,VAN	EBBSTR

Year Mo Da	Chr	Child's Given Name	Father/Child's Patronymie	Father's Patronymie	Father's Surname	Mother	Address
1647 06 23	AK	JOHAN CLOOT	HARMEN	ROEBERS		TIJSJEN CLOOT	BOTTRSTR
1640 03 04	MK	JOHAN	HENDRICK	/BORGMR.	HEEK,V.	ANNA HOENDRIX	BOTTSTR
1644 04 14	AK	JOHAN	HIND./BORGEMR.		HEECK,V.	ANNA HOENDRIX	BOTTRSTR
1646 07 23	AK	JOHAN	HINDRICK/BORG.		HEECK,VAN	ANNA HAENDRICKS	BOTTRINGSTR
1645 12 12	AK	JOHAN	HINDRICK	JACOBS		TRIJNE HARMENS	BUTJENSTR
1642 11 13	MK	JOHAN	JAN	GEERTS		MECHTELTIEN JANSEN	DAMSTERDP
1644 02 25	AK	JOHAN	JOHAN		VASTENOUWE	ALBERTIEN	3 MEULLENS
1645 12 28	MK	JOHAN	JOHAN	KOBES		GRIETIEN	DAMSTERDIEP
1642 10 30	MK	JOHAN CHRISTOFF.	JOHAN	CHRISTOFF.	SCHONBARCH	SUSANNA ELISABETH LANGEN A?	
1642 04 17	MK	JOHAN	JOHANNES	LEORIUS		ELISABETH	NIJEMERCKT
1647 01 17	AK	JOHAN	NIJCLAUS		BORCK,VAN	WALBURCH ULGERS	HARDINGESTR
1644 04 30	AK	JOHAN	ROELEF	BRUINS		GODELLE JANS	PELSERSTRATE
1644 11 27	AK	JOHAN	SCHOTTO		TAMMINGA	CATHARINE SICKINGHE	BOTT.STR
1644 07 07	MK	JOHAN	WILLEM		SCHONINCK	ANNECHIEN	QUINQUENPLAAETS?
1641 07 21	AK	JOHAN	WILLEM		SPANDOUW	HARMTIEN	S.JANSSTR
1648 06 06	MK	JOHAN	WOLTER		CLANT	ALGONDA ULGER	N.KERKHOF
1646 08 06	MK	JOHAN-ANTONI	JACOBUS		DUIJDINGH	DIANA	OOSTERSTR
1643 07 23	MK	JOHANNA	DAVID		HAIG	BERNHART SCHOLES	OOSTERSTR
1643 01 20	AK	JOHANNA	GEORG		HOLTE,TEN	ALDEGONDA CLANDT	A KERK
1648 06 26	AK	JOHANNA	JAN	COENERS		AELEIT HILBRATS	BOTTRSTR
1648 01 11	AK	JOHANNA	NANNE	HAIJENS		JANTIEN	WOERT
1643 01 19	AK	JOHANNA	OTTO		WELEVELT,V	PIETERTIEN DERX	MERKTSTR
1643 10 29	MK	JOHANNA	REIJNT/VAENDR	ALBERDA		HLLENA KETWICH	VISMERCKT
1642 06 26	MK	JOHANNES	-- (deod)			WIPKE JANSEN, (widow)	MEULENSTR/OOSTRPRT
1642 04 22	AK	JOHANNES	CASPER	JOSEPHS		GEESJEN	MARTINIKERKHOFF
1646 09 27	MK	JOHANNES	/DOCTOR	MEIJNTS		TEETJEN TAMMEN	HEERSTR
1642 01 07	AK	JOHANNES	ELIAS	JANSEN		ANNEKE JANS	MARTINIKERKHOFF
1643 08 20	AK	JOHANNES	FLIPS		LOUMAN	FENNETIEN HUIBERTS	SCHUITENDIEP
1641 09 20	AK	JOHANNES	FRITS	WESSELS		BERENTIEN JANS	STEENTILSTR
1641 11 28	MK	JOHANNES	GEORGIUS/DR.		NIJKERK	ALBERTIEN JANSEN	MART.KERCKHOF
1642 10 07	AK	JOHANNES	HANS		REIJTER	ETTIEN HANSES	N.WECH
1646 09 18	AK	JOHANNES	HARMEN		HAVERCAMP	BARBER	SUIJDERDP
1643 08 11	AK	JOHANNES	HARMEN/SOLD.	JANSSEN		HINDRICKJEN	COSTERSGANG
1643 08 16	AK	JOHANNES	HARMEN		TELLER	REGINA	BOTTERDIEP
1645 11 02	MK	JOHANNES	HARMEN		TEBER	REGINE	EBBPOORTE
1648 02 20	AK	JOHANNES	HARMEN	ENGELBERTS		SIFFELE?	BOTTERMERKT
1643 07 19	AK	JOHANNES	HINDRICK	LUITJENS		ANNA	POELESTR
1644 07 12	AK	JOHANNES	HINDRICK	JANS		ANNECHIEN DERKS	HEERPOORTE
1644 10 24	AK	JOHANNES	HINDRICK	LAMBERTS		EELKE JANS	BOTTERDIEP
1641 07 11	MK	JOHANNES	HINDRICK	LUITJENS		HINDRICKJEN	PRINCNESTR
1642 11 04	AK	JOHANNES	HINDRICK	LUITIENS		HINDRICKJEN	PRINCENSTR
1643 11 06	MK	JOHANNES	HINDRICK	HARMENS		JANTIEN	S.WOLBORGHSTR
1641 06 27	MK	JOHANNES	HINDRICK		HOFSTE	MARRECHIEN	N.POELESTR
1641 01 03	AK	JOHANNES	JAN	COLIJN		--	
1641 08 16	MK	JOHANNES	JAN	LIPPENS		ANNE	POPKENSTR
1641 06 22	AK	JOHANNES	JAN	GEERTS	WOLF/SCHOENMR	AVE	HEERSTR
1642 09 20	AK	JOHANNES	JAN	WILKENS		BARBER	VUL MEULLEN
1641 11 12	AK	JOHANNES DORTMONT	JAN/SCHRIJVER		VERNER	GRIETIEN	HEERSTR
1643 03 21	AK	JOHANNES	JAN	BARTELS		JEIJTIEN	STOELDREIJERSSTR?
1641 07 22	AK	JOHANNES	JOANNES		BUSMAN	TRIJNTIEN ELDERS	A.PRT
1641 10 13	MK	JOHANNES	JOHAN	GEERTS		WIPKE	HEERPRT
1643 07 23	MK	JOHANNES	JORRIJS/SOLDT	N.		AGETE	PRINCENSTR
1643 05 07	MK	JOHANNES	JURJEN		WIJLCK	URSELE JANS	POELEPOORTE
1641 08 05	AK	JOHANNES	MARTEN		CARELSTEIJN	STIJNTIEN	KARELSWEG
1643 04 10	AK	JOHANNES	MOISES		HORA	FOKELTIEN JETSES	M.KERCK
1641 11 02	AK	JOHANNES	NANNE	LUCAS		GRIETIEN	HEERPRT
1646 05 03	MK	JOHANNES	ROELEF	TIESEN?		ANNECHJEN	OOSTERBREEGANG
1643 04 06	AK	JOHANNES	ROELEF	WILLEMS		BAUWE	O.EBBINGESTR
1644 10 27	MK	JOHANNES	ROELEF	WILLEMS		BOUWE	BUTJENSTR
1643 04 26	MK	JOHANNES	ROELEF	HELPRICHS		CATHARINA CORNELIS	POELE--?
1641 01 27	AK	JOHANNES	WARNER/SOLDAET	WILLEMS			SCHIEDAMSGANG
1642 11 16	AK	JOHANNES	WARNER	WILLEMS		METTIEN	BOTTRINGESTR
1643 10 31	AK	JOHANNES	WESSEL	HEERENS		MARIA BRUCHERI	GELTINGESTR
1642 03 26	MK	JOHANNES	WIJERT/SOLD		CAMPENS	METTIEN LUITIENS	O.BRUITHUIJS
1645 03 19	MK	JOHANS	SIJGE	CLAESSEN		TRIJNE	JANSBRUGGE
1643 06 07	MK	JOIJNE?	HINDRICK	MICHELS		SOPHIA	SUIDERDP
1648 01 02	MK	JONNES	WILLEM		LAMBECK	GAEZTJEN? HINDRIX	DRAE
1642 09 04	MK	JONNIS	HINDRICK	LAMBERTS		BERENTIEN JONNIJS	PEPERSTR
1641 02 04	AK	JOON EDELOFS	M	JONAS	ORGENIST	GEESJEN STALP	JAT
1643 10 22	MK	JOOST	HANS	JURJEN	ELSEN,VAN	MARIA BERGERS	VISSCHERSTR
1646 10 16	AK	JOOST	JAN		CLEVE,VAN	ELISABETH HARTMANS	STEENTILPO.
1647 12 19	MK	JOOST	JOOST	JOOSTEN		AEIJLKE	MEULENSTR
1646 05 03	MK	JOOST	JOOST	MARTENS		TRIJNTIEN	COSTERSGANG
1645 11 16	MK	JOOST	LUITJEN	JOOSTS		GERBRICH JANS	GROTEGANG/SCHUT
1643 10 05	AK	JOOST	PAUWEL	JOOSTEN		ANNECHIEN HARMENS	HEERSTR
1646 08 23	MK	JOOST	PETER	GIJSENS		EBELE JOESTEN	POELPOORTE
1642 04 15	AK	JOOST	PIETER	JOOSTEN		JANTIEN	HEERENCAMERS
1644 03 09	AK	JOOST	ROELEF	CRABBE		AELTIEN JOOSTENS	STOELDRSTR
1648 10 26	AK	JOOST	THOMAS	JANSSEN		ANNECHIEN	SCHUITNDP
1644 08 22	AK	JOOST	WILLEM	JANS		AELTIEN	A.
1641 06 19	MK	JORGEN	HINDRICK	JURJENS		LUTGERT HINDRIX	PRINCENSTR
1641 10 24	MK	JORIS	DERCK	JORIS	KORSMAKER	EESJEN ANDRIES	GELTINGSTR
1647 11 28	MK	JORIS	JAN	PIETERS	DIJCKZON	TRIJNTIE	POELESTR
1646 05 19	AK	JORIS	JOHAN		SCHUPTHAM	CORNELIA	HEEREPOORTE
1642 03 13	MK	JORIS	JOHANNES		SCHUPHAN	CORNELISJEN	MERKT
1646 02 09	MK	JORJEN	HUBERT		SMIT	ANNECHIEN	PRINCENSTR
1646 02 09	MK	JOSINA MARIA	ALLERT		CLANT	MARIA CLANT	BOTTRSTR
1647 05 18	AK	JOUKE	JAN	PIETERS		GEBKE	STEENTILPOORT
1648 05 09	AK	JUDITH	CLAES	CORNELIS		AELTIEN	VOLTINGESTR
1643 12 24	MK	JUDITH	ELTE	HANSSEN		MARIJ HANSSEN	PRINCENSTR
1642 12 18	AK	JUDITH	HINDRICK	COERTS	BACKER	ROELEFJEN	SCHOOLHOLM
1642 02 27	MK	JUDITH	JACOB	ROELEFS		JANTIEN	KRUITSTR
1643 12 24	AK	JUDITH	MUNKE	LAMBERTS		GEESJEN	PELSERSTR
1643 09 10	AK	JUDITH	REIJMER	GEERTS		MARRETIEN HINDRIX	HARDINGESTR
1644 04 09	AK	JULLE	WICHER	JANS		MARRECHIEN	GELTINGESTR
1643 04 21	AK	JULLE	WICHER	JANSSEN		MARRETIEN JULLENS	GELTINGESTR
1648 11 26	AK	JUNKE?	ALBERT	JUNKERS		HINDRICKJEN	VISSCHRST
1648 08 17	AK	JUNNE	DEIJE	JANS		GRIETE	A
1643 09 21	AK	JURIEN	CLAES	CORNELLIS		AELTIEN JURJENS	VOLTINGESTR
1648 11 05	AK	JURIEN	CONRAET		VIJT	AUCKE	JADT
1648 09 02	AK	JURIEN	HANS	DERX		IDETIEN	JADT
1643 12 21	AK	JURIEN	HARMEN	ARENTS		CLAESJEN THOMAS	RAAMSTRATE
1642 02 15	AK	JURIEN	HINDRICK		NOOIJE,TER	JANTIEN	PRINCENSTR
1642 09 18	MK	JURIEN	PIETER/SOLDAET	CHRISTOFFER		MARIA	BOTTINGEGANG
1646 09 06	AK	JURJEN	ADAM	PETERS		JANTJEN JURJENS	CORMELLEBOGE

Year Mo Da	Chr	Child's Given Name	Father/Child's Patronymic	Father's Patronymic	Father's Surname	Mother	Address
1646 12 20	AK	JURJEN	ADAM	JURJENS		MARGRIETE	3 MEULENS
1643 01 15	MK	JURJEN	ANDRIES		SCHADE	MARIJE	PLUIMERSGANG
1644 03 07	AK	JURJEN	ARNOLDUS	EGGEN		AELTIEN NIJKERCK	VOLTINGHOF
1645 10 08	AK	JURJEN	BALTZAR		RABENSTIJS	AELTIEN	N.JADT STRATE
1647 03 30	AK	JURJEN	BORCHART	HARMENS		GEESJEN	SWANESTR
1644 01 07	MK	JURJEN	CHRISTIAENS		MARTERSTEECK	MARGRIETE ARENTS	STEENTILPOORT
1644 02 13	AK	JURJEN	CLAES	JURJENS		CUNNE	N.EBBSTR
1647 06 09	AK	JURJEN	CLAES	JURJENS	SUIJDER	CUNNETIE	N.EBBSTR
1645 01 17	AK	JURJEN	CLAES	JURJENS		LAMMECHIEN DERCKS	HELPEN
1644 08 27	AK	JURJEN	CLAES	ADAMS		LIJSABETH	OOSTERPOORTE
1643 01 04	AK	JURJEN	COERT	CLAESSEN		ELSIEN HINDRIX	DAMSTERDIEP
1643 10 31	AK	JURJEN	ECKO	JURJENS		WENNERRCHIEN OTTENS	JATSTR
1646 10 02	NK	JURJEN	EIBO	JURJENS		FENNE BASTIAENS	JADT
1644 06 18	AK	JURJEN	GEERT	JURJENS		HILLE	JONKERENSTR
1646 10 15	AK	JURJEN	GERLEF	HARMENS		TALLE	N.STRAETJEN
1642 10 11	AK	JURJEN	HAIJE	WEIJERTS	RUITER	ELSJEN	N.MERKTSTR
1642 07 29	MK	JURJEN	HANS		SCHAER	AELTJEN	RAAMSTR
1649 04 04	AK	JURJEN	HANS	JURJENS		GRIETE GEERTS	ROSENSTR
1647 05 20	AK	JURJEN	HANS		SCHARFF	JANTIEN	BLOEMSTR
1644 12 06	AK	JURJEN	HANS		SMIDT	LIJSEBETH JACOBS	BOTTRDIEP
1645 08 10	AK	JURJEN	HINDRICK		JOUCKBLOET	GEERTRUIT	VISSCHERST
1641 12 14	AK	JURJEN	HINDRICK	GEERTS		SWAENTIEN	NIJEWECH
1646 07 05	AK	JURJEN	HINDRICK	HARMENS		TRIJNE ALBERTS	SLEMMMENERS
1644 01 10	MK	JURJEN	JACOB	JURJENS		LAMME	BREDEGANG
1641 06 09	MK	JURJEN	JACOB	MARTENS		TRIJNTIEN WILLEMS	DRA
1645 07 27	AK	JURJEN	JAN/SOLD.	DERX		GRIETJEN	VISSCHERSTR
1644 09 18	AK	JURJEN	JAN	JANSSEN		MAGDALENA JURJENS	EBBINGESTR
1647 11 12	MK	JURJEN	JAN		WINTER	MARIA	POPKENSTR
1645 07 30	AK	JURJEN	JAN		WINTER	SARA	MARTINIKERKE
1642 11 02	AK	JURJEN	JOCHEM	JURJENS		HAASJEN GEERTS	EBBINGESTR
1648 03 08	MK	JURJEN	JURJEN	CLAESSEN		AELTIEN AMSINUS	POELESTR
1644 10 16	AK	JURJEN	JURJEN		BACKENSTEIJN	ANNECHIEN GEERTS	RAASTR
1642 08 21	AK	JURJEN	JURJEN		MOER	BEATRIX	MUER/GOLDEN
1643 12 26	AK	JURJEN	JURJEN/SOLD.		RIDDER	CATHARIJNE	NIJESTADT
1649 05 18	AK	JURJEN	JURJEN		WEIJTMAN	ELLKE	MEULENSTR
1643 06 09	AK	JURJEN	JURJEN	HINDRIX		MARGRIETE TOERTS	HAVENSTR
1642 10 09	MK	JURJEN	JURJEN	EILERS		URSELE	PRINCENSTR
1646 05 18	AK	JURJEN	LAURENS		KOELER	DORETHEA	OVERDTA
1643 12 10	AK	JURJEN	LAUWRENTS	COENELLES?		DORETHEE	SLEMMENNERSTR
1643 01 24	AK	JURJEN	LUBBERT	JURJENS		TRIJNTIEN LUBBERTS	N. JADTSTR
1645 03 09	MK	JURJEN	MATHIJS	JANSSEN		MARGRIETE	PRINCENSTR
1648 06 15	AK	JURJEN	MICHEL	GROOTS		ELFE	A
1646 03 26	AK	JURJEN	ROELEF	WILLEMS		BEERENTJEN	LANE
1649 04 27	AK	JURJEN	ROTGER	JURJENS		PIETERTIEN	DAMSTERDIEP
1642 12 20	AK	JURJEN	WARMOLDT	JURJENS		HARMTIEN	CLEIJN BUTJENSTR
1648 03 10	MK	JURJEN	WIJBRANT	JURJENS		ACHT?	HEERPOORTEPIJP
1645 14 30	AK	JURJEN	WILLEM		SAPNDOU	GANNETIEN	VOLTINGESTR
1645 06 01	MK	JURMECHIEN? (ill?	JAN	JANSSENS		GRIETIEN	GELTINGESTR
1644 04 28	MK	JUTTE	HINDRICK		NEEVINCK	WEMELTIEN	NIJEWECH
1647 08 29	MK	JUVIEN	ALBERT/SERG.		GRUBE	GEESKE	N.BOTTRST
1642 10 16	AK	KARST	HINDRICK	JANSEN		GEERTRUIT JANSEN	A KERKE
1645 04 17	AK	KARST	WILLEM	KARSTEN		MARRECHIEN	SLEMENNERSSTR
1642 09 27	AK	KARSTEN	JAN		MEIJER	EESE	WOERT
1647 06 01	AK	KASPAR	HILLEBRANT	HINDRIX		TALLE	NIJESTADT
1642 03 27	MK	KASPAR	HUIBERT		SMIDT	ANNE MARIA	PRINCENSTR
1648 10 15	AK	KATHARINA	W.		ELVERING	ELSIEN IPENS	LANE
1645 03 07	AK	KAVEL	ROEBERT	KEESE		GRIETE	RAAMSTR
1645 08 01	AK	KLAES	CASPAR		RONDE	BARBER	HOSTRATE
1641 10 17	MK	KLAES	GEERT	CLAESSEN		ANNEKE GEERTS	BOTTERDIEP
1642 04 06	AK	KLAES	HAIJKE	CLAESSEN		ANNETIEN	OLDE EBBPRT
1646 03 15	AK	KLASE	BARTHELT	CLAESSEN		HILLE TEPENS	RAAMSTR
1648 10 25	AK	KOERT	JACOB	KOERTS		FROUKE WILLEMS	COSTERSGNG
1645 02 16	AK	KOERT	MICHEL	KOERTS		ELSKE BASTIAENS	DRA
1642 03 31	MK	KOERT	WILLEM	JANSEN		JANTIEN COERTS	BONTEBRUGKEN
1645 01 28	AK	KOEST	HINDRICK/SOLD.		MEIJER	GEESJEN	MUER
1642 12 14	AK	KONNEKE	HINDRICK/SOLD.		BATTING	WIJMKE	CREUPELSTR
1642 08 23	AK	KONNETIEN	BERENT	EIJLERTS		WIJKE	A POORTE
1643 05 19	AK	KRIJN	JAN	AELLERS		EESJEN	MUSSCHENGANG
1645 10 05	MK	KRIJN	JAN	CRIJNS		MEESJEN	HEERSTR
1643 12 10	AK	KUNNE	BEERENT	ELBERTS		WIJEKE	A POORTE
1647 01 22	AK	KUNNEKE	FRITZ		NIJERAEDT	ANNEKE FRITS	NIJEWECH
1646 06 23	AK	LAMBERT	ABRAHAM	LAMB.	WERUMAUS?	LIJSBETH PIETERS	AKKERK
1643 07 19	AK	LAMBERT	ALBERT		LANDT	GRIETIEN MUNTING	MESSEMRSSTR
1645 07 13	AK	LAMBERT	ALBERT		DILLLING	TRIJNTIEN	HEERSTR
1646 05 06	MK	LAMBERT	ALBERT	BERENTS		TRIJNTIEN LAMBERTS	CREUPELSTR
1648 02 09	AK	LAMBERT	BERENT	TONNIS		MAGDALENE	HEERSTR
1646 08 11	MK	LAMBERT	CONRADUS		WAGENAES	LAMINAE?	HEERSTR
1644 08 13	AK	LAMBERT	EGBERT	LAMBERTS		MARRECHIEN	NIJESTADT
1642 05 09	AK	LAMBERT	EGBERT	LAMBERTS	LEIJENDECKER	MARRETIEN HERMENS	NIJESTADT
1642 06 26	MK	LAMBERT	ELIAS	LAMBERTS	RASSER	MARRETIEN LAMBERTS	GEESTEMAGDESTR
1646 09 27	MK	LAMBERT	GERRIJT	CORNELIJS		RIJCKJEN WESSELS	NOORDERDP
1643 07 27	AK	LAMBERT	HENR:/DR.		WERUMEUS	HESTER BAUKENS	SWANESTR
1646 05 21	AK	LAMBERT	HINDRICK	HARMENS		ELSKE	RAAMSTR
1644 01 10	MK	LAMBERT	J./SECR.		EECK	AELTIEN ASSERHUIJS	M.KERKHOFF
1642 01 09	MK	LAMBERT	JAN	ROELEFS		GRIETIEN	KLEIJNEPELSERST
1641 09 29	AK	LAMBERT	JAN	HANSENS		STIJNE	HOFSTR
1648 11 28	AK	LAMBERT	LAMBERT	LAMBERTS		ANNECHIEN	BRUGSTR
1648 03 25	AK	LAMBERT	LAMBERT	LAMBERTS		ANNETIEN	BRUGGESTR
1648 06 09	MK	LAMBERT	SIJBRANT	LAMBERTS		BARBER	PLUIMERSGANG
1648 12 17	AK	LAMBERT	SWIJTERT	JANS		LUTGERT	SUIDERDP
1648 03 28	AK	LAMBERT	TEBBE	HELMICH		GRIETE	ROSENSTR
1643 01 11	AK	LAMBERT	THOMAS	LAMBERTS		ALLE WILLEMS	SCHUITENDP
1642 10 23	MK	LAMME	CORNELLIS	ALBERTS		SWANE	BOTTERDIEP
1641 02 16	AK	LAMME	JACOB	SIJGERS		ARENTIEN FRIX	BOTATRSTR
1648 12 06	AK	LAMME	REIJNER	HINDRIX		FEDTIEN	POELSTR
1644 08 12	MK	LAMMECHIEN	ALBERT	ENGELBERTS		AELTIEN	COSTERSGANG
1646 05 17	MK	LAMMECHIEN	ALBERT	TIJESEN		LAMMECHIEN	GELTINGESTR
1646 02 10	AK	LAMMECHIEN	ALBERT	TIASSENS		WOBBECHIEN CRANS	BRUGGSTR
1647 10 31	AK	LAMMECHIEN	BERENT	GEERTS		JANTIEN	CANE
1646 12 11	AK	LAMMECHIEN	CLAES	ABELS		GRIETJEN JACOBS	CORMELBOGE
1648 11 05	MK	LAMMECHIEN	EGBERT	HENCKES		WILLEMTIEN	COLLEGIE
1642 02 11	AK	LAMMECHIEN	EPPO		GOCKINGA	SIBILLA VERSPEECK	HARDINGESTR
1644 11 17	MK	LAMMECHIEN	GERHARDUS		BECKERING	GRIETJEN GASSINGH	MESMRS.STR
1643 09 15	AK	LAMMECHIEN	HEIJNE	KEERS		HINDRICKJE	CRANEPOORT
1646 11 03	AK	LAMMECHIEN	HINDRICK	ARENTS		JANTJEN	VOLTINGESTR

Year Mo Da	Chr	Child's Given Name	Father/Child's Patronymic	Father's Patronymic	Father's Surname	Mother	Address
1641 11 28	AK	LAMMECHIEN	HINDRICK	LUBBERTS		MARIE	RAAMSTR
1644 06 26	AK	LAMMECHIEN	JACOB	HAIJKENS		JANTIEN HEECK,VAN	PEPERSTR
1645 12 28	MK	LAMMECHIEN	JAN	HILLEBRTS.		GEERTIEN	N.KERKHOFF
1644 03 01	AK	LAMMECHIEN	JAN	BERENTS		GEESJEN	OOSTERPOORTE
1646 01 08	AK	LAMMECHIEN	JAN	LAMBERTS		GRIETIEN	HARDRINGESTR
1645 03 14	AK	LAMMECHIEN	JAN	PIETERS	SMIT	MARRECHIEN	JADT
1643 06 14	MK	LAMMECHIEN	JOANNES/RTSHR	TIASSENS		MARGR. ACKEMA	POELSTR
1643 03 01	AK	LAMMECHIEN	MENKE	HARMENS		GRIETE	BOTTERDIEP
1648 10 13	AK	LAMMECHIEN	ROELEF	WILLEMS		BOUWE	DAMSTERDP
1644 06 10	AK	LAMMECHIEN	ROELEF	JANSSEN		GRIETJEN	EBBINGEPOORT
1645 08 24	DK?	LAMMECHIEN	STORTZ?		DURENBORCH,V.	GESE	JANSBRG
1645 05 22	AK	LAMMECHJEN	OTTO/SOLD.	JANS		BEATRIX	SUIDERDP
1649 10 07	MK	LAMMETIE	LUITIEN	CLAESZ		MARRETIEN	SUIDERDP
1647 09 14	AK	LAMMETIE	OTTO	JANS		LUCRETIA	SUIDERDP
1641 01 15	AK	LAMMETIEN	ARENT		WOLF	--	SLEMENNERSTR
1648 01 02	AK	LAMMETIEN	CLAES	ABELS		GRIETIEN	VISCHERST
1642 01 14	AK	LAMMETIEN	EGBERT	LUITIENS		GRIETE KOERTS	HERPOORTE
1640 04 08	MK	LAMMETIEN	ENGELBERT	HARMENS		GRIETIEN	NIJEGAT
1643 08 19	AK	LAMMETIEN	HARMEN	LUCAS		GRIETE	BLOEMSTRATE
1648 02 09	MK	LAMMETIEN	JACOB		VUIST	DIEUWERTIEN	VISCHMERKT
1643 01 10	AK	LAMMETIEN	LUITIEN		STAPPEN,V D	JACOBJEN	HEERESTR
1649 10 03	AK	LAMMETIEN	MANCKE	HARMENS		GRIETIEN	BOTERDP
1649 02 04	MK	LAMMETIEN	TONNIS	JOOSTEN		HINDRIKJEN	OOSTRSTR
1644 10 11	AK	LAMMETIEN	WILLEM	JANSSEN		MAGDALENE	GELTINGESTR
1649 10 04	AK	LATRINCK	RUD.	CHRISTOPHL		AELTIEN LATTRINK	VORST?
1644 05 19	AK	LATTRINCK	RUD.	CHRISTOPH.		AELTIEN LATTRINX	TORFTOORNST
1643 04 27	MK	LATTRINCK	RUDOLPHUS	CHRISTOPH.		AELTIEN LATTRINZ	TORFTORNSTR
1649 07 08	MK	LAUIS	NANNE	JASPERS		HELENA LOUIS	JANSBRUG
1649 12 14	AK	LAUKEN?	HINDRICK	MEIJMA		GEESKE	MUERE
1648 12 05	AK	LAUREN	HARMEN	LAURENS		MARRECHIEN RIJPENS	SLEMERST
1648 12 02	MK	LAURENS	WILLEM	LAURENS		JANTIEN	SLEMENNERST
1647 01 19	AK	LAURENS	ANDREAS		BREMEN,VAN	ELSKE	HEERENKAMERS
1644 10 16	AK	LAURENTS	HARMANNUS	LAURENS		TRIJNE HARMANNES	JUSKEG
1644 10 30	AK	LAURENTS	HINDRICK	JANSSEN		AUCKE	EBBINGESTR
1644 10 27	AK	LAURENTS	WILLEM	LAURENS		JANTIEN	MUERE
1641 08 17	MK	LAURENTZ	VALENTIJN	LAURENS	NICKEL	ANNA	DRISTE/BRUGGE
1643 01 31	AK	LAUWE	DERCK	GEERTS		GEERTJEN DERX	SUIDERDP
1642 01 05	AK	LEENERT	HANS		WOLF	SUSANNA	BREEDEMERCKT
1643 09 03	MK	LEENERT	JACOB		RICHTER	ANNA CLAES	PLUIMERSGANG
1649 04 20	AK	LEENTIEN	DAUWE?	HINDRIX		JANTIEN	SLEMENSTR
1643 10 15	MK	LEENTIEN	JAN	GERRITS		BARBER TEUWES	STEENTILPOORTE
1649 05 03	AK	LEENTIEN	TONNIS	MENSENS		ANNETIEN	SLEMENNERSTR
1643 01 08	AK	LEENTIEN	WILLEM	KARSTS		MARRETIEN	DRAPOORT
1647 07 03	AK	LENART	JAN	JANS		ANNETIE	JADT
1649 03 30	AK	LENERT	HINDRICK		ULSEN,VAN	ANNEKE	POELSTR
1646 12 06	AK	LENERT	LENERT	BONNES?		SARA	JADT STR
1649 06 16	AK	LENERT	MICHEL	GROOTS		ELFE	A
1643 01 27	AK	LEONARDT	HINDRICK	EVERTS		JANNEKE LEOWERTS	SUIDERDP
1645 02 09	MK	LIEFKE	BECIN?	TIJSSENS		HEIJLE	KOLDEGAT
1647 02 18	AK	LIENERT	ALBERT	JANSSEN		SIADDE	CREMELLEBOGEN
1644 03 14	AK	LIESKE	BASTIAEN	LUITJENS		ANNA	WESTINDISCHHUIJS
1649 04 19	MK	LIESKE	HARMEN	LAMBERTS		ALBERTIEN	ACADEMIE
1647 08 29	MK	LIJEBETH	JOCHIM	ROELEFS		AGNETA	OOSTERSTR
1646 03 08	AK	LIJESKE	JACOB	PIETERS		GRIETE HANSSEN	N.STADT
1643 07 26	AK	LIJSABET	HARMEN	HARMENS		ELSJEN	SCHUITENDIEP
1647 11 16	AK	LIJSABET	JAN	JANS	GOLTSMIT	GRIETIEN	STOELDRSTR
1649 03 14	AK	LIJSABET	JURJEN	BALTZERS		GRIETIEN	O.INT?
1642 09 25	MK	LIJSABET	REIJNER	CORNELIS		GRIETIEN	DAMSTERDP
1649 10 31	AK	LIJSABET	TIAERT	JANS		ANNE WELMANS	BOTTRSTR
1645 09 02	AK	LIJSABETH	DERCK	THOMAS		FRANCINA GERRITS	COEVER?
1648 05 28	AK	LIJSABETH	DERCK	CRANSSEN		TRIJNTIEN CHRISTOFF	AKERKE
1647 03 02	AK	LIJSABETH CATHR.	HANS/SOLD.		KLEEN	LIJSABETH	BEULSGANG
1648 12 10	AK	LIJSABETH	HARMEN		HEEP	ANNE	A POORTE
1644 11 30	AK	LIJSABETH	HIERONIJMUS	/SLD	GIJSOLF	RENSKE	BREDEGANG
1645 08 19	AK	LIJSABETH	HINDRICK	ROELENS		MARIA	SCHUIEM.WAL
1648 11 26	AK	LIJSABETH	HINDRICK	JACOB		REBECCA	STEENTILSTR
1643 01 26	AK	LIJSABETH	JAN	DERCKS		ANNEKE TONNIS	BEULSGANG
1649 04 29	MK	LIJSABETH	JAN	CHRISTIAENS		GEERTIEN	O.BREGANNG
1649 05 11	AK	LIJSABETH	JAN		NIENDORP,VAN	GRIETIEN	PRINCENSTR
1647 03 26	MK	LIJSABETH	JAN	MICHELS		GRIETJEN	BREEGANCK
1649 01 17	MK	LIJSABETH	JAN	HINDRIX		HILLETIEN	OOSTRPRT
1648 04 26	AK	LIJSABETH	JAN	SISSINUS		MARIA GEERTS	BOTTRSTR
1647 09 21	AK	LIJSABETH	JELTE	SIJBERTS		HILLETIE ALES	N.BOTTRPOORTE
1642 09 01	AK	LIJSABETH	LUBBERT	TIJES		IDE	OOSTERSTR
1644 09 15	MK	LIJSABETH	OTTE	JURJENS		ASSELE	DAMSTERDIEP
1648 03 30	AK	LIJSABETH	PIETER	JACOBS		FENNETIEN	BRUGGESTR
1648 03 29	AK	LIJSABETH	PIETER	HINDRIX		GRIETIEN	BOTTRDP
1646 06 19	MK	LIJSBETH	BERENT		LANDT	SAERTIEN WIRUERS?	OOSTERSTR
1646 04 06	AK	LIJSBETH	JACOB	BERENTS		REIJNEN CLAESSEN	CRANEPOORTE
1646 09 09	AK	LIJSBETH	/ZIJCKMEIJSTER		ROTMAN	ANNICHJEN	GEESTENMAECHDENSTR
1642 05 27	MK	LIJSBETH	ANTHONIJ	GERRITS		JANTIEN	BOTTERDP
1641 05 13	AK	LIJSEBET SIJBILLA	JAN		GREWINGH	ELTEKE TONIJENEN,VAN	VISCHMERKT
1643 02 19	AK	LIJSEBET	JAN	LUBBERTS	BACKER	REGINA	SCHOOLHOLM
1648 07 21	AK	LIJSEBET	JURIEN		JONGBLOET	JELKEROEBERTS	PELSERSTR
1643 01 26	AK	LIJSEBET	PIETER	HINDRIX		GRIETJEN	VERLAET
1649 02 16	AK	LIJSEBET	PIETER		RIDDER	LAMMEKE	HEERPRTE
1644 11 07	AK	LIJSEBET	TIAERT	ASINGS		TEUBEKE	LANE
1647 07 16	MK	LIJSEBET	WILLEM	JANSSEN		GRIETIEN	HEERSTR/POT
1644 03 07	AK	LIJSEBETH	ALBERT		ALTING	JEIJTIEN	SUIDERDIEPH.POORT
1646 09 24	AK	LIJSEBETH	ANDRIES		VOCHT	SWAENTIEN	SWANESTR
1644 10 13	MK	LIJSEBETH	ANTHONIJ	GERRITS		JANTIEN	BOTTERDIEP
1646 05 19	AK	LIJSEBETH	BORCHERT	HARMENS		GEESJEN	SWANESTR
1644 02 27	AK	LIJSEBETH	DERCK/SOLD.	JANSSEN		LIJSEBETH	SCHEDAMSGANG
1641 03 24	AK	LIJSEBETH	GERRIT	CLAESSEN		ELSKE PIETERS	
1644 12 19	AK	LIJSEBETH	HARMEN	HESSELS		HARMTIEN WILLEMS	VISSCHRSPIJP
1647 05 30	MK	LIJSEBETH	HENRICUS		HUISINUS	FENNECHIEN HANS	POELPOORTE
1643 07 12	MK	LIJSEBETH	HINDRICK		BRUGMAN	IMMETIE ONNEN,V	POELPOORT
1646 11 17	AK	LIJSEBETH	HINDRICK		RUEL?	MARIJE	SCHUITEMRSWAL
1643 07 28	AK	LIJSEBETH	HINDRICK	GEERTS		MARRECHIEN	BOTTERDIEP
1644 08 25	MK	LIJSEBETH	HINDRICK		BATTING	WIJMKE JANS	CREUPELSTR
1642 08 23	AK	LIJSEBETH	JACOB	WILKENS	GLAESMAKER	TRIJNTIEN	KARELSWECH
1648 10 12	AK	LIJSEBETH	JAN	LUBBERTS		REGINA	SCHOOLHOLM
1643 11 19	MK	LIJSEBETH	JAN	HARMENS		STIJNTIEN	BREDEGANG
1646 02 15	MK	LIJSEBETH	JONAS	PANSEN?		GEESJEN	BREDEGANG
1643 10 20	AK	LIJSEBETH	LUBBERT	TIJES		IDE	OOSTERSTR

Year Mo Da	Chr	Child's Given Name	Father/Child's Patronymic	Father's Patronymic	Father's Surname	Mother	Address
1641 10 31	AK	LIJSEBETH	LUITIEN	WALKENS		ANNE	VISSCHRSTR
1642 09 18	AK	LIJSEBETH	LUITIEN		VRIESE	LUTGERTIEN	BRUGGESTR
1647 10 06	MK	LIJSEBETH	LUITIEN (decd)		VRIESE	LUTGERTJE	BRUGGESTR
1646 06 24	MK	LIJSEBETH	PIETER	HINDRIX		GRIETJEN	BOTTERDIEP
1642 06 19	MK	LIJSEBETH	PIETER	GEERTS		TRIJNE	MEULENSTR
1643 05 22	AK	LIJSEBETH	POPKE	ABELS		IMME CLAESSEN	JAC.GASTHUIJS
1642 05 30	AK	LIJSEBETH	STEVEN	STEVENS		GESE	SCHUITENDP
1647 10 06	AK	LIJSEBETH	TIJES/SOLD.	LUITIENS		GEERTRUIT	SUIDERDP
1646 04 02	AK	LIJSEBETH	TONNIS	CORNELIS		GRIETE TONNIS	SCHUITENDP
1646 03 08	AK	LIJSEBETH	TONNIS	JANSSEN		LUTGERT JANS	HEREPOORTE
1645 02 11	AK	LIJSEBETH	TONNIS	JANSSEN		LUTGERTIEN	HEERPRT
1644 01 07	AK	LIJSEBETH	WILLEM	LUIRTS		LIJSEBETH ARENTS	EBB.POORTSBRUGGE
1648 07 24	AK	LISABETH	JETJE	ALTENS		GRIETIEN	BOTTRSTR
1647 12 14	AK	LISABETH	STEVEN	JANS		BIJWE	SCHUTEMAKERSWAL
1642 04 11	MK	LODEWICK	SIMON	I.V.S.?	WICHEL	JANTIEN MEES	BOTTRINGESTR
1644 07 06	AK	LODEWIG	/DR.		WIJCHGEL	JANTIEN MEES	BOTTRINGESTR
1646 07 19	AK	LODEWIJCK	STEVEN	MELIJS		GEERTRUIJT	DRAEKERK
1647 08 22	AK	LODUWICH	JAN	EGBERTS		GEESJEN SCHULTEN	A
1643 06 14	MK	LODUWICH	S/DOCTOR		WICHGEL	JANTIEN MEES	BOTTRSTR
1644 06 02	AK	LODUWICK	STEVEN	MELIS	KERK	GEERTRUIT	A KERK
1648 05 10	AK	LODUWIJK	RENR.		CLUIVING	AELTIEN ANTHONIJ	SWANESTR
1645 01 08	AK	LOLKE	TONNIS	CLAESSEN		TRIJNTIEN JANS	BUTJENSTR
1647 04 18	MK	LOUIJS	NANNE	JASPERS		LEENTIEN	MART.KERKHOF
1646 05 30	AK	LOUIJS	TOBIAS	ANDREA		ELIJSABETH GEER,DE	NIJEMERKT
1646 03 13	AK	LOUWE	ALBERT		LANDT	GRIETIEN MUNTING	N BOTRSTR
1642 11 11	AK	LOUWIJX	GOVERT?		GELIJN	LIJSEBETH BOLLENS	SCHUITENDP
1648 03 08	MK	LOVUIJS	NANNE	JASPERS		LIENTIEN LOUIJS	JANSBRUGGIEN
1646 01 26	MK	LUBBECHIEN	JAN	HARMENS		HILLECHIEN	DAMSTERDIEP
1647 10 19	AK	LUBBECHIEN	STOFFER	LUBBERTS		ANNETIEN	SUIDERDP
1646 03 22	AK	LUBBERCHIEN	GEERT	HINDRIX		SARA	SCHUITENRS STR
1641 02 24	MK	LUBBERT	ABEL	POPKENS		GEESJEN	MIDDELBERT
1643 05 26	MK	LUBBERT	ABRAHAM	EDENS		AELTIEN	JONKERENSTR
1648 06 27	AK	LUBBERT	ABRAHAM	EDDENS?		AELTIEN	SLEMENNERSTAR
1648 06 25	MK	LUBBERT	BERENT	LUBBERTS		BETTIEN	EBBNSTR
1642 06 30	AK	LUBBERT	BRUIN	LUBBERTS		MAIJE TAMMENS	VISSCHERSTR
1643 08 09	AK	LUBBERT	BRUIN	LUBBERTS		MAIJE TAMMENS	VISSCHSTR
1643 10 08	AK	LUBBERT	CLAES	CLAESSEN		METTE JANS	SCHUTEMRS STR
1646 09 02	AK	LUBBERT	DRIJRT	STOLLINGA		ANNA BIRZA	OOSTERSTR
1648 09 26	AK	LUBBERT	EGBERT	GERTS	POTS?	HILLETIE	PELSERST
1646 01 08	AK	LUBBERT	ENOS?	EMMENS?		JANTIEN CRANS	GESTERSTR
1647 10 28	AK	LUBBERT	FOCKE	ADAMS		ANNETIEN	NIJESTADT
1641 06 05	AK	LUBBERT	GERHARDUS		BUINING	HINDRICKJEN POLLINGE	HEERSTR
1647 10 27	AK	LUBBERT	HARMEN		MEIJER	CLARE	SCHUTNDP
1647 12 14	AK	LUBBERT	HARMEN	LUBBERTS		ENGELTIE	N.STADT
1645 01 28	AK	LUBBERT	HARMEN	MEIJERS		KLARE	SCHUITENDP
1645 09 09	AK	LUBBERT	HINDRICK	LUBBERTS		MERRECHIEN	RAAMSTR
1645 10 22	AK	LUBBERT	JAN	CAP.		AELTIEN	BEULSGANG
1645 06 22	AK	LUBBERT	JAN	MARTENS		ANNEKE	VIJSSRINGERAMERS
1642 11 18	AK	LUBBERT	JAN	LUBBERTS		GRIETE WILLEMS	PRINCENSTR
1644 01 07	MK	LUBBERT	JAN		OSENBRUGGE,V	GRIETIEN WILLEMS	PRINCENSTR
1641 11 04	AK	LUBBERT	JOHAN	GEERTS		STIJNE	--
1641 11 05	AK	LUBBERT	LAMBERT	LUBBERTS		GEERTIEN	A POORTE
1644 02 28	AK	LUBBERT	LUBBERT	LUBBERTS	BIRZA	ELLECHIEN TIARX	STEENTILPOORTE
1643 06 18	MK	LUBBERT	LUIJRDT	HINDRIX		CIJE	OVELGUNNE?
1646 01 18	MK	LUBBERT	LUITJEN	LUBBERTS		HINDRICKJEN	BERCKMENLE
1649 12 19	AK	LUBBERT	MELCHT--	--BBENS		GRIETIEN	BOTTROP
1644 01 25	AK	LUBBERT	OTTE	FACISIES?		TOBE	TIMMERWERF
1648 12 29	MK	LUBBERT	POPKE	ENTES		CLAESSEN	RECHTHUIS
1645 01 07	AK	LUBBERT	TONNIS	JANSSEN		ANNE LUBBERS	RAAMSTR
1641 07 25	MK	LUBBERT	WILM	CLAESSEN		ANNA LUBBERTS	PRINCENSTR
1648 11 03	AK	LUBBERTS	GERHARDUS		BUINING	HINDRICKJEN ROLING	VOLTST
1648 08 06	MK	LUBBET	AERENT	LUBBERT		SWAENTIEN	OOSTPRT
1647 02 23	AK	LUBBETIEN	BERENT		BOURMANDOU	AGNETE FLUGGE	GULDENSTR
1642 06 22	MK	LUBBETIEN	HINDRICK	DERCKS		JANTIEN	OOSTERPRT
1647 05 30	AK	LUCAS	ABRAHAMS	LUITJES		MAGDALENA	ROSENSTR
1643 01 19	AK	LUCAS	ALBERT		DIETERINCK	TRIJNTIEN RIJKENS	SWANESTR
1647 12 21	AK	LUCAS	ALLART	JOOST	CLANT	MARIA HELENA CLANT	VISSCH
1649 04 13	AK	LUCAS	CLAES		LISSEBOU	AGNETE	DONKERSGNG
1642 01 14	AK	LUCAS	CORNELIS	HINDRIX		MAGDALENE	KIJK/JADT
1643 05 10	AK	LUCAS	CORNELLIS	HINDRIX		MAGDALENE	KIJK/JAT
1646 08 23	AK	LUCAS	EDE	SIJMONS		EELCKE EDES	BREDEMERKT
1643 12 03	MK	LUCAS	FOKERT	BALTZARS		FOELKE LUCAS	BOTTRSTR
1647 01 14	AK	LUCAS	HANS		HELMICH	JANTIEN JURJENS	PRINCENSTR
1642 06 21	MK	LUCAS	HARMEN		MEIJER	ANNE	HEERPOORTE
1646 09 27	NK	LUCAS	HENDRICK	ARENTS		JICKE	SUIJDERDP
1644 12 16	MK	LUCAS	HINDRICK/SOLD.	DRIETS		AELTIEN	BREEGNAG
1648 12 17	AK	LUCAS	HINDRICK	ARENTS		ICKE	SUIDERDP
1641 12 19	MK	LUCAS	JAN	LUCAS	BORCHSTENVRDN	FENNE JANSEN LIER,VAN	
1642 01 19	AK	LUCAS	JAN		HALLENBAUCH	HILLETIEN	LUTKE DRA
1649 11 20	AK	LUCAS	JAN	LUCAS		LIJSBETH LODUWICH	JATSTR
1641 12 19	MK	LUCAS	JAN	LUCAS		TRIJNE	POELEPRTE
1641 01 01	AK	LUCAS	LUCAS/DOCT.	HARKENS		AELTIEN CARBBE	TORFTOORNST
1643 09 20	AK	LUCAS	LUCAS	LUCAS		ANNA ALBERTS	NIJESTADT
1648 09 03	AK	LUCAS	LUCAS	LUCKES		ANNA	CRANEPOORTE
1649 09 27	AK	LUCAS	LUCAS	JURJENS		GEESJEN	RAAMSTR
1643 10 08	MK	LUCAS	LUCAS		VECHTER	GRIETIEN	BOTTRSTR
1647 04 25	MK	LUCAS	LUCAS		VECHTER?	GRIETIEN	CARELSWECH
1646 05 06	MK	LUCAS	LUITIEN	HILLEBRANTS		ANNETIE ARENTS	GELTINGESTR
1644 09 10	MK	LUCAS	LUITJEN	HILLEBRANTS		ANNE ARENTS	MOUKEHOLM
1644 03 17	AK	LUCAS	MENNE	LUCAS		GRIETIEN JANS	N.JADTSTR
1647 08 19	AK	LUCAS	MENNE/JR		WICHRINGE	HELENA CLAUS	BOTTRSTR
1649 01 23	AK	LUCAS	MENNO/JR		WICHRINGE	H CLANT	VISMERKT
1647 07 17	AK	LUCAS	NANNE	LUCAS		GRIETIEN	CROMMEJADT
1642 08 21	MK	LUCAS	PIETER	PAAUST?		JANNEKEN LUCAS	HARDINGESTR
1648 10 15	MK	LUCAS	POPKE	SIJMONS		ANNE	JOANNSBRUG
1648 07 07	AK	LUCAS	STOFFER	PIETERS		AVE	VERLATEN?
1642 01 23	MK	LUCAS	TEEPE/SOLDAET	HARMENS		AELTIE	MOESKERSGNAG
1644 09 08	MK	LUCAS	WARNER	LUCAS		GRIETIEN	GELTINGESTR
1641 01 24	AK	LUCAS	WILLEM	JANS	KORSMAKER	--	POELSTR
1647 07 14	AK	LUCAS	WILLEM/HOPMAN	HIJLKENS		GEERTRUIT	BREDEMERKT
1645 04 06	MK	LUCAS	WILLEM		BENSSINUS	LUTGERTIEN	GULDENSTR
1648 06 06	MK	LUCIA	JAN		KINDERMAN	ANNE HARMENS	HERESTR
1645 07 30	AK	LUCIA	JONNES		BREDERODE,A'	TRIJNTIEN JANS	N.BOTTRSTR
1641 03 14	MK	LUCKE	DERCK	HELWERS		METTE	STEENTILPRTBG
1641 05 12	AK	LUCKE	EVERT	KOOPS		EEVE	DAMSTERDP

Year Mo Da	Chr	Child's Given Name	Father/Child's Patronymic	Father's Patronymic	Father's Surname	Mother	Address
1642 07 10	MK	LUCKE	EVERT		CAP?	EVA	DAMSTERDP
1647 06 07	AK	LUCKE	HARMEN	JANSSEN		ANNECHIEN	N.BOTTRSTR
1648 11 15	AK	LUCKE	HARMEN	BERENTS		HILLE	SCHUTEMAKERSWAL
1643 08 01	AK	LUCKE	HINDRICK		MULLER	TIETE	SCHOOLHOLM
1643 02 14	AK	LUCKE	JAN	LAMBERTS		TRIJNE	COSTERSGANG
1647 09 06	AK	LUCKE	PHILIPS		BOSCHMAN	GEBEKE	SCHUTMAKERSWAL
1643 09 24	MK	LUCKE	PIETER	JANSSEN		GEESJEN GEERTS	GELTINGESTR
1646 12 04	AK	LUCRETIA	CLAES	BUITINUS	CHIRUNGE	ANNECHIEN	HEERSTR
1646 08 10	AK	LUCRETIA	FRANS	DERKS		TELLECHIE	N.EBBSTR
1648 08 04	AK	LUCRETIA	LUCAS		VECHTER	ANNE JANS	CERELSWECH
1642 09 23	AK	LUCRETIA	MAIENR/CAPT		ISSELMUIDEN	--	HOLM
1643 11 16	MK	LUCRETIA	S:MAJEUR?		ISSELMUIDEN	N.N.	SCHOOLHOLM
1641 06 13	AK	LUCRETIA	WIGBOLT/CAPT.		ISSELMUIDEN,VAN	JOHANNA ---,VAN	--
1644 12 27	AK	LUCRETIE	FERDINANDEN	N.(decd)	BA-ING?	ANNEKE ELIJSABETH	D.DIEP
1647 11 07	MK	LUDOLPH	GEORGIUS		NIJKERK	ALBERTIEN	JACOBIJNERST
1644 06 19	AK	LUDOLPHUS	GARDEWIJN	ROMMERUS		GEERTRUIT	HELPEN
1648 06 19	AK	LUERT	HARMEN	JURJENS		GREITIEN	SLACHTERSRIJPE
1643 11 07	AK	LUERT	JAN/SOLD.	LUERS		ANNE	SUIDERDIEP
1649 01 23	AK	LUERT	MENNO/JR		WICHRINGE	H CLANT	VISMERKT
1646 07 06	MK	LUIDEN	ALBERT	EGBERTS		MARRECHIEN	NIJEKERKHOFF
1648 12 21	AK	LUIERT	STEEN	LUIRTS		MARIA NIJKERKS	SWANESTR
1642 07 03	MK	LUIJTJEN	HENDRICK	KARSTS		HARMTJEN	GOLDENCORST/MUIR
1643 12 17	MK	LUILEFJEN	LUILEF	HENNINGS		MARRECHIEN JURJENS	BEULSGANG
1645 02 23	MK	LUIRT	BARTOLT		WICHRINGE	EVERTIE HILLES	BOTTR.STR
1648 05 30	AK	LUIRT	LUIRT		STOLLINGE	ANNA BIRZA	OOSTERSTR
1649 05 25	MK	LUIRT	WILLEM	LUIRTS		LIJSABETH ARENTS	O.BREGANG
1647 08 22	MK	LUITIEN	ALBERT	STIENTJES		GRIETJEN	MEULENSTR
1643 06 04	AK	LUITIEN	BRUIN	JANSSEN		WEMELE	NIEUWERSTADT
1643 03 21	AK	LUITIEN	ENGELBERT	LUITIENS		EELKE	DRA
1649 02 08	MK	LUITIEN	GEERT	OTTENS		GEERTIEN JANSSEN	N.SWUTIG?
1641 09 12	MK	LUITIEN	HINDRICK	LUITIENS		SOPHIA	DAMSTERDP
1647 01 13	MK	LUITIEN	JACOB	HINDRIX	BROUWER	TRIJNTIEN	BOTTRINGSTR
1641 12 01	MK	LUITIEN	JAN	EGBERTS		ANNE CLAESSEN	BLOEMKERKSTR
1643 11 03	AK	LUITIEN	JAN	EGBERTS		ANNE	BLOEMSTR
1642 10 07	AK	LUITIEN	JOHAN		RIDDER	SOPHIA TIASSENS	N.WECH
1641 06 26	AK	LUITIEN	ROELEF	GEERTS		ROELEFJEN	SCHUTENDP
1642 05 29	AK	LUITIEN	TONNIS	JANSEN		ANNE LUBBERTS	RAAMSTR/DRIST
1642 06 12	AK	LUITJEN	DERK	CRANSSEN		CORNELISJEN CRANSEN	OOSTERSTR
1646 10 02	MK	LUITJEN	EISO	JACOBS		AELTIEN	MUIERE
1645 11 30	MK	LUITJEN	HINDRICK	LUITJENS		WILLEMSTIE	PRINCENSTR
1646 10 03	AK	LUITJEN	JACOB	WILKENS	GLAEFR--?	GRIJNTIEN	CARBBS?WECH
1641 12 27	MK	LUMME	JAN	KARSTES		JELLE	EBB/BOTTRPRT
1641 04 11	MK	LUMMECHIEN	HARMEN	JANS	SOLDAET	GRIETIEN	COSTERSGNG
1648 05 17	AK	LUMMETIE	TONNIS	SIJTSENS		LIJSEBETH	BUTJENSTRA
1647 10 13	AK	LUMMETIE	WIJBRANT	HINDRIX		GEESJEN	GULDENSTR
1641 04 16	AK	LUMMETIEN	ANDRIES	CONRADI	BOECK-ROPER?	GEERTIEN	STOELDRST
1643 01 25	AK	LUMMETIEN	LUITIEN	JANSSEN	BUS	TALLE CLAESSEN	COSTERSGANG
1646 09 16	AK	LUTGERT	CHRISTOFFER		DIEPHOLE,V	SARA	DAMSTERDP
1648 02 15	AK	LUTGERT	COERT			TRIJNTIEN	UIJVWERKSGANG
1644 08 31	AK	LUTGERT	FLORIJN	LAURENTS		ANNECHIEN	STOELDRSTR
1649 07 29	MK	LUTGERT	FREERCK	COERTS		FENNETIEN	FIOELESTR
1649 02 27	AK	LUTGERT	HARMEN	HINDRIX		GEERTRUIT	N.STRAET
1645 01 26	MK	LUTGERT	HARMEN	LUCAS		GRIETJEN TONNIS	SCHUTENDP
1648 07 09	MK	LUTGERT	JACOB	HINDRIX		HILLE	PLUMERSGANG
1648 03 02	AK	LUTGERT	JACOB	CRIJNS		LIJSEBETH	STEENTILSTR
1647 06 18	AK	LUTGERT	JAN	EVERTS		ROELEFJE HARMENS	HEERSTR
1649 09 13	AK	LUTGERT	ROELEF	THOMAS		MARRETIEN JANS	A PRT
1644 04 08	AK	LUTGERT	SIJMON	JANS	RAEVEMAKER?	ANNECHIEN HINDIRX	HEERSTRATE
1641 10 21	AK	LUTGERT	UIJTJEN	WILLEMS		GRIETIEN ILENS	SLEMENNERSTR
1648 08 10	AK	LUTGERT	WILLEM	CLAESSEN		ANNECHIEN	HARDINGSTR
1641 08 08	AK	LUTGERTIEN	EGBERT	LUBBERTS		ANNA	RAAMSTR
1646 11 27	AK	LUTGERTIEN	ELLE	BOUCKES		HARMTIEN	SNORRETIE?
1647 11 07	MK	LUTGERTIEN	FREERCK	COERTS		FENNETIEN JANS	BOTTPOORT
1646 01 25	AK	LUTGERTIEN	GEERT	JANSSEN		GRIETIEN	WOERT
1647 11 21	MK	LUTGERTIEN	GERRIT	GEERTS		GRIETIEN	HEERPOORT
1646 11 03	AK	LUTGERTIEN	HARMEN	JANSSEN		TIETJEN	WOERT
1644 07 19	MK	LUTGERTIEN	HINDRICK	JANSSEN		FREE	SCHUTENDIEP
1641 12 30	AK	LUTGERTIEN	HINDRICK	HINDRIX		HILLE	JADT
1642 09 11	MK	LUTGERTIEN	SIJMON		ROEREMAKER	ANNE	HEERSTR
1646 05 24	AK	LUTGERTJEN	HARMEN	HINDRIX	NIJENHUIJS	GEERTRUIT	JAT/N STRAT
1647 06 20	AK	LUTGERTJEN	HARMEN	HINDRIX		GEERTRUIT	NIJESTR
1646 11 08	AK	MADELENE	JAN		BEECKMAN	MARIA	ZUIPSTRATE?
1646 03 01	MK	MAEIJKE	JAN	PIETERS	BROUWER	TRIJNTIEN	POELEPOORTE
1642 05 18	AK	MAGDALEENTIEN	JACOP		FERRE	MARIA	MUERE
1641 10 01	AK	MAGDALEENTIEN	PHILPIS		MEIJER	GRIETIEN	NIJESTADT
1645 03 26	AK	MAGDALENA	ADOLPH		RAVENSBERCH	JOANNA HEMSINGHE	HEERSTR
1644 10 23	AK	MAGDALENA	ASSE	HARMENS		MAGDELENE	GEESTL.MAAGDENSTR
1646 10 10	AK	MAGDALENA	GEERT	HINDRIX		HARMTIEN ALBERS	COSTERSGANG
1647 03 02	AK	MAGDALENA	HINDRICK	KARELS		HARMTIEN	MUERE
1648 08 01	AK	MAGDALENA	JEREMIAS		BOEK	CATALINA CELEN	3 MEULLENS
1644 09 06	AK	MAGDALENA	JOHAN		DROGE	MAGDALENE PIETERS	HOOCHSTR
1644 10 18	AK	MAGDALENE	ANDRIES		RECKEWECH	ANNE	JACOBIJNESTR
1643 10 17	AK	MAGDALENE	EEDE	SIJMONS		ELSJEN	BREEDEMERCKT
1647 12 21	AK	MAGDALENE	HARMEN		SLUITER	JANTIEN PIETERS	SWANSTR
1648 09 10	AK	MAGDALENE	HIERON.	REDERS		ANNETIEN	SWANESTR
1648 03 10	MK	MAGDALENE	HINDRICK		CARVER	HARMTIEN	LEEUWENPOORTE?
1642 12 26	AK	MAGDALENE	ISAAC		COUPE	MARIJE	HARDINGESTR
1648 10 03	AK	MAGDALENE	MICHAEL		RODE	MARIA	HARDINGESTAR
1642 12 26	AK	MAGDALENE	TIJS		EMRAET,VAN	PIETERTIEN	VISSCHERSTR
1646 10 23	AK	MAGDALENE	WILLEM		SAMBECK	GRIETIEN	HEERSTR
1642 10 16	MK	MAGDELENA	ZACHARIAS		MORT,LE	RACHEL BONDERLOT	COSTERSGANG
1641 10 03	AK	MAGDELENE	ISAAC		COUPE	MARIJE SICKENS	HARDINGESTR
1644 01 28	AK	MAIJKE	ADRIAEN	CLAESSEN		ANNEKE ANDRIES	WOERT
1648 09 08	AK	MAIJKE	ALBERT	REIJNTIES		GEERTRUIT	JAT
1648 05 14	MK	MAIJKE	CASPAR/SOLD	HACGERIUS?		AELTIEN	OOSTERSTR
1642 05 16	AK	MAIJKE	HAIJE	DERKES		LENEKE CLAESSEN	RAAMSTR
1645 07 29	AK	MAIJKE	HANS		LANGE	ANNETIE	A.
1642 12 18	AK	MAIJKE	VREERCK	JACOBS		GEERTIEN	N.BOTTRINGESTR
1646 08 16	AK	MANGENIJS	LOUWERENS		GRANBOUE	AELTJEN	SUIJDERDP
1647 12 02	AK	MARCELIUS	JORONIMUS		BISOLFF	RENSKE	BREDEGANCK
1641 06 12	AK	MARCUS	FRANS	MARCUS		GRIETIEN THOMAS	NIEUWEKERKHOF
1645 02 26	AK	MARCUS	HANS		BEIJDEL	ANNECHIEN	SUIDERDP
1647 04 07	AK	MARCUS	MARCUS (decd)	JANS	POTT	ENGELTIE	DRA
1646 08 15	AK	MARCUS	POPKE	SIJMONS		ANNICHJEN	S.JANNESBRUGGE
1642 07 24	AK	MARCUS	THIJS	JANSEN		LIJCKEL	BUTTJENSTR

Year Mo Da	Chr	Child's Given Name	Father/Child's Patronymic	Father's Patronymic	Father's Surname	Mother	Address
1648 09 09	AK	MARETIEN	CLAES	JURJENS		LAMMECHIEN	HELPEN
1641 02 09	AK	MARGARETE	ARNOLDUS	WIGGERINUS	LATIJNSCHE MR	--	TORFTOORNST
1647 05 18	AK	MARGARETHA	WILHELMUS		ALSTORFF	CATHARINA	NORTLAVEN?
1648 11 16	AK	MARGKE?	GEERT	GEERTS		LIJSABETH	RAAMSTR
1641 10 24	AK	MARGRETA	ABEL	LEEUWE		MARGRETA RIPPDA	VISCHMERKT
1646 08 21	AK	MARGRETA	BERENT	ROELFFS		ANNA BERENTS	GEESTENMAECHDENCL
1646 08 14	MK	MARGRETA	DANIEL	MARTENS		SAFFJEN HANSEN	KIJCK/JADT
1642 03 13	MK	MARGRETA	GERLEF	HINDRIX		GRIETE	BOTTINGEGANG
1648 06 01	MK	MARGRETA	RUDOLPH	CHRISTOPH.		AELTIEN LATTR	--STR
1642 12 04	MK	MARGRETA	STOFFEL		BOLEMER	AELTIEN STOFFELS	--
1641 08 22	AK	MARGRETE	ALBERT		DILLINCK	TRIJNTIEN	MARTINIKERKHOFF
1647 04 27	AK	MARGRETE	CLAES	TALENS		WAMELTIEN	HEERSTR
1648 03 19	MK	MARGRETE	HANS	GRIJS		AELTIEN	BREDEGANG
1641 08 26	AK	MARGRETE	JAN		NORTHOORN	FENNECHEN EVERTS	OOSTERPRT
1642 03 18	MK	MARGRETE	JOANNES		SLEPER	MARGRETE	PLUIMERSGANG
1649 04 12	AK	MARGRETIEN	JAN	EDZERTS		CLARE DERX	MUERE
1645 10 05	MK	MARGRIETA	ARENT	JANSEN		MARIA BERENTS	DAMSTERDIEP
1648 03 08	MK	MARGRIETA BARBARA	DANIEL		MULLER	MECHTELT STEENTGEN	M.STR
1642 04 22	AK	MARGRIETA	HANS		HEIJL	MARIA	POELPRT/SIJNDICUS
1649 01 30	AK	MARGRIETA HUSINGA	HANS	HINDRIX	HUP	UETJEN	SUIDERDP
1644 06 23	AK	MARGRIETA	HARMEN			ANNA	RAAMSTR
1645 01 23	MK	MARGRIETA	HOLTZE	JELMERS		AELTIEN	PRINCENHOFF
1647 10 06	MK	MARGRIETA	JAN	SCHULTES		SARA HARMENS	NIJEWECH
1648 10 03	AK	MARGRIETA	REGNERUS		KUNNING	LIJSABETH	HARDSTR
1644 12 11	MK	MARGRIETA	RIJCKE		CLEVE,VAN	GRIETE	SCHUITENDIEP
1645 01 28	AK	MARGRIETE	ANNE/SOLD.	WARS		GEESJEN	PRINCENSTR
1643 09 08	AK	MARGRIETE	ARENT/SOLD.	WERS		GEESJEN	PRINCENSTR
1641 07 04	AK	MARGRIETE	BARTELT		JONCKBLOET	TRIJNE	SCHUTEMKR
1644 10 20	AK	MARGRIETE	BASTIAEN		OSENDORCK	IDECHJEN TONNIS	N.JADTSTR
1648 06 09	MK	MARGRIETE ELIS.	CHRISTOF.		SCHONBACH	SUSANNA SAMGIJ?	MEERL.?
1645 02 20	AK	MARGRIETE	CLAES	HANSSEN		BEERNTJEN	N.JADT
1644 10 23	AK	MARGRIETE	CLAES		CAPOEN	MAIJKE	NIEUWEWECH
1644 08 04	MK	MARGRIETE	DERCK	JANSSEN		SWANE	CRANE
1645 14 30	AK	MARGRIETE	EERNST	HINDRIX		ANNA MARIE	BEULSGANG
1646 01 11	AK	MARGRIETE	GEERT	HEBRANTS		AECHTE	TORFTORNSTR
1647 08 01	MK	MARGRIETE	GODEFROIJ		MAIRE,LE	JUDITH DRENTWEDDE?	POEL
1644 04 21	MK	MARGRIETE	HAIJKE	CLAESSEN		ANNE	BOTTERDIEP
1642 10 26	AK	MARGRIETE	HANS	TONNIS		ANNEKE BERENTS	PRINCENSTR/DRIST
1641 07 11	AK	MARGRIETE	HANS		VALCK	HELLENA HAFMANS	RAAMSTR
1646 12 02	AK	MARGRIETE	HINDRICK		HUFMAN	ANNECHIEN	BOTTRPRT
1643 01 29	MK	MARGRIETE	HINDRICK	JANS		BEERTE	WESTINDISCHHUIJS
1647 01 08	AK	MARGRIETE	HINDRICK		PATER?	ELSE	SCHUITENDP
1643 11 22	AK	MARGRIETE	HINDRICK	PIETERS		GEBBEKE	N.KERKHOFF
1644 08 25	AK	MARGRIETE	HINDRICK		FROON	GEESJEN EIJSSINGHE	BRUGGESTR
1648 05 22	MK	MARGRIETE DOROTH.	HOENDER	HANS		TRIJNE	STEENTILSTR
1643 06 25	MK	MARGRIETE	JACOB	COERTS		FORUCKE	SUIDERDIEP
1647 04 20	AK	MARGRIETE	JACOB		HAVERMAN	MARGRIETE	CORMELBOGEN
1647 02 28	AK	MARGRIETE	JACOB	JANSSEN		TRIJNE CLAESSEN	SCHOOLHOLM
1647 08 31	AK	MARGRIETE	JAN	CRANSJEN		CATHARINE	SCHUTENRSTR
1648 11 15	AK	MARGRIETE	JAN		BOUTIEN	GEERTRUIT	PELSERST
1642 05 12	AK	MARGRIETE	JAN	GEERTS		GEESKE JANS	PELSERSTR
1647 04 18	AK	MARGRIETE	JAN (serg)	TONNIS		GRIETJEN	VOLTINGESTR
1649 12 02	MK	MARGRIETE	JAN	FOCKENS		LIJSABETH JANS	BOTTRPRT
1647 12 30	AK	MARGRIETE	JAN		OOSTERMAN	SWAENTIE	JADTSTR
1645 12 05	AK	MARGRIETE	JOANNES		ROSTORP	GEESKE-MAGDALENA SCHRODERS JADT STR	
1648 06 02	MK	MARGRIETE	JOANNES	BARTELS		TRIJNTIEN	SWANESTR
1642 08 02	AK	MARGRIETE	JURJEN		MEIJER	LUCKE THIJES	WOERT
1643 08 14	AK	MARGRIETE	KOERT	MARTENS		AGNETE	COSTERSGANG
1644 08 25	MK	MARGRIETE	LUCAS	EVERTS		GEERTRUIT RIJKENS	N.EBBSTR
1648 02 02	AK	MARGRIETE	MATHIJS	WIGHERS		EKSKE GERRITS	POPKEN
1647 02 02	AK	MARGRIETE	PHILIPS		BURCH,VAN	CUMERA STARKENBORCH	VOLTRSTR
1646 09 30	AK	MARGRIETE	PHILIPS		BORCH,V	LUNERA STERKENS,V	BREDEMERT
1646 10 27	AK	MARGRIETE	TIAERT	ASING		TOEBICHJEN	LANE
1644 06 06	AK	MARGRIETE	VELTEN	HANS		MARGRIETE	SWANESTR
1647 09 17	AK	MARGRIETE	WESSEL	HEERES		MARIA BRUCHERI	SWANSTR
1642 01 23	MK	MARGRIETE	WILLEM		HEEP	JACOBJEN PAULS	PRINCENSTR
1641 03 24	AK	MARGRIETEN	MARTEN		GROUTEMAN	GRIETJEN	HOMANSGANG
1648 03 10	MK	MARGRIETIEN	BAIJKE	CLAESSEN		ANNECHIEN	BOTTRDIEP
1647 06 25	AK	MARGRIETIEN	EFFTE?	HARIJES		LIJSEBETH HARMENS	N.EBBSTR
1645 01 26	AK	MARGRIETIEN	JURJEN	DAM	GLAESEMU?	IDEKE BERENTS	TORFTWALE
1648 08 30	MK	MARGRIETIEN	LUCAS	EVERTS		GEERTRUIT RIJKENS	N.EBBSTR
1648 08 15	AK	MARGRIETIEN	PAUL	ROELEFS		BEATRIS	VISCHM.
1644 02 21	AK	MARGRIETIEN	WILLEM	HINDRIX		MARRECHIEN	GEWELD.POORT
1648 10 06	AK	MARGRIETJEN	BARTHOLMUES		CONSTANE?	HINDRICKIEN BRUENS	VISMER
1646 05 08	AK	MARGRIETJEN	CLAES	HANSSEN		BERRENTIEN	NIEUWEJADT
1643 12 06	AK	MARIA	ADRIAEN	HIERONIJMES		CLAESJEN CLAES	HOFSTRATE
1642 07 17	MK	MARIA	ALBERT	LAMBERTS		LUTGERTJEN	BOTTERMERCT
1644 09 20	AK	MARIA	AMELINCK		WINTHOFF	ANNA	NIJEKERKHOFF
1646 01 28	AK	MARIA	ANDRIES/SOLD.		VOS	AELTIEN	LEELJEN STR
1649 07 24	AK	MARIA	ANDRIES	MICHEELS		JANTIEN	OOSTRPRT
1643 10 18	AK	MARIA	ANTHONI		CONTE,D'LE	TOEBE JANS	KATTENHAGHEN
1644 11 12	AK	MARIA	ARENT/RUITER		BLEIJDIJSSEL	DAEIJKE	RAAMSTR
1642 07 21	AK	MARIA	ARENT		BLEIJDIJSSEL	DAJE	RAAMSTR
1648 04 11	AK	MARIA	BERENT	BERENTS		FENNETIE	CARELSWECH
1646 11 13	AK	MARIA	BERENT	BERENTS		LIJSEBETH JANS	BREDEMERKT
1646 12 02	AK	MARIA	BERENT		MEIJER	MARIA	SCHUTEMAKERSWAL
1648 05 24	AK	MARIA	BOIJEN	ROELEFS		AELTIEN	SCHUITNDP
1648 04 16	MK	MARIA	BORCHERT	ZEGEL	RUITER	ANNA	N.EBBPOORT
1646 02 26	AK	MARIA	BRIJN	LUBBERTS		MARRECHIEN BRIJNS	VISSCHERSTR
1643 12 22	AK	MARIA	CHRISTIAEN		BEEM	ANNEKE	SCHOOLHOLM
1642 11 20	MK	MARIA	CHRISTIAEN		DITTEL	CATHARIJNE VLAMERS	HEMSINGSWAL?
1648 12 31	AK	MARIA	CLAES	TOLLENS		AELTIEN	PAPENPORTIEM
1646 08 01	AK	MARIA	CLAES	TOLENS		AELTJEN	SCHOLHOLM
1648 12 19	AK	MARIA	CLAES	JANSSEN		STIJNTIEN	PRINCENST
1642 02 20	AK	MARIA CLARA	CORNELIS		LOOR	FRONEKE	HOGEBROERSTR
1646 12 06	AK	MARIA	DANIE?	HINDRIX		JANTIEN	SLEMENNERSSTR
1646 11 20	AK	MARIA	DANIEL		WIJNGOET	CATARIJNE	COSTERSGANG
1645 04 13	AK	MARIA	DANIEL	MARTENS		SOPHIA	VISSCHERSTR
1648 01 09	MK	MARIA	DANIEL/SERG.		WIJNGOET	TRIJNTIE	HEERSTR
1645 12 28	AK	MARIA	DERCK	JANSSEN		SWAENTIEN JANS	VISSCHERSTR
1646 10 28	AK	MARIA	DEWOLT		REDIJE?	ELSEBE	PRINCENSTR
1642 01 26	AK	MARIA	DIONGS	MARTIJN	RETAIN	TRIJNE EGBERTS	BOTTERDP
1648 02 22	AK	MARIA	ECKE	CLAESSEN		TRIJNE JANS	SCHUTENDP
1647 02 24	AK	MARIA	EVERT		KAP	EVA JACOBS	DAMSTERDP
1644 10 09	AK	MARIA	EVERT		CAP.	EVE EVERTS	DAMSTERDIEP

Year Mo Da	Chr	Child's Given Name	Father/Child's Patronymic	Father's Patronymic	Father's Surname	Mother	Address
1647 02 21	MK	MARRECHJEN	JAN	PIETERS		TRIJNTIEN JACOBS	POELESTR
1643 10 24	AK	MARREHIEN	FINTS	PHILIPS		FROUKE DERKS	N JADTSTR
1641 03 21	AK	MARRETIE	THOMAS	GERBRANTS		--	VISSCHRSTR
1646 06 06	AK	MARRETIEN	ABEL	EVERTS		KUNNETIE	HEERSTR
1643 10 22	MK	MARRETIEN	ALBERT	SCHULTENS		DIEWERTIEN JASPERS	GELTINGESTR
1644 01 14	AK	MARRETIEN	ARENT	JANSSEN		JANTIEN	SUIDERDIEP
1641 01 08	AK	MARRETIEN	CORNELIS	STEVENS		--	HELPEN
1642 12 21	AK	MARRETIEN	DOECKE	MELLENS		GRIETIEN	NIJE WECH
1649 11 25	AK	MARRETIEN	HAIJE	GEERTS		GEERTRUIT	LANE
1643 08 29	AK	MARRETIEN	HINDRICK	NANNES		GEERTRUIT HARMENS	STEENTILPOORTE
1643 10 04	AK	MARRETIEN	HINDRICK	WIJBRANTS		MARRETIEN	OOSTERSTR
1648 08 26	AK	MARRETIEN	JACOB	JANSEN		TRIJNTIEN	CARELSWEDCH
1648 03 21	AK	MARRETIEN	JAN	TONNIS		HILLETIEN	HELPEN
1649 06 20	MK	MARRETIEN	JAN	GEERTS		HILLETIEN	BOTTRINGEPRT
1649 07 01	MK	MARRETIEN	JAN		DAM,V	LUTGERTIEN	OOSTERSTR
1647 11 11	MK	MARRETIEN	JAN	VRICKES		WIJMEKE	N.JATSTR
1641 02 19	AK	MARRETIEN	OLTGER	EVERTS		--	N.EBBSTR
1649 06 08	MK	MARRETIEN	VICTOR	CLAESSEN		ABELE	OOSTERPRT
1648 02 29	AK	MARRIJ	MARCUS	ALLENS		SIJEKE	JONKERENSTR
1646 08 12	AK	MARRIJE	JOANNES		BREE	FIJE	JUDE CORENSTR
1642 10 11	AK	MARRIJKE	CAREL	MEIJBOS?		HINDRICKJEN HINDRIX	VISSCHERSTR
1642 12 26	MK	MARTEN ABR.	ABRAHAM	MARTENS		AELTIEN	SCHUITENDIEP
1642 10 23	MK	MARTEN	ADAM	MARTENS		GEESKE WILLEMS	N.BOTTRSTR
1642 04 12	AK	MARTEN DANIEL	CASPER		SMEISSER	GEERTRUIT	PLUIMERSGANG
1642 07 08	MK	MARTEN	CLAES			ANNE	POPKENSTR
1643 10 25	AK	MARTEN	CLAES	MARTENS		ANNE SAPPENS	POPKENSTR
1646 08 02	MK	MARTEN	EDE	GOSENS		WIBBE	HEERPOORT
1643 04 04	AK	MARTEN	HANS	ADELEFS		CHRISTINA	MONNICKHOLM
1649 11 07	AK	MARTEN	HANS	MARTENS	REIJNMAN	IDE	MONKEHOLM
1645 10 01	AK	MARTEN	HARMEN	DERX		TRIJNTIEN	NIJE EBBSTR
1649 09 02	AK	MARTEN	HINDRICK	MARTENS		ANNEKE	HERECAMERS
1646 01 11	MK	MARTEN	JAN	MARTENS		GRIETIEN FOLKENS	N.KERKHOFF
1647 07 15	AK	MARTEN	MARTEN	FRANSSEN		LIJSEBETH ISEBRANTS	SCHOOLHOLM
1641 08 13	AK	MARTEN	ROTGER	HINDRIX		JANTIEN CLAES	JADT/MUERE
1643 09 24	AK	MARTHA	EERNST	DREEUWES		ANNA	VISSCHERSTR
1642 09 14	MK	MARTHA	PHILIPS	HOPSMER	SADELMR.	LIJSEBETH	EGGSTR
1649 04 17	MK	MARTIEN	GEERT	CASPERS		FROUKE PIETERS	W.F.?
1646 03 30	AK	MARTIEN	WESSEL	MARTENS		AELTIEN	BOTTERDIEP
1647 08 26	AK	MARTIJN	CRIJN	JURJENS		JANTIEN BERENTS	VISCHMERKT
1643 01 31	AK	MARTIJNTIEN	JEREMIAS	MARTIJN		GRIETIEN HANSSES	BOTTRPOORTE
1646 06 18	MK	MARTIJNTJEN	ROELEF	JACOBS		SARA	A KERKE
1646 06 21	AK	MARTINTJEN?	L-TJEN	WOLTERS		SWAENTIEN TIJMENS	SLEMENNERSTR
1641 08 11	AK	MARTINUS	ALBERT/SOLDAET		BLENCKE	TRIJNTIEN MARTINUS	MART.KERK
1648 05 03	AK	MARTINUS	JAN	ROELEFS		JANTIEN PIETERS	DAMSTERDP
1641 01 31	AK	MARTINUS	JURJEN	RIJKERS		CHRISTIJNTIEN	HARDINGE
1643 11 12	MK	MARTINUS	JURJEN		WEIJTMAN	ELSEBE	MEULENSTR
1642 07 08	MK	MARTJEN	EGBERT	THONNIJS		ALBERTJEN	JOCOBIJNERSTR
1641 07 14	AK	MARTUS	HANS	HINDRICKS		TRIJNE	TIJNIENS MEULEN
1644 02 11	MK	MATHAIS?	JAN	TEEUWES		ANNECHIEN EEVERTS	EBBINGSTR
1648 02 20	MK	MATHIAS	MATHIAS	KRIJNOET?		ELSE JACOBS	MOES.
1647 02 07	MK	MATHIJES	HARMEN		SUCK?	ANNETIEN MULLUM	PELESTR
1648 05 09	AK	MATHIJS	BALTSER		MULLER	CATRIJNE	OOSTBREEGANG
1647 05 02	AK	MATHIJS	CHRISTOFFER	MATHIJS		EESJEN	VOLTINGESTR
1642 06 26	AK	MATTHIAS	JAN	MATTHIJES		ANNECHIEN	HARDINGESTR
1645 12 28	MK	MATTHIAS	JOANNES		ZIEGLER	BARBER JANS	PRINCENSTR
1642 12 04	MK	MATTHIAS MARIJN	PIETER		LAGLAS	ELLETIE JANS	J.TESART T'HUIJS
1644 06 04	AK	MATTHIJAS	ANDREAS		VRIDACH	MARGRIETE	MEULENSTR
1647 08 08	AK	MATTHIJES	JURIEN	HINDRIX		SIJBILLA	HEEREN
1648 04 07	AK	MATTHIJS	CAREL	HEIJNES		JANTIEN	SUIDERDP
1645 07 20	MK	MATTHIJS	HANS	MATTHIJS		ANNA	MEULENSTR
1646 04 22	AK	MATTHIJS	HINDRICK	MATTHIJS		RENSKE REIJNERS	POELESTR
1649 08 21	AK	MATTHIJS	HINDRICK	WILLEMS		STIJNTIEN	MAESKERGNG
1645 10 24	AK	MATTHIJS	JACOB	HAIJKENS		JANTIEN HEECK,VAN	PEPSTR
1644 08 06	AK	MATTHIJS	JURJEN	DEIJT		TRIJNE	BOTTINGEGANG
1646 10 10	AK	MATTHIJS	JURJEN	MATTHIJS		TRIJNE MARTENS	COSTERSGANG
1644 05 08	AK	MATTHIJS	POPKE	SIJMONS		ANNA	SIJND:HINSIG.?
1642 02 18	AK	MATTHIJS	THIJS	SMEKES		RIJKJE	MARTINIKERKHOFF
1648 10 22	MK	MATTHIJS	THOMAS	PIETERS		ANNECHIEN	MOES.GANG
1643 10 01	AK	MECCHTELT	JOHANNES	FASUS		GRIETIEN JANS	SCHOOLHOLM
1648 10 15	AK	MECHTELT	EGBERT	CORNELIS		JUDITH TUSE	HARDSTR
1649 12 14	AK	MECHTELT	GERRIT	TIJMENS		SWAENTIEN	N.WECH
1643 09 17	MK	MECHTELT	HANS		SCHERP	JANTIEN	BLOEMKERSTR
1649 01 06	MK	MECHTELT	HARMEN		WESTERWOLT	HEIJLE	VOLTINGESTR
1646 04 17	AK	MECHTELTJEN	CHRIANUS	/med.doctor	PERIZONIUS	MARGRIET HETZINGE	HEERSTR
1648 10 06	AK	MECKE	JAN	BERENTS		STIJNTIEN	LEEIJENST
1644 09 15	AK	MEENJE	JAN	JANSSEN		JANTIEN	TORFTOORNSTR
1646 06 13	AK	MEENJE	JAN	TONNIS		MARRECHIEN CHRISTOFFRS	HELPEN
1644 08 11	MK	MEENT	DOUWE	MEENTS		HELMERICH	BOTTERDIEP
1649 11 08	AK	MEENTIE	WILTE	JANS		GEERTIEN	PEPERSTR
1647 03 24	MK	MEENTIEN	ALBERTUS?		LAMBERCH	CATHARINA CLEVE,V	EBBINGESTR
1646 10 13	AK	MEENTJEN	JAN	LUIRTS		ANNA	SUIDERDP
1647 03 26	MK	MEERTEN	JACOB	GEERTS	BROUWER	AELTIEN WESSELS	OOSTERST
1644 01 21	AK	MEERTEN	SIAMME	HARMENS		ANNECHIEN	HELPEN
1649 04 27	AK	MEIJE	HERO	JEIJES		SWAENTIEN BERENTS	N.EBBSTR
1644 08 25	AK	MEIJNERT	ARENT	DERX		FICKJEN	TORFTOORNSTR
1643 12 06	AK	MEIJNERT	JACOB	JANS		GEPKE MEIJNERTS	BOTTERDIEP
1649 01 16	AK	MEIJNERT	JAN	ROELEFS		LIJSABETH	MUIRE
1644 01 28	AK	MEIJNERT	JURJEN	DELIS		EECKE JANSSEN	A POORTE
1647 04 15	MK	MEIJNERT	JURJEN	DIETERS		EPKE JANS	A.POORTE
1644 09 01	AK	MEIJNERT	MAURITS	JANSSEN		AELTIEN MEIJNERTS	CRANEPOROT
1647 10 24	AK	MEIJNERT	TIAERT	JACOBS		NEELTIEN	A SCHAUSSE?
1641 08 26	MK	MEIJNT	DOUWE	MENTS		KLARE	BOTTERDIEP
1642 12 04	MK	MEIJNTIEN	LUITIEN	GEERTS		MARIA	PRINCENSTR
1643 03 19	MK	MELCHER	ABEL	HANSSEN		ANNE JANSSEN	EBBINGESTR
1646 06 23	AK	MELCHER	CASPER	JOSEPHS		GEESJEN	MARTINI KERKHOF
1641 07 30	AK	MELCHER	EEDE	EEDENS		OCKKE	PLUIMERSGNG
1645 08 08	AK	MELCHER	FRITS/SERG		BROECK,VAN	AELTIEN	CLOOSTER
1644 08 30	AK	MELCHES	MATTHIJS		BEST?	GRIETE	CRANE
1649 04 04	AK	MELLE JACOB	WIJG.	BROERSMA		HENDRINA INNES	N.EBBSTR
1645 06 14	AK	MENCKE	JAN	CLAESSEN		GEERTIEN JANS	NIJEWECH
1648 04 23	AK	MENCKE	JAN	HINDRIX		LUCKE	VISSCHERSTR
1642 07 12	AK	MENEKE	BARTELT	CLAESEN		HILLE	RAAMSTR
1647 08 26	AK	MENKE	BARTHELT	CLAESSEN		HILLE TEEPENS	RAAMSTR
1645 11 05	MK	MENKE	JAN	HINDRIX		LUCKE	VISSCHERSTR
1644 07 21	AK	MENNE	MENNE	VERGERS		ZARE HINDRIX	PRINCENSTR

Year Mo Da	Chr	Child's Given Name	Father/Child's Patronymic	Father's Patronymic	Father's Surname	Mother	Address
1646 10 10	AK	MARIA	EVERT	BERENTS		METTE	HEEREWECH
1648 06 25	MK	MARIA	FRANS	SANDERS		JANNEKE HANSSEN	N.HARDINGSTR
1648 03 12	MK	MARIA	FREERK		BUSCH	TIETIA FREERX	OOSTERPIJPE
1646 11 08	AK	MARIA	GARBRANT	PIETERS		AELTIEN	HEEREPOORTE
1649 03 09	AK	MARIA	GEERT	WILLEMS		GESE	NIJEWECH
1647 10 31	MK	MARIA	GEERT/SOLD	CASPERS		GRIETE	EBBSTR
1645 09 24	AK	MARIA	GEERT	BERENTS	GEMMINGA	HINDRICKJEN WESSELS	POELEPOORTE
1647 10 03	MK	MARIA	GERHARDT		HOORNKEN	BELE MANNINGHA	MERKT
1645 10 01	AK	MARIA	GERRIT	GEERTS		GRIETIEN MARTENS	HEERPOORT
1641 11 21	MK	MARIA	GERRIT	CORNELIS		RIJCKJEN WESSELS	NOORDERDIEP
1646 11 27	AK	MARIA	GERRIT	JOCHIMS		SIJTSKE TIJDENS	CROMELBOGE
1644 04 14	AK	MARIA	GODDE?	ELINCKS?		GEERTRUIT JANS	A.
1643 04 18	AK	MARIA	HACKE	ENGELBERTS		GEERTIEN	GULDENSTR
1646 03 15	MK	MARIA	HAIJKE	HARMENS		HANSJEN	PELSERSTR
1642 07 17	AK	MARIA	HANS		SCHRIJVER	ANNE	HEERPRT
1649 06 07	MK	MARIA	HANS		SEEST,V	GEESJEN	OOSTERPRT
1646 12 17	AK	MARIA	HARCKE	ENGEBERTS		GEERTIEN	N.EBB STR
1649 09 25	AK	MARIA	HARMEN	DERX		FROUKE	HONKERNSTR
1647 01 10	MK	MARIA	HARMEN/SOLD.	JANSSEN		HARMTIEN	PRINCENSTR
1645 03 09	AK	MARIA	HARMEN		TIJLMAN	TRIJNTIEN	VISSCHERSTR
1646 08 19	AK	MARIA	HENDRICK	BETTERS		GEBBE	SCHUTEMAKERSWAL
1647 04 04	MK	MARIA	HINDRICK	JANS		AELTIEN JANS	STEENTILSTR
1649 03 09	AK	MARIA	HINDRICK	JANS		AELTIEN	STEENTILSTR
1643 06 23	AK	MARIA	HINDRICK		KOCK	MARIA	BOTTERMERCKT
1645 08 19	AK	MARIA	HINDRICK	ROELENS		MARIA	SCHUIEM.WAL
1646 09 21	AK	MARIA	HINDRICK	CRUSS		TRINE? HINDRIX	DAMSTERDP
1648 09 03	AK	MARIA	JACOB		DUIDING	DIANA	GELTINGESTR
1641 10 27	AK	MARIA	JACOB		BEIJER	LIJSABETH	CINGEL
1647 07 08	AK	MARIA	JACOB		HAMERSMIDT	MARGARETA	VISCHMERKT
1642 12 30	AK	MARIA	JACOB		HAXENAER	MECHTELT PELSERS	N.JADTSTR
1647 10 28	AK	MARIA	JACOB	STOFFERS		TRIJNE	SCHUTNDP
1644 08 05	AK	MARIA	JACOB		BOSS	TRIJNTIEN HINDRIX	MUNTING
1643 11 02	AK	MARIA	JAN	GEERTS		ANNA	BREEDEMERCKT/BENSING
1646 06 07	MK	MARIA	JAN	JANSSEN	WATERHUSEN	ANNECHJEN	VISSCHMERKT
1643 04 03	MK	MARIA	JAN	ALBERTS		ANNETIEN BREUKES	MARTINIKERKHOFF
1648 10 10	AK	MARIA	JAN	DUWNER?		BEERTE	LAMHUIMGESTR
1643 02 07	AK	MARIA	JAN	GERRITS		CORNELIA JANS	A KERCK
1643 04 26	MK	MARIA	JAN	JURJENS		ELSJEN HARMENS	BEULSGANG
1649 11 21	AK	MARIA	JAN		HATTEM,V	EPKE	HARDINGESTR
1648 12 17	MK	MARIA	JAN	RENGNERS?		GRIETIEN	MUNDE
1649 07 03	AK	MARIA	JAN	MARTENS		GRIETIEN	JATSTR
1644 09 10	MK	MARIA	JAN	EVERT		GRIETJEN	GELTINGESTR
1644 11 06	AK	MARIA	JAN/SOLD.	JANSSEN		GRIETJEN	PRINCESTR
1644 05 01	AK	MARIA	JAN/SOLD.	PIETERS		JANTIEN	3 MEULENS
1649 08 15	AK	MARIA	JAN	ROELEFS		JANTIEN	DAMSTERDP
1646 06 15	MK	MARIA	JAN	PIETERS		TRIJNTIEN	POELESTR
1648 11 27	AK	MARIA	JELMER	STEENBERGEN		BARBERTIEN	NIJESTAD
1644 05 19	AK	MARIA	JOANNES		STRATEN,V D	AGNES	JADT
1648 09 27	AK	MARIA MARGR.	JOANNES	PROCTORIUS		FRERICKJEN	WOLBERGSSTR
1643 12 24	AK	MARIA	JOCHIM	DROES		ELISABETH	VISSCHERSTR
1648 05 28	AK	MARIA	JOH:		MIGNON?	AELTIEN GERRITS	CROMELBOGEN
1648 04 09	MK	MARIA	JOHAN		SCHUILENBORCH	GREETIEN	NOORDDIEP
1649 08 29	AK	MARIA	JOHAN		SCHULENBORCH	GRIETIEN	NOORDERDP
1641 11 10	AK	MARIA	JOOST		RAVEN	MARRECHIEN	POELVERPL.
1642 01 16	AK	MARIA	JOOST	JANS		TRIJNTIEN	SCHUTEMRSWAL
1649 10 03	AK	MARIA	JUNTIEN?	JOOSTS		GARBEREN?	GROTEGANG
1644 11 03	AK	MARIA	JURJEN		DUTSELER	AELTIEN HELMERS	VOLTINGESTR
1645 01 28	AK	MARIA	JURJEN	WESSELS	EMMENS	MARIA WILLEMS MUMCKHOF	EBB.
1646 10 07	AK	MARIA	JURJEN/SOLDAET	RICHTER		TRIJNE	NIJESTADT
1642 12 14	AK	MARIA	LEENERT/SOLD.	OTTENS		GEERTRUIT ALBERTS	SCHUTEMRSWAL
1646 06 07	MK	MARIA	MARTEN	WILLEMS		CORNELISJE	WEESCLOOSTER?
1649 12 16	MK	MARIA	MARTEN	TIEL		GRIETE JANS	SMACKERSGNG
1647 11 28	AK	MARIA	MARTEN	JANS		KAASJEN? CORNELIS	DRA
1641 08 03	AK	MARIA	MEIJE	N.		JANNEKEN	RAAMSTR
1645 12 09	AK	MARIA	MEIJNERT	JANSSEN	TAMBOER	"MOEDER"	SHCUITMERSWAL
1643 12 29	AK	MARIA	MEIJNERT	JANSSEN	TAMBOER	MOEDERTIEN	JONKERENSTR
1646 08 16	MK	MARIA	MEIJNT	BERENTS		SWAENTJEN	BOTTERDIEP
1643 07 09	MK	MARIA	MELCHER	OBBENS	RUITER	GRIETE	NIJEKERKHOFF
1644 10 20	AK	MARIA	MICHEL	KEMMENA	CHRIURGUS	URSELE HEERENS	SWANESTR
1642 04 03	AK	MARIA	MICHIEL		KEMMENA	URSELE HEERENS	SWANESTR
1646 07 31	AK	MARIA	NOEL	RISSIUS		ANNA NOELS	PELSERSTR
1641 09 14	AK	MARIA	NOEL		RIJCHART	ANNETIEN	PELSERSTR
1646 06 07	MK	MARIA	PAUL	HEIJNES		TREIJNTIEN ROELEFS	N.EBBINGSTR
1649 05 30	AK	MARIA	PAULUS		BORN?	REBECCA	MUER/EBBPRT
1646 09 08	AK	MARIA	PETER	ENGELBERTS		JANTJEN	STOELDREIJERSSTR
1648 03 03	AK	MARIA	PHILIPS		FLORIJN	ANNETIE	STOELDRSTR
1642 06 02	AK	MARIA	PIETER		SMIDT	BEEKE HINDRIX	VOLTINGESTR
1641 12 01	AK	MARIA	PIETER		BRUIN,DE	MARIA HINDRIX	SCHOOLHOLM
1646 06 29	MK	MARIA	REIJNER	JANSSEN	LANGEN,VAN	AELTIEN	HARDSTR
1649 06 12	AK	MARIA	REMKE	MICHELS		TOMLE HANTES?	SUIDERDP
1643 03 31	AK	MARIA	ROELEF	CHRISTOFFS.		GRIETIEN LAMBERTS	LANE
1648 03 26	MK	MARIA	SAMUEL	JONNES		GEESJEN	JOANNSSTR
1646 04 05	AK	MARIA	STEENCK	LUERTS		MARIE NIJKERKS	SWANESTR
1644 11 03	MK	MARIA	STEVEN	MARTENS		GRIETIEN	VISSCHPIJPEN
1645 02 26	AK	MARIA	TOBIAS		FOCHEIM	TRIJNTIEN	NOORDERDIEP
1647 12 26	AK	MARIA	TONNIS	HINDRIX	METER	STIJNE	CRANEPORT
1648 03 22	AK	MARIA	WATZE	COEZ		MARGRIETA ZOOR	GULDENSTR
1646 07 14	AK	MARIA	WIJERT		CAMP	METTE	DRIST/DRIE MOLENS
1648 06 29	AK	MARIA	WIJPKE	ABELS		JANTIEN PIETERS	TORFTOORNSTR
1648 10 04	AK	MARIA	WILH.	KERIUS		CATHARINA BORGESIUS	CRANE
1642 07 26	AK	MARIA	WILLEM		MOLLER	ANNA	PRINCENSTR
1644 02 23	AK	MARIA	WILLEM	WILLEM	EICK	ANNA ELISABET	PRINCENSTR
1641 08 22	MK	MARIA	WILLEM		TITZINGE	ELISABETH HOORN	WAEGEN?
1643 02 12	AK	MARIA	WILLEM	JACOBS	KLOKGIETER	METTIEN JANS	EBBINGESTR
1649 02 04	MK	MARIA	WOLF	CHRISTOFFEL		ANNETIEN	BOTRS/EBBP
1645 06 11	AK	MARIE	AECKE	MARTENS		TRIJNTIEN	LELIENSTR
1647 02 16	AK	MARIE	BARELT	JANS		ELSJEN SICKENS	OOSTSTR
1649 10 07	AK	MARIE	BARTHOLMES		BECHERER	AELTIEN	ACADEMIE
1647 11 21	AK	MARIE	CLIJES	TUKENS		AELTIEN	3 MEULEN
1646 03 30	AK	MARIE	DANIEL	CLAESSEN		GRIETIEN	HAVENSTR
1642 12 29	AK	MARIE	EERKE	HINDRIX		TRIJNE	ROSENSTR
1641 09 17	AK	MARIE	FOCKE	LOUWERS		AELTIEN JANSEN	SCHUITENDP
1649 02 11	MK	MARIE	GERRIT	GEERTS		GRIETIEN	CREUPELSTR
1645 03 12	AK	MARIE	HAIJKE	HARMENS		HAASJEN ENGELBERS	JACOBINERSTR
1648 11 05	MK	MARIE	HANS	PHILIPS		ANNE	SUIDDIEP

Year Mo Da	Chr	Child's Given Name	Father/Child's Patronymic	Father's Patronymic	Father's Surname	Mother	Address
1643 10 27	AK	MARIE	HINDRICK	REIJNERS		TRIJNTIEN	N.EBBINGESTR
1645 09 02	AK	MARIE	JACOB		HAVENNER	MECHTELT	LELIENSTR
1649 02 11	MK	MARIE	JAN	ROELEFS		GRIETIEN LAMBERTS	JANSSTR
1641 08 15	MK	MARIJE	ALBERT	RUIT		GEESJEN	JACOBINESTR
1647 09 05	AK	MARIJE	CORNELIS	PIETERS		JEIJE	HEEREPOORTE
1646 11 01	MK	MARIJE	FOCKE	LUITJENS		METJEN ARENTS	BREDEMERKT
1641 12 02	AK	MARIJE	FREERICK	OTTENS		GEERTRUIT	DRIEMEULLEN
1649 10 28	AK	MARIJE	GEERT	ARENTS		SWAENTIEN	NIJESTADT
1641 09 08	AK	MARIJE	HINDRICK	JANSEN	SADELMAKER	AELTIEN	NIJESTADT
1644 05 28	AK	MARIJE	HINDRICK		ARNEMAN	DORETHEA	POELESTR
1647 12 10	AK	MARIJE	JAN		VELDE,TE	ANNE	NIJESTADT
1643 09 10	AK	MARIJE	JAN	CLAESSEN		ELSKE	SMACKERSGAGN
1641 12 02	AK	MARIJE	JOHAN	BENEDICTUS		GEESKE JOHANNIS	HOOSTRATE
1641 07 18	MK	MARIJE	MICHEL		SULAGE	FREE FRANSEN	KLEIJNERAAMSTR
1642 09 00	AK	MARIJE	MICHEL	JOCHIMS		GEESJE HARMENS	N.JADTBRUGGE
1641 10 31	MK	MARIJE	WARMOLT	ROELEFS		MARRECHIEN	SCHOOLHOLM
1647 10 03	MK	MARIJE	WARNER	LUCAS		GRIETIEN	HEERSTR
1647 11 19	AK	MARIJKE	JAN	WOLBERS		GEESJEN	NIJEST
1643 11 05	MK	MARIJKE	JAN	GORRIS		TRIJNE	GELTINGESTR
1642 09 28	AK	MARIJKE	JURJEN		SCHOESTER	MARGRIET	SMACKERSGANG
1645 03 21	MK	MARIJKE	MARTIEN/SOLD.	MARTENS		HAASJIEN	M.KERKHOFF
1643 02 10	AK	MARIJTIEN	ALBERT	TIJSSEN		LAMMETIEN GEERTS	POELPOORTE
1645 04 04	AK	MARIJTIEN	HANS	LUCAS		DUIRKIEN	GELTINGESTR
1641 08 15	MK	MARIKE	MARTEN/SOLDAET	MARTENS		ELSJEN	SWANESTR
1642 08 14	MK	MAROUS	CORNELIS	JANSEN		BONNE	POELSTR
1647 09 29	AK	MARRCHJEN	BARTHELMENS	GEERTS		GEBBECHIEN	N.EBBSTR
1643 06 30	AK	MARRECHIEN	"dr. van twe vremb de luiden ten huise Catalijntie voor oosterport"--Daughter of foreigners					SUIDERDP
1644 06 09	MK	MARRECHIEN	ABEL	EVERTS		KUNNE	HEERSTRATE
1643 10 18	AK	MARRECHIEN	ALBERT		MUNTING	AELTIEN FRONE	BOTTRSTR
1647 01 20	AK	MARRECHIEN	ALBERT	WILLEMS		JANTIEN CLAES	PLUIMERSGNAG
1644 04 21	MK	MARRECHIEN	ALBERT	TIJSSEN		LAMMECHIEN	GELTINGESTRATE
1646 04 30	AK	MARRECHIEN	ALBERT	ALBERTS		MARIA	SLEEMENNERSSTR
1642 01 30	AK	MARRECHIEN	ARENT	JANSEN		JANTIEN	SUIDERDP
1647 12 08	AK	MARRECHIEN	BALTZAR		WICHMAN	GEERTIEN	RAAMSTR
1643 10 13	AK	MARRECHIEN	BARTHOLMEN?	GEERTS		GEBBETIEN	BOTTRSTR
1646 06 26	AK	MARRECHIEN	CHRISTIAEN		PEPER	ANNETIE	P.LUMME/STEENTL
1641 10 31	MK	MARRECHIEN	CHRISTIAEN	HANSEN		TRIJNE	N.EBBSTR
1643 05 19	AK	MARRECHIEN	CLAES	JANSSEN		ELSJEN GERRITS	HAVENSTR
1644 01 25	AK	MARRECHIEN	CLAES	JANSSEN		JICKE DOENS	CRANEPOORTE
1641 11 17	AK	MARRECHIEN	CLAES	JURIENS		LAMMECHIEN CERX	HELPEN
1641 12 05	AK	MARRECHIEN	CLAES	HINDRIX		ROELEFJEN JANSENS	NIJESTADT
1641 08 15	MK	MARRECHIEN	CORNELIS	PIETERS		ANNECHIEN	N.EBBSTR
1643 08 11	AK	MARRECHIEN	DANIEL	FRANCK		ANNA	WERKERSGANG
1641 06 20	AK	MARRECHIEN	EECKE	JURJENS		FROUWKE	JADT/ADV.LUSS?
1644 12 17	AK	MARRECHIEN	EERNST	JACOBS		IDE	SLEMENNERSTR
1642 10 00	MK	MARRECHIEN	ELLE	JANSEN		HESTER	HEERSTR
1642 01 12	AK	MARRECHIEN	EMME	STEVENS		JACOBJEN	HELPEN
1645 12 00	AK	MARRECHIEN	GARBRANT	THOMES	BACKER	GRIETJEN	VISSCHERSTR
1647 01 21	AK	MARRECHIEN	GARBRANT	PIETERS		HEIJLTIEN SEBENS	VOLT.STR
1648 10 25	AK	MARRECHIEN	GEERT	HANSSEN		AELTIE	HEERST
1641 04 00	AK	MARRECHIEN	GEERT	WILLEMS	VOERMAN	GEESE	N.WECH
1641 01 06	AK	MARRECHIEN	GEERT	JANSZ		GRIETIEN GEERTS	--
1645 10 16	AK	MARRECHIEN	GIJSBERT	HARMENS		GEERTRUIT	PRINCENSTR
1642 12 30	AK	MARRECHIEN	HAIJE	HARMENS	BACKER	LUTGERTIEN PIETERS	BOTTERMERKT
1649 10 17	AK	MARRECHIEN	HAN	WILLEMS		HINDRICKJE	HEERSTR
1647 08 05	AK	MARRECHIEN	HARMEN/SOLD	GEERTS		AELTIEN	SUIDERDP
1646 06 14	AK	MARRECHIEN	HARMEN	SICKENS		MARGRIETE	MEERKHOF
1642 04 03	MK	MARRECHIEN	HEIJTE	GEERTS		ANNA	PRINCENSTR
1644 01 26	AK	MARRECHIEN	HELPRECH		BOTTINGE	MARRETIEN	JACOBISTR
1642 09 29	AK	MARRECHIEN	HINDRICK	LUITIENS		FIJE	DAMSTERDP
1643 12 05	AK	MARRECHIEN	IWE	TIARX		ALBERTIEN	PRINCENSTR
1648 06 23	AK	MARRECHIEN	JACOB	HARMENS		EBBE JACOBS	SCHUITNDP
1645 07 16	AK	MARRECHIEN	JACOB	JURJENS		FENNE	SCHUITENDP
1643 09 27	AK	MARRECHIEN	JACOB	HARMENS		ILBERT	BREEGANG
1648 06 03	AK	MARRECHIEN	JACOB	EIJSSENS		TRIJNTIEN	N.EBBSTR
1647 02 02	AK	MARRECHIEN	JAN	JURJENS		ANNE GABRIELS	S.JACOBS GASTHUIJS
1644 10 01	AK	MARRECHIEN	JAN	MENSSENS		ANNEKE	CRANE
1641 09 12	MK	MARRECHIEN	JAN	BERENTS		CATELEIJNTIE HORENBEECK,VAN SWANESTR	
1647 08 15	AK	MARRECHIEN	JAN	GEERTS		EBELTIEN PIERS	MUIR7
1641 08 27	AK	MARRECHIEN	JAN	BERENTS	SCHIPPER	GRIETE HINDRIX	VISSCHRSPIJP
1644 07 19	MK	MARRECHIEN	JAN	HARMENS	SCHUTENSCH	HILLE HELMERS	SCHUTENDIEP
1641 04 06	AK	MARRECHIEN	JAN	CLAESSEN		HINDRICKJEN	TORFTORNST
1645 12 19	AK	MARRECHIEN	JAN	JANSSEN	SCHUTENSCH.	HINDRICKJEN	HOPMANSGANG
1644 05 03	AK	MARRECHIEN	JAN	EGBERTS		JANTIEN	KLEIJNEPELSERSTRATE
1644 03 13	AK	MARRECHIEN	JAN	CHRIJNS		NIESE JANS	BOTTERDIEP
1643 07 30	MK	MARRECHIEN	JAN	MELLENS		RIENE	EBBINGEPOORTE
1643 01 17	AK	MARRECHIEN	JAN	MEIJNTS		STIJNTIEN CORRELLIS	VOLTINGESTR
1643 12 12	AK	MARRECHIEN	JAN	LUITIENS		TRIJNE	OOSTERPOORTE
1645 03 09	AK	MARRECHIEN	JANS	PIETERS		TRIJNTIEN JANS	DRA
1643 06 02	AK	MARRECHIEN	JELTE	BARTHOLTS		WOPKE MARTENS	OOSTERPOORTE
1644 12 20	AK	MARRECHIEN	JOANNES	ALBERTS		MARRECHIEN GEERTS	BOTTRINGEPOORTE
1649 04 20	MK	MARRECHIEN	KRIJN	SIJMENS		GEESE	DAMSTERDP
1648 10 10	AK	MARRECHIEN	KRIJN	JURJENS		JANTIEN BERENTS	VISMERKT
1646 01 13	AK	MARRECHIEN	LAMBERT	LAMBERTS		HINDRICKJEN	BRUGGESTR
1649 08 18	AK	MARRECHIEN	LENERT	OTTENS		GEERTRUIT	S.DIEP
1643 11 14	MK	MARRECHIEN	LENERT	KOLHAES?		TRIJNTIEN	S.JAC.GASTHUIJS
1645 03 30	AK	MARRECHIEN	LIPPE	FOLKERTS	TAMBOER	AELTIE	SCHIEDAMSGANGH
1647 04 27	AK	MARRECHIEN	MARTEN	GERRITS		ELSKE	HARDINGESTR
1648 07 25	AK	MARRECHIEN	OESINK	CLAESSEN		AELTIEN JOOSTEN	BOTTRPOT
1644 09 08	AK	MARRECHIEN	PIETER	JACOBS		FENNECHIEN HINDRIX	BRUGGESTR
1642 03 06	MK	MARRECHIEN	PIETER	HINDRIX		GEESJEN	SUIDERDP
1647 08 01	MK	MARRECHIEN	ROELEF	JANS		FENNE	BOTTERDIEP
1644 04 10	AK	MARRECHIEN	ROELEF	EGBERTS		GRIETIEN	HAVENSTR
1644 07 24	AK	MARRECHIEN	ROELEF	MENSES		STEIJNE OLGERS	PLUIMERSGANG
1648 05 24	AK	MARRECHIEN	ROELEF	MENSENS		STIJNE OLCHERS	PLUIMERSGANG
1642 06 24	MK	MARRECHIEN	TIJMES	PIETERS		AELTIEN	HOORNSEDIJCK
1644 10 27	AK	MARRECHIEN	TONNIS	HINDRIX		SWAENTIEN	CRANEPOORTE
1648 04 30	AK	MARRECHIEN	UTJEN	WILLEMS		GRIETE	SLEEMENERS
1644 12 08	MK	MARRECHIEN	VIJT		AUMAN	GEPKE	GELTINGESTR
1647 05 26	AK	MARRECHIEN	VIJT		AUNEMAN	GEPKE	GELTINGESTR
1647 11 19	AK	MARRECHIEN	WILLEM	TIJSSEN		GEESJEN	GELTINGESTR
1648 10 15	MK	MARRECHIEN	WILLEM	HINDRIX		MARRECHIEN	GEWELDH.
1649 08 16	MK	MARRECHIEN	WILLEM	KARST		MARRETIEN	BRUGGESTR
1645 06 29	MK	MARRECHJEN	EERNST	REIJNERS		MARRECHIEN	GELTINGFESTRAEN
1647 04 18	AK	MARRECHJEN	JAN		SCHUIVINCK	GEERTRUIT	SLEMENNERSSTR

Year Mo Da	Chr	Child's Given Name	Father/Child's Patronymic	Father's Patronymic	Father's Surname	Mother	Address
1648 09 26	AK	MENOLT	JAN	MENOLTS		FENNETIEN	A.
1645 06 03	MK	MENSE	EVERT	CORNELLIUS		ANNA	HELPEN
1646 05 24	MK	MENSE	EVERT	JANSSEN		ANNA	HELPEN
1649 09 02	AK	MENSE	FRERCK	JACOBS		GEERTIEN	NIEUWEBOTTRSTR
1646 10 23	AK	MENSE	GIJSBERT	MENSSE		ELSJEN	SAIJEMEULE
1645 03 11	AK	MENSE	HARMEN	MENSSES		ANNEKE WENS,BON'	CRANEPOORTE
1644 07 09	AK	MENSE	JAN	HINDRIX		AELTIEN MENSES	KRAENE
1646 10 13	AK	MENSE	JAN	MENSENS	SCHIPPER	ANNECHIEN	CRANE
1641 11 12	AK	MENSE	JAN	BOLTZERS		MARRECHIEN MENSENS	KRANEPRT
1647 09 21	AK	MENSO	LAURENS		PIMPERLINUS	AELTIE	VISSCHERSPIJP
1642 07 31	AK	MENSO	MENSO		PIMPERLING	AELTIEN PIETERS	SCHUITNDP
1648 06 12	MK	MENTE	HILLEBRANT	JACOBS		LOUIJSE?	A POORTE
1649 05 31	AK	MENTE	HILLEBRANT	JACOBS		LUTS	A.
1642 03 17	MK	MERRECHIEN	GARBRANT	THOMAS		GRIETIEN	HARDSTR
1646 10 23	AK	MERRECHJEN	DREEUWS	JANSSEN		GEERTIEN	MUSKENGANG
1646 04 10	AK	MERRECHJEN	ROELEF	MENSENS		STIJNE OLGERS	PLUIMERSGANG
1642 11 15	AK	MERRETIEN	HARMEN	HOMMENS		GEERTRUIT	RAAMSTR/HOE-?
1647 07 17	AK	METJEN	ARENT	JANSSEN		HELENA JANS	NIEUWESTRAT
1647 10 06	MK	METJEN	ARNOLD		ZANDT	CATHARINA EPPEN	BOTATRINGSTR
1644 11 15	AK	METJEN	ARNOLDUS		LANDT	CATHARINA EPPEN	BOTTRSTR
1642 11 27	MK	METJEN	CHRISTIAEN		MARTERSTECK	MARGRIETE ARENTS	JACOBINERSTR
1645 09 28	MK	METJEN	EGBERT		HEIJTINUS	NEELTIEN DERKERK	POELSTR
1645 01 01	MK	METJEN	GEERT	BERENTS		WIGBOLTIEN SUINGE?	EBBSTR
1648 04 05	AK	METJEN	HARMEN	AEPKENS		TRIJNTIEN	OOSTERSTR
1649 05 06	MK	METJEN	HINDRICK		WALBOOM	GRIETIEN	CLUIKHAMGNG
1649 05 18	AK	METJEN	JAN		AMSING	AEFJEN ROELEFS	MERKT
1648 07 19	AK	METJEN	JAN	ALBERTS		ANNECHIEN JANS	MARTINIKERKHOFF
1643 11 05	AK	METJEN	JAN	PIETERS		MARRECHIEN	VISSCHERSTR
1649 07 13	AK	METJEN	JAN	JANSSEN		TRIJNTIEN	MUER/EBB
1644 07 04	AK	METJEN	JOCHIM	STEIJN		AELTIEN	TRIJMENS MEULLEN
1643 08 20	AK	METTE	GEERT	JANS	JONGBLOET	JANTIEN	NIJESTADT
1644 11 05	AK	METTE	GEERT	JANS	JONGBLOET	JANTJEN	NIJESTADT
1643 07 14	MK	METTE	GEERT	JANSSEN		MARRECHIEN	DAMSTERDIEP
1647 11 21	MK	METTE	JAN	BRUINS		AELTIEN	MEULENSTR
1645 05 25	AK	METTE	JAN	ROELEFS		LIJSBETH JANS	WISSCHERSTR
1647 04 27	AK	METTE	JAN	PIETERS		MARRECHIEN	OLDEJADT
1643 04 05	AK	METTIEN	ARNOLDUS		ZANT	CATHARINA EPPEN	BOTTRINGESTR
1646 12 30	AK	METTIEN	BRUNNE	ROEBERTS		FENNE	COSTERSGANG
1644 11 24	AK	METTIEN	CLAES	THOLENS?		AELTIEN	SCHOOLHOLM
1643 10 15	AK	METTIEN	GEERT	CASPERS		FROUKE PIETERS	WESTIND.HUIS
1641 11 16	MK	METTIEN	GERRIT	JANSEN		ANNECHIEN	SCHOOLHOLM
1648 03 17	AK	METTJEN	ANDRIES	STEVENS		ANNECHIEN	N.EBBPOORTE
1646 08 02	MK	METTJEN	BOELE	EGBERTS	BLIEKER	MARTJEN	S.JANSBRUGGE
1644 06 20	AK	MIA CHRISTINA	D.		KESTERINCK	TIJTIEN GROOTHUIJS	BOTTRSTR
1647 10 03	MK	MICHAEL	ANTHONIJ	"goltsmit"	GERMAN	TRIJNTIE MICH.	VISSCHERST
1642 03 27	AK	MICHAEL	JOACH:/D.	BORGESIUS		GEERTRUIT HOUBING	SWANESTR
1644 10 06	MK	MICHEEL	A/REKEMR.		BOLHUIJS	JANTIEN MEICHEELS	N.MERCKT
1646 10 14	AK	MICHEEL	ALBERT	GEERTS		GRIETE	BRUGGE
1645 08 28	AK	MICHEEL	LUICHIEN	MICHEELS		SIEKE RICHTS?	DRA
1646 10 08	AK	MICHEEL	MICHEEL		RODE,DE	MARIJA	NIEUWESTADT
1649 10 14	MK	MICHEL	ARENT	JULENS		GENNETIEN	PIELESTR
1645 09 28	AK	MICHEL	ARENT	JANSSEN		JANTIEN	JONKERENSTR
1648 04 09	AK	MICHEL	CASPER	JANSSEN		JANTIEN	PELSERSTR
1647 10 17	MK	MICHEL	CHRISTOFFER		TIMMERMAN	ANNETIE	OOSTBREEGANG
1647 04 07	MK	MICHEL MARCUS	DAVID	MICHELS		GEESKE BERENTS	MEULEN
1646 01 20	AK	MICHEL	FOLKERT	JANS		ANNE MICHELS	A POORTE
1644 03 24	MK	MICHEL	FRANS	PIETERS		BARBER	BOTTERDIEP
1645 01 17	AK	MICHEL	FREDERIJCK	SIJMONS		HARTIEN	MEUWEWECH
1643 12 27	AK	MICHEL	GEERT	CLAESSEN		AUCKE	BOTTERDIEP
1646 11 11	AK	MICHEL	HANS		SCHADE	AELTIEN	POELEPOORTE
1647 03 11	AK	MICHEL	HANS	HANSSEN		ANNECHIEN	A
1645 07 23	AK	MICHEL	HANS		REIJT	EIJTJEN HANSSES	WIJENOECH?
1645 12 13	AK	MICHEL	HANS		SHARP	JANTIEN	BLOEMSTR
1649 10 16	AK	MICHEL	HANS	HANSSEN		MARRECHIEN	HEERPRT
1646 07 05	AK	MICHEL	HARMEN	HINDRIX		AELTIEN ARENTS	STOELDR.STR.
1648 11 21	AK	MICHEL	HARMEN	HINDRIX		AELTIEN	STOELDRST
1641 10 03	MK	MICHEL	HARMEN	JANSEN	STELLEMAKER?	MARRECHIEN	N.EBBSTR
1642 03 27	MK	MICHEL	JAN	HINDRIX	BROUWER	GRIETE JANS	PEPERSTR
1643 08 18	AK	MICHEL	JAN	HINDRIX		GRIETE JANS	PEPERSTR
1642 03 01	MK	MICHEL	LEENERT		KOOLHAES	TRIJNTIEN	SCHIEDAMSGNG
1642 10 11	AK	MICHEL	LUITIEN	MICHEELS		SIJCKE RICHTS	DRA
1647 11 25	AK	MICHEL	LUITJEN	MICHELS		CIJEKE RIOGHT?	DRA
1642 09 18	AK	MICHEL	MATTHIJS		STETRICH	MARIE	VISSCHERSTR
1647 04 08	AK	MICHEL	MICHEL	MARTENS		ANNECHIEN	NIJESTADT
1641 05 11	KA	MICHEL	MICHEL	MICHELS		GRIETE HERMENS	RAAMSTR
1643 12 26	AK	MICHEL	PIETER	EVERTS		ANNECHIEN	OLDEBREEGANG
1647 11 07	MK	MICHEL	RENGER	FOCKENS		GRIETIEN RINGERS	SCHUTENDP
1648 10 06	AK	MICHEL	RENGER	FOCKENS		GRIETIEN	OOSTERBREEGANG
1644 02 04	MK	MICHEL	RENNER	HENSING	BACKER	AEFJEN	STEENTILSTR
1649 12 16	AK	MICHIEL	HINDRICK		RULLEN	MARIA	SCHUTMKRWAL
1645 09 02	AK	MICHIEL	MICHIEL		HARTMAN	JANTIEN	MEULENSTR
1641 03 04	MK	MICHIEL	TIJES	SANDERS		LUTGERTIEN	N.STADT
1648 12 24	AK	MICLAES	CASPAR		WUSSUM	RENSKE	VISSCHST
1646 02 02	AK	MUCTUEN?	EVERT	AAENTS		LIEUKJEN	CRAAEPRT
1648 04 27	AK	NANNE	BERENT	JANSZ	DALEN,V	FROUKE	COSTERSGANG
1643 10 10	AK	NANNE	GERRIT	REIJMERS		HEMMECHIEN	S.JAC.GASTH.
1642 05 05	AK	NANNE	HAIJE	HINDRICKS		ARENTIEN NANNENS	N.KERKHOFF
1648 02 13	MK	NANNE	HINDRICK	NANNES		GEERTIEN	VISSCHERPIJP
1642 07 31	AK	NANNE	JAN	JACOBS		RIXTE	LEELJENSTR
1644 11 29	AK	NANNING	GOTJEN	MANNINGS		GRIETE ALBERTS	DAMSTERDIEP
1643 04 26	MK	NATHANAEL	RITZART	KNOUWELS		FRANCIJNTIEN	BOTTRSTR
1645 02 02	MK	NAVWE?	DETERT	JANS		ANNETIE NANNES	N.BOTRSTR
1649 10 02	AK	NEELTIE	THOMAS	LUCAS		TRIJNTIEN CALESSEN	JADT
1647 06 13	MK	NEELTIEN	CLAES	GEERTS		MARRECHIEN	HAVENSTR
1646 01 14	AK	NEELTIEN	HARMEN	HARMENS		GRIETE	VERLATEN?
1644 04 25	AK	NEELTIJEN	WILLEM	WILLEMS		HOUCKE HANSSEN?	VOLTINGESTR
1646 10 10	AK	NEESIEN	EVERT	BERENTS		METTE	HEEREWECH
1642 08 28	AK	NEESJEN	FOLKERT	FOLKERTS		ENGELE	SCHUITEMAKERSWAL
1643 09 26	AK	NEESJEN	JAN	ROELEFS		HARMTIEN ROELEFS	LEELJENSTR
1649 07 13	AK	NEESJEN	JAN	JANSSEN		LIJSABETJEN	BOTTRPRT
1649 06 30	AK	NEESJEN	THEUNIS		BORNE,TER?	GRIETIEN	BREEMERKT
1641 12 19	MK	NELLETIEN	HANS	JACOBS		KATRIJNA	MOESKERSGANG
1646 09 01	AK	NEMELTJEN	JAKES	THOMAS		LUTGERT GEERTS	VISCHER STR
1643 10 13	AK	NICLAES	DERCK		KLANG	ANNECHIEN	SUDIERDIEP
1649 03 20	AK	NICLAES	JOOST	SEIJEN		TRIJNE HENSEMANS	MEULENSTR

Year Mo Da	Chr	Child's Given Name	Father/Child's Patronymic	Father's Patronymic	Father's Surname	Mother	Address
1645 08 10	AK	NICLAES	LUITIEN	RIETERS		TALLIJE	NIJE WECH
1649 12 02	AK	NICOLAES	HARMEN		UDRUCK?	JANTIEN	SCHOOLHOLM
1649 08 12	AK	NICOLAUS	ALLART		BLOEMGAERT	SOPHIA BLOEMSAET	TORFTORN
1649 05 27	AK	NIELTIEN	JURJEN	JURJENS		LUBBETIE	VOLTINGSTR
1646 08 05	AK	NIELTJEN	WILLEM	SIPKES		GEERTJEN TIOUKES	STEENTILST
1645 10 26	AK	NIESE	HANS	REIJMES		AELTIEN	HOFSTR
1642 07 05	MK	NIESJEN	ADRIAEN		ROERSTER,VAN	CORNELIJS (sic)	DRAEDIEP
1646 09 12	AK	NIESJEN	EGBERT	JANS		GRIETE	A.POORT
1645 05 04	AK	NIESJEN	HARMEN	JANS		ELSJEN JANS	HOFSTR
1647 04 15	MK	NIESJEN	HINDRICK	TIJSSENS		ALBERTIEN	BUTJENSTR
1642 01 14	AK	NIESJEN	HINDRICK	GEERTS		TRIJNE	GROTE GANCK
1644 12 08	MK	NIESJEN	JAN	EIJLERTS		ENGELTIEN JANSSEN	RAAMSTR
1644 04 14	MK	NIESJEN	JAN	MEIJNERTS		MARRETIEN	HOPMANSGANGE
1645 10 06	MK	NIESJEN	JAN	MEIJNERTS		MARRETIEN	SCHUTENDIEP
1642 07 21	AK	NIESJEN	JURJEN		HILLEN	CLAERTJEN	VOLTINGESTR
1643 12 08	MK	NIESJEN	LUITJEN	MICHEELS		SICKJEN RICHTS	BONTEBRUG--?
1646 04 15	AK	NIESJEN	MARTEN	HARMENS		HINDRICKJEN	H.STRATJEN
1641 08 24	AK	NIESJEN	SONDACH	LODUWICH		LIJSEBETH	VISSCHRSTR
1647 10 03	MK	NIESKE	JAN	HINDRIX		AELTIEN MENSSENS	CRANE
1643 10 06	AK	NIESSJEN	EGBERT	JANSSEN		GRIETIEN ARIES	A POORT
1642 01 13	AK	NIJCLAES	NIJCLAES		BROECK,VANDEN	GRIETE CLAESSEN	MUERE
1645 11 27	AK	NOELKE	CHRISTOFFER		TROMTENER	CATHARINE	A.KERKE
1647 10 20	AK	NOMNO?	REMMERT		SCHELMAN	RIXTE OSFERS	N.MERKTSTR
1642 02 13	AK	OBBE	PIETER	ONNES	SCHIPTIMMERMN	JONCK	LEELJENSTR
1649 03 29	AK	OBBE	PIETER	OBBEN		LUMMETIEN ARENTS	HEERSTR
1646 08 02	MK	OCCO	GUALTERO		PICARDO	CATHARINA BAUCKES	BOTTRINGESTR
1649 12 06	AK	OCKO?	GUTELT?		PICCARDUS	CATRINA BAUKES	BOTTRSTR
1645 06 27	AK	ODOLPH	CLAES	JANS	KNOOPMUR?	JACOBJEN	HARDRINGESTR
1643 04 18	AK	OEDE SOPHIE	BARTHOLT/H.LT		WICHRINGE	O.SOPHIA CLANT?	BOTP
1644 09 24	AK	OEDE	HANS		PENNING	ELSKE	PLUIMERSGANG
1647 08 22	MK	OETJEN	JAN	JUSTIJN		AELTIEN	GROTEGANG
1644 02 18	MK	OLFERT	POPKE	ALBERTS		GEERTIEN	EBBINGESTR
1644 12 03	MK	OLIVIER	BERENT/SOLD.	OLIVIER		HOUKE GEERTS	HEERENKAMERS
1641 12 05	AK	ONNE	ELLE	ONNENS	SCHIPPER	TRIJNTIEN HOLKES	
1643 04 02	MK	ONNE BOUWENS	ONNE	ONNENS		JANTIEN	OOSTERSTR
1645 11 30	MK	ONNE	UDO		VALCK	MEDINA VALCK	NIJE BOTTRSTR
1648 11 21	AK	OOSTERLING	ALBERT		ALTING	MARIA	STEENTILP
1647 09 22	AK	ORBAEN	JACOB	JOKEN		ANNETIE JANS	DAMSTERDIEP
1646 06 15	MK	OTEE	ALBERT	JANS		FROUCKE	BREGANG/SCHUTDP
1648 06 18	AK	OTTE	GEERT	OTTENS		HILLETIE HINDRIX	N.JAT STR
1647 11 21	MK	OTTE	GERRIT		GROOTHUIJS	JANTIEN	CL.BUTIENSTR
1642 02 15	AK	OTTE	HINDRICK	OTTENS		ENGELTIEN DERX	BOTTRPRT
1646 04 06	MK	OTTE CASPER	HINDRICK		MULLER	MARIE	MEULENSTR
1642 07 06	MK	OTTE	HINDRICK	OTTES		MARTJEN	OOSTERPRT
1643 05 10	AK	OTTE	JACOB	POPPENS		GRIETIEN	BOTTRPOORTE
1647 05 06	AK	OTTE	JACOB	HARMENS		ILBANT?	BREEGANG
1641 08 26	MK	OTTE	JAN	GOERRIJS		TRIJNTIEN	SCHUITENDP
1645 12 24	AK	OTTE	MEIJCKE	EEVERTS		MARRECHIEN HINDRIX	DAMSTERDIEP
1641 11 28	MK	OTTE	OTTE (dood)	BERENTS		ILBEN	BREEGANG/SCHUTND
1648 04 17	MK	OTTO	ALBETUS		LAMBORCH	CATARINA CLEVE,V	MKERCK
1648 01 16	MK	OTTO	FRED:/VOEND?		CLEVE,VAN	HARMTIEN REMAN	OSSEM
1649 04 13	AK	OTTO	FREERK/VAEND.		CLEVE,V	HARMTIEN ROMAN	OSSEME
1643 09 08	AK	OTTO	GEERT	WARMELTS		GESE	SCHUITENDIEP
1648 01 14	AK	OTTO	JOEST		CLEVE,VAN	TRIJNTIEN	VOLTINGSTR
1645 02 16	MK	OTTO	LUICHIEN	HEMMENS		DIEUWER	BOTTERDIEP
1647 06 11	AK	OUCKE	JAN	RIJKENS		AELTIEN JANS	BREEDEMERKT
1643 08 13	MK	OUDILGEN	HANS		BELDER	ENGELTIE	PRINCENSTR
1645 04 18	AK	PATROCLUS (older)					
1647 10 08	MK	PAUL	ARENT/SOLD.	PAULS		GESE	SCHUTEMKRSWAL
1645 01 28	AK	PAUL	DERCK	VRERICKS		ANNE	SCHOOLHOLM
1641 03 30	MK	PAUL	HINDRICK		BREMEN,VAN	ANNE POUWLS	LANE
1644 07 28	AK	PAUL	HINDRICK	JURJENS		GEBBE HINDRIX	NIJESTADT
1642 04 05	AK	PAUL	JAN		SUINCK	AMKE POUWELS	HARDINGESTR
1645 11 13	MK	PAUL	JAN	LODEWIJX		GRIETE	BOTTERDIEP
1643 07 23	MK	PAUL LODEWICH	PAULUS		STRASBORG	ANNA CATH. CAMERARIJ	M MERKT?
1649 12 09	AK	PAUL	SAMUEL		PIEMAN	SUSANNA	HEERSTR
1648 07 21	AK	PAULUS	EGBERT	ALBERTS		SIADDE EGBERTS	POELPOORTE
1643 10 19	AK	PAULUS	WOLTER	JANS		ANNECHIEN FLIPPES	N.WECH
1642 10 02	MK	PAVE?	REIJNT	ALBERDA	VAENDRICH	HILLENA KETWICH	EBBSTR
1643 01 15	AK	PELGRUM	JELTE	PELGRUMS		AELTIEN GERRITS	CRANEPOORTE
1642 03 09	AK	PETER	CLAES	PETERS		MARRECHIEN HEIJMENS	SLEMENNERSSTR
1642 03 08	AK	PETER	DERCK/SOLDAET	COERTS	HOIJE,VAN	TANNECHIEN PIETERS	MEULLEN
1644 02 18	AK	PETER	EEBEL	JACOBS		GEERTIEN CARSTIENS	KRANE
1645 03 23	MK	PETER	FEIJE		SICKINGHE	SOPHIA ECHTEN,V.	HEERSTR
1646 09 08	AK	PETER	GEERT	OTTENS		GEESE JANSEN	LUTKE N.STR
1649 05 22	MK	PETER	GEERT	BRUINS		WILLEMIJNTIE	JADT
1648 12 24	MK	PETER	GERRIT	HARMENS		AELTIEN	BENTHOLM
1648 11 10	AK	PETER	HANS	PETERS		TRIJNE JANS	A
1646 08 26	AK	PETER	HARKE	ARIJS		FIJE PETERS	N.WECH
1646 09 29	NK	PETER	HENRICUS		BRONGERSMA	JOHANNA UCHTMANS	A KERCK
1649 08 30	AK	PETER	HINDRICK	PETERS		LEENE	JONKERNSTR
1642 01 16	MK	PETER	HINDRICK	JANSEN	GROEVE,DE	MARRECHIEN	STEENTILSTR
1646 07 28	AK	PETER	JACOB	PETERS	VISCHER	GRIETJEN JANS	VISCHERSPIJP
1642 10 05	AK	PETER	JAN	PIETERS		GEBBEKE	NIEUWEWECH
1648 08 24	AK	PETER	JAN	JANSSEN		LIJSABETH PETERS	CRANEPRT
1641 03 12	AK	PETER	JAN	BRUINS		TRIJNTIEN JANS	HEERSTR
1647 11 26	AK	PETER	JURJEN	REMMERS		ANNA	PRINCENSTR
1648 12 10	AK	PETER	LUITJEN	HOMMENS		DIEWER	NIEUWESTADT
1649 12 28	AK	PETER	WARNER	ENGELBERTS		GRIETIEN	BOTRDIEP
1642 02 08	MK	PETER	WIGBOLT	PIETERS		GRIETIEN	POELPOORTE
1646 09 23	AK	PETERTJEN	ALBERT	EGGENS		LUTGERT	N.WECH
1645 09 26	AK	PETRUS	LUITJEN	PIETERS		TRIJNE	SUIDERDIEP
1648 04 02	MK	PHILIPPINE	BARTHOLMEUS		VELTKLINGE	APOLLONIA	--DIEP
1641 04 14	AK	PHILIPPUS	JAN/RAETSH:	GRATOERS		ANNA LUPPENS	OOSTERST
1649 09 23	MK	PHILIPPUS	JAN	HINDRIX	BENNING	MARIA ELPERE,L'	STEENTLESTR
1644 10 27	MK	PHILIPPUS	PIETER/SOLD.	CHRISTOFFER		MARIA JURJENS	BOTTGANG
1645 01 30	AK	PHILIPS	CHRISTOFFES	LUBBERTS		ANNE	SUIJDERDP
1648 06 18	AK	PHILIPS	CLAES	JANSSEN		AELTIEN CLAESSEN	WOERT
1644 02 28	AK	PHILIPS	DENIJS	MARTIJN		TRIJNE EGBERTS	BUTJENSTRATE
1643 10 24	AK	PHILIPS	FINTS	PHILIPS		FROUKE DERKS	N JADTSTR
1642 10 02	AK	PHILIPS	JAN/CORPORAEL	EVERTS		ANNA	NIEUWSTATJEN
1646 08 06	AK	PHILIPS	JOEST		PODT	HARMTJEN	HARDRINGESTR
1643 08 18	AK	PHILIPS	WIJBE	NANNES		ANNEKE PHILIPS	WAGE
1649 04 06	AK	PHILIPUS	HANS		WEBER	BARBER	HOFFSTR
1643 08 01	AK	PIETER	AARENT	PIETERS		NEESJEN JANS	OOSTERSTR

Year Mo Da	Chr	Child's Given Name	Father/Child's Patronymic	Father's Patronymic	Father's Surname	Mother	Address
1648 02 13	AK	PIETER	ABRAHAM		WERNUMUS?	LIJSABET PIETERS	A.
1643 12 17	MK	PIETER	AEIBO	INEN	CHIRURGUS	GRIETIEN PIETERS	EBBBENGESTR
1649 01 28	MK	PIETER	ALB:/D.	THOME	PREDIGNER?	AEFIEN	HARDINGEST
1646 02 20	MK	PIETER	ALBERT	JANS		JACOBJEN	MONNICKEHOLM
1648 09 22	AK	PIETER	ALBERT	LAMBERTS		LUTGERTIEN	BOTTRDIEP
1649 09 02	AK	PIETER	ALBERT	CLAESSEN		TRIJNE	SCHUTEMAKERSSTR
1643 12 26	AK	PIETER	ALLE	WESSELS		IDE JANSEN	S:JACOBSGASTHUIJS
1645 08 06	AK	PIETER	ALLERT	PIETERS		WEMELTIEN	SUIDERDP
1647 04 23	AK	PIETER	ANDRIES/SOLD.		SASCH?	AELTIEN	GELTINGESTAR
1643 07 14	MK	PIETER	ANDRIES	ALBERTS		ANNECHIEN HAIJENS	VISSCHERPIJP
1642 12 08	AK	PIETER	ANDRIES	KROEGER	MUSICANT	GEERTIEN MARELLES?	LAMHUINGESTR
1645 10 12	MK	PIETER	ANDRIES		HELBRON	TRIJNTIEN	MEULENSTR
1641 05 06	AK	PIETER	ARENT		BRAKE,TER	HILLECHIEN JANS	HEERESWECH
1647 11 28	MK	PIETER	BERENT	WILLEMS		ANNA	COSTERSGANG
1647 01 08	AK	PIETER	BERENT	WESSELS		DERKJEN SMEEKS	BUTJENSTR
1643 04 30	MK	PIETER	BERENT	JANSSEN		GRIETIEN BERENTS	SUIDERDP
1642 12 14	AK	PIETER	BERENT	HINDRIX		PIETERTIEN DERX	OOSTERSTR/PIJPE
1644 01 26	AK	PIETER	BERTHOLT	BERENTS		ALFKE BERENTS	SCHUTEND.
1648 04 06	AK	PIETER	CHRISTIAEN	BERENTS		STIJNE	HEERSTR
1641 10 31	MK	PIETER	CHRISTIAEN	HANSEN		TRIJNE	N.EBBSTR
1646 10 08	AK	PIETER	CLAES	DERX		ANNA	HAVENSTR
1646 03 08	MK	PIETER	CLAES	MARTENS		ANNA	POPKENSSTR
1648 06 01	AK	PIETER	CLAES	MARTENS		ANNE	POPKENSTR
1643 05 30	AK	PIETER	CLAES	JANSSEN		CUNNE JANSSEN	SLEMMENNERSTR
1648 02 13	AK	PIETER	CLAES	PIETERS		RIENT AUKES	DRA
1649 08 08	AK	PIETER	CLAES	PIETERS		SOPHIE	DAMSTERDP
1648 03 17	AK	PIETER	COERT	BARTELTS		FREBETIEN	JADT
1649 12 26	AK	PIETER	CORNELIS	ANDRIES		ANNETIEN	HOFFSTR
1645 11 26	AK	PIETER	CRIJN	PIETERS		LIEFKE SIJMENS	DAMSTERDIEP
1642 06 10	AK	PIETER	D.		LAIJE	JOHANNA GOMARA	NIJE MERCKT
1649 10 04	AK	PIETER	DAVID		FROOM	HERMTIEN	SWANESTR
1646 04 06	MK	PIETER	DERCK		MEIJER	AGNETA	KL.BUTJENSTR
1642 03 28	AK	PIETER	DERCK	FREERX		ANNA DERX	SCHOOLHOLM
1641 09 07	AK	PIETER	EGBERT	PIETERS		AELTIEN CLASSEN	OLD.BOTTR.PRT
1642 10 25	AK	PIETER	ELTE	PIETERS		AELTIE	POELESTR
1648 10 08	MK	PIETER	EMME	STEVENS		RENSKE TONNIS	HELPEN
1644 06 26	AK	PIETER	EVERT	EVERTS		ELTEKE	BUTJENSTR
1643 10 16	AK	PIETER	FEIJKE		MARHUISEN	WENDELA RENSEN	HARDINGESTR
1646 03 23	MK	PIETER	GARBRANT	PIETERS		AELTIEN GEERTS	HELPEN
1646 02 24	AK	PIETER	GEERT	CASPERS		FROUCKE	SUIDERDP
1648 03 07	MK	PIETER	GEERT	HARMENS		GEESIEN	NIJESTADT
1644 05 26	AK	PIETER	GEERT	COOPS		GRIETJEN HACKENS	HEERSTR
1644 10 11	AK	PIETER	GEERT	HARMENS		JANTIEN PIETERS	HEERSTR
1647 09 26	AK	PIETER	GEERT	HARMENS		JANTIEN PIETERS	SLEEMENERSTR
1643 09 02	MK	PIETER	GEERT		MEIJER	STIJNE	BOTTERDIEP
1646 03 15	MK	PIETER	GOTIEN	NANNINGS		GRIETIEN	DAMSTERDP
1643 03 01	AK	PIETER	HAESE?	PIETERS		TRIJNTIEN ZACHARIAS	N.POELESTR
1646 11 04	AK	PIETER	HAIJE	HARMENS		LUTGERTJEN PIETERS	JADT
1642 08 02	AK	PIETER	HANS		BACKER	ANNE	SCHUITEMAKERSWAL
1642 12 15	AK	PIETER	HANS	RIJCK		HIDDE ROELEFS	PLUIMERSGANG
1643 11 14	MK	PIETER HARKENS	HARKE	ARIS		FIJE PIETERS	NIJE WECH
1647 12 15	AK	PIETER	HARMEN		HAIJENOU?	AELTIEN	COSTERSGANG
1642 05 03	AK	PIETER	HARMEN	HINDRIX	TIMMERMAN	ANNEKE PIETERS	3 MEULEN
1649 01 10	AK	PIETER	HARMEN	JANS		EGBERTIEN	JOANNSBRUGGE
1644 05 14	AK	PIETER	HARMEN	PIETERS		HINDRICKJEN	VISSCHERSTR
1642 01 11	AK	PIETER	HARMEN	SIJWERSSEN		RENSKE	HARDINGESTR
1644 09 20	AK	PIETER	HERMEN	MENCKES		TRIJNTIEN ARENTS	GELTINGESTR
1649 10 07	MK	PIETER	HINDRICK	HARMENS		ANNETIEN	BOTTRP.
1646 03 15	MK	PIETER	HINDRICK		BUSHOFF	ELSJEN PIETERS	SCHUTENDP
1649 02 18	AK	PIETER	HINDRICK	PIETERS		GEBBE	SCHUTEMSWAL
1647 08 27	AK	PIETER	HINDRICK	PIETERS		GRIETE	PLUIMERSGANG
1647 03 24	MK	PIETER	HINDRICK	HINDRICKS		HILLETIEN PIETERS	EBBP./MUIR
1643 10 26	AK	PIETER	HINDRICK	JANSSEN		JANTIEN	HEERPOORTE
1647 08 06	AK	PIETER	HINDRICK		BOLT	MENJE MARTENS	LEELJENSTR
1643 08 04	AK	PIETER	HINDRICK	JANS		TRIJNE	SCHUITENDIEP
1647 12 12	MK	PIETER V. LEMEP?	HINDRIK	ARENS		LISEBETH V.LENNEP	HEERSTR
1641 03 30	MK	PIETER	JACOB	GERRITS	SCHIPP	AELTIEN	CRANEPRT
1641 10 01	AK	PIETER JACOBS	JACOB	PIETERS		AIJLET TEIJES	DAMSTERDP
1645 02 27	AK	PIETER	JACOB		WUSSUM	GRIETJEN PIETERS	CRAMERRIJPE
1642 12 30	AK	PIETER	JACOB	ARIS		JACOBJEN PIETERS	VISCHMERKT
1646 03 17	AK	PIETER	JACOB	AVJES?		JACOBJEN	VISCHMERKT
1641 01 19	AK	PIETER	JAN	PIETERS		--	LANE
1643 10 08	MK	PIETER	JAN	PIETERS		CATALIJNE	N.MERCKTSTR
1645 08 26	AK	PIETER	JAN	GERRITS		CORNELIA	A KERCK
1644 01 26	AK	PIETER	JAN		FREDEBORCH,V	CUNNE	JOCIBINERSTR
1647 11 14	MK	PIETER	JAN	GARBRANTS		GEESJEN BERENTS	STEENTILST
1641 10 27	AK	PIETER	JAN	PIETERS		GRIETIEN	DAMSTERDP
1643 08 30	AK	PIETER	JAN	ROELEFS		JANNEKE JANS	PLUIMERSGANG
1641 04 15	AK	PIETER	JAN	SIJWERS	SEIJLMAKER	JANNETIE	DRA
1643 06 06	AK	PIETER	JAN	SIJBERS		JANNETIE PIETERS	DRA
1647 11 23	AK	PIETER	JAN		CNORF	JANTIEN WILLEMA	NIJESTR
1647 04 02	AK	PIETER	JAN	JANSSEN		LIJSABETH	CRANEPOORTE
1646 10 07	AK	PIETER	JAN		DAM,VAN	LUTGERT	OOSTERSTR
1642 06 08	AK	PIETER	JAN		KLEIJN	MARIJE PIETERS	SUIDERDP
1641 04 06	AK	PIETER	JAN	ROELEFS		MARRECHIEN	GEESTGSTHS
1642 05 06	AK	PIETER	JAN	PIETERS		MARRECHIEN ALEFS	HOECK/VISSCHRSTR
1645 08 19	AK	PIETER	JAN	HINDRIX		MARRECHIEN	BLOEMSTR
1648 08 08	AK	PIETER	JAN	SIJBENS		MARRECHIEN	SCHUTNDP
1649 03 29	AK	PIETER	JAN	PIETERS		MARRETIEN ABELS	JADT
1644 06 18	AK	PIETER	JAN		HOIJTMAN	ROELEFJEN	SUIDERDIEP/POELSTR
1649 05 08	AK	PIETER	JAN		OOSTERMAN	SWAENTIEN	KIJK/JAT
1642 08 28	AK	PIETER	JAN	BRUINS		TRIJNTIEN	VOLTINGESTR
1644 04 16	AK	PIETER	JAN	PIETERS		TRIJNTIEN	N.POELESTRATE
1646 06 16	MK	PIETER	JAN	BRUNTS		TRIJNTIEN	VOLTINGESTR
1645 07 16	AK	PIETER	JANS		RUISTEBIJL	ANNA	SUIDERDP
1644 05 19	AK	PIETER	JOANNES		STRATEN,V D	AGNES	JADT
1645 11 19	MK	PIETER	JOHAN	GLIXIER?	TAMBUER	MAIJE	3 MULLENS
1643 08 06	MK	PIETER	JORIJS	PIETERS		JANTIEN	HEERPOORTE
1644 04 14	MK	PIETER	JORIS	MEES		HINDRICKJEN ROEBERTS	KHERESTR
1649 04 08	MK	PIETER	JURJEN	ALLERTS		AELTIEN	G.MAEGDESTR
1645 02 04	AK	PIETER	JURJEN	HILL	CHIRURGUS?	CLAERTIEN	VOLTSTR
1647 05 14	MK	PIETER	LAURENS	HARMENS		MARRECHIEN	HOGEBROERSTR
1647 07 08	AK	PIETER	LUITIEN	HOMMENS		DIEWER JANS	NIJESTADT
1648 03 30	AK	PIETER	OPHE	PIETERS		GRIETE	3 MEULENS
1647 08 03	AK	PIETER	OTTO	MATHEA		METJEN	LAMHUINGA STR

Year Mo Da	Chr	Child's Given Name	Father/Child's Patronymic	Father's Patronymic	Father's Surname	Mother	Address
1649 11 18	AK	PIETER	PIETER		CRONENBORCH	ANNECHIEN	LEELJENST
1648 12 29	MK	PIETER	PIETER	GIJSENS		EBELE JOOSTEN	OLDEWECH
1646 01 18	MK	PIETER	PIETER	JANS		GEESJEN	N.VISSCHERSTR
1641 06 20	MK	PIETER	PIETER/SOLDAET		BOLDIJ	GRIETE	OOSTERPRT
1647 11 14	MK	PIETER	PIETER	PIETERS		JANTIEN ROELEFS	O.BREGANG
1648 05 30	AK	PIETER	PIETER	SIJGERS		JANTIEN JOOSTEN	OOSTERPOORTE
1641 10 20	AK	PIETER	PIETER	JURJENS		LIJSEBET JANSEN	POELPRT
1644 12 13	MK	PIETER	PIETER	PIETERS		MARIA HINDRIX	O.EBBINGESTR
1645 06 02	AK	PIETER	PIETER	PIETERS		SWAENTIEN	PEPERSTR
1646 03 15	MK	PIETER	PIETER	PIETERS		WILLEMTIEN PIETERS	NOORDTDIEP
1647 03 13	AK	PIETER	RELTEN	HANSEN		STIJNTIEN JURJENS	COSTERSGANG
1645 11 02	MK	PIETER	S./DR.		WICHEL	JANTIEN MEES	BOTTRSTR
1647 09 16	AK	PIETER	SEBE	JANS		AELTIEN	3 MEULEN
1645 10 17	AK	PIETER	SEBO	JANSSEN		AELTING	3 MEULENS
1643 03 26	AK	PIETER	SIABBO	PIETERS		LAMMETIEN WESSELS	VISCHMERKT
1642 08 07	AK	PIETER	SIJMON	GEERTS		ALMT?	SLEMENNERSTAR
1645 03 30	AK	PIETER	TIAKE	ALBERTS		ANNETIE	POORTE
1649 11 22	AK	PIETER	TIJMEN	PIETERS		AELTIEN	HORENSCHDIJK
1642 05 08	MK	PIETER	TONNIS	PIETERS		GEESKE	SCHUITENDP/WEST
1644 04 26	AK	PIETER	TONNIS	PIETERS		HISKE	DRIE MEULLENS
1646 01 14	AK	PIETER	WIJLEN/SOLD.	PIETER	FOLKERS(decd)	VRONKE	VISSCHERSTR
1641 09 03	AK	PIETER	WIJPKE	ABELS		JANTIEN PIETERS	BREDEMERKT
1646 01 23	AK	PIETER	WILLEM	CRANSJEN		GEESJEN SCHAINX	POELE POORT
1644 10 04	AK	PIETER	WILLEM	PIETERS		TRIJNTIEN	BREEMERCKT
1645 10 28	AK	PIETER?	REMMERT	CRANSJEN		GEESJEN	HEERPOORTE
1643 12 13	AK	PIETERTIEN	ARENT	EGGENS		AELTIEN	CAP:HUININGA
1648 10 13	AK	PIETERTIEN	EVERT	RIEJNERS		MARRETIEN PETERS	GELTINGSTR
1644 07 12	AK	PIETERTIEN	GIJSBERT	TONNIS		SAACKE? EELKENS	COSTERSGANG
1646 04 12	AK	PIETERTIEN	GOOSSEN	STEVENS		CHRISTIJNTIEN	HAVENSTR
1643 11 03	AK	PIETERTIEN	JACOB	DERCKS		ABELTIEN	POELESTRATE
1645 09 05	AK	PIETERTIEN	JACOB	FRIX		GEESIEN	HUMINGA CAMERS
1644 08 09	MK	PIETERTIEN	JACOB	FRITS		GEESJEN ARENTS	KATTENHAGE
1645 01 05	MK	PIETERTIEN	JAN	LIPPENS		ANNE	POPKENSTR
1645 10 12	AK	PIETERTIEN	JAN	JURJENS		GRIETJEN	MUERE
1644 12 11	MK	PIETERTIEN	JAN	ROELEFS		JANTIEN JANSSEN	SCHUITENDIEP
1646 01 22	AK	PIETERTIEN	JAN	ROELEFS		JANTIEN	SCHUTENDP
1644 05 03	AK	PIETERTIEN	LAMBERT	LUBBERTS		EETJEN	HEERESTRATE
1642 05 08	AK	PIETERTIEN	MENNE	GERRITS		WEMELTIEN	KIJKINTJATSBR
1649 02 02	AK	PIETERTIEN	MENSO		PIMPERLING	AELTIEN PIETERS	CAME.
1643 07 14	MK	PIETERTIEN	PHILIPS	PIETERS		BARBERA STRATEN,VANDER	PELSERSTR
1641 03 21	MK	PIETERTIEN	PIETER	BRUNNES		GEERTRUIT	STEENTILSTR
1649 06 05	MK	PIETIE	HARMEN		WIJGER	HIDTIE WIJGERS	HEERSTR
1648 09 23	AK	POPKE	ARENT	GEERTS		GEERTIEN	POPKENSTR
1649 09 18	AK	POPKE	BERENT	POPKENS		MARRETIEN JANS	NIJESTADT
1648 12 10	MK	POPKE	PIETER	POPKENS		GEERTIEN	RODEBRUGG
1642 08 11	AK	POPKE	WESSELUS/DR.		POMPEJUS	WIJKE STEEBMANS	A KERKHOFF
1647 02 24	AK	POPPE	JAN	EDDENS		TALLE JACOBS	PLUIMERSGANG
1643 01 04	AK	POPPE	POPPE	ENTES		CLAESJEN	DAMSTERDIEP
1648 10 06	AK	POUL	HINDRICK	JURJENS		GEESKE	SUIDERDP
1646 08 02	AK	POUWEL	EGBERT	ALBERTS		SIADDE	CLAENE PELSERSTR
1647 07 25	AK	POUWEL	JOANNES		AUDEN,VAN	WOBBEKE REIJMERS	VISSCHR
1641 11 18	AK	POUWEL	ROELEF	BERENTS		METTE	PRINCENSTR
1648 01 19	AK	PRIJNTIE	JAN	BERENTS		CATELIEN HORENVEECK,V	SWAN
1648 10 20	AK	QUIRINUS?	HANS		DUN?	AELTIEN	MOESKERSGNG
1647 03 30	AK	RABBE	HINDRICK	LUBBERTS		MARRECHIEN	HEERPRT
1644 10 16	AK	RACHEL	JAN	DERCKS		AELTIEN JANS	GELTINGESTR
1648 05 05	AK	RACHEL	JAN	DIRX		AELTIEN	GELTINGESTR
1648 07 28	AK	RAMONT	DANIEL		RAMANT	MARGRIETE	BREEGANG
1649 06 24	AK	RASMER	JAN		FLUGGER	AELHEIJT	CRAEME
1647 07 02	MK	REBECCA	JACOB		FIERSEN,VAN	TIETE	PRINCENSTR
1644 10 16	AK	REBECCA	JAN	DERCKS		AELTIEN JANS	GELTINGESTR
1641 11 12	AK	REBECCA	JAN		HATTINGEBOD,V	EPPEKEE	GELTINGESTR
1642 10 16	AK	REBECCA	JOHANNES	FOLTZ		SOPHIA	PAPENPOR
1645 06 24	AK	REBECCA	WILLEM	TITZINGHE		ELIZABETH HOORN	WAGE
1649 04 20	AK	REBECKA	FOCKE		RAURDA	JANTIEN JANS	PELSERSTR
1646 12 13	AK	REBECKA	TONNIS		VRIJHOF	JANTIEN	NIJESTADT
1649 08 12	AK	REGINA	HINDRICK		EECKHORST	ANNA	PRINCENSTR
1646 06 11	AK	REGINA	JAN		BOECKELT	PIETER	NIJE STADT
1645 03 06	AK	REGINE	JELIS		CETELER	SIJEKE	HEEREPOORTE
1642 11 09	AK	REGNEER	JACOB	JURJENS		GEERTIEN	BOTTERDIEP
1649 10 28	AK	REGNIER	REGNER	JANS		FOSKE REGNEERS	BRUGSTR
1649 01 09	AK	REIJMER	HARMEN	REIJMERS		WILLEMTIE	NOORDERHAVEN
1649 02 23	AK	REIJMERTIEN	STEVEN	GERRITS		AELTIEN DREEUS	AKERCK
1646 03 01	AK	REIJNE	BERENT	ALBERTS		JELTIE CLAESSEN	JADT
1647 09 03	AK	REIJNER BONERS	ALBERT	FRENSZ		MARGR.BONERS	SCHOOLHOLM
1647 08 03	AK	REIJNER	ANTHONIJ	WILLEMS		AELTIE	PELSERSTR
1642 09 25	AK	REIJNER	BARENT	RENDERTS		JANNEKEN BARENTS	HAVENSTR
1643 08 09	AK	REIJNER	BERENT	GEERTS		TRIJNE	POELPOORTBRUG
1645 03 06	AK	REIJNER	CASPER	REIJNERTS		GEERTRUIT JANS	STRATE
1644 08 08	MK	REIJNER	CONRAET		HEIJDEMAN	AELTIEN REIJNERS	POELESTR
1644 09 22	AK	REIJNER	DERCK	REIJNERTS		SAARTJEN REIJNERS	HEERSTR
1644 12 25	AK	REIJNER	DREUS		LANGEN,VAN	AELTIEN	WILKENSKAMER
1648 05 11	AK	REIJNER	EERNST	DREEUS		ANNE EERNSTS	VISSCHERSTR
1647 06 20	AK	REIJNER	GEERT	WOLTERS		AELTIEN	NIJESTADT
1642 09 04	AK	REIJNER	HINDRICK	REIJNERTS		BEERTE BERENTS	S.JACOBSG:HUIS
1649 12 25	MK	REIJNER	HINDRICK		MENSING	ELLETIEN?	OOSTRSTR
1648 08 13	MK	REIJNER	HINDRICK	GEERTS		GRIETIEN	OOSTERSTR
1647 06 22	AK	REIJNER	ISEBRANDT	REIJNERS		DOETIEN WALKES	VISSCHRSTR
1646 10 02	NK	REIJNER	JACOB	EVAN		GRIETJEN	WOLBORGS STR
1643 11 01	AK	REIJNER	JAN	JANSSEN		JANTIEN REIJNERS	PLUIMERSGANG
1643 02 12	AK	REIJNER	JOCHIM	ROELEFS		AGNIETE JANS	ROSENSTR
1641 12 09	AK	REIJNER	SWEER	CORNELIS		ANNE FOCKENS	MUERE/KRANEPR
1641 12 12	AK	REIJNER	VOS	--		GEESJEN	SCHOOLHOLM
1646 10 20	AK	REIJNERTIEN	SAMUEL	JANS		JACOBJEN	VOLTINGESTR
1646 08 07	AK	REIJNERTJEN	JAN		RIDDER	SOPHIA TIASSENS	HEERSTR
1645 01 23	MK	REIJNON	LAURENS	FRANSSEN		STIJNTIEN LEUSSINUS	A KERCK
1641 02 16	AK	REIJNOU	CLAES	TIDDENS		--	POELESTR
1643 12 22	AK	REIJNOUT	JOCHIM	BARNIERS	GLAESMAKER	ANNECHIEN EERNSTS	N.JATSTR
1640 12 27	AK?	REIJNT	ANDOLF/CAPT:		CLANT	--	SCHOOLHOLM
1648 01 16	MK	REIJNT	HARMEN		HUISING	SIJBEN CAHTR?	MUSKENGANG
1647 11 07	MK	REIJNT	JAN	ARENTS		BOUWE	SCHUTEND./HOPMGANG
1648 04 25	AK	REIJNT	ROELEF	JANS		ANNEKE	VISSCHRSTR
1647 10 05	MK	REIJNTIEN	HARMEN	JANSSEN		BIJETIE ALLES	KIJCK/JADT
1643 12 24	MK	REIJNTIEN	HARMEN	REIJTIENS		GRIETE	DAMSTERDIEP
1647 02 03	AK	REIJNTIEN	HARMEN	REIJNTITS		GRIETE	DAMSTERDP

Year Mo Da	Chr	Child's Given Name	Father/Child's Patronymic	Father's Patronymic	Father's Surname	Mother	Address
1645 02 12	AK	REIJNTIEN	JAN	ULFERTS		MARTE NANNENS	DRA
1641 04 11	AK	REIJNTIEN	TIJMEN	REIJNTIES		LOUITSHCE DOUWENS	DRA/KRANEPRT
1646 04 14	AK	REIJNTIEN	TIJNNE	REIJNTIENS		LUDSE DOUWENS	DRA
1641 03 04	MK	REIJNTIEN	WABBE	REIJNTIES		--	DRA
1647 12 11	AK	REIJNTIES	REIJNE		BRINKMAN	TRIJNTIE	HEERSTR
1646 09 29	NK	REIJNTJE	JAN	REIJNTJES		WEMELTJEN OTTENS	NOORDERDP
1647 01 17	MK	REIJSJEN	OTHE	HEMS		GRIETIEN JACOBS	BUTIENSTR
1648 02 29	AK	REINER	JAN	BORCHERTS		MARRECHIEN	CROMELBOGEN
1646 12 04	AK	REMBERTUS	EEZERT		HUISMAN	HELENA SAS?	MERKTEN
1646 12 13	MK	REMBERTUS	HINDRICK	MENSSES	SCHOENMER	GRIETJE	POELESTR
1643 03 14	MK	REMER	DOT?	TONNIS		MAIJKE OOSTEN,VAN	HARDINGESTR
1644 06 28	AK	REMETIEN	DOEDE	TONNIS		MAIJKE	HARDINGESTR
1644 04 19	AK	REMKE	GEERT	JACOBS		MENJE REMKES	VISSCHERSPIJPE
1646 05 06	MK	REMKE	REIJNT	CLAESSEN		TRIJNTIE CORNELIS	SCHUTENDP
1642 02 04	AK	REMKE	WESSEL	HERES		MARIA BRUCHERI	GELTINGSTR
1644 03 21	AK	REMMERT	ALBERT	ALBERTS		LUCKE	KERELSWECH
1648 02 17	AK	REMMERT	ANVIRK?	REMMERTS		GRIETIEN	BOTTR.
1648 06 29	AK	REMMERT	GEERT	PIETERS		HINDRICKJEN	HEEREPOORT
1645 01 03	AK	REMMERT	GERLEF/SOLD.	HENDRIX		GRIETE	OOSTERPRT
1648 03 19	MK	REMMERT	GERLEF	HINDRIX		GRIETE	COSTERSG.
1642 09 25	AK	REMMERT	HARMEN	JACOBS		JANTIEN	N.UIJRWERKERSGNG
1649 02 18	AK	REMMERT	HARMEN	REMMERTS		MARIA	RAAMSTR
1645 09 02	AK	REMMERT	HENDRICK	FENNERTS		GRIETJEN	JADT
1645 08 22	AK	REMMERT	JAN/SOLD.	AARJES		BOUWE	SCHUITENDP
1644 12 22	MK	REMMERT	JAN	OTTENS	BROIJLS	NIESJEN MUNNINGS	GULDENSTR
1645 14 30	AK	REMMERT	LOURENTS		PRINPERLINUS?	AELTIEN	VISCHERPIJP
1642 04 29	AK	REMMERT	TONNIS	HARMENS	BACKER	MARTIJNTIEN ROSIERS	S.JANSSTR
1645 03 04	AK	REMMERTS	GEERT	GEERTS		JANTIEN REMMERS	BOTTR
1648 12 26	MK	REMT	HARCKE	EERNSTS		GIJE	NIEUWEWECH
1648 03 26	MK	RENEKE	JACOB	JANS		GEERTIEN CLAESSEN	N.KERKSTR
1644 12 26	MK	RENSKE	CORNELIS	HINDRIX		GEESKE	SCHUTENDIEP
1648 08 26	AK	RENSKE	EPPE	VREERX		JANTIEN	NIJESTADT
1649 08 12	AK	RENSKE	GEERT	GEERTS		JANTIEN REMMERTS	BOTTRSTR
1643 12 17	AK	RENSKE	GERRIT	ALLENS		ENGEL WIJBENS	VISSCHERSTR
1642 04 26	AK	RENSKE	HINDRICK	ADRIAENS		GEERTRUIT	ROSENSTR
1644 05 08	AK	RENSKE	JAN	WILLEMS		ELSJEN	SCHEDAMS-GANG
1642 04 27	AK	RENSKE	JAN		ORSING	LUTGERT	MUSKENGANG
1643 12 13	AK	RENSKE	JAN		OERSSING	LUTGERT HINDRIX	MUSKENGANG
1641 07 18	MK	RENSKE	JURIEN	JURIENS		TRIJNTIEN WILLEMS	EBBINGESTR
1644 01 31	AK	RENSKE	MARTEN		EIJLERMAN	TRIJNE	RAAMSTR
1641 02 03	AK	RENSKE	WIJBOLT	JACOBS		--	DAMSTERDP
1648 03 08	MK	RENSKE	WILLEMS			NIESKE	BOTTRSTR
1649 07 13	AK	REUSSEN	ABRAHAM	MARTENS		AELTIEN	PLUMERSGNG
1649 01 10	AK	RICHARD	EIJBO	INEZ	CHIRUNGI?	GRIETIEN PIETERS	EBBSTR
1648 02 11	AK	RICKEL	JAN	SIPPENS		DOEDJEN	OOSTERPRT
1649 08 06	NJ	RIEKEF	TRUX	CHRISTIANS.		HILLETIEN	BOSTERST?
1643 06 11	MK	RIEMER	ELLE	BONNEKENS		HARMTIEN	S:JANSSTR
1649 02 06	AK	RIEMER	HANS	RIEMERS		AELTIEN REIJNERS	HOFSTR?
1642 05 03	AK	RIEMERT	JOHAN	RIEMERTS	SCHOOL.M.	TRIJNTIEN EGBERTS	VISSCHERSTR
1642 08 21	MK	RIENDER	HARMEN	RIENDERS		ADRIAENTIEN	OOSTERSTR
1643 01 04	MK	RIENE?	HARMEN	ROELEFS		JANTIEN	HELPEN
1649 08 05	MK	RIENEKE	NICOLAUS/DR		BUSCH	WILL. WITTINGE	HEERST
1648 01 04	AK	RIENEKE	WILLEM	HARMENS		BERENTIEN	HEERSTR
1649 06 07	MK	RIENTIEN	DERCK	MEEUWS		EIJSKE	SUIDERDP
1649 06 17	MK	RIENTIEN	JAN	PIETERS		GRIETE GAETJES	COSTERSGNG
1643 05 26	MK	RIJCHELTIEN	EDZART		HUISMAN	HELLENA SAS	MERKT
1648 08 04	AK	RIJCKE	JAN	GEERTS		ENNEKE	OOSTERSTR
1646 08 16	MK	RIJCKE	MEENT		HOEDEMAKER	ELSJEN	PRINCENSTR
1641 03 04	MK	RIJCKE	REMT	RIJKES	VOERMAN	--	KRANEPRT
1642 10 21	AK	RIJCKE	WESSEL	AARENTS	CAARMENNER	WENDEL	STEENTILPRT
1644 06 25	AK	RIJCKJEN	RIJCKE/SOL:	(decd)	VUIST	ENICKE	VISCHMERCKT
1642 11 02	AK	RIJKE	GERRIT	RIJKENS		ELLETIEN	O.EBBINGEPOORT
1646 05 08	AK	RIJKE	GERRIT	RIJKENS		HILLECHIEN	EBBPOORTBRUG
1646 11 09	AK	RIJKE	HINDRICK	TIJMENS		GEERTRUIT RIJKENS	TORFTOORNST
1649 06 02	AK	RIJKE	HINDRICK	TIJMENS		GEERTRUIT RIKENS	TORFTORRN
1646 10 23	AK	RIJKE	LUCAS	EVERTS		GEERTRUIT RIJKENS	EBBSTR
1649 07 08	AK	RIJKJEN	UDE	RIJKENS		TANTJEN? HINDRIX	SLEM.STR
1648 12 05	AK	RIJPE	HARMEN	LAURENS		MARRECHIEN RIJPENS	SLEMERST
1642 12 26	AK	RIJPPE	HARKE	LAURENS		MARRETIEN RIJPENS	SLEMENNERSSTR
1644 12 13	MK	RINSSE?	ABRAHAM	MEERTENS		AELTIEN	N.WECH
1645 04 07	MK	RINTJE	HINDRICK	HAIJENS		FIJEKE WATSEMS	BOTTRPOORTE
1644 10 27	MK	RISSART	LENERT		EIJKE,VAN	MARIE	BOTTRINGESTR
1643 12 03	MK	RITSKE	BERENT	RITSKES		GEESKE FREERX	HEREPOORTE
1642 09 20	AK	RIXTE	ALBERT/SOLDAET	JACOBS		ANNETIEN ALBERTS	BREEGANG
1644 01 31	AK	RIXTE	JAN	HINDRIX		GRIETE JANSSEN	BLOEMSTR
1646 08 20	AK	RIXTE	MELCHER	OBBENS		GRIETJEN	BOTERDP
1645 10 02	AK	ROBINA?	MEENE		WICHRINGE	HELENA CLAUS	BEERSTR
1645 10 24	AK	ROEBERT	HOEVE	BORCHARTS		GRIETJEN	JACOBINERSTR
1648 06 23	AK	ROEBERT	JURJEN	HINDRIX		GRIETIEN HASTING,VAN	HARDSTR
1649 11 22	AK	ROEBERT	OTTE	HARKENS		LIJSEBETH ROEBER	BROERSTR
1647 10 31	MK	ROEBERT	SIJND.	ROEBERTS		SUSANNA RENEMANS	MKERK
1647 10 17	MK	ROEDOLPH	DERCK	ROELEFS		JANTIEN LAURENS	ACADEMIE
1648 04 05	AK	ROELEF	AARENT	ROELEFS		AELTIEN	HEERPOORTE
1648 01 21	AK	ROELEF	ABRAM	ARENS		TRIJNTIE ROELFS	MONKEHOLM
1641 08 24	AK	ROELEF	ADRIAEN	HANS		ANNE	LAMMHUINGHSTR
1643 10 15	MK	ROELEF	AELEF	ROELEFS		ANNA	MOESKERSGANG
1647 04 19	AK	ROELEF	ALBERT	ENGELBERTS		ELSJEN BERENTS	AKERK
1641 12 15	AK	ROELEF	ALBERT	ROELEFS		GEERTRUIT	VISSCHERPIJP
1648 08 06	AK	ROELEF	ALBERT		LANDT	GRIETIEN MUNTING	N.BOTTRSTR
1648 12 20	AK	ROELEF	ALBERT	HINDRIX		HINDRIKJEN	VISCHMERKT
1648 01 20	AK	ROELEF	ALEF	ALLES		ANNE	OOSTERPRT
1648 11 23	AK	ROELEF	ALEF	HINDRIX		GREETJEN	BREDEMERKT
1649 04 04	AK	ROELEF	ARENT	HINDRIX		AELTIEN REIJNERS	HELPEN
1645 08 17	MI	ROELEF	ARENT		HASSELT	GRIETE ROELEFS	DAMSTERDP
1642 08 04	AK	ROELEF	BALTSAR		RAVENSTEIJN	AELTIEN	ROSENSTR
1643 04 18	AK	ROELEF	BEERENT	BERENTS		FENNE	OOSTERSTR/MUER
1643 03 24	AK	ROELEF	BERENT	ROELEFS		ANNECHIEN	WEESHUIJSKLOOSTER
1642 10 26	AK	ROELEF	BERENT	HARMENS		HILLETIEN	POELPOORT/BRUG
1643 10 22	MK	ROELEF	DERCK	HANSSEN		MARRECHIEN ROELEFS	STEENTILPOORT
1649 08 08	MK	ROELEF	EGBERT	TONNIS	BARKER	ALBERTIEN	JACOBIJNERST
1646 01 18	AK	ROELEF	EGBERT	LUITJENS		ANNECHIEN	RAAMSTR
1649 12 21	AK	ROELEF	EGBERT	HENNECKERS?		WILLEMTIEN	MARTKERKHOF
1643 09 12	AK	ROELEF	FEIJO		SICKINGA	SOPHIA ECHTEN,V.	HEERSTR
1643 09 17	MK	ROELEF	GEERT	DERX		AELTIEN JANS	RAAMSTR
1641 11 24	AK	ROELEF	GEERT	HARMENS		GEESJEN	NIJESTADT

Year Mo Da	Chr	Child's Given Name	Father/Child's Patronymic	Father's Patronymic	Father's Surname	Mother	Address
1642 11 22	AK	ROELEF	GEERT	HARMENS		LAMMETIEN	NIJESTADT
1641 11 02	AK	ROELEF	GEERT	ROELEFS		ROELEFJEN	SLEMENNERSTR
1643 02 21	AK	ROELEF	GEERT	ROELEFS		TRIJNTIEN	HOFSTRATE
1641 07 11	AK	ROELEF	HANS		VALCK	HELLENA HOSMANS	RAAMSTR
1647 01 24	MK	ROELEF	HANS	RIJCKS		HIDDE	PLUIMERSGANG
1649 09 26	AK	ROELEF	HARCKE	ENGELBERTS		GEERTIEN	N.EBBSTR
1641 10 22	AK	ROELEF	HARMEN	GEERTS		CORNELISJEN	GEWELDINGENPLAET
1642 08 31	AK	ROELEF	HARMEN	GEERTS		CORNELISJEN	GEWELDIGENPLEATS
1644 02 18	MK	ROELEF	HARMEN	CLAESSEN	LANDMETER	GRIETIEN	N.EBBSTR
1648 09 05	AK	ROELEF	HARMEN	HARMENS		LIJSABAET	OOSTERSTR
1645 04 03	AK	ROELEF	HELPERICH	ROELEFS		CORNELISJEN TIJSSEN	SCHOOLHOLM
1649 02 20	AK	ROELEF	HEMMO	JACOBS		TRIJNTIEN	SWANESTR
1643 06 04	AK	ROELEF	HIDDE	HINDRIX		JANTIEN HIDDINGS	TORFTOORNSTR
1641 06 06	MK	ROELEF	HINDRICK	LUITIEN		ANNE	POELESTR
1643 03 01	AK	ROELEF	HINDRICK	OTTENS		GELE	BOTTRINGEPOORTE
1648 09 01	AK	ROELEF	HINDRICK	JANS		JANTIE	HEERPRT
1643 12 16	AK	ROELEF	HINDRICK	ROELEFS		JANTIEN	HELPEN
1644 02 20	AK	ROELEF	HINDRICK	DUERKE		JANTIEN ROELEFS	SCHUTEMRSSTR
1646 05 14	AK	ROELEF	HINDRICK	ROELEFS		JANTIEN JANS	W.JUDISCHHOFF
1648 10 26	AK	ROELEF	HINDRICK	DERX		JANTIEN ROELEFS	A PRT
1649 10 12	AK	ROELEF	HINDRICK	ROELEFS		JANTIEN JANS	SCHUTEMRSWAL
1649 12 01	AK	ROELEF	HINDRICK	ROELEFS		JANTIEN	WILKENSKAM
1648 10 29	MK	ROELEF	HINDRICK	ROELEFS		LAMMETIEN	HEERSTR
1647 10 06	MK	ROELEF	HINDRICK	JANSSEN		LIJSEBET JANS	BOTTERDIEP
1644 03 20	AK	ROELEF	HINDRICK		VISSCHR	MARRECHIEN	OOSTERPOORTE
1647 07 03	MK	ROELEF	HINDRICK		HOFSTEE?	MARRECHIEN	POELESTR
1644 10 20	MK	ROELEF	JACOB	JANS		GEESJEN	PEPERSTR
1646 01 25	MK	ROELEF	JACOB	JANSSEN		GEESJEN	PEPERSTR
1642 08 14	AK	ROELEF	JACOB	JANS	SCHOENMAKER	JANTIEN	A KERK
1649 12 08	AK	ROELEF	JAN	ROELEFS		AELTIEN	ROSENSTR
1646 10 25	MK	ROELEF	JAN		AMSING	AESJEN	BREDEMERKT
1648 06 30	AK	ROELEF	JAN	ROELEFFS		ANNE JANSSEN	SCHUITNDP
1643 11 19	AK	ROELEF	JAN		MEURS,VAN	BEERTIEN	TORFTOORNSTR
1648 02 17	AK	ROELEF	JAN	ROELEFS		EPKE	JADT
1645 02 09	MK	ROELEF	JAN	ROELEFS		FENNECHIEN CLAESSEN	OOSTERSTR
1642 09 02	AK	ROELEF	JAN	HOECK		FROUCKE JANSEN	POELESTR
1645 11 20	AK	ROELEF	JAN	FOOSSENS		GEERTIEN	SCHUITENDIEP
1649 12 19	AK	ROELEF	JAN	GARBRANTS		GEESJEN	STEENTILSTR
1644 01 14	MK	ROELEF	JAN	ROELEFS		GRIETJEN LAMBERTS	SUIDERN.STRATIEN
1643 09 15	AK	ROELEF	JAN	HINDRIX		HILLETIE ROELEFS	BUTJENSTR
1649 10 25	AK	ROELEF	JAN	HANNS		ISABEL RIJSWIJK	BOTRMERKT
1646 06 18	MK	ROELEF	JAN	JANSSEN		JANTIEN	VISSCHERSTR
1641 04 27	AK	ROELEF	JAN	ROELEFS	SCHIPPER	LIJSEBETH	VISSCHRST
1642 02 13	AK	ROELEF	JAN	HINDRIX	GETEN,VAN	NEELTIEN ULBEN	LANE
1649 07 22	AK	ROELEF	JAN	BEERTS		STIJNE	RAAMSTR
1645 10 14	AK	ROELEF	JEPE	ROELEFS		GRIETIEN IPES	CRANEPOORTE
1645 02 16	AK	ROELEF	LAMBERT	HINDRIX		RIJCKJEN JANS	NIJE STAT
1646 10 21	AK	ROELEF	LUBBERT	ROELEFS		ANNA JANS	JADTSTR
1648 11 26	AK	ROELEF	LUBBERT	ROELEFS		ANNEKE	JATSTR
1647 02 14	MK	ROELEF	LUDOLPHUS		STINT	GEESJEN CLUNDERS	HELPEN
1649 01 17	MK	ROELEF	LUITJEN	GEERTS		HINDRICKJEN	LANT
1642 01 27	AK	ROELEF	PAUL/SCHRIJVER	HEIJNES		TRIJNTIE ROELEFS	N.EBBSTR
1645 12 02	AK	ROELEF	PIETER	ROELEFS		HILLECHIEN	SCHUITENDIEP
1644 04 22	AK	ROELEF	PIETER	BERENTS		JANTIEN	HOFSTRATE
1648 04 18	AK	ROELEF	PIETER	ROELEFS		RETE VREEX	A.POORT
1644 11 03	MK	ROELEF	POUWEL	HEIJNENS	SOLICITEUR	--	EBBINGESTR
1645 06 12	AK	ROELEF	ROELEF	ROELEFS		AELTIEN JANSSEN	LUTKE DRAE
1649 09 16	AK	ROELEF	ROELEF	ROELEFS		ANNA WOLFS	PELSERSTR/DP
1642 12 21	AK	ROELEF	ROELEF	BERENTS		ANNETIE	S.WOLBORGSBRUGGE
1643 08 10	AK	ROELEF	ROELEF	POUWELS		BEECKE	PLUIMERSGANG
1647 01 05	AK	ROELEF	ROELEF	ROTGERS		GEESE	STADT
1644 02 16	AK	ROELEF	ROELEF	ROTGERS		GEESJEN	NIJERSTADT
1646 04 21	AK	ROELEF	ROELEF	BRUINS		GENDEKE JANS	PELSERSTR
1643 12 20	AK	ROELEF	ROELEF	HINDRIX		JANTIEN	HEERESTRATE
1646 10 30	AK	ROELEF	ROELEF	JACOBS		JANTIEN	MUELENSTR
1649 06 24	AK	ROELEF	ROELEF	ALBERTS		MOEIJKE	COSTERSGNG
1646 06 19	MK	ROELEF	ROELEF	ROELEFS		TRIJNTIEN GEERTS	SCHOOLHOLM
1648 01 25	AK	ROELEF	ROELEF	ROELEFS		TRIJNTIEN GEERTS	WOERT
1644 06 04	AK	ROELEF	SWEER	CORNELLIS		ANNE FOCKENS	JACOBIGASTHUIS
1646 01 18	MK	ROELEF	SWIJTER	VOS		EGBERTIEN	EBBINGEPOORTE
1642 10 23	MK	ROELEF	TROX	CHRISTIAENS		HILLETIEN THOMAS	OOSTERSTR
1641 09 19	AK	ROELEF	VINCENT	GERRITS		AEFJEN ROELEFS	JONKER E.LEEUWE
1641 10 22	AK	ROELEF	WIBBE	JANS		GEESJEN	PELSERSTR
1643 02 03	AK	ROELEF	WIBBE	JANSSEN		GEESJEN ROELEFS	MUERE
1642 07 10	AK	ROELEFFJEN	FRERICK	GESSEN		MARRICHJEN	BOTTRINGESTR
1640 07 31	AK	ROELEFIEN	BOELE	BEMENS?		LUBBERCHIEN	BRUGGEST
1642 01 30	MK	ROELEFJEN	ARENT	LUITIENS		GRIETIE	OOSTERPRT
1641 04 08	AEK	ROELEFJEN	BERENT	HINDRIX		AEKE HUMMENS	MUER/JADT
1641 12 12	AK	ROELEFJEN	BERENT	GEERTS		JANTIEN BERENTS	HARDINGESTR
1643 07 14	MK	ROELEFJEN	BERENT	GEERTS		JANTIEN	HARDINGESTRATE
1643 11 19	MK	ROELEFJEN	DERCK	ROELEFS		JANTIEN LAURENTS	BUCSE
1643 02 03	AK	ROELEFJEN	EEDE	POPKENS		MARRECHIEN HINDRIX	N.KERKHOFF
1647 01 22	AK	ROELEFJEN	EERNST	REIJNERTS	BARKER	MARRECHIEN	GELTINGSTR
1644 08 11	MK	ROELEFJEN	ENGELBERT	WILLEMS		GRIETE	KLEIJNPEPERSTR
1642 10 11	AK	ROELEFJEN	ENGELBERT	WILLEMS		MARGRIETE WESSELS	PEPERSTR
1644 12 26	AK	ROELEFJEN	EVERT	HARMENS		MARRECHIEN	DRA
1641 02 21	MK	ROELEFJEN	FOCKE	HENDRIKS	BLEIJKER	LUBBE	BREEGANG
1642 09 21	AK	ROELEFJEN	FOCKE	HINDRIX	BLEIJKER	LUBBERTIEN	SCHUITENDP/BREEGANG
1647 02 02	AK	ROELEFJEN	GARBRANT	BENNEMA		SARA	VOLTINGESTR
1642 10 06	AK	ROELEFJEN	GEERT	EILERTS		AELTIEN	JADT
1643 03 07	AK	ROELEFJEN	HENDRICK	ROELEFS		ELSJEN LOUWRENS	OOSTERSTR
1649 06 10	MK	ROELEFJEN	JACOB		FREWOLT	TRUITE	DAMSTERDP
1641 12 10	AK	ROELEFJEN	JAN	ROELEFS		JANTIEN JANS	PLUIMERSGANCK
1641 01 24	MK	ROELEFJEN	ROELF	BERENTS		--	BLEIJKE
1649 06 06	AK	ROELEFJEN	ROELF	EGBERTS		AELTIEN	A POORT
1641 06 04	MK	ROELEFJEN	TONNIS	ALBERTS		ROELEFJEN	VISCHERSPIJP
1644 12 22	AK	ROELENDT	JURJEN	JURJENS		JANTIEN	VISSCHERSTR
1645 02 04	AK	ROELF	JAN	BARTELTS		HEIJTIEN	STOELDRSTR
1646 09 27	NK	ROELFF	ENGELBERT	N		SIJBERICH	HARMEN-WILCKES CAR.
1646 09 27	NK	ROELFF	GEERT	HARMENS		BARBER	PAPENPOORTJEN
1646 09 27	MK	ROELFF	HILLEBRANT	GRUIJS	VIRDUM,VAN?	ELTKE GRUIJS	BREDEMERCT
1643 12 07	AK	ROELIJNTIEN	VIJDT	N.		FENNE	PAPENPOORTE
1642 07 12	AK	ROELINA	SIJGERT	SIJGERS		LEENCHJEN GRUIJS	OOSTRSTR
1646 04 28	AK	ROELMICHJEN	HINDRICK	LEFFERS		STIJNTIEN ROEBERS	POELESTR
1648 10 05	AK	ROELTIEN	HINDRICK	LEFFERS		STIJNE ROEBERS	LEELJENSTR

Year Mo Da	Chr	Child's Given Name	Father/Child's Patronymic	Father's Patronymic	Father's Surname	Mother	Address
1644 08 22	AK	ROMCKE	EIJSE	JACOBS		AELTIEN	NIJEJADTSTR
1644 02 18	AK	ROSINA	ANDRIES	MENEKE		CATHARINA	--
1646 04 09	AK	ROSINA	DANIEL		STOSWENDER	REBECCA	PELSERSTR
1648 08 24	AK	ROTGER	HARMEN	ROGERS	BUS	SIBILE	JADT
1642 01 09	AK	ROTGER	ROTGER		FEERWERT,VAN	HIJMA	JADT
1648 08 17	AK	RUDOLPH HENDRICK	/DR.		KESTRING	IDA	BOTTRSTR
1642 12 26	AK	SAARTIEN	GEERT	HARMENS		GEESJEN	NIJESTADT
1642 01 09	AK	SAARTIEN	HINDRICK	REMMERTS		GEELE WILLEMS	KLEIJKEN
1644 03 12	AK	SAARTIEN	MEIJNT	JANSSEN	SCHIPPER	HINDRICKJEN	DRA
1641 12 01	AK	SAARTIEN	PIETER	EVERTS		ANNETIEN	HARDINGESTR
1646 01 04	AK	SAELE?	GEERT	HINDRIX		AELTIEN	A POORTE
1648 11 05	MK	SAFFE	JACOB	VREERX		AELTIEN	STEENTILPRT
1647 08 24	AK	SAKE	JAN	TIJMENS		WOPKE	HAVENSTR
1641 08 05	AK	SALOME	MARTEN		CARELSTEIJN	STIJNTIEN	KARELSWEG
1646 03 22	MK	SALOMON	BERENT	JANS		AELTIEN JACOBS	G.MAEGDENSTR
1645 14 20	AK	SALOMON	BERENT		MEIJER	ANNE	SCHUTEMAKERSWAL
1645 01 26	MK	SALOMON	HINDRICK	LUITIENS		HINDRICKJEN	PRINCENSTR
1649 10 28	MK	SALOMON	HINDRICK	LEFFERS		STIJNE	N.EBBSTR
1644 02 28	AK	SALOMON	JAN	BERENTS		CATELEIJNTIEN HORENBEECK,VAN SWANESTR	
1641 09 23	AK	SALOMON	REIJNER	JANS		TRIJNE	PRINCENST
1641 06 20	AK	SAMUEL	HARMEN	DIRCKS		JANTIEN	KLEIJNE RAAMSTR
1645 11 16	MK	SAMUEL	HINDRICK	JANS	TUIGIETER	REBECCA	STEENTILSTR
1645 02 28	AK	SAMUEL	LUCAS		WECHTER	GRIETIEN	EBBINGESTR
1641 04 29	AK	SAMUEL	RITSART	CRNEMLES?		FRANCIJNTIEN PERM?	BOTTRSTR
1644 09 29	MK	SAMUEL	THOMAS		CERBAET	ANNA	BREEGANG
1645 08 24	AK	SAMUEL	WATZO	KOEN		MARGRIETA SOOR	GULDENSTR
1646 09 15	AK	SANDER	FRANS	SANDERS		JANTJEN JACKES	PELSERSTR
1647 03 16	AK	SANDER	GEERT	HINDRIX		GEESE SANDERS	PAPERPOORTIE
1641 09 09	AK	SANDER	JAN	SANDERS		DIUKE DOUWES	NIEUWEWECH
1642 09 16	AK	SANDER	JAN	TANGES		GRIETE SANDERS	N.KERKHOF
1642 05 30	AK	SANDER	JAN	JANSEN		MARRETIE	COSTERSGANG
1641 02 19	AK	SANDER	JAN	GEERTS	CUIPER	ROELEF HELPRICHS	POELPRT
1643 02 18	AK	SAPPE	JAN	SAPPENS		ANNA	MUERE/CRANEPRT
1642 07 28	AK	SARA	DAVID	ABRAHAMS		TONNISJEN	LAMHUIJNGHSTR
1645 01 05	MK	SARA	DERCK	ABELS		ANNE HINDRIX	SCHUITENDP
1647 09 12	MK	SARA	DERCK	JANSSEN		LIJSEBETH	SCHEEDAMSGANG
1644 11 17	MK	SARA	HACKO	FRITS		DIEWER	OOSTERPOORT/CUBA
1645 03 18	MK	SARA	HARMEN	BERENTS		GRIETE	
1647 06 23	AK	SARA	HARMEN	GEERTS		SWAENTIEN HINDIRX	JADT
1641 10 24	AK	SARA	HINDRICK	JANSEN		EVA	BRUGGESTR
1648 11 26	AK	SARA	HINDRICK	JACOB		REBECCA	STEENTILSTR
1647 07 02	MK	SARA	JACOB		FIERSEN,VAN	TIETE	PRINCENSTR
1644 11 22	AK	SARA	JAN	JANSSEN		ANNECHJEN	SCHUTENDIEP
1646 12 16	AK	SARA	JAN		CRIJTHE?	FENNETIEN	PELSERSTR
1645 08 27	AK	SARA	JAN	HARMENS		GRIETE	MOESKERSGANG
1641 08 22	MK	SARA	JAN	JANSEN	DIACON?	MAGDALENA	EBBSTR
1643 10 19	AK	SARA	JAN	WESSELS		MARIA	HEERESTR
1647 08 01	MK	SARA	JOANNES		HONHIUS?	ANNA HEECK,VAN	OOSTERSTR
1648 07 12	MK	SARA	JOANNES		SIGLER	BARBER JANS	ANTHONIJ GSTHUIS
1641 08 08	MK	SARA	KOERT		ROESEBROECK	JEIJE	DONKERSGANG
1643 12 17	AK	SARA	PIETER	BLENCKE		HELE JANS	TORFTOORNSTR
1645 06 18	MK	SARA	ROBERTUS	ROBERS		SUSANNA RENEMAN	M.KERKHOFF
1647 08 11	AK	SARN	JAN	BARTELS		GEELTIEN BROELENS	EBBINGSTR
1647 09 10	AK	SCHULTE	JURJENS	SCHULTES		JANTIEN	POELESTR
1642 01 30	AK	SEBASTIAEN	STEENCK	LUIRTS		MARIA NIJKERCK	BRUGGESTR
1641 02 21	MK	SEMKE	PIETER	SEMKES		GRIETE	BOTTRDP
1642 02 13	AK	SERVAES	PHILIPS		VOS,DE	GEERTIEN	BEULSTOORN
1645 08 10	AK	SEVERIJN	CASPAR	ZACHARIAS		AELTIEN	OOSTRSTR
1648 10 06	AK	SHRUIT	TAEKE	TONIS		FOKELTIEN	SLEMENNSTR
1642 10 28	AK	SIABBE	HINDRICK		ARRE	MOCKE HINDRICKS	KLEIJNERAAMSTR
1648 07 07	AK	SIADDE	BOELE	HACKENS		SOPHIA JANS	SUIDERDP
1649 08 05	AK	SIADDE	BOELE	HARMENS		SOPHIE	SUIDERDP
1649 09 24	AK	SIBILLA	CONRAET	JANS		TRIJNE	SCHUTMKRWAL
1642 12 25	MK	SIBILLA	TIJS	KROON	KLOPPENBORCH	CATHARINA	MEULENSTR
1641 03 26	AK	SIBILLE	GEERT		HORENKEN	BELE MANINGHA?	MERKT
1645 11 04	MK	SICKE	ANDREAS	SIBENRUS		SWAENTIEN DAMMEN	N.WECH
1648 09 17	AK	SICKE	JAN	MENSES		ANNETIEN	HAVEN
1644 05 03	AK	SICKE	JAN	HINDRIX		JEIJE SICKENS	BARCKMEULLEN
1647 12 19	AK	SICKE	REMMERT	EIJSSENS		ROMKE	BOUTEBRUGI
1644 08 30	AK	SICKE TAMMEN	T.?/DR.	MEIJNTS		TIETJEN TAMMENS	HEERSTRATE
1645 06 17	AK	SICKO	HENRICK/BRGEMR		HEECK,VAN	ANNA HOENDRIX	BOTT.ST
1647 11 21	AK	SIJBE	ANDREAS	SIJBENIUS		SWAENTIEN TAMMES	HEERSTR
1641 12 27	AK	SIJBE	ROELEF	BERENTS		GEERTRUIT	KLEIJNBUTJENST
1646 11 08	AK	SIJBILLA	MICHEL	COERTS		ELSE	A.
1643 04 30	AK	SIJBO	OENE	SOECKS		JELLE OENES	LEELJENSTR
1642 09 04	AK	SIJBRANDT	PIETER	SCHULTE		PIETERTIEN SIJBRANTS	LAENE
1646 12 25	MK	SIJBRANT	EVERHARDUS		STRATING	IDETIE SIJBRANTS	SNORRET.
1647 05 18	AK	SIJBRANT	JAN	SIJBRANTS		FENNETIE	GEESTLMAGD.STR
1648 07 30	MK	SIJBRANT	JAN	SIJBRANTS		FENNETIEN	G.MAEGDENSTR
1647 11 12	MK	SIJBRANT	MARCUS	JANS		LIJSABET SIJBRANTS	BOTTRSTR
1646 06 20	AK	SIJBRANT	PIETER	SCHULTE		PIETERTIEN	JUDEN.JATSTR
1642 03 04	MK	SIJBRICH	GOSSEL	BERENTS		ANNA	HARDINGESTR
1646 11 01	MK	SIJBRICH	JACOB	ISEBRANTS		HEIJLTIEN JURJENS	S.JANSTSTR
1646 09 16	AK	SIJBRICH	JAN	ARENTS		BIEUWCHJEN JANS	N.BOTTRINGSTR
1648 02 16	AK	SIJBRICH	JAN	EVERTS		BIJNTIEN	N.BOTTRINGESTR
1643 10 10	AK	SIJBRICH	TIERCK?	ROELEFS		ANNEKE	MONNICKEHOLM
1647 10 31	MK	SJE	HINDRIK		KERKHOFF	GEESJEN SICKMAN	OOSTST
1649 10 09	AK	SIJEKE	ROEBERT	ARENTS		AAUKE EBELS	DRA
1645 01 17	AK	SIJGER	GEERT/SOLD	SIJGERS		JANTIEN	CREUPELST
1648 03 03	AK	SIJGER	JEREMIAS	MEES		ANNETIE SIJGERS	STEENTILSTR
1641 12 22	AK	SIJKE	JAN	MENKES		GEERTIEN	NIJEWECH
1647 11 09	MK	SIJMEN	CLAES		HOLFMAN	HILE	VISSCHERSTR
1644 01 10	MK	SIJMEN	EBEL	REIJNERS		TIATIEN	RAAMSTR
1641 07 09	AK	SIJMEN	JACOBUS	SIJMENS		ANNE JAURJENS	BOTTERDIEP
1646 10 16	AK	SIJMON	CLAES	JANSSEN?		ELSJEN SIJMONS	BOTTRDIEP
1647 08 27	AK	SIJMON	CLAES	JACOBS		ELSJEN SIJMENS	BOTTDIEP
1649 12 16	MK	SIJMON	CLAES	JACOBS		ELSJEN	BOTRDP
1644 03 10	AK	SIJMON	CLAES	GERRITS		MARRECHIEN SIJMENS	CRANE
1648 03 21	AK	SIJMON	CLAES	CLAESSEN		MARRETIEN	HOORNSDIJK
1643 01 19	AK	SIJMON	FRANS	SIJMONS		GERTIEN	WOERT
1649 10 02	AK	SIJMON	HANS	HINDRIX		HANNETIEN SIJMONS	HARDSTR
1647 06 22	AK	SIJMON	HANS	HINDRIX		HANNETIEN?	BENTHOLM?
1643 12 09	MK	SIJMON	HARMEN	ARENTS		GRIETJEN	DAMSTERDIEP
1647 06 09	AK	SIJMON	HINDRICK		TAMKEN	TRIJNTIEN	MESMAKERSTR
1648 05 14	MK	SIJMON	HINDRICK		TAMKEN	TRIJNTINE	MESMAKERSTR

Year Mo Da	Chr	Child's Given Name	Father/Child's Patronymic	Father's Patronymic	Father's Surname	Mother	Address
1646 07 22	AK	SIJMON	JACOB	PETERS		TRIJNE	NIEUWE WECH
1649 06 10	MK	SIJMON	KOERT	WILLEMS		KATRINE	BEULSGNG
1648 02 23	AK	SIJMON	SIJMON		SUERHOFF	IDETIEN	OOSTBOEGANG
1642 10 18	AK	SIJMON	VREECK	SIJMONS		HARMTIEN	STEENTILPRT
1643 07 30	AK	SIJMON	WILLEM	SIOURTS		IJKE	HEEREPOORTE
1641 04 27	AK	SIJMON	WILLEM/SOLDAET	WIOWERTS		IMKE	N.DIEP
1643 06 28	AK	SIJNE	WARNER	BERENTS		HILLECHIEN	LEELJENSTR
1646 10 15	AK	SIJSSE	GALE	EIJSKENS		DOETJEN	MUER/PAAUS
1641 11 25	AK	SIJTIEN	JACOB	POPKENS		GRIETIEN HOIJKENS	N.BOTTRSTR
1641 02 14	AK	SIJTSE	SIMEN	JANSEN		AELTIEN	KRANE
1644 09 01	AK	SIJTSKE	BERENT	ANNES		DUIFKE JACOBS	CRANE
1644 09 01	AK	SIJTSKE	RIEMERT	EIJSSENS		ROMCKE EBELS	A.
1647 09 15	AK	SIJWERKE	GERHARD/DR		BERGE,TEN	HOUKE VREDEN,V	EBBSTR
1646 12 22	AK	SIJWERT	EVERT	ARENTS		LEEUKE	MONNICKEHOLM
1645 01 19	MK	SIJWERT	HINDRICK	HINDRIX		AELTIEN JACOBS	BOTTERDP
1642 02 22	AK	SIJWERT	HINDRICK	WOLTERS		ELSKE	3 MEULEN
1646 01 11	AK	SIJWERT	POUWEL	SIJBERS		ITJEN HINDRIX	MUIERE
1649 08 12	AK	SIJWERT	SIJWERT	EVERTS		MASRIA	HEERPRT
1646 10 27	AK	SIJWERT	WILLEM	WILLEMS		HOUCKE	VOLTINGESTR
1641 08 17	MK	SIMON	KRIJN	PIETERS		LIESJEN	STEENTILPRT
1646 05 05	MK	SIOURDT	THOMAS	LEEBER?		JANTIEN	VISSCHERSTR
1647 03 28	MK	SIOURT	PIETER	SIOURTS		GRIETIEN	BOTTERDP
1643 06 25	MK	SIPKE	MEIJNERT	SIPKENS		GEERTIEN TONNIS	HEERPOORTE
1643 10 26	AK	SIPKE	WIJBRANDT	SIPKENS		HINDRICKJEN	DRAKERCK
1641 08 29	MK	SIPKE	WILLEM	SIPKES		GEERTIE TIOMMES	STEENTILSTR
1641 09 12	MK	SOLOMON	BERENT	JACOBS		MARRECHIEN JANS	BREDEMERKT
1644 03 15	AK	SOPHIA	AIJLKE	GEERTS		ANNEKE VISSCHERS	N.EBBINGSTR
1646 08 02	MK	SOPHIA	DERCK	ROELFFS		JANTJEN LOUWERENS CRONOMUS ACADEMIE	
1644 05 10	AK	SOPHIA	HANS (decd)		NIJEMAN	RIJXTE STEVENS	BOTTERDIEP
1646 10 11	AK	SOPHIA	HINDRICK		SAFFRAEN	REMKE	HEEREPIJP
1649 11 06	AK	SOPHIA	JAN		OVING	MEDINA SCHAFFERS	HARDINGESTR
1643 11 02	AK	SOPHIA	JAN	BRUNTS		TRIJNTIEN	SWANESTR
1644 10 27	AK	SOPHIA	JURJEN		MEIJER	LUCKE	WOERT
1648 03 07	MK	SOPHIA	MATTHIJS	PIETERS		ANNEKE	CROMELBOGE
1647 11 03	AK	SOPHIA	TONNIS	PIETERS		WILLEMTIEN	SCHUTENWAL
1645 10 31	AK	SOPHIE	HENR.	CLUIVINUS		WILLEMTIEN	EBBINGSTR
1648 01 13	AK	SOPHIE	JAN	GEERTS		TRINTIEN	SUIDERDP
1643 03 16	MK	STEFFEN	HANS	LOURENTS		GEESJEN	PAPENPOORTE
1647 10 12	AK	STEFFEN	JAN/SOLD.		LOOGMAN	TRIJNE	JONKERENSTR
1646 12 30	AK	STEPHANUS	EVERT	JOOSTEN		ANNECHIEN	JONKERSGANG
1648 12 27	MK	STEPHANUS	JACOB	IIJKENS		ANNECHIEN	DAMSTRDP
1646 12 06	MK	STEVEN	ABEL	ROET-IS?		GRIETE	STEENTILPOORTE
1648 11 05	MK	STEVEN	ABEL	ROELEFS		GRIETJEN STEVENS	STEENTILPRT
1646 11 22	AK	STEVEN	CASPAR	STEVENS		CATARIJNE	PRINCENSTR
1642 01 11	AK	STEVEN	EVRET	HARMENS		MARRECHIEN	DRA
1648 11 07	AK	STEVEN	GEERT	JANS		GEESIEN	SUTIENSTR?
1643 06 17	AK	STEVEN	GOOSSEN	STEVENS		CHRISTIJNTN. GIJSBERTS	HAVENSTR
1649 02 14	AK	STEVEN	HARMEN	STEVENS		AELTIEN	BOTRDP
1643 08 29	AK	STEVEN	HEERE	MEIJENS		SWAENTIEN BERENTS	N.BOTTRSTR
1641 09 19	MK	STEVEN	HINDIRCK	GEERTS		MARRETIEN	BOTTERDP
1642 04 03	MK	STEVEN	JACOB	HINDRIX		HILLE WOLTERS	PLUMERSGANG
1645 12 16	MK	STEVEN	JAN	HINDRIX	BENNINUS	MARIA ESPREE,DEL'	STEENTILSTR
1648 08 27	AK	STIEN	LUITIEN	EVERT		HEBEL CLAESSEN	W.IND.G.H.
1641 01 17	MK	STIJNE	JAN	JANSSEN		--	PRINCENSTR
1649 11 14	AK	STIJNE CATH.	JAN	HERMENS		GEBBETIE	MEULESTR
1641 12 24	AK	STIJNE	JOANNS	BARELTS		TRIJNTIEN HARMENS	SWANESTR
1646 08 28	AK	STIJNE	JOHAN	RECHTERS		ANNE JANSEN	HOPMANSGANC/SCHUIT
1641 04 14	AK	STIJNE	LUITIEN	JANS		GEESE	VISSCHRPIJP
1646 09 24	AK	STIJNE	MARTEN	WOLTERS		FENNE MARTENS	VISSCHERSTR
1647 09 26	MK	STIJNTIEN	BARTELT	KARST		FENNETIEN	POELESTR
1648 10 08	MK	STIJNTIEN	BARTELT	KERSTENS		FENNETIEN	POELESTR
1649 02 16	AK	STIJNTIEN	BERENT	JANS		FENNETIEN	BUTIENSTR
1644 03 07	AK	STIJNTIEN	BERENT	REIJNERTS		JANTIEN	TIMMERWERF
1648 07 02	AK	STIJNTIEN	CLAES	HINDRIX		EPJEN DERX	VISSCHERSTAR
1646 07 12	AK	STIJNTIEN	CORNELIS		BRINCK	LUTGERT	HAVENSTR
1642 09 21	AK	STIJNTIEN	ELLE	JANS		CHRISTINA	S.JANS BRUGGE
1645 03 28	AK	STIJNTIEN	FREECK	LUBBERS		GEESJEN JANS	VISSCHERPIJP
1647 09 10	AK	STIJNTIEN	HAIJE	HEIJNES		CORNELISJKE	N.EBBSTR
1643 12 17	AK	STIJNTIEN	HANS	PETER	KNOPEUS	TRIJNTIEN	SCHUTEMAKERSSTR
1643 04 21	AK	STIJNTIEN	HARMEN	MENSENS		ANNEKE BOUWENS	KRANEPOORT
1647 08 22	AK	STIJNTIEN	HARMEN	JANS		BARBER	SUIDERDP
1644 08 23	AK	STIJNTIEN	HARMEN	JANS		PIETERTIEN HINDIRX	EBBINGSTR
1642 11 15	AK	STIJNTIEN	HESSEL	HINDRIX		FENNETIEN	VISSCHERSTR
1643 06 25	MK	STIJNTIEN	HILBERT	ALLENS		SWAENTIEN	HEERPOORTE
1643 01 29	MK	STIJNTIEN	HINDRICK/SOLD.	JANSSEN		FENNE WESSELS	
1646 11 25	AK	STIJNTIEN	HINDRICK	REMERS		GRIETJEN	KIJK/JADT
1641 01 24	MK	STIJNTIEN	HINDRICK	HERMENS	SMIDT	LUTGERTIEN	EBBSTR
1641 10 08	AK	STIJNTIEN	JACOB	JANSEN		ENGELTIEN THOMAS	PEPERSTR
1641 12 12	MK	STIJNTIEN	JACOB	MATHIJAS		MARRETIEN	TIJMENSMEULLEN
1641 04 22	AK	STIJNTIEN	JAN	PIETERS	VAENDRICK	SWAENTIEN	VOLTINGESTR
1644 05 26	AK	STIJNTIEN	JANS	HINDRIX		TRIJNTIEN	ROSENSTR
1648 08 13	MK	STIJNTIEN	JOANNES	HARMENS		GEBBETIEN	MEULESTR
1643 05 03	AK	STIJNTIEN	KOENE	HINDRICKS		OLLE KOENES	PLUIMERSGANG
1642 10 25	AK	STIJNTIEN	LUCAS	JURJENS		GEESJEN JACOBS	SUIDERDP
1649 04 17	MK	STIJNTIEN	LUITIEN		MIDDENDORP	GEESJEN	SLJANSSTR
1646 10 10	AK	STIJNTIEN	MARTUS	ALERTS		LUCIE	3 MEULENS
1648 11 30	MK	STIJNTIEN	PAUL	HEIJNES		TRIJNTIEN ROELEFS	EBBSTR
1647 05 28	AK	STIJNTIEN	POPKE	EEGERS		WILLEMTIE PHILIPS	STORENSTR?
1648 12 25	AK	STIJNTIEN	REIJNE	JACOBS		ANNECHIEN	HARDINGST
1649 11 16	AK	STIJNTIEN	SIJWERT	WILLEMS		ELLECHIEN	MUERE
1643 11 01	AK	STIJNTIEN	TOEMES	JANS		HEIJLTJEN	BOTTERDIEP
1643 10 05	AK	STIJNTIEN	TONNIS	SPOLS		PIETERTIEN TEWES	HARDINGESTR
1643 07 16	AK	STIJNTIEN	TONNIS	HINDRICKS		SWAENTIE HINDRIX	CRANEPORT
1642 10 28	AK	STIJNTIEN	WILLEM	CLAESSEN		ANNE CLAESSEN	N.KERKHOFF
1647 11 25	AK	STIJNTIEN	WILLEM	KASPERS		GRIETIEN JANS	BOLWERK
1648 01 11	AK	STIJNTIEN	WOLTER	JANS		ANNECHIEN	N.STRATJEN
1648 12 12	AK	STOFFER	ROELEF	WILLEMS		BEERTE	SLEMENSTR
1644 12 18	AK	STOFFER	ROELEF	STOFFERS		GRIETIEN	O.EBBSTR
1647 01 14	AK	STOUVER	MARTEN	GEERTS		GEERTIEN	KLEIJNERAAMSTR
1644 12 07	MK	SUSANNA	ANDRIES	HAIJSEN		EIJKE HINDRIX	MONNEKEHOLM
1649 09 23	MK	SUSANNA	ANDRIES		HEILBROU,V	TRIJNTE	BOTTRPRT
1642 07 22	AK	SUSANNA	ANDRIES	HANSEN		TRIJNTJEN	PELSERSTR
1649 06 01	AK	SUSANNA	BERENT	WESSELS		DERKJEN	BUTJENSTR
1642 10 23	AK	SUSANNA	BRUNNE	JANSEN		MARIE	SCHOOLHOLM
1643 01 26	AK	SUSANNA	CHRISTOFFER		EBERSBACH	FOLSTE	DRAPOORTE

Year Mo Da	Chr	Child's Given Name	Father/Child's Patronymic	Father's Patronymic	Father's Surname	Mother	Address
1643 03 01	AK	SUSANNA	HARMEN/CHIRURG		BEECK,TER	SARA STRATEN,VANDER	MERKT
1647 02 21	AK	SUSANNA	HARMEN	TIJLMAN		TRUCKEN?	VISSCHERSTR
1646 12 27	AK	SUSANNA	HINDRICK	JANSSEN		JUDITH	HEERPOORTE
1643 11 05	AK	SUSANNA	ISAAC			ELSKE	NIJESTADT
1644 12 13	MK	SUSANNA	JACOB	VALENTIJNS	TETARRE	SUSANNA	NIJESTADT
1649 03 25	MK	SUSANNA	JAN	JACOBS		HARMTIEN	HEERSTR
1648 09 07	AK	SUSANNA	JAN	HANSSEN		SIBILLA JANS	VISSCHERST
1642 10 23	AK	SUSANNA	JAN	THOMAS		WILLEMTIEN REIJNERTS	VISSCHERSTR
1646 10 11	MK	SUSANNA	MICHEL		MOLLER	ELISABETH	RADEMERKT
1642 09 09	AK	SUSANNA	PIETER	SENTIES		GRIETE	BOTTRDP
1647 02 07	MK	SUSANNA	PIETER	MEIJNERTS		JANTIEN	BREDEMERKT
1645 09 09	AK	SUSANNE	BERENT	GEERTS		JANTIEN	LANE
1645 11 09	MK	SUSANNE	HILLEBRANT	HOENDRIX		ANNECHIEN	WAIJE
1643 02 08	AK	SUSANNE	JAN	FREERX		MARIJE JANS	EBBINGESTR
1647 11 19	AK	SWAENE	LUDOLPHUS	JASPERS		GEESJEN	NIJESTADT
1643 10 13	AK	SWAENTIEN	ARENT	ALBERTS		JANTIEN GEERTS	POPKENSTR
1641 09 07	AK	SWAENTIEN	BERENT	KOERTS		GRIETJEN	DRA
1648 11 12	AK	SWAENTIEN	BRUIN	ROELERS		FENNE	RAAMSTR
1647 08 26	AK	SWAENTIEN	BRUIN	JANSSEN		MARRECHIEN	BEULSTOORN
1643 09 24	AK	SWAENTIEN	DAME	N.		JANTIEN HINDRIX	SLEMENNERSTR
1649 08 21	AK	SWAENTIEN	EGBERT	JANS		ELSJEN	SWANESTR
1641 01 27	AK	SWAENTIEN	EGGE	CLAESSEN		--	SJOANNESBRG/SCHUTND
1641 07 25	MK	SWAENTIEN	GEERT	JACOBS		MEIJE REMKERS	VISSCHERSPIJP
1649 11 29	AK	SWAENTIEN	GEERT		BADDE	TRIJNE	MOESKERSGNG
1642 12 09	AK	SWAENTIEN	GERLEF	JANSSEN		ELSJEN JOOSTENS	HEERESTR
1642 02 20	MK	SWAENTIEN	HARMEN	SUITIENS		AGNETE	N.MERKTSTR
1644 06 23	AK	SWAENTIEN	HARMEN	LUITIENS		MAIJKE GERRITS	DRA
1648 04 23	MK	SWAENTIEN	HINDRICK/SOLD.		HILLERBELT	HILLE	COSTERG.
1644 02 04	MK	SWAENTIEN	HINDRICK		LAER,VAN'T	MARRICHJEN	SWANESTR
1643 02 07	AK	SWAENTIEN	JAN	GEERTS		ANNE	KLEIJNEPELSERSTR
1647 03 23	AK	SWAENTIEN	JAN	ANTHONIJ		GIJSELE MEIJERING?	PLUIMERSGAGN
1646 10 18	MK	SWAENTIEN	JAN	JACOBS		JANTIEN TEMES	VISSCHERPIJP
1646 10 10	AK	SWAENTIEN	JAN	ENGELBERS		MARRECHIEN GOOTJENS	SWANESTR
1647 11 28	MK	SWAENTIEN	JAN	GIJSBERS		MARRSTIEN?	SWANESTR
1647 08 19	AK	SWAENTIEN	JAN	HARMENS		TRIJNTIEN HUGENS	A
1649 11 08	AK	SWAENTIEN	JAN	SCHOLTES		TRIJNTIEN	A PRT
1649 03 13	AK	SWAENTIEN	JAN	HARMENS		TRIJNTIEN	A.
1649 01 10	AK	JOANNES	JAN	MARCUS		SUSANNA	GELTINGESTR
1643 10 29	MK	SWAENTIEN	JOHAN		FERMSUM,VAN?	GRIETIEN HELINGHE?	OOSTERPOORT
1647 03 07	AK	SWAENTIEN	JURJEN/SOLD	JOOSTS		SWAENTIEN	SCHEDAMSGANG
1643 12 17	AK	SWAENTIEN	LUITIEN	WAELKENS		ANNECHIEN	VISSCHERSTR
1643 06 29	AK	SWAENTIEN	PHILIPS		BUSCHMAN	GEBBETIEN	SCHUTEMRSWAL
1647 01 01	AK	SWAENTIEN	PIETER	HOPPINUS		TRIJNTIEN	KINTJADT
1647 11 19	AK	SWAENTIEN	REMKE	CLAESSEN		TRIJNTIEN JANS	CRANE
1645 08 12	AK	SWAENTIEN	RIENER	JELTES		GRIETIEN	NIJEKERK
1647 09 05	AK	SWAENTIEN	ROEBERT	KEES		GRIETE	RAAMSTR
1645 06 27	AK	SWAENTIEN	ROELEF	HARMENS		AELTIEN	DOELE
1646 07 12	AK	SWAENTIEN	ROELEF	COIJTER		GRIETEN COERTS	HARDRINGESTR
1648 04 27	AK	SWAENTIEN	SICKE	GEERTS		GESE DIETIEN	BRUGGESTR
1642 02 06	AK	SWAENTIEN	SIJWERT	JAKOSES		FROUCKE	A KERCKE
1641 11 10	AK	SWAENTIEN	TEECKE (deod)	MAURIS		HEBBEL SIJGERS	POPKENSTR
1641 06 15	MK	SWAENTIEN	WARNER/SOLD.	CORNELIS			JONKRENSTR
1647 01 06	AK	SWAENTIEN	WILLEM	HINDIRX		MARRECHIEN	GEWELDIGENHOFF
1646 09 10	AK	SWAENTJEN	ALBERT	HINDRICKS		TRIJNTJEN ALBERTS	VISCHERSTR
1646 02 06	AK	SWANTIEN	HINDRICK	BERENTS		GEESKE	DAMSTERDP
1646 06 07	AK	SWEER	CORNELIS	SWEERS		GEERTIEN	HAVENSTR
1643 11 16	MK	SWEER	VREERCK	VREERX		GEESKE	ROSENSTR
1642 12 25	AK	TAELITJEN	NANNE	LUIBES		GRIETIEN JANS	PELSERSTR
1645 02 18	AK	TAETJE	GEERT	JUCIEMS?		EELKE	POELEPOORTE
1648 10 22	MK	TALLE	GEERT	WARNERS		GEESJIEN	SCHUTNDP
1649 12 11	AK	TALLE	GEERT	JANSSEN		GRIETE	SCHUTENDP
1641 12 22	AK	TALLE	JAN	REENENS		ANNE GEERTS	HEERPRT
1649 05 27	MK	TALLE	JAN	JANSSEN		TRIJNE SIJGERS	SCHUTNDP
1649 11 04	AK	TALLE	VREERCK		MEIJER	GEESJEN	LANE
1644 08 07	MK	TALLECHIEN	ELLE	JANS		TRIJNE ELLES	NIJE WECH
1648 03 05	MK	TALLECHIEN	ELLE	JANS		TRIJNE	SUIDERDP
1644 12 26	MK	TALLECHIEN	GEERT	WARRENS		GEESJEN JANS	SCHUTENDIEP
1641 12 27	AK	TALLECHIEN	JACOB	JANSEN		GEESE EECKENS	PLUIMERSGANG
1646 04 12	AK	TALLERCHIEN	NANNE	LUCAS		GRIETJEN	N.JADTSTR
1648 09 12	AK	TAMKE	JURJEN	JURJENS		RIXTE	HEERPRT
1645 10 21	AK	TAMME	FRERICK	GEERTS		MAIJKE TAMMENS	BOTTERSTR
1642 12 16	AK	TAMME POPKENS	HINDRICK		SMIT	TIETIEN TAMMENS	PELSERSTR
1648 08 18	AK	TAMME	JAN	JANSSEN		ANNECHIEN	HOLDEGAT
1644 01 14	AK	TAMME	JAN		DRENTELMAN	EBELTIEN JANS	N.JADTSTR
1645 12 21	AK	TAMME	JAN		DRENTELMAN	EBELTIEN	JANSBRUGGE
1644 09 29	MK	TAMME	JAN	ARENTS		GRIETE JANS	BREEGANG
1647 02 14	AK	TAMME	JAN	WARMOLTS		HARMTIEN	STOELDRSTR
1648 12 21	AK	TAMME	JAN	BARTHELMEUS		LUBBELTIEN JANS	SCHOOLHOLM
1641 06 22	MK	TAMME	JOCHIM	GEERTS		TRIJNTIEN	OOSTERSTR
1648 01 09	AK	TAMME LUITIEN	JOOST		RASVELT	BEERTIEN TOAMMES	EBBSTR
1647 11 02	AK	TAMME	ROELEF	CRABBE?		AELTIEN JOOSTE	JADT
1645 12 28	MK	TAMME	WILLEM	JACOBS		METTIEN	STEENTILSTR
1642 02 08	AK	TANNEKEN	JAN/SOLDAET	JANSEN		LIJSEBETH	JADT
1646 06 10	AK	TASSENE	LAMBERT	WARMERS		AELTIEN	EBB.STR/MUER
1643 02 21	AK	TATEKE	JAN	RICKELS	KLOPPENBRCH,V	SIJEKE	SCHUTENMRSWAL
1646 12 17	AK	TAUNEKE	JAN (deod)	JANSSEN		LIJSABET	JADT
1642 09 28	AK	TEELKE	CORNELIS		VOX	ASSELE	HELPEN
1645 08 17	MK	TEELKE	HARMEN	JANSSEN		GEESJEN VREDRX	HEERSTR
1643 12 24	AK	TEELKE	HINDRICK	BERENTS		KUNNE	NIJESTADT
1643 12 09	MK	TEEPE	BARTHELT	CLAESSEN		HILLE	RAAMSTR
1646 12 15	AK	TEEPE	STEVEN	JANS		BIJWE	BEULSGANG
1642 04 12	AK	TEEPEN	BRONNE	TEEPENS		HILLETIEN RIEMMERS	GROTEKOLDGAT
1649 10 21	AK	TEETJE	DERK	THOMAS		FRANSIJNTIEN	A KERK
1645 08 24	DK?	TEETJEN	BUITIEN?	ALBERTS		GRIETE	BOTTRDIEP
1642 07 29	AK	TEETJEN	JAN		HASEWINCKEL	EWE	GEESTLIJCKE/MAECH
1643 10 08	MK	TEIJE	HANS	SICKENS		GRIETIEN	BOTTERDIEP
1646 12 04	AK	TEIJE	JAN	WILLEMS		BETTJEN	KOSTERSGANG
1642 08 05	AK	TELEKE	PIETER	ARENTS		METTIENHEIJNES	STEENTILSTR
1642 01 25	AK	TEMMICHJEN	HARMEN	WILLEMS		SWAENTIEN	DONKERSGANG
1642 08 18	AK	TETJEN	ABEL	GREVINGE	VAENDRICH	RIXT	BOTTRSTR
1644 11 05	AK	TETJEN	SIABBE	SIJMONS		HILLECHIEN	EBBINGESTR
1648 02 18	AK	TETJEN	TOMAS	CORNELIS		AELTIEN	HELPEN
1649 05 02	AK	TEUBE	CONRAET		STOLT	HILLE HARMENS	HEERPRT
1647 02 23	AK	TEUBE	JAN	HARMENS		ELSJEN JANSSEN	MIJESTR
1649 06 28	AK	TEUBEEIEN?	MICHEL		PAESSCHEN?	GEBBE	N.JATSTR

Year Mo Da	Chr	Child's Given Name	Father/Child's Patronymic	Father's Patronymic	Father's Surname	Mother	Address
1646 08 23	MK	TEUBICHJEN	HINDRICK	HARMENS		ANNE HINDRIX	RAEMSTR
1646 11 20	AK	TEUNIS	CLAES	CARSTEN		MECHTELT	KIJCK/JADT
1642 01 02	MK	TEUNTIEN	JAN	ANTHONIJ		GIJSSEL	PLUIMERSGNG
1646 02 07	AK	THEODORUS	EGBERT	ROELEFS		GEERTRUIT JOEFSINCS	BOTTRSTR
1641 12 21	AK	THEODORUS	SAMUEL/DR	KEUCHENIUS		ANNA DAM,VAN	TORFTOORNSTR
1643 06 11	MK	THIJES	FRANS	MARKUS		GEERTIEN	N.JATSTR
1643 05 24	MK	THIJES	POPKE	SIJMONS		ANNA	SCHUITENDIEP
1648 06 25	AK	THIJES	REMKE	THIJES		LIJSABETH ROOIJES	CRANE
1642 07 10	MK	THIJS	ROELFF	THIJSSEN		ANNICHJEN	BREDEGN/SCHUTNDP
1641 12 04	AK	THOMAS	ASMUS	WIJSE		JANTIEN EERTS	EWSTIND.HUIJS
1645 02 20	AK	THOMAS	ASMUS		WIJSE	JANTIEN GEERTS	SCHUTEMWAL
1644 06 11	AK	THOMAS	BOELE	BEENES		AELTIE	BRUGGESTR
1644 09 18	AK	THOMAS	CAREL	VREERCKS		AELTIEN	SUIDERDIEP
1647 08 08	MK	THOMAS	CAREL		FROLICH	AELTIEN	NIJEWECH
1649 12 02	MK	THOMAS	DERCK	THOMAS		ELISABETH	SCHUTNDP
1644 03 05	AK	THOMAS	GARBRANT	THOMAS		GRIETIEN	VISSCHERSTR
1648 06 18	AK	THOMAS	GARBRANT	THOMAS		GRIETIEN	VISSCHRSTR
1644 01 03	AK	THOMAS	GISSEN	JAN	TIJSSEN	LIJSEBETH	BOTTERDIEP
1645 11 28	AK	THOMAS	HINDRICK	BERENTS		DOROTHEA PARLIJ	HEERSTR
1646 12 04	AK	THOMAS	HINDRICK	GEERTS		TRIJNE	GROTEGANG
1642 04 14	AK	THOMAS	JACOB		DALLICH	GEESJEN	N.STADT/EENGANG
1648 12 30	AK	THOMAS	JACQUES	THOMAS		LUTGERTIEN	VISSCHRSTR
1642 07 14	AK	THOMAS	JAKES	THOMAS		LUCKE	KIJCK/JADT
1647 08 25	AK	THOMAS	JAN	TIJES		LIJSABETH	CORPORAELSGANG
1648 07 18	AK	THOMAS	PETER	JANSSEN		GRIETIEN	ANTHONIJGSTHUIS
1642 04 08	AK	THOMAS	PIETER	JURJENS		JELLE	BLOEMSTR
1648 08 17	AK	THOMAS	POPKE	THOMES		JANTIEN	DAMSTERDP
1649 11 07	AK	THOMAS	ROELEF	JANS		JOESTJEN THOMAS	BOTTRDP
1643 07 18	AK	THOMAS	ROELEF	JANSZ		JOOSTJEN THOMAS	BOTTERDIEP
1641 05 18	AK	THOMAS	SIJMON	LUNKENS		ANNETIEN HINDRIX	HEERSTR
1643 08 22	AK	THOMAS	THOMAS		LECRLER?	JANNETIEN SWEERS	KIJK/JAT
1643 11 10	AK	THOMAS	TROX	CHRISTIAENS		HILLETIE THOMAS	OOSTERSTR
1646 12 20	AK	THOMAS	WILLEM	THOMAS		ANNA	A DIEP
1642 03 20	AK	THOMAS	WILLEM	THOMAS		ANNE	KRANEPRT
1649 08 12	AK	THOMASJEN	JAN	JANSSEN		HINDRICKJEN	RAAMSTR
1641 02 16	AK	THOMES	JURJEN	TOMES		CORNELISJEN	MUSSCHENGAGN
1646 11 27	AK	TIADUWE	BOELE	HANSSEN		EESJEN	N.POELSTR
1646 07 26	AK	TIAE	LUDOLPHUS	JASPERS		GEESJEN JANS	N.STADT
1649 05 20	MK	TIAEKE	GEERT	JURJENS		ELTKE GEERTS	POELESTR
1646 11 06	AK	TIAEKE	ROELEF	BERENTS		GEERTJEN FOCKENS	SCHOOLHOLM
1644 08 06	MK	TIAERT	DERCK	JANS		ABELE	CRANEPOORT
1648 07 18	AK	TIAERT	EERNST	SIJMONS		ANNECHIEN	HARDINGESTR
1647 06 01	AK	TIAERT	EIJLERT	TIAERTS		HAASKE JACOBS	SCHEDAMSGANG
1648 01 11	AK	TIALLINUS	ANDREES	JACOBS		HINDRIKJEN	WONENDE?
1645 10 26	AK	TIARCK	WILLEM	WILLEMS		ANNECHIEN	SLEMENDERST
1642 01 09	AK	TIASSE	ALBERT/HOPMAN	TIASSENS		WOBBETIE CRANSSEN	BRUGGESATR
1649 04 01	AK	TIASSE	JAN	WARMELTS		HARMTIEN TIASSENS	STOELDRSTR
1646 08 24	AK	TIDDE	BOUWE	JACOBS		GRIETJEN HARMENS	JADT
1649 04 01	MK	TIDDE	HAIJKE	DAVIDS		MARRECHIEN GEERTS	OOSTERST
1640 02 13	AK	TIEBBE	HAIJE	TIEBBES		AELTIEN	CRANEPRT
1641 11 03	AK	TIESE	LUBBERT	BERENTS		GRIETE JANSEN	SCHUTENDP
1649 01 30	AK	TIESJEN	JURIEN		MEIJER	LUCKE	JONKERNST
1647 12 22	AK	TIESKE	FRANS	DERX		TALKE	N.EBBSTR
1643 12 24	MK	TIETIEN	HARMEN	JANS	RUSTMR.	ANNE	N.EBBINGESTR
1642 10 08	AK	TIETIEN	ROELEF	ROELEFS		TRIJNTIEN GEERTS	SCHOOLHOLM
1649 01 24	AK	TIETJEN	JAN	GEERTS		MECHTELTIEN	DAMSTRDP
1644 01 12	AK	TIETJEN	LUITJEN	ALBERTS		GRIETJEN	BLOEMSTR
1647 10 17	MK	TIETJEN	MENNE	ALBERTS		HINDRICKJEN	VERLAET
1643 03 28	AK	TIJDE	CHRISTOFFER		BORCH,VAN	EETIEN TIJDEN	HEERSTR
1648 02 20	MK	TIJDO	CHRISTOFF.		BORCK,VAN	ETJEN	HEERSTR
1648 01 05	AK	TIJE	HARMEN		RODA	JANTIEN CRANS	EBBSTR
1649 08 21	AK	TIJES	ALBERT	TIJESZ		LAMMETIEN	GELTINGSTR
1648 11 29	AK	TIJES	CORNELIS	SWEERS		GEERTIEN	HAVENSTR
1642 10 09	MK	TIJES	GEERT	HIDDENS		ANNA	SCHUITENDP
1646 06 19	AK	TIJES	GEERT	EIJLERTS		ELSJEN	SCHUTENDP
1649 02 18	AK	TIJES	HARMEN	REMMERTS		MARIA	RAAMSTR
1645 09 18	AK	TIJES HINDRIX	HINDRICK	JUS		ALBERTIEN	BUTJENSTR
1649 10 24	AK	TIJES	HINDRICK	TIJES		ALBERTIEN LABERTS	BUTJENSTR
1644 05 10	AK	TIJES	HINDRICK		PATER	ELSJEN	BREEGANGSCHUTENDIEP
1642 10 25	AK	TIJES	JACOB		NAGEL	GRIETE JACOBS	PRINCENSTR
1649 01 07	MK	TIJMEN	EGBERT	ANTHONIJ		GRITIE	HEERPRT
1643 04 25	MK	TIJMEN	EGBERT	TIJMENS		TRIJNE JANS	OSSEMERKT
1649 08 30	AK	TIJMEN	JURJEN	JANS		HEBBELTIEN	EBBPRT
1642 07 12	AK	TIJMEN	LUIJTJEN	WOLTERS		SWAENTJEN	KRANEPRT
1647 11 17	AK	TIJMEN	ROKES	TIJMENS		LIJSABET BERENTS	JADT
1648 07 28	AK	TIJMEN	WILLEM		BENSINGE	LUTGERTIEN	STEENTILSTR
1644 02 08	AK	TIJMENTIEN	HINDRICK		SCHAMCK?	GRIETIEN	MONCKEHOLM
1648 12 31	MK	TIJMENTIEN	ROELEF		GANSEVOORT	LAMMECHIEN	OOSTRST
1647 02 23	AK	TIJS	HELPRICH	ROELEFS		CORNELISJEN TIJES	SCHOOLHOLM
1645 03 19	MK	TIJSJEN	PIETER	HOPPINUS		TRIJNTIEN	JADT
1642 10 04	AK	TIJSKE	JAN	EELKENS		GRIETE	M.H:WIJSRINGEKMR
1647 04 11	AK	TIJTE	FECKE		MAERHUSEN	WENDELE REUSEN,V	N.STADT
1644 10 25	AK	TIJTIE	HANS	HICKENS		GRIETE	BOTTERDIEP
1644 10 25	AK	TITIA	EVERT	JORIS	SCHUPHAM	RENSKE	VISCHMERKT
1643 10 29	AK	TOBIAS	JACOB	REIJNTIENS		JANTIEN	DRA
1647 06 08	AK	TOBIAS	JOHANNES	SAUL		DIEWERTIEN	HARDINGESTR
1641 02 07	MK	TOBIAS	MARTEN	MARTENS		ANNETIEN	BOTTRDP
1642 08 05	AK	TOBIAS	PIETER	JANSEN		GEESE	GELTINGESTR
1648 10 11	AK	TOBIAS	THOMAS		VRIJHOFF	JANTIEN	VOLTINGESTAR
1647 06 25	AK	TOEBECHIEN	JAN/SOLD	HERMELINUS		ANNA JANS	PRINCENSTR
1643 01 17	AK	TOEBEKE	JOHAN		HARMELING	ANNEKE GEERT	HIJESTAT
1641 01 15	AK	TOEBETIEN	ADRIAEN/SCHRV.	GEERTS	PAAP	--	S.JANSSTR
1642 06 08	AK	TOEBETIEN	GEERT	JURJENS	TIMMERMAN	HIJLKE	JONKERNSTR
1646 03 06	AK	TOELE	JAN	TOELENS		ANNA JURJENS	SCHUTENDP
1644 10 18	AK	TOELE	JAN	TOELSEN		GRIETE JANS	ROSENSTR
1647 06 09	MK	TOELE	ROELEF	TOELENS		GRIETE	SCHUITNDP
1647 01 22	AK	TOERT	LUBBERT	GEERTS		SWAENTIEN	SUIDERDP
1641 08 20	AK	TOLLE	HINDRICK	GEERTS		HIJLKE	3 MEULENS
1641 01 04	AK	TOMAS JANSEN(oldr	JAN		WAT?	MET JAN BOELENS BIJ DRA TOT DILLICHT	
1643 11 07	AK	TOMMES	WILLEM	SIPKES		GRIETIEN TIOMMES	STEENTILSTR
1641 08 11	AK	TONNIJS EGBERTS	EGBERT	LUITJENS		BRECHTE	DAMSTERDP
1643 08 13	AK	TONNIJS	TONNIS	TONNIS		SWAENTIEN	RAAMSTR
1646 02 15	MK	TONNIS	ALBERT	PIETERS		ANNE	BOTTERDIEP
1642 03 27	AK	TONNIS	BARTHOLT	TONNIS		AELTIEN	SLEMENNERSTR
1646 10 15	AK	TONNIS	BASTIAEN		OSSENDORP	ISECHIEN?	N.JADT

Year Mo Da	Chr	Child's Given Name	Father/Child's Patronymic	Father's Patronymic	Father's Surname	Mother	Address
1643 03 24	AK	TONNIS	BERENT	TONNIS		MAGDALENE	BOTTERDIEP
1647 02 11	AK	TONNIS	CLAES	TONNIS		HINDRICKJEN JANS	A/KRANEPRT
1644 09 01	AK	TONNIS	CLAES	HARMENS		MARRECHJEN TONNIS	SCHOOLHOLM
1645 11 04	MK	TONNIS	CORNELIS		BAREN,VAN	FENNETIE	SCHIEDAMS GANG
1646 12 17	AK	TONNIS	DOE?	TONNIS		MAIJKE GOSTEN,VAN	HARDINGESTR
1642 09 27	AK	TONNIS	EELKE	TONNIS		JANTIEN	DRA/J.PIETERSGR
1647 04 04	AK	TONNIS	EERNST	JACOBS		IDE TONNIS	JACOBSGASTHUIS
1647 03 14	MK	TONNIS	EGBERT	TEUNNIS	BACKER	ALBERTIEN	JACOBIJNESTR
1644 07 07	MK	TONNIS	EVERT	TONNIS		GRIETE	N.POELSTR
1643 07 30	MK	TONNIS	FREDERICK	JANS		SWAENTIEN	COSTERSGANG
1643 10 17	AK	TONNIS	GANDELEIF		GESICK?	ENGELE DERX	HEERPOORT
1645 14 29	AK	TONNIS	GANLEIJF	TONNIS	TAMBOER	ENGEL	ANTHONIJGASTH
1644 08 29	AK	TONNIS	GEERT	HARMENS		BARBER	SUIDERDIEP
1646 10 14	AK	TONNIS	HINDRICK	LAMBERTS		EELKE JANS	BOTTERDIEP
1649 09 27	AK	TONNIS	HINDRICK	HINDRIX		GEESJEN	HOLM
1648 06 17	AK	TONNIS	HINDRICK	HINDRIX		HARMTIEN	RAEMSTR
1648 03 18	MK	TONNIS	HINDRICK	HARMENS		MARIA	POELSTR
1648 09 12	AK	TONNIS	HINDRICK	TONNIS		RIXTE	PRINCENSTR
1642 10 25	AK	TONNIS	JAN	BERENTS		JANTIEN BERENTS	HOFSTR
1645 12 14	AK	TONNIS	JAN	JANSSEN	BARKER	JANTIEN TONNIS	DRAPOORTE
1648 10 11	AK	TONNIS	JOANNES	TONNIS		ALE	PLUIMERSGAGN
1643 11 16	AK	TONNIS	LUCAS	TONNIS		ANNA HANSEN	VISSCHERSTR
1649 10 28	MK	TONNIS	MARTEN	TONNIS		MARIA	MESMAKRSTR
1641 01 24	MK	TONNIS	MERTEN	TONNIS		MARIA MERTENS	MESMAKERSST
1644 06 04	AK	TONNIS	SIJMEN	ALLES		BARBER JANS	RAAMSTR
1641 08 01	MK	TONNIS	WESSEL	EGBERTS		STIJNTIEN HULGERS	GROTEGANG
1644 08 29	AK	TONNISJE	HARMEN	JANS		ANNECHIEN JANS	CRANE
1647 11 17	AK	TONNISJEN	JAN	GOSENS		GEERTIEN	GROTEGANG
1645 03 19	MK	TRARCK	BERENT	TIARX		JANTIEN	NIEUWEWECH
1643 01 22	AK	TRIJE	JACOB		VERKERCK	ROELEFJEN REIJNERS	BRUGGESTR
1646 02 17	MK	TRIJN	JAN	HINDIRX		AELTIEN MENJENS	CRAENE
1647 01 10	MK	TRIJNE	ARENT	JURJENS		HINDRCKJEN	OSTERSGANG?
1644 06 01	AK	TRIJNE	BERENT	CLAESSEN		RUNNE	KIJKINTJADT
1644 01 04	AK	TRIJNE	BRUIN	ARENTS		GRIETE ANDRIES	JADT
1649 04 29	AK	TRIJNE	CASPAR	FRANS		GRIETE	3 MEULENSDRIST
1642 05 15	MK	TRIJNE	CHRISTIAEN	HANSENS		ANNE	COSTERSGANCK
1641 12 16	AK	TRIJNE	CHRISTOFFER		BUS	SARA	POELSTR
1646 12 20	AK	TRIJNE	CORNELIS	PIETERS		EEBEL	CRANEPOORT
1644 12 16	MK	TRIJNE	DERCK/SOLD.	COERTS	HOIJE,VAN	TANNE	TIJMENSMEULE
1648 07 25	AK	TRIJNE	DREEUWES	JANSSEN	MEIJER	GRIETIEN DREEWS	MUSKENGANG
1646 10 08	AK	TRIJNE	EVERT			MARIA	VISSCHRSTR
1643 11 06	MK	TRIJNE	GEERT	HIDDENS		ANNE	SCHUITENDIEP
1645 11 30	AK	TRIJNE GEERTRUIT	HANS		RAVENBORCH	ANNA	RAAMSTR
1644 01 16	AK	TRIJNE	HANS		JUTMAN	GRIETE	HOFFSTR
1645 10 10	AK	TRIJNE	HARMEN	JANS		TRIJNE	BURGGE STRATE
1646 02 08	MK	TRIJNE	HINDRICK		BRUGMAN	IMME	POELPOORTEBRUGGE
1643 12 16	AK	TRIJNE	HINDRICK	JANSSEN		JANTIEN JANS	SCHUITENDIEP
1645 06 08	AK	TRIJNE	JACOB	ROELEFS		JANTIEN	PLUIMERSGANG
1641 01 08	AK	TRIJNE	JACOB	CLAESSEN		JUEDT JANS	PEPERSTR
1641 01 04	AK	TRIJNE JANSDR(old	JAN		WAT?	MET JAN BOELENS BIJ DRA TOT DILLICHT	
1645 02 11	AK	TRIJNE	JAN	HANSSEN		STIJNE JANSSEN	PRINCENSTR
1646 02 12	AK	TRIJNE	MARTEN		EIJDERMAN	TRIJNE	RAAMSTR
1642 06 22	MK	TRIJNE	MICHAEL	ARENS	PRESSEL	ANNA	BEULSGANG
1646 12 10	AK	TRIJNE	PIETER			ANNE	MEULENSTR
1642 06 21	MK	TRIJNE	WILLEM	WILLEMS		WIJE	SUIDERDP
1649 07 13	AK	TRIJNTIE	ABRAHAM	MARTENS		AELTIEN	PLUMMERGNG
1641 08 26	AK	TRIJNTIE	ANDRIES (decd)		BACKENVELT	ANNE BACKENVELT	N.DIEP
1647 12 22	AK	TRIJNTIE	CHRISTOFFER	ISAACK		ANNA MARIA	MOESKERSGANG
1647 01 26	AK	TRIJNTIE	CLAES	JANSSEN		JANTIEN	MUERE
1647 08 18	AK	TRIJNTIE	FOCKE		RAARDA	JANTIEN	CLEIJNEPELSERST
1647 06 15	AK	TRIJNTIE	GALE	HAIJENS		GRIETIEN BERENTS	PELSERSTR
1647 02 24	AK	TRIJNTIE	GEERT	AARENTS		GEERTRUIT	RAEDEMERCKT
1645 12 11	AK	TRIJNTIE	GERRIT	HARMENS		HEBBELTIEN	SNORRETIEN
1648 11 12	MK	TRIJNTIE	HARMEN	GEERTS		ETTE	POELST
1649 04 06	AK	TRIJNTIE	HINDRICK		SMIDT	TIETIEN TAMMENS	OOSTRSTR
1647 06 06	MK	TRIJNTIE	HINDRICK	JACOBS		TRIJNTIE	PAAUSGANG
1648 04 09	MK	TRIJNTIE	JACOB	JACOBS		JANTIEN ASSIES	RODEBRUG
1649 12 30	AK	TRIJNTIE	JACQUES	THOMAS		LUTGERTIEN	VISSCHRSTR
1649 07 11	AK	TRIJNTIE	JAN	HINDRIX		AELTIE	O.BREGANG
1642 12 07	AK	TRIJNTIE	JAN/SOLD.	HARMENS		STIJNTIEN JANS	O.BREEDEGANG
1648 09 08	AK	TRIJNTIE	JAN	HARMENS		STIJNTIEN	SCHUT
1648 08 20	AK	TRIJNTIE	JAN	RIEMERTS		TRIJNTIE EGBERTS	VISSCHERSTR
1645 11 28	AK	TRIJNTIE	JURJEN	JASPERS		ANNEKE	OOSTERPOORTE
1648 03 26	AK	TRIJNTIE	MICHEL		RAEJCHE	GEBBEKE	JATSTR
1647 08 27	AK	TRIJNTIE	MOISES	HORN		FOKELTIE JETSES?	MARKT
1648 10 29	MK	TRIJNTIE	PIETER	CHRISTOFFER		MARIA	BOTGNG
1647 11 14	AK	TRIJNTIE	SONDACH	LODUWICH		LIJSABETH	VISSCHRSTR
1641 06 29	MK	TRIJNTIE	TIERK	TOELEFS		ANNEKE CRIJNS	MONNIKEHOLM
1645 03 16	AK	TRIJNTIEN	ABRAHAM	BERENTS		AELTIEN	SCHOOLHOLM
1644 09 18	AK	TRIJNTIEN	ABRAHAM	LUITJENS		MAGDALENA	KIJKINTJADTSBRG
1649 11 21	AK	TRIJNTIEN	ALBERT		LANT	IDA BRONGERSMA	BREEMKT
1643 06 24	MK	TRIJNTIEN	ALBERT		BLENCKE	MARIA	BUTJENSTRATE
1641 09 24	AK	TRIJNTIEN	ALBERT	CLAESSEN		TRIJNE JACOBS	N.JADTSTR
1643 03 31	AK	TRIJNTIEN	ARENT	CEBENS		ANNETIEN JACOBS	PLUIMERSGANG
1645 10 21	AK	TRIJNTIEN	ARENT		ALTING	AUCKE MENSENS	NIJESTADT
1649 03 18	AK	TRIJNTIEN	BASTIAEN		OSKENDONCK?	JEIJTIEN	N.JATSTR
1641 09 26	AK	TRIJNTIEN	BERENT	HARMENS		ANNETIEN GEERTS	VISSCHERSTR
1644 10 20	MK	TRIJNTIEN	BERENT	LUBBERTS		BETTIE	SCHUTENDIEP
1644 09 13	MK	TRIJNTIEN	BERENT	PIETERS		GRIETIEN JANS	GROTEGANG
1646 10 11	MK	TRIJNTIEN	BERENT	ROELEFS		HILLE	CRANE
1648 10 04	AK	TRIJNTIEN	BERENT	ALBERT		JELLE	CRANE
1644 11 29	AK	TRIJNTIEN	BERENT		JONGLOEDT	SUSANNA JACOBS	BOTTERDIEP
1646 12 08	AK	TRIJNTIEN	CASPAR	FREERX		GEESJEN	NIJESTADT
1645 09 30	AK	TRIJNTIEN	CHRISTOFFER	MATHIAS		EEFJEN JANS	A KERK
1641 06 16	MK	TRIJNTIEN	CHRISTOFFER	BARCKHUISEN	BIJLEVELT,VAN	MARRECHIEN	HEERPRT
1643 05 24	MK	TRIJNTIEN	CORNELIS	SIJMONS		TIADEKE VULLEN,VAN	EBB.STR
1643 09 29	AK	TRIJNTIEN	DERCK		HEVER	TANNEKE	3 MEULENS
1641 12 26	MK	TRIJNTIEN	DETERT	HINDRIX		MARRECHIEN	JACOBINERSTR
1641 10 19	AK	TRIJNTIEN	DOEDE	JANSEN		AELTIEN AHRMENS	N.EBBSTR
1645 14 27	MK	TRIJNTIEN	DOEDE	JANSSEN		AELTIEN HARMENS	SCHUTENDIEP
1645 07 30	AK	TRIJNTIEN	DOOIJE	HIJNDRIX		JANTIEN HINDRIX	BLOEMSTR
1647 06 11	AK	TRIJNTIEN	EBELE	WRITSER		WEMELTIEN	OOSTERPOORT
1649 09 04	AK	TRIJNTIEN	EERNST	JANS		GESIE	SUIDERDP
1642 03 04	MK	TRIJNTIEN	EGBERT	GERRITS		GRIETIEN CORNELIS	VISSCHERSTR
1646 03 15	AK	TRIJNTIEN	EIJSSE	HINDRIX		OUCKE? EIJSSENS	CRANEPRT

Year Mo Da	Chr	Child's Given Name	Father/Child's Patronymic	Father's Patronymic	Father's Surname	Mother	Address
1648 02 15	AK	TRIJNTIEN	EVERT		MEIJER	MARRECHIEN	VISSCHERSTR
1646 02 10	AK	TRIJNTIEN	FRANS	GERLEFS		GRIETE WESSELS	PELSERSTR
1649 06 06	AK	TRIJNTIEN	FREEK	JANS		MEIJE	3 MEULENDRIST
1644 01 19	AK	TRIJNTIEN	GEERT		MULLER	AELTIEN	DAMSTERDIEP
1647 03 17	MK	TRIJNTIEN	GEERT	N.		AELTIEN GEERTS	OOSTRSTR
1641 07 13	AK	TRIJNTIEN	GEERT	NANNES		ANNA	GROTEGANG/SCHUTDP
1641 12 10	AK	TRIJNTIEN	GEERT	WILLEMS	SUICKVARER	ANNETIEN	DAMSTERDP
1641 11 12	AK	TRIJNTIEN	GEERT	CLAESSEN		CLAESJEN	COSTERSGNCK
1646 02 15	MK	TRIJNTIEN	GEERT	JANSSEN		CLAESJEN	PLUIJMERSGANG
1642 11 20	AK	TRIJNTIEN	GEERT	HINDRIX		EMME	COSTERSGANG
1643 10 22	AK	TRIJNTIEN	GEERT	JANSSEN		GRIETIEN	SUIDERDIEP
1642 11 20	MK	TRIJNTIEN	GEERT	PIETERS		HINDRICKJEN CLAES	HEERSTR
1641 11 03	AK	TRIJNTIEN	GEERT	LEFFERTS		JANTIEN	MUSKENGANG
1645 03 08	AK	TRIJNTIEN	GEERT	HARMEN	BRANTLAEUS	MARGREITE	PRINCESTR
1643 06 14	MK	TRIJNTIEN	GERHARDUS		BUININGH	HINDRICKJEN POLLING	HEERSTR
1644 12 22	MK	TRIJNTIEN	GERRIT	HARMENS		AELTIEN	HEERPOORTE
1648 01 02	MK	TRIJNTIEN	GERRIT	GERRITS		BEERTIEN	POELESTR
1642 08 14	AK	TRIJNTIEN	GERRIT	REIJNERS		HEMME	S:JACOBSGASTHUIJS
1644 07 21	MK	TRIJNTIEN	H.		TAMMEKEN	TRIJNTIEN	BOTTRSTR
1647 07 09	AK	TRIJNTIEN	HANS	JANSSEN		LIJSABETH JANSSEN	HEERSTR
1644 02 18	AK	TRIJNTIEN	HANS	JACOBS		TEETJEN	HAVENSTR
1648 12 17	MK	TRIJNTIEN	HARMEN	BARTHELTS		ANNE	BUTJENST
1648 03 10	MK	TRIJNTIEN	HARMEN	REIJNERS		ARIAENTIE	OOSTERPOORTE
1641 07 15	AK	TRIJNTIEN	HARMEN	WOLTERS	HOPMAN	BRECHTJEN	VISCHMERKT
1644 02 18	MK	TRIJNTIEN	HARMEN	JANSSEN		GEESJEN	HEERESTR
1642 09 25	MK	TRIJNTIEN	HARMEN	ARENTS		GRIETIEN	DAMSTERDP
1641 07 21	AK	TRIJNTIEN	HARMEN	SIJBOLTS		HINDRICKJEN	PELSERSTR
1643 12 06	AK	TRIJNTIEN	HARMEN	HARMENS		JANTIEN LUITJENS	MEULENSTRAT
1648 08 21	AK	TRIJNTIEN	HARMEN	VREERX		JANTIEN	HEERSTR
1643 04 27	MK	TRIJNTIEN	HARMEN	WILLEMS		TRIJNTIEN	EBBINGEPORT
1642 12 18	MK	TRIJNTIEN	HARMEN		RODA	WEMETIEN BEECK,TER	EBBINGESTR
1642 12 18	MK	TRIJNTIEN	HILGERT/SOLD	JANS		TRUITE	N.EBBINGEPOORTE
1647 08 15	MK	TRIJNTIEN	HINDRICK	MARTENS		AEFJEN	WISSCHERSPIJPE
1641 08 08	AK	TRIJNTIEN	HINDRICK	(RUITER)	LEUNINCK	AELTIEN	LEELJENSTR
1649 02 25	MK	TRIJNTIEN	HINDRICK	PIETERS		ANNETIEN	OOSTRPIJP
1647 06 30	MK	TRIJNTIEN	HINDRICK		MERKIJRATE?	BARBARA	MEULENSTR
1645 03 26	AK	TRIJNTIEN	HINDRICK	JANS		EEDWE ALLES	BOTTERDIEP
1645 01 05	AK	TRIJNTIEN	HINDRICK/SOLD.	KIJSS		ELSJEN	MUIER/VISS.STR
1647 12 10	AK	TRIJNTIEN	HINDRICK	JANS		ELSJEN	BOTTRDP
1642 04 15	AK	TRIJNTIEN	HINDRICK	JANSEN		FIJE HANSEN	DAMSTERDP
1649 11 04	MK	TRIJNTIEN	HINDRICK	NANNES		GEERTRUIT	VISSCHRPIJP
1645 09 26	AK	TRIJNTIEN	HINDRICK	ROELEFS		GEESJEN LOURENS	OOSTERSTR
1644 02 25	MK	TRIJNTIEN	HINDRICK	REMMERTS		GRIETE PIETERS	COSTERSGANG
1645 04 03	AK	TRIJNTIEN	HINDRICK		MULLER	GRIETE HINDRIX	JUDERAAMSTRAETE
1642 09 27	AK	TRIJNTIEN	HINDRICK		LANDT	GRIETIE HINDRIX	BOTTERDP
1643 06 21	AK	TRIJNTIEN	HINDRICK	GEERTS		HILLE	NIJESTADT
1641 10 15	MK	TRIJNTIEN	HINDRICK	HINDRICKS		HLLE	BREEGANG
1645 14 20	AK	TRIJNTIEN	HINDRICK	BERENTS		KUNNE	NIJESTADT
1645 12 11	AK	TRIJNTIEN	HINDRICK	BERENTS		RENSKE DERCKS	BOTTRSTR
1641 12 16	AK	TRIJNTIEN	HINDRICK	WILLEMS		STIJNE MATTHIJES	BOTTR.GANG
1644 11 27	AK	TRIJNTIEN	HINDRICK	JACOBS		TRIJNTIEN	BUTJENSTR
1647 12 11	AK	TRIJNTIEN	HINDRIK		MEIJER	JANTIEN	O.MEULENDRIST
1642 10 14	AK	TRIJNTIEN	ISEBRANT	MARTENS		GEERTRUIT JOOSTEN	VOLTINGESTR
1648 07 05	AK	TRIJNTIEN	JACOB	ARIS		JACOBJEN PIETERS	VISMRKT
1645 01 26	MK	TRIJNTIEN	JACOB	CLAESSEN		JUTTE	PEPERSTR
1646 01 25	MK	TRIJNTIEN	JAN	EMMENS		AEFJEN JANS	RAAMSTR
1644 01 10	AK	TRIJNTIEN	JAN	JURJENS		ANNA	MUERE/JADT
1645 01 29	AK	TRIJNTIEN	JAN	GEERTS		ANNA GEERTS	NIJEWECH
1641 12 17	AK	TRIJNTIEN	JAN	GEERTS		ANNE JACOBS	DAMSTERDP
1642 07 31	AK	TRIJNTIEN	JAN	WILLEMS	CUIPER	ANNETIEN	MONCKEHOLM
1642 04 15	AK	TRIJNTIEN	JAN	THOMAS		BATE ANDRIES	PRINCENSTR
1648 02 22	AK	TRIJNTIEN	JAN		MEUVS,V	BEERTIEN	TORFTOORNST
1645 10 07	AK	TRIJNTIEN	JAN		HUSEN,VAN	BEIJE	N.JAT STR
1643 12 27	AK	TRIJNTIEN	JAN	WILLEMS		BETJEN	COSTERSGANG
1644 12 15	AK	TRIJNTIEN	JAN	LAURENTS		CLAERTIEN ARENTS	CRAMERRIJPE
1646 05 15	AK	TRIJNTIEN	JAN	LOURENS	BOSS(boutwkr)	CLAERTJEN ARENTS	CRUI--?
1643 08 14	AK	TRIJNTIEN	JAN	HANSSEN		DEBE	WOERT
1648 11 30	AK	TRIJNTIEN	JAN		DRUNTELMAN	EEBELTIEN	JADT
1647 06 01	AK	TRIJNTIEN	JAN	JANSSEN	BROUWER	EFBERTIEN	BRUGGESTR
1644 01 16	AK	TRIJNTIEN	JAN/SOLD.	HARMENS		ELFKE	NIJESTADT
1647 04 11	AK	TRIJNTIEN	JAN	DERX		ELSKE	NIJESTRAT
1647 07 02	MK	TRIJNTIEN	JAN	CORNELIS		GEERTIEN	DAMSTERDP
1641 06 01	MK	TRIJNTIEN	JAN	GOSSENS		GERRITIEN	SCHUITENDP
1641 06 16	MK	TRIJNTIEN	JAN	HARMENS		GRIETE ISEBRANTS	GELTINGESTR
1641 06 16	MK	TRIJNTIEN	JAN	BORGERS	RUITER	GRIETE	PRINCENSTR
1642 12 25	MK	TRIJNTIEN	JAN	COOPS		GRIETIEN JANS	DAMSTERDP
1647 12 10	AK	TRIJNTIEN	JAN	HEKES		GRIETIEN CLAES	JONKERSTR
1641 10 24	MK	TRIJNTIEN	JAN		NEVINCK	HARMTIEN JANS	SCHUITNDP
1642 03 27	AK	TRIJNTIEN	JAN	WARMELTS	SLOTEMAKER	HARMTIEN	STOELDRSTR
1644 09 15	AK	TRIJNTIEN	JAN	WARMOLTS		HARMTIEN	STOELDREIJERSTR
1644 07 04	AK	TRIJNTIEN	JAN	GEERTS		JACOBJEN DERCKS	HEEREPOORTE
1642 06 21	MK	TRIJNTIEN	JAN	ULGERS		JANTIEN	N.EBBSTR
1648 01 20	AK	TRIJNTIEN	JAN		CLEIJNE	MARIA	RAAMSTR
1643 12 28	AK	TRIJNTIEN	JAN	JANSSEN		MARIE JANS	MUERE
1643 08 18	AK	TRIJNTIEN	JAN	BALTSARS		MARRECHIEN MENSENS	CRANEPOORTE
1648 03 30	AK	TRIJNTIEN	JAN	OTAEP?		MARRECHIEN	RADEMERKT
1649 07 26	AK	TRIJNTIEN	JAN	PIETERS		MARRETIEN	EBBSTR
1643 01 20	AK	TRIJNTIEN	JAN		BUSCH,TEN	METTE HARMENS	SUIDERDP
1647 11 11	MK	TRIJNTIEN	JAN		BOSS,TER	METTE	SUIDERDP
1648 06 20	AK	TRIJNTIEN	JAN		KOLTHOFF	NICHEN? CORNELIS	BOTTRSTR
1644 01 21	MK	TRIJNTIEN	JAN	DERCKS		SWANE JURJENS	DAMSTERDIEP
1646 12 23	AK	TRIJNTIEN	JAN/SOLD	HARMENS		TRIJNTIEN	VISSCHERSTR
1641 09 09	AK	TRIJNTIEN	JELIS	JOHANNES		GRIETIEN ALLERS	DRAKERK/N.ST
1643 02 24	AK	TRIJNTIEN	JOANNES	ARENTS		JANTIEN HAMMINGE	JAT
1645 09 23	AK	TRIJNTIEN	JOCHEM	AUCKES		AELTIEN CLAESSEN	DRA
1648 01 18	AK	TRIJNTIEN	JOCHIM		SOUR	AELTIEN CLAES	DAMSTERDP
1647 06 06	AK	TRIJNTIEN	JOOST	WILLEMS		GRIETE	WOLBORCHBRUG
1648 12 15	AK	TRIJNTIEN	JOOST	WILLEMS		GRIETJEN	PRINCENHOF
1647 09 02	AK	TRIJNTIEN	JURJEN	HINDRIX		ENGELE JANS	SLEMENER
1649 08 23	AK	TRIJNTIEN	JURJEN	JANSSEN		FEIJNETIE?	BREDEMERKT
1646 12 30	AK	TRIJNTIEN	JURJEN		MEIJER	LUCKE	JUNKERENSTR
1644 10 27	AK	TRIJNTIEN	JURJEN	JURJENS	BACKER	LUMMECHIEN	HARDINGESTR
1649 03 28	AK	TRIJNTIEN	JURJEN	JURJENS		TRIJNTIEN	NIJEWECH
1648 06 19	AK	TRIJNTIEN	KEIJNE	HEERS		HINDRICKJEN	A
1644 03 15	AK	TRIJNTIEN	LENERT	WILLEMS		GEERTRUIT	PLUIMERSGANG

Year Mo Da	Chr	Child's Given Name	Father/Child's Patronymic	Father's Patronymic	Father's Surname	Mother	Address
1643 12 17	AK	TRIJNTIEN	LUCAS	JOANNES	TINNEGIETER?	GRIETIEN	AKERKE
1647 06 06	AK	TRIJNTIEN	LUCAS	TONNIS	TOUGIETE	GRIETIEN	STOELDRDRIST
1643 12 13	AK	TRIJNTIEN	LUICAS	JANS		HOTSKE	BOTTERDIEP
1644 04 17	AK	TRIJNTIEN	MARCUS		REGNELL	ANNA	MEULENSTRATE
1642 09 25	AK	TRIJNTIEN	MARTEN	GEERTS		SARA	TIMMERWERF
1648 05 19	AK	TRIJNTIEN	MATTHIJS	KRIJN		MARIA	TONISGSTHUIS
1647 01 24	AK	TRIJNTIEN	MAURITX/SOLD.		STEENMAN	AELTIEN	JADT
1646 03 08	AK	TRIJNTIEN	NANNE	WALRICHS	JONGE,DE	EISE NOMDES	JADTBRUG
1646 09 03	AK	TRIJNTIEN	NICLAES	JANS		LIJSEBETH	NIJEWECH
1642 01 20	AK	TRIJNTIEN	PIETER	MELCHERS		GRIETJEN	WESTINDISCHHUIJS
1642 10 23	MK	TRIJNTIEN	PIETER	JANSEN		JANTIEN HARMENS	SCHUITENDP
1643 06 18	MK	TRIJNTIEN	REMKE	JANSSEN		TRIJNTIEN FREERX	RODE BRUGGE
1644 02 11	MK	TRIJNTIEN	RENGER	FOCKENS		GRIETIEN	OOSTERSTR
1643 08 06	MK	TRIJNTIEN	ROEBERT	THOMAS		GRIETIEN	MEULENSTR
1647 09 19	MK	TRIJNTIEN	ROELEF	JANSEN		ALBERTIEN	HEERESTR
1641 08 29	AK	TRIJNTIEN	ROELEF	NIENX	HARBERGIER	HILLETIEN	DRA
1648 03 09	MK	TRIJNTIEN	ROELEF?	GEERTS		GRIETIEN HARMENS	A.
1643 03 07	AK	TRIJNTIEN	SIJBRANDT	GAIJKENS		GEESJEN LAMMERTS	VISSCHERSTR
1646 11 22	AK	TRIJNTIEN	SIJWERT	WILLEMS		WIBBETIE	CRANEPOORTE
1643 12 24	AK	TRIJNTIEN	SIOURT	WILLEMS		WIBBECHIEN	CRANEPOORTE
1643 11 14	MK	TRIJNTIEN	STEVEN	HARMENS		GEERTIEN GEERTS	STOELDRSTR
1644 05 19	MK	TRIJNTIEN	TEBBE	HILLENIJ		GRIETE	LEELJENSTR
1649 04 06	AK	TRIJNTIEN	TIAERT	TIAERTS		LESEBET TONNIS	SCHUTNDP
1641 12 03	AK	TRIJNTIEN	TIJES	KROEN	KLOPPENBORCH	TRIJNTIEN	PRINCENSTR
1648 01 04	AK	TRIJNTIEN	TONNIS	HILLEBRANTS		ENGEL	MEULENST
1643 10 06	AK	TRIJNTIEN	TONNIS	HILLEBRANTS		ENGELE	MEULENSTR
1649 02 21	AK	TRIJNTIEN	TONNIS	JURJENS		MENE	JANSTR
1642 03 06	MK	TRIJNTIEN	TONNIS		ESSEN,VAN	SWAENTIEN HINDRIX	BOTTERDIEP
1648 11 06	MK	TRIJNTIEN	WILKE	ROELEFS		ANNE	PRINCENSTR
1642 11 30	AK	TRIJNTIEN	WILLEM/SOLDAET	EEVE		AELTIEN JANS	COSTERSGANG
1645 11 02	MK	TRIJNTIEN	WILLEM	DIETERS		ETJEN	SCHUTENDIEP
1648 11 15	AK	TRIJNTIEN	WILLEM	THOMES		FEIJE	SCHUTNDP
1641 12 15	AK	TRIJNTIEN?	WILLEM	LOUWRENTS		JANTIEN JANSEN	N.EBBSTR
1648 08 20	NB	TRIJNTIEN?	CLAES?	HOVING?		MARIA?	EBBPRTBRG?
1644 10 18	AK	TRIJNTJE	HARMEN	WILLEMS		TRIJNE GERRITS	EBBINGEPOORT
1644 01 14	MK	TRIJNTJEN	ANDRIES/SOLD.	FASGE?		AELTIEN PIETERS	SWANESTR
1646 08 13	AK	TRIJNTJEN	HARCO	LAUWERENS		MARIA	SLEEMENDERSTR
1646 08 30	NK	TRIJNTJEN	JAN	PETERS		FOELCKE	S.TONNIJS GASATHUIJS
1646 09 20	AK	TRIJNTJEN	PHILIPPUS	WILLEMS		ELSJEN ULDERIX	BOTTERINGESTR
1646 09 27	NK	TRIJNTJEN	STEVEN	HARMENS		GEERTJEN	STOELDR.STR
1648 04 23	AK	TUNNETIEN?	TIEERT	TIEERTS		GARSJEN	A KERCK
1647 02 25	AK	UBBO	HUMMO/DR.		UBBEN	GEERTRUIT WESSELS	A
1647 05 23	MK	UIJLRICH?	EEDE	REIJNERS		AELTIEN	HEERPOORTE
1645 11 09	MK	UIJTEKE	GOME	HINDRIX		VREE	OOSTERPOORTE
1646 09 08	AK	ULPHERT	JACOB	GERRIJTS		AELTJEN JACOBS	CRAENPOORT
1646 04 07	AK	ULSERT	JAN	ULSERTS		MARIA NANNES	A
1641 05 25	AK	ULSERT	POPKE		PEEUSUM,VAN	HILLE BARNDA	NERKT
1644 10 29	AK	UPTET	GEERT	HARMENS		TRIJNE	WOERT
1642 09 23	AK	VALENTIJN	BASTIAEN		SCHEMPER	ELSE	MOESKERSGANG
1649 08 11	AK	VALENTIJN	BERENT	BERENTS		MAIJE	3 MEULEN
1641 05 30	MK	VALENTIJN	MARTEN		DOLGE	STIJNE HINDRIX	DRIST/HEEREPRT
1643 08 17	AK	VELTEN	ROELEF	VELTENS	TAMBUER	FENNETIE	PELTSERSTR
1649 04 04	AK	VICTORIJN	PIETER		MEIJER,D'	JOSINA ALBOUT,V	JANSSTR
1642 09 07	AK	VREDERICK	JURJEN	JANS	KESSEL	GRIETE	MEULLENSTR
1643 08 20	AK	VREECHIEN	HINDRICK	JANS		RIEME ALLERTS	SLEMENNERSTR
1649 02 25	MK	VREECK	COOP	JANSSEN		GRIETIEN	OOSTRSTR
1641 05 30	MK	VREECK	CORNELIS	DERCKS		GELE	N.WECH
1648 07 21	AK	VREECK	EGBERT	GEERTS		ANNE HINDRIX	SCHOOLHOLM
1648 05 30	AK	VREEDE	CHRISTIAN		DITTEL	CATHARINA	SLEMENNERSTR
1646 10 23	AK	VREERCK?	REMKE	JANS		TRIJNE	OOSTERPOORTE
1648 05 26	AK	VREEX?	MEIJNE	JIBBENS?		ELSJEN	PRINCENSTR
1648 08 01	AK	VRERICK	ALBERT	VREEX		GRIETIEN	EBBSTR
1648 11 05	AK	VRERICK HINDRICKS	HARMMEN		TIJLMAN	TRIJNE	MURE
1644 03 10	MK	WABBE	TONNIS	ESSEN		SWAENTIEN HINDRIX	BOTTERDIEP
1646 06 26	AK	WAELKE	LUICHIEN	WAELKENS		ANNE	VISSCHERSTR
1646 09 17	AK	WALBERCH	JURJEN	LUBERK		ELSE JANSEN	SLEEMENDERSRIJGE
1642 08 17	AK	WALDERICH	WILLEM	EELZ?		BAAUTIEN NANNENS	JADT
1649 05 10	AK	WALDRICH	JAN	ULPHERLS		MARIA NANNES	TORFTOORNST
1648 09 24	AK	WALDRICH	NANNE	WALDRICH		EESE	JAT
1641 03 31	MK	WALKE	GEERT	WALKES		MARRECHIEN	DRAPRT
1642 09 04	AK	WALKE	ISEBRANDT	REIJNERTS		DOETIEN	CRANEPRT
1647 12 26	AK	WALRAET	JAN	KRACHTINUS		EVA	WOERT
1648 12 31	AK	WARMELT	JACOB	WILKENS		TRIJNTIEN WARMELTS	PELSERSTR
1646 05 29	AK	WARMOLT	GEERT	WARMOLTS		GESE	POELPOORTE
1641 09 03	AK	WARNER	BOELE	JANSEN		WILLEMTIEN	SCHUITNDP
1647 08 01	MK	WARNER	GEERT	WARNERS		GEESJEN JANS	SCHUTNEDP
1648 11 12	AK	WARNER	JAN	JURJENS		ANNETIEN	JACOBI G.H.
1643 12 26	AK	WARNER	JAN	WARNERS		GRIETE	RAATHUIJS
1644 10 10	AK	WARNER	JAN	WARNERS		LUMME	WOERDT
1647 12 11	AK	WARNER	JAN	WARNERS		LUMME	WOERT
1644 02 07	AK	WARNER	ROELEF	JANSSEN		AELTIEN	SLEMENNERSTR
1648 05 21	AK	WARNER	SIJTSE	WARNERS		FEMME	NIJESTADT
1643 06 18	MK	WARNER	WILLEM		LINDEMAN	MARRECHIEN	PLUIMERSGANG
1649 03 09	AK	WARNER	WILLEM	EVERTS		OEDTIEN	BOTTRSTR
1647 12 24	AK	WARNER	WOLTER	HEIJNES		DELE DERX	HELPEN
1644 05 07	AK	WATSE	HARMEN		KLIVINCK?	JANNEKE SOOR?	VOLT:STRATE
1647 03 07	AK	WEEMELTIEN	DATE	JANS		ANNECHIEN DOUWEWS	A
1641 08 29	MK	WEEMELTIEN	HARMEN	GEERTS		SWAENTIEN JANS	STEENTILSTR
1644 08 13	AK	WEEMELTJEN	GERRIT	REMMERTS		JANTIEN HILLEBRANTS	HEERSTR
1642 12 06	AK	WEIJKE	SIJMON	JANSSEN		AGATHE	JADT/MUERE
1647 08 03	AK	WEIJKE	TONIS	MARTENS		CATHARINE	JACOBINERSTR
1647 12 01	AK	WELMOET	DANIEL	BERENS		LIESJEN	HEERSTR
1645 06 13	AK	WELMOET	HARMEN	JURJENS		TRIJNTIEN	VISSCHERSTR
1644 04 14	AK	WELMOET	JAN	ALBERTS		HILLETIEN	HOENDIEP/A POORT
1644 06 23	MK	WELMOET	JOANNES/D.	ROEBERTS		TRIJNTIEN HAIJKENS	MKERKHOFF
1646 03 15	AK	WELMOET	JURJEN	HARMENS		MARRECHIEN	ROSENSTR
1642 01 27	AK	WEME	PIETER	ANENS		ANNA	COSTERSGANG
1647 02 17	AK	WEMEL	HINDRICK	JANS	GROETE,DE	MAERINA	STEENTILSTR
1646 06 05	AK	WEMEL	HINDRICK	JANS	GROEVE,DE	MARRIJE	STEENTILSTR
1647 03 28	MK	WEMELE	ALBERT		BUINING	LIJSABETH HAVICH	HELPEN
1649 04 04	AK	WEMELE	ALBERT		BUINING	LIJSABETH	HELPEN
1644 10 02	AK	WEMELTIE	EGBERT	TONNIS	BACKER	ALBERTIEN	JACOBINERSTR
1648 01 11	AK	WEMELTIEN	ARENT	ROELEFS		GEESJEN	ROSENST
1642 03 16	MK	WEMELTIEN	DERCK	MARANIJS		ETTIEN	PEPERSTR
1641 06 01	MK	WEMELTIEN	EMMERICK	WOLTERS		AELTIEN	HEERSTR

Year Mo Da	Chr	Child's Given Name	Father/Child's Patronymic	Father's Patronymic	Father's Surname	Mother	Address
1648 02 09	AK	WEMELTIEN	GOSES	ROELEFS		AELTIEN	DAMSTERDP
1641 07 11	AK	WEMELTIEN	HARMEN	TAMMENS		LIJSABETH SIJMMENS	HORENSCHDIJCK
1644 03 14	AK	WEMELTIEN	HARMEN	TAMMENS		LIJSEBETH	HORENSCHEDIJCK
1641 12 22	AK	WEMELTIEN	HAVICK	BONNENS		WOBBE	HELPEN
1648 09 28	AK	WEMELTIEN	HENRICUS		EISONIUS	LIJSEBETH	AKERKE
1648 02 10	AK	WEMELTIEN	JACOB	THOMAS		LUTGERTIEN	VISSSTR
1640 03 23	AK	WEMELTIEN	JAN	WICHERS		GEESJEN HOVINGS	GELTINGSTR
1642 03 25	MK	WEMELTIEN	JAN	JANSEN	BACKER	JANTIEN	KRANEPRT
1641 05 09	AK	WEMELTIEN	NICLAUS	BASSE		GEERSJEN JOCHIMS	RAAMSTR
1642 01 14	AK	WEMELTIEN	WILLEM		POTT	TRIJNTIEN EIJSENS	OOSTERSTR
1642 07 15	AK	WEMELTJEN	BARTELT	KARSTS		FENNE	POELSTR
1644 09 18	AK	WEMKE	LUBBERT	HARMENS		EIBBECHIEN	VOLTINGESTR
1642 08 14	MK	WENDEL	HINDRICK	COERTS		EELLE TEIJES	SCHUITENDP
1647 08 01	MK	WENDELTIEN	AEIJND	DIETLEFF	KIPHUIJSEN	HILLETIE ELBERI	JUTROLDS
1647 11 14	AK	WENDELTIEN	JOANNES	BOUWSTEN		FENNETIE	TORFTOORNSTE
1643 09 03	AK	WENDELTIEN	MATTHIAS	PIETERS		AMKE DERCKS	JAT
1644 02 04	AK	WENDELTIEN	POPKE	BARTHELTS		HONEKE HINDRIX	OOSTERSTR
1646 01 25	MK	WENNECHIEN	HARMEN		RHODA	JANTIEN CRANSSEN	EBB.STRATE
1640 05 01	AK	WENNEKE	JAN	GEERTS		FENNETIE	N.MERKTSTR
1644 09 22	MK	WENNICHJEN	HILLEBRANT		WIERINGEN,VAN	AELTJEN OTTENS	SCHUTENDIEP
1642 03 03	MK	WENSSEL	WENSEL		KLEIJNSMIDT	CHRISTIJNE	MEULEN
1647 10 20	AK	WESSEL	HARMEN	HARMENS		ENGELE	JACOBIJNERSTR
1649 11 14	AK	WESSEL	HARMEN		RADA	JANTIEN CRANS	EBBSTR
1640 03 11	AK	WESSEL	HENRICUS		DORGELO	HENRICKJEN	TORFTOORNSTR
1643 12 16	AK	WESSEL	J.	JANSSEN	CLOECK	LUTGERT	MART.KERKHOFF
1641 01 04	AK	WESSEL	JAN		FERWERT/VAN	CATHRIJNE	N.--
1642 06 03	AK	WESSEL	JAN	PIETERS		EIJIJE	KERPER/SLAET
1648 06 06	MK	WESSEL	JAN	WESSELS		JANTIEN	HERESTR
1643 10 08	MK	WESSEL	JAN		FERWERE,VAN	TRIJNTIE	N.KERKHOFF
1643 09 15	AK	WESSEL	JURJEN	WESSELS		MARIA WILLEMS	NIJEMERKT
1641 01 31	MK	WESSEL	NICOLAUS		DUIJFF	--	EBBSTR
1646 01 18	AK	WESSEL	SIABBE	PIETERS		LAMME	DRA KERKE
1641 10 20	AK	WESSLE	JAN	JANSEN	RENTMRS.DIEWR	LUTGERT	KATTENHAGE
1646 12 24	AK	WIBBE	PIETER	ANDRIES		ANNE PIETERS	VISSCHERSTR
1641 10 15	MK	WIBBE	WOLTER	HEIJMENS		TIELE	HELPEN
1648 10 01	MK	WIBBECHIEN	ALBERT	BERENTS		WIPKE	N.VISMERT
1643 10 08	AK	WIBBECHIEN	JAN/SOLD.	HARMENS		AVE	CRAMERSRIJP
1647 03 10	MK	WIBBECHIEN	LUITIEN	CLAESSEN		ROELEFJEN JANS	NIJEDIEP
1643 11 12	MK	WIBBECHIEN	REIJNT	CLAESSEN		TRIJNE	DAMSTERDIEP
1646 10 04	AK	WIBBETIE	ENNE	WIJNHOLTS		ANNEKE	LEELJENSTR
1649 07 20	MK	WIBBETIEN	DERCK	STEVENS		IDETIEN	POELPRT
1641 05 16	MK	WIBBETIEN	HELPRICH	ROELEFS		CORNELISJEN	PELSERSTR
1645 10 26	MK	WIBBETIEN	JOOST		TEGEDER	SARA BERENTS	GELTINGSTR
1648 07 26	AK	WIBBICHJEN	CLAES	HARMENS		MARRICHJEN THOMAS	SCHOLHOLM
1648 07 05	AK	WIBRANT	MARTEN	WIJBRANTS		ANNETIE	NIEUW STRATTJEN
1646 01 04	AK	WICHER	DERCK	JACOBS		ANNE GARBRANTS	HOORSCHEDIJK
1641 03 14	MK	WICHER	GEERT	WICHERS		GEESJEN	BOTTRSTR
1643 07 26	MK	WICHER	JACOB	FREERX		JANTIEN WICHERS	MUSKENGANG
1640 02 21	AK	WICHER	JOANNES	WICHERS		CLARA LUDOLPHI	BOTTRST
1649 11 01	AK	WIERO	HINDRICK	WIERO		MARGRIETA	N.BOTTSTR
1646 02 08	MK	WIESJEN	ALBERT	RUIT		GEESJEN ALBERTS	JACOBIJNERSTR
1645 04 16	AK	WIGBOLT	CLAES	AELDERS		JANTIEN	BOTTERDIEP
1644 03 20	MK	WIGBOLT	EGBERT	WIGBOLTS		GEERTIEN ALBERTS	HEERPOORTE
1648 09 19	AK	WIGBOLT	GEERT	ROELEFS		LAMMECHIEN	VOLTSTR
1644 10 09	AK	WIGBOLT	HILLEBRANT	WIGBOLTS		WEMELTIEN	DAMSTERDIEP
1646 11 22	MK	WIGBOLT	HINDRICK	JANS		FRERICKJEN	SUIDERKERKHOFF
1649 06 02	AK	WIGBOLT	JAN	WIGBOLTS		AEFJEN	SUIDERDP
1647 09 19	AK	WIGBOLT	JAN	REIJNERS		GEESJEN	SCHOOLHOLM
1643 10 05	AK	WIGBOLT	JURJEN		LUIBECK	ELSJEN	SLEMENNERSTR
1648 04 23	AK	WIGBOLT	JURJEN	JURJENS		LUMMECHIEN	HARDEINGESTR
1649 07 31	AK	WIGBOLT	JURJEN	JURJENS		LUMMECHIEN	HEERSTR
1646 07 05	MK	WIGBOLT	ROELEF	HELPERICK		CATHARINA	POELPOORT
1649 04 14	MK	WIGBOLT	ROELEF	HELPRICHS		CATHRIJNA	POELSSTR
1645 04 04	AK	WIGBOLT	ROELEF	HELPERICHS		CATRINA CORNELIS	POELEPOORTE
1644 05 05	MK	WIGBOLT	TIJS	SMEECK		RIJCKJEN	M.KERKHOFF
1644 12 17	AK	WIGGEL	COERT	WIGGELS		AMMERENS	NIJESTADT
1647 10 28	AK	WIGGEL	COERT	WIGGELS		EMERTNTEN BRANDER,DE	NIJESTADT
1643 08 18	AK	WIGGEL	COERT	WIGGELS	KIMSTEM.	EMMERENS BRANDER,DE	N.STADT
1646 10 14	AK	WIGGEL	JACOB	WIGGERS		HEBBELTIEN	N.EBBSTR
1649 11 04	AK	WIGGEL	KOERT	WIGGELS		AMERENTS?	NIJESTADT
1649 03 04	MK	WIGGER	JAN	WIGGERS		BRECHTIEN	N.POELESTR
1646 01 04	MK	WIJBECHIEN	JAN	JANSSEN		AEGTE	PRINCENSTR
1647 12 16	AK	WIJBOLT	TIJES	SWEEX		RIJCKJEN	MKERCKHOF
1642 08 28	AK	WIJBRANDT	GERRIT	MARTENS		WILLEMTIEN	LAMHUIJNGESTR
1645 03 30	MK	WIJBRANDT	HILLEBRANT	WIJBRANTS		AELTIEN BERENTS	STENTILSTR
1641 04 11	MK	WIJBRANDT	LAMBERT	LUBBERTS		EETIEN	HEERSTR
1645 11 23	MK	WIJBRANT	HINDRICK	WIJBRANTS		MARRECHIEN	OOSTERSTR
1644 05 05	MK	WIJBRANT	JAN	WIJBRANTS		FENNETIEN JULLENS	HEERSTRATE
1645 12 25	MK	WIJBRANT	JAN	WIJBRANTS		FENNETIEN JULLENS	HEERSTR
1649 02 23	AK	WIJBRAT.	HINDRICK	WIJBRANTS		MARRETIEN	OOSTRSTR
1646 07 01	AK	WIJCKE	JAN	GEERTS		AEE	BREDEMERCKT
1647 10 20	AK	WIJCKE	JAN	CLAESSENS		SIJLKE JANS	BLOEMSTR
1642 11 06	AK	WIJEKE	ANTONIUS/SOLD		LOMAN	RENSKE	SCHUTEMRSWAL
1647 10 24	AK	WIJEKE	BERENT	RITSKES		GEESJEN	HEERPOORTE
1646 02 04	MK	WIJEKE	HARMEN	GEERTS		CORNELISKE	GEWELD.HOFF
1643 09 10	MK	WIJEKE	LAURENTS/SOLD.		GRAMBOUT	AELTJEN JACOBS	OOSTERPOORT
1645 09 21	AK	WIJERT	HAIJE	WIJERTS		ELSJEN	NIJE MERCKTSTR
1641 11 30	AK	WIJGER	GERKE	WIJGERS		GRIETIEN REIJNTIES	A POORTE
1649 10 12	AK	WIJKE BERENTS	BERENT	RITHKES?		GESE	HEERPRT
1649 12 06	AK	WIJKE	LUCAS	BERENS		GRIETIEN JANS	SCHUTNSSTAR
1646 03 13	AK	WIJNARDT	HAIJE	TIAERTS		MAGDALENA	DAMSTERDP
1642 09 06	AK	WIJNHOLT	ENNE	WIJNHOLTS		ANNECHIEN	JONCKERENSTR
1648 12 02	AK	WIJNHOLT	WILLEM	JANS		JANTIEN	SCHOOLHOLM
1641 04 02	MK	WIJTSKE	GERH.,/DOCT.		SWARTE	HELENA RENEMAN	BREDEMERKT
1645 01 31	AK	WIJTSKE	LUITUEN	CLAESSEN		TETJEN? WALDERX	HELPEN
1648 02 23	AK	WIJTTICH	DERK	ARENS		AELTIEN	KL.PEPERSTR
1646 12 17	AK	WILHELMUS	BERENT	EVERTS		GRIETIEN	HEEREPIJP
1649 11 16	AK	WILHELMUS	CLAES	CLAESSEN		IMME	EBBPRT
1641 09 12	MK	WILHELMUS	JAN	WISKENS		CORNELISKE	JACOBINERSTR
1648 01 13	AK	WILHELMUS	MICHEL		NAGEL	JANTIEN	BOTTRSTR
1647 01 31	MK	WILHELMUS	UILRICH/SOLD.		COKSBERGEN	MARIA HORENTEN?	N.EBBSTR
1647 01 22	AK	WILKE	ALBERT	KUIT		SWAENTIEN	MARVENPIJPE
1643 12 03	MK	WILKE	JACOB	WILKENS	GLASEMR.	TRIJNTIEN WARMELTS	CARELSECH
1645 12 10	AK	WILKE	JAN	WILKENS		CORNELISJEN JANS	JACOBINERSTR
1646 12 24	AK	WILKE	JAN	DERX		GRIETJEN	HARDRINGSTR

Year Mo Da	Chr	Child's Given Name	Father/Child's Patronymic	Father's Patronymic	Father's Surname	Mother	Address
1643 08 10	AK	WILKE	ROELEF	POUWELS		BEECKE	PLUIMERSGANG
1645 02 02	MK	WILLEM	ABEL	WELVES		GRIETE	SCHUTENDP
1644 03 17	AK	WILLEM	ALBERT	JANS		JACOBJEN WILLEMS	OLDEDOELE
1645 08 01	AK	WILLEM	ANTHONIUS	WILLEMS		AELTIEN	JACOBINERSTR
1644 02 04	AK	WILLEM	ARENT		ALTING	AUCKE MENSSENS	NIEUWESTADT
1648 12 22	AK	WILLEM	BALTSAR		RASENSTEIJN	AELTIEN	BOTTRPRT
1648 08 08	AK	WILLEM	BARLELT	JANS		ELSJEN	OOSTERPOORT
1645 04 09	MK	WILLEM	BERENT	WILLEMS	SUICKVANER	ANNE	VISSCHERPIJP
1645 12 12	AK	WILLEM	BERENT	TONNIS		MAGDALENE	HEERSTR
1646 07 15	AK	WILLEM	BERENT	EGBERTS		TIAECKE	BORGERWEESHUIJS
1641 12 27	AK	WILLEM AMSING	BROER		AMSING	GEERTRUIT	POELSTR
1641 04 21	AK	WILLEM	CLAES	WILLEMS		TELEKE	OLDE EBBPRT
1647 06 18	AK	WILLEM	DAVID		FROON	HARMTIEN PIETERS	SWANESTR
1642 07 28	AK	WILLEM	DERCK	JACOBS		URSELE	NIEUWEJATSTR
1641 11 21	MK	WILLEM AMSINCK	DIRCK	HINDRIX		HINDRICKJEN SABIAENS	POELPRT
1647 02 16	AK	WILLEM	DIRCK	WOBBES		STJE WILLEMS	VOLTSTR
1646 10 18	MK	WILLEM	DOEDE	JANS		AELTIEN	SCHUITNDP
1643 04 27	MK	WILLEM	ECKE	BOUWENS		GEERTRUIT ARJENS	BOTTRSTR
1646 03 03	AK	WILLEM	FREECK	ALBERTS		JANTIEN LUBBERTS	VOLTINGESTR
1643 08 29	AK	WILLEM	FREERCK	HARMENS		ANNE ROELEFS	MUERE
1643 10 11	AK	WILLEM	GEERT	WILLEMS		GESE	POELPOORT/SCHUT:
1641 10 17	MK	WILLEM	GEERT/VAENDR.	WILLEMS		N.EVERTS	VOSTERSTR?
1644 01 19	AK	WILLEM	GERRIT	CORNELIS	CLORUS	RIXTIEN	EBB.POORTE
1649 01 01	MK	WILLEM	HANS		HELWICH	JANTIEN	RADEMERKT
1645 09 02	AK	WILLEM	HARMEN	JANS		GRIETIEN	COSTERSGANG
1649 03 25	AK	WILLEM	HARMEN	PIETERS		HINDRICKJEN	VISSCHERSTR
1648 11 21	AK	WILLEM	HEMME	JANS		SWAENTIEN	CRANEPRT
1648 02 15	AK	WILLEM	HINDRICK	HARMENS		ANNA	HOFSTR
1643 04 30	AK	WILLEM	HINDRICK	WILLEMS		ANNECHIEN JANS	HEERPOORTE
1647 06 04	AK	WILLEM	HINDRICK	ENGELS		ANNETIE WILLEMS	EBBSTR
1643 11 28	AK	WILLEM	HINDRICK	HARMENS		FENNE HINDRIX	HOFSTRATE
1644 07 31	AK	WILLEM	HINDRICK	GEERTS		TRIJNTIEN	GROTEGANG/SCHUTEN
1644 02 13	AK	WILLEM	JACOB	JANSSEN		JANTIEN ROELEFS	DARKERK
1645 10 19	AK	WILLEM	JACOB	JANS	SCHOEMAKER	JANTIEN	A KERKE
1649 12 28	AK	WILLEM	JACOB	MATTHIJS		MARIE HANSEN	MEULENSTR
1648 12 31	AK	WILLEM JACOB	JACOB	BERENTS		REIJNEUW?	CRANEPRT
1641 08 29	MK	WILLEM	JACOB		VEERSEN,VAN	TIETE	RAAMSTR
1643 10 27	AK	WILLEM	JAN		AMSING	AEFJEN JANS	BREDEMERCKT
1646 11 08	AK	WILLEM	JAN	HARMENS		AEFJEN JANS	CRAMERRIJGE
1642 01 19	AK	WILLEM	JAN	JURJENS		ANNA GABRIELS	VISSCHERSTR
1646 09 12	AK	WILLEM	JAN	MARTENS		ANNA	HEERENCAMERS
1643 04 20	AK	WILLEM	JAN	HINDRIX	WANTSCHEER	ANNEKE	N.STRAATJEN
1649 04 01	AK	WILLEM	JAN	MARTENS		ANNEKE	HERENKAMERS
1648 08 10	AK	WILLEM	JAN		ALTING	ANNETIEN HARMENS	KRANEPOORT
1645 08 12	AK	WILLEM	JAN	WILLEMS		BEELTIEN HANS	ROSENSTR
1649 02 11	AK	WILLEM	JAN	WILLEMS		ELSJEN	LEELJENSTR
1647 11 07	MK	WILLEM	JAN	JANSSEN		GRIETIEN	GELTINGSTR
1642 07 08	MK	WILLEM	JAN	ALBERTS		HILLICHJEN	DRAPRT
1648 04 16	MK	WILLEM	JAN	FOCKENS		LIJSABETH	PAAUS
1647 01 08	AK	WILLEM	JAN	SISSINUS		MARIA GEERTS	BOTTRINGESTR
1642 08 04	AK	WILLEM	JAN	PIETERS		TRIJNTIEN PIETERS	N.POELSTR
1641 04 07	AK	WILLEM	JAN/RAADSCH:	DREEUWS		WIBBE MEIJDERS	BOTTR
1642 05 08	AK	WILLEM	JELTE	WILLEMS		AELTIEN	SLEMENNERSTR
1647 02 07	AK	WILLEM	JELTE	WILLEMS		AELTIEN	LEELJENSTR
1647 05 09	MK	WILLEM	JOHAN/BORGMR	DREWS		WIBBECHIEN	BOTTRSTR
1642 11 18	AK	WILLEM	JOOST	WILLEMS		GRIETIEN	BLEIJKEN
1641 07 18	MK	WILLEM	JURIEN	CLAESSEN		AELTIEN AMSINGS	POELSTR
1649 08 02	AK	WILLEM	JURJEN		SPANDOU	FENNETIEN BOELENS	A KERCK
1647 02 24	AK	WILLEM	JURJEN	WESSELS	COMENES	MARIA	MERRKTSTR
1644 03 17	AK	WILLEM	JURJEN	JURJENS		TRIJNTIEN WILLEMS	N.BOTTRSTR
1641 10 05	AK	WILLEM	LAMBERT	JANSEN		HARMTIEN JANSEN	CRANEPOORTE
1644 09 13	MK	WILLEM	LIBORIUS		SCHRIJVER	ANNETIE	N.KERKHOFF
1641 11 18	AK	WILLEM ALLERT	LUCAS		CLANT	ELISABET EERENTREIJTER	EBBSTR
1642 10 30	AK	WILLEM	LUCAS/SOLD.	HANSSEN		TRIJNE WILLEMS	NIJESADT
1649 07 22	MK	WILLEM	LUITIEN	JANS		TALLE	COSTERSGNG
1648 12 01	AK	WILLEM	MICHIEL		KENNEMA	URSELS?	SWANESTR
1642 02 06	MK	WILLEM	MOISES		HORA	FOKELTJE JETSES	BREDEMERCKT
1646 01 07	MK	WILLEM	MOSES		HOVA	FOKELTIE JETSES	WERK--?
1648 07 09	MK	WILLEM	NICLAES		BORCK,V	WALBORCH ULGERS	HARDINGESTR
1647 01 03	AK	WILLEM	PIETER	PIETERS		MARIJE	SUIDERDIP
1647 05 02	MK	WILLEM	POPKE	BARTELTS		CHRISTINA	OOSTERSTR
1649 03 08	AK	WILLEM	REIJNTIEN	EVERTS		DEWER	A POORTE
1646 05 20	AK	WILLEM	ROELEF	WILLEMS		BOUWE	POELESTR
1642 11 23	AK	WILLEM	ROELEF		POLLING?	FENNE	BOTTERDIEP
1645 12 24	AK	WILLEM	ROTGER	BERENTS		AKDE JANSSEN	LEELIENSTR
1647 04 27	AK	WILLEM	SIOURT/SOVN?	WILLEMS		ELLECHIEN	TIMMERWERF
1646 10 07	AK	WILLEM	STEFFEN	WILLEMS?		GRIETIEN HANSSEN	VISSCHERPIJP
1645 12 07	AK	WILLEM	SWURT	WILLEMS		ELLECHIEN	JADTSBRUGGE
1646 03 10	AK	WILLEM	THOMAS	WILLEMS		JENNE ARENTS	SLEMENERSSTR
1642 04 01	MK	WILLEM	THOMAS	BERNET		TRIJNTIEN THOMAS	PLUMERSGANG
1642 03 13	MK	WILLEM	TONNIS	JANSEN		ANNA	MEULLENSTR
1642 02 02	AK	WILLEM	TONNIS	WILLEMS		GRIETE	BUTIENSTR
1646 01 22	AK	WILLEM	WIKE?	WILLEMS		GRIETE	SLEMENERSSTR
1645 05 28	AK	WILLEM	WILLEM	EELST		BAUWE NANNES	JADT
1644 01 10	MK	WILLEM	WILLEM		HEEP	JACOBJEN PAULS	BOTTERDIEP
1644 07 12	AK	WILLEM	WILLEM	JANS		JANTIEN	WOERT
1646 07 22	AK	WILLEM	WILLEM	JACOBS		JANTJEN WIERINGA,VAN	GELTINGSTR
1642 03 10	AK	WILLEM	WILLEM		PAMER?	MARGRIETE	JAPELSERSTR
1648 06 22	AK	WILLEM	WILLEM	CARST		MARRECHIEN	BRUGGESTR
1648 03 17	AK	WILLEM PIETERS	WILLEM	PIETERS		TRIJNTIE	BREDEMERKT
1644 01 07	AK	WILLEM	WILLEM	WILLEMS		WIJTSKE	JATSTR
1648 12 13	AK	WILLEM	WILLEM	DUCKES?		DELTIEN	HOPMANSGANG
1649 02 06	AK	WILLEMTIE	ARENT	LAURENTS		AELTIEN	CARELSWECH
1647 12 26	AK	WILLEMTIE	BARTHELT	JACOBS		AELTIE WILLEMS	SLEMSTR
1649 08 26	MK	WILLEMTIE	PIETER	JANS		GEERTIEN	OOSTERSTR
1645 08 01	AK	WILLEMTIE	WESSEL	REMMERS		GEESE	SCHUITENDP
1641 12 24	AK	WILLEMTIEN	BERENT	LOUWRENTS		TRIJNTIEN	MERCKTSTR
1648 10 10	AK	WILLEMTIEN	CORNELIS		LAAR,VAN	FENNECHIEN	MUERE
1643 01 29	MK	WILLEMTIEN	GEERT	JACOBS		TRIJNTIEN	HEERPOORTE
1645 02 26	AK	WILLEMTIEN	GUNE?	HARMENS		AELTIEN	HELPEN
1647 01 10	AK	WILLEMTIEN	HANS		MULLER	ELSKE	HEERNKAMERS
1644 11 19	AK	WILLEMTIEN	HARMEN	ROEBERTS		TIJSJEN CLOOT	BOTTR.STR
1646 01 10	AK	WILLEMTIEN	JAN		BRUNNE,VAN	LEEUCHJEN	MARCKENGANG
1643 08 20	AK	WILLEMTIEN	JAN	CORNELIS	SPIEL	MARGRIETE EUSUM,V.	SWANESTR
1643 02 24	AK	WILLEMTIEN	JARMEN	WESSELS		ALBERTIEN	EBBINGESTR

Year Mo Da	Chr	Child's Given Name	Father/Child's Patronymic	Father's Patronymic	Father's Surname	Mother	Address
1646 03 28	MK	WILLEMTIEN	JOHAN		BUNER,VAN	HILLECHIEN	POELPRTBRG
1645 11 16	AK	WILLEMTIEN	ROELEF	CRABBE		AELTIEN JOOSTS	STOELDRSTR
1644 02 04	AK	WILLEMTIEN	ROELEF	HINDRIX		GRIETIEN	HEERENKAMERS
1644 01 21	AK	WILLEMTIEN	SIJWERT	WILLEMS		BRECHTIEN	JONKERENSTR
1642 01 05	AK	WILLEMTIEN	TARCKE	DERX		GRIETIEN WILLEMS	DAMSTERDP
1642 05 04	AK	WILLEMTIEN	TEWES	CORNELLIS		GEERTIEN ONNENS	HELPEN
1649 04 22	AK	WILLEMTIEN	WESSEL	WILLEMS		ANNE	LEELJENSTR
1646 04 04	AK	WILLEMTIEN	WILLEM	JANS		AVE JACOBS	TIMMERWARF
1647 12 21	AK	WILLEMTIEN	WILLEM	WILLEMS		FIJE	PAPENPOORT
1641 08 27	AK	WILLEMTIIEN	BARTHOLMEUS	"boeckbndr"	BECKERER	AELTIEN BERENTS	JADT
1642 07 12	AK	WILLEMTJEN	CORNELIJS/CRPL	WILLEMS		FENNICHJEN	SCHIEDAMSGNCK
1646 10 06	AK	WILLEN	THOMAS	SCHOOS	RIJCKRAAET,V	FIJE	BEULDGANG
1648 03 14	AK	WILLENTIE	ABEL/JR	LEEUWE	BRAKE,OP DE	MARIA RIPP.	VISMK
1648 10 26	AK	WILLMTIEN	JACOB	KOERTS		FROUKE WILLEMS	COSTERSGNG
1644 06 19	MK	WISSEL	JACOB	GEERTS		AELTIEN WESSELS	OOSTERSTR
1643 06 08	AK	WOBBE	GARBRANT	PIETERS		AELTIEN GEERTS	HELPEN
1643 07 26	AK	WOBBE	HINDRICK	MARTENS		AVE	O.STEENTILPOORTE
1643 07 23	AK	WOBBECHIEN	ALBERT	TIASSENS		WOBBETIEN CRANSSEN	BRUGGESTR
1646 02 28	AK	WOBBECHIEN	FOLKERT	BALTZERS		TALEKE	BOTTRSTR
1645 01 31	AK	WOBBECHIEN	JAN	PIETERS		GEESJEN	HEERPOORTE
1646 02 05	AK	WOBBECHIEN	LUBBERT	TIJES		IDE	SUIDERDP
1642 01 28	AK	WOBBEKE	JAN	JANS	BACKER	JANTIEN	PRINCENSTR
1645 12 07	AK	WOBBETIEN	CLAES	GERRITS		MARRECHIEN SIJMENS	CRANEPOORT
1648 11 30	AK	WOBBETIEN	HARMEN	HARMENS		AELTIEN	STEENTILSTR
1641 06 01	MK	WOBBETIEN	HESSEL	EVERTS	BACKER	ELSIEN	HAVENSTR
1649 11 29	AK	WOBBETIEN	JACOB	GERRITS		AELTIEN	CRANEPRT
1641 04 08	AK	WOBBETIEN	JACOB	HERMENS		GRIETE	OOSTRSTR
1642 11 16	AK	WOBBETIEN	JAN	PIETERS		GEESJEN	HEERPOORTE
1649 11 21	AK	WOLMIJNTIEN	DANIEL	BERENTS		LIESKE	SWANESTR
1647 11 10	MK	WOLTER	CHRISTIAEN	PALMS		GEERTRUIT	OOSTPOORTE
1644 11 06	AK	WOLTER	CLAES		BUITING	ANNECHIEN	COERERDEN?
1649 07 31	AK	WOLTER	CONRAET	PIETERS		ANNA WOLTERS	HEERECAM
1643 04 26	MK	WOLTER	EGBERT	SIJBRANTS		ANNETIEN	N.KERCKSTR
1649 07 24	AK	WOLTER	GEERT	LUBBERTS		HILLETIEN	TIJMENSMEULEN
1641 12 26	MK	WOLTER	HARMEN	LUITIENS		GRIETE	BLOEMSTR
1643 10 05	AK	WOLTER	HINDRICK	WOLTERS		ANNE HARMENS	NIJESTR
1645 08 06	AK	WOLTER	LUITIEN	JANS		HARMTIEN	POELESTR
1643 09 28	AK	WOLTER	MARTEN	WOLTERS		FENNE	LANE
1642 11 06	MK	WOLTER	WOLTERUS	WARPHEMIUS		ANNETIEN MENECINX	OOSTERSTR
1642 03 06	MK	WOPKE	PAUL	WIJBES		HILLE DIRCKS	PRINCENSTR
1643 10 15	AK	ZACHARIAS	BERENT		LIPPE,VANDER	JANTIEN	HEEREPOORTEPIJP
1644 03 12	AK	ZACHARIAS	HANS		KAMER	AELTIEN HARMENS	LANE
1643 08 22	AK	ZACHARIAS	JACOB	PIETERS		GRIETE JANS	NIJESTADT
1644 02 18	AK	ZACHARIAS	JAN		CAMPEN	MARGRIETE	RAAMSTR
1649 03 08	AK	ZACHARIAS	QUIN?	EEMMER		AELTIEN	SUIDERDP
1645 11 20	AK	ZELIS	HANS/SOLD.		BOLDER	AELTIEN	PRINCENSTR

Year Mo Da	Chr	Child's Given Name	Father/Child's Patronymic	Father's Patronymic	Father's Surname	Mother	Address
1645 04 18	AK	PATROCLUS (older)					
1641 01 26	AK	CORNELIS (illig)	--			SUSANNA SOLKAMA	STOELDREIJERST
1642 07 26	AK	ANNE (older)	"dochter van deselve, ouderen"				
1643 06 30	AK	MARRECHIEN	"dr. van twe vremb de luiden ten huise Catalijntie voor oosterport"--Daughter of foreigners				
1647 08 25	AK	GEESJEN	"dr. van voorno ende."?				
1647 06 30	MK	GRIETIEN	"dr. van sc. v. onder d'onchts"?				
1644 09 29	AK	BENEDICTUS (older)	"son vandeselve"				
1646 06 26	AK	JAN (older)	"van deselve"				--
1642 06 26	MK	HAUCKJEN	-- (decd)			WIPKE JANSEN, (widow)	MEULENSTR/OOSTRPRT
1642 06 26	MK	JOHANNES	-- (decd)			WIPKE JANSEN, (widow)	MEULENSTR/OOSTRPRT
1644 10 06	MK	MICHEEL	A/REKEMR.		BOLHUIJS	JANTIEN MEICHEELS	N.MERCKT
1646 03 13	AK	AELTIEN	A./SCHR.		ZANDT	CATHARINA EPPES	BOTTRINGESTR
1642 01 30	AK	JICKE	AALDRICK	EIJLTS		GRIETIEN JANS	HOECK/SCHIEDAMSGN
1641 06 19	MK	EGGE	AARENT	EGGENS		AELTIEN	SCHUTNDP
1648 04 05	AK	ROELEF	AARENT	ROELEFS		AELTIEN	HEERPOORTE
1648 01 16	AK	CLAES	AARENT	CLAESSEN		ANNECHIEN	SUIDERDP
1647 07 17	AK	AELTIEN	AARENT	FOPPEN		ANNETIE	SLEMENNERS
1646 11 26	AK	ANNA MARIA	AARENT		WITTE	ELSE	SCHOEMAKERS
1648 03 19	MK	JACOB	AARENT	HINDRIX		FENNE JANS	HELPEN
1645 07 16	AK	JAN	AARENT	GEERTS		GEERTIEN	POPKENSTR
1647 05 07	AK	GEERT	AARENT	GEERTS		GEERTIEN JANS	POPKENSTR
1642 11 23	AK	ANNETIEN	AARENT	GEERTS		GEERTRUIT	POPKENSTR
1647 07 01	MK	HARMEN	AARENT	HARMENS		GRIETJEN	A
1643 08 01	AK	PIETER	AARENT	PIETERS		NEESJEN JANS	OOSTERSTR
1645 07 15	AK	JACOB	AARJAEN		DONGIEN,VAN	ANNA ANDRIES	WOERT
1642 10 25	AK	ANNA	AARJEN	CLAESSEN		ANNA ANDRIES	WOERT
1647 08 11	AK	JACOB	AARJEN	HANSSEN		MAGDALENE	LEELJENSTAR
1643 03 19	MK	MELCHER	ABEL	HANSSEN		ANNE JANSSEN	EBBINGESTR
1648 03 14	AK	AESKE	ABEL	HERMENS		CATRINE RENEMAN	BUTJENSTR
1648 01 19	AK	EVERT	ABEL	EVERTS		CUNNE	HEERSTR
1642 09 07	AK	DERCK	ABEL	DERKS		GEERTRUIT	O.POELEPRT
1643 11 19	MK	DERCK	ABEL	DERX		GEERTRUIT	BUTJENSTR
1641 02 24	MK	LUBBERT	ABEL	POPKENS		GEESJEN	MIDDELBERT
1646 12 06	MK	STEVEN	ABEL	ROET-IS?		GRIETE	STEENTILPOORTE
1645 02 02	MK	WILLEM	ABEL	WELVES		GRIETE	SCHUTENDP
1648 11 05	MK	STEVEN	ABEL	ROELEFS		GRIETJEN STEVENS	STEENTILPRT
1641 12 12	MK	JACOB	ABEL	EPPENS	BOLHUIJS,VAN	JANTIEN MICHELS	OSSEMERKT
1646 06 09	MK	MARRECHIEN	ABEL	EVERTS		KUNNE	HEERSTRATE
1646 06 06	AK	MARRETIEN	ABEL	EVERTS		KUNNETIE	HEERSTR
1647 12 09	MK	HARMEN	ABEL	HARMENS		MAIJE PIETERS	BOLWERK
1642 09 22	AK	JANTIEN	ABEL	HARMENS		MARCHIEN	JONKERENSTR
1641 10 24	AK	MARGRETA	ABEL	LEEUWE		MARGRETA RIPPDA	VISCHMERKT
1644 11 17	AK	ADOLPH	ABEL	LEEUWE		MARIA RIPPERDA	VISSCHMERKT
1648 03 14	AK	WILLENTIE	ABEL/JR	LEEUWE	BRAKE,OP DE	MARIA RIPP.	VISMK
1644 02 16	AK	CLAES	ABEL	CLAESSEN		MARRECHIEN	OOSTERPOORTE
1647 11 26	AK	JAN	ABEL	CLAESSEN		MARRECHIEN	HEERPOORTE
1647 06 17	AK	GERRTRUIT	ABEL	DERX		REBECCA	BUTJENSTR
1648 08 27	MK	EVE	ABEL	DERX		REBECKA	BUKTJENSTR
1642 08 18	AK	GEERTRUIT	ABEL	GREVINGE	VAENDRICH	RIXT	BOTTRSTR
1642 08 18	AK	TETJEN	ABEL	GREVINGE	VAENDRICH	RIXT	BOTTRSTR
1645 08 03	MK	HARMTIEN	ABEL	HARMENS		TRIJNE RENEMANS	BUTJENSTR
1646 12 06	MK	AEFFJEN	ABEL	HARMENS		TRIJNTIEN	BUTJENSTR
1640 12 30	AK?	EMMERENTZ	ABRAHAM		DIURKLAIJE,V	--	EBBSTR
1641 06 14	MK	HILLETIEN	ABRAHAM		BARLINKHOFF	AELTIEN	GULDENSTR
1642 10 14	AK	CLAERTIEN	ABRAHAM		BARLINKHOF	AELTIEN GEERTS	GULDENSTR
1645 02 21	AK	BERENT	ABRAHAM		BAULINKHOFF	AELTIEN GEERTS	GULDENSTR
1646 11 08	MK	HILLETIEN	ABRAHAM		BARLINCKHOFF	AELTIEN GEERTS	GULDENSTR
1648 01 02	AK	BERENT	ABRAHAM		BARLINKHOFF	AELTIEN	GULDENSTR
1641 11 28	AK	HINDRICKJEN	ABRAHAM	BERENTS		AELTIEN	SCHOOLHOLM
1645 03 16	AK	TRIJNTIEN	ABRAHAM	BERENTS		AELTIEN	SCHOOLHOLM
1646 10 27	AK	ISAAC	ABRAHAM	BERENTS		AELTIEN	NIJESTADT
1645 12 07	AK	GRIETJEN	ABRAHAM	EDDENS		AELTIEN	NIJESTADT
1646 06 27	AK	LUBBERT	ABRAHAM	EDDENS?		AELTIEN	SLEMENNERSTAR
1643 05 26	MK	LUBBERT	ABRAHAM	EDENS		AELTIEN	JONKERENSTR
1642 12 26	MK	MARTEN ABR.	ABRAHAM	MARTENS		AELTIEN	SCHUITENDIEP
1649 07 13	AK	REUSSEN	ABRAHAM	MARTENS		AELTIEN	PLUMERSGNG
1649 07 13	AK	TRIJNTIE	ABRAHAM	MARTENS		AELTIEN	PLUMMERGNG
1644 12 13	MK	RINSSE?	ABRAHAM	MEERTENS		AELTIEN	N.WECH
1646 07 15	AK	GRIETJEN	ABRAHAM	MARTENS		AELTJEN	DAMSTERDP
1641 09 12	AK	GEESJEN	ABRAHAM	EGBERTS		ANNETIEN EERICKS	STOELDREIJERSTR
1644 03 06	AK	DEWER	ABRAHAM	FRERIX		ANNETIEN HINDRIX	SUIP-STRATE
1647 10 26	AK	IMMEKE?	ABRAHAM	VREERX		ANNETJE	SUI?STR
1643 03 31	AK	AELTIEN	ABRAHAM	DERX		GEESJEN ALBERTS	N.BOTTRSTR
1645 06 15	AK	HINDRICKJEN	ABRAHAM		GROENE?	HILLECHIEN	OOSTERSTR
1643 03 29	AK	JANTIEN	ABRAHAM		GRAEVE,DE	HILTIEN JANS	OOSTERSTRATE
1648 03 31	AK	AEFKE	ABRAHAM	RIJKENS		IDE LAMBERTS	CRANE
1649 11 02	AK	JAN	ABRAHAM	RIJKENS		IDEKE LAMBERTS	SCHUTMKWAL
1643 07 30	AK	GRIETE	ABRAHAM		BLEIJSTEEN	JANTIEN	VISSCHERSTR
1648 02 13	AK	PIETER	ABRAHAM		WERNUMUS?	LIJSABET PIETERS	A.
1646 06 23	AK	LAMBERT	ABRAHAM	LAMB.	WERUMAUS?	LIJSBETH PIETERS	AKKERK
1642 10 02	AK	FIJKE	ABRAHAM	LUCAS		MAGDALENA	N.JADTSTR
1645 09 18	AK	ABRAHAM	ABRAHAM	LUCAS		MAGDALENA	JANS BRUG
1645 09 18	AK	ISAAC	ABRAHAM	LUCAS		MAGDALENA	JANS BRUG
1644 09 19	AK	TRIJNTIEN	ABRAHAM	LUITJENS		MAGDALENA	KIJKINTJADTSBRG
1644 04 07	AK	IAN	ABRAHAM	JANS		MARRETIEN	NIJESTADT
1644 09 15	AK	ARENT	ABRAHAM	ARENT		TRIJNTIEN ROELEFS	MONKEHOLM
1642 08 26	AK	ABRAHAM	ABRAHAM		SWARTWOLDT	WILLEMTIEN	GELTINGSTR
1647 05 30	AK	LUCAS	ABRAHAMS	LUITJES		MAGDALENA	ROSENSTR
1648 11 30	MK	AELTIEN	ABRAM	MARTENS		AELTIEN RENSEN	PLUIMERGANG
1648 02 06	MK	AELTIE	ABRAM	ELTIENS		GEESJEN	STEENTILSTR
1648 02 02	AK	JAN	ABRAM		GREVE	HILLECHIEN JANS	OOSTRST
1649 10 18	AK	AELTIEN	ABRAM	BERENTS		HINDRICKJEN JURJENS	PEPERSTR
1647 03 30	AK	ANNECHIEN	ABRAM	ABRAMS		LAMMECHIEN	PELSERSTR
1648 02 20	AK	FENNE	ABRAM	JANS		MARIE	NIJESTADT
1648 01 21	AK	ROELEF	ABRAM	ARENS		TRIJNTIE ROELFS	MONKEHOLM
1641 02 14	MK	JAN	ADAM	JANS	SOLDAET	ANNA	DAMSTERDP
1641 12 28	AK	CATHRIJNTIEN	ADAM		WILDEBAES	ANNECHIEN WELICH	BEULSGANG
1648 06 21	AK	GERRIT	ADAM	LAURENS		ANNECHIEN GERRITS	POELSTR
1649 11 14	AK	CORNELIS	ADAM		AREMEL	ANNETIE	POELESTR
1649 03 13	AK	ADAM LODUWICH	ADAM		HELWICH	CATRIJNA	NIJEWECH
1648 01 02	MK	GEESIEN	ADAM	ALLERTS		GEESJEN	N.BOTTRSTR
1642 10 23	MK	ANNETIEN	ADAM	MARTENS		GEESKE WILLEMS	N.BOTTRSTR
1642 10 23	MK	MARTEN	ADAM	MARTENS		GEESKE WILLEMS	N.BOTTRSTR
1644 01 10	MK	ADAM	ADAM	VREERX		HILLETIE ISAAX	GEESTE.MAAGDENSTR
1649 09 18	AK	ISAC	ADAM	VRERIX		HILLETIEN ISAX	CREUPELSTR

Year Mo Da	Chr	Child's Given Name	Father/Child's Patronymic	Father's Patronymic	Father's Surname	Mother	Address
1648 04 23	AK	ENGELTIEN	ADAM	PIETERS		JANTIEN	CROMELLEBOGEN
1649 10 16	AK	IDETIE	ADAM	PIETERS		JANTIEN	CROMMEJADT
1646 09 06	AK	JURJEN	ADAM	PETERS		JANTJEN JURJENS	CORMELLEBOGE
1645 06 12	AK	GRIETJEN	ADAM	PIETERS	BOECKEBINDER	JANTJEN JURJENS	JADT
1646 12 20	AK	JURJEN	ADAM	JURJENS		MARGRIETE	3 MEULENS
1644 09 29	AK	ANDRIES	ADAM	GENEETS		WILLEMTIEN	VISSCHERSTR
1645 10 06	MK	HANS CHRISTOFFER	ADAMUS		LATOR	ANNA CATRINA DERDREREN	LUIJDEN
1642 11 18	AK	HILLETIE	ADOLPH/SECRET:	LOUWENS		HILLE GOCKINGA	EBBSTR
1645 03 25	AK	MAGDALENA	ADOLPH		RAVENSBERCH	JOANNA HEMSINGHE	HEERSTR
1641 01 16	AK	TOEBETIEN	ADRIAEN/SCHRV.	GEERTS	PAAP	--	S.JANSSTR
1641 09 24	AK	ROELEF	ADRIAEN	HANS		ANNE	LAMMHUINGHSTR
1644 01 28	AK	MAIJKE	ADRIAEN	CLAESSEN		ANNEKE ANDRIES	WOERT
1641 08 09	AK	GABRIEL	ADRIAEN	LAMBERTS		ANNETIEN	JADTSTR
1643 12 06	AK	MARIA	ADRIAEN	HIERONIJMES		CLAESJEN CLAES	HOFSTRATE
1642 07 05	MK	NIESJEN	ADRIAEN		ROERSTER,VAN	CORNELIJS (sic)	DRAEDIEP
1648 09 24	MK	ABRAHAM	ADRIAEN	ROGIERS		GRIETIE	KORD.GANG
1641 11 10	AK	JAN	ADRIAEN		DEIJPUN?	HILLE	COSTERSGANG
1644 05 16	AK	GEESJEN	ADRIAEN	SIJMONIDES		HILLETIEN FULLEN,VAN	HARDINGESTR
1642 06 26	AK	ENGELTIEN	ADRIAEN	SIMONIDES		HILLETIEN VULLEN,VAN	HARDINGESTR
1643 07 25	AK	HANS	ADRIAEN	HANSSEN		MAGDALENA	JADT
1645 10 15	AK	JANTIEN	ADRIAEN	HANSSEN		MAGDALENE	KIJKINS JADT?
1643 02 14	AK	ADRIAEN	ADRIAEN		VRIESE	MARIA RODE	PLUIMERSGANCK
1646 10 07	AK	JAN ADRIAEN	ADRIAEN	DRAECK		MARRETIEN JANS	HARDRSTR
1645 08 13	MK	ANNECHIEN	ADRIEN	LAMBERTS		AELTIEN	ROSENSTR
1645 05 11	AK	MARIE	AECKE	MARTENS		TRIJNTIEN	LELIENSTR
1643 12 17	MK	PIETER	AEIBO	INEN		GRIETIEN PIETERS	EBBBENGESTR
1647 08 01	MK	WENDELTIEN	AEIJND	DIETLEFF	KIPHUIJSEN	HILLETIE ELBERI	JUTROLDS
1642 08 12	AK	JAN	AELDERT	JANSEN		SIJE	SCHUITENDP
1643 10 15	MK	ROELEF	AELEF	ROELEFS		ANNA	MOESKERSGANG
1640 08 14	AK	AELERTIEN	AELERT	EVERTS		GRIETJEN	VISSCHRSTR
1644 09 10	MK	AELTIE	AEPKE	ARENTS		ANNECHIEN	MOESKERSGANG
1643 10 11	AK	HINDRICK	AEPKE/SOLD.	ANDRIES		ANNEKE	MUSKERSGANG
1645 08 28	MK	ANDRIES	AEPKE	ANDRIES		ANNEKE	BEULSGANG
1646 09 18	AK	HINDRICUS	AEPKE	ANDRIES		ANNICHJEN	WOERT
1648 08 06	MK	LUBBET	AERENT	LUBBERT		SWAENTIEN	OOSTPRT
1648 03 30	AK	AGNIETE	AERJAEN	CLAESSEN		ANNA	WOERT
1647 08 26	MK	AELTIEN	AERJAEN	JELIS		TRIJNTIE MICHELS	HEERPOORTE
1647 10 20	AK	AUCKE	AETE	AUCKES		ANNE EEDES	BLOEMSTR
1644 03 15	AK	SOPHIA	AIJLEKE	GEERTS		ANNEKE VISSCHERS	N.EBBINGESTR
1641 02 07	MK	AGNETIEN	AIJLT		HOEDENBORCH	GEESJEN	GELTINGESTR
1644 06 13	AK	JANTIEN	AIJLT		HOEDENBORCH	GEESJEN	GELTINGESTR
1643 11 09	AK	JACOB	AIJLT	HANSSEN		JANTIEN	NIJESTADT
1648 10 12	AK	ISZO	AIJTIO		EDZEMA	MARIA OVINGE	LAMHUINGESTA
1642 04 28	AK	ELLECHIEN	AILKO	SIJBRANTS		ANNEKE ELLIENS	N.EBBSTR
1641 08 29	AK	HEMME	AJOLDIJ	HOMMENS		TIABETIEN TIDDINGA	OOSTERSTR
1648 10 11	AK	ALBERT	ALB/HOOSTMAN		WIJSRINUS	ELISABET CAMING,DE	HEERSTR
1647 01 12	AK	BEATERIS	ALB./DNO?	THOMA	PDIGER ALHIER	AAFJEN ENG.	HARDING
1644 11 24	AK	ALBERTUS	ALB.	THOMAS	PREDIGER?	AEFJEN	HARDINGESTR
1640 01 28	MK	PIETER	ALB./D.	THOME	PREDIGNER?	AEFIEN	HARDINGEST
1647 06 08	AK	HINDRICK	ALBER	TIJSSEN		LAMME	GELTINGESTR
1642 10 20	AASJEN	GEESJEN	ALBERT	GIJSBERTS		AASJEN ROEBERTS	CLEIJNEPELSERST
1644 04 07	MK	GERRIT	ALBERT	ROELEFS		AEFJEN	BOTTERDIEP
1643 10 18	AK	MARRECHIEN	ALBERT		MUNTING	AELTIEN FRONE	BOTTRSTR
1644 09 12	MK	LAMMECHIEN	ALBERT	ENGELBERTS		AELTIEN	COSTERSGANG
1644 09 29	AK	JACOB	ALBERT	JANS		AELTIEN	MUERE
1643 02 26	MK	CUNNETIE	ALBERT	CLAESSEN		AGTHE JANSSEN	GEESTL.MAAGDENSTR
1644 09 29	MK	ALBERT	ALBERT		KRUISSE	ANNA	PRINCESTR
1642 01 09	ANNE	ENNE	ALBERT		KRUISSE	ANNE	PRINCENSTR
1641 03 16	MK	ALBERT	ALBERT	JANSEN		ANNE ALBERTS	LAANE
1646 02 16	ANNE	TONNIS	ALBERT	PIETERS		ANNE	BOTTERDIEP
1643 12 07	AK	GEESJEN	ALBERT	GOOSSENS		ANNECHIEN	SCHUITEMRSWAL
1642 09 20	AK	RIXTE	ALBERT/SOLDAET	JACOBS		ANNETIEN ALBERTS	BREEGANG
1648 06 02	MK	HINDRICKJEN	ALBERT	JACOBS		DAUWTIEN?	HEERSTR
1642 04 12	AK	HEMKE	ALBERT	MERKENS		DIEWERTIEN PHILIPS	CRANEPOORTE
1643 10 22	MK	MARRETIEN	ALBERT	SCHULTENS		DIEWERTIEN JASPERS	GELTINGESTR
1648 05 19	AK	JOCHEM	ALBERT	SCHULTES		DIEWERTIEN JASPERS	MUERE
1646 04 03	AK	HILLECHIEN	ALBERT	SCHULTENS		DUWERTIEN JASPERS	GELTINGSTR
1643 06 20	AK	ENGELBERT	ALBERT	ENGELBERTS		ELSJEN BERENTS	DRAKERCK
1647 04 19	AK	ROELEF	ALBERT	ENGELBERTS		ELSJEN BERENTS	AKERK
1644 10 20	MK	GRETIEN	ALBERT	JANS		ELSKEN HANSSEN	SCHUTENDIEP
1648 12 07	AK	BERENT	ALBERT	ROELEFS		ETJEN	EBBPRT
1648 02 08	AK	ALBERTIEN	ALBERT	WILLEMS		EVE JERONIMI	JONKERSTR
1644 03 05	AK	JAN	ALBERT	ENGELBERTS	SLACHTER	FENNETIE JANS	DRA
1649 06 22	AK	GEESJEN	ALBERT	ENGELBERTS		FENNETIEN	A
1641 12 05	MK	GEERTRUIT	ALBERT	JANSEN		FOSJEN TIDDENS	KEVESWECH?
1646 06 15	MK	OTEE	ALBERT	JANS		FROUCKE	BREGANG/SCHUTNDP
1644 02 11	MK	JANTIEN	ALBERT	JANSSEN		FROUCKE	BREEGANG
1642 05 10	AK	FROUKE	ALBERT		RIBERINGE	GEERTIEN	PAPENPRT
1643 10 04	AK	ANNEKE	ALBERT	EBBENS	STEENMETSELR?	GEERTRUIT	N.KERKHOF
1649 09 08	AK	MAIJKE	ALBERT	REIJNTIES		GEERTRUIT	JAT
1641 12 15	AK	ROELEF	ALBERT	ROELEFS		GEERTRUIT	VISSCHERPIJP
1644 09 13	MK	ALBERT	ALBERT	ROELEFS		GEERTRUIT	DAMSTERDIEP
1648 06 16	AK	JAN	ALBERT	ROELEFS		GEERTRUIT	VISSCHPIJP
1641 06 06	AK	AECHTJEN	ALBERT	HINDRIX		GEESJEN JANSEN	HOECK/COSTERGN
1642 06 21	MK	JAN	ALBERT	HINDRIX		GEESJEN JANS	HEERPOORTE
1643 04 19	AK	HEIJNE	ALBERT	HINDRIX		GEESJEN JANSSEN	HEERPOORTE
1645 03 07	AK	JAN	ALBERT	HINDRIX		GEESJEN JANS	HEERESTR
1643 11 07	AK	GRIETIE	ALBERT	RUIRTS		GEESJEN	JACOBINERSTR
1641 08 15	MK	MARIJE	ALBERT	RUIT		GEESJEN	JACOBINESTR
1646 02 08	MK	WIESJEN	ALBERT	RUIT		GEESJEN ALBERTS	JACOBIJNERSTR
1647 09 26	MK	ALBERT	ALBERT	RUIT		GEESJEN	JACOBIJNERSTAR
1647 09 26	MK	JUVIEN	ALBERT/SERG.		GRUBE	GEESKE	N.BOTTRST
1641 11 17	MK	AELTIEN	ALBERT		NIJEBORCH	GESE	MUSKENGANCK
1644 11 24	MK	ALBERT	ALBERT/SERG.?		GRUBBE	GESE JANS	N.BOTTRSTR
1646 10 14	AK	MICHEEL	ALBERT	GEERTS		GRIETE	BRUGGE
1648 04 28	AK	BASTIAEN	ALBERT	GEERTS		GRIETE BASTIAENS	RODEBRUG
1641 06 16	AK	ALBERT	ALBERT		LANDT	GRIETIEN LANDT	MESMAKERSSTR
1643 07 19	AK	LAMBERT	ALBERT		LANDT	GRIETIEN MUNTING	MESSEMRSSTR
1646 03 13	AK	LOUWE	ALBERT		LANDT	GRIETIEN MUNTING	N BOTRSTR
1648 08 06	AK	ROELEF	ALBERT		LANDT	GRIETIEN MUNTING	N.BOTTRSTR
1642 09 18	MK	CHRISTOFFER	ALBERT	CHRISTOFFS		GRIETIEN CHRISTIAENS	PELSERSTR
1645 02 05	AK	ANNETIE	ALBERT	CHRISTOFS		GRIETIEN	PELSERSTR
1647 10 17	MK	CHRISTIAEN	ALBERT	CHRISTOFS.		GRIETIEN CHRISTIAENS	GELT:STR
1641 12 05	MK	JANTIEN	ALBERT	FRERIX		GRIETIEN	OLDE EBBPRT
1642 10 30	MK	JAN	ALBERT	GEERTS		GRIETIEN BASTIAENS	HEREPOORTE

Year Mo Da	Chr	Child's Given Name	Father/Child's Patronymic	Father's Patronymic	Father's Surname	Mother	Address
1648 08 23	AK	HILLECHIEN	ALBERT	JANS		GRIETIEN	MUSKENGANG
1648 10 07	MK	HILLETIEN	ALBERT	JANS		GRIETIEN	MUSKENGANG
1643 03 09	MK	ALBERTIEN	ALBERT (decd)	PIETERS		GRIETIEN ALBERTS	N.BOTTRSTR
1648 09 01	AK	VRERICK	ALBERT	VREEX		GRIETIEN	EBBSTR
1642 07 17	AK	AELTJEN	ALBERT	HERMENS		GRIETJEN	HOFFSTR
1647 08 22	MK	LUITIEN	ALBERT	STIENTJES		GRIETJEN	MEULENSTR
1646 12 29	AK	ALBERT	ALBERT	JANSEN		HARMTIEN LAMBERTS	HOFSTR
1644 05 19	MK	AARENT	ALBERT	JANSSEN		HARMTIEN	MUSKENGANG
1648 02 04	AK	JAN	ALBERT	JANS	BARKER	HILLETIE	STEENTILSTR
1648 11 26	AK	JUNKE?	ALBERT	JUNKERS		HINDRICKJEN	VISSCHRST
1648 12 20	AK	HINDRICK	ALBERT	HINDRIX		HINDRIKJEN	VISCHMERKT
1648 12 20	AK	ROELEF	ALBERT	HINDRIX		HINDRIKJEN	VISCHMERKT
1649 11 21	AK	TRIJNTIEN	ALBERT		LANT	IDA BRONGERSMA	BREEMKT
1642 04 17	AK	HARMEN	ALBERT	HANSSENS	RASWEVER	JACOBJEN HAMMINGHE	MUERE
1644 03 17	AK	WILLEM	ALBERT	JANS		JACOBJEN WILLEMS	OLDEDOELE
1646 02 20	MK	PIETER	ALBERT	JANS		JACOBJEN	MONNICKEHOLM
1648 05 04	AK	CATARIJNTIEN	ALBERT	JANS		JACOBJEN	MONNEKEHOLM
1644 11 17	MK	HINDRICK	ALBERT	ALBERTS		JANTIEN GEERTS	STEENTILSTR
1647 01 31	MK	EGBERT	ALBERT	ALBERTS		JANTIEN GEERTS	STEENTILSTR
1642 10 23	MK	ALBERT	ALBERT	ALBRECHTS		JANTIEN GEERTS	STEENTILSTR
1647 01 20	AK	MARRECHIEN	ALBERT	WILLEMS		JANTIEN CLAES	PLUIMERSGNAG
1644 03 07	AK	LIJSEBETH	ALBERT		ALTING	JEIJTIEN	SUIDERDIEPH.POORT
1646 05 17	MK	LAMMECHIEN	ALBERT	TIJESEN		LAMMECHIEN	GELTINGESTR
1644 04 21	MK	MARRECHIEN	ALBERT	TIJSSEN		LAMMECHIEN	GELTINGESTRATE
1649 09 21	AK	TIJES	ALBERT	TIJESZ		LAMMETIEN	GELTINGSTR
1643 02 10	AK	MARIJTIEN	ALBERT	TIJSSEN		LAMMETIEN GEERTS	GELTINGESTR
1647 03 28	MK	WEMELE	ALBERT		BUINING	LIJSABETH HAVICH	HELPEN
1649 04 04	AK	WEMELE	ALBERT		BUINING	LIJSABETH	HELPEN
1642 12 04	MK	HINDRICK	ALBERT	JANSSEN		LIJSABETH	N.KERCKHOFF
1648 03 10	MK	GEERTIEN	ALBERT	FREERX		LIJSEBETH PIETERS	VISSCHERPIJP
1648 08 06	MK	GEERTIEN	ALBERT	JANS		LUBBECHIEN	HEERSTR
1644 06 19	MK	JANTIEN	ALBERT	JANSSEN		LUBBECHIEN	NIEUWE-WECH
1644 03 21	AK	REMMERT	ALBERT	ALBERTS		LUCKE	KERELSWECH
1647 01 22	AK	HARMEN	ALBERT	ALBERTS		LUCKE	BENTHOLM
1643 03 10	NK	HARMTIEN	ALBERT	EGGENS		LUTGART	NIEUWEWECH
1646 08 23	AK	PETERTJEN	ALBERT	EGGENS		LUTGERT	N.WECH
1646 02 13	AK	GRIETJEN	ALBERT	LAMBERTS		LUTGERTIEN	BOTTERMERCT
1648 09 22	AK	PIETER	ALBERT	LAMBERTS		LUTGERTIEN	BOTTRDIEP
1642 07 17	MK	MARIA	ALBERT	LAMBERTS		LUTGERTJEN	BOTTERMERCT
1647 09 03	AK	REIJNER BONERS	ALBERT	FRENSZ		MARGR.BONERS	SCHOOLHOLM
1644 02 04	AK	ANNA	ALBERT	FREWSS?		MARGRIETA BONERS	A KERKE
1642 10 13	AK	ANNA	ALBERT	FRENS		MARGRIETE BONERS	A SCHOLE
1643 05 24	MK	TRIJNTIEN	ALBERT		BLENCKE	MARIA	BUTJENSTRATE
1646 04 13	MK	JOANNES	ALBERT		BLENCKE	MARIA JANS	S.WOLBOCHD?
1648 11 21	AK	DOSTERLING	ALBERT		ALTING	MARIA	STEENTILP
1644 01 03	AK	AELTIEN	ALBERT	ALBERTS		MARIA	SLEMENNERSTR
1646 04 30	AK	MARRECHIEN	ALBERT	ALBERTS		MARIA	SLEEMENNERSSTR
1649 02 25	MK	JACOMINE	ALBERT	HELMERS		MARIA	MERCKT
1642 04 03	MK	DERCK	ALBERT	JELMERS		MARIA LAURENS	JACOBINESTR
1646 02 02	MK	CATHARINA	ALBERT	JELMERS		MARIA	G.MAAGDENST
1641 09 21	AK	JANNEKEN	ALBERT	ALBERTS		MARIJE	SLEMENNERSTR
1646 07 05	MK	LUIDEN	ALBERT	EGBERTS		MARRECHIEN	NIJEKERKHOFF
1649 06 05	MK	JANTIEN	ALBERT	HARMENS		MARRECHIEN	BOTTRPRT
1641 06 08	MK	BEERTIEN	ALBERT	HERMENS		MARRECHIEN	SUIDERDP/HEERSTR
1643 11 05	AK	ELIAS	ALBERT	WOLTERS		MARRECHIEN	SCHOOLHOLM
1642 11 06	MK	AELTIEN	ALBERT	ARIES		MARRETIEN	DAMSTERDP
1643 05 26	MK	GEESKEN	ALBERT	ROELEFS		MARRETIEN ALBERTS	COSTERSGANG
1647 09 21	AK	JANTIEN	ALBERT/SOLD	JANSEN		METTE	PRINCENSTR
1642 04 26	AK	JAN	ALBERT	JANSEN		METTIEN	PRINCENSTR
1649 05 29	AK	ANDRIES	ALBERT	JANS		N.N.	SUIDERDP
1648 06 03	AK	GRIETIEN	ALBERT	BROIJLS		PIETERTIEN	CROMELBOG
1647 01 27	AK	BASTIAEN	ALBERT	BROILS		PIETERTIEN	N.MERKTSTR
1646 01 19	AK	JAN	ALBERT	JANS	BACKER	SIADDE	TORFTOORNSTR
1643 12 17	AK	JAN	ALBERT	JANSSEN	BACKES	SIADDE ELDERCAMP	CROMMEJADT
1647 02 18	AK	LIENERT	ALBERT	JANSSEN		SIADDE	CREMELLEBOGEN
1646 10 22	AK	CLAES	ALBERT	CLAESSEN		SWAENTIEN	PELSERSTR
1644 08 22	AK	GERRIT	ALBERT	CUITS		SWAENTIEN WILKENS	MARVENPIJPE
1647 01 22	AK	WILKE	ALBERT	KUIT		SWAENTIEN	SCHUTEMKSSTR
1649 12 26	AK	ELSJEN	ALBERT	KUITS		SWAENTIEN	SCHUTEMRSWAL
1649 02 04	AK	ELSIEN	ALBERT	KUITS?		SWAENTIEN	SCHUTEMAKERSTR
1645 12 10	AK	ANNA ELSABETHA	ALBERT	DIETERINUS		TRIJNTIEN RIJKENS	HEERSTR
1641 08 24	AK	TRIJNTIEN	ALBERT	CLAESSEN		TRIJNE JACOBS	N.JADTSTR
1646 07 20	AK	JACOB	ALBERT	CLAESSEN		TRIJNE	SCHUTENRS STR
1647 05 02	AK	GERTIEN	ALBERT	CLAESSEN		TRIJNE	SCHUITMRSSTR
1649 09 02	AK	PIETER	ALBERT	CLAESSEN		TRIJNE	SCHUTEMAKERSSTR
1647 04 11	AK	HINDRICK	ALBERT	GERRITS		TRIJNE	SUIDERDP
1642 10 02	AK	AELTIEN	ALBERT	HINDRIX		TRIJNE	VISSCHERSTR
1644 10 06	AK	HINDRICK	ALBERT	HINDRIX		TRIJNE DERKS	VISSCHERSTR
1648 09 12	AK	DERCK	ALBERT	HINDRIX		TRIJNE	HAVENSTR
1641 09 22	AK	MARGRETE	ALBERT		DILLINCK	TRIJNTIEN	MARTINIKERKHOFF
1641 08 11	AK	MARTINUS	ALBERT/SOLDAET		BLENCKE	TRIJNTIEN MARTINUS	MART.KERK
1643 03 08	MK	HARMEN	ALBERT		DILLING	TRIJNTIEN LAMBERTS	MLKERKHOF
1643 01 19	AK	LUCAS	ALBERT		DIETERINCK	TRIJNTIEN RIJKENS	SWANESTR
1644 11 15	AK	ANNECHIEN	ALBERT		LANTING	TRIJNTIEN	HERSTR
1645 07 13	AK	LAMBERT	ALBERT		DILLLING	TRIJNTIEN	HEERSTR
1647 10 26	AK	ABRAHAM	ALBERT		DILLING	TRIJNTIEN	HEERESTR
1641 12 17	AK	ANNETIEN	ALBERT	BERENTS		TRIJNTIEN LAMBERTS	KREUPELSTR
1643 03 22	AK	BERENT	ALBERT	BERENTS		TRIJNTIEN LAMBERTS	CREUPELSTR
1646 05 06	MK	LAMBERT	ALBERT	BERENTS		TRIJNTIEN LAMBERTS	CREUPELSTR
1643 05 28	AK	FENNETIEN	ALBERT	CLAESSEN		TRIJNTIEN	LEELJENSTR
1649 09 16	AK	GRIETJEN	ALBERT	GERRITS		TRIJNTIEN	SUIDERDP
1646 09 10	AK	SWAENTJEN	ALBERT	HINDRICKS		TRIJNTJEN ALBERTS	VISCHERSTR
1643 09 26	AK	ANNECHIEN	ALBERT	BERENTS		WIBBE	NIJESTADT
1642 02 13	AK	BERENT	ALBERT	BERENTS	WESTERHOLT	WIJPKE	3 MEULENS
1646 03 13	AK	JANTIEN	ALBERT	BERENTS		WIJPKE	N.STADT
1648 10 01	MK	WIBBECHIEN	ALBERT	BERENTS		WIPKE	N.VISMERT
1647 01 13	AK	GEERTRUIT	ALBERT	HARMENS		WOBBECHIEN	RAAMSTR
1646 02 10	AK	LAMMECHIEN	ALBERT	TIASSENS		WOBBECHIEN CRANS	BRUGGESATR
1642 01 09	AK	TIASSE	ALBERT/HOPMAN	TIASSENS		WOBBETIE CRANS	BRUGGSTR
1648 01 02	AK	ANNA	ALBERT	TIESSENS		WOBBETIE CRANS	BRUGGSTR
1642 10 20	AK	GEERTRUIT	ALBERT/SOLD.	HARMENS	und.Alberda	WOBBETIEN	RAAMSTR
1643 07 23	AK	WOBBECHIEN	ALBERT	TIASSENS		WOBBETIEN CRANSSEN	BRUGGESTR
1644 12 05	AK	GEERTRUIT	ALBERT	HARMENS		WOBKE	RAAMSTR
1642 11 27	AK	AEFJEN	ALBERTO	THOMA	PREDIGER?	AEFJEN GERRITS	HARDINGESTR
1642 10 07	AK	JACOB	ALBERTUS		WIARDA	BAUCK AITSMA	TURFTOORNSTR

Year Mo Da	Chr	Child's Given Name	Father/Child's Patronymic	Father's Patronymic	Father's Surname	Mother	Address
1645 08 03	MK	ANTHONIUS	ALBERTUS		LAMBERCH	CATHARINA CLEVE,V.	EBBSTR
1647 03 24	MK	MEENTIEN	ALBERTUS?		LAMBERCH	CATHARINA CLEVE,V	EBBINGESTR
1649 04 17	MK	OTTO	ALBETUS		LAMBORCH	CATARINA CLEVE,V	MKERCK
1648 01 20	AK	ROELEF	ALEF	ALLES		ANNE	OOSTERPRT
1646 01 12	MK	BERENT	ALEF	AARENTS	POUTIER	BEELTIE BERENTS	EBBPROORT
1649 11 23	AK	ROELEF	ALEF	HINDRIX		GREETJEN	BREDEMERKT
1644 07 28	MK	HINDRICK	ALEF	HINDRIX		GRIETIEN ROELEFS	BOTTERME--
1643 03 10	MK	JANTIEN	ALEF	ARENTS		JANTIEN HINDRIX	EBBINGEPOORTE
1646 05 07	AK	DOECHIEN	ALEN?	WESSELS		N.N.	DRAPOORTE
1647 08 15	MK	GRIETE	ALERT	JANS		ANNE JANS	COSTERSGANG
1641 01 27	AK	ANNA	ALEXANER		ABERNETHIE	CATHRIJNA	POELSTR
1647 12 21	AK	LUCAS	ALLART	JOOST	CLANT	MARIA HELENA CLANT	VISSCH
1640 08 12	AK	NICOLAUS	ALLART		BLOEMGAERT	SOPHIA BLOEMSAET	TORFTORN
1643 12 26	AK	PIETER	ALLE	WESSELS		IDE JANSEN	S:JACOBSGASTHUIJS
1641 11 12	AK	CORNELESJEN ALM.?	ALLERT	JANSEN		ANNE HINDRIX	RAAMSTR
1644 10 06	MK	HINDRICK	ALLERT	JANSSEN		ANNE	DAMSTERDIEP
1642 02 08	AK	ANNA	ALLERT	SICKENS		ANNETIE HILLENIJ	PELSERSTR
1644 01 23	AK	GEESJEN	ALLERT	SICKENS		ANNETIE HILLENIJ	PELSERSTR
1646 05 06	MK	GERRIT	ALLERT	SICKENS		ANNETIE HILLENIJ	PELSERSTR
1648 02 15	AK	JAN	ALLERT	JANS		ANNETIEN	MEULENSTR
1644 06 25	AK	JAN	ALLERT	JANS		CIJE JACOPS	SCHUITENDIEP
1648 10 22	MK	JACOB	ALLERT	ANNES		ELSIEN PIETERS	CARELSWECH
1648 07 20	AK	HINDRICKJEN	ALLERT	ENGELBERTS		ELSIEN	A KERKE
1645 06 05	AK	HARMEN	ALLERT	HARMENS		GRIETIEN REIJNTIES	BOTTRPOORTE
1646 05 10	AK	HARMEN	ALLERT	EEVERTS		GRIETJEN HOLPEEN	ROSENSTR
1642 10 30	AK	AELTIEN	ALLERT	GERRITS		HESTER THOEMAS	CRANEPOORTE
1648 03 28	AK	AELTIEN	ALLERT	GERRITS		HESTER	SLEMENNERSTR
1642 03 06	MK	JAN	ALLERT	JANSSEN		HILLICHIEN	COSTERSGANG
1645 02 09	MK	JOSINA MARIA	ALLERT		CLANT	MARIA CLANT	BOTTRSTR
1642 04 12	AK	JAN	ALLERT	BERENTS		MARRECHIEN JANSEN	SCHUTEMAKERSSTR
1647 06 13	AK	JAN	ALLERT		BLOEMSAEDT	SOPHIA	TORFTOORNSTR
1645 08 06	AK	PIETER	ALLERT	PIETERS		WEMELTIEN	SUIDERDP
1647 08 20	AK	GEERT	ALLERT	PIETERS		WEMELTIEN	PRINCENSTR
1641 08 01	AK	JAN	ALTE	WESSELS		IDE	SLEMENERSTR
1649 01 25	AK	JACOB	ALTE	WESSELS		IDE	SLEMENNERST
1644 09 20	AK	MARIA	AMELINCK		WINTHOFF	ANNA	NIJEKERKHOFF
1643 10 26	AK	GRIETIEN	ANDEL	HIJLICKENS		SWAENTIEN DUERTS	PRINCENSTR
1646 02 28	AK	EVERT	ANDEL	HIJLKENS		SWAENTIEN	RAAMSTR
1649 01 19	MK	IMMETIEN	ANDEL	HIJLKENS		SWAENTIEN	RAEMSTR
1640 12 27	AK?	REIJNT	ANDOLF/CAPT:		CLANT	--	SCHOOLHOLM
1643 07 26	AK	EIJLKE	ANDOLF		CLANT	MARGRIETE POLMANS	HEERSTR
1642 07 13	AK	EISCKO? CLANDT	ANDOLPH/CAP:		CLANT	MARGRETA	HEERSTR
1641 11 14	MK	ANDREAS	ANDREAS		CRIST?	CHRISTINA	OOSTERPRT
1647 01 19	AK	LAURENTS	ANDREAS		BREMEN,VAN	ELSKE	HEERENKAMERS
1646 03 18	AK	EBELTIEN	ANDREAS		WITMANUS	HARMKE BERENTS	POELESTR
1647 11 19	AK	EEBELTIE	ANDREAS		WIDEMANIJ?	HARMTIE BERENS	POELPOORT
1644 06 04	AK	MATTHIJAS	ANDREAS		VRIDACH	MARGRIETE	MEULENSTR
1645 11 04	MK	SICKE	ANDREAS	SIBENRUS		SWAENTIEN DAMMEN	N.WECH
1647 11 21	AK	SIJBE	ANDREAS	SIJBENIUS		SWAENTIEN TAMMES	HEERSTR
1641 07 25	MK	ANNEKE ANDRIES	ANDREES	JANSEN		AELTIEN HINDRIX	VERLATEN?
1648 01 11	AK	TIALLINUS	ANDREES	JACOBS		HINDRIKJEN	WONENDE?
1641 01 13	AK	EEBELTIE	ANDRIES		WEDEMEIJER	--	BOTTRDP
1645 01 07	AK	FLIPS	ANDRIES	--		AELTIEN EVERTS	JAT/MUER
1646 01 28	AK	MARIA	ANDRIES/SOLD.		VOS	AELTIEN	LEELJEN STR
1647 04 23	AK	PIETER	ANDRIES/SOLD.		SASCH?	AELTIEN	GELTINGESTAR
1644 01 14	MK	TRIJNTJEN	ANDRIES/SOLD.	FASGE?		AELTIEN PIETERS	SWANESTR
1642 12 13	AK	JAN	ANDRIES	JANSSEN		AELTIEN HINDRIKS	DRA
1642 11 06	AK	EVERTIEN	ANDRIES	SIJBRANTS		AELTIEN EVERTS	VISSCHERSTR
1649 12 21	AK	GRIETIEN	ANDRIES	SIJBRANTS		AELTIEN	SUIDERDP
1645 12 19	AK	ANDRIES	ANDRIES	N.		ANNA	DAMSTERDIEP/COOP
1641 09 26	AK	TRIJNTIE	ANDRIES (deod)		BACKENVELT	ANNE BACKENVELT	N.DIEP
1644 10 18	AK	MAGDALENE	ANDRIES		RECKEWECH	ANNE	JACOBIJNESTR
1647 10 15	AK	FOCKE	ANDRIES	ALBERTS		ANNE	KARPER?
1646 07 16	AK	ERCK	ANDRIES	ERCKSEN		ANNE	HARDRINGESTR
1646 11 04	AK	ANNE	ANDRIES	LUITJENS		ANNE ECHTE	PLUIMERSGANG
1643 08 03	MK	HANS	ANDRIES		LOUTTER	ANNECHIEN	PLUIMERSGANG
1643 07 14	MK	PIETER	ANDRIES	ALBERTS		ANNECHIEN HAIJENS	VISSCHERPIJP
1648 03 17	AK	METTJEN	ANDRIES	STEVENS		ANNECHIEN	N.EBBPOORTE
1641 10 03	MK	HAIJE	ANDRIES	ALBERTS		ANNETIEN HEIJENS	SCHUITNDP
1644 02 18	AK	ROSINA	ANDRIES	MENEKE		CATHARINA	--
1642 12 23	AK	HANS JOB	ANDRIES		CRUST?	CHRISTINA	SCHUITEMAKERSWAL
1645 02 11	AK	ANNE MARIE	ANDRIES		KURST	CHRISTINE	SCHUTE.WAL
1649 02 08	MK	ANDRIES	ANDRIES		ALBRECHT	CUNNE	JONKERENST
1646 10 10	AK	CHRISTINA MARGR.	ANDRIES	ALBERTS		CUNNE	3 MEULENS
1645 12 10	AK	JAN	ANDRIES		COUPE	EEFJEN	SCHUITENDIEP
1649 12 21	AK	GERRTI	ANDRIES			EEVERTIEN	POELLESTR
1644 12 07	MK	SUSANNA	ANDRIES	HAIJSEN		EIJKE HINDRIX	MONNEKEHOLM
1644 01 10	AK	HINDRICK	ANDRIES		BREMER,V.	ELSJEN	WIJFRINGHECAMERS
1642 09 16	MK	JAN	ANDRIES	HINDRICKS		ELSJEN JANS	POELESTR
1641 10 28	AK	JANTIEN	ANDRIES	HINDRIX		ELSJEN	WOERT
1644 10 06	AK	HINDRICK	ANDRIES	HINDRIX		ELSJEN JANSSEN	POELESTR
1646 11 27	AK	JAN	ANDRIES	HINDRIX		ELSJEN	PELSERSTR
1648 11 22	AK	HINDRICK	ANDRIES	HINDRIX		ELSKE	POELSTR
1646 01 18	MK	CATHRIJNE	ANDRIES		CROEGER	GEERTIEN	NIJEWECH
1647 05 02	AK	CATHARIJNA	ANDRIES		KROEGER	GEERTIEN MARZELIS	SCHOOLHOLM
1641 04 16	AK	LUMMETIEN	ANDRIES	CONRADI	BOECK-ROPER?	GEERTIEN	STOELDRST
1642 12 08	AK	PIETER	ANDRIES	KROEGER	MUSICANT	GEERTIEN MARELLES?	LAMHUINGESTR
1645 08 31	MK	JACOB	ANDRIES	JACOBS		GEERTRUIT	SCHUTENDP
1646 11 25	AK	EETJEN	ANDRIES	JACOBS		GEERTRUIT	SCHUITENDP
1648 11 12	MK	JACOB	ANDRIES	JACOBS		GEERTRUIT	JANSBRUGGE
1643 10 06	AK	HANS ANDRIES	ANDRIES		RETZEL	GRIETE	VREMDELINGEN
1645 07 30	AK	JACOB	ANDRIES	JACOBS		HINDRICKJEN	NIJEJADT
1646 09 20	AK	JACOB	ANDRIES	JACOBS		HINDRICKJEN TIALLINCKS	LELIENSTR
1648 04 27	AK	CLAES SMIT	ANDRIES	CLAESSEN		IKE JELIS	HEERPOORTE
1643 01 01	MK	ENGELTIEN	ANDRIES	EERNST		IMKE	HOOCKSTRATE
1645 05 07	AK	BERENT	ANDRIES	EERNSTES		IMKE	HOIJEBEEKSTR?
1649 07 24	AK	MARIA	ANDRIES	MICHEELS		JANTIEN	OOSTRPRT
1647 01 15	AK	ANNECHIEN	ANDRIES	MICHELS		JANTIEN DERX	BARRKMEULEN
1642 06 26	MK	HINDRICK	ANDRIES	ALBERTS		KUNNE	M.G.WIJSSCINGS?
1645 14 20	MK	HANS	ANDRIES		REFSET	MARGRIETE	MEULENSTR
1649 02 16	AK	JOANNES	ANDRIES	CONRADI		MARIA SCHANX	STOELDR
1643 01 15	MK	JURJEN	ANDRIES		SCHADE	MARIJE	PLUIMERSGANG
1649 01 10	AK	DERCKJEN	ANDRIES	EIJLERTS		NIESJEN	LAMHUINGESTR
1646 10 10	AK	GRIETIEN	ANDRIES		BRESER	STIJNTIEN	BLOEMSTR
1645 09 24	AK	LIJSEBETH	ANDRIES		VOCHT	SWAENTIEN	SWANESTR

Groningen Baptisms Alphabetized by FATHER/CHILD'S PATRONYMIC, 1640-1649

Year Mo Da	Chr	Child's Given Name	Father/Child's Patronymic	Father's Patronymic	Father's Surname	Mother	Address
1642 08 02	AK	GEESJEN	ANDRIES	BASTIAENS		SWAENTIEN	N.SWANESTR
1642 03 20	MK	BERTIOLI?	ANDRIES		HEIJLBRUN,VAN	TRIJNE	OOSTERPRT
1647 03 07	MK	APPOLLONIJE	ANDRIES		HEIJLBRON,V.	TRIJNE	MEULENSTR
1648 04 14	AK	APOLLONIE	ANDRIES		HEIJLBROU,V	TRIJNE	SUIDDIEP
1649 09 23	MK	ANNA CATHRINA	ANDRIES		HEILBROU,V	TRIJNTE	BOTTRPRT
1649 09 23	MK	SUSANNA	ANDRIES		HEILBROU,V	TRIJNTE	BOTTRPRT
1645 10 12	MK	PIETER	ANDRIES		HELBRON	TRIJNTIEN	MEULENSTR
1642 07 22	AK	SUSANNA	ANDRIES	HANSEN		TRIJNTJEN	PELSERSTR
1649 09 12	AK	ALBERT	ANDRIS	ALBERTS		ANNECHIEN	VISSCHPIJP
1643 04 26	MK	BERENT	ANDRIS		WIDEMEIJER	HARMTIEN	POELPOORTENBRUGGE
1646 09 14	MK	CATRINA	ANNCIJ?	WOLTDRIES?		TRIJNTIEN HEDRINANS?	HEERSTR
1645 01 20	AK	MARGRIETE	ANNE/SOLD.	WARS		GEESJEN	PRINCENSTR
1649 04 20	AK	BERENT	ANTHONI	WILLEMS		AELTIEN	PELSERSTR
1649 11 18	AK	ANTHONI	ANTHONI	KAUS		BAAWE JANS	JADTSTR
1646 10 16	AK	JERONIJMUS	ANTHONI	GERTIS		JANTIEN	BOTTERDIEP
1643 10 18	AK	MARIA	ANTHONI		CONTE,D'LE	TOEBE JANS	KATTENHAGHEN
1647 08 03	AK	REIJNER	ANTHONIJ	WILLEMS		AELTIE	PELSERSTR
1641 10 06	AK	HENRICUS	ANTHONIJ	WILLEMS		AELTIEN HINDRIX	GELTINGSTR
1649 02 25	MK	HINDRICK	ANTHONIJ		MULLER	ELSKE	BOTTRINGGANG
1642 06 27	AK	LIJSEBET	ANTHONIJ	GERRITS		JANTIEN	BOTTERDP
1644 10 13	MK	LIJSEBETH	ANTHONIJ	GERRITS		JANTIEN	BOTTERDIEP
1648 07 05	AK	GERRIT	ANTHONIJ	GERRITS		JANTIEN	BOTTRDIEP
1647 11 24	AK	JAN	ANTHONIJ	ZENIJE? N.		MARIA	PROVINCIAEL G.H.
1647 10 03	MK	MICHAEL	ANTHONIJ	"goltsmit"	GERMAN	TRIJNTIE MICH.	VISSCHERST
1642 06 31	AK	ANNEKE	ANTHONIJ		GERMAEN	TRIJNTIEN	VISSCHERSTR
1646 03 20	MK	DOROTHEA	ANTHONIS		MULLER	ELFJEN	RAAMSTR
1646 08 01	AK	WILLEM	ANTHONIUS	WILLEMS		AELTIEN	JACOBINERSTR
1642 01 28	AK	HELENA	ANTHONIUS	REGNERI		ANNEKE WIARDI	MARTINIKERKHOF
1649 03 11	MK	ANNA MARIA	ANTHONIUS	LODUWICH		DOROTHEA	BUELSGANG
1646 01 01	MK	ANNA ELSA?	ANTHONIUS	LODUWIJE		DOROTHEA	MEULENSTR
1643 10 22	MK	JERONIMUS	ANTHONIUS	GERRITS		JANTIEN JERONIMUS	BOTTERDIEP
1647 08 11	AK	ELISABETH	ANTHONIUS		DEUSINGIUS	SOPHIA OOSTERWIJLKS	BOTTRSTR
1646 01 03	AK	AELTIEN	ANTHONIUS		GEERMAN	TRIJNTIEN	VISSCHERSTR
1642 11 06	AK	WIJEKE	ANTONIUS/SOLD		LOMAN	RENSKE	SCHUTEMRSWAL
1648 02 17	AK	REMMERT	ANVIRK?	REMMERTS		GRIETIEN	BOTTR.
1641 01 15	AK	JANTIEN	ARENT		WOLF	--	SLEMENNERSTR
1641 01 15	AK	LAMMETIEN	ARENT		WOLF	--	SLENENNERSTR
1641 01 17	MK	CLAES	ARENT	CLAESSEN	GROENOUW	--	EBBSTR
1641 02 18	AK	JAN	ARENT	trompetter	ONEZ,VAN	ABELTIEN	EBBSTR
1643 12 13	AK	PIETERTIEN	ARENT	EGGENS		AELTIEN	CAP:HUININGA
1646 07 22	AK	HILLECHIEN	ARENT	HINDRIX		AELTIEN HARMENS	HEERSTR
1646 11 08	AK	HINDRICK	ARENT	HINDRIX		AELTIEN	HEERESTR
1649 04 04	AK	ROELEF	ARENT	HINDRIX		AELTIEN REIJNERS	HELPEN
1649 02 06	AK	WILLEMTIE	ARENT	LAURENTS		AELTIEN	CARELSWECH
1641 03 26	AK	HANS	ARENT	HANS		ALMENT	PRINCENSTR
1649 09 16	AK	JAN	ARENT	CLAESSEN		ANNA	PELSERSTR/DP
1642 02 10	AK	GEERT ARENTS	ARENT	GEERTS		ANNE	KIJK/JADT
1646 05 03	MK	JACOBUS	ARENT	SEBENS		ANNE	PLUIMERSGANG
1647 10 10	AK	BEERTJE	ARENT		ALTING	ANNEKE MEUSES	NIEUWESTADT
1647 09 06	AK	DANIEL	ARENT	EVERHEM?		ANNETIE EUSUM,V	VOLTINGSTR
1643 03 31	AK	TRIJNTIEN	ARENT	CEBENS		ANNETIEN JACOBS	PLUIMERSGANG
1641 07 28	AK	FENNE	ARENT	SIJBENS		ANNETIEN JACOBS	PLUIMERSGANG
1641 11 04	AK	JANTIEN	ARENT		ANTINGE?	AUCKE MENSENS	NIEUWESTADT
1644 02 04	AK	WILLEM	ARENT		ALTING	AUCKE MENSSENS	NIEUWESTADT
1645 10 21	AK	TRIJNTIEN	ARENT		ALTING	AUCKE MENSENS	NIJESTADT
1649 08 08	AK	BEERTIEN	ARENT		ALTING	AUCKE	NIJEWECH
1644 11 12	AK	MARIA	ARENT/RUITER		BLEIJDIJSSEL	DAEIJKE	RAAMSTR
1642 07 21	AK	MARIA	ARENT		BLEIJDIJSSEL	DAJE	RAAMSTR
1648 04 09	AK	HANS	ARENT		BLEIJDISSEL	DERK?	3 MEULEN
1642 03 24	MK	AELTIEN	ARENT	ALBERTS		DIEWER	BOTTERDP
1641 11 14	MK	ANNA	ARENT	JANSEN		DIGNA	GELTINGESTR
1642 12 25	MK	JAN	ARENT	JANSSEN	KISTEMAKER	DIGNA LUCAS	GELTINGESTR
1646 01 04	MK	GEESJEN	ARENT	JANSSEN		DIGNE?	GELTINGESTR
1648 10 06	AK	JANTIEN	ARENT	JANS		DINGEME?	GELTSTR
1646 09 01	AK	HANS	ARENT		LAIDIJSEL?	DOECKE	DRIST/3 MOLENS
1644 05 24	AK	JACOB	ARENT/SOLD.		KOIJT	ELISABETH	SCHUTDNDIEP
1645 09 28	MK	HINDRICK	ARENT	HINDRIX		FENNE JANS	HELPEN
1644 08 25	AK	MEIJNERT	ARENT	DERX		FICKJEN	TORFTOORNSTR
1642 08 23	AK	GEESJEN	ARENT	DERX		FOCKJEN	JONKERNSTR
1648 09 23	AK	POPKE	ARENT	GEERTS		GEERTIEN	POPKENSTR
1648 04 16	MK	HANS JURJEN	ARENT		WINKELMAN	GEERTRUIT	GANG
1641 07 02	MK	GRIETIEN	ARENT	GEERTS		GEERTRUIT	POPKENSTR
1644 02 28	AK	JAN	ARENT	GEERTS		GEERTRUIT JANSSEN	POPKEN STRATE
1647 10 22	AK	JAN	ARENT	ROELEFS		GEESE JANS	ROSENSTR
1644 08 20	AK	FENNECHIEN	ARENT	HENRICUS		GEESJEN	JADT
1648 11 22	AK	HINDRICK	ARENT	JANS		GEESJEN	CINGEL
1649 01 11	AK	WEMELTIEN	ARENT	ROELEFS		GEESJEN	ROSENST
1643 09 08	AK	MARGRIETE	ARENT/SOLD.	WERS		GEESJEN	PRINCENSTR
1648 01 23	MK	ARENT	ARENT/SOLD	WERTS		GEESKE	PRINCENSTR
1649 10 14	MK	MICHEL	ARENT	JULENS		GENNETIEN	PIELESTR
1647 10 08	MK	PAUL	ARENT/SOLD.	PAULS		GESE	SCHUTEMKRSWAL
1641 06 16	MK	HINDRICK	ARENT		HARSFELT	GRIETE	SCHUTEND/PIJP
1646 08 17	MI	ROELEF	ARENT		HASSELT	GRIETE ROELEFS	DAMSTERDP
1649 11 04	MK	GEERTRUIT	ARENT	HINDRIX		GRIETE	DAMSTERDP
1642 01 30	MK	ROELEFJEN	ARENT	LUITIENS		GRIETIE	OOSTERPRT
1645 11 09	AK	HARMEN	ARENT	JANSSEN		GRIETIEN	NIJESTADT
1649 02 25	MK	HARMEN	ARENT	JANSSEN		GRIETIEN ARENTS	HERESTR
1647 04 13	AK	GRIETJEN	ARENT	JANSSEN		GRIETJEN	NIJESTADT
1642 09 06	AK	ELSJEN	ARENT	ARENTS		HARMTIEN	JONCKERNSTR
1643 10 22	AK	ELSJEN	ARENT	ARENTS		HARMTIEN	JONKERENSTR
1647 07 17	AK	METJEN	ARENT	JANSSEN		HELENA JANS	NIEUWESTRAT
1641 05 06	AK	PIETER	ARENT		BRAKE,TER	HILLECHIEN JANS	HEERESWECH
1643 11 12	MK	BAAUCHIEN	ARENT		BRAKE,TER	HILLECHIEN	CARELSWECH
1647 03 26	MK	AELTIEN	ARENT		BRAEKE,TER	HILLECHIEN	CARELSWECH
1644 10 20	AK	HILLECHIEN	ARENT	JANSSEN		HILLENA	NIEUWESTRATIEN
1647 01 10	MK	TRIJNE	ARENT	JURJENS		HINDRCKJEN	OSTERSGANG?
1643 12 24	MK	ANNECHIEN	ARENT	JANSEN	VRESE,DE	HINDRICKJEN MINNES	BREEMERKT
1645 10 07	AK	JACOBUS	ARENT	JANSSEN	BONTWERKER	HINDRICKJEN	BOTTR.
1645 07 25	MK	JACOB	ARENT	JURJENS		HINDRICKJEN	COSTERSGANG
1642 06 26	MK	FENNETIEN	ARENT	JANSEN	VRIESE,DE	HINDRIKJEN	BREEMERKT
1649 06 29	AK	JAN	ARENT	KISTEMS?		JANKE	JONKERNSTR
1643 10 13	AK	SWAENTIEN	ARENT	ALBERTS		JANTIEN GEERTS	POPKENSTR
1645 09 12	AK	AELTIEN	ARENT	ALBERTS		JANTIEN GEERTS	POPKENSTR
1647 07 16	AK	ALBERT	ARENT	ALBERTS		JANTIEN GERTS	BUTJENSTR
1641 07 25	MK	BRECHTJEN	ARENT/SOLDAET	FRERIX		JANTIEN	PRINCENSTR

Year Mo Da	Chr	Child's Given Name	Father/Child's Patronymic	Father's Patronymic	Father's Surname	Mother	Address
1643 01 10	AK	JAN	ARENT	JANS		JANTIEN ARENTS	NIJESTADT
1646 04 19	AK	JAN	ARENT	JANS		JANTIEN FOCKENS	SCHUTEMRSST
1642 01 30	AK	MARRECHIEN	ARENT	JANSEN		JANTIEN	SUIDERDP
1644 01 14	AK	MARRETIEN	ARENT	JANSSEN		JANTIEN	SUIDERDIEP
1645 09 28	AK	MICHEL	ARENT	JANSSEN		JANTIEN	JONKERENSTR
1643 12 16	AK	CORNELIS	ARENT	VREERCKS		JANTIEN	PRINCENSTR
1643 06 30	AK	JAN	ARENT	HINDRICKS		JENNE?	HELPEN
1642 12 09	AK	ARENT	ARENT/SAL:	LUITIERS		LAMMETIEN GEWESENT?	DAMSTERDIEP
1647 02 14	MK	CORNELIS	ARENT	HINDRIX		LIJSABETH	SCHUITNDP
1649 12 01	AK	GEERT	ARENT	BERENTS		MARIA GEERTS	JONKERSTR
1647 12 30	AK	HARMEN	ARENT	JANS		MARIA	DAMSTERDP
1645 10 05	MK	MARGRIETA	ARENT	JANSEN		MARIA BERENTS	DAMSTERDIEP
1643 10 15	MK	BERENT	ARENT	JANSSEN		MARIA BERENTS	DEMSTERDIEP
1649 02 20	AK	AERENT?	ARENT	JANSSEN		MARIA	DAMSTERDP
1641 09 24	AK	JAN	ARENT	JANSEN		MARIE BERENTS	DAMSTERDP
1644 10 27	MK	JAN	ARENT	PIETERS		NIESJEN	OOSTERSTR
1646 10 10	AK	ARENT	ARENT	ARENTS		NN.	NIEUWESTADT
1648 08 16	AK	JANTIEN	ARENT	CASPERS		STIJNTIEN	SCHUTENDP
1646 08 15	AK	JAN	ARENT	CASPERS		STIJNTJEN	SCHUIJTENDP
1642 09 20	AK	HINDRICKJEN	ARENT	LUBBERTS		SWAENTIEN HINDRIX	HEERPRT
1645 12 28	MK	ARIAENTIEN	ARENT	LUBBERTS		SWAENTIEN	OOSTERPOORTE
1642 12 11	AK	GEERT	ARENT	GEERTS		TRIJNE	KIJCK/JATSTR
1641 04 04	MK	GEESJEN	ARENT	HERMENS		TRIJNTIEN	BOTTRDP
1641 10 22	AK	JANTIEN	ARENT	ROELEFS		WEMELE	ROSENSTR
1644 08 15	AK	JACOBJEN	ARENT	ROELEFS		WEMKE	ROSENSTR
1646 09 29	NK	EVA	ARIAEN		DONGER,VAN	ANNA	WOERT
1649 04 29	AK	JACOB	ARIAEN		DONGEN,VAN	ANNA ANDRIES	WOERT
1646 09 29	NK	JAN	ARIAEN	JERONIJUS		CLAESJEN	HOFFSTR
1647 10 06	MK	METJEN	ARNOLD		ZANDT	CATHARINA EPPEN	BOTATRINGSTR
1641 02 09	AK	MARGARETE	ARNOLDUS	WIGGERINUS	LATIJNSCHE MR	--	TORFTOORNST
1644 03 07	AK	JURJEN	ARNOLDUS	EGGEN		AELTIEN NIJKERCK	VOLTINGHOF
1643 04 06	AK	METTIEN	ARNOLDUS		ZANT	CATHARINA EPPEN	BOTTRINGESTR
1644 11 15	AK	METJEN	ARNOLDUS		LANDT	CATHARINA EPPEN	BOTTRSTR
1649 01 31	AK	EDZE	ARNOLDUS		ZANDT	CATHARINA EPPE	BOTTRINGST
1641 06 23	AK	JAN	ARNOLDUS		SANDT?	CATHARINE EPPENS	BOTTRINGESTR
1642 05 01	AK	EGBERTUS	ARNOLDUS		WIGGERINCH	GESE DERX	TORSTOORNSTR
1647 03 07	MK	GERHARDUS	ARNOLDUS		GOLTSMIT	HEIJLTIEN ROELEFS	N.EBBSTR
1649 04 03	AK	JOANNES	ASIAS	JANSEN		ELLETIEN JANSEN	SCHOOLHOLM
1642 07 24	AK	GEERTRUIJT	ASING	HERMENS		GRIETJEN	HERDRINGESTR
1645 02 20	AK	THOMAS	ASMUS		WIJSE	JANTIEN GEERTS	SCHUTEMWAL
1649 02 20	AK	GEERT	ASMUS		WIJSE	JANTIEN GEERTS	W.J.HUIJS.
1641 12 04	AK	THOMAS	ASMUS?	WIJSE		JANTIEN EERTS	EWSTIND.HUIJS
1644 10 27	AK	HARMEN	ASMUS?	HARMENS		GRIETJEN	HARDINGESTR
1647 10 20	AK	EVERT	ASNNES?	WILTS	RUITER	FENNE	N.EBBINGEPOORTE
1647 12 01	AK	AELTIE	ASSE	HERMENS	RUITER	MAGDALENA	GMAAGDENSTR
1641 01 15	AK	HARMEN ASSES	ASSE	HERMENS		MAGDELEEN JANS	GEESTLMA.STR
1644 10 23	AK	MAGDALENA	ASSE	HARMENS		MAGDELENE	GEESTL.MAAGDENSTR
1641 04 13	AK	JACOB	AUDLE	HIJLKENS	PASSEMENTUR?	SWAENTIEN DUERTS	PRINCENSTR
1646 11 22	MK	DERCK	AUGUSTUS	AUGUSTI		GEERTRUIT	PLUIMERSGANG
1647 06 02	AK	HINDRIK	AUKE	MARTENS		TRIJNE? PIETERS	LELJENSTR
1646 02 19	MK	AELTIEN	B./SECR.	F.	EECK	AELTIEN ASSERHUIS	MART.KERKHOF
1649 02 08	AK	JAN	BAERLT		FUUST	TRIJNTIEN JACOBS	BRUGSTR
1645 07 30	AK	GRIETE	BAIJE	REIJMERTS		ANNA	ROSENSTR
1643 07 25	AK	GRIETE	BAIJE	REIJNERS		ANNA	ROSENSTR
1649 10 18	AK	HANS	BAIJE	REIJNERS		ANNE	ROSENSTR
1642 03 13	MK	GRIETE	BAIJE	REIJNERTS		AUCKE	ROSENSTR
1649 03 10	MK	MARGRIETIEN	BAIJKE	CLAESSEN		ANNECHIEN	BOTTRDIEP
1643 09 06	AK	ENNIUS	BALTEKER		BIJMA	ROLIJNA GRUIS	HEERSTR
1642 08 04	AK	ROELEF	BALTSAR		RAVENSTEIJN	AELTIEN	ROSENSTR
1649 12 22	AK	WILLEM	BALTSAR		RASENSTEIJN	AELTIEN	BOTTRPRT
1646 03 29	AK	EGBERT	BALTSAR	IVERTS		GEERTRUIT EGBERT	DRA POORTE
1645 12 28	MK	JAN	BALTSAR	COERTS		JANTIEN HINDRIX	NIJEWECH
1648 06 09	AK	MATHIJS	BALTSER		MULLER	CATRIJNE	OOSTBREEGANG
1643 12 20	AK	EGBERT	BALTSER	EEVERTS		GEERTRUIT EGBERTS	A POORTE
1643 08 09	AK	JAN	BALTSER	REIJNERTS		HILLE	BREEGANG/SCHU
1645 10 09	AK	JURJEN	BALTZAR		RABENSTIJS	AELTIEN	N.JADT STRATE
1647 12 09	AK	MARRECHIEN	BALTZAR		WICHMAN	GEERTIEN	RAAMSTR
1647 11 28	MK	HINDRICK	BALTZAR		KAURT	JANTIEN	N.POELSTR
1644 09 26	AK	HILLENA	BALTZAR		BIJMAN?	ROELIJNA GRUIS	HEERSTR
1649 11 28	AK	EVERT	BALTZER	EEVERTS		SOPHIE JANS	A PRT
1644 09 15	MK	ENGELE	BANNES	THOMAS		AAGHTE	PRINCENSTR
1641 12 10	AK	HARMEN BARELTS	BARELT	JANS		CLAESJEN	BREEGANG/SCHUT
1647 02 16	AK	MARIE	BARELT	JANS		ELSJEN SICKENS	OOSTSTR
1642 05 08	AK	ANNECHIEN	BARELT		VUIST	TRIJNTIEN JACOBS	BRUGGESTR
1642 09 25	AK	REIJNER	BARENT	RENDERTS		JANNEKEN BARENTS	HAVENSTR
1646 11 12	MK	ANNE	BARETHELT	HINDRIX		EMKE	BOTTERDIEP
1648 08 08	AK	WILLEM	BARLELT	JANS		ELSJEN	OOSTERPOORT
1641 12 27	AK	GRIETIEN	BARTELS	--		GEELTIEN	EBBINGESTR
1641 01 20	AK	JANNETIE	BARTELT	BERENTS		--	BREEGANG/SCHUTND
1649 11 20	AK	CLAES	BARTELT	WILLEMS		ANNA	N.BOTATRSTR
1647 03 05	AK	AELTIEN	BARTELT	BERENTS		ELSJEN	BREDEGANG
1649 12 19	AK	HENDRICK	BARTELT	BERENTS		ELSJEN	BREEGANG/SCHUT
1641 03 05	MK	BOUWE	BARTELT		WICHRINGE	EVERTIEN HILLEBRANTS	HEERSTR
1642 07 15	AK	WEMELTJEN	BARTELT	KARSTS		FENNE	POELSTR
1647 09 26	MK	STIJNTIEN	BARTELT	KARST		FENNETIEN	POELESTR
1648 10 08	MK	STIJNTIEN	BARTELT	KERSTENS		FENNETIEN	POELESTR
1642 05 25	MK	HARMEN	BARTELT		WALLIM	GRIETIE HARMENS	HOPMANSGANG
1641 03 28	MK	ANNEKE	BARTELT	MEWES		GRIETIE	
1646 09 15	AK	BARTELT	BARTELT (decd)	ELMAS		GRIETJEN BARTELTS	HOFFSTR
1642 07 12	AK	MENEKE	BARTELT	CLAESEN		HILLE	RAAMSTR
1641 01 06	AK	GRIETIEN	BARTELT	HERMENS		HILLETIEN CLAES	OOSTRPR
1649 02 18	MK	HENDRICK	BARTELT	HENDRIX		IMMETIEN	BOTTRDIEP
1644 06 07	AK	DERCK	BARTELT	JANSSEN		JANTIEN	OOSTERPOORTE
1647 08 06	AK	GEBBECHIEN	BARTELT	JOANNIS		JANTIEN DERX	OOSTERPOORTE
1641 07 04	AK	MARGRIETE	BARTELT		JONCKBLOET	TRIJNE	SCHUTEMKR
1647 09 29	AK	MARRCHJEN	BARTHELMENS	GEERTS		GEBBECHIEN	SUDIERDP
1643 11 02	AK	JAN	BARTHELMEUS		BECHERER	AEFJEN	JAT/BOEKBINDER
1645 09 28	MK	GEERT	BARTHELMEUS	GEERTS		GEBBECHIEN GERRITS	MUERE
1644 02 02	AK	JOHAN	BARTHELMEUS	WELMS?		GRIETE	SCHUITENDIEP
1641 10 06	AK	JANTIEN	BARTHELT	BERENTS		AAVE	MUER/O.DOELE
1647 12 26	AK	WILLEMTIE	BARTHELT	JACOBS		AELTIE WILLEMS	SLEMSTR
1645 03 23	AK	JACOB	BARTHELT	JACOBS		AELTIEN WILLEMS	SLEMENDERS ST
1641 10 10	MK	BARTHELT	BARTHELT (decd)	HARKENS		ALBERTIEN LAMBERTS	BUTJENSTR
1645 01 12	MK	HINDRICKJEN	BARTHELT	EGBERTS		ANNA JANS	JUDEPRINCENSTR
1644 03 01	AK	BERENT	BARTHELT	BERENS		AVERES	S:JACOBSGASTHUIJS

Year Mo Da	Chr	Child's Given Name	Father/Child's Patronymic	Father's Patronymic	Father's Surname	Mother	Address
1643 08 20	MK	HILLECHIEN	BARTHELT	JANSSEN		EIJEN	POELESTR
1644 05 21	AK	JOANNES	BARTHELT	CARSTS		FENNE	POELESTR
1644 03 09	AK	JAN	BARTHELT	CLAESSEN		GEBBECHIEN	A POORTEN
1647 06 10	AK	ANNECHIEN	BARTHELT	GERRITS		GERRTIEN ONNES	HELPEN
1645 12 05	AK	AELTIEN	BARTHELT	WALLEMS		GRIETE	SCHUITENDIEP
1642 12 18	AK	GEERTRUIT	BARTHELT/SOLD.		ELEMAN	GRIETIEN	A POORTE
1643 12 09	MK	TEEPE	BARTHELT	CLAESSEN		HILLE	RAAMSTR
1646 03 15	AK	KLASE	BARTHELT	CLAESSEN		HILLE TEPENS	RAAMSTR
1647 08 26	AK	MENKE	BARTHELT	CLAESSEN		HILLE TEEPENS	RAAMSTR
1648 05 11	MK	JAN	BARTHELT	JANS		JEIJKE	POELSTR
1642 09 29	AK	HANS JURJEN	BARTHELT		DANCK?	MARIA	SLEMENNERSTAR
1643 10 13	AK	MARRECHIEN	BARTHOLMEN?	GEERTS		GEBBETIEN	BOTTRSTR
1649 10 07	AK	MARIE	BARTHOLMES		BECHERER	AELTIEN	ACADEMIE
1644 09 27	AK	JOHAN DANIEL	BARTHOLMEUIJ		VELTKLINGEN	APPOLLONIA	SHCUITENDIEP
1641 08 27	AK	WILLEMTIEN	BARTHOLMEUS	"boeckbndr"	BECKERER	AELTIEN BERENTS	JADT
1648 04 02	MK	PHILIPPINE	BARTHOLMEUS		VELTKLINGE	APOLLONIA	--DIEP
1644 01 17	AK	CLAERTIEN	BARTHOLMEUS		CONSTANCE	HINDRICKJEN BROUWES	VISCHMERKT
1648 10 06	AK	MARGRIETJEN	BARTHOLMUES		CONSTANE?	HINDRICKIEN BRUENS	VISMER
1646 02 17	MK	ELSJEN	BARTHOLOMEUS	BERBERER	BEDEL	AELTIEN	ACADEMIE
1642 12 18	MK	CHRISTINA	BARTHOLOMEUS		VELDTKLUIGEN	APOLLONIA	COLLEGIE
1645 12 19	AK	JACOBINA	BARTHOLOMEUS		VELTKLUIGER,V	APOLONIA	N.DIEP
1645 11 26	AK	BONAVENTURE	BARTHOLOMEUS		CONSTANCE	HINDRICKJEN BRUNNES	TUFFCH--?
1642 03 27	AK	TONNIS	BARTHOLT	TONNIS		AELTIEN	SLEMENNERSTR
1645 07 20	AK	BERENT	BARTHOLT	BERENTS		AVE JURJENS	DOELE
1644 10 18	AK	ANNECHJEN	BARTHOLT	JANS	SADELMAKER	EIJTJEN	POELESTR
1649 08 05	AK	GEERTRUIT	BARTHOLT		WICHRINGE	EVERTIEN HELLES	MSTR?
1644 10 03	AK	HILLECHIEN	BARTHOLT	GERRTIS		GEERTIEN	HELPEN
1644 09 29	AK	HANS	BARTHOLT		EELMAN	GRIETJEN	HOFSTRAT
1641 07 04	MK	JAN	BARTHOLT	JANSEN	VOERMAN	JANTIEN	RAAMERCKT
1643 04 18	AK	OEDE SOPHIE	BARTHOLT/H.LT		WICHRINGE	O.SOPHIA CLANT?	BOTP
1647 06 12	MK	GEERTRUITJE	BARTHOMEUS		CONSTANT	HINDRICKJEN BROUWES	VISMERKT
1645 02 23	MK	LUIRT	BARTOLT		WICHRINGE	EVERTIE HILLES	BOTTR.STR
1646 07 22	AK	AGNEETJEN	BARTOLT	JANSEN		GEBBETJEN DERCKS	CRANEPOORT
1647 02 17	AK	ELLECHJEN	BARTOLT	JANSSEN	/SADELM.?	JITJEN	POELESTR
1641 04 11	MK	AELTIEN	BASTIAEN	EEMES		AELTIEN WOLTERS	BUTTJENSTR
1644 03 14	AK	LIESKE	BASTIAEN	LUITJENS		ANNA	WESTINDISCHHUIJS
1645 08 01	AK	ANNA CAT. BARB.	BASTIAEN		SCHAMPER	ELISABETH	MEULENSTR
1642 09 23	AK	VALENTIJN	BASTIAEN		SCHEMPER	ELSE	MOESKERSGANG
1643 06 02	AK	JOANNES	BASTIAEN	ENGELBERTS		FIJETIEN	STEENTILSTR
1646 07 30	AK	EGBERT	BASTIAEN	EGBERTS		GRIETE	SCHUIJTENDP
1644 10 20	AK	MARGRIETE	BASTIAEN		OSENDORCK	IDECHJEN TONNIS	N.JADTSTR
1646 10 15	AK	TONNIS	BASTIAEN		OSSENDORP	ISECHIEN?	N.JADT
1649 03 18	AK	TRIJNTIEN	BASTIAEN		OSKENDONCK?	JEIJTIEN	N.JATSTR
1642 05 20	AK	JANTIEN	BASTIAEN	GOSSENS		MARGRETE BURGMANS	A
1642 09 11	MK	BASTIAEN	BASTIAEN		OSSENDORP	TONNIS	N.KERKSTR
1643 07 20	AK	HINDRICK	BATSASAR		KANT	JANNEHIEN	NIJEWECHE
1648 05 09	AK	ASSELE	BAUCKE	REIJNTS		ANNE	FENEBOCK
1644 09 17	AK	GEERTRUIT	BAUCKE	SIJGERS		JANTIEN ALBERTS	PAPENPOORTE
1645 02 09	MK	LIEFKE	BECIN?	TIJSSENS		HEIJLE	KOLDEGAT
1647 08 29	AK	GRIETIEN	BEEME	JANSSEN		ELSJEN TONNIS	HARDINGESTR
1643 04 18	AK	ROELEF	BEERENT	BERENTS		FENNE	OOSTERSTR/MUER
1643 08 23	AK	GEBBE	BEERENT	HARMENS		HINDRICKJEN	KREUPELSTR
1643 12 10	AK	KUNNE	BEERENT	ELBERTS		WIJEKE	A POORTE
1645 12 07	AK	ANDRIES	BEERNT	WILLEMS		GRIETE ANDRIES	LEELJENSTR
1641 08 31	AK	ANNECHIEN	BERDERUS		CRIJN	GRIETIE MUNTINGS	BOTTRINGESTR
1641 04 08	AK	ROELEFJEN	BERENT	HINDRIX		AEKE HUMMENS	MUER/JADT
1646 03 22	MK	SALOMON	BERENT	JANS		AELTIEN JANS	G.MAEGDENSTR
1643 04 21	AK	JACOB	BERENT	JANSSEN		AELTIEN JANS	GEESTL.MAAGDESTR
1647 02 23	AK	LUBBETIEN	BERENT		BOURMANDOU	AGNETE FLUGGE	GULDENSTR
1644 12 18	AK	BERENT	BERENT	LAMMERTS		ANNA	ANTHONIJGASTHUIJS
1646 08 21	AK	MARGRETA	BERENT	ROELFFS		ANNA BERENTS	GEESTENMAECHDENCL
1647 11 28	MK	PIETER	BERENT	WILLEMS		ANNA	COSTERSGANG
1645 14 20	AK	SALOMON	BERENT		MEIJER	ANNE	SCHUTEMAKERSWAL
1648 08 01	AK	HILLE	BERENT	JANSSEN		ANNE WESTERIJS	A/CRANEPOORTE
1645 04 09	MK	WILLEM	BERENT	WILLEMS	SUICKVANER	ANNE	VISSCHERPJP
1643 03 24	AK	ROELEF	BERENT	ROELEFS		ANNECHIEN	WEESHUIJSKLOOSTER
1645 01 22	MK	ANNECHIEN	BERENT	ROELEFS		ANNECHIEN	WURSH CLOOSTER
1646 11 01	AK	BERENT	BERENT	BERENTS		ANNEKE	3 M3UL3NS
1641 09 09	AK	BALTZER	BERENT	BALSERS		ANNETIEN	VISSCHERSSTR
1641 09 26	AK	TRIJNTIEN	BERENT	HARMENS		ANNETIEN GEERTS	VISSCHERSTR
1646 12 20	AK	ANNEKE	BERENT		WEIJNELT?	BARBER	HAVENSTR
1644 04 21	MK	CORNELIS	BERENT	JACOBS		BEEKE RADIJS	BREDEMERCKT
1644 10 20	MK	TRIJNTIEN	BERENT	LUBBERTS		BETTIE	SCHUTENDIEP
1648 06 26	MK	LUBBERT	BERENT	LUBBERTS		BETTIEN	EBBNSTR
1646 09 01	AK	AELTJEN	BERENT	LUBBERTS		BETTJEN JANS	PELSERSTR
1644 08 06	AK	DERCKJEN	BERENT	EVERTS		CORNELISJEN	3 MEULLENS
1647 10 03	MK	CLAES	BERENT	EVERTS		CORNELISJEN	3 MEULENS
1647 04 06	AK	HINDRICK	BERENT	CLAESSEN		CUNNE	KIJK/JADT
1646 03 03	AK	HINDRICK BERENTS	BERENT	CLAESSEN		CUNNETIEN	JADT
1647 10 12	AK	JACOB	BERENT	ANNES		DAUFKEN? JACOBS	CRAENE
1641 06 06	AK	ANNECHIEN	BERENT	JANS		DERCKJEN WOLDRING	EBBINGEPRT
1643 10 01	MK	JANTIEN	BERENT	JANSSEN		DERCKJEN	O.EBBINGEPOORTE
1647 01 08	AK	PIETER	BERENT	WESSELS		DERKJEN SMEEKS	BUTJENSTR
1649 06 01	AK	SUSANNA	BERENT	WESSELS		DERKJEN	BUTJENSTR
1645 10 07	AK	DERCK	BERENT	GEERTS		DOETJEN	MUERE
1641 10 14	MK	GEERTRUIT	BERENT	ANNENS	SCHIPPER	DUIF JACOBS	TIMMERWERF
1644 09 01	AK	SIJTSKE	BERENT	ANNES		DUIFKE JACOBS	CRANE
1643 12 06	AK	HINDRICK	BERENT	HINDRIX		EMPKE	NIJESTRATE
1646 09 03	AK	GEESKE	BERENT	BERENTS		FEENICHJEN	CARELSWECH
1647 06 07	AK	AARENTIEN	BERENT	ALBERTS		FELLETIE	CRANE
1645 03 11	AK	GEERT	BERENT	BERENTS		FENNA	N.VISCHMERKT
1641 09 28	AK	BERENT	BERENT	BERENTS		FENNE	BUNTHEM
1645 10 03	AK	EIJLERT	BERENT	JANS		FENNECHIEN	BUTIJENSTR?
1648 04 11	AK	MARIA	BERENT	BERENTS		FENNETIE	CARELSWECH
1641 06 19	AK	GEESIEN	BERENT	HARMENS	BACKER	FENNETIEN	HARDINGESTR
1648 02 16	AK	STIJNTIEN	BERENT	JANS		FENNETIEN	BUTIENSTR
1648 11 25	MK	JAN	BERENT	JANSEN		FENNETIEN	BUTJENSTR
1648 04 27	AK	NANNE	BERENT	JANSZ	DALEN,V	FROUKE	COSTERSGANG
1641 08 29	MK	BERENTUS	BERENT (deed)	GEERTS		GEBBECHIEN BERENTS	BROERESTR
1645 12 23	AK	HINRICUS	BERENT		MULDER	GEERTRUIT DRAPER	POELESTR
1649 06 09	AK	DERCKJEN	BERENT		MULLER	GEERTRUIT DRAPERS	POELSTR
1642 11 25	AK	EVERT	BERENT	MENSING		GEERTRUIT EVERARDI	STEENTILSTR
1643 01 10	AK	GEERT	BERENT	BERENTS		GEESJEN	PRINCENSTR
1644 01 23	AK	GEERT	BERENT	BERENTS		GEESJEN	PRINCENSTR
1644 08 06	AK	BERENT	BERENT	EVERTS		GEESJEN	MIEUWEBRUG

Year Mo Da	Chr	Child's Given Name	Father/Child's Patronymic	Father's Patronymic	Father's Surname	Mother	Address
1649 12 27	AK	ANNETIE	BERENT	GEERTS		TRIJNTIE	STEENTIL;.BRUGGE
1642 05 06	AK	EGBERT	BERENT	EGBERTS	HARBERGIER	TRIJNTIEN	HEERPRT
1641 12 24	AK	WILLEMTIEN	BERENT	LOUWRENTS		TRIJNTIEN	MERCKTSTR
1642 08 23	AK	KONNETIEN	BERENT	EIJLERTS		WIJKE	A POORTE
1643 04 04	AK	GEERT	BERENTS	GEERTS		DOETJEN	S.JACOBSGASTHUIJS
1644 01 16	AK	BARBER	BERNARD		WIJNARDT	BARBER	HAVENSTR
1648 01 06	AK	GEERTRUIT	BERNART		MULLER	GEERTRUIT DRAPER	POELSTR
1643 11 26	MK	GRIETJEN	BERNHART		MULLER	GEERTRUIT DRAPERS	POELSTR
1642 04 10	MK	BERNIER	BERNIER	N	BURS-M[ake]R	JANTIEN	ACADEMIE
1644 01 26	AK	PIETER	BERTHOLT	BERENTS		ALFKE BERENTS	SCHUTEND.
1641 10 31	AK	GRIETIEN	BOCHART	HARMENS		GEESJEN JURJENS	N.STRAETJEN
1647 10 15	AK	JAN	BOCKE	JANS		GRIETE	PLUIMERSGANCK
1644 06 11	AK	THOMAS	BOELE	BEENES		AELTIE	BRUGGESTR
1646 11 27	AK	TIADUWE	BOELE	HANSSEN		EESJEN	N.POELSTR
1644 11 12	AK	GEERT	BOELE	GEERTS		GEESJEN	PAPENPOORTJE
1643 01 22	AK	GEERT	BOELE	GEERTS		GEESKE	3 MEULENDRIST
1646 11 26	AK	GEESJEN	BOELE	PIETERS	SCHENUR?	JANTIEN	OOSTERSTR
1649 07 31	AK	ROELEFIEN	BOELE	BEMENS?		LUBBERCHIEN	BRUGGEST
1646 12 25	AK	JOANNES	BOELE	BEENES		LUBBETIE	BRUGGESTR
1642 05 08	AK	AELTIEN	BOELE	BEENES		LUBBETIEN BOELENS	BRUGGESTR
1648 01 06	AK	EGBERT	BOELE	EGBERTS		MARECHIEN HIDDENS	JANSBRG
1642 03 30	AK	EGBERT	BOELE		BLEIJCKER	MARRECHIEN	S:JANS BRUGGE
1641 03 19	MK	DIEWERTIEN	BOELE	EGBERTS	BLEIJKER	MARRECHIEN	SCHUITNDP
1643 06 28	AK	GRIETIEN	BOELE	EGBERTS		MARRECHIEN	S:JANSBRUGG
1644 09 20	MK	DIEWER	BOELE	EGBERTS	BLEIJKER	MARRECHJEN	JOAIS.BRUGGE
1646 08 02	MK	METTJEN	BOELE	EGBERTS	BLIEKER	MARTJEN	S.JANSBRUGGE
1648 07 07	AK	SIADDE	BOELE	HACKENS		SOPHIA JANS	SUIDERDP
1649 08 05	AK	SIADDE	BOELE	HARMENS		SOPHIE	SUIDERDP
1645 04 02	AK	JEIJE	BOELE	JANS		WILLEMTIEN	SCHUITENDP
1647 12 29	AK	ELSIEN	BOELE	JANS		WILLEMTIEN	SCHUTNDP
1641 09 03	AK	WARNER	BOELE	JANSEN		WILLEMTIEN	SCHUTNDP
1648 05 24	AK	MARIA	BOIJEN	ROELEFS		AELTIEN	SCHUITNDP
1642 06 03	AK	CLAERTIEN	BOLDERWIJN	MARSELLIS		GRIETIEN	SLEEMERSST
1641 09 26	AK	AUSKE	BONNE	FUWERS	TIMMERMAN	DEEUKE JANS	HAVENSTR
1647 03 30	AK	JURJEN	BORCHART	HARMENS		GEESJEN	SWANESTR
1648 04 16	MK	MARIA	BORCHERT	ZEGEL	RUITER	ANNA	N.EBBPOORT
1643 10 25	AK	ANNE	BORCHERT	HARMENS		GEESJEN JURJENS	SWANESTR
1648 05 19	AK	LIJSEBETH	BORCHERT	HARMENS		GEESJEN	SWANESTR
1644 01 14	MK	GEERTIEN	BORCHERT	JAN		GRIETE JANSSEN	PRINCENSTR
1644 10 11	AK	HINDRICKJEN	BORRIS		OUCRUIT?	GRIETIEN	PRINCENSTR
1647 11 04	AK	HEIJLKE	BORRIS		ONRUIT?	GRIETJEN	PRINCENSTR
1646 08 25	AK	ALBERT	BOUCKE	SIJGERS		JANTJEN ALBERTS	PAPENPOORTJEN
1644 04 00	AK	ARENT	BOUDEWIJN	MARCELLIS		GRIETIEN	SLEMENNERSTR
1641 11 28	AK	FREERCK	BOUWE	HANSEN		AELTIEN	STOELDREIJERSTR
1648 12 19	AK	GEESJEN	BOUWE	JACOBS		GRIETE	JADT
1646 09 24	AK	TIDDE	BOUWE	JACOBS		GRIETJEN HARMENS	JADT
1641 09 07	AK	ANNE	BOUWE	SIJGERS		JANTIEN ALBERTS	SUIDERDP
1643 06 23	AK	GEESJEN	BOUWE	JACOBS		MARGRIETE HARMENS	VISSCHERSTR
1644 11 10	AK	JACOB	BOUWE	JACOBS		MARGRIETE HARMESN	VISSCHERSTR
1646 02 26	AK	MARIA	BRIJN	LUBBERTS		MARRECHIEN BRIJNS	VISSCHERSTR
1642 08 27	AK	HINDRICK	BRODERUS	CRIJN		GRIETIE MUNTINGS	BOTTRSTR
1641 12 27	AK	WILLEM AMSING	BROER		AMSING	GEERTRUIT	POELESTR
1646 08 28	AK	ANNA	BRON		TRAMPETTER	JANTJEN	BLEOMSTR
1642 04 12	AK	TEEPEN	BRONNE	TEEPENS		HILLETIEN RIEMMERS	GROTEKOLDGAT
1641 11 03	AK	BERENT	BRONNE		TROMPETTER	JANTIEN	BLEOMKERSTR
1648 11 28	AK	GEERTRUIT	BRONNE		TROMPETER	JANTIEN	BLOEMKERSTR
1648 07 26	AK	GEERTIEN	BRONNE	LUITJENS	TROMPETTER	JANTIEN BERENTS	BLOEMSTR
1641 10 05	AK	HILLETIEN	BRUIJN	JANSEN		ANNETIEN	A
1646 07 19	AK	JACOB	BRUIJN	HANSEN		MAIJCKE	SCHOLHOLM
1649 06 22	AK	JACOBUS	BRUIN	JANS		ASSELE	DAMSTRDP
1649 08 19	AK	GRIETIEN	BRUIN		BROMMER	ELSJEN	ROSENSTR
1648 11 12	AK	SWAENTIEN	BRUIN	ROELERS		FENNE	RAAMSTR
1644 01 04	AK	TRIJNE	BRUIN	ARENTS		GRIETE ANDRIES	JADT
1644 01 26	AK	GEESJEN	BRUIN	JANSSEN		GRIETIEN	SLEMENNERSTR
1642 06 30	AK	LUBBERT	BRUIN	LUBBERTS		MAIJE TAMMENS	VISSCHERSTR
1643 08 00	AK	LUBBERT	BRUIN	LUBBERTS		MAIJE TAMMENS	VISSCHSTR
1647 08 25	AK	SWAENTIEN	BRUIN	JANSSEN		MARRECHIEN	BEULSTOORN
1643 06 04	AK	LUITIEN	BRUIN	JANSSEN		WEMELE	NIEUWERSTADT
1641 03 00	AK	ANNA MARIA	BRUNE	JANSEN		MAIJE DERX	HUIBERTIEN
1646 12 30	AK	METTIEN	BRUNNE	ROEBERTS		FENNE	COSTERSGANG
1645 06 04	AK	JACOB	BRUNNE	JANS		MAIJE	PAPENPOORTIE
1642 10 23	AK	JACOB	BRUNNE	JANSEN		MARIE	SCHOOLHOLM
1642 10 23	AK	SUSANNA	BRUNNE	JANSEN		MARIE	SCHOOLHOLM
1646 10 15	AK	GRIETJEN	BRUNNE?	ROELEFS		JANTIEN	VISSCHERPIJP
1649 03 18	MK	GEESJEN	BRUUNE	SICKENS		ASSELE JACOBS	N.EBBSTR
1641 04 21	AK	EGGE	BUETKE	EGGENS		GRIETE REMKES	PLUMERSGN
1645 08 24	DK?	TEETJEN	BUITIEN?	ALBERTS		GRIETE	BOTTRDIEP
1649 02 06	AK	JAN	CALES	JANSSEN		JANTIEN BERENS	MUERE
1647 08 08	MK	THOMAS	CAREL		FROLICH	AELTIEN	NIJEWECH
1642 11 24	AK	FREERCK CARELS	CAREL	FREERX		AELTIEN	PRINCENSTR
1644 09 18	AK	THOMAS	CAREL	VREERCKS		AELTIEN	SUIDERDIEP
1649 03 20	AK	JAN	CAREL	JANS		ELSIEN	MEULENSTR
1642 10 11	AK	MARRIJKE	CAREL	MEIJBOS?		HINDRICKJEN HINDRIX	VISSCHERSTR
1649 04 07	AK	MATTHIJS	CAREL	HEIJNES		JANTIEN	SUIDERDP
1649 04 01	AK	JOANNES	CAREL	HEIJNS		JANTIEN	SUIDERDP
1648 10 28	MK	JOANNES	CARST	JURJENS		METJEN HARMENS	HEERSTR
1648 05 14	MK	MAIJKE	CASPAR/SOLD	HACGERIUS?		AELTIEN	OOSTERSTR
1642 11 16	AK	GERRIT	CASPAR	SACHARIAS		AELTIEN	OOSTERPOORTE
1646 08 10	AK	SEVERIJN	CASPAR	ZACHARIAS		AELTIEN	OOSTRSTR
1645 08 01	AK	KLAES	CASPAR		RONDE	BARBER	HOSTRATE
1646 11 22	AK	STEVEN	CASPAR	STEVENS		CATARIJNE	PRINCENSTR
1644 09 29	AK	ELFJEN	CASPAR		STOCKEN?	ELSJEN COSTERS	PAULBLIEKERSGANG
1644 01 06	AK	JAN	CASPAR	REIJNERTS		GEERTRUIT	MUERE/BOTT
1646 12 08	AK	TRIJNTIEN	CASPAR	FREERX		GEESJEN	NIJESTADT
1644 03 03	AK	BERENT	CASPAR/SOLD.	FRERIX		GEESJEN EGBERTS	NIJESTADT
1649 07 11	AK	BARBER	CASPAR	JORIS		GGSJE	MARTINIKERK
1649 04 29	AK	ANNE	CASPAR	FRANS		GRIETE	3 MEULENSDRIST
1649 04 29	AK	TRIJNE	CASPAR	FRANS		GRIETE	3 MEULENSDRIST
1643 02 03	AK	JOHAN	CASPAR/SOLD.	JANSSEN		JANTIEN MICHELS	SCHOOLHOLM
1648 12 24	AK	MICLAES	CASPAR		WUSSUM	RENSKE	VISSCHST
1648 07 14	MK	CIJE	CASPARUS		WUSSUM	MEELTIE	GEWALDINGPRT
1642 11 15	AK	ADRIAENTIEN	CASPARUS		WISSUM	NEELTIEN EPPINGA	N.STRATJEN
1645 02 21	AK	HINDRIK	CASPARUS		WUSSUM	NEELTIEN JANSSEN	BOTTRSTR
1646 09 25	AK	AELTJEN	CASPARUS		WUSSIM	NEELTJEN EPPINGA	OUDE EBB.PRT
1649 09 08	AK	JANTIEN	CASPER		RONDER	BARBER	HOFFSTR

Year Mo Da	Chr	Child's Given Name	Father/Child's Patronymic	Father's Patronymic	Father's Surname	Mother	Address
1647 09 09	AK	ELIAS	CASPER	STOCKERS		CATHARINA	BLEKENSGANG
1648 11 16	AK	ELSJEN	CASPER	STARKES		CATRIJNE	SUIDERDP
1642 07 21	AK	ABRAHAM	CASPER	JASPERS		ELSE	HERESTR
1642 04 12	AK	MARTEN DANIEL	CASPER		SMEISSER	GEERTRUIT	PLUIMERSGANG
1645 03 06	AK	REIJNER	CASPER	REIJNERTS		GEERTRUIT JANS	STRATE
1645 02 05	AK	ANNA	CASPER	SCHULTEN		GEERTRUIT	PRINCENSTR
1648 10 29	AK	BERENT	CASPER	DREERKS?		GEESJEN	NIJESTADT
1642 04 22	AK	JOHANNES	CASPER	JOSEPHS		GEESJEN	MARTINIKERKHOFF
1646 06 23	AK	MELCHER	CASPER	JOSEPHS		GEESJEN	MARTINI KERKHOF
1645 09 10	AK	AELTIEN	CASPER	JANS		JANTIEN MICHELS	PELSERSTR
1648 04 09	AK	MICHEL	CASPER	JANSSEN		JANTIEN	PELSERSTR
1648 10 06	AK	HARMEN	CASPER		CREIJ	MECHELT	GELTINGSTR
1649 11 08	AK	JAN	CASPER		WUSSUM	NEELTIEN JANS	EBBSTR
1642 06 23	MK	JAN	CEBO	JANSEN		AELTIEN ALKES	3 MEULENS
1649 09 30	AK	ANIJTIEN	CEUT?	TONNIS		JANTIEN	JONKERENSTR
1648 05 14	MK	CORNELIA MARIA	CHRIANUS		PORIZONIUS?	MARG. HOTZINGE?	BOTTRSTR
1646 04 17	MK	MECHTELTJEN	CHRIANUS	/med.doctor	PERIZONIUS	MARGRIET HETZINGE	HEERSTR
1649 09 30	MK	ANTHONIUS	CHRIANUS?		PERZONIUS	MARGR. HETZINGE	GULDENSTR
1644 10 10	AK	ANNECHIEN	CHRISOSTOMUS		BEMME?	LUCKE	SCHUITEMRSWAL
1642 01 23	MK	ANNA SOPHIA	CHRISTIAEN		RIJKEN	AELTIEN WILKES	COLLEGIE
1642 01 23	MK	BARBER	CHRISTIAEN		RIJKEN	AELTIEN WILKES	COLLEGIE
1642 05 15	MK	TRIJNE	CHRISTIAEN	HANSENS		ANNE	COSTERSGANCK
1643 12 22	AK	MARIA	CHRISTIAEN		BEEM	ANNEKE	SCHOOLHOLM
1646 06 26	AK	MARRECHIEN	CHRISTIAEN		PEPER	ANNETIE	P.LUMME/STEENTL
1647 08 27	AK	AIJLT	CHRISTIAEN	PIETER?		ANTJE AIJELTS	STEENTILSTR
1645 04 04	AK	CHRISTIANUS	CHRISTIAEN		TIDDELEREN?	CATARINA FLAMMERS	NIJETOECKENGANG
1642 11 20	MK	MARIA	CHRISTIAEN		DITTEL	CATHARIJNE VLAMERS	HEMSINGSWAL?
1648 06 26	AK	JOANNES	CHRISTIAEN		SCHERK	CRIJNTIEN RECHTS	SLEMENNERST
1641 10 12	MK	JOCHEM	CHRISTIAEN		AVERDIJCK	DIEWER JANS	DRAPOORTE
1649 01 07	MK	ANNECHIEN	CHRISTIAEN		AURICK	DIEWER	HEERPRT
1647 11 10	MK	WOLTER	CHRISTIAEN	PALMS		GEERTRUIT	OOSTPOORTE
1641 03 17	MK	JACOB	CHRISTIAEN	JACOBS		JANTIEN	DAMSTERDP
1642 10 30	MK	JACOB RAVENS	CHRISTIAEN	JACOBS		JANTIEN JACOBS	DAMSTERDP
1642 11 27	MK	METJEN	CHRISTIAEN		MARTERSTECK	MARGRIETE ARENTS	JACOBINERSTR
1643 09 20	AK	JANTIEN	CHRISTIAEN		BESTER	MARIA	STEENTILSTR
1644 11 22	AK	JANTIEN	CHRISTIAEN/SLD		BESTEE?	MARIA	STEENTILSTR
1648 04 06	AK	PIETER	CHRISTIAEN	BERENTS		STIJNE	HEERSTR
1643 08 02	AK	JAN	CHRISTIAEN	BERENTS		STIJNTIEN JANS	A KERCK
1645 03 21	MK	BERNHARDUS	CHRISTIAEN	BERENTS		STIJNTIEN JANS	AKERK
1646 09 08	AK	GEERTRUIJT	CHRISTIAEN	BERENTS		STIJNTIEN	HEERSTR
1647 02 11	AK	ELSJEN	CHRISTIAEN	BERENTS		TRIJNE	PELSERSTR
1641 10 31	MK	MARRECHIEN	CHRISTIAEN	HANSEN		TRIJNE	N.EBBSTR
1641 10 31	MK	PIETER	CHRISTIAEN	HANSEN		TRIJNE	N.EBBSTR
1644 11 22	AK	GEERTRUIT	CHRISTIAEN	HANSSEN		TRIJNE	BOTTERDIEP
1646 09 27	NK	GEESJEN	CHRISTIAEN		SCHERK	TRIJNTJEN RECHTS	SLEEMENDERSSTR
1644 01 07	MK	JURJEN	CHRISTIAENS		MARTERSTEECK	MARGRIETE ARENTS	STEENTILPOORT
1648 05 30	AK	VREEDE	CHRISTIAN		DITTEL	CATHARINA	SLEMENNERSTR
1648 06 09	MK	MARGRIETE ELIS.	CHRISTOF.		SCHONBACH	SUSANNA SAMGIJ?	MEERL.?
1649 02 28	AK	CORNELIS	CHRISTOFF	RADIJS?		URSELA	STOELDSTR
1648 02 20	MK	TIJDO	CHRISTOFF.		BORCK,VAN	ETJEN	HEERSTR
1642 04 03	AK	ANNA MARGRIETA	CHRISTOFFEL	WILLERS		KUNNETIE	SCHIEDAMSGANG
1643 02 26	MK	HARMEN	CHRISTOFFEL	DERCKS		WIBBE	RAAMSTR
1648 11 19	AK	CATHRIJNE	CHRISTOFFER		WIJLER	AAIJT	3 MEULEN
1649 12 09	AK	CHRISTOFFER	CHRISTOFFER	WIJBES		AECHTE	3 MEULENS
1648 04 02	AK	JAN	CHRISTOFFER		POLANDER	AELTIEN	SLEMMENSTR
1649 10 25	AK	JAN	CHRISTOFFER	HANSSEN		ANNA	ANTHONIJGST
1642 09 29	AK	JAN	CHRISTOFFER	HARMENS		ANNA	ROSENSTR
1647 12 22	AK	TRIJNTIE	CHRISTOFFER	ISAACK		ANNA MARIA	MOESKERSGANG
1642 11 16	AK	ALBERT	CHRISTOFFER	ENGELBERTS		ANNE	N.EBBINGESTR
1647 10 15	AK	JAN	CHRISTOFFER	ROELEFS		ANNE	POELPOORTE
1646 02 05	AK	CASPER	CHRISTOFFER	HARMENS		ANNECHIEN	ROSENSTR
1647 10 17	MK	MICHEL	CHRISTOFFER		TIMMERMAN	ANNETIE	OOSTBREEGANG
1641 04 11	MK	BARTHELT	CHRISTOFFER		SCHUIT	BEKE	COSTERSGANG
1641 12 10	AK	ANNE	CHRISTOFFER		WEDIGE?	BERENTIEN HANSEN	N.KERKHOFF
1648 09 29	AK	BERENTIEN	CHRISTOFFER		WEIJ	BERENTIEN	WOORT
1646 08 24	DK	HANS	CHRISTOFFER	WUIJ?		BERENTJEN HANSSEN	N.EBBSTR
1644 06 26	AK	AUSANNA	CHRISTOFFER		DEUNTENAER?	CATHARINA EVERTS	POELESTR
1645 11 27	AK	NOELKE	CHRISTOFFER		TROMTENER	CATHARINE	A.KERKE
1649 04 03	AK	ANNA ELISABET	CHRISTOFFER		WISTEMSTEIJN	CATRINA	CRANEPRT
1645 09 30	AK	TRIJNTIEN	CHRISTOFFER	MATHIAS		EEFJEN JANS	A KERK
1647 05 02	AK	MATHIJS	CHRISTOFFER	MATHIJS		EESJEN	VOLTINGESTR
1643 03 28	AK	TIJDE	CHRISTOFFER		BORCH,VAN	EETIEN TIJDEN	HEERSTR
1645 06 27	AK	JACOB	CHRISTOFFER		BORCH,VAN	EETJEN	HEERESTR
1643 08 11	AK	HARMEN	CHRISTOFFER		SWEERBERGER	ENGELE	PRINCENSTR
1641 11 30	AK	JAN	CHRISTOFFER		BORCK,VAN	ETJEN TIJDEN	HEERSTR
1643 01 26	AK	SUSANNA	CHRISTOFFER		EBERSBACH	FOLSTE	DRAPOORTE
1647 03 11	AK	JOHAN CONRAET	CHRISTOFFER		EBERSLACH	FOLSTE	MESINAKERSST
1648 10 11	AK	JAN	CHRISTOFFER		EBERSLACH	FOLSTE MARIA?	HEERSTR
1643 05 12	AK	CHRISTIAEN	CHRISTOFFER		MULLER	GEERTRUIT	JATSBRUG
1647 06 09	AK	BARTHELT	CHRISTOFFER		BUIS	GRIETIEN	MEULENSTR
1644 01 21	MK	ANNECHIEN	CHRISTOFFER	/SOLD	BUSCH	GRIETIEN	COSTERSGANG
1642 06 12	AK	HILLEBRANDT	CHRISTOFFER		SCHAVENNOMBER	HILLE JACOBS	KALKWERK?
1641 06 16	MK	TRIJNTIEN	CHRISTOFFER	BARCKHUISEN	BIJLEVELT,VAN	MARRECHIEN	HEERPRT
1646 09 18	AK	JACOB	CHRISTOFFER	JACOBS		MARTJEN ANDRIES	3 MOLENS
1641 01 06	AK	DAVID	CHRISTOFFER		BUS	SARA	POELESTR
1641 12 16	AK	TRIJNE	CHRISTOFFER		BUS	SARA	POELESTR
1643 01 08	MK	BERENT	CHRISTOFFER		BUS	SARA	OOSTERPOORTE
1646 09 16	AK	LUTGERT	CHRISTOFFER		BUS	SARA	DAMSTERDP
1649 10 10	AK	JAN	CHRISTOFFER		BOOS	SARA	NIJEWECH
1641 07 06	AK	JACOB	CHRISTOFFER	(decd)	HOLDT	widow confined at Hans Berker's/BEULSGANG	
1646 12 17	AK	GEELTIEN	CHRISOFFER		LUDENBACH	WOLTERTIEN	PRINCENSTR
1648 11 08	AK	ALBERTUS	CHRISTOFFER		LAUDENBOCH	WOLTERTIEN	OOSTPRT
1645 01 30	AK	PHILIPS	CHRISTOFFES	LUBBERTS		ANNE	SUIJDERDP
1646 08 19	AK	ANNA-CATHARINA	CHRISTOPHER		VULLER	CUME	SCHEDAMSGANCK
1646 05 29	AK	CIJRIACUS	CIJRIACUS		HOORN	AEFJEN	OLDE EBBPOORTE
1648 02 02	AK	CIJRIACUS	CIJRIACUS		HOORN	AEFJEN	OLDE EBBPOORTE
1647 03 11	AK	CIJRICK	CIJRICK	AIJSEMA		AELTIEN	IJNEWECH
1640 12 31	AK	JAN	CLAES	JOKLES?		--	A
1644 11 24	AK	JAN COIJTER	CLAES	THALENS		--	VOLTINGESTR
1641 02 16	AK	REIJNOU	CLAES	TIDDENS	GLAESMAKER	--	POELESTR
1642 01 11	AK	ANNECHIEN	CLAES	CORNELIS		AELTIEN	VOLTINGESTR
1648 05 09	AK	JUDITH	CLAES	CORNELIS		AELTIEN	VOLTINGESTR
1643 09 21	AK	JURIEN	CLAES	CORNELLIS		AELTIEN JURJENS	VOLTINGESTR
1641 06 20	AK	HARMEN	CLAES	HARMENS	GOUTSMIT	AELTIEN	VOLTINGESTR
1646 04 07	AK	JAN	CLAES	JANS	LEIJENDERKER	AELTIEN	WOERT

Year Mo Da	Chr	Child's Given Name	Father/Child's Patronymic	Father's Patronymic	Father's Surname	Mother	Address
1646 07 26	AK	WIBBICHJEN	CLAES	HARMENS		MARRICHJEN THOMAS	SCHOLHOLM
1646 11 20	AK	TEUNIS	CLAES	CARSTEN		MECHTELT	KIJCK/JADT
1642 01 04	AK	JAN	CLAES	CLAESSEN		METTE	SCHUTEMAKERSST
1643 10 08	AK	LUBBERT	CLAES	CLAESSEN		METTE JANS	SCHUTEMRS STR
1643 08 19	AK	EEVERT	CLAES	EVERTS		METTE LUBBERTS	SLEMENNERSTR
1647 01 15	AK	CLAES	CLAES	STEIJES		MINKE CLAESSEN	VOLTINGSTR
1648 04 18	MK	AGNES	CLAES	JANSSEN		REOLEFJEN	CRAAN
1648 02 13	AK	PIETER	CLAES	PIETERS		RIENT AUKES	DRA
1644 05 07	AK	GEESJEN	CLAES	PIETERS		RINT AUKES	A.
1645 10 10	AK	AUKE	CLAES	PIETERS		RINT?	A.
1641 12 05	AK	MARRECHIEN	CLAES	HINDRIX		ROELEFJEN JANSENS	NIJESTADT
1642 08 17	AK	JACOB	CLAES	JANSEN		ROELEFJEN JANS	HAVENSCHEDIJCK
1646 07 14	AK	CATALIJNA	CLAES	JACOBS		SANNEKE	A.
1649 08 08	AK	PIETER	CLAES	PIETERS		SOPHIE	DAMSTERDP
1648 12 19	AK	MARIA	CLAES	JANSSEN		STIJNTIEN	PRINCENST
1648 12 17	AK	ELISABETH	CLAES	JACOBS		SUSANNE	DRA
1648 05 22	MK	GEESJEN	CLAES		HULSMAN	SWAENTIEN	CRANE
1642 01 28	AK	AELTIEN	CLAES	GERRITS		SWAENTIEN LUCAS	EBBSTR
1646 09 30	NK	JAN	CLAES	WILLEMS		TEELCKE JANS	EBBPOORTE
1643 01 22	MK	FENNETIEN	CLAES	WILLEMS		TEELKE	EBBINGEPOORTE
1648 12 20	AK	ALBERT	CLAES	WILLEMS		TEELKE	EBB.STR
1641 04 21	AK	WILLEM	CLAES	WILLEMS		TELEKE	OLDE EBBPRT
1643 01 27	AK	ELSKE	CLAES/SOLD.		LIJP	TRIJNE	RADEMERCKT
1646 07 21	AK	GARBRANDT	CLAES	GARBRANTS		TRIJNE GERRIJTS	HORENSCHEDIJCK
1645 03 04	AK	GRIETIEN	CLAES	GERBRANTS		TRIJNE	HOORNSCHE
1646 04 19	AK	JANTIEN	CLAES	ONNENS		TRIJNTIE	HARDRINGESTR
1641 12 03	AK	HANS	CLAES	JACOBS		TRIJNTIEN	PLUIMERSGNCK
1643 12 17	MK	HEIJLTIEN	CLAES	JACOBS		TRIJNTIEN	SCHUTENDIEP
1648 03 28	AK	JAN	CLAES	JANS		TRIJNTIEN	MUSKENGANG
1648 07 17	MK	JAN CLAESJEN	CLAES	JANS		TRIJNTIEN	MUSKERGNG
1643 01 11	AK	GERRIT	CLAES	ONNENS		TRIJNTIEN	N.S.JANSSTRATE
1644 09 13	MK	ABRAHAM	CLAES	ONNENS		TRIJNTIEN	S.JANS STR
1643 11 26	MK	AELTIEN	CLAES	NEENIJS		VREERKJEN	BOTTERDIEP
1647 04 27	AK	MARGRETE	CLAES	TALENS		WAMELTIEN	HEERSTR
1644 01 17	AK	JAN	CLAES	TAKENS		WARMELTIE	GELTINGESTR
1646 06 10	AK	JAN COIJTER	CLAES	TALENS		WARMELTIEN	VOLTINGSTR
1648 08 13	MK	GRIETIEN	CLAES	TALENS		WARMELTIEN	HEERESTR
1644 10 11	AK	JAN	CLAES		HOPPENBROUWER	WENDELTIEN	HEERSTR
1649 02 18	MK	CATHARINA MARGR.	CLAES		MUNSTERMAUS?	WOBBETIE	O.EBBPRT
1648 08 20	NB	TRIJNTIEN?	CLAES?	HOVING?		MARIA?	EBBPRTBRG?
1649 03 07	AK	ANNA APOLLONIA	CLAUDE		SWIJND	APOLLONIA	CLOSTER
1646 12 30	AK	ANNE BARBERE	CLAUDI		SWING	APOLONI	A
1641 03 16	MK	IDE	CLAUS	JANSEN	KNOOPMAKER	JACOBJEN	HARDINGESTR
1647 11 21	AK	MARIE	CLIJES	TUKENS		AELTIEN	3 MEULEN
1648 11 21	AK	IMME	COEN	VELTEN		ELTEKE	3 MEULEN/DRIST
1646 01 21	AK	JEIJE	COENE	HINDRIX		AELTIEN	PLUIMERSGANG
1644 12 17	AK	WIGGEL	COERT	WIGGELS		AMMERENS	NIJESTADT
1643 01 24	AK	HARMEN	COERT	WILLEMS		ANNETIEN COERTS	OOSTERPOORT
1643 01 04	AK	JURJEN	COERT	CLAESSEN		ELSIEN HINDRIX	DAMSTERDIEP
1641 11 24	AK	CLAES	COERT	CLAESSEN		ELSJEN HINDRIX	DAMSTERDP
1647 11 14	MK	HARMEN	COERT	CLAESSEN		ELSKE	DAMSTERDP
1647 10 28	AK	WIGGEL	COERT	WIGGELS		EMERTNTEN BRANDER,DE	NIJESTADT
1641 09 19	AK	GEERTRUIT	COERT	WIGGELS		EMMERENS BRANDER,TE	NIEUWESTADT
1643 08 18	AK	WIGGEL	COERT	WIGGELS	KIMSTEM.	EMMERENS BRANDER,DE	N.STADT
1642 11 13	MK	JAN	COERT		ECKEMEIJER	FENNE JANSEN	GELTINGESTR
1648 03 17	AK	PIETER	COERT	BARTELTS		FREBETIEN	JADT
1648 03 12	MK	GRIETE	COERT	WELTEN?		HAESKE DERX	BREDEMERKT
1643 01 20	AK	CONRAET	COERT		ROSEBROECK	JEIJE CARST	DONKERSGANG
1648 05 12	MK	AELTIEN	COERT	BRANTSTEN?		TRIJNE BUWES?	LEELJENSTR
1646 10 27	AK	ANNA	COERT	MARTENS		TRIJNE JANS	DRA
1648 02 15	AK	ANNA	COERT		DIEPHOLE,V	TRIJNTIEN	UIJVWERKSGANG
1648 02 15	AK	LUTGERT	COERT		DIEPHOLE,V	TRIJNTIEN	UIJVWERKSGANG
1649 07 04	AK	HINDRICK	COET		BIJMAN?	GRIETE HINDRIX	HEERPRT
1646 08 11	MK	LAMBERT	CONRADUS		WAGENAES	LAMINAE?	HEERSTR
1644 09 25	AK	CHRISTINA	CONRADUS		WAGENAER	LAMME	HEERSTR
1644 08 08	MK	REIJNER	CONRAET		HEIJDEMAN	AELTIEN REIJNERS	POELESTR
1644 07 14	MK	ELSEBE	CONRAET		WITTEN	AMME	M/EBBOMGESTR
1640 07 31	AK	WOLTER	CONRAET	PIETERS		ANNA WOLTERS	HEERECAM
1649 10 17	AK	BERETN	CONRAET		WITTE	ANNETIEN	HELPEN
1648 11 06	AK	JURIEN	CONRAET		VIJT	AUCKE	JADT
1644 05 26	AK	JAN	CONRAET	CATS		GRIETE DERCKS	SUIDERDIEP
1649 05 02	AK	TEUBE	CONRAET		STOLT	HILLE HARMENS	HEERPRT
1648 03 03	AK	ELISABETH	CONRAET		WAGENER	LAMMETIE	HEERSTR
1643 04 20	AK	CHRISTINA	CONRAET		FIJDE?	MARIA LAMBERTS	KIJCK/JATSBRUG
1648 08 24	AK	SIBILLA	CONRAET	JANS		TRIJNE	SCHUTMKRWAL
1647 01 03	MK	ANNECHJEN	CONRELIS	EELKENS		ANNE	OOSTERPIJPE
1645 09 10	AK	BASTIAEN	COOP	BROIJLS		GEERTRUIT LANDT	POELSTR
1647 10 08	MK	HINDRICK	COOP	BROILS		GEERTRUIT LANT	BREDEMERKT
1647 12 14	AK	FRERICK	COOP		BOSSINCK	GRIETIEN FREERX	OOSTERST
1649 02 26	MK	VREECK	COOP	JANSSEN		GRIETIEN	OOSTRSTR
1642 07 17	AK	ANDRIES	CORNELIJS	ALLES		DIEUWERTJEN	CRANEPRT
1646 07 31	AK	JANTJEN	CORNELIJS	WIBBENS		EBELTJEN CLAESSEN	SCHUIJTENDP
1642 07 12	AK	WILLEMTJEN	CORNELIJS/CRPL	WILLEMS		FENNICHJEN	SCHIEDAMSGNCK
1641 01 24	AK	GEERTRUIT	CORNELIS	ALLENS		-	
1641 04 26	MK	DAVID	CORNELIS	JANSEN		--	N.EBBSTR
1641 01 08	AK	MARRETIEN	CORNELIS	STEVENS		--	HELPEN
1642 05 22	MK	EIJLKE	CORNELIS	EILKES		ANNA	OOSTERPRTPIJPE
1642 10 05	AK	HINDRICK	CORNELIS	HINDRIX		ANNA	PLUIMERSGANG
1644 12 04	MK	DERCKJEN	CORNELIS	HINDRIX		ANNA	PLUIMERSGANG
1648 05 21	MK	ABRAHAM	CORNELIS	EELKENS		ANNE	OOSTEPIJP
1644 12 20	AK	ABRAHAM	CORNELIS	EELKES		ANNE	SUIDERDIEP
1648 02 18	AK	DERCKJEN	CORNELIS	HINDRIX		ANNE	PLUIMERSGANG
1641 08 15	MK	MARRECHIEN	CORNELIS	PIETERS		ANNECHIEN	N.EBBSTR
1648 11 19	AK	HERMEN	CORNELIS	ANDRIES		ANNETIE	SLEMENNSTR
1649 12 26	AK	PIETER	CORNELIS	ANDRIES		ANNETIEN	HOFFSTR
1642 09 28	AK	TEELKE	CORNELIS		VOX	ASSELE	HELPEN
1642 08 14	MK	MAROUS	CORNELIS	JANSEN		BONNE	N.EBBSTR
1646 02 02	AK	GEERTRUIT	CORNELIS	ALLES		DIEWER	CRANEPRT
1647 02 28	AK	ALLE	CORNELIS	ALLES		DIEWER ANNES	CRANEPOORTE
1642 12 22	AK	DERCK	CORNELIS	PIETERS		EBELTIEN	CRANEPOORTE
1646 12 20	AK	JEINKE	CORNELIS	PIETERS		EEBEL	CRANEPOORT
1646 12 20	AK	TRIJNE	CORNELIS	PIETERS		EEBEL	CRANEPOORT
1648 10 10	AK	WILLEMTIEN	CORNELIS		LAAR,VAN	FENNECHIEN	MUERE
1645 11 04	MK	TONNIS	CORNELIS		BAREN,VAN	FENNETIE	SCHIEDAMS GANG
1642 02 20	AK	MARIA CLARA	CORNELIS		LOOR	FRONEKE	HOGEBROERSTR

Year Mo Da	Chr	Child's Given Name	Father/Child's Patronymic	Father's Patronymic	Father's Surname	Mother	Address
1646 06 07	AK	SWEER	CORNELIS	SWEERS		GEERTIEN	HAVENSTR
1648 11 29	AK	TIJES	CORNELIS	SWEERS		GEERTIEN	HAVENSTR
1649 08 17	AK	HINDRICKJEN	CORNELIS	WILLEM		GEESJEN	HEERPRT
1644 12 26	MK	RENSKE	CORNELIS	HINDRIX		GEESKE	SCHUTENDIEP
1641 06 30	MK	VREECK	CORNELIS	DERCKS		GELE	N.WECH
1647 12 08	AK	JAN	CORNELIS	JANS		GRIETIEN	SCHIEDAMSGANG
1645 02 28	AK	GRIETIEN	CORNELIS	JANSSEN		GRIETIEN HARMENS	HEERESTR
1649 11 01	AK	HARMEN	CORNELIS	JANSSEN		GRIETIEN	SIEDAMSGAGN
1646 02 24	AK	GRIETIEN	CORNELIS	JANSSEN		GRIETJEN	HEERSTR
1648 07 30	AK	JAN	CORNELIS	JANSSEN		HANNECHIEN	HEERPRT
1641 10 01	AK	JANTIEN	CORNELIS	CLAESSEN		HIJNDRICKIEN	SCHUITENDP/GRTGNG
1642 10 25	AK	HUIBERT	CORNELIS	CLAESSEN		HINDRICKJEN	GROTEGANG
1644 03 01	AK	HUIBERT	CORNELIS	CLAESSEN		HINDRICKJEN	GROTEGANG
1645 11 06	MK	BERENT	CORNELIS	CLAESSEN		HINDRICKJEN	SCHUTENDIEP
1647 03 09	AK	BERENT	CORNELIS	CLAESSEN		HINDRICKJEN	SCHUITENDP
1649 02 11	MK	JANTIEN	CORNELIS	CLAESSEN		HINDRICKJEN	GROTEGNG
1642 11 30	AK	CASPAR	CORNELIS	JANSEN		ITTIEN	GELTINGESTR
1647 02 21	MK	ANNEKE	CORNELIS	JANS		JANTIEN DERX	OOSTERPRT
1644 01 12	AK	DERCK	CORNELIS	JANSSEN		JANTIEN	RADEMERCKT
1644 12 06	MK	GEBBECHIEN	CORNELIS	JANSSEN		JANTIEN	RADEMERKT
1649 11 09	AK	BENEDICTUS	CORNELIS		BUEREN,V	JEIJE	NIJESTADT
1644 06 18	AK	ENGEL	CORNELIS	PIETERS		JEIJE WARNERS	RAAMSTR/DRIST
1647 09 05	AK	MARIJE	CORNELIS	PIETERS		JEIJE	HEEREPOORTE
1642 04 11	MK	GEESJEN	CORNELIS	SIJBRANDTS		LOETIEN JANS	BOTTRSTR
1641 08 11	AK	ANNECHIEN	CORNELIS/SOLD.		BRINKMAN	LUTGERT	LAMHUINGESTR
1644 01 07	AK	JAN	CORNELIS		BRINKMAN	LUTGERT	HAVENSTR
1646 07 12	AK	STIJNTIEN	CORNELIS		BRINCK	LUTGERT	HAVENSTR
1642 01 14	AK	LUCAS	CORNELIS	HINDRIX		MAGDALENE	KIJK/JADT
1643 09 03	AK	JAN	CORNELIS	PIETERS		MARRECHIEN GARBRANTS	N.STRATJEN
1646 06 10	AK	GARBRANDT	CORNELIS	PIETERS		MARRECHIEN	HARDERINGESTR
1649 01 23	AK	DERCK	CORNELIS	PIETERS		MARRETIEN	HARDINGST
1648 12 02	MK	HARCKE	CORNELIS	HARKENS		SWAENTIEN	WIPSTR
1646 03 18	AK	DAVID	CORNELIS	SIJMENS		TIADEKE VULLEN,VAN	EBB.STR
1643 06 24	MK	TRIJNTIEN	CORNELIS	SIJMONS		TIADEKE VULLEN,VAN	EBB.STR
1641 07 16	AK	GEERT	CORNELIS	JANSEN		TRIJNE	RAA-MERKT
1646 02 11	AK	JANTIEN	CORNELIS	CLAES		TRIJNTIEN ROELEFS	GROTEGANG
1648 01 07	AK	CLAES	CORNELIS	CLAESSEN		TRIJNTIEN ROELEFS	GROTEGANG
1644 10 18	AK	CLAES	CORNELIS	CLAESSEN		TRIJNTJEN ROELEFS	GROTEGANG
1642 09 22	AK	IDEKE	CORNELIS	EGBERTS		WIJEKE	A
1649 02 02	AK	ANNA	CORNELIS	EGBERTS		WIJEKE	A
1645 12 25	AK	HINDRICKJEN	CORNELIS	EGBERTS		WIJKE HOLKES	BOUTEBRUGGE
1645 12 16	AK	CLAES	CORNELLIS	HINDRIX		ANNE	PLUMMERSGANG
1643 07 18	AK	FRERICK	CORNELLIS	DERX	STEENMETS.	HIELLE DEDENS	PRINCENST
1643 05 10	AK	LUCAS	CORNELLIS	HINDRIX		MAGDALENE	KIJK/JAT
1642 10 23	MK	LAMME	CORNELLIS	ALBERTS		SWANE	BOTTERDIEP
1642 04 21	AK	EVA	CORNELLIS	HINDRIX		TIETE MECKENS	LEELJENSTR
1646 09 11	AK	CRACHTJEN	CRACHT (decd)		KETEL	[WEDUWE]	VISCHMERKT
1642 10 30	MK	ENNEKE	CRIJN	JANSEN		ANNETIEN MEMMES	BREEMERKT
1643 11 01	AK	HARMTIEN	CRIJN	PIETERS		EEFKE SIJMENS	DAMSTERDIEP
1646 03 22	MK	FENNE	CRIJN	SIJMONS		GEESE GEERTS	DAMSTERDP
1647 08 26	AK	MARTIJN	CRIJN	JURJENS		JANTIEN BERENTS	VISCHMERKT
1642 12 11	MK	JAN	CRIJN	PIETERS		LIEFKE	STEENTILPRT
1645 11 26	AK	PIETER	CRIJN	PIETERS		LIEFKE SIJMENS	DAMSTERDIEP
1649 09 28	AK	HINDRICK	CRIJN	PIETERS		LIEFKE	DAMSTERDP
1647 08 17	AK	HILLE	CRIJN	DERX		TRIJNE	SCHUTEMRSSTR
1642 06 10	AK	PIETER	D.		LAIJE	JOHANNA GOMARA	NIJE MERCKT
1644 06 20	AK	MIA CHRISTINA	D.		KESTERINCK	TIJTIEN GROOTHUIJS	BOTTRSTR
1647 09 22	AK	ELSJEN	D.G.	PICCARDUS		CATHARINA BAUKENS	BOTTRSTR
1644 01 12	AK	HADEWIJE?	D.R.	ROEBERTS		SUSANNA RENEMAN	MKHOFF
1643 08 20	AK	GRIETJEN	DAETO	JANS		ANNE DOUWENS	DRA
1643 09 24	AK	SWAENTIEN	DAME	N.		JANTIEN HINDRIX	SLEMENNERSTR
1646 12 06	AK	MARIA	DANIE?	HINDRIX		JANTIEN	SLEMENNERSSTR
1646 11 06	AK	AELIJT	DANIEL	TONNIS		AELTIEN BERENTS	HARDRINGESTR
1648 05 17	AK	BERENT	DANIEL	TONNIS		AELTIEN	HARD.STR
1643 08 11	AK	MARRECHIEN	DANIEL	FRANCK		ANNA	WERKERSGANG
1646 11 20	AK	MARIA	DANIEL		WIJNGOET	CATARIJNE	COSTERSGANG
1646 03 30	AK	MARIE	DANIEL	CLAESSEN		GRIETIEN	HAVENSTR
1643 10 13	AK	AAFJEN	DANIEL	CLAESSEN		GRIETJEN	HAVENSTR
1647 12 01	AK	WELMOET	DANIEL	BERENS		LIESJEN	HEERSTR
1648 12 29	AK	HINDRICK	DANIEL	EERNSTS		LIESJEN HINDRIX	SWANEST
1649 11 21	AK	WOLMIJNTIEN	DANIEL	BERENTS		LIESKE	SWANESTR
1643 10 29	AK	DANIEL	DANIEL/SOLD.		POELIJ	LIJSABETH	VISSCHERSTR
1648 07 28	AK	RAMONT	DANIEL		RAMANT	MARGRIETE	BREEGANG
1646 12 11	AK	HANS HINDRICK	DANIEL		MOLLER	MARIA	COSTERSGANG
1648 03 08	MK	MARGRIETA BARBARA	DANIEL		MULLER	MECHTELT STEENTGEN	M.STR
1646 04 09	AK	ROSINA	DANIEL		STOSWENDER	REBECCA	PELSERSTR
1648 11 28	AK	ANNA	DANIEL		STOOSWENDER?	REBECCA	MKERKE
1646 08 14	MK	MARGRETA	DANIEL	MARTENS		SAFFJEN HANSEN	KIJCK/JADT
1645 04 13	AK	MARIA	DANIEL	MARTENS		SOPHIA	VISSCHERSTR
1648 01 09	MK	MARIA	DANIEL/SERG.		WIJNGOET	TRIJNTIE	HEERSTR
1649 10 28	AK	JAN	DATE	JANS		ANNA DOUWENS	A.
1647 03 07	AK	WEEMELTIEN	DATE	JANS		ANNECHIEN DOUWEWS	A
1646 02 08	AK	JAN	DATE	JANS		ANNETIE DOUWENS	DRA
1641 04 27	AK	JANTIEN	DATE	JANSEN		ANNETIEDOUWES	DRA
1649 04 20	AK	LEENTIEN	DAUWE?	HINDRIX		JANTIEN	SLEMENSTR
1643 07 23	MK	JOHANNA	DAVID		HAIG	BERNHART SCHOLES	OOSTERSTR
1647 04 07	MK	MICHEL MARCUS	DAVID	MICHELS		GEESKE BERENTS	MEULEN
1647 06 18	AK	WILLEM	DAVID		FROON	HARMTIEN PIETERS	SWANESTR
1645 09 10	AK	GEERTRUIT	DAVID	FREECK	CLEVE,V.	HARMTIEN ROMAN	NIJE WECH
1649 10 04	AK	PIETER	DAVID		FROOM	HERMTIEN	SWANESTR
1645 06 24	AK	GEESJEN	DAVID	HINDRIX		MECHELTIEN EVERTS	JADT
1642 07 29	AK	DAVID	DAVID	SIJMENS		TEELCKE	BREDEMERCKT
1642 07 29	AK	SARA	DAVID	ABRAHAMS		TONNISJEN	LAMHUIJNGHSTR
1649 04 17	MK	ANNETIEN	DAVID		KAPPELER	WALBERCH	N.STR
1646 12 13	AK	HANS	DAVID		KOPPELUER	WALBRECHT	NIJESTRAETJEN
1644 11 24	AK	GEESJEN	DAVID/SOLD.		KOPPELAER	WALBURCH	WOERT
1642 06 26	AK	ANNETIEN	DEDE	SIJMENS	SPANS/STOELMR	ELSIEN	BREDEMERKT
1643 09 15	AK	JAN	DEIJE	JANS		GRIETE JANS	BOTTRSTR
1649 08 17	AK	JUNNE	DEIJE	JANS		GRIETE	A
1642 04 24	AK	JAN	DEIJE	JANSEN		GRIETE JANS	BOTTRINGESTR
1647 09 23	AK	GARBRANT	DEIJE	JANSEN		GRIETE	VISSCHERSTR
1645 03 02	AK	IMMECHIEN	DEIJE	JANSSEN		GRIETE	VISSCHERSTR
1646 04 02	AK	ELISABETH	DEIJE	JANSSEN		GRIETE	VISSCHERSTR
1644 02 28	AK	PHILIPS	DENIJS	MARTIJN		TRIJNE EGBERTS	BUTJENSTRATE
1644 07 23	AK	HARMTIE	DEPKE	HARMENS		NEESJEN	PLUIMERSGANG

Year Mo Da	Chr	Child's Given Name	Father/Child's Patronymic	Father's Patronymic	Father's Surname	Mother	Address
1648 02 13	MK	ANNEJEN	DEPPEKE	HERES		NIESJEN	DAMSTERDP
1644 08 06	MK	TIAERT	DERCK	JANS		ABELE	CRANEPOORT
1642 04 03	AK	JAN	DERCK	JANS		ABELTIEN	KRANEPRT/KEIJSER
1643 08 20	MK	AELTIEN	DERCK	JORIS		AEFJEN ANDRIES	GELTINGESTR
1647 07 23	AK	GRIETIEN	DERCK	TIAERTS		AELTIE	EBBPRT
1647 11 26	AK	BERENT	DERCK	BERENT		AELTIEN	JONKERNSTR
1643 06 28	AK	JAN	DERCK	DERCKS		AELTIEN DERCKS	PELSSERSTR
1646 03 24	AK	JANTIEN	DERCK	DERX		AELTIEN	PELSERSTR
1646 10 18	AK	GEESKE	DERCK	JANS		AELTIEN	ROSENSTR
1647 02 28	AK	GEERT	DERCK	LEFFERTS		AELTIEN	DAMSTERDP
1644 08 25	MK	ARENT	DERCK	MARTENS		AELTIEN	OOSTERSTR
1642 11 15	AK	JAN	DERCK	JANSSEN		AELTJEN	ROSENSTR
1646 04 05	MK	PIETER	DERCK		MEIJER	AGNETA	KL.BUTJENSTR
1642 09 28	AK	JAN	DERCK		MEIJER	AGNETE	BUTJENSTR
1643 12 06	AK	GERARD JAN	DERCK		MEIJER	AGNETE	BUTJENSTR
1646 10 11	MK	ALBERT	DERCK	HANSSEN		AGNETE	BUTJENSTR
1641 06 02	MK	ANNECHIEN	DERCK		MEIJER	AGNIETE	BUTJENSTR
1642 03 29	AK	PIETER	DERCK	FREERX		ANNA DERX	SCHOOLHOLM
1645 01 05	MK	SARA	DERCK	ABELS		ANNE HINDRIX	SCHUITENDP
1646 01 04	AK	WICHER	DERCK	JACOBS		ANNE GARBRANTS	HOORSCHEDIJK
1645 02 09	AK	HINDRICK	DERCK	JANSSEN		ANNE	BROERKERK
1646 11 26	AK	ANNECHIEN?	DERCK	PIETERS		ANNE	HEIJERBRUGGE
1648 09 27	AK	JANTIEN	DERCK	PIETERS		ANNE	HOGERBRUGE
1645 01 26	AK	PAUL	DERCK	VRERICKS		ANNE	SCHOOLHOLM
1643 10 13	AK	NICLAES	DERCK		KLANG	ANNECHIEN	SUDIERDIEP
1647 11 07	MK	GARBRANT	DERCK	JACOBS		ANNECHIEN	HOORNSDIJ
1643 08 06	AK	ENGELTIEN	DERCK	JANSSEN		ANNECHIEN	BROEREKERK
1640 05 04	AK	GEESJEN	DERCK	JANSSEN		BELE HOMMES	NIJESTR
1643 08 02	AK	JAN	DERCK	JANS		BIELE DERCKS	DRA
1648 04 14	AK	EGBERT	DERCK	EGBERTS		CELIE	BLOEMSTR
1646 05 31	AK	JETSKE	DERCK	JELMERS		DEEWERTIEN TIARX	JADT
1641 09 19	MK	FENNETIEN	DERCK		MEIJER	DERCKJEN	BOTTERDP
1641 09 19	MK	HINDRICKJEN	DERCK		MEIJER	DERCKJEN	BOTTERDP
1643 09 20	AK	HENDRICKJEN	DERCK		MEIJER	DERCKJEN	BOTTERDIEP
1646 08 28	AK	GEERTRUIJT	DERCK	EIJLERTS		DIEUWERTJEN	N.EBBSTR
1644 10 10	AK	ELSJEN	DERCK	EIJLLERS		DIEWER JANS	SCHUITENDIEP
1643 09 17	MK	ANNECHIEN	DERCK/SOLD.		EGRINCK?	DIEWERTIEN	--?
1641 08 03	AK	GRIETIEN	DERCK	JELMERS		DIEWERTIEN	MUERE
1643 12 28	AK	GRIETIEN	DERCK	JELMERS		DIEWERTIEN TIERX	KIJK/JAT
1648 08 13	MK	JANTIEN	DERCK	JELMERS		DIEWERTIEN	MUER
1645 12 13	AK	GEERTRUIT	DERCK	JORIS		EEFJEN	GELTINGESTR
1647 12 09	AK	ANNETIEN	DERCK	JOVIS		EEFJEN	GELTINGSTR
1641 10 24	MK	JORIS	DERCK	JORIS	KORSMAKER	EESJEN ANDRIES	GELTINGSTR
1640 06 07	MK	RIENTIEN	DERCK	MEEUWS		EIJSKE	SUIDERDP
1648 12 02	MK	THOMAS	DERCK	THOMAS		ELISABETH	SCHUTNDP
1642 03 16	MK	WEMELTIEN	DERCK	MARANIJS		ETTIEN	PEPERSTR
1640 03 29	AK	HARMEN	DERCK	HARMENS		FOELKE	RAAMSTR
1642 06 06	AK	DIEUKE	DERCK	JANSEN		FOKEL JANA	HAVENSTR
1645 09 02	AK	LIJSABETH	DERCK	THOMAS		FRANCINA GERRITS	COEVER?
1647 01 26	AK	CORNELIA	DERCK	THOMAS		FRANSJEN	BUTJENSTR
1642 02 11	AK	ABRAHAM	DERCK	ALBERTS		FREE ALLERS	BREEGANG
1642 06 26	MK	JAN	DERCK	JANSEN		GEERTIEN	MUSKENGANCK
1648 10 03	AK	JANTIEN	DERCK	REMMERTS		GEERTIEN	SLEMENNST
1643 01 31	AK	LAUWE	DERCK	GEERTS		GEERTJEN DERX	SUIDERDP
1642 11 20	MK	GEERTRUIT	DERCK	GEERTS		GEESIEN	CAP:HUNINGACAMER
1641 04 09	AK	HINDRICK	DERCK		VOS	GEESJEN STAELS	BENTHEM
1645 08 24	DK?	EGBERT	DERCK		VOS	GEESJEN STAELS?	N.VISMERKT
1643 12 17	MK	JANTIEN	DERCK	JANSSEN		GRIETIEN	MUSKENGANCK
1642 08 21	MK	AELTIEN	DERCK	CLAESSEN		HARMTIEN BERENTS	BUTJENSTR
1643 12 16	AK	GEESJEN	DERCK	ROELEFS		HEIJLTIEN DERX	HAVENSTRATE
1647 07 01	MK	BERENT	DERCK	ROELEFS		HEIJLTIEN	HAVENSTR
1647 11 21	MK	GABBE	DERCK	GABBENS		HINDRICKJEN	OSTPOORT
1643 12 28	AK	AAFKE	DERCK	GABBES	MOESKER	HINDRICKJEN	OOSTERPRT
1643 12 20	AK	BETHSKE	DERCK	GABBES	MOESKER	HINDRICKJEN	OOSTERPRT
1644 08 28	AK	JANTIEN	DERCK	GABBES		HINDRICKJEN	OOSTERPOORTE
1643 12 20	AK	JOANNES	DERCK	HINDRIX		HINDRICKJEN	POELPOORTE
1641 10 17	MK	AELTIEN	DERCK	JANSEN	SNICKVAERDER	HINDRICKJEN	DAMSTERDP
1644 03 20	AK	JAN	DERCK	JANSSEN		HINDRICKJEN JANS	DAMSTERDIEP
1646 03 26	AK	HINDRICK	DERCK	JANSSEN		HINDRICKJEN	EBBPOORTE
1649 07 20	MK	WIBBETIEN	DERCK	STEVENS		IDETIEN	POELPRT
1642 06 03	AK	DERCKJEN	DERCK		WEERLE,VAN	JANTIEN	BOTTINGEGANG
1646 06 26	AK	GRIETIEN	DERCK	CLAESSEN		JANTIEN	N.EBBPOORTE
1643 11 19	MK	ROELEFJEN	DERCK	ROELEFS		JANTIEN LAURENTS	BUCSE
1647 10 17	MK	ROEDOLPH	DERCK	ROELEFS		JANTIEN LAURENS	ACADEMIE
1642 01 05	AK	BERENTIEN	DERCK	STEFFENS		JANTIEN AELINGE	--
1646 08 02	MK	SOPHIA	DERCK	ROELFFS		JANTJEN LOUWERENS CRONOMUS ACADEMIE	
1641 08 01	MK	HEMKES	DERCK	JANSEN		LIJSEBETH	SCHIEDAMSGNG
1644 02 27	AK	LIJSEBETH	DERCK/SOLD.	JANSSEN		LIJSEBETH	SCHEDAMSGANG
1647 09 12	AK	SARA	DERCK	JANSSEN		LIJSEBETH	SCHEEDAMSGANG
1643 01 01	MK	GERRIT	DERCK	HARMENS	SWEERTVEIJER	LUMMETIEN	BREDEMERKT
1641 08 05	AK	HANS	DERCK	HANSEN		MAERRECHIEN ROELEFS	DAMSTERDP
1643 01 06	AK	ANNA	DERCK		BREMEN	MARIA	PRINCENSTR
1644 09 29	AK	CASPER	DERCK		VRIESE	MARIA CASPERS	A POORTE
1649 09 14	AK	ANNA ELISABETH	DERCK	ALBERS		MARIA	EBBSTR
1644 08 20	AK	HINDRICK	DERCK		BREMEN,VAN	MARRECHIEN	CRANEPOORT
1643 10 22	MK	ROELEF	DERCK	HANSSEN		MARRECHIEN ROELEFS	STEENTILPOORT
1647 08 01	MK	JANTIEN	DERCK	HANSSEN		MARRECHIEN ROELEFS	DAMSTERDP
1645 12 13	AK	ABRAHAM	DERCK	HARMENS		METJEN ARENTS	BREDEMERKT
1641 03 14	MK	LUCKE	DERCK	HELWERS		METTE	STEENTILPRTBG
1640 07 17	MK	BERENT	DERCK	JANS		NIESE	STEENTILPRT
1647 12 23	AK	GERRIT	DERCK	JACOBS		ORFELTIE?	LEELJENSTR
1645 12 28	AK	DERCK	DERCK	JACOBS		ORSELTIEN	NIJEJADTSTR
1643 04 09	AK	GRIETIEN	DERCK	REIJNERTS		SAARTIEN	CRANEPOORTE
1644 09 22	AK	REIJNER	DERCK	REIJNERTS		SAARTJEN REIJNERS	HEERSTR
1641 04 22	AK	GRIETE	DERCK	AUCKES		STIJNE	RAAMSTR
1645 12 28	AK	MARIA	DERCK	JANSSEN		SWAENTIEN JANS	VISSCHERSTR
1648 05 14	AK	FEMME CLAUS?	DERCK	JANSSEN		SWAENTIEN	LANE
1644 08 04	MK	MARGRIETE	DERCK	JANSSEN		SWANE	CRANE
1640 07 27	AK	CLAES	DERCK		HOGER	TAMME DERX	TIJMENSMEULEN
1644 12 15	MK	TRIJNE	DERCK/SOLD.	COERTS	HOIJE,VAN	TANNE	TIJMENSMEULE
1642 03 08	AK	PETER	DERCK/SOLDAET	COERTS	HOIJE,VAN	TANNECHIEN PIETERS	MEULLEN
1643 08 29	AK	TRIJNTIEN	DERCK		HEVER	TANNEKE	3 MEULENS
1644 09 27	AK	ANNEKE	DERCK		HARMELING	TEUBE	RAAMSTR
1642 07 05	MK	GEESJEN	DERCK	HERMENS		TEUBE	NIJESTAET
1647 01 17	AK	GEESKE	DERCK	HARMENS		TEUKEKE HARMENS	RAAMSTR

Year Mo Da	Chr	Child's Given Name	Father/Child's Patronymic	Father's Patronymic	Father's Surname	Mother	Address
1642 10 14	AK	HEIJLTIEN	DERCK	JANSEN		TRIJN EIJLERTS	DAMSTERDP
1641 12 30	AK	AELTIEN	DERCK	CRANSEN		TRIJNTIEN	A KERKE
1643 10 22	AK	GEERTRUIT	DERCK	CRANSSEN		TRIJNTIEN CHRISTOFERS	A KERKE
1648 05 28	AK	LIJSABETH	DERCK	CRANSSEN		TRIJNTIEN CHRISTOFF	AKERKE
1648 07 19	AK	AELTIEN	DERCK	JANSSEN		TRIJNTIEN DERX	VISSCHRPIJP
1646 09 12	AK	ANNETJEN	DERCK	CRANSEN		TRIJNTJEN CHRISTOFFERS	A.KERCK
1642 07 26	AK	WILLEM	DERCK	JACOBS		URSELE	NIEUWEJATSTR
1649 11 11	MK	HINDRICKJEN	DERCK	STEFFENS		WILLEMTIEN	SCHUTEND
1648 02 23	AK	WIJTTICH	DERK	ARENS		AELTIEN	KL.PEPERSTR
1649 12 16	AK	HARMTIEN	DERK	ARENTS		AELTIEN	SLEMENSTR
1645 08 15	MK	JANTIEN	DERK	GEERTS		AELTIEN	DAMSTERDP
1649 10 21	AK	CLAES	DERK	JACOBZ		ANNETIEN GERTRANS	HOORNSDIJK
1648 01 23	MK	BARTHOLMA	DERK	HANSZ		ANNIETIEN	SCHUTNDP
1642 06 12	MK	LUITJEN	DERK	CRANSSEN		CORNELISJEN CRANSEN	OOSTERSTR
1648 06 17	AK	AELTIEN	DERK	MEIJES		DERKJEN	KERKHOF
1649 10 21	AK	TEETJE	DERK	THOMAS		FRANSIJNTIEN	A KERK
1649 05 27	MK	GEERT	DERK	GEERTS		GEERTIEN	SUIDERDP
1648 02 10	AK	GRIETIEN	DERK	JANSZ		GESE	WOERT
1647 12 09	AK	ANNA MARIJ	DERK		HOIJER	HANNE	DAMSTERDP
1649 09 11	AK	BOUWE	DERK	BOUWES		METJE JANS	NIJESTADT
1645 10 30	AK	BOUWE	DERK	BOUWENS		METTE JANS	MEUWE?
1647 08 17	AK	BERENT	DERK	REIJNERS		SAERTIEN	TIMMERWARF
1641 03 03	MK	DERCKJEN	DERK/ZLG. deed	REIJNTIES		WEED. (widow)	DAMSTDP
1648 02 11	AK	JANTIEN	DERK	STEFFENS		WILLEMTIEN	SCHUTND.
1645 02 02	MK	NAVWE?	DETERT	JANS		ANNETIE NANNES	N.BOTRSTR
1641 12 26	MK	TRIJNTIEN	DETERT	HINDRIX		MARRECHIEN	JACOBINERSTR
1646 01 03	AK	JAN	DETMER/SOLD.	JANSSEN		SWAENTIE	SUIDERDP
1647 02 03	AK	ALBERT	DETMER	JANSSEN		SWAENTIEN ALBERTS	RAAMSTR
1645 06 03	MK	ALLEGONDA HELENA	DEUCK/CAP:	ALBERDA		MARIA FOCKENS	EBBSTR
1646 10 28	AK	MARIA	DEWOLT		REDIJE?	ELSEBE	PRINCENSTR
1648 02 13	MK	JAN	DEWOLT/SOLD.		VERDEGER	ELSEBE	PRINCENSTR
1644 12 24	AK	BALTSAR	DIDERICH		LIPHART?	CATELINA ARNU?	NIJESTADT
1642 12 03	AK	JAN	DIETERT	JANSSEN		ANNETIE NANNENS	N.BOTTRSTR
1644 02 18	AK	GRIETIEN	DIETERT	EGBERTS		MARRECHIEN	HOFSTRATE
1644 11 10	MK	HINDRICK	DIETERT	HINDRIX		MARRECHIEN	JACOBINERSTR
1647 06 18	AK	ALLART	DIETERT	HINDRIX		MARRECHIEN	JACOBIJNERSTR
1644 10 04	AK	JOANNES	DIEWOLT	ROTGERS		ELSEBE	PRINCENSTR
1642 01 26	AK	MARIA	DIONGS	MARTIJN	RETAIN	TRIJNE EGBERTS	BOTTERDP
1649 05 31	AK	JAN	DIRCK	BERENTS		AELTIEN	SCHUTENRSWAL
1648 05 11	MK	JAN	DIRCK		MEIJER	AGNETE	BORGER WEESHUIS
1649 10 12	AK	HANS	DIRCK	HANSSEN		AGNIETIE ALBERTS	PEPERSTR
1644 12 06	MK	GOUTIEN	DIRCK	CRANSS		CORNELISJEN FRIX	OOSTERSTR
1641 11 21	MK	WILLEM AMSINCK	DIRCK	HINDRIX		HINDRICKJEN SABIAENS	POELPRT
1646 05 12	AK	JOANNES	DIRCK	DIRCKSZ		JANTIEN	HOFSTRATE
1642 10 23	AK	BIEKE	DIRCK		FRIESE	MARIE	A POORTE
1647 02 16	MK	WILLEM	DIRCK	WOBBES		STJE WILLEMS	VOLTSTR
1641 03 31	MK	ABRAHAM	DITMAR	BANES		MARIA	BEULSGANG
1646 09 27	MK	JOHANNES	/DOCTOR	MEIJNTS		TEETJEN TAMMEN	HEERSTR
1646 12 17	AK	TONNIS	DOE?	TONNIS		MAIJKE GOSTEN,VAN	HARDINGESTR
1646 02 08	MK	ANNE	DOECKE	MELLES		GRIETE CLAESSEN	SCHUTENDP
1642 12 21	AK	MARRETIEN	DOECKE	MELLENS		GRIETIEN	NIJE WECH
1641 02 09	AK	ADDE	DOEDE	ADDES	ruiter onder Graff Frits		
1642 05 15	MK	GEERT	DOEDE	PIETERS		AAVE	POELPOORTE
1646 10 18	MK	WILLEM	DOEDE	JANS		AELTIEN	SCHUITNDP
1641 10 19	AK	TRIJNTIEN	DOEDE	JANSEN		AELTIEN AHRMENS	N.EBBSTR
1643 10 06	AK	HARMEN	DOEDE	JANSSEN		AELTIEN HARMENS	OOSTERBREGANG
1646 14 27	MK	TRIJNTIEN	DOEDE	JANSSEN		AELTIEN HARMENS	SCHUTENDIEP
1649 02 14	AK	JAN	DOEDE	PIETERS		GEESJEN	POELPRT
1644 06 28	AK	REMETIEN	DOEDE	TONNIS		MAIJKE	HARDINGESTR
1647 08 15	MK	AELTIEN	DOEDR	PIETERS	CUIPER	GEESJEN JANS	POELPOORTE
1648 09 22	AK	EVERT	DOEKE	MELES		GRIETIEN	BREEGANG
1646 02 22	MK	JANTIEN	DONCKER	DERX		ANNECHIEN JOOSTEN	OOSTRPRT
1645 07 30	AK	TRIJNTIEN	DOOIJE	HIJNDRIX		JANTIEN HINDRIX	BLOEMSTR
1641 04 06	AK	FENNETIEN	DOOIJE	HINDRIJX		JANTIEN	OLDEBBPRT
1649 07 29	MK	HINDRICK	DOOIJE	HINDRIX		JANTIEN	BOTTRDP
1645 09 26	AK	HAIJE	DOPKE	HARMENS		NIESE	PLUIMERSGANG
1643 03 14	MK	REMER	DOT?	TONNIS		MAIJKE OOSTEN,VAN	HARDINGESTR
1648 03 06	MK	ECKE	DOUWE	MEIJNTS		ELMERICH	BOTTERDIEP
1644 08 11	MK	MEENT	DOUWE	MEENTS		HELMERICH	BOTTERDIEP
1646 08 09	MK	DIEUKE	DOUWE	MENTS		HELMERICH	BOTERDP
1641 09 26	MK	MEIJNT	DOUWE	MENTS		KLARE	BOTTERDIEP
1648 08 17	AK	RUDOLPH HENDRICK	/DR.		KESTRING	IDA	BOTTRSTR
1644 07 05	AK	LODEWIG	/DR.		WIJCHGEL	JANTIEN MEES	BOTTRINGESTR
1648 11 28	AK	ENGELE	/DR.		WICHEL	JANTIEN MIEES	BOTTRINGESTR
1646 02 07	AK	JANTIEN	DREERCK	JACOBS		GEERTIEN	BOTTRSTR
1648 07 25	AK	TRIJNE	DREEUWES	JANSSEN		GRIETIEN DREEWS	MUSKENGANG
1646 10 23	AK	MERRECHJEN	DREEUWS	JANSSEN		GEERTIEN	MUSKENGANG
1644 12 26	AK	REIJNER	DREUS		LANGEN,VAN	AELTIEN	WILKENSKAMER
1646 09 02	AK	LUBBERT	DRIJRT	STOLLINGA		ANNA BIRZA	OOSTERSTRAT
1647 02 18	AK	FENNECHINE	DUERT	JACOBS		FEBBECHIEN ASCHENDORP	A.KERKE
1643 11 05	AK	ENGELBERT	DUIRT	JACOBS		FENNETIE	VOLTINGESTR
1648 03 12	AK	HARMEN	DUIRT	JACOBS		GEBBETIEN	A KERKE
1649 02 13	AK	HEMME	DUIRT	JACOBS		NIESJEN JASN	BOTTRSTR
1646 12 09	AK	AECHTE	DUIRT	JACOBS		WIESKE	N.BOTTRINGESTR
1648 06 11	MK	GEERT	DUTMAER	HINDRIX		ANNECHIEN	NIJEWECH
1642 07 19	AK	JAN	EBBINCK	LAUTS		ANNICHJEN	OOSTERSTR
1644 05 21	AK	JACOB	EBBING	(surgeon)	LANDT/CHIRURGUS	ANNECHIEN JANS	POELESTR
1646 07 26	MK	AELTJEN	EBBINGH		LANDT	ANNICHJEN JANS	MERKT
1648 11 29	AK	HILLETIEN	EBBINK		LANDT	ANNETIEN	BREMERKT
1648 02 06	MK	ENNE	EBEL	N.		TIAKE	KOORNSTR
1644 01 10	MK	SIJMEN	EBEL	REIJNERS		TIATIEN	BOTTERDIEP
1644 08 02	AK	JAN	EBEL	WRITSERS		WEMELE	OOSTERPOORTE
1643 01 31	AK	ARENT	EBEL	JACOBS		WILLEMTIEN CLAESSEN	CRANEPOORTE
1641 08 01	AK	JAN	EBELE	JACOBS		GEESIEN CARSTIENS	UDESTIND.
1647 05 11	AK	TRIJNTIEN	EBELE	WRITSER		WEMELTIEN	OOSTERPOORT
1643 03 10	MK	ANTHONIUS	ECHARDUS	MATTHEAUS		ADRIAENTIEN	LAMHUINGESTR
1643 02 08	AK	HINDRICK	ECKE	HINDRIX		AELTIEN	A
1643 04 27	MK	WILLEM	ECKE	BOUWENS		GEERTRUIT ARJENS	BOTTRSTR
1648 02 22	AK	ELISABETH	ECKE	CLAESSEN		TRIJNE JANS	SCHUTENDP
1648 02 22	AK	MARIA	ECKE	CLAESSEN		TRIJNE JANS	SCHUTENDP
1644 08 27	AK	ADOLPHUS	ECKHARDUS	MATTHAUS		ADRIAENTIEN	LAMHUINGESTR
1644 08 27	AK	CONRADUS	ECKHARDUS	MATTHAUS		ADRIAENTIEN	LAMHUINGESTR
1645 01 16	AK	ANNA MARTA	ECKHART/SOLD		SELTZER	ANNECHIEN	MUER/JAT
1646 10 29	AK	HANS	ECKHERT?		SELTER	ANNETIEN	CRANE
1646 04 15	AK	FROUCKE	ECKO	JURJENS		WEMMECHIEN OTTENS	JADT

Year Mo Da	Chr	Child's Given Name	Father/Child's Patronymic	Father's Patronymic	Father's Surname	Mother	Address
1643 10 31	AK	JURJEN	ECKO	JURJENS		WENNERRCHIEN OTTENS	JATSTR
1644 10 18	AK	IDEKE	EDE	RINNERS?		AEITIEN	HEERPOORTE
1646 08 23	AK	LUCAS	EDE	SIJMONS		EELCKE EDES	BREDEMERKT
1648 11 26	AK	ANNEKE	EDE/SOLD.	ROELEFS		IDE E DERX?	STEENTILSTR
1646 08 02	MK	MARTEN	EDE	GOSENS		WIBBE	HEERPOORT
1649 08 29	AK	ELSJEN	EDE	GOSSENS		WOBBETIE	HEERPOORTE
1646 07 25	AK	GRIETJEN	EDSE	FOLKERTS		ROELEFJEN CLAESSEN	JUDISHUIS
1642 12 15	AK	GEBBETIEN	EDSO	FOLKERTS		ROELEFJEN	SUIDERDP
1648 03 15	AK	FRANSJEN	EDWART		GOWER	TRIJNTIEN	DOSTERSGANG
1646 02 26	AK	AELTIEN	EDZART		HUNSMAN	HELENA HAS	MERKEN
1643 05 26	MK	RIJCHELTIEN	EDZART		HUISMAN	HELLENA SAS	MERKT
1644 02 18	AK	PETER	EEBEL	JACOBS		GEERTIEN CARSTIENS	KRANE
1645 14 20	MK	AELTIEN	EEBEL	REIJNERS		TIAKE GOOSSENS	BOTTERDP
1641 06 20	AK	MARRECHIEN	EECKE	JURJENS		FROUWKE	JADT/ADV.LUSS?
1641 10 22	AK	CORNELIS	EEDE	HINDRIX		AELTIEN	HEERPRT
1647 05 23	MK	UIJLRICH?	EEDE	REIJNERS		AELTIEN	HEERPOORTE
1649 12 09	MK	ABRAHAM	EEDE	RINJES		AELTIEN	HEERPRT
1643 03 03	MK	JAN	EEDE	ULRICKS		CATALINE JANS	NIEUWE WECH
1641 07 22	AK	ANNE	EEDE	SIJMENS	SPAN./STOELMK	ELSJEN	MERCKT
1643 10 17	AK	MAGDALENE	EEDE	SIJMONS		ELSJEN	BREEDEMERCKT
1643 02 03	AK	ROELEFJEN	EEDE	POPKENS		MARRECHIEN HINDRIX	N.KERKHOFF
1641 07 30	AK	MELCHER	EEDE	EEDENS		OCKKE	PLUIMERSGNG
1643 09 01	AK	HARMTIEN	EEDE	GOSSENS		WIBBECHIEN	HEERPOORTE
1642 09 27	AK	TONNIS	EELKE	TONNIS		JANTIEN	DRA/J.PIETERSGR
1642 06 11	AK	HARMEN	EENSE	JANSEN		ROELEFJEN HARMENS	SLEMENNERSTR
1642 12 29	AK	MARIE	EERKE	HINDRIX	VOS	TRIJNE	ROSENSTR
1641 01 06	AK	GERRIT	EERNST/SOLDAET			--	PRINCENSTR
1643 01 06	AK	JAN	EERNST		MEIJER	AELTIEN	MOESKERSGANG
1643 09 24	AK	MARTHA	EERNST	DREEUWES		ANNA	VISSCHERSTR
1645 14 30	AK	ANNECHIEN	EERNST	HINDRIX		ANNA MARIE	BEULSGANG
1645 14 30	AK	MARGRIETE	EERNST	HINDRIX		ANNA MARIE	BEULSGANG
1648 03 14	AK	ANNETIE	EERNST	HINDRIX		ANNA MARIA	LEELJENSTR
1649 11 28	AK	GRIETJEN	EERNST	HINDRIX		ANNA MARIA	BOTTRPRT
1649 05 11	AK	REIJNER	EERNST	DREEUS		ANNE EERNSTS	VISSCHERSTR
1646 03 20	AK	GEESJEN	EERNST	DREEUWES		ANNE HARMENS	VISSCHERSTR
1646 02 01	MK	JOANNES	EERNST	SIJMONS		ANNECHIEN BUIRINX?	HEERSTR
1648 07 18	AK	TIAERT	EERNST	SIJMONS		ANNECHIEN	HARDINGESTR
1648 05 31	AK	IDATIE	EERNST	JACOBS		ANNETIE JANS	CRANEBRUG
1645 11 16	AK	HINDRICK	EERNST		OLDENBUTTEL	BEKE JANS	WOERT
1642 04 15	AK	JEREREN	EERNST/SOLD	JERERENS		ELSJEN	OOSTERPRT
1643 11 10	AK	ANNEKE	EERNST	JURJENS		ELSKE	KORDEMAKERSGANG
1641 03 06	MK	EERNST FR.BRESSE	EERNST/SOLDAET	FRED.	BRESSE	EUSE HAIJES	RAAMSTR
1646 01 20	AK	EENJE?	EERNST	EENJES		GEESJEN	SCHOOLHOLM
1647 10 01	AK	ELSJEN?	EERNST	IGEL?		GEESJEN EERNST	SUIDERDP
1649 04 20	MK	EERNST	EERNST	LUCAS		GEESJEN JANS	NIJEWECH
1649 09 04	AK	TRIJNTIEN	EERNST	JANS		GESIE	SUIDERDP
1648 03 10	MK	CATHARIJNE MARGR.	EERNST	HARMENS		GRIETIEN PLOCHMANS	SNST?
1648 03 10	MK	GRIETIEN	EERNST	HARMENS		GRIETIEN PLOCHMANS	SNST?
1644 12 17	AK	MARRECHIEN	EERNST	JACOBS		IDE	SLEMENNERSTR
1647 04 04	AK	TONNIS	EERNST	JACOBS		IDE TONNIS	JACOBSGASTHUIS
1642 02 11	AK	ANNEKE	EERNST		BACKER	MARRECHIEN PIETERS	GELTINGESTR
1646 06 29	MK	MARRECHJEN	EERNST	REIJNERS		MARRECHIEN	GELTINGFESTRAEN
1643 08 06	MK	GEBBETIEN	EERNST	REIJNERTS		MARRECHIEN	GELTINGESTR
1647 01 22	AK	ROELEFJEN	EERNST	REIJNERTS	BARKER	MARRECHIEN	GELTINGSTR
1649 12 19	MK	GEESJEN	EERNST	JURJENS	VOS	WIJPKE	HEERPOORTE
1646 03 22	MK	HINDRICK	EERST	HINDRIX		ANNA MARIA	BEULSGANG
1641 06 02	MK	GRIETIEN	EEUWE	TAMMENS		ANNETIEN	OOSTERPRT
1643 09 29	AK	GRIETIEN	EEVERT	EEVERTS		ELLECHIEN	BUTJENSTR
1641 07 07	AK	JANTIEN	EEVERT	JANSEN		GEBBETIEN	VOLTINGESTR
1641 10 17	MK	HINDRICK	EEVERT	HINDRIX		LEENTIEN	POELSTR
1644 11 22	AK	FENNETJEN	EEVERT	HINDRICKS		TRIJNTIEN EIJLERTS	CRANE
1642 06 12	MK	HARMEN	EEWE	HARMENS		LIJSBET HARMENS	N.EBBSTR
1646 12 04	AK	REMBERTUS	EEZERT		HUISMAN	HELENA SAS?	MERKTEN
1647 06 25	AK	MARGRIETIEN	EFFTE?	HARIJES		LIJSEBETH HARMENS	N.EBBSTR
1641 03 07	MK	ANNETIEN	EGBERT	ROELEFS		--	BOTTRSTR
1641 10 03	AK	ANNECHIEN	EGBERT		BESUINCK	AELTIEN	CRAEMERRIJPE
1649 05 14	MK	ANNECHIEN	EGBERT		LINGEN,V	AELTIEN	WAGE
1649 05 14	MK	GEERTRUITA	EGBERT		LINGEN,V	AELTIEN	WAGE
1641 09 07	AK	PIETER	EGBERT	PIETERS		AELTIEN CLASSEN	OLD.BOTTR.PRT
1644 01 09	AK	ANNECHIEN	EGBERT	PIETERS		AELTIEN	O.BOTTRINGEPOORTE
1646 07 19	AK	GEERT	EGBERT		BESUIJNCKS	AELTJEN	CREMERRIJP
1644 03 24	MK	JAN	EGBERT	JANS		ALBERTIEN	PLUIMERSGANG
1645 09 12	AK	EEMTIEN	EGBERT	JANS		ALBERTIEN	SCHUTENDIEP
1649 03 14	AK	JAN	EGBERT	JANSEN		ALBERTIEN	PLUIMERSGANG
1647 03 14	MK	TONNIS	EGBERT	TEUNNIS	BACKER	ALBERTIEN	JACOBIJNESTR
1641 03 21	MK	CLARA	EGBERT	TONNIS	BACKER	ALBERTIEN	JACOBINERSTR
1644 10 02	AK	WEMELTIE	EGBERT	TONNIS	BACKER	ALBERTIEN	JACOBINERSTR
1649 08 09	MK	ROELEF	EGBERT	TONNIS	BARKER	ALBERTIEN	JACOBIJNERST
1642 07 08	MK	MARTJEN	EGBERT	THONNIJS		ALBERTJEN	JOCOBIJNERSTR
1649 03 25	MK	GRIETE	EGBERT	CLAESSEN		ANNA	VISCHRSPIJP
1641 08 08	AK	LUTGERTIEN	EGBERT	LUBBERTS		ANNA	RAAMSTR
1642 10 25	AK	JAN	EGBERT	CLAESSEN		ANNE CLAESSEN	VISSCHERPIJP
1644 10 06	MK	AUCKE	EGBERT	CLAESSEN		ANNE	VISSCHERSPIJPE
1647 07 14	AK	ELIAS	EGBERT	CLAESSEN		ANNE CLAESSEN	VISSCHERPIJP
1642 09 27	AK	HINDRICK	EGBERT	GEERTS		ANNE HINDRIX	SCHUITMKRSSTR
1646 04 12	AK	HINDRICKJEN	EGBERT	GEERTS		ANNE	SCHOOLHOLM
1648 07 21	AK	VREECK	EGBERT	GEERTS		ANNE HINDRIX	SCHOOLHOLM
1644 07 28	AK	AELTIEN	EGBERT	GEERTS		ANNECHETIEN	SCHOOLHOLM
1643 09 07	AK	JAN	EGBERT	LUITIENS		ANNECHIEN JANS	RAAMSTRAET
1646 01 18	AK	ROELEF	EGBERT	LUITJENS		ANNECHIEN	RAAMSTR
1642 11 27	MK	EGBERT	EGBERT	ROELEFS		ANNECHIEN MANNINGS	POELPRT
1648 08 13	AK	JAN	EGBERT	BASTIAENS		ANNETIE	S.DIEP
1642 11 20	MK	HINDRICKJEN	EGBERT	JANSEN		ANNETIEN EGBERTS	JANTIENTIJSGA--
1648 11 26	AK	GEESJEN	EGBERT	LUITJENS		ANNETIEN	RAEMSTR
1641 01 08	AK	AELTIEN	EGBERT	SCHOLTEN		ANNETIEN KUMPS	HEERSTR
1643 04 26	MK	WOLTER	EGBERT	SIJBRANTS		ANNETIEN	N.KERCKSTR
1641 08 11	AK	TONNIJS EGBERTS	EGBERT	LUITJENS		BRECHTE	DAMSTERDP
1642 10 11	AK	ELISABETH	EGBERT	SELTER	TAMBUER	ELISABETH	CRANE
1643 04 23	AK	JAN	EGBERT	JANS		ELSJEN	DAMSTERDIEP
1649 08 21	AK	SWAENTIEN	EGBERT	JANS		ELSJEN	SWANESTR
1641 10 24	MK	GEESJEN	EGBERT	GEERTS	POTBACKER	GEERTIEN LUCAS	PELSERSTR
1644 03 20	MK	WIGBOLT	EGBERT	WIGBOLTS		GEERTIEN ALBERTS	HEERPOORTE
1642 08 21	AK	ANNETIEN	EGBERT	ROELEFS		GEERTRUIT	BOTTRSTR
1646 02 07	AK	JACOB	EGBERT	ROELEFS		GEERTRUIT JOEFSINCS	BOTTRSTR
1646 02 07	AK	THEODORUS	EGBERT	ROELEFS		GEERTRUIT JOEFSINCS	BOTTRSTR

Year Mo Da	Chr	Child's Given Name	Father/Child's Patronymic	Father's Patronymic	Father's Surname	Mother	Address
1642 10 27	AK	EGBERT	EGBERT	JANSEN		GEESJEN	SCHUITEMKSWAL
1643 01 08	MK	AAUCKE	EGBERT	SIJMONS		GESE JANSSEN	N.EBBSTR
1645 02 23	AK	FENNE	EGBERT	SIJMONS		GESE JANS	CRANEPOORTE
1648 03 12	MK	AVE	EGBERT	SIJMONS		GESE JANS	MUERE
1649 12 27	AK	AVE	EGBERT	SIJMONS		GESE JANS	SWANESTR
1649 10 17	AK	FOCKE	EGBERT	GERRITS		GRIETE	NIJEWECH
1646 09 12	AK	NIESJEN	EGBERT	JANS		GRIETE	A.POORT
1642 01 14	AK	LAMMETIEN	EGBERT	LUITIENS		GRIETE KOERTS	HERPOORTE
1646 05 31	AK	ALBERT	EGBERT	GEERTS		GRIETIEN LUCAS	PELSERSTR
1642 03 04	MK	TRIJNTIEN	EGBERT	GERRITS		GRIETIEN CORNELIS	VISSCHERSTR
1649 03 22	AK	GERRIT	EGBERT	GERRTIS		GRIETIEN ARIENS	CROMMEJAT
1649 02 02	AK	JAN	EGBERT	JANS		GRIETIEN	SUIDERDP
1643 10 05	AK	NIESSJEN	EGBERT	JANSSEN		GRIETIEN ARIES	A POORT
1644 12 20	AK	GEERT	EGBERT	GEERTS		GRIETJEN	PELSERSTR
1648 01 25	AK	CLAESJEN	EGBERT	GERRITS		GRIETJEN	CORMMEJADT
1649 01 07	MK	TIJMEN	EGBERT	ANTHONIJ		GRITIE	HEERPRT
1643 12 22	AK	GEBBE	EGBERT	HARMENS		HAIJKE	MUSKENGANG
1641 06 18	MK	JANTIEN	EGBERT	HARMENS	SCHUITENSCHVR	HEIJLKE	MUSKENGAGN
1644 01 10	MK	EGBERT	EGBERT		HOUBOIJS?	HEIJLTIEN VERKERCK	BOTTRSTR
1649 10 07	AK	JETSKE	EGBERT	ANDRIES		HESTER	PELSERSTR
1648 08 26	AK	LUBBERT	EGBERT	GERTS	POTS?	HILLETIE	PELSERST
1645 02 02	MK	JAN	EGBERT	HARMENS		IDE	BOTTERDIEP
1646 11 01	MK	CLAES	EGBERT	CLAESSEN		JANTIEN WILLEMS	STEENTILPOORTE
1642 03 20	MK	EGBERT EGBERTS	EGBERT	EGBERTS		JANTIEN LUITIENS	N.EBBSTR
1641 12 06	MK	CORNELISJEN	EGBERT	JANSEN		JANTIEN CORNELIS	DAMSTERD/PORT
1644 07 02	AK	GEESJEN	EGBERT	JANSSEN		JANTIEN	DAMSTERDIEP
1648 10 16	AK	MECHTELT	EGBERT	CORNELIS		JUDITH TUSE	HARDSTR
1649 03 16	AK	HARMEN	EGBERT	HARMEN		MARIA	POELSTR
1644 08 13	AK	LAMBERT	EGBERT	LAMBERTS		MARRECHIEN	NIJESTADT
1645 02 02	MK	GEERT	EGBERT	JANS		MARRETIEN GEERTS	EBBPRT
1645 02 02	MK	JANTIEN	EGBERT	JANS		MARRETIEN GEERTS	EBBPRT
1642 05 08	AK	LAMBERT	EGBERT	LAMBERTS	LEIJENDECKER	MARRETIEN HERMENS	NIJESTADT
1649 05 22	MK	EGBERT	EGBERT		HEIJSING	MELTIEN	POELEPOORTE
1645 09 28	MK	METJEN	EGBERT		HEIJTINUS	NEELTIEN DERKERK	POELSTR
1649 10 16	AK	EGBERTIEN	EGBERT	LUTSES		NIESJEN	MUERE
1643 04 02	AK	GEBBETIEN	EGBERT	WARMELTS		NIESJEN HINDRIX	LEELJENSTR
1644 08 28	AK	HINDRICK	EGBERT	WARMELTS		NIESJEN	LEELJENSTR
1642 01 02	AK	JANNETIEN	EGBERT	WARNERS		NIESJEN	LEELJENSTR
1641 03 07	AK	AELTIEN	EGBERT	ANTHONIJ		SARA WALPEERT	HEERSTR
1642 02 02	AK	HINDRICKJEN	EGBERT	ALBERTS	STATS-BODE	SIADDE POULS	PELSERSTR
1643 10 13	AK	GRIETIEN	EGBERT	ALBERTS		SIADDE	CLEIJNEPELSERSTR
1645 03 20	MK	BEERTIEN	EGBERT	ALBERTS	STATSDIENER	SIADDE POUWLS	PELSERST
1646 08 02	AK	POUWEL	EGBERT	ALBERTS		SIADDE	CLAENE PELSERSTR
1648 07 21	AK	PAULUS	EGBERT	ALBERTS		SIADDE EGBERTS	POELPOORTE
1643 04 26	MK	TIJMEN	EGBERT	TIJMENS		TRIJNE JANS	OSSEMERKT
1642 04 22	AK	AUCKE	EGBERT	WILLEMS		TRIJNE	HOPMANVINST/AKERK
1648 11 06	MK	LAMMECHIEN	EGBERT	HENCKES		WILLEMTIEN	COLLEGIE
1649 12 21	AK	ROELEF	EGBERT	HENNECKERS?		WILLEMTIEN	MARTKERKHOF
1646 06 28	AK	GRIETIEN	EGBERT	HINDRIX		WILLEMTIEN ROELEFS	WOERT
1643 10 05	AK	JACOB EGBERTS	EGBERTS--"Een soon van deselve" (older)				GELTINGESTAR
1647 05 30	MK	JANTIEN	EGELBERT		HAMMING	AELTIEN SAS	SJOANNESBRG/SCHUTND
1641 01 27	AK	SWAENTIEN	EGGE	CLAESSEN		--	OLDE DOELE
1646 10 07	AK	CLARE	EGGER	SELSTERS?		ANNE JOCHINK	OOSTERSTR
1641 12 17	AK	EGRICUS	EGGO	PHEBENS		JANTIEN KNOLS	JADT
1646 10 02	NK	JURJEN	EIBO	JURJENS		FENNE BASTIAENS	O.EBBPRT
1642 05 08	MK	INO	EIBO	INEN	CHIRURGIJN	GRIETIEN PIETERS	EBBSTR
1647 07 06	AK	EIJBO	EIJBO	INEN	CHIRUGIJN?	GRIETIEN PIETERS	EBBSTR
1649 01 10	AK	RICHARD	EIJBO	INEZ	CHIRUNGI?	GRIETIEN PIETERS	EBBSTR
1645 08 20	AK	CORNELIS	EIJBO	JOREN	CHIRURGUS?	GRIETIEN PIETERS	EBBSTR
1647 06 01	AK	TIAERT	EIJLERT	TIAERTS		HAASKE JACOBS	SCHEDAMSGANG
1648 10 25	AK	JAN	EIJLERT	TIAERTS		HAESKE	SCHEDAMSGNG
1644 02 11	MK	ANNECHIEN	EIJLERT	JANSSEN		HESTER JANS	SWANESTR
1647 04 13	AK	GRIETJEN	EIJNSE	JANSSEN		ROELEFJEN HARMENS	SLEMENNERST
1644 08 22	AK	ROMCKE	EIJSE	JACOBS		AELTIEN	NIJEJADTSTR
1646 11 09	AK	GRIETJEN	EIJSSE	ONNENS		LUBBE JACOBS	HORENSCHEDIJCK
1649 01 28	AK	CLAES	EIJSSE	ONNENS		LUIBETEN	HORNSCHDIJK
1646 03 16	AK	TRIJNTIEN	EIJSSE	HINDRIX		OUCKE? EIJSSENS	CRANEPRT
1642 06 26	MK	GRIETIEN	EIJWE	TAMMENS		ANNECHIEN JANS	HEERPRT
1644 05 12	MK	GEERTRUIT	EILARDUS	AELRIX		CORNELIA WUSSUMS	GULDENSTR
1646 10 02	NK	LUITJEN	EISO	JACOBS		AELTIEN	MUIERE
1641 03 21	AK	ANTHONIUS	EKHARDUS	MATHAEUS		ADRIAENTIEN	LAMHUIJNGE
1645 10 08	AK	GERRIT	ELIAS	JANS		ANNEKE JANS	HOFF/MECHOFF
1642 01 07	AK	JOHANNES	ELIAS	JANSEN		ANNEKE JANS	MARTINIKERKHOFF
1644 01 10	MK	GERRIT	ELIAS	JANSSEN	GARDENIER?	ANNEKE JANS	M.KERKHOFF
1645 12 07	MK	BOELE	ELIAS		VOS	HILLECHIEN BOELENS	BRETHEM?
1647 11 07	MK	HINDRICK	ELIAS		VOS	HILLETIE BOELENS	OOSTERSTR
1648 05 23	MK	DERK MARTENS	ELIAS	DERX		HILLETIEN	N.EBBSTR
1642 12 23	AK	JANTIEN	ELIAS		VOS	IMMECHIEN	BENTHEM
1641 03 28	MK	GRIETIEN	ELIAS	(KISTEMKR)	VOS	JANNETIE	MUERE
1649 09 25	AK	JACOB	ELIAS	JANSEN		JANTIEN	VISSCHRSTR
1644 08 09	MK	ELIAS	ELIAS		RASKER	MARRECHIEN	GEESTL.MAAGDESTR
1642 06 26	MK	LAMBERT	ELIAS		RASSER	MARRETIEN LAMBERTS	GEESTEMAGDESTR
1641 11 17	MK	ELISABET	ELIAS		REKENER,DE	SWAENTIEN	EBBSTR
1643 09 17	MK	GEERTRUIT	ELIAS		REKENAER,D'	SWAENTIEN GEERTS	EBBINGESTR
1642 09 21	AK	STIJNTIEN	ELLE	JANS		CHRISTINA	S.JANS BRUGGE
1643 06 11	AK	RIEMER	ELLE	BONNEKENS		HARMTIEN	S:JANSSTR
1646 11 27	AK	LUTGERTIEN	ELLE	BOUCKES		HARMTIEN	SNORRETIE?
1641 11 12	AK	ANNA	ELLE	BUNNEKENS		HARMTIEN REMMERTS	JOANNESSTR
1645 09 23	AK	ELLE	ELLE/W./CORP.	JANS		HESTER BECKERS	NIJEWECH
1642 10 09	MK	MARRECHIEN	ELLE	JANSEN		HESTER	HEERSTR
1644 09 07	MK	TALLECHIEN	ELLE	JANS		TRIJNE ELLES	NIJE WECH
1648 03 05	MK	TALLECHIEN	ELLE	JANS		TRIJNE	SUIDERDP
1646 04 19	MK	JAN	ELLE	JANSSEN		TRIJNE JANSSEN	POELPOORTSBRG
1644 09 29	AK	HINDRICKJEN	ELLE	ONNENS		TRIJNE HOLKENS	DRA
1641 12 05	AK	ONNE	ELLE	ONNENS	SCHIPPER	TRIJNTIEN HOLKES	DRAE
1646 07 12	AK	HINDRICKJEN	ELLE	ONNENS		TRIJNTIEN	DRAE
1648 02 22	AK	JOANNES	ELLERIJ?	JOANNES		JANTIEN HEERENS	CROMJAT
1644 10 10	AK	ANNECHIEN	ELLERUS	JOANNES		JANTIEN HERENS	A KERCKE
1641 03 03	MK	GEERTRUIT	ELLERUS	JOHANNIS		JANTIEN HERENS	SWANESTR
1646 07 16	AK	ARENTJEN	ELLERUS	JOHANNIS		JANTJEN HERENS	CROMMEJADT
1642 11 15	AK	ELSJEN	ELLERUS?	JOANNIS		JANTIEN HERENS	SWANESTR
1642 10 25	AK	PIETER	ELTE	PIETERS		AELTIE	POELESTR
1644 11 08	AK	EVERT	ELTE	PIETERS		AELTIEN	POELESTR
1643 12 24	MK	JUDITH	ELTE	HANSSEN		MARIJ HANSSEN	PRINCENSTR
1641 04 16	AK	ANNETIEN	ELTIE	PIETERS		AELTIEN	POELSTR

Year Mo Da	Chr	Child's Given Name	Father/Child's Patronymic	Father's Patronymic	Father's Surname	Mother	Address
1642 05 10	AK	HARMEN	ELTIE	HARMENS		ALMET FOLKERTS	JONKERSTR
1643 08 30	AK	ISAAC	ELTIE	TADEN		FROUKE MEIJTS	SUIDERDIEP
1643 12 03	AK	JAN	ELTIE	JANS		JANTIEN BERENTS	JADT
1646 11 05	AK	BERENT	ELTIE	JANSSEN		JANTIEN BERENTS	JADT
1641 08 22	MK	JAN	ELTJEN	HINDRIX		AAFJEN ARENTS	OOSTERPRT
1642 01 12	AK	MARRECHIEN	EMME	STEVENS	BACKER	JACOBJEN	HELPEN
1645 03 26	AK	CLAES	EMME	STEVENS		RENSKE TONNIS	HELPEN
1648 10 08	MK	PIETER	EMME	STEVENS		RENSKE TONNIS	HELPEN
1641 06 01	MK	WEMELTIEN	EMMERICK	WOLTERS		AELTIEN	HEERSTR
1643 02 08	AK	BERENT	ENGEL	HANSSEN		GEESE HARMENS	BEULSGANG
1644 04 28	MK	HANS	ENGEL	HANSSEN		GEESE	RAAMSRCKT?
1647 06 27	MK	ELFJEN	ENGEL	N.		GEESE ENGELS	RADEMERCK
1644 11 06	AK	ABRAHAM	ENGELB.		HAMMING	AELTJEN SAS	GELT:STR
1647 09 26	AK	ARNOUT	ENGELBERT/LT.	GEERTS	WEDDA	AEDRIANA SCHILDERS	SCHOOLHOLM?
1644 08 11	AK	ANNECHIEN	ENGELBERT	FOLKERTS		AEKTIEN DREEUWES	CRANE
1646 12 13	AK	HILLENEN?	ENGELBERT	FOKKERTS		AELTIEN DREUS	JADT
1641 01 12	AK	ANNETIEN	ENGELBERT	FOLKERTS		AELTIEN DREUWES	WOERT
1642 08 09	AK	BRIGITTA	ENGELBERT	FOLKERTS		AELTIEN	N.EBBSTR
1648 12 09	AK	CLAES	ENGELBERT	FRIETERS		AELTIEN	BOTTRPRT
1646 08 09	MK	JANTJEN	ENGELBERT	PETERS		AELTJEN CLAESSEN	EBB/BOTTRPOORT
1643 03 21	AK	LUITIEN	ENGELBERT	LUITIENS		EELKE	DRA
1641 12 15	AK	ELSJEN	ENGELBERT	HANSEN		FENNE	BEULSGANG
1644 08 11	MK	ROELEFJEN	ENGELBERT	WILLEMS		GRIETE	KLEIJNPEPERSTR
1647 06 18	AK	HARMEN	ENGELBERT	HARMENS		GRIETIEN	N.JADT
1649 04 08	MK	LAMMETIEN	ENGELBERT	HARMENS		GRIETIEN	NIJEGAT
1643 05 25	MK	GEERT	ENGELBERT	GEERTS		GRIETJEN LUCAS	PELSERSTR
1648 11 08	AK	ARENT	ENGELBERT	ARENTS		JANTIEN	CROMELBOGEN
1648 09 05	AK	ELISABET	ENGELBERT	HARMENS		JANTIEN	KALWERK
1644 06 04	AK	JAN	ENGELBERT	JANS		JANTIEN	RAAMSTR
1646 11 15	AK	HAIJTIE	ENGELBERT	HARMENS		JANTJEN	HALKWERCK
1642 10 11	AK	ROELEFJEN	ENGELBERT	WILLEMS		MARGRIETE WESSELS	PEPERSTR
1646 09 27	NK	ROELFF	ENGELBERT	N		SIJBERICH	HARMEN-WILCKES CAR.
1642 07 01	AK	HANS SAS	ENGELBERTUS		HAMMING	AELTIEN SAS	geltingestr
1642 09 06	AK	WIJNHOLT	ENNE	WIJNHOLTS		ANNECHIEN	JONCKERENSTR
1645 08 14	MK	ELSJEN	ENNE	WIJNHOLTS		ANNEKE	JONKERENSTR
1646 10 04	AK	WIBBETIE	ENNE	WIJNHOLTS		ANNEKE	LEELJENSTR
1646 10 04	AK	ENNEKE	ENNE?	WIJNHOLTS?		ANNEKE?	LEELJENSTR?
1646 01 08	AK	LUBBERT	ENOS?	EMMENS?		JANTIEN CRANS	GESTERSTR
1644 11 05	AK	EIJSKE	EPPE	ALBERTS		GEESJEN	SLEMENNERSTR
1642 08 28	AK	GEESJEN	EPPE	CLAESSEN		HINDRICKJEN	HOVENSCHEDIJCK
1648 09 26	AK	RENSKE	EPPE	VREERX		JANTIEN	NIJESTADT
1642 02 11	AK	LAMMECHIEN	EPPO		GOCKINGA	SIBILLA VERSPEECK	HARDINGESTR
1641 08 15	MK	JANTIEN	EPSART?		HUISMAN	HELENA SAS	HEERSTR
1643 06 06	AK	BARBERA	ERASMUS		WIT	FENNETIEN	BOTTERDIEP
1646 09 08	AK	ANNICHJEN	ESAIAS	JANSEN		ELSJEN JANSEN	SCHOLHOLM
1646 09 08	AK	JOANNES	ESAIAS	JANSEN		ELSJEN JANSEN	SCHOLHOLM
1641 12 08	AK	AVE	EUCKE	HINDRIX		ANNE GERRITS	RODERWOLDER
1641 12 08	AK	HINDRICK	EUCKE	HINDRIX		ANNE GERRITS	RODERWOLDER
1642 04 24	MK	ELTEKE	EVERDUS	AIJCKEMA		ENGELTIE STONIUS	POELSTR
1649 02 25	AK	GEERT	EVERHARD		STRATING	ITIEN SIBRANTS	EBBSTR
1646 12 25	MK	SIJBRANT	EVERHARDUS		STRATING	IDETIE SIJBRANTS	SNORRET.
1641 06 21	AK	GRIETIEN	EVERT	EGBERTS		--	DRAPOORTE
1641 03 02	MK	ELIJSABETH	EVERT	ISEBRANTS		--	N.JADTSTR
1643 06 18	AK	CLAES	EVERT	ISEBRANDTS		AECHTE CLAESSEN	TORFTOORNSTR
1645 06 03	MK	MENSE	EVERT	CORNELLIUS		ANNA	HELPEN
1646 05 24	MK	MENSE	EVERT	JANSSEN		ANNA	HELPEN
1641 11 02	AK	ELSJEN	EVERT	HARMENS		ANNE ARENTS	SUIDERDP
1647 01 24	AK	JAN	EVERT	HARMENS		ANNE	SUIDERDP
1645 01 24	MK	FRECHIEN	EVERT	JOOSTEN		ANNECHIEN	MESMAKERSST
1646 12 30	AK	STEPHANUS	EVERT	JOOSTEN		ANNECHIEN	JONKERSGANG
1649 12 19	AK	ELSIEN	EVERT	RAVENS		ANNECHIEN	JONKERSGANG
1647 07 29	AK	ANNETIEN	EVERT		TOEL	ANNETIEN	ROSENSTR
1642 10 30	AK	HINDRICK	EVERT	HINDRIX		ANNETIEN POPKENS	H.JADT STRATE
1643 03 22	AK	FRERICK	EVERT	JOOSTEN		ANNETIEN	WOLBORCHS STR
1641 06 12	AK	LUCKE	EVERT	KOOPS		EEVE	DAMSTERDP
1644 09 25	AK	PIETER	EVERT	EVERTS		ELTEKE	BUTJENSTR
1645 09 17	AK	GRIETJEN	EVERT	EVERTS		ELTEKE	BUTJENSTR
1642 07 10	MK	LUCKE	EVERT		CAP?	EVA	DAMSTERDP
1647 02 24	AK	MARIA	EVERT		KAP	EVA JACOBS	DAMSTERDP
1644 10 09	AK	MARIA	EVERT		CAP.	EVE EVERTS	DAMSTERDIEP
1643 01 05	AK	JAN	EVERT	JANSSEN		GEBBETIEN	POELSTR
1648 04 11	AK	GEERTIEN	EVERT	JANS		GEBETIEN	POELESTR
1648 11 15	AK	GEERT	EVERT	GEERTS		GRIETE	MUERE
1644 07 07	MK	TONNIS	EVERT	TONNIS		GRIETE	N.POELSTR
1643 07 27	AK	JACOB	EVERT		LINGEN,VAN	JANTIEN HOVINGE	CROMMEJADT
1643 12 06	AK	AELTIEN	EVERT	HINDRIX		LEENTIEN WIJBRANTS	POELESTRATE
1646 12 22	AK	SIJWERT	EVERT	ARENTS		LEEUKE	MONNICKEHOLM
1648 03 24	AK	GEESJEN	EVERT	ARENTS		LIESKE	MONCKEHOLM
1646 02 02	MK	MUCTUEN?	EVERT	AAENTS		LIEUKJEN	CRAAEPRT
1642 10 25	AK	AELTIEN	EVERT	AARENTS		LUCKE FOCKENS	KRANEPOORTE
1648 11 26	MK	ANNETIEN	EVERT	MEIJNERS		LUTGER	HOPMANSGNG
1646 10 08	AK	TRIJNE	EVERT		MEIJER	MARIA	VISSCHRSTR
1644 04 16	AK	IHNE? (son)	EVERT		MEIJER	MARIJE	NIJE DIEP
1645 05 25	AK	JAN	EVERT		MIJER	MARIJE MEIJERS	VISSCHERSTR
1648 02 15	AK	TRIJNTIEN	EVERT		MEIJER	MARRECHIEN	VISSCHERSTR
1644 05 16	AK	ROELEFJEN	EVERT	HARMENS		MARRECHIEN	DRA
1648 05 16	AK	JANTIEN	EVERT	HARMENS		MARRETIEN	A.
1648 10 13	AK	PIETERTIEN	EVERT	RIEJNERS		MARRETIEN PETERS	GELTINGSTR
1642 08 14	AK	GEERT	EVERT	TIARX		MARRTEITN GEERTS	N.JATSTR
1643 08 13	MK	JAN	EVERT	BERENTS		METTE	HEERPOORTE
1646 10 10	AK	MARIA	EVERT	BERENTS		METTE	HEEREWECH
1646 10 10	AK	NEESIEN	EVERT	BERENTS		METTE	HEEREWECH
1649 06 22	AK	GEERT	EVERT	BERENTS		METTE	HEERPOORTE
1647 03 28	MK	JACOB	EVERT	EVERTS		NEELTIJEN VERKERCK	POELPRT
1644 10 25	AK	TITIA	EVERT	JORIS	SCHUPHAM	RENSKE	VISCHMERKT
1648 10 10	AK	JAN	EVERT	GERBRANTS		ROELEFJEN JANS	BOTTRPRT
1643 01 10	AK	ANNETIEN	EVERT	HADOERS		TOEBE TEIJES	PRINCENSTR
1647 12 05	MK	GEERTIEN	EVERT	EIJSSENS		TRIJNTIEN	DAMSTERDP
1642 09 28	AK	JACOB	EVERTS	JANSEN		MARRECHIEN JANSEN	N.KERKHOF
1643 12 29	AK	HUBERTUS	EVERWIJN		PALTENIUS	MAGDALENA BRUCHERI	SWANESTR
1646 06 17	MK	ELISABETH	EVERWIJN		PATENIUS	MAGDALENA BRUCHERI	GELTINGSTR
1645 06 01	AK	JOANNES	EVERWIJN		PALTER	MAGDALENA BRUCHERI	GELTINGSTR
1642 03 25	MK	ELISABETH	EVERWINUS		PALTENIUS	MAGDALENA BRUCHERI	SWANESTR
1642 01 11	AK	STEVEN	EVRET	HARMENS		MARRECHIEN	DRA
1643 11 07	AK	JANTIEN	EWE	HARRIS		LIJSEBETH HARMENS	N.EBB.STR

94

Year Mo Da	Chr	Child's Given Name	Father/Child's Patronymic	Father's Patronymic	Father's Surname	Mother	Address
1640 09 14	AK	FREERK	FEBE	FRERIX		ANNETIEN	HOPMANSGANG
1647 04 11	AK	TIJTE	FECKE		MAERHUSEN	WENDELE REUSEN,V	N.STADT
1643 01 01	MK	HANS	FEDELAER/SOLD.	SUISING		WENDELE	COSTERSGANG
1648 02 23	AK	ANNA	FEERE	VREEX		ANNECHIEN	SCHUTENDP
1642 03 02	MK	JOHAN	FEIJE		SICKINGHE	SOPHIA ECHTEN,VAN	EBBSTR
1645 03 23	MK	PETER	FEIJE		SICKINGHE	SOPHIA ECHTEN,V.	HEERSTR
1647 03 02	AK	ANNA	FEIJE		SICKKNIGHE	SOPHIA ECHTEN,V	HARDINGESTR
1643 10 15	AK	PIETER	FEIJKE		MARHUISEN	WENDELA RENSEN	HARDINGESTR
1643 09 12	AK	ROELEF	FEIJO		SICKINGA	SOPHIA ECHTEN,V.	HEERESTR
1643 02 01	AK	FREETIEN	FELTE	HINDRIX		HARMTIEN	BOTTRPRT
1644 12 27	AK	LUCRETIE	FERDINANDEN	N.(decd)	BA-ING?	ANNEKE ELIJSABETH	D.DIEP
1645 06 26	AK	FENNECHIEN	FICKE	HARTOCHS		MARRECHIEN	LAMHUINGESTR
1643 10 24	AK	MARREHIEN	FINTS	PHILIPS		FROUKE DERKS	N JADTSTR
1643 10 24	AK	PHILIPS	FINTS	PHILIPS		FROUKE DERKS	N JADTSTR
1643 08 29	AK	JOHANNES	FLIPS		LOUMAN	FENNETIEN HUIBERTS	SCHUITENDIEP
1644 08 31	AK	LUTGERT	FLORIJN	LAURENTS		ANNECHIEN	STOELDRSTR
1641 09 17	AK	MARIE	FOCKE	LOUWERS		AELTIEN JANSEN	SCHUITENDP
1643 06 10	AK	ADAM	FOCKE	ADAMS		ANNA JANSSEN	3 MEULLENS
1645 07 30	AK	JANTIEN	FOCKE	ADAMS		ANNA	MEUWEPIJP
1647 10 28	AK	LUBBERT	FOCKE	ADAMS		ANNETIEN	NIJESTADT
1644 06 05	AK	EETE	FOCKE	CLAESSEN		DIEWER	STEENTILPOORTE
1648 12 14	AK	ANNECHIEN	FOCKE	TIEBBES		DOROTHEA	CRANEPRT
1648 01 18	AK	CLAES	FOCKE	TONNIS		HILLETIEN	HELPEN
1646 03 11	AK	FOCKE	FOCKE		RAARDA	JANTIEN	MESMAKERSSTR
1647 08 18	AK	TRIJNTIE	FOCKE		RAARDA	JANTIEN	CLEIJNEPELSERST
1649 04 20	AK	REBECKA	FOCKE		RAURDA	JANTIEN JANS	PELSERSTR
1644 07 24	AK	DERCK	FOCKE	HINDRIX		LIJSBET DERX	SCHUTEND./BREEGANG
1641 02 21	MK	ROELEFJEN	FOCKE	HENDRIKS	BLEIJKER	LUBBE	BREEGANG
1647 11 21	MK	HARMEN	FOCKE	HINDRIX		LUBBE	O.BREEGANG
1642 09 21	AK	ROELEFJEN	FOCKE	HINDRIX	BLEIJKER	LUBBERTIEN	SCHUITENDP/BREEGANG
1648 11 19	MK	BERENTS	FOCKE	LUITIENS		MARRETIEN	BREDEMERKT
1646 11 01	MK	MARIJE	FOCKE	LUITJENS		METJEN ARENTS	BREDEMERKT
1643 12 03	MK	LUCAS	FOKERT	BALTZARS		FOELKE LUCAS	BOTTRSTR
1644 05 22	AK	HEBBELTIEN	FOLCKERUS		TETTEMA	HEMMECHIEN BAUKENS	BREDEMERKT
1641 06 04	MK	JANTIEN	FOLKERS		TATTEMA	HEMMETIEN	BREDEMERCKT
1646 01 20	AK	MICHEL	FOLKERT	JANS		ANNE MICHELS	A POORTE
1645 01 16	AK	FOLKERT	FOLKERT	FOLCKERTS		ENGELE	SCHUITEMAKERSWAL
1642 08 28	AK	NEESJEN	FOLKERT	FOLKERTS		ENGELE	SCHUITEMAKERSWAL
1649 04 24	AK	JAN	FOLKERT	JANS		GRIETIEN	BUTJENSTR
1642 03 09	AK	GEBBETIEN	FOLKERT	BALTZARS		TAELKE FOLKERTS	BOTTRINGSTR
1649 04 18	MK	ARENT	FOLKERT	BALTZERS		TAELKE	BOTTRINGSTR
1646 02 28	AK	WOBBECHIEN	FOLKERT	BALTZERS		TALEKE	BOTTRSTR
1642 11 09	AK	ITIEN	FOLKERT		ABBENHAER	TRIJNTIEN	POPKENSTR
1646 11 03	AK	EPPJEN	FOLKERUS		TETTEMA	HEMMECHIEN BLUWENS	TORSTSTR
1645 01 28	AK	BRUUNE	FORBE	LUITIENS	ENTAPP?	MARRECHIEN	MERCKT
1644 08 04	MK	HILLENA	FRANS	HINDRIX		AEFJEN	LEELJENSTR
1644 09 15	AK	GRIETJEN	FRANS	JURJENS		AELTIEN HARMENS	N.BOTTRSTR
1648 05 21	AK	ELSJEN	FRANS	JURJENS		AELTIEN HARMENS	N.BOTTRSTR
1646 10 13	AK	JACOB	FRANS		LAM	ANNECHIEN	3 MEULENS
1643 10 22	MK	FRANS	FRANS (decd.)	N.	"onder Mees"	ANNECHIEN	HEERSTR
1644 03 24	MK	MICHEL	FRANS	PIETERS		BARBER	BOTTERDIEP
1643 06 11	MK	THIJES	FRANS	MARKUS		GEERTIEN	N.JATSTR
1645 09 23	AK	JAN	FRANS	SIJMENS	ADELB.	GEERTIEN	NIJESTR
1643 01 19	AK	SIJMON	FRANS	SIJMONS		GERTIEN	WOERT
1646 02 10	AK	TRIJNTIEN	FRANS	GERLEFS		GRIETE WESSELS	PELSERSTR
1647 12 19	AK	HINDRICK	FRANS	MAROUS		GRIETIE	ROSENSTR
1641 09 12	AK	MARCUS	FRANS	MARCUS		GRIETIEN THOMAS	NIEUWEKERKHOF
1646 08 24	AK	GRIETJEN	FRANS	MARCUS		GRIETJEN	ROSENSTR
1643 08 14	AK	JACOB	FRANS	JACOBS		HILLECHIEN	CRANEPOORTE
1648 06 25	MK	MARIA	FRANS	SANDERS		JANNEKE HANSSEN	N.HARDINGSTR
1649 06 21	AK	HANS	FRANS	SANDERS		JANNEKE	PRINCENSTR
1646 09 15	AK	SANDER	FRANS	SANDERS		JANTJEN JACKES	PELSERSTR
1643 04 07	AK	FRANS	FRANS	HANSSEN		LUTGART PIETERS	COSTERSGANG
1642 07 31	MK	HANS	FRANS		HARNVIT?	LUTGERT FRANS	N.EBBSTR
1647 12 22	AK	TIESKE	FRANS	DERX		TALKE	N.EBBSTR
1645 06 10	AK	LUCRETIA	FRANS	DERKS		TELLECHIE	N.EBBSTR
1641 10 03	MK	ANNE	FRANS	DOUWENS		TRIJNTIEN	EBBINGEPRT
1648 01 16	MK	OTTO	FRED:/VOEND?		CLEVE,VAN	HARMTIEN REMAN	OSSEM
1646 04 10	AK	AELTIEN	FREDERICK	COERTS		FENNECHIEN JANS	JADT
1646 09 20	MK	HANS-FREDERICK	FREDERICK	HANSEN		JANTJEN	MOLENSTR
1646 10 07	AK	JAN	FREDERICK	JANS		MAIJKE	3 MEULLENS
1643 07 30	MK	TONNIS	FREDERICK	JANS		SWAENTIEN	COSTERSGANG
1642 02 25	AK	FREERK	FREDERICK	BUS		TIETIEN	OOSTERSTR
1646 01 17	AK	MICHEL	FREDERIJCK	SIJMONS		HARTIEN	MEUWEWECH
1642 01 28	AK	ANNETIEN	FREDRICK		MEIJER	GEESJEN DREWES	KLEIJNEGANCK
1641 04 09	AK	AELTIEN	FREDRICK	HINDRIX	SLD UND MERWE	TAELKE	
1645 03 28	AK	STIJNTIEN	FREECK	LUBBERS		GEESJEN JANS	VISSCHERPIJP
1649 01 07	MK	ELSJEN	FREECK	HINDRIX		HINDRIKJEN	NOORTDIJCK
1646 03 03	AK	WILLEM	FREECK	ALBERTS		JANTIEN LUBBERTS	VOLTINGESTR
1649 10 16	AK	BERENT	FREECK	JANSSEN		SUSANNA	VISSCHRSTR
1648 12 06	AK	GRIETIEN	FREECK	SIJWERS		TEUBECHIEN	NIEUSTADT
1649 05 06	AK	TRIJNTIEN	FREEK	JANS		MEIJE	3 MEULENDRIST
1642 04 24	AK	DIEVERTIEN	FREERCK	OTTENS	HOOGBOOTSMAN	AELTIE JANS	CRANEPRT
1645 01 09	AK	JAN	FREERCK	OTTENS		AELTIEN	CRANEPOORTE
1643 09 29	AK	WILLEM	FREERCK	HARMENS		ANNE ROELEFS	MUERE
1645 12 30	AK	HARMEN	FREERCK	HARMENS		ANNE ROELEFS	JACOBSGASTHUIS
1644 09 24	AK	HINDRICK	FREERCK	HINDRIX		ANNECHIEN ABRAHAMS	BORERESTR
1646 01 16	AK	HINDRICK	FREERCK	PIETERS		CLAESJEN	DAMSTERDP
1647 11 07	MK	LUTGERTIEN	FREERCK	COERTS		FENNETIEN JANS	BOTTPOORT
1649 07 29	MK	LUTGERT	FREERCK	COERTS		FENNETIEN	FIOELESTR
1641 02 12	AK	JAN	FREERCK	LUBBERTS	SUIKVARDR	GEESKE	OLDAMSTERD
1642 04 21	AK	ALBERT	FREERCK	ALBERTS	BROUWER	JANTIEN DUBBELTS	VOLTINGESTR
1643 07 11	MK	ALBERT	FREERCK	ALBERTS		JANTIEN DUBBELTS	VOLTINGESTR
1644 07 23	AK	ELSJEN	FREERCK	JANS	CRUIDENER	SUSANNA	VISSCHERSTR
1644 09 22	MK	HILLECHJEN	FREERCK	BUSS		TIETJEN	OOSTERPOORTE
1646 01 14	AK	ELSJEN	FREERCK	HARMENS		TRIJNTIE FREERX	LUINDENST?
1645 11 30	MK	EPPE	FREERCK	EPPENS		TRIJNTIEN JANS	E.EBBINGSTR
1642 09 29	AK	HILLECHIEN	FREERCK	JANSEN		TRIJNTIEN	SCHOOLHOLM
1644 08 30	AK	FENNECHIEN	FREERCK	JOOSTEN		TRIJNTIEN	PAULSBLEIJKE
1641 12 02	AK	MARIJE	FREERICK	OTTENS		GEERTRUIT	DRIEMEULLEN
1643 05 17	AK	ANNA MARGRETA	FREERK		MEIJER	GEESJEN DREEUS	SCHUITENDP
1648 09 12	AK	ALBERT	FREERK		MEIJER	GEESJEN DREEWS	LANE
1649 04 13	AK	OTTO	FREERK/VAEND.		CLEVE,V	HARMTIEN ROMAN	OSSEME
1648 02 04	AK	EUWE	FREERK	ALBERT		JANTIEN	VOLTINGESTR
1641 01 17	AK	EEVE?	FREERK	ALBERTS		JANTIEN	VOLTSTR

Year Mo Da	Chr	Child's Given Name	Father/Child's Patronymic	Father's Patronymic	Father's Surname	Mother	Address
1640 10 04	AK	EENE	FREERK	ALBERTS		JANTIEN DUBBETS	VOLTSTR
1641 07 20	AK	HARMEN	FREERK	HARMENS		JANTIEN PIETERS	BUTJENSTR
1642 09 20	AK	AELTIEN	FREERK	JANS		SUSANNA	VISSCHERSTR
1647 01 07	AK	HANS FRERICKS	FREERK	JANSSEN		SUSANNA	VISSCHERSTR
1648 03 12	MK	MARIA	FREERK		BUSCH	TIETIA FREERX	OOSTERPIJPE
1648 06 09	MK	JAN	FREERX	JANS		JANTIEN SCHUTING	KIJKIJAT
1649 09 02	AK	MENSE	FRERCK	JACOBS		GEERTIEN	NIEUWEBOTTRSTR
1647 06 13	MK	GRIETIE	FRERICK	KARSTIES		ANNECHIEN	OOSTERPOORTE
1648 07 16	AK	GERRITS	FRERICK		MEIJER	GEESJEN DREEUWES	LAEN
1646 09 02	AK	JAN	FRERICK		BUTTJENTER	GRETE	SCHUITENDP
1648 10 20	AK	HARMEN	FRERICK	HARMENS		GRIETIEN	CREKUPELSTR
1646 07 21	AK	JAN	FRERICK	JANS		JANTJEN JANSEN	DRIE MOLENS
1645 10 21	AK	TAMME	FRERICK	GEERTS		MAIJKE TAMMENS	BOTTERSTR
1642 07 10	AK	ROELEFFJEN	FRERICK	GESSEN		MARRICHJEN	BOTTRINGESTR
1645 10 16	AK	IMMETIEN	FRERICK	JANS		SWAENTIEN	COSTERSGANG
1645 09 08	AK	MELCHER	FRITS/SERG		BROECK,VAN	AELTIEN	CLOOSTER
1648 11 08	AK	GEESJEN	FRITS		MEIJER	ANNETIEN	NIJEPOELST
1641 09 29	AK	JOHANNES	FRITS	WESSELS		BERENTIEN JANS	STEENTILSTR
1647 01 22	AK	KUNNEKE	FRITZ		NIJERAEDT	ANNEKE FRITS	NIJEWECH
1644 04 02	MK	ELSJEN	FRITZE	WESSELS		LEENTIEN	NIJESTADT
1642 01 02	MK	GEESJE	FRUIS	LUIRTS	BROECKEN,VAN	AELTIEN	KLOOSTER
1642 04 03	AK	GABRIEL	GABRIEL/SAL:	SEERPS	WEVER	AELTIEN HINDRIX	NIEUWESTADT
1645 04 13	MK	CATTLEIJN	GABRIEL	ABERJONS		STIJNTIEN	POELPRT
1640 07 16	MK	CLEMENS	GABRIEL	ABRAHAMS		STIJNTIEN	PRINCENSTR
1641 11 07	MK	AELTIEN	GABRIEL	MARTENS		TRIJNE	BOTTERDP
1646 10 15	AK	SIJSSE	GALE	EIJSKENS		DOETJEN	MUER/PAAUS
1649 02 28	AK	GALE	GALE	HAIJENS		GRIETIE	PELSERSTR
1647 06 15	AK	TRIJNTIE	GALE	HAIJENS		GRIETIEN BERENTS	PELSERSTR
1643 10 17	AK	TONNIS	GANDELEIF		GESICK?	ENGELE DERX	HEERPOORT
1648 02 17	AK	ANNA	GANGLIEF		CREEST	ENGELE	PRINCENSTR
1645 14 29	AK	TONNIS	GANLEIJF	TONNIS	TAMBOER	ENGEL	ANTHONIJGASTH
1643 06 09	AK	WOBBE	GARBRANT	PIETERS		AELTIEN GEERTS	HELPEN
1645 03 23	MK	PIETER	GARBRANT	PIETERS		AELTIEN GEERTS	HELPEN
1646 11 08	AK	MARIA	GARBRANT	PIETERS		AELTIEN	HEEREPOORTE
1648 11 10	AK	CORNELIS	GARBRANT	PIETERS		AELTIEN	HEERPRT
1647 06 10	AK	GEERTIEN	GARBRANT	DELIS		ANNETIE CORNELIS	BOTRINGSTAR
1647 09 09	AK	ANNECHIEN	GARBRANT		PENNING	GEERTRUIT BOELENS	POELESTR
1641 04 30	AK	CORNELIJS	GARBRANT	THOMAS		GRIETIEN	HARDINGESTR
1642 03 17	MK	GEESJEN	GARBRANT	THOMAS		GRIETIEN	HARDSTR
1642 03 17	MK	MERRECHIEN	GARBRANT	THOMAS		GRIETIEN	HARDSTR
1644 03 05	AK	THOMAS	GARBRANT	THOMAS		GRIETIEN	VISSCHERSTR
1648 06 18	AK	THOMAS	GARBRANT	THOMAS		GRIETIEN	VISSCHRSTR
1645 12 09	AK	MARRECHIEN	GARBRANT	THOMES		GRIETJEN	VISSCHERSTR
1647 01 21	AK	MARRECHIEN	GARBRANT	PIETERS		HEIJLTIEN SEBENS	VOLT.STR
1645 09 04	AK	JAN	GARBRANT	JANS		MARRECHIEN	SWANESTR
1647 02 02	AK	ROELEFJEN	GARBRANT	BENNEMA		SARA	VOLTINGESTR
1648 01 31	AK	JANTIEN	GARBRANT	BENNEMA		SARA	HARDSTR
1647 08 20	AK	JOCOMIJNE	GARBRANT	HINDRIX		WIBBETIEN	STEENTILSTR
1646 02 22	MK	FENNECHIEN	GARBRANT	HINDRIX		WIJBEN PIETERS	STEENTILSTR
1644 06 19	MK	LUDOLPHUS	GARDEWIJN	ROMMERUS		GEERTRUIT	HELPEN
1648 11 12	MK	JAN	GARELT		GROOTHUIJS	JANTIEN	LUTKE
1647 03 13	AK	ELSJEN	GAUCKE	JANS		TIETJEN LUITJES	A POORTE
1646 11 01	AK	BAAVIJEN?	GECKE	WIJGERS		GRIETJEN REIJNTIES	A POORTE
1643 12 17	AK	HINDRICK	GEER	HINDRIX		SARA	LUTKE DRA
1648 02 06	AK	HINDRICK	GEERRIT		BLENKE	ELISABETH	MENK.
1641 03 25	AK	GEERTRUIT	GEERT		VASTENOUWE,VD	--	BOTTRINGSTR
1641 01 31	MK	BERENT	GEERT	BERENTS	GEMMAGA	--	POELPRT
1641 04 06	AK	JAN	GEERT	JANSEN		--	DRAPRT
1641 02 16	AK	FENNETIEN	GEERT	WESSELS	MULLER	--	KRANEPRT
1646 01 11	AK	MARGRIETE	GEERT	HEBRANTS		AECHTE	TORFTORNSTR
1648 10 25	AK	MARRECHIEN	GEERT	HANSSEN		AELTIE	HEERST
1644 01 19	AK	TRIJNTIEN	GEERT		MULLER	AELTIEN	DAMSTERDIEP
1648 01 05	MK	HEBBEL	GEERT		ROVEST?	AELTIEN VREEX	SMAKERSGNG
1643 08 17	MK	ROELEF	GEERT	DERX		AELTIEN JANS	RAAMSTR
1642 10 06	AK	ROELEFJEN	GEERT	EILERTS		AELTIEN	JADT
1644 01 12	AK	ELLE	GEERT	HANSSEN		AELTIEN ELLENS	HEERSTR
1646 04 19	MK	CELIJE	GEERT	HANSSEN	CUIPER	AELTIEN	HEERSTR
1641 11 05	AK	ENNEKE	GEERT	HARMENS		AELTIEN	WOERT
1646 12 10	AK	HARMEN	GEERT	HARMENS		AELTIEN	SUIDERDPI
1641 09 29	AK	ALBERT	GEERT	HINDRIX		AELTIEN GEERTS	HEERSTR
1641 06 18	MK	HINDRICK	GEERT	HINDRIX		AELTIEN	HEERPRT
1643 05 31	AK	HINDRICK	GEERT	HINDRIX		AELTIEN	A POORTE
1644 06 16	MK	GRIETIEN	GEERT	HINDRIX		AELTIEN	HEERSTR/BOGE
1646 01 04	AK	SAELE?	GEERT	HINDRIX		AELTIEN	A POORTE
1643 06 04	MK	HINDRICK	GEERT	JANSSEN		AELTIEN	O.STEENTILPOORTE
1647 03 17	MK	TRIJNTIEN	GEERT	N.		AELTIEN GEERTS	OOSTRSTR
1641 08 11	AK	HINDRICKJEN	GEERT	ROELEFS		AELTIEN	N.WECH
1643 04 06	AK	GESE	GEERT	ROELEFS		AELTIEN	NIEUWEWECH
1645 02 12	AK	JAN	GEERT	ROELEFS		AELTIEN	NIJEWECH
1647 06 20	AK	REIJNER	GEERT	WOLTERS		AELTIEN	NIJESTADT
1646 07 26	MK	ANNICHJEN	GEERT	ROELFFS		AELTJEN GEERTS	N.WECH
1643 05 14	AK	ANNE	GEERT	JORIS		ALBERTIEN GEERTS	BRUGGESTR
1642 10 09	MK	TIJES	GEERT	HIDDENS		ANNA	SCHUITENDP
1649 05 25	MK	ARENT	GEERT	HINDRIX		ANNA	MKERKHOFF
1641 07 13	AK	TRIJNTIEN	GEERT	NANNES		ANNA	GROTEGANG/SCHUTDP
1646 11 06	AK	JAN	GEERT	WILLEMS		ANNA	DAMSTERDP
1643 11 05	MK	TRIJNE	GEERT	HIDDENS		ANNE	SCHUITENDIEP
1641 09 22	AK	ANN	GEERT	JANS	TEKLENBORCH,V	ANNE	BUTJENSTR
1641 06 29	MK	JAN	GEERT	JANSEN	TIMMERMAN	ANNE	MUER/BOTTRST
1643 01 10	AK	ANNA MARGRIETE	GEERT	JANSSEN		ANNE	BOTTERDIEP
1643 02 16	AK	BOELE	GEERT	JANSSEN		ANNE GEERTS	BOTTRPOORTE
1645 02 07	AK	BOELE	GEERT	JANSSEN		ANNE	BOTTRPOORTE
1646 11 08	AK	HILLE	GEERT	JURJENS		ANNE	HEERENKAMERS
1645 06 20	AK	ABRAHAM	GEERT	NANNENS		ANNE	SCHUTENDP
1643 12 07	AK	GEERTIEN	GEERT	WEESTZUIDER	WINSCHOTEN,V	ANNE	SCHEDAMSGANG
1644 01 03	AK	ABRAHAM	GEERT	NANNES		ANNECHIEN	SCHUTENDIEP
1641 10 17	MK	KLAES	GEERT	CLAESSEN		ANNEKE GEERTS	BOTTERDIEP
1641 12 10	AK	TRIJNTIEN	GEERT	WILLEMS	SUICKVARER	ANNETIEN	DAMSTERDP
1643 12 27	AK	MICHEL	GEERT	CLAESSEN		AUCKE	BOTTERDIEP
1642 07 31	AK	BEERTRUIT	GEERT	HARMENS		BARBER	SUIDERDP
1644 08 28	AK	TONNIS	GEERT	HARMENS		BARBER	SUIDERDIEP
1646 09 27	NK	ROELFF	GEERT	HARMENS		BARBER	PAPENPOORTJEN
1643 03 17	MK	EMERENTIANA	GEERT		HORENHEN?	BEELE MANNINGHA	MERKT
1641 03 26	MK	SIBILLE	GEERT		HORENKEN	BELE MANINGHA?	MERKT
1644 02 26	MK	AMERENTIANA	GEERT		HOORNKENS	BELE MANNINGA	MERCKT

Year Mo Da	Chr	Child's Given Name	Father/Child's Patronymic	Father's Patronymic	Father's Surname	Mother	Address
1646 05 24	MK	GEERT ROELEF	GEERT/JR		HOORNKEN	BELE MAMNGA	MERKT
1642 05 17	AK	GEESJEN	GEERT	HINDIRX		BETJE GEERTS	3 MEULLEN
1641 08 24	AK	COERT	GEERT	COERTS		BRECHTJEN HINDRIX	GELTINGESTR
1641 11 12	AK	TRIJNTIEN	GEERT	CLAESSEN		CLAESJEN	COSTERSGNCK
1644 01 28	MK	GEERT	GEERT	GEERTS		CLAESJEN	PLUIMERSGANG
1646 02 15	MK	TRIJNTIEN	GEERT ·	JANSSEN		CLAESJEN	PLUIJMERSGANG
1644 10 13	MK	JACOB	GEERT	STEFFENS		CLAESJEN JACOBS	VISSCHERSPIJP
1648 07 30	MK	ANNA MARIA	GEERT	JANS		CLAESKE GEERTS	DAMSTERDP
1644 10 09	AK	GEERT	GEERT/SOLD.	CENTS		CUNNE	N.KERKHOFF
1642 11 15	AK	JAN	GEERT	GEERTS		EBBET JANSSEN	RAAMSTR
1645 02 18	AK	TAETJE	GEERT	JUCIEMS?		EELKE	POELEPOORTE
1641 04 27	AK	FROW GEERTS?	GEERT	WOLTERS		ELSIEN	GULDENSTR
1645 01 24	MK	GEERTRUIT	GEERT	CLAESSEN		ELSJEN PIETERS	HELPEN
1643 05 22	MK	GEESJEN	GEERT	EIJLERTS		ELSJEN	SCHUITEND./BREDEGN
1645 06 19	AK	TIJES	GEERT	EIJLERTS		ELSJEN	SCHUTENDP
1641 12 21	AK	EIJLERT	GEERT	JANSEN		ELSJEN JANSEN	BREEGANG/SCHUT
1649 06 20	MK	TIAEKE	GEERT	JURJENS		ELTKE GEERTS	POELESTR
1642 11 20	AK	TRIJNTIEN	GEERT	HINDRIX		EMME	COSTERSGANG
1648 03 01	AK	HILLETIEN	GEERT	JANS		ENGELTIEN	BOTTRSTR
1648 02 01	AK	HARMEN	GEERT		HELLING	EVA	SLEMENNERSTR
1646 02 24	AK	PIETER	GEERT	CASPERS		FROUCKE	SUIDERDP
1643 10 15	AK	METTIEN	GEERT	CASPERS		FROUKE PIETERS	WESTIND.HUIS
1649 04 17	MK	MARTIEN	GEERT	CASPERS		FROUKE PIETERS	W.F.?
1643 06 11	MK	GEESJEN	GEERT		HUSSEN	GEERTIEN	HOORNSCHDIJK
1642 11 15	AK	JAN BUINING	GEERT	JANS		GEERTIEN	N.DIEP
1642 12 23	AK	GEESJEN	GEERT	JANSSEN		GEERTIEN	PRINCENSTR
1649 02 08	MK	LUITIEN	GEERT	OTTENS		GEERTIEN JANSSEN	N.SWUTIG?
1644 02 21	AK	HINDRICK	GEERT	AARENTS		GEERTRUIT	BEULSGANG
1647 02 24	AK	ANNEKE	GEERT	AARENTS		GEERTRUIT	RAEDEMERCKT
1647 02 24	AK	TRIJNTIE	GEERT	AARENTS		GEERTRUIT	RAEDEMERCKT
1641 08 26	AK	ELSJEN	GEERT	ALBERTS	SUIJDER	GEERTRUIT HINDRIX	PELSERSTR
1644 02 06	AK	ALBERT	GEERT	ALBERTS		GEERTRUIT	PELSERSTR
1646 12 10	AK	HINDRICK	GEERT	ALBERTS		GEERTRUIT	PELSERSTR
1647 03 16	AK	SANDER	GEERT	HINDRIX		GEESE SANDERS	PAPERPOORTIE
1646 09 08	AK	PETER	GEERT	OTTENS		GEESE JANSEM	LUTKE N.STR
1642 01 14	AK	ALBERT	GEERT	WARNERS		GEESE JANS	SCHUITNDP
1641 04 09	AK	MARRECHIEN	GEERT	WILLEMS	VOERMAN	GEESE	N.WECH
1648 03 07	MK	PIETER	GEERT	HARMENS		GEESIEN	NIJESTADT
1648 11 07	AK	STEVEN	GEERT	JANS		GEESIEN	SUTIENSTR?
1641 11 24	AK	ROELEF	GEERT	HARMENS		GEESJEN	NIJESTADT
1642 12 25	AK	SAARTIEN	GEERT	HARMENS		GEESJEN	NIJESTADT
1644 02 18	AK	HARMEN	GEERT	HARMENS		GEESJEN	NIJESTADT
1646 01 27	AK	HARMEN	GEERT	HARMENS		GEESJEN	NEUWE STADT
1648 03 06	MK	HINDRICK	GEERT	HINDRIX		GEESJEN	JANSSTR
1648 09 07	AK	GEERTRUIT	GEERT	HINDRIX		GEESJEN	SCHUTNDP
1644 01 10	MK	HEBBELTIEN	GEERT	JANS	SCHOEMAKER	GEESJEN STEVENS	BOTTRSTR
1646 06 17	MK	JAN	GEERT	JANS		GEESJEN GEERTS	BOTTRINGESTR
1647 08 01	MK	WARNER	GEERT	WARNERS		GEESJEN JANS	SCHUTNEDP
1644 12 26	MK	TALLECHIEN	GEERT	WARRENS		GEESJEN JANS	SCHUTENDIEP
1648 12 27	AK	GRIETIEN	GEERT	WICHENS		GEESJEN	BOTTRSTR
1641 03 14	MK	WICHER ·	GEERT	WICHERS		GEESJEN	BOTTRSTR
1643 02 08	AK	GEESJEN	GEERT	WICHERS		GEESJEN	BOTTRINGESTR
1644 04 23	AK	HARMEN	GEERT	WICHERS		GEESJEN WEEIJ,TER	BOTTRSTR
1646 06 25	AK	GEESJEN	GEERT	WICHERS		GEESJEN WEEIJ,TER	BOTTRSTR
1648 10 12	AK	HARMEN	GEERT	WICHERS		GEESJEN	BOTRSTR
1648 10 22	MK	TALLE	GEERT	WARNERS		GEESJIEN	SCHUTNDP
1643 01 04	AK	HEIJLTIE	GEERT	HINDRIX		GEESKE SANDERS	HELPEN
1645 09 24	AK	GRIETE	GEERT	WILLEMS		GEJE	SCHUTENDP
1649 02 08	MK	HEIJLE	GEERT	HINDRIX		GESE	HELPEN
1643 09 08	AK	OTTO	GEERT	WARMELTS		GESE	SCHUITENDIEP
1646 05 29	AK	WARMOLT	GEERT	WARMOLTS		GESE	POELPOORTE
1643 10 11	AK	WILLEM	GEERT	WILLEMS		GESE	POELPOORT/SCHUT:
1649 03 09	AK	MARIA	GEERT	WILLEMS		GESE	NIJEWECH
1644 08 18	AK	HARMEN	GEERT	CASPERS		GRIETE	NIJE BOTTRSTR
1647 10 31	MK	MARIA	GEERT/SOLD	CASPERS		GRIETE	EBBSTR
1649 11 11	MK	HARMEN	GEERT	HARMENS		GRIETE	DAMSTERDP
1645 08 20	AK	HARMEN	GEERT	JANS		GRIETE	SCHUTDIEP
1647 08 11	AK	ELFIEN	GEERT	JANS		GRIETE	SCHUITENDP
1643 03 24	AK	JAN	GEERT	JANSSEN		GRIETE	JOANNISBRUG
1648 11 05	MK	GEERTIEN	GEERT	JANSSEN		GRIETE	COSTERSGNG
1648 12 11	AK	TALLE	GEERT	JANSSEN		GRIETE	SCHUTENDP
1641 11 21	AK	JANTIEN	GEERT	COOPS		GRIETIEN HACKENS	HEERSTR
1648 01 19	AK	HINDRICK	GEERT	HARMENS		GRIETIEN	DAMSTERDP
1648 04 06	AK	IDE	GEERT	JANS		GRIETIEN	WOERDT
1643 10 22	AK	TRIJNTIEN	GEERT	JANSSEN		GRIETIEN	SUDIERDIEP
1646 01 25	AK	LUTGERTIEN	GEERT	JANSSEN		GRIETIEN	WOERT
1641 01 06	AK	MARRECHIEN	GEERT	JANSZ		GRIETIEN GEERTS	
1646 02 18	MK	GRIETJEN	GEERT	CASPERS		GRIETJEN	BOTTRINGESTR
1644 05 26	AK	PIETER	GEERT	COOPS		GRIETJEN HACKENS	HEERSTR
1648 12 17	AK	JANTIEN	GEERT	COOPS		GRIETJEN	HEERSTR
1647 04 19	AK	CHRISTOFFER	GEERT	GOOSSENS		GRIETJEN JURJENS	NIJESTR
1646 07 21	AK	GRIETJEN	GEERT	WICHERS		GRIETJEN GEERTS	BOTTRINGESTR
1642 02 27	MK	GEBBETIEN	GEERT	HINDRICKES		HARMTIEN ALBERTS	KOSTERSGANCK
1644 10 06	MK	HINDRICK	GEERT	HINDRIX		HARMTIEN ALBERS	COSTERGANG
1646 10 10	AK	MAGDALENA	GEERT	HINDRIX		HARMTIEN ALBERS	COSTERSGANG
1649 03 02	AK	ALBERT	GEERT	HINDRIX		HARMTIEN	COSTERSGNG
1642 09 08	AK	ENGELTIEN	GEERT	ROELEFS		HEBELE LUITIENS	HOFSTR
1645 02 13	AK	GEERT	GEERT		STOTMAKER	HESTER	VISSCHERSTR
1647 09 05	AK	ADOLPHUS	GEERT	BEERTS	SLOTMAKER	HESTER	VISSCHERSTR
1643 08 06	AK	GEERT	GEERT	GEERTS		HESTER	BOTTRSTR
1642 06 08	AK	TOEBETIEN	GEERT	JURJENS	TIMMERMAN	HIJLKE	JONKERNSTR
1644 06 18	AK	JURJEN	GEERT	JURJENS		HILLE	JONKERENSTR
1648 06 18	AK	OTTE	GEERT	OTTENS		HILLETIE HINDRIX	N.JAT STR
1649 07 24	AK	WOLTER	GEERT	LUBBERTS		HILLETIEN	TIJMENSMEULEN
1643 12 15	AK	CATHARINA	GEERT	PIETERS		HINDRICKIEN CLAES	HEERPOORTE
1642 02 13	MK	CLAES	GEERT	BERENTS		HINDRICKJEN CLAESSEN	MUERE
1645 09 24	AK	MARIA	GEERT	BERENTS	GEMMINGA	HINDRICKJEN WESSELS	POELEPOORTE
1648 05 12	MK	BERENTIEN	GEERT	BERENTS		HINDRICKJEN	POELPOORTE
1644 11 17	MK	GOOSSEN	GEERT	GOOSSENS		HINDRICKJEN EGBERTS	BOTTERDIEP
1642 11 20	MK	TRIJNTIEN	GEERT	PIETERS		HINDRICKJEN CLAES	HEERSTR
1645 12 10	AK	HEIJLTIEN	GEERT	PIETERS	CRUDENE?	HINDRICKJEN	HEERSTR
1648 06 28	AK	REMMERT	GEERT	PIETERS		HINDRICKJEN	HEEREPOORT
1647 08 28	AK	HINDRICK	GEERT	HINDRIX		IMME	OOSTERPOORTE
1643 12 02	AK	GEERT	GEERT	GEERTS		JANTIEN REMMERTS	BOTTRSTR
1645 03 04	AK	REMMERTS	GEERT	GEERTS		JANTIEN REMMERS	BOTTR

Year Mo Da	Chr	Child's Given Name	Father/Child's Patronymic	Father's Patronymic	Father's Surname	Mother	Address
1647 06 27	MK	GEERT	GEERT	GEERTS		JANTIEN REMMERTS	BOTTRSTR
1649 08 12	AK	RENSKE	GEERT	GEERTS		JANTIEN REMMERTS	BOTTRSTR
1643 01 26	AK	HARMEN	GEERT	HARMENS		JANTIEN	SLEMENNERSTR
1644 10 11	AK	PIETER	GEERT	HARMENS		JANTIEN PIETERS	HEERSTR
1647 09 26	AK	PIETER	GEERT	HARMENS		JANTIEN PIETERS	SLEEMENERSTR
1649 07 13	AK	AELTIEN	GEERT	HARMENS		JANTIEN PIETERS	BLOEMSTR
1643 08 20	AK	METTE	GEERT	JANS	JONGBLOET	JANTIEN	NIJESTADT
1649 05 14	AK	HINDRICKJEN	GEERT	JANS		JANTIEN JANS	O.VISMERKT
1642 11 15	AK	JAN	GEERT	JANSSEN		JANTIEN JANSEN	HEERPOORT/WAL
1646 12 30	AK	JAN	GEERT	JANSSEN		JANTIEN JURJENS	N.EBBSTR
1641 11 03	AK	TRIJNTIEN	GEERT	LEFFERTS		JANTIEN	MUSKENGANG
1641 07 20	AK	HINDRICK	GEERT/SOLDAET	N.		JANTIEN	N.STADT
1641 11 28	MK	HINDRICK	GEERT/SOLDAET	SIJGERS		JANTIEN	CREUPELSTR
1645 01 17	AK	SIJGER	GEERT/SOLD	SIJGERS		JANTIEN	CREUPELST
1649 12 25	MK	HINDRICK	GEERT		MENSING	JANTIEN?	BOTTRSTRAET
1646 09 13	AK	GRIETJEN	GEERT	HARMENS		JANTJEN	SLEEMENDERSSTR
1644 11 05	AK	METTE	GEERT	JANS	JONGBLOET	JANTJEN	NIJESTADT
1648 10 01	AK	HINDRICK	GEERT	HINDRIX		KARSTIEN	SCHOOLHOLM
1641 11 26	AK	JAN	GEERT		BUSKER	KUNNE JANS	KERKHOF
1648 09 19	AK	WIGBOLT	GEERT	ROELEFS		LAMMECHIEN	VOLTSTR
1647 03 09	AK	ALBERT	GEERT	WESSELS		LAMMECHIEN	CRANEPOORT
1641 04 26	AK	HARMEN	GEERT	HARMENS	BRANTSLACH	LAMMETIEN	N.STADT
1642 11 22	AK	ROELEF	GEERT	HARMENS		LAMMETIEN	NIJESTADT
1648 11 16	AK	MARGKE?	GEERT	GEERTS		LIJSABETH	RAAMSTR
1648 11 10	AK	GRIETIEN	GEERT	ROTGERS		LIJSABETH	HELPEN
1643 12 24	AK	JANTIEN	GEERT	GEERTS		LUBBE	CORMELBOGE
1645 09 16	AK	FENNEKE	GEERT	GEERTS		LUBBE	RAAMSTR
1647 02 18	AK	JAN	GEERT	GEERTS		LUBBE JANSSEN	RAAMSTR
1641 07 27	AK	ANNECHIEN	GEERT	BASSE		LUMME	BRUGGESTR
1643 11 26	AK	JAN	GEERT	BASSE		LUMMECHIEN	A KERCKE
1649 03 11	MK	BERNHARD	GEERT	CLAESSEN		MACHTELTIE	N.EBBSTR
1645 03 08	MK	TRIJNTIEN	GEERT	HARMEN	BRANTLAEUS	MARGREITE	PRINCESTR
1643 07 23	MK	ANNA CATHRINE	GEERT		OHSTERMEIJER	MARGRIETE	COSTERSGANG
1649 10 28	MK	JAN	GEERT	PIETERS		MARIA	ANTHÖNIGSTHUIS
1647 01 17	AK	JAN	GEERT	HEIJNENS		MARRECHEN	JADT
1642 12 21	AK	JACOB	GEERT	BERENTS		MARRECHIEN	BENTHEM
1648 10 16	MK	EVERT	GEERT	EVERTS		MARRECHIEN	BOTTRDP
1649 06 17	AK	GRIETIEN	GEERT	HARMENS		MARRECHIEN	KIJK/JAT
1643 07 14	MK	METTE	GEERT	JANSSEN		MARRECHIEN	DAMSTERDIEP
1641 03 31	MK	WALKE	GEERT	WALKES		MARRECHIEN	DRAPRT
1644 11 27	AK	HINDRICK	GEERT	JANSSEN		MARRECHJEN	COSTERSGANG
1646 12 30	AK	JANTIEN	GEERT	EVERS		MARRETIEN JACOBS	BOTTRDP
1648 11 28	AK	JANTIEN	GEERT	OBBENS		MARTIEN	STEENTILST
1644 02 27	AK	FENNECHIEN	GEERT	CLAESSEN		MECHELTIEN	N.EBBINGESTR
1642 01 14	AK	CLAES	GEERT	CLAESSEN		MECHTELTIE BEMMENS	N.EBBSTR
1646 04 12	MK	GEERTIEN	GEERT	CLAESSEN		MECHTELTIEN	EBBSTR
1644 05 10	AK	CLARA	GEERT	CLAESSEN		MEENE	DAMSTERDIEP
1641 07 25	MK	SWAENTIEN	GEERT	JACOBS		MEIJE REMKERS	VISSCHERSPIJP
1641 04 14	AK	CLAES	GEERT	CLAESSEN		MENJE HOVINGS	SCHUITNDP
1649 03 25	MK	GEERT	GEERT	HENDRIX		MENJE REMBER	VISCHRSPIJP
1644 04 19	AK	REMKE	GEERT	JACOBS		MENJE REMKES	VISSCHERSPIJPE
1646 12 30	AK	JAN	GEERT	JACOBS		MENJE REMKES	VISSCHERPIJP
1644 01 04	AK	JOANNS	GEERT	GEERTS		MENSE	PEPERSTR
1643 11 29	AK	ALBERTIEN	GEERT	ALBERTS		MERRECHIEN	RAAMSTRATE
1642 04 05	AK	HINDRICK	GEERT	HINDRIX		MERRECHIEN	LUTKEDRA
1641 10 17	MK	WILLEM	GEERT/VAENDR.	WILLEMS	SCHOEMAKER	N.EVERTS	VOSTERSTR?
1649 03 11	MK	DAVID	GEERT		WESELINEN	N.N.	BOTTINGEGANG
1645 11 04	MK	HINDRICK	GEERT	HINDRIX		RIXTE	BOTTERDIEP
1641 11 02	AK	ROELEF	GEERT	ROELEFS		ROELEFJEN	SLEMENNERSTR
1643 12 17	AK	GEERT	GEERT	ROELEFS		ROELEFJEN JOANNES	SLEMMENNERSSTR
1646 11 22	AK	JOANNES	GEERT	ROELEFS		ROELEFJEN JOANS?	SLEMENNERSSTR
1646 10 06	AK	GEERT	GEERT	WESSELS		SALMEEWE?	PRINCENSTR
1646 03 22	AK	LUBBERCHIEN	GEERT	HINDRIX		SARA	SCHUITENRS STR
1645 01 30	AK	ANNECHIEN	GEERT	WESSELS	DURCK	SERNNEIJE	VOLTERPRTE
1648 11 22	AK	GEERTRUTEN	GEERT	JANS		SITJEN	HEERPRT
1643 09 02	MK	PIETER	GEERT		MEIJER	STIJNE	BOTTERDIEP
1649 10 28	AK	MARIJE	GEERT	ARENTS		SWAENTIEN	NIJESTADT
1643 06 02	AK	JAN	GEERT	ALBERTS		TETTE JANS	PRINCENSTR
1641 08 25	AK	FENNE	GEERT	HAMMES		TOEBEKE	VISSCHRSTR
1649 11 29	AK	SWAENTIEN	GEERT		BADDE	TRIJNE	MOESKERSGNG
1644 10 29	AK	UPTET	GEERT	HARMENS		TRIJNE	WOERT
1648 04 28	AK	HINDRICK	GEERT	HINDRIX		TRIJNE	MOESKERSGANG
1641 08 31	AK	JAN	GEERT	JANS		TRIJNE	PRINCENSTR
1646 01 01	MK	IDE LIJSABETH	GEERT	N.		TRIJNE GEERTS	MOESKERSGANGE
1648 03 19	AK	JAN	GEERT	ROELEFS		TRIJNE	HOFSTR
1648 08 26	AK	GEERTIEN	GEERT		CLUNDER	TRIJNTIEN	PRINCESTR
1642 11 01	AK	BAAUTIEN	GEERT	HARMENS		TRIJNTIEN	WOERT
1643 01 29	MK	WILLEMTIEN	GEERT	JACOBS		TRIJNTIEN	HEERPOORTE
1642 09 18	MK	JAN	GEERT	JANSEN	RUITER?	TRIJNTIEN GEERTS	GELTINGESTR
1643 02 21	AK	ROELEF	GEERT	ROELEFS		TRIJNTIEN	HOFSTRATE
1644 07 28	AK	AELTIEN	GEERT	ROELEFS		TRIJNTIEN GEERTS	HOFFSTR
1645 12 04	AK	AELTIEN	GEERT	ROELEFS		TRIJNTIEN JANS	A POORTE
1643 06 23	AK	JAN	GEERT	JANSSEN		TRIJTNIEN LOUWENS	PRINCENSTR
1645 02 25	AK	JOANNES	GEERT	HARMENS		VARRECHIEN	DRAPOORTE
1643 11 23	AK	BERENT	GEERT	BERENTS		WIBBECHIEN SUIGE	EBBINGESTR
1649 05 09	AK	GRIETIEN	GEERT	BERENTS		WIGBOLTIE SUINGE	BREDEM
1642 03 27	MK	AELTIEN	GEERT	BERENT		WIGBOLTIEN SUINGE	EBBSTR
1645 01 01	MK	METJEN	GEERT	BERENTS		WIGBOLTIEN SUINGE?	EBBSTR
1647 03 31	MK	BERENTIEN	GEERT	BERENTS		WIGBOLTIEN? SUINK	GELT.STR
1647 06 06	MK	AESJE	GEERT	LUBBERTS		WIJTSKE	POELSTR
1649 05 22	MK	PETER	GEERT	BRUINS		WILLEMIJNTIE	JADT
1646 12 09	MK	ELTIE	GEERT	BERENTS		WILLEMTIEN	BOTERSTR
1644 11 10	MK	GEERTRUIT	GEERT	HELMES		WOLTERTIEN	PRINCESTR
1648 01 05	AK	GEERT	GEERTS	--		AELTIEN	OOSTERSTR
1643 12 21	AK	DAVID	GEERTS	--		TRIJNTIEN	SUIDERDIEP
1649 12 05	AK	GRIETIEN	GEORG/DR.		NIJKERK	ALBERTIEN	JACOBINERSTR
1643 01 20	AK	JOHANNA	GEORG		HOLTE,TEN	ALDEGONDA CLANDT	A KERK
1641 07 30	AK	ALMOEIJT	GEORG/SOLDAET		MERFS,VAN	ANNEKE	PRINCENSTR
1641 11 28	MK	JOHANNES	GEORGIUS/DR.		NIJKERK	ALBERTIEN JANSEN	MART.KERCKHOF
1643 07 21	AK	BASTIAEN	GEORGIUS/DR		NIJKERK	ALBERTIEN JANS	JACOBINERSTR
1647 11 07	MK	LUDOLPH	GEORGIUS		NIJKERK	ALBERTIEN	JACOBIJNERST
1641 06 16	MK	HANS REIJNERT	GEORGIUS		RIDDEL	from Poland, passengers/Westeindich	
1648 10 13	AK	GEERT RUDOLPH	GERARD		HAVENKEN	BELE MANNINGA	MM.
1649 07 29	MK	JAN	GERARD		WESTERBORCH	GEERTRUIJT BRONGERSMA	MERKT
1641 08 01	AK	JAN	GERBRANT		MEPPEN,VAN	JANTIEN PETERS	CRAANPROORTEBRUGGE

Groningen Baptisms Alphabetized by FATHER/CHILD'S PATRONYMIC, 1640-1649

Year Mo Da	Chr	Child's Given Name	Father/Child's Patronymic	Father's Patronymic	Father's Surname	Mother	Address
1648 02 22	AK	EETJEN	GERBRANT	BEMEEMA?		SARA	HARDSTR
1645 14 23	AK	JANTIEN	GERCKE	WIJGERS		GRIETIEN REIJNTIEN	A.POORTE
1641 06 04	MK	AELTIEN	GERELF	JANSEN		ELSJEN JOOSTEN	HEERSTR
1642 07 27	AK	ELISABET	GERENIJN?		RODENBURGH	GEERTRUIJT	HELPEN
1644 06 02	MK	GEESJEN	GERENT	HARMENS		HILLECHIEN	NIJEWECHSHOECK
1643 10 17	AK	HINDRICK	GERFREST?		OLDENBUTTEL	BEKE	WOORDT
1641 04 02	MK	WIJTSKE	GERH./DOCT.		SWARTE	HELENA RENEMAN	BREDEMERKT
1645 03 14	AK	AGNES	GERHARD		HOORNKEN	BELE MANNINGA	BRENNER
1644 12 08	MK	GEERT	GERHARD		BERGE,TEN	HOUCKE FRENEN,VAN?	OOSTERSTR
1641 06 09	MK	CORNELIA	GERHARD		BERGE,TEN	HOUKE FREDEN,VAN	POELSTR
1647 09 15	AK	SIJWERKE	GERHARD/DR		BERGE,TEN	HOUKE VREDEN,V	EBBSTR
1642 05 13	AK	HENRICUS	GERHARD/DR		BERGE,TEN	HOUWKE FREDEN,VAN	POELESTR
1647 10 03	MK	MARIA	GERHARDT		HOORNKEN	BELE MANNINGHA	MERKT
1646 06 28	MK	DANIEL	GERHARDUS	NICOLAI		ELISABETH	N.EBBSTR
1644 11 17	MK	LAMMECHIEN	GERHARDUS		BECKERING	GRIETJEN GASSINGH	MESMRS.STR
1641 06 05	AK	LUBBERT	GERHARDUS		BUINING	HINDRICKJEN POLLINGE	HEERSTR
1643 06 14	MK	TRIJNTIEN	GERHARDUS		BUININGH	HINDRICKJEN·POLLING	HEERSTR
1648 11 03	AK	LUBBERTS	GERHARDUS		BUINING	HINDRICKJEN ROLING	VOLTST
1643 02 19	MK	AVE	GERHARDUS	BERENTS		HINDRICKJEN	POELESTR
1641 11 30	AK	WIJGER	GERKE	WIJGERS		GRIETIEN REIJNTIES	A POORTE
1643 11 30	AK	JANTIEN GERCKES	GERKE	WIJGERS		GRIETJEN	A POORTE
1641 02 26	MK	FENNETIEN	GERLEF	HARMENS	SCHIPSTIMMER	--	N.STRATJEN
1643 06 16	AK	BARTHOLT	GERLEF	PIETERS		ANNA	BOTTRINGEPOORTE
1646 03 13	AK	JANTIEN	GERLEF	PIETERS		ANNECHIEN JANS	BOTTRPRT
1642 12 09	AK	SWAENTIEN	GERLEF	JANSSEN		ELSJEN JOOSTENS	HEERESTR
1644 02 09	AK	HARMEN	GERLEF	JANSSEN		ELSJEN	HEERSTRATE
1645 01 03	AK	REMMERT	GERLEF/SOLD.	HENDRIX		GRIETE	OOSTERPRT
1642 03 13	MK	MARGRETA	GERLEF	HINDRIX		GRIETE	BOTTINGEGANG
1648 03 19	MK	REMMERT	GERLEF	HINDRIX		GRIETE	COSTERSG.
1643 10 08	AK	HARMTIEN	GERLEF	HARMENS		TALLE	N.STRAETJEN
1646 10 15	AK	JURJEN	GERLEF?	HARMENS		TALLE	N.STRAETJEN
1649 10 04	AK	GEERTRUIT	GERRIE?	JANS	KAMPER	ANNETIE	SCHOOLHOLM
1646 09 03	AK	GEERTRUIJT	GERRIJT	JANSEN		ANNA	SCHOLHOLM
1646 09 27	MK	LAMBERT	GERRIJT	CORNELIJS		RIJCKJEN WESSELS	NOORDERDP
1641 01 21	AK	ADOLPH	GERRIT		PHELTEN?	--	VISSCHRSTR
1641 04 11	AK	JAN	GERRIT	MARTENS		--	LAMHUINGESTR
1644 01 18	AK	EGBERT	GERRIT	EGBERTS		ABELTIEN HINDRIX	A POORTE
1648 06 15	MK	HINDRICK	GERRIT	EGBERTS		ABELTIEN	A.POORTE
1646 06 23	AK	AELTIEN	GERRIT	EGBERTS		AEBELTIEN HINDRIX	A POORTE
1649 10 19	AK	JAN	GERRIT	JANSEN		AELTIE	DAMSTERDP
1648 12 19	AK	ABRAHAM	GERRIT		HARTELEN	AELTIEN	GEESTM.STR
1643 02 17	AK	ANNEKE	GERRIT	HARMENS		AELTIEN	SUIDERDIEP
1644 12 22	MK	TRIJNTIEN	GERRIT	HARMENS		AELTIEN	HEERPOORTE
1648 12 24	MK	PETER	GERRIT	HARMENS		AELTIEN	BENTHOLM
1646 12 11	AK	JANTIEN	GERRIT	SIJMENS		AELTIEN CLAESSEN	OSTERPOORT
1648 09 17	MK	GEESJEN	GERRIT	JANSSEN		ANNA	QUINKENPLAETS?
1643 07 09	MK	ELSJEN	GERRIT		HUISMAN	ANNECHIEN HINDRIX	TIJMENSMEULEN
1645 12 06	MK	DERCK	GERRIT		HUISMAN	ANNECHIEN	DRENKLERS
1646 04 03	AK	BERENT	GERRIT	JANS		ANNECHIEN PIETERS	VISSCHRSTR
1641 11 16	MK	METTIEN	GERRIT	JANSEN		ANNECHIEN	SCHOOLHOLM
1645 03 06	AK	JAN	GERRIT	JANSSEN		ANNECHIEN BERENTS	PAPERNPORIE
1648 08 13	AK	FRERICK	GERRIT	JANS		ANNETIE	HUIBERT
1645 06 29	MK	JAN	GERRIT	GERRITS		BEERTIEN	POELESTR
1648 01 02	MK	TRIJNTIEN	GERRIT	GERRITS		BEERTIEN	POELESTR
1649 02 11	MK	HINDRICK	GERRIT	GERRITS		BEERTIEN	POELESTR
1642 01 13	AK	HINDRICK	GERRIT	JANSEN		CLAESSEN GEERTS	PLUIMERSGNG
1642 08 21	AK	ALBERT	GERRIT	ALBERTS		DIEWER	KRANEPRT
1647 06 13	AK	JAN	GERRIT	ALBERTS		DIEWER	CRANEPOORTE
1645 08 24	AK	ALBERT	GERRIT	ALBERTS		DIEWERTIE	CRANEPOORT
1649 04 05	AK	AERJEN	GERRIT	ALBERTS		DIEWERTIEN	CRANEPRT
1646 11 09	AK	ALBERT	GERRIT	HILLMUS?		EEWEKE	SLEMMENNERSSTR
1642 11 02	AK	HEMMETIEN	GERRIT	RIJKENS		ELLETIEN	O.EBBINGEPOORT
1642 11 02	AK	RIJKE	GERRIT	RIJKENS		ELLETIEN	O.EBBINGEPOORT
1641 03 24	AK	LIJSEBETH	GERRIT	CLAESSEN		ELSKE PIETERS	
1643 12 17	AK	RENSKE	GERRIT	ALLENS		ENGEL WIJBENS	VISSCHRSTR
1641 10 17	AK	ALLE	GERRIT	ALLENS	SCHIPPER	ENGELE	VISSCHRSTR
1649 04 14	MK	ANNECHIEN	GERRIT		JONGERING	GEERTIEN	KL.PEPSTR
1645 10 01	AK	MARIA	GERRIT	GEERTS		GRIETIEN MARTENS	HEERPOORT
1647 11 21	MK	LUTGERTIEN	GERRIT	GEERTS		GRIETIEN	HEERPOORT
1648 02 11	MK	MARIE	GERRIT	GEERTS		GRIETIEN	CREUPELSTR
1644 01 21	MK	HARMEN	GERRIT	HARMENS		HEBBELTIEN GOSSENS	JACOBINSTR
1645 12 11	AK	TRIJNTIE	GERRIT	HARMENS		HEBBELTIEN	SNORRETIEN
1642 08 14	AK	TRIJNTIEN	GERRIT	REIJNERS		HEMME	S:JACOBSGASTHUIJS
1643 10 10	AK	NANNE	GERRIT	REIJMERS		HEMMECHIEN	S.JAC.GASTH.
1644 08 21	AK	AURELIA	GERRIT	RIJKENS		HILLECHIEN	OUD EBB.POORTENBRG
1646 05 08	AK	RIJKE	GERRIT	RIJKENS		HILLECHIEN	EBBPOORTBRUG
1648 09 22	AK	AUCKE	GERRIT	SIJKENS		HILLETIEN	NOORDERDP
1648 04 05	AK	JAN	GERRIT	JANSSEN		HINDRICKIEN	BOTTRSTR
1641 10 06	AK	AELTIEN	GERRIT	JANSEN		HINDRICKJEN	BOTTRINGSTR
1643 08 04	MK	GEERT	GERRIT	JANSSEN	SUIJDER	HINDRICKJEN	BOTTRSTR
1646 02 22	MK	DERCK	GERRIT	JANSSEN		HINDRICKJEN GEERTS	BOTTERSTR
1647 11 21	MK	OTTE	GERRIT		GROOTHUIJS	JANTIEN	CL.BUTIENSTR
1649 02 25	MK	JAN	GERRIT	COERTS		JANTIEN	JOANNSSTR
1647 03 21	AK	GERRIT	GERRIT/SAL:	REMMERS		JANTIEN DERX	A
1649 06 02	AK	GRIETIEN	GERRIT	REMMERS		JANTIEN	HEERSTR
1642 09 13	MK	DERCK	GERRIT	REMMERTS		JANTIEN DERCKS	KRANEPOORTE
1643 03 21	AK	GERRIT HILLEBRNTS	GERRIT	REMMERTS		JANTIEN HILLEBRANTS	hE--?
1644 08 13	AK	WEEMELTJEN	GERRIT	REMMERTS		JANTIEN HILLEBRANTS	HEERSTR
1646 14 27	AK	GEERTIEN	GERRIT	REMMERTS		JANTIEN DERX	CRANEPOORTE
1647 02 07	MK	CATHRIJNE	GERRIT	REMMERTS		JANTIEN HILLEBRANTS	HEERSTR
1643 06 20	MK	JAN	GERRIT	SIJMONS		JANTIEN	OOSTERPOORTE
1642 11 01	AK	AELTIEN	GERRIT	MARTENS		LEENTIEN	SLEMENNERSTR
1646 08 10	AK	JAN	GERRIT		BLEMKE	LIJSABET HAIJE,DE LA	MONKE
1642 03 11	AK	HINDRICK	GERRIT	JANSEN	SNICKVAERDER	MARRECHIEN STEVENS	VISSCHRSPIJP
1641 11 21	MK	MARIA	GERRIT	CORNELIS		RIJCKJEN WESSELS	NOORDERDIEP
1644 01 19	AK	WILLEM	GERRIT	CORNELIS	CLORUS	RIXTIEN	EBB.POORTE
1646 11 27	AK	MARIA	GERRIT	JOCHIMS		SIJTSKE TIJDENS	CROMELBOGE
1643 02 12	MK	GERRIT	GERRIT	GERRITS		SIJUWE BUWENS	HEERSTR
1645 07 13	MK	JACOB	GERRIT	GERRITS		SIOUWE BOUWENS	HEERSTR
1642 09 02	AK	GEERT	GERRIT	TIJMENS		SWAENTIEN CLAESSEN	MUIR
1649 12 14	AK	MECHTELT	GERRIT	TIJMENS		SWAENTIEN	N.WECH
1648 03 01	AK	GRIETIEN	GERRIT	TIJMNES		SWAENTIEN	NIJESECH
1646 03 26	AK	JAN	GERRIT	TIJMANS		SWANE	N.POELESTR
1647 08 31	AK	JAN	GERRIT	MARTENS		WELMOET	TORFTOORNST
1648 03 15	AK	CORNELISJEN	GERRIT	CORNELIS		WEMELE TANNIS	HARD.STR

Year Mo Da	Chr	Child's Given Name	Father/Child's Patronymic	Father's Patronymic	Father's Surname	Mother	Address
1646 04 13	MK	HINDRICKJEN	GERRIT	JANSSEN		WILLEMTIE	KLEIJNEPEPERSTR
1647 04 11	AK	ARIAENTIEN	GERRIT		ETTERCAMP?	WILLEMTIEN	JADT
1642 08 28	AK	WIJBRANDT	GERRIT	MARTENS		WILLEMTIEN	LAMHUIJNGESTR
1647 02 17	AK	JAN	GERRIT	JANS		WILLEMTJE	JACOBIJNERSTR
1648 11 14	AK	JAN	GERRIT	MARTENS		WILMTIEN	TORFTORRENSTR
1646 08 28	AK	GEESJIEN	GERRIT	MARTENS		WILTIEN	TORFTOORNSTR
1647 01 22	AK	ANNEKE	GERRT	GEERTS		LIJSEBETH	RAAMSTR
1648 10 10	AK	JAN	GEUKE	GEUKENS		GEBBEKE HARMENS	BOTTRDP
1647 11 07	MK	GEERTRUIT	GIJLIAM	HANSSEN		CATHRIJNA	STEENTILSTR
1644 09 10	MK	ANNECHIEN	GIJSBERT		ROIJEN,VAN	ANNECHIEN	JADT
1648 12 02	MK	FOUCKE	GIJSBERT	MENSENS		ELSJEN	STEENTILPRT
1646 10 23	AK	MENSE	GIJSBERT	MENSSE		ELSJEN	SAIJEMEULE
1641 05 21	AK	ANNETIEN	GIJSBERT	HARMENS		GEERTRUIT	PRINCENSTR
1642 12 06	AK	DERCK	GIJSBERT	HARMENS		GEERTRUIT DERX	RAMSTR
1644 02 09	AK	DERCK	GIJSBERT	HARMENS		GEERTRUIT	RAAMSTR
1646 10 16	AK	MARRECHIEN	GIJSBERT	HARMENS		GEERTRUIT	PRINCENSTR
1647 07 08	AK	ENGEL	GIJSBERT	HARMENS		GEERTRUIT	PRINCENSTR
1648 08 06	MK	DERCK	GIJSBERT	HARMENS		GEERTRUIT	PRINCENSTR
1649 07 31	AK	GRIETE	GIJSBERT	HARMENS		GEERTRUIT	PRINCEN
1644 07 12	AK	PIETERTIEN	GIJSBERT	TONNIS		SAACKE? EELKENS	COSTERSGANG
1648 02 20	MK	JOANNES	GILIAM?		BOEN?	MARIE	OOSTERPOORTE
1644 06 10	AK	CATHARINA	GILLIAEM		VELDE,VANDEN	GEERTRUIT	VISSCHERSTR
1643 04 30	MK	ELISABETH	GILLIS		PUTTO,VANDEN	ANNA MARIA BUSSERS	BOTTRSTR
1647 09 12	AK	BRECHTJEN	GISBERT		ROOIJEN,V	ANNETIE	JADT
1644 01 03	AK	THOMAS	GISSEN	JAN	TIJSSEN	LIJSEBETH	BOTTERDIEP
1641 02 02	AK	CORNELISJEN	GODDE	EELIJNCKS	BARKER	--	DRA
1644 04 14	AK	MARIA	GODDE?	ELINCKS?		GEERTRUIT JANS	A.
1647 08 01	MK	MARGRIETE	GODEFROIJ		MAIRE,LE	JUDITH DRENTWEDDE?	POEL
1648 12 08	AK	ANNETIEN	GOETIEN	NANINS		GRIETIEN	DAMSTRDP
1643 02 15	AK	JAN	GOIJTIE	NANNINGS	BARKER	GRIETIE ALBERTS	damsterdiep
1645 11 09	MK	UIJTEKE	GOME	HINDRIX		VREE	OOSTERPOORTE
1642 08 11	AK	HILLETIEN	GOOIJER	JANSEN		GRIETIE JANS	NIJEWECH
1644 05 29	AK	GRIETJE?	GOOIJTIEN	JANS		GRIETE	NIJEWECH
1649 01 03	MK	DERCKIEN	GOOSEN	BARELTS		HEMKE	HAVENSTR
1645 08 31	MK	HINDRICK	GOOSSEN	ROELEFS		AELTIEN	D.
1646 04 12	AK	PIETERTIEN	GOOSSEN	STEVENS		CHRISTIJNTIEN	HAVENSTR
1643 05 17	AK	STEVEN	GOOSSEN	STEVENS		CHRISTIJNTN. GIJSBERTS	HAVENSTR
1647 08 22	MK	JAN	GOOTIE	JANSSEN		GRIETIE	NIJEWECH
1642 03 11	AK	ELLECHIEN	GOOTIEN	FREERX		TRIJNTIEN JACOBS	SCHUITNDP
1648 02 09	AK	WEMELTIEN	GOSES	ROELEFS		AELTIEN	DAMSTERDP
1642 03 04	MK	SIJBRICH	GOSSEL	BERENTS		ANNA	HARDINGESTR
1644 02 04	AK	HILLE	GOSSELE	BERENTS		ANNECHIEN FRITZ	HARDINGESTR
1646 06 06	AK	FRITS	GOSSELE	BERENTS		ANNEKE FRITS	BREEGANG
1641 01 08	AK	JAN	GOSSEN	ROELEFS	SCHUITENS	AELTIEN	SCHUITEND.
1646 03 15	MK	PIETER	GOTIEN	NANNINGS		GRIETIEN	DAMSTERDP
1644 11 29	AK	NANNING	GOTJEN	MANNINGS		GRIETE ALBERTS	DAMSTERDIEP
1642 11 11	AK	LOUWIJX	GOVERT?		GELIJN	LIJSEBETH BOLLENS	SCHUITENDP
1641 03 16	MK	HERMANNUS	GUALTER		ELVERING	ELSJEN IPENS	DRA
1646 08 02	MK	OCCO	GUALTERO		PICARDO	CATHARINA BAUCKES	BOTTRINGESTR
1644 01 08	AK	ELISABETH	GUILLIAEM		PALMER	MARGRIETE	BOTTRSTR
1645 02 26	AK	WILLEMTIEN	GUNE?	HARMENS		AELTIEN	HELPEN
1649 12 06	AK	OCKO?	GUTELT?		PICCARDUS	CATRINA BAUKES	BOTTRSTR
1642 11 06	MK	ASSUERUS	H.		HEECK,VAN	ANNA HOENDRIX	BOTTRSTR
1648 01 26	AK	ALEGONDA	H./BORGEMR		HEEK,VAN	ANNA HOEND.	BOTTRSTR
1649 12 04	AK	JACOB	H./SECR:		BERGE,TER	HOUKE FREDEN,A'	EBBINGSTR
1644 07 21	MK	TRIJNTIEN	H.		TAMMEKEN	TRIJNTIEN	BOTTRSTR
1641 10 01	AK	AARIS	HACKE	ARIS		FIJE PIETERS	STEENTILSTR
1643 04 18	AK	MARIA	HACKE	ENGELBERTS		GEERTIEN	GULDENSTR
1644 11 17	MK	SARA	HACKO	FRITS		DIEWER	OOSTERPOORT/CUBA
1646 03 22	MK	CLAES	HAEKE	CLAESSEN		ANNECHIEN	BOTTRDIEP
1647 01 05	AK	HINDRICK	HAESE	HINDRIKS		MARIJE	ROSENSTR
1643 03 01	AK	PIETER	HAESE?	PIETERS		TRIJNTIEN ZACHARIAS	N.POELESTR
1648 04 30	AK	ANNECHIEN	HAIJE	HINDRIX		AARENTIEN	HARDINGESTR
1649 02 13	AK	TIEBBE	HAIJE	TIEBBES		AELTIEN	CRANEPRT
1645 02 04	AK	GEESE	HAIJE	HINDRIX		ARENTIE	NIJE KERKHOFF
1642 06 06	AK	NANNE	HAIJE	HINDRICKS		ARENTIEN NANNENS	N.KERKHOFF
1643 12 16	AK	GEESJEN	HAIJE	HARMENS		CORNELISJEN GARBRANTS	N.KERKHOF
1647 09 10	AK	STIJNTIEN	HAIJE	HEIJNES		CORNELISJKE	N.EBBSTR
1642 10 11	AK	JURJEN	HAIJE	WEIJERTS	RUITER	ELSJEN	N.MERKTSTR
1645 09 21	AK	WIJERT	HAIJE	WIJERTS		ELSJEN	NIJE MERCKTSTR
1647 11 21	MK	GRIETJEN	HAIJE	WIJERTS		ELSJEN	N.MERKTSTR
1649 11 25	AK	MARRETIEN	HAIJE	GEERTS		GEERTRUIT	LANE
1646 04 26	MK	AELTIEN	HAIJE	BERENTS		GRIETE	MOESKERSGANG
1648 07 07	AK	GEERT	HAIJE	TONNIS		HILLE	VOLTINGESTR
1646 12 22	AK	GRIETIEN	HAIJE	TONNIS		HILLECHIEN HAIJES	VOLTRINGESTR
1644 04 07	AK	ALBERT	HAIJE	TONNES		HILLETIEN	VOLTRINGESTR
1641 04 28	AK	GEERT	HAIJE		STAPPEN,VD	HINDRICKJEN GEERTS	BREDEMERKT
1643 12 13	AK	JAN	HAIJE		STAPPEN,V D	HINDRICKJEN	BREDEMERKT
1642 05 15	MK	MAIJKE	HAIJE	DERKES		LENEKE CLAESSEN	RAAMSTR
1641 11 26	AK	HOUWKE	HAIJE	HARMENS		LUTGERTIEN PIETERS	VOGELMERKT
1642 12 30	AK	MARRECHIEN	HAIJE	HARMENS	BACKER	LUTGERTIEN PIETERS	BOTTERMERKT
1649 02 23	AK	HARMEN	HAIJE	HARMENS		LUTGERTIEN PIETERS	CARELSWECH
1644 12 04	MK	HOUWICHJEN	HAIJE	HARMENS		LUTGERTJE PIETERS	GELTINGESTR
1646 11 04	AK	PIETER	HAIJE	HARMENS		LUTGERTJEN PIETERS	JADT
1646 03 13	MK	WIJNARDT	HAIJE	TIAERTS		MAGDALENA	DAMSTERDP
1649 01 28	MK	HANS	HAIJE CHRISTN.	JANS		MARIA	ANTHGSTHS
1643 12 19	AK	ANNA	HAIJE	HINDRIX		N.N.	ROSENSTR
1643 12 19	AK	HINDRICA	HAIJE	HINDRIX		N.N.	ROSENSTR
1649 11 27	MK	HEIJNE	HAIJE	HEIJNES		STIJNTIEN	N.EBBSTR
1641 09 26	MK	JAN	HAIJE	PIETERS		TRIJNTIE	N.POELSTR
1644 09 15	MK	ANNECHIEN	HAIJE	PIETERS		TRIJNTIEN	POELSTR
1644 04 21	MK	MARGRIETE	HAIJKE	CLAESSEN		ANNE	BOTTERDIEP
1642 04 06	AK	KLAES	HAIJKE	CLAESSEN		ANNETIEN	OLDE EBBPRT
1645 08 17	AK	AAFJEN	HAIJKE	HAIJKENS		AUCKE HILTIENS	BRUGGE
1647 08 17	AK	AGATHA	HAIJKE	HAIJKENS		AUCKE FOCKENS	BRUGGESTR
1647 03 02	AK	HILLECHIEN	HAIJKE	ARIJS		GRIETIE	BOTTRINGEPOORTE
1645 03 12	AK	MARIE	HAIJKE	HARMENS		HAASJEN ENGELBERS	JACOBINERSTR
1646 03 15	MK	MARIA	HAIJKE	HARMENS		HANSJEN	PELSERSTR
1644 10 06	MK	CLAES	HAIJKE	DAEVIS?		MARRECHIEN	COSTERSGANG
1648 04 01	MK	TIDDE	HAIJKE	DAVIDS		MARRECHIEN GEERTS	OOSTERST
1642 05 16	MK	HERCKE	HAIJKE	DAVIDTS		MARRECHIEN GEERTS	COSTERSGNCK
1647 01 15	AK	JAN	HAIJKE	DAVIDTS		MARRECHIEN	COSTERSGANG
1647 01 17	AK	CORNELISJEN	HAIJKO	GEERTS		ANNEKE VISSCHERS	JACOBS GASTHUIJS
1649 09 23	AK	HARMEN	HAN	HINDRIX		AELTIEN MENSENS	HAVENSTR
1648 10 17	AK	MARRECHIEN	HAN	WILLEMS		HINDRICKJE	HEERSTR

Year Mo Da	Chr	Child's Given Name	Father/Child's Patronymic	Father's Patronymic	Father's Surname	Mother	Address
1649 10 19	AK	HILLETIE	HAN	TONNIS		JANTIEN SIJGERS	JANSBRUG
1646 06 24	AK	ANNE	HAN	HANSSEN		TEET WUPKENS	A KERKE
1646 08 26	AK	HERMANNUS	HAN		TETTART?	TETEKE TETTART	BREDEMERCT
1649 11 07	AK	HANS JURJEN	HANS		SCHREIJDER	AAFJEN	PLUIMERSGAGN
1644 11 10	MK	HANS	HANS	MENKES		AECHTE	PLUIMERSGANG
1641 11 10	AK	ANNECHIEN	HANS/SOLDAET		KRECET	AELTIEN	NIEUWEWECH
1643 01 17	AK	GRIETIEN	HANS		HARTMAN	AELTIEN	HOFSTRATE
1643 12 12	AK	HANS	HANS/SOLD.		SCHADE	AELTIEN	NIJESTADT
1644 03 12	AK	ZACHARIAS	HANS		KAMER	AELTIEN HARMENS	LANE
1645 11 20	AK	ZELIS	HANS/SOLD.		BOLDER	AELTIEN	PRINCENSTR
1646 11 11	AK	MICHEL	HANS		SCHADE	AELTIEN	POELEPOORTE
1648 10 20	AK	QUIRINUS?	HANS		DUN?	AELTIEN	MOESKERSGNG
1648 03 19	MK	MARGRETE	HANS	GRIJS		AELTIEN	BREDEGANG
1646 06 23	AK	HANS	HANS	JURIENS		AELTIEN	PLUIMERSGANG
1647 12 19	MK	HEIJNE	HANS	REIJE		AELTIEN	PLUIMERGANG
1643 06 04	AK	ANNEKE	HANS	REIJMER		AELTIEN	HOFSTRSTE
1645 10 26	AK	NIESE	HANS	REIJMES		AELTIEN	HOFSTR
1648 02 06	AK	RIEMER	HANS	RIEMERS		AELTIEN REIJNERS	HOFSTR?
1642 07 29	MK	JURJEN	HANS		SCHAER	AELTJEN	RAAMSTR
1642 07 26	AK	HERMEN	HANS		BACKER	ANNA	PRINCENSTR
1643 11 28	AK	BARBARA	HANS		JUNGER	ANNA	MEULENSTR
1643 03 16	MK	BARTELIJN	HANS		RUSTEBIJL	ANNA	GEERTR.GASTHUIJS
1644 02 11	MK	ANNA	HANS		DILCHER	ANNA MARIA	MEULENSTR
1644 11 28	AK	ANNA MARGRETE	HANS/SOLD.		SCHULTE	ANNA JANS	PLUIMERSGANG
1644 04 30	AK	ANNA CATRIJNA	HANS (deed)		BORCH,TER	ANNA NU?	JACOBIJNERSTRATE
1646 08 12	AK	HANS	HANS		SCHULLER	ANNA	JUDE RAAMSTR
1645 11 30	AK	TRIJNE GEERTRUIT	HANS		RAVENBORCH	ANNA	RAAMSTR
1648 07 20	AK	FROUCK	HANS		VUSTELIJ	ANNA HANS	NIEUWEDIEP
1649 03 11	AK	DIRCK	HANS		ROEST	ANNA	SCHUTENWAL
1642 04 27	AK	CHRISTOFFEL	HANS	CHROSTOFLS.		ANNA	COSTERSGANG
1641 03 16	MK	ELSJEN	HANS	JURJENS		ANNA MARIA	VISSCHRSTR
1645 07 20	MK	MATTHIJS	HANS	MATTHIJS	BREDA,VAN	ANNA	MEULENSTR
1646 10 20	AK	ELISABETH	HANS	PHILIPS		ANNA	ZUIDERDP
1648 09 19	AK	HILLE	HANS	TONNIS		ANNA	VISSCHERSTR
1642 07 17	AK	MARIA	HANS		SCHRIJVER	ANNE	HEERPRT
1642 08 02	AK	PIETER	HANS		BACKER	ANNE	SCHUITEMAKERSWAL
1645 03 16	AK	FRITS	HANS		BARKER	ANNE	SCHUITEMRSWAL
1647 10 26	AK	CHRISTIAEN	HANS		SCHRINER	ANNE	JONKERENSTR
1649 01 21	MK	HANS PHILIP	HANS	COERT	ISSERT	ANNE	LEGEWECH
1646 01 07	AK	GEESJEN	HANS	JARJEN	ENGEL	ANNE JURJENS	3 MEULENS
1647 01 03	MK	EVERT	HANS/SOLD.	MATTIJS		ANNE	MEULENSTR
1648 11 06	MK	MARIE	HANS	PHILIPS		ANNE	SUIDDIEP
1646 04 12	AK	GABRIEL	HANS	TONNIS		ANNE	VISSCHERSTR
1645 02 26	AK	MARCUS	HANS		BEIJDEL	ANNECHIEN	SUIDERDP
1647 03 11	AK	MICHEL	HANS	HANSSEN		ANNECHIEN	A
1641 06 01	MK	CATHARINA	HANS		BECKER	ANNEKE	SLEMENERSTR
1641 12 01	MK	FREDERICK	HANS		DIESHOLT	ANNEKE CLAESSEN	JACOBIJNERST
1642 10 25	AK	MARGRIETE	HANS	TONNIS		ANNEKE BERENTS	PRINCENSTR/DRIST
1643 06 30	AK	HANS	HANS		JURG	ANNETIE	PRINCENSTR
1645 07 29	AK	MAIJKE	HANS		LANGE	ANNETIE	A.
1649 05 29	AK	HINDRICK	HANS	HANSSEN		ANNETIE	NIJESTADT
1649 12 16	MK	HANS WILM.	HANS	BORGERS		ANNETIEN	SUIDDP
1643 12 28	AK	JACOB	HANS		WEBER	BARBARA	A POORTE
1649 04 05	AK	PHILIPUS	HANS		WEBER	BARBER	HOFFSTR
1641 12 19	AK	HARMEN	HANS		MILLER	BAUWE	WOERT
1648 08 30	AK	ADAM	HANS	ADAMS		BRECHIEN?	MEULENSTR
1645 11 30	MK	IMKE	HANS	ADAMS		BRECHTE HANSKENS	MEULENSTR
1647 05 14	MK	DOROTHEA	HANS	ADAMS		BRECHTE	MEULENSTR
1646 05 17	AK	ANDRIES	HANS	HESER		CATARINA	--
1647 03 28	MK	JOANNES	HANS		WEBER	CATHARINA	AVJAENCRUID.GANG
1648 04 30	MK	HANS MICHEL	HANS		SONDACH	CATHARINA	COSTERSGAGN
1645 12 14	MK	ANNA	HANS		BACKWATER	CHRISTINA	BEULSGANG
1643 04 04	AK	MARTEN	HANS	ADELEFS		CHRISTINA	MONNICKHOLM
1648 02 27	AK	CHRISTINA	HANS	ADOLPH		CHRISTINA	SUIDKERKHOF
1641 09 07	AK	ANNA BARBARA	HANS	LODUVOIJX		CHRISTINA	SLOANESTR
1649 11 08	AK	CATHRINA	HANS	JOCHIMS		CHRISTINE	OOSTERPRT
1642 04 19	AK	HARMANNUS	HANS	PRUIS		CLARE SLEPEGREL	LANE
1649 03 09	AK	EVA	HANS	REIJNERS		CUNNE	MEULENSTR
1644 01 24	AK	DOROTHEA	HANS/SOLD.		WITGREVEN	DOROTHEA	BOTTERDIEP
1646 09 06	AK	ABRAHAM	HANS	LUCAS		DUIJRKE MEIJNERTS	N.SWAENSTR
1641 07 27	AK	JACOB	HANS	LUCAS		DUIRKE	SWANESTR
1646 04 04	AK	MARIJTIEN	HANS	LUCAS		DUIRKIEN	SWANESTR
1642 07 21	AK	GEESJEN	HANS		SPICHT	EETE	MIEUWEDIEP
1647 10 13	AK	HARMEN	HANS		REIJT	EETJE	SCHUTENDP
1646 07 23	AK	MICHEL	HANS		REIJT	EIJTJEN HANSSES	WIJENOECH?
1643 01 01	AK	ENGELTIEN	HANS		WEIJTER	ELSIEN	HERENKAMERS
1642 05 19	AK	ANNE	HANS		HELWICH	ELSJEN HARMENS	RADEMERCKT
1644 09 24	AK	OEDE	HANS		PENNING	ELSKE	PLUIMERSGANG
1647 01 10	AK	WILLEMTIEN	HANS		MULLER	ELSKE	HEERNKAMERS
1649 01 03	MK	HARMEN	HANS		STELLER	EMETRIN?	LANTSIJNDICUS?
1643 08 13	MK	OUDILGEN	HANS		BELDER	ENGELTIE	PRINCENSTR
1642 10 07	AK	JOHANNES	HANS		REIJTER	ETTIEN HANSES	N.WECH
1643 09 17	MK	ELSJEN	HANS	JOCHIMS		FIJE	MEULENSTR
1645 12 19	AK	ENGELTIEN	HANS	HINDRIX		GEBBE	DAMSTERDIEP/COOP
1647 08 27	AK	ENGELTIEN	HANS	HINDRIX		GEBBE	SCHUTENDP
1642 02 01	AK	HINDRICK	HANS		GROSMAN	GEERTRUIT	PLUIMERSGNAG
1644 06 07	AK	ELIAS	HANS/SERGEANT		NECHLIJN	GEERTRUIT	JADT
1646 10 28	AK	JOANNA HILLENA	HANS/SAL:SERG:		NECHLIJN	GEERTRUIT PIETERS	JADT
1644 01 07	MK	AELTIEN	HANS (deed)		MEIJER	GEESJEN HANS	MOESKERSGANG
1649 06 07	MK	MARIA	HANS		SEEST,V	GEESJEN	OOSTERPRT
1643 03 16	MK	STEFFEN	HANS	LOURENTS		GEESJEN	PAPENPOORTE
1646 12 01	AK	GEESJEN	HANS	LOURENTS	RUITER	GEESJEN	BENTHEIM
1641 10 05	AK	GRIETIEN	HANS	HINDRICKS		GRETE MELCHERS	3 MEULENS
1644 01 16	AK	TRIJNE	HANS		JUTMAN	GRIETE	HOFFSTR
1649 01 11	AK	CONRADUS	HANS		KOCK	GRIETE	NIJEWECH
1644 10 26	AK	TIJTIE	HANS	HICKENS		GRIETE	BOTTERDIEP
1647 05 12	MK	ANNEKE	HANS	HICKES		GRIETE	BOTTRDP
1649 04 04	AK	JURJEN	HANS	JURJENS		GRIETE GEERTS	ROSENSTR
1644 04 07	MK	ANNE	HANS	RIETS		GRIETE	RAAMSTR
1645 12 17	AK	HINDRICK	HANS	RIJKE		GRIETE	SUIDERDIEP
1644 01 14	AK	HANS GEORG	HANS		BEIJERLING	GRIETIEN	SLEMENNERSSTR
1644 01 17	AK	JOANNES	HANS		LAUWERMAN	GRIETIEN GOETKES	HARDINGESTR
1648 03 10	MK	JAN	HANS		BERENEVLIET	GRIETIEN	COLLEGIE
1649 10 28	MK	DETERT	HANS		BARNEVLEET	GRIETIEN	COLLEGIE
1642 02 26	AK	HEERE	HANS	HICKES		GRIETIEN	LUTKESTR

Year Mo Da	Chr	Child's Given Name	Father/Child's Patronymic	Father's Patronymic	Father's Surname	Mother	Address
1642 04 24	AK	GRIETIEN	HANS	HINDRIX		GRIETIEN ROEVERTS	SUIDERDP
1646 01 04	AK	GRIETIEN	HANS	HINDRIX		GRIETIEN	SUIDERDP
1648 06 20	AK	JANTIEN	HANS	HINDRIX		GRIETIEN	MEUWEDIEP
1647 12 10	AK	ADAM	HANS	MELCHERS		GRIETIEN	MEULENST
1643 10 06	MK	TEIJE	HANS	SICKENS		GRIETIEN	BOTTERDIEP
1641 08 22	AK	ANNECHIEN	HANS		PORRE?	GRIETJEN	N.STRAATJEN/A
1649 10 02	AK	SIJMON	HANS	HINDRIX		HANNETIEN SIJMONS	HARDSTR
1647 06 22	AK	SIJMON	HANS	HINDRIX		HANNETIEN?	BENTHOLM?
1641 07 11	AK	MARGRIETE	HANS		VALCK	HELLENA HAFMANS	RAAMSTR
1641 07 11	AK	ROELEF	HANS		VALCK	HELLENA HOSMANS	RAAMSTR
1642 12 15	AK	PIETER	HANS	RIJCK		HIDDE ROELEFS	PLUIMERSGANG
1647 01 24	MK	ROELEF	HANS	RIJCKS		HIDDE	PLUIMERSGANG
1644 11 13	AK	ENGELTIEN	HANS		RUL	HIDTIE ROELEFS	DAMSTERDIEP
1647 09 16	AK	ANNA MARGRIETE	HANS		HAISER?	HILLETIE JANS	VISSCHERSTR
1648 02 03	AK	ANNA CATHRIJNA	HANS	GEERTS		HILLETIE HEIJNES	3 MEULEN
1647 09 05	AK	ANNE	HANS	MARTENS		IDE NIJMANS	JUD.HUIJS
1649 11 07	AK	MARTEN	HANS	MARTENS	REIJNMAN	IDE	MONKEHOLM
1648 09 02	AK	DERCK	HANS	DERX		IDETIEN	JADT
1648 09 02	AK	JURIEN	HANS	DERX		IDETIEN	JADT
1643 06 27	AK	HANS	HANS		SMIDT	JANTIEN	N.JADTSTR
1643 09 17	MK	MECHTELT	HANS		SCHERP	JANTIEN	BLOEMKERSTR
1644 11 26	AK	JAN	HANS/SOLD.	HELWICH		JANTIEN	KROMELLEBOGHE
1645 12 13	AK	MICHEL	HANS	SHARP		JANTIEN	BLOEMSTR
1646 01 28	AK	HANS	HANS	SMIT		JANTIEN	JADT STR
1647 05 20	AK	JURJEN	HANS	SCHARFF		JANTIEN	BLOEMSTR
1647 01 14	AK	LUCAS	HANS	HELMICH		JANTIEN JURJENS	PRINCENSTR
1649 01 01	MK	WILLEM	HANS	HELWICH		JANTIEN	RADEMERKT
1647 11 26	AK	CLAES BELANTE?	HANS	BELLER		JANTIEN	BREEGANG
1649 02 07	AK	EGBERT	HANS	JOCHIKMS		JANTIEN	O.EBBPRT
1641 12 19	MK	NELLETIEN	HANS	JACOBS		KATRIJNA	MOESKERSGANG
1649 08 06	AK	GRIETJEN	HANS	JURJENS		LIJSABET	SMAKERSGNG
1647 03 02	AK	LIJSABETH CATHR.	HANS/SOLD.		KLEEN	LIJSABETH	BEULSGANG
1647 07 09	AK	TRIJNTIEN	HANS	JANSSEN		LIJSABETH JANSSEN	HEERSTR
1649 08 02	AK	CATHRIJNE	HANS	JANSSEN		LIJSBET	EGGSTR
1645 03 21	MK	ELSJEN	HANS		KLEIJN	LIJSBETH	MUSSCHERSGANG
1646 09 25	AK	ANNICHJEN	HANS	JURJENS		LIJSBETH HANSEN	SMARKERSGANCK
1644 12 06	AK	JURJEN	HANS	SMIDT		LIJSEBETH JACOBS	BOTTRDIEP
1641 03 17	MK	GEERT	HANS	CLEEN	STEIJN,VAN	LIJSEBETH	COSTERSGNG
1645 11 21	AK	JAN	HANS	JANSSEN		LIJSEBETH	HEERSTR
1642 05 08	AK	BARBER	HANS		SMIT	MAGDALENE	SCHUTENRSWAL
1648 11 30	AK	AELTIEN	HANS		SMIT	MAGDALENE	HEREN
1643 12 19	MK	HANS HINDRICK	HANS		ZEGELER	MARGRIETE	BUTJENSTRATE
1642 04 22	AK	MARGRIETA	HANS		HEIJL	MARIA	POELPRT/SIJNDICUS
1649 07 31	AK	ADRIAEN	HANS	JACOBS		MARIA	HEERECAM
1643 10 22	AK	JOOST	HANS	JURJEN	ELSEN,VAN	MARIA BERGERS	VISSCHERSTR
1648 07 26	AK	ANNA MARIA	HANS	LEST	TROMPETTER	MARIA	BOTTERDIEP
1642 12 26	MK	JANTIEN	HANS	PIETERS		MARIA	PRINCENSTR
1649 10 16	AK	MICHEL	HANS	HANSSEN		MARRECHIEN	HEERPRT
1644 02 06	AK	HANS	HANS		FUNLINGH?	MARRIE PIETERS	MEULENSTR
1643 01 10	AK	ALBERTUS	HANS/SERGEANT	OND.GISAU	MECHLIJN	N.	CRANERRUHOE
1644 06 26	AK	JOANNES	HANS	SPIGT	HOLTSAGER	OETE JANS	SUIDERDIEP
1644 05 10	AK	SOPHIA	HANS (deed)	NIJEMAN		RIJXTE STEVENS	BOTTERDIEP
1648 12 28	MK	ABRAHAM	HANS	FOLST		SOPHIA	PAPENPOORTIE
1648 12 28	MK	ISAAC	HANS	FOLST		SOPHIA	PAPENPOORTIE
1645 03 21	MK	HINDRICK	HANS			SOPHIA	PAPENPOORTIE
1646 10 19	AK	GRIETE	HANS	WOLS		STIJNE ETERIJN	HARDINGESTR
1642 01 05	AK	LEENERT	HANS	THOON	WOLF	SUSANNA	BREEDEMERCKT
1644 02 18	AK	TRIJNTIEN	HANS	JACOBS		TEETJEN	HAVENSTR
1644 11 22	AK	AELTIEN	HANS		WITTE	TRIJNE	OOSTERPOORTENPIJP
1645 10 10	AK	ANNERIEN?	HANS		STELLER	TRIJNE HARMENS	SCHEDAMSGANGE
1647 12 26	MK	BARBER MARGR.	HANS/SOLD.		SCHILDER	TRIJNE	OOSTERPOORT
1644 02 25	MK	BARTELT	HANS	BARTELTS		TRIJNE	BEULSGANG
1647 01 26	AK	HANS	HANS	BERENTS		TRIJNE	MEULENSTR
1641 07 14	AK	MARTUS	HANS	HINDRICKS		TRIJNE	TIJNIENS MEULEN
1648 03 31	AK	GRIETJEN	HANS	JACOBS		TRIJNE	HARD.STR/DIEP
1648 11 10	AK	PETER	HANS	PETERS		TRIJNE JANS	A
1645 09 30	AK	ANNE	HANS	THOMAS		TRIJNE MELCHERS	W.HND.HUIS?
1647 12 11	AK	FRERICK	HANS		STELLER	TRIJNTIE	POELESTR
1641 11 00	AK	HINDRICK	HANS	HINDRIX		TRIJNTIE	PELSERSTAR
1643 08 14	AK	ELSJEN	HANS		HAVESTADT	TRIJNTIEN	BEULIJE
1646 05 24	AK	ELSJEN	HANS		HABESTADT	TRIJNTIEN HINDIRX	BEULSTOORN
1646 11 11	AK	HANS	HANS	BARTELTS		TRIJNTIEN	JANS BRUGGE
1644 03 08	AK	DANIEL	HANS	HINDRICKS		TRIJNTIEN	PRINCENSTR
1648 02 13	MK	GEESJEN	HANS	JURIENS		TRIJNTIEN EBELS	NIJEWECH
1642 08 18	AK	EVERT	HANS	JURJENS		TRIJNTIEN	N.POELESTR
1641 12 07	AK	HINDRICK	HANS	KESSEL		TRIJNTIEN HINDRIX	RAAMSTR
1642 03 17	MK	HARMANNUS	HANS	PETER	CNOPEUS	TRIJNTIEN HINDRIX	SCHOOLHOLM
1643 12 17	AK	STIJNTIEN	HANS	PETER	KNOPEUS	TRIJNTIEN	SCHUTEMAKERSSTR
1645 09 09	AK	ELSIEN	HANS	PETER	KNOPEUS?	TRIJNTIEN	SCHUITMRSSTR
1648 09 17	AK	HENRICH	HANS	PETER	KNOPENS	TRIJNTIEN	SCHUTE.ST
1646 10 04	AK	JAN	HANS	PIETERS		TRIJNTIEN JANSSEN	DRAE
1646 07 19	AK	AIJCKE	HANS	JACOBS	COLVE	TRIJNTJEN	SUIJDER DIEP
1646 07 19	AK	HANS JACOB	HANS	JACOBS	COLVE	TRIJNTJEN	SUIJDER DIEP
1649 01 30	AK	MARGRIETA HUSINGA	HANS	HINDRIX		UETJEN	SUIDERDP
1645 05 11	MK	HANS	HANS		LAST?	WIEESKE JANSSEN	MEULENSTR
1644 02 28	AK	HAN	HANS	HEIJN	MEIJER	WOPKE	SLEEMENNEERSSTR
1646 12 25	MK	CELIA	HANSSEN	HANS		MARIA WICHELS	SUIDERDP
1648 11 21	AK	HANS	HARBER	BERENTS		DIEWER	MOESKGNG
1646 12 17	AK	MARIA	HARCKE	ENGEBERTS		GEERTIEN	N.EBB STR
1649 09 26	AK	ROELEF	HARCKE	ENGELBERTS		GEERTIEN	N.EBBSTR
1648 12 26	MK	REMT	HARCKE	EERNSTS		GIJE	NIEUWEWECH
1644 08 22	AK	AELTIEN	HARCKE	LAURENTS		MARRECHJEN	SLEMENNERSTR
1646 08 13	AK	TRIJNTJEN	HARCO	LAUWERENS		MARIA	SLEEMENDERSTR
1642 05 22	MK	BASTIAEN	HARCULES	FRITS		DIEWERTIEN JANS	CUBO/O.PRT
1646 08 26	AK	PETER	HARKE	ARIJS		FIJE PETERS	N.WECH
1643 11 14	MK	PIETER HARKENS	HARKE	ARIS		FIJE PIETERS	NIJE WECH
1641 09 21	AK	HARMTIEN	HARKE	ENGELBERTS		GEERTIEN ROELEFS	KROMMEJADT
1644 10 03	AK	ENGELBERT	HARKE	ENGELBERTS		GEERTIEN ROELEFS	CROMELLEBOGEN
1642 12 26	AK	RIJPPE	HARKE	LAURENS		MARRETIEN RIJPENS	SLEMENNERSSTR
1649 04 08	MK	DIEWERTIEN	HARKES	FRITS		AELTIEN JANS	EUBA?
1648 09 08	AK	JAN	HARM	--		JANT? SIJETIE	N.EBBSTR
1644 10 16	AK	LAURENTS	HARMANNUS	LAURENS		TRIJNE HARMANNES	JUSKEG
1641 02 26	MK	HINDRICK	HARMEN	HINDRIX	SLOTMAKER	--	EBB/BOTTRPT
1641 05 30	MK	JAN	HARMEN/SOLDAET	JANSEN		--	MEULENSTR
1641 01 12	AK	DANIEL	HARMEN/LIEUT:	TEPENS			HEERSTR

Year Mo Da	Chr	Child's Given Name	Father/Child's Patronymic	Father's Patronymic	Father's Surname	Mother	Address
1642 08 21	MK	RIENDER	HARMEN	RIENDERS		ADRIAENTIEN	OOSTERSTR
1646 01 18	MK	GRIETIEN	HARMEN	REIJNERS		ADRIANTIEN PETERS	OOSTERSTR
1641 10 27	AK	ELIJSABETH	HARMEN	EGBERTS		AECHTE	MUERE
1647 12 15	AK	PIETER	HARMEN		HAIJENOU?	AELTIEN	COSTERSGANG
1642 06 27	MK	JAN	HARMEN	ALBERTS		AELTIEN HERMENS	VISSCHERSSTR
1647 08 05	AK	MARRECHIEN	HARMEN/SOLD	GEERTS		AELTIEN	SUIDERDP
1649 05 14	AK	GEERT	HARMEN	GERTS		AELTIEN	SUIDERDP
1648 12 12	AK	GRIETJEN	HARMEN	HARMENS		AELTIEN	BOTRDIIIP
1648 06 15	MK	HARMEN	HARMEN	HARMENS		AELTIEN	STEENTILPRT
1649 11 30	AK	WOBBETIEN	HARMEN	HARMENS		AELTIEN	STEENTILSTR
1641 06 20	MK	AEFJEN	HARMEN	HINDRIX	GOLTSMIT	AELTIEN	STOELDREIJERSTR
1643 12 19	AK	ARENT	HARMEN	HINDRIX	GOLTSMIT	AELTIEN ARENTS	STOELDREIJERSTR
1645 03 21	MK	ARENT	HARMEN	HINDRIX	GOLTSMIT	AELTIEN ARENTS	STOELDRSTR
1646 07 05	AK	MICHEL	HARMEN	HINDRIX		AELTIEN ARENTS	STOELDR.STR.
1647 12 07	AK	AEFKE	HARMEN	HINDRIX		AELTIEN	STOELDREIJERSTR
1648 11 21	AK	MICHEL	HARMEN	HINDRIX		AELTIEN	STOELDRST
1644 12 22	MK	JACOB	HARMEN	JACOBS		AELTIEN	MESSEMAKERSSTR
1648 10 20	AK	AELTIEN	HARMEN	JACOBS		AELTIEN	MESMAKSR
1648 07 16	MK	HARMEN	HARMEN	JANSSEN		AELTIEN HARMENS	PRINCENSTR
1647 03 28	MK	AELTIEN	HARMEN	STEVENS		AELTIEN	O.EBBPRT
1649 02 14	AK	STEVEN	HARMEN	STEVENS		AELTIEN	BOTRDP
1646 09 02	AK	JAN	HARMEN	JACOBS		AELTJEN	MESSEMAKERSSTR
1642 02 20	MK	SWAENTIEN	HARMEN	SUITIENS		AGNETE	N.MERKTSTR
1646 06 17	MK	ELSIEN	HARMEN	LAMBERTS		ALBERTIEN GORRIS	BROERSTR
1647 12 10	AK	CLES?	HARMEN	LAMBERTS		ALBERTIEN	BROERSTR
1649 04 19	MK	LIESKE	HARMEN	LAMBERTS		ALBERTIEN	ACADEMIE
1645 02 04	AK	GEESJEN	HARMEN	WESSELS		ALBERTIEN	N.EBBSTR
1646 11 27	MK	GIJSBERT	HARMEN	WESSELS		ALBERTIEN	N.EBBSTR
1644 04 21	AK	ANNA MARGRIETA	HARMEN		MEIJER	ANNA JANSSEN	SUIDEDIEP
1644 06 23	AK	MARGRIETA	HARMEN		HUP	ANNA	RAAMSTR
1648 03 12	MK	JAN	HARMEN		MEIJER	ANNA	SCHUITNDP
1642 01 26	AK	GERRIT	HARMEN	EEVERTS		ANNA LIPPENS	HOECK/HEERSTR
1647 02 06	KA	CHRISTIAEN	HARMEN	HARMENS		ANNA HINDRIX	DAMSTERDP
1649 01 09	AK	AELTIEN	HARMEN	HARMENS		ANNA	JADTSTR
1641 11 14	MK	JAN	HARMEN	JANSEN		ANNA	SCHUTENDP
1642 01 23	MK	FOLKERT	HARMEN	JANSEN		ANNA JANS	DAMSTERDP
1642 06 21	MK	LUCAS	HARMEN		MEIJER	ANNE	HEERPOORTE
1646 10 04	MK	JANTIEN	HARMEN/SOLD.		MENER	ANNE	SCHUTENDP
1648 12 10	AK	LIJSABETH	HARMEN		HEEP	ANNE	A POORTE
1643 10 17	AK	HARMEN	HARMEN	ALBERTS		ANNE JANSSEN	HEERESTR
1648 12 17	MK	TRIJNTIEN	HARMEN	BARTHELTS		ANNE	BUTJENST
1642 04 01	MK	ALBERT	HARMEN	HARMENS		ANNE HINDRIX	DAMSTERDP
1646 06 10	AK	ANNA	HARMEN	HARMENS		ANNE	MOESKERSGANG
1648 07 30	MK	ISAAC	HARMEN	HARMENS		ANNE HINDRIX	DAMSTERDP
1643 12 24	MK	TIETIEN	HARMEN	JANS	RUSTMR.	ANNE	N.EBBINGESTR
1646 09 28	AK	JAN	HARMEN	JANS		ANNE MEIJERS	NIEUWESTADT
1642 12 18	AK	ELSJEN	HARMEN/SOLD	JANSSEN		ANNE JANSSEN	NIJESTADT
1645 01 21	AK	HILLECHIEN	HARMEN	JURJENS		ANNE	HOECH/HARDINGEST
1647 05 02	AK	GEESKE	HARMEN	CHRISTIAENS		ANNECHIEN	HARDINGESTAR
1644 09 06	MK	HARMEN	HARMEN	GERRITS		ANNECHIEN GEERTS	MARTIKERKHOF
1645 01 03	AK	ABRAHAM	HARMEN	HARMENS		ANNECHIEN	DAMSTERDP
1646 08 05	AK	HINDRICKS	HARMEN	HINDRIX		ANNECHIEN	A POORT
1644 08 29	AK	TONNISJE	HARMEN	JANS		ANNECHIEN JANS	CRANE
1645 12 26	MK	ANNECHIEN	HARMEN	JANSSEN		ANNECHIEN	BOTTRSTR
1647 05 07	AK	LUCKE	HARMEN	JANSSEN		ANNECHIEN	N.BOTTRSTR
1646 02 01	MK	GEERT	HARMEN	GERRITS		ANNECHINE GEERTS	PICHEERSTR
1649 08 12	AK	CHRISTIAEN	HARMEN	CHRISTIANS		ANNEKE CLAES	A POORTE
1642 05 03	AK	PIETER	HARMEN	HINDRIX	TIMMERMAN	ANNEKE PIETERS	3 MEULEN
1647 08 08	AK	GRIETIEN	HARMEN	HOEPE?		ANNEKE AMULDERS	WONEZ?
1641 05 02	AK	JANTIEN	HARMEN	MENSENS		ANNEKE	KRANEPRT
1643 04 21	AK	STIJNTIEN	HARMEN	MENSENS		ANNEKE BOUWENS	KRANEPOORT
1645 03 11	AK	MENSE	HARMEN	MENSSES		ANNEKE WENS,BON'	CRANEPOORTE
1647 09 26	AK	ANNA MARGRIETE	HARMEN	HINDRIX		ANNETIE	MERTENPIJPE
1647 02 07	MK	MATHIJES	HARMEN		SUCK?	ANNETIEN MULLUM	PELESTR
1641 09 08	AK	DREWS	HARMEN	ABELS		ANNETIEN DRIEWS	SCHUTENDP
1649 07 04	AK	HINDRICK	HARMEN	HINDRIX		ANNETIEN	MEUKERSG
1649 01 04	AK	ANNETIEN	HARMEN	JANSSEN		ANNETIEN	N.MERKTST
1649 03 25	AK	BARTHELT	HARMEN	NITTERS		ANNETIEN	LAMHUINGESTR
1648 03 19	AK	ANNETIE	HARMEN	NITTERTS		ANNETIEN	LAMHUINGESTR
1648 03 10	MK	GRIETIEN	HARMEN	REIJNERS		ARIAENTIE	OOSTERPOORTE
1648 03 10	MK	TRIJNTIEN	HARMEN	REIJNERS		ARIAENTIE	OOSTERPOORTE
1648 12 15	AK	HARMEN	HARMEN		MEIJER	ARNE?	NIEUWEWECH
1646 09 18	AK	JOHANNES	HARMEN		HAVERCAMP	BARBER	SUIJDERDP
1644 04 04	MK	HARMEN	HARMEN	JANS		BARBER	NANNE WALRICHS
1647 12 07	AK	GARBRANT	HARMEN	JANS		BARBER	CRANEPOORTE
1647 08 22	AK	STIJNTIEN	HARMEN	JANS		BARBER	SUIDERDP
1641 12 02	AK	JACOB	HARMEN	JANSEN		BARBER	MUERE
1642 07 15	AK	DERCK	HARMEN	HARMENS		BEERTE	HEERSTR
1642 07 15	AK	HARMEN	HARMEN	HARMENS		BEERTE	HEERSTR
1646 02 27	AK	EMMECHIEN	HARMEN	JANS		BEERTIEN	SCHUITENDP
1646 02 27	AK	JAN	HARMEN	JANS		BEERTIEN	SCHUITENDP
1643 12 29	MK	JAN	HARMEN	JANSSEN		BEERTJEN JANS	STEENTILP.BRUGGE
1647 10 05	MK	REIJNTIEN	HARMEN	JANSSEN		BIJETIE ALLES	KIJCK/JADT
1641 07 15	AK	TRIJNTIEN	HARMEN	WOLTERS	HOPMAN	BRECHTJEN	VISCHMERKT
1646 10 28	AK	ELSJEN	HARMEN		RIDDER	CATARIJNA	PLUIMERSGANG
1646 10 28	AK	HARMEN	HARMEN		RIDDER	CATARIJNA	PLUIMERSGANG
1641 07 07	AK	ANNEKE	HARMEN	ARENTS		CLAESJEN THOMES	RAAMSTR
1643 12 21	AK	JURIEN	HARMEN	ARENTS		CLAESJEN THOMAS	RAAMSTRATE
1646 08 19	AK	JANTJEN	HARMEN	ARENTS		CLAESJEN THOMAS	RAEMSTR
1648 11 14	AK	JACKE	HARMEN	ARREN		CLAESKE	RAEMST
1648 08 26	MK	HILLE	HARMEN		MEIJER	CLARA	SCHUTNDP
1646 09 02	AK	EVERT	HARMEN	MEIJER		CLARA HARMENS	SCHUITENDP
1647 10 27	AK	LUBBERT	HARMEN		MEIJER	CLARE	SCHUTNDP
1645 05 30	AK	HARMTIEN	HARMEN	WILLEMS		CORNELIJSJEN	BREEGANG/SCHUT
1641 10 22	AK	ROELEF	HARMEN	GEERTS		CORNELISJEN	GEWELDINGENPLAET
1642 08 31	AK	ROELEF	HARMEN	GEERTS		CORNELISJEN	GEWELDIGENPLAETS
1643 10 13	AK	COERT	HARMEN	GEERTS		CORNELISJEN	GEWELD.POORTE
1649 05 09	AK	GEERTIEN	HARMEN	GEERTS		CORNELISJEN	GEWELD.HOFF
1641 06 25	AK	HINDRICK HARMENS	HARMEN	HINDRIX		CORNELISJEN	N.WECH
1643 10 29	MK	JAN	HARMEN	HINDRIX		CORNELISJEN	NIJEWECH
1645 11 19	AK	ANNEKE	HARMEN	HINDRIX		CORNELISJEN	NIEUWEWECH
1647 09 28	AK	HILLEBRANT	HARMEN/SOLD.	HINDRIX		CORNELISJEN	N.WECH
1649 12 09	MK	ABRAHAM	HARMEN	HINDRIX		CORNELISJEN	SCHUTND.
1646 02 04	AK	WIJEKE	HARMEN	GEERTS		CORNELISKE	GEWELD.HOFF
1643 09 24	MK	HARMEN	HARMEN	WILLEMS		CORNELISKE	SCHUITENDIEP

Year Mo Da	Chr	Child's Given Name	Father/Child's Patronymic	Father's Patronymic	Father's Surname	Mother	Address
1649 03 09	AK	JAN	HARMEN	JANSSEN		CUNNE	3 MEULENS
1642 11 01	AK	ANNETIEN	HARMEN		GOCKINGE	DEDDA HARMENS	SUIDERDP
1640 09 26	AK	AELTIEN	HARMEN	THOMES		DERCKIEN	DAMSTERDP
1647 02 17	AK	JAN	HARMEN	MARTENS		DERCKJEN	SCHUITENDP
1644 08 25	MK	HARMEN	HARMEN	THOMES		DERKJEN	DAMSTERDIEP
1646 01 18	MK	AELTIEN	HARMEN	THOMES		DERKJEN	DAMSTERDIEP
1649 01 17	MK	HARMEN	HARMEN	JACOBS		DEWER	O.BREDEGANG
1643 09 15	AK	BRANDT	HARMEN	LUBBERTS		EENJE HINDRIX	NIJESTADT
1641 10 01	AK	AAFJEN	HARMEN/SOLDAET		FREIJDACH	EESJEN	BREGANG/SCHUTNDP
1644 05 01	AK	ENGEL	HARMEN	JANS	SCHUTENSCH	EGBERTIEN	SCHUTENDIEP
1649 01 10	AK	PIETER	HARMEN	JANS		EGBERTIEN	JOANNSBRUGGE
1644 05 05	MK	JAN	HARMEN	JANSSEN		EGBERTIEN	PRINCENSTRATE
1646 06 05	AK	JAN	HARMEN	JANSSEN		EGBERTIEN	SCHUTENDIEP
1649 06 05	MK	JAN	HARMEN	JANSSEN		ELFJEN	HOFFSTR
1648 04 18	MK	HARMEN	HARMEN		VRIJDACH	ELSJEN	DAMSTER
1643 07 26	AK	LIJSABET	HARMEN	HARMENS		ELSJEN	SCHUITENDIEP
1644 02 20	AK	BEERTE	HARMEN	HEERENS		ELSJEN	RAAMSTR
1646 09 16	AK	HEERO	HARMEN	HERENS		ELSJEN HARMENS	NIEUWESTADT
1646 09 16	AK	HARMEN	HARMEN	HERENS		ELSJEN HARMENS	NIEUWESTADT
1645 05 04	AK	NIESJEN	HARMEN	JANS		ELSJEN JANS	HOFSTR
1643 01 01	MK	BEERTIEN	HARMEN/SOLDAET	HERENS		ELSKE	RAAMSTR
1647 10 20	AK	WESSEL	HARMEN	HARMENS		ENGELE	JACOBIJNERSTR
1647 12 14	AK	LUBBERT	HARMEN	LUBBERTS		ENGELTIE	N.STADT
1644 11 13	AK	ANNECHIEN	HARMEN	LUBBERTS		ENGELTIEN	NIJESTADT
1648 11 12	MK	TRIJNTIE	HARMEN	GEERTS		ETTE	POELST
1649 08 10	AK	HARMEN	HARMEN		HILLING	FENNE	SCHUTENDP
1643 01 24	AK	ENGELE	HARMEN	HARMENS		FENNE	PRINCENSTR
1647 11 16	AK	HARMEN	HARMEN	GUGELBECTS?		FENNETIEN JANS	A
1647 03 17	AK	EELK	HARMEN	JANS		FOKEL	RIJCKINTJAT?
1647 03 17	AK	JAN	HARMEN	JANS		FOKEL	RIJCKINTJAT?
1649 10 16	AK	EELKE	HARMEN	JANS		FOKEL	JADT
1643 10 26	AK	JAN	HARMEN	JANSSEN		FOKEL JANS	N.JADT STR
1646 01 02	MK	EELKE	HARMEN	JANSSEN		FOKELE	JADT
1649 09 25	AK	MARIA	HARMEN	DERX		FROUKE	HONKERNSTR
1648 01 11	AK	HESSEL	HARMEN	DIRX		FROUKE	JONKERNSTR
1642 06 12	AK	DERCK	HARMEN	DERX		FROUWKE	JONKERENSTR
1646 03 22	MK	ANNEKE	HARMEN	CLAESSEN		GEBKE	GULDENSTR
1644 09 29	AK	HARMEN	HARMEN		SMIDT	GEERTIEN	HEERPOORTE
1648 02 17	AK	ALBERT	HARMEN	ALBERTS		GEERTIEN	A POORT
1641 11 10	AK	CORNELIS	HARMEN	HARMENS		GEERTIEN	BENTHOLM?
1647 08 06	AK	GRIETIEN	HARMEN	HARMENS	SMIDT	GEERTIEN	HEERPOORTEN
1648 03 08	MK	GEERT	HARMEN	HARMENS		GEERTIEN	JOANNESBRUG
1642 02 16	AK	HINDRICK	HARMEN	HINDRIX		GEERTIEN	ROSHANE?
1646 09 27	NK	ALBERT	HARMEN	ALBERTS		GEERTJEN WILLEMS	A.POORT
1641 06 11	MK	GRIETIEN	HARMEN/SOLDAET	FREERX		GEERTRUIT	WELKERN/SCHOOLHOLM
1649 10 14	MK	DERCK	HARMEN	GIJSEN		GEERTRUIT	DRIST/PRINCENSTR
1647 01 14	AK	DERCK	HARMEN	GIJSENS		GEERTRUIT	TONNIS GANG?
1643 12 10	AK	HARMEN	HARMEN	HINDRIX		GEERTRUIT	N.STRAATJEN
1646 06 24	AK	LUTGERTJEN	HARMEN	HINDRIX	NIJENHUIJS	GEERTRUIT	JAT/N STRAT
1647 06 20	AK	LUTGERTJEN	HARMEN	HINDRIX		GEERTRUIT	NIJESTR
1649 02 27	AK	LUTGERT	HARMEN	HINDRIX		GEERTRUIT	N.STRAET
1642 11 15	AK	MERRETIEN	HARMEN	HOMMENS		GEERTRUIT	RAAMSTR/HOE-?
1648 08 06	AK	FENNETIE	HARMEN	JANS		GEERTRUIT	W JADHUIJS
1644 10 10	AK	JANTIEN	HARMEN	DERX		GEESIEN	MOESKERSGANG
1649 09 19	AK	JANTIEN	HARMEN	DERX		GEESJEN EGBERTS	NEOSKERSGNG
1646 11 01	MK	JACOB	HARMEN	FOLKERS		GEESJEN	DAMSTERDP
1647 12 30	AK	AELTIEN	HARMEN	FOLKERTS		GEESJEN	MUSSCH.
1647 02 26	AK	JACOBJEN	HARMEN	JACOBS		GEESJEN	N.EBBSTR
1649 05 15	AK	FENNETIEN	HARMEN	JANS		GEESJEN FREERX	HEERSTR
1642 08 05	AK	FRERICK	HARMEN	JANSEN		GEESJEN FREERX	HEERSTR
1644 02 18	MK	TRIJNTIEN	HARMEN	JANSSEN		GEESJEN	HEERESTR
1645 08 17	MK	TEELKE	HARMEN	JANSSEN		GEESJEN VREDRX	HEERSTR
1647 04 11	AK	JAN	HARMEN	JANSSEN		GEESJEN	HEERSTR
1647 04 19	AK	JAN	HARMEN	JANSSEN		GEESJEN GEERTS	HARD.STR
1641 12 07	AK	HEMMECHIEN	HARMEN	TIJMENS	MULLER	GEESJEN GERRITS	HEERPRT
1646 12 13	MK	JAN	HARMEN	DERX		GEESKE EGBERTS	MOESKERSGAGN
1641 06 19	AK	HILLETIEN	HARMEN	LUBBERTS		GENTIIEN	NIEUWESTADT
1644 02 11	MK	FEELKE?	HARMEN	CLAESSEN	WANTSCHEER	GEPKE	GULDENSTR
1645 07 01	MK	CORNELIS	HARMEN	DEPKES	KOCK	GIJSSELS	JADT
1648 05 19	AK	LUERT	HARMEN	JURJENS		GREITIEN	SLACHTERSRIJPE
1642 02 08	AK	BERENT	HARMEN	BERENTS		GRIETE CLAESSEN	KRANESTR
1642 02 08	AK	ELSJEN	HARMEN	BERENTS		GRIETE CLAESSEN	KRANESTR
1643 10 22	MK	ALBERT	HARMEN	BERENTS		GRIETE	HEERSTR
1645 03 18	MK	ABRAHAM	HARMEN	BERENTS		GRIETE	
1645 03 18	MK	SARA	HARMEN	BERENTS		GRIETE	
1644 06 14	AK	JOANNES MICHEL	HARMEN	DONIGES		GRIETE	PASSAGIERS/HESSEN
1646 01 14	AK	NEELTIEN	HARMEN	HARMENS		GRIETE	VERLATEN?
1648 02 29	AK	JANTIEN	HARMEN	HARMENS		GRIETE	NIJEDIEP
1641 10 12	MK	ABRAHAM	HARMEN	HASE		GRIETE	VISSCHERSTR
1644 11 22	AK	JAN	HARMEN	HINDRIX		GRIETE	NIJEWECH
1642 09 06	AK	JAN	HARMEN	JANSEN		GRIETE	COSTERSGANG
1643 11 19	MK	JAN	HARMEN	JANSSEN		GRIETE	COSTERSGANG
1643 08 13	MK	AELTIEN	HARMEN	JOOSTEN		GRIETE JANSSEN	SUIDERDP
1647 04 02	AK	ANNA	HARMEN	JURJENS		GRIETE LUERTS	CRAMERRIJPE
1649 05 03	AK	ANNETIE	HARMEN	JURJENS		GRIETE LUIRTS	HARDINGST
1643 08 18	AK	LAMMETIEN	HARMEN	LUCAS		GRIETE	BLOEMSTRATE
1647 04 07	MK	GEERT	HARMEN	LUCAS		GRIETE	SUIDERDP
1641 12 26	MK	WOLTER	HARMEN	LUITIENS		GRIETE	BLOEMSTR
1647 03 23	AK	AELTIEN	HARMEN	LUITJENS		GRIETE	BLOEMSTR
1648 09 29	AK	AELTIEN	HARMEN	LUTJENS		GRIETE	BLOEMSTR
1646 11 04	AK	AELTIEN	HARMEN	MEIJNERS		GRIETE JANS	SCHUITENDP
1648 01 18	AK	HARMEN	HARMEN	MEIJNERTS		GRIETE	SCHUTNDP
1645 07 03	MK	GRIETE	HARMEN	REIJNTIES		GRIETE	DAMSTRDP
1645 07 03	MK	JANTIEN	HARMEN	REIJNTIES		GRIETE	DAMSTERDP
1647 02 03	AK	REIJNTIEN	HARMEN	REIJNTITS		GRIETE	DAMSTRDP
1643 12 24	MK	REIJNTIEN	HARMEN	REIJTIENS		GRIETE	DAMSTERDIEP
1644 01 31	AK	GRIETIEN	HARMEN		ABBRINGE	GRIETIEN HEBLING	STEENTILSTR
1646 05 31	AK	JANTIEN	HARMEN		HIDDINGE	GRIETIEN	VISSCHERSTR
1641 10 17	MK	HEBELTIEN	HARMEN	AARENTS		GRIETIEN	BARKMOLLEN
1641 06 13	MK	GRETTIEN	HARMEN	ABBRINGE	SCHELDER	GRIETIEN	STEENTILSTR
1642 09 25	MK	TRIJNTIEN	HARMEN	ARENTS		GRIETIEN	DAMSTERDP
1648 05 19	AK	CORNELIS	HARMEN	ARENTS		GRIETIEN	DAMSTERDP
1641 07 18	MK	CLAES	HARMEN	CLAESSEN	LANTMETER?	GRIETIEN	N.EBBSTR
1644 02 18	MK	ROELEF	HARMEN	CLAESSEN	LANDMETER	GRIETIEN	N.EBBSTR
1648 07 28	AK	ANNECHIEN	HARMEN	CLAESSEN		GRIETIEN	N.EBBPOORT

Year Mo Da	Chr	Child's Given Name	Father/Child's Patronymic	Father's Patronymic	Father's Surname	Mother	Address
1648 12 17	MK	JAN	HARMEN	EVERTS		GRIETIEN	BOTRDP
1641 04 11	MK	LUMMECHIEN	HARMEN	JANS	SOLDAET	GRIETIEN	COSTERSGANG
1645 09 02	AK	WILLEM	HARMEN	JANS		GRIETIEN	COSTERSGANG
1647 10 17	AK	HARMEN	HARMEN	JANS		GRIETIEN HARMENS	COSTERSGANG
1649 10 05	AK	AELTIEN	HARMEN	MEIJNERS		GRIETIEN	SCHUTEND.
1646 05 13	AK	ARENT	HARMEN	ARENTS		GRIETIN	DAMSTERDP
1646 09 06	MK	GEERTRUIJT	HARMEN		ABBERING	GRIETJEN	STEENTILSTR
1643 12 09	MK	SIJMON	HARMEN	ARENTS		GRIETJEN	DAMSTERDIEP
1647 04 28	MK	ANNECHIEN	HARMEN	CLAESSEN		GRIETJEN	N.EBBSTR
1646 07 29	AK	JAN	HARMEN	EVERTS		GRIETJEN JANS	BOTERDIEP
1648 01 23	MK	JANTIEN	HARMEN	JOOSTEN		GRIETJEN	SUIDERDP
1645 01 26	MK	LUTGERT	HARMEN	LUCAS		GRIETJEN TONNIS	SCHUTENDP
1649 03 04	MK	ISACS?	HARMEN	REIJNTIES		GRIETJEN	DAMSTERDP
1641 01 10	MK	ENGELTIEN	HARMEN	HARMENS		HAKE EGB.?	PEPERSTR
1648 02 06	MK	HESSEL	HARMEN	HESSELS		HARMTIE	VISSCHERPIJP
1648 12 19	AK	LIJSEBETH	HARMEN	HESSELS		HARMTIEN WILLEMS	VISSCHRSPIJP
1643 02 19	AK	GESE	HARMEN/SOLD.	JANSSEN		HARMTIEN NANNES	RAAMSTR
1647 01 10	MK	MARIA	HARMEN/SOLD.	JANSSEN		HARMTIEN	PRINCENSTR
1643 01 29	MK	CLAES	HARMEN		JONCKBLOET	HARTIEN	NOORDERDIEP
1649 01 05	MK	MECHTELT	HARMEN		WESTERWOLT	HEIJLE	VOLTINGESTR
1642 03 08	AK	HINDRICK	HARMEN/SOLDAET		WESTERWOLT	HEIJLTIEN	WOERT
1649 06 05	MK	PIETIE	HARMEN		WIJGER	HIDTIE WIJGERS	HEERSTR
1643 12 24	AK	ARENT	HARMEN/SOLD.	BERENTS		HILLE	SUIDERDIEP
1647 03 04	AK	BENEDICTUS	HARMEN	BERENTS		HILLE	SCHUITMERSWAL
1648 11 15	AK	LUCKE	HARMEN	BERENTS		HILLE	SCHUTEMAKERSWAL
1644 02 04	MK	GEESJEN	HARMEN	JACOBS		HILLE ABELS	SCHUTENDIEP
1646 03 01	MK	ALBERT	HARMEN	JACOBS		HILLECHIEN ABELS	SCHUTENDP
1646 11 17	AK	HELENE	HARMEN		WESTERVOLT	HILLETIE	VOLTINGESTR
1648 09 20	AK	ANNECHIEN	HARMEN	JACOBS		HILLETIEN	SCHUTNDP
1644 09 22	MK	FENNECHJEN	HARMEN	JANSSEN		HINDRCKJEN	COSTERSGANG
1647 07 16	AK	AELTIEN	HARMEN	PIETERS		HINDRICKIEN	VISSCHERSTAR
1646 11 01	MK	GEESJEN	HARMEN	BARTHELS		HINDRICKJEN JANSEN	HEERSTR
1643 02 19	AK	ANNECHIEN	HARMEN	HARMENS		HINDRICKJEN JANSSEN	RAAMSTR
1645 05 14	AK	ANNE	HARMEN	HARMENS		HINDRICKJEN	KLEIJNE RAAMSTR
1643 08 11	AK	JOHANNES	HARMEN/SOLD.	JANSSEN		HINDRICKJEN	COSTERSGANG
1646 09 01	AK	AELTJEN	HARMEN	PETERS		HINDRICKJEN	MUIJRE
1644 06 14	AK	PIETER	HARMEN	PIETERS		HINDRICKJEN	VISSCHERSTR
1649 03 25	AK	WILLEM	HARMEN	PIETERS		HINDRICKJEN	VISSCHERSTR
1641 07 21	AK	TRIJNTIEN	HARMEN	SIJBOLTS		HINDRICKJEN	PELSERSTR
1647 09 03	AK	JANTIEN	HARMEN	JANS		HINDRIKJEN	LANE
1645 12 28	MK	EPKE	HARMEN	EGBERTS		JACOBJEN	BLOEMSTR
1647 05 20	AK	JAN	HARMEN	EGBERTS		JACOBJEN	EBBINGPOORT
1648 04 25	AK	EPJEN	HARMEN	EGBERTS		JACOBJEN	NOORDERDP
1644 05 07	AK	WATSE	HARMEN		KLIVINCK?	JANNEKE SOOR?	VOLT:STRATE
1645 04 16	AK	HILLECHIEN	HARMEN	BERENTS		JANNEKE JACOBS	DAMSTRDP
1641 07 23	AK	ANNE	HARMEN	HARMENS		JANNEKEN	MOESCHERSGNG
1649 08 07	AK	CATHRINA	HARMEN	JURJENS		JANTI	VISSCHERSTR
1643 06 18	AK	ARENT	HARMEN		UDINCK,VAN	JANTIEN JURJENS	SHCOOLHOLM
1643 05 18	AK	JOCHIM	HARMEN		SCHIJVING	JANTIEN	VOLTINGESTR
1645 06 15	AK	JOACHIMUS	HARMEN		SCHIJVINCK	JANTIEN	VOLTINGESTR
1646 01 25	MK	WENNECHIEN	HARMEN		RHODA	JANTIEN CRANSSEN	EBB.STRATE
1647 08 10	AK	ANNETIE	HARMEN		UDMIUS?	JANTIEN	SCHOOLHOLM
1647 12 21	AK	MAGDALENE	HARMEN		SLUITER	JANTIEN PIETERS	SWANSTR
1648 11 14	AK	GEESJEN	HARMEN		SCHIVING	JANTIEN SOOR?	VOLTSTR
1648 01 06	AK	TIJE	HARMEN		RODA	JANTIEN CRANS	EBBSTR
1649 12 02	AK	NICOLAES	HARMEN		UDRUCK?	JANTIEN	SCHOOLHOLM
1649 11 14	AK	WESSEL	HARMEN		RADA	JANTIEN CRANS	EBBSTR
1647 08 08	MK	CRIJN	HARMEN	CRIJNS		JANTIEN	BOTTRDIEP
1641 06 20	AK	SAMUEL	HARMEN	DIRCKS		JANTIEN	KLEIJNE RAAMSTR
1643 12 06	AK	TRIJNTIEN	HARMEN	HARMENS		JANTIEN LUITJENS	MEULENSTRAT
1642 09 25	AK	REMMERT	HARMEN	JACOBS		JANTIEN	N.UIJRWERKERSGNG
1643 09 03	AK	ANNECHIEN	HARMEN	JANS		JANTIEN	JADT
1648 10 06	AK	ANNETIEN	HARMEN	JANS		JANTIEN	SCHUTENDP
1648 05 03	AK	BERENT	HARMEN	JANS		JANTIEN	MEULENSTR
1642 06 09	AK	ANNETIE	HARMEN	JANSEN		JANTIEN	RECHTEJADT
1643 11 15	MK	ABEL	HARMEN	JANSSEN		JANTIEN JANS	SCHUITENDIEP
1645 10 21	AK	JADDEN	HARMEN	JANSSEN		JANTIEN JANS	VISSCHERSTR
1648 03 17	AK	ABRAHAM	HARMEN	JANSSEN		JANTIEN	ROSENSTR
1643 01 04	AK	RIENE?	HARMEN	ROELEFS		JANTIEN	HELPEN
1649 08 21	AK	TRIJNTIEN	HARMEN	VREERX		JANTIEN	HEERSTR
1641 09 07	MK	JANNETIEN	HARMEN		BAVING	JEIJE	POELESTR
1645 01 28	AK	LUBBERT	HARMEN	MEIJERS		KLARE	SCHUITENDP
1645 01 02	AK	HINDRICK	HARMEN	HINDRIX		LAMME JANS	HARDRINGSTR
1643 09 22	AK	HINDIRCK	HARMEN	HINDRX		LAMMETIEN JANS	HARDINGESTR
1648 09 05	AK	ROELEF	HARMEN	HARMENS		LIJSABAET	OOSTERSTR
1649 04 29	AK	HINDRICK	HARMEN		BLENKE	LIJSABETH	NIEUWESTADT
1641 07 11	AK	WEMELTIEN	HARMEN	TAMMENS		LIJSABETH SIJMMENS	HORENSCHDIJCK
1642 02 18	AK	BERTHOLT	HARMEN	HINDRIX	MULDER	LIJSBETH	RAAMSTR
1646 03 26	AK	HINDRICK	HARMEN	HINDRIX		LIJSBETH WILLEMS	RAAMSTR
1643 09 19	AK	DIEWERT	HARMEN	HINDRIX	MULLER	LIJSEBET WILLEMS	HEERPOORT
1644 03 14	AK	WEMELTIEN	HARMEN	TAMMENS		LIJSEBETH	HORENSCHEDIJCK
1647 01 31	AK	AGNES	HARMEN	TAMMENS		LIJSEBETH SIJMENS	HOORN
1647 10 13	AK	GRIETE	HARMEN	JANS		LUMME	PRINCENSTR
1645 04 09	NK	JAN	HARMEN	HINDRIX		MAAIJKE JANS	KOSTERSGANG
1648 02 24	AK	GERRIT	HARMEN	LUITIES		MAEGKE GERRITS	DRA
1649 06 17	MK	ELISABETH	HARMEN	BENEDICTUS		MAGDALENE	WOLBORCHST
1646 09 12	AK	GERRIJT	HARMEN	LUITJENS		MAIJCKE GERRIJTS	DRAE
1641 06 01	MK	JANTIEN	HARMEN	JANSEN		MAIJE	NIEUWESTADT
1642 06 26	MK	HINDRICK	HARMEN	HINDRIX		MAIJKE	MEULENSTR
1648 12 31	MK	AELTIEN	HARMEN	HINDRIX		MAIJKE	OOSTRSGNG
1644 06 23	AK	SWAENTIEN	HARMEN	LUITIENS		MAIJKE GERRITS	DRA
1647 12 01	AK	HEMME	HARMEN	SICKENS		MARGIE	MKERKHOF
1646 06 14	AK	MARRECHIEN	HARMEN	SICKENS		MARGRIETE	MEERKHOF
1649 02 18	AK	REMMERT	HARMEN	REMMERTS		MARIA	RAAMSTR
1649 02 18	AK	TIJES	HARMEN	REMMERTS		MARIA	RAAMSTR
1641 10 03	MK	MICHEL	HARMEN	JANSEN	STELLEMAKER?	MARRECHIEN	N.EBBSTR
1645 03 13	AK	BARBER	HARMEN	KRACHTS		MARRECHIEN	STADT
1645 03 13	AK	GRIETIEN	HARMEN	KRACHTS		MARRECHIEN	STADT
1648 12 05	AK	LAURENS	HARMEN	LAURENS		MARRECHIEN RIJPENS	SLEMERST
1648 12 05	AK	RIJPE	HARMEN	LAURENS		MARRECHIEN RIJPENS	SLEMERST
1645 11 26	AK	HARMEN	HARMEN	VREERX		MARRECHIEN	OOSTERSTR
1648 03 22	AK	GEESJEN	HARMEN	LEFFERS		MARRETIEN	STEENTILSTR
1644 06 27	AK	JAN	HARMEN	HARMENS		MECHTELT	RAAMSTR
1646 09 23	AK	HARMEN	HARMEN	HARMENS		MECHTELT	BOTERDIEP
1648 02 13	MK	HARMEN	HARMEN	STIENTJES		MEIJN:	MEULENSTR

Year Mo Da	Chr	Child's Given Name	Father/Child's Patronymic	Father's Patronymic	Father's Surname	Mother	Address
1646 04 19	MK	JOANNES	HARMEN	STEENTJES		MEIJNTIEN	MEULENSTR
1644 02 06	AK	BERENT	HARMEN	BEENTS		METTE	KEER-WEER?
1646 12 24	AK	HARMEN	HARMEN	JANSEN		N.N	SUIDERDP
1644 08 23	AK	STIJNTIEN	HARMEN	JANS		PIETERTIEN HINDIRX	EBBINGSTR
1649 06 29	AK	BAUTIEN	HARMEN	JANS		PIETERTIEN	EBBSTR
1641 08 06	AK	GEESIEN	HARMEN		TALLEE	REGINA SCHRANCKMULLERS	CORPORAELSGNG
1643 08 16	AK	JOHANNES	HARMEN		TELLER	REGINA	BOTTERDIEP
1645 11 02	MK	JOHANNES	HARMEN		TEBER	REGINE	EBBPOORTE
1644 05 24	AK	GRIETJEN	HARMEN	SIJBERS		RENSKE	HARDINGESTR
1642 01 11	AK	PIETER	HARMEN	SIJWERSSEN		RENSKE	HARDINGESTR
1643 03 01	AK	SUSANNA	HARMEN/CHIRURG		BEECK,TER	SARA STRATEN,VANDER	MERKT
1645 05 02	AK	GEERT	HARMEN		BEECKE,TER	SARA STRATEN,VANDER	BROMERKT
1646 11 04	AK	CATARIJNE	HARMEN		BEECK,TER	SARA STRATEN,V	BREDEMERCKT
1649 08 07	AK	GERHARDUS	HARMEN		BEECK,TER	SARA STRATEN,VANDER	MERK
1647 03 10	MK	CORNELIE	HARMEN	ENGELBERTS		SESSELE	BOTTRMERKT
1643 04 28	MK	FREERICKJEN	HARMEN		REUNST	SIBBEL EGGENS	KIJCKK/JADT
1648 08 24	AK	ROTGER	HARMEN	ROGERS	BUS	SIBILE	JADT
1648 02 29	AK	JOHANNES	HARMEN	ENGELBERTS		SIFFELE?	BOTTERMERKT
1648 01 16	MK	REIJNT	HARMEN		HUISING	SIJBEN CAHTR?	MUSKENGANG
1644 06 28	AK	JOANNES	HARMEN	ENGELBERTS		SISSEL	BOTTERMERCKT
1643 01 29	MK	CLAES	HARMEN	ENBELBERTS		SISSELTIE	BOTTERMERCKT
1641 07 08	AK	ENGELBERT	HARMEN	ENGELBERTS		SISSELTIEN	BOTTERMERCKT
1646 05 07	AK	ANNECHIEN	HARMEN	ENGELBERTS		SISSLEVE?	BOTTERMERCKT
1642 04 03	MK	HARMEN	HARMEN	N.		STIJNE	MEULLENSTR
1647 09 21	AK	FENNETIE	HARMEN	HINDRIX		STIJNTIEN	HARDRINGESTR
1648 08 13	AK	HINDRICK	HARMEN	HINDRIX		STIJNTIEN	N.STAT
1641 06 14	MK	HINDRICK	HARMEN	GEERTS		SWAENTIEN	NIEUWESTADT
1641 08 29	MK	WEEMELTIEN	HARMEN	GEERTS		SWAENTIEN JANS	STEENTILSTR
1643 03 21	AK	AELTIEN	HARMEN	GEERTS		SWAENTIEN HINDRIX	KIJK/JAT
1645 05 11	AK	HINDRICKJEN	HARMEN	GEERTS		SWAENTIEN HINDRIX	JADT
1647 05 23	AK	SARA	HARMEN	GEERTS		SWAENTIEN HINDIRX	JADT
1648 06 10	MK	HARMEN	HARMEN	HARMENS		SWAENTIEN	ROSENSTR
1641 03 09	AK	DERCKIEN	HARMEN	JURJENS		SWAENTIEN JANS	FIOELENSTR
1648 01 23	AK	JANTIEN	HARMEN	JURJENS		SWAENTIEN	N.BOTTRSTR
1642 01 25	AK	TEMMICHJEN	HARMEN	WILLEMS		SWAENTIEN	DONKERSGANG
1647 01 12	AK	ANNECHIEN	HARMEN	WILLEMS		SWAENTIEN	DONCKERSGANG
1644 06 23	AK	ANNECHIEN	HARMEN	JURJENS		SWANE JANS	N.JATSTR
1644 05 07	AK	AELTIEN	HARMEN	HUIBERTS		TEUBE ALBERTS	TORFTOORNSTR
1647 12 11	AK	ENGEL	HARMEN	HINDRIX		TEUBEKE	WOERT
1646 11 03	AK	CLAERTJEN	HARMEN	JANSSEN		TIETJEN	WOERT
1646 11 03	AK	LUTGERTIEN	HARMEN	JANSSEN		TIETJEN	WOERT
1647 06 23	AK	JOHAN CLOOT	HARMEN	ROEBERS		TIJSJEN CLOOT	BOTTRSTR
1644 11 19	AK	WILLEMTIEN	HARMEN	ROEBERTS		TIJSJEN CLOOT	BOTTR.STR
1642 08 02	AK	HUBERT	HARMEN	HUBERTS		TOBE	TORFTOORNSTR
1641 01 17	MK	EVERT	HARMEN	EVETS	VOERMAIJ?	TRIJNE	BOTTRDP
1648 02 04	AK	HARMTIEN	HARMEN	GEERTS		TRIJNE	NIJESTADT
1646 08 13	MK	ANNECHIEN	HARMEN	HARMENS		TRIJNE JANS	STADT
1646 10 10	AK	TRIJNE	HARMEN	JANS		TRIJNE	BURGGE STRATE
1642 01 16	AK	ALBERTIEN	HARMEN	JANSEN		TRIJNE	PAPENPOORTSBRUG
1644 07 19	MK	HANS	HARMEN	JANSSEN		TRIJNE	N.KERCKHOFF
1648 08 11	AK	ARENT	HARMEN	MENCKES		TRIJNE ARENTS	GELTSTR
1644 10 18	AK	TRIJNTJE	HARMEN	WILLEMS		TRIJNE GERRITS	EBBINGEPOORT
1641 03 21	AK	DERCKIEN	HARMEN	WILLEMS		TRIJNTIE	KL.PELSSTR
1643 01 31	AK	ALBERT	HARMEN		THILMAN	TRIJNTIEN	VISSCHERSTR
1643 12 16	AK	ELSJEN	HARMEN		BERCKHUIS	TRIJNTIEN	A KERKE
1645 03 09	AK	MARIA	HARMEN		TIJLMAN	TRIJNTIEN	VISSCHERSTR
1646 03 03	AK	JACOB	HARMEN		BEREHUIS	TRIJNTIEN	A KERKE
1649 09 28	AK	JANTIEN	HARMEN		BIENER	TRIJNTIEN	NIJESTAT
1646 10 11	MK	ANNECHIEN	HARMEN	AEPKENS		TRIJNTIEN SICKMANS	JACOB.STR
1648 04 06	AK	METJEN	HARMEN	AEPKENS		TRIJNTIEN	OOSTERSTR
1649 04 26	AK	HAIJE	HARMEN/RAEND.	AEPKENS		TRIJNTIEN	OOSTRSTR
1641 11 12	AK	CORNELISJEN	HARMEN	CORNELIS		TRIJNTIEN JANSEN	LEELJENSTR
1644 04 16	AK	GEERTRUIT	HARMEN	CORNELIS		TRIJNTIEN	LELJENSTR
1645 12 07	AK	CLAESJEN	HARMEN	CORNELLIS		TRIJNTIEN HARMENS	LEELIENSTR
1645 10 01	AK	MARTEN	HARMEN	DERX		TRIJNTIEN	NIJE EBBSTR
1641 10 17	AK	JANTIEN	HARMEN	GEERTS		TRIJNTIEN BASSE	HEERPRT
1643 08 06	AK	BEERT	HARMEN	GEERTS		TRIJNTIEN BASSE	HEERESTR
1647 01 10	AK	HARMEN	HARMEN	HARMENS		TRIJNTIEN JANSSEN	SCHOOLHOLM
1641 12 28	AK	GEESJEN	HARMEN	HINDRIX	RUITER	TRIJNTIEN	SUIDERDP
1642 04 13	AK	HINDRICK	HARMEN	HINDRIX		TRIJNTIEN	MERKTEN/LANE
1643 09 28	AK	HINDRICK	HARMEN	HINDRIX		TRIJNTIEN	WOERT
1644 08 02	AK	GEESJEN	HARMEN	HINDRIX		TRIJNTIEN	3 MEULLENS
1645 03 26	AK	ANNETIEN	HARMEN	HINDRIX		TRIJNTIEN GEERTS	.LANE
1646 01 06	AK	ANNECHIEN	HARMEN	JANS		TRIJNTIEN	VISSCHERSTR
1648 12 12	AK	GRIETIEN	HARMEN	JANS		TRIJNTIEN	SUIDERDP
1643 06 08	AK	EVERT	HARMEN	JANSSEN	CUIPER	TRIJNTIEN HARMENS	BRUGGESTR
1641 11 07	AK	DERCK	HARMEN	JURJENS	SUIJDER	TRIJNTIEN	VISSCHERSTR
1645 06 13	AK	WELMOET	HARMEN	JURJENS		TRIJNTIEN	VISSCHERSTR
1643 09 02	MK	JANTIEN	HARMEN	MENKES		TRIJNTIEN	GELTINGESTR
1649 10 07	MK	JAN	HARMEN	MENKES		TRIJNTIEN	GELTINGSTR
1643 04 27	MK	GEESJEN	HARMEN	WILLEMS		TRIJNTIEN	EBBINGEPORT
1643 04 27	MK	TRIJNTIEN	HARMEN	WILLEMS		TRIJNTIEN	EBBINGEPORT
1645 12 09	AK	FROUCKE	HARMEN	HINDRIX		TRIJNTJEN	WOERT
1647 02 21	AK	SUSANNA	HARMEN	TIJLMAN		TRUCKEN?	VISSCHERSTR
1641 12 11	MK	BERENTIEN	HARMEN		KRIJT	WEMELTIEN	GELTINGESTR
1642 12 18	MK	TRIJNTIEN	HARMEN		RODA	WEMETIEN BEECK,TER	EBBINGSTR
1649 05 20	AK	FRERICK	HARMEN	FRERIX		WIBBE	A.
1642 06 26	AK	GREETIEN	HARMEN	SIJMENS		WIBBETIEN	LEELJENSTR
1649 01 00	AK	REIJMER	HARMEN	REIJMERS		WILLEMTIE	NOORDERHAVEN
1648 05 28	MK	GEERTRUIT	HARMEN	HINDRIX		WOBBE JANS	HEERSTR
1645 11 23	MK	GRIETJEN	HARMENS	JOOSTEN		GRETE JANS	SUIDERDIEP
1643 01 08	MK	ALLERT	HARMENS	CRIJNS		JANTIEN	BOTTERDIEP
1648 05 31	MK	BENEDICTUS TAKENS	HARMENS	BENEDICTS		MAGDALENE	MK
1645 12 21	AK	GRIETIEN	HARMENS	SIJERTS		RENSKE	HARDINGESTR
1645 10 31	MK	JANTIEN	HARMENS	MENKES		TRIJNTIEN	DOUCKE--
1648 11 06	AK	VRERICK HINDRICKS	HARMMEN		TIJLMAN	TRIJE	MURE
1641 12 22	AK	ANNECHIEN	HAVICK	BONNENS		WOBBE	HELPEN
1641 12 22	AK	WEMELTIEN	HAVICK	BONNENS		WOBBE	HELPEN
1641 12 14	AK	ANNECHIEN	HAVINEN	JANSEN		ANNECHIEN	BOTTRSTR
1644 11 05	AK	JANTIEN	HEBEL	HACKENS		TIAERTJEN BOELENS	EBBINGESTR
1641 10 03	MK	ALETTA	/HEER PROFSR		SCHOOKIUS	ANGELINA MERCK,VAN	HARD:STR
1643 08 28	AK	STEVEN	HEERE	MEIJENS		SWAENTIEN BERENTS	N.BOTTRSTR
1646 01 22	AK	HILLECHIEN	HEERE	MEIJENS		SWAENTIEN	LEELJENSTR
1645 09 03	AK	FOCKE	HEERE	FOCKES		TETTE	FPEURE?GANG
1646 03 09	MK	GEESJEN	HEIJEN	EGBERTS		GEESJEN	SCHUITENDP

Year Mo Da	Chr	Child's Given Name	Father/Child's Patronymic	Father's Patronymic	Father's Surname	Mother	Address
1647 12 28	AK	GEBKE	HEIJKE	HARMENS		HAESKE	PELSERSTR
1642 09 07	AK	GEESJEN	HEIJNE	EGBERTS		GEESJEN	SCHUITENDP
1643 09 15	AK	LAMMECHIEN	HEIJNE	KEERS		HINDRICKJE	CRANEPOORT
1642 04 03	MK	MARRECHIEN	HEIJTE	GEERTS		ANNA	PRINCENSTR
1647 06 03	AK	ANNA MARIA	HELLEWICH	N.		CATHARIJNE	MEULENSTR
1642 05 19	AK	JAN	HELMER	JANSEN		AMKE	LEIJENSTR
1648 11 30	AK	AELTIEN	HELMERICH	HARMENS		TEETJEN	MEULEN
1645 04 03	AK	ROELEF	HELPERICH	ROELEFS		CORNELISJEN TIJSSEN	SCHOOLHOLM
1648 02 15	AK	HELPERICH	HELPERICH	ROELEFS		CORNELISJEN	AKERKE
1644 01 26	AK	MARRECHIEN	HELPRECH		BOTTINGE	MARRETIEN	JACOBISTR
1641 06 16	MK	WIBBETIEN	HELPRICH	ROELEFS		CORNELISJEN	PELSERSTR
1643 04 09	AK	AELTIEN	HELPRICH	ROELEFS		CORNELISJEN TIJSSEN	SCHOOLHOLM
1647 02 23	AK	TIJS	HELPRICH	ROELEFS		CORNELISJEN TIJES	SCHOOLHOLM
1645 03 07	AK	JAN	HELPRICH		BOTTINGE	MARRICHIEN	KRANE
1641 10 22	AK	JAN	HEMME	JANSEN		GEERTRUIT ROTMANS	BUTJENSTR
1647 09 06	AK	EELKE	HEMME	JANSSEN		GEERTRUIT CROTMANS	BUTJENSTR
1644 09 22	MK	EVERICH?	HEMME		BOECKHOLT	GEERTUIT ROTMANS	BUTJENSTR
1648 02 20	AK	BERENT	HEMME	HERMELINUS		HINDRIKJEN	HEREESTR
1648 11 21	AK	WILLEM	HEMME	JANS		SWAENTIEN	CRANEPRT
1644 11 27	AK	JAN	HEMME	JANSSEN	SCHIPP.	SWAENTIEN	KRANE
1646 09 24	AK	COERT	HEMME	JANS		SWAENTJEN	CRAENEPOORT
1646 01 14	AK	JACOB	HEMME	JACOBS		TRIJNTIE	SWANESTR
1641 11 07	AK	ANNEKE	HEMME	JACOBS		TRIJNTIEN	SWANESTR
1644 08 16	AK	JACOB	HEMME	JACOBS		TRIJNTIEN JANS	SWANESTR
1648 02 20	AK	ROELEF	HEMMO	JACOBS		TRIJNTIEN	SWANESTR
1641 10 22	AK	DANKERICH	HENDRICH	MARTENS		LIJSEBETH	LEELLJENSTR
1649 03 04	MK	JOHAN	HENDRICK	/BORGMR.	HEEK,V.	ANNA HOENDRIX	BOTTSTR
1646 09 08	AK	ADAM	HENDRICK	MARTENS		ANNEKE	HEERENCAMERS
1643 03 07	AK	ROELEFJEN	HENDRICK	ROELEFS		ELSJEN LOUWRENS	OOSTERSTR
1646 08 18	AK	MARIA	HENDRICK	BETTERS		GEBBE	SCHUTEMAKERSWAL
1645 09 02	AK	REMMERT	HENDRICK	FENNERTS		GRIETJEN	JADT
1642 07 03	MK	LUIJTJEN	HENDRICK	KARSTS		HARMTJEN	GOLDENCORST/MUIR
1642 11 30	AK	FREDERICUS	HENDRICK		WINSHEMIUS	HISJEN SIJBINGA	EBBINGESTR
1646 09 30	NK	CLAES	HENDRICK	EVERTS		JANTJEN THOMES	KAERELSWECH
1646 09 27	NK	ARENT	HENDRICK	ARENTS		JICKE	SUIJDERDP
1646 09 27	NK	LUCAS	HENDRICK	ARENTS		JICKE	SUIJDERDP
1646 09 20	MK	JAN	HENDRICK	ROELFFS		LAMMICHJEN	HEERSTR
1646 07 24	AK	AELTJEN	HENDRICK		BREMER	MECHTELT MARTENS	HEERPOORT
1646 08 04	AK	HENDRICK	HENDRICK	JANS		MEENTJEN	PELSERSTR
1642 06 15	MK	BONNE	HENDRICK	SANDERS		TIETIEN BONNENS	N.KERKHOFF
1642 07 06	MK	AELTIEN	HENDRICK	DERCKS		TRIJNTJEN	VISCHERSTR
1647 06 24	AK	CEBES	HENR/DR.		WIRUMAEUS?	HESTER BAUKENS	SWANESTR
1648 12 02	AK	ARENT	HENR/DR.		WERUMAUS	HESTER BAUKENS	SWANESTR
1645 10 31	AK	SOPHIE	HENR.	CLUIVINUS		WILLEMTIEN	EBBINGSTR
1643 07 27	AK	LAMBERT	HENR/DR.		WERUMEUS	HESTER BAUKENS	SWANESTR
1648 08 10	AK	CONRAET	HENRI/DR		ZIRENBORCH	BEERTIE	BOTTSTR
1645 06 17	AK	SICKO	HENRICK/BRGEMR		HEECK,VAN	ANNA HOENDRIX	BOTT.ST
1649 01 14	MK	HINDRICK	HENRICK	ROTMANS?		ANNETIE	EBBINGSTR
1641 10 31	MK	HENRICUS	HENRICUS/E:RCH		HECK,VAN	ANNA HOENDRIX	BOTTRSTR
1647 06 30	MK	LIJSEBETH	HENRICUS		HUISINUS	FENNECHIEN HANS	POELPOORTE
1648 03 11	AK	HELENA	HENRICUS		DORGELO	HENRICKJEN	TORFTOORNSTR
1648 03 11	AK	WESSEL	HENRICUS		DORGELO	HENRICKJEN	TORFTOORNSTR
1641 07 18	AK	CEBES	HENRICUS/DR		WIRUMAEUS	HESTER BAUCKENS	VISCHMERKT
1647 04 04	MK	GEERTRUIT	HENRICUS		DORGELLOU?	HINDRICKJEN	N.EBBSTR
1646 10 21	AK	HENRICA MARIA	HENRICUS		CLINGE	JOA ARNVA?	SCHUITNDP
1648 09 05	AK	ANNA	HENRICUS		BRONGERSMA	JOANNA UCHTEMAN	AK
1644 11 28	AK	CHRISTOPHORUS	HENRICUS		BRONGERSMA	JOHANNA UCHTOMANS	AKERK
1646 09 29	NK	PETER	HENRICUS		BRONGERSMA	JOHANNA UCHTMANS	A KERCK
1648 08 28	AK	WEMELTIEN	HENRICUS		EISONIUS	LIJSEBETH	AKERKE
1643 01 22	MK	HINDRICKJEN	HENRICUS		WELMAN	MARIA BONNEMA,V.	BOTTRSTR
1647 02 21	MK	GEERTRUIT	HENRICUS	BORGESIUS		WOLTERTIEN HARMENS	BOTTSTR
1649 02 09	MK	JOACHIMUS	HENRICUS	BORGESIUS		WOLTERTIEN	SJANSSTR
1647 12 28	AK	GEESJEN	HERE	BORCHERS		GRIETE ROEBERS	POELPOORT
1641 11 04	AK	FOLKERT	HERE	FOCKENS		TETE HERENS	PLUIMERSGNG
1641 04 23	AK	HERMAN	HERMAN	(CHIRURG)	BEECK,TER	SARA STRATEN,VAND	BREDMERK
1642 07 27	AK	ARENT	HERMEN	HINDRIX		AELTJEN	STOELDREIJERSTR
1642 07 19	AK	DANIEL	HERMEN	MATTHIAS		ANNETJEN	PEPERSTR
1641 06 16	MK	BERENT	HERMEN	HERMENS		HINDRICKJEN JANS	RAAMSTR
1642 07 07	MK	DEETJEN	HERMEN	ROBERS		THIJSJEN	BOTTRINGESTR
1644 09 20	AK	PIETER	HERMEN	MENCKES		TRIJNTIEN ARENTS	GELTINGESTR
1642 07 24	AK	EVERT	HERMEN	JANS		TRIJNTJEN	VISCHERSTR
1648 04 27	AK	MEIJE	HERO	JEIJES		SWAENTIEN BERENTS	N.EBBSTR
1641 06 01	MK	WOBBETIEN	HESSEL	EVERTS	BACKER	ELSIEN	HAVENSTR
1644 11 10	AK	EVERT	HESSEL	EVERTS		ELSJEN	HAVENSTR
1645 01 12	AK	HINDRICK	HESSEL	HINDRIX		FENNECHIEN	VISSCHERSTR
1641 04 06	AK	HINDRICK	HESSEL	HINDRIX		FENNETIEN	DRA
1642 11 15	AK	STIJNTIEN	HESSEL	HINDRIX		FENNETIEN	VISSCHERSTR
1648 09 24	AK	HESSEL	HESSEL	HINDRIX		FENNETIEN	VISSCHERST
1642 09 01	AK	HICRONIJMUS?	HICRONIJMUS/RAET		EIJBEN	CHRISTINA ALTING	A KERK
1643 06 04	AK	ROELEF	HIDDE	HINDRIX		JANTIEN HIDDINGS	TORFTOORNSTR
1645 01 30	AK	GRIETIEN	HIEROMIJMUS	ROELEFS		LAMMECHIEN ANNENS	A POORTE
1648 09 10	AK	MAGDALENE	HIERON.	REDERS		ANNETIEN	SWANESTR
1644 11 30	AK	LIJSABETH	HIERONIJMUS	/SLD	GIJSOLF	RENSKE	BREDEGANG
1643 11 14	MK	HINDRICK	HIERONIJMUS	/SOLD	GIJSOLF	RENSKE	VOLTINGESTR
1641 07 25	AK	BERENTIE	HIJLKE	BERENTS		JANTIEN	P POORT
1645 07 18	AK	ANNECHIEN	HIJME		HORENBEECK,V	IDEKE AKECHENDORP	HATKE?
1645 07 22	AK	ANNICHIEN	HILBERT	JANS		GEERTRUIT	EBBPOORTE
1643 06 25	MK	STIJNTIEN	HILBERT	ALLENS		SWAENTIEN	HEERPOORTE
1642 12 18	MK	TRIJNTIEN	HILGERT/SOLD	JANS		TRUITE	N.EBBINGEPOORTE
1647 05 09	AK	GEESJEN	HILLEBRANDT	ROEBERSTS		AEFJEN WINSHEMIJ?	VISCH
1642 06 05	AK	GEERTRUIJT	HILLEBRANDT		DINGEN,VAN	DOROTHEA	PLUIMERGN
1645 12 12	AK	ARENT	HILLEBRANDT	BERENTS		GEESJEN HEIJNES	MURE?
1646 11 13	AK	GRIETIEN	HILLEBRANDT		WISSUM	MEENTIEN HINDRIX	VISCHERSTR
1649 08 17	AK	CORNELISJEN	HILLEBRANDT		WUSSUM	MEENTIEN	VISSCHRSTR
1643 10 01	AK	HINDRICK	HILLEBRANDT	HINDRIX		TALLE CASPERS	PAPENPOORT
1649 06 26	AK	GESINA	HILLEBRANT	ROEBERS		AEFJEN WINSHEMIUS	BOTTRSTR
1643 01 18	AK	HILLECHIEN	HILLEBRANT		WIERINGEN,VAN	AELTIEN OTTENS	SCHUITEN
1647 03 16	AK	CARST	HILLEBRANT		WIERINGE,V	AELTIEN OTTENS	VOLTSTR
1648 11 14	AK	CARST	HILLEBRANT		WIERINGEN	AELTIEN	VOLTSTR
1647 08 13	AK	BERENT	HILLEBRANT	WIJBENS		AELTIEN BERENTS	STEENTIL
1642 10 20	AK	BERENT	HILLEBRANT	WIJBES		AELTIEN BERENTS	STEENTILSTR
1645 03 30	MK	WIJBRANDT	HILLEBRANT	WIJBRANTS		AELTIEN BERENTS	STENTILSTR
1644 09 22	MK	WENNICHJEN	HILLEBRANT		WIERINGEN,VAN	AELTJEN OTTENS	SCHUTENDIEP
1644 01 26	AK	HILLEBRANT	HILLEBRANT	HOENDRIX		ANNE	BEIJDEMERKTS
1645 11 09	MK	SUSANNE	HILLEBRANT	HOENDRIX		ANNECHIEN	WAIJE

Groningen Baptisms Alphabetized by FATHER/CHILD'S PATRONYMIC, 1640-1649

Year Mo Da	Chr	Child's Given Name	Father/Child's Patronymic	Father's Patronymic	Father's Surname	Mother	Address
1646 09 27	MK	ROELFF	HILLEBRANT	GRUIJS	VIRDUM,VAN?	ELTKE GRUIJS	BREDEMERCT
1643 09 08	AK	CORNELIS	HILLEBRANT	DERX		GEBBE CORNELIS	VISCHPIJP
1646 06 10	AK	HILLEBRANDT	HILLEBRANT	DERX		GEBBE	SCHUTENDP
1649 10 31	AK	JANTIEN	HILLEBRANT	DERX		GEBBE	DAMSTERDP
1642 09 16	MK	JANTIEN	HILLEBRANT	GERLOFS		GRIETIEN	MOESKERSGANG
1642 06 24	AK	IMMKE	HILLEBRANT	SIJMENS		LIJSABETH WILLEMS	SLEMENNERSTR
1648 05 12	MK	MENTE	HILLEBRANT	JACOBS		LOUIJSE?	A POORTE
1649 05 31	AK	MENTE	HILLEBRANT	JACOBS		LUTS	A.
1644 07 10	AK	CLAES	HILLEBRANT		WUSSUM	MEIJNE	NIJEWECH
1641 10 08	MK	FREDERICK	HILLEBRANT	ENTENS		SIBILLA SWARTZENBORCH,V MERCKT	
1647 06 01	AK	KASPAR	HILLEBRANT	HINDRIX		TALLE	NIJESTADT
1649 01 25	AK	CASPAR	HILLEBRANT	HINDRIX		TALLE	NIEUWEST
1645 12 23	AK	CASPAR	HILLEBRANT	HINDRICKS		TALLETIEN CASPERS	NIJESTADT
1644 10 09	AK	WIGBOLT	HILLEBRANT	WIGBOLTS		WEMELTIEN	DAMSTERDIEP
1649 12 27	AK	CORNELIS	HILLEBRANTS	(sic)		GEERTIEN	VIOLENSTR
1648 08 04	AK	HINDRICKJEN	HILVERT	JANSEN		GEERTRUIT	ROSENSTR
1649 09 23	MK	GRIETIEN	HILWERT	BERENTS		SWAENTIEN	HEERPRT
1644 04 14	MK	JOHAN	HIND./BORGEMR.		HEECK,V.	ANNA HOENDRIX	BOTTRSTR
1642 03 04	MK	GEERTIEN	HINDRICK	GEERTS		ANNA	BLEIJKE
1641 09 19	MK	STEVEN	HINDRICK	GEERTS		MARRETIEN	BOTTERDP
1641 10 01	AK	FENNECHIEN	HINDIRK	GEERTS		TRIJNTIEN DILLINGS	SNORRECHIEN
1641 03 09	AK	HINDRICH	HINDRICH	HINDRICH		HES:?	EBBPRTMUIR
1641 10 26	AK	HARMEN	HINDRICK	HARMENS		AAFJEN	NIJESTATJEN
1645 12 16	AK	HINDRICK	HINDRICK	HARMENS		AEFJEN	NIJEBSTADT
1642 03 09	AK	CORNELIS	HINDRICK	JANSEN		AEFJEN	LUTKEBUTJESTR
1647 08 15	MK	TRIJNTIEN	HINDRICK	MARTENS		AEFJEN	WISSCHERSPIJPE
1644 05 16	AK	JACOB	HINDRICK	GERRITS		AEITIEN OTTENS	A
1644 11 17	AK	ANNECHIEN	HINDRICK		MEIJER	AELTIEN	NIJEJADT
1647 09 19	AK	HEIJLTIEN	HINDRICK		MEIJER	AELTIEN	JADTSTR
1649 12 09	MK	CATRINE	HINDRICK		KEIJSER	AELTIEN	KARPEERN?
1641 08 08	AK	TRIJNTIEN	HINDRICK	(RUITER)	LEUNINCK	AELTIEN	LEELJENSTR
1644 04 03	MK	AELTIEN	HINDRICK	DERX		AELTIEN JANS	SCHUITENDIEP
1644 12 15	MK	LUCAS	HINDRICK/SOLD.	DRIETS		AELTIEN	BREEGNAG
1642 10 19	AK	GRIETIEN	HINDRICK/SOLD.	DRIJES	(und Rensen)	AELTIEN	BREEGANG
1646 04 05	AK	IDE	HINDRICK	GEERTS		AELTIEN	CRANEPORTE
1641 01 07	AK	HARMTIEN	HINDRICK	GERRITS		AELTIEN HARMENS	HE?
1644 10 13	AK	ANNECHIEN	HINDRICK	GERRITS		AELTIEN	KRANEPOORTE
1648 03 23	AK	GIJSBERT	HINDRICK	GERRITS		AELTIEN	DRA
1645 01 19	MK	SIJWERT	HINDRICK	HINDRIX		AELTIEN JACOBS	BOTTERDP
1647 12 19	AK	FENNE	HINDRICK	HINDRIX		AELTIEN	JONKERSTR
1647 04 04	MK	MARIA	HINDRICK	JANS		AELTIEN JANS	STEENTILSTR
1649 12 14	AK	ADAM	HINDRICK	JANS		AELTIEN	POELPRT
1649 03 09	AK	MARIA	HINDRICK	JANS		AELTIEN	STEENTILSTR
1641 09 08	AK	MARIJE	HINDRICK	JANSEN	SADELMAKER	AELTIEN	POELESTR
1645 01 22	MK	JANTIEN	HINDRICK	JANSSEN	SANDLER?	AELTIEN	POELESTR
1647 06 02	AK	JEIJE	HINDRICK	JANSSEN		AELTIEN	RAAMSTR
1643 02 19	AK	ENGELE	HINDRICK	RENGERS		AELTIEN	N.BOTTRPOORTE
1644 10 03	AK	ENGELTIEN	HINDRICK	RENGERS		AELTIEN HELVERIHERS?	BOTTRPOORT
1649 02 06	AK	HILLETIEN	HINDRICK	WILLEMS		AELTIEN	SWANESTR
1642 07 29	AK	ANNA	HINDRICK		MEIJER	AELTJEN	NIEUWEJADTSTR
1646 08 07	AK	FENNE	HINDRICK	HINDRIX		AELTJEN	JONCKERENSTR
1642 07 24	MK	JAN	HINDRICK	JANS		AELTJEN	STEENTILSTR
1648 04 09	AK	JEIJKIEN	HINDRICK	CALNIES?		AERIAENTIE	VISCHM
1645 11 19	AK	ELSJEN	HINDRICK	HARMENS		AGNETA	VISSCHERPIJP
1641 09 06	AK	HARMEN	HINDRICK	HARMES		AGNETA ROELEFS	VISSCHERSPIJP
1643 09 14	AK	ELSJEN	HINDRICK	HARMENS		AGNETE ROELEFS	VISSCHERSPIJP
1648 11 23	AK	GARBRANT	HINDRICK	ALBERTS		AGRIETE	POELPRT
1646 09 19	AK	TIJES HINDRIX	HINDRICK	JUS		ALBERTIEN	BUTJENSTR
1648 10 24	AK	TIJES	HINDRICK	TIJES		ALBERTIEN LABERTS	BUTJENSTR
1647 04 15	MK	NIESJEN	HINDRICK	TIJSSENS		ALBERTIEN	BUTJENSTR
1642 04 11	MK	CORNELIS	HINDRICK		JALINGE?	ALE ALBERTS	RAAMSTR
1643 07 26	AK	GRIETIEN	HINDRICK	JANSSEN		ALTIE	HELPEN
1643 02 28	AK	HARMEN	HINDRICK		BREMER,VAN	ANNA	SCHUITEMAKSTR
1643 02 28	AK	JAN	HINDRICK		BREMER,VAN	ANNA	SCHUITEMAKSTR
1644 09 08	MK	GEERTRUIT	HINDRICK		HELDERVELDT	ANNA ARENTS	MOUKEHOLM
1646 07 23	AK	JOHAN	HINDRICK/BORG.		HEECK,VAN	ANNA HAENDRICKS	BOTTRINGSTR
1649 08 12	AK	REGINA	HINDRICK		EECKHORST	ANNA	PRINCENSTR
1641 01 31	MK	ARENT	HINDRICK	ARENTS		ANNA	
1644 02 23	AK	ALBERT	HINDRICK	ARENTS		ANNA	HELPEN
1646 03 27	AK	JAN	HINDRICK	ARENTS		ANNA	HELPEN
1644 01 05	AK	GEESJEN	HINDRICK	BROERS		ANNA	SCHUTENDIEP
1648 02 15	AK	WILLEM	HINDRICK	HARMENS		ANNA	HOFSTR
1649 03 11	MK	ANNA ELISABETH	HINDRICK	JACOBS		ANNA	BEULSGANG
1643 07 19	AK	JOHANNES	HINDRICK	LUITJENS		ANNA	POELESTR
1641 03 30	MK	PAUL	HINDRICK		BREMEN,VAN	ANNE POUWLS	LANE
1642 01 05	AK	ANNE	HINDRICK		SPANGE	ANNE	BORGERWEESHUIJS
1645 01 26	AK	GEBKE	HINDRICK	EGBERTS		ANNE	LEELIJENSTR
1648 04 05	AK	HARMEN	HINDRICK	EGBERTS		ANNE	JADTSTR
1641 07 07	AK	HINDRICK	HINDRICK	GEERTS		ANNE	HOGEBROERSTR
1646 08 23	MK	TEUBICHJEN	HINDRICK	HARMENS		ANNE HINDRIX	RAEMSTR
1646 07 30	AK	JAN	HINDRICK	HINDRICKS		ANNE POUWELS	SCHUIJTENDP
1649 07 29	AK	ANNECHIEN	HINDRICK	HINDRIX		ANNE POUWELS	LANE
1641 12 31	AK	HANS	HINDRICK	JACOBS		ANNE	DRIE MEULLENS
1641 06 06	MK	ROELEF	HINDRICK	LUITIEN		ANNE	POELESTR
1643 10 05	AK	WOLTER	HINDRICK	WOLTERS		ANNE HARMENS	NIJESTR
1644 05 15	AK	HINDRICK	HINDRICK		SPANG	ANNECHIEN	RODEWEESHUIJS
1646 12 02	AK	MARGRIETE	HINDRICK		HUFMAN	ANNECHIEN	BOTTRPRT
1641 11 17	MK	AIJELT	HINDRICK	AIJELTS		ANNECHIEN JANSEN	N.EBBSTR
1643 07 11	MK	HARMEN	HINDRICK	CLAESSEN		ANNECHIEN	SLEMENNERSTR
1642 06 06	AK	JANTIEN	HINDRICK	ENGELS		ANNECHIEN	EBBINGESTR
1644 04 18	AK	ANNECHIEN	HINDRICK	GEERTS		ANNECHIEN CLAES	HOOCHSTRATE
1644 11 14	AK	GEERT	HINDRICK	GEERTS		ANNECHIEN	BEULSGANG
1648 01 12	AK	AELTIEN	HINDRICK	GEERTS		ANNECHIEN	BEULSGANG
1646 03 17	AK	GERRIT	HINDRICK	GERRITS		ANNECHIEN	LEIJENSTR
1645 01 30	AK	HARMEN	HINDRICK	HARMENS		ANNECHIEN	RAAMSTR
1643 04 30	AK	HERMEN	HINDRICK	HERMENS		ANNECHIEN	HERENCAMERS
1644 07 12	AK	JOHANNES	HINDRICK	JANS		ANNECHIEN DERKS	HEERPOORTE
1647 08 08	AK	GRIETIEN	HINDRICK	JANS		ANNECHIEN	HEERPOORTE
1644 06 08	AK	ABRAHAM	HINDRICK	ROTTENAN	SUIJDER	ANNECHIEN	N.BOTTRSTR
1645 09 14	MK	GRIETJEN	HINDRICK	SCHUTES		ANNECHIEN	BREDEMERCK
1642 06 10	AK	ELSIEN	HINDRICK	WILLEMS		ANNECHIEN BARCKHUIS	HEERPRT
1643 04 30	AK	WILLEM	HINDRICK	WILLEMS		ANNECHIEN JANS	HEERPOORTE
1644 10 23	AK	ANNEKEN?	HINDRICK		DITMAER	ANNEKE	PRINCENSTR
1649 03 30	AK	LENERT	HINDRICK		ULSEN,VAN	ANNEKE	POELSTR
1646 12 30	AK	GRIETIEN	HINDRICK	BROERS		ANNEKE	SCHUITENDP

Year Mo Da	Chr	Child's Given Name	Father/Child's Patronymic	Father's Patronymic	Father's Surname	Mother	Address
1646 11 01	AK	EGBERT	HINDRICK	EGBERTS		ANNEKE	JATSBRUGGE
1648 09 27	AK	DERCK	HINDRICK	HARMENS		ANNEKE	RAAMSTR
1649 01 02	MK	ELSJEN	HINDRICK	HINDRICX		ANNEKE	HARDINGST
1649 09 02	AK	MARTEN	HINDRICK	MARTENS		ANNEKE	HERECAMERS
1649 12 16	MK	BROER	HINDRICK	BROERS		ANNETIE JANS	SCHUTNO.
1644 09 06	AK	GEERT	HINDRICK	ENGELS		ANNETIE WILLEMS	EBB.STR
1647 06 04	AK	WILLEM	HINDRICK	ENGELS		ANNETIE WILLEMS	EBBSTR
1641 06 29	MK	GRIETIEN	HINDRICK		BROECKMAN	ANNETIEN	UIJRWERKERSGANG
1647 08 26	AK	BURNHART	HINDRICK		ULSSEN,VAN	ANNETIEN	STEENTILSTR
1648 11 15	AK	JANTIEN	HINDRICK	ARENTS		ANNETIEN	HELPEN
1648 11 02	AK	HINDRIKJEN	HINDRICK	CLAESSEN		ANNETIEN	CRANEPRT
1649 09 23	MK	ALBERT	HINDRICK	ENGELS		ANNETIEN	EBBSTR
1643 06 08	AK	JAN	HINDRICK	GERRITS		ANNETIEN	LEELJENSTR
1649 10 07	MK	PIETER	HINDRICK	HARMENS		ANNETIEN	BOTTRP.
1646 06 28	AK	AELTIEN	HINDRICK	LUITIENS		ANNETIEN	POELESTR
1649 02 25	MK	TRIJNTIEN	HINDRICK	PIETERS		ANNETIEN	OOSTRPIJP
1642 07 08	MK	HERMEN	HINDRICK	CLAESEN		ANNICHJEN	CRANEPRT
1646 08 02	AK	DERCK	HINDRICK	CLAESSEN		ANNICHJEN HINDRICKS	SLEEMENDERSTR
1646 02 06	AK	ABEL	HINDRICK	CALMES		ARIAENTIEN	VISCHMERKT
1642 08 14	AK	HARMEN	HINDRICK	HARMENS		ASSELTIEN TAMMENS	S.JACOB.
1644 10 30	AK	LAURENS	HINDRICK	JANSSEN		AUCKE	EBBINGESTR
1648 07 25	AK	JAN	HINDRICK	JANS		AUSKE	BLOEMSTR
1643 07 26	AK	WOBBE	HINDRICK	MARTENS		AVE	O.STEENTILPOORTE
1647 07 27	AK	GEESJEN	HINDRICK	HARMENS		BAAUTIE	RAAMSTR
1647 05 30	MK	TRIJNTIEN	HINDRICK		MERKIJRATE?	BARBARA	MEULENSTR
1643 08 25	AK	HINDRICK	HINDRICK		MARCKGRAEF	BARBER	MEULENSTR
1641 02 08	AK	ANNE	HINDRICK	LAMBERTS		BEERENTIEN	BENTHEM
1643 01 29	AK	MARGRIETE	HINDRICK	JANS		BEERTE	WESTINDISCHHUIJS
1645 12 09	AK	HARMEN OLTMAN	HINDRICK	JANS		BEERTE	W.IND.HUIS
1648 05 04	AK	JAN	HINDRICK	JANS		BEERTE	INDISCHHUIS
1642 09 04	AK	REIJNER	HINDRICK	REIJNERTS		BEERTE BERENTS	S.JACOBSG:HUIS
1644 08 22	AK	JAN	HINDRICK	JANS		BEERTIE	WESTINDISCHHUIJS
1645 01 09	AK	GOEIJTIEN	HINDRICK	REIJNS		BEERTJE	JACOBSGASTHUIS
1642 09 04	MK	JONNIS	HINDRICK	LAMBERTS		BERENTIEN JONNIJS	PEPERSTR
1646 02 10	AK	HANS DANIEL	HINDRICK		MULLER	CATHRINE	MEULENSTR
1646 08 25	AK	JANTJEN	HINDRICK	BERENTS		CLAESJEN HINDIRX	JADTSTR
1643 12 01	AK	HINDRICKJEN	HINDRICK	SWIJTER		CLAESJEN	DAMSTERDIEP
1642 04 10	MK	GEERT	HINDRICK	SWITERS		CLAESJEN	DAMSTERDP
1642 04 10	MK	JAN	HINDRICK	SWITERS		CLAESJEN	DAMSTERDP
1647 03 04	AK	JANTIEN	HINDRICK	BERENTS		CONAETIE	NIJESTADT
1643 02 10	AK	ANNA	HINDRICK	MARTENS		CORNELIA	VOLTINGESTR
1641 10 03	AK	ANDRIES	HINDRICK	MARTENS		CORNELISJEN ANDRIES	JADT
1644 10 13	MK	CATHARINE	HINDRICK	SIOURTS		CORNELISJEN JANS	SCHUTEND.
1644 03 07	AK	FENNECHIEN	HINDRICK	HARMENS		CUTGERT?	EBBSTR
1642 01 13	AK	HANS	HINDRICK		ARMEMAN	DOETIE	NIJESTADT
1644 05 28	AK	MARIJE	HINDRICK		ARNEMAN	DOROTHEA	NIJESTADT
1645 11 28	AK	THOMAS	HINDRICK	BERENTS		DOROTHEA PARLIJ	HEERSTR
1645 03 25	AK	JAN	HINDRICK	JANS		EEDWE ALLES	BOTTERDIEP
1645 03 25	AK	TRIJNTIEN	HINDRICK	JANS		EEDWE ALLES	BOTTERDIEP
1644 10 24	AK	JOHANNES	HINDRICK	LAMBERTS		EELKE JANS	BOTTERDIEP
1646 10 14	AK	TONNIS	HINDRICK	LAMBERTS		EELKE JANS	BOTTERDIEP
1642 08 14	MK	WENDEL	HINDRICK	COERTS		EELLE TEIJES	SCHUITENDP
1644 04 09	AK	JANTIEN	HINDRICK	JANS		EEVE	BENTHEM
1643 12 15	AK	ANNA MARG.	HINDRICK/SOLD.	HARMENS		ELFKE	RAAMSTR
1649 12 29	MK	REIJNER	HINDRICK		MENSING	ELLETIEN?	OOSTRSTR
1647 01 08	AK	MARGRIETE	HINDRICK		PATER?	ELSE	SCHUITENDP
1646 12 05	AK	CASPER	HINDRICK		KIJVERS?	ELSIEN	HOGEBROERSTR
1641 12 26	AK	HARMEN	HINDRICK	HARMENS		ELSIEN HINDRIX	NIJESTADT
1642 08 10	AK	BARBER	HINDRICK		KIJVERT	ELSJEN	NIEUWE SUIDERDP
1644 05 10	AK	TIJES	HINDRICK		PATER	ELSJEN	BREEGANGSCHUTENDIEP
1646 03 15	MK	PIETER	HINDRICK		BUSHOFF	ELSJEN PIETERS	SCHUTENDP
1643 12 29	AK	ELSJEN	HINDRICK	JANS		ELSJEN	BOTTERDIEP
1647 12 10	AK	TRIJNTIEN	HINDRICK	JANS		ELSJEN	BOTTRDP
1642 11 09	AK	GEERT	HINDRICK	JANSSEN		ELSJEN	BOTTERDIEP
1645 12 19	AK	GRIETIEN	HINDRICK	JANSSEN		ELSJEN	BOTTENDIEP
1645 01 05	AK	TRIJNTIEN	HINDRICK/SOLD.	KIJSS		ELSJEN	MUIER/VISS.STR
1648 01 17	MK	GRIETIEN	HINDRICK	ROELEFS		ELSJEN	CORELSWECH
1642 03 22	MK	GEESJEN	HINDRICK	STOFFELS		ELSJEN	SCHUITNDP
1647 02 18	AK	HINDRICK	HINDRICK	BERENTS		ELSKE	SUIDERDP
1646 05 21	AK	LAMBERT	HINDRICK	HARMENS		ELSKE	RAAMSTR
1641 12 02	AK	GRIETIEN	HINDRICK	KIJS		ELSKE	VISSCHERSTR
1642 02 22	AK	SIJWERT	HINDRICK	WOLTERS		ELSKE	3 MEULEN
1648 12 20	AK	BERENT	HINDRICK	LUITIENS		ENGELE	DAMSTRDP
1649 08 26	MK	JAN	HINDRICK	JANS		ENGELTIEN	SCHUTNDP
1642 02 15	AK	OTTE	HINDRICK	OTTENS		ENGELTIEN DERX	BOTTRPRT
1645 11 30	AK	GEESJEN	HINDRICK	OTTENS		ENGELTIEN DERX	O.EBBSTR
1647 09 05	AK	ENGELTIEN	HINDRICK	OTTENS		ENGELTIEN	O.BOTTRPOORTE
1649 05 27	MK	DERK	HINDRICK	OTTENS		ENGELTIEN	BOTTRSTR
1641 10 24	AK	SARA	HINDRICK	JANSEN		EVA	BRUGGESTR
1644 02 16	AK	CHRISTIAEN	HINDRICK		HULSEMAN	EVERTIEN	PRINCENSTR
1647 04 14	MK	HARMEN	HINDRICK	(barker)	HULSEMAN	EVERTIEN	PRINCENSTR
1648 03 14	AK	HINDRICK	HINDRICK	(decd)	BECKERING	EVERTIEN GERRITS	CRAMEPRT
1646 08 27	AK	HINDRICK	HINDRICK	LUITJENS		FEGE	DAMSTRDP
1643 11 19	AK	HARTMAN	HINDRICK		ROSBORCH	FENNE DERX	DRA
1646 03 10	AK	CATARINA	HINDRICK/SOLD		ROOPKERCH?	FENNE	N.EBBSTR
1649 06 09	MK	HINDRICK	HINDRICK		SPANGE	FENNE	RODEWEESHUIS
1643 11 28	AK	WILLEM	HINDRICK	HARMENS		FENNE HINDRIX	HOFSTRATE
1643 12 29	AK	HINDRICK	HINDRICK	HINDRIX		FENNE	JONKERENSTR
1648 09 10	MK	BARELT	HINDRICK	JANS		FENNE	SCHUTNDP
1643 01 29	AK	STIJNTIEN	HINDRICK/SOLD.	JANSSEN		FENNE WESSELS	--
1647 04 07	MK	GEBBECHINE	HINDRICK	JANSSEN		FENNECHIEN	COSTERSGANG
1648 05 14	AK	ANNETIE	HINDRICK		RUSTBACH	FENNETIEN	N.JATSTR
1649 01 14	MK	JOANNES	HINDRICK		HUISING	FENNETIEN LUCAS	CARELSWECH
1646 05 05	MK	GERRIT	HINDRICK	GERRITS		FENNETIEN	TORFTOORNSTR
1642 04 15	AK	TRIJNTIEN	HINDRICK	JANSEN		FIJE HANSEN	DAMSTERDP
1642 09 20	AK	MARRECHIEN	HINDRICK	LUITIENS		FIJE	DAMSTERDP
1645 04 07	MK	RINTJE	HINDRICK	HAIJENS		FIJEKE WATSEMS	BOTTRPOORTE
1647 02 04	AK	DERCK	HINDRICK	HAIJES		FIJKE	N.EBBSTR
1644 07 19	MK	LUTGERTIEN	HINDRICK	JANSSEN		FREE	SCHUTENDIEP
1646 11 22	MK	WIGBOLT	HINDRICK	JANS		FRERICKJEN	SUIDERKERKHOFF
1646 10 02	NK	AELTIEN	HINDRICK	HANSSEN		FROUCKE	COSTERSGANG
1648 02 16	AK	ELSJEN	HINDRICK		SMIT	GEBBE	BEULSGANG
1646 03 29	MK	JAN	HINDRICK	JURIENS		GEBBE	HUINGHA CAMER
1644 07 28	AK	PAUL	HINDRICK	JURJENS		GEBBE HINDRIX	NIJESTADT
1649 02 18	AK	PIETER	HINDRICK	PIETERS		GEBBE	SCHUTEMSWAL

Year Mo Da	Chr	Child's Given Name	Father/Child's Patronymic	Father's Patronymic	Father's Surname	Mother	Address
1643 11 22	AK	MARGRIETE	HINDRICK	PIETERS		GEBBEKE	N.KERKHOFF
1646 03 30	MK	GRIETE	HINDRICK	JANSSEN		GEEGE	DAMSTERDP
1642 01 09	AK	SAARTIEN	HINDRICK	REMMERTS		GEELE WILLEMS	KLEIJKEN
1642 10 27	AK	FENNECHIEN	HINDRICK/SOL.		VOS	GEERTIEN	GELTINGESTR
1647 10 20	AK	AELTIEN	HINDRICK	BOECHERS		GEERTIEN	PELSERSTR
1648 04 03	AK	BORCHERT	HINDRICK	BORCHER		GEERTIEN	NIJESTADT
1645 11 06	MK	CORNELISJEN	HINDRICK	BRANTS		GEERTIEN	MUSSCH.GANG
1647 08 25	AK	JAN	HINDRICK	JANS		GEERTIEN	BOTTRPOORTE
1645 10 12	MK	HOUCKE	HINDRICK	NANNENS		GEERTIEN HARMENS	DAMSTERDIEP
1648 02 13	MK	NANNE	HINDRICK	NANNES		GEERTIEN	VISSCHERPIJP
1644 03 31	MK	HINDRICK	HINDRICK		HARDERWIJK	GEERTRUIJT	ANTH.G.HUIS
1642 07 15	AK	ARENT	HINDRICK	ARENTS		GEERTRUIJT	VISCHMERCT
1643 08 13	AK	GRIETIE	HINDRICK		JONGBLOET	GEERTRUIT	HARD:STR
1643 01 26	AK	HARMEN	HINDRICK		WINTER	GEERTRUIT COERTS	NIJEJADT
1644 07 17	MK	GEERTRUIT	HINDRICK		LAAR,VAN	GEERTRUIT HOFS	KOORNMERCKT
1645 14 29	AK	CONRAET	HINDRICK		WINTER	GEERTRUIT	BRUGGESTR
1646 08 10	AK	JURJEN	HINDRICK		JOUCKBLOET	GEERTRUIT	VISSCHERST
1646 11 06	AK	HINDRICKJEN	HINDRICK		LAER,VANT	GEERTRUIT HOFS	KOORNMERCKT
1647 04 16	MK	CONRADUS	HINDRICK		WINTER	GEERTRUIT	BRUGGESTR
1648 02 29	AK	HANS JACOB	HINDRICK		AUKERCK	GEERTRUIT	VOLTINGSTR
1648 08 26	AK	JOANNES	HINDRICK		WINTER	GEERTRUIT	BRUGGESTR
1642 04 26	AK	RENSKE	HINDRICK			GEERTRUIT	ROSENSTR
1643 09 03	AK	ADRIAEN	HINDRICK	ADRIAENS		GEERTRUIT	ROSENSTR
1646 01 26	AK	GERRIT	HINDRICK	ARENTS	BOUTW.?	GEERTRUIT	DISCHAN-?
1648 06 13	MK	JANTIEN	HINDRICK	ARENTS		GEERTRUIT SICKENS	CRANERIJP
1648 10 29	MK	JACOB	HINDRICK	FOLKERTS		GEERTRUIT	NIJEWECH
1642 10 16	AK	KARST	HINDRICK	JANSEN		GEERTRUIT JANSEN	A KERKE
1641 10 26	AK	JAN	HINDRICK	JONGE	MINDEN,VAN	GEERTRUIT	HARDINGESTR
1643 09 29	AK	MARRETIEN	HINDRICK	NANNES		GEERTRUIT HARMENS	STEENTILPOORTE
1649 11 04	MK	TRIJNTIEN	HINDRICK	NANNES		GEERTRUIT	VISSCHRPIJP
1643 10 20	AK	HINDRICK	HINDRICK	SWEERS		GEERTRUIT	PRINCENSTR
1643 01 03	AK	GEBBETIEN	HINDRICK	TIJMENS	SCHRIJVER	GEERTRUIT RIJKENS	TORSTOORSTR
1644 03 06	AK	GEBBECHIEN	HINDRICK	TIJMENS	SCHRIJVER	GEERTRUIT RIJKENS	TORFTOORN
1644 03 06	AK	JAN	HINDRICK	TIJMENS	SHCRIJVER	GEERTRUIT RIJKENS	TORFTOORN
1645 11 09	AK	RIJKE	HINDRICK	TIJMENS		GEERTRUIT RIJKENS	TORFTOORNST
1648 06 02	AK	RIJKE	HINDRICK	TIJMENS		GEERTRUIT RIKENS	TORFTORRN
1649 10 24	AK	HINDRICK	HINDRICK	HINDRIX		GEESE	SCHUTNDP
1642 07 31	AK	ANNETIEN	HINDRICK		MEIJER	GEESJEN	VISSCHERSTR
1644 08 25	AK	MARGRIETE	HINDRICK		FROON	GEESJEN EIJSSINGHE	BRUGGESTR
1645 01 28	AK	KOEST	HINDRICK/SOLD.		MEIJER	GEESJEN	MUER
1648 07 27	AK	GARMENTIEN	HINDRICK	ALBERTS		GEESJEN	HOPMANSGNAG
1643 10 08	MK	ANNA MARGRIETE	HINDRICK	BERENTS		GEESJEN	SCHUITEND.
1647 02 03	AK	EVERT	HINDRICK	EEVERS		GEESJEN	COSTERSGANG
1644 08 11	MK	EVERT	HINDRICK	EVERTS		GEESJEN	MOESKERSGANG
1647 10 12	AK	ANNETIE	HINDRICK	HINDRIX		GEESJEN	VOLTSTR
1649 09 27	AK	TONNIS	HINDRICK	HINDRIX		GEESJEN	HOLM
1643 01 25	AK	JAN	HINDRICK	JANS		GEESJEN HINDRIX	BREEGANG/SCHUTEND.
1645 03 16	MK	AEFJEN	HINDRICK	JANS		GEESJEN HINDRIX	SCHUTNDP
1647 09 26	MK	JANTIEN	HINDRICK	JANS		GEESJEN	OOSTER BREEGANG
1642 01 30	MK	JANTIEN	HINDRICK	LAMBERTS		GEESJEN BERENTS	NIJEWECH
1645 04 02	AK	CORNELIJSEN	HINDRICK	LAMBERTS		GEESJEN	SCHUITENDP
1645 09 26	AK	TRIJNTIEN	HINDRICK	ROELEFS		GEESJEN LOURENS	OOSTERSTR
1641 04 02	MK	HARMEN	HINDRICK		WESTERHOF	GEESKE	RAAMSTR
1643 10 01	AK	ANNEKE	HINDRICK/SOLD.	BERENTS		GEESKE	RAAMSTR
1646 02 06	AK	SWANTIEN	HINDRICK	BERENTS		GEESKE	DAMSTERDP
1648 10 06	AK	POUL	HINDRICK	JURJENS		GEESKE	SUIDERDP
1648 12 14	AK	LAUKEN?	HINDRICK	MEIJMA		GEESKE	MUERE
1643 03 01	AK	ROELEF	HINDRICK	OTTENS		GELE	BOTTRINGEPOORTE
1644 12 29	MK	GRIETIEN	HINDRICK	OTTENS		GELLE	BOTTRPRT
1645 12 18	AK	GRIETIEN	HINDRICK	BERENTS		GIJSSELE	RAAMSTR
1648 06 23	AK	GEERTRUIT	HINDRICK	BERENTS		GREITIEN JURJENS	CRANE
1642 09 22	AK	BORCHERT	HINDRICK		SMIT	GRIETE	ROSENSTR
1645 01 16	AK	HINDRICK	HINDRICK/SOLD		WALBOOM	GRIETE	COPERSGANG
1645 04 03	AK	TRIJNTIEN	HINDRICK	.	MULLER	GRIETE HINDRIX	JUDERAAMSTRAETE
1647 09 29	AK	HINDRICK	HINDRICK		WALBOOM	GRIETE	SUIDERDP
1642 02 13	MK	ALBERT	HINDRICK	DUIRTS		GRIETE	BOTTRSTR
1644 06 10	AK	GEESJEN	HINDRICK	DUIRTS		GRIETE	BOTTRINGESTR
1646 01 14	AK	GESE	HINDRICK	ELLENS		GRIETE	JOANNES STR
1641 11 03	AK	HINDRICK	HINDRICK	GEERTS		GRIETE	OOSTERSTR
1648 11 24	AK	JAN	HINDRICK	HINDRIX		GRIETE	N.POELPRT
1641 12 16	AK	AVE	HINDRICK	JANSEN		GRIETE JANSEN	BOTTRPRT
1641 11 27	MK	HANS	HINDRICK	JANSSEN		GRIETE	SCHUT/HOPM.GANG
1649 03 13	AK	ARENT	HINDRICK	N.		GRIETE	TIJMENSMEULE
1647 08 27	AK	PIETER	HINDRICK	PIETERS		GRIETE	PLUIMERSGANG
1647 02 02	AK	JAN	HINDRICK	REMMERTS		GRIETE PIETERS	COSTERSGANG
1641 02 07	MK	FRANS	HINDRICK/CORP.	REMMERTS		GRIETE	KOSTERSGN
1644 02 26	MK	TRIJNTIEN	HINDRICK	REMMERTS		GRIETE PIETERS	COSTERSGANG
1642 09 27	AK	TRIJNTIEN	HINDRICK		LANDT	GRIETIE HINDRIX	BOTTERDP
1643 06 14	MK	HELBRICH	HINDRICK		BENSEMAN	GRIETIEN	N.KERKHOFF
1644 02 09	AK	TIJMENTIEN	HINDRICK		SCHAMCK?	GRIETIEN	MONCKEHOLM
1645 12 06	AK	JOANNES	HINDRICK		VOS	GRIETIEN	GELTINGESTR
1648 06 25	MK	GRIETIEN	HINDRICK		LANDT	GRIETIEN THOMAS	BOTTERDIEP
1648 08 23	AK	JAN	HINDRICK		HIDDINGE	GRIETIEN	HEERSTR
1649 05 06	MK	METJEN	HINDRICK		WALBOOM	GRIETIEN	CLUIKHAMGNG
1646 12 08	AK	JANTIEN	HINDRICK	BERENTS		GRIETIEN JURJENS	CRANE
1648 06 04	MK	ASSELTIEN	HINDRICK	BRANTS		GRIETIEN	MUSSCHENGANG
1645 10 15	AK	HINDRICK	HINDRICK	DERX		GRIETIEN	BOTTERDIEP
1649 03 28	AK	HINDRICK	HINDRICK	DUIRTS		GRIETIEN	BOTTRSTR
1644 01 20	MK	AELTIEN	HINDRICK	GEERTS		GRIETIEN	BOTTERDIEP
1648 08 13	MK	REIJNER	HINDRICK	GEERTS		GRIETIEN	OOSTERSTR
1642 01 21	AK	HARMEN	HINDRICK	HARMENS		GRIETIEN OTTENS	HARDINGHESTR
1647 07 06	AK	ISEBRANDT	HINDRICK	HARMENS	BARKER	GRIETIEN	N.EBBSTR
1644 08 02	AK	GRITIEN	HINDRICK	JANS		GRIETIEN JANS	STEENTILSTR
1649 04 03	AK	JAN	HINDRICK	JANS		GRIETIEN	SCHUTENSTR
1641 12 16	AK	JAN	HINDRICK	JANSEN		GRIETIEN	NIJESTADT
1643 09 13	AK	JAN	HINDRICK	JANSSEN		GRIETIEN JANS	SCHUITENDIEP
1645 09 20	MK	HINDRICK	HINDRICK	JANSSEN		GRIETIEN	SCHUTENDIEP
1642 10 06	AK	GRIETIEN	HINDRICK	MENSENS	SCHOENMAKER	GRIETIEN	EBBSTR
1645 02 23	AK	HINDRICK	HINDRICK	MENSSENS		GRIETIEN	POELESTR
1642 06 26	AK	HINDRICKJEN	HINDRICK	REMMERTS		GRIETIEN BERENTS	JADT
1646 12 13	MK	REMBERTUS	HINDRICK	MENSSES	SCHOENMER	GRIETJE	POELESTR
1642 06 29	AK	ALLERT	HINDRICK	ALLERTS		GRIETJEN	N.JOANNS STR
1644 08 16	AK	HARMEN	HINDRICK	BERENTS		GRIETJEN JURJENS	CRANE
1646 09 05	MK	JAN	HINDRICK	DUIJRTS		GRIETJEN JERONIMUS	BOTTRINGESTR
1644 10 08	AK	GRIETJEN	HINDRICK	GEERTS		GRIETJEN	OOSTERSTR

Year Mo Da	Chr	Child's Given Name	Father/Child's Patronymic	Father's Patronymic	Father's Surname	Mother	Address
1646 09 16	AK	GRIETJEN	HINDRICK	GEERTS		GRIETJEN	BOTERDP
1646 09 04	AK	HARMEN	HINDRICK	GEERTS		GRIETJEN	OOSTERSTR
1643 11 12	MK	ANNECHIEN	HINDRICK	HARMENS		GRIETJEN	N.EBBSTR
1644 01 30	AK	DIEWERTIEN	HINDRICK	HARMENS		GRIETJEN OTTENS	HARD.STR
1646 06 17	MK	AELTIEN	HINDRICK	PIETERS		GRIETJEN ARENTS	CRANE
1646 11 25	AK	STIJNTIEN	HINDRICK	REMERS		GRIETJEN	KIJK/JADT
1644 10 16	AK	HILBRANT	HINDRICK		NIJSENGE	HARMTIEN ALBERTS	HEERSTR
1648 03 10	MK	MAGDALENE	HINDRICK		CARVER	HARMTIEN	LEEUWENPOORTE?
1647 09 16	AK	AELTIEN	HINDRICK	EVERS		HARMTIEN	LAMHUINGASTR
1641 12 28	AK	GRIETIEN	HINDRICK	HINDRIX		HARMTIEN	RAAMSTR
1644 04 28	MK	HINDRICK	HINDRICK	HINDRIX		HARMTIEN	RAAMSTRATE
1645 07 29	AK	HINDRICK	HINDRICK	HINDRIX		HARMTIEN TONNIS	RAAMSTR
1649 06 17	AK	TONNIS	HINDRICK	HINDRIX		HARMTIEN	RAEMSTR
1647 03 02	AK	MAGDALENA	HINDRICK	KARELS		HARMTIEN	MUERE
1642 07 15	AK	EVERT	HINDRICK	EVERTS		HARMTJEN JANSEN	-
1641 11 05	AK	JAN	HINDRICK	JANSEN		HEILTIEN	BUTTIENSTR
1643 07 18	AK	IDE	HINDRICK	HINDRIX		HEMCKE	AK/STECHMANSGANG
1645 11 20	AK	HINDRICK	HINDRICK	EGBERTS		HESTER CIJCKINS?	VOLTINGSTR
1641 08 20	AK	TOLLE	HINDRICK	GEERTS		HIJLKE	3 MEULENS
1646 05 19	AK	HINDRICK	HINDRICK		HILDERVELT	HILLE	COSTERSGANG
1648 04 23	MK	SWAENTIEN	HINDRICK/SOLD.		HILLERBELT	HILLE	COSTERG.
1646 11 06	AK	BERENT	HINDRICK	BERENTS		HILLE GOOSSENS	SCHOOLHOLM
1643 06 21	AK	TRIJNTIEN	HINDRICK	GEERTS		HILLE	NIJESTADT
1646 05 15	AK	BERENT	HINDRICK	GEERTS		HILLE	SUIDERDP
1642 09 27	AK	HANS	HINDRICK	HANSEN	VOERMAN	HILLE	LANE
1645 11 08	AK	HANS	HINDRICK	HANSSEN		HILLE	CRANEPOORTE
1647 03 21	MK	HINDRICK	HINDRICK	HINDRICKS		HILLE	OOSTERBREEGAGN
1641 12 30	AK	LUTGERTIEN	HINDRICK	HINDRIX		HILLE	JADT
1649 01 12	AK	ANNETIEN	HINDRICK	HINDRIX		HILLE	NIJESTADT
1645 09 21	AK	AELTIEN	HINDRICK	HINDRIX		HILLETIE BRUNS	JADT
1642 02 20	MK	BARBER	HINDRICK		HILLERVELT	HILLETIEN	PRINCENSTR
1648 05 26	AK	JANTIEN	HINDRICK	BERENTS		HILLETIEN	STEENTILSTR
1649 07 27	AK	JANTIEN	HINDRICK	EGBERTS		HILLETIEN	DAMSTERDP
1642 09 09	AK	GEBBECHIEN	HINDRICK	GEERTS		HILLETIEN ABBRINGE	HEERSTR
1649 02 25	AK	JANTIEN	HINDRICK	GEERTS		HILLETIEN	SUIDERDP
1647 03 24	MK	PIETER	HINDRICK	HINDRICKS		HILLETIEN PIETERS	EBBP./MUIR
1644 04 21	MK	GEERTRUIT	HINDRICK	HINDRIX		HILLETIEN PIETERS	MUER/BOT.STR
1642 11 04	AK	JOHANNES	HINDRICK	LUITIENS		HINDRICKJEN	PRINCENSTR
1645 01 26	MK	SALOMON	HINDRICK	LUITIENS		HINDRICKJEN	PRINCENSTR
1641 07 11	MK	JOHANNES	HINDRICK	LUITJENS		HINDRICKJEN	PRINCNESTR
1641 10 15	MK	TRIJNTIEN	HINDRICK	HINDRICKS		HLLE	BREEGANG
1648 12 17	AK	LUCAS	HINDRICK	ARENTS		ICKE	SUIDERDP
1642 11 16	AK	AARENT	HINDRICK	AARENTS		IJKE?	HOOFSTRATE
1647 11 14	MK	JANTIEN	HINDRICK	WOLTERS		IKE	PRINCENSTR
1646 02 08	MK	TRIJNE	HINDRICK		BRUGMAN	IMME	POELPOORTEBRUGGE
1642 05 05	AK	ARENT	HINDRICK	ALBERTS		IMME	OLDE DOELE
1643 12 26	AK	HINDRICK	HINDRICK	ALBERTS		IMME	POELEPOORTE
1646 05 15	AK	ARENT	HINDRICK	ALBERTS		IMME	POELESTR
1647 12 24	AK	ANNICHIEN	HINDRICK	ALERS		IMME	KIJK/JADT
1643 12 25	MK	HINDRICK	HINDRICK	ALBERTS		IMMECHIEN	SCHUTEND.
1643 07 12	MK	LIJSEBETH	HINDRICK		BRUGMAN	IMMETIE ONNEN,V	POELPOORT
1641 07 25	MK	GEERT	HINDRICK		BRUGMAN	IMMETIEN ONNEN,VAN	SCHUITENDP
1643 01 27	AK	LEONARDT	HINDRICK	EVERTS		JANNEKE LEOWERTS	SUIDERDP
1648 09 01	AK	ROELEF	HINDRICK	JANS		JANTIE	HEERPRT
1642 12 13	AK	GERHARDUS	HINDRICK		KISTEMAKER	JANTIEN ROMMERTS	TORSTOORNSTR
1642 02 16	AK	JURIEN	HINDRICK		NOOIJE,TER	JANTIEN	PRINCENSTR
1644 02 11	MK	HINDRICK	HINDRICK		TERNOOIJ	JANTIEN	PRINCENSTR
1645 10 08	AK	GEERT	HINDRICK		MEIJER	JANTIEN JACOBS	STEENTILPOORTE
1645 04 18	AK	JOANNES	HINDRICK		KETTINUS	JANTIEN ROMELINGH	BOTTRSTR
1646 12 23	AK	JACOB	HINDRICK		MEIJER	JANTIEN JACOBS	NIJEWECH
1648 09 20	AK	FRANS	HINDRICK		MEIJER	JANTIEN JACOBS	SUIDERDP
1648 01 07	AK	GERRITIEN	HINDRICK		SCHUIRING	JANTIEN	BOTTRPRT
1649 04 26	AK	EGBERT	HINDRICK		STEIJNHOFF	JANTIEN	PRINCENSTR
1648 10 16	AK	JANTIEN	HINDRICK	ARENTS		JANTIEN	BENTHOLM?
1642 05 22	MK	LUBBETIEN	HINDRICK	DERCKS		JANTIEN	OOSTERPRT
1645 01 24	MK	ANNECHIEN	HINDRICK	DERCKS		JANTIEN	BOTTRINGGANG
1648 10 26	AK	ROELEF	HINDRICK	DERX		JANTIEN ROELEFS	A PRT
1644 02 29	AK	ROELEF	HINDRICK	DUERKE		JANTIEN ROELEFS	SCHUTEMRSSTR
1648 09 19	AK	GRIETIEN	HINDRICK	DURKEN		JANTIEN ROELEFS	DRAPOORT
1644 04 17	AK	GEESJEN	HINDRICK	EVERTS		JANTIEN	CARELSWECH
1649 11 18	MK	EVERT	HINDRICK	EVERTS	SCHUIRING	JANTIEN	HEEREPIJP
1644 08 21	AK	FREERK SLUITER	HINDRICK	FREERX		JANTIEN WESSELS	VOLT.STR
1642 08 28	MK	GRIETJEN	HINDRICK	GERLOFS		JANTIEN	MERCKT
1643 11 05	MK	JOHANNES	HINDRICK	HARMENS		JANTIEN	S.WOLBORGHSTR
1642 06 09	AK	ENGELTIEN	HINDRICK	HINDRIX		JANTIEN	OOSTERPRT
1642 06 09	AK	GRIETIEN	HINDRICK	HINDRIX		JANTIEN	OOSTERPRT
1646 06 21	MK	JANTIEN	HINDRICK	HINDRIX		JANTIEN	OOSTERPOORTE
1647 02 02	AK	HINDRICKJEN	HINDRICK	HINDRIX		JANTIEN ROELEFS	A POORTE
1648 01 04	MK	CORNELIS	HINDRICK	JANS		JANTIEN	BOTTRDP
1642 03 24	MK	JAN	HINDRICK	JANSEN		JANTIEN HINDRIX	HEERPOORTE
1646 06 10	AK	GEERTIEN	HINDRICK	JANSKE		JANTIEN	HEERPOORTE
1643 10 25	AK	PIETER	HINDRICK	JANSSEN		JANTIEN	HEERPOORTE
1643 12 16	AK	TRIJNE	HINDRICK	JANSSEN		JANTIEN JANS	SCHUITENDIEP
1646 12 25	MK	AELTIEN	HINDRICK	JANSSEN		JANTIEN	SCHUITENDP
1641 04 29	AK	JANNETIEN	HINDRICK	LUBBERTS		JANTIEN	STEENTILPRT
1641 09 30	AK	ANNETIEN	HINDRICK	LUKES		JANTIEN HARMENS	PRINCENSTR
1643 12 16	AK	ROELEF	HINDRICK	ROELEFS		JANTIEN	HELPEN
1646 05 14	AK	FRERIKIEN	HINDRICK	ROELEFS		JANTIEN JANS	W.JUDISCHHOFF
1646 05 14	AK	ROELEF	HINDRICK	ROELEFS		JANTIEN JANS	W.JUDISCHHOFF
1649 10 12	AK	JAN	HINDRICK	ROELEFS		JANTIEN JANS	SCHUTEMRSWAL
1648 12 01	AK	ROELEF	HINDRICK	ROELEFS		JANTIEN	WILKENSKAM
1649 10 12	AK	ROELEF	HINDRICK	ROELEFS		JANTIEN JANS	SCHUTEMRSWAL
1644 10 31	AK	FRERICKJEN	HINDRICK	ROELERS		JANTIEN	VISSHCERPIJP
1646 11 03	AK	LAMMECHIEN	HINDRICK	ARENTS		JANTJEN	VOLTINGESTR
1646 09 30	NK	HERMEN	HINDRICK	LUCAS		JANTJEN HARMENS	RAEMSTR
1641 09 26	AK	HINDRICKJEN	HINDRICK		JONCKBLOET	JETSKE	PELSERSTR
1643 08 06	AK	DERCK	HINDRICK		JONGBLOET	JETSKE ROEBERS	PELSERSTR
1645 05 15	AK	GEERT	HINDRICK		JONGBLOET	JETSKE	PELSERSTR
1643 12 19	AK	ADAM	HINDRICK	JANSSEN		JUDITH	HEERPOORTE
1643 12 19	AK	EVA	HINDRICK	JANSSEN		JUDITH	HEERPOORTE
1646 12 27	AK	SUSANNA	HINDRICK	JANSSEN		JUDITH	HEERPOORTE
1643 12 24	AK	TEELKE	HINDRICK	BERENTS		KUNNE	NIJESTADT
1645 14 29	AK	TRIJNTIEN	HINDRICK	BERENTS		KUNNE	NIJESTADT
1648 04 02	AK	BERENT	HINDRICK	BERENTS		KUNNE	NIJESTADT
1648 10 29	MK	ROELEF	HINDRICK	ROELEFS		LAMMETIEN	HEERSTR

Year Mo Da	Chr	Child's Given Name	Father/Child's Patronymic	Father's Patronymic	Father's Surname	Mother	Address
1649 08 30	AK	PETER	HINDRICK	PETERS		LEENE	JONKERNSTR
1645 01 10	AK	ANTHONIUS	HINDRICK	CHRISTIAENS		LIEFKE	BOTTERDIEP
1642 03 18	MK	CHRISTIAEN	HINDRICK	CHRISTIAENS		LIESKE	BOTTERDP
1646 08 23	MK	GRIETJEN	HINDRICK	ARENTS		LIJSBETH	HEERPOORDT
1647 10 06	MK	ROELEF	HINDRICK	JANSSEN		LIJSEBET JANS	BOTTERDIEP
1647 08 13	AK	CHRISTIAEN	HINDRICK	CHRISTIAENS		LUTGERT	BOTTERDIEP
1641 06 19	MK	JORGEN	HINDRICK	JURJENS		LUTGERT HINDRIX	PRINCENSTR
1646 12 23	AK	JAN	HINDRICK	HARMENS		LUTGERTIEN	O.EBBSTR
1641 01 24	MK	STIJNTIEN	HINDRICK	HERMENS	SMIDT	LUTGERTIEN	EBBSTR
1649 06 20	MK	HARMEN	HINDRICK	HERMENS		LUTGERTIEN	O.EBBSTR
1647 02 17	AK	WEMEL	HINDRICK	JANS	GROETE,DE	MAERINA	STEENTILSTR
1644 10 02	AK	CATHARINE	HINDRICK		MULLER	MAGDALENE	MEULENSTR
1641 07 11	NK	CORNELIS	HINDRICK	HANS	DOCKUM,VAN	MAIJE	PRINCENSTR
1646 08 04	AK	HINDRICK	HINDRICK	GEERTS		MARGIJN	BOTERDP
1647 11 30	AK	JACOB	HINDRICK	HINDRICK		MARGREITE	SCHUTENDP
1649 11 01	AK	WIERO	HINDRICK	WIERO		MARGRIETA	N.BOTTSTR
1645 01 30	AK	JAN	HINDRICK	JANSSEN		MARGRIETE	SCHUTEM.WALL
1642 10 13	AK	HILLICHJEN	HINDRICK	WIEROA		MARGRIETE	LEELJENSTR
1641 07 18	AK	HEIJLTJEN	HINDRICK	WIJROOS		MARGRIETE	N.JADTSTR
1643 06 23	AK	MARIA	HINDRICK		KOCK	MARIA	BOTTERMERCKT
1649 12 16	AK	MICHIEL	HINDRICK		RULLEN	MARIA	SCHUTMKRWAL
1649 03 18	MK	TONNIS	HINDRICK	HARMENS		MARIA	POELSTR
1645 08 19	AK	LIJSABETH	HINDRICK	ROELENS		MARIA	SCHUIEM.WAL
1645 08 19	AK	MARIA	HINDRICK	ROELENS		MARIA	SCHUIEM.WAL
1646 04 05	MK	OTTE CASPER	HINDRICK		MULLER	MARIE	MEULENSTR
1641 11 28	AK	LAMMECHIEN	HINDRICK	LUBBERTS		MARIE	RAAMSTR
1642 12 30	AK	CHRISTOFFEL	HINDRICK		ROEL	MARIJE BRUCKE	SHCUTEMRSWAL
1646 11 17	AK	LIJSEBETH	HINDRICK		RUEL?	MARIJE	SCHUITEMRSWAL
1641 06 27	MK	JOHANNES	HINDRICK		HOFSTE	MARRECHIEN	N.POELESTR
1642 04 13	AK	ABRAHAM	HINDRICK		LAAR,VANT	MARRECHIEN	SWANESTR
1644 11 14	AK	GRIETIEN	HINDRICK		PLOECHMAN	MARRECHIEN EVERTS	BOTTRSTR
1644 03 24	MK	HINDRICK	HINDRICK		HOFFSTEDE	MARRECHIEN	N.POELESTRATE
1644 03 20	AK	ROELEF	HINDRICK		VISSCHR	MARRECHIEN	OOSTERPOORTE
1647 07 03	MK	ROELEF	HINDRICK		HOFSTEE?	MARRECHIEN	POELESTR
1648 12 07	AK	JEIJTIEN	HINDRICK		PLOECHMAN	MARRECHIEN	BOTT
1649 09 16	MK	JOANNES	HINDRICK		HOSSTER?	MARRECHIEN	POELSTR
1643 07 28	AK	LIJSEBETH	HINDRICK	GEERTS		MARRECHIEN	BOTTERDIEP
1642 01 16	MK	PETER	HINDRICK	JANSEN	GROEVE,DE	MARRECHIEN	STEENTILSTR
1643 08 14	AK	ANNETIEN	HINDRICK	LUBBERTS		MARRECHIEN	RAAMSTR
1647 03 30	AK	RABBE	HINDRICK	LUBBERTS		MARRECHIEN	HEERPRT
1649 07 22	MK	DAVID	HINDRICK	LUBBERTS		MARRECHIEN	HEERSTR
1647 01 17	MK	JAN	HINDRICK	OTTENS		MARRECHIEN	GOSTERPOORTE?
1641 10 08	AK	AELTIEN	HINDRICK	WIJBRANTS		MARRECHIEN JACOBS	OOSTERSTR
1645 11 23	MK	WIJBRANT	HINDRICK	WIJBRANTS		MARRECHIEN	OOSTERSTR
1646 12 27	MK	GEESJEN	HINDRICK	WIJBRANTS		MARRECHIEN	OOSTERSTR
1643 09 15	AK	AELTIEN	HINDRICK/SOLD.	BERENTS		MARRETIE	NIJESTADT
1646 10 25	MK	JAN	HINDRICK		PLOEGMAN	MARRETIEN EVERTS	BOTTRSTR
1648 05 17	AK	IDETIEN	HINDRICK	NIJEMAN		MARRETIEN	HEREPOORTE
1649 09 23	AK	JAN	HINDRICK	HIJEMAN		MARRETIEN	WONENDE LA?
1642 08 07	MK	HINDRICK	HINDRICK	NANNES		MARRETIEN	DAMSTERDP
1643 10 04	AK	MARRETIEN	HINDRICK	WIJBRANTS		MARRETIEN	OOSTERSTR
1649 02 23	AK	WIJBRAT.	HINDRICK	WIJBRANTS		MARRETIEN	OOSTRSTR
1644 02 04	MK	SWAENTIEN	HINDRICK		LAER,VAN'T	MARRICHJEN	SWANESTR
1644 06 05	AK	ANNECHIEN	HINDRICK	JANS	GROEVE,DE	MARRIJE	STEENTILSTR
1644 06 05	AK	WEMEL	HINDRICK	JANS	GROEVE,DE	MARRIJE	STEENTILSTR
1642 07 06	MK	OTTE	HINDRICK	OTTES		MARTJEN	OOSTERPRT
1641 09 30	AK	EEVA	HINDRICK/SOLD		BREMER	MECHTELT	RAAMSTR
1643 10 25	AK	HINDRICK	HINDRICK		BREMER	MECHTELT MARTENS	RAAMSTR
1649 09 11	AK	CATARINA	HINDRICK	KROI		MEENTIEN	TONIS?
1647 08 06	AK	PIETER	HINDRICK		BOLT	MENJE MARTENS	LEELJENSTR
1645 09 09	AK	LUBBERT	HINDRICK	LUBBERTS		MERRECHIEN	KLEIJNERAAMSTR
1642 10 28	AK	SIABBE	HINDRICK		ARRE	MOCKE HINDRICKS	KLEIJNERAAMSTR
1647 01 31	AK	JANNEKE	HINDRICK		MEIJER	NN	MUERE
1641 01 01	MK	HINDRICKJEN	HINDRICK	SCHULTENS	SADELMAKER	OOSTERSTR	
1643 02 26	MK	CAREL PIJEMANS	HINDRICK	HANSSEN		REBECCA PIJEMANS	POELESTR
1648 11 26	AK	LIJSABETH	HINDRICK	JACOB		REBECCA	STEENTILSTR
1648 11 26	AK	SARA	HINDRICK	JACOB		REBECCA	STEENTILSTR
1645 11 16	MK	SAMUEL	HINDRICK	JANS	TUIGIETER	REBECCA	STEENTILSTR
1646 04 03	AK	JAN	HINDRICK	JANZ		REENTIEN	SLEMENNERSTR
1642 01 07	AK	HINDRICK	HINDRICK		SASSRAEN	REMKE HARMENS	SUIDERDP
1644 06 07	AK	EVERT	HINDRICK		SASSRADIJ	REMKE	SUIDERDIEP
1646 10 11	MK	SOPHIA	HINDRICK		SAFFRAEN	REMKE	HEEREPIJP
1648 10 31	AK	HINDRICK	HINDRICK	SAFFRAEN?		REMKE	SUIDERDP
1646 06 18	MK	GRIETJEN	HINDRICK	BARTHELS		RENSKE	A POORTE
1645 12 11	AK	TRIJNTIEN	HINDRICK	BERENTS		RENSKE DERCKS	BOTTRSTR
1649 11 04	MK	ANNETIEN	HINDRICK	BERENTS		RENSKE	BOTTRSTR
1645 02 14	AK	GEESJEN	HINDRICK	MATTHIJS		RENSKE REIJNERS	POEL
1646 04 22	AK	MATTHIJS	HINDRICK	MATTHIJS		RENSKE REIJNERS	POELESTR
1643 08 20	AK	VREECHIEN	HINDRICK	JANS		RIEME ALLERTS	SLEMENNERSTR
1649 09 05	AK	FROUCK	HINDRICK	HINDRIX		RIENE	VISMERKT
1646 10 28	AK	FREDERICK	HINDRICK	HINDRIX		RIEWE SIJBOLTS	VISCHMERCT
1641 05 12	AK	HARMEN	HINDRICK	HARMENS		RIXTE	SCHUTENDP
1643 07 21	AK	EVERT	HINDRICK	HERMENS		RIXTE HERMENS	COSTERSGANG
1648 09 12	AK	TONNIS	HINDRICK	TONNIS		RIXTE	PRINCENSTR
1642 12 18	AK	JUDITH	HINDRICK	COERTS	BACKER	ROELEFJEN	SCHOOLHOLM
1645 01 29	AK	GEERT	HINDRICK	COERTS		ROELEFJEN	G:MAAGDENST
1647 03 31	MK	HEBBELTIEN	HINDRICK	COERTS		ROELEFJEN	MARTKERKHOFF
1649 01 17	MK	CLAES	HINDRICK	COERTS		ROELEFJEN	M.KERKHOFF
1647 12 05	MK	HANS HINDRICK	HINDRICK	MARTENS		ROELEFJEN	MEULENST
1646 08 30	MK	HINDRICK	HINDRICK	GIJSBERTS		SAERTJEN	BREDEMERCT
1647 07 22	AK	FENNETIE	HINDRICK	JANS		SARA	MUERE
1642 11 06	AK	AELTIEN	HINDRICK	JANSSEN		SARA JANSEN	LANE
1645 02 18	AK	JOANNES	HINDRICK	JANSSEN		SARA JANS	CANE
1649 07 04	AK	ABRAHAM	HINDRICK	JANS		SIJE?	DAMSTERDP
1641 12 28	AK	GEERT	HINDRICK	GERRITS		SMETIEN	LEELJENSTR
1645 03 09	AK	HANS	HINDRICK	HANS		SMIT LIJSABETH	WESTJUDHUIS
1648 12 24	MK	HINDRICK	HINDRICK	HEIJES		SOPHIA	N.BOTTRST
1641 09 12	MK	LUITIEN	HINDRICK	LUITIENS		SOPHIA	DAMSTERDP
1643 05 07	MK	JOIJNE?	HINDRICK	MICHELS		SOPHIA	SUIDERDP
1648 10 05	AK	JAN ROEBERTS	HINDRICK	LEFFERS		STIJNE ROEBERS	LEELJENSTR
1648 10 05	AK	ROELTIEN	HINDRICK	LEFFERS		STIJNE ROEBERS	LEELJENSTR
1649 10 28	MK	DANIEL	HINDRICK	LEFFERS		STIJNE	N.EBBSTR
1649 10 28	MK	SALOMON	HINDRICK	LEFFERS		STIJNE	N.EBBSTR
1641 12 16	AK	TRIJNTIEN	HINDRICK	WILLEMS		STIJNE MATTHIJES	BOTTR.GANG
1646 01 14	AK	HANS DANIEL	HINDRICK	WILLEMS		STIJNE	MUSSCHENGANG

112

Year Mo Da	Chr	Child's Given Name	Father/Child's Patronymic	Father's Patronymic	Father's Surname	Mother	Address
1647 12 26	MK	JANTIE	HINDRICK	AIJLTS		STIJNTIEN	N.EBBSTR
1648 08 06	AK	AELTIEN	HINDRICK	HINDRIX		STIJNTIEN WARNERS	JAT
1646 04 28	AK	ROELMICHJEN	HINDRICK	LEFFERS		STIJNTIEN ROEBERS	POELSTR
1645 09 24	AK	ANNECHIEN?	HINDRICK	RIJLS		STIJNTIEN	N.EBBSTR
1649 08 21	AK	MATTHIJS	HINDRICK	WILLEMS		STIJNTIEN	MAESKERGNG
1641 12 14	AK	JURJEN	HINDRICK	GEERTS		SWAENTIEN	NIJEWECH
1645 02 18	AK	JANTIEN	HINDRICK	GEERTS		SWAENTIEN	NIJE WECH
1645 10 12	AK	HARMEN	HINDRICK	HARMENS		SWAENTIEN	TICHELWECK
1644 02 18	MK	EERNST	HINDRICK	SCHAINCK		TEETJEN JANS	HEERESTRATE
1643 11 12	MK	BERENTIEN	HINDRICK	HARMENS		TESJE	N.STRATJE/CALUIS?
1646 03 26	AK	JAN	HINDRICK		SCHAMCK	TETJEN JANS	HEERSTR
1647 03 19	AK	ANNECHIEN	HINDRICK		SCHAINK	TETJEN JANS	HEERSTR
1643 08 01	AK	LUCKE	HINDRICK		MULLER	TIETE	SCHOOLHOLM
1644 11 08	AK	HILLE	HINDRICK	SANDERS		TIETE	EBB:STR
1642 12 16	AK	TAMME POPKENS	HINDRICK		SMIT	TIETIEN TAMMENS	PELSERSTR
1649 04 06	AK	TRIJNTIE	HINDRICK		SMIDT	TIETIEN TAMMENS	OOSTRSTR
1643 01 15	AK	BERENT	HINDRICK	BERENTS		TRIJNE PIETERS	SWANESTR
1644 03 13	AK	GRIETIEN	HINDRICK	BERENTS		TRIJNE PIETERS	SWANESTR
1646 08 13	MK	BERENT	HINDRICK	BERENTS		TRIJNE HANSEN	SWAENESTR
1647 10 10	AK	EEDE	HINDRICK	DREEUS		TRIJNE	RAEMSTR/DRIST
1642 01 14	AK	NIESJEN	HINDRICK	GEERTS		TRIJNE	GROTE GANCK
1646 12 04	AK	THOMAS	HINDRICK	GEERTS		TRIJNE	GROTEGANG
1646 07 05	AK	JURJEN	HINDRICK	HARMENS		TRIJNE ALBERTS	SLEMMMENERS
1642 08 11	AK	ELSKE	HINDRICK	JACOBS		TRIJNE	BUTJENSTR
1645 12 12	AK	JOHAN	HINDRICK	JACOBS		TRIJNE HARMENS	BUTJENSTR
1643 08 04	AK	PIETER	HINDRICK	JANS		TRIJNE	SCHUITENDIEP
1648 02 29	AK	JOANNES	HINDRICK	JANSSEN		TRIJNE	HEERPOORTE
1648 10 15	MK	GEESJEN	HINDRICK	MATTHIJS		TRIJNE	POELSTR
1647 01 31	MK	JANTIEN	HINDRICK	REIJMERS		TRIJNE	N.EBBINGSTR
1649 11 20	AK	HEBBELTIEN	HINDRICK	CLAESSEN		TRIJNTIE	PLUMER
1647 06 06	MK	TRIJNTIE	HINDRICK	JACOBS		TRIJNTIE	PAAUSGANG
1641 07 21	AK	GEERT	HINDRICK		LANT	TRIJNTIEN	HEERPRT
1642 02 13	AK	GRIETIEN	HINDRICK		STEUVERDEN,V	TRIJNTIEN	HARDINGESTR
1643 03 15	MK	HINDRICK JULSING	HINDRICK		TAMBEN	TRIJNTIEN	POELESTR
1644 04 24	AK	JAN	HINDRICK		HORST	TRIJNTIEN	SUIDERDIEP
1644 04 23	AK	JANTIEN	HINDRICK		STENVORDEN,V.	TRIJNTIEN	HARDINGESTRATE
1647 06 09	AK	SIJMON	HINDRICK		TAMKEN	TRIJNTIEN	MESMAKERSTR
1647 07 05	AK	CHRISTIAEN	HINDRICK	CHRISTNS.		TRIJNTIEN JANS	SCHIEDAMSGANG
1648 09 22	AK	ARENT	HINDRICK	CRUSE		TRIJNTIEN	LEELJENSTR
1644 03 06	AK	AELTIEN	HINDRICK	DERCKS		TRIJNTIEN VUIST	VISSCHERSTR
1646 01 22	AK	AELTIEN	HINDRICK	DERX		TRIJNTIEN	VISSCHERSTR
1644 07 31	AK	WILLEM	HINDRICK	GEERTS		TRIJNTIEN	GROTEGANG/SCHUTEN
1642 01 28	AK	HINDRICK	HINDRICK	JACOBS		TRIJNTIEN	SUIDERDP
1644 11 27	AK	TRIJNTIEN	HINDRICK	JACOBS		TRIJNTIEN	BUTJENSTR
1642 12 21	AK	JAN	HINDRICK	JANS		TRIJNTIEN JANS	VISSCHERSTR
1641 07 26	MK	JAN	HINDRICK	JANSEN		TRIJNTIEN COERTS	STEENTILPRT
1642 10 18	AK	FENNETIEN	HINDRICK	JANSSEN		TRIJNTIEN	TIJMENSMEULLEN
1643 10 27	AK	MARIE	HINDRICK	REIJNERS		TRIJNTIEN	N.EBBINGESTR
1642 12 06	AK	ENGELBERT	HINDRICK	SICKENS		TRIJNTIEN	G.MAEGDENSTR
1645 02 04	AK	GEESJEN	HINDRICK	SICKENS		TRIJNTIEN	JUDEBARKERSKN.
1641 03 17	MK	EIJSO BAAUKENS	HINDRICK	TAMKEN		TRIJNTIEN	POELSTR
1648 05 14	MK	SIJMON	HINDRICK		TAMKEN	TRIJNTINE	MESMAKERSTR
1646 08 21	AK	MARIA	HINDRICK	CRUSS		TRINE? HINDRIX	DAMSTERDP
1647 03 14	MK	GRIETJEN	HINDRICK		NERINCK	WEMELE	SCHUITEND.
1649 03 23	AK	HINDRICK	HINDRICK		DRENT	WEMELE	SCHUTNDP
1647 11 10	MK	AELTIEN	HINDRICK	BORGERS		WEMELE	N.BOTTRSTR
1644 04 28	MK	JUTTE	HINDRICK		NEEVINCK	WEMELTIEN	NIJEWECH
1649 06 27	MK	GRIETJEN	HINDRICK		NERING	WEMELTIEN	N.WECH
1641 11 30	AK	ANTHONIJ	HINDRICK/SOLD	BORCHERS		WEMELTIEN	POLMAN
1643 09 17	AK	JAN	HINDRICK	BORCHERS		WEMELTIEN	OSSEMERCKT
1646 03 13	AK	ANDRIES	HINDRICK	BORCHERS		WEMELTIEN	JADTSBRUG
1646 03 20	MK	HINDRICK	HINDRICK	NEERMUS		WEMELTIEN	SCHUTENDP
1642 12 14	AK	KONNEKE	HINDRICK/SOLD.		BATTING	WIJMKE	CREUPELSTR
1644 08 25	MK	HILLECHIEN	HINDRICK		BATTING	WIJMKE JANS	CREUPELSTR
1644 08 25	MK	LIJSEBETH	HINDRICK		BATTING	WIJMKE JANS	CREUPELSTR
1647 01 01	MK	HINDRICK	HINDRICK		BATTING	WIJNKE JANS	CREUPELSTR
1645 11 30	MK	LUITJEN	HINDRICK	LUITJENS		WILLEMSTIE	PRINCENSTR
1646 04 01	AK	JAN	HINDRICKS	HARMENS		RIXTE	VISSCHERPIJPE
1641 08 26	AK	CATALINA	HINDRICUS		KLINGE	JOHANNA ARNU	MARTINIKERKHOFF
1648 04 14	MK	JOANNES	HINDRIK	HARMENS		AEFIEN CLAES	HEERSTR
1647 03 31	MK	ANNETIE	HINDRIK	JACHLE?	SADELER?	AELTIE	POELESTR
1648 05 14	MK	EVA	HINDRIK	HARMENS		AGNETE	VERLAET
1641 01 19	AK	ANNA	HINDRIK		BRUGGE,VAN	BARBER	RAAMSTR
1647 10 17	AK	GEESJEN	HINDRIK	RIJMANS		GEERTRUIT RIJKENS	TORFTOORENST
1647 10 31	MK	SIJE	HINDRIK		KERKHOFF	GEESJEN SICKMAN	OOSTST
1646 12 13	MK	GERRIT	HINDRIK	HINDRIX		GRIETIEN	NIJESTRAETJEN
1649 11 07	AK	JAN	HINDRIK	CARSTS		HARMTIEN	MUIERE
1648 11 26	AK	AELTIEN	HINDRIK	EVERTS		HARMTIEN	LAMHUINGST
1647 08 29	MK	ANNA CATRIJNA	HINDRIK/SRG.		BRUGMAN	IMME	WOLKCHSTR
1647 12 11	AK	TRIJNTIEN	HINDRIK		MEIJER	JANTIEN	O.MEULENDRIST
1647 12 12	MK	PIETER V. LEMEP?	HINDRIK	ARENS		LISEBETH V.LENNEP	HEERSTR
1640 12 30	AK?	ANNA CATRINA	HINDRIK		GOSLER	MARGRIET GROEVEN	EBBSTR
1649 04 10	AK	ANNA MARIA	HINDRIK		RENTING	METJEN	A./
1647 08 29	AK	FREETIEN	HINDRIK	JANS		REENTIEN	SLEMENERS
1642 09 09	AK	BERENT	HINDRIK	BERENTS		RENSKE DERX	BUTJENSTR
1647 07 08	AK	JAN ROEBERS	HINDRIK	LESSERS?		STIJNTIEN	MEUWEJADT
1648 05 22	MK	MARGRIETE DOROTH.	HOENDER	HANS		TRIJNE	STEENTILSTR
1645 10 24	AK	ROEBERT	HOEVE	BORCHARTS		GRIETJEN	JACOBINERSTR
1643 11 14	MK	ARIS	HOIJKE	ARIS		GRIETIE CLAESSEN	N.BOTTRSTR
1645 14 24	AK	CLAES	HOIJKE	AERIES		GRIETJE	BOTTRINGEPOORTE
1645 01 23	MK	MARGRIETA	HOLTZE	JELMERS		AELTIEN	PRINCENHOFF
1641 07 20	AK	EEMKE	HOMME?	HINDRIX		AELTIE	PLUIMERSGNG
1642 07 17	MK	JAN	HOTZE	JELMERS		AELTJEN	PRINCENHOF
1645 02 08	MK	JORJEN	HUBERT		SMIT	ANNECHIEN	PRINCENSTR
1642 03 27	MK	KASPAR	HUIBERT		SMIDT	ANNE MARIA	PRINCENSTR
1641 11 24	AK	GRIETIEN	HUIBERT	JANSEN		GEERTRUIT TIARX	STEEMTO;STR
1643 11 23	AK	ELSJEN	HUIBERT	JANSSEN	BACKER	GEERTRUIT	STEENTILSTR
1646 01 25	MK	JANTIEN	HUIBERT	JANSSEN	BARKER	GEERTRUIT	STEENTILSTR
1648 04 09	MK	JAN	HUIBERT	JANSSEN		GEERTRUIT	STEENTILSTR
1645 04 13	MK	GERRIT	HUIBERT	EVERTS		GRIETJEN GEERTS	HEERSTR
1646 02 22	AK	ANNA	HUIBERT	FOCKENS		MARIE	CRANEPOORTE
1648 06 23	AK	HINDRICK	HUITIEN	JANS		JANTIEN	N.EBBSTR
1647 02 25	AK	UBBO	HUMMO/DR.		UBBEN	GEERTRUIT WESSELS	A
1649 12 30	MK	ALKE	ILE	JANS		MEENTIE	ROSENSTR
1643 04 30	AK	JAN	ILLE	JANS		MEENE TEUNIS	ROSENSTR

Year Mo Da	Chr	Child's Given Name	Father/Child's Patronymic	Father's Patronymic	Father's Surname	Mother	Address
1644 09 15	AK	JAN	INSSE?	JANSSEN		ROELEFJEN	SLEMENNERSTR
1647 03 10	AK	HILLECHJEN	IPE	ROELEFS		GRIETIEN JACOBS	CRANEPOORTE
1642 03 27	MK	HINDRICK	ISAAC	JANSEN		AELTIEN GERRITS	NIEUWEWECH
1645 03 21	MK	JAN	ISAAC	JANSSEN		AELTIEN	NIJEWECH
1642 11 22	AK	GRIETIEN	ISAAC		TETARRE	ELSJEN	NIJESTADT
1645 10 24	AK	JANTIEN	ISAAC	JANSSEN		ELSJEN	HARDERINGESTR BR
1643 11 05	AK	SUSANNA	ISAAC		TETARRE	ELSKE	NIJESTADT
1647 06 29	MK	ANNECHIEN	ISAAC	MEIJERS		JEIJKE	HEERSTR
1641 09 07	AK	HARMEN	ISAAC	HARMENS		JENKE JANS	SLEMENNERSTR
1641 10 03	AK	MAGDELENE	ISAAC		COUPE	MARIJE SICKENS	HARDINGESTR
1642 12 25	AK	MAGDALENE	ISAAC		COUPE	MARIJE	HARDINGESTR
1648 04 21	AK	BALTZAR	ISAAC	JAN		SUSANNA	VISSCHRSTR
1647 06 22	AK	REIJNER	ISEBRANDT	REIJNERS		DOETIEN WALKES	VISSCHRSTR
1642 09 04	AK	WALKE	ISEBRANDT	REIJNERTS		DOETIEN	CRANEPRT
1643 05 10	AK	JAN	ISEBRANDT	CLAESSEN		FOLKERTIEN JANS	DAMSTERDIEP
1648 04 26	AK	IDEKE	ISEBRANT	CLAESSEN		FOKELTIE	DANSTRDP
1646 06 03	AK	GESJIEN	ISEBRANT	CLAESSEN		FOLKERTIEN	DAMSTERDP
1649 10 19	AK	ANNETIEN	ISEBRANT	CLAESSEN		FOLKERTIEN JANS	DAMSTERDP
1642 10 14	AK	TRIJNTIEN	ISEBRANT	MARTENS		GEERTRUIT JOOSTEN	VOLTINGESTR
1646 01 15	AK	JAN	ISEBRANT	MARTENS		GEERTRUIT JOOSTEN	VOLTINGESTR
1644 09 17	AK	JANDE WAEL	ISEBRANT	LIEUERTS		TIETJE WAELKES	CRANEPOORT
1645 10 01	AK	BERENT	ISIJBRANT	JURJENS		AEFJEN BERENTS	SUIDDIEP
1643 12 05	AK	GEERT	IWE	TIARX		ALBERTIEN	PRINCENSTR
1643 12 06	AK	MARRECHIEN	IWE	TIARX		ALBERTIEN	PRINCENSTR
1644 01 10	MK	LAMBERT	J./SECR:		EECK	AELTIEN ASSERHUIJS	M.KERKHOFF
1647 04 16	MK	ANNA MARIA	J./PROF.	CONRADUS	MONAUS	ANNA CATH.	JADT
1643 04 04	AK	CLAES	J./RADTSCH:	GRAUWERS		ANNA LUPPENS	OOSTERSTR
1643 04 05	AK	JACOB	J./SECR.	ROEBERTS		CATHARINA HAICKENS	MERKT
1643 12 13	AK	JOANNES	J./DOCTOR		SWARTE	HELENA RENEMANS	BREDEMERKT
1643 04 18	AK	HILLEGONDE	J./RENEMR		VERRUCIUS	ISABELLA CANTORS	MART.KERK
1648 03 21	AK	JOANNES	J.		AMERPOEL	JANTIEN	SWANESTR
1643 12 20	MK	ANNECHIEN	J./E.SECR.		BRIZA	LAMMECHIEN HEECK,VAN	OOSTRSTR
1647 10 08	MK	ETJE HENRICA	J./RAATSH:		CLINGE	LOEWIJE	BREDEMERKT
1642 11 23	AK	GEESJEN	J.	JANSSEN		LUTGERT JANSSEN	MARTINIKERKHOFF
1643 12 16	AK	WESSEL	J.	JANSSEN	CLOECK	LUTGERT	MART.KERKHOFF
1649 04 14	MK	ANNETIE	J./DR.	MEIJNTS		TIETIEN TAMMENS	HEERSTR
1644 12 06	AK	GABRIEL	JAAQUES	JANSSEN		SWANTIEN HARMENS	BOTTRPOORT
1648 05 11	MK	JACOB	JAC./DR		BARCKHUIS	ELIS. HOEVEN,V	GULDENSTR
1647 12 06	MK	JANTIEN	JAC./VAEND.		KNOTTE	JANTIEN	HEERSTR
1641 01 31	AK	BROUWER	JACOB	BERENTS		--	CRANEPRT
1641 03 21	AK	JAN	JACOB	JANSEN	SCHOENMAKER	--	DRAKERK
1643 11 03	AK	PIETERTIEN	JACOB	DERCKS		ABELTIEN	POELESTRATE
1641 02 17	AK	BERENTIEN	JACOB	DERX		ABELTIEN	DAMSTERDI
1649 01 07	MK	DERCK	JACOB	CHRISTOFFER		AELTIEN	SUDIERDP
1644 01 26	AK	CHRISTOFFER	JACOB	CHRISTOFFS.		AELTIEN JANS	OOSTERPRT
1645 10 19	MK	GEESJE	JACOB	CHRISTOFS.		AELTIEN	ZUIDERDIEP
1646 12 01	AK	JAN	JACOB	CHROSTOFF.		AELTIEN JANS	OOSTRPOORTE
1648 05 23	AK	CLAESJEN	JACOB	CLAESSEN		AELTIEN	JACOBSGASTHUIS
1643 07 11	MK	FREDERICK	JACOB	FREERX		AELTIEN SASSENS	BOTTERDIEP
1641 12 10	AK	GEERT	JACOB	GEERTS	BROUWER	AELTIEN WESSELS	POELEPOORTE
1644 05 19	MK	WISSEL	JACOB	GEERTS		AELTIEN WESSELS	OOSTERSTR
1647 03 26	MK	MEERTEN	JACOB	GEERTS	BROUWER	AELTIEN WESSELS	OOSTERST
1649 05 04	AK	GEERTRUIT	JACOB	GEERTS		AELTIEN	OOSTERSTR
1641 03 30	MK	PIETER	JACOB	GERRITS	SCHIPP	AELTIEN	CRANEPRT
1643 05 21	AK	HINDRICK	JACOB	GERRITS		AELTIEN	CRANEPOORTE
1648 06 20	AK	INSE	JACOB	GERRITS		AELTIEN	VISSCHRSTR
1649 11 29	AK	WOBBETIEN	JACOB	GERRITS		AELTIEN	CRANEPRT
1647 06 13	MK	JACOB	JACOB	JACOBS		AELTIEN HARMENS	KRUITSTR?
1645 10 21	AK	GEERTRUIT	JACOB	VREERX		AELTIEN	POELESTR
1648 11 05	MK	SAFFE	JACOB	VREERX		AELTIEN	STEENTILPRT
1646 09 08	AK	ULPHERT	JACOB	GERRIJTS		AELTJEN JACOBS	CRAENPOORT
1641 10 01	AK	PIETER JACOBS	JACOB	PIETERS		AIJLET TEIJES	DAMSTERDP
1643 06 25	AK	GRIETIEN	JACOB	KOENE		ANENCHIEN	LEELIENSTR
1643 08 03	MK	LEENERT	JACOB		RICHTER	ANNA CLAES	PLUIMERSGANG
1644 01 31	AK	ASSELE	JACOB	GEERTS		ANNA	HELPEN
1641 12 21	AK	JANTIEN	JACOB	MUNKENS		ANNA	LAMHUINGESTR
1646 06 10	AK	GEERT	JACOB	GEERTS		ANNE	HELPEN/OOSTERWECH
1648 05 21	AK	AELTIEN	JACOB	MENKES		ANNE	LAMHUINGESTR
1647 11 18	AK	ABRAHAM	JACOB	CLAESSEN		ANNECHIEN	SCHOOLHOLM
1645 11 26	AK	JACOB	JACOB	COENE		ANNECHIEN JANS	LEELJENSTR
1644 09 29	AK	JACOB	JACOB	COENS		ANNECHIEN	LEELJENSTR
1646 06 10	AK	GEERT	JACOB	GEERTS		ANNECHIEN	HELPEN
1648 12 27	MK	STEPHANUS	JACOB	IIJKENS		ANNECHIEN	DAMSTRDP
1646 05 13	AK	AARENT	JACOB	IKENS		ANNECHIEN JANS	DAMSTERDP
1646 05 13	AK	EBELTIEN	JACOB	IKENS		ANNECHIEN JANS	DAMSTERDP
1647 02 16	AK	JAN	JACOB	MEUCKES		ANNECHIEN BERENTS	LAMHUINGESTR
1646 02 22	AK	CORNELIS	JACOB	LUCAS	BOSSEL	ANNEKE	SUIDERDP
1647 09 22	AK	ORBAEN	JACOB	JOKEN		ANNETIE JANS	DAMSTERDIEP
1641 06 16	MK	CLAES	JACOB	KOENER		ANNETIE	GRUIJSRAMERS/MEULE
1642 06 21	MK	CLAES	JACOB	COEN		ANNETIEN	CRANE
1649 05 06	MK	GRIETJEN	JACOB	GEERTS		ANNETIEN	HELPEN
1641 02 16	AK	LAMME	JACOB	SIJGERS		ARENTIEN FRIX	BOTATRSTR
1647 04 28	AK	GEESJEN	JACOB	FREERX	VISSCHER	AUCKE	VISSCHRSTR
1644 09 06	AK	HARCKE	JACOB	VREERCKS		AUCKE	MUERE
1644 04 04	MK	HINDRICUS	JACOB	MENSENS		AVE	LAMHUINGESTRATE
1648 10 26	AK	BARTLTIEN	JACOB	AIJLTS		BAEUTIEN	PEPERST
1648 09 10	MK	ANNA CAT:MARG.	JACOB		KOOLHAES	BARBER	OOSTERPRT
1649 01 18	MK	ANNECHIEN	JACOB	JANSSEN		BAUWE	CRANEPOORT
1648 08 27	AK	ANDRIES	JACOB	HINDRIX		BAWE	DRA
1647 08 01	AK	JACOB	JACOB		MOET	CATHARINA	SCHUITMRSWAL
1648 09 03	AK	MARIA	JACOB		DUIDING	DIANA	GELTINGESTR
1649 02 09	MK	LAMMETIEN	JACOB		VUIST	DIEUWERTIEN	VISCHMERKT
1646 05 04	AK	JANTIEN	JACOB		VUUST	DIEWER JACOBS	VISCHERMERKT
1647 01 07	AK	GERRIT	JACOB		SUIST?	DIEWER	VISCHMERKT
1641 07 27	AK	JACOB	JACOB		FUUST	DIEWERTIEN	VISCHMERKT
1643 01 29	AK	HINDRICK	JACOB		BUIJST	DIEWERTIEN JACOBS	VISCHMERKT
1645 03 21	MK	GEESJEN	JACOB	HARMENS		DOROTHEA	BEULSGANG
1648 06 23	AK	MARRECHIEN	JACOB	HARMENS		EBBE JACOBS	SCHUITNDP
1647 04 20	AK	JACOB	JACOB		BERKHUIJS	ELIS: HOEVEN,V	SWANESTR
1649 06 20	AK	BERNHARD	JACOB/DR.		BERKHUIS	ELISABETH	GULDENSTR
1648 01 16	MK	AELTIEN	JACOB		HUISINGE	ELLE	HEERPOORTE
1647 10 17	MK	CELIJ	JACOB	FREERX		ELLECHIE GERRITS	BOTTRPOORTE
1645 12 21	MK	FRERICK	JACOB	FRERICKS		ELLECHIEN GERRITS	BOTTRPOORTE
1641 10 08	AK	STIJNTIEN	JACOB	JANSEN		ENGELTIEN THOMAS	PEPERSTR
1643 08 13	MK	ANNETIEN	JACOB	JANSSEN		ENGELTIEN	PEPERSTR

Year Mo Da	Chr	Child's Given Name	Father/Child's Patronymic	Father's Patronymic	Father's Surname	Mother	Address
1642 07 05	MK	JEIJCKE	JACOB/COMIJS	PETERS		ETTJEN	KIJCK/JATSBRUGGE
1641 10 24	MK	EWEKE	JACOB		GAREDDE	EWECKE	stranger/MEULENSTR
1644 10 27	MK	JACOB	JACOB		ELBRECHT	FENNE	TIJMENSMEULLEN
1647 02 28	MK	GEERTRUIT	JACOB		ELLEBRECHT	FENNE	TIMMERWERF
1641 11 21	MK	HARMEN	JACOB	ELBERTS		FENNE HARMENS	TIJMENSMEULEN
1642 08 30	AK	GRIETIEN	JACOB	JARGENS		FENNE	SMACKERSGANG/SCHTDP
1645 07 16	MK	MARRECHIEN	JACOB	JURJENS		FENNE	SCHUITENDP
1649 04 22	MK	JAN	JACOB	JURJENS		FENNE ARENTS	SCHUTNDP
1647 11 28	MK	JAN	JACOB	JANS		FENNECHIEN ROELEFF	BOTTERDP
1643 06 25	MK	MARGRIETE	JACOB	COERTS		FORUCKE	SUIDERDIEP
1648 10 25	AK	KOERT	JACOB	KOERTS		FROUKE WILLEMS	COSTERSGNG
1648 10 25	AK	WILLMTIEN	JACOB	KOERTS		FROUKE WILLEMS	COSTERSGNG
1648 08 08	AK	BERENT	JACOB	JANS		GEBETIEN	LANE
1648 03 26	MK	CORNELISJEN	JACOB		GROEVE,DE	GEERTIEN	WOLBORGH
1645 12 31	AK	CLAES BERENTS	JACOB	CLAESSEN		GEERTIEN JANS	POELESTR
1649 03 26	MK	RENEKE	JACOB	JANS		GEERTIEN CLAESSEN	N.KERKSTR
1642 11 09	AK	REGNEER	JACOB	JURJENS		GEERTIEN	BOTTERDIEP
1641 08 12	MK	CATELEIJNTIE	JACOB		HORENBEECK,V	GEERTRUIT	HEERSTR
1643 11 15	MK	FENNECHIEN	JACOB		HORNBEECK,VAN	GEERTRUIT	HEERSTR
1645 06 14	AK	IDECHIEN	JACOB		HOORENBEECK	GEERTRUIT	STEENTILSTR
1646 06 20	AK	DAVID	JACOB		HORENBEECK,V	GEERTRUIT	STEENTILSTR
1648 04 13	AK	JACOB	JACOB		HORENBEECK,V	GEERTRUIT	STEENTILSTR
1648 01 11	AK	GEBBETIE	JACOB	CHRISTNS.		GEERTRUIT	MURE
1643 05 23	MK	GERRIT	JACOB	GERBRANTS		GEERTRUIT GERRITS	A POORTE
1641 07 04	AK	JANTIEN	JACOB	GERGRANTS		GEERTRUIT	A PRT
1646 02 05	AK	JACOB	JACOB		DALGH	GEESE	BLEKERSGANG
1641 12 27	AK	TALLECHIEN	JACOB	JANSEN		GEESE EECKENS	PLUIMERSGANG
1645 08 05	AK	PIETERTIEN	JACOB	FRIX		GEESIEN	HUMINGA CAMERS
1642 04 14	AK	THOMAS	JACOB	JANSEN	DALLICH	GEESJEN	N.STADT/EENGANG
1644 08 09	MK	PIETERTIEN	JACOB	FRITS		GEESJEN ARENTS	KATTENHAGE
1644 10 20	MK	ROELEF	JACOB	JANS		GEESJEN	PEPERSTR
1646 01 25	MK	ROELEF	JACOB	JANSSEN		GEESJEN	PEPERSTR
1647 08 12	MK	ANNECHIEN	JACOB	JANSSEN		GEESJEN	PEPERSTR
1645 01 21	AK	JACOB	JACOB/SOLD.		DALCHO	GEESSUE?	SUIDERDP
1641 03 05	MK	DIEWER	JACOB	JANS		GEPKE MEIJNERTS	BOATTRDP
1643 12 06	AK	MEIJNERT	JACOB	JANS		GEPKE MEIJNERTS	BOTTERDIEP
1645 14 30	AK	AELTIEN	JACOB		LODDEN	GESE	MOESKERSGANG
1642 04 15	AK	ARENT	JACOB	SIJBRANTS		GESE BARTELS	STEENTILPRT
1648 03 30	AK	GEERTIEN	JACOB		WICHRAM	GIESJEN	PRINCENSTR
1642 10 25	AK	TIJES	JACOB		NAGEL	GRIETE JACOBS	PRINCENSTR
1645 10 15	AK	JAN	JACOB		GROUN,DE	GRIETE	SUIDERDP
1641 04 08	AK	WOBBETIEN	JACOB	HERMENS		GRIETE	OOSTRSTR
1643 09 22	AK	ZACHARIAS	JACOB	PIETERS		GRIETE JANS	NIJESTADT
1646 03 08	AK	LIJESKE	JACOB	PIETERS		GRIETE HANSSEN	N.STADT
1642 01 16	AK	AELTIEN	JACOB		MUNNINCK	GRIETIEN VUIST	A KERKE
1643 07 21	AK	JANTIEN	JACOB		MUNNINGH	GRIETIEN VOUST?	DRAKERKE
1647 11 04	AK	HENDRIC	JACOB		MOL	GRIETIEN CONRADTS	LEELIJNSTR
1647 03 16	AK	HINDRICK	JACOB		WUSSUM	GRIETIEN PIETERS	EBB.STR
1642 05 29	AK	HILLETIEN	JACOB	EVERTS		GRIETIEN	TORFTOORNSTR
1641 11 25	AK	SIJTIEN	JACOB	POPKENS		GRIETIEN HOIJKENS	N.BOTTRSTR
1648 11 30	AK	ELLECHIEN	JACOB	POPKENS		GRIETIEN	BOTTRPOORT
1643 05 10	AK	OTTE	JACOB	POPPENS		GRIETIEN	BOTTRPOORTE
1642 03 01	AK	GRIETIEN	JACOB	SIJMONS		GRIETIEN	WOERT
1645 03 28	AK	AGNES	JACOB		MONNINUS	GRIETJEN VOUST	A KERCK
1646 02 27	AK	PIETER	JACOB		WUSSUM	GRIETJEN PIETERS	CRAMERRIJPE
1647 05 30	AK	JAN	JACOB		MENNINGH	GRIETJEN FUUST	A KERKE
1649 02 06	AK	ALBERT	JACOB		MUNNING	GRIETJEN	AKERKE
1649 04 06	AK	HARMEN	JACOB		WUSSUM	GRIETJEN HARMENS	EBBSTR
1646 10 02	NK	REIJNER	JACOB	EVAN		GRIETJEN	WOLBORGS STR
1646 07 29	AK	PETER	JACOB	PETERS	VISCHER	GRIETJEN JANS	VISCHERSPIJP
1645 05 18	AK	HILLECHJEN	JACOB	POPKENS		GRIETJEN	BOTTRINGEPOORTE
1645 10 03	AK	LUITJEN	JACOB	WILKENS	GLAEFR--?	GRIJNTIEN	CARBBS?WECH
1642 11 13	AK	FENNETIEN	JACOB	WILLEMS		HARMMTIEN	N.POELSTR
1641 02 21	MK	JAN	JACOB	WIGGERS		HEBBELTIE	N.EBBSTR
1642 06 05	MK	GOOSSEN	JACOB	JANSSEN	BOUR	HEBBELTIEN GOOSSENS	JACOBIJNESTR
1646 10 14	AK	WIGGEL	JACOB	WIGGERS		HEBBELTIEN	N.EBBSTR
1649 06 25	MK	ANNETIE	JACOB	WICHERS		HEBELTIEN	N.EBBSTR
1643 06 21	AK	ANNECHIEN	JACOB	WIGGERTS		HEBELTIEN	N.EBBINGESTR
1646 11 01	MK	SIJBRICH	JACOB	ISEBRANTS		HEIJLTIEN JURJENS	S.JANSTSTR
1642 04 03	MK	STEVEN	JACOB	HINDRIX		HILLE WOLTERS	PLUMERSGANG
1644 07 10	AK	EBELTIEN	JACOB	HINDRIX		HILLE	SCHUITENDIEP
1648 07 09	MK	LUTGERT	JACOB	HINDRIX		HILLE	PLUMERSGANG
1647 12 19	AK	HINDRICK	JACOB	KARSTIENS		HILLE JOANNIS	A POORTE
1641 10 29	AK	EVERT	JACOB	DERCKS		HILLECHIEN WILLEMS	O.DEBOTTRPRT
1648 08 06	AK	HILLETIE	JACOB	CLAESSEN		HILLETIEN	KOSTERSGANG
1647 05 06	AK	OTTE	JACOB	HARMENS		ILBANT?	BREEGANG
1643 09 27	AK	HARMEN	JACOB	HARMENS		ILBERT	BREEGANG
1643 09 27	AK	MARRECHIEN	JACOB	HARMENS		ILBERT	BREEGANG
1641 04 26	AK	ARIS	JACOB	ARIS		JACOBJEN	VOLTINGESTR/MK
1642 12 30	AK	PIETER	JACOB	ARIS		JACOBJEN PIETERS	VISCHMERKT
1644 06 23	AK	JOANNES	JACOB	ARIS		JACOBJEN PIETERS	VISSCHMERKT
1649 07 06	AK	TRIJNTIEN	JACOB	ARIS		JACOBJEN PIETERS	VISMRKT
1646 03 17	AK	PIETER	JACOB	AVJES?		JACOBJEN	VISCHMERKT
1644 08 14	AK	JAN	JACOB/VAENDR		CNOTTE	JANTIEN SAS	HEERSTR
1649 05 27	MK	JAN SAS	JACOB		CNOTTE	JANTIEN SAS	HERESTR
1643 07 26	AK	WICHER	JACOB	FREERX		JANTIEN WICHERS	MUSKENGANG
1647 03 26	MK	JACOB	JACOB	FREERX		JANTIEN WICHERS	SCHUTENDP
1643 01 15	MK	JACOB	JACOB	HAIJKENS		JANTIEN HEECK,VAN	PEPERSTR
1644 06 28	AK	LAMMECHIEN	JACOB	HAIJKENS		JANTIEN HEECK,VAN	PEPERSTR
1646 10 24	AK	MATTHIJS	JACOB	HAIJKENS		JANTIEN HEECK,VAN	PEPSTR
1642 08 07	MK	GRIETE	JACOB	JACOBS		JANTIEN	RODEBRUGKEN
1646 01 31	AK	JACOBJEN	JACOB	JACOBS		JANTIEN	RODEBRUGSTR
1648 04 09	MK	TRIJNTIE	JACOB	JACOBS		JANTIEN ASSIES	RODEBRUG
1642 08 14	AK	ROELEF	JACOB	JANS	SCHOENMAKER	JANTIEN	A KERK
1645 10 19	AK	WILLEM	JACOB	JANS	SCHOEMAKER	JANTIEN	A KERKE
1647 06 10	MK	FENNECHIEN	JACOB	JANS	SCHOEMR.	JANTIEN ROELEFS	A KERK
1644 02 13	AK	WILLEM	JACOB	JANSSEN		JANTIEN ROELEFS	DARKERK
1646 02 10	AK	JANTIEN	JACOB	REIJNTIEN		JANTIEN	DRADIEP
1643 10 29	AK	TOBIAS	JACOB	REIJNTIENS		JANTIEN	DRA
1642 02 27	MK	JUDITH	JACOB	ROELEFS		JANTIEN	KRUITSTR
1645 04 18	AK	ELSJEN	JACOB	ROELEFS		JANTIEN	SCHEEDAMSGANG
1645 05 08	AK	TRIJNE	JACOB	ROELEFS		JANTIEN	PLUIMERSGANG
1642 01 18	AK	GEESJEN	JACOB	VOELEFS		JANTIEN	PLUMERSGANG
1648 04 27	AK	HARMEN	JACOB		DALCHE?	JETSH?	PRINCENSTR
1642 02 08	MK	ALBERT	JACOB	CLAESSEN		JEUTTE JANSES	PEPERSTR

Year Mo Da	Chr	Child's Given Name	Father/Child's Patronymic	Father's Patronymic	Father's Surname	Mother	Address
1641 01 08	AK	TRIJNE	JACOB	CLAESSEN		JUDT JANS	PEPERSTR
1644 07 12	AK	BRECHTJEN	JACOB	HULEVERS		JUTJEN THOMES	DAMSTERDIEP
1645 01 26	MK	TRIJNTIEN	JACOB	CLAESSEN		JUTTE	PEPERSTR
1647 06 09	MK	CLAES	JACOB	CLAESSEN		JUTTE	PEPERSTR
1648 07 21	AK	GRIETIEN	JACOB	CLAESSEN		JUTTE	PEPERSTR
1644 01 10	MK	JURJEN	JACOB	JURJENS		LAMME	BREDEGANG
1641 08 11	AK	JANTIEN	JACOB	MARTENS		LAMME JANSEN	SLEMENNERSTR
1641 10 27	AK	MARIA	JACOB		BEIJER	LIJSABETH	CINGEL
1648 03 02	AK	LUTGERT	JACOB	CRIJNS		LIJSEBETH	STEENTILSTR
1643 01 06	AK	HILLETIEN	JACOB	WILLEMS		LUBBE ALBERTS	POELESTR
1645 02 09	AK	ABEL	JACOB	WILLEMS		LUBBECHIEN	POELESTR
1642 03 08	AK	ELSJEN	JACOB		IIJNE?	LUCKE JANSEN	SCHUITEMAKERSWAL
1642 03 08	AK	GEESJEN	JACOB		IIJNE?	LUCKE JANSEN	SCHUITEMAKERSWAL
1642 06 13	AK	HARMTIEN	JACOB	HULGERT		LUITIEN THOMES	DAMSTERDP
1641 04 02	MK	HARMTIEN	JACOB	OLTGERS		LUITIEN TONIS	DAMSTERDP
1644 09 29	AK	GEERT	JACOB	THOMAS		LUTGERT	KIJK/JADT
1648 02 10	AK	WEMELTIEN	JACOB	THOMAS		LUTGERTIEN	VISSSTR
1647 11 24	AK	ADAM	JACOB		HOFFENER	MACHELT?	N.EBBINGSTR
1644 02 20	AK	FREDERICK	JACOB		HANSMAN	MACHTELTIE	LEELJENSTR
1647 07 08	AK	MARIA	JACOB		HAMERSMIDT	MARGARETA	VISCHMERKT
1645 02 28	AK	DAVID	JACOB		HAMERSMIT	MARGRIETE SPRINGERIM	HAVENSTR
1647 04 20	AK	MARGRIETE	JACOB		HAVERMAN	MARGRIETE	CORMELBOGEN
1648 03 07	MK	JANTIEN	JACOB	BARTELTS		MARIA	LUTKEDRA
1643 08 29	AK	BUILIAM	JACOB	FERE		MARIA	MUER/BOTTRSTR
1647 04 29	AK	JACOBUS	JACOB	JANSSEN		MARIA	NIEUWESTADT
1647 02 09	AK	HINDRICK	JACOB	MATTHIJS		MARIA	MEULENSTR
1644 12 08	MK	HANS HINDRICK	JACOB	MATTHIJSSEN		MARIA HANSSEN	OOSTERPOORTE
1649 12 28	AK	WILLEM	JACOB	MATTHIJS		MARIE HANSEN	MEULENSTR
1644 10 17	AK	FENNECHIEN	JACOB	JANSSEN		MARRECHIEN JANS	HIJESTADT
1648 10 04	AK	GEERT	JACOB	GEERTS		MARRETIEN JANS	RADEMERKT
1642 08 16	AK	GERRIT	JACOB	GERRITS		MARRETIEN	RAAMEPRT
1642 04 05	AK	JACOB	JACOB	JACOBS		MARRETIEN	N.BOTTRPRT
1642 09 18	AK	JACOBUS	JACOB	JANSEN		MARRETIEN	H.GEESTSG:HUIJS
1641 12 12	MK	STIJNTIEN	JACOB	MATHIJAS		MARRETIEN	TIJMENSMEULLEN
1642 12 30	AK	MARIA	JACOB		HAXENAER	MECHTELT PELSERS	N.JADTSTR
1645 09 02	AK	MARIE	JACOB		HAVENNER	MECHTELT	LELIENSTR
1649 12 21	AK	FREERCK	JACOB	--AIJNGA		MECHTELT	NIJEEBBSTR
1648 03 21	AK	GRIETIEN	JACOB		KEEWE?	MEIJNOU?	LEELJENSTR
1649 04 17	MK	DERCK	JACOB		COEN	MENJE	LEELJENSTR
1649 09 09	AK	ALLERT	JACOB	JACOBS		MENSE	JADT
1647 07 09	AK	JACOB	JACOB	JACOBS		MENSSE	BOTTE POORTE
1647 02 05	AK	JACOB	JACOB		APPBLMAN?	N.N.	JADTSTR
1646 04 05	AK	LIJSBETH	JACOB	BERENTS		REIJNEN CLAESSEN	CRANEPOORTE
1648 12 31	AK	WILLEM JACOB	JACOB	BERENTS		REIJNEUW?	CRANEPRT
1643 05 14	AK	HINDRICK	JACOB	BERENTS		REIJNOU CLAESSEN	CRANEPOORTE
1649 09 05	AK	JACOB	JACOB	HINDRIX		REWEN? DREEUS	SUIDERDP
1643 01 22	AK	TRIJE	JACOB		VERKERCK	ROELEFJEN REIJNERS	BRUGGESTR
1644 04 09	AK	JACOB	JACOB/SOL:		VERKERCK	ROELEFJEN VERKERCK	BRUGGESTRATE
1648 07 16	AK	FEDDE	JACOB	JELLES		SIJBE JANS	PAPENPORTIE
1642 05 04	AK	HANS JACOB	JACOB		MACKER	SOPHIA	PRINCENSTR
1643 07 13	MK	AELTIEN	JACOB	VALENTIJNS		SUSANNA HANSSEN	NIJERSTADT
1644 12 13	MK	SUSANNA	JACOB	VALENTIJNS		SUSANNA	NIJESTADT
1644 01 21	MK	GERLEF	JACOB		BECKER	SWAANTIEN	KLEIJNE PEPERST
1642 01 18	AK	AELTIEN	JACOB		BACK	SWAENTIEN	KLEIJNEPEPERSTR
1646 01 30	AK	FENNE	JACOB		BARKER	SWANE	KLEIJENPEPERSTR
1648 03 26	MK	CATHARINA	JACOB		BARKEN	SWANE JANS	KLEIJNSPET
1643 06 14	MK	ADRIAENTIEN	JACOB	DERX		TEUNTIEN	OOSTERSTR
1641 08 29	MK	WILLEM	JACOB		VEERSEN,VAN	TIETE	RAAMSTR
1643 03 23	AK	IDEKE	JACOB		VIECSSER,VAN	TIETE	PRINCENSTR
1647 07 02	MK	REBECCA	JACOB		FIERSEN,VAN	TIETE	PRINCENSTR
1647 07 02	MK	SARA	JACOB		FIERSEN,VAN	TIETE	PRINCENSTR
1646 04 12	MK	HARMEN	JACOB		SPEELMAN	TRIJNE	CARELSWECH
1644 03 13	AK	CLAES	JACOB	CLASSEN		TRIJNE	COSTERSGANG
1644 02 14	AK	JAN	JACOB	JANSSEN		TRIJNE	DAMSTERDIEP
1647 02 28	AK	MARGRIETE	JACOB	JANSSEN		TRIJNE CLAESSEN	SCHOOLHOLM
1646 07 22	AK	SIJMON	JACOB	PETERS		TRIJNE	NIEUWE WECH
1647 10 28	AK	MARIA	JACOB	STOFFERS		TRIJNE	SCHUTNDP
1648 02 04	AK	JANTIEN	JACOB		MEENCK	TRIJNTIE	HELPEN
1642 09 29	AK	JAN	JACOB		HOORBEECKE,V	TRIJNTIEN JANSEN	DAMSTERDP
1644 09 05	AK	MARIA	JACOB		BOSS	TRIJNTIEN HINDRIX	MUNTING
1646 03 22	MK	JAN	JACOB		HORENBEECK,V	TRIJNTIEN JANS	DAMSTERDP
1648 07 05	AK	ADRIAEN	JACOB		HORENBECK	TRIJNTIEN JANSEN	DAMSTERDP
1646 01 07	AK	HILLE	JACOB	CLAESSEN		TRIJNTIEN	HARDINGESTR
1641 08 15	AK	ANNECHIEN	JACOB	CORNELIS		TRIJNTIEN ALLENS	3 MEULENS
1642 09 04	AK	ANNETIEN	JACOB	CORNELIS		TRIJNTIEN ALLENS	3 MEULLEN
1646 02 25	AK	GEERTIEN	JACOB	EIJSSEN		TRIJNTIEN	N.EBBSTR
1648 05 03	AK	MARRECHIEN	JACOB	EIJSSENS		TRIJNTIEN	N.EBBSTR
1647 01 13	AK	LUITIEN	JACOB	HINDRIX	BROUWER	TRIJNTIEN	BOTTRINGSTR
1648 09 19	AK	ECKE	JACOB	HINDRIX		TRIJNTIEN	BOTTRSTR
1648 09 26	AK	MARRETIEN	JACOB	JANSEN		TRIJNTIEN	CARELSWEDCH
1643 06 30	AK	HARMEN	JACOB	JANSSEN		TRIJNTIEN	KERELSWECH
1641 06 08	MK	JURJEN	JACOB	MARTENS		TRIJNTIEN WILLEMS	DRA
1647 01 15	AK	JANTIEN	JACOB	MEINX		TRIJNTIEN JACOBS	HELPEN
1644 04 24	AK	JACOB	JACOB	NEENCKS		TRIJNTIEN JANS	HELPEN
1641 12 22	AK	GRIETIEN	JACOB	NIENGES		TRIJNTIEN JANS	HELPEN
1642 08 23	AK	LIJSEBETH	JACOB	WILKENS	GLAESMAKER	TRIJNTIEN	KARELSWECH
1643 12 03	MK	WILKE	JACOB	WILKENS	GLASEMR.	TRIJNTIEN WARMELTS	CARELSECH
1648 12 31	AK	WARMELT	JACOB	WILKENS		TRIJNTIEN WARMELTS	PELSERSTR
1646 07 24	AK	HAIJE	JACOB	JANS	SCHIFFER	TRUIJ HAJENS	VISCHERSPIJP
1649 06 10	MK	ROELEFJEN	JACOB		FREWOLT	TRUITE	DAMSTERDP
1642 01 18	AK	HILLETIE	JACOB	JANSEN		TRUITJEN HAIJENS	DAMSTERDP
1649 05 06	AK	CLAES	JACOB		FRIES	WIJPKE	BEULSTOORN
1647 06 25	AK	EVERT	JACOB	FREERX	MOESKER	WILLEMTIEN	OOSTERPOORTE
1647 09 26	AK	CLAES	JACOB?	JAECEMS?		WIJPKE JACOBS	BEULSTOORN
1641 07 09	AK	SIJMEN	JACOBUS	SIJMENS		ANNE JAURJENS	RAAMSTR
1649 05 02	AK	HENRICUS	JACOBUS/PROF		ALTING	BAUUWE WALDRICH	ACAD.
1646 09 06	MK	JOHAN-ANTONI	JACOBUS		DUIJDINGH	DIANA	OOSTERSTR
1645 03 25	AK	CATRIJNE	JACOBUS	DUIDURUS		DIANA	BREDEMERCKT
1643 08 04	AK	CASPAR	JACOBUS		WUSSIN?	GRIETIEN	VISCHMERKT
1646 07 28	AK	HARMTJEN	JACOBUS		ECKHUIJS	MARGRETA JANS	MARTINIKERKHOFF
1641 10 03	AK	HILLE	JACOP	VREERCKS	VISSCHER	AAUCKE	MUERE
1642 05 18	AK	MAGDALEENTIEN	JACOP		FERRE	MARIA	MUERE
1649 12 30	AK	THOMAS	JACQUES	THOMAS		LUTGERTIEN	VISSCHRSTR
1649 12 30	AK	TRIJNTIE	JACQUES	THOMAS		LUTGERTIEN	VISSCHRSTR
1642 07 14	AK	THOMAS	JAKES	THOMAS		LUCKE	KIJCK/JADT

Year Mo Da	Chr	Child's Given Name	Father/Child's Patronymic	Father's Patronymic	Father's Surname	Mother	Address
1646 09 01	AK	NEMELTJEN	JAKES	THOMAS		LUTGERT GEERTS	VISCHER STR
1648 11 28	AK	ALLERT	JALIS	JOANNIS		GRIETIEN	DRAKERKE
1641 01 03	AK	JOHANNES	JAN		COLIJN	--	
1642 09 15	MK	DERCK	JAN/SOLDAET	DERX		--	VISSCHERSTR
1641 03 16	MK	GRIETIEN	JAN	HAIJENS	SCHUITENSCHVR	--	MUSSCHENGANG
1641 01 03	AK	HILLEBRANT	JAN	HILLEBRANTS		--	CRANEPOORTE
1641 02 11	AK	HOLKE	JAN	HINDRICKS	SCHIPPER	--	DRA
1641 01 06	AK	ANNETIEN (older?)	JAN	HINDRIX		--	POELSTR
1641 01 22	AK	ANNETIEN JANS	JAN	HINDRIX		--	BOTTRDIEP
1641 01 08	AK	HINDRICKJEN	JAN	HINDRIX		--	POELESTR
1641 01 17	MK	STIJNE	JAN	JANSEN		--	PRINCENSTR
1641 02 10	AK	ANNEKE	JAN	JURJENS	SOLDAET ONDER HUININGA		
1641 01 19	AK	PIETER	JAN	PIETERS		--	LANE
1641 11 23	AK	JEIJTIEN (older)	JAN	WABBENS	HELPEN,TOT		VISSCHERSTR
1641 01 06	AK	GEERT	JAN	WARNELS			
1647 10 31	AK	ANNECHIEN	JAN	BERENTS		AAFJEN	NIJESTR
1647 10 28	AK	ANNECHIEN	JAN	ENNES		AAFJEN WILLEMS	RAAMSTR
1642 08 07	AK	GERARDUS	JAN	GEERTS		AALTIEN	SUIDERDP
1646 02 08	AK	ALBERT	JAN	ROELEFS		AARENTIEN	NIEWEDIEP
1642 10 27	AK	CLAES	JAN	CLAESSEN	SCHUITESCHVR	AASJEN	SCHUITENDP
1646 06 23	AK	JAN	JAN	JANSSEN		AAVE	PAPENPOORTIE
1646 07 01	AK	WIJCKE	JAN	GEERTS		AEE	BREDEMERCKT
1643 10 27	AK	WILLEM	JAN		AMSING	AEFJEN JANS	BREDEMERCKT
1648 02 23	AK	FROUKE	JAN		BRAECK,TER	AEFJEN	VISSCHRST
1649 06 18	AK	METJEN	JAN		AMSING	AEFJEN ROELEFS	MERKT
1644 07 04	AK	AEGTJE	JAN	BERENTS	SCHIPPER	AEFJEN	KRANE
1646 01 25	MK	TRIJNTIEN	JAN	EMMENS		AEFJEN JANS	RAAMSTR
1646 11 08	AK	WILLEM	JAN	HARMENS		AEFJEN JANS	CRAMERRIJGE
1643 03 08	MK	GEBBECHIEN	JAN	HINDRIX		AEFJEN	BREDEGANG
1649 06 20	AK	GRIETJEN	JAN	OTTENS		AEFJEN ROELEFS	CLINKHAM?
1649 06 02	AK	WIGBOLT	JAN	WIGBOLTS		AEFJEN	SUIDERDP
1649 05 06	MK	JACOB	JAN	JACOBS		AEFKE GEERTS	BUTJENSTR
1648 10 10	AK	BERENT	JAN	DERX		AEGTE	KIJK/JAT
1646 01 04	MK	WIJBECHIEN	JAN	JANSSEN		AEGTE	PRINCENSTR
1649 04 04	AK	GEERT	JAN	GELTIES		AELE HINDRIX	VISSCHRPIJP
1649 06 26	AK	AELTIEN	JAN	COENERS		AELEIT HILBRATS	BOTTRSTR
1649 06 26	AK	JOHANNA	JAN	COENERS		AELEIT HILBRATS	BOTTRSTR
1649 06 24	AK	RASMER	JAN		FLUGGER	AELHEIJT	CRAEME
1648 02 22	AK	AELTIEN	JAN	HEINDIRX		AELTIE JERONIMI	SWANESTR
1649 07 11	AK	TRIJNTIE	JAN	HINDRIX		AELTIE	O.BREGANG
1647 02 24	AK	ITIEN	JAN	JANSSEN		AELTIE TIJSSEN	DAMSTERDP
1642 12 30	AK	JACOB	JAN/SOLD.		COP	AELTIEN JANS	BEULSGANG
1644 01 14	AK	BERENT	JAN		HASENCAMP	AELTIEN ALBERTS	TORFTOORNSTR
1644 10 20	MK	CRIJN	JAN		DON	AELTIEN	DAMSTERDIEP
1647 07 21	AK	JANTIEN	JAN		DALEN,VAN	AELTIEN	NIEUWEWECH
1643 10 01	MK	GRIETIEN	JAN	BASTIAENS	SMAELS?	AELTIEN	BREDEMERKT
1643 10 26	AK	BERENT	JAN	BERENTS		AELTIEN JANS	LANE
1646 02 10	AK	ELSJEN	JAN	BERENTS		AELTIEN	VISSCHERSTR
1648 02 20	AK	BERENT	JAN	BERENTS		AELTIEN	VISSCHERSTR
1648 08 28	AK	JAN	JAN	BERENTS		AELTIEN GEERTS	NIJESTADT
1642 11 27	AK	AELTIEN	JAN	BOELENS		AELTIEN KNOLS	BRUGGESTR
1645 09 24	AK	HARMEN CNOL.	JAN	BOELENS		AELTIEN CNOLS	BRUGGESTR
1643 02 16	AK	GRIETIEN	JAN/SOLD.	BRUINS	LIER,VAN	AELTIEN JANS	PLUIMERSGANG
1645 10 19	MK	BRUIN	JAN	BRUINS		AELTIEN	MOESKERSGANG
1647 11 21	MK	METTE	JAN	BRUINS		AELTIEN	MEULENSTR
1645 10 22	AK	LUBBERT	JAN	CAP.		AELTIEN	BEULSGANG
1641 12 14	AK	EGBERT	JAN/LIEUT:	COENDERS		AELTIEN HILLEBRANTS	BOTTRSTR
1643 02 12	MK	ABRAHAM	JAN	DERCKS		AELTIEN JANS	GELTINGESTR
1644 10 16	AK	REBECCA	JAN	DERCKS		AELTIEN JANS	GELTINGESTR
1644 10 16	AK	RACHEL	JAN	DERCKS		AELTIEN JANS	GELTINGESTR
1648 06 05	AK	RACHEL	JAN	DIRX		AELTIEN	GELTINGESTR
1649 09 01	AK	ISEBRANT	JAN	GEERTS		AELTIEN ISEBRANTS	OOSTERSTR
1641 10 06	AK	HINDRICK	JAN	HANSJENS		AELTIEN HINDRICKS	LELIENSTR
1645 09 04	AK	ALBERT	JAN	HANSSEN		AELTIEN	SUIDERDIEP
1646 10 06	AK	HANS	JAN	HANSSEN		AELTIEN GEERTS	SUIDERDP
1643 02 08	AK	HARMEN	JAN	HARMENS		AELTIEN JANS	RAAMSTR
1643 06 09	AK	AELTIEN	JAN	HEIJNENS		AELTIEN JANSSEN	STEENTILSTR
1645 11 18	AK	JERONIJMUS	JAN	HENDRIX	BOECKELHOP	AELTIEN	SWANESTR
1646 02 17	MK	TRIJN	JAN	HINDIRX		AELTIEN MENJENS	CRAENE
1641 12 27	AK	HINDRICKJEN	JAN	HINDRIX	PASSEMENTUNE?	AELTIEN JANS	HEERSTR
1643 12 20	AK	HINDRICK	JAN	HINDRIX	BOECKBINDER	AELTIEN	BOTTRSTR
1643 09 06	AK	HINDRICK	JAN	HINDRIX		AELTIEN BASTIAENS	HEERSTR
1644 07 09	AK	MENSE	JAN	HINDRIX		AELTIEN MENSES	KRAENE
1645 14 23	AK	ALBERTIEN	JAN	HINDRIX	PASKENENTIER?	AELTIEN	HEERSTR
1646 12 11	AK	AELTIEN	JAN	HINDRIX	PASMENT?	AELTIEN	HEERSTR
1647 10 03	MK	NIESKE	JAN	HINDRIX		AELTIEN MENSSENS	CRANE
1648 11 01	AK	DERCK	JAN	HINDRIX		AELTIEN	HEERESTR
1642 12 18	AK	ANNEKE	JAN	JACOBS		AELTIEN	JONKERENSTR
1649 02 15	AK	JACOB	JAN	JACOBS		AELTIEN HARMENS	SCHUTEMSTR
1642 06 17	AK	DIEWERTIEN	JAN	JANSEN	POTBACKER	AELTIEN	DAMSTERDP
1642 08 31	AK	FREERK	JAN	JANSEN		AELTIEN LINGEN,VAN	POELESTR
1642 12 30	AK	HILLE	JAN	JANSSEN	DALEN,VAN	AELTIEN	NIEUWEWECH
1642 04 11	AK	JAN	JAN	JANSSEN	DUININCK	AELTIEN ASSENS	VISSCHERST
1644 11 22	AK	ANNECHIEN	JAN	JANSSEN	RUBBE	AELTIEN	VISSCHERSTR
1644 11 06	AK	JAN SCHOTING	JAN	JANSSEN	DALEN,VAN	AELTIEN	NIJEWECH
1645 06 04	MK	JAN	JAN	JANSSEN	POTBACKER	AELTIEN TIJES	DAMSTERDP
1646 12 13	MK	JANTIEN	JAN	JANSSEN	CRANNER	AELTIEN	POELESTR
1649 01 28	MK	HINDRICKJEN	JAN	JANSSEN		AELTIEN TIJES	DAMSTERDP
1641 06 04	MK	FENNETIEN	JAN	JOCHEMS	LEIJDERKER	AELTIEN	WOERT
1647 09 22	MK	OETJEN	JAN	JUSTIJN		AELTIEN	GROTEGANG
1643 11 09	AK	GEESJEN	JAN	LUITJENS		AELTIEN CLAESSEN	SCHUITENDIEP
1647 09 08	AK	JANTIEN	JAN	N.		AELTIEN JANS	VISSCHERPIJPE
1641 11 23	AK	JANTIEN	JAN (decd)	PIETERS		AELTIEN JANSEN	HOFFSTRATE
1647 06 11	AK	OUCKE	JAN	RIJKENS		AELTIEN JANS	BREEDEMERKT
1649 04 11	MK	GEERTIEN	JAN	RIJKENS		AELTIEN	BREDEMERKT
1647 08 29	AK	CHRISTIAEN	JAN	ROELEFS		AELTIEN GERRITS	MU-TINGEN?
1649 12 08	AK	ROELEF	JAN	ROELEFS		AELTIEN	ROSENSTR
1649 07 17	MK	ANNETIEN	JAN	TAMMENS		AELTIEN GEERTS	VISSSTR
1645 03 12	MK	ANNECHIEN	JAN	VOS	SMIT	AELTIEN JAIJNES	N.EBBSTR
1645 01 05	MK	ABRAHAM	JAN	LAMBERTS		AERJAENTIEN	BOTTRSTR
1642 09 02	AK	HARMTIEN	JAN		AMSINCK	AESJEN ROELEFS	BREDEMERCKT
1646 10 25	MK	ROELEF	JAN		AMSING	AESJEN	BREDEMERKT
1643 02 16	AK	GEERTRUIT	JAN	REIJNERS		AESKE JANS	OLDEBOTTRPOORTE
1641 12 04	AK	JACOB	JAN/JONGE		DERENTER,VAN	AGNEETJEN	GELTINGESTAR
1642 06 20	AK	CATARIJNE	JAN		BROECK,VAN	AGNES	A.PRT

Year Mo Da	Chr	Child's Given Name	Father/Child's Patronymic	Father's Patronymic	Father's Surname	Mother	Address
1645 14 27	MK	HINDRICKJEN	JAN		BLENCKE	AGNES	WIEUVERVOECH?
1644 06 26	MK	HINDRICKJEN	JAN	JANS	BLENKE	AGNES	CINGEL
1648 02 04	AK	ALBERT	JAN		BLENKE	AGNIETJE	NIJEWECH
1647 11 26	AK	ALBERT	JAN		BIJLEVELT,V?	ALBERTIEN	W.INDISCHHUIS
1649 03 27	AK	AELTIEN	JAN	POUWELS		ALBERTIEN WILLEMS	VOGELMERKT
1648 01 14	AK	DIRCK	JAN		FLUGGER	ALEIJT	CRAENDIEP
1642 04 05	AK	ALBERT	JAN		SUINCK	AMKE POUWELS	HARDINGESTR
1642 04 05	AK	PAUL	JAN		SUINCK	AMKE POUWELS	HARDINGESTR
1647 09 28	AK	JACOB	JAN	REIJNERS		ANENTIE	CRANEPOORTE
1641 09 11	AK	JANTIEN	JAN	JANSEN	ELDERCAMP	ANENTIEN	TORSTOORNST
1641 03 12	AK	CLAES	JAN	ELTES		ANKE CHRISTIAENS	JONKERSTR
1641 04 04	AK	JAN	JAN		KINDERMAN	ANNA	HEERPRTE
1643 03 08	MK	GEERTRUIT	JAN		KNIDERMAN?	ANNA	HEERPOORTE
1644 06 08	AK	JAN CHRISTOFFER	JAN		VEELEN,VAN	ANNA CATHRIJNE	MOESKERSGANG
1648 11 19	MK	DERCK	JAN		SCHELBART	ANNA	BEULSGANG
1647 04 16	MK	AELTIEN	JAN	ARENTS		ANNA LUITJES	SCHUITENDP
1643 07 27	AK	GRIETE	JAN/SOLD.	ELTENS		ANNA	SCHUTEMRSWAL
1645 07 29	AK	GRIETIEN	JAN/SOLD.	ELTIENS		ANNA	SCHUTEN.WAL
1649 02 21	AK	ANNETIE	JAN	EVERS		ANNA	SUIDERDP
1642 10 02	AK	PHILIPS	JAN/CORPORAEL	EVERTS		ANNA	NIEUWSTRATJEN
1644 09 19	AK	FRERICK	JAN	FREERX		ANNA	BOTTINGEGNAG
1646 06 10	MK	ANNA	JAN	FREERX		ANNA JANS	BOTTINGEGANG
1644 02 21	AK	JACOB	JAN	GEERDTS		ANNA JACOBS	STEENTILPOORTE
1643 11 02	AK	MARIA	JAN	GEERTS		ANNA	BREEDEMERCKT/BENSING
1645 01 29	AK	TRIJNTIEN	JAN	GEERTS		ANNA GEERTS	NIJEWECH
1641 04 14	AK	PHILIPPUS	JAN/RAETSH:	GRATOERS		ANNA LUPPENS	OOSTERST
1643 07 13	MK	ALBERTUS	JAN	HEERENS		ANNA WIJSSRING	N.JATSBRUGGE
1647 06 25	AK	TOEBECHIEN	JAN/SOLD	HERMELINUS		ANNA JANS	PRINCENSTR
1640 12 30	MK	CARSTIEN	JAN	JANSEN		ANNA CARTSIENS	PLUMERS
1642 10 11	AK	EVERT	JAN	JANSEN		ANNA	JANSBRUG/SCHUTDP
1647 10 17	AK	BRUIN	JAN	JANSSEN		ANNA TONNIS	SLEMENNERSSTR
1648 11 30	MK	EBELTIEN	JAN	JANSSEN		ANNA	SUIDERDP
1642 01 19	AK	WILLEM	JAN	JURJENS		ANNA GABRIELS	VISSCHERSTR
1644 01 10	AK	TRIJNTIEN	JAN	JURJENS		ANNA	MUEREJJADT
1643 12 03	MK	GEERT	JAN	LUILEFS		ANNA GEERTS	NIJEWECH
1645 08 13	MK	BERENT	JAN	LUILEFS		ANNA	DAMSTERDP
1646 10 13	AK	MEENTJEN	JAN	LUIRTS		ANNA	SUIDERDP
1646 09 12	AK	WILLEM	JAN	MARTENS		ANNA	HEERENCAMERS
1647 10 03	MK	JANTIEN	JAN	REENEKES		ANNA	HEERPOORTE
1644 12 22	MK	ANDRIES	JAN	ROEBERS		ANNA	OOSTERPOORTE
1643 02 19	AK	SAPPE	JAN	SAPPENS		ANNA	MUERE/CRANEPRT
1644 11 19	AK	ELSJEN	JAN	SAPPENS		ANNA	KRANEPOORTE
1646 03 06	AK	TOELE	JAN	TOELENS		ANNA JURJENS	SCHUTENDP
1642 12 27	AK	HANS WILLEM	JAN	TOESELDT	WESEL,VAN	ANNA CATHRIJNA	HEERPOORTE
1649 07 08	MK	ETJEN	JAN	VECHERS		ANNA	OOSTERBREDEGANG
1642 10 19	AK	HARMEN	JAN/SOLD.	VREERCKS	(und. Clent)	ANNA	COSTERSGANG
1643 08 01	AK	ALBERT	JAN		SUINCK	ANNE POUWELS	PELSERSTR
1647 12 10	AK	MARIJE	JAN		VELDE,TE	ANNE	SMACKERSGAGN
1648 06 06	MK	LUCIA	JAN		KINDERMAN	ANNE HARMENS	HERESTR
1647 12 26	MK	ALBERTIE	JAN	ALBERTS		ANNE CLAESSEN	BOTERDP
1644 05 10	AK	ALBERTUS	JAN	DREWES		ANNE	OOSTERSTR
1641 12 01	MK	LUITIEN	JAN	EGBERTS		ANNE CLAESSEN	BLOEMKERKSTR
1643 11 03	AK	LUITIEN	JAN	EGBERTS		ANNE	BLOEMSTR
1648 02 02	AK	GEERTRUIT	JAN	ELLES		ANNE	JONKERENSTR
1642 02 20	MK	AVENT	JAN	EVERTS	LUBBERS,OF	ANNE	KOSTRGNG/OOSTRPRT
1641 12 17	AK	TRIJNTIEN	JAN	GEERTS		ANNE JACOBS	DAMSTERDP
1642 04 06	AK	EERNST	JAN	GEERTS		ANNE JANS	NIEUWE WECH
1643 02 07	AK	SWAENTIEN	JAN	GEERTS		ANNE	KLEIJNEPELSERSTR
1646 11 11	AK	GEERTIEN	JAN	GEERTS		ANNE JACOBS	DAMSTERDP
1649 12 09	MK	HARMEN	JAN	GEERTS		ANNE JANS	SCHUTNDP
1641 04 30	AK	AGNESJEN	JAN	GERRITS	MINDEN,VAN	ANNE	NIJEWECH
1643 02 19	MK	ANNA	JAN	GERRITS		ANNE JANSSEN	NIJEWECH
1645 04 04	AK	ANNEKE	JAN	GERRITS		ANNE	NIJEROECH
1645 04 04	AK	JANNEKE	JAN	GERRITS		ANNE	NIJEROECH
1647 05 02	MK	JANTIEN	JAN	GERRITS		ANNE JANS	NIJEWECHE
1649 01 11	AK	FENNEKE	JAN	HANSSEN		ANNE JASPERS	N.HARDST
1645 12 07	MK	GRIETE	JAN	HINDRIX		ANNE	BLOEMSTR
1648 03 01	AK	ANNA	JAN/SOLD.	JANSSEN		ANNE	PRINCENSTR
1649 09 02	MK	ALBERT	JAN	JANSSEN		ANNE	SUIDERDP
1647 02 02	AK	MARRECHIEN	JAN	JURJENS		ANNE GABRIELS	S.JACOBS GASTHUIJS
1644 12 06	MK	HINDIRCK	JAN	KARSTES		ANNE TONNIS	PLUIMERSGANG
1641 08 15	MK	JOHANNES	JAN	LIPPENS		ANNE	POPKENSTR
1645 01 05	MK	PIETERTIEN	JAN	LIPPENS		ANNE	POPKENSTR
1648 01 12	AK	ITEN	JAN	LIPPENS		ANNE LEENERS	POPKENSTR
1643 11 07	AK	LUERT	JAN/SOLD.	LUERS		ANNE	SUIDERDIEP
1642 09 08	AK	GEESJEN	JAN	MARTENS		ANNE	HEERENKAMERS
1648 09 29	AK	EVERTIEN	JAN	MATTHIS		ANNE	EBBSTR
1643 11 05	MK	JAN	JAN	PHILIPS		ANNE	NIJEWECH
1641 12 22	AK	TALLE	JAN	REENENS		ANNE GEERTS	HEERPRT
1644 10 18	AK	JACOBJEN	JAN	REMKES		ANNE JANS	HEERPOORTE
1648 06 30	AK	ROELEF	JAN	ROELEFFS		ANNE JANSSEN	SCHUTNDP
1642 04 12	AK	ANNA	JAN	SANDERS		ANNE	NIEUWEWECH
1646 04 12	AK	HINDRICK	JAN	SAPENS	COORUNETER	ANNE	VISSCHERSTR
1641 10 31	AK	JANTIEN	JAN	SAPPENS		ANNE JANSEN	VISSCHERSTRA
1648 03 29	AK	HARMEN	JAN	VREEX		ANNE	STEENTILSTR
1643 11 10	AK	AELTIEN	JAN		VISCHBACH	ANNECHIEN HINDRIX	WOERT
1644 09 29	AK	GEERT	JAN		HENNERINCK	ANNECHIEN GERTS	PELSERSTR
1645 09 13	MK	GRIETJEN	JAN		ELDERCAMP	ANNECHIEN HIJLKENS	JADT
1649 07 19	MK	JAN	JAN		ELDERCAMP	ANNECHIEN	JAT
1649 03 30	AK	JOANNES	JAN		VISBACH	ANNECHIEN	PELSERSTR
1648 07 19	AK	METJEN	JAN	ALBERTS		ANNECHIEN JANS	MARTINIKERKHOFF
1645 10 30	AK	CATARIJNE	JAN	EEVERTS		ANNECHIEN FREERX	MONKEHOLM
1646 06 04	MK	JACOB	JAN	GEERTS		ANNECHIEN	PLUIMERSGANG
1649 06 24	MK	GEERT	JAN	GEERTS		ANNECHIEN MEES	EBBSTR
1645 12 07	MK	HEMME	JAN	HARMELMUS		ANNECHIEN	PIRNCENSTR
1643 10 08	AK	CHRISTOFFER	JAN	JANS	ELDERCAMP	ANNECHIEN	TORFTOORNSTR
1644 02 11	AK	ANNECHIEN	JAN	JANSSEN		ANNECHIEN	VISSCHMERKT
1648 08 19	AK	TAMME	JAN	JANSSEN		ANNECHIEN	HOLDEGAT
1642 06 26	AK	MATTHIAS	JAN	MATTHIJES		ANNECHIEN	HARDINGESTR
1646 10 13	AK	MENSE	JAN	MENSENS	SCHIPPER	ANNECHIEN	CRANE
1646 01 06	AK	JACOB	JAN	REIJNERS		ANNECHIEN	A.
1644 09 08	AK	GRIETIEN	JAN	REIJNERTS		ANNECHIEN JANS	A.
1644 02 11	MK	MATHAIS?	JAN	TEEUWES		ANNECHIEN EEVERTS	EBBINGESTR
1645 01 19	MK	DIELTIEN	JAN	TEEWES		ANNECHIEN EEVERTS	EBBSTR
1645 01 01	AK	ANTHONETTE	JAN	WILLEMS		ANNECHIEN WOLDRING	MOUKEHOL?

Year Mo Da	Chr	Child's Given Name	Father/Child's Patronymic	Father's Patronymic	Father's Surname	Mother	Address
1645 10 15	AK	JEREMIAS	JAN	GEERTS		ANNECHJEN MEES	EBBINGESTR
1644 11 22	AK	ABRAHAM	JAN	JANSSEN		ANNECHJEN	SCHUTENDIEP
1644 11 22	AK	SARA	JAN	JANSSEN		ANNECHJEN	SCHUTENDIEP
1646 06 07	MK	MARIA	JAN	JANSSEN	WATERHUSEN	ANNECHJEN	VISSCHMERKT
1643 01 26	AK	LIJSABETH	JAN	DERCKS		ANNEKE TONNIS	BEULSGANG
1649 08 29	AK	GERRIT	JAN	EGBERTS		ANNEKE CLAESSEN	BOTTDIEP
1647 12 10	AK	JOANNES	JAN	HARMENS		ANNEKE	COSTERSGANG
1643 04 20	AK	WILLEM	JAN	HINDRIX	WANTSCHEER	ANNEKE	N.STRAATJEN
1641 10 17	AK	CLAES	JAN	JANSEN		ANNEKE	DRIEMEULEN
1649 04 03	AK	JOANNES	JAN	JANSSEN		ANNEKE	HOECK/JONKERST
1645 05 22	AK	LUBBERT	JAN	MARTENS		ANNEKE	VIJSSRINGERAMERS
1649 04 01	AK	WILLEM	JAN	MARTENS		ANNEKE	HERENKAMERS
1644 10 01	AK	MARRECHIEN	JAN	MENSSENS		ANNEKE	CRANE
1647 07 03	AK	LENART	JAN	JANS	ELLERCAMP	ANNETIE	JADT
1647 10 05	AK	HARMEN	JAN	JURJENS		ANNETIE	MOESKERSGANG
1648 09 10	AK	WILLEM	JAN		ALTING	ANNETIEN HARMENS	KRANEPOORT
1643 04 03	MK	MARIA	JAN	ALBERTS		ANNETIEN BREUKES	MARTINIKERKHOFF
1642 08 18	AK	CLAES	JAN	FOLKERTS		ANNETIEN CLAESSEN	VISSCHRSTR/MUIR
1641 09 02	AK	JAN	JAN	FREERX		ANNETIEN JANS	SLEEMENNERSTR
1642 12 04	AK	GEERT	JAN	GEERTS	SMIT	ANNETIEN MEES	EBB.STR
1641 09 11	AK	BERENT	JAN	JANSEN	ELDERCAMP	ANNETIEN	TORSTOORNST
1648 11 12	AK	WARNER	JAN	JURJENS		ANNETIEN	JACOBI G.H.
1641 08 10	AK	GEESJEN	JAN	LUBBERTS		ANNETIEN	SCHOOLHOLM
1642 11 16	AK	GEERTRUIT	JAN	LUILOFS		ANNETIEN	DAMSTERDIEP
1648 09 17	AK	SICKE	JAN	MENSES		ANNETIEN	HAVEN
1642 11 16	AK	EEMTIEN	JAN	ROTGERS		ANNETIEN ALBERTS	HELPEN
1642 07 31	AK	TRIJNTIEN	JAN	WILLEMS	CUIPER	ANNETIEN	MONCKEHOLM
1646 09 30	NK	HERMEN	JAN	ROTGERS		ANNETJEN	HELPEN
1646 09 09	AK	GERRITS	JAN	EGBERTS		ANNICHJEN CLAESSEN	BOTERDP
1642 12 11	AK	GRIETIE	JAN	ARENTS		ARENTIEN	3 MEULENS
1641 10 27	AK	ANNA MARGRETA	JAN	LUSSENS	RUIJTER	ARMGAERT	BLOEMSTR
1646 12 02	MK	JAN	JAN	LUICHIENS		ARMGART	BLOEMSTR
1649 11 11	MK	HINDRICK	JAN	LUIRIENS		ARMGART	BLOEMSTR
1643 11 29	AK	JOCHEM	JAN	LUICHIENS		ARMGART.	BLOEMSTR
1642 08 14	AK	AIJBE	JAN	BOELENS	MULLER?	AUCKE	JONKERENST
1642 04 12	AK	GEERT	JAN	LUCAS		AUCKE PELGRIMS	N.EBBSTR
1647 10 20	AK	ANNECHIEN	JAN	LUCAS		AUCKE	N.EBBSTR
1645 11 04	MK	ANNA	JAN	EDTZERTS		AUGTA	3 MEULENS
1641 06 22	AK	BIJWE	JAN	GEERTS	WOLF/SCHOENMR	AVE	HEERSTR
1641 06 22	AK	JOHANNES	JAN	GEERTS	WOLF/SCHOENMR	AVE	HEERSTR
1643 10 08	AK	WIBBECHIEN	JAN/SOLD.	HARMENS		AVE	CRAMERSRIJP
1642 08 21	AK	CORNELIS	JAN	JANSEN		AVE	SUIDERDP
1644 03 01	AK	CORNELISJEN	JAN	JANSSEN	SCHUTENSCHE	AVE	SUIDERDIEP
1644 06 27	AK	JAN	JAN	KLAESSEN		AVE	HOECK/COSTERSGANG
1643 11 01	AK	HARMEN	JAN		DOLCHER	BARBER	ROSENSTRATE
1641 11 12	AK	JAN	JAN	DOLCKER		BARBER JANS	HUISTOOUN ROSENSTR
1648 03 28	AK	ANNA MARIA	JAN	DOLKES		BARBER	ROSENSTR
1643 10 15	MK	LEENTIEN	JAN	GERRITS		BARBER TEUWES	STEENTILPOORTE
1642 09 29	AK	JOHANNES	JAN	WILKENS		BARBER	VUL MEULLEN
1645 05 11	AK	DANIEL	JAN	WILKENS		BARBER	SUIDERDP
1648 08 31	AK	GEERT	JAN	WILKENS		BARBER	CRANE
1646 02 11	AK	ABRAHAM	JAN		DOLBIER	BARBIER	ROESNSTR
1642 04 15	AK	TRIJNTIEN	JAN	THOMAS		BATE ANDRIES	PRINCENSTR
1646 01 13	AK	JAN	JAN	JANSSEN	JONGE,DE	BAUWE	LAMHUINGESTR
1649 01 31	AK	GEESJEN	JAN	HARMENS		BEELTIEN	GULDENSTR
1645 09 12	AK	WILLEM	JAN	WILLEMS		BEELTIEN HANS	ROSENSTR
1648 10 10	AK	MARIA	JAN	DUWNER?		BEERTE	LAMHUIMGESTR
1645 01 05	MK	ENGEL	JAN	ENGELS		BEERTE	CLEIJNEBUITIENST
1643 11 19	AK	ROELEF	JAN		MEURS,VAN	BEERTIEN	TORFTOORNSTR
1649 02 22	AK	TRIJNTIEN	JAN		MEUVS,V	BEERTIEN	TORFTOORNST
1642 03 29	AK	GEESJEN	JAN		MEURS,VAN	BEERTJEN JANS	TORFTOORNSTR
1645 10 07	AK	TRIJNTIEN	JAN		HUSEN,VAN	BEIJE	N.JAT STR
1644 07 26	AK	ANNECHIEN	JAN	GEERTS	KUIPER	BERENTIEN	POELEPOORTE
1645 09 28	MK	GEERT	JAN	GEERTS	CUPER	BERENTIEN	POELEPOORTE
1642 08 31	AK	JEIJE	JAN	GEERTS	KUIPER	BERENTJE	POELEPRT
1643 12 27	AK	TRIJNTIEN	JAN	WILLEMS		BETJEN	COSTERSGANG
1646 12 04	AK	TEIJE	JAN	WILLEMS		BETTJEN	KOSTERSGANG
1646 09 16	AK	SIJBRICH	JAN	ARENTS		BIEUWCHJEN JANS	N.BOTTRINGSTR
1646 01 11	MK	BERENT	JAN	BERENTS		BIEUWE	BEIJDE MERKT
1642 11 01	AK	CATHRIJNE	JAN	KARSTS		BIJE	JATSBRUGGE
1648 02 16	AK	SIJBRICH	JAN	EVERTS		BIJNTIEN	N.BOTTRINGESTR
1648 02 11	AK	BERENT	JAN	BERENTS		BIJVOECHIEN?	MERKT
1645 08 22	AK	REMMERT	JAN/SOLD.	AARJES		BOUWE	SCHUITENDP
1647 11 07	MK	REIJNT	JAN	ARENTS		BOUWE	SCHUTEND./HOPMGANG
1642 07 24	MK	ARIJS	JAN	ARIJS		BOUWE	SCHUIJTNDP
1641 08 01	MK	ARIES	JAN	ARIS		BOUWE JANSEN	SCHUTNDP
1649 03 04	MK	WIGGER	JAN	WIGGERS		BRECHTIEN	N.POELESTR
1646 12 06	MK	JACOB	JAN	PIETERS		CATALEIJN	N.MERKTSTR
1643 11 19	AK	CLAES	JAN		BALCH	CATALIJNE	CROMMEJADT
1643 10 08	MK	PIETER	JAN	PIETERS		CATALIJNE	N.MERCKTSTR
1648 04 18	AK	ANNEKE	JAN	PIETERS		CATALIJNE	N.MERKTSTR
1645 01 21	AK	JACOB	JAN	PIETERS		CATALIJNTEN HUIBERTS	N.MERCKTSTR
1646 12 15	AK	ELLE	JAN		FEERWERT,VAN	CATARINA WESSELS	A POORTE
1643 02 15	AK	BARBERTIEN	JAN/SCHRIJTER	ROTGERS		CATELEIJN TELONSTAME?	TORFMERKT
1641 09 12	MK	MARRECHIEN	JAN	BERENTS		CATELEIJNTIE HORENBEECK,VAN SWANESTR	
1648 08 23	AK	BONATENTIEU?	JAN	ROTGERS		CATELEIJNTIE	NAAUW?
1644 02 28	AK	SALOMON	JAN	BERENTS		CATELEIJNTIEN HORENBEECK,VAN SWANESTR	SWAN
1648 01 19	AK	PRIJNTIE	JAN	BERENTS		CATELIEN HORENVEECK,V	SWAN
1649 10 21	MK	DANIEL	JAN	PIETERS		CATELIJN LENERTS	OOSTRPRT
1646 09 13	MK	AELTJEN	JAN	ROTGERS		CATELIJNTJEN	MERCTEN
1643 02 26	AK	CIJRIACUS	JAN	GIJSBERTS		CATHARINA HOORN	SWANESTR
1647 08 31	AK	MARGRIETE	JAN	CRANSJEN		CATHARINE	SCHUTENRSTR
1644 10 20	MK	GERRIT	JAN	JANSSEN		CATHARINE JANSSEN	SCHUTENDIEP
1645 06 11	AK	FOOKEL	JAN	LUITJENS		CATHRIJNA JANS	RADEMERKT
1641 01 04	AK	WESSEL	JAN		FERWERT/VAN	CATHRIJNE	N.--
1649 01 11	AK	GEERTRUIT	JAN		FEERWERT,VAN	CATHRIJNE	DRA
1641 02 24	MK	ANNETIEN	JAN	GIJSBERTS	VOS	CATHRIJNE	SWANESTR
1642 03 27	MK	ISAAC	JAN	OLLET		CATRINE LEIJNERS	N.EBBSTR
1649 07 11	AK	HANS WILLEM	JAN	WARNERS		CATRINE	PLUIMERSGNG
1647 03 31	MK	ANNEKE	JAN	BUITJENS		CATHRIJNTIEN	RAEDMERKT
1645 06 10	AK	HILLECHIEN	JAN	GIJSBERTS	VOS	CATRINE HOORN	SWANESTR
1647 11 04	MK	GIJSBERT	JAN	GIJSBERTS		CATRINE HOVEN	STOELDRST
1646 04 12	MK	BERENT	JAN	BERENTS		CHRISTINA	N.BOTTRSTR
1648 08 15	AK	JAN	JAN		KENNER	CIJTIE	3 MEULENS
1642 06 17	AK	IMMECHIEN	JAN	ALBERTS		CLAERTIEN RIEMEKES	WOERT

Year Mo Da	Chr	Child's Given Name	Father/Child's Patronymic	Father's Patronymic	Father's Surname	Mother	Address
1642 06 15	AK	JANTIEN	JAN	BUSS		CLAERTIEN ARENTS	KRAMERRIJPE
1643 11 19	AK	ARENT	JAN	LAURENTS	BOS	CLAERTIEN ARENTS	CRAMERRIJP
1644 12 15	AK	TRIJNTIEN	JAN	LAURENTS		CLAERTIEN ARENTS	CRAMERRIJPE
1647 12 15	AK	ARENT	JAN	LOURENS	BUS	CLAERTIEN	CRAMERRIJPE
1646 05 15	AK	TRIJNTIEN	JAN	LOURENS	BOSS(boutwkr)	CLAERTJEN ARENTS	CRUI-?
1641 03 10	AK	AELTIEN	JAN	GEERTS		CLAESJEN	N.EBBSTR
1649 12 23	AK	ARENT	JAN	LAURENS	BUS?	CLAESJEN ARENTS	CARNERIJP
1645 11 05	MK	HELENA	JAN/DR.	WICHERS		CLARA LUDOLPHI	EBBPOORTE
1649 04 12	AK	MARGRETIEN	JAN	EDZERTS		CLARE DERX	MUERE
1643 09 28	AK	ANNEKE	JAN	WILKENS		CONRLEISJEN CLAESSEN	JACOBINERSTR
1643 02 07	AK	MARIA	JAN	GERRITS		CORNELIA JANS	A KERCK
1645 08 26	AK	PIETER	JAN	GERRITS		CORNELIA	A KERCK
1641 01 04	AK	JAN	JAN	GERRITS		CORNELISJEN JANS	VOLTINGSTR
1646 12 10	AK	WILKE	JAN	WILKENS		CORNELISJEN JANS	JACOBINERSTR
1648 04 14	AK	JANTIEN	JAN	WILKENS		CORNELISKE	JACOBINERSTAR
1641 09 12	MK	WILHELMUS	JAN	WISKENS		CORNELISKE	JACOBINERSTR
1644 01 26	AK	PIETER	JAN		FREDEBORCH,V	CUNNE	JOCIBINERSTR
1648 07 14	MK	HINDRICK	JAN		VREBERCH	CUNNECHIEN	JACOBINERSTR
1643 08 14	AK	TRIJNTIEN	JAN	HANSSEN		DEBE	WOERT
1647 10 17	AK	EIJTIEN	JAN	GERLEFS		DEIJF? JANS	A.
1642 09 08	AK	JACOB	JAN		MASMAN	DIEWER	STOELDREIJERSTR
1645 10 15	AK	GRIETIEN	JAN		MASMAN	DIEWER JACOBS	STOELDRSTR
1647 09 23	AK	ENGELBERT	JAN		MASTMAN	DIEWER JACOBS	STOELDRSTR
1643 09 29	AK	JACOB	JAN/SOLD.	JACOBS		DIEWER	3 MEULENS
1642 12 16	AK	AELTIEN	JAN	JANSSEN		DIEWER JANS	DRAPOORTE
1644 06 27	AK	JAN	JAN	JANSSEN		DIEWER	A POORTE
1644 03 05	AK	GRIETIEN	JAN		MASTMAN	DIEWERTIEN JACOBS	STOELDRSTR
1649 10 28	AK	FENNETIEN	JAN		MASTMAN	DIEWES JACOBS	STOELDRSTR
1641 09 09	AK	SANDER	JAN	SANDERS		DIUKE DOUWES	NIEUWEWECH
1648 02 11	AK	RICKEL	JAN	SIPPENS		DOEDJEN	OOSTERPRT
1644 02 14	AK	BARTHELT	JAN	SIPKENS		DOETJEN	OOSTERPOORTE
1646 12 20	MK	DORETHEA	JAN	SIPKES		DOUTIEN	OOSTERPOORTE
1647 01 06	AK	JAN	JAN	HARMENS		EBBERICH	RAEMSTR
1646 01 20	AK	CORNELIS	JAN	ABELS		EBELE	N.STADT
1641 12 05	AK	ALLERT	JAN		DRENTELMAN	EBELTIEN	JADTSTR
1644 01 14	AK	TAMME	JAN		DRENTELMAN	EBELTIEN JANS	N.JADTSTR
1645 12 21	AK	TAMME	JAN		DRENTELMAN	EBELTIEN	JANSBRUGGE
1647 08 15	AK	MARRECHIEN	JAN	GEERTS		EBELTIEN PIERS	MUIR?
1648 11 30	AK	TRIJNTIEN	JAN		DRUNTELMAN	EEBELTIEN	JADT
1646 03 22	MK	HINDRICK	JAN	HINDIRX	SMIT	EEBELTIEN HANSEN	MART.KERKHOF
1644 03 21	AK	JAN	JAN	REIJNERS		EEFSE?	BOTTRINGEPOORTE
1649 04 11	MK	ELSIEN	JAN	PIETERS		EEIJE	NIEUWEWECH
1642 09 27	AK	KARSTEN	JAN		MEIJER	EESE	WOERT
1643 05 19	AK	KRIJN	JAN	AELLERS		EESJEN	MUSSCHENGANG
1646 06 24	AK	AELTIEN	JAN	REIJNERS		EESSE	NIJE STADT
1648 08 18	AK	ANNEKE	JAN	REIJNERS		EESSE	S.DIEP
1644 11 10	AK	AEFJEN	JAN	ABELS		EETIE	NIJESTADT
1647 11 08	MK	JAN	JAN (decd)	ABELS		EETIEN JANS	NIJESTR
1641 11 19	AK	ABEL	JAN	ABELS	WEVER	EETJEN	NIEUWESTADT
1647 06 01	AK	TRIJNTIEN	JAN	JANSSEN	BROUWER	EFBERTIEN	BRUGGESTR
1644 06 25	AK	BOELE	JAN	JANSSEN		EGBERTIEN BOELENS	BRUGGESTR
1642 06 03	AK	WESSEL	JAN	PIETERS		EIJIJE	KERPER/SLAET
1646 11 21	AK	JAN	JAN	CLAESSEN		EIJLKE JANS	N.EBBINGESTR
1647 06 18	AK	GEESJEN	JAN	GERRITS		EIJLKE	NOORDERKERKHOF
1643 09 16	AK	ELSJEN	JAN	FOCKENS		EIJTE JANS	ROSENSTR
1644 02 04	AK	CATALEIJN	JAN	DEKENS		EISKE?	NIEUWESTRAATJEN
1644 01 16	AK	TRIJNTIEN	JAN/SOLD.	HARMENS		ELFKE	NIJESTADT
1642 09 08	AK	CLAES	JAN		FACHER?	ELISAB. GARD.SCHOTTEN	N.WECH
1648 11 15	AK	ANNA	JAN		CLEVE,V	ELISABET HARTMAN	HOGERBRUGGE
1646 10 16	AK	JOOST	JAN		CLEVE,VAN	ELISABETH HARTMANS	STEENTILPO.
1647 04 30	AK	GEERTRUIT	JAN	GEERTS	SLUCHER?	ELLEKE?	OOSTERSTR
1649 04 10	AK	JANTIEN	JAN	ENGELBERTS		ELLETIEN JANSEN	SLEMENNSTR
1640 12 27	AK?	GERRIT	JAN		LUBECK	ELSE GERRITS	SLEMENNSTR
1646 03 11	AK	CLAES	JAN	WILLEMS		ELSIEN	SCHEDAMSGANG
1645 04 11	MK	GEESJEN	JAN		MEIJER	ELSJE	WOERT
1641 05 04	AK	CARSTIEN	JAN		MEIJER	ELSJEN	WOERT
1647 02 23	AK	TEUBE	JAN	HARMENS		ELSJEN JANSSEN	MIJESTR
1646 06 03	MK	JACOB	JAN	JACOBS		ELSJEN	PRINCENSTR
1649 02 18	AK	JACOB	JAN	JANSSEN		ELSJEN	SLEMENNERSSTR
1643 04 26	MK	MARIA	JAN	JURJENS		ELSJEN HARMENS	BEULSGANG
1645 11 30	MK	ELIJSABETH	JAN	JURJENS		ELSJEN HARMENS	BEULSGANG
1647 09 17	AK	HARMEN	JAN	JURJENS		ELSJEN	BEULSGANG
1641 12 05	MK	HANS	JAN	SIJMENS		ELSJEN	NIEUWESUIDERDP
1644 05 08	AK	RENSKE	JAN	WILLEMS		ELSJEN	SCHEDAMS-GANG
1649 02 11	AK	WILLEM	JAN	WILLEMS		ELSJEN	LEELJENSTR
1643 09 10	AK	MARIJE	JAN	CLAESSEN		ELSKE	HOOSTRATE
1647 04 11	AK	TRIJNTIEN	JAN	DERX		ELSKE	NIJESTRAT
1641 05 13	AK	LIJSEBET SIJBILLA	JAN		GREWINGH	ELTEKE TONIJENEN,VAN	VISCHMERKT
1642 12 09	AK	EDZART FREDERICH	JAN		GREVING	ELTEKE TONGEREN,V.	EBBSTR
1649 06 17	AK	HINDRICK	JAN	HEERES		EMEKE HINDRIX	CRAMERIJP
1644 12 08	MK	NIESJEN	JAN	EIJLERTS		ENGELTIEN JANSSEN	RAAMSTR
1642 12 25	MK	EIJLERT	JAN/SOLD	EILERTS		ENGELTIEN	STEENTILP./BRUGGE
1646 09 25	AK	FOCKJEN	JAN	HAIJKENS	ARTELERIJ	ENNECHIEN	NIJE --
1648 08 04	AK	RIJCKE	JAN	GEERTS		ENNEKE	OOSTERSTR
1649 12 02	MK	ENGELTIEN	JAN	GEERTS		ENNEKE JANS	OOSTRSTR
1645 09 23	AK	FENNE	JAN	LUBBERTS		ENTGERT	HARDINGESTR
1649 11 21	AK	MARIA	JAN		HATTEM,V	EPKE	HARDINGESTR
1648 02 17	AK	ROELEF	JAN	ROELEFS		EPKE	JADT
1641 11 12	AK	REBECCA	JAN		HATTINGEBOD,V	EPPEKEE	GELTINGESTR
1643 01 29	AK	ABEL	JAN	ABELS		ETJEN	NIEUWESTADT
1649 10 14	AK	ANNETIEN	JAN	FAES		ETJEN	N.EBBSTR
1643 12 03	MK	JAN	JAN	FOS	SMIT	ETJEN JOCHIMS	EBBINGESTR
1647 01 06	AK	FENNETIEN	JAN	VOS	SMIT	ETJEN	N.EBBINGESTR
1646 01 25	AK	HINDRICK	JAN		KNACHTING	EVA HINDRIX	UIJRWERKERSGANG?
1647 08 05	AK	HINDRICK	JAN		HOFWINKEL	EVA	DRA
1647 12 26	AK	WALRAET	JAN	KRACHTINUS		EVA	WOERT
1641 11 12	AK	GEERTRUIT	JAN/SOLDAET	REIJNERS		EVA	OLDEBOOTTRPRT
1643 10 24	AK	CORNELLIS	JAN		HOSEWINKEL	EVE CORNELLIS	NIJESTADT
1643 06 06	AK	ELSEBE?	JAN	JANSSEN		EVERTIEN	WESTINDISCHHUIJS
1646 02 27	AK	ELSEBE	JAN	JANSSEN		EVERTIEN	SUIDERDP
1642 07 29	AK	TEETJEN	JAN		HASEWINCKEL	EWE	GEESTLIJCKE/MAECH
1643 10 15	MK	BERENTIE	JAN	BERENTS		FENNE	BREEGANG/SCHUITEND.
1648 06 15	MK	DREWES?	JAN	DREWES		FENNE	SLEMENERSTR
1646 02 01	MK	BERENT	JAN	EERNST		FENNE	CRENPESTR?
1648 02 25	AK	JAN	JAN	EERNST		FENNE	CREUPELSTR

Year Mo Da	Chr	Child's Given Name	Father/Child's Patronymic	Father's Patronymic	Father's Surname	Mother	Address
1643 12 03	MK	EERNST	JAN	EERNSTS		FENNE JANS	BUTJENSTR
1646 01 01	MK	DERCK	JAN	HINDRIX		FENNE	BOTTERDIEP
1647 04 01	AK	DERCKJEN	JAN	HINDRIX		FENNE	NIJEWECH
1644 08 18	AK	JAN	JAN/SOL.(deod)	JANS		FENNE DESSELFS?	A POORTE
1641 04 30	AK	JANTIEN	JAN	JANSEN		FENNE DERX	HELPEN
1649 03 04	AK	ENGEL	JAN	JANSEN		FENNE	PRINCENSTR
1644 05 15	AK	DERCK	JAN	JANSSEN		FENNE DERX	HELPEN
1644 09 15	MK	JOANNES	JAN	JANSSEN		FENNE HINDRIX	K.PEPERSTR
1646 01 30	AK	DERCK	JAN	JANSSEN	SCHIJPER	FENNE DERX	MEULENSTR
1646 11 11	AK	FENNECHIEN	JAN	JANSSEN		FENNE	PEPERSTR
1648 03 26	MK	FENNETIE	JAN	JANSZ		FENNE	KL.PEPERSTR
1641 12 19	MK	LUCAS	JAN	LUCAS	BORCHSTENVRDN	FENNE JANSEN LIER, VAN	OOSTERPRT
1641 08 26	AK	MARGRETE	JAN		NORTHOORN	FENNECHEN EVERTS	OOSTERPRT
1648 03 30	AK	HARMEN	JAN	HARMENS		FENNECHIEN	SUIDERDP
1647 05 25	AK	JAN	JAN	HINDRIX		FENNECHIEN	HEERENCAMERS
1645 02 23	MK	ANNA	JAN	KRIJTE		FENNECHIEN HINDRIX	PELSERSTR
1645 01 17	AK	HINDRICK	JAN	ROELEFS		FENNECHIEN	PELSERSTR
1645 02 09	MK	ROELEF	JAN	ROELEFS		FENNECHIEN CLAESSEN	OOSTERSTR
1649 05 01	AK	WENNEKE	JAN	GEERTS		FENNETIE	N.MERKTSTR
1647 10 10	MK	GEERTIEN	JAN	ROELEFS		FENNETIE	OOSTERSTR
1647 05 18	AK	SIJBRANT	JAN	SIJBRANTS		FENNETIE	GEESTLMAGD.STR
1649 09 08	AK	AELTIEN	JAN	WIJBRANTS		FENNETIE	HEERSTR
1646 12 16	AK	SARA	JAN		CRIJTHE?	FENNETIEN	PELSERSTR
1649 02 23	AK	HENDRIK HALEMECH	JAN		BRUINSTER	FENNETIEN HALEMECH	TORFTSTR
1648 09 26	AK	MENOLT	JAN	MENOLTS		FENNETIEN	A.
1642 09 27	AK	JACOB	JAN	ROELEFS		FENNETIEN CLAESSEN	OOSTERSTR
1649 02 21	AK	ABRAHAM	JAN	ROELEFS		FENNETIEN	OOSTRSTR
1648 07 30	MK	SIJBRANT	JAN	SIJBRANTS		FENNETIEN	G.MAEGDENSTR
1644 05 06	MK	WIJBRANT	JAN	WIJBRANTS		FENNETIEN JULLENS	HEERSTRATE
1645 12 25	MK	WIJBRANT	JAN	WIJBRANTS		FENNETIEN JULLENS	HEERSTR
1646 08 06	AK	JANTJEN	JAN	MENOLTS		FENNICHJEN ANDRIES	DRAE
1649 02 11	MK	HILLETIEN	JAN	ROELEFS		FIJEPIETERS	SUIDERDP
1646 09 30	NK	TRIJNTJEN	JAN	PETERS		FOELCKE	S.TONNIJS GASATHUIJS
1645 04 04	AK	GEESJEN	JAN	PIETERS		FOELKE	ANTHONIJGASTHUIS
1648 07 16	MK	ANNA MARIA	JAN	PIETERS		FOELKE JANSEN	ANTHONIJGSTHUIS
1644 08 13	AK	AEFJEN	JAN	AARENTS		FRERICKJEN	BENTHEM
1641 08 20	MK	ALBERT	JAN	ARENTS		FRERICKJEN	KERCKEWECH
1642 09 02	AK	ROELEF	JAN	HOECK		FROUCKE JANSEN	POELESTR
1647 12 22	AK	HINDRICK	JAN	WILLEMS		FROUCKE	STEENTILSTR
1649 12 26	MK	JOANNES	JAN		EIJSINGE	FROUKE	STEENTILSTR
1649 05 13	MK	HARMEN	JAN	HARMENS		FROUKE	STEENTILBRUGG
1641 07 02	MK	JEIJTIEN	JAN	ROELEFS		FROUKE HANSEN	POELESTR
1644 04 02	MK	JAN	JAN	JANSSEN		GEBBE PIETERS	VISSCHERSTR
1647 09 05	AK	BERENT	JAN	JANSSEN		GEBBE	RAAMSTR
1647 07 15	AK	CLAESJEN	JAN	JANSSEN		GEBBE	HEEREPOORTE
1642 10 05	AK	PETER	JAN	PIETERS		GEBBEKE	NIEUWEWECH
1649 11 14	AK	STIJNE CATH.	JAN	HERMENS		GEBBETIE	MEULESTR
1641 08 10	AK	BERENT	JAN	JANSEN	MOESKER	GEBBETIE	HEERPRT
1644 11 22	AK	EETJEN	JAN	PIETERS		GEBKE	STEENTILSPORTE
1647 05 18	AK	ETJEN	JAN	PIETERS		GEBKE	STEENTILPOORT
1647 05 18	AK	JOUKE	JAN	PIETERS		GEBKE	STEENTILPOORT
1647 08 11	AK	SARN	JAN	BARTELS		GEELTIEN BROELENS	EBBINGSTR
1645 01 05	MK	ANNECHIEN	JAN	BARTOLTS		GEELTIEN BOELENS	EBBSTR
1645 06 19	AK	BARELT	JAN		SCHUIRING	GEERTIEN HARMENS	POEL
1647 12 29	AK	JAN	JAN		HURST?	GEERTIEN	SUIDERDP
1649 08 26	MK	GEERT	JAN		HORST	GEERTIEN	SUIDERDP
1647 01 12	AK	GRIETIEN	JAN	CHRISTIAEN		GEERTIEN CLAESSEN	RAAMSTR
1643 01 29	MK	JENNEKEN	JAN	CHRISTIAENS		GEERTIEN	RAAMSTR
1648 04 29	MK	LIJSABETH	JAN	CHRISTIAENS		GEERTIEN	O.BREGANNG
1645 02 02	AK	GRIETJEN	JAN	CHRISTNS.		GEERTIEN	RAAMSTR
1645 05 14	AK	MENCKE	JAN	CLAESSEN		GEERTIEN JANS	NIJEWECH
1647 11 18	AK	ANNEKE	JAN	CLAESSEN		GEERTIEN	STEENTILPOORTE
1647 07 02	MK	TRIJNTIEN	JAN	CORNELIS		GEERTIEN	DAMSTERDP
1645 11 20	AK	ROELEF	JAN	FOOSSENS		GEERTIEN	SCHUITENDIEP
1647 11 17	AK	TONNISJEN	JAN	GOSENS		GEERTIEN	GROTEGANG
1641 05 13	AK	CLAES	JAN	HARMENS		GEERTIEN JANS	RAAMSTR
1644 07 10	AK	GERRIT	JAN	HILLEBRANTS		GEERTIEN JANS	NIJEKERKHOF
1648 01 16	MK	HILLEBRANT	JAN	HILLEBRANTS		GEERTIEN	LAM.STR
1645 12 28	MK	LAMMECHIEN	JAN	HILLEBRTS.		GEERTIEN	N.KERKHOFF
1643 12 26	AK	AUCKE	JAN	JANSSEN		GEERTIEN	VISCHMERCKT
1649 02 06	AK	JAN	JAN	LUBBERS		GEERTIEN	WESSCHERSTR
1641 12 22	AK	SIJKE	JAN	MENKES		GEERTIEN	NIJEWECH
1641 11 18	AK	CLAES	JAN	PIETERS		GEERTIEN ROELEFS	A POORTE
1642 07 06	MK	HILLICHJEN	JAN	HILLEBRANTS		GEERTJEN	NIEUWEEBBPRT
1646 08 25	AK	JAN	JAN/SCHRIJVER	JACOBS		GEERTRUIJT	JADTSBRUGGE
1647 04 18	AK	MARRECHJEN	JAN		SCHUIVINCK	GEERTRUIT	SLEMENNERSSTR
1648 11 15	AK	MARGRIETE	JAN		BOUTIEN	GEERTRUIT	PELSERST
1647 06 05	AK	GEERT	JAN	BERENS	SCHEEMAKER	GEERTRUIT	DRAKERK
1641 12 27	AK	HARMEN	JAN	BERENTS		GEERTRUIT GERBRANTS	STEENTILSTR
1645 01 12	AK	GARBRANDT	JAN	BERENTS		GEERTRUIT	A KERCK
1645 06 04	AK	GRIETJEN	JAN/SOLD.	HINDRIX		GEERTRUIT	SUIDERDP
1642 11 06	AK	JANTIEN	JAN	JACOBS	SCHRIJVER	GEERTRUIT MENTINX	NOORDERDP
1644 11 03	AK	ANTHONIJ	JAN	JACOBS	SCHRIJVER	GEERTRUIT	CRANE
1647 01 10	MK	FENNECHIEN	JAN	JANSSEN		GEERTRUIT TESSENS	MUSSCHEGANG
1648 03 23	AK	JAN	JAN	JANSSEN		GEERTRUIT	MUSKERSGANG
1645 01 12	AK	ANNECHIEN	JAN	WOLTERS		GEESE	PRINCENSTR
1641 03 12	AK	GEESJEN	JAN		RENE,VAN	GEESJEN	MART.KERKHOF
1645 07 23	AK	COOP	JAN		VOOS	GEESJEN WOLFS	SCHOOLHOLM
1646 08 02	MK	FENNICHJEN	JAN		CUSE	GEESJEN JANS	PEPERSTR
1649 11 04	AK	GRIETIEN	JAN		VOS	GEESJEN JANS	3 MEULEN
1648 09 03	MK	AERJEN	JAN	ARENS		GEESJEN	N.EBBSTR
1644 12 20	AK	JAN	JAN	ARENTS	GEWALDIGE	GEESJEN	EBBINGSTR
1649 09 20	AK	BOUWE	JAN	ARENTS		GEESJEN HINDRIX	VISCHRMEKRT
1646 06 20	AK	JAN	JAN	BERBRANTS		GEESJEN BERENTS	STEENTILSTR
1643 11 07	AK	HINDRICKJEN	JAN	BERENTS		GEESJEN	DAMSTERDIEP
1644 03 01	AK	LAMMECHIEN	JAN	BERENTS		GEESJEN	OOSTERPOORTE
1645 01 31	AK	ANNICHIEN	JAN	BERENTS		GEESJEN	DAMSTERDP
1645 03 13	AK	HARMEN	JAN	BERENTS		GEESJEN HARMENS	N.BOTTRSTR
1646 11 15	MK	JAN	JAN	BERENTS		GEESJEN	DAMSTERDP
1641 08 01	MK	JACOB	JAN	BERGES	HORENBORG,VAN	GEESJEN SCHRITDERS	PLUMERSGNG
1641 09 21	AK	JADDE	JAN	CORNELIS		GEESJEN	ROSENSTR
1645 09 26	AK	DOROTHE	JAN	EGBERTS		GEESJEN SCHULENS	A.
1647 08 22	AK	LODUWICH	JAN	EGBERTS		GEESJEN SCHULTEN	A
1642 10 21	AK	JANTIEN	JAN	GARBRANTS		GEESJEN BERENTS	STEENTILSTR
1647 11 14	MK	PIETER	JAN	GARBRANTS		GEESJEN BERENTS	STEENTILST

Year Mo Da	Chr	Child's Given Name	Father/Child's Patronymic	Father's Patronymic	Father's Surname	Mother	Address
1640 12 19	AK	ROELEF	JAN	GARBRANTS		GEESJEN	STEENTILSTR
1644 09 12	MK	GEERTIEN	JAN	HARMENS		GEESJEN	KIJCK/JADT
1648 10 01	AK	GEESJEN	JAN	HARMENS		GEESJEN	N.JADTST
1642 12 01	AK	JAN	JAN	HINDRICKS		GEESJEN	PRINCENSTR
1646 07 16	AK	ANNICHJEN	JAN	JANS		GEESJEN JACOBI	SLEEMENDERSSTR
1647 11 21	AK	JACOBUS	JAN	JANS	SCHOEM	GEESJEN JACOBS	SLEM.STR
1643 09 29	AK	JACOBJEN	JAN	JANSSEN		GEESJEN JANS	SCHUITENDIEP
1642 11 16	AK	WOBBETIEN	JAN	PIETERS		GEESJEN	HEERPOORTE
1646 01 31	AK	JAN	JAN	PIETERS		GEESJEN	HEERPOORTE
1646 01 31	AK	WOBBECHIEN	JAN	PIETERS		GEESJEN	HEERPOORTE
1647 09 19	AK	WIGBOLT	JAN	REIJNERS		GEESJEN	SCHOOLHOLM
1643 08 08	AK	GEESJEN	JAN	RINDERS		GEESJEN JANS	SCHNOOLHOLM
1646 08 30	AK	JAN	JAN	TIAERTS		GEESJEN THOMAS	N.JADTSTR
1649 03 23	AK	WEMELTIEN	JAN	WICHERS		GEESJEN HOVINGS	GELTINGSTR
1641 07 09	AK	CLAES	JAN	WIJLENS		GEESJEN	EBBINGESTR
1647 11 19	AK	MARIJKE	JAN	WOLBERS		GEESJEN	GELTINGESTR
1642 05 12	AK	MARGRIETE	JAN	GEERTS		GEESKE JANS	PELSERSTR
1644 06 30	AK	GRIETIEN	JAN	GEERTS		GEESKE JANS	3 MEULLENS
1648 12 12	AK	JAEIJE	JAN	PIETERS		GEESKE	NIEUWE POELSTR
1643 02 08	AK	BERENT	JAN	HARMENS		GEPKE JANS	COSTERSGANG
1644 06 05	AK	HARMEN	JAN	HARMENS		GEPKE	MEULENSTR
1643 07 26	AK	AELTIEN	JAN	JANSSEN		GEPKE	HEERPOORTE
1646 01 18	MK	AELTIEN	JAN	JANSSEN		GEPKE	HEEREPRT
1646 05 27	AK	JAEIJE	JAN	PIETERS		GEPKE	STEENTILPOORTE
1641 08 01	MK	TRIJNTIEN	JAN	GOSSENS		GERRITIEN	SCHUITENDP
1642 11 20	MK	AUKE	JAN/SOLDAET	JANSEN		GERTIEN JANSSEN	HEMSINGSWAL?
1642 10 18	AK	ANNETIEN	JAN	HARMENS		GESE JANS	KIJCK/JADT
1643 01 26	AK	BERNIER	JAN	HARMENS		GESE BERNIERS	NIJESTAT
1643 01 27	AK	JAN	JAN	JANSSEN	KUUTSE	GESE JANSSEN	PEPERSTR
1647 10 10	MK	JAN	JAN	JANSSEN		GESE	PLUIMERSGANG
1649 03 27	AK	JAN	JAN	JANSSEN	KUS	GESE	LUTKEPEPRST
1641 05 12	AK	FENNETIEN	JAN	VOS	SMIT	GETTIEN	N.EBBSTR
1644 03 12	AK	ENGELE	JAN	JANSSEN		GIERTIEN	SCHOOLHOLM
1647 03 23	AK	SWAENTIEN	JAN	ANTHONIJ		GIJSELE MEIJERING?	PLUIMERSGAGN
1642 01 02	MK	TEUNTIEN	JAN	ANTHONIJ		GIJSSEL	PLUIMERSGNG
1648 02 01	AK	JAN	JAN	ANDRIES		GRIET	VISCHRST
1643 09 15	AK	ANNECHIEN	JAN		ESSEN,VAN	GRIETE	RAAMSTR
1645 12 30	AK	ANNEKE	JAN		ESSEN,VAN	GRIETE	RAAMSTR
1646 09 14	MK	ANNA	JAN		LESIJN	GRIETE JANSEN	THONNIJS GASTHUIJS
1642 11 26	AK	JAN	JAN	AEPKES		GRIETE	JACOBINERSTR
1647 07 20	AK	ANNECHJEN	JAN	ALBERTS		GRIETE	BEULSTOORN
1644 09 29	MK	TAMME	JAN	ARENTS		GRIETE JANS	BREEGANG
1648 08 04	AK	JAN	JAN	BARTELTS		GRIETE JANS	HOFSTR
1643 05 31	AK	JANTIEN	JAN	BEERENTS		GRIETE HINDIRX	VISSCHERPIJP
1641 08 27	AK	BERENT	JAN	BERENTS	SCHIPPER	GRIETE HINDIRX	VISSCHRPIJP
1641 08 27	AK	MARRECHIEN	JAN	BERENTS	SCHIPPER	GRIETE HINDRIX	VISSCHRSPIJP
1644 11 29	AK	JANTIEN	JAN	BERENTS	SNICKVARER?	GRIETE HINDRIX	VISSCHERSPIJP
1641 06 16	MK	TRIJNTIEN	JAN	BORGERS	RUITER	GRIETE	PRINCENSTR
1642 10 04	AK	TIJSKE	JAN	EELKENS		GRIETE	M.H:WIJSRINGEKMR
1644 08 28	AK	JAN	JAN	EVERTS		GRIETE JANS	HEERSTR
1644 01 05	AK	JAN	JAN	GEERT		GRIETE	NIJEWECH
1641 06 16	MK	TRIJNTIEN	JAN	HARMENS		GRIETE ISEBRANTS	GELTINGESTR
1644 09 08	MK	DANIEL	JAN	HARMENS		GRIETE ISEBRANTS	GELTINGESTR
1646 08 27	AK	SARA	JAN	HARMENS		GRIETE	MOESKERSGANG
1647 08 08	MK	DERCK	JAN	HARMENS		GRIETE	GELTINGESTR
1649 06 17	MK	BERENT	JAN	HARMENS		GRIETE	PLUIMERSGANG
1642 08 28	MK	HESTER	JAN	HINDIRX		GRIETE JAEKES	BLOEMSTR
1642 03 31	MK	HINDRICKJEN	JAN	HINDRIX		GRIETE	RAAMSTR
1642 03 27	MK	MICHEL	JAN	HINDRIX	BROUWER	GRIETE JANS	PEPERSTR
1643 09 18	AK	MICHEL	JAN	HINDRIX		GRIETE JANS	PEPERSTR
1644 01 31	AK	RIXTE	JAN	HINDRIX		GRIETE JANSSEN	BLOEMSTR
1646 07 22	AK	FENNICHJEN	JAN	JANS		GRIETE JANS	GROTEGANCK/SCHUTNDP
1649 10 24	AK	JAN	JAN	JANS		GRIETE JANS	N.WECH
1641 11 07	AK	AELTIEN	JAN/SOLDAET	JANSEN		GRIETE	NIEUWESTADT
1644 06 07	AK	HILLECHJEN	JAN	JANSSEN		GRIETE	MOESKERSGANG
1647 02 18	AK	GABRIEL	JAN	JANSSEN		GRIETE	PRINCENSTR
1649 10 28	AK	DERK	JAN	LAMBERTS		GRIETE	3 M3UL3N
1645 11 13	MK	PAUL	JAN	LODEWIJX		GRIETE	BOTTERDIEP
1648 04 25	AK	ANNETIEN	JAN	LODUWIJX		GRIETE	BREDEMERKT
1642 11 18	AK	LUBBERT	JAN	LUBBERTS		GRIETE WILLEMS	PRINCENSTR
1649 06 17	MK	RIENTIEN	JAN	PIETERS		GRIETE GAETJES	COSTERSGNG
1642 09 16	AK	SANDER	JAN	TANGES		GRIETE SANDERS	N.KERKHOF
1646 09 16	AK	BARBER	JAN	TANIJES		GRIETE SANDERS	N.KERK STR
1644 10 18	AK	TOELE	JAN	TOELSEN		GRIETE JANS	ROSENSTR
1643 12 26	AK	WARNER	JAN	WARNERS		GRIETE	RAATHUIJS
1641 11 12	AK	JOHANNES DORTMONT	JAN/SCHRIJVER		VERNER	GRIETIEN	HEERSTR
1643 01 17	AK	JACOB	JAN	WINSSUM		GRIETIEN BERENTS	STEENTILSTR
1643 10 03	AK	JACOB JAN	JAN	LODEWICH		GRIETIEN	MERKT
1644 01 07	MK	LUBBERT	JAN	OSENBRUGGE,V		GRIETIEN WILLEMS	PRINCENSTR
1649 10 11	AK	HINDRICK	JAN	ARNET		GRIETIEN	VISSCHRSTR
1649 05 11	AK	LIJSABETH	JAN	NIENDORP,VAN		GRIETIEN	PRINCENSTR
1642 02 03	AK	ANNA	JAN	ALBERTS		GRIETIEN JANSEN	3 MEULEN
1642 09 16	MK	JANTIEN	JAN	ARENET		GRIETIEN	VISSCHERSTR
1641 11 24	AK	HEBBELTIEN	JAN	ARENTS		GRIETIEN	HOECK/BREEGANG
1647 08 08	MK	JAN	JAN	ARENTS		GRIETIEN JANS	SCHUITENDP
1642 12 25	MK	TRIJNTIEN	JAN	COOPS		GRIETIEN JANS	DAMSTERDP
1649 07 27	AK	GEERT	JAN	COOPS		GRIETIEN	DAMSTERDP
1648 08 16	AK	DATE	JAN	DATES		GRIETIEN	HEERPRT
1642 06 22	MK	AELTIEN	JAN	DREEUS		GRIETIEN REMERS	SCHUTENDP
1644 07 21	AK	CHRISTINA	JAN	GEERTS	BOECKB.	GRIETIEN	BREDEMERKT
1641 09 21	AK	ANNETIEN	JAN	HEEKES		GRIETIEN	HEERSTR
1647 12 10	AK	TRIJNTIEN	JAN	HEKES		GRIETIEN CLAES	JONKERSTR
1643 04 26	MK	HARMTIEN	JAN	HINDRIX		GRIETIEN	PELSERSTR
1644 03 10	MK	ANNA MARGRETE	JAN	HINDRIX		GRIETIEN	HEERESTR
1647 11 16	AK	LIJSABET	JAN	JANS	GOLTSMIT	GRIETIEN	STOELDRSTR
1642 11 30	AK	GEERT	JAN	JANSEN		GRIETIEN	GELTINGESTR
1646 02 22	MK	JAN	JAN	JANSEN		GRIETIEN	OSTERSTR/MUIR
1643 03 28	AK	ELSJEN	JAN	JANSSEN	GOUTSMIT	GRIETIEN TIARCKS	STEENTILSTR
1647 11 07	MK	WILLEM	JAN	JANSSEN		GRIETIEN	GELTINGSTR
1648 03 08	MK	FENNECHIEN	JAN	JANSSEN		GRIETIEN	SCHUITENDP
1645 06 01	MK	JURMECHIEN? (ill?	JAN	JANSSENS		GRIETIEN	GELTINGESTR
1643 04 26	MK	ANNETIEN	JAN	JURJENS		GRIETIEN	MUER/BOTTRSTR
1646 01 08	AK	LAMMECHIEN	JAN	LAMBERTS		GRIETIEN	HARDRINGESTR
1647 09 28	AK	GRERTIEN?	JAN	LAMBERTS		GRIETIEN	HARDINGESTR
1641 01 04	AK	ANTHONIJ	JAN	LODUWIJX		GRIETIEN JANS	WAL

Year Mo Da	Chr	Child's Given Name	Father/Child's Patronymic	Father's Patronymic	Father's Surname	Mother	Address
1646 01 11	MK	MARTEN	JAN	MARTENS		GRIETIEN FOLKENS	N.KERKHOFF
1649 07 03	AK	MARIA	JAN	MARTENS		GRIETIEN	JATSTR
1641 10 27	AK	PIETER	JAN	PIETERS		GRIETIEN	DAMSTERDP
1648 12 17	MK	MARIA	JAN	RENGNERS?		GRIETIEN	MUNDE
1642 01 09	MK	LAMBERT	JAN	ROELEFS		GRIETIEN	KLEIJNEPELSERST
1647 05 26	AK	GEERTIEN	JAN	ROELEFS		GRIETIEN LAMBERTS	SNORRECHIEN
1649 02 11	MK	MARIE	JAN	ROELEFS		GRIETIEN LAMBERTS	JANSSTR
1641 12 26	MK	CATHARIJNE	JAN	SWERTS		GRIETIEN	GELTINGESTR
1648 10 26	AK	GEERTRUIT	JAN	TANGES		GRIETIEN SANDERS	EBBSTR
1641 08 01	AK	GRIETIEN	JAN	TONNIS	RUSTMESTER	GRIETIEN	VOLTINGESTR
1645 12 25	AK	GRIETIEN	JAN	TONNIS		GRIETIEN	VOLTINGESTR
1648 04 11	AK	ANTHONIJ	JAN/SERG:	TONNIS		GRIETIEN	VOLTINGESTR
1646 12 10	AK	GRIETJEN	JAN	WARMERS		GRIETIEN	OOSTERSTR
1644 10 01	AK	ANNECHIEN	JAN	ALBERTS		GRIETJEN JANS	3 MEULLEN
1645 01 01	AK	AELTIE	JAN	ARENTS		GRIETJEN	CRANEPRT
1647 08 17	AK	BERENTIEN	JAN	BORCHERS	RUITER	GRIETJEN	PRINCENSTR
1645 07 27	AK	JURJEN	JAN/SOLD.	DERX		GRIETJEN	VISSCHERSTR
1646 12 24	AK	WILKE	JAN	DERX		GRIETJEN	HARDINGSTR
1644 08 10	MK	MARIA	JAN	EVERT		GRIETJEN	GELTINGESTR
1641 11 17	MK	FENNETIEN	JAN	GEERTS		GRIETJEN	BREDEMERCKT
1646 07 21	AK	ELSJEN	JAN	GEERTS		GRIETJEN	NIEUWEWECH
1643 12 22	AK	CLAES	JAN	HEKES		GRIETJEN CLAESSEN	HEERSTR
1644 11 06	AK	MARIA	JAN/SOLD.	JANSSEN		GRIETJEN	PRINCESTR
1645 10 12	AK	PIETERTIEN	JAN	JURJENS		GRIETJEN	MUERE
1642 01 11	AK	HINDRICKJEN	JAN	LAMBERTS		GRIETJEN EVERTS	HARDINGESTR
1644 10 20	AK	EVERTIEN	JAN	LAMBERTS		GRIETJEN EVERS	HARDINGESTR
1647 12 28	AK	JANTIEN	JAN	MARTENS		GRIETJEN	NIJEJADTSTR
1647 03 26	MK	LIJSABETH	JAN	MICHELS		GRIETJEN	BREEGANCK
1644 01 14	MK	ROELEF	JAN	ROELEFS		GRIETJEN LAMBERTS	SUIDERN.STRATJEN
1643 09 22	AK	DERCK	JAN/SERGEANT	TONNIS		GRIETJEN DERX	VOLTINGESTR
1647 04 18	AK	MARGRIETE	JAN (serg)	TONNIS		GRIETJEN	VOLTINGESTR
1647 12 08	AK	GRIETJEN	JAN	WARMERS?		GRIETJEN	OOSTERSTR
1643 05 14	MK	HARMEN	JAN	EGBERTS		HANNA	PRINCENSTR
1645 04 02	AK	HARMEN	JAN	HARMENS		HARMENTIEN GEERTS	STEENTILPRT
1641 11 28	AK	JANTIEN	JAN/SOLDAET		KNORF	HARMTIEN WILLEMSA	NIJESTADT
1641 10 24	MK	TRIJNTIEN	JAN		NEVINCK	HARMTIEN JANS	SCHUITNDP
1643 09 19	AK	FRERICK	JAN		KNORF	HARMTIEN WILLEMA	GASTHUIJS
1643 05 07	AK	JAN	JAN		MEIJER	HARMTIEN JANS	O.BREDEGANG
1645 08 31	AK	ANNA	JAN		KNORF	HARMTIEN	GEESTEGASTHUIS
1646 05 07	AK	JAN	JAN		MEIJER	HARMTIEN	SUIDERDP
1648 04 13	AK	ALBERT	JAN		MULLER	HARMTIEN	N.EBBSTR
1649 12 23	MK	GRIETIEN	JAN	GEERTS		HARMTIEN	BOTRDP
1649 02 13	AK	GRIETIEN	JAN	HANSSEN		HARMTIEN	CRANEPRT
1648 09 01	AK	BARTHELT	JAN	HARMENS		HARMTIEN	-LAET
1648 09 01	AK	JAN	JAN	HARMENS		HARMTIEN	-LAET
1649 03 25	MK	SUSANNA	JAN	JACOBS		HARMTIEN	HEERSTR
1647 11 17	AK	JAN	JAN/SOLD.	JANS		HARMTIEN	PLUIMERSGANG
1644 03 31	MK	JANTIEN	JAN	JANSSEN		HARMTIEN	GROTEGANG
1641 01 17	MK	HILLETIEN	JAN	LAMBERTS	KLEERMAKER	HARMTIEN DERX	HEERSTR
1642 04 21	AK	DERCK	JAN	LAMBERTS		HARMTIEN DERCKS	SWANESTR
1643 09 26	AK	NEESJEN	JAN	ROELEFS		HARMTIEN ROELEFS	LEELJENSTR
1642 03 27	AK	TRIJNTIEN	JAN	WARMELTS	SLOTEMAKER	HARMTIEN	STOELDRSTR
1649 04 01	AK	TIASSE	JAN	WARMELTS		HARMTIEN TIASSENS	STOELDRSTR
1644 08 16	AK	TRIJNTIEN	JAN	WARMOLTS		HARMTIEN	STOELDREIJERSTR
1647 02 14	AK	TAMME	JAN	WARMOLTS		HARMTIEN	STOELDRSTR
1647 12 26	AK	AELTIEN	JAN	HARMENS		HEBBEL	COSTERSGANG
1641 12 09	AK	ALBERTIEN	JAN	OTTENS	WEIJER	HEBBELTIEN	A
1644 07 26	AK	JACOB	JAN	WOBBENS		HEBBELTIEN TONNIS	CROMELBOGEN
1644 11 24	AK	JEIJKE	JAN	OTTENS		HEBBETIEN	A KERKE
1645 12 14	AK	GEESJEN	JAN	COERTS		HEIJKE	NIJE EBBSTR
1642 08 28	AK	JAN	JAN	FRANSEN		HEIJLE	CRUITSTAR
1644 04 07	AK	GEESJEN	JAN	COERTS		HEIJLTIEN	HARDINGESTR
1647 12 24	AK	HARMEN	JAN	KOLZES?		HEIJLTIEN	HARDINGESTR
1649 06 09	MK	GRIETIEN	JAN	WILLEMS		HEIJLTIEN	HEERPOORTE
1645 02 04	AK	ROELF	JAN	BARTELTS		HEIJTIEN	STOELDRSTR
1645 10 26	MK	CLAES	JAN	HERMENS		HERMTIEN	SCHUTENDIEP
1642 07 26	AK	HILLICHJEN	JAN		MULLER	HERMTJEN	MUIRE/SCHIEDAMSGN
1647 10 22	AK	HINDRICKJEN	JAN	JANSSEN		HIDNRIKJEN	GULDENSTR
1642 12 02	AK	GRIETE	JAN		BAVINCK	HILLE FOCKENS	N.JADTSTR
1644 08 27	AK	ANNA	JAN	DERCKS		HILLE HELWICHS	PRINCENSTR
1644 02 21	AK	JANTIEN	JAN	EGBERTS		HILLE	BLOEMSTR
1647 02 05	AK	GERRIT	JAN	EGBERTS		HILLE	BLOEMSTR
1642 09 27	AK	HARMEN	JAN	GEERTS		HILLE	BOTTERDP
1645 09 28	AK	FREECHIEN	JAN	GEERTS		HILLE JANS	JONCKERENSTR
1641 12 24	AK	HELMERICH	JAN	HARMENS		HILLE	VISSCHERPIJP
1642 10 20	AK	GEERTRUIT	JAN/SOLD.	HARMENS	(und.Rensen)	HILLE	COSTERSGANG
1643 12 27	AK	AELTIEN	JAN	HARMENS		HILLE	MOESKERSGANG
1644 09 22	MK	HARMEN	JAN	HARMENS		HILLE	COSTERSGANG
1644 07 19	MK	MARRECHIEN	JAN	HARMENS	SCHUTENSCH	HILLE HELMERS	SCHUTENDIEP
1646 12 06	MK	ETTE OF EEDE?	JAN	HARMENS		HILLE	KOSTERSGANG
1641 12 08	AK	GEESJEN	JAN	HINDRIX		HILLE	OOSTERPRT
1643 06 04	AK	AGNETE	JAN	HINDRIX		HILLE	CRIJKINTJAT/MURE
1643 10 15	AK	HINDRICK	JAN	JANSSEN	VERHOLT	HILLE	VISSCHERSTR
1644 06 02	AK	JAN	JAN	WARNERS		HILLE	WEER=KEER
1646 01 20	AK	ANNECHIEN	JAN	WATNERS		HILLE	3 MEULEN
1646 05 26	AK	JANTIEN	JAN	GEERTS		HILLECHIEN HARMENS	BOTTRINGESTR
1643 12 16	AK	FRERICK	JAN/SOLD.	HARMENS		HILLECHIEN	MEULENSTR
1646 01 25	MK	LUBBECHIEN	JAN	HARMENS		HILLECHIEN	DAMSTERDIEP
1643 08 16	AK	BERENT	JAN	HINDRIX		HILLECHIEN BERENTS	POELESTR
1644 08 18	AK	ANNECHIEN	JAN	HINDRIX		HILLECHIEN JANSSEN	OOSTERPOORTE
1648 08 05	AK	JAN	JAN	JANSSEN		HILLECHIEN	NIJEWECH
1649 05 27	AK	JAN	JAN	HARMENS		HILLEKE	WOERT
1648 02 18	AK	JAN	JAN	GEERTS		HILLETIE	LANE
1643 09 15	AK	ROELEF	JAN	HINDRIX		HILLETIE ROELEFS	BUTJENSTR
1642 01 19	AK	LUCAS	JAN		HALLENBAUCH	HILLETIEN	LUTKE DRA
1641 04 08	MK	GRIETIEN	JAN	ALBERTS		HILLETIEN	BREDEMERCKT
1644 04 14	AK	WELMOET	JAN	ALBERTS		HILLETIEN	HOENDIEP/A POORT
1648 08 08	MK	HINDRICKJEN	JAN	DUIREN		HILLETIEN	BUTJENSTR
1641 07 09	AK	JAN	JAN	EGBERTS		HILLETIEN	BLOEMSTR
1645 05 20	MK	MARRETIEN	JAN	GEERTS		HILLETIEN	BOTTRINGEPRT
1649 01 17	MK	LIJSABETH	JAN	HINDRIX		HILLETIEN	OOSTRPRT
1648 10 09	AK	ARIS	JAN	JACOBS		HILLETIEN ARIS	A KERKE
1648 09 06	AK	EGBERT	JAN	JANSSEN		HILLETIEN	PAUSGANG
1648 03 03	AK	JAN	JAN	TONNIS		HILLETIEN	SUIDERDP
1648 03 21	AK	MARRETIEN	JAN	TONNIS		HILLETIEN	HELPEN

Year Mo Da	Chr	Child's Given Name	Father/Child's Patronymic	Father's Patronymic	Father's Surname	Mother	Address
1645 03 02	MK	GEERT	JAN	GEERTS		HILLICHEN HARMENS	N.BOTTR
1642 03 06	MK	HINDRICK	JAN	JANSSEN		HILLICHIEN	COSTERSGANG
1642 07 08	MK	WILLEM	JAN	ALBERTS		HILLICHJEN	DRAPRT
1646 08 30	AK	HARMEN	JAN	HARMENS		HILLICHJEN JANS	WOERT
1641 04 06	AK	MARRECHIEN	JAN	CLAESSEN		HINDRICKJEN	TORFTORNST
1642 03 23	MK	FENNECHIEN	JAN	HIDNRIX	HENDIJCK	HINDRICKJEN	PELSERSTR
1649 09 09	MK	HINDRIK RORINGH?	JAN	JANSEN		HINDRICKJEN	HOPMANSGN
1644 06 02	MK	JAN	JAN	JANSSEN		HINDRICKJEN	HOPMANSGANG
1645 12 19	AK	MARRECHIEN	JAN	JANSSEN	SCHUTENSCH.	HINDRICKJEN	HOPMANSGANG
1649 08 12	AK	GRIETIEN	JAN	JANSSEN		HINDRICKJEN	RAAMSTR
1649 08 12	AK	THOMASJEN	JAN	JANSSEN		HINDRICKJEN	RAAMSTR
1647 09 10	AK	ARENT	JAN	REIJNERS		HINDRICKJEN ARENS	HOPMANSGANG
1647 10 22	AK	AELTIEN	JAN	WILLEMS		HINDRICKJEN	HEERSTR
1646 10 16	AK	JAN	JAN	WILSE		HINDRICKJEN	HEERESTR
1643 10 03	AK	DIEWERTIEN	JAN	HARKENS		IDE	N.JADTSTR
1644 10 04	AK	JAN	JAN/SOLD.	ROELEFS		IDE	NIJESTRATE
1644 05 12	AK	AELTIEN	JAN	HINDRIX		IDECHIEN ROELEFS	NIJESTADT
1640 11 21	AK	FENNECHIEN	JAN	TAMMENS		IDETIE TARX	OOSTERSTR
1648 03 03	AK	HILLE	JAN	CORNELIS		IEIJE SICKENS	DRABRUGGE
1644 10 03	AK	FRANCISCUS	JAN	LUBBERTS		IERINE? HINDRIX	SCHOOLHOLM
1643 10 11	AK	ANNECHIEN	JAN		BEUVING	IMME	SUIDERDIEP
1649 10 25	AK	ROELEF	JAN	HANNS		ISABEL RIJSWIJK	BOTRMERKT
1642 07 05	MK	DERCK	JAN	GEERTS		JACOBJEN	HEERPRT
1644 07 04	AK	TRIJNTIEN	JAN	GEERTS		JACOBJEN DERCKS	HEEREPOORTE
1646 10 28	AK	JAN	JAN	GEERTS		JACOBJEN	HEERPOORTE
1646 12 17	AK	JAN	JAN	JANSSEN		JACOBJEN WILLEMS	CRANE
1648 08 20	AK	HINDRICK	JAN	JANSSEN		JACOBJEN	KRANE
1643 08 30	AK	PIETER	JAN	ROELEFS		JANNEKE JANS	PLUIMERSGANG
1649 07 26	AK	JACOB	JAN	WOBBES		JANNEKE CLEVE,V	BOTATRSTR
1643 08 18	AK	AELTIEN	JAN/SOLD.	WESSELS		JANNEKEN	DRIE MEULLENS
1643 06 06	AK	PIETER	JAN	SIJBERS		JANNETIE PIETERS	DRA
1641 04 15	AK	PIETER	JAN	SIJWERS	SEIJLMAKER	JANNETIE	DRA
1641 01 10	MK	GRIETIEN	JAN		HEIJDE,VANDER	JANTIEN	BOELSGANG
1646 02 01	AK	GEESJEN	JAN		ANNERPOEL	JANTIEN	SWANESTR
1647 01 24	MK	JAN	JAN		SCHUIRMAN	JANTIEN	BOTTRINGESTR
1647 08 25	AK	JANTIEN	JAN		ALTING	JANTIEN	OOSTERSTR
1647 11 23	AK	PIETER	JAN		CNORF	JANTIEN WILLEMA	NIJESTR
1642 03 22	MK	HINDRICK	JAN	ALBERTS		JANTIEN	NIEUWESTADT
1642 10 19	AK	JANTIEN	JAN	BASTENAER	RUITER	JANTIEN	KIJK/JADT
1646 08 24	AK	BERENT	JAN	BASTENAES?		JANTIEN	KIJCK/JAT?
1642 10 25	AK	TONNIS	JAN	BERENTS		JANTIEN BERENTS	HOFSTR
1648 02 09	AK	GRIETJEN	JAN	BERENTS		JANTIEN	SCHUTNDP
1649 05 14	MK	JAN	JAN	BERENTS		JANTIEN	SCHUTNDP
1643 04 30	MK	ANNETHIEN	JAN	CARELS		JANTIEN	OOSTERSTR
1641 01 19	AK	CLAES	JAN	CLAESSEN		JANTIEN ARENTS	GULDENSTR
1643 08 17	AK	ARENT	JAN	CLAESSEN		JANTIEN ARENTS	GULDENSTR
1645 14 27	AK	HENDRICK	JAN	CLAESSEN		JANTIEN ARENTS	TULDENSTR
1646 11 22	MK	JANTIEN	JAN	CLAESSEN	BOECKDRUCKER	JANTIEN ARENTS	GULDENSTR
1648 03 29	AK	DUETIEN?	JAN	CLAESSEN		JANTIEN	NIJE EBBSTR
1648 05 28	MK	JAN	JAN	CLAESSEN		JANTIEN AARENS	GULDENSTR
1648 09 20	AK	AGNETE	JAN	CORNELIS		JANTIEN DERX	NIJEWECH
1642 03 24	MK	JAN	JAN	EGBERTS		JANTIEN	LUTKEPELSERSTR
1644 06 03	AK	MARRECHIEN	JAN	EGBERTS		JANTIEN	KLEIJNEPELSERSTRATE
1645 02 26	AK	COOPJEN	JAN	GECHERS		JANTIEN FOCKENS	JUDEJAT STR
1647 04 02	AK	FOCKE	JAN	GECHERS		JANTIEN	JADTSTR
1642 03 15	MK	JANTIEN	JAN	GEERTS		JANTIEN GEERTS	DRAKERCK
1644 05 14	AK	GERRIT	JAN	GEERTS		JANTIEN JANSSEN	A KERCK
1646 07 03	AK	GEESJEN	JAN	GEERTS		JANTIEN	A KERK
1647 01 17	MK	GEERT	JAN	GEERTS		JANTIEN	PEPERSTR
1649 01 26	AK	BARENTIEN	JAN	HARMENS		JANTIEN	HEERPRT
1641 07 18	MK	HINDRICK	JAN	HINDRIX	BROUWER	JANTIEN SWARTWOLTS	STEENTILSTR
1641 04 20	AK	HINDRICK	JAN	HINDRIX		JANTIEN WABBENS	DRA
1643 03 17	MK	ANNECHIEN	JAN	HINDRIX		JANTIEN JANS	N.EBBSTR
1644 12 18	AK	JAN	JAN	HINDRIX		JANTIEN JANS	N.EBBSTR
1647 07 06	AK	JAN	JAN	HINDRIX	BROUWER	JANTIEN	N.EBBSTR
1643 05 10	AK	AELTIEN	JAN	JACOBS		JANTIEN TONNIS	VISSCHERPIJP
1645 05 02	AK	HARMEN	JAN	JACOBS		JANTIEN TONNIS	VISSCHERPIJP
1646 10 18	MK	SWAENTIEN	JAN	JACOBS		JANTIEN TEMES	VISSCHERPIJP
1641 03 23	AK	ANNA	JAN	JANS	BACKER	JANTIEN	DRAPRT
1642 01 29	AK	WOBBEKE	JAN	JANS	BACKER	JANTIEN	PRINCENSTR
1643 05 12	AK	HINDRICK	JAN	JANS	BACKER	JANTIEN	PRINCENSTR
1642 02 22	AK	IMME	JAN	JANSEN		JANTIEN JANSEN	VISCHMERKT
1642 03 25	MK	WEMELTIEN	JAN	JANSEN	BACKER	JANTIEN	KRANEPRT
1643 04 30	AK	IMMECHIEN	JAN	JANSSEN		JANTIEN	VISCHMERCKT
1643 04 07	AK	JAN	JAN	JANSSEN	BACKER	JANTIEN	DRAPOORTE
1643 11 01	AK	REIJNER	JAN	JANSSEN		JANTIEN REIJNERS	PLUIMERSGANG
1644 09 15	AK	MEENJE	JAN	JANSSEN		JANTIEN	TORFTOORNSTR
1645 11 21	AK	EVERT	JAN	JANSSEN		JANTIEN	SCHUITENDIEP
1645 12 14	AK	TONNIS	JAN	JANSSEN	BARKER	JANTIEN TONNIS	DRAPOORTE
1646 06 04	AK	HINDRICK	JAN	JANSSEN		JANTIEN VUUST	SLACHTERSRIJPE
1646 11 25	AK	HINDRICKJEN	JAN	JANSSEN		JANTIEN	PLUIMERSGANG
1646 06 18	MK	ROELEF	JAN	JANSSEN		JANTIEN	VISSCHERSTR
1647 11 07	MK	ANNECHIEN	JAN	JANSSEN		JANTIEN	SCHUTENDP
1648 03 14	AK	HINDRICK	JAN	JANSSEN		JANTIEN	SLACHTERSRIJPE
1648 05 20	MK	AELTIEN	JAN	JANSSEN		JANTIEN	PLUIMERSGNG
1649 04 03	AK	HINDRICK	JAN	JANSSEN		JANTIEN	SCHUTEMRSSTR
1641 11 04	AK	GEERTIEN	JAN	LUBBERTS		JANTIEN	NIEUWESTADT
1644 11 15	AK	HINDRICKJEN	JAN	N.		JANTIEN	PLUMERSGANG
1644 06 01	AK	MARIA	JAN/SOLD.	PIETERS		JANTIEN	3 MEULENS
1647 11 09	MK	HILLE	JAN	PIETERS		JANTIEN	VISSCHERSTR
1641 12 10	AK	ROELEFJEN	JAN	ROELEFS		JANTIEN JANS	PLUIMERSGANCK
1644 12 11	MK	PIETERTIEN	JAN	ROELEFS		JANTIEN JANSSEN	SCHUITENDIEP
1646 01 22	AK	PIETERTIEN	JAN	ROELEFS		JANTIEN	SCHUTENDP
1648 02 16	AK	JACOB	JAN	ROELEFS		JANTIEN	VISSCHERSTR
1648 05 03	MK	MARTINUS	JAN	ROELEFS		JANTIEN PIETERS	DAMSTERDP
1649 07 29	AK	JACOB	JAN	ROELEFS		JANTIEN	VISSCHER/LANE
1649 08 15	AK	MARIA	JAN	ROELEFS		JANTIEN	DAMSTERDP
1643 01 01	AK	JAN	JAN (deed)	TRIJNS		JANTIEN JANS	VISSCHERSTR
1642 06 21	MK	TRIJNTIEN	JAN	ULGERS		JANTIEN	N.EBBSTR
1641 09 28	AK	ANNECHIEN	JAN	WESSELS		JANTIEN REENERS	3 MEULEN
1644 11 12	AK	JOANNES	JAN	WESSELS		JANTIEN	3 MEULLENS
1649 06 06	MK	WESSEL	JAN	WESSELS		JANTIEN	HERESTR
1646 07 19	AK	HINDRICKJEN	JAN	JANS		JANTJEN	SCHUIJTEMAKERSSTR
1645 09 19	AK	GEERTRUIT	JAN	CLAESSEN		JEIJE BEECKMANS	DRA KERK
1641 06 05	AK	JAN	JAN	HINDRIX		JEIJE SICKES	BARCKMEULLEN

Groningen Baptisms Alphabetized by FATHER/CHILD'S PATRONYMIC, 1640-1649

Year Mo Da	Chr	Child's Given Name	Father/Child's Patronymic	Father's Patronymic	Father's Surname	Mother	Address
1644 05 03	AK	SICKE	JAN	HINDRIX		JEIJE SICKENS	BARCKMEULLEN
1643 03 21	AK	JOHANNES	JAN	BARTELS		JEIJTIEN	STOELDREIJERSSTR?
1648 02 06	AK	GEERTRUIT	JAN	BARTHELS		JEIJTIEN	STOELDRSTR
1642 06 26	AK	DERCK	JAN	CLAESSEN	SANDWEER,VAN	JEIJTIEN	VISCHMERCKT
1641 12 27	MK	LUMME	JAN	KARSTES		JELLE	EBB/BOTTRPRT
1641 01 15	AK	AELTIEN	JAN	ROTGERS	DIARON?	JR STARKENBORCHS	?
1643 02 02	AK	GERLOF	JAN	WILLEMA		JUDITH	NIEUWE EBBSTR
1649 01 23	AK	HARMEN	JAN	HARMENS		JUKE	N.JADT
1649 09 07	AK	HILLETIEN	JAN	WARNERS		LAMME	WOERDT
1645 01 10	AK	WILLEMTIEN	JAN		BRUNNE,VAN	LEEUCHJEN	MARCKENGANG
1644 04 10	AK	ANNECHIEN	JAN	JANSSEN		LIESKE	DAMSTERDIEP
1646 02 08	MK	JAN	JAN	JANSSEN		LIESKE	DAMSTERDP
1642 10 18	AK	AELTIEN	JAN	REIJNERS	HOLTKOPER	LIESKE JANS	STEENTILPRT
1644 02 16	AK	AELTIEN	JAN	REIJNERTS		LIESKE JACOBS	STEENTILPOORTE
1646 12 17	AK	TAUNEKE	JAN (decd)	JANSSEN		LIJSABET	JADT
1642 07 31	MK	GEERTRUIT	JAN	FOCKEN		LIJSABETH	BOTTRPRT
1644 04 07	MK	FOCKE	JAN	FOCKENS		LIJSABETH	MUER/EBB.POORT
1648 04 16	MK	WILLEM	JAN	FOCKENS		LIJSABETH	PAAUS
1649 12 02	MK	MARGRIETE	JAN	FOCKENS		LIJSABETH JANS	BOTTRPRT
1646 06 28	AK	DERCK	JAN	JANSSEN		LIJSABETH	SCHUITMKRWAL
1647 04 02	AK	PIETER	JAN	JANSSEN		LIJSABETH	CRANEPOORTE
1648 09 24	AK	PETER	JAN	JANSSEN		LIJSABETH PETERS	CRANEPRT
1649 01 16	MK	MEIJNERT	JAN	ROELEFS		LIJSABETH	MUIRE
1647 08 25	AK	THOMAS	JAN	TIJES		LIJSABETH	CORPORAELSGANG
1649 07 13	AK	NEESJEN	JAN	JANSSEN		LIJSABETJEN	BOTTRPRT
1646 07 14	AK	JAN	JAN	JANS		LIJSBETH JANS	LAEN
1649 11 20	AK	LUCAS	JAN	LUCAS		LIJSBETH LODUWICH	JATSTR
1645 05 25	AK	METTE	JAN	ROELEFS		LIJSBETH JANS	WISSCHERSTR
1641 06 09	MK	GEERTRUIT	JAN/SOLDAET	FOCKENS		LIJSEBET	BUTTIENSTR
1641 03 05	MK	JAN	JAN		LUSSINCK	LIJSEBETH JANS	N.MERKTST
1641 06 25	AK	ANNETIEN	JAN	ABRAMS	VREEMTMAN,EEN	LIJSEBETH	PRINCESTR
1642 02 08	AK	TANNEKEN	JAN/SOLDAET	JANSEN		LIJSEBETH	JADT
1643 10 08	AK	ANNECHIEN	JAN	JANSSEN		LIJSEBETH	LAAN
1643 11 10	AK	HINDRICK	JAN	JANSSEN		LIJSEBETH	JADT
1644 08 15	AK	JAN	JAN	JANSSEN		LIJSEBETH PIETERS	CRANE
1641 04 27	AK	ROELEF	JAN	ROELEFS	SCHIPPER	LIJSEBETH	VISSCHRST
1643 02 07	AK	GEERTRUIT	JAN	ROELEFS	SCHIPPER	LIJSEBETH JANS	VISSCHERSTR
1642 01 30	AK	GRIETIEN	JAN	SWERTS		LIJSEBETH SIJBRANTS	DRA POORTE
1646 03 04	AK	JOANNES	JAN	FOCKENS		LISEBETH	MUIERE/EBBSTR
1642 12 01	AK	JAN	JAN	ISEBRANTS		LUBBE CLAESSEN	HOORNSCHEDIJCK
1644 09 08	MK	JACOB	JAN	GEERTS	MANE?	LUBBECHIEN	JADT
1648 02 27	AK	BARTHOLOMEUS	JAN	BARTHOLMS.		LUBBERCHIEN	SCHOOLHOLM
1648 12 21	AK	TAMME	JAN	BARTHELMEUS		LUBBETIEN JANS	SCHOOLHOLM
1643 01 01	AK	GEERT	JAN	GEERTS	MAAN	LUBBETIEN	JADT
1649 07 25	AK	HINDRICK	JAN	GEERTS	MAEN	LUBBETIEN	JADT
1645 06 02	AK	AELTIEN	JAN	GARBRANTS		LUCKE	POELPOORTE
1643 02 21	AK	HINDRICK	JAN/SOLDAET	HINDRIX		LUCKE NIJEMANS	VISSCHERSTR
1645 11 05	MK	JAN	JAN	HINDRIX		LUCKE	VISSCHERSTR
1645 11 05	MK	MENKE	JAN	HINDRIX		LUCKE	VISSCHERSTR
1648 04 23	MK	MENCKE	JAN	HINDRIX		LUCKE	VISSCHERSTR
1640 12 30	MK	CATRIJNE	JAN/SOLD	HINDRIX		LUITIEN PETERS	MEULENSTR
1645 14 27	AK	ELSJEN	JAN	JACOBS	HOLSTEIJN	LUMKE MEIJNERTS	CRANERIPE
1644 10 10	AK	WARNER	JAN	WARNERS		LUMME	WOERDT
1645 12 19	AK	GRIETJEN	JAN/SOLD.	WARNERS		LUMME	WOERT
1647 12 11	AK	WARNER	JAN	WARNERS		LUMME	WOERT
1646 06 05	AK	EGBERT	JAN	EGBERTS	SUIST?	LUMMECHIEN	GELTINGSTR
1641 03 23	AK	EVA	JAN	EFBERTS	SMIT	LUMMETIEN	GELTINGESTR
1644 03 10	AK	GRIETJEN	JAN	JACOBS	HOLSTEIJN	LUNKE? MEIJNERTS	VISCHMERKT
1642 04 27	AK	RENSKE	JAN		ORSING	LUTGERT	MUSKENGANG
1643 12 13	AK	RENSKE	JAN		OERSSING	LUTGERT HINDRIX	MUSKENGANG
1645 09 06	MK	JAN	JAN		STINCK	LUTGERT HINDRIX	SCHUITENDP
1646 10 07	AK	PIETER	JAN		DAM,VAN	LUTGERT	OOSTERSTR
1641 10 20	AK	WESSLE	JAN	JANSEN	RENTMRS.DIEWR	LUTGERT	KATTENHAGE
1643 11 16	MK	BERENT	JAN	LUBBERTS		LUTGERT JANS	HARDINGESTR
1649 04 03	AK	GEESJEN	JAN	LUBBERTS		LUTGERT	HARDINGSTR
1649 02 21	AK	GEESJEN	JAN		CLOECK	LUTGERTIE	MART.KERKHOF
1648 12 31	MK	HINDRICK	JAN		ORRSING?	LUTGERTIEN	MUSKENGNG
1649 07 01	MK	MARRETIEN	JAN		DAM,V	LUTGERTIEN	OOSTERSTR
1646 10 15	AK	GEESJEN	JAN	JANSSEN		LUTGERTJEN	MART.KERKHOFF
1642 10 04	AK	EETIEN	JAN	HINDRICKS	RUITER	MAAIJKE JANS	NOORDERDIEP
1642 06 30	AK	EGBERT	JAN	MEIJNERTS		MAAIJKE	SCHUITENDP
1646 03 22	AK	JANTIEN	JAN	TONNIS		MAEIJE	POTBACKERWAL
1648 10 14	AK	JACOB	JAN	SAUL		MAEIJKE	N.EBBSTR
1641 08 22	MK	SARA	JAN	JANSEN	DIACON?	MAGDALENA	EBBSTR
1644 09 18	AK	JURJEN	JAN	JANSSEN		MAGDALENA JURJENS	EBBINGESTR
1646 11 15	MK	JAN	JAN		VOS,DE	MAGDALENE	O.BOTTRPOORTE
1640 11 04	AK	GEESJEN	JAN	ENGELBERTS		MAGRETIE	CROMJAT
1642 08 23	AK	AELTIEN	JAN	TONNIS		MAIJE	LAMMHUINGESTR
1648 03 01	AK	AEKE?	JAN	TONNIS		MAIJE JANS	NIJESTADT
1647 12 08	AK	JACOB	JAN	SAEL	RUITER	MAIJKE	HOORNSTRATE
1641 11 21	MK	ANNETIEN	JAN	WESSELS		MAIJKE	HEERSTR
1643 11 14	MK	JANTIEN	JAN	TONNIS		MAREIJE JANS	HOFSTRATE
1649 07 22	AK	BERENT	JAN	COENDERS		MARGRIETA HANS	VOLTSTR
1644 02 18	AK	ZACHARIAS	JAN		CAMPEN	MARGRIETE	RAAMSTR
1647 03 07	AK	GEERTRUIT	JAN		STRAETMMAN	MARGRIETE HOLBEEK	WAL
1647 09 11	AK	CATHARINA	JAN/CAP.	COENDERS		MARGRIETE	VOLTINGESTAR
1643 08 20	AK	WILLEMTIEN	JAN	CORNELIS	SPIEL	MARGRIETE EUSUM,V.	SWANESTR
1641 07 19	AK	DERCKIEN	JAN	DERCKJEN		MARGRIETE	KIJCK/JADTSBRUGGE
1643 04 11	AK	HINDRICK	JAN	HINDRICKS		MARGRIETE	KIJCK/JAT
1642 10 30	MK	GERLACUS	JAN		REDEKER	MARIA VERRUCIA	MART.KERKHOF
1643 09 15	AK	GEERTRUIT	JAN/SOLD.		BEECKMAN	MARIA HARMENS	SUIPESTR
1644 08 08	MK	AAEFJEN	JAN		IRSSING?	MARIA	JADT
1644 12 26	MK	JAN	JAN		KRAN	MARIA	HEERSTR
1646 02 02	MK	JOANNES	JAN		BERKMAN	MARIA HARMENS	SUIZSTR
1646 11 08	AK	MADELENE	JAN		BEECKMAN	MARIA	ZUIPSTRATE?
1647 11 12	MK	JURJEN	JAN		WINTER	MARIA	POPKENSTR
1648 01 20	AK	ANNETIEN	JAN		CLEIJNE	MARIA	RAAMSTR
1648 11 02	AK	HARMEN	JAN		BEEKMAN	MARIA	SUIPSTR
1648 01 20	AK	TRIJNTIEN	JAN		CLEIJNE	MARIA	RAAMSTR
1642 02 08	AK	CORNELIUS	JAN	CORNELIS		MARIA	LANE
1647 05 11	AK	GEESJEN	JAN	CRANS		MARIA JANS	HEERSTR
1646 03 15	MK	GEERTIEN	JAN	GEERTS		MARIA JACOBS	COSTERPOORTE
1649 09 26	MK	ANNA MARIA	JAN	GEERTS		MARIA	OOSTERPRT
1641 08 22	AK	FENNE	JAN	HARMENS		MARIA	VOLTINGESTR
1644 02 07	AK	JANTIEN	JAN	HINDRIX	BEUNINCK	MARIA ESPERE,DE L'	STEENTILSTR

Year Mo Da	Chr	Child's Given Name	Father/Child's Patronymic	Father's Patronymic	Father's Surname	Mother	Address
1645 12 16	AK	STEVEN	JAN	HINDRIX	BENNINUS	MARIA ESPREE,DEL'	STEENTILSTR
1647 10 03	MK	HINDRICK	JAN	HINDRIX	BENNING	MARIA ESPIRE,DE L'?	STEENTIL
1649 09 23	MK	PHILIPPUS	JAN	HINDRIX	BENNING	MARIA ELPERE,L'	STEENTLESTR
1649 09 21	AK	ANNETIEN	JAN	HUIBERTS		MARIA	MOESKERSGNG
1649 09 21	AK	CAREL	JAN	HUIBERTS		MARIA	MOESKERSGNG
1646 09 06	AK	JAN	JAN	JANSEN		MARIA	CRAENEPOORT
1645 08 05	AK	JAN	JAN	JANSSEN		MARIA PIETERS	SUIDERDP
1649 06 15	AK	ANNETIEN	JAN	KRANS		MARIA	HEERESTR
1647 10 03	MK	GRIETIEN	JAN	PIETERS	TAMBOER	MARIA HARMENS	HERENCAMERS
1647 01 08	AK	WILLEM	JAN	SISSINUS		MARIA GEERTS	BOTTRINGSTR
1648 04 26	AK	LIJSABETH	JAN	SISSINUS		MARIA GEERTS	BOTTRSTR
1649 05 10	AK	WALDRICH	JAN	ULPHERLS		MARIA NANNES	TORFTOORNST
1646 04 07	AK	ULSERT	JAN	ULSERTS		MARIA NANNES	A
1643 10 19	AK	SARA	JAN	WESSELS		MARIA	HEERESTR
1646 04 03	AK	HINDRICKIEN	JAN	HINDRIX		MARICHIEN	NIEUW POELSTR
1646 09 24	AK	EEME	JAN	ALBERTS		MARICHJEN JANS	LANE
1643 12 28	AK	TRIJNTIEN	JAN	JANSSEN		MARIE JANS	MUERE
1648 07 23	AK	BELE	JAN	JANSSEN		MARIE	MUERE
1649 06 10	AK	JANTIEN	JAN	PIETERS		MARIE	HERENCAM
1648 11 28	AK	GEERTRUIT	JAN	SIJBENS		MARIE	PLUIMERSGANG
1645 02 18	AK	GERRIT	JAN	ENGELBERTS		MARIJ GOOIJES	SWANESTR
1641 10 08	AK	JACOB	JAN	ABRAHAMS		MARIJA	RAAMSTR
1642 06 08	AK	PIETER	JAN		KLEIJN	MARIJE PIETERS	SUIDERDP
1643 02 08	AK	SUSANNE	JAN	FREERX		MARIJE JANS	EBBINGESTR
1646 03 22	MK	AELTIEN	JAN		GRAEP	MARRECHIEN	COSTERSGANG
1649 10 30		HIERONIJMUS	JAN		VLAECK	MARRECHIEN	BREGANG
1644 09 15	MK	AELTIEN	JAN	ARIJS		MARRECHIEN	VISSCHERSPIJPE
1643 09 07	AK	JANTIEN	JAN	ARIS		MARRECHIEN	VISSCHERSPIJP
1643 08 18	AK	TRIJNTIEN	JAN	BALTSARS		MARRECHIEN MENSENS	CRANEPOORTE
1646 06 25	AK	BALTSAR	JAN	BATHSARS		MARRECHIEN MENSSES	CRANEPOORTE
1641 11 12	AK	MENSE	JAN	BOLTZERS		MARRECHIEN MENSENS	KRANEPRT
1648 02 29	AK	REINER	JAN	BORCHERTS		MARRECHIEN	CROMELBOGEN
1646 03 10	AK	JAN	JAN	BORGERS		MARRECHIEN REIJNERS	BOTTRDIEP
1641 06 06	MK	GEESJEN	JAN	BROMENS		MARRECHIEN BARBRANTS	STEENTILSTR
1649 10 26	AK	CLAES	JAN	CENTS?		MARRECHIEN	EBBPRT
1648 10 19	AK	AGNETE	JAN	COIJTERS		MARRECHIEN LUICHENS	DRA
1645 08 21	AK	JELTSJE	JAN	CORNELIS		MARRECHIEN	DRAPOORTE
1646 10 10	AK	SWAENTIEN	JAN	ENGELBERS		MARRECHIEN GOOTJENS	SWANESTR
1641 11 07	MK	HINDRICKJEN	JAN	GEERTS	BACKER	MARRECHIEN CLAESSEN	OOSTERSTR
1643 04 09	MK	JAN	JAN	GEERTS		MARRECHIEN	N.EBBSTR
1646 10 18	AK	JAN	JAN	GEERTS	BARKER	MARRECHIEN	OOSTERSTR
1648 02 25	AK	GEESJEN	JAN	GEERTS		MARRECHIEN	OOSTERPOORTE
1641 08 01	MK	EETIEN	JAN	HINDRIX		MARRECHIEN PIETERS	BOTTRDP
1645 08 19	AK	PIETER	JAN	HINDRIX		MARRECHIEN	BLOEMSTR
1648 05 28	MK	GEERT	JAN	HINDRIX		MARRECHIEN	JANTIENTIJSSENSGN
1647 08 29	MK	BERENT	JAN	MEIJNERS		MARRECHIEN	N.EWCH
1648 03 30	AK	TRIJNTIEN	JAN	OTAEP?		MARRECHIEN	RADEMERKT
1642 05 06	AK	PIETER	JAN	PIETERS		MARRECHIEN ALEFS	HOECK/VISSCHRSTR
1643 11 05	AK	METJEN	JAN	PIETERS		MARRECHIEN	VISSCHERSTR
1645 03 14	AK	LAMMECHIEN	JAN	PIETERS	SMIT	MARRECHIEN	JADT
1646 04 10	AK	HINDRICKJEN	JAN	PIETERS		MARRECHIEN	N.EBBSTR
1647 04 27	AK	METTE	JAN	PIETERS		MARRECHIEN	OLDEJADT
1641 04 06	AK	PIETER	JAN	ROELEFS		MARRECHIEN	GEESTGSTHS
1649 08 08	AK	PIETER	JAN	SIJBENS		MARRECHIEN	SCHUTNDP
1642 06 21	MK	HINDRICKIEN	JAN	STEVENS		MARRECHIEN	HEERSTR
1644 02 18	MK	JANTIEN	JAN	STEVENS		MARRECHIEN	POELESTR
1645 06 13	AK	MEENJE	JAN	TONNIS		MARRECHIEN CHRISTOFFRS	HELPEN
1642 10 06	AK	GRIETIEN	JAN	ULSSERTS		MARRECHIEN NANNENS	A
1649 05 29	AK	ABRAHAM	JAN		LOMAN	MARRETIE JANS	VOLTSTR
1642 05 30	AK	SANDER	JAN	JANSEN		MARRETIE	COSTERSGANG
1642 06 26	MK	JOANNES	JAN		TEKLENBORCH,V	MARRETIEN GERRITS	PELSERSTR
1646 01 16	AK	ALBERT	JAN	ALBERTS		MARRETIEN	JADT
1649 09 27	AK	GEERTRUIT	JAN	ALBERTS		MARRETIEN	LANE
1649 09 09	MK	JAN	JAN	ARIS		MARRETIEN	VISSCHPIJP
1649 03 22	AK	HARTWICHS	JAN	HARTWICH		MARRETIEN	LANE
1649 08 12	AK	GRIETIEN	JAN	LAMBERTS		MARRETIEN	A POORTE
1644 04 14	MK	NIESJEN	JAN	MEIJNERTS		MARRETIEN	HOPMANSGANGE
1645 10 05	MK	NIESJEN	JAN	MEIJNERTS		MARRETIEN	SCHUTENDIEP
1649 09 16	AK	GRIETJE	JAN	MEIJRERS?		MARRETIEN EGBERTS	NIJEWEDH
1648 03 29	AK	PIETER	JAN	PIETERS		MARRETIEN ABELS	JADT
1649 07 26	AK	TRIJNTIEN	JAN	PIETERS		MARRETIEN	EBBSTR
1647 08 27	AK	EGBERT	JAN	REMKES		MARRETIEN	ROOBRUGGE
1642 07 24	MK	JAN	JAN	BRONNES		MARRICHJEN	STEENTILSTR
1647 11 28	MK	SWAENTIEN	JAN	GIJSBERS		MARRSTIEN?	SWANESTR
1645 02 12	MK	REIJNTIEN	JAN	ULFERTS		MARTE NANNENS	DRA
1647 04 11	MK	ALBERTIEN	JAN	GEERTS		MECHTELINE	DAMSTERDP
1646 11 06	AK	JAN	JAN	BARKER		MECHTELT JANS	PRINCENSTR
1642 06 19	MK	EERTWIJN	JAN	EERTWIJN		MECHTELT KEINGEMA?	HEERSTR
1642 11 13	MK	JOHAN	JAN	GEERTS		MECHTELTIEN JANSEN	DAMSTERDP
1645 11 21	AK	ALBERTIEN	JAN	GEERTS		MECHTELTIEN	DAMSTERDIEP
1649 01 24	AK	TIETJEN	JAN	GEERTS		MECHTELTIEN	DAMSTRDP
1643 03 03	MK	HARMEN	JAN		OVING	MEDINA SCHAFFERS	POELESTR
1649 11 06	AK	SOPHIA	JAN		OVING	MEDINA SCHAFFERS	HARDINGESTR
1646 01 16	AK	GEESJEN	JAN	JANSSEN		MEENTIEN	EBBINGEPOORTE
1645 10 05	MK	KRIJN	JAN	CRIJNS		MEESJEN	HEERSTR
1644 11 24	MK	EERNST	JAN		OVING	MEIDINA SCHAFFERS	N.BOTTRSTR
1647 04 07	AK	ENNE	JAN		OVINUS	MEIJDINA SCHAFFERS	NIJEKERKHOFF
1645 03 16	AK	ANNECHIEN	JAN		HARMLICK	MENCKE	NIJE STADT
1645 08 14	MK	ELSJEN	JAN	JACOBS		MENSE PHILIPS	MOESKERSGANG
1647 03 31	MK	ELSJEN	JAN	JACOBS		MENSE	MOESKERSGANG
1647 10 21	AK	JAN	JAN	JANSSEN		MERRETIEN LAMBERS	A POORTE
1641 01 04	AK	TOMAS JANSEN(oldr	JAN		WAT?	MET JAN BOELENS BIJ DRA TOT DILLICHT	
1641 01 04	AK	TRIJNE JANSDR(old	JAN		WAT?	MET JAN BOELENS BIJ DRA TOT DILLICHT	
1648 12 22	AK	GEERT	JAN	CLAESSEN		METJEN	NIEUWE KERKHOF
1643 01 20	AK	TRIJNTIEN	JAN		BUSCH,TEN	METTE HARMENS	SUIDERDP
1646 02 12	AK	BERENT	JAN		BOSCH,TER	METTE	SUIDERDP
1647 11 11	MK	TRIJNTIEN	JAN		BOSS,TER	METTE	SUIDERDP
1646 04 12	MK	CLAES	JAN	GOTTING		METTE	GROTE BROERNE STR
1641 02 11	AK	HINDRICK	JAN	HINDRIX		METTE	MONNEKEHOLMBRG
1643 10 31	AK	ELSJEN	JAN	JACOBS		N.N.	MOESKERSGANG
1642 02 13	AK	ROELEF	JAN	HINDRIX	GETEN,VAN	NEELTIEN ULBEN	LANE
1647 04 18	AK	GEERDT	JAN	BERENTS		NEESJEN GEERTS	NIJESTADT
1641 04 01	MK	IDE	JAN	HINDRICKS		NEESJEN	DRAEPRT
1647 02 28	MK	HINDRICK	JAN	HINDRICKS		NEESJEN LAMBERTS	BUTJEN STR
1648 06 20	AK	TRIJNTIEN	JAN		KOLTHOFF	NICHIEN? CORNELIS	BOTTRSTR

Year Mo Da	Chr	Child's Given Name	Father/Child's Patronymic	Father's Patronymic	Father's Surname	Mother	Address
1644 03 13	AK	MARRECHIEN	JAN	CHRIJNS		NIESE JANS	BOTTERDIEP
1648 08 13	AK	ANNA	JAN		FLACK?	NIESJEN	W.BREGANG
1646 04 08	AK	AGNES	JAN	BREILS		NIESJEN MUNNICKS	BULDENSTR
1648 08 16	AK	JAN	JAN	BROILS		NIESJEN MONNINGE	GULDENSTR
1643 12 29	AK	JACOB	JAN	CLAESSEN		NIESJEN	DRAPOORTE
1647 11 14	MK	CRIJN	JAN	KRIJNS		NIESJEN JANS	HEERSTR
1649 09 18	AK	GRIETJEN	JAN	KRIJNS		NIESJEN	PELSERSTR
1641 08 25	AK	BASTIAEN	JAN	OTTENS	BROIJLS	NIESJEN MONNICHE	GULDENSTR
1643 03 15	MK	ANNECHIEN	JAN	OTTENS	BROIJLS	NIESJEN MUNNINX	GULDENSTR
1644 12 22	MK	REMMERT	JAN	OTTENS	BROIJLS	NIESJEN MUNNINGS	GULDENSTR
1645 01 28	AK	ANNECHIEN	JAN	VLAECK?	VUIER:?	NIESJEN JANS	VOLTINGSTR
1646 06 11	AK	REGINA	JAN		BOECKELT	PIETER	NIJE STADT
1647 09 24	AK	GEERTIEN	JAN	WILLEMS		PIETERTIEN	N.EBBINGESTR
1644 12 11	MK	ANNA	JAN	ALBERTS		PIETERTIEN	SCHUITENDIEP
1648 08 25	AK	HARMEN	JAN	PIETERS		PIETERTIEN	BOTTRDIEP
1643 02 19	AK	LIJSEBET	JAN	LUBBERTS	BACKER	REGINA	SCHOOLHOLM
1648 10 12	AK	LIJSEBETH	JAN	LUBBERTS		REGINA	SCHOOLHOLM
1646 11 12	AK	HINDRICK	JAN	LUBBERTS		REIJMA	SCHOOLHOLM
1646 11 01	MK	ARENT	JAN	ARENTS	SMIT	REIJNOU?	POELEPOORTE
1648 06 04	MK	HINDRICK	JAN	AARENS	SMIT	REMMELT	POELESTR
1645 12 14	AK	ANNA	JAN	HINDRIX		RENTIEN	DRAE
1643 07 30	MK	MARRECHIEN	JAN	MELLENS		RIENE	EBBINGEPOORTE
1648 07 02	AK	HINDRICK	JAN	HINDRIX		RIENTIEN HOLKES	A POORTE
1649 08 26	AK	ANNETIE	JAN	WILLEMS		RIENTIEN WOLDRING	MONKEH
1643 06 27	AK	IDEKE	JAN	HINDRIX	SCHIPPER	RINDT JANS	DRA
1649 04 29	AK	EVERT	JAN	EVERTS		RIXTE	SUIDERDP
1642 07 31	AK	NANNE	JAN	JACOBS		RIXTE	LEELJENSTR
1647 02 14	AK	CORNELIA	JAN	JACOBS		RIXTE	TIMMERWAL
1641 02 19	AK	SANDER	JAN	GEERTS	CUIPER	ROELEF HELPRICHS	POELPRT
1648 01 12	AK	HINDRICK	JAN	EDENS		ROELEFIEN	BUITJENSTR
1647 06 18	AK	LUTGERT	JAN	EVERTS		ROELEFJE HARMENS	HEERSTR
1644 06 18	AK	JAN	JAN		HOIJTMAN	ROELEFJEN	SUIDERDIEP/POELSTR
1644 06 18	AK	PIETER	JAN		HOIJTMAN	ROELEFJEN	SUIDERDIEP/POELSTR
1648 11 30	AK	ANNE	JAN	CLAESSEN		ROELEFJEN	BREDEMERKT
1645 08 08	AK	HAARTIEN	JAN	DERX		ROELEFJEN	GELTINGESTR
1647 01 10	MK	HARMTIEN	JAN	DERX		ROELEFJEN	GELTINGESTR
1646 07 19	MK	ANNICHJEN	JAN	DETERS		ROELEFJEN	EBBINGEPOORTE
1643 02 28	AK	ITIEN	JAN	DIETERS		ROELEFJEN JANS	EBBINGEPOORTE
1644 11 24	MK	ANNA	JAN	DIETERS		ROELEFJEN JANSEN	W.E.?
1648 05 03	AK	JAN SANDERS	JAN	DIETERS		ROELEFJEN	EBBSTR
1649 06 13	MK	JANTIEN	JAN	EVERTS		ROELEFJEN	HEERSTR
1648 03 07	MK	JANTIEN	JAN (decd)	JANS		ROELEFJEN COERTS	NOORDERDP
1641 11 14	MK	GEERTRUIT	JAN	OTTENS?		ROELESJEN	OLDE.EBB.STR
1649 04 17	MK	EGBERT	JAN	EIJLERTS		ROELFJEN	CRANEPOORTE
1648 11 28	AK	ANTHONIJ	JAN	CLAESSEN		ROLEFJEN	RAEMSTR
1642 12 13	AK	ELSKE	JAN	HARMENS		SAARTIEN JANS	RAAMSTR
1645 07 30	AK	JURJEN	JAN		WINTER	SARA	MARTINIKERKE
1646 03 03	AK	CLAES	JAN	HARMENS		SARA	RAAMSTR
1648 02 16	AK	HARMEN	JAN	SCHULTE		SARA HARMENS	O.EBBPRT
1647 10 06	MK	MARGRIETA	JAN	SCHULTES		SARA HARMENS	NIJEWECH
1641 09 07	AK	DIRCKJEN	JAN	RICKELS		SEIJCKE DERX	SCHUITENRWAL
1641 06 08	MK	ELSJEN	JAN	HANSEN	DIEUWES D.D.	SIBBE	VISSCHERSTR
1644 11 06	AK	ELFJEN	JAN	HANSSEN		SIBILLA	VISSCHERSTR
1648 09 07	AK	SUSANNA	JAN	HANSSEN		SIBILLA JANS	VISSCHERST
1646 11 12	AK	JAN	JAN	HANSSENS		SIBILLA	VISCHERSTR
1642 07 31	AK	ALBERT	JAN	HANSEN		SIJBBEL	VISSCHERSTR
1646 01 01	MK	JANTIEN JANS	JAN	PIETERS		SIJE	DAMSTERDP
1643 02 21	AK	TATEKE	JAN	RICKELS	KLOPPENBRCH,V	SIJEKE	SCHUTENMRSWAL
1647 10 20	AK	WIJCKE	JAN	CLAESSENS		SIJLKE JANS	BLOEMSTR
1646 08 07	AK	REIJNERTJEN	JAN		RIDDER	SOPHIA TIASSENS	HEERSTR
1648 06 26	MK	JANTIEN	JAN		RIDDER	SOPHIA TIASSEN	HEERSTR
1648 07 22	AK	ROELEF	JAN	BEERTS		STIJNE	RAAMSTR
1646 08 07	AK	AELTJEN	JAN	GEERTS		STIJNE JANS	RAEMSTR
1641 09 29	AK	LAMBERT	JAN	HANSENS		STIJNE	HOFSTR
1645 02 11	AK	TRIJNE	JAN	HANSSEN		STIJNE JANSSEN	PRINCENSTR
1647 07 06	AK	HARMEN	JAN	HARMENS		STIJNE	OOSTERBREEGANG
1647 10 10	AK	CORNELIS	JAN	MEIJERS		STIJNTIE CORNELIS	VOLTSTR
1641 12 19	MK	GEERTRUIT	JAN		MUNSTER,VCSTR	STIJNTIEN	JANSSTR
1642 10 16	AK	EERNST	JAN		DIEMER	STIJNTIEN	VOLTINGESTR
1644 11 03	AK	ANNA URSELE	JAN		DIJMER	STIJNTIEN	VOLTINGESTR
1647 10 08	MK	EERNST	JAN		DIJMER	STIJNTIEN	VOLTINGESTR
1648 10 06	AK	MECKE	JAN	BERENTS		STIJNTIEN	LEELJENST
1644 06 21	AK	AELTIEN	JAN	GEERTS		STIJNTIEN	RAAMSTR
1642 12 07	AK	TRIJNTIE	JAN/SOLD.	HARMENS		STIJNTIEN JANS	O.BREEDEGANG
1643 11 19	MK	LIJSEBETH	JAN	HARMENS		STIJNTIEN	BREDEGANG
1648 09 08	AK	TRIJNTIE	JAN	HARMENS		STIJNTIEN	SCHUT
1643 01 17	AK	CORNELLIS	JAN	MEIJNTS		STIJNTIEN CORNELLIS	VOLTINGESTR
1643 01 17	AK	MARRECHIEN	JAN	MEIJNTS		STIJNTIEN CORRELLIS	VOLTINGESTR
1641 08 06	AK	JANTIEN	JAN	REIJNERS		STIJNTIEN	SCHUITEMAKERSSTR
1644 07 02	AK	JOANNES	JAN	TOMMES		STIJNTIEN	LEELJENSTR
1646 09 15	AK	HILLETJEN	JAN	TAMMES		STIJNTJEN JANS	GELDENLEEUW
1642 01 26	AK	ENGELTIEN	JAN	ISAACK		SUSANNA RIETM?	JADT
1644 08 23	AK	ARJAEN	JAN	ISAAX		SUSANNA	CROMELBOGEN
1649 03 26	AK	JAN	JAN	JANSSEN		SUSANNA	STEENTILSTR
1649 08 28	AK	JOANNES	JAN	MEIJNERTS		SUSANNA	PRINCENSTR
1647 12 30	AK	MARGRIETE	JAN		OOSTERMAN	SWAENTIE	JADTSTR
1649 05 08	AK	PIETER	JAN		OOSTERMAN	SWAENTIEN	KIJK/JAT
1648 01 23	AK	BRUINE	JAN	BRUINS		SWAENTIEN	SLEMENNERSTR
1649 07 26	AK	BRUIN	JAN	BRUINS		SWAENTIEN	BOTTRINGEPRT
1646 01 08	AK	GEESJEN	JAN	DERX		SWAENTIEN JURJENS	PLUIMERSGANG
1649 11 18	AK	JAN	JAN	JANSSEN		SWAENTIEN JANS	RAAMSTR
1641 04 22	AK	STIJNTIEN	JAN	PIETERS	VAENDRICK	SWAENTIEN	VOLTINGESTR
1643 11 12	MK	GERRIT	JAN/LIEUT:	PIETERS		SWAENTIEN CALMUS	VOLTINGESTR
1646 07 12	AK	JANTIEN	JAN/LIEUTENANT	PIETERS		SWAENTIEN	VOLTINGESTR
1644 01 21	MK	GEESJEN	JAN	DERCKS		SWANE JURJENS	DAMSTERDIEP
1644 01 21	MK	TRIJNTIEN	JAN	DERCKS		SWANE JURJENS	DAMSTERDIEP
1647 06 25	AK	GEESJEN	JAN	DERCKS		SWANE	PLUIMERSGANG
1642 10 26	AK	DERCK	JAN	DERX		SWANE JURJENS	DAMSTERDP
1646 01 29	AK	AELTIEN	JAN	JANSSEN	TANNENDRAIJER	TALKE	SCHUITENRSWAL
1649 09 27	AK	GEESJEN	JAN	BERENTS		TALLE	SCHUTNAKRWAL
1646 10 21	AK	DAVID	JAN	DAVIDTS		TALLE	GELTINGESTR
1644 09 08	MK	ANNECHIEN	JAN	DAVITS		TALLE	GELTINGESTR
1647 02 24	AK	POPPE	JAN	EDDENS		TALLE JACOBS	PLUIMERSGANG
1643 06 21	AK	GOOSSEN	JAN	JANSSEN		TALLE GOOSSENS	SCHUTEMRSWAL
1648 07 28	AK	AUCKE	JAN	DAVIDTS		TALLECHIEN JANS	GELTINGESTR

Year Mo Da	Chr	Child's Given Name	Father/Child's Patronymic	Father's Patronymic	Father's Surname	Mother	Address
1643 02 10	AK	GEESJEN	JAN	ROELEFS		TAMKE	VISSCHERPIJP
1643 09 21	AK	ANNA	JAN	JANSSEN		TANNEKEN HINDRIX	SCHUITEMAKERSTR
1647 06 14	MK	HILLETIE	JAN	JANSSEN		TELTJEN CHRISTOFFERS	VISSCHERST
1649 04 22	AK	AELTIEN	JAN	ZESTART?	"JUNIOR"	TETEKE	HARDSTR
1644 03 06	AK	ANTHONIUS	JAN		KEMMER?	TIETE	3 MEULLEN
1647 08 22	AK	JAN	JAN		KAMNER	TIJTE ECHTE	PAULSBLEIJKE
1641 11 23	AK	JAN	JAN	TEPENS		TOEBE VREECKS	RAAMSTR
1646 02 01	MK	HAIJE	JAN	HAIJES		TRIJENE	ARTELERIJHUIJS
1647 10 12	AK	STEFFEN	JAN/SOLD.		LOOGMAN	TRIJNE	JONKERENSTR
1649 09 27	AK	JACOB	JAN		MAIJE	TRIJNE	A POORTE
1643 01 24	AK	HEMKE	JAN	AIJELS		TRIJNE DERCKS	SCHUITENDIEP
1643 10 20	AK	GEERTIEN	JAN	ALBERTS		TRIJNE JANS	PRINCENSTR
1644 07 17	MK	JANTIEN	JAN	EVERTS		TRIJNE HERMENS	LEELJENSTR
1645 12 06	AK	AELTIEN	JAN	GEERTS		TRIJNE	SUIDERDIEP
1646 10 27	AK	ENNECHIEN	JAN	GEERTS		TRIJNE COERTS	BROERESTR
1647 12 15	AK	JANTIE	JAN	GERRITS		TRIJNE	NIJEWECH
1649 10 24	AK	JANTIEN	JAN	GERRITS		TRIJNE JANS	NIJEWECH
1643 11 05	MK	MARIJKE	JAN	GORRIS		TRIJNE	SMACKERSGANG
1644 10 27	MK	HAIJKE	JAN	HAIJES		TRIJNE	SCHUITENDIEP
1645 10 31	AK	HARMEN	JAN	HARMENS		TRIJNE	NIEUWE WECH
1641 08 11	AK	HILLE	JAN	JANSEN		TRIJNE GEERTS	BOTTRINGEPRT
1641 12 30	AK	ARRIAEN	JAN	JANSSEN		TRIJNE	HOFFSTR
1643 07 30	AK	GEERTIEN	JAN	JANSSEN		TRIJNE GEERTS	HAVENSTR
1649 06 27	MK	TALLE	JAN	JANSSEN		TRIJNE SIJGERS	SCHUTNDP
1643 02 14	AK	LUCKE	JAN	LAMBERTS		TRIJNE	COSTERSGANG
1641 12 19	MK	LUCAS	JAN	LUCAS		TRIJNE	POELEPRTE
1642 08 17	AK	FOKELE	JAN	LUITIENS		TRIJNE	PEEPERSTR
1643 12 12	AK	MARRECHIEN	JAN	LUITIENS		TRIJNE	OOSTERPOORTE
1641 11 18	AK	HINDRICKJEN	JAN	TONNIS		TRIJNE	S.JACOBSGASTHUIJS
1643 04 25	MK	GRIETIEN	JAN	TONNIS	TOUSLAGER	TRIJNE	EBBINGEPOORTE
1643 09 13	AK	GEERTRUIT	JAN		TAMBEEK,VAN	TRIJNTIE HERMENS	N.JADT
1643 10 08	MK	WESSEL	JAN		FERWERE,VAN	TRIJNTIE	N.KERKHOFF
1642 08 21	AK	DERCK	JAN	EVERS		TRIJNTIE	JADTSBRUGGE
1648 10 17	AK	GEESIEN	JAN	JANS	FRIESE	TRIJNTIE	SUIDERDP
1647 11 28	MK	JORIS	JAN	PIETERS	DIJCKZON	TRIJNTIE	POELESTR
1648 08 20	AK	TRIJNTIE	JAN	RIEMERTS		TRIJNTIE EGBERTS	VISSCHERSTR
1641 10 19	AK	GIJSBERT	JAN		SAMBEECK,VAN	TRIJNTIEN HARMENS	JADT
1644 12 20	AK	AELTIEN	JAN		MESTERINCK	TRIJNTIEN	EBBINGESTR
1644 09 18	AK	AGNES	JAN		MONNING	TRIJNTIEN HINDRIX	EBBINGESTR
1644 12 20	AK	HILLECHIEN	JAN		CRABBE	TRIJNTIEN	SUIDERDIEP
1645 08 03	AK	JAN	JAN/SOL:		SANDTBEECK	TRIJNTIEN	NIJEJADTSTR
1646 01 16	AK	AGNES	JAN		MONNINCK?	TRIJNTIEN HINDRIX	EBBINGSTR
1647 11 10	MK	AGNES	JAN		MUNNING	TRIJNTIEN HINDRIX	EBBSTR
1649 09 04	AK	CHRISTINA	JAN		EICKLOF?	TRIJNTIEN	PRINCENSTR
1649 04 13	AK	HINDRICK	JAN		MUNNING?	TRIJNTIEN HINDRIX	EBBSTR
1646 03 31	AK	BARTELT	JAN	ALBERTS		TRIJNTIEN BARTELTS	N.EBBSTR
1641 09 29	AK	JAN	JAN	BRUINS		TRIJNTIEN	SWANESTR
1641 03 12	AK	PETER	JAN	BRUINS		TRIJNTIEN JANS	HEERSTR
1642 08 28	AK	PIETER	JAN	BRUINS		TRIJNTIEN	VOLTIGESTR
1643 11 02	AK	SOPHIA	JAN	BRUNTS		TRIJNTIEN	SWANESTR
1646 06 16	MK	PIETER	JAN	BRUNTS		TRIJNTIEN	VOLTIGESTR
1641 10 14	MK	HILLE	JAN	DERX	COORMUETER?	TRIJNTIEN	MUERE
1642 09 10	AK	JANTIEN	JAN	DERX	SADELMR.	TRIJNTIEN	POELESTR
1644 06 12	AK	FREDERICH	JAN	DERX	SADELMAKER	TRIJNTIEN FREERX	POELESTR
1647 04 02	AK	FENNETIEN	JAN	DERX	SADELER	TRIJNTIEN	POELESTR
1641 09 26	MK	OTTE	JAN	GOERRIJS		TRIJNTIEN	SCHUITENDP
1643 02 02	AK	GEERTRUIT	JAN	HARMENS		TRIJNTIEN	MUERE
1646 12 23	AK	TRIJNTIEN	JAN/SOLD	HARMENS		TRIJNTIEN	VISSCHERSTR
1647 08 19	AK	SWAENTIEN	JAN	HARMENS		TRIJNTIEN HUGENS	A
1649 03 13	AK	SWAENTIEN	JAN	HARMENS		TRIJNTIEN	A.
1643 01 05	AK	JAN	JAN	HILLEBRANTS		TRIJNTIEN	KRANEPOORTE
1643 08 01	AK	AELTIEN	JAN	HUSSUM?	BREMEN,VAN	TRIJNTIEN HARMENS	N.STRAATJEN
1642 05 18	AK	JOANNES	JAN	JANSEN	ZEEUW/SCHLMR	TRIJNTIEN	GELTINGESTR
1645 10 29	AK	GEERT	JAN/SOLD	JANSEN		TRIJNTIEN	SCHUTENDIEP
1644 04 11	AK	AELTIEN	JAN	JANSSEN		TRIJNTIEN	STOELDREIJERSTR
1644 10 11	AK	JAN	JAN	JANSSEN		TRIJNTIEN	BLOEMSTR
1647 03 12	AK	DOETJEN	JAN	JANSSEN		TRIJNTIEN	BLOEMSTR
1647 10 06	MK	JOANNES	JAN	JANSSEN		TRIJNTIEN CLAESSEN	A POORTE
1649 07 13	AK	METJEN	JAN	JANSSEN		TRIJNTIEN	MUER/EBB
1647 07 03	MK	JACOBJEN	JAN	MESTERINUS		TRIJNTIEN	EBBSTR
1642 11 13	MK	HARMEN	JAN	MONNING?		TRIJNTIEN HINDRIX	O.EBBINGSTR
1648 02 25	AK	HINDRICK	JAN	PAASCHEN?		TRIJNTIEN	STOELDRSTR
1642 03 15	MK	COOP	JAN	PAASCHENS		TRIJNTIEN	STOELDRSTR
1642 08 04	AK	WILLEM	JAN	PIETERS		TRIJNTIEN PIETERS	N.POELSTR
1644 04 16	AK	PIETER	JAN	PIETERS		TRIJNTIEN	N.POELESTRATE
1645 05 18	MK	JOANNES	JAN	PIETERS		TRIJNTIEN	PEOLESTR
1646 03 01	MK	MAEIJKE	JAN	PIETERS	BROUWER	TRIJNTIEN	POELEPOORTE
1646 06 15	MK	MARIA	JAN	PIETERS	DIXSON	TRIJNTIEN	PAULSESTR
1647 02 21	MK	MARRECHJEN	JAN	PIETERS		TRIJNTIEN JACOBS	POELESTR
1648 11 12	MK	JACOB	JAN	PIETERS		TRIJNTIEN	PELSERST
1644 11 08	AK	EGBERT	JAN	RIEMERTS		TRIJNTIEN	VISSCHERSTR
1643 01 01	AK	JANTIEN	JAN	ROELEFS	POLITIJ-MR.	TRIJNTIEN	SCHUITMRSSTR
1644 09 05	AK	HINDRICKJEN	JAN	ROELEFS	SCHULTE	TRIJNTIEN	SCHUTMRSSTR
1642 01 25	AK	GEERTRUIT	JAN	SANDERS	SMS BEREIJDER	TRIJNTIEN	BRUGGESTR
1646 01 16	AK	GRIETJEN	JAN	SANDERS		TRIJNTIEN ROELEFS	BRUGGESTR
1649 11 08	AK	SWAENTIEN	JAN	SCHOLTES		TRIJNTIEN	A PRT
1642 07 17	MK	AELTJEN	JAN	JANSEN		TRIJNTJEN	BLOEMSTR
1646 07 26	AK	GEESJEN	JAN	PAESENEN		TRIJNTJEN	STOELDREIJERSSTADT
1648 01 13	AK	SOPHIE	JAN	GEERTS		TRINTIEN	SUIDERDP
1647 04 25	AK	CORNELIS	JAN	CLAESSEN	KOLTHOF	WEIJNTIEN CORNELIS	CORELL
1642 04 26	AK	JACOB	JAN	REIJNTIENS		WEMELTIEN OTTENS	CRANEPRT
1646 09 29	MK	REIJNTJE	JAN	REIJNTJES		WEMELTJEN OTTENS	NOORDERDP
1646 01 14	AK	BARTHELT	JAN	BARTHELS		WENDEL	PLUIMERSGANCK
1649 10 02	AK	CORNELIS	JAN		HOLTHOFF	WENNETIEN CORNELIS	BIJTERSTR
1641 04 07	AK	WILLEM	JAN/RAADSCH:	DREEUWS		WIBBE MEIJDERS	BOTTR
1645 04 11	MK	ANNECHIEN	JAN	GEERTS		WIBBECHIEN	HEERPORT
1645 09 17	AK	HARMEN	JAN	JANS		WIBKES?	MUERE
1647 11 11	MK	MARRETIEN	JAN	VRICKES		WIJMEKE	N.JATSTR
1644 04 11	AK	FENNETIEN	JAN	HARMENS		WILLEMTIE	VISSCHERSTR
1646 12 15	AK	HEBBELTIEN	JAN		BUSCHUIS	WILLEMTIEN EEKENHORST	JADT
1649 04 10	AK	JACOBJEN	JAN		ALTING	WILLEMTIEN	PLUIMERSGNG
1647 07 21	AK	ANNEKE	JAN	BALSJERS		WILLEMTIEN	COLDEGADT
1642 12 11	AK	ELLE	JAN	BALTSARS		WILLEMTIEN ARENTS	COLDEGADT
1644 12 22	AK	HARMEN	JAN	BALTSERS		WILLEMTIEN	COLDEGADT
1649 10 30	AK	HILLETIEN	JAN	BALTSERS		WILLEMTIEN	JADT

Year Mo Da	Chr	Child's Given Name	Father/Child's Patronymic	Father's Patronymic	Father's Surname	Mother	Address
1641 07 06	AK	HARMEN	JAN	HARMENS		WILLEMTIEN	VISSCHRSTR
1644 11 22	AK	JANTIEN	JAN	JACOPS		WILLEMTIEN WILLEMS	NIJEPOELESTR
1645 02 09	MK	ANNECHIEN	JAN	JANSSEN		WILLEMTIEN HINDRIX	GULDENSTR
1648 12 10	MK	JAN	JAN	JANSSEN		WILLEMTIEN	OOSTERSTR
1646 11 17	AK	CHRISTOFFER	JAN	LAURENS		WILLEMTIEN	SUIDERDP
1644 07 16	MK	ANNECHIEN	JAN	LAURENTS		WILLEMTIEN	N.SUIDERDIEP
1642 10 23	AK	SUSANNA	JAN	THOMAS		WILLEMTIEN REIJNERTS	VISSCHERSTR
1641 09 07	AK	HEMME	JAN/SOLDAET		HAERBLINCK	WOPKE	NIEUWESTADT
1647 08 24	AK	SAKE	JAN	TIJMENS		WOPKE	HAVENSTR
1648 10 03	AK	CLAES	JAN	HARMENS		ZARA	RAAMSTR
1645 07 16	AK	PIETER	JANS		RUISTEBIJL	ANNA	SUIDERDP
1648 07 30	AK	ANNECHIEN	JANS	JANSSEN		DORENTHEA JANSSEN	HARDINGSTR
1641 12 27	AK	HANS JURJEN	JANS		SWARTE	GEERTRUIT	PRINCENSTR
1649 10 04	AK	JANTIEN	JANS	JANS		GEESJEN SCHRE?	SLEMENNERSTR
1647 01 10	AK	GRIETJEN	JANS	JANSSEN		LUMMECHIEN	PAPENPOORTIE
1644 06 26	AK	STIJNTIEN	JANS	HINDRIX		TRIJNTIEN	ROSENSTR
1645 03 09	AK	MARRECHIEN	JANS	PIETERS		TRIJNTIEN JANS	DRA
1649 11 02	AK	GRIETIEN	JANSSEN (sic)			TRIJNTIE	BLOEMSTR
1649 10 28	MK	JAN	JARELS	--		JANTIEN	POPKENSTR
1643 08 24	AK	ANNEKE	JARMEN	MARTENS		AELTIEN	SCHUTENDIEP
1643 02 24	AK	WILLEMTIEN	JARMEN	WESSELS		ALBERTIEN	EBBINGESTR
1641 07 21	AK	ALBERT	JARMEN	JANSEN	IPPING	JANTIEN JANSEN	SCHUITENDP
1643 03 29	AK	FREERCK	JARMEN	FREERCKS		MARRETIEN	OOSTERSTR
1647 08 01	MK	JOANNES	JEAN		TESTART	TETEKE WISSINGS	MEERLT?
1647 04 23	AK	ELSKE	JEBBE	SEKENS		GEBBE ISEBRANTS	HAVENSTR
1645 06 27	AK	ANNA	JEFFERE	TILLES		ELIJSABETH	LANE
1643 01 01	AK	EPHRAIM	JEFFRY	TILLES		ELISABETH	VISSCHERSTR
1643 10 22	MK	HARMEN	JELES		TETELER	CIJEKE HARMENS	HEERPOORTE/DRIST
1649 04 01	MK	ANNETIE	JELIS	HINDRIX		GRIETE COERTS	BLOEMSTR
1646 06 17	AK	ALLERT	JELIS	JOANNES		GRIETE	RENEMANSGANG
1644 11 26	AK	FREE	JELIS/SOLD.	JOANNES		GRIETIEN ALLERS	A KERKE
1641 09 09	AK	TRIJNTIEN	JELIS	JOHANNES		GRIETIEN ALLERS	DRAKERK/N.ST
1645 03 06	AK	AELTIEN	JELIS		CETELER	SIJEKE	HEEREPOORTE
1645 03 06	AK	REGINE	JELIS		CETELER	SIJEKE	HEEREPOORTE
1648 06 09	MK	JANTIEN	JELLE	WILLEMS		AELTIEN JANS	TIMMERWERF
1649 11 27	AK	MARIA	JELMER		STEENBERGEN	BARBERTIEN	NIJESTAD
1644 11 22	AK	ANNECHIEN	JELTE	WILLEMS		AELTIE JANS	LEELJENSTR
1647 11 23	AK	JACOB	JELTE	PELGROM?		AELTIEN	SLEMENNERSTR
1643 01 15	AK	PELGRUM	JELTE	PELGRUMS		AELTIEN GERRITS	CRANEPOORTE
1642 05 08	AK	WILLEM	JELTE	WILLEMS		AELTIEN	SLEMENNERSTR
1643 10 29	AK	JAN	JELTE	WILLEMS		AELTIEN JANS	HAVENSTR
1645 11 26	AK	ANNECHIEN	JELTE	WILLEMS		AELTIEN	LEELJENSTR
1647 02 07	AK	WILLEM	JELTE	WILLEMS		AELTIEN	LEELJENSTR
1644 02 18	MK	EDSKE	JELTE	EDSKES		GEESE LUERTS	STEENTILPOORTE
1644 12 24	AK	CLAES	JELTE	EGBERTS		HILLE	NIJESTADT
1646 02 22	MK	EGBERT	JELTE	EGBERTS		HILLECHIEN AELELFS	N.BOTTRSTR
1647 09 21	AK	LIJSABETH	JELTE	SIJBERTS		HILLETIE ALES	N.BOTTRPOORTE
1641 07 14	AK	JAN	JELTE	EGBERTS		HILLETIEN AELEFS	JADTSTR
1643 06 02	AK	MARRECHIEN	JELTE	BARTHOLTS		WOPKE MARTENS	OOSTERPOORTE
1645 10 14	AK	ROELEF	JEPE	ROELEFS		GRIETIEN IPES	CRANEPOORTE
1642 04 11	MK	ANNA	JEREMIAS	MEES		ANNECHIEN SIJGERS	STEENTILSTR
1645 01 24	MK	DANIEL	JEREMIAS	MEES		ANNECHIEN SIJGERS	STEENTILSTR
1648 03 03	AK	SIJGER	JEREMIAS	MEES		ANNETIE SIJGERS	STEENTILSTR
1648 09 01	AK	MAGDALENA	JEREMIAS		BOEK	CATALINA CELEN	3 MEULLENS
1643 01 31	AK	MARTIJNTIEN	JEREMIAS	MARTIJN		GRIETIEN HANSSES	BOTTRPOORTE
1646 03 10	AK	CHRISTINA	JERONIJMUS	RUDERS		ANNECHIEN REDERS	SWANESTR
1642 01 16	AK	ANNECHIEN	JERONIMUS	ROELEFS	BACKER	LAMMECHIEN ANNES	A POORT
1649 07 24	AK	LISABETH	JETJE	ALTENS		GRIETIEN	BOTTRSTR
1641 06 11	MK	ANNETIEN	JETJEN	ALTENS	KLEERMAKER	GRIETIE BOELENS	BOTTRSTR
1642 12 10	AK	AELTIE	JG./PASTOOR		BESTEN	AELTIE GELDORPS	WEEM/MARTINIKERKHOF
1646 02 22	MK	AELTIEN	JIBBE	JANS		MEENE JILLIS	ROSENSTR
1642 03 27	AK	JACOB	JOACH:/D.	BORGESIUS	RECTOR.	GEERTRUIT HOUBING	SWANESTR
1642 03 27	AK	MICHAEL	JOACH:/D.	BORGESIUS	RECTOR.	GEERTRUIT HUIBINGS	SWANESTR
1644 06 09	MK	ANNA	JOACH:	BORGESIUS		GEERTRUIT HUIBINGS	CLOOSTER
1648 08 09	AK	BARTHELT	JOACHIM		CANTER	HILLENA WICHRING	M--
1646 05 12	AK	CORNELIS	JOAN	JAN	MEURS	BEERTJEN	TORFTOORNSTR
1641 02 11	AK	JANTIEN	JOANNES	TONNIS		--	HOOCHSTR
1644 06 19	AK	MARIA	JOANNES		STRATEN,V D	AGNES	JADT
1644 06 19	AK	PIETER	JOANNES		STRATEN,V D	AGNES	JADT
1649 09 02	MK	DEUWE	JOANNES	DOUWES		ALBERTIEN BRUINING	SWANESTR
1648 10 11	AK	TONNIS	JOANNES	TONNIS		ALE	PLUIMERSGAGN
1648 07 04	AK	JACOBUS	JOANNES		VOOREMAN?	ANEKE SERBAES	CRANEPOORTE
1647 08 01	MK	SARA	JOANNES		HONHIUS?	ANNA HEECK,VAN	OOSTERSTR
1646 02 22	AK	CHRISTINA MARGR.	JOANNES	COUR.	MONGUS?	ANNA M. WIPPINA	JAT
1644 02 01	AK	AELTIEN	JOANNES	EDING	PASTR/POST &C	ANNECHIEN LAAR,VAN'T	--
1645 12 28	MK	MATTHIAS	JOANNES		ZIEGLER	BARBER JANS	PRINCENSTR
1648 07 12	MK	SARA	JOANNES		SIGLER	BARBER JANS	ANTHONIJ GSTHUIS
1647 03 31	MK	ANNA	JOANNES	BORGEHUIS		CATARINA NIJENBORCHS	JOANNESSTR
1647 11 05	AK	CUDOLPH?	JOANNES	WICHERS		CLARA LUDOLPHI	BOTTRSTR
1649 02 21	AK	WICHER	JOANNES	WICHERS		CLARA LUDOLPHI	BOTTRST
1643 11 26	AK	AMERENTIA	JOANNES		SCHUPHAM	CORNELIA GEERTS	JATSBRUGGE
1644 06 10	AK	JOANNES	JOANNES	MARTINUS		EELKJEN GEERTS	A KERK
1649 01 24	AK	JACOMIJNTIE	JOANNES	ICORIUS		ELIJSABETH	OSSEMERKT
1644 10 08	AK	CLAESJEN	JOANNES	LEORIUS		ELISABETH	OSSEMERCKT
1646 09 16	AK	AELTJEN	JOANNES	LEORIUS		ELISABETH	N.OSSEMERCT
1644 05 09	AK	BARBER	JOANNES		OFFENBERGER	ELSJEN	PAPEN-POORTIE
1647 09 19	AK	HILLETIEN	JOANNES	BOES		ELSJEN JANS	WESTINDISCHHUIS
1641 02 24	MK	AELTIEN	JOANNES	CLEOS		ELSJEN BERENTS	SWANESTR
1641 02 24	MK	ELFJEN	JOANNES	CLEOS		ELSJEN BERENTS	SWANESTR
1649 08 31	AK	JELTIE	JOANNES	JELTIES		EPKE PIETERS	N.BOTTRSTR
1647 11 14	AK	GEBBETIEN	JOANNES	BOUWSTEN		FENNETIE	TORFTOORNSTE
1647 11 14	AK	WENDELTIEN	JOANNES	BOUWSTEN		FENNETIE	TORFTOORNSTE
1645 08 12	AK	MARRIJE	JOANNES		BREE	FIJE	JUDE CORENSTR
1648 09 27	AK	MARIA MARGR.	JOANNES	PROCTORIUS		FRERICKJEN	WOLBERGSSTR
1646 02 11	AK	AELTIEN	JOANNES	HARMENS		GEBBE BERENTS	MEULENSTR
1648 08 13	MK	STIJNTIEN	JOANNES	HARMENS		GEBBETIEN	MEULESTR
1642 10 23	AK	ANNETIEN	JOANNES	CORNELIS		GEESJEN JOANNES	ROSENSTR
1645 08 12	AK	JAN	JOANNES	CORNELIS		GEESJEN	ROSENSTR
1644 07 07	MK	JAN	JOANNES	JANS	CUIPER	GEESJEN WARMERS	HEERSTR
1647 08 12	AK	JANTIEN	JOANNES	JANSSEN		GEESJEN WARNERS	HEERSTR
1645 12 06	AK	MARGRIETE	JOANNES		ROSTORP	GEESKE-MAGDALENA SCHRODERS JADT STR	
1646 02 27	AK	BARTHOLOMAEUS	JOANNES	N.		GRIETIEN	MUERE
1644 10 27	MK	JOANNES	JOANNES		SCHULENBORCH	GRIETJEN JANS	NOORDERDIEP
1642 03 20	MK	GEESJEN	JOANNES		SCHULONBORCH	HARMTIEN WINSHEMIJ	OOSTERSTR
1648 11 12	AK	BEIJTSKE	JOANNES		VENEMAN?	IDECHIEN	CRANEPRRT

Year Mo Da	Chr	Child's Given Name	Father/Child's Patronymic	Father's Patronymic	Father's Surname	Mother	Address
1648 07 02	AK	GEERTIEN	JOANNES		COP	JANTIEN JANS	TIMMERWERFF
1643 02 24	AK	ARENT	JOANNES	ARENTS		JANTIEN HAMMINGE	JAT
1643 02 24	AK	TRIJNTIEN	JOANNES	ARENTS		JANTIEN HAMMINGE	JAT
1646 11 15	MK	CUNIERE	JOANNES	COOPS		JANTIEN	EBBPOORTE
1644 06 14	AK	JAN	JOANNES	JANS		JANTIEN	GELTINGESTR
1646 09 12	AK	ANNE MARIE	JOANNES		KLEIJN	LIJSABETH JOANNES	3 MEULEN
1642 01 07	AK	ANNA MARIA	JOANNES/RTSHR		CLINGE	LUBBETIEN DIURKEN	POELSTR
1643 06 14	MK	LAMMECHIEN	JOANNES/RTSHR	TIASSENS		MARGR. ACKEMA	POELSTR
1642 03 18	AK	MARGRETE	JOANNES		SLEPER	MARGRETE	PLUIMERSGANG
1643 06 24	MK	ENGELBERT	JOANNES		WISMAN	MARGRIETE	SCHUITENDIEP
1645 03 05	MK	AUGUSTA	JOANNES		WISMAN	MARGRIETE	SCHUTENDP
1642 01 19	AK	EESJEN	JOANNES		BECKMAN	MARIA JANS	KERKJOFF
1644 12 20	AK	MARRECHIEN	JOANNES	ALBERTS		MARRECHIEN GEERTS	BOTTRINGEPOORTE
1644 03 31	MK	HINDRICK	JOANNES	HINDRIX		MARRECHIEN JANS	CRANEPOORT
1648 10 17	AK	CLAES	JOANNES	HINDRIX		MARRECHIEN	SLEMENNERST
1642 08 18	AK	ICKJEN	JOANNES	CALMES		MARRETIEN JOOSTENS	SUIDERDP
1646 14 20	AK	HINDRICK	JOANNES	HINDRIX		MARRETIEN ALBERTS	SLEMENNERSTR
1647 01 31	AK	CLAES	JOANNES	HINDRIX		MARRETIEN	SLEMENNERSSTR
1648 09 06	AK	FROUCK	JOANNES	JOANNES		PIETIE?	VOLTINGESTR
1647 07 11	MK	AELTIEN	JOANNES	SMATS?		SIAEUCKE	HEERSTR
1649 03 13	AK	ADAM	JOANNES	SMALS		SIAUCKE	HEERSTR
1644 12 22	MK	ARENT	JOANNES	ARENTS		STIJNTIEN	HARDINGESTR
1647 06 27	MK	ANNECHIEN	JOANNES	ARENTS		STIJNTIEN JANS	CARELSWECH
1648 08 26	AK	JAN	JOANNES	ARIENS		STIJNTIEN JANSSEN	CARELSWECH
1649 01 10	AK	SWAENTIEN	JOANNES	MARCUS		SUSANNA	GELTINGESTR
1647 12 19	AK	AELTIEN	JOANNES/DR.	MEINTS		TIETIEN TAMMMES	HEERSTR
1641 07 22	AK	JOHANNES	JOANNES		BUSMAN	TRIJNTIEN ELDERS	A.PRT
1642 08 31	AK	JAN	JOANNES		BREDERODE	TRIJNTIEN JANSEN	N.EBBSTR
1648 07 09	MK	JAN	JOANNES		RUISMAN	TRIJNTIEN JANS	A
1645 03 21	MK	ALEXANDER	JOANNES	ALEXANDER		TRIJNTIEN HARMENS	SWANESTR
1647 04 26	MK	EVA	JOANNES	BARELS		TRIJNTIEN HARMENS	SWANESTR
1649 08 07	AK	CHRISTOFFER	JOANNES	BARELTS		TRIJNTIEN	SWANESTR
1648 06 02	MK	MARGRIETE	JOANNES	BARTELS		TRIJNTIEN	SWANESTR
1648 04 12	AK	FAES	JOANNES	FAESSES		TRIJNTIEN PIETERS	JONK.STR
1644 06 23	MK	WELMOET	JOANNES/D.	ROEBERTS		TRIJNTIEN HAIJKENS	MKERKHOFF
1644 02 11	AK	JOANNES	JOANNES	JOANNES	ZEE,VAN	TRJINTIEN JANS	MARTINIKERKHOFF
1647 07 25	AK	POUWEL	JOANNES		AUDEN,VAN	WOBBEKE REIJMERS	VISSCHR
1645 01 19	AK	HELENA	JOANNES?	CASSQU?		ANNE PHILIPS	PRINCENSTR/DRIST
1641 12 24	AK	STIJNE	JOANNS	BARELTS		TRIJNTIEN HARMENS	SWANESTR
1645 09 23	AK	TRIJNTIEN	JOCHEM	AUCKES		AELTIEN CLAESSEN	DRA
1644 08 06	MK	ANNETIE	JOCHEM	BRUNS		ANNETIE PIETERS	PLUIMERSGANG
1644 08 06	MK	JOCHEM	JOCHEM	BRUNS		ANNETIE PIETERS	PLUIMERSGANG
1642 08 17	AK	ALBERT	JOCHEM	LUBBERT	ALBERTS	ANNETIEN	GULDENSTR
1646 08 23	AK	ELIZABETH	JOCHEM		DRESELAER	ELSJEN	JEMCKEBARKERSGN
1642 11 02	AK	JURJEN	JOCHEM	JURJENS		HAASJEN GEERTS	EBBINGESTR
1641 10 03	MK	HEMMICHJEN	JOCHEM	JURJENS	GLASEMAKER?	HAESJEN GEERTS?	O.EBBINGSTR
1645 09 26	AK	FOXHAN?	JOCHEM	BUTTES		HILLECHIEN HINDIRX	A KERKE
1646 11 05	AK	HANS	JOCHIM	BRANTS		AEFJEN	HOFFSTR
1648 01 23	AK	HANS	JOCHIM	BRANTS		AEFJEN	A POORTE
1648 01 18	AK	TRIJNTIEN	JOCHIM		SOUR	AELTIEN CLAES	DAMSTERDP
1643 03 19	AK	AEFJEN	JOCHIM	AUCKENS		AELTIEN CLAES	DRA
1647 12 12	AK	JAN	JOCHIM	BODEIJ		AELTIEN	NIJESTADT
1649 02 09	MK	ANNE	JOCHIM	JANS		AELTIEN	OOSTRPRT
1642 01 26	AK	ANDRIES	JOCHIM/SOLDAET	STEEN		AELTIEN	OOSTERPRT
1644 07 04	AK	METJEN	JOCHIM	STEIJN		AELTIEN	TRIJMENS MEULLEN
1646 11 05	AK	AELTIEN	JOCHIM	BRANTS		AERJEN	HOFFSTR
1645 05 28	AK	ANNA	JOCHIM	ROELEFS		AGNETA	OOSTERPIJPE
1647 08 29	MK	LIJEBETH	JOCHIM	ROELEFS		AGNETA	OOSTERSTR
1643 02 12	AK	REIJNER	JOCHIM	ROELEFS		AGNIETE JANS	ROSENSTR
1649 12 05	AK	JOCHIM	JOCHIM	ROELEFS		AGNIETE	SUIDERDP
1647 09 10	AK	JAN	JOCHIM	STEIJNS		ALIJT	BOTTINGEGANG
1643 12 22	AK	REIJNOUT	JOCHIM	BARNIERS		ANNECHIEN EERNSTS	N.JATSTR
1643 11 28	AK	ANNE	JOCHIM	KLEPPERS		ANNECHIEN SANDERS	PRINCENSTRATE
1646 08 17	MK	HANS	JOCHIM		KLEPER	ANNEKE	GOSTERPOORTE
1643 12 24	AK	MARIA	JOCHIM	DROES		ELISABETH	VISSCHERSTR
1646 02 12	AK	JOCHIM	JOCHIM		SOOR	ELLECHIEN CLAESSEN	TORFTOORNSTR
1649 11 11	AK	AGNES	JOCHIM		DROSLER	ELSJEN	VISSSTR
1648 03 01	AK	ANNECHJEN	JOCHIM	ADOLFFS		ELSJEN	PRINCENSTR
1649 09 05	AK	CORNELIS	JOCHIM	ADOLPHS		ELSJEN	PRINCENSTR
1642 03 20	AK	ELSJEN	JOCHIM		RODEVAEN	FENNE GEERTS	NIEUWESTADT
1648 10 05	AK	HINDRICK	JOCHIM		FRILING	GEESJEN MENSING	HOGESTR
1645 07 06	AK	GEESJEN	JOCHIM	JANSSEN		GEESJEN	HAVENSTR
1642 08 31	AK	HINDRICK	JOCHIM		LANGE	GIJSSELE	POELESTR
1644 08 21	AK	GEESJEN	JOCHIM	JURJENS		HAASJEN	O.EBBINGESTR
1644 12 04	AK	ANNEKE	JOCHIM	ENGELBERTS		HARMTIEN	COSTERSGANG
1646 06 25	AK	JOCHIM	JOCHIM		CANT	HELENA WICHERINGE	BROEEMERKE
1646 07 26	AK	HELLENA	JOCHIM	CANTER	ANEPTMAN	HELENA WICHERINGE	MERCK
1647 06 20	AK	HILLEGUNDA	JOCHIM	CAUTER		HELENA WICH	BREDEMERKT
1643 10 24	AK	ANNA	JOCHIM		BULTER	HILLECHIEN HINDRIX	LANE
1647 09 12	AK	HENRICUS	JOCHIM		BRANDENBORCH	LIJSEBET HINDRIX	SUIDERDP
1649 03 18	AK	CATHRINA	JOCHIM		BRANDENBORCH	LIJSEBETH	W.S HUIS
1642 06 05	MK	ANNA	JOCHIM	HOENDRIX		MARGRIETA HARDENWIJK	EBBSTR
1647 10 08	MK	IDETIE	JOCHIM	HELMICH		THOMASJEN THOMAS	S.JOANNESSTR
1644 04 28	MK	HELMICH	JOCHIM	HELMICHS		THOMESJEN	S:JOANNESSTRATE
1649 10 19	AK	HELM	JOCHIM	HELM		TONISJEN	JANSSTR
1645 14 25	AK	DOROTHEA	JOCHIM	HELM		TONISJIEN	JOANNESSTR
1641 08 22	MK	TAMME	JOCHIM	GEERTS		TRIJNTIEN	OOSTERSTR
1643 11 12	MK	FREERCK	JOCHIM	GEERTS		TRIJNTIEN	OOSTERSTR
1642 10 30	MK	GEESJEN	JOEST	HANSEN		HARMTIEN	SANT/BOTTRSTR
1646 08 06	AK	PHILIPS	JOEST		POOT	HARMTJEN	HARDRINGESTR
1646 12 03	AK	HINDRICKJEN	JOEST	ROELEFS		SIJBRICH ALLES	A POORTE
1641 03 09	AK	ANNETIEN	JOEST		CLEVE,VAN	TRIJNTIEN	VOLTINGESTR
1648 01 14	AK	OTTO	JOEST		CLEVE,VAN	TRIJNTIEN	VOLTINGESTR
1648 05 28	AK	MARIA	JOH:		MIGNON?	AELTIEN GERRITS	CROMELBOGEN
1646 01 23	AK	JACOB	JOHAN		BODIJN	AELTIEN	NIJESTADT
1642 08 21	MK	IDE	JOHAN	EIJLERTS	SCHRIJVER	AELTIEN	SWANESTR
1648 05 10	AK	ELIJSABETH	JOHAN	HOENDRIX		AELTIEN ANTHONIJ	SWANESTR
1647 07 17	MK	FENNE	JOHAN	JEMAN		AELTIEN	PLUIMERSGANG
1641 03 04	MK	JAN	JOHAN		VASTENOUWE	ALBERTIEN	DRIST
1644 02 26	AK	JOHAN	JOHAN		VASTENOUWE	ALBERTIEN	3 MEULLENS
1644 11 12	AK	HINDRICK	JOHAN/LIEUT:	COENDERS		ALIJT HILLEBR.	BOTTRSTR
1646 09 08	AK	GERRIJTS	JOHAN		THORVELDE	ANNA	SCHUIJTENDP
1643 02 01	MK	ANNA MARGR:	JOHAN	PHILIPP	KECK	ANNA JUSTINA SILTMAN	POELSTR
1646 12 06	MK	JAN	JOHAN	JURJENS		ANNE	VISSCHERSPIJPE
1646 09 28	AK	STIJNE	JOHAN	RECHTERS		ANNE JANSEN	HOPMANSGANC/SCHUIT

Year Mo Da	Chr	Child's Given Name	Father/Child's Patronymic	Father's Patronymic	Father's Surname	Mother	Address
1643 01 17	AK	GEERT	JOHAN		HARMELING	ANNEKE GEERT	NIJESTAT
1643 01 17	AK	TOEBEKE	JOHAN		HARMELING	ANNEKE GEERT	HIJESTAT
1646 10 23	AK	GILBERT	JOHAN		DIEWER	BEERTIEN	VOLTINGESTR
1646 05 19	AK	JORIS	JOHAN		SCHUPTHAM	CORNELIA	HEEREPOORTE
1642 10 13	AK	ISAAC	JOHAN	CELOS		ELSJEN FOLKERTS	SWANESTR
1645 14 25	AK	JACOB	JOHAN	CELOS		ELSJEN BERENTS	SWANESTR
1642 12 23	AK	GRIETIEN	JOHAN		CRIJTH	FENNETIEN HINDRIX	PELSERSTR
1641 12 02	AK	MARIJE	JOHAN	BENEDICTUS		GEESKE JOHANNIS	KLEIJNERAAMSTR
1648 04 09	MK	MARIA	JOHAN		SCHUILENBORCH	GREETIEN	NOORDDIEP
1642 03 29	AK	HINDRICK	JOHAN	HARMENS		GRIETE HINDRIX	MEULENSTR
1643 03 02	MK	GEERT	JOHAN/SOLD.	JANS		GRIETE	ROSENSTR
1643 10 29	MK	SWAENTIEN	JOHAN		FERMSUM,VAN?	GRIETIEN HELINGHE?	OOSTERPOORT
1649 08 29	AK	MARIA	JOHAN		SCHULENBORCH	GRIETIEN	NOORDERDP
1645 12 28	MK	JOHAN	JOHAN	KOBES		GRIETIEN	DAMSTERDIEP
1644 11 10	AK	ANNA	JOHAN		MOLLER	HARMTIEN	MEULENSTR
1646 03 29	MK	WILLEMTIEN	JOHAN		BUNER,VAN	HILLECHIEN	POELPRTBRG
1648 04 11	AK	ANNECHIEN	JOHAN	SELTER		HILLECHIEN	CRANE
1646 10 30	AK	GEESJEN	JOHAN		KESTRING	IDA GROOTHUIJS	BOTTRSTR
1645 10 12	MK	ETTE ELISABETH	JOHAN		CLINGE	LUBBECHIE DIURCKS	POELSTR
1643 05 28	MK	JAN	JOHAN		BUNNE,VAN	LUICHIEN JANS	SMACKENGANG
1644 08 06	AK	MAGDALENA	JOHAN		DROGE	MAGDALENE PIETERS	HOOCHSTR
1646 11 19	MK	PIETER	JOHAN	GLIXIER?	TAMBUER	MAIJE	3 MULLENS
1644 02 09	AK	ANNA MARGR.	JOHAN	NICLAES	SCHOEFFER	MARGRIETE	MEULENSTR
1644 10 29	AK	GEBKE	JOHAN	HINDIRX		MECHTELT HARMENS	NIJESTATJEN
1646 08 23	AK	HENDRICK	JOHAN		BLAECK	NIESJEN REINEMANS	BREDEGANCK
1642 10 07	AK	LUITIEN	JOHAN		RIDDER	SOPHIA TIASSENS	N.WECH
1641 11 04	AK	FRANS	JOHAN	GEERTS		STIJNE	--
1641 11 04	AK	LUBBERT	JOHAN	GEERTS		STIJNE	--
1642 10 30	MK	JOHAN CHRISTOFF.	JOHAN	CHRISTOFF.	SCHONBARCH	SUSANNA ELISABETH LANGEN A?	
1642 06 11	AK	ELIAS	JOHAN	HARMENS		SWANE EGBERTS	LELLJENSTR
1646 05 17	MK	HINDRICKJEN	JOHAN	JURJENS		TRIJNE	SCHUTENDIEP
1644 06 08	AK	JAN	JOHAN		LOMAN	TRIJNTIEN	JONKERENSTR
1642 05 03	AK	RIEMERT	JOHAN	RIEMERTS	SCHOOL.M.	TRIJNTIEN EGBERTS	VISSCHERSTR
1644 12 01	MK	ANNA	JOHAN/BORG.	DREEUWS		WIBBECHIEN	BOTTRSTR
1647 05 09	MK	WILLEM	JOHAN/BORGMR	DREWS		WIBBECHIEN	BOTTRSTR
1641 10 13	MK	JOHANNES	JOHAN	GEERTS		WIPKE	HEERPRT
1644 11 24	AK	HILLETIEN	JOHANNE		DIJMER	BEERTIEN DERX	LAMHUINGESTR
1646 09 17	AK	GEESJEN	JOHANNES	ANDRIES	BLICKMAN	AUCKJEN LEUCKES	NIEUESTADT
1642 03 13	MK	JORIS	JOHANNES		SCHUPHAN	CORNELISJEN	MERKT
1647 06 08	AK	TOBIAS	JOHANNES	SAUL		DIEWERTIEN	HARDINGESTR
1642 04 17	MK	JOHAN	JOHANNES	LEORIUS		ELISABETH	NIJEMERCKT
1643 10 01	AK	MECCHTELT	JOHANNES	FASUS		GRIETIEN JANS	SCHOOLHOLM
1642 01 26	AK	ARENT	JOHANNES	ARENTS		JANTIEN HAMMINGE	KIJCK/JADT
1642 10 16	AK	REBECCA	JOHANNES	FOLTZ		SOPHIA	PAPENPOR
1643 02 07	AK	GEESJEN	JOHANNES/DR.	MEINTS		TIETJEN TAMMENS	HEERSTR
1646 03 10	AK	EMMERENTIANA	JONAS		ORGANIST	GEERTRUD STALPEERTS	JADT
1642 07 31	AK	EMMERENTIANA	JONAS	JACOBS		GEERTRUIT STALPAERTS	JADT
1643 12 20	AK	JOANNES	JONAS	JACOBS	ORGANIST	GEERTRUIT STALPEERT	JADT
1647 11 30	AK	ANNA MARIA	JONAS	JACOBS		GEERTRUIT STALPERTS	N.K.
1646 02 15	MK	LIJSEBETH	JONAS	PANSEN?		GEESJEN	BREDEGANG
1642 07 07	MK	ANNA MARGRETE	JONAS	DAVIDS		GRETE	LEILJENSTR
1645 07 30	AK	LUCIA	JONNES		BREDERODE,A'	TRIJNTIEN JANS	N.BOTTRSTR
1644 01 10	AK	AUCKE	JONNES?	BARTELTS		TRIJNE	SWANESTR
1641 02 07	AK	HILLEBRANT	JOOST	HILLEBRANTS		--	MEULENSTR
1647 12 19	MK	JOOST	JOOST	JOOSTEN		AEIJLKE	MEULENSTR
1642 04 08	AK	JAN	JOOST		AUWEMAN	ANNA	OOSTERPOORTE/FOUCKE
1648 10 15	MK	HINDRICK	JOOST		AUMAN	ANNA	BEULSGANG
1649 01 09	AK	TAMME LUITIEN	JOOST		RASVELT	BEERTIEN TOAMMES	EBBSTR
1641 10 24	MK	GRIETE	JOOST	BARTELS		GEESJEN HARMENS	BOTTRDP
1647 01 31	MK	ABEL	JOOST	BARTELTS		GEESJEN HARMENS	NIJEMERKTSTR
1644 03 06	AK	HARMEN	JOOST	BARTHELS		GEESJEN HARMENS	N.MERKTSTR
1641 04 16	AK	HINDRICK	JOOST	WILLEMS		GRIETE HINDRIX	BLEIJKE
1647 05 05	AK	TRIJNTIEN	JOOST	WILLEMS		GRIETE	WOLBORCHBRUG
1642 11 18	AK	WILLEM	JOOST	WILLEMS		GRIETIEN	BLEIJKEN
1648 12 15	AK	TRIJNTIEN	JOOST	WILLEMS		GRIETJEN	PRINCENHOF
1642 05 31	AK	ANNEKE	JOOST		PODT	HARMTIEN HANSENS	HARDINGESTR
1644 02 06	AK	FIJE	JOOST		POT	HARMTIEN	HARDINGESTR
1641 09 30	AK	GEERT	JOOST/SOLD	HANSEN		HARMTIEN	WOLBORCHSSTR
1644 12 03	MK	GRIETJEN	JOOST	HANSSEN		HARMTIEN GEERTS	WOLBORCHSSTR
1646 12 29	AK	HANS	JOOST	HANSSEN		HARMTIEN GEERTS	WOLBORGESTR
1641 11 10	AK	MARIA	JOOST		RAVEN	MARRECHIEN	POELVERPL.
1644 04 17	AK	DANIEL	JOOST		RAVO?	MARRECHIEN	PRINCNESTAL
1643 10 17	AK	GRATIA	JOOST		THEGECER	SARA BERENTS	POELSTR
1645 10 26	MK	WIBBETIEN	JOOST		TEGEDER	SARA BERENTS	GELTINGSTR
1648 05 24	AK	GRATIA?	JOOST		TEGEDER	SARA	GELTINGESTR
1641 10 17	MK	ANNETIEN	JOOST	WARS	PATERBORN,VAN	STIJNTIEN	CORDEMKRSGNG
1643 06 25	AK	ARENT	JOOST	JANSSEN		TRIJNE JOOSTES	SCHUITEMRSWAL
1649 03 20	AK	NICLAES	JOOST	SEIJEN		TRIJNE HENSEMANS	MEULENSTR
1643 10 12	AK	BERENT	JOOST		CLEVE,V	TRIJNTIE	VOLTINGESTR
1642 08 29	AK	BEERENT	JOOST		CLEVE,VAN	TRIJNTIEN	VOLTINGESTR
1649 11 02	AK	JAN	JOOST		CLEVE,V	TRIJNTIEN BERENTS	HARDSTR
1644 08 20	AK	BARTHOLT	JOOST	BARTHOLTS		TRIJNTIEN	DAMSTERDIEP
1642 01 16	AK	MARIA	JOOST	JANS		TRIJNTIEN	SCHUTEMRSWAL
1646 05 03	MK	JOOST	JOOST	MARTENS		TRIJNTIEN	COSTERSGANG
1646 01 22	AK	HANS JOOSTENS	JOOSTEN	WILLEMS		MAGDELENE	BEULSGANG
1645 12 30	AK	ELSJIEN	JORGEN	STEIJN		GRIETJEN	JONKERENSTR
1643 08 06	MK	JAN	JORIJS	PIETERS		JANTIEN	HEERPOORTE
1643 08 06	MK	PIETER	JORIJS	PIETERS		JANTIEN	HEERPOORTE
1646 01 01	MK	CHRISTIAEN	JORIS	CLEOPHAS		AEGTE ASMUS	PRINCENSTR
1643 02 19	MK	ANNECHIEN	JORIS	MEES		HINDRICKJEN ROEBERTS	HEERESTR
1644 04 14	MK	PIETER	JORIS	MEES		HINDRICKJEN ROEBERTS	HHERESTR
1644 10 16	AK	HARMANUS	JORIS	HARMENS		TALLE	GELTINGESTR
1646 04 23	AK	JACOB	JORIS		GROENOUW	TALLECHIEN	RAAMSTR
1647 12 02	AK	MARCELIUS	JORONIMUS		BISOLFF	RENSKE	BREDEGANCK
1643 07 23	MK	JOHANNES	JORRIJS/SOLDT	N.		AGETE	PRINCENSTR
1642 08 24	AK	JACOB	JOSOT		INGOLDT,VAN	ANNE	HOECK/EBBSTR
1647 03 19	AK	JANTIEN	JOVIS	PIETERS		JANTIEN WILLEMS	RAAMSTR
1649 02 20	AK	CLAES	JOVIS	JANSSEN		LAMMETIEN	MEULENSTR
1648 02 06	MK	HINDRICK	JUE?	JANSSEN		JANTIEN	SCHUTENDP
1647 07 14	AK	GERLACH	JULIUS/RENTMR	VERRUCIUS		ISABELLA CANTIERS	MKERK
1649 03 27	AK	AESIEN	JULLE	CLAESSEN		ENGELTIEN RECHTS	DRA
1649 10 03	AK	MARIA	JUNTIEN?	JOOSTS		GARBEREN?	GROTEGANG
1642 11 17	AK	ANNE MARIA	JURGEN	RIENEKE		GRIETIE	3 MEULEN/HERENCA
1641 07 18	MK	WILLEM	JURIEN	CLAESSEN		AELTIEN AMSINGS	POELESTR
1643 09 10	MK	ANNECHIEN	JURIEN	JANSSEN		GRIETJEN	N.POELESTR

Year Mo Da	Chr	Child's Given Name	Father/Child's Patronymic	Father's Patronymic	Father's Surname	Mother	Address
1648 07 21	AK	LIJSEBET	JURIEN		JONGBLOET	JELKEROEBERTS	PELSERSTR
1641 01 24	MK	ANNETIEN	JURIEN	JANS		JETJKE	OOSTRPRT
1649 01 30	AK	TIESJEN	JURIEN		MEIJER	LUCKE	JONKERNST
1647 08 08	AK	MATTHIJES	JURIEN	HINDRIX		SIJBILLA	HEEREN
1646 06 24	AK	ENGELE	JURIEN		GRUITER	STIJNE HEMMERS	RAAMSTR
1647 02 14	AK	ANNECHIEN	JURIEN	RICHTER		TIETSJEN	3 MEULENDRIST
1641 07 18	MK	RENSKE	JURIEN	JURIENS		TRIJNTIEN WILLEMS	EBBINGESTR
1641 12 12	MK	JAN	JURJEN		HOLTE,TEN	AELTIEN CLANDT	JADT
1644 11 03	AK	MARIA	JURJEN		DUTSELER	AELTIEN HELMERS	VOLTINGESTR
1648 04 08	MK	PIETER	JURJEN	ALLERTS		AELTIEN	G.MAEGDESTR
1642 09 01	AK	GRIETIEN	JURJEN	CLAESSEN		AELTIEN AMSING	POELSTR
1646 01 06	AK	BROER	JURJEN	CLAESSEN		AELTIEN AMSINUS	POELSTR
1648 03 08	MK	JURJEN	JURJEN	CLAESSEN		AELTIEN AMSINUS	POELSTR
1648 10 22	AK	GRIETIEN	JURJEN	HINDRIX		AELTIEN	BURGGESTR
1644 08 06	MK	GRIETJEN	JURJEN	CLAESSEN		AELTJEN AMSSING	POELSTR
1648 11 14	AK	JOANNES	JURJEN	KNEELS?		ANNA	PLUIMERSGNG
1647 11 26	AK	PETER	JURJEN	REMMERS		ANNA	PRINCENSTR
1644 10 16	AK	JURJEN	JURJEN		BACKENSTEIJN	ANNECHIEN GEERTS	RAASTR
1649 07 01	AK	JELTE	JURJEN	JURJENS		ANNECHIEN	A POORTE
1642 12 28	AK	JANEKEN	JURJEN/SOLD.	JASPERS		ANNEKE CLAESSEN	OOSTERPOORTE
1645 11 28	AK	TRIJNTIE	JURJEN	JASPERS		ANNEKE	OOSTERPOORTE
1644 10 02	AK	GEERTRUIT	JURJEN/SOLD	REMMERS		ANNETIE	PRINCENSTR
1646 07 23	AK	GRIETJEN	JURJEN	JANS		ANNICHJEN	KIJCK/JADTSBRUGE
1641 08 10	AK	ELIJSABETH	JURJEN/SOLDAET		MOER	BEATRIX	MUERE
1642 08 21	AK	JURJEN	JURJEN		MOER	BEATRIX	MUER/GOLDEN
1647 11 24	AK	ANNEKE	JURJEN	STEMANS		BREE	DAMSTERDP
1643 12 26	AK	JURJEN	JURJEN/SOLD.		RIDDER	CATHARIJNE	NIJESTADT
1641 01 31	AK	MARTINUS	JURJEN	RIJKERS		CHRISTIJNTIEN	HARDINGE
1645 02 04	AK	PIETER	JURJEN	HILL	CHIRURGUS?	CLAERTIEN	VOLTSTR
1642 07 21	AK	NIESJEN	JURJEN		HILLEN	CLAERTJEN	VOLTINGESTR
1647 11 07	MK	ARENTIEN	JURJEN	HILE	CHIR:	CLAETIEN	VISCHRSTR
1648 04 17	MK	DERCKJEN	JURJEN	TOMES		CONRELISJE	O.BREGANG
1642 04 22	AK	HILLECHIEN	JURJEN	THOMES		CORNELISJEN	JOANNESBRUGGE
1646 12 07	MK	AELTIEN	JURJEN	THOMES		CORNELISJEN	SCHUITENDIEP
1641 02 16	AK	THOMES	JURJEN	TOMES		CORNELISJEN	MUSSCHENGAGN
1644 01 28	AK	MEIJNERT	JURJEN	DELIS		EECKE JANSSEN	A POORTE
1649 05 18	AK	JURJEN	JURJEN		WEIJTMAN	ELLKE	MEULENSTR
1646 01 23	AK	ELSE CATRINE	JURJEN		WEIJDEMAN	ELSE	MEULENSTR
1648 09 17	AK	WALBERCH	JURJEN	LUBERK		ELSE JANSEN	SLEEMENDERSRIJGE
1643 11 12	MK	MARTINUS	JURJEN		WEIJTMAN	ELSEBE	MEULENSTR
1643 10 05	AK	WIGBOLT	JURJEN		LUIBECK	ELSJEN	SLEMENNERSTR
1644 03 03	AK	JAN	JURJEN	HINDRIX		ENGEL JANS	SLEMENNERSTR
1641 08 22	AK	ANNETIEN	JURJEN		WINTELMAN	ENGELE JANSEN	SLEMENNERSTR
1646 08 02	AK	CLAES	JURJEN		WINCKELMAN	ENGELE JANS	SLEEMENDERSTR
1647 09 02	AK	TRIJNTIEN	JURJEN	HINDRIX		ENGELE JANS	SLEMENER
1649 03 04	AK	GRIETE	JURJEN	DELIS?		EPKE	DRAPRTE
1642 10 23	AK	GRIETIEN	JURJEN	DELLERS		EPKE JANSSEN	A POORTE
1647 04 15	MK	MEIJNERT	JURJEN	DIETERS		EPKE JANS	A.POORTE
1643 01 08	AK	ADAM	JURJEN		KLOOSTERBOEL	EVA JURJENS	DRA
1648 08 23	AK	TRIJNTIEN	JURJEN	JANSSEN		FEIJNETIE?	BREDEMERKT
1648 10 19	AK	JANTIEN	JURJEN	JANSSEN		FENNE	SCHUITMRSTR
1649 09 02	AK	WILLEM	JURJEN		SPANDOU	FENNETIEN BOELENS	A KERCK
1642 09 07	AK	VREDERICK	JURJEN		KESSEL	GRIETE	MEULLENSTR
1647 05 11	AK	HINDRICK	JURJEN/SOLD.		REIJNKE	GRIETE	JONKERENST
1648 10 15	MK	GEERTRUIT	JURJEN	JANS		GRIETE	NIJEWECH
1644 09 29	AK	HINDRICK	JURJEN	REIJNTJES		GRIETE	JUNCKERENSTR
1649 03 14	AK	LIJSABET	JURJEN	BALTZERS		GRIETIEN	O.INT?
1648 06 23	AK	ROEBERT	JURJEN	HINDRIX		GRIETIEN HASTING,VAN	HARDSTR
1645 11 19	AK	JAN	JURJEN	JANS		GRIETIEN	NIEUWEWECH
1646 01 06	AK	JAN	JURJEN		KEETTEIJER?	GRIETJEN	ANTHONIJGSTHUIS
1647 10 24	MK	ANNECHIEN	JURJEN	BALTSERS		GRIETJEN	EBBINGSTR
1645 05 14	AK	HARMEN	JURJEN	JANS		HEBBELTIEN	EBBPOORTE
1648 08 30	AK	TIJMEN	JURJEN	JANS		HEBBELTIEN	EBBPRT
1642 04 29	AK	JACOB	JURJEN	JANSEN		HEBBELTIEN JACOBS	EBB:POORT
1647 02 17	AK	DERCK	JURJEN	JANSSEN		HEBBELTJEN	EBBINGPRT
1643 04 08	MK	DORETHEA	JURJEN		MEIJER	HIDDE	TIJMENS MEULLE
1647 01 22	AK	GESJEN	JURJEN	WILKENS		HILLECHIEN	REVET
1648 12 28	AK	ELSEBE	JURJEN	WILKENS		HILLECHIEN	POELSTR
1642 05 08	AK	JACOB	JURJEN	DAM	GLASEMR.	IDEKE	TORFTOORNSTR
1645 01 26	AK	MARGRIETIEN	JURJEN	DAM	GLAESEMU?	IDEKE BERENTS	TORFTWALE
1646 10 23	AK	CLAERTJEN	JURJEN		BATRAM	JANTIEN JANS	LANE
1644 12 22	AK	ROELENDT	JURJEN	JURJENS		JANTIEN	VISSCHERSTR
1648 05 06	AK	CLAES	JURJEN	JURJENS		JANTIEN	VISSCHERSTR
1648 08 26	AK	HINDRICKJEN	JURJEN	SCHULTES		JANTJEN	OOSTERESTR
1643 09 08	AK	GRIETJEN	JURJEN/SOLD.	JANS		JETSKE	TIJMENS MEULE
1649 05 27	AK	NIELTIEN	JURJEN	JURJENS		LUBBETIE	VOLTINGSTR
1642 08 02	AK	ANNEKE	JURJEN		MEIJER	LUCKE THIJES	WOERT
1642 08 02	AK	MARGRIETE	JURJEN		MEIJER	LUCKE THIJES	WOERT
1644 10 27	AK	SOPHIA	JURJEN		MEIJER	LUCKE	WOERT
1646 12 30	AK	TRIJNTIEN	JURJEN		MEIJER	LUCKE	JUNKERENSTR
1644 10 27	AK	TRIJNTIEN	JURJEN	JURJENS	BACKER	LUMMECHIEN	HARDINGESTR
1648 04 23	AK	WIGBOLT	JURJEN	JURJENS		LUMMECHIEN	HARDEINGESTR
1649 07 31	AK	WIGBOLT	JURJEN	JURJENS		LUMMECHIEN	HEERSTR
1646 07 26	AK	HENDRICK	JURJEN	JURJENS		LUMMICHJEN JURJENS	HARDRINGHESTR
1649 04 11	AK	JOANNES	JURJEN	FOCKES		MAGDALENE	VISMERKT
1642 09 28	AK	MARIJKE	JURJEN		SCHOESTER	MARGRIET	M.KERKHOFF
1643 06 09	AK	JURJEN	JURJEN	HINDRIX		MARGRIETE TOERTS	HAVENSTR
1643 09 15	AK	WESSEL	JURJEN	WESSELS		MARIA WILLEMS	NIJEMERKT
1645 01 28	AK	MARIA	JURJEN	WESSELS	EMMENS	MARIA WILLEMS MUMCKHOF	EBB.
1647 02 24	AK	WILLEM	JURJEN	WESSELS	COMENES	MARIA	MERRKTSTR
1648 03 12	MK	ANNA	JURJEN	WESSELS	COMMENES	MARIA MUNNICHOF?	N.DIEP
1646 03 15	AK	WELMOET	JURJEN	HARMENS		MARRECHIEN	ROSENSTR
1646 06 15	AK	HANS WILLEM	JURJEN		GRAVMERAET	MARRECHJEN	PRINCENSTR
1649 05 18	AK	HARMEN	JURJEN	HARMENS		MARRRETIEN ONNES	BOTTR
1646 04 19	MK	HENNINUS	JURJEN	HENNINUS	GEESKE		MEULENSTR
1642 04 19	AK	AELTIEN	JURJEN (decd.)	ANDRIES		N.N.	CEUCHENIJGANG
1645 01 10	AK	HERMEN	JURJEN/SOLD	JURJENS		RIJXSTE? HARMENS	RAAMECKE
1642 06 17	AK	AIJLT	JURJEN	JURJENS		RIXTE	MOESKERSGANG
1647 08 27	AK	FRERICK	JURJEN/SOLD	JURJENS		RIXTE	HEERPOORTE
1648 08 12	AK	TAMKE	JURJEN	JURJENS		RIXTE	HEERPRT
1643 11 03	AK	HINDRICK	JURJEN	HINDRIX		SIBILE	NIJESTADT
1643 10 10	AK	ANNEKE	JURJEN	JOOSTEN		SWAENTIEN	SCHEDAMSGANG
1647 03 07	AK	SWAENTIEN	JURJEN/SOLD	JOOSTS		SWAENTIEN	SCHEDAMSGANG
1644 08 28	AK	JANTIEN	JURJEN		RECHTER	TIJSSJEN	3 MEULENS
1644 05 02	AK	ADAM	JURJEN		HASSENSTEEN	TRIJNE ADAMS	DAMSTERDIEP

Year Mo Da	Chr	Child's Given Name	Father/Child's Patronymic	Father's Patronymic	Father's Surname	Mother	Address
1644 09 06	AK	MATTHIJS	JURJEN	DEIJT		TRIJNE	BOTTINGEGANG
1646 10 10	AK	MATTHIJS	JURJEN	MATTHIJS		TRIJNE MARTENS	COSTERSGANG
1645 10 07	AK	MARIA	JURJEN/SOLDAET	RICHTER		TRIJNE	NIJESTADT
1643 01 10	AK	GEESJEN	JURJEN		VUINCK	TRIJNTIEN	BOTTERDIEP
1649 02 11	MK	JOANNES	JURJEN		VRUCK?	TRIJNTIEN	SUIDERDP
1644 03 17	AK	WILLEM	JURJEN	JURJENS		TRIJNTIEN WILLEMS	N.BOTTRSTR
1646 02 01	MK	GEERTRUIT	JURJEN	JURJENS		TRIJNTIEN	COSTERSGANG
1648 02 06	MK	CLAES	JURJEN	JURJENS		TRIJNTIEN WILLEMS	N.EBBSTR
1649 03 28	AK	GEESJEN	JURJEN	JURJENS		TRIJNTIEN	NIJEWECH
1649 03 28	AK	TRIJNTIEN	JURJEN	JURJENS		TRIJNTIEN	NIJEWECH
1646 10 29	AK	HINDRICK	JURJEN		FINCK	TRIJNTJEN	BOTTERDIEP
1643 06 07	MK	JOHANNES	JURJEN		WIJLCK	URSELE JANS	POELEPOORTE
1642 10 09	MK	JURJEN	JURJEN	EILERS		URSELE	PRINCENSTR
1643 08 17	AK	ALEF	JURJEN	JURJENS		WIBBECHIEN ALEFS	PELSERSTR
1649 11 21	AK	ANNETIEN	JURJEN	OLBRANTS		WIJPERTIEN?	PEPERSTR
1648 06 08	MK	HINDRICK	JURJEN	HINDRIX		WOLTERTIEN HAIJE,DE LA	MONKEHOLM
1647 09 10	AK	SCHULTE	JURJENS	SCHULTES		JANTIEN	POELESTR
1642 03 13	MK	HILDEBRANT	JUSTING		THEGEDER	WIBBECHIEN JURJENS	BREDEMERKT
1644 01 14	MK	JANTIEN	JUWE?	JOANNES		ANNA	HEERPOORTE
1641 11 07	AK	ISABELLE	KAREL	JANSEN		GEERTRUIT	SWANESTR
1648 04 16	MK	HINDRICK	KARST		HAVEMAN	IDA	BEULSGANG
1648 05 19	AK	TRIJNTIEN	KEIJNE	HEERS		HINDRICKJEN	A
1644 01 01	AK	AUCKJEN	KIJKE	BERENTS		JANTIEN	A POORTE
1644 07 26	AK	HANS HINDRICK	KILIAEN		SCHUSEELER	KATHARINA KOCKS	COSTERSGANG
1644 10 04	AK	CLAES	KLAES	CRIJNS		GRIETE	SCHIEDAMSGANG
1641 08 17	AK	CHRISTIAEN	KLAES	GOSENS		MECHTELT	SCHIEDAMSGNCK
1645 05 13	AK	JAN	KLAES	JANS		ROELEFJEN JANS	CRANELANDT
1649 02 18	MK	ARENT	KLAES	JACOBS		TRIJNTIEN	DAMSTRDP
1643 05 03	AK	STIJNTIEN	KOENE	HINDRICKS		OLLE KOENES	PLUIMERSGANG
1648 03 04	MK	AELTIEN	KOENR?	HINDRIX		AELTIEN	PLUIMERSGNG
1643 08 14	AK	MARGRIETE	KOERT	MARTENS		AGNETE	COSTERSGANG
1649 11 04	AK	WIGGEL	KOERT	WIGGELS		AMERENTS?	NIJESTADT
1647 05 06	AK	HANS NICLAES	KOERT		BOONHORST	EKSKE	HEERPIJPE
1645 09 03	AK	CLAES	KOERT	CLAESSEN		ELSJEN	DAMSTERDIEP
1645 11 18	AK	JAN	KOERT	KOERTS		GESE JANSSEN	SLEMENNERSSTR
1649 03 04	MK	JAN	KOERT	CLAESSEN	OLSJEN	HINDRIX	DAMSTERDP
1644 09 01	MK	JEIJE	KOERT		ROSEBROECK	IDE	VISSCHERSPIJP
1641 08 08	MK	SARA	KOERT		ROESEBROECK	JEIJE	DONKERSGANG
1649 06 10	MK	SIJMON	KOERT	WILLEMS		KATRINE	BEULSGNG
1644 07 05	AK	DERCK	KOERT	MARTENS		TRIJNE HARMENS	DRA
1649 04 20	MK	MARRECHIEN	KRIJN	SIJMENS		GEESE	DAMSTERDP
1648 10 10	AK	MARRECHIEN	KRIJN	JURJENS		JANTIEN BERENTS	VISMERKT
1641 08 17	MK	SIMON	KRIJN	PIETERS		LIESJEN	STEENTILPRT
1648 06 04	MK	ANNETIEN	KRIJN	PIETERS		LIESKE SIJMENS	DAMSTERDP
1649 01 07	MK	HILLETIEN	KRIJN	DERX		TRIJNTIEN HINDRIX	SCHOOLHOLM
1646 02 22	AK	GISSELE	L./RAADTS	V.	HULTEN	LUMMECHIEN HEIJMENS	VOLT.STR
1646 06 21	AK	MARTINTJEN?	L--TJEN	WOLTERS		SWAENTIEN TIJMENS	SLEMENNERSTR
1644 04 14	MK	AELTIEN	LAMBERT	HINDRIX		AELTIEN HEIJNENS	HELPEN
1646 11 15	MK	ANNECHIEN	LAMBERT	HINDRIX		AELTIEN HEIJNES	HELPEN
1648 05 16	AK	HEIJNE	LAMBERT	HINDRIX		AELTIEN	HELPEN
1649 05 11	AK	JANTIEN	LAMBERT	HINDRIX		AELTIEN	HELPEN
1646 06 10	AK	TASSENE	LAMBERT	WARMERS		AELTIEN	EBB.STR/MUER
1643 09 17	MK	JAN	LAMBERT	WERNERS		AELTIEN	MUER/EBBPORT
1642 03 11	AK	GRIETIEN	LAMBERT	TIDDES		AESJEN	DAMSTERDP
1643 09 22	AK	AELTIEN	LAMBERT	JANSSEN		ANNA LAMBERTS	NIJESTADT
1644 03 06	MK	HANS	LAMBERT	LAMBERTS		ANNA	RAAMSTR
1646 10 04	MK	FRANEKE	LAMBERT	LAMBERTS		ANNE JURJENS	HEERPOORT
1649 01 17	MK	ENGEL	LAMBERT	LAMBERTS		ANNE	RAAMSTR
1642 03 06	AK	FRANS	LAMBERT		MUNTING	ANNECHIEN MUNTINGS	KRAMERSTIJPE
1643 12 25	AK	AEFJEN	LAMBERT	GEERTS	TOUWFL.	ANNECHIEN	A POORTE
1646 04 28	AK	HILLECHIEN	LAMBERT	HARMENS		ANNECHIEN EEVENTS	JADT
1648 11 28	AK	LAMBERT	LAMBERT	LAMBERTS		ANNECHIEN	BRUGSTR
1647 08 29	AK	HARMEN	LAMBERT	HARMENS		ANNEKE BERENS	JADT
1646 08 16	AK	CATHARINA	LAMBERT	JANSEN		ANNEKE	N.STADT
1644 03 20	AK	ELSJEN	LAMBERT		MUNTINCK	ANNETIE	CRAMERSRIJPE
1649 03 25	AK	LAMBERT	LAMBERT	LAMBERTS		ANNETIEN	BRUGGESTR
1645 01 09	AK	JAN	LAMBERT	JANSSEN		AUKE ALBERTS	NIJESTADT
1641 04 11	MK	WIJBRANDT	LAMBERT	LUBBERTS		EETIEN	HEERSTR
1644 05 03	AK	PIETERTIEN	LAMBERT	LUBBERTS		EETJEN	HEERESTRATE
1644 11 17	AK	BEERNT	LAMBERT/SOLD.	JANSSEN		FENNE	HARDINGESTR
1647 11 21	AK	BERENT	LAMBERT	JANS		FENNETIE	N.HARDINGSTR
1642 08 14	MK	CORNELIS	LAMBERT	WILLEMS		FROUCKE	OOSTERPRT
1644 06 14	AK	DERCK	LAMBERT	WILLEMS		FROUCKE	OOSTERPOORTE
1648 06 07	MK	JAN	LAMBERT	JANS		GEERTIEN ALBERTS	JACOBSGASTH
1641 11 06	AK	LUBBERT	LAMBERT	LUBBERTS		GEERTIEN	A POORTE
1645 01 17	AK	HINDRICKJEN	LAMBERT	LUBBERTS		GEERTIEN	A POORTE
1648 05 25	AK	JAN	LAMBERT	LUBBERTS		GEERTIEN	A.POORTR
1648 06 20	AK	HINDRICK	LAMBERT	ARENTS		GRIETE	RAAMSTR
1641 10 05	AK	WILLEM	LAMBERT	JANSEN		HARMTIEN JANSEN	CRANEPOORTE
1644 03 19	AK	JOANNES	LAMBERT	JANSSEN		HARMTIEN	CRANEPOORTE
1648 03 03	AK	GRIETIEN	LAMBERT	JANS		HESTER	N.EBBSTR
1642 02 25	AK	JAN	LAMBERT	JANSEN		HESTER	N.EBBSTR
1645 08 31	MK	JANNEKE	LAMBERT	JANSSEN		HESTERTIE WITTE,DE	N.EBBSTR
1641 02 21	MK	JAN	LAMBERT	JANS		HESTERTIEN WITTE	N.EBBSTR
1641 07 30	AK	ABELTIEN	LAMBERT	BERENTS		HILLE JERONIJUS	BOTJESTR
1643 01 13	AK	GEBKE	LAMBERT	BERENTS		HILLE HIERONIJMES	BOTTRSTR
1644 04 28	AK	GRIETJEN	LAMBERT	LAMBERTS		HINDRICKJEN	BRUGGESTRATE
1646 01 13	AK	MARRECHIEN	LAMBERT	LAMBERTS		HINDRICKJEN	BRUGGESTR
1642 02 24	AK	EENJE	LAMBERT	JANS		JANTIEN EENENS	SCHUITNDP
1642 02 20	MK	JANTIEN	LAMBERT		HIDDINCK	LAMMECHIEN DILLINCK	N.EBBSTR
1645 03 25	AK	HINDRICKJEN	LAMBERT		HIDDINUS	LAMMETIE DILLINGS	MONNEKE
1642 06 25	MK	GORIJTIEN	LAMBERT	FREERX		LAMMETIEN	MUSKENGANG
1641 01 22	AK	GEESJEN	LAMBERT		LOON,VAN	LEENTIEN	PRINCENSTR
1643 07 16	MK	GEESJEN	LAMBERT	ARENTS		MARIA	COSTERSGANG
1649 09 09	AK	CLAES	LAMBERT	JANS		MARRECHIEN	JAC.GSTHUIS
1645 02 16	AK	ROELEF	LAMBERT	HINDRIX		RIJCKJEN JANS	NIJE STAT
1643 10 12	AK	JACOB	LAMBERT		GOOR,V	WOBBECHIEN	VOLTINGESTR
1645 07 30	AK	HARMEN	LAMBERT		GOOR,VAN	WOBBERNT?	POPKENSTR
1648 10 29	AK	EGBERT	LAMBERT		GOOR,V	WOBBETIEN	VOLTINGSTR
1647 08 17	AK	GEERTRUIT	LAMBERT	POULS		WOPKE PIETERS	STEENTILSTR
1646 09 06	AK	GEBBICHJEN	LAMMERT	JANSEN		HARMTJEN	CRAENEPOORT
1647 09 21	AK	MENSO	LAURENS		PIMPERLINUS	AELTIE	VISSCHERSPIJP
1641 11 26	AK	GRIETIEN	LAURENS		PIMPERLING	AELTIEN REMMERTS	VISSCHRPIJP
1643 09 26	AK	BRECHTIEN	LAURENS		PIMPERLING	AELTIEN REMMERTS	VISSCHERPIJP
1648 08 21	AK	BARBER	LAURENS	MATTHIJS		AELTIEN	N.MERKTSTR

Year Mo Da	Chr	Child's Given Name	Father/Child's Patronymic	Father's Patronymic	Father's Surname	Mother	Address
1643 10 08	AK	HANS WILLEMS	LAURENS		KOLMAN	BARBER	SCHUTM.W.
1647 06 04	AK	ANNA CATHRIJNE	LAURENS		KOLMAN	BARBER	3 MEULLENS
1646 05 18	AK	JURJEN	LAURENS		KOELER	DORETHEA	OVERDTA
1647 05 14	MK	PIETER	LAURENS	HARMENS		MARRECHIEN	HOGEBROERSTR
1649 12 14	AK	ANNECHIEN	LAURENS	HARMENS		MARRECHIEN	HOOCHSTR
1648 09 20	AK	ELSABE	LAURENS		OVERCAMP	NEELTIEN	HEERSTR
1647 02 14	AK	GEERTRUIT	LAURENS	FRANSSEN		SLIJNTIEN LEUSING	A KERK
1641 01 12	AK	FRANS	LAURENS	FRANSEN		STIJNTIEN	A KERK
1645 01 23	MK	REIJNON	LAURENS	FRANSSEN		STIJNTIEN LEUSSINUS	A KERCK
1648 04 02	AK	CLAES	LAURENS	FRANSZ		STIJNTIEN	AKERK
1642 06 08	AK	CLAES	LAURENS	CLAESSEN		TOEBE JANS	BRUGGESTR
1642 06 08	AK	JAN	LAURENS	CLAESSEN		TOEBE JANS	BRUGGESTR
1642 11 06	MK	BALTSER	LAURENS	BALTZAR		TRIJNTIEN	SUIDERDP
1643 09 10	MK	WIJEKE	LAURENTS/SOLD.		GRAMBOUT	AELTJEN JACOBS	OOSTERPOORT
1644 02 04	AK	ANNA	LAURENTS	HELLEWICH		AGNES DRONEN,VAN	PELSERSTR
1641 04 04	MK	FREDERICK	LAURENTZ	HELLEWICH	SCHILDR	--	BOTTREPRT
1641 03 16	MK	ANNA	LAURENTZ	WEVER		TRIJNE OSEWOLTS	PLUIMERSGANG
1643 12 10	AK	JURJEN	LAUWRENTS	COENELLES?		DORETHEE	SLEMENNERSTR
1647 06 10	AK	HANS ADAM NICLAUS	LEBITH?	WECHELER		MARGRETE HOSSEN?	MEULENSTR
1642 12 14	AK	MARIA	LEENERT/SOLD.	OTTENS		GEERTRUIT ALBERTS	SCHUTEMRSWAL
1642 03 01	MK	MICHEL	LEENERT	KOOLHAES		TRIJNTIEN	SCHIEDAMSGNG
1642 05 30	AK	GRIETIEN	LEENERT	WILLEMS		TRIJNTIEN REIJNTIES	DAMSTERDP
1646 04 12	MK	JANTIEN	LEMERT	WILLEMS		GEERTRUIT TONNIS	DAMSTERDP
1645 01 17	AK	FREDERIJCK	LENART	ROELEFS		ENGELE	PRINCENSTR
1642 07 17	MK	GRIETJEN	LENART		MULLER	GEERTRUIJT	POELSTR
1642 07 17	MK	JANTJEN	LENART		MULLER	GEERTRUIJT	POELSTR
1648 05 11	MK	EIJLKE	LENERT	ROELEFS		ENGEL	PRINCENSTR
1648 08 18	AK	MARRECHIEN	LENERT	OTTENS		GEERTRUIT	S.DIEP
1644 03 15	MK	TRIJNTIEN	LENERT	WILLEMS		GEERTRUIT	PLUIMERSGANG
1644 10 27	MK	RISSART	LENERT		EIJKE,VAN	MARIE	BOTTRINGESTR
1646 12 06	AK	LENERT	LENERT	BONNES?		SARA	JADT STR
1645 11 30	AK	JANTIEN	LENERT		KOOLHASE	TRIJNE	CRANEPOORTE
1643 11 14	MK	MARRECHIEN	LENERT	KOLHAES?		TRIJNTIEN	S.JAC.GASTHUIJS
1641 12 03	AK	AELTIEN	LESSERT	FREERX	COEVERDEN,VAN	ANNEKE	LELIJENSTR
1649 03 08	AK	ANNA	LEUTERT	CHRISTIAENS		TRIJNTIEN	PEPERSTR
1644 09 13	MK	WILLEM	LIBORIUS		SCHRIJVER	ANNETIE	N.KERKHOFF
1646 10 08	AK	EELTIEN	/LIEUTENANT	ALBERDA		HILLENA HETWICK,V	EBBSTR
1649 03 27	AK	HANS WINTER	LIJCKE	PIJRS		SIJKE JANS WINTER	OOLDEGAT
1649 10 07	MK	JAN	LINTER	ROELEFS		ENGELE	PRINCENSTR
1646 01 01	MK	HEERE LIPKES	LIPKE	HERVES?		CATARINA JERONIJMUS	BOTTRSTR
1645 11 21	AK	ANNECHIEN	LIPKE	TONNIS		TAETJEN CLAESSEN	HARDINGESTR
1646 11 06	AK	ANTHONI	LIPKE	TONNIS		TIETIE CLAESSEN	VOLTINGESTR
1647 11 28	AK	ANTHONIJ	LIPKE	TONNIS		TIETIE CLAESZ.	VOLTINGESTR
1643 09 24	AK	GEERTRUIT	LIPPE	FOLKERTS	TAMBOIR?	AELTIE	SCHIEDAM
1645 03 30	AK	MARRECHIEN	LIPPE	FOLKERTS	TAMBOER	AELTIE	SCHIEDAMSGANGH
1648 10 04	AK	HARMEN	LIPPE	FOLKERS		AELTIEN	DCHIEDAMSGANG
1646 12 08	AK	FOLKERT	LIPPE	FOLKERTS		AELTIEN	SCHEDAMSGANG
1647 06 07	AK	ARENTJEN?	LIPPE	NANNES		TRIJNTIE	SCHOOLHOLM
1642 09 16	AK	FENNETIE	LOBENS/SERGNT.	SCHRIJVER	MULLER,ONDER	ANNA	N.MERKTSTR
1645 02 23	AK	HANS	LODUVOICH	HONDACH?		LIJSEBETH	VISSCHERSTR
1644 03 29	MK	JOANNES	LODUWICH	SIJPERS		MARGRIETE SELBACH	N.KERKSTR
1646 07 28	AK	GRIETJEN	LOLCKE	DOUWES		AELTJEN JANS	CRANE/DRAEPOORT
1648 03 02	AK	JANTIEN	LOLKE	DOUWENS		AELTIEN JANS	BOUTEBRUG
1643 08 24	AK	ANNECHIEN	LOURENS	HARMENS		ANNECHIEN	BUTIENSTR
1642 10 26	AK	JANTIEN	LOURENS		KOELENEN?	DOROTHEA JURJENS	SLEMENNERSTAR
1644 12 20	AK	JANTIEN	LOURENS		KOLDER	DOROTHEA	SLEMENDERSTR
1645 14 30	AK	REMMERT	LOURENTS		PRINPERLINUS?	AELTIEN	VISCHERPIJP
1642 02 08	AK	AELTIEN	LOUTER	CHRISTIAENS		TRIJNTIEN JANS	EBBSTR
1644 09 17	AK	JAN	LOUTER	CHRISTIAENS		TRIJNTIEN JANS	PEPERSTR
1645 10 12	MK	JAN	LOUTER	CHRISTNS.		TRIJNTIEN JANS	PEPERSTR
1647 06 18	AK	AAGTE	LOUTER	CHRISTNS.		TRIJNTIEN JANS	PEPERSTR
1643 04 18	AK	CHRISTIAEN	LOUTERT	CHRISTIAENS		TRIJNTIEN JANSSEN	NIJESTAT
1645 12 14	AK	FOLKERT	LOUWE	FOLKERTS		CLAESJEN ALBERTS	A POORTE
1648 11 08	AK	JAN	LOUWE	JANS		LUCKE GEERTS	A PRT
1646 08 16	AK	MANGENIJS	LOUWERENS		GRANBOUE	AELTJEN	SUIJDERDP
1643 06 14	MK	ANNECHIEN	LOUWRENTS	FRANSSEN		STIJNTIEN LUSSINGS	A KERK
1646 10 21	AK	ROELEF	LUBBERT	ROELEFS		ANNA JANS	JADTSTR
1641 08 20	AK	ALBERT	LUBBERT	ALBERTS		ANNE KLASSEN	DRA
1644 03 17	AK	COOP	LUBBERT	ALBERTS		ANNECHIEN CLASSEN	A
1647 02 07	AK	ALBERT	LUBBERT	ALBERTS		ANNECHIEN	A.
1648 06 26	AK	CUNNETIEN	LUBBERT	ALBERTS		ANNECHIEN	A
1649 06 24	AK	JAN	LUBBERT	ALBERTS		ANNECHIEN	A
1648 11 26	AK	ROELEF	LUBBERT	ROELEFS		ANNEKE	JATSTR
1643 08 02	AK	ENGELBERT	LUBBERT	JULSINGE		CLAESJEN FROME	BOTTRSTR
1647 08 25	AK	ANNECHIEN	LUBBERT	JULSINUS		CLAESJEN FROOM	BOTTRSTR
1644 09 18	AK	WEMKE	LUBBERT	HARMENS		EIBBECHIEN	VOLTINGESTR
1644 02 20	AK	LUBBERT	LUBBERT	LUBBERTS	BIRZA	ELLECHIEN TIARX	STEENTILPOORTE
1646 04 01	AK	ANNECHIEN	LUBBERT	LUBB.	BIRZA	ELLETIEN	STEENTILSTR
1642 12 10	AK	JANTIEN	LUBBERT	HINDRIX		GEERTIEN LUERTS	LEELIENSTR
1645 10 22	AK	JAN	LUBBERT	HINDRIX		GEERTIEN	LEELJENSTR
1647 01 29	AK	ADAM CHILIOP?	LUBBERT	STOUVOEN		GEERTRUIT HESZ?	MEULENSTR
1641 11 03	AK	BERENT	LUBBERT	BERENTS		GRIETE JANSEN	SCHUTENDP
1641 11 03	AK	TIESE	LUBBERT	BERENTS		GRIETE JANSEN	SCHUTENDP
1643 08 02	AK	BERENT	LUBBERT	BERENTS		GRIETIEN JANS	SUIDERDIEP
1643 02 19	MK	GRIETJEN	LUBBERT	BERENTS		HINDRICKJEN GOSSENS	POELEPOORTE
1642 09 01	AK	LIJSABETH	LUBBERT	TIJES		IDE	OOSTERSTR
1643 10 20	AK	LIJSEBETH	LUBBERT	TIJES		IDE	OOSTERSTR
1646 02 05	AK	WOBBECHIEN	LUBBERT	TIJES		IDE	SUIDERDP
1644 07 04	AK	ANNEHIEN	LUBBERT	HINDRIX		JANTIEN	SCHOOLHOLM
1646 12 05	AK	JOANNES	LUBBERT	HINDRIX		JANTIEN	SCHOOLHOLM
1645 05 04	MK	ASSELTIEN	LUBBERT	SIJBOLTS		LUBBE HINDRIX	STEENTILPOORTE
1642 05 01	AK	GRIETIEN	LUBBERT	LUBBERTS		MARRECHIEN	BUTJENSTR
1645 02 02	MK	HINDRICKJEN	LUBBERT	BERENTS		NIESJEN HINDRIX	POELEPRT
1646 08 23	MK	HINDRICKJEN	LUBBERT	BERENTS		NIESJEN HINDRICKS	POELPOORTE
1648 09 21	AK	HINDRICK	LUBBERT	BERENTS		NIESJEN	CRANE
1642 08 16	AK	COERT	LUBBERT/SOLD.	GEERTS		SWAENTIEN	COSTERSGANG
1643 12 22	AK	ANNA MARGR.	LUBBERT	GEERTS		SWAENTIEN	MEULENSTR
1647 01 22	AK	TOERT	LUBBERT	GEERTS		SWAENTIEN	SUIDERDP
1643 01 24	AK	JURJEN	LUBBERT	JURJENS		TRIJNTIEN LUBBERTS	N. JADTSTR
1645 01 15	AK	HINDRICK	LUBBERT	JURJENS		TRIJNTJEN	LEELJENSTR
1646 07 07	AK	AELTIEN	LUBBERT/SOLD.	HARMENS		WIBBE	VOLTINGESTR
1641 04 08	MK	JOANNES	LUBBERTUS	JULSING		CLAESIEN	BOTTRSTR
1641 03 21	AK	GERRIT	LUCAS/HOPMAN		HULTEN,VAN	--	VOLTST
1641 01 01	AK	LUCAS	LUCAS/DOCT.	HARKENS		AELTIEN CARBBE	TORFTOORNST
1645 14 30	AK	JAN	LUCAS/SOLD.		MEIJER	ANNA	DONCKERSGANG

Year Mo Da	Chr	Child's Given Name	Father/Child's Patronymic	Father's Patronymic	Father's Surname	Mother	Address
1643 09 20	AK	LUCAS	LUCAS	LUCAS		ANNA ALBERTS	NIJESTADT
1648 09 03	AK	LUCAS	LUCAS	LUCKES		ANNA	CRANEPOORTE
1642 08 14	MK	HINDRICK	LUCAS	MEIJER	BRAAMSCHE,VAN	ANNA	COSTERSGANG
1643 11 16	AK	TONNIS	LUCAS	TONNIS		ANNA HANSEN	VISSCHERSTR
1648 08 04	AK	LUCRETIA	LUCAS		VECHTER	ANNE JANS	CERELSWECH
1645 08 19	AK	ALBERTIEN	LUCAS	LUCKENS		ANNECHIEN	CRANEPOORT
1643 08 29	AK	ELSIEN	LUCAS	EVERTS		ANNETIEN BERENTS	HEERENCAMERS
1648 11 24	AK	GEERTRUIT	LUCAS	COERTS		CATRIJNE	ROSENSTR
1643 08 06	AK	JAN	LUCAS	HINDRIX		CORNELESKE	SCHUTEMRSSTR
1646 06 13	AK	HINDRICK	LUCAS	HINDRIX		CORNELISJEN	SCHUITMERSTR
1647 03 09	AK	DIEWERTIE	LUCAS	HINDRIX		CORNELISJEN	SCHUITEMRSSTR
1641 03 30	MK	HINDRICK	LUCAS	HINDRIX	BACKER	CORNELISKE	SCHUITMKRST
1641 11 19	AK	WILLEM ALLERT	LUCAS		CLANT	ELISABET EERENTREIJTER	EBBSTR
1649 10 16	AK	ETJEN	LUCAS	OSEN	BRUGGEN	ELSKE	HARDRINGSTR
1643 02 08	AK	HEMMETIEN	LUCAS	EVERTS		GEERTRUIT RIJKENS	N.POELESTR
1644 08 25	MK	MARGRIETE	LUCAS	EVERTS		GEERTRUIT RIJKENS	N.EBBSTR
1646 10 23	AK	RIJKE	LUCAS	EVERTS		GEERTRUIT RIJKENS	EBBSTR
1648 08 30	AK	MARGRIETIEN	LUCAS	EVERTS		GEERTRUIT RIJKENS	N.EBBSTR
1641 10 06	AK	EVERT	LUCAS	EEVERTS		GEERTRUITJEN RIJKENS	EBBINGSTR
1642 10 25	AK	STIJNTIEN	LUCAS	JURJENS		GEESJEN JACOBS	SUIDERDP
1649 09 27	AK	LUCAS	LUCAS	JURJENS		GEESJEN	RAAMSTR
1643 10 08	MK	LUCAS	LUCAS		VECHTER	GRIETIEN	BOTTRSTR
1645 02 28	AK	SAMUEL	LUCAS		WECHTER	GRIETIEN	EBBINGESTR
1647 04 25	MK	LUCAS	LUCAS		VECHTER?	GRIETIEN	CARELSWECH
1649 12 06	AK	WIJKE	LUCAS	BERENS		GRIETIEN JANS	SCHUTNSSTAR
1643 12 17	AK	TRIJNTIEN	LUCAS	JOANNES	TINNEGIETER?	GRIETIEN	AKERKE
1642 06 23	MK	HARMEN	LUCAS	TONNIS		GRIETIEN LUCAS	STOELDREIJERSTR
1645 07 06	AK	ANNECHIEN	LUCAS	TONNIS		GRIETIEN	STOELDRSTR
1647 06 06	AK	TRIJNTIEN	LUCAS	TONNIS	TOUGIETE	GRIETIEN	STOELDRDRIST
1646 07 13	MK	ENGELTIE	LUCAS	JANS		HAASJEN	BOTTERDP
1649 10 12	AK	GRIETIEN	LUCAS		VECHTER	LAMMECHJEN	CARELSWECH
1648 12 10	AK	JOANNES	LUCAS	ARENTS		LIJSABETH	BRUGGESTR
1648 03 03	AK	JAN	LUCAS	JURJENS		LIJSABETH	WIJFIENGEGANG
1649 09 25	AK	CONRAET	LUCAS	JURJENS		LIJSABETH	BOTATRSTR
1646 12 11	AK	FEMECHJEN	LUCAS	JURJENS		LIJSEBETH COERTS	KIJKINTJADT
1644 08 29	AK	GIJSSELE	LUCAS/R.		HULTEN,VAN	LUMMETIE HEIJMENS	VOLT:STR
1643 06 21	AK	GIJSSELE	LUCAS/R.		HULTEN,V	LUMMETIEN HEIJNENS	BOLT.STR
1648 11 19	AK	ELSJEN	LUCAS	JANS		TALLE	SCHUTNDP
1642 10 30	AK	WILLEM	LUCAS/SOLD.	HANSSEN		TRIJNE WILLEMS	NIJESADT
1648 06 08	MK	ELLECHIEN	LUCAS	HINDRIX		TRIJNTIE JURJENS	BOTTRSTR
1641 10 03	AK	GEESJEN	LUCAS	HINDRIX		TRIJNTIEN JURJENS	BOTTRINGESTR
1643 08 26	AK	GRIETJEN	LUCAS	HINDRIX	BRAS	TRIJNTIEN JURJENS	BOTTRSTR
1649 11 21	AK	JAN CLUNDER	LUDOLPH		STINT	GEESJEN CLUNDER	HEERPRT
1647 02 14	MK	ROELEF	LUDOLPHUS		STINT	GEESJEN CLUNDERS	HELPEN
1648 04 12	AK	JANTIEN	LUDOLPHUS		STINT	GEESJEN CLUNERS	HELPEN
1646 07 26	AK	TIAE	LUDOLPHUS	JASPERS		GEESJEN JANS	N.STADT
1647 11 19	AK	SWAENE	LUDOLPHUS	JASPERS		GEESJEN	NIJESTADT
1649 01 07	AK	JAN	LUDOLPHUS	JASPERS		GEESJEN	NIEWESTADT
1647 02 26	AK	HILLE	LUDOLPHUS	JANS		MAGDALENE	HEERESTR
1648 02 04	AK	HARMEN	LUDOWICUS	SIJPERS?		GRIETIEN SELBARCH	SUIDERKERK
1642 04 20	AK	ANNA GEERTRUIT	LUERT		LAMKENA	CATHRIJNE	ANTHONIJGASTHUIS
1643 12 13	AK	TRIJNTIEN	LUICAS	JANS		HOTSKE	BOTTERDIEP
1646 06 26	AK	WAELKE	LUICHIEN	WAELKENS		ANNE	VISSCHERSTR
1645 02 16	MK	OTTO	LUICHIEN	HEMMENS		DIEUWER	BOTTERDIEP
1646 08 28	AK	MICHEEL	LUICHIEN	MICHEELS		SIEKE RICHTS?	DRA
1646 10 22	AK	EETJEN	LUICHJEN	EVERTS		NEBEL	WESTIND.HUIS
1646 08 12	AK	ANNE	LUIDOLPH	JANS		MAGDALENA	HEERSTR
1643 06 18	MK	LUBBERT	LUIJRDT	HINDRIX		CIJE	OVELGUNNE?
1646 09 20	MK	CORNELIJS	LUIJTJEN	JANSEN		HARMTJEN LUIJTIES	POELSTR
1642 07 12	AK	TIJMEN	LUIJTJEN	WOLTERS		SWAENTJEN	KRANEPRT
1643 12 17	MK	LUILEFJEN	LUILEF	HENNINGS		MARRECHIEN JURJENS	BEULSGANG
1642 05 08	MK	JAN	LUILEF	JANSEN		TRIJNE	NIEUWEWECH
1646 07 09	AK	FROUCKE	LUINDER/VAENDR		MEPSCHE,DE	AGNES HOORENTIEN	CREMERRIJPE
1648 05 30	AK	LUIRT	LUIRT		STOLLINGE	ANNA BIRZA	OOSTERSTR
1641 01 10	MK	ANNE	LUITIEN	HOMMENS		--	BOTTRINGEPRT
1641 10 12	MK	JAN	LUITIEN	JANSEN		AELTIEN BERENTS	BOTTRINGEPRT
1648 01 05	AK	HARMEN	LUITIEN		MEIJER	ANNA	JONKERSGANG
1649 06 28	AK	JAN	LUITIEN	WALKENS		ANNA	ISSCHRSTR
1641 10 31	AK	LIJSEBETH	LUITIEN	WALKENS		ANNE	VISSCHRSTR
1643 12 17	AK	AEFJEN	LUITIEN	WAELKENS		ANNECHIEN	VISSCHERSTR
1643 12 17	AK	SWAENTIEN	LUITIEN	WAELKENS		ANNECHIEN	VISSCHERSTR
1643 05 09	AK	GRIETIEN	LUITIEN	HILLEBRANTS		ANNETIE ARENTS	MONNKEHOLM
1646 05 06	MK	LUCAS	LUITIEN	HILLEBRANTS		ANNETIE ARENTS	GELTINGESTR
1646 12 27	MK	JANTIEN	LUITIEN	JOOSTS		BARBER	GROTEGANG
1647 07 08	AK	PIETER	LUITIEN	HOMMENS		DIEWER JANS	NIJESTADT
1648 12 10	AK	PETER	LUITIEN	HOMMENS		DIEWER	NIEUWESTADT
1649 10 03	AK	CORNELISJEN	LUITIEN		KNOT	ETJEN LAMBERTS	HELPEN
1641 04 14	AK	STIJNE	LUITIEN	JANS		GEESE	VISSCHRPIJP
1649 04 17	MK	STIJNTIEN	LUITIEN		MIDDENDORP	GEESJEN	SLJANSSTR
1641 12 19	MK	HINDRICK	LUITIEN	JANS		GEESJEN ROELEFS	RAAMSTR
1648 10 08	MK	HILLETIEN	LUITIEN	JANS		GESE	VISSCHRPIJPE
1645 08 06	AK	WOLTER	LUITIEN	JANS		HARMTIEN	POELESTR
1648 01 23	MK	GRIETIEN	LUITIEN/SOLIC.	JANS		HARMTIEN	PEPERSTR
1642 11 18	AK	JAN	LUITIEN	JANSEN		HARMTIEN JANSSEN	BLAEUROE ENGEL
1644 02 01	AK	JAN	LUITIEN	JANSSEN		HARMTIEN	POELESTR
1648 08 27	AK	STIEN	LUITIEN	EVERT		HEBEL CLAESSEN	W.IND.G.H.
1641 10 22	AK	CLAES	LUITIEN	EEVERT		HEBELE	SCHUTEMKRSTR
1641 10 22	AK	DOETJEN	LUITIEN	EEVERT		HEBELE	SCHUTEMKRSTR
1644 01 10	AK	DOEDE	LUITIEN	EEVERTS		HEEBEL	SUIDERDIEP
1648 03 03	AK	BIJUWETIE	LUITIEN	LUBBERS		HINDRICKJEN	HELPEN
1643 01 10	MK	LAMMETIEN	LUITIEN		STAPPEN,V D	JACOBJEN	HEERESTR
1642 09 18	AK	LIJSEBETH	LUITIEN	VRIESE		LUTGERTIEN	BRUGGESTR
1647 10 06	MK	LIJSEBETH	LUITIEN (deed)	VRIESE		LUTGERTJE	BRUGGESTR
1642 12 04	MK	MEIJNTIEN	LUITIEN	GEERTS		MARIA	PRINCENSTR
1649 10 07	MK	LAMMETIE	LUITIEN	CLAESZ		MARRETIEN	SUIDERDP
1642 09 22	AK	EGBERTIEN	LUITIEN	CLAESSEN		ROELEFJEN	SUIDERDP
1647 03 10	MK	WIBBECHIEN	LUITIEN	CLAESSEN		ROELEFJEN JANS	NIJEDIEP
1642 10 11	AK	MICHEL	LUITIEN	MICHEELS		SIJCKE RICHTS	DRA
1643 11 12	MK	GEERTRUIT	LUITIEN	PIETERS		TAALTIE	N.POELSTR
1645 11 12	MK	CLAES	LUITIEN	JANS		TALLE	COSTERSGANG
1649 07 22	MK	WILLEM	LUITIEN	JANS		TALLE	COSTERSGNG
1643 01 26	AK	LUMMETIEN	LUITIEN	JANSSEN		TALLE CLAESSEN	COSTERSGANG
1645 09 10	MK	NICLAES	LUITIEN	RIETERS		TALLIJE	NIJE WECH
1642 04 22	AK	HEERE	LUITIEN	CLAESSEN		TIETIEN	HELPEN
1641 03 19	MK	CLAES	LUITIEN	JANS	BACKER	TRIJNTIEN	N.EBBSTR

Year Mo Da	Chr	Child's Given Name	Father/Child's Patronymic	Father's Patronymic	Father's Surname	Mother	Address
1642 04 24	MK	HILLECHIEN	LUITIEN	JANS		TRIJNTIEN JANS	N.EBBSTR
1642 04 24	MK	HINDRICK	LUITIEN	JANS		TRIJNTIEN JANS	N.EBBSTR
1642 01 16	MK	CLAES	LUITIEN	PIETERS		TRIJNTIEN	NIJEWECH
1643 04 03	AK	BERENT	LUITJEN	JANS		AELTIEN BERENTS	VISSCHERSTR
1645 08 14	MK	JACOBJEN	LUITJEN	JANS		AELTIEN	JATSBRUGGE
1644 09 10	MK	LUCAS	LUITJEN	HILLEBRANTS		ANNE ARENTS	MOUKEHOLM
1648 05 14	MK	GEESJEN	LUITJEN	HILLEBRANTS		ANNETIEN ARENTS	CARELSWECH
1647 11 25	AK	MICHEL	LUITJEN	MICHELS		CIJEKE RIOGHT?	DRA
1642 11 13	MK	JAN	LUITJEN	HOMMENS?		DIEWER JANSEN	BOTTERDP
1645 11 16	MK	JOOST	LUITJEN	JOOSTS		GERBRICH JANS	GROTEGANG/SCHUT
1644 01 12	AK	TIETJEN	LUITJEN	ALBERTS		GRIETJEN	BLOEMSTR
1649 09 27	AK	JAN	LUITJEN/SCHR.	JANS		HARMTJEN	PEPERSTR
1649 01 17	MK	ROELEF	LUITJEN	GEERTS		HINDRICKJEN	LANT
1646 01 18	MK	LUBBERT	LUITJEN	LUBBERTS		HINDRICKJEN	BERCKMENLE
1644 03 31	MK	HILLE	LUITJEN	JANSSEN		LUITJEN	VISSCHERSPIJP
1644 11 07	AK	JAN	LUITJEN		VRIESE	LUTGERTJEN	BRUGGESTR
1644 09 20	AK	CLAES	LUITJEN	CLAESSEN		ROELEFJEN	SUIDERDIEP
1643 12 09	MK	NIESJEN	LUITJEN	MICHEELS		SICKJEN RICHTS	BONTEBRUG--?
1647 05 16	MK	GEERTRUIT	LUITJEN	PIETERS		TELLECHIEN	NIJEWECH
1647 02 28	MK	CLAES	LUITJEN		HOVINGE	TETTIEN WALDRICHS	HELPEN
1645 09 26	AK	PETRUS	LUITJEN	PIETERS		TRIJNE	SUIDERDIEP
1644 08 09	MK	JOANNES	LUITJEN		EUCKEMA	TRIJNTIEN ROELEFS	WINSUM
1644 07 17	MK	CLAES	LUITJEN	JANS		TRIJNTIEN	N.EBBINGESTR
1645 11 20	AK	HILLECHJEN	LUITJEN	JANS		TRIJNTIEN	NIEUWE EBBSTR
1647 07 05	AK	JOANNES	LUITJEN	PIETERS		TRIJNTIEN	SUIDERDP
1645 01 31	AK	WIJTSKE	LUITUEN	CLAESSEN		TETJEN? WALDERX	HELPEN
1641 07 11	MK	BARBER	LULEF		HILDEVELT	MAIJE	BEULSGANG
1644 07 18	MK	ANNE ELSEBE	LULEFF/SOLD.	SIJMONS		TRIJNTIEN LUILEFS	KOSTERSGANG
1648 04 19	AK	GERARDUS	LUPPE	HUININGA		ELSJEN	SCHUTENDP
1641 04 06	AK	JAN	LUTMER	HINDRICKS		--	HEERPRT
1649 09 06	AK	AELDRICH	LUVAEUS?	ALDRICI	BRUJIUS	MARIA	A
1641 02 04	AK	JOON EDELOFS	M	JONAS	ORGENIST	GEESJEN STALP	JAT
1645 01 16	AK	JACOBUS	M./PROF.		SCHOOCK	ANGELICA MENK,VAN DER?	HEERD:STR
1642 09 23	AK	LUCRETIA	MAIENR/CAPT		ISSELMUIDEN	--	HOLM
1645 01 14	AK	BAAUCHIEN	MAIEUR/SERG		ISSELEMNIDEN	JOHANNA WELUEREN/VAN?	SCHOOLEN?
1649 10 03	AK	LAMMETIEN	MANCKE	HARMENS		GRIETIEN	BOTERDP
1644 09 26	AK	ANNE	MARCK	GEERTS		SICKE	WESTINDISCHHUIJS
1642 09 08	AK	GEERT	MARCK	GEERTS		SICKJEN	BOLWERCK
1644 04 17	AK	TRIJNTIEN	MARCUS		REGNELL	ANNA	MEULENSTRATE
1648 06 13	MK	HANS	MARCUS		REGUL	ANNEKE	DAMSTERDP
1647 04 07	AK	MARCUS	MARCUS (decd)	JANS	POTT	ENGELTIE	DRA
1641 01 10	AK	GRIETIEN	MARCUS	JANSEN	POT	ENGELTIEN	
1643 08 24	MK	GRIETIEN	MARCUS/VAENDR.	JANSSEN		ENGELTIEN	DRA
1646 02 20	MK	AELTIEN	MARCUS/RAERDR?	JANS	POT	ENGERTIEN RETS	DRA
1647 11 12	MK	SIJBRANT	MARCUS	JANS		LIJSABET SIJBRANTS	BOTTRSTR
1645 09 21	MK	AELTIEN	MARCUS	JANS		LIJSEBETH	BOTTRINGESTR
1644 01 10	MK	AELTIEN	MARCUS	JOANNES		LIJSEBETH SIJBRANTS	BUTJENSTR
1648 02 29	AK	MARRIJ	MARCUS	ALLENS		SIJEKE	JONKERENSTR
1644 03 21	AK	ENGELE	MARCUS	ALTES		SIJTSKE ANDRIES	PAPENPOORTE
1641 10 31	AK	ANNETIEN	MAREUS	ALLENS		SIJKE	SCHUTENKRSSTR
1643 08 06	MK	AASJEN	MARIJNNES?	JACKENS		AAFJEN MARIJNNES	SMAKERSGANG
1644 01 30	AK	ELISABETH	MART.	SCHOKIUS		ANGELICA MERCK,VAN	HARD.STR
1649 10 31	AK	JOANNES	MART.	SCHOKIUS		ANGELICA MERCK,VAN	OSSMERKT
1641 04 13	AK	FREERCK	MARTEN	ABRAHAMS		AELTIEN	N.EBBSTR
1643 07 23	MK	FRANS	MARTEN	ABRAHAMS		AELTIEN ONNENS	DAMSTERDIEP
1647 04 11	MK	FOUNS?	MARTEN	ABRAHAMS		AELTIEN ONNENS	DAMSTERDP
1649 03 07	AK	FRANS	MARTEN	ABRAHAMS		AELTIEN	DAMSTERDP
1646 08 18	AK	HILLICHJEN	MARTEN	WIJBRANTS		ANNE MARTENS	N.WECH
1648 07 05	AK	WIBRANT	MARTEN	WIJBRANTS		ANNETIE	NIEUW STRATTJEN
1641 02 07	MK	TOBIAS	MARTEN	MARTENS		ANNETIEN	BOTTRDP
1643 11 30	AK	HEDWIGH	MARTEN		BEWE	CORNELIA TEBBEN	N.STRAATJEN
1646 06 07	MK	MARIA	MARTEN	WILLEMS		CORNELISJE	WEESCLOOSTER?
1643 08 01	AK	HARMTIEN	MARTEN	HINDRIX	PIJPMR.	EETIEN	STEENTILSTR
1644 12 03	MK	FRANS	MARTEN	FRANSZ		ELISABETH ISEBRANTS	VISSCHERSTR
1643 03 31	AK	GRIETIEN	MARTEN	MARTENS		ELSIEN	POELEPOORTE
1641 08 15	MK	MARIKE	MARTEN/SOLDAET	MARTENS		ELSJEN	POELSTR
1647 04 27	AK	MARRECHIEN	MARTEN	GERRITS		ELSKE	HARDINGESTR
1646 06 28	AK	GRIETE	MARTEN	MARTENS		ELSKE	UIJ-WERKERSGANG
1643 09 28	AK	WOLTER	MARTEN	WOLTERS		FENNE	LANE
1646 09 24	AK	STIJNE	MARTEN	WOLTERS		FENNE MARTENS	VISCHERSTR
1647 01 14	AK	STOUVER	MARTEN	GEERTS		GEERTIEN	KLEIJNERAAMSTR
1644 08 18	AK	ANNA CATHERIJNE	MARTEN	GEERTS		GEERTJEN	RAAMSTR
1648 01 07	AK	CHRISTOFFER	MARTEN		EIJCK	GRIETE	HEERSTR
1649 12 16	MK	MARIA	MARTEN	TIEL		GRIETE JANS	SMACKERSGNG
1649 08 16	AK	EESJEN	MARTEN	GEERTS		GRIETIEN	SUIDERDP
1641 03 24	AK	BARBER	MARTEN		GROUTEMAN	GRIETJEN	HOMANSGANG
1641 03 24	AK	MARGRIETEN	MARTEN		GROUTEMAN	GRIETJEN	HOMANSGANG
1646 06 28	AK	BARBER	MARTEN	TIEL--		GRIETJEN	BARDINGESTR
1645 10 14	AK	FROUCKE	MARTEN	POUWELS		HAASKE CORNELIS	S.JAS.GA--?
1649 03 20	AK	JOANNES	MARTEN	JANS		HAESJEN	DRA
1646 04 15	AK	NIESJEN	MARTEN	HARMENS		HINDRICKJEN	H.STRATJEN
1648 01 26	AK	BERENTIEN	MARTEN	LUITIENS		JANTIEN	NIJESTR
1647 11 28	AK	MARIA	MARTEN	JANS		KAASJEN? CORNELIS	DRA
1642 01 23	AK	ELIAS	MARTEN		HAACK	LEENTJEN	MUERE
1644 08 25	MK	HARMEN	MARTEN	HARBERTS		LIJSABETH	MEULENSTR
1641 10 27	AK	ANNA	MARTEN	FRANSEN		LIJSEBETH	N.EBBSTR
1647 07 15	AK	MARTEN	MARTEN	FRANSSEN		LIJSEBETH ISEBRANTS	SCHOOLHOLM
1644 07 09	AK	ANNEKE	MARTEN		GROOTMAN	MARGRIETE	RAAMSTR
1643 08 04	AK	GOOSSEN	MARTEN	TEUNNIS		MARIA	MESSEMAKERSST
1649 10 28	MK	TONNIS	MARTEN	TONNIS		MARIA	MESMAKRSTR
1646 01 18	MK	EELIAS	MARTEN	TIJANIS		MORRITS?	NESMAKERSSTR
1644 09 15	AK	AELTIEN	MARTEN	HARMENS		NIESJEN JANS	NIJESTRATJEN
1644 09 29	AK	DIEUWER	MARTEN	GEERTS		SAARTJE	TIMMERWERF
1642 09 25	AK	TRIJNTIEN	MARTEN	GEERTS		SARA	TIMMERWERF
1646 12 02	MK	JAN	MARTEN	SIJMONS		SARA	SUIDERDP
1641 05 30	MK	VALENTIJN	MARTEN		DOLGE	STIJNE HINDRIX	DRIST/HEEREPRT
1644 01 05	AK	HINDRICK	MARTEN/SOLD.		DALLIGA	STIJNE	PRINCESTR
1641 08 05	AK	JOHANNES	MARTEN		CARELSTEIJN	STIJNTIEN	KARELSWEG
1641 08 05	AK	SALOME	MARTEN		CARELSTEIJN	STIJNTIEN	KARELSWEG
1641 11 10	AK	HILLETIEN	MARTEN		EIJLEMAN	TRIJNE WOLTERS	RAAMSTR
1644 01 31	AK	RENSKE	MARTEN		EIJLERMAN	TRIJNE	RAAMSTR
1646 02 12	AK	TRIJNE	MARTEN		EIJDERMAN	TRIJNE	RAAMSTR
1641 10 29	AK	GEERT	MARTENS	MARTEN	WOLTERS	FENNETIEN	HOGEBROERSTR
1646 01 08	AK	ANNECHIEN	MARTIEN	ABRAHAMS		AELTIEN	DAMSTRDIEP
1646 03 04	AK	EEFJEN	MARTIEN	MARTENS		ANNECHIEN	MUERE

Year Mo Da	Chr	Child's Given Name	Father/Child's Patronymic	Father's Patronymic	Father's Surname	Mother	Address
1641 08 31	AK	EESSE	MARTIEN	GEERTS		GRIETE	RAAMSTR
1645 03 21	MK	MARIJKE	MARTIEN/SOLD.	MARTENS		HAASJIEN	POELPOORTE
1641 06 20	AK	DANIEL	MARTIEN	HINDRIX		ITIEN	MUER/O.BENTHEM?
1644 05 12	MK	ELISABETH	MARTIJN	SIJMONS		SAASTIEN JANS	HUINNGECAMERS
1642 09 08	AK	ISAAC	MARTINUS	SCHOCKIUS		ANGELICA MERK,VAN	HARDINGESTR
1647 10 20	AK	CAREL	MARTINUS	SCHOCKIUS		ANGELICA MERCK,VAN	HARDSTR
1646 06 23	AK	JACOBUS	MARTINUS	SCHOOCK		ANGELICA MERCK,VAN	HARDRINGESTR
1642 01 02	MK	CHRISTOFFER	MARTINUS	WICHARDUS		DILIANA	MUERE
1645 10 10	AK	STIJNTIEN	MARTUS	ALERTS		LUCIE	3 MEULENS
1648 02 20	MK	MATHIAS	MATHIAS	KRIJNOET?		ELSE JACOBS	MOES.
1648 02 02	AK	MARGRIETE	MATHIJS	WIGHERS		EKSKE GERRITS	POPKEN
1645 03 09	MK	JURJEN	MATHIJS	JANSSEN		MARGRIETE	PRINCENSTR
1643 09 03	AK	WENDELTIEN	MATTHIAS	PIETERS		AMKE DERCKS	JAT
1649 12 05	MK	JOANNES	MATTHIAS	JANS	MENRS,V	HINDRIKJEN	PRINCENSTR
1644 12 04	MK	ELISABETH	MATTHIAS		RUNNA?	JANNEKEN ADAMS	PRINDENSTR
1643 11 18	MK	ANNA CATHRINA	MATTHIES	TOBIAS		AELTIEN	HEERSTR
1642 10 25	AK	GRIETE	MATTHIJES	JACOBS		TRIJNTIEN MATTHIJES	3 MEULEN
1645 12 14	MK	DAVID	MATTHIJS	HINDRIX		AELTIEN	SCHUTENDIEP
1645 10 21	AK	JOANNES	MATTHIJS	TOBIAS		AELTIEN JANS	A KERK
1646 02 17	MK	FOCKJEN	MATTHIJS	PIETERS	BUSSEMER?	AMCKE DERX	CROMMEJADT
1648 03 07	AK	SOPHIA	MATTHIJS	PIETERS		ANNEKE	CROMELBOGE
1644 08 30	AK	MELCHES	MATTHIJS		BEST?	GRIETE	CRANE
1649 04 24	AK	ANNA MARIA	MATTHIJS		FLEIJSCHER	MARIA	MEULENSTR
1648 05 18	AK	TRIJNTIEN	MATTHIJS	KRIJN		MARIA	TONISGSTHUIS
1642 09 18	AK	MICHEL	MATTHIJS		STETRICH	MARIE	VISSCHERSTR
1644 09 29	MK	GRIETE	MATTHIJS/SOLD.		HEGELER	TRIJNE	COSTERSGANG
1647 02 26	AK	HANS	MATTHIJS	JACOBS		TRIJNE	3 MEULENSDRIST
1645 01 19	AK	HANS	MATTHIJS	JACOBS		TRIJNTIEN	3 MEULLENS
1644 09 01	AK	MEIJNERT	MAURITS	JANSSEN		AELTIEN MEIJNERTS	CRANEPOROT
1647 01 24	AK	TRIJNTIEN	MAURITX/SOLD.		STEENMAN	AELTIEN	JADT
1644 07 30	AK	GEERTRUIT	MAXIMILIAEN	THOMAS		MARRECHIEN OTTENS	WOERT
1646 07 12	AK	ENGELTIEN	MAXIMILIAEN	THOMAS		MARRETIEN OTTENS	WOERDT
1642 01 30	AK	EVERTIEN	MAXIMILIEN		GLASEMAKER	MARRECHIEN	WOERT
1643 01 26	AK	ANNA	MECKE	EVERTS		MAEIJKE HINDRIX	ENGEGANG
1645 10 02	AK	ROBINA?	MEENE		WICHRINGE	HELENA CLAUS	BEERSTR
1646 08 16	MK	RIJCKE	MEENT		HOEDEMAKER	ELSJEN	PRINCENSTR
1643 10 16	MK	EEFJE	MEERTEN	MEERTENS		ANNETIE WIBBES	MUERE
1648 07 11	MK	GRIETIEN	MEERTEN	TONNIS		MARIA JURJENS	MESMAKERSTR
1645 12 24	AK	OTTE	MEIJCKE	EEVERTS		MARRECHIEN HINDRIX	DAMSTERDIEP
1641 09 03	AK	MARIA	MEIJE	N.		JANNEKEN	RAAMSTR
1644 05 07	AK	EVERT	MEIJKE	EVERTS		MAIJKE HINDRIX	DAMSTERDIEP
1648 05 26	AK	VREEX?	MEIJNE	JIBBENS?		ELSJEN	PRINCENSTR
1648 03 12	AK	ANNEKE	MEIJNERT	JANS		"MOEDER"	SCHUTNWAL
1645 12 09	MK	MARIA	MEIJNERT	JANSSEN	TAMBOER	"MOEDER"	SHCUITMERSWAL
1643 06 28	AK	JAN	MEIJNERT	JANS		BEELE HINDRIX	BREEGANG/SCHUTDP
1643 06 25	MK	SIPKE	MEIJNERT	SIPKENS		GEERTIEN TONNIS	HEERPOORTE
1647 04 19	MK	CLAES	MEIJNERT	SIPKENS		GEERTIEN TONNIS	HEERPOORTE
1644 08 11	AK	AELTIEN	MEIJNERT	BRUINS		GEESJEN	HOSELLMUNERGANG?
1649 07 22	AK	FREERCK	MEIJNERT	BRUINS		GEESJEN	NIJESTADT
1647 02 23	AK	BRUNNE	MEIJNERT	BRUNNENS		GEESJEN DREERX	PUTTE?
1641 12 27	AK	JEIJE	MEIJNERT	MEIJNERTS		MARRECHIEN HANSEN	LANE
1643 09 20	AK	GEESJEN	MEIJNERT	MEIJNERTS		MARRECHIEN HANS	LANE
1643 12 29	AK	MARIA	MEIJNERT	JANSSEN	TAMBOER	MOEDERTIEN	JONKERENSTR
1643 08 09	AK	ADAM	MEIJNT	JANSSEN		ELSJEN JACOBS	HEERPOORTE
1642 04 19	AK	HINDRICKJEN	MEIJNT	JANSEN		HINDRICKJEN MEIJNTS	A/KRANSPOORT
1644 03 12	AK	SAARTIEN	MEIJNT	JANSSEN	SCHIPPER	HINDRICKJEN	DRA
1641 12 04	AK	EILARDUS	MEIJNT	JANSEN	TAMBOER	MOEDER? DIRX	HEERNSTR
1643 11 10	AK	DIEWERTE	MEIJNT	BERENTS		SWAENTIE	SLACHTERSRIJP
1642 10 30	MK	BERENT	MEIJNT	BERENTS		SWAENTIEN JANSSEN	VISCHMERKT
1645 03 14	AK	GEERTRUIT	MEIJNT	BERENTS		SWAENTIEN	VISCHRMERCKT
1646 08 16	MK	MARIA	MEIJNT	BERENTS		SWAENTJEN	BOTTERDIEP
1643 07 09	MK	MARIA	MELCHER	OBBENS	RUITER	GRIETE	NIJEKERKHOFF
1645 08 20	AK	RIXTE	MELCHER	OBBENS		GRIETJEN	BOTERDP
1649 02 09	MK	JOANNES	MELCHER		BRECHER	MARRETIE	PLUIMERSGNG
1649 12 19	AK	LUBBERT	MELCHT--	--BBENS		GRIETIEN	BOTTRDP
1644 08 23	AK	JAN	MENCKE	JANS		EENJE	NIJEWECH
1641 08 27	AK	JAN	MENES	JANSEN		LAMMECHIEN HUVINGE	PLUIMERSGANCK
1641 07 30	AK	HILLEBRANT	MENKE	HARMENS		GRIETE	OBTTRDP
1643 03 01	AK	LAMMECHIEN	MENKE	HARMENS		GRIETE	BOTTERDIEP
1645 06 04	MK	HARMEN	MENKE	HARMENS		GRIETJEN	BOTTERDIEP
1646 12 25	MK	HINDRICKJEN	MENKE	HERMENS		GRIETJEN	BOTTERDP
1648 03 19	AK	CLAES	MENNE	CLAESSEN		ANNE	RAAMPOORT
1647 05 11	AK	GEERTJEN	MENNE	WILLEMS		ANNE	HEERPOORTE
1644 03 17	AK	LUCAS	MENNE	LUCAS		GRIETIEN JANS	N.JADTSTR
1647 08 18	AK	LUCAS	MENNE/JR		WICHRINGE	HELENA CLAUS	BOTTRSTR
1647 10 17	MK	TIETJEN	MENNE	ALBERTS		HINDRICKJEN	VERLAET
1642 05 08	AK	PIETERTIEN	MENNE	GERRITS		WEMELTIEN	KIJKINTJATSBR
1644 12 18	AK	CATHARINA	MENNE	GERRITS		WEMMELTIEN	KIJK/JAT
1641 09 07	AK	GEESJEN	MENNE	HARMENS		WILLENTIEN HINDRIX	SCHOOLHOLM
1644 07 21	AK	MENNE	MENNE	VERGERS		ZARE HINDRIX	PRINCENSTR
1649 01 23	AK	LUCAS	MENNO/JR		WICHRINGE	H CLANT	VISMERKT
1649 01 23	AK	LUERT	MENNO/JR		WICHRINGE	H CLANT	VISMERKT
1644 03 22	AK	BRECHTIEN	MENSE		PIMPERLING	AELTIEN PIETERS	SCHUTENDIEP
1646 12 27	MK	ANNETIEN	MENSE		PUMPERLINUS?	AELTIEN PIETERS	STEENTILSTR
1646 09 23	AK	DERCK	MENSE	JANSEN		LAMME JANSEN	PLUIJMERSGANCK
1649 09 21	AK	HARMEN	MENSE	JANSEN		LAMME HUBING	PLUIMERSGNG
1648 06 18	MK	HARMEN	MENSE	JANSSEN		LAMME	SUIDERDP
1642 07 31	AK	MENSO	MENSO		PIMPERLING	AELTIEN PIETERS	SCHUITNDP
1645 12 28	MK	ANNA	MENSO		PIMPERLINUS	AELTIEN PIETERS	STEENTILSTR
1649 02 02	AK	PIETERTIEN	MENSO		PIMPERLING	AELTIEN PIETERS	CAME.
1644 06 26	AK	FENNE	MENSSE	JANSSEN		LAMME JANSSEN	SCHUTENDIEP
1642 10 23	MK	JOANNES	MERCUS	JOANNS		LIJSEBETH	MUERE
1641 01 24	MK	TONNIS	MERTEN	TONNIS		MARIA MERTENS	MESMAKERSST
1649 06 03	MK	HINDRICK	METEN	LUITJES		JANTIEN HINDRIX	NIJESTRAETJEN
1642 09 08	AK	GEERT	MEUKE?	TEBBENS		GEESKE	MOESKERSGANG
1642 05 22	MK	TRIJNE	MICHAEL		PRESSEL	ANNA	BEULSGANG
1648 10 03	AK	MAGDALENE	MICHAEL		RODE	MARIA	HARDINGESTAR
1646 10 08	AK	MICHEEL	MICHEEL		RODE,DE	MARIJA	NIEUWESTADT
1646 08 09	MK	ABRAHAM	MICHEL	ENES		ANNE JANS	BOTTERINGESTR
1645 01 03	AK	DAMES	MICHEL	EMMELS		ANNECHIEN	DAMSTERDP
1643 08 23	AK	HANS	MICHEL	ENNEN		ANNECHIEN LOUWRENS	N.WECH
1647 04 08	AK	MICHEL	MICHEL	MARTENS		ANNECHIEN	NIJESTADT
1648 03 07	MK	HANS	MICHEL	PIETERS		ANNECHIEN	NIJESTADT
1648 09 25	AK	ENGELTJEN	MICHEL	EVERARDS		ANNICHJEN HEMES	SLEEMENDERSSTR
1643 12 20	AK	GRIETIEN	MICHEL	CASPERS	TOORNBLASER	BARBER	MART.KERKHOFF

Year Mo Da	Chr	Child's Given Name	Father/Child's Patronymic	Father's Patronymic	Father's Surname	Mother	Address
1644 03 12	AK	JACOBUS	MICHEL	SCHULTES		DIERBERE? SCHULTENS	--
1642 04 05	AK	BARBER	MICHEL/SOLDAET	N. (soldaet under Rensen)		ELSSE	DRAE
1646 03 05	AK	ANNA	MICHEL	SCHELTENS		DUIRE	HARDINGESTR
1642 09 23	AK	JACOBUS	MICHEL/SOLDAET	SCHOLT		DUIRE	CRAENE
1649 06 15	AK	JURJEN	MICHEL	GROOTS		ELFE	A
1649 06 15	AK	LENERT	MICHEL	GROOTS		ELFE	A
1646 10 11	MK	SUSANNA	MICHEL		MOLLER	ELISABETH	RADEMERKT
1646 11 08	AK	SIJBILLA	MICHEL	COERTS		ELSE	A.
1645 02 16	AK	KOERT	MICHEL	KOERTS		ELSKE BASTIAENS	DRA
1641 07 18	MK	MARIJE	MICHEL		SULAGE	FREE FRANSEN	N.JADTBRUGGE
1643 07 12	MK	JOANNES	MICHEL		SULAGE?	FRENIJ MICHELS	N.JADTSTR
1644 09 26	AK	ELISABETH	MICHEL		SOULAGE	FRENIJ	NIJEJADTSTR
1646 03 11	AK	ANNA CATHRINA	MICHEL		PAASCHEN	GEBBE HARMENS	JADT
1648 06 29	AK	TEUBEEIEN?	MICHEL		PAESSCHEN?	GEBBE	N.JATSTR
1648 03 26	AK	TRIJNTIE	MICHEL		RAEJCHE	GEBBEKE	JATSTR
1642 09 09	AK	MARIJE	MICHEL	JOCHIMS		GEESJE HARMENS	SCHOOLHOLM
1647 10 12	AK	GRIETE	MICHEL	JOCHIMS		GEESJEN	WOERT
1646 01 11	AK	ABRAHAM	MICHEL	JOCHIMS		GEESKE HARMENS	OWERT
1641 05 11	KA	MICHEL	MICHEL	MICHELS		GRIETE HERMENS	RAAMSTR
1641 09 14	AK	GEERTRUIT	MICHEL (deed)	TIJMENS		HELENA JANS	LANE
1642 01 02	AK	HINDRICK	MICHEL	JANSEN		JANNETIEN	MUERE
1642 12 07	AK	HINDRICK	MICHEL		NAGEL	JANTIEN	HEERE/OOSTERPRT
1648 01 13	AK	WILHELMUS	MICHEL		NAGEL	JANTIEN	BOTTRSTR
1644 01 28	MK	ANNA MARIA	MICHEL	HARTMAN		JANTIEN HARMENS	MEULESTR
1647 09 17	AK	FIJEKE	MICHEL	JANS		JANTIEN	MUEE
1645 02 11	AK	JANTIEN	MICHEL	JANSEN		JANTIEN JACOB	MUER
1644 05 19	AK	EBELE	MICHEL	CLAESSEN		LUBBE EBELS	SCHIEDAMSGANG
1646 10 16	AK	HANS	MICHEL		BRESSELDE	MARGRIETE	SUIDERDIEP
1648 04 13	AK	GRIETIEN	MICHEL/SOLD:		BOCHER	MARIA	CROMELB.
1641 07 30	AK	JACOBJEN	MICHEL	HARTMAEN		MARRECHIEN JANSEN	WOEET
1644 06 26	AK	JAN	MICHEL	HARTMAN		MARRECHIEN JANS	WOERDT
1646 11 12	AK	HINDRICK	MICHEL	BERBER		MARRECHIEN	CORMELLEBOGE
1647 06 09	AK	ANNECHIEN	MICHEL	HARTMAN		MARRECHIEN JANS	WOERT
1647 09 12	MK	HANS MICHEL	MICHEL	HELT		N.N.	STEENTILSTR
1646 07 06	AK	CATHRIJNE	MICHEL	HINDRIX		SALVIJE?	RAAMSTR
1641 07 16	AK	HENRICUS	MICHEL		AULDRIJ	SOPHIA	RAAMSTR
1642 04 03	AK	GEESJEN	MICHEL	JOCJENS?		TRIJNTIEN	VOLTINGESTR
1646 01 02	MK	ELSJEN	MICHEL		KENNEMA	URSELE HERES	SWANESTR
1644 10 20	AK	MARIA	MICHEL	KEMMENA	CHRIURGUS	URSELE HEERENS	SWANESTR
1645 09 02	AK	MICHIEL	MICHIEL		HARTMAN	JANTIEN	MEULENSTR
1642 04 03	AK	MARIA	MICHIEL		KEMMENA	URSELE HEERENS	SWANESTR
1648 12 01	AK	WILLEM	MICHIEL		KENNEMA	URSELS?	SWANEST
1646 06 15	AK	CATARIJNA	MIJNKE	LAMBERTS		GEESJEN	PELSERSTR
1643 07 09	MK	JANNEKE	MINNE/SOLD.	JEBBENS		HILLECHIEN	BEULSGANG
1647 08 27	AK	TRIJNTIE	MOISES	HORN		FOKELTIE JETSES?	MARKT
1643 04 19	AK	JOHANNES	MOISES		HORA	FOKELTIEN JETSES	M.KERCK
1642 02 06	MK	WILLEM	MOISES		HORA	FOKELTJE JETSES	BREDEMERCKT
1642 11 18	AK	ANNECHIEN	MONES	LAURENTS		TRIJNE MONES	SCHUITENDIEP
1646 01 07	MK	WILLEM	MOSES		HOVA	FOKELTIE JETSES	WERK--?
1649 05 03	MK	JOANNES	MOSES		HORA?	FOKELTIE	MARTENSTOORN
1642 12 14	AK	IDEKE	MOSES	ISAACKS		GRIETIEN MOSES	HARDINGESTR
1643 12 24	AK	JUDITH	MUNKE	LAMBERTS		GEESJEN	PELSERSTR
1646 11 28	AK	JAN	N./DOCTOR		NIJKERCK	ALBERTIEN JANS	JOCOBIJNERSTR
1641 09 11	AK	AELTIEN	N.	FREITZ		GEESJEN	N.BOTTRINGESTR
1641 09 11	AK	JACOBUS	N.	FREITZ		GEESJEN	N.BOTTRINGESTR
1649 06 14	AK	FRAUKIEN	NAMIS	LUCAS		GRIETE JANS	NIJEJATSTR
1643 04 14	AK	GRIETJEN	NANNE/JONGE	WALDRICHS		DEIJSKE	KIJCK/JAT
1644 09 29	AK	DERCK	NANNE	HAIJENS		EEMECHIEN	WOERT
1648 09 24	AK	WALDRICH	NANNE	WALDRICH		EESE	JAT
1646 03 08	AK	TRIJNTIEN	NANNE	WALRICHS	JONGE,DE	EISE NOMDES	JADTBRUG
1641 10 07	AK	GEERTRUIT	NANNE	HAIJENS		EMMECHIEN DERX	WOERT
1641 11 02	AK	JOHANNES	NANNE	LUCAS		GRIETIEN	HEERPRT
1647 07 17	AK	LUCAS	NANNE	LUCAS		GRIETIEN	CROMMEJADT
1642 12 25	AK	TAELITJEN	NANNE	LUIBES		GRIETIEN JANS	PELSERSTR
1646 04 12	AK	TALLERCHIEN	NANNE	LUCAS		GRIETJEN	N.JADTSTR
1649 07 08	MK	LAUIS	NANNE	JASPERS		HELENA LOUIS	JANSBRUG
1648 01 11	AK	JOHANNA	NANNE	HAIJENS		JANTIEN	WOERT
1645 07 11	AK	JANTIEN	NANNE	JASPERS		LEENE	MARTINIKERKHOFF
1642 06 15	MK	DAVID	NANNE	JASPERS		LEENTIEN	MARTINIKERKE
1643 10 04	AK	JASPER	NANNE	JASPERS		LEENTIEN	MARTINIKERKHOF
1647 04 18	MK	LOUIJS	NANNE	JASPERS		LEENTIEN	MART.KERKHOF
1648 03 08	MK	LOVUIJS	NANNE	JASPERS		LIENTIEN LOUIJS	JANSBRUGGIEN
1642 12 11	MK	ANNETIEN	NANNINCK	JANSSEN		LIJSEBET CLAESSEN	BOTTRPOO.
1646 12 21	AK	JOANNES	NANNINCK	JANSSEN		LUBBERTIEN BERENTS	BOTTRSTR
1648 12 02	AK	JAN	NANNINK	JANS		LUBBETIEN	BOTTRPRT
1642 11 27	AK	ELISABETH	NATHANAEL		BRUCE	GEESJEN VROERSMA	VOTLSTR
1646 09 27	MK	GEESJEN	NICLAES	DUIJSS		AELTJEN	EBBINGESTR
1645 01 22	MK	FEIJT	NICLAES	REIJT		ANNE	SUIDERDIEP
1646 11 27	AK	ELSABE	NICLAES	JANICHEN		ELISABETH	BEUTJE?
1648 05 23	AK	ANNA	NICLAES	JANICHEN		ELISABETH	SUIDERDP
1649 09 16	MK	CATHRIJNE	NICLAES	JURICHS?		ELISABETH	MUERE
1646 09 03	AK	TRIJNTIEN	NICLAES	JANS		LIJSEBETH	NIJEWECH
1648 07 09	MK	WILLEM	NICLAES		BORCK,V	WALBORCH ULGERS	HARDINGESTR
1647 03 30	AK	ALBERTIEN	NICLAES		BUSCH	WILLEMTIEN WITTINGE	HEERST
1649 09 11	AK	JAN	NICLAUS	DUIS		AELTIEN	EBBSTR
1641 06 09	AK	WEMELTIEN	NICLAUS	BASSE		GEERSJEN JOCHIMS	RAAMSTR
1644 02 04	MK	JAN	NICLAES		DUIJST?	AELTIEN	EBBINGESTR
1644 02 04	MK	JAN	NICOLAES	BASSE		GEESJEN JOCHIMS	MESMAKERSSTR
1648 01 18	AK	HARMEN	NICOLAES/D.		BUSCH	WILLEMTIE WITTING	HEERST
1641 01 31	MK	WESSEL	NICOLAUS		DUIJFF	--	EBBSTR
1646 03 22	AK	JOCHIM	NICOLAUS	BASSE		GEESJEN JOCHIMS	HOOGE BROERESTR
1648 09 15	AK	GRIETIEN	NICOLAUS	BASSE		GEESJEN	SCHOL.
1649 08 06	MK	RIENEKE	NICOLAUS/DR		BUSCH	WILL. WITTINGE	HEERST
1642 01 13	AK	NIJCLAES	NIJCLAES		BROECK,VANDEN	GRIETE CLAESSEN	MUERE
1647 01 17	AK	JOHAN	NIJCLAUS		BORCK,VAN	WALBURCH ULGERS	HARDINGESTR
1646 07 31	AK	MARIA	NOEL	RISSIUS		ANNA NOELS	PELSERSTR
1641 09 14	AK	MARIA	NOEL		RIJCHART	ANNETIEN	PELSERSTR
1642 05 31	AK	GRIETIEN	OBBE	OBBENS		GESE	VOLTINGESTR
1646 09 20	AK	IMMICHJEN	OCCO	JANS		FENNICHJEN MENSENS	BRUGGESTR
1644 07 04	AK	AELTIEN	OCKE	JANS	ROOS	FENNETIE MENSSENS	BRUGGESTR
1648 02 01	AK	JAN	OCKE	JANS		FENNETIE MENSES	BRUGSTR
1644 12 15	AK	GEERTIEN	OCKE	HEMMENS		GRIETJEN JACOBS	N.JADT
1643 04 30	AK	SIJBO	OENE	SOECKS		JELLE OENES	LEELJENSTR
1648 07 25	AK	MARRECHIEN	OESINK	CLAESSEN		AELTIEN JOOSTEN	BOTTRPOT
1646 08 04	AK	EVERT	OLGER	EVERTS		LUIJTJEN TIERTS	N.EBBSTR

Groningen Baptisms Alphabetized by FATHER/CHILD'S PATRONYMIC, 1640-1649

Year Mo Da	Chr	Child's Given Name	Father/Child's Patronymic	Father's Patronymic	Father's Surname	Mother	Address
1641 02 19	AK	MARRETIEN	OLTGER	EVERTS		--	N.EBBSTR
1643 10 08	MK	EVERT	OLTGER	EVERTS	BROUWER	CUICHIEN	N.EBBSTR
1643 04 02	MK	ONNE BOUWENS	ONNE	ONNENS		JANTIEN	OOSTERSTR
1641 07 30	AK	HAIJE	ONNE	HAIJENS		TRIJNTIEN HINDRIX	SCHUITND./GROTEGNG
1643 01 25	AK	ETTIEN	ONNE/SOLD.	HAIJENS		TRIJNTIEN	GROTEGANG
1646 09 09	AK	JOANNES	ONNE	HAIJES		TRIJNTJEN	BREDE GANCK
1648 01 28	MK	AELTIEN	ONNE	HINDRIX		VRE	OOSTRPIJP
1648 12 16	MK	JACOB	OOK? "soon van deselve ouders"				
1642 11 06	MK	HINDRICK	OOME	HINDRIX		VREE	OOSTERPOORTPIJP
1648 03 30	AK	PIETER	OPHE	PIETERS		GRIETE	3 MEULENS
1646 06 16	MK	AGNES	OPKE	CLAESSEN		HINDRICKJEN WARNERS	HOORNSCHDIJK
1647 01 17	MK	REIJSJEN	OTHE	HEMS		GRIETIEN JACOBS	BUTIENSTR
1644 10 06	AK	ANNECHIEN	OTTE	REIJNERS	BROUWER	ANNECHIEN	BRUGGESTR
1648 03 06	AK	EERNST	OTTE	REIJNERS		ANNETIEN	AKERKE
1641 10 27	AK	DERKJEN	OTTE	JURJENS		ASSELE ONNENS	DAMSTERDP
1644 08 15	MK	LIJSABETH	OTTE	JURJENS		ASSELE	DAMSTERDIEP
1642 09 23	AK	ITIEN	OTTE	EBENS		GRIETIEN HINDRIX	WOERT
1641 11 28	MK	OTTE	OTTE (decd)	BERENTS		ILBEN	BREEGANG/SCHUTND
1641 09 21	AK	HARMEN	OTTE	HEIJNENS	WIELDRAEIJER	JANTIEN	N.EBBINGESTR
1648 11 22	AK	ROEBERT	OTTE	HARKENS		LIJSEBETH ROEBER	BROERSTR
1648 12 28	AK	CHRISTIAEN	OTTE	JANS		LUCRETIA	NIJE KERKHOF
1642 05 08	MK	HINDRICK	OTTE	MATTHEU		METTE	VISSCHERSTR
1644 01 25	AK	LUBBERT	OTTE	FACISIES?	MANTHEU?	TOBE	TIMMERWERF
1640 12 29	AK?	HINDRICK	OTTO			--	VISSCHRSTR
1647 01 10	AK	GEERTRUIT	OTTO	REIJNERTS		ANNECHIEN	A.KERK
1643 09 05	AK	ANNETIE	OTTO	REIJNERS	BROUWER	ANNETIE	A KERKE
1645 05 22	AK	LAMMECHJEN	OTTO/SOLD.	JANS		BEATRIX	SUIDERDP
1648 08 27	AK	CLAES	OTTO	EGBENS		FENNETIE	WOERT
1645 01 26	AK	HINDRICK	OTTO	EIJBENS		GRIETJEN HINDRIX	WOERT
1647 09 14	AK	LAMMETIE	OTTO	JANS		LUCRETIA	SUIDERDP
1643 09 06	AK	HARMTIEN	OTTO	JANS		LUCRETIE OTTENS	COSTERSGANG
1647 08 03	AK	PIETER	OTTO	MATHEA		METJEN	LAMHUINGA STR
1645 04 13	MK	HARMEN	OTTO	MATTHEI		METJEN	POELSTR
1643 01 19	AK	JOHANNA	OTTO		WELEVELT,V	PIETERTIEN DERX	MERKTSTR
1648 07 23	MK	EPPO	P./SECR:		TETTEMA	ELSJEN WILLEMS	OOSTRSTR
1643 10 19	AK	JAN	PAUL	ONNEKEN		AELTIEN JANS	NIJESTRATJEN
1649 02 04	MK	HARMEN	PAUL	EGBERTS		AELTIEN BOELENS	JOANNSSTR
1645 01 19	AK	GRIETIEN	PAUL/SOLD.		MORGENSTEEN	ANNA	NIJESTADT
1641 09 02	AK	GRIETIEN	PAUL		MARGENSTEUVE	ANNE PAULS	NIEUWESTADT
1642 02 06	MK	ANNECHIEN	PAUL	JOOSTEN		ANNECHIEN	HEERSTR
1645 05 14	AK	HILLECHIEN	PAUL	JOOSTEN		ANNETIEN HARMENS	HEERPOORTE
1648 08 15	AK	MARGRIETIEN	PAUL	ROELEFS		BEATRIS	VISCHM.
1646 11 12	AK	CHRISTIAEN	PAUL	ROELEFS		BEATRIX	SCHEDAMSGANG
1642 04 03	AK	GENETTE	PAUL	REUS		HIJPOLITA RIJROU,DE	HARD.STR
1642 03 06	MK	WOPKE	PAUL	WIJBES		HILLE DIRCKS	PRINCENSTR
1646 06 07	MK	MARIA	PAUL	HEIJNES		TREIJNTIEN ROELEFS	N.EBBINGSTR
1642 01 27	AK	ROELEF	PAUL/SCHRIJVER	HEIJNES		TRIJNTIE ROELEFS	N.EBBSTR
1648 11 30	MK	STIJNTIEN	PAUL	HEIJNES		TRIJNTIEN ROELEFS	EBBSTR
1647 09 29	AK	JOCHIM LODEWIG	PAULS		STRASBURGH	ANNA CATH. CAMORARI?	N.
1643 07 23	MK	PAUL LODEWICH	PAULUS		STRASBORG	ANNA CATH. CAMERARIJ	M MERKT?
1645 05 02	AK	ANNA MARIA	PAULUS		STRASBURGH	ANNA CATH. CAMERARUS	OSSM.
1647 07 08	AK	CAREL	PAULUS		MARCH,VANDER	CUNNE ROGEN,VAN	N.EBBSTR
1645 10 29	AK	ELISABET	PAULUS		TRUNCK?	ELISABET ROEN	COSTERSGANG
1649 04 22	MK	CATHARINA MODESTA	PAULUS		STRAATSBURG	MARG.CAM.	--
1649 05 30	AK	MARIA	PAULUS		BORN?	REBECCA	MUER/EBBPRT
1646 10 11	AK	JOANNES	PAULUS	LANGIUS		TRIJNE	DRA
1649 12 11	AK	HARMEN	PAULUS		LANGEN?	TRIJNTIEN	SUIDERDP
1643 10 05	AK	JOOST	PAUWEL	JOOSTEN		ANNECHIEN HARMENS	HEERSTR
1648 11 05	AK	AEFJEN	PETER	PETERS		AEFJEN	OOSTRPRTPIJP
1646 09 24	AK	DIEWERTJEN	PETER	JANSEN		ANNE	OOSTERPRT
1646 09 03	AK	ELISABETH	PETER		BRANDENBORGH	ANNICHJEN HANSEN	ROSENSTR
1646 06 10	AK	GEERTRUIT	PETER	MEEWES		BERENTS	VISSCHERSTR
1648 06 25	MK	AELTIEN	PETER	JACOBS		CIJE JANS	N.EBBSTR
1646 08 23	MK	JOOST	PETER	GIJSENS		EBELE JOESTEN	POELPOORTE
1643 06 18	MK	JAN SCHRAM	PETER	EIJLERTS		ELSJEN	NIJE DIEP
1646 09 13	AK	AELTJEN	PETER	MELCHERS		GEESJEN	MONNICKEHOLM
1648 06 15	MK	JAN	PETER	HINDRIX		GESE PETERS	SUIDERDP
1648 07 18	AK	THOMAS	PETER	JANSSEN		GRIETIEN	ANTHONIJGSTHUIS
1646 09 13	AK	ANNICHJEN	PETER	ALBERTS		GRIETJEN PETERS	SUIJDERDP
1646 09 08	AK	MARIA	PETER	ENGELBERTS		JANTJEN	STOELDREIJERSSTR
1648 06 22	AK	JAN	PETER		ULHOORN?	LIJSABETH JANSEN	WOERT
1648 12 31	AK	HEIJNE	PETER	HEIJNES		LUITIEN POUWELS	CRANEPRT
1648 07 09	MK	EGBERT	PETER	CLAESSEN		ROELEFJEN	N.EBBSTR
1646 08 13	MK	GRIETJEN	PETER	JACOBS		SIJCKE	N.EGGINGSTR
1646 09 08	AK	GEERT	PETER	PETERS		SWAENTJEN	N.JADT STR
1643 08 20	AK	JAN	PETER		VARGER	TRIJNE JANS	WOERT
1648 11 15	AK	JAN	PETER	WARNERS		TRIJNE	W.INDISCHHUIJS
1643 12 13	AK	EPPE	PETRUS	I.V.D.?	TETTEMA	ELSKE WILLEMS	BOTTRSTR
1643 02 19	MK	HARMTIEN	PETRUS	WINSHEMIUS		MARGARETE LEUTS?	HEERSTR
1644 07 07	AK	JELTIE	PETRUS	WINSHEMIUS		MARGRIETE LENS	HEERESTR
1648 06 27	AK	ANNA	PHELIPS		BARGE,V	CUNERN STECKENBORCH	VOLTINGESTR
1646 09 20	AK	TRIJNTJEN	PHILIPPUS	WILLEMS		ELSJEN ULDERIX	BOTTERINGESTR
1645 12 19	AK	ANNE	PHILIPS	HANSSEN		AELTIEN	NIJEWECH
1646 08 01	AK	CATRIJNE	PHILIPS		CROET	ANNA PHILLIPS	VISSCHERSTR
1648 03 03	AK	MARIA	PHILIPS		FLORIJN	ANNETIE	STOELDRSTR
1642 05 04	AK	CORNELIS	PHILIPS		FLORIJN	ANNETIEN CORNELLIS	STOELDREIJRS
1649 08 26	AK	JAN	PHILIPS		DAM,V	BARBARA ISEBRANTS	JACOBAINERST
1643 07 14	MK	PIETERTIEN	PHILIPS	PIETERS		BARBERA STRATEN,VANDER	PELSERSTR
1647 02 02	AK	MARGRIETE	PHILIPS		BURCH,VAN	CUMERA STARKENBORCH	VOLTRSTR
1648 08 24	AK	ANNETIE	PHILIPS	WILLEMS		ELSJEN	BOTTRSTR
1646 08 03	MK	HENRICUS	PHILIPS		LOMEIJER?	FENNETE? HUIBERTS	HOFF
1645 11 20	AK	JAN	PHILIPS/SOLD.		BUSSMAN	GEBBE	SCHUITMRS WAL
1643 06 20	AK	SWAENTIEN	PHILIPS		BUSCHMAN	GEBBETIEN	SCHUTEMRSWAL
1647 09 05	AK	LUCKE	PHILIPS		BOSCHMAN	GEBEKE	SCHUTMAKERSWAL
1642 02 13	AK	SERVAES	PHILIPS		VOS,DE	GEERTIEN	BEULSTOORN
1644 08 18	AK	CATELIJN	PHILIPS		VOS,DE	GRIETIEN	LANE
1642 12 06	AK	AAFJEN	PHILIPS	LODUWICH		GRIETIEN	LAMHUINGESTR
1646 08 08	AK	JANTJEN	PHILIPS		MEIJER	GRIETJEN	N.STADT
1642 08 14	MK	MARTHA	PHILIPS	HOPSMER	SADELMR.	LIJSEBETH	EGGSTR
1645 08 30	AK	MARGRIETE	PHILIPS		BORCH,V	LUNERA STERKENS,V	BREDEMERT
1646 08 30	MK	EBELTJEN	PHILIPS	DERCKS		SIJBERICH REIJNTJES	N.WECH
1641 10 31	AK	DAVID	PHILIPS	DERCKS		SIJBRICH REMKES	DRA-KERCKE
1643 11 19	AK	EGBERT	PHILIPS	DERX		SIJBRICH REMKES	AKERKE
1641 10 01	AK	MAGDALEENTIEN	PHILPIS		MEIJER	GRIETIEN	NIJESTADT
1641 02 16	AK	GEERTRUIT	PIETER	GOSENS		--	LANE

Year Mo Da	Chr	Child's Given Name	Father/Child's Patronymic	Father's Patronymic	Father's Surname	Mother	Address
1641 03 16	MK	GRIETIEN	PIETER	JACOBS		--	N.EBBSTR
1641 06 28	AK	HOMMEN	PIETER	EGBERTS		AAFJEN HOMMENS	N.BOTTRPRT
1641 06 28	AK	JACOB	PIETER	EGBERTS		AAFJEN HOMMENS	N.BOTTRPRT
1648 01 16	MK	FREERK SLUITER	PIETER	JANS		AELTIEN FREERX	HEERPOORTE
1642 01 27	AK	WEME	PIETER	ANENS		ANNA	COSTERSGANG
1643 12 06	AK	AELTIEN	PIETER	JANSSEN		ANNA	RODE BRUGGE
1649 01 26	AK	JAN	PIETER	PIETERS		ANNA	CRANE
1641 06 17	MK	BARTELMEUS	PIETER		SCHROE	ANNE	HEERSTR/DRENTSCHEPL
1641 06 17	MK	HARMEN	PIETER		SCHROE	ANNE	HEERSTR/DRENTSCHEPL
1646 12 24	AK	WIBBE	PIETER	ANDRIES		ANNE PIETERS	VISSCHERSTR
1646 12 10	AK	TRIJNE	PIETER	ARENS		ANNE	MEULENSTR
1649 12 12	AK	ANNA	PIETER	JANSSEN		ANNE	OOSTERPRT
1649 11 18	AK	PIETER	PIETER		CRONENBORCH	ANNECHIEN	LEELJENST
1643 12 26	AK	MICHEL	PIETER	EVERTS		ANNECHIEN	OLDEBREEGANG
1647 01 10	AK	ELSJEN	PIETER	EVERTS		ANNECHIEN	W.J.TEMMERWERF
1645 09 14	MK	HESTER	PIETER	HOIJSEMA		ANNECHIEN	HEEREN WIJNHUIJS
1647 10 24	MK	JOANNA	PIETER	HOIJTSMA		ANNECHIEN	WIJNHUIJS
1641 10 17	MK	JELTIEN	PIETER	JANSEN		ANNECHJEN	ROEDBUGHEN
1644 12 01	MK	HANS	PIETER	PIETERS		ANNETIE HANSSEN	ROSENSTR
1649 12 19	AK	ALLERT	PIETER	ALLERTS		ANNETIEN	VISSCHRSPIJP
1641 12 01	AK	SAARTIEN	PIETER	EVERTS		ANNETIEN	HARDINGESTR
1649 01 07	AK	ELSJEN	PIETER	EVERTS		ANNETIEN	WOERT
1643 12 05	AK	ANNECHIEN	PIETER	JANSSEN		ATJEN PIETERS	NIJEWECH
1642 06 02	AK	MARIA	PIETER		SMIDT	BEEKE HINDRIX	VOLTINGESTR
1641 06 22	AK	FRANCIJNTIEN	PIETER	TIESENS		BEERTIEN	DRA
1641 04 11	AK	BERENT	PIETER	JANS		BELE PETERS	WOERT
1647 12 05	AK	BERENT	PIETER	MENES		BERENTIE	DRA
1647 03 16	AK	JANNETIE	PIETER	JASON		CATHALIJNE	NIJESTADT
1647 06 22	AK	DOROTHEA	PIETER	ANTHONI		CATHARINA WEGERS	SCHOOLHOLM
1649 08 06	AK	GEERTRUIT	PIETER	HOPPING	CHIR:	CATHRIJNE	JADT
1647 02 14	AK	HINDRICK	PIETER	CORNELIS		CLAERTIEN	CLEIJNE N.STR
1649 08 19	AK	GEESJEN	PIETER	CORNELIS		CLAERTIEN	N.STRAETJE
1642 04 21	AK	HINDRICKJEN	PIETER	CORNELLIS		CLAERTIEN	LAMHUINGESTR
1648 12 29	MK	PIETER	PIETER	GIJSENS		EBELE JOOSTEN	OLDEWECH
1644 01 28	MK	FRERICK PIETERS	PIETER	GIJSSENS		EBELE JOOSTEN	OLDEWECH
1644 08 25	MK	HANS	PIETER	VARCH	REES,VAN	EBELTJEN	SUIDERDIEP
1641 09 29	AK	JANTIEN	PIETER	GIJSEN		EEBELE JOOSTEN	NIEUWEWECH
1642 12 04	MK	MATTHIAS MARIJN	PIETER		LAGLAS	ELLETIE JANS	J.TESART T'HUIJS
1646 04 02	AK	EPPE	PIETER/SECR		TETTEMA	ELSE WILLEMS	SWANESTR
1643 01 17	AK	FREDERICK	PIETER	FREDRIX		ELSJEN SCHONINCKS	MONKEHOLM
1643 09 16	AK	HINDRICK	PIETER	JACOBS		FENNE HINDRIX	BRUGGESTR
1644 09 08	AK	MARRECHIEN	PIETER	JACOBS		FENNECHIEN HINDRIX	BRUGGESTR
1648 03 30	AK	LIJSABETH	PIETER	JACOBS		FENNETIEN	BRUGGESTR
1643 07 25	AK	HINDRICKJEN	PIETER	FOLKERTS		FROUCKE FOCKENS	SEIJLMRSGANG
1641 03 09	AK	CLAES	PIETER	JANSEN		GEBBE CLAESSEN	PELSERSTR
1649 08 26	MK	WILLEMTIE	PIETER	JANS		GEERTIEN	OOSTERSTR
1648 12 10	MK	POPKE	PIETER	POPKENS		GEERTIEN	RODEBRUGG
1646 09 23	AK	HARMEN	PIETER	TIEPENS		GEERTJEN DUIFFS?	VOLTINGESTR
1641 03 21	MK	PIETERTIEN	PIETER	BRUNNES		GEERTRUIT	STEENTILSTR
1641 10 08	AK	DIRCK	PIETER	DIRCKS		GEERTRUIT	OOSTERSTR/ANTHGSTH
1642 12 11	AK	HINDRICK	PIETER	JACOBS		GEERTRUIT	VISSCHERSTR
1647 10 06	MK	HARMEN	PIETER/LIEUT.	TEPENS		GEERTRUIT DUISS	HEERSTR
1645 04 04	AK	HINDRICK	PIETER	HINDRIX		GEESE	CAP:HUMINGA
1642 08 06	AK	TOBIAS	PIETER	JANSEN		GEESE	GELTINGESTR
1641 02 16	AK	HINDRICK	PIETER	HINDRIX		GEESIEN	LAMHUINGESTR
1642 03 06	MK	MARRECHIEN	PIETER	HINDRIX		GEESJEN	SUIDERDP
1643 07 20	AK	ISAAC	PIETER	HINDRIX		GEESJEN	LAMHUINGESTR
1646 03 29	AK	AELTIEN PIETERS	PIETER	HINDRIX		GEESJEN	LAMHUINGESTR
1647 12 26	AK	JACOB	PIETER	HINDRIX		GEESJEN	LAMHUINGEST
1646 01 18	MK	PIETER	PIETER	JANS		GEESJEN	N.VISSCHERSTR
1643 09 24	MK	GEESJEN	PIETER	JANSSEN		GEESJEN GEERTS	GELTINGESTR
1643 09 24	MK	LUCKE	PIETER	JANSSEN		GEESJEN GEERTS	GELTINGESTR
1649 06 24	MK	JOANNES	PIETER	JANSSEN		GEESJEN	BENTHEM?
1647 10 07	MK	DAVIDT	PIETER	JANS		GESE	NIJEVISCHMKT/MUIR?
1641 06 20	MK	PIETER	PIETER/SOLDAET		BOLDIJ	GRIETE	OOSTERPRT
1641 10 31	MK	CLAES	PIETER	DANIELS		GRIETE	PRINCENSTR
1642 08 23	AK	DERCK	PIETER	JANSEN		GRIETE	JONKERENSTR
1641 02 21	MK	SEMKE	PIETER	SEMKES		GRIETE	BOTTRDP
1642 09 09	AK	SUSANNA	PIETER	SENTIES		GRIETE	BOTTRDP
1644 07 02	AK	ANNECHIEN	PIETER	ALBERTS		GRIETIEN GEERTS	SUIDERDIEP
1644 07 02	AK	GEERT	PIETER	ALBERTS		GRIETIEN GEERTS	SUIDERDIEP
1646 05 07	AK	GEERTRUIT	PIETER	HEIJMENS		GRIETIEN RIJKENS	STEENTILSTR
1643 09 17	MK	GEERTRUIT	PIETER	HEIJNENS		GRIETIEN RIJKENS	STEENTILSTR
1649 02 22	AK	HEIJNE	PIETER	HEIJNES		GRIETIEN	STEENTILSTR
1642 01 16	MK	GRIETIEN	PIETER	HIJMES		GRIETIEN RIJKENS	STEENTILSTR
1642 12 30	AK	GRIETIEN	PIETER	HINDRIX		GRIETIEN	BOTTERDP
1648 03 29	AK	GEERTIEN	PIETER	HINDRIX		GRIETIEN	BOTTRDIEP
1648 03 29	AK	LIJSABETH	PIETER	HINDRIX		GRIETIEN	BOTTRDP
1648 04 09	AK	FOEKEL	PIETER	JACOBS		GRIETIEN	KRAENE
1647 03 28	MK	SIOURT	PIETER	SIOURTS		GRIETIEN	BOTTERDP
1647 10 17	MK	HANS ADAM OTTO	PIETER		WALTMAN	GRIETJEN	MEULENSTR
1643 01 25	AK	LIJSEBET	PIETER	HINDRIX		GRIETJEN	VERLAET
1646 06 24	MK	GEERTIEN	PIETER	HINDRIX		GRIETJEN	BOTTERDIEP
1646 06 24	MK	LIJSEBETH	PIETER	HINDRIX		GRIETJEN	BOTTERDIEP
1642 01 20	AK	TRIJNTIEN	PIETER	MELCHERS		GRIETJEN	WESTINDISCHHUIJS
1648 12 15	AK	ANNECHIEN	PIETER	MICHELS		GRIETJEN	STEENTILPRT
1646 10 18	MK	CLAES	PIETER	CLAESSEN		HARMEN	S.TONISGASTH.
1643 12 17	AK	SARA	PIETER	BLENCKE		HELE JANS	TORFTOORNSTR
1646 12 02	AK	ROELEF	PIETER	ROELEFS		HILLECHIEN	SCHUITENDIEP
1648 08 06	MK	JAN	PIETER	JANSSEN		JANKE?	BOTTRPRT
1642 08 21	MK	LUCAS	PIETER	PAAUST?		JANNEKEN LUCAS	HARDINGESTR
1649 09 26	AK	GERRIT	PIETER		RASKE	JANTIEN	SCHUTNDP
1647 10 31	MK	GRIETIEN	PIETER	ARENS		JANTIEN	MUSCHENGANG
1642 06 26	MK	HINDRICKJEN	PIETER	ARENTS		JANTIEN	MUSKENGANG
1644 10 06	MK	HINDRICKJEN	PIETER	ARENTS		JANTIEN LUITJENS	MUSKENGANG
1644 04 22	AK	ROELEF	PIETER	BERENTS		JANTIEN	HOFSTRATE
1644 08 27	AK	AELTIEN	PIETER	ENGELBERTS		JANTIEN BERENTS	STOELDRSTR
1646 11 10	AK	ELSJEN	PIETER	JACOBS		JANTIEN ROELEFS	HARDINGESTR
1649 11 25	AK	JACOB	PIETER	JACOBS		JANTIEN ROELEFS	HARLINGESTR
1646 03 08	MK	GEESJEN	PIETER	JANS		JANTIEN	STEENTILPRTENBRG
1647 09 03	AK	HARMEN	PIETER	JANS		JANTIEN	SCHUTNEDP
1642 10 23	MK	TRIJNTIEN	PIETER	JANSEN		JANTIEN HARMENS	SCHUITENDP
1642 04 15	AK	JOOST	PIETER	JOOSTEN		JANTIEN	HEERENCAMERS
1643 04 16	MK	JANTIEN	PIETER	MEIJNERTS	OOPSLAIJER	JANTIEN	O.EBB.POORTE
1646 10 29	AK	JAN	PIETER	MEIJNERTS		JANTIEN	OOSTERSTR

Year Mo Da	Chr	Child's Given Name	Father/Child's Patronymic	Father's Patronymic	Father's Surname	Mother	Address
1647 02 07	MK	SUSANNA	PIETER	MEIJNERTS		JANTIEN	BREDEMERKT
1649 06 27	AK	FREERK	PIETER	PAIJS?		JANTIEN LUCAS	HARDINGESTR
1646 10 13	AK	GRIETIEN	PIETER	PAPS		JANTIEN LUCAS	HARDINGESTR
1647 11 14	MK	PIETER	PIETER	PIETERS		JANTIEN ROELEFS	O.BREGANG
1648 06 30	AK	PIETER	PIETER	SIJGERS		JANTIEN JOOSTEN	OOSTERPOORTE
1642 04 08	AK	THOMAS	PIETER	JURJENS		JELLE	BLOEMSTR
1644 06 12	MK	HINDRICK	PIETER	JURJENS		JELLE COENES	BLOEMSTR
1648 08 13	AK	FRE? (female)	PIETER	JURJENS		JELLETIEN	HAVENSTR
1642 02 13	AK	OBBE	PIETER	ONNES	SCHIPTIMMERMN	JONCK	LEELJENSTR
1649 04 04	AK	VICTORIJN	PIETER		MEIJER,D'	JOSINA ALBOUT,V	JANSSTR
1648 02 16	AK	LIJSEBET	PIETER		RIDDER	LAMMEKE	HEERPRTE
1649 06 19	AK	CORNELIS	PIETER	CLAESSEN		LAMMETIEN	ROSENSTR
1641 10 20	AK	PIETER	PIETER	JURJENS		LIJSEBET JANSEN	POELPRT
1647 11 21	AK	HEIJNE	PIETER	HEIJNES		LUITIEN	CRANEPOORT
1649 03 29	AK	OBBE	PIETER	OBBEN		LUMMETIEN ARENTS	HEERSTR
1644 07 28	AK	JAN	PIETER	WESSELS		MAIJKE	HAVENSTR
1641 10 05	AK	JACOB	PIETER	PIETERS	SCHOENMAKER	MARCHIEN JACOBS	RAAMSTR
1641 10 13	MK	CATHRIJNE	PIETER		SCHAEL	MARIA	PRINCENSTR
1641 12 01	AK	MARIA	PIETER		BRUIN,DE	MARIA HINDRIX	SCHOOLHOLM
1642 09 18	MK	JURIEN	PIETER/SOLDAET	CHRISTOFFER		MARIA	BOTTINGEGANG
1644 10 27	MK	PHILIPPUS	PIETER/SOLD.	CHRISTOFFER		MARIA JURJENS	BOTTGANG
1648 10 29	MK	TRIJNTIE	PIETER	CHRISTOFFER		MARIA	BOTGNG
1647 08 16	MK	CHRISTOFFEL	PIETER/SOLD.	CHRISTOFFES		MARIA	BOTTINGEGANG
1648 03 24	AK	GEERTRUIT	PIETER	JANS		MARIA	OOSTERSTR
1644 12 13	MK	PIETER	PIETER	PIETERS		MARIA HINDRIX	O.EBBINGESTR
1647 01 03	AK	WILLEM	PIETER	PIETERS		MARIJE	SUIDERDIP
1648 10 03	AK	GRIETJEN	PIETER		RICHEL	MARRECHIEN	CROMELBOGEN
1643 08 24	MK	FOCKE	PIETER	WILLEMS		MARRECHIEN	OOSTERPOORT
1647 08 04	AK	GERRIT	PIETER	GERRITS		MARRETIEN HAIJEMA	N.BOTTRSTR
1648 08 15	AK	HAIJE	PIETER	GERRITS		MARRETIEN HAIJES	BOTTRSTR
1649 03 30	AK	JACOB	PIETER	PIETERS		MARRETIEN	JONKERNSTR
1642 11 08	AK	JAN	PIETER	WESSELS		MARRETIEN	HAVENSTR
1642 08 05	AK	TELEKE	PIETER	ARENTS		METTIENHEIJNES	STEENTILSTR
1642 09 04	AK	SIJBRANDT	PIETER	SCHULTE		PIETERTIEN SIJBRANTS	LAENE
1646 06 20	AK	SIJBRANT	PIETER	SCHULTE		PIETERTIEN	JUDEN.JATSTR
1648 04 18	AK	ROELEF	PIETER	ROELEFS		RETE VREEX	A.POORT
1646 10 02	NK	JANTJEN	PIETER	CLAESSEN		ROELEFJEN EGBERTS	N.EBBSTR
1644 01 17	AK	HARMEN	PIETER	JAKES		SIJECKE	EBB.STR
1643 03 29	AK	JACOB	PIETER	JACOBS	SLUER?	SWAENTIEN JANS	BROEREKERK
1645 06 02	AK	PIETER	PIETER	PIETERS		SWAENTIEN	PEPERSTR
1643 02 19	AK	IDE	PIETER	LUBBERTS		TALKE	DRIE MEULENS
1641 06 09	MK	ADAM	PIETER		BLEN	TIETS PIETERS	SCHUITENDP
1642 10 02	MK	HANS	PIETER		KAN	TRIJNE	BREEGANG/SCHUTND
1642 06 19	MK	LIJSEBETH	PIETER	GEERTS		TRIJNE	MEULENSTR
1643 08 29	AK	ANNEKE	PIETER	WARNERS		TRIJNE JURJENS	MONNEKEHOLM
1646 03 31	AK	ANNECHIEN	PIETER		BARKER	TRIJNTIEN	WOERT
1648 06 07	AK	GEERTRUIT	PIETER	CORNELIS		TRIJNTIEN	MONKEHOLM
1645 03 19	MK	TIJSJEN	PIETER	HOPPINUS		TRIJNTIEN	JADT
1647 01 01	AK	SWAENTIEN	PIETER	HOPPINUS		TRIJNTIEN	KINTJADT
1645 01 07	AK	CLAES	PIETER	LUITIENS		TRIJNTIEN EDEMWS	A.DIEP
1641 06 06	AK	GRIETIEN	PIETER	LUITJENS		TRIJNTIEN	DRA
1649 06 03	MK	BARNIJ	PIETER	BERENTS		WELMOET	NOORTDIJCK
1646 03 15	MK	PIETER	PIETER	PIETERS		WILLEMTIEN PIETERS	NOORDTDIEP
1647 11 06	AK	JOACHIM	PIETER	PIETERS		WILLEMTIEN	NOORDERDP
1646 10 30	AK	BARNIO	PIETER	BARNJES		WOLTER?	PLUIMERSGANG
1643 12 06	AK	ADRIAENTIEN	PIETERS	CARELS		ANNEKE	RAAMSTR
1646 03 31	AK	GEERTIEN	PIETERS	ROELEFS		TRITIEN FREERX	A.POORTE
1643 05 24	MK	THIJES	POPKE	SIJMONS		ANNA	SCHUITENDIEP
1644 05 08	AK	MATTHIJS	POPKE	SIJMONS		ANNA	SIJND:HINSIG.?
1641 10 08	AK	AELTIEN	POPKE	SIJMENS		ANNE	JOANNESSTR
1648 10 15	MK	LUCAS	POPKE	SIJMONS		ANNE	JOANNSBRUG
1646 09 16	AK	MARCUS	POPKE	SIJMONS		ANNICHJEN	S.JANNESBRUGGE
1647 05 02	MK	WILLEM	POPKE	BARTELTS		CHRISTINA	OOSTERSTR
1644 06 23	MK	AECHTE	POPKE	ENTES		CLAESJEN	DAMSTERDIEP
1647 01 05	AK	JANTIEN	POPKE	ENTES		CLAESJEN	STEENTILPOORTE
1648 12 29	MK	LUBBERT	POPKE	ENTES		CLAESSEN	RECHTHUIS
1644 02 18	MK	OLFERT	POPKE	ALBERTS		GEERTIEN	EBBINGESTR
1649 04 14	MK	BROER TOMES	POPKE	UTKES		GRIETE	BREDEGANG
1647 11 12	MK	DELIANE	POPKE	UTTKES		GRIETE	OOSTBREEGANG
1641 01 31	MK	HINDRICK	POPKE	BARTELS		HARMKE	OOSTERSTR
1641 05 25	AK	ULSERT	POPKE		PEEUSUM,VAN	HILLE BARNDA	NERKT
1644 02 04	AK	WENDELTIEN	POPKE	BARTHELTS		HONEKE HINDRIX	OOSTERSTR
1642 03 06	MK	HINDRICK	POPKE	BARTELTS		HOUKE	OOSTERSTR
1643 06 22	AK	LIJSEBETH	POPKE	ABELS		IMME CLAESSEN	JAC.GASTHUIJS
1648 08 17	AK	THOMAS	POPKE	THOMES		JANTIEN	DAMSTERDP
1647 05 28	AK	STIJNTIEN	POPKE	EEGERS		WILLEMTIE PHILIPS	STORENSTR?
1642 03 20	MK	EGER	POPKE	EEGERS		WILLEMTIEN PHILIPS	SWANESTR
1644 10 15	AK	CHRISTINA	POPKE	LIGERS?		WILLEMTIEN PHILIPS	SWANESTR
1643 01 04	AK	POPPE	POPPE	ENTES		CLAESJEN	DAMSTERDIEP
1643 07 30	MK	EGBERT	POPPEL	EGBERTS		AELTIEN	N.S JOANNS STR
1646 10 06	MK	HAVNTIEN?	PORKE?	OTTENS		GRIETJEN	BREEGANG
1646 11 23	AK	JOANNES	POUL	HANSSEN		TRIJNTIEN HARMENS	DRAE DIEP
1649 10 19	AK	CORNELISJEN	POUL	HEIJNES		TRIJNTIEN ROLEFS	NIJE EBBSTR
1644 11 03	MK	ROELEF	POUWEL	HEIJNENS	SOLICITEUR	--	EBBINGESTR
1646 03 15	MK	JAN	POUWEL	EGBERTS		AELTIEN BOELENS	N.JOANNESSTR
1641 04 15	AK	HINDRICKJEN	POUWEL	ONNEKEN		AELTIEN JANSEN	N.STRAETJEN
1642 02 20	MK	GEESJEN	POUWEL	ROELEFS		BEATRIX	MUERE/BOTTRST
1646 01 11	AK	SIJWERT	POUWEL	SIJBERS		ITJEN HINDRIX	MUIERE
1643 10 22	MK	CORNELISJEN	POUWEL	HEIJNENS		TRIJNTIEN ROELEF	N.EBBSTR
1648 09 06	AK	DANIEL	/PROF.	BORGESIUS		CATH. NIJBORCH	BOTTRSTR
1649 03 08	AK	ZACHARIAS	QUIN?	EEMMER		AELTIEN	SUIDERDP
1649 05 16	AK	ENGELBERT	QUINTIJN		ALLERSHOFF	GESINA WINSH	TORFTOORNSTR
1642 01 13	AK	HINDRICK	R.	REMMERTS		ITTJEN	BOTTRINGEPRT
1644 06 07	AK	EGBERT	/RAATSH.		EIJBEN	CHRISTINA ALTING	A KERCK
1648 09 12	AK	HINDRICK	/RAETSH L?		HULTEN,V	CUMMETIE HEIJMMMANS	VOLT
1649 10 28	AK	REGNIER	REGNER	JANS		FOSKE REGNEERS	BRUGSTR
1645 06 13	AK	ALBERTIEN	REGNERUS	TIAARDA		JOANNA FOLKERTS	HEERKE?
1642 06 02	AK	EITZO	REGNERUS	TIAERDA		JOHANNA FOLKERTS	A KERCK
1649 04 08	AK	BERENT	REGNERUS	TIAERDA		JOHANNA FOLKERTS	AKERKE
1648 10 03	AK	MARGRIETA	REGNERUS		KUNNING	LIJSABETH	HARDSTR
1646 02 12	AK	AEFJEN	REIJDER		BRINCKMAN	TRIJNTIEN	CRAENDIEP
1642 12 06	AK	CATHRIJNA	REIJMER/VNDR.		CLIJNGE	MARGRIETE	SCHUITENDP
1643 09 10	AK	JUDITH	REIJMER	GEERTS		MARRETIEN HINDRIX	HARDINGESTR
1648 12 25	AK	STIJNTIEN	REIJNE	JACOBS		ANNECHIEN	HARDINGST
1647 12 11	AK	REIJNTIES	REIJNE		BRINKMAN	TRIJNTIE	HEERSTR

Year Mo Da	Chr	Child's Given Name	Father/Child's Patronymic	Father's Patronymic	Father's Surname	Mother	Address
1644 11 17	AK	ANNE	REIJNEKE	ROELEFS		GEERTRUIT	JONKERENSTR
1641 03 12	AK	JANTIEN	REIJNER	HARMENS		--	DAMSTERDP
1646 06 28	MK	MARIA	REIJNER	JANSSEN	LANGEN,VAN	AELTIEN	HARDSTR
1649 12 21	AK	BERENT	REIJNER		JULSING	ANNA LUCIA GLINSRA?	A KERK
1644 08 04	MK	JANTIEN	REIJNER	EVERTS		DIEUWERTIEN	DRAPOORTE
1648 12 06	AK	LAMME	REIJNER	HINDRIX		FEDTIEN	POELESTR
1641 07 13	AK	CHRISTOFFER	REIJNER	GIJSENS		GEERTIEN CHRISTOFFERS	POELESPRT
1647 03 31	AK	HINDRICK	REIJNER	GIJSENS		GEERTIEN	SCHUITMRSWAL
1646 07 12	MK	CORNELLIS	REIJNER	CORNELIS		GRIETE	STEENTILPOORTE
1642 09 25	MK	LIJSABET	REIJNER	CORNELIS		GRIETIEN	DAMSTERDP
1641 07 30	AK	JAN	REIJNER	FOCKENS		GRIETIEN	RAADEMERKT
1649 02 11	AK	HEIJLE	REIJNER	JANS		GRIETIEN	WONNEJADT
1643 07 18	AK	ANNETIEN	REIJNER	JANSSEN		GRIETIEN	N.BOTTRSTR
1646 07 21	AK	JAN	REIJNER	JANSEN		GRIETJEN JANS	LAMHUIJNGE STR
1649 08 11	AK	ANNA	REIJNER	JANS	CAMEN?	HILLE	HUINGA
1643 12 17	MK	GEERT	REIJNER	HARMENS		JANTIEN	DAMSTERDIEP
1646 10 13	AK	JANTIEN	REIJNER	HARMENS		JANTIEN	DAMSTERDP
1649 11 18	AK	HINDRICK	REIJNER	HINDRIX		JANTIEN	SCHEDAMSGNG
1641 06 26	AK	ANNA CATHRINA	REIJNER		CLINGT	MARGRIET BONNATS	SCHUITENDP
1641 11 02	AK	HINDRICKJEN	REIJNER	GEERTS		MARRECHIEN HINDRIX	HARDINGESTR
1648 09 03	AK	HINDRICK	REIJNER	GEERTS		MARRETIE HINDR	HARDSTR
1647 08 12	AK	HINDRICK	REIJNER	GEERTS		MARTIEN	HARDINGESTR
1646 10 19	AK	HAUCKE	REIJNER	GEERTS		MERRECHIEN	HARDRINGESTR
1641 09 23	AK	SALOMON	REIJNER	JANS		TRIJNE	PRINCENST
1643 11 14	MK	HINDRICK	REIJNER		BRINCKMAN	TRIJNTIEN	LEELJENSTR
1643 12 17	MK	JAN	REIJNER		MEIJER	WIBBE	BOTTINGEGANCK
1642 10 02	MK	PAVE?	REIJNT	ALBERDA	VAENDRICH	HILLENA KETWICH	EBBSTR
1645 08 12	AK	EVERT	REIJNT/LUIT:	ALBERDA		HILLENA KETN.	
1648 02 06	AK	DERCK	REIJNT/LIEUT	ALBERDA		HILLENA KETWICH,V?	VISSERST
1643 10 29	MK	JOHANNA	REIJNT/VAENDR	ALBERDA		HLLENA KETWICH	VISMERCKT
1643 11 12	MK	WIBBECHIEN	REIJNT	CLAESSEN		TRIJNE	DAMSTERDIEP
1645 02 16	MK	BIJUROTIEN?	REIJNT	CLAESSEN		TRIJNE	DAMSTERDP
1648 03 01	AK	JOANNES	REIJNT	CLAESSEN		TRIJNE	DAMSTERDP
1646 06 06	MK	REMKE .	REIJNT	CLAESSEN		TRIJNTIE CORNELIS	SCHUTENDP
1646 11 08	AK	CLAES	REIJNT	CLAESSEN		TRIJNTIEN	SCHUTENDP
1643 03 31	AK	JANTIEN	REIJNTIEN	GEERTS		AELTIEN HAIJKES	HAVENSTR
1649 03 09	AK	WILLEM	REIJNTIEN	EVERTS		DEWER	A POORTE
1646 07 19	AK	JAN	REIJNTJEN	EVERTS		DIEWER JANS	DRAEPOORTE
1647 03 13	AK	PIETER	RELTEN	HANSEN		STIJNTIEN JURJENS	COSTERSGANG
1641 06 05	AK	AELTIEN	REMKE	JACOBS		AELTIEN ROELEFS	BORGERWEESHUIJS
1648 06 25	AK	THIJES	REMKE	THIJES		LIJSABETH ROOIJES	CRANE
1649 06 12	AK	MARIA	REMKE	MICHELS		TOMLE HANTES?	SUIDERDP
1646 10 23	AK	VREERCK?	REMKE	JANS		TRIJNE	OOSTERPOORTE
1645 04 17	AK	AAUCKE	REMKE	CLAESSEN		TRIJNTIEN JANS	KRANE
1647 11 19	AK	SWAENTIEN	REMKE	CLAESSEN		TRIJNTIEN JANS	CRANE
1642 03 13	MK	GEERTIEN	REMKE	JANSEN		TRIJNTIEN FREERX	ROO-BRUGGE
1643 06 18	MK	TRIJNTIEN	REMKE	JANSSEN		TRIJNTIEN FREERX	RODE BRUGGE
1641 02 28	MK	DERCK	REMMERT	DERX	BARKER	ANNETIE	CARELSWECH
1643 10 25	AK	BERENT	REMMERT	DERX		ANNETIE BERENTS	CARELSWECH
1642 06 10	AK	CLAES	REMMERT	ALBERTS		DEDECHIEN	GELTINGESTR
1645 10 28	AK	PIETER?	REMMERT	CRANSJEN		GEESJEN	HEERPOORTE
1642 06 05	AK	EVERT JACOB	REMMERT	CRANSENS		GESE	N.EBBSTR
1643 01 25	AK	ANNEKE	REMMERT/SOLD.	LOUWERS		HOUCKE	POELEPOORTE
1649 07 29	AK	JAN	REMMERT	CORNELIS		METTE	CROMELBOGE
1646 10 22	AK	CORNELISJEN	REMMERT	CORNELIS		N.N.	TORFTOORNSTR
1646 06 17	AK	EIJSSE	REMMERT	EIJSSENS		REMKE EBELS	BONTEBRUGGE
1647 10 20	AK	NOMNO?	REMMERT		SCHELMAN	RIXTE OSFERS	N.MERKTSTR
1647 12 19	AK	SICKE	REMMERT	EIJSSENS		ROMKE	BOUTEBRUGI
1641 03 04	MK	RIJCKE	REMT	RIJKES	VOERMAN		KRANEPRT
1642 04 11	AK	ANNETIEN	RENE	WILLEMS		MARIA	N.JADTSTR
1644 02 11	MK	TRIJNTIEN	RENGER	FOCKENS		GRIETIEN	OOSTERSTR
1647 11 07	MK	MICHEL	RENGER	FOCKENS		GRIETIEN RINGERS	SCHUTENDP
1648 10 06	AK	MICHEL	RENGER	FOCKENS		GRIETIEN	OOSTERBREEGANG
1644 02 04	MK	MICHEL	RENNER	HENSING	BÄCKER	AEFJEN	STEENTILSTR
1648 06 10	AK	LODUWIJK	RENR.		CLUIVING	AELTIEN ANTHONIJ	SWANESTR
1644 06 02	AK	ELISABETH	RENR.		CLINGE	JOHANNA ARNOU	S:JANSBRUGGE
1648 11 26	AK	HANNA	RICHART	KNOULS		FRANCIJNTIE	BOTRST
1649 03 22	AK	GERRIT	RIEMERT	JANS		REMKE	BONTEBRUGGE
1644 09 01	AK	SIJTSKE	RIEMERT	EIJSSENS		ROMCKE EBELS	A.
1645 08 12	AK	SWAENTIEN	RIENER	JELTES		GRIETIEN	NIJEKERK
1644 06 25	AK	RIJCKJEN	RIJCKE/SOL:	(deed)	VUIST	ENICKE	VISCHMERCKT
1644 12 11	MK	MARGRIETA	RIJCKE		CLEVE,VAN	GRIETE	SCHUITENDIEP
1644 09 17	AK	HILLE	RIJCKE	HANSSENS		JANTIEN CHRISTIAENS	MOESKERSGANG
1649 02 11	AK	HARMEN	RIJKEST	AIJLKES		HEIJLKE SIJMENS	HORCHSTR
1642 03 01	MK	ANNEKE	RIJNER	JANSEN		ANNE MULDERS	SCHIEDAMSGNG
1642 02 16	AK	CORNELIS	RIJNT	CLAESSEN		TRIJNTIEN	DAMSTERDP
1647 07 01	MK	BERENT	RIJPKE	HINDRIX		LIJSABETH	LAMHUINGEST
1641 04 28	AK	SAMUEL	RITSART	CRNEMLES?		FRANCIJNTIEN PERM?	BOTTRSTR
1643 04 26	MK	NATHANAEL	RITZART	KNOUWELS		FRANCIJNTIEN	BOTTRSTR
1646 02 13	AK	CATELEIJNTIE	RITZERT	KNOUELE?		FRANCIJNTIEN	BOTTRSTR
1646 05 19	MK	SARA	ROBERTUS	ROBERS		SUSANNA RENEMAN	M.KERKHOFF
1644 06 23	AK	ENNE	RODOLPH		NANSSUM	MARIA SCHAFFERS	HEERSTR
1649 10 09	AK	SIJEKE	ROEBERT	ARENTS		AAUKE EBELS	DRA
1642 02 10	AK	JACOB	ROEBERT	ELIAS		GRIETE	PRINCENSTR
1647 09 05	AK	SWAENTIEN	ROEBERT	KEES		GRIETE	RAAMSTR
1645 03 07	AK	KAVEL	ROEBERT	KEESE		GRIETE	RAAMSTR
1643 08 06	MK	TRIJNTIEN	ROEBERT	THOMAS		GRIETIEN	MEULENSTR
1646 03 06	AK	JANTIEN	ROEBERT	BERENTS		METTE	RODEBRUGJEN
1641 03 24	AK	JACOBJEN	ROEBERT	BERENTS		METTIEN	BARKMOELEN
1642 06 29	AK	JACOBJEN	ROEBERT	BERENTS		METTIEN STEVENS	RODEBRUGE
1648 03 03	AK	HINDRICK	ROEBERT	N.		TRIJNE	HEERPOORTENPIJP
1643 06 30	AK	CHRISTOFFER	ROEBERT		GILLERS-HOFF	TRIJNTIEN	PRINCENSTR
1641 01 24	MK	ROELEFJEN	ROELEF	BERENTS		--	BLEIJKE
1641 02 09	AK	BENE	ROELEF	DERX	BARKER	--	PELSERSTR/BONTE
1641 01 31	MK	IDE	ROELEF	EIJSENS		--	BREEGANG/SCHUTNDP
1644 03 09	AK	JOOST	ROELEF	CRABBE		AELTIEN JOOSTENS	STOELDRSTR
1645 11 16	AK	WILLEMTIEN	ROELEF	CRABBE		AELTIEN JOOSTS	STOELDRSTR
1647 11 02	AK	TAMME	ROELEF	CRABBE?		AELTIEN JOOSTE	JADT
1643 01 20	AK	EGBERT	ROELEF	EGBERTS		AELTIEN JOHANNIS	A POORT
1642 06 05	AK	GEERT	ROELEF	HARMENS		AELTIEN	KIJKJADT
1645 06 27	AK	SWAENTIEN	ROELEF	HARMENS		AELTIEN	DOELE
1647 06 11	AK	GRIETIEN	ROELEF	HARMENS		AELTIEN	KIJKJADT
1644 08 18	AK	JAN	ROELEF	JANS		AELTIEN	3 MEULLENS
1643 02 26	AK	JANTIEN	ROELEF	JANSSEN		AELTIEN WARNERS	CRANEPOORTE
1644 02 07	AK	WARNER	ROELEF	JANSSEN		AELTIEN	SLEMENNERSTR

Year Mo Da	Chr	Child's Given Name	Father/Child's Patronymic	Father's Patronymic	Father's Surname	Mother	Address
1642 09 23	AK	GEESJEN	ROELEF	ROELEFS		AELTIEN JANSEN	LUTKEDRA
1645 06 12	AK	ROELEF	ROELEF	ROELEFS		AELTIEN JANSSEN	LUTKE DRAE
1640 12 27	AK?	HINDRICKJE	ROELEF	JANS		ALBERTIEN	HEERSTR
1647 09 19	MK	TRIJNTIEN	ROELEF	JANSEN		ALBERTIEN	HEERESTR
1648 10 04	AK	ANNA	ROELEF		OVER,TER	ANNA EIJCK,VAN	DRUWE
1643 06 16	AK	HINDRICKJEN	ROELEF	CORNELLIS		ANNA ROELEFS	--
1642 06 18	AK	ANNECHIEN	ROELEF	FREDERIKS	OEVER,TEN	ANNA EICK,VAN	MERCKT
1646 04 03	AK	FREERCK	ROELEF	FREERX		ANNA DIJCK,VAN	BREDEMERKT
1640 09 16	AK	ROELEF	ROELEF	ROELEFS		ANNA WOLFS	PELSERSTR/DP
1644 02 07	AK	GRIETIEN	ROELEF	WILLEMS		ANNA DOEDENS	A POORTE
1645 01 28	AK	HINDRICK	ROELEF	CORNELIS		ANNECHIEN	DRA
1647 06 02	AK	HINDRIKJEN	ROELEF	CORNELIS		ANNECHIEN	LUTKEDRA
1643 09 10	AK	GRIETJEN	ROELEF	GEERTS		ANNECHIEN LAMBERTS	BRUGGESTR
1647 08 12	AK	GEERT	ROELEF	GEERTS		ANNECHIEN	A POORTE
1648 01 23	AK	JAN	ROELEF	HANS		ANNECHIEN	HAVENSTR
1645 09 25	AK	BARBER	ROELEF	HANSSEN		ANNECHIEN	POTBACK.WAL
1643 10 15	MK	JAN	ROELEF	JANSSEN		ANNECHIEN	BUTJENSTR
1645 08 20	AK	GRIETIEN	ROELEF	WILLEMS		ANNECHIEN DOEDES	DRAPOORT
1646 05 03	MK	JOHANNES	ROELEF	TIESEN?		ANNECHJEN	OOSTERBREEGANG
1643 06 27	AK	ANNECHIEN	ROELEF	FREERX		ANNEKE EIJCK,VAN	BREDEMERKT
1648 05 09	AK	BOELE	ROELEF	JANS		ANNEKE	CRANEPOORTE
1648 04 25	AK	REIJNT	ROELEF	JANS		ANNEKE	VISSCHRSTR
1642 05 29	AK	GEERTIEN	ROELEF	JANSEN	VOERMAN	ANNEKE	KRANEPRT
1645 02 06	AK	JAN	ROELEF	JANSSEN	VOERMAN	ANNEKE	CRANEPRT
1645 06 16	AK	FRERICK	ROELEF	PRORIX?	OEVER,TEN	ANNEKE EIJCK,VAN	BREDEMERCKT
1642 12 21	AK	ROELEF	ROELEF	BERENTS		ANNETIE	S.WOLBORGSBRUGGE
1648 06 07	MK	IDA	ROELEF	TRIJSTEN?		ANNETIE	BREEGANGE
1645 03 26	AK	HILLE	ROELEF	BERENTS	SCHUTENSCH	ANNETIEN JANS	WOLBORCHBRUG
1649 06 10	MK	JOANNES	ROELEF	HANSSEN		ANTIEN	HEERPOORT
1647 07 28	ASSEL	FLERT? (male)	ROELEF	EEVERTS		ASSEL FLERS	SLEMENNERST
1643 10 22	AK	EVERT	ROELEF	EVERTS		ASSELE ILENS	LANE
1643 04 05	AK	JOHANNES	ROELEF	WILLEMS		BAUWE	O.EBBINGESTR
1643 08 10	AK	ROELEF	ROELEF	POUWELS		BEECKE	PLUIMERSGANG
1643 08 10	AK	WILKE	ROELEF	POUWELS		BEECKE	PLUIMERSGANG
1646 03 26	AK	JURJEN	ROELEF	WILLEMS		BEERENTJEN	LANE
1648 12 12	AK	STOFFER	ROELEF	WILLEMS		BEERTE	SLEMENSTR
1646 01 28	AK	CLAES	ROELEF	POULS		BEKE WILKENS	PLUIMERSGANG
1645 02 16	AK	CHRISTOFFER	ROELEF	WILEMS?		BERENTIEN	LANE
1643 06 02	AK	JAN	ROELEF	WILLEMS		BERENTIEN JANS	LANE
1647 02 21	MK	AARENT	ROELEF		SINCK?	BETKJEN	BUTJENSTR
1641 09 15	AK	HILLETIEN	ROELEF	WILLEMS		BICOINA	EBBINGESTR
1642 09 13	MK	JANTIEN	ROELEF		SIENCK?	BIEKE	BROERESTR
1649 08 21	AK	GEESJEN	ROELEF	ARENTS		BIEKE	LANE
1645 02 16	AK	GRIETIEN	ROELEF		SINCK	BIEKJEN	JADT
1644 10 27	MK	JOHANNES	ROELEF	WILLEMS		BOUWE	BUTJENSTR
1646 05 20	AK	WILLEM	ROELEF	WILLEMS		BOUWE	POELESTR
1648 10 13	AK	LAMMECHIEN	ROELEF	WILLEMS		BOUWE	DAMSTERDP
1646 07 05	MK	WIGBOLT	ROELEF	HELPERICK		CATHARINA	POELPOORT
1643 04 26	MK	JOHANNES	ROELEF	HELPRICHS		CATHARINA CORNELIS	POELE-?
1649 04 14	MK	WIGBOLT	ROELEF	HELPRICHS		CATHRIJNA	POELSSTR
1645 04 04	AK	WIGBOLT	ROELEF	HELPERICHS		CATRINA CORNELIS	POELEPOORTE
1642 04 14	AK	HARMTIEN	ROELEF	HARMENS		DIEUWERE	CROMMEJADT
1644 01 31	AK	BOUWE	ROELEF	JANSSEN		EEFKE	SCHOOLHOLM
1646 04 21	AK	CHRISTINE	ROELEF	JANSSEN		ELLE OFAELLE?	MEULENDRIST
1642 12 30	AK	CHRISTIJNTIE	ROELEF	JANSSEN		ELLETIEN JANS	3 MEULLENS
1642 11 23	AK	WILLEM	ROELEF		POLLING?	FENNE	BOTTERDIEP
1644 03 03	MK	AELTIEN	ROELEF		POLLING	FENNE	BOTTERDIEP
1647 08 01	MK	MARRECHIEN	ROELEF	JANS		FENNE	BOTTERDIEP
1648 10 01	MK	JOCHIM	ROELEF	JANS		FENNE BERENTS	BOTTRDP
1843 09 17	AK	VELTEN	ROELEF	VELTENS	TAMBUER	FENNETIE	PELTSERSTR
1647 12 26	AK	ARENT	ROELEF	ARENTS		FIJE	PEOLESTR
1644 04 03	MK	ANNECHIEN	ROELEF	DERX		GEBBEKE	S.JANSSTR
1649 06 12	AK	GRIETIEN	ROELEF	BERENTS		GEERTIEN	SCHOOLHOLM
1643 10 24	AK	HINDRICK	ROELEF	HINDRIX		GEERTIEN JASPERS	A DIEP
1647 09 17	AK	JASPER	ROELEF	HINDRIX		GEERTIEN	CRANEPOORTE
1646 11 06	AK	TIAEKE	ROELEF	BERENTS		GEERTJEN FOCKENS	SCHOOLHOLM
1643 11 19	MK	ADAM	ROELEF		KEMPER	GEERTRUIT	MUSCHSNGANG
1641 12 27	AK	SIJBE	ROELEF	BERENTS		GEERTRUIT	KLEIJNBUTJENST
1644 10 09	AK	BERENT	ROELEF	BERENTS		GEERTRUIT	KLEINGBUTJENSTR
1647 01 05	AK	ROELEF	ROELEF	ROTGERS		GEESE	STADT
1642 08 14	MK	DANIEL	ROELEF		AMSING	GEESJEN JANS	BOVEN DE HALLE
1648 03 14	AK	JANTIEN	ROELEF	DOEKES?		GEESJEN RIJKENS	SCHOOLHOLM
1644 02 16	AK	ROELEF	ROELEF	ROTGERS		GEESJEN	NIJERSTADT
1646 04 21	AK	ROELEF	ROELEF	BRUINS		GENDEKE JANS	PELSERSTR
1646 03 30	MK	DERCK	ROELEF	DERCKS		GEPKE ETZKENS	JANSSTR
1648 09 08	AK	JAN	ROELEF	DERX		GEPKE	N.BOTTRSTR
1644 04 30	AK	JOHAN	ROELEF	BRUINS		GODELLE JANS	PELSERSTRATE
1648 07 16	MK	CHRISTOFFER	ROELEF	CHRISTOFS.		GRIETE LAMBERS	EBBPRT
1645 12 07	AK	JASPER	ROELEF	HINDRIX		GRIETE	SLEMENNERSSTR
1649 10 05	AK	ALBERT	ROELEF	JANSSEN		GRIETE	HEERENCAMERS
1643 07 13	MK	HARMTIEN	ROELEF	MARTENS		GRIETE	SCHUTEMAKERSWAL
1646 03 01	AK	AVE	ROELEF	MARTENS		GRIETE	SCHUITMRS WAL
1647 05 09	MK	TOELE	ROELEF	TOELENS		GRIETE	SCHUITNDP
1649 11 18	AK	AASJEN	ROELEF		POT	GRIETIEN HARMENS	A
1643 03 31	AK	MARIA	ROELEF	CHRISTOFFS.		GRIETIEN LAMBERTS	LANE
1646 07 12	AK	SWAENTIEN	ROELEF	COIJTER		GRIETIEN COERTS	HARDRINGESTR
1644 04 10	AK	MARRECHIEN	ROELEF	EGBERTS		GRIETIEN	HAVENSTR
1648 09 28	AK	ANNECHIEN	ROELEF	GEERTS		GRIETIEN	BUTJENSTR
1648 10 08	AK	HARMEN	ROELEF	HARMENS		GRIETIEN DERX	JADT
1644 02 04	AK	WILLEMTIEN	ROELEF	HINDRIX		GRIETIEN	HEERENKAMERS
1648 01 09	AK	HARMTIEN	ROELEF	JANS		GRIETIEN ALBERS	BOLWERKR?
1644 12 18	AK	STOFFER	ROELEF	STOFFERS		GRIETIEN	O.EBBSTR
1643 12 05	AK	HEMME	ROELEF		HASELUNNE,VAN	GRIETJEN	LEELJENSTR
1649 07 29	AK	JAN	ROELEF		CUPER	GRIETJEN COERTS	HARDINGSTR
1647 03 14	MK	GEESJEN	ROELEF	CHRISTOF.	CUIJ	GRIETJEN	O.EBB.POORTE
1644 05 10	AK	LAMMECHIEN	ROELEF	JANSSEN		GRIETJEN	EBBINGEPOORT
1641 02 03	AK	GEESJEN	ROELEF	BRUINS		GUDELLA?	PELSERSTR
1644 01 14	AK	JAN	ROELEF	JANSSEN		HARMTIEN JANSSEN	RAEMSTR/DRIST
1648 02 11	AK	GEERTIEN	ROELEF	NIENCKS		HILLECHIEN TEMES	BOTTRPRT
1645 06 15	AK	JACOB	ROELEF	JANSSEN		HILLECHJEN	SUIDERDP
1641 08 29	AK	TRIJNTIEN	ROELEF	NIENX	HARBERGIER	HILLETIEN	DRA
1642 01 18	AK	HARMEN	ROELEF	HERMENS		HINDRICKJEN HINDRIX	BOTTERDP
1642 08 23	AK	JANTIEN	ROELEF	EERKENS		HINDRICKJEN JACOBS	POELESTR
1646 03 01	AK	HELENA	ROELEF	EERKENS		HINDRICKJEN JACOBS	CORMELLEBOGE
1644 05 28	AK	JACOB	ROELEF	ERICKENS		HINDRICKJEN JACOBS	KROMELBOG

Year Mo Da	Chr	Child's Given Name	Father/Child's Patronymic	Father's Patronymic	Father's Surname	Mother	Address
1640 01 03	MK	JANTIEN	ROELEF	ERICKENS		HINDRICKJEN	CROMELBOG
1644 12 22	MK	GRIETE	ROELEF	HARMENS		HINDRICKJEN	BOTTERDIEP
1644 12 22	MK	HINDRICKJEN	ROELEF	HARMENS		HINDRICKJEN	BOTTERDIEP
1647 11 03	AK	GRIETIEN	ROELEF	HARMENS		HINDRICKJEN	BOTERDIEP
1648 11 14	AK	JAN	ROELEF	JANS		IDE	RAEMSTR
1643 12 20	AK	ROELEF	ROELEF	HINDRIX		JANTIEN	HEERESTRATE
1646 02 15	MK	ALBERT	ROELEF	HINDRIX		JANTIEN	COLDEGAT
1640 01 28	MK	GEESJEN	ROELEF	HINDRIX		JANTIEN	HEERST
1646 10 30	AK	ROELEF	ROELEF	JACOBS		JANTIEN	MUELENSTR
1642 08 09	AK	GRIETIEN	ROELEF	JANSEN		JANTIEN	NIJESTADT
1643 07 23	MK	JACOB	ROELEF	JANSSEN		JANTIEN	SUDIERDP
1644 01 30	AK	AELTIEN	ROELEF	JANSSEN		JANTIEN	NIEUWEDIEP
1646 05 01	MK	HARMTIEN	ROELEF	JANSSEN		JANTIEN THOMES	BOTTERDP
1646 12 08	AK	JAN	ROELEF	JANSSEN		JANTIEN JANSSEN	HEERPOORTE
1644 05 28	AK	HILLEKE	ROELEF	THOMAS		JANTIEN JANS	WIJFR.KAMERS
1647 08 20	AK	HILLECHIEN	ROELEF	THOMAS		JANTIEN	WIJSRINGECAMERS
1648 08 15	AK	HILLETIE	ROELEF	THOMAS		JANTIEN	HAVENCAM
1645 06 04	MK	AELTIEN	ROELEF	AARENTS		JEIJTJEN	POELSTRATE
1648 03 22	AK	GEESJEN	ROELEF	JANS		JOESJEN	BOTTERDIEP
1649 11 07	AK	THOMAS	ROELEF	JANS		JOESTJEN THOMAS	BOTTRDP
1641 04 11	MK	HARMTIEN	ROELEF	JANS	BACKER	JOOSTJEN	BOTTRDP
1644 08 23	AK	GEESJEN	ROELEF	JANSSEN		JOOSTJEN THOMAS	BOTTRDIEP
1643 07 18	AK	THOMAS	ROELEF	JANSZ		JOOSTJEN THOMAS	BOTTERDIEP
1648 01 11	AK	GEERTIEN	ROELEF	GEERTS		LAMME	CRANEPOORTE
1645 14 23	AK	JAN	ROELEF		GANSEVOORT	LAMMECHIEN	OOSTERSTR
1646 11 08	MK	JOANNES	ROELEF		GANSEVOORT	LAMMECHIEN WARNERS	OOSTERSTR
1648 12 31	MK	TIJMENTIEN	ROELEF		GANSEVOORT	LAMMECHIEN	OOSTRST
1649 09 09	AK	GEERT	ROELEF	GEERTS		LAMMECHJIEN	SLEMENNERST
1644 03 02	MK	HINDRICK	ROELEF	HARMENS	CUIPER	LUITIEN JANS	OOSTERSTR
1646 01 18	MK	AELTIEN	ROELEF	HARMENS	SWAEN	LUITIEN JANS	GOSTERSTR
1645 09 14	AK	JAN	ROELEF	CORNELIS		MAGDALENA	DRAEPOORT
1643 03 05	AK	ITJEN	ROELEF	CORNELIS		MAGDALENE PIETERS	A POORTE
1648 04 11	AK	AELTIEN	ROELEF	MARTENS		MARGRIETE	SCHUTM.ST
1646 11 27	MK	GEERT	ROELEF	ALBERS		MARRECHIEN EVERS	PLUIMERSGN
1648 10 15	MK	GEET	ROELEF	ALBERTS		MARRECHIEN	PLUIMERSGNG
1647 09 28	AK	JAN	ROELEF	JANS		MARRECHIEN	STEENTILSTR
1649 09 13	AK	LUTGERT	ROELEF	THOMAS		MARRETIEN JANS	A PRT
1649 03 16	AK	CELIE	ROELEF	JANS	CUIP	METJEN	STEENTILSTR
1641 11 19	AK	POUWEL	ROELEF	BERENTS		METTE	PRINCENSTR
1649 06 24	AK	ROELEF	ROELEF	ALBERTS		MOEIJKE	COSTERSGNG
1647 08 16	MK	GRIETIEN	ROELEF	ALBERTS		MOEKE	COSTERSGANG
1641 12 21	AK	GEERTRUIT	ROELEF	LAMBERTS		PIETERTIEN	MONNEKEHOLM
1647 09 26	AK	GEESJEN	ROELEF	LAMBERTS		PIETERTIEN JURJENS	VISSCHERSTR
1641 05 26	AK	LUITIEN	ROELEF	GEERTS		ROELEFJEN	SCHUTENDP
1647 01 17	MK	AELTIEN	ROELEF	JACOBS		ROELEFJEN	OOSTERSTR
1649 01 12	AK	ANNETIEN	ROELEF	JACOBS		ROELEFJEN	HEERSTR
1642 09 02	AK	GRIETJEN	ROELEF	JANSEN		ROELEFJEN	RAAMSTR
1647 07 03	MK	JANTIEN	ROELEF	SIJBERTS		ROELEFJEN	BOTTRINGPRT
1641 09 19	AK	HESTER	ROELEF	JACOBS		SARA MARTENS	CROMELLEBOGEN
1643 11 19	AK	HESTERTIEN	ROELEF	JACOBS		SARA	CROMELBOGE/VAENDER
1646 06 18	MK	MARTIJNTJEN	ROELEF	JACOBS		SARA	A KERKE
1648 07 09	MK	JACOB	ROELEF	JACOBS		SARA ROELEFS	AKERKE
1644 07 24	AK	MARRECHIEN	ROELEF	MENSES		STEIJNE OLGERS	PLUIMERSGANG
1646 04 10	AK	MERRECHJEN	ROELEF	MENSENS		STIJNE OLGERS	PLUIMERSGANG
1648 06 24	AK	MARRECHIEN	ROELEF	MENSENS		STIJNE OLCHERS	PLUIMERSGANG
1648 05 22	MK	ISAAC	ROELEF	VOS		SUSANNA	SPEENTILSTR
1649 08 16	AK	HARBERT?	ROELEF	VOS		SUSANNA	PRINCENSTR
1643 12 15	AK	HINDRICK	ROELEF	TIAERTS		SWAENTIEN JANS	H.G.GASTE
1647 11 17	AK	JAN	ROELEF	TIEERTS		SWAENTIEN	SUIDERDP
1645 10 21	AK	HINDRICK	ROELEF	TIJMERS		SWAENTIEN JANS	LUTKEPELSERST
1647 06 25	AK	ELSJEN	ROELEF	JANSSEN		TRIJNE	RAAMSTR
1641 07 23	AK	HARMEN	ROELEF	ROELEFS		TRIJNE	COSTERSGNG
1645 07 20	MK	JANTIEN	ROELEF/SOLD.	ROELEFS		TRIJNE	COSTERSGANG
1648 06 22	MK	HARMEN	ROELEF	ROELEFS		TRIJNE	COSTERSGANG
1641 09 19	MK	JAN	ROELEF	HELPRICHS	BROUWER	TRIJNTIEN CORNELIS	POELEPRT
1645 14 20	MK	ENGELTIEN ROELEFS	ROELEF	JANS		TRIJNTIEN	RAAMSTR
1642 10 09	AK	TIETIEN	ROELEF	ROELEFS		TRIJNTIEN GEERTS	SCHOOLHOLM
1644 02 06	AK	IMMECHIEN	ROELEF	ROELEFS		TRIJNTIEN GEERTS	SCHOOLHOLM
1646 06 19	MK	ROELEF	ROELEF	ROELEFS		TRIJNTIEN GEERTS	SCHOOLHOLM
1648 01 25	AK	ROELEF	ROELEF	ROELEFS		TRIJNTIEN GEERTS	WOERT
1644 08 06	MK	BARTHOLT	ROELEF	BARTHOLTS		WENDELE JANS	MEULENSTR
1643 07 27	AK	BERENT	ROELEF	HINDRIX		WILLEMTIEN SIJMENS	CRNAEPOORTE
1648 03 09	MK	TRIJNTIEN	ROELEF?	GEERTS		GRIETIEN HARMENS	A.
1648 09 15	AK	HILLETIEN	ROELEFF	LAMBERTI		PIETERTIEN	PRINCENSTAR
1642 08 24	AK	AEFKE	ROELEFS			AELTIEN	NIEUWEWECH
1649 10 09	AK	ANNETIE	ROELEFS	TIAERTS		SWAENTIEN	PELSERSTR
1649 05 06	AK	ROELEFJEN	ROELF	EGBERTS		AELTIEN	A POORT
1645 03 16	MK	AELTIEN	ROELF	SIJBERTS		ROELFJEN JANS	BOTTRPRT
1646 08 18	AK	ARENT	ROELFF	ROELFFS		ANNICHJEN ARENTS	HOFFSTR
1642 07 10	MK	THIJS	ROELFF	THIJSSEN		ANNICHJEN	BREDEGN/SCHUTNDP
1646 08 27	AK	DOECKE	ROELFF	DOECKES		GEESJEN REIJCKENS	SCHOLHOLM
1646 08 02	MK	GRIETJEN	ROELFF	ALBERTS		MOEKE	BEULSGANCK
1648 08 08	AK	CLAES	ROKES	HANSSEN		GREITE	HEERPOORTE
1647 11 17	AK	TIJMEN	ROKES	TIJMENS		LIJSABET BERENTS	JADT
1649 12 23	AK	BERENT	ROKES	TIJMENS		LIJSEBET BERENS	KIJK/JAT
1642 10 16	MK	AELTIEN	ROSIER	RITSZMA	MUNTEUR	RENEKE LURLOFS	EBBPRT
1643 11 16	MK	GRIETIEN	ROTGER	BERENTS		AAGTHE	LEELJENSTR
1647 12 26	AK	CHRISIJNE	ROTGER	BERENTS		AEGTE	LEELIJNSTR
1641 12 08	AK	HINDRICK	ROTGER	BRINKES		AEGTE HOIJENHOFS	LEELJENSTR
1645 12 04	AK	WILLEM	ROTGER	BERENTS		AKDE JANSSEN	LEELIENSTR
1641 10 24	AK	DERCK	ROTGER	JOANNES	MEINARDI	ELLETIEN DERX	SWANESTR
1642 01 09	AK	ROTGER	ROTGER		FEERWERT,VAN	HIJMA	JADT
1641 08 13	AK	MARTEN	ROTGER	HINDRIX		JANTIEN CLAES	JADT/MUERE
1642 04 20	AK	GEESJEN	ROTGER	HARMENS		METTE	SCHUTENDP
1647 12 05	MK	EETJEN	ROTGER	HARMENS		METTE	SCHUITNDP
1649 04 27	AK	JURJEN	ROTGER	JURJENS		PIETERTIEN	DAMSTERDIEP
1643 06 02	AK	JAN	ROTGER	JANSSEN		TRIJNTIEN	HEERSTR
1644 05 19	AK	LATTRINCK	RUD.	CHRISTOPH.		AELTIEN LATTRINX	TORFTOORNST
1649 10 04	AK	LATRINCK	RUD.	CHRISTOPHL.		AELTIEN LATTRINK	VORST?
1641 07 29	AK	BERENDT	RUDOLPH	CHRISTOP.		AELTIEN LATTRING	TORFTOORNSTR
1646 05 19	AK	ALBERT	RUDOLPH	CHRISTOPH.		AELTIEN LATTRINGE	TORFTOORNSTR
1648 06 01	MK	MARGRETA	RUDOLPH	CHRISTOPH.		AELTIEN LATTR	--STR
1642 09 21	AK	JOCHIM BASTIAEN	RUDOLPH		CUEN?	CATHRIJNE LENERTS	BOTTRSTR
1645 10 29	AK	BEERTIEN	RUDOLPH		NASSUM,TE	MARIA SCHAFFERS	HEERSTR
1646 12 12	MK	FEIJKE	RUDOLPH	TONANSSUM?		MARIA SCHAFFERS	HEERSTR

Year Mo Da	Chr	Child's Given Name	Father/Child's Patronymic	Father's Patronymic	Father's Surname	Mother	Address
1643 04 27	MK	LATTRINCK	RUDOLPHUS	CHRISTOPH.		AELTIEN LATTRINZ	TORFTORNSTR
1644 06 25	AK	GIJSE	RUEIJNER	GIJSENS		GEERTIEN	POELESTR
1643 06 14	MK	LODUWICH	S/DOCTOR		WICHGEL	JANTIEN MEES	BOTTRSTR
1645 11 02	MK	PIETER	S./DR.		WICHEL	JANTIEN MEES	BOTTRSTR
1643 11 16	MK	LUCRETIA	S:MAJEUR?		ISSELMUIDEN	N.N.	SCHOOLHOLM
1641 12 21	AK	THEODORUS	SAMUEL/DR	KEUCHENIUS		ANNA DAM,VAN	TORFTOORNSTR
1648 03 26	MK	MARIA	SAMUEL	JONNES		GEESJEN	JOANNSSTR
1646 10 20	AK	REIJNERTIEN	SAMUEL	JANS		JACOBJEN	VOLTINGESTR
1644 04 26	AK	JOANNES	SAMUEL	JOANNES		JACOBJEN	VOLTINGESTRATE
1646 12 04	AK	CAREL	SAMUEL		PIEMAN	SUSANNA	BOTTERMERKT
1649 12 09	AK	PAUL	SAMUEL		PIEMAN	SUSANNA	HEERSTR
1644 11 27	AK	JOHAN	SCHOTTO		TAMMINGA	CATHARINE SICKINGHE	BOTT.STR
1643 08 20	AK	CECILIA	SCHOTTO		TAMMINGHA	CATHRINA SICKINGE	BOTTRSTR
1646 11 06	AK	GEERT	SCHUT	HANS		EELKE	N.KERKHOFF
1647 09 16	AK	PIETER	SEBE	JANS		AELTIEN	3 MEULEN
1645 10 17	AK	PIETER	SEBO:	JANSSEN		AELTING	3 MEULENS
1646 04 01	AK	JAN	/SECR:	MEES		HINDRICKJEN ROEBERS	HEERSTR
1642 01 21	AK	ISABELLE	SECRETARIS		TETZMA	ELSJEN	BOTTRINGSTR
1648 04 05	AK	GIJSBERT	SIABBE	ONNES		ANNA	PELSERSTR
1645 07 25	AK	ELISABETH	SIABBE	GUNNENS?		ANNECHIEN	PELSERSTR
1642 10 26	AK	HENRICUS	SIABBE	ONNENS		ANNECHIEN HARMENS	PELSERSTR
1648 03 22	AK	DERCK	SIABBE	EIJSENS		GEBBETIEN KERKERS	PEPERSTR
1647 01 22	AK	GEERTRUIT	SIABBE	EIJSSENS		GEBBETIEN KERKENS	PEPERSTR
1644 11 05	AK	TETJEN	SIABBE	SIJMONS		HILLECHIEN	EBBINGESTR
1646 01 18	AK	WESSEL	SIABBE	PIETERS		LAMME	DRA KERKE
1643 03 26	AK	PIETER	SIABBO	PIETERS		LAMMETIEN WESSELS	VISCHMERKT
1644 01 21	MK	MEERTEN	SIAMME	HARMENS		ANNECHIEN	HELPEN
1647 07 11	MK	GRIETJE	SIAMME	HARMENS		ANNECHIEN	HELPEN
1641 02 26	MK	HARMEN	SIAMME	HERMENS		ANNETIE	HELPEN
1644 01 16	AK	JANTIEN	SIASSE	SIJMENS		GERRIJTIEN	PAPENPOORTIE
1647 09 19	AK	ANNA	SICKE	JURJENS		FENNEKE OTTENS	JATSTR
1649 04 27	AK	SWAENTIEN	SICKE	GEERTS		GESE DIETIEN	BRUGGESTR
1649 09 26	AK	JOCHIM	SICKE	HARTECHS		MARRECHIEN	LAMHUING
1649 12 12	AK	GERRIT	SIJBOLT	PIETERS		AMMETIEN GERRITS	OOSTERPRT
1641 04 21	AK	HILLE	SIJBOLT	JANSEN		GRIETE JANSEN	BOTTINGEGANCK
1644 06 08	AK	AACHTE	SIJBOLT	PIETERS		LAMMECHIEN	OOSTERSTR
1645 02 04	AK	GAEIJKE	SIJBRANDT	GAAIJKES		GEESJEN LAMBERTS	VISSCHER
1643 03 07	AK	TRIJNTIEN	SIJBRANDT	GAIJKENS		GEESJEN LAMMERTS	VISSCHERSTR
1648 06 09	MK	LAMBERT	SIJBRANT	LAMBERTS		BARBER	PLUIMERSGANG
1649 12 05	AK	CORNELISJEN	SIJBRANT	WIGBOLTS		WEMELA	SCHUTENDP
1645 03 19	MK	JOHANS	SIJGE	CLAESSEN		TRIJNE	JANSBRUGGE
1641 06 11	MK	HILLE	SIJGER	JANSEN		AELTIEN WESSELS	TORSTOORNSTR
1642 04 07	AK	GRIETIEN	SIJGER	ALBERTS		HILLE JACOBS	HOORNSCHEDIJCK
1646 01 12	AK	JACOB	SIJGER	ALBERTS		HILLECHIEN	HOORNSCHEDIJCK
1647 02 24	AK	HELENA	SIJGER	SIJGERS		LIEUWTIEN GRUIS	OOSTERSTR
1642 07 12	AK	ROELINA	SIJGERT	SIJGERS		LEENCHJEN GRUIJS	OOSTRSTR
1641 07 02	MK	BARBER	SIJKE	JELTES		GRIETE	N.JATSTR
1644 05 15	AK	ANNEKE	SIJMEN	JANSSEN		ANNEKE	JADT
1649 05 15	AK	HINDRICKJEN	SIJMEN		ROERMAKER	ANNETIEN	HEERSTR
1645 12 02	AK	JANTIEN	SIJMEN	ALLENS		BARBER JANS	RAAMSTR
1644 06 04	AK	TONNIS	SIJMEN	ALLES		BARBER JANS	RAAMSTR
1647 01 28	AK	HARMEN	SIJMEN	JANSSEN		GEESJEN	BUTJENSTR
1647 12 26	MK	JAN	SIJMEN	JANS		HARMTIE MEIJNTS	OOSTERSTR
1647 06 17	AK	JANTIEN	SIJMEN	CLAESSEN		MARRECHIEN	NIJESTR
1645 10 21	AK	JANTIEN	SIJMON	JANS		AAGTIE CLAESSEN	MUERE
1647 12 19	AK	HEIJNE	SIJMON	JANS		AEGTIEN CLAESSEN	VISSCHERST
1647 12 19	AK	JAN	SIJMON	JANS		AEGTIEN CLAESSEN	VISSCHERST
1649 12 27	AK	ANNETIE	SIJMON	ISEBRANTS		AELTIEN HEIJSMA	CRANE
1642 12 06	AK	WEIJKE	SIJMON	JANSSEN		AGATHE	JADT/MUERE
1642 08 07	AK	PIETER	SIJMON	GEERTS		ALMT?	SLEMENNERSTAR
1642 09 11	MK	LUTGERTIEN	SIJMON		ROEREMAKER	ANNE	HEERSTR
1642 09 03	AK	JAN	SIJMON	JACSETS?		ANNE GEERTS	BOTTRDP
1644 04 09	AK	LUTGERT	SIJMON	JANS	RAEVEMAKER?	ANNECHIEN HINDIRX	HEERSTRATE
1647 09 17	AK	ETJEN	SIJMON		ROEREMAKER	ANNECHJEN HINDRIX	HEERSTR
1641 05 18	AK	THOMAS	SIJMON	LUNKENS		ANNETIEN HINDRIX	HEERSTR
1649 08 07	AK	ALLERT	SIJMON	ALLERTS		BARBER	RAAMSTR
1645 08 20	AK	JAN	SIJMON	JANSSEN		GEESJEN	BUTJENSTR
1649 02 06	AK	ALBERTIEN	SIJMON	JANSSEN		GEESJEN	BUITJENSTR
1649 08 12	MK	HINDRICK	SIJMON	SIJMONS		IDEKE	SCHUTNDP
1648 08 16	AK	GEESJEN	SIJMON		HORENBECK,V	IDETIE	HALLE
1648 02 23	AK	SIJMON	SIJMON		SUERHOFF	IDETIEN	OOSTBOEGANG
1646 05 24	AK	AUGUSTINUS	SIJMON	SIJMONS		LIJSABETH	N.STADT
1645 09 30	AK	CLAESJEN	SIJMON	CLAESSEN		MARRECHIEN JANS	N.STRAEJEN
1649 08 05	MK	HEIJNE	SIJMON	HEIJNES		TRIJNTIEN	OOSTERPRT
1646 09 09	AK	ANNICHJEN	SIJMON	HEIJNES		TRIJNTJEN JOCHUMS	CRUIJTSTR
1649 04 01	MK	JAN	SIJND.	ROEBERS		SUSANNA RENEMANS	MKHOF
1647 10 31	MK	ROEBERT	SIJND.	ROEBERTS		SUSANNA RENEMANS	MKERK
1646 10 02	NK	CATHARINA	SIJNDICUS	ROEBERS		SUSANNA RENEMA	MKHO?
1648 05 21	AK	WARNER	SIJTSE	WARNERS		FEMME	NIJESTADT
1644 01 21	AK	ALMONDT	SIJWERT	WILLEMS		BRECHTIEN	JONKERENSTR
1644 01 21	AK	WILLEMTIEN	SIJWERT	WILLEMS		BRECHTIEN	JONKERENSTR
1649 11 16	AK	STIJNTIEN	SIJWERT	WILLEMS		ELLECHIEN	MUERE
1642 02 06	AK	SWAENTIEN	SIJWERT	JAKOSES		FROUCKE	A KERCKE
1643 08 13	AK	ANNECHIEN	SIJWERT	JANSSEN?		FROUCKE	HEERSTR
1646 05 24	MK	DIEWERTIEN	SIJWERT	JACOBS		FROUKE SIJBOLTS	HEERSTR
1647 12 12	AK	DIEWERTIE	SIJWERT	JACOBS		FROUKE SIJBOLTS	HEERSTR
1646 09 08	AK	ELSJEN	SIJWERT	CORNELIJS		GEESJEN	FIOELENSTR
1649 07 01	AK	CORNELIA	SIJWERT	EGBERTS		HESTER HUMTING	CRAEN
1642 10 16	MK	HINDRICKJEN	SIJWERT	EEVERTS	BACKER	MARIA JOCHIMS	GELTINGESTR
1641 07 01	MK	JACOB	SIJWERT	EVERTS		MARIA JOCHIMS	GELTINGESTR
1644 03 10	AK	GRIETIEN	SIJWERT	EVERTS		MARIA JOCHIMS	OLVISCHMERKT
1645 11 20	AK	HINDRICK	SIJWERT	EVERTS	BARKER	MARIA JOCHIMS	BRUGGESTR
1647 06 03	AK	EEVERT	SIJWERT	EVERTS		MARIA JOCHIMS	BRUGGESTR
1649 08 12	AK	SIJWERT	SIJWERT	EVERTS		MASRIA	HEERPRT
1647 12 28	AK	ELSJEN	SIJWERT	CORNELIS		TRIJNTIEN ABBRINGE	NIJEJADTSTR
1649 05 06	AK	JOANNES	SIJWERT	CORNELIS		TRIJTIEN	NIEUWEJATSTR
1646 11 22	AK	TRIJNTIEN	SIJWERT	WILLEMS		WIBBETIE	CRANEPOORTE
1641 02 14	AK	SIJTSE	SIMEN	JANSEN		AELTIEN	KRANE
1646 08 28	AK	DAVID	SIMON		HOORENBECK	IDICHJEN ASEHENDORPS	STADTSHALLE
1642 04 11	MK	LODEWICK	SIMON	I.V.S.?	WICHEL	JANTIEN MEES	BOTTRINGESTR
1647 04 27	AK	WILLEM	SIOURT/SOVN?	WILLEMS		ELLECHIEN	TIMMERWERF
1643 12 24	AK	TRIJNTIEN	SIOURT	WILLEMS		WIBBECHIEN	CRANEPOORTE
1644 08 14	AK	JACOB	SIPKE	JACOBS		HILLECHIEN JANS	GELTINGSTR
1647 11 14	AK	TRIJNTIE	SONDACH	LODUWICH		LIJSABETH	VISSCHSTR
1641 09 24	AK	NIESJEN	SONDACH	LODUWICH		LIJSEBETH	VISSCHRSTR

Year Mo Da	Chr	Child's Given Name	Father/Child's Patronymic	Father's Patronymic	Father's Surname	Mother	Address
1648 12 21	AK	LUIERT	STEEN	LUIRTS		MARIA NIJKERKS	SWANESTR
1642 01 30	AK	SEBASTIAEN	STEENCK	LUIRTS		MARIA NIJKERCK	BRUGGESTR
1643 10 19	AK	ANNECHIEN	STEENCK	LUIRTS		MARIA NIJKERX	STEENTILSTR
1646 04 05	AK	MARIA	STEENCK	LUERTS		MARIE NIJKERKS	SWANESTR
1649 03 18	MK	GRIETIEN	STEFFEN	WIJNOLTS		ANNEKE	BEULSGANG
1643 06 07	MK	HENRICUS	STEFFEN		STEIJSSER	GEESJEN	ROSENSTR
1645 06 06	AK	IDE	STEFFEN	HINDRIX		GEESKE	ROSENSTR
1646 10 07	AK	WILLEM	STEFFEN	WILLEMS?		GRIETIEN HANSSEN	VISSCHERPIJP
1642 11 09	AK	GEERT	STEFFEN	MARTENS		LIJSABETH	N.KERKHOFF
1646 04 18	AK	ANDREWS	STEFFEN	MARTENS		LIJSABETH	SCHUTEMAKERSSTR
1647 04 07	MK	EGBERT	STEFFEN	EGBERTS		TRIJNTIEN	PRINCENSTR
1649 02 23	AK	REIJMERTIEN	STEVEN	GERRITS		AELTIEN DREEUS	AKERCK
1645 03 25	AK	JAN	STEVEN	JANS		BIJWE	RADEMERKT
1646 12 15	AK	TEEPE	STEVEN	JANS		BIJWE	BEULSGANG
1647 12 14	AK	LISABETH	STEVEN	JANS		BIJWE	SCHUTEMAKERSWAL
1643 11 16	MK	CASPER	STEVEN	CASPERS		ELSJEN	3 MEULENS
1643 11 14	MK	TRIJNTIEN	STEVEN	HARMENS		GEERTIEN GEERTS	STOELDRSTR
1647 12 26	AK	HARMEN	STEVEN	HARMENS		GEERTIEN	MUERE
1646 09 27	NK	TRIJNTJEN	STEVEN	HARMENS		GEERTJEN	STOELDR.STR
1646 07 19	AK	LODEWIJCK	STEVEN	MELIJS		GEERTRUIJT	DRAEKERK
1648 01 09	AK	ABRAHAM	STEVEN	GERRITS		GEERTRUIT	HEERK.
1644 06 02	AK	LODUWICK	STEVEN	MELIS	KERK	GEERTRUIT	A KERK
1642 05 30	AK	LIJSEBETH	STEVEN	STEVENS		GESE	SCHUITENDP
1649 02 13	AK	HELMICH	STEVEN	JANS		GIJWE	PAPENBRUGGE
1643 06 16	MK	ANNECHIEN	STEVEN	MARTENS		GRIETIEN	OLDE STEENTILPRT
1644 11 03	MK	MARIA	STEVEN	MARTENS		GRIETIEN	VISSCHPIJPEN
1642 12 04	MK	MARGRETA	STOFFEL		BOLEMER	AELTIEN STOFFELS	--
1643 05 17	AK	JAN	STOFFEL		ISSELAER	FENNE	OOSTERPOORTE
1643 07 16	AK	JAN	STOFFEL	HAAS		HINDRICKJEN	NIJERSTADT
1645 03 16	AK	CONRAET	STOFFER		POOL	AELTIEN	JADTSTR
1646 08 30	MK	AELTJEN	STOFFER	ROELFFS		ANNA STOFFERS	POELPOORT
1647 10 19	AK	LUBBECHIEN	STOFFER	LUBBERTS		ANNETIEN	SUIDERDP
1648 07 07	AK	CIJEN	STOFFER	PIETERS		AVE	VERLATEN?
1648 07 07	AK	LUCAS	STOFFER	PIETERS		AVE	VERLATEN?
1643 03 31	AK	ANNETIEN	STOFFER	BERENTS		ENGELE	PRINCENSTR
1644 06 28	AK	EBELTIE	STOFFER	JANS		GRIETE	BOTTERDIEP
1645 10 05	AK	HARMEN	STOFFER	HAIJENS		HINDRICKJEN	NIJESTADT
1649 01 30	AK	ANNETIEN	STOFFER	HAIJENS		HINDRICKJEN	NIJESTADT
1647 12 16	AK	GERRIT	STOFFER/SOLD.	HALLEIJE		HINDRIKJEN	N.ST
1649 07 10	AK	GRIETIE	STOFFER	STOFFERS		LUTGERTIEN EVERS	BOTTRPRT
1645 08 24	DK?	LAMMECHIEN	STORTZ?		DURENBORCH,V.	GESE	JANSBRG
1648 02 06	AK	GEESJEN	SUIBBE	PIETERS		LAMME WESSELS	A
1641 12 08	AK	REIJNER	SWEER	CORNELIS		ANNE FOCKENS	MUERE/KRANEPR
1644 06 04	AK	ROELEF	SWEER	CORNELLIS		ANNE FOCKENS	JACOBIGASTHUIS
1643 04 16	AK	ANNE	SWEER	HARMENS		ANNECHIEN BEERENS	KROMMEJADT
1648 10 10	AK	GEERTRUIT	SWERKE	SIJSENS		JANTIEN	BOTRPRT
1646 09 17	AK	GEESJEN	SWIJER	SWIJERS		ELSE EDZES	SCHUIJTEMKRSTR
1646 01 18	MK	ROELEF	SWIJTER	VOS		EGBERTIEN	EBBINGEPOORTE
1641 12 05	MK	FENNECHIEN	SWIJTERT	VOS		EGBERTIEN JANS	N.EBBPRT
1647 08 29	MK	JAN	SWIJTERT	VOS		EGBERTIEN	N.BOTRSTR?
1648 12 17	AK	ARENT	SWIJTERT	JANS		LUTGERT	SUIDERDP
1648 12 17	AK	LAMBERT	SWIJTERT	JANS		LUTGERT	SUIDERDP
1643 01 22	AK	ELSJEN	SWIJTERT	JANSSEN	RUITER	LUTGERTJEN	HEERESTR
1645 08 29	AK	HARMEN (illig)	SWIJTERT?	HARM?		TRIJNE AARENTS	
1646 08 20	AK	JAN	SWITER	JANSEN		LUTGERT	HEERPOORTEPIJP
1645 12 07	AK	WILLEM	SWURT	WILLEMS		ELLECHIEN	JADTSBRUGGE
1649 11 14	AK	ADRIANA MARG.	T./PROF	ANDREAS?		ELISAB. GEE,DE	N.MERKT
1644 08 30	AK	SICKE TAMMEN	T.?/DR.	MEIJNTS		TIETJEN TAMMENS	HEERSTRATE
1642 10 26	AK	HINDRICKJEN	TADE	GUMMELS		AELTIE	BOTTERDP
1645 02 09	MK	GEERTRUIT	TADE?	GUMMELS		AELTIEN	BOTTRDP
1648 10 06	AK	JOANNES	TAEKE	TONIS		FOKELTIEN	SLEMENNSTR
1648 10 06	AK	SHRUIT	TAEKE	TONIS		FOKELTIEN	SLEMENNSTR
1647 09 17	AK	GEERT	TAETE	GOMMES		AELTIEN	BOTTERDIEP
1647 04 23	AK	ALBERTIEN	TAICKE	DIRCKS		GRIETIEN WILLEMS	DAMSTERDP
1643 01 22	AK	JAN	TAKE	ENGELBERTS		ELLECHIEN TAKENS	SLEMENNERSTR
1644 11 05	AK	AEFJEN	TAKE	ENGELBERTS		ELLECHIEN	SLEMENNERSTR
1646 12 30	AK	JAN	TAKE	ENGELBERTS		ELLECHIEN JAN	A.DIEP
1648 01 11	AK	JANTIEN	TAKE	ENGELBERTS		ELLETIE JANS	SLEMENNSTR
1644 06 30	AK	DERCK	TAKE	DERX		GRIETJEN WILLEMS	DAMSTERDIEP
1647 05 26	AK	HARMEN	TALE	HARMENS		JANTIEN	3 MEULENS
1647 03 07	MK	ALBERT	TALE	BERENTS		METTE ALBERTS	PRINCENSTR
1643 12 28	AK	CORNELISJEN	TAMME	TIARCKS		ELSJE	CRANEPOORTE
1643 03 22	AK	BUNNEKE	TAMME	JANSSEN		GEESJEN	PLUIMERSGANCK
1641 09 02	AK	JAN	TAMME	JANS		GEESKEN	PLUIMERSGANG
1643 01 15	MK	AECHTE	TAMME	WILLEMS		SWAENTIEN JEELIS	HEERPOORTE
1646 10 25	AK	GEERTIEN	TANNE	TIARCKS		ELSJEN	CRANEPOORTE
1642 01 05	AK	WILLEMTIEN	TARCKE	DERX		GRIETIEN WILLEMS	DAMSTERDP
1642 12 08	AK	ARENT	TEBBE	HELMICH		GRIETE	LEELJENSTR
1648 03 28	AK	LAMBERT	TEBBE	HELMICH		GRIETE	ROSENSTR
1644 05 19	MK	TRIJNTIEN	TEBBE	HILLENIJ		GRIETE	LEELJENSTR
1642 12 09	AK	GOSSEL	TEBBE	AARENTS		GRIETIEN	KROMELLEBOGE
1641 11 10	AK	SWAENTIEN	TEECKE (deed)	MAURIS		HEBBEL SIJGERS	POPKENSTR
1642 01 23	MK	LUCAS	TEEPE/SOLDAET	HARMENS		AELTIE	MOESKERSGNAG
1648 03 26	MK	JAN	TEPE	JANS		ANNECHIEN	BUTJENSTR
1649 05 13	MK	BIEWE	TEPE	JANS		ANNETIEN	MUERE/EBBSTR
1642 06 04	AK	WILLEMTIEN	TEWES	CORNELLIS		GEERTIEN ONNENS	HELPEN
1642 06 21	MK	CORNELIS	TEWES	ADAMS		GEESKE TEEWES	--
1649 06 30	AK	NEESJEN	THEUNIS		BORNE,TER?	GRIETIEN	BREEMERKT
1642 07 24	AK	MARCUS	THIJS	JANSEN		LIJCKEL	BUTTJENSTR
1642 02 18	AK	MATTHIJS	THIJS	SMEKES		RIJKJE	MARTINIKERKHOFF
1641 03 21	AK	MARRETIE	THOMAS	GERBRANTS			VISSCHRSTR
1641 04 26	MK	CORNELIS	THOMAS	CORNELIS		AELTIEN HINRIX	HELPEN
1643 10 19	AK	HINDRICK	THOMAS	CORNELIS		AELTIEN HINDRIX	HELPEN
1643 01 11	AK	LAMBERT	THOMAS	LAMBERTS		ALLE WILLEMS	SCHUITENDP
1643 08 06	MK	CHRISTINE	THOMAS/SOLD.		CARVATE	ANNA	BREDEGANG
1644 09 29	MK	SAMUEL	THOMAS		CERBAET	ANNA	BREEGANG
1645 01 28	AK	CORNELIA	THOMAS		MUNTING	ANNECHIEN LEUSSINGH	HEERSTR
1648 10 26	AK	JOOST	THOMAS	JANSSEN		ANNECHIEN	SCHUITNDP
1645 04 10	MK	HANS	THOMAS	JONAS		ANNECHIEN	SUIDERKEIP
1648 10 22	MK	MATTHIJS	THOMAS	PIETERS		ANNECHIEN	MOES.GANG
1646 07 14	AK	CLAES	THOMAS		MANTINCK	ANNEKE	HEERSTR
1642 12 16	AK	CUNNETIE	THOMAS	OTTENS		ANNETIE WABBENS	CRAMERRIJP
1646 07 26	MK	ALBERT	THOMAS	CORNELIJS		EESJEN HINDRICKS	HELPEN
1648 08 23	AK	JAN	THOMAS	ABELS		ENNE	BOTTRPRT
1649 12 04	AK	EELKE	THOMAS	EELKES		EVA THOMAS	HAVENSTR

Year Mo Da	Chr	Child's Given Name	Father/Child's Patronymic	Father's Patronymic	Father's Surname	Mother	Address
1642 10 05	AK	DERKEN	THOMAS	JANSEN		EVROU ALLERTS	CRANEPRT
1646 10 06	AK	WILLEM	THOMAS	SCHOOS	RIJCKRAAET,V	FIJE	BEULDGANG
1646 08 12	MK	HARMEN	THOMAS	PETERS		GEESKE HARMENS	PLUIJMERSGANCK
1641 12 19	MK	JAN	THOMAS	JANSEN		HEIJLE	BOTTRDP
1646 02 01	AK	JAN	THOMAS	BERENTS		HILLE JANS	JADTSBERUGGE
1647 11 21	AK	AECHTIE	THOMAS	BERENS		HILLETIE	CRAENE
1648 09 17	MK	GERRIT	THOMAS	JANSEN		HILLETIEN	BOTTERDIEP
1643 08 22	AK	THOMAS	THOMAS		LECRLER?	JANNETIEN SWEERS	KIJK/JAT
1643 01 06	AK	ANNE	THOMAS		VRIJHOFF	JANTIEN	HEERWEE/MONNKEHLM
1645 01 24	MK	ISAAC	THOMAS		DRIJHOFF	JANTIEN	NIJESTADT
1648 10 11	AK	TOBIAS	THOMAS		VRIJHOFF	JANTIEN	VOLTINGESTAR
1643 03 30	AK	CORNELLISJEN	THOMAS	BEENTZ		JANTIEN	LEELIENSTR
1648 11 19	AK	GERRIT	THOMAS	BERENTS		JANTIEN	BOTTRPRT
1646 06 06	MK	SIOURDT	THOMAS	LEEBER?		JANTIEN	VISSCHERSTR
1646 03 10	AK	WILLEM	THOMAS	WILLEMS		JENNE ARENTS	SLEMENERSSTR
1649 01 10	AK	ARENT	THOMAS	WILLEMS		JENNEKE	LANE
1645 02 27	AK	JOANNES	THOMAS	ESSICH	GLAESMUR?	STIJEN	SCHUTEMFKSTR
1643 11 02	AK	AELTIEN	THOMAS		GLASEMAKER	STIJNE PIETERS	SCHUTEMRSTR
1642 04 01	MK	WILLEM	THOMAS	BERNET		TRIJNTIEN THOMAS	PLUMERSGANG
1649 10 02	AK	NEELTIE	THOMAS	LUCAS		TRIJNTIEN CALESSEN	JADT
1643 02 02	AK	HILLEBRANDT	THOMAS	JANS		WOBBE HARMENS	CRANEPOERTE
1645 12 02	AK	HILLEBRANDT	THOMAS	JANSSEN		WOBBE HARMENS	CRANE
1646 01 04	MK	HARMTIEN	THOMES	JANSSEN		HEIJLTIEN	BOTTERDIEP
1641 10 27	AK	JEIJKE	THOMES	BENNENS		JANTIEN	LEELJENSTR
1641 11 10	AK	DIEVERTIEN	THONIS?	ARIJS		TRIJNTIEN	ROODEBRUGGE
1646 09 08	AK	ENGELTJEN	THONNIJS	WOLFFS		FENNE	SCHOLHOLM
1641 08 29	AK	ALBERT	TIACKE	ALBERTS		ANNECHIEN	A POORTE
1642 08 29	AK	ALBERT	TIACKE	ALBERTS		ANTIE	A POORTE
1646 12 20	AK	ALBERT	TIACKE	ALBERTS		ANTIETEKENS	A POORTE
1641 02 10	AK	HOOMEN	TIACKE	HOOMENS	SUIKVARER	JEIJE	OLDAMSTERDP
1648 02 11	AK	ELSJEN	TIAER	JANSZ		ANNETIE MATHIJS	BOTTRSTR
1649 10 31	AK	LIJSABET	TIAERT	JANS		ANNE WELMANS	BOTTRSTR
1644 05 12	AK	EVERTIEN	TIAERT	TIAERTS		GEESJEN	SLEMENNERSTRATE
1642 05 01	AK	ANNE	TIAERT	SIJMENS		GERSKE EVERTS	SCHUITMAKERSSTR
1649 04 06	AK	TRIJNTIEN	TIAERT	TIAERTS		LESEBET TONNIS	SCHUTNDP
1647 07 11	MK	FREERCK	TIAERT	FREERX		MARRETIE LUCAS	POELESTR
1644 03 10	AK	JOANNES	TIAERT	JACOBS		NEELTIEN CORNELIS	A POORTE
1646 03 22	AK	GRIETJEN	TIAERT	JACOBS		NEELTIEN CORNELIS	A POORTE
1647 10 24	AK	MEIJNERT	TIAERT	JACOBS		NEELTIEN	A SCHAUSSE?
1649 12 06	AK	BETIEN	TIAERT	JACOBS		NELLE	A POORTE
1644 11 07	AK	LIJSEBET	TIAERT	ASINGS		TEUBEKE	LANE
1649 11 16	AK	CHRISTINA	TIAERT	ASINGS		TEUBEKE	BRUGGESTR
1641 08 03	AK	ASENG	TIAERT	ASINGS		TEUBETIEN	POELEPRT
1646 10 27	AK	MARGRIETE	TIAERT	ASING		TOEBICHJEN	LANE
1645 03 30	AK	PIETER	TIAKE	ALBERTS		ANNETIE	POORTE
1642 08 30	AK	JAN TIARKS	TIARCK	GEERTS		TAELKE JANS	VISSCHERSTR
1648 11 28	AK	HINDRICK	TIARKE	HARMENS		JEIJE	ISSCHRPIJP
1645 08 28	AK	DOEDE	TIDDE	EVERTS		FEIJE JANS	SUIDERDP
1643 04 20	AK	JAN	TIDDE	EVERTS		JEIJE JANS	SUIDERDP
1647 11 18	AK	GEERTRUIT	TIDDE	EVERS		JEIJE JANS	SUIDERDP
1646 09 15	AK	HENDRICK	TIEBBE	ARENTS		GRIETE	PRINCENSTR
1643 01 10	AK	GEERT	TIEBBE/SOLD.	GEERTS		JANTIEN	SUIDERDP
1648 04 23	AK	TUNNETIEN?	TIEERT	TIEERTS		GARSJEN	A KERCK
1647 05 16	AK	ANNECHIEN	TIERCK	ROELEFS		ANNETIE	SCHOOLHOLM
1641 07 27	AK	DIRCKJE	TIERCK	ROELEFS		ANTIE KRIJNS	MUNNEKEHOLM
1643 10 10	AK	SIJBRICH	TIERCK?	ROELEFS		ANNEKE	MONNICKEHOLM
1641 06 29	MK	TRIJNTIE	TIERK	TOELEFS		ANNEKE CRIJNS	MONNIKEHOLM
1645 08 21	AK	GERRIT	TIJES	WICHERS		ELSKE GERRITS	KROMELBOGEN
1647 10 05	AK	LIJSEBETH	TIJES/SOLD.	LUITIENS		GEERTRUIT	SUIDERDP
1641 01 10	MK	JANTIEN	TIJES	JANSEN		HARMTIEN WERMERS	BUTJENSTR
1647 11 30	AK	ANNETIEN	TIJES	JANSSEN		LEENTIE	SUIDERDP
1649 09 01	AK	ANNETIE	TIJES	HANSSEN		LEENTIEN HINDRIX	SUIDERDP
1643 02 19	AK	DANIEL	TIJES	LUITJENS		LIJSABETH	SLEMENNERSTR
1641 03 04	MK	MICHIEL	TIJES	SANDERS		LUTGERTIEN	N.STADT
1646 07 01	AK	HEIJLTJEN	TIJES	SMEECKS		RIJCKJEN	MARTINIKERK
1647 12 15	AK	WIJBOLT	TIJES	SWEEX		RIJCKJEN	MKERCKHOF
1641 12 03	AK	TRIJNTIEN	TIJES	KROEN	KLOPPENBORCH	TRIJNTIEN	PRINCENSTR
1644 02 15	AK	ANNE	TIJMEN	PIETERS		AELTIEN	HORRNSCHEDIJCK
1649 11 22	AK	PIETER	TIJMEN	PIETERS		AELTIEN	HORENSCHDIJK
1641 06 01	MK	ABRAHAM	TIJMEN	JANSEN		JANTIEN	PELSERSTR
1641 04 11	AK	REIJNTIEN	TIJMEN	REIJNTIES		LOUITSHCE DOUWENS	DRA/KRANEPRT
1648 06 06	MK	JOANNES	TIJMEN	REIJNTIES		LUTS DOUWES	CRANEPOORTE
1644 05 05	AK	GRIETJEN	TIJMEN	REJNTIES		LUTS DOUWES	A POORTE
1641 04 08	AK	ANNETIEN	TIJMEN	ALBERTS		MARRETIEN	TORFTOORNST
1646 05 17	MK	JAN	TIJMEN	JANSSEN		TRIJNTIE RIENICKS	BOTTRINGSTR
1642 03 20	AK	MARRECHIEN	TIJMES	PIETERS		AELTIEN	HOORNSEDIJCK
1642 03 20	AK	JANTIEN	TIJMES	REIJNTIES		LUTS DOUWES	A
1647 12 26	MK	GRIETIEN	TIJNMEN	JANS		TRIJNTIEN RIENX	BOTTRSTR
1646 04 14	AK	REIJNTIEN	TIJNNE	REIJNTIENS		LUDSE DOUWENS	DRA
1645 03 26	AK	HILLECHIEN	TIJNNEN	ALBERTS		EEFJEN TIJMENS	BEULSGANG
1642 12 25	MK	SIBILLA	TIJS	KROON	KLOPPENBORCH	CATHARINA	MEULENSTR
1642 12 25	AK	MAGDALENE	TIJS		EMRAET,VAN	PIETERTIEN	VISSCHERSTR
1644 05 05	MK	WIGBOLT	TIJS	SMEECK		RIJCKJEN	M.KERKHOFF
1642 06 10	AK	IDEKE	TOBIAS		STAPPEN, V D	ANNEKE	BREDEMERCKT
1645 06 30	AK	LOUIJS	TOBIAS	ANDREA		ELIJSABETH GEER,DE	NIJEMERKT
1648 07 05	AK	JEAN LOUIJS	TOBIAS/PROF:	ANDREA		ELISABETH GEER,DE	N.MERCKT
1646 10 14	AK	JEAN LOUIJS	TOBIAS/PROF.	ANDREX?		ELISABETH GEER,DE	OSSEMERCKT
1649 03 09	AK	JOCHIM	TOBIAS		ONVEUW?	GEBBEKE	S.WOLB.STR
1649 03 22	AK	CATHARINA	TOBIAS/VAEND		CLOPPENBORCH	HINDRCKJEN	SCHOOLHOLM
1647 11 14	AK	GARBRANT	TOBIAS	JACOB	FENES,V	LIEFJEN	KERK
1642 01 23	MK	AELTIEN	TOBIAS		FERGEHEM,VAN	TRIJNTIEN	BLOEMKERSSTR
1644 03 01	AK	JAN	TOBIAS		FORTHEIJM	TRIJNTIEN LAMBERTS	BOTTERDIEP
1645 02 26	AK	MARIA	TOBIAS		FOCHEIM	TRIJNTIEN	NOORDERDIEP
1644 06 16	AK	GRIETE	TOELE	HINDRIX		ETTE WILLEMS	RAAMSTR
1643 11 01	AK	STIJNTIEN	TOEMES	JANS		HEIJLTJEN	BOTTERDIEP
1646 07 22	AK	ANNA	TOLE	HINDRIX		ELLSIEN	SUIJDERDP
1648 07 18	AK	ANNECHJEN	TOLE	HINDRIX		ETTIEN TOLENS	OOSTERPIJPE
1644 12 26	MK	ALBERTIEN	TOLE	BERENTS		METTE ALBERS	PRINCESTR
1642 10 23	AK	GEERTIEN	TOLE	BERENTS		METTIEN ALBERTS	OOSTERPRT
1648 02 18	AK	TETJEN	TOMAS	CORNELIS		AELTIEN	HELPEN
1646 08 14	MK	ENNECHIEN	TOMAS		WESTERBEIJ	GEESKE	SCHUTENDP
1645 14 29	AK	GERRIT	TOMAS		BLANCH?	JANTIEN GERRITS	HAVENSTR
1647 03 23	AK	CATRIJNE LIJSABE.	TOMAS	JANS		LISABETH	MOESKERSGANG
1649 06 06	MK	GRIETE	TOMES	PIETERS		GEESJEN	SCHUTENDP
1647 09 03	AK	WEIJKE	TONIS	MARTENS		CATHARINE	JACOBINERSTR

Year Mo Da	Chr	Child's Given Name	Father/Child's Patronymic	Father's Patronymic	Father's Surname	Mother	Address
1641 12 22	AK	CIESE	TONIS	CIESES		LIJSEBETH	PELSERSTR/DP
1641 03 05	MK	BERENT	TONNIS	JUCKES?		AAFJEN HANTINCKS	N.KERKHOFF
1641 01 24	AK	ANNETIEN	TONNIS	JANSEN		AELTIEN	SCHUITEMKRST
1642 01 20	AK	ANNE	TONNIS	JANSEN		AELTIEN JANSEN	SCHUITEMKRSTR
1649 10 18	AK	ANNA	TONNIS	JANSEN		AELTIEN	SCHUTNKRST
1644 01 16	AK	GRIETJE	TONNIS	JANSSEN		AELTIEN HINDRIX	SCHUTEMRSSTR
1646 12 15	AK	HINDRICK	TONNIS	JANSSEN		AELTIEN	SCHUTEMAKERSTR
1642 03 13	MK	WILLEM	TONNIS	JANSEN		ANNA	MEULLENSTR
1644 04 12	AK	ETJEN	TONNIS	JANS	MOESKES	ANNE EILLEMS	MEULENSTR
1648 11 29	AK	BAUCKE	TONNIS	JANS		ANNE	RAAMSTR
1649 10 03	AK	ANNETIE	TONNIS	JANS		ANNE	RAAMSTR
1642 05 28	AK	LUITIEN	TONNIS	JANSEN		ANNE LUBBERTS	RAAMSTR/DRIST
1646 01 07	AK	LUBBERT	TONNIS	JANSSEN		ANNE LUBBERTS	RAAMSTR
1646 11 04	AK	DOERTIEN	TONNIS	JACOBS		ANNECHIEN TONNIS	BREDEGANG
1648 09 08	AK	EGBERTIEN	TONNIS	JANS		ANNETIE	MEULENSTR
1649 05 03	AK	LEENTIEN	TONNIS	MENSENS		ANNETIEN	SLEMENNERSTR
1648 01 04	AK	TRIJNTIEN	TONNIS	HILLEBRANTS		ENGEL	MEULENST
1643 10 06	AK	TRIJNTIEN	TONNIS	HILLEBRANTS		ENGELE	MEULENSTR
1643 07 30	MK	ENGELTIEN	TONNIS		WOLF	FENNE	NIJEWECH
1644 11 30	AK	GEERT	TONNIS		WOLF	FENNE	NIJEWECH
1648 11 22	AK	HINDRICK	TONNIS	HENDRIX		FENNE	N.EBBSTR
1643 08 20	MK	GRIETIEN	TONNIS/SOLD.		BEUKER	GEESJEN	COSTERSGANG
1642 05 08	MK	PIETER	TONNIS	PIETERS		GEESKE	SCHUITENDP/WEST
1642 02 04	AK	JANTIEN	TONNIS	JACOBS		GRIEIEN	BOTTRSTR
1646 04 02	AK	LIJSEBETH	TONNIS	CORNELIS		GRIETE TONNIS	SCHUITENDP
1642 02 02	AK	WILLEM	TONNIS	WILLEMS		GRIETE	BUTIENSTR
1647 11 21	MK	GRIETIEN	TONNIS	CORNELIS		GRIETIEN	DAMSTERDP
1649 01 03	MK	GEESJEN	TONNIS	CORNELIS		GRIETIEN	SCHUITNDP
1643 02 17	AK	GRIETIEN	TONNIS	JACOBS		GRIETIEN NANNES	BOTTRSTR
1644 08 22	AK	JANTIEN	TONNIS	JACOBS		GRIETJEN NANNES	LAMHUINGESTR
1642 04 19	AK	GEESE	TONNIS	CORNELLIS		GRIETTE STOFFELS	SCHUITNDP
1647 08 05	AK	EEPKE	TONNIS	PIETERS		HILKE ALBERTS MULLERS	3 MEULEN
1649 02 04	MK	LAMMETIEN	TONNIS	JOOSTEN		HINDRIKJEN	OOSTRSTR
1644 04 26	AK	PIETER	TONNIS	PIETERS		HISKE	DRIE MEULLENS
1646 12 13	AK	REBECKA	TONNIS		VRIJHOF	JANTIEN	NIJESTADT
1643 02 28	AK	BERENT	TONNIS	BERENTS		JANTIEN ABBRINGE	HEERPOORT
1646 05 06	MK	ALBERT	TONNIS	BERENTS		JANTIEN ABBRINGE	HEERPIJP
1643 11 07	AK	ANNECHIEN	TONNIS	SICKES		LIJSEBETH	HEERSTRATE
1648 05 17	AK	LUMMETIE	TONNIS	SIJTSENS		LIJSEBETH	BUTJENSTRA
1648 10 08	MK	AELTIEN	TONNIS	ALERS?		LUTGERT	OORKALDEER?
1647 07 17	MK	ALERT	TONNIS	ALERTS		LUTGERT	VISSCHERPIJPE
1642 01 07	AK	ANNETIEN	TONNIS	JANSEN		LUTGERT	HEERPRT
1646 03 08	AK	LIJSEBETH	TONNIS	JANSSEN		LUTGERT JANS	HEREPOORTE
1643 09 20	AK	AELTIEN	TONNIS	ALLERTS		LUTGERTIEN	EERSTE VERLAET
1645 11 21	AK	JEIJTIEN	TONNIS	ALLERTS		LUTGERTIEN	VISSCHERPIJP
1646 02 11	AK	LIJSEBETH	TONNIS	JANSSEN		LUTGERTIEN	HEERPRT
1641 10 19	AK	ARENT	TONNIS	HUISMAN	WAGENVEEDT,VAN	MARGRETE LODUWIJX	3 MEULEN
1642 04 29	AK	REMMERT	TONNIS	HARMENS	BACKER	MARTIJNTIEN ROSIERS	S.JANSSTR
1649 02 21	AK	HELLETIEN	TONNIS	JURJENS		MENE	JANSTR
1649 02 21	AK	TRIJNTIEN	TONNIS	JURJENS		MENE	JANSTR
1648 12 27	MK	JACOB	TONNIS	JACOBS		N.N.	BOTTRST
1647 01 10	MK	HINDRICK	TONNIS	HINDRIX		NEESJEN	N.EBBINGESTR
1643 10 05	AK	STIJNTIEN	TONNIS	SPOLS		PIETERTIEN TEWES	HARDINGESTR
1641 06 04	MK	ROELEFJEN	TONNIS	ALBERTS		ROELEFJEN	VISCHERSPIJP
1647 12 26	AK	MARIA	TONNIS	HINDRIX	METER	STIJNE	CRANEPORT
1643 07 16	MK	STIJNTIEN	TONNIS	HINDRICKS		SWAENTIE HINDRIX	CRANEPORT
1642 03 06	MK	TRIJNTIEN	TONNIS		ESSEN,VAN	SWAENTIEN HINDRIX	BOTTERDIEP
1649 08 16	AK	JANTIEN	TONNIS		HUISINGE	SWAENTIEN	RAAMSTR
1644 03 10	MK	WABBE	TONNIS	ESSEN		SWAENTIEN HINDRIX	BOTTERDIEP
1644 10 27	AK	MARRECHIEN	TONNIS	HINDRIX		SWAENTIEN	CRANEPOORTE
1643 08 13	AK	TONNIJS	TONNIS	TONNIS		SWAENTIEN	RAAMSTR
1641 12 09	AK	FENNE	TONNIS	HINDRIX	METER	SWANE	KRANEPRT
1641 12 09	AK	HINDRICK	TONNIS	HINDRIX	METER	SWANE	KRANEPRT
1645 08 26	AK	GRIETJEN	TONNIS	TONNISSEN		SWANTIEN JANS	R---ST
1645 03 23	MK	CLAES	TONNIS	CLAESSEN		TIETIEN PIETERS	BOTTRDP
1644 10 17	AK	AELTIEN	TONNIS	AERRIS		TRIJNE	SUIDERDIEP
1647 01 01	MK	ARIS	TONNIS	ARIS		TRIJNE	HEEREPIJPE
1646 01 08	AK	LOLKE	TONNIS	CLAESSEN		TRIJNTIEN JANS	BUTJENSTR
1646 05 23	AK	HILLE	TONNIS/CORP.	PIETERS		WILLEMTIEN	SCHUTEMKWAL
1647 11 03	AK	SOPHIA	TONNIS	PIETERS		WILLEMTIEN	SCHUTENWAL
1643 08 02	AK	ALBERT	TRIJMEN	ALBERTS		ELSJEN HINDRIX	OOSTERPOORTE
1646 08 21	AK	AELTIEN	TROCKE	CHRISTINS.		HILLE	OOSTERSTR
1643 11 10	AK	THOMAS	TROX	CHRISTIAENS		HILLETIE THOMAS	OOSTERSTR
1642 10 23	MK	ROELEF	TROX	CHRISTIAENS		HILLETIEN THOMAS	OOSTERSTR
1647 03 14	MK	AELTIEN	TROX	CHRISTIAENS		HILLETIEN	OOSTERSTR
1649 08 05	NJ	RIEKEF	TRUX	CHRISTIANS.		HILLETIEN	BOSTERST?
1644 08-28	AK	HILLECHIEN	TUNCKER	DERCKS		ANNECHIEN JOOSTS	BEULSGANG
1646 08 26	AK	ANNICHJEN	UBBO	ALBERTS		GESE	TIJMENS MEULEN
1647 04 28	AK	HINDRINA	UDE		VALCKE	MEDINA MAJORS	OSSEMERCKT
1641 10 17	AK	EDZERT	UDE	RIJKENS		MEIJNSJEN	SLEEMENNERSTR
1647 07 11	AK	EETJEN	UDE	RIJCKENS		TAETJEN HINDRIX	CRANEPOORTE
1646 05 19	AK	ETTE	UDE	RIJKES		TAETJEN HINDRIX	SLEMENNERSSTR
1649 07 08	AK	HINDRICKJEN	UDE	RIJKENS		TANTJEN? HINDRIX	SLEM.STR
1648 07 08	AK	RIJKJEN	UDE	RIJKENS		TANTJEN? HINDRIX	SLEM.STR
1643 12 17	AK	GEERTRUIT	UDO/VAENDR		BALCK	MED:MAJARTS	N.KERKHOFF
1642 10 07	AK	ENNE EDSART	UDO		VALCK	MEDINA MAJART	EBBSTR
1645 11 30	MK	ONNE	UDO		VALCK	MEDINA VALCK	NIJE BOTTRSTR
1641 10 21	AK	LUTGERT	UIJTJEN	WILLEMS		GRIETIEN ILENS	SLEMENNERSTR
1647 01 31	MK	WILHELMUS	UILRICH/SOLD.		COKSBERGEN	MARIA HORENTEN?	N.EBBSTR
1646 12 20	MK	ELSKE	ULDRICK	HANSSEN		DORENTHE	DAMSTERDP
1649 08 31	AK	ANNA BERNS?	ULRICH		EUSUM,V	JOANNA EMILIA MAGD	VISMERKT
1641 12 27	MK	HANS PIETER	ULRICH		STRIJKER	LIJSABETH	MUERE
1643 12 13	AK	CLAERTIEN	ULRICH/SERG.	N.		MARIE HOORNKES	OOSTERSTR
1643 10 08	MK	DOEDE	USKE	EGGENS		GRIETE REMKES	O.STEENTILPOORT
1648 04 30	MK	MARRECHIEN	UTJEN	WILLEMS		GRIETE	SLEEMENERS
1649 12 26	AK	JANTIEN	UTJEN	WILLEMS		GRIETJEN ILENS	SLEMSTR
1646 04 03	AK	FREDERICK	VAENDRICH	G.	BUINING	HINDRICKJEN POLLINUS	VOLTSTR
1641 08 17	MK	LAURENTZ	VALENTIJN		NICKEL	ANNA	DRISTE/BRUGGE
1642 12 04	MK	BENEDICTUS	VALENTIJN	GROSS	RUSTMR.	GEBBEKE ALLERTS	BREDEM.
1649 10 02	AK	HANS	VALENTIJN		SCHUSSERT	STIJNTIEN	PRINCENSTR
1643 06 02	AK	JACOB	VECHTER	CLAESSEN		ABEL JANSSEN	RODEBRUGGE
1642 04 01	MK	JAN	VECHTER	CLAESSEN		ABELE JANSEN	RODEBRUGGEN
1646 12 02	MK	AEFJEN	VECHTER	CLAESSEN		ABELE	RODEBRUGGE
1648 04 16	MK	JAN	VECHTER	CLAESSEN		ABELTIEN	RODEBRUGG
1644 06 06	AK	MARGRIETE	VELTEN	HANS		MARGRIETE	SWANESTR

Year Mo Da	Chr	Child's Given Name	Father/Child's Patronymic	Father's Patronymic	Father's Surname	Mother	Address
1649 06 08	MK	MARRETIEN	VICTOR	CLAESSEN		ABELE	OOSTERPRT
1648 10 08	AK	GRIETE	VICTOR	JANS		ANNA TONNIS	SCHEDAMSGNG
1643 12 07	AK	ROELIJNTIEN	VIJDT	N.		FENNE	PAPENPOORTE
1649 02 23	AK	GEERTIEN	VIJPKE	HINDRIX		LIJSEBETH	LAMHIUNGESTR
1647 06 04	AK	HARMEN	VIJT	ADAMS		ANNA	TIJMENS MEULE
1644 01 14	MK	ADAM	VIJT	ADAMS		ANNE HARMENS	N.DIEP?
1647 07 20	AK	HINDRICK	VIJT/SOLD.	SALOMONS		FENNE	MEULENS
1642 02 09	AK	BERENT	VIJT		OUMAN	GEBBE BERENTS	BREDEMERCKT
1643 08 18	AK	JAN	VIJT		ONNA	GEBBECHIEN BERENTS	BREDEMERKT
1644 12 08	MK	MARRECHIEN	VIJT		AUMAN	GEPKE	GELTINGESTR
1647 06 26	AK	MARRECHIEN	VIJT		AUNEMAN	GEPKE	GELTINGESTR
1643 10 25	AK	FENNE	VIJTTEN	WILLEMS		GRIETE ILENS	SLEMENNERSTR
1643 06 14	AK	AELTIEN	VINCENT	GERRITS		AAFJEN SIJSSENS	ISCHMERKT
1641 09 19	AK	ROELEF	VINCENT	GERRITS		AEFJEN ROELEFS	JONKER E.LEEUWE
1641 09 28	AK	DIRCK	VINCENT	PHILIPS		FROUWKE	N.JADTSTR
1649 03 22	AK	HILLETIEN	VOERT	CORNELIS		ANNA	HELPEN
1646 04 26	AK	DANIEL	VOLTEN	HANS		MARGRIETE KLAMGE?	VISSCHERSTR
1641 07 13	AK	HILLETIE	VOLTER		SWARTWOLT	MARRECHIEN HELMIGE	OOSTERPRT
1641 12 12	AK	REIJNER	VOS	--		GEESJEN	SCHOOLHOLM
1643 08 20	MK	GRIETIEN	VREDERICK		CLEVE,VAN	HARMTIEN ROMANS	N.MERKT
1649 10 19	AK	HANS CHRISTOF.	VREDERICK	HANS		LIJSEBETH	MOESKERSGN
1648 03 08	MK	HANS	VREECK	HANSEN		HARMTIEN	NIJEWECH
1642 10 18	AK	SIJMON	VREECK	SIJMONS		HARMTIEN	STEENTILPRT
1642 05 12	AK	JAN	VREECK	JANSEN		SWAENTIEN	KOSTERSGANCK
1645 04 10	MK	GEESE	VREERCK	CORNELIS		AELTIE	O.EBB/BOTTRPRT
1643 02 05	AK	CORNELLIS	VREERCK	CORNELLIS		AELTIEN CLAES	MUERE
1642 12 18	AK	MAIJKE	VREERCK	JACOBS		GEERTIEN	N.BOTTRINGESTR
1649 11 04	AK	TALLE	VREERCK		MEIJER	GEESJEN	LANE
1643 11 16	MK	SWEER	VREERCK	VREERX		GEESKE	ROSENSTR
1643 03 28	AK	JAN	VREERCK	JANSSEN		JANTIEN JANS	HEERPOORTE
1647 09 17	AK	GESE	VREERK	CORNELIS		AELTIEN CLAESSEN	PAAUS
1648 11 03	AK	HILLETIEN	VREERK	JANS		JANTIEN	GROTEGANG
1649 02 08	MK	EESJEN	VREERK		BACKER	MARIA	3 MEULEN
1644 10 23	AK	GEESJEN	VREERK	JANSSEN		MARRECHIEN	JONKERENSTR
1648 11 02	AK	ANNE	VREERK	JANS		SWAENTIEN	KOSTERSGNG
1645 10 01	AK	HEIJLKEN	VREERK?	JANS		SUSANNA	VISSCHERSTR
1647 06 07	MK	JACOB	VRERICK	JACOBS		GRIETIEN	N.BOTTRSTR
1644 12 15	MK	ELFJEN	VRERICK/SOLD.	HERENS		TRIJNTJEN	G.M.CLOOSTER
1648 07 20	AK	JOANNA MARGRIETA	W. (deed)/PROF		MONAUS	ANNA CATHRINA MONAS	
1648 10 15	AK	KATHARINA	W.		ELVERING	ELSIEN IPENS	LANE
1641 03 04	MK	EVERTIEN	WABBE	REIJNTIES		--	
1641 03 04	MK	REIJNTIEN	WABBE	REIJNTIES		--	DRA
1643 11 26	AK	EVERT	WABBE	REIJNTIEN		OEDE EVERTS	A POORTE
1642 09 02	AK	ANNA MARGRIETE	WALDRICH	JACOBS	RUITER	AGNETA	BLOEMSTR
1648 03 15	AK	BOUWETIE	WALDRICH	JACOBS		AGNIETE	BOTTERDIEP
1645 08 10	AK	HILLECHIEN	WALDRICH	JACOBS		AGNIETJEN	BOTTERDIEP
1641 06 08	MK	AELTIEN	WARMELT	JURJENS		HARMTIEN WARNERS	BUTTIENSTR
1641 06 08	MK	HINDRICK	WARMELT	JURJENS		HARMTIEN WARNERS	BUTTIENSTR
1642 12 20	AK	JURJEN	WARMOLDT	JURJENS		HARMTIEN	CLEIJN BUTJENSTR
1641 10 31	MK	MARIJE	WARMOLT	ROELEFS		MARRECHIEN	HEERSTR
1644 07 14	MK	JACOB	WARMOLT	ROELEFS		MARRECHIEN	HEERESTR
1641 06 15	MK	SWAENTIEN	WARNER/SOLD.	CORNELIS			JONKRENSTR
1641 01 27	AK	JOHANNES	WARNER/SOLDAET	WILLEMS			SCHIEDAMSGANG
1646 04 29	AK	JELTIE	WARNER		HAVENER	BAAUCH WATNERS	GOSTERPOORTE
1649 11 14	AK	ANNA MARG.	WARNER	LUCKENS?		CATRINA	PAULGANG
1643 03 05	MK	JAN	WARNER	BERENTS		FENNETIEN	SWANESTR
1646 06 10	AK	HEIJNE	WARNER	ENGELBERTS		GRIETIEN BERENTS	BOTTERDIEP
1649 12 28	AK	PETER	WARNER	ENGELBERTS		GRIETIEN	BOTRDIEP
1644 09 08	MK	LUCAS	WARNER	LUCAS		GRIETIEN	GELTINGESTR
1647 10 03	MK	MARIJE	WARNER	LUCAS		GRIETIEN	NIJEST
1649 03 04	MK	DERKJEN	WARNER	LUCAS		GRIETIEN	N.STRAETIEN
1641 11 23	AK	CATHRINA	WARNER	LUCKES		GRIETIEN	HUISSRONTE?VOLTINGESTR
1643 10 12	AK	HERMANNUS	WARNER	LUICKES		GRIETIEN	VOLTINGESTR
1646 02 25	AK	FENNECHIEN	WARNER	LUCAS?		GRIETIN	STRAETJEN
1643 06 28	AK	SIJNE	WARNER	BERENTS		HILLECHIEN	LEELJENSTR
1644 10 13	MK	BERENT	WARNER	WILLEMS		METJE	BOTTERINGESTR
1642 11 16	AK	JOHANNES	WARNER	WILLEMS		METTIEN	BOTTRINGESTR
1648 05 17	AK	ANNE MARG.	WARNER	WILLEMS	DIJKMAN	METTIEN	MUER
1646 10 26	MK	ANNA MARGR.	WARNER	WILLEMS		METTJEN JANS	BUTJENSTR
1642 07 31	MK	JAN	WARNER	HARMENS		TRIJNE JANS	DAMSTERDP
1649 03 22	AK	MARIA	WATZE	COEZ		MARGRIETA ZOOR	GULDENSTR
1641 02 14	MK	CATHRINA	WATZE	COEN		MARGRIETE	BOTTRMERKT
1643 01 29	MK	ABRAHAM	WATZE	COEN	BOUTW.	MARGRIETE SOOR	BOTTERMERCKT
1647 05 18	AK	EVERWIJN	WATZO	CUIEN?		MARGRIETA	ANNECK?
1645 08 24	AK	SAMUEL	WATZO	KOEN		MARGRIETA SOOR	GULDENSTR
1642 03 03	MK	WENSSEL	WENSEL		KLEIJNSMIDT	CHRISTIJNE	MEULEN
1646 04 15	AK	ELSIEN	WERT	CORNELIS		TRIJNTIEN	FIOLENSTR
1641 01 20	AK	ANNEKE	WESSEL	REMMERTS		--	SUIDERDP
1643 09 10	AK	ANNECHIEN	WESSEL/SOLD.	EEVERTS		ABELTIE	SUIDERDIEP
1645 11 20	AK	EEVERT	WESSEL	EEVERTS		ABELTIEN	SUIDERDIEP
1649 01 07	AK	GEERT	WESSEL	EVERTS		ABELTIEN	NIEUWESTADT
1643 04 21	AK	ALBERT	WESSEL	HARMENS		AELTIEN ALEFS	SUIDERDIEP
1646 03 30	MK	MARTIEN	WESSEL	MARTENS		AELTIEN	BOTTERDIEP
1649 04 22	AK	WILLEMTIEN	WESSEL	WILLEMS		ANNE	LEELJENSTR
1645 08 01	AK	WILLEMTIE	WESSEL	REMMERS		GEESE	SCHUITENDP
1647 02 06	AK	ANNA	WESSEL	REMMERTS		GEESJEN PIETERS	SUIDERDP
1642 11 06	MK	GERRIT	WESSEL	REMMERTS		GESE	SCHUTEND.
1648 07 23	MK	GEESJEN	WESSEL	MEIJNE		GRIETIEN	PRINCENSTR
1643 10 25	AK	HARMEN	WESSEL/SOLD.	GEERTS		HINDRICKJEN	COSTERSGANG
1646 01 18	AK	FENNECHIEN	WESSEL	JANS	MULLER	JANTIEN	OLD RONDEEL
1647 02 09	AK	JAN	WESSEL	JANSSEN		JANTIEN	3 MEULENS
1643 10 31	AK	JOHANNES	WESSEL	HEERENS		MARIA BRUCHERI	GELTINGESTR
1646 02 28	AK	HEERE	WESSEL	HEERES		MARIA BRUCHERI	GELTINGESTR
1647 09 17	AK	MARGRIETE	WESSEL	HEERES		MARIA BRUCHERI	SWANSTR
1642 02 04	AK	REMKE	WESSEL	HERES		MARIA BRUCHERI	GELTINGSTR
1649 12 04	AK	HINDRICK	WESSEL	HERES		MARIA BRUCHERI	SWANESTR
1645 03 19	MK	HAASJEN	WESSEL	JANS		STIJNE	GELTINGSTR
1647 06 17	AK	JAN	WESSEL/SOLD.	JANS		STIJNE	SUIDERDP
1642 11 11	AK	GEESJEN	WESSEL	JANSENS		STIJNE	GELTINGESTR
1641 08 01	MK	TONNIS	WESSEL	EGBERTS		STIJNTIEN HULGERS	GROTEGANG
1642 10 21	AK	RIJCKE	WESSEL	AARENTS	CAARMENNER	WENDEL	STEENTILPRT
1645 03 05	AK	HARMEN	WESSEL	ALLERTS		WENNEKE	STEENTILPRT
1647 02 21	MK	HINDRICK	WESSEL	ALLERTS		WENNEKE	STEENTILPOORTE
1642 08 11	AK	POPKE	WESSELUS/DR.		POMPEJUS	WIJKE STEEBMANS	A KERKHOFF
1641 10 22	AK	ROELEF	WIBBE	JANS		GEESJEN	PELSERSTR

Year Mo Da	Chr	Child's Given Name	Father/Child's Patronymic	Father's Patronymic	Father's Surname	Mother	Address
1643 02 03	AK	ROELEF	WIBBE	JANSSEN		GEESJEN ROELEFS	MUERE
1644 11 29	AK	BOELE	WIBBE	JANSSEN		GESE ROELEFS	PELSERSTR
1642 12 07	AK	JAN	WIBBOLT	ROELEFS		GRIETIEN JANSSEN	STEENTILPRTBRUG
1640 08 02	AK	AIJLT	WICHER	AIJLTS		EEFJEN	OOSTERBREGANG
1645 11 19	MK	HINDRICK	WICHER	FROME		JANTIEN POTS	BOTTERMERKT
1647 07 20	AK	AELTIEN	WICHER	FRONE		JANTIEN POTS	BOTTERMERKT
1644 03 13	AK	HINDRICK	WICHER	FRONE?		JANTIEN POTT	BOTTERMERKT
1641 05 16	AK	AELTIEN	WICHER	FROONS		JANTIEN	VOGELMERKT
1644 04 09	AK	JULLE	WICHER	JANS		MARRECHIEN	GELTINGESTR
1646 01 27	AK	ELSJEN	WICHER	JANSSEN		MARRECHIEN JULLENS	GELTINGESTR
1640 09 23	AK	BERENT	WICHER	JANS		MARRETIEN	GELTINGESTR
1643 04 21	AK	JULLE	WICHER	JANSSEN		MARRETIEN JULLENS	GELTINGESTR
1640 03 18	MK	GRIETIEN	WICHER	COENINCK	CHIRURGIJ?	SIJRICHJEN	POELSTR
1644 04 23	AK	GEESJEN	WIERT	CAMERS		METJEN	JONKERENSTR
1647 10 10	MK	JACOB	WIGB./CAPT:	BROERSMA		HENDRINA JUNIUS	BROERSTR
1642 02 08	MK	PETER	WIGBOLT	PIETERS		GRIETIEN	POELPOORTE
1641 06 13	AK	EERNST BERNHART	WIGBOLT/CAPT.		ISSELMUIDEN,V	JOHANNA ---,VAN	--
1641 06 13	AK	LUCRETIA	WIGBOLT/CAPT.		ISSELMUIDEN,VAN	JOHANNA ---,VAN	--
1643 08 18	AK	PHILIPS	WIJBE	NANNES		ANNEKE PHILIPS	WAGE
1647 07 05	AK	AELTIEN	WIJBE	JACOBS		METJE	SCHUITMKRSTR
1643 11 21	AK	GRIETIEN	WIJBE	JACOBS		METJEN BERENTS	VISSCHERSTR
1645 12 14	AK	BERENT	WIJBE	JACOBS		METTE BERENTS	SCHUTENRSSTR
1640 10 12	AK	AELTIEN	WIJBE	JACOBS		METTE	SCHUTEMKRSSTR
1643 10 22	MK	JAN	WIJBELT	JACOBS		GEESJEN CLAESSEN	NIJEWECH
1645 08 31	MK	GEERT	WIJBO	NANNES		ANNEKE PHILIPS	BREDEMERK
1647 08 27	AK	ENGELTIEN	WIJBO	NANNES		ANNEKE PHILIPS	MERKT
1641 02 03	AK	RENSKE	WIJBOLT	JACOBS		--	DAMSTERDP
1643 10 26	AK	SIPKE	WIJBRANDT	SIPKENS		HINDRICKJEN	DRAKERCK
1640 03 10	MK	JURJEN	WIJBRANT	JURJENS		ACHT?	HEERPOORTEPIJP
1646 07 19	MK	HENDRICK	WIJBRANT	HINDRICKS		GEESJEN CLAESSEN	GULDENSTR
1647 10 13	AK	LUMMETIE	WIJBRANT	HINDRIX		GEESJEN	GULDENSTR
1645 11 18	AK	GEESJEN	WIJBRANT	SIPKENS		HINDRICKJEN COIJTENS	VOLTINGESTR
1647 06 28	MK	CLAES TER BORCH	WIJBRANT	SIJKENS		HINDRICKJEN	VISCHRST
1642 11 11	AK	ENGELTIEN	WIJBRANT	SIPKENS		HINDRICKJEN COIJTERS	KERCKHOFF
1649 01 21	AK	JACOB	WIJBRANT	SIPKENS		HINDRICKJEN	VISMERKT
1646 07 14	AK	MARIA	WIJERT		CAMP	METTE	DRIST/DRIE MOLENS
1642 03 25	MK	JOHANNES	WIJERT/SOLD		CAMPENS	METTIEN LUITIENS	O.BRUITHUIJS
1649 04 04	AK	MELLE JACOB	WIJG.	BROERSMA		HENDRINA INNES	N.EBBSTR
1646 01 14	AK	PIETER	WIJLEN/SOLD.	PIETER	FOLKERS(decd)	VRONKE	VISSCHERSTR
1641 09 03	AK	PIETER	WIJPKE	ABELS		JANTIEN PIETERS	BREDEMERKT
1646 03 18	AK	ABEL	WIJPKE	ABELS		JANTIEN PIETERS	BOTTRSTR
1648 06 28	AK	MARIA	WIJPKE	ABELS		JANTIEN PIETERS	TORFTOORNSTR
1646 01 22	AK	WILLEM	WIKE?	WILLEMS		GRIETE	SLEMENERSSTR
1648 10 04	AK	MARIA	WILH.	KERIUS		CATHARINA BORGESIUS	CRANE
1647 05 18	AK	MARGARETHA	WILHELMUS		ALSTORFF	CATHARINA	NORTLAVEN?
1647 09 19	AK	JOACHIMUS	WILHELMUS	KEVINS		CATHARINA BORGESIJ?	KRANE
1649 08 09	AK	EVA	WILHELMUS	BROUWS	VELT	TRIJNE	HEERPRT
1644 12 18	AK	HILLE	WILKE	JANS		ANNA BERENTS	RAAMSTR
1647 10 17	AK	BERENT	WILKE	JANS		ANNE	RAEMSTR/DRIST
1644 12 16	MK	HARMEN	WILKE/SOLD.	ROELEFS		ANNE	PRINCENSTR
1648 11 05	MK	TRIJNTIEN	WILKE	ROELEFS		ANNE	PRINCENSTR
1642 09 21	AK	JOANNES	WILKE/SOLD	JANSEN		ANNEKE	SCHUITNDP
1642 06 19	MK	HINDRICK	WILKE	STEVENS		LIJSEBETH JANSEN	STEETILSTR(sic)
1649 04 27	AK	ANNE	WILKO	STEVENS		LIJSABETH JANS	VISSCHPIJP
1641 01 24	AK	LUCAS	WILLEM	JANS	KORSMAKER	--	POELSTR
1642 11 30	AK	TRIJNTIEN	WILLEM/SOLDAET	EEVE		AELTIEN JANS	COSTERSGANG
1644 08 22	AK	JOOST	WILLEM	JANS		AELTIEN	A.
1646 12 20	AK	JAN	WILLEM	JANS		AELTIEN	CRANE POORT
1649 12 23	AK	GERRIT	WILLEM	JANS		AELTIEN	DRA
1646 04 21	AK	GEERTIEN	WILLEM	SOEUEN		AELTIEN WILLEMS	COSTERGANG
1646 09 09	AK	AELTJEN	WILLEM	STEFFENS		AGNETA	BUTTJENSTR
1642 08 07	MK	ELSJEN	WILLEM	STEFFENS		AGNETE	BUTJENSTR
1648 02 23	AK	BERENT	WILLEM	STEFFENS		AGNETE	BUITIENSTR
1644 03 17	MK	JAN	WILLEM	STEVENS		AGNIETE	KLEIJNEBUTJENSTR
1647 04 22	AK	CLAES	WILLEM	CLAESSEN		ALBERTIEN	RAAMSTR
1642 07 26	AK	MARIA	WILLEM		MOLLER	ANNA	PRINCENSTR
1642 10 12	AK	JANTIEN	WILLEM	ABELS		ANNA HARMENS	TIJMENS MEULLEN
1648 04 09	MK	GEESE	WILLEM	ABELS		ANNA	TIJMENSMEULEN
1643 12 19	AK	CORNELIS	WILLEM	LUITJENS		ANNA	VOLTINGESTR
1649 04 24	AK	JAN	WILLEM	STEVENS		ANNA JACOBS	SLEMENSTR
1646 12 20	AK	THOMAS	WILLEM	THOMAS		ANNA	A DIEP
1648 10 01	AK	DERCK	WILLEM	THOMAS		ANNA	CRANEPRT
1644 02 23	AK	MARIA	WILLEM	WILLEM	EICK	ANNA ELISABET	PRINCENSTR
1641 05 14	AK	HARMEN	WILLEM	ABELS		ANNE HERMENS	STEENPIJP/SCHUTIN
1644 02 14	AK	JANTIEN	WILLEM	ABELS		ANNE HARMENS	TIJMENSMEULE
1645 11 30	MK	JANTIEN	WILLEM	ABELS		ANNE HARMENS	MEULENSTR
1642 10 28	AK	STIJNTIEN	WILLEM	CLAESSEN		ANNE CLAESSEN	N.KERKHOFF
1645 01 24	MK	JANTIEN	WILLEM	CLAESSEN		ANNE	KIJCK/JADT
1642 09 28	AK	JACOB	WILLEM	JACOBS		ANNE JANSEN	HEERPRT
1646 09 27	NK	JAN	WILLEM	STEVENS		ANNE JACOBS	SLEEMENDERSST
1648 03 09	MK	HELPERICH	WILLEM	STEVENS		ANNE JACOBS	SLEMENERSST
1642 03 20	AK	THOMAS	WILLEM	THOMAS		ANNE	KRANEPRT
1644 07 07	MK	JOHAN	WILLEM		SCHONINCK	ANNECHIEN	QUINQUENPLAAETS?
1648 08 10	AK	LUTGERT	WILLEM	CLAESSEN		ANNECHIEN	HARDINGSTR
1647 04 18	MK	ANNECHIEN	WILLEM	SCHANINUS		ANNECHIEN	SCHUITNDP
1645 10 26	AK	TIARCK	WILLEM	WILLEMS		ANNECHIEN	SLEMENDERST
1647 09 12	AK	DAUWE? (male)	WILLEM	WILLEMS		ANNECHIEN	SLEMENERS
1641 01 10	AK	GRIETE	WILLEM	HUMME	ENGELSMAN	ANNEKE	HEERPRT
1643 12 12	AK	ADRIAEN	WILLEM	THOMAS		ANNEKE	CRANEPOORTE
1649 02 22	AK	BAAUCHEN	WILLEM	WILLEMS		ANNETIEN	SLEMEN:STR
1644 12 24	AK	ANNA MARGRIETA	WILLEM		BUNTE	ASSELE	VOLT.STR
1647 04 11	MK	ADOLPHUS	WILLEM		BUNTE	ASSELE	BROERSTR
1642 03 27	MK	BARBER	WILLEM	BONTE	SNIJDER	ASSELE	RECHTHUIJS
1645 04 04	AK	WILLEMTIEN	WILLEM	JANS		AVE JACOBS	TIMMERWARF
1642 08 17	AK	WALDERICH	WILLEM	EELZ?		BAAUTIEN NANNENS	JADT
1645 05 28	AK	WILLEM	WILLEM	EELST		BAUWE NANNES	JADT
1646 11 01	AK	JANTIEN	WILLEM	HARMENS		BEERTJEN	JONKERENSTR
1643 04 30	AK	JANTIEN	WILLEM	HARMENS		BERENTIEN	JONKERENSTR
1644 10 08	AK	DOETJEN	WILLEM	HARMENS		BERENTIEN	JONKERENSTR
1648 01 04	AK	RIENEKE	WILLEM	HARMENS		BERENTIEN	HEERSTR
1641 06 03	MK	HANS WILLEM	WILLEM		WAGENER	CATHARINE	BREEGANG
1641 08 22	MK	MARIA	WILLEM		TITZINGE	ELISABETH HOORN	WAEGEN?
1642 08 05	AK	GRIETIEN	WILLEM	GEERTS	METELEN	ELISABETH HINDRIX	VISCHRSTR
1640 02 01	AK	CIJRIACUS	WILLEM	TITZING		ELISABETH HOORN	WAGE
1643 09 05	AK	ELISABETH	WILLEM	TITZINGE		ELISABETH HOORN	WAAGHE?

Year Mo Da	Chr	Child's Given Name	Father/Child's Patronymic	Father's Patronymic	Father's Surname	Mother	Address
1647 03 31	MK	GEESJEN	WILLEM	TITZINUS		ELISABETH HOORN	BREDEMERCK
1645 06 24	AK	REBECCA	WILLEM	TITZINGHE		ELIZABETH HOORN	WAGE
1645 11 02	MK	TRIJNTIEN	WILLEM	DIETERS		ETJEN	SCHUTENDIEP
1643 11 20	AK	GEERT	WILLEM	DIETERS		ETTE FOCKENS	N.POELESTR
1648 11 15	AK	TRIJNTIEN	WILLEM	THOMES		FEIJE	SCHUTNDP
1644 01 11	AK	JANTIEN	WILLEM	WILLEMS		FIJE	S:DIEP/BLEIJKE
1647 12 21	AK	WILLEMTIEN	WILLEM	WILLEMS		FIJE	PAPENPOORT
1648 01 02	MK	JONNES	WILLEM		LAMBECK	GAEZTJEN? HINDRIX	DRAE
1645 14 30	AK	JURJEN	WILLEM		SAPNDOU	GANNETIEN	VOLTINGESTR
1646 04 17	AK	ANNECHIEN	WILLEM	WILLEMS		GEELE	DAMSTERDP
1649 04 12	AK	HIJECK	WILLEM	SIJKENS		GEERTIE	STEENTILSTR
1641 08 29	MK	SIPKE	WILLEM	SIPKES		GEERTIE TIOMMES	STEENTILSTR
1646 08 05	AK	NIELTJEN	WILLEM	SIPKES		GEERTJEN TIOUKES	STEENTILST
1646 02 13	AK	AELTIEN	WILLEM	HIJLKENS		GEERTRUIT	BREDEMERKEN
1647 07 14	AK	LUCAS	WILLEM/HOPMAN	HIJLKENS		GEERTRUIT	BREDEMERKT
1647 06 13	AK	CORNELIS	WILLEM	CORNELIS		GEESJEN JANS	HEERPOORTE
1646 01 23	AK	PIETER	WILLEM	CRANSJEN		GEESJEN SCHAINX	POELE POORT
1643 08 27	MK	JANTIEN	WILLEM	CRANSSIEN		GEESJEN SCHAINX	POELPOORTE
1647 11 19	AK	MARRECHIEN	WILLEM	TIJSSEN		GEESJEN	GELTINGSTR
1649 12 08	AK	JAN	WILLEM	TIJSSEN		GEESJEN JANS	GELTINGSTR
1649 12 06	AK	GERRIT	WILLEM	BERENTS		GREITIEN	STEENTILSTR
1645 08 21	AK	ANNA MARGR.	WILLEM	HINDRIX		GRIETE	N.BOTTRSTR
1646 10 23	AK	MAGDALENE	WILLEM		SAMBECK	GRIETIEN	HEERSTR
1644 07 16	MK	LIJSEBET	WILLEM	JANSSEN		GRIETIEN	HEERSTR/POT
1648 12 31	AK	JAN	WILLEM	JANSSEN		GRIETIEN PIETERS	BRUGGESTR
1647 11 25	AK	STIJNTIEN	WILLEM	KASPERS		GRIETIEN JANS	BOLWERK
1643 11 07	AK	TOMMES	WILLEM	SIPKES		GRIETIEN TIOMMES	STEENTILSTR
1649 11 20	AK	ANNA	WILLEM	WILLEMS		GRIETJEN	ANTHONIJGAST
1644 02 01	AK	ANNA CATHRINA	WILLEM		SPANDOU	HANNETIE HEIJNENS	VOLTINGESTR
1647 03 07	AK	ANNA CATRIJNA	WILLEM		SPANDOU	HARMETIEN	VOLTINGSTR
1641 07 21	AK	JOHAN	WILLEM		SPANDOUW	HARMTIEN	S.JANSSTR
1641 12 02	AK	GRIETIEN	WILLEM	JANSEN		HESTER	A.POORTE
1642 12 07	AK	FRANS	WILLEM		HOFFIUS	HILLE HORST	HARDINGESTR
1642 03 11	AK	ARENT	WILLEM	ARENTS		HINDRICKJEN	GEEST/MAGDASTR
1644 04 25	AK	NEELTIJEN	WILLEM	WILLEMS		HOUCKE HANSSEN?	VOLTINGSTR
1646 10 27	AK	SIJWERT	WILLEM	WILLEMS		HOUCKE	VOLTINGSTR
1647 06 11	AK	EVERT	WILLEM	EEVERTS		IDECHIEN WARNERS	BOTTRINGSTR
1643 07 30	AK	SIJMON	WILLEM	SIOURTS		IJKE	HEEREPOORTE
1641 04 27	AK	SIJMON	WILLEM/SOLDAET	WIOWERTS		IMKE	N.DIEP
1642 01 23	MK	MARGRIETE	WILLEM		HEEP	JACOBJEN PAULS	PRINCENSTR
1644 01 10	MK	WILLEM	WILLEM		HEEP	JACOBJEN PAULS	BOTTERDIEP
1646 07 26	MK	GERHARDUS	WILLEM		HEEP	JACOBJEN POUWELS	N.POELSTR
1648 11 19	MK	ANNA	WILLEM		HEEP	JACOBJEN ROULS	BOTTRDP
1648 11 19	MK	ELSJEN	WILLEM		HEEP	JACOBJEN ROULS	BOTTRDP
1646 06 12	AK	ALBERT	WILLEM	WILLEMS		JANS	PAPENPOORTIE
1641 10 17	MK	FROUKE	WILLEM	JACOBS		JANTIEN WISRINGEN,VAN	
1644 07 12	AK	WILLEM	WILLEM	JANS		JANTIEN	WOERT
1646 11 17	AK	JAN	WILLEM	JANS		JANTIEN COERTS	SLEMENNERSSTR
1648 12 02	AK	WIJNHOLT	WILLEM	JANS		JANTIEN	SCHOOLHOLM
1642 05 20	AK	DERCKJEN	WILLEM	JANSEN		JANTIEN	POELESTR
1642 03 31	MK	KOERT	WILLEM	JANSEN		JANTIEN COERTS	BONTEBRUGKEN
1642 12 04	AK	CATHARIJNA	WILLEM/SOLDAET	JANSSEN		JANTIEN	WOERDT
1643 08 14	AK	ELSJEN	WILLEM	JANSSEN		JANTIEN	DRA/BOUREBRUG
1648 12 02	MK	LAURENS	WILLEM	LAURENS		JANTIEN	SLEMENNERST
1644 10 27	AK	LAURENS	WILLEM	LAURENS		JANTIEN	MUERE
1646 10 25	AK	JAN	WILLEM	LOURENS		JANTIEN JANS	SLEMENNERSSTR
1641 12 15	AK	TRIJNTIEN	WILLEM	LOUWRENTS		JANTIEN JANSEN	N.EBBSTR
1643 05 09	AK	JANTIEN	WILLEM	LOUWRENTS		JANTIEN	MUERE
1646 07 22	AK	FROUCKE	WILLEM	JACOBS		JANTJEN WIERINGA,VAN	GELTINGSTR
1646 07 22	AK	WILLEM	WILLEM	JACOBS		JANTJEN WIERINGA,VAN	GELTINGSTR
1646 09 22	AK	JAN	WILLEM	JANS		JANTJEN WILLEMS	WOERT
1641 01 06	AK	JANTIEN	WILLEM	WILLEMS		JEIJE JANS	PAPENPRT
1649 05 25	MK	LUIRT	WILLEM	LUIRTS		LIJSABETH ARENTS	O.BREGANG
1646 09 22	AK	GRIETJEN	WILLEM	LUIJRTS		LIJSBETH ARENTS	VISCHERSTR
1644 01 07	AK	LIJSEBETH	WILLEM	LUIRTS		LIJSEBETH ARENTS	EBB.POORTSBRUGGE
1648 02 15	AK	ANNA MARIE	WILLEM/SOL.	GEERTS		LISABETH	CROMELLBOG
1645 04 06	MK	LUCAS	WILLEM		BENSSINUS	LUTGERTIEN	GULDENSTR
1648 07 28	AK	TIJMEN	WILLEM		BENSINGE	LUTGERTIEN	STEENTILSTR
1642 07 03	AK	JAN BESINCK	WILLEM		BESINCK	LUTGERTJEN	GULDENSTR
1642 02 27	MK	DANIEL	WILLEM	JANSEN		MAGDALEENTIEN	GELTINGESTR
1644 10 11	AK	LAMMETIEN	WILLEM	JANSSEN		MAGDALENE	GELTINGESTR
1642 03 10	AK	WILLEM	WILLEM		PAMER?	MARGRIETE	JAPELSERSTR
1648 08 23	AK	JAN	WILLEM	KERKENS		MARIJE	STEENTILPRT
1643 06 18	MK	WARNER	WILLEM		LINDEMAN	MARRECHIEN	PLUIMERSGANG
1648 05 22	AK	WILLEM	WILLEM	CARST		MARRECHIEN	BRUGGESTR
1647 01 06	AK	SWAENTIEN	WILLEM	HINDIRX		MARRECHIEN	GEWELDIGENHOFF
1644 02 21	AK	MARGRIETIEN	WILLEM	HINDRIX		MARRECHIEN	GEWELD.POORT
1648 10 16	MK	MARRECHIEN	WILLEM	HINDRIX		MARRECHIEN	GEWELDH.
1643 06 23	AK	JAN	WILLEM	JANSSEN		MARRECHIEN	DRAPOORTE
1646 04 17	AK	KARST	WILLEM	KARSTEN		MARRECHIEN	SLEMENNERSSTR
1643 06 08	AK	GRIETIEN	WILLEM	WILLEMS		MARRECHIEN	OOSTERPOORTE
1644 06 06	AK	GRIETIEN	WILLEM	WILLEMS		MARRECHIEN	OOSTERPOORT
1645 01 16	AK	JAN	WILLEM	JANSSEN		MARRETIEN	DRA POORTE
1649 09 16	AK	MARRECHIEN	WILLEM	KARST		MARRETIEN	BRUGGESTR
1643 01 08	AK	LEENTIEN	WILLEM	KARSTS		MARRETIEN	DRAPOORT
1648 11 12	AK	HANS	WILLEM	HANSSEN		MECHTELT	RAAMSTR
1647 08 08	MK	HINDRICK	WILLEM	JACOBS		METJEN	STEENTILSTR
1643 07 28	AK	HINDRICK	WILLEM	JACOBS		METTIEN	STEENTILSTR
1643 02 12	AK	MARIA	WILLEM	JACOBS	KLOKGIETER	METTIEN JANS	EBBINGSTR
1645 12 28	MK	TAMME	WILLEM	JACOBS		METTIEN	STEENTILSTR
1643 07 14	MK	ANNECHIEN	WILLEM	JANSSEN		METTIEN HINDRIX	HUININGECAMER
1647 02 03	AK	ANNETIE	WILLEM	JANSSEN		METTIEN	KLEIJNE PELSERST
1642 07 20	AK	JANTJEN	WILLEM	JACOBS		METTJEN	STEENTILSTR
1646 11 10	AK	GEBBECHIEN	WILLEM	JANS		NEESJEN	PEPERSTR
1648 11 04	MK	DERCK	WILLEM	JANS		NIESJEN	PEPERSTR
1642 09 14	MK	GEERTRUIT	WILLEM	JANSEN	SPOORM.R	NIESJEN	PEPERSTR
1644 06 15	AK	JAN	WILLEM	JANSSEN		NIESJEN	PEPERSTR
1649 03 09	AK	WARNER	WILLEM	EVERTS		OEDTIEN	BOTTRSTR
1644 03 01	AK	HARMEN	WILLEM		STEW?	SIBILLA	SUIDERDP/H.G.GAST
1641 01 07	AK	EGBERT	WILLEM	JANS		SIJBERTIEN	
1648 02 20	MK	JAN	WILLEM	HINDRIX		STIJNE	NOORDERDIEP
1643 02 26	MK	JANTIEN	WILLEM	HINDRIX		SWAENTIEN HARMENS	BREDEMERT
1647 02 14	MK	FENNECHINE	WILLEM	HINDRIX		SWAENTIEN HARMENS	BREDEMERKT
1641 03 07	MK	JAN	WILLEM	JANSEN		SWAENTIEN HERMENS	BEULSGANG
1642 12 27	AK	GEERTIEN	WILLEM/SOLD.	JANSSEN		SWAENTIEN	BEULSGANG

Year Mo Da	Chr	Child's Given Name	Father/Child's Patronymic	Father's Patronymic	Father's Surname	Mother	Address
1648 03 17	AK	WILLEM PIETERS	WILLEM	PIETERS		TRIJNTIE	BREDEMERKT
1642 01 14	AK	WEMELTIEN	WILLEM		POTT	TRIJNTIEN EIJSENS	OOSTERSTR
1644 10 04	AK	PIETER	WILLEM	PIETERS		TRIJNTIEN	BREEMERCKT
1646 03 15	MK	HILLECHIEN	WILLEM	PIETERS		TRIJNTIEN	BREDEMERKT
1642 06 23	MK	AELTIEN	WILLEM	JANSEN		WEMELTIEN SIJBRANTS	BRUGGESTR
1644 01 07	MK	JANTIEN	WILLEM		ALTING	WIBBECHIEN GEERTS	STEENTILSTR
1645 10 16	AK	JANTIEN	WILLEM		ALTING	WIBBECHIEN	SCHUTENDIEP
1648 06 19	AK	GEERT	WILLEM		ALTING	WIBBETIE GEERTS	SUIDERDP
1642 06 21	MK	TRIJNE	WILLEM	WILLEMS		WIJE	SUIDERDP
1644 01 07	AK	WILLEM	WILLEM	WILLEMS		WIJTSKE	JATSTR
1642 01 28	AK	WOBBEKE	JAN	JANS	BACKER	JANTIEN	PRINCENSTR
1645 12 07	AK	WOBBETIEN	CLAES	GERRITS		MARRECHIEN SIJMENS	CRANEPOORT
1649 11 30	AK	WOBBETIEN	HARMEN	HARMENS		AELTIEN	STEENTILSTR
1645 11 20	AK	ZELIS	HANS/SOLD.		BOLDER	AELTIEN	PRINCENSTR
1644 02 18	AK	ZACHARIAS	JAN		CAMPEN	MARGRIETE	RAAMSTR
1649 03 08	AK	ZACHARIAS	QUIN?	EEMMER		AELTIEN	SUIDERDP
1645 07 08	AK	FROUCKE	WILLEM	WILLEMS		WIJTSKE	JAT
1643 02 03	AK	EVERT	WILLEMS	--		GEELE	DAMSTERDIEP
1648 03 08	MK	RENSKE	WILLEMS			NIESKE	BOTTRSTR
1641 07 25	MK	LUBBERT	WILM	CLAESSEN		ANNA LUBBERTS	PRINCENSTR
1647 12 29	AK	HARMEN	WILRICH	MENNES		TRIJNTIEN KNOLS	POELPOORT
1649 11 08	AK	MEENTIE	WILTE	JANS		GEERTIEN	PEPERSTR
1647 11 24	AK	CLAES	WILTE	JANS		GESE	PELSERSTR
1643 07 14	MK	ANNECHIEN	WOBBE	WOBBES		JANTIEN	SWANESTR
1649 02 04	MK	MARIA	WOLF	CHRISTOFFEL		ANNETIEN	BOTRS/EBBP
1643 01 15	AK	ANNECHIEN	WOLF	REIJNHOLT		BARBER SWINDEN	CRANEPOORTE
1641 09 22	AK	ANNA MARIA	WOLF		KEMPER	GEERTRUIT	KOSTERSGANG
1645 12 12	AK	JACOB	WOLF		KEMPERS	GEERTRUIT	MUSKENGANG
1646 12 09	AK	JACOB	WOLF		KEMPER	GEERTRUIT BRUISSELER	JACOBINSTR
1648 12 13	AK	GRIETIEN	WOLFF		KEMPER	GEERTRUIT	JACOBINERST
1648 06 19	AK	GEERT	WOLTER	GEERTS		AELTIEN	STEENTILPOORTE
1649 04 20	MK	ANNECHIEN	WOLTER	GERTS		AELTIEN	DAMSTERDP
1649 05 06	MK	JOHAN	WOLTER		CLANT	ALGONDA ULGER	N.KERKHOF
1642 12 27	AK	BIJWETIE	WOLTER		CLANDT	ALLERGOND ELGERS	N.KERKHOFF
1642 07 10	AK	HILLICHJEN	WOLTER	LUBBERTS		ANNE	SUIJDERDP
1643 10 19	AK	PAULUS	WOLTER	JANS		ANNECHIEN FLIPPES	N.WECH
1648 01 11	AK	STIJNTIEN	WOLTER	JANS		ANNECHIEN	N.STRATJEN
1642 07 22	AK	HENDRICK	WOLTER	JANSEN		BEERTE	PAUSGANCK
1643 08 26	AK	HINDRICK	WOLTER	VREERCKS		CATHERINE	N.POELESTR
1642 06 19	MK	JAN	WOLTER		FRIESE	CATRIJNE MAGD HAKENS	STEENTILSTR
1644 11 17	MK	DERCK	WOLTER	HEIJNENS		DELE DERCKS	HELPEN
1647 12 24	AK	WARNER	WOLTER	HEIJNES		DELE DERX	HELPEN
1644 04 02	MK	BERHART	WOLTER		ELVERING	ELSJEN IPENS	LANE
1641 10 15	MK	WIBBE	WOLTER	HEIJMENS		TIELE	HELPEN
1648 05 23	AK	ALBERTIEN	WOLTER	JANS	PEPPINUS	TRIJNTIEN	WOMMEJAT?
1646 04 10	AK	CLAES	WRITZER	JOCHIMS		BAUCHEN	EBBSTR

Year Mo Da	Chr	Child's Given Name	Father/Child's Patronymic	Father's Patronymic	Father's Surname	Mother	Address
1642 11 09	AK	ITIEN	FOLKERT		ABBENHAER	TRIJNTIEN	POPKENSTR
1646 09 06	MK	GEERTRUIJT	HARMEN		ABBERING	GRIETJEN	STEENTILSTR
1644 01 31	AK	GRIETIEN	HARMEN		ABBRINGE	GRIETIEN HEBLING	STEENTILSTR
1641 01 27	AK	ANNA	ALEXANER		ABERNETHIE	CATHRIJNA	POELSTR
1645 09 23	AK	JAN	FRANS	SIJMENS	ADELB.	GEERTIEN	NIJESTR
1642 08 17	AK	ALBERT	JOCHEM	LUBBERT	ALBERTS	ANNETIEN	GULDENSTR
1649 02 08	MK	ANDRIES	ANDRIES		ALBRECHT	CUNNE	JONKERENST
1640 05 15	AK	ENGELBERT	QUINTIJN		ALLERSHOFF	GESINA WINSH	TORFTOORNSTR
1647 05 18	AK	MARGARETHA	WILHELMUS		ALSTORFF	CATHARINA	NORTLAVEN?
1644 03 07	AK	LIJSEBETH	ALBERT		ALTING	JEIJTIEN	SUIDERDIEPH.POORT
1648 11 21	AK	OOSTERLING	ALBERT		ALTING	MARIA	STEENTILP
1647 10 10	AK	BEERTJE	ARENT		ALTING	ANNEKE MEUSES	NIEUWESTADT
1644 02 04	AK	WILLEM	ARENT		ALTING	AUCKE MENSSENS	NIEUWESTADT
1645 10 21	AK	TRIJNTIEN	ARENT		ALTING	AUCKE MENSENS	NIJESTADT
1649 08 08	AK	BEERTIEN	ARENT		ALTING	AUCKE	NIJEWECH
1640 05 02	AK	HENRICUS	JACOBUS/PROF		ALTING	BAUUWE WALDRICH	ACAD.
1648 09 10	AK	WILLEM	JAN		ALTING	ANNETIEN HARMENS	KRANEPOORT
1647 08 25	AK	JANTIEN	JAN		ALTING	JANTIEN	OOSTERSTR
1649 04 10	AK	JACOBJEN	JAN		ALTING	WILLEMTIEN	PLUIMERSGNG
1644 01 07	MK	JANTIEN	WILLEM		ALTING	WIBBECHIEN GEERTS	STEENTILSTR
1645 10 16	AK	JANTIEN	WILLEM		ALTING	WIBBECHIEN	SCHUTENDIEP
1648 05 19	AK	GEERT	WILLEM		ALTING	WIBBETIE GEERTS	SUIDERDP
1648 03 21	AK	JOANNES	J.		AMERPOEL	JANTIEN	SWANESTR
1642 08 02	AK	HARMTIEN	JAN		AMSINCK	AESJEN ROELEFS	BREDEMERCKT
1641 12 27	AK	WILLEM AMSING	BROER		AMSING	GEERTRUIT	POELESTR
1643 10 27	AK	WILLEM	JAN		AMSING	AEFJEN JANS	BREDEMERCKT
1649 05 18	AK	METJEN	JAN		AMSING	AEFJEN ROELEFS	MERKT
1646 10 25	MK	ROELEF	JAN		AMSING	AESJEN	BREDEMERKT
1642 08 14	MK	DANIEL	ROELEF		AMSING	GEESJEN JANS	BOVEN DE HALLE
1645 07 25	AK	HELLENA	JOCHIM	CANTER	ANEPTMAN	HELENA WICHERINGE	MERCK
1646 02 01	AK	GEESJEN	JAN		ANNERPOEL	JANTIEN	SWANESTR
1641 11 04	AK	JANTIEN	ARENT		ANTINGE?	AUCKE MENSENS	NIEUWESTADT
1647 02 05	AK	JACOB	JACOB		APPBLMAN?	N.N.	JADTSTR
1649 11 14	AK	CORNELIS	ADAM		AREMEL	ANNETIE	POELESTR
1642 01 13	AK	HANS	HINDRICK		ARMEMAN	DOETIE	NIJESTADT
1644 05 28	AK	MARIJE	HINDRICK		ARNEMAN	DORETHEA	NIJESTADT
1649 10 11	AK	HINDRICK	JAN		ARNET	GRIETIEN	VISSCHRSTR
1642 10 28	AK	SIABBE	HINDRICK		ARRE	MOCKE HINDRICKS	KLEIJNERAAMSTR
1645 09 25	AK	FOCKJEN	JAN	HAIJKENS	ARTELERIJ	ENNECHIEN	NIJE --
1647 07 25	AK	POUWEL	JOANNES		AUDEN,VAN	WOBBEKE REIJMERS	VISSCHR
1648 02 29	AK	HANS JACOB	HINDRICK		AUKERCK	GEERTRUIT	VOLTINGSTR
1641 07 16	AK	HENRICUS	MICHEL		AULDRIJ	SOPHIA	RAAMSTR
1648 10 15	MK	HINDRICK	JOOST		AUMAN	ANNA	BEULSGANG
1644 12 08	MK	MARRECHIEN	VIJT		AUMAN	GEPKE	GELTINGESTR
1647 05 26	AK	MARRECHIEN	VIJT		AUNEMAN	GEPKE	GELTINGESTR
1649 01 07	MK	ANNECHIEN	CHRISTIAEN		AURICK	DIEWER	HEERPRT
1642 04 08	AK	JAN	JOOST		AUWEMAN	ANNA	OOSTERPOORTE/FOUCKE
1641 10 12	MK	JOCHEM	CHRISTIAEN		AVERDIJCK	DIEWER JANS	DRAPOORTE
1644 12 27	AK	LUCRETIE	FERDINANDEN	N.(decd)	BA-ING?	ANNEKE ELIJSABETH	D.DIEP
1642 01 18	AK	AELTIEN	JACOB		BACK	SWAENTIEN	KLEIJNEPEPERSTR
1644 10 16	AK	JURJEN	JURJEN		BACKENSTEIJN	ANNECHIEN GEERTS	RAASTR
1641 09 26	AK	TRIJNTIE	ANDRIES (decd)		BACKENVELT	ANNE BACKENVELT	N.DIEP
1646 01 19	AK	JAN	ALBERT	JANS	BACKER	SIADDE	TORFTOORNSTR
1641 05 19	AK	GEESIEN	BERENT	HARMENS	BACKER	FENNETIEN	HARDINGESTR
1642 05 17	AK	CLAES	CLAES	CLAESSEN	BACKER	GRIETIEN	HEERPRTE
1642 02 11	AK	ANNEKE	EERNST		BACKER	MARRECHIEN PIETERS	GELTINGESTR
1641 03 21	MK	CLARA	EGBERT	TONNIS	BACKER	ALBERTIEN	JACOBINERSTR
1644 10 02	AK	WEMELTIE	EGBERT	TONNIS	BACKER	ALBERTIEN	JACOBINERSTR
1647 03 14	MK	TONNIS	EGBERT	TEUNNIS	BACKER	ALBERTIEN	JACOBIJNESTR
1642 01 12	AK	MARRECHIEN	EMME	STEVENS	BACKER	JACOBJEN	HELPEN
1642 12 30	AK	MARRECHIEN	HAIJE	HARMENS	BACKER	LUTGERTIEN PIETERS	BOTTERMERKT
1642 07 26	AK	HERMEN	HANS		BACKER	ANNA	PRINCENSTR
1642 08 02	AK	PIETER	HANS		BACKER	ANNE	SCHUITEMAKERSWAL
1641 06 01	MK	WOBBETIEN	HESSEL	EVERTS	BACKER	ELSIEN	HAVENSTR
1642 12 18	AK	JUDITH	HINDRICK	COERTS	BACKER	ROELEFJEN	SCHOOLHOLM
1643 11 23	AK	ELSJEN	HUIBERT	JANSSEN	BACKER	GEERTRUIT	STEENTILSTR
1641 03 23	AK	ANNA	JAN	JANS	BACKER	JANTIEN	DRAPRT
1642 01 28	AK	WOBBEKE	JAN	JANS	BACKER	JANTIEN	PRINCENSTR
1642 03 26	MK	WEMELTIEN	JAN	JANSEN	BACKER	JANTIEN	KRANEPRT
1642 01 28	AK	WOBBEKE	JAN	JANS	BACKER	JANTIEN	PRINCENSTR
1643 04 07	AK	JAN	JAN	JANSSEN	BACKER	JANTIEN	DRAPOORTE
1643 05 12	AK	HINDRICK	JAN	JANS	BACKER	JANTIEN	PRINCENSTR
1641 11 07	MK	HINDRICKJEN	JAN	GEERTS	BACKER	MARRECHIEN CLAESSEN	OOSTERSTR
1643 02 19	AK	LIJSEBET	JAN	LUBBERTS	BACKER	REGINA	SCHOOLHOLM
1642 01 16	AK	ANNECHIEN	JERONIMUS	ROELEFS	BACKER	LAMMECHIEN ANNES	A POORT
1644 10 27	AK	TRIJNTIEN	JURJEN	JURJENS	BACKER	LUMMECHIEN	HARDINGESTR
1641 03 30	MK	HINDRICK	LUCAS	HINDRIX	BACKER	CORNELISKE	SCHUITMKRST
1641 03 19	MK	CLAES	LUITIEN	JANS	BACKER	TRIJNTIEN	N.EBBSTR
1644 02 04	MK	MICHEL	RENNER	HENSING	BACKER	AEFJEN	STEENTILSTR
1641 04 11	MK	HARMTIEN	ROELEF	JANS	BACKER	JOOSTJEN	BOTTRDP
1642 10 16	MK	HINDRICKJEN	SIJWERT	EEVERTS	BACKER	MARIA JOCHIMS	GELTINGESTR
1642 04 28	AK	REMMERT	TONNIS	HARMENS	BACKER	MARTIJNTIEN ROSIERS	S.JANSSTR
1649 02 08	MK	EESJEN	VREERK		BACKER	MARIA	3 MEULEN
1643 12 17	AK	JAN	ALBERT	JANSSEN	BACKES	SIADDE ELDERCAMP	CROMMEJADT
1645 12 14	MK	ANNA	HANS		BACKWATER	CHRISTINA	BEULSGANG
1649 11 29	AK	SWAENTIEN	GEERT		BADDE	TRIJNE	MOESKERSGNG
1643 11 19	AK	CLAES	JAN		BALCH	CATALIJNE	CROMMEJADT
1643 12 17	AK	GEERTRUIT	UDO/VAENDR		BALCK	MED:MAJARTS	N.KERKHOFF
1648 05 11	MK	JACOB	JAC./DR		BARCKHUIS	ELIS. HOEVEN,V	GULDENSTR
1645 11 04	MK	TONNIS	CORNELIS		BAREN,VAN	FENNETIE	SCHIEDAMS GANG
1649 06 27	AK	ANNA	PHELIPS		BARGE,V	CUNERN STECKENBORCH	VOLTINGESTR
1648 03 26	MK	CATHARINA	JACOB		BARKEN	SWANE JANS	KLEIJNSPET
1648 02 04	AK	JAN	ALBERT	JANS	BARKER	HILLETIE	STEENTISTR
1647 01 22	AK	ROELEFJEN	EERNST	REIJNERTS	BARKER	MARRECHIEN	GELTINGSTR
1649 09 09	MK	ROELEF	EGBERT	TONNIS	BARKER	ALBERTIEN	JACOBIJNERST
1641 02 02	AK	CORNELISJEN	GODDE	EELIJNCKS	BARKER	--	DRA
1643 03 16	AK	JAN	GOIJTIE	NANNINGS	BARKER	GRIETIE ALBERTS	damsterdiep
1645 03 16	AK	FRITS	HANS		BARKER	ANNE	SCHUITEMRSWAL
1647 07 06	AK	ISEBRANDT	HINDRICK	HARMENS	BARKER	GRIETIEN	N.EBBSTR
1646 01 25	MK	JANTIEN	HUIBERT	JANSSEN	BARKER	GEERTRUIT	STEENTILSTR
1646 01 30	AK	FENNE	JACOB		BARKER	SWANE	KLEIJENPEPERSTR
1645 12 14	AK	TONNIS	JAN	JANSSEN	BARKER	JANTIEN TONNIS	DRAPOORTE
1646 10 16	AK	JAN	JAN	GEERTS	BARKER	MARRECHIEN	OOSTERSTR
1646 03 31	AK	ANNECHIEN	PIETER		BARKER	TRIJNTIEN	WOERT
1641 02 28	MK	DERCK	REMMERT	DERX	BARKER	ANNETIE	CARELSWECH

153

Year Mo Da	Chr	Child's Given Name	Father/Child's Patronymic	Father's Patronymic	Father's Surname	Mother	Address
1641 02 08	AK	BENE	ROELEF	DERX	BARKER	--	PELSERSTR/BONTE
1645 11 20	AK	HINDRICK	SIJWERT	EVERTS	BARKER	MARIA JOCHIMS	BRUGGESTR
1646 11 08	MK	HILLETIEN	ABRAHAM		BARLINCKHOFF	AELTIEN GEERTS	GULDENSTR
1642 10 14	AK	CLAERTIEN	ABRAHAM		BARLINKHOF	AELTIEN GEERTS	GULDENSTR
1641 06 14	MK	HILLETIEN	ABRAHAM		BARLINKHOFF	AELTIEN	GULDENSTR
1648 01 02	AK	BERENT	ABRAHAM		BARLINKHOFF	AELTIEN	GULDENSTR
1649 10 28	MK	DETERT	HANS		BARNEVLEET	GRIETIEN	COLLEGIE
1646 10 23	AK	CLAERTJEN	JURJEN		BATRAM	JANTIEN JANS	LANE
1642 12 14	AK	KONNEKE	HINDRICK/SOLD.		BATTING	WIJMKE	CREUPELSTR
1644 08 25	MK	LIJSEBETH	HINDRICK		BATTING	WIJMKE JANS	CREUPELSTR
1644 08 25	MK	HILLECHIEN	HINDRICK		BATTING	WIJMKE JANS	CREUPELSTR
1647 01 01	MK	HINDRICK	HINDRICK		BATTING	WIJNKE JANS	CREUPELSTR
1646 02 21	AK	BERENT	ABRAHAM		BAULINKHOFF	AELTIEN GEERTS	GULDENSTR
1642 12 02	AK	GRIETE	JAN		BAVINCK	HILLE FOCKENS	N.JADTSTR
1641 08 07	MK	JANNETIEN	HARMEN		BAVING	JEIJE	POELSTR
1643 11 02	AK	JAN	BARTHELMEUS		BECHERER	AEFJEN	JAT/BOEKBINDER
1649 10 07	AK	MARIE	BARTHOLMES		BECHERER	AELTIEN	ACADEMIE
1641 06 01	MK	CATHARINA	HANS		BECKER	ANNEKE	SLEMENERSTR
1644 01 21	MK	GERLEF	JACOB		BECKER	SWAANTIEN	KLEIJNE PEPERST
1641 08 27	AK	WILLEMTIEN	BARTHOLMEUS	"boeckbndr"	BECKERER	AELTIEN BERENTS	JADT
1644 11 17	MK	LAMMECHIEN	GERHARDUS		BECKERING	GRIETJEN GASSINGH	MESMRS.STR
1648 03 14	AK	HINDRICK	HINDRICK	(deed)	BECKERING	EVERTIEN GERRITS	CRAMEPRT
1642 01 19	AK	EESJEN	JOANNES		BECKMAN	MARIA JANS	KERKJOFF
1646 02 17	MK	ELSJEN	BARTHOLOMEUS	BERBERER	BEDEL	AELTIEN	ACADEMIE
1645 06 02	AK	GEERT	HARMEN		BEECKE,TER	SARA STRATEN,VANDER	BRDMERKT
1643 08 15	AK	GEERTRUIT	JAN/SOLD.		BEECKMAN	MARIA HARMENS	SUIPESTR
1646 11 08	AK	MADELENE	JAN		BEECKMAN	MARIA	ZUIPSTRATE?
1643 03 01	AK	SUSANNA	HARMEN/CHIRURG		BEECK,TER	SARA STRATEN,VANDER	MERKT
1646 11 04	AK	CATARIJNE	HARMEN		BEECK,TER	SARA STRATEN,V	BREDEMERCKT
1649 08 07	AK	GERHARDUS	HARMEN		BEECK,TER	SARA STRATEN,VANDER	MERK
1641 04 23	AK	HERMAN	HERMAN	(CHIRURG)	BEECK,TER	SARA STRATEN,VAND	BREDMERK
1648 11 02	AK	HARMEN	JAN		BEEKMAN	MARIA	SUIPSTR
1643 12 22	AK	MARIA	CHRISTIAEN		BEEM	ANNEKE	SCHOOLHOLM
1645 02 26	AK	MARCUS	HANS		BEIJDEL	ANNECHIEN	SUIDERDP
1641 10 27	AK	MARIA	JACOB		BEIJER	LIJSABETH	CINGEL
1644 01 14	AK	HANS GEORG	HANS		BEIJERLING	GRIETIEN	SLEMENNERSSTR
1643 08 13	MK	OUDILGEN	HANS		BELDER	ENGELTIE	PRINCENSTR
1644 10 10	AK	ANNECHIEN	CHRISOSTOMUS		BEMME?	LUCKE	SCHUITEMRSWAL
1647 10 03	MK	HINDRICK	JAN	HINDRIX	BENNING	MARIA ESPIRE,DE L'?	STEENTIL
1648 09 23	MK	PHILIPPUS	JAN	HINDRIX	BENNING	MARIA ELPERE,L'	STEENTLESTR
1645 12 16	AK	STEVEN	JAN	HINDRIX	BENNINUS	MARIA ESPREE,DEL'	STEENTILSTR
1643 06 14	MK	HELBRICH	HINDRICK		BENSEMAN	GRIETIEN	N.KERKHOFF
1648 07 28	AK	TIJMEN	WILLEM		BENSINGE	LUTGERTIEN	STEENTILSTR
1645 04 06	MK	LUCAS	WILLEM		BENSSINUS	LUTGERTIEN	GULDENSTR
1646 11 12	AK	HINDRICK	MICHEL		BERBER	MARRECHIEN	CORMELLEBOGE
1643 12 16	AK	ELSJEN	HARMEN		BERCKHUIS	TRIJNTIEN	A KERKE
1646 03 03	AK	JACOB	HARMEN		BEREHUIS	TRIJNTIEN	A KERKE
1648 03 10	MK	JAN	HANS		BERENEVLIET	GRIETIEN	COLLEGIE
1644 12 08	MK	GEERT	GERHARD		BERGE,TEN	HOUCKE FRENEN,VAN?	OOSTERSTR
1641 05 09	MK	CORNELIA	GERHARD		BERGE,TEN	HOUKE FREDEN,VAN	POELSTR
1647 09 15	AK	SIJWERKE	GERHARD/DR		BERGE,TEN	HOUKE VREDEN,V	EBBSTR
1642 05 13	AK	HENRICUS	GERHARD/DR		BERGE,TEN	HOUWKE FREDEN,VAN	POELSSTR
1649 12 04	AK	JACOB	H./SECR:		BERGE,TER	HOUKE FREDEN,A'	EBBINGSTR
1647 04 20	AK	JACOB	JACOB		BERKHUIJS	ELIS: HOEVEN,V	SWANESTR
1649 06 20	AK	BERNHARD	JACOB/DR.		BERKHUIS	ELISABETH	GULDENSTR
1645 02 02	MK	JOANNES	JAN		BERKMAN	MARIA HARMENS	SUIZSTR
1642 07 03	AK	JAN BESINCK	WILLEM		BESINCK	LUTGERTJEN	GULDENSTR
1644 08 30	AK	MELCHES	MATTHIJS		BEST?	GRIETE	CRANE
1644 11 22	AK	JANTIEN	CHRISTIAEN/SLD		BESTEE?	MARIA	STEENTILSTR
1642 12 10	AK	AELTIE	JG./PASTOOR		BESTEN	AELTIE GELDORPS	WEEM/MARTINIKERKHOF
1643 08 20	AK	JANTIEN	CHRISTIAEN		BESTER	MARIA	STEENTILSTR
1646 07 19	AK	GEERT	EGBERT		BESUIJNCKS	AELTJEN	CREMERRIJP
1641 10 03	AK	ANNECHIEN	EGBERT		BESUINCK	AELTIEN	CRAEMERRIJPE
1643 08 20	MK	GRIETIEN	TONNIS/SOLD.		BEUKER	GEESJEN	COSTERSGANG
1644 02 07	AK	JANTIEN	JAN	HINDRIX	BEUNINCK	MARIA ESPERE,DE L'	STEENTILSTR
1643 10 11	AK	ANNECHIEN	JAN		BEUVING	IMME	SUIDERDIEP
1643 11 30	AK	HEDWIGH	MARTEN		BEWE	CORNELIA TEBBEN	N.STRAATJEN
1649 08 28	AK	JANTIEN	HARMEN		BIENER	TRIJNTIEN	NIJESTAT
1647 11 26	AK	ALBERT	JAN		BIJLEVELT,V?	ALBERTIEN	W.INDISCHHUIS
1641 06 16	MK	TRIJNTIEN	CHRISTOFFER	BARCKHUISEN	BIJLEVELT,VAN	MARRECHIEN	HEERPRT
1643 09 06	AK	ENNIUS	BALTEKER		BIJMA	ROLIJNA GRUIS	HEERSTR
1644 09 25	AK	HILLENA	BALTZAR		BIJMAN?	ROELIJNA GRUIS	HEERSTR
1649 07 04	AK	HINDRICK	COET		BIJMAN?	GRIETE HINDRIX	HEERPRT
1644 02 28	AK	LUBBERT	LUBBERT	LUBBERTS	BIRZA	ELLECHIEN TIARX	STEENTILPOORTE
1646 04 01	AK	ANNECHIEN	LUBBERT	LUBB.	BIRZA	ELLETIEN	STEENTILSTR
1647 12 02	AK	MARCELIUS	JORONIMUS		BISOLFF	RENSKE	BREDEGANCK
1646 09 23	AK	HENDRICK	JOHAN		BLAECK	NIESJEN REINEMANS	BREDEGANCK
1645 14 20	AK	GERRIT	TOMAS		BLANCH?	JANTIEN GERRITS	HAVENSTR
1642 03 30	AK	EGBERT	BOELE		BLEIJCKER	MARRECHIEN	S:JANS BRUGGE
1644 11 12	AK	MARIA	ARENT/RUITER		BLEIJDIJSSEL	DAEIJKE	RAAMSTR
1642 07 21	AK	MARIA	ARENT		BLEIJDIJSSEL	DAJE	RAAMSTR
1648 04 09	AK	HANS	ARENT		BLEIJDISSEL	DERK?	3 MEULEN
1641 03 19	MK	DIEWERTIEN	BOELE	EGBERTS	BLEIJKER	MARRECHIEN	SCHUITNDP
1644 09 29	MK	DIEWER	BOELE	EGBERTS	BLEIJKER	MARRECHJEN	JOAIS.BRUGGE
1641 02 21	MK	ROELEFJEN	FOCKE	HENDRIKS	BLEIJKER	LUBBE	BREEGANG
1642 08 21	AK	ROELEFJEN	FOCKE	HINDRIX	BLEIJKER	LUBBERTIEN	SCHUITENDP/BREEGANG
1643 07 30	AK	GRIETE	ABRAHAM		BLEIJSTEEN	JANTIEN	VISSCHERSTR
1645 08 10	AK	JAN	GERRIT		BLEMKE	LIJSABET HAIJE,DE LA	MONKE
1641 06 09	MK	ADAM	PIETER		BLEN	TIETS PIETERS	SCHUITENDP
1643 05 24	MK	TRIJNTIEN	ALBERT		BLENCKE	MARIA	BUTJENSTRATE
1645 04 13	MK	JOANNES	ALBERT		BLENCKE	MARIA JANS	S.WOLBOCHD?
1641 08 11	AK	MARTINUS	ALBERT/SOLDAET		BLENCKE	TRIJNTIEN MARTINUS	MART.KERK
1645 14 27	MK	HINDRICKJEN	JAN		BLENCKE	AGNES	WIEUVERVOECH?
1648 02 06	AK	HINDRICK	GEERRIT		BLENKE	ELISABETH	MENK.
1649 04 29	AK	HINDRICK	HARMEN		BLENKE	LIJSABETH	NIEUWESTADT
1644 05 26	MK	HINDRICKJEN	JAN	JANS	BLENKE	AGNES	CINGEL
1648 02 04	AK	ALBERT	JAN		BLENKE	AGNIETJE	NIJEWECH
1646 09 17	AK	GEESJEN	JOHANNES	ANDRIES	BLICKMAN	AUCKJEN LEUCKES	NIEUESTADT
1646 08 02	MK	METTJEN	BOELE	EGBERTS	BLIEKER	MARTJEN	S.JANSBRUGGE
1649 08 12	AK	NICOLAUS	ALLART		BLOEMGAERT	SOPHIA BLOEMSAET	TORFTORN
1647 06 13	AK	JAN	ALLERT		BLOEMSAEDT	SOPHIA	TORFTOORNSTR
1648 04 13	AK	GRIETIEN	MICHEL/SOLD:		BOCHER	MARIA	CROMELB.
1646 01 23	AK	JACOB	JOHAN		BODIJN	AELTIEN	NIJESTADT
1641 04 16	AK	LUMMETIEN	ANDRIES	CONRADI	BOECK-ROPER?	GEERTIEN	STOELDRST
1644 07 21	AK	CHRISTINA	JAN	GEERTS	BOECKB.	GRIETIEN	BREDEMERKT

Year Mo Da	Chr	Child's Given Name	Father/Child's Patronymic	Father's Patronymic	Father's Surname	Mother	Address
1643 12 20	AK	HINDRICK	JAN	HINDRIX	BOECKBINDER	AELTIEN	BOTTRSTR
1646 11 22	MK	JANTIEN	JAN	CLAESSEN	BOECKDRUCKER	JANTIEN ARENTS	GULDENSTR
1645 06 12	AK	GRIETJEN	ADAM	PIETERS	BOECKEBINDER	JANTJEN JURJENS	JADT
1645 11 18	AK	JERONIJMUS	JAN	HENDRIX	BOECKELHOP	AELTIEN	SWANESTR
1646 06 11	AK	REGINA	JAN		BOECKELT	PIETER	NIJE STADT
1644 09 22	MK	EVERICH?	HEMME		BOECKHOLT	GEERTUIT ROTMANS	BUTJENSTR
1648 08 01	AK	MAGDALENA	JEREMIAS		BOEK	CATALINA CELEN	3 MEULLENS
1648 02 20	MK	JOANNES	GILIAM?		BOEN?	MARIE	OOSTERPOORTE
1645 11 20	AK	ZELIS	HANS/SOLD.		BOLDER	AELTIEN	PRINCENSTR
1645 11 20	AK	ZELIS	HANS/SOLD.		BOLDER	AELTIEN	PRINCENSTR
1641 06 20	MK	PIETER	PIETER/SOLDAET		BOLDIJ	GRIETE	OOSTERPRT
1642 12 04	MK	MARGRETA	STOFFEL		BOLEMER	AELTIEN STOFFELS	
1644 10 06	MK	MICHEEL	A/REKEMR.		BOLHUIJS	JANTIEN MEICHEELS	N.MERCKT
1641 12 12	MK	JACOB	ABEL	EPPENS	BOLHUIJS,VAN	JANTIEN MICHELS	OSSEMERKT
1647 08 06	AK	PIETER	HINDRICK		BOLT	MENJE MARTENS	LEELJENSTR
1646 10 07	AK	JACOBUS	ARENT	JANSSEN	BONTWERKER	HINDRICKJEN	BOTTR.
1647 05 06	AK	HANS NICLAES	KOERT		BOONHORST	EKSKE	HEERPIJPE
1649 10 10	AK	JAN	CHRISTOFFER		BOOS	SARA	NIJEWECH
1641 12 19	MK	LUCAS	JAN	LUCAS	BORCHSTENVRON	FENNE JANSEN LIER,VAN	
1644 04 30	AK	ANNA CATRIJNA	HANS (decd)		BORCH,TER	ANNA NU?	JACOBIJNERSTRATE
1645 09 30	AK	MARGRIETE	PHILIPS		BORCH,V	LUNERA STERKENS,V	BREDEMERT
1643 03 28	AK	TIJDE	CHRISTOFFER		BORCH,VAN	EETIEN TIJDEN	HEERSTR
1645 06 27	AK	JACOB	CHRISTOFFER		BORCH,VAN	EETJEN	HEERESTR
1648 07 09	MK	WILLEM	NICLAES		BORCK,V	WALBORCH ULGERS	HARDINGESTR
1648 02 20	MK	TIJDO	CHRISTOFF.		BORCK,VAN	ETJEN	HEERSTR
1641 11 30	AK	JAN	CHRISTOFFER		BORCK,VAN	ETJEN TIJDEN	HEERSTR
1647 01 17	AK	JOHAN	NIJCLAUS		BORCK,VAN	WALBURCH ULGERS	HARDINGESTR
1649 05 30	AK	MARIA	PAULUS		BORN?	REBECCA	MUER/EBBPRT
1649 05 30	AK	NEESJEN	THEUNIS		BORNE,TER?	GRIETIEN	BREEMERKT
1643 11 19	AK	ARENT	JAN	LAURENTS	BOS	CLAERTIEN ARENTS	CRAMERRIJP
1647 09 05	AK	LUCKE	PHILIPS		BOSCHMAN	GEBEKE	SCHUTMAKERSWAL
1642 06 08	AK	HARMTIEN	BERENT		BOSCH,TEN	MARIE	N.STRAETJE
1643 05 04	AK	HARMEN	BERENT		BOSCH,TEN	MARRETIEN	NIEUWESTR
1646 02 12	AK	BERENT	JAN		BOSCH,TER	METTE	SUIDERDP
1644 09 06	AK	MARIA	JACOB		BOSS	TRIJNTIEN HINDRIX	MUNTING
1646 06 15	AK	TRIJNTIEN	JAN	LOURENS	BOSS(boutwkr)	CLAERTJEN ARENTS	CRUI-?
1646 02 22	AK	CORNELIS	JACOB	LUCAS	BOSSEL	ANNEKE	SUIDERDP
1647 12 14	AK	FRERICK	COOP		BOSSINCK	GRIETIEN FREERX	OOSTERST
1647 11 11	MK	TRIJNTIEN	JAN		BOSS,TER	METTE	SUIDERDP
1645 03 30	AK	JAN	BERENT		BOS,TEN	MARRETIE	NIJESTRATJEN
1647 10 08	MK	CATHRIJNA	BERENT		BOS,TEN	MARRETIEN	NIJESTAR
1644 01 26	AK	MARRECHIEN	HELPRECH		BOTTINGE	MARRETIEN	JACOBISTR
1645 03 07	AK	JAN	HELPRICH		BOTTINGE	MARRICHIEN	KRANE
1642 06 06	MK	GOOSSEN	JACOB	JANSSEN	BOUR	HEBBELTIEN GOOSSENS	JACOBIJNESTR
1647 02 23	AK	LUBBETIEN	BERENT		BOURMANDOU	AGNETE FLUGGE	GULDENSTR
1648 11 16	AK	MARGRIETE	JAN		BOUTIEN	GEERTRUIT	PELSERST
1643 01 29	MK	ABRAHAM	WATZE	COEN	BOUTW.?	MARGRIETE SOOR	BOTTERMERCKT
1645 01 26	AK	GERRIT	HINDRICK	ARENTS	BOUTW.?	GEERTRUIT	DISCHAN--?
1642 08 14	MK	HINDRICK	LUCAS	MEIJER	BRAAMSCHE,VAN	ANNA	COSTERSGANG
1649 02 23	AK	FROUKE	JAN		BRAECK,TER	AEFJEN	VISSCHRST
1647 03 26	MK	AELTIEN	ARENT		BRAEKE,TER	HILLECHIEN	CARELSWECH
1648 03 14	AK	WILLENTIE	ABEL/JR	LEEUWE	BRAKE,OP DE	MARIA RIPP.	VISMK
1641 05 06	AK	PIETER	ARENT		BRAKE,TER	HILLECHIEN JANS	HEERESWECH
1643 11 12	MK	BAAUCHIEN	ARENT		BRAKE,TER	HILLECHIEN	CARELSWECH
1647 09 12	AK	HENRICUS	JOCHIM		BRANDENBORCH	LIJSEBET HINDRIX	SUIDERDP
1649 03 18	AK	CATHRINA	JOCHIM		BRANDENBORCH	LIJSEBETH	W.S HUIS
1646 09 03	AK	ELISABETH	PETER		BRANDENBORGH	ANNICHJEN HANSEN	ROSENSTR
1645 03 08	AK	TRIJNTIEN	GEERT	HARMEN	BRANTLAEUS	MARGREITE	PRINCESTR
1641 04 26	AK	HARMEN	GEERT	HARMENS	BRANTSLACH	LAMMETIEN	N.STADT
1643 08 25	AK	GRIETJEN	LUCAS	HINDRIX	BRAS	TRIJNTIEN JURJENS	BOTTRSTR
1649 02 08	MK	JOANNES	MELCHER		BRECHER	MARRETIE	PLUIMERSGNG
1641 03 16	MK	ELSJEN	HANS	JURJENS	BREDA,VAN	ANNA MARIA	VISSCHRSTR
1642 08 31	AK	JAN	JOANNES		BREDERODE	TRIJNTIEN JANSEN	N.EBBSTR
1645 07 30	AK	LUCIA	JONNES		BREDERODE,A'	TRIJNTIEN JANS	N.BOTTRSTR
1645 08 12	AK	MARRIJE	JOANNES		BREE	FIJE	JUDE CORENSTR
1643 01 06	AK	ANNA	DERCK		BREMEN	MARIA	PRINCENSTR
1647 01 19	AK	LAURENTS	ANDREAS		BREMEN,VAN	ELSKE	HEERENKAMERS
1644 08 20	AK	HINDRICK	DERCK		BREMEN,VAN	MARRECHIEN	CRANEPOORT
1641 03 30	MK	PAUL	HINDRICK		BREMEN,VAN	ANNE POUWLS	LANE
1643 08 01	AK	AELTIEN	JAN	HUSSUM?	BREMEN,VAN	TRIJNTIEN HARMENS	N.STRAATJEN
1646 07 24	AK	AELTJEN	HENDRICK		BREMER	MECHTELT MARTENS	HEERPOORT
1641 09 30	AK	EEVA	HINDRICK/SOLD		BREMER	MECHTELT	RAAMSTR
1643 10 26	AK	HINDRICK	HINDRICK		BREMER	MECHTELT MARTENS	RAAMSTR
1644 01 10	AK	HINDRICK	ANDRIES		BREMER,V.	ELSJEN	WIJFRINGHECAMERS
1643 02 28	AK	JAN	HINDRICK		BREMER,VAN	ANNA	SCHUITEMAKSTR
1643 02 28	AK	HARMEN	HINDRICK		BREMER,VAN	ANNA	SCHUITEMAKSTR
1646 10 10	AK	GRIETIEN	ANDRIES		BRESER	STIJNTIEN	BLOEMSTR
1641 03 06	MK	EERNST FR.BRESSE	EERNST/SOLDAET	FRED.	BRESSE	EUSE HAIJES	RAAMSTR
1645 10 16	AK	HANS	MICHEL		BRESSELDE	MARGRIETE	SUIDERDIEP
1646 07 12	AK	STIJNTIEN	CORNELIS		BRINCK	LUTGERT	HAVENSTR
1646 02 12	AK	AEFJEN	REIJDER		BRINCKMAN	TRIJNTIEN	CRAENDIEP
1643 11 14	MK	HINDRICK	REIJNER		BRINCKMAN	TRIJNTIEN	LEELJENSTR
1641 08 11	AK	ANNECHIEN	CORNELIS/SOLD.		BRINKMAN	LUTGERT	LAMHUINGESTR
1644 01 07	AK	JAN	CORNELIS		BRINKMAN	LUTGERT	HAVENSTR
1647 12 11	AK	REIJNTIES	REIJNE		BRINKMAN	TRIJNTIE	HEERSTR
1643 12 29	MK	ANNECHIEN	J./E.SECR.		BRIZA	LAMMECHIEN HEECK,VAN	OOSTRSTR
1642 01 02	MK	GEESJE	FRUIS	LUIRTS	BROECKEN,VAN	AELTIEN	KLOOSTER
1641 06 28	MK	GRIETIEN	HINDRICK		BROECKMAN	ANNETIEN	UIJRWERKERSGANG
1645 09 09	AK	MELCHER	FRITS/SERG		BROECK,VAN	AELTIEN	CLOOSTER
1642 06 20	AK	CATARIJNE	JAN		BROECK,VAN	AGNES	A.PRT
1642 01 13	AK	NIJCLAES	NIJCLAES		BROECK,VANDEN	GRIETE CLAESSEN	MUERE
1641 08 25	AK	BASTIAEN	JAN	OTTENS	BROIJLS	NIESJEN MONNICHE	GULDENSTR
1643 03 15	MK	ANNECHIEN	JAN	OTTENS	BROIJLS	NIESJEN MUNNINX	GULDENSTR
1644 12 22	MK	REMMERT	JAN	OTTENS	BROIJLS	NIESJEN MUNNINGS	GULDENSTR
1648 08 19	AK	GRIETIEN	BRUIN		BROMMER	ELSJEN	ROSENSTR
1648 09 05	AK	ANNA	HENRICUS		BRONGERSMA	JOANNA UCHTEMAN	AK
1644 11 28	AK	CHRISTOPHORUS	HENRICUS		BRONGERSMA	JOHANNA UCHTOMANS	AKERK
1646 09 29	NK	PETER	HENRICUS		BRONGERSMA	JOHANNA UCHTMANS	A KERCK
1648 01 20	AK	ANNETIE	CLAES		BRONHOU	EEFJEN ICK?	SUIDERDP
1642 04 21	AK	ALBERT	FREERCK	ALBERTS	BROUWER	JANTIEN DUBBELTS	VOLTINGESTR
1641 12 10	AK	GEERT	JACOB	GEERTS	BROUWER	AELTIEN WESSELS	POELEPOORTE
1647 03 26	MK	MEERTEN	JACOB	GEERTS	BROUWER	AELTIEN WESSELS	OOSTERST
1647 01 13	AK	LUITIEN	JACOB	HINDRIX	BROUWER	TRIJNTIEN	BOTTRINGSTR
1647 06 01	AK	TRIJNTIEN	JAN	JANSSEN	BROUWER	EFBERTIEN	BRUGGESTR
1642 03 27	MK	MICHEL	JAN	HINDRIX	BROUWER	GRIETE JANS	PEPERSTR

Year Mo Da	Chr	Child's Given Name	Father/Child's Patronymic	Father's Patronymic	Father's Surname	Mother	Address
1641 07 18	MK	HINDRICK	JAN	HINDRIX	BROUWER	JANTIEN SWARTWOLTS	STEENTILSTR
1647 07 06	AK	JAN	JAN	HINDRIX	BROUWER	JANTIEN	N.EBBSTR
1646 03 01	MK	MAEIJKE	JAN	PIETERS	BROUWER	TRIJNTIEN	POELEPOORTE
1643 10 08	MK	EVERT	OLTGER	EVERTS	BROUWER	CUICHIEN	N.EBBSTR
1644 10 06	AK	ANNECHIEN	OTTE	REIJNERS	BROUWER	ANNECHIEN	BRUGGESTR
1643 09 05	AK	ANNETIE	OTTO	REIJNERS	BROUWER	ANNETIE	A KERKE
1641 09 19	MK	JAN	ROELEF	HELPRICHS	BROUWER	TRIJNTIEN CORNELIS	POELEPRT
1642 11 27	AK	ELISABETH	NATHANAEL		BRUCE	GEESJEN VROERSMA	VOTLSTR
1649 10 16	AK	ETJEN	LUCAS	OSEN	BRUGGEN	ELSKE	HARDRINGSTR
1641 01 19	AK	ANNA	HINDRIK		BRUGGE,VAN	BARBER	RAAMSTR
1646 02 08	MK	TRIJNE	HINDRICK		BRUGMAN	IMME	POELPOORTEBRUGGE
1643 07 12	MK	LIJSEBETH	HINDRICK		BRUGMAN	IMMETIE ONNEN,V	POELPOORT
1641 07 25	MK	GEERT	HINDRICK		BRUGMAN	IMMETIEN ONNEN,VAN	SCHUITENDP
1647 08 20	MK	ANNA CATRIJNA	HINDRIK/SRG.		BRUGMAN	IMME	WOLCKSTR
1641 12 01	AK	MARIA	PIETER		BRUIN,DE	MARIA HINDRIX	SCHOOLHOLM
1649 02 23	AK	HENDRIK HALEMECH	JAN		BRUINSTER	FENNETIEN HALEMECH	TORFTSTR
1649 08 06	AK	AELDRICH	LUVAEUS?	ALDRICI	BRUJIUS	MARIA	A
1644 09 20	MK	ANNA	CLAES/SOLDAET		BRUNKAUW.	ELSJEN	SUIDERDIEP
1646 01 10	AK	WILLEMTIEN	JAN		BRUNNE,VAN	LEEUCHJEN	MARCKENGANG
1649 11 08	AK	BENEDICTUS	CORNELIS		BUEREN,V	JEIJE	NIJESTADT
1643 01 29	AK	HINDRICK	JACOB		BUIJST	DIEWERTIEN JACOBS	VISCHMERKT
1647 03 28	MK	WEMELE	ALBERT		BUINING	LIJSABETH HAVICH	HELPEN
1648 04 04	AK	WEMELE	ALBERT		BUINING	LIJSABETH	HELPEN
1641 05 06	AK	LUBBERT	GERHARDUS		BUINING	HINDRICKJEN POLLINGE	HEERSTR
1648 11 03	AK	LUBBERTS	GERHARDUS		BUINING	HINDRICKJEN ROLING	VOLTST
1646 04 03	AK	FREDERICK	VAENDRICH	G.	BUINING	HINDRICKJEN POLLINUS	VOLTSTR
1643 06 14	MK	TRIJNTIEN	GERHARDUS		BUININGH	HINDRICKJEN POLLING	HEERSTR
1647 06 09	AK	BARTHELT	CHRISTOFFER		BUIS	GRIETIEN	MEULENSTR
1644 11 06	AK	WOLTER	CLAES		BUITING	ANNECHIEN	COERERDEN?
1643 10 24	AK	ANNA	JOCHIM		BULTER	HILLECHIEN HINDRIX	LANE
1646 03 20	MK	WILLEMTIEN	JOHAN		BUNER,VAN	HILLECHIEN	POELPRTBRG
1643 05 28	MK	JAN	JOHAN		BUNNE,VAN	LUICHIEN JANS	SMACKENGANG
1644 12 24	AK	ANNA MARGRIETA	WILLEM		BUNTE	ASSELE	VOLT.STR
1647 04 11	MK	ADOLPHUS	WILLEM		BUNTE	ASSELE	BROERSTR
1647 02 02	AK	MARGRIETE	PHILIPS		BURCH,VAN	CUMERA STARKENBORCH	VOLTRSTR
1642 04 10	MK	BERNIER	BERNIER	N	BURS-M[ake]R	JANTIEN	ACADEMIE
1641 01 06	AK	DAVID	CHRISTOFFER		BUS	SARA	POELESTR
1641 12 16	AK	TRIJNE	CHRISTOFFER		BUS	SARA	POELESTR
1643 01 08	MK	BERENT	CHRISTOFFER		BUS	SARA	OOSTERPOORTE
1646 09 16	AK	LUTGERT	CHRISTOFFER		BUS	SARA	DAMSTERDP
1648 08 24	AK	ROTGER	HARMEN	ROGERS	BUS	SIBILE	JADT
1647 12 15	AK	ARENT	JAN	LOURENS	BUS	CLAERTIEN	CRAMERIJPE
1648 12 23	AK	ARENT	JAN	LAURENS	BUS?	CLAESJEN ARENTS	CARNERIJP
1644 01 21	MK	ANNECHIEN	CHRISTOFFER	/SOLD	BUSCH	GRIETIEN	COSTERSGANG
1648 03 12	AK	MARIA	FREERK		BUSCH	TIETIA FREERX	OOSTERPIJPE
1647 03 30	AK	ALBERTIEN	NICLAES		BUSCH	WILLEMTIEN WITTINGE	HEERST
1648 01 18	AK	HARMEN	NICOLAES/D.		BUSCH	WILLEMTIE WITTING	HEERSTR
1649 08 06	MK	RIENEKE	NICOLAUS/DR		BUSCH	WILL. WITTINGE	HEERST
1643 06 29	AK	SWAENTIEN	PHILIPS		BUSCHMAN	GEBBETIEN	SCHUTEMRSWAL
1643 01 20	AK	TRIJNTIEN	JAN		BUSCH,TEN	METTE HARMENS	SUIDERDP
1646 12 15	AK	HEBBELTIEN	JAN		BUSCHUIS	WILLEMTIEN EEKENHORST	JADT
1646 03 15	MK	PIETER	HINDRICK		BUSHOFF	ELSJEN PIETERS	SCHUTENDP
1641 11 26	AK	JAN	GEERT		BUSKER	KUNNE JANS	KERKHOF
1641 07 22	AK	JOHANNES	JOANNES		BUSMAN	TRIJNTIEN ELDERS	A.PRT
1646 02 17	MK	FOCKJEN	MATTHIJS	PIETERS	BUSSEMER?	AMCKE DERX	CROMMEJADT
1646 11 20	AK	JAN	PHILIPS/SOLD.		BUSSMAN	GEBBE	SCHUITMRS WAL
1646 00 02	AK	JAN	FRERICK		BUTTJENTER	GRETE	SCHUITENDP
1642 10 21	AK	RIJCKE	WESSEL	AARENTS	CAARMENNER	WENDEL	STEENTILPRT
1649 09 11	AK	ANNA	REIJNER	JANS	CAMEN?	HILLE	HUINGA
1646 07 14	AK	MARIA	WIJERT		CAMP	METTE	DRIST/DRIE MOLENS
1644 02 18	AK	ZACHARIAS	JAN		CAMPEN	MARGRIETE	RAAMSTR
1644 02 18	AK	ZACHARIAS	JAN		CAMPEN	MARGRIETE	RAAMSTR
1642 03 25	MK	JOHANNES	WIJERT/SOLD		CAMPENS	METTIEN LUITIENS	O.BRUITHUIJS
1646 06 25	AK	JOCHIM	JOCHIM		CANT	HELENA WICHERINGE	BROEEMERKE
1648 08 09	AK	BARTHELT	JOACHIM		CANTER	HILLENA WICHRING	M--
1644 10 09	AK	MARIA	EVERT		CAP.	EVE EVERTS	DAMSTERDIEP
1642 07 10	MK	LUCKE	EVERT		CAP?	EVA	DAMSTERDP
1644 10 23	AK	MARGRIETE	CLAES		CAPOEN	MAIJKE	NIEUWEWECH
1641 08 05	AK	JOHANNES	MARTEN		CARELSTEIJN	STIJNTIEN	KARELSWEG
1641 08 05	AK	SALOME	MARTEN		CARELSTEIJN	STIJNTIEN	KARELSWEG
1643 08 06	MK	CHRISTINE	THOMAS/SOLD.		CARVATE	ANNA	BREDEGANG
1648 03 10	MK	MAGDALENE	HINDRICK		CARVER	HARMTIEN	LEEUWENPOORTE?
1644 09 29	MK	SAMUEL	THOMAS		CERBAET	ANNA	BREEGANG
1645 03 06	AK	AELTIEN	JELIS		CETELER	SIJEKE	HEEREPOORTE
1645 03 06	AK	REGINE	JELIS		CETELER	SIJEKE	HEEREPOORTE
1647 11 07	MK	ARENTIEN	JURJEN	HILE	CHIR:	CLAETIEN	VISCHRSTR
1649 08 06	AK	GEERTRUIT	PIETER	HOPPING	CHIR:	CATHRIJNE	JADT
1647 07 06	AK	EIJBO	EIJBO	INEN	CHIRUGIJN?	GRIETIEN PIETERS	EBBSTR
1646 12 04	AK	LUCRETIA	CLAES	BUITINUS	CHIRUNGE	ANNECHIEN	HEERSTR
1649 01 10	AK	RICHARD	EIJBO	INEZ	CHIRUNGI?	GRIETIEN PIETERS	EBBSTR
1649 03 18	MK	GRIETIEN	WICHER	COENINCK	CHIRURGIJ?	SIJBRICHJEN	POELSTR
1642 06 08	MK	INO	EIBO	INEN	CHIRURGIJN	GRIETIEN PIETERS	O.EBBPRT
1643 12 17	MK	PIETER	AEIBO	INEN	CHIRURGUS	GRIETIEN PIETERS	EBBBENGESTR
1645 08 20	AK	CORNELIS	EIJBO	JOREN	CHIRURGUS?	GRIETIEN PIETERS	EBBSTR
1645 02 04	AK	PIETER	JURJEN	HILL	CHIRURGUS?	CLAERTIEN	VOLTSTR
1644 10 20	AK	MARIA	MICHEL	KEMMENA	CHRIURGUS	URSELE HEERENS	SWANESTR
1642 12 27	AK	BIJWETIE	WOLTER		CLANDT	ALLERGOND ELGERS	N.KERKHOFF
1647 12 21	AK	LUCAS	ALLART	JOOST	CLANT	MARIA HELENA CLANT	VISSCH
1645 02 09	MK	JOSINA MARIA	ALLERT		CLANT	MARIA CLANT	BOTTRSTR
1640 12 27	AK?	REIJNT	ANDOLF/CAPT:		CLANT	--	SCHOOLHOLM
1643 07 25	AK	EIJLKE	ANDOLF		CLANT	MARGRIETE POLMANS	HEERSTR
1642 07 13	AK	EISCKO? CLANDT	ANDOLPH/CAP:		CLANT	MARGRETA	HEERSTR
1641 11 19	AK	WILLEM ALLERT	LUCAS		CLANT	ELISABET EERENTREIJTER	EBBSTR
1649 05 06	MK	JOHAN	WOLTER		CLANT	ALGONDA ULGER	N.KERKHOF
1648 01 20	AK	TRIJNTIEN	JAN		CLEIJNE	MARIA	RAAMSTR
1648 01 20	AK	ANNETIEN	JAN		CLEIJNE	MARIA	RAAMSTR
1649 04 13	AK	OTTO	FREERK/VAEND.		CLEVE,V	HARMTIEN ROMAN	OSSEME
1648 11 15	AK	ANNA	JAN		CLEVE,V	ELISABET HARTMAN	HOGERBRUGGE
1643 10 12	AK	BERENT	JOOST		CLEVE,V	TRIJNTIE	VOLTINGESTR
1649 11 02	AK	JAN	JOOST		CLEVE,V	TRIJNTIEN BERENTS	HARDSTR
1646 08 10	AK	GEERTRUIT	DAVID	FREECK	CLEVE,V.	HARMTIEN ROMAN	NIJE WECH
1648 01 16	MK	OTTO	FRED:/VOEND?		CLEVE,VAN	HARMTIEN REMAN	OSSEM
1646 10 16	AK	JOOST	JAN		CLEVE,VAN	ELISABETH HARTMANS	STEENTILPO.
1641 03 09	AK	ANNETIEN	JOEST		CLEVE,VAN	TRIJNTIEN	VOLTINGESTR
1648 01 14	AK	OTTO	JOEST		CLEVE,VAN	TRIJNTIEN	VOLTINGESTR

Year Mo Da	Chr	Child's Given Name	Father/Child's Patronymic	Father's Patronymic	Father's Surname	Mother	Address
1642 09 28	AK	BEERENT	JOOST		CLEVE,VAN	TRIJNTIEN	VOLTINGESTR
1644 12 11	MK	MARGRIETA	RIJCKE		CLEVE,VAN	GRIETE	SCHUITENDIEP
1643 08 20	MK	GRIETIEN	VREDERICK		CLEVE,VAN	HARMTIEN ROMANS	N.MERKT
1642 12 06	AK	CATHRIJNA	REIJMER/VNDR.		CLIJNGE	MARGRIETE	SCHUITENDP
1646 10 21	AK	HENRICA MARIA	HENRICUS		CLINGE	JOA ARNVA?	SCHUITNDP
1647 10 08	MK	ETJE HENRICA	J./RAATSH:		CLINGE	LOEWIJE	BREDEMERKT
1642 01 07	AK	ANNA MARIA	JOANNES/RTSHR		CLINGE	LUBBETIEN DIURKEN	POELSTR
1646 10 12	MK	ETTE ELISABETH	JOHAN		CLINGE	LUBBECHIE DIURCKS	POELSTR
1644 06 02	AK	ELISABETH	RENR.		CLINGE	JOHANNA ARNOU	S:JANSBRUGGE
1641 05 26	AK	ANNA CATHRINA	REIJNER		CLINGT	MARGRIET BONNATS	SCHUITENDP
1643 12 16	AK	WESSEL	J.	JANSSEN	CLOECK	LUTGERT	MART.KERKHOFF
1649 02 21	AK	GEESJEN	JAN		CLOECK	LUTGERTIE	MART.KERKHOF
1649 03 22	AK	CATHARINA	TOBIAS/VAEND		CLOPPENBORCH	HINDRCKJEN	SCHOOLHOLM
1644 01 19	AK	WILLEM	GERRIT	CORNELIS	CLORUS	RIXTIEN	EBB.POORTE
1648 06 10	AK	LODUWIJK	RENR.		CLUIVING	AELTIEN ANTHONIJ	SWANESTR
1648 09 26	AK	GEERTIEN	GEERT		CLUNDER	TRIJNTIEN	PRINCESTR
1642 03 17	MK	HARMANNUS	HANS	PETER	CNOPEUS	TRIJNTIEN HINDRIX	SCHOOLHOLM
1647 11 23	AK	PIETER	JAN		CNORF	JANTIEN WILLEMA	NIJESTR
1644 08 14	AK	JAN	JACOB/VAENDR		CNOTTE	JANTIEN SAS	HEERSTR
1648 05 27	MK	JAN SAS	JACOB		CNOTTE	JANTIEN SAS	HERESTR
1649 04 17	MK	DERCK	JACOB		COEN	MENJE	LEELJENSTR
1641 12 03	AK	AELTIEN	LESSERT	FREERX	COEVERDEN,VAN	ANNEKE	LELIJENSTR
1647 01 31	MK	WILHELMUS	UILRICH/SOLD.		COKSBERGEN	MARIA HORENTEN?	N.EBBSTR
1641 01 03	AK	JOHANNES	JAN		COLIJN	--	
1646 07 19	AK	AIJCKE	HANS	JACOBS	COLVE	TRIJNTJEN	SUIJDER DIEP
1646 07 19	AK	HANS JACOB	HANS	JACOBS	COLVE	TRIJNTJEN	SUIJDER DIEP
1647 02 24	AK	WILLEM	JURJEN	WESSELS	COMENES	MARIA	MERRKTSTR
1648 03 12	MK	ANNA	JURJEN	WESSELS	COMMENES	MARIA MUNNICHOF?	N.DIEP
1644 01 17	AK	CLAERTIEN	BARTHOLMEUS		CONSTANCE	HINDRICKJEN BROUWES	VISCHMERKT
1645 11 26	AK	BONAVENTURE	BARTHOLOMEUS		CONSTANCE	HINDRICKJEN BRUNNES	TUFFCH--?
1648 10 06	AK	MARGRIETJEN	BARTHOLMUES		CONSTANE?	HINDRICKIEN BRUENS	VISMER
1647 05 12	MK	GEERTRUITJE	BARTHOMEUS		CONSTANT	HINDRICKJEN BROUWES	VISMERKT
1643 10 19	AK	MARIA	ANTHONI		CONTE,D'LE	TOEBE JANS	KATTENHAGHEN
1641 10 14	MK	HILLE	JAN	DERX	COORMUETER?	TRIJNTIEN	MUERE
1646 04 12	AK	HINDRICK	JAN	SAPENS	COORUNETER	ANNE	VISSCHERSTR
1642 12 30	AK	JACOB	JAN/SOLD.		COP	AELTIEN JANS	BEULSGANG
1648 07 02	AK	GEERTIEN	JOANNES		COP	JANTIEN JANS	TIMMERWERFF
1645 12 10	AK	JAN	ANDRIES		COUPE	EEFJEN	SCHUITENDIEP
1641 10 03	AK	MAGDELENE	ISAAC		COUPE	MARIJE SICKENS	HARDINGESTR
1642 12 25	AK	MAGDALENE	ISAAC		COUPE	MARIJE	HARDINGSTR
1644 12 20	AK	HILLECHIEN	JAN		CRABBE	TRIJNTIEN	SUIDERDIEP
1646 12 13	MK	JANTIEN	JAN	JANSSEN	CRANNER	AELTIEN	POELSTR
1648 02 17	AK	ANNA	GANGLIEF		CREEST	ENGELE	PRINCENSTR
1648 10 06	AK	HARMEN	CASPER		CREIJ	MECHELT	GELTINGSTR
1641 08 31	AK	ANNECHIEN	BERDERUS		CRIJN	GRIETIE MUNTINGS	BOTTRINGESTR
1642 12 23	AK	GRIETIEN	JOHAN		CRIJTH	FENNETIEN HINDRIX	PELSERSTR
1646 12 15	AK	SARA	JAN		CRIJTHE?	FENNETIEN	PELSERSTR
1641 11 14	MK	ANDREAS	ANDREAS		CRIST?	CHRISTINA	OOSTERPRT
1646 01 18	MK	CATHRIJNE	ANDRIES		CROEGER	GEERTIEN	NIJEWECH
1645 08 01	AK	CATRIJNE	PHILIPS		CROET	ANNA PHILLIPS	VISSCHERSTR
1649 11 18	AK	PIETER	PIETER		CRONENBORCH	ANNECHIEN	LEELJENST
1645 12 10	AK	HEIJLTIEN	GEERT	PIETERS	CRUDENE?	HINDRICKJEN	HEERSTR
1644 07 23	AK	ELSJEN	FREERCK	JANS	CRUIDENER	SUSANNA	VISSCHERSTR
1642 12 23	AK	HANS JOB	ANDRIES		CRUST?	CHRISTINA	SCHUITEMAKERSWAL
1642 08 21	AK	JOCHIM BASTIAEN	RUDOLPH		CUEN?	CATHRIJNE LENERTS	BOTTRSTR
1647 03 14	MK	GEESJEN	ROELEF	CHRISTOF.	CUIJ	GRIETJEN	O.EBB.POORTE
1649 03 16	AK	CELIE	ROELEF	JANS	CUIP	METJEN	STEENTILSTR
1647 08 15	MK	AELTIEN	DOEDR	PIETERS	CUIPER	GEESJEN JANS	POELPOORTE
1646 04 19	MK	CELIJE	GEERT	HANSSEN	CUIPER	AELTIEN	HEERESTR
1643 06 08	AK	EVERT	HARMEN	JANSSEN	CUIPER	TRIJNTIEN HARMENS	BRUGGESTR
1642 07 31	AK	TRIJNTIEN	JAN	WILLEMS	CUIPER	ANNETIEN	MONCKEHOLM
1641 02 19	AK	SANDER	JAN	GEERTS	CUIPER	ROELEF HELPRICHS	POELPRT
1644 07 07	MK	JAN	JOANNES	JANS	CUIPER	GEESJEN WARMERS	HEERSTR
1644 03 02	MK	HINDRICK	ROELEF	HARMENS	CUIPER	LUITIEN JANS	OOSTERSTR
1645 09 28	MK	GEERT	JAN	GEERTS	CUPER	BERENTIEN	POELEPOORTE
1649 07 29	AK	JAN	ROELEF		CUPER	GRIETJEN COERTS	HARDINGSTR
1646 08 02	MK	FENNICHJEN	JAN		CUSE	GEESJEN JANS	PEPERSTR
1649 04 27	AK	HARMEN	JACOB		DALCHE?	JETSH?	PRINCENSTR
1645 01 21	AK	JACOB	JACOB/SOLD.		DALCHO	GEESSUE?	SUIDERDP
1648 04 27	AK	NANNE	BERENT	JANSZ	DALEN,V	FROUKE	COSTERSGANG
1642 12 30	AK	HILLE	JAN	JANSSEN	DALEN,VAN	AELTIEN	NIEUWEWECH
1644 11 06	AK	JAN SCHOTING	JAN	JANSSEN	DALEN,VAN	AELTIEN	NIJEWECH
1647 07 21	AK	JANTIEN	JAN		DALEN,VAN	AELTIEN	NIEUWEWECH
1646 02 05	AK	JACOB	JACOB		DALGH	GEESE	BLEKERSGANG
1642 04 14	AK	THOMAS	JACOB		DALLICH	GEESJEN	N.STADT/EENGANG
1644 01 05	AK	HINDRICK	MARTEN/SOLD.		DALLIGA	STIJNE	PRINCESTR
1649 07 01	MK	MARRETIEN	JAN		DAM,V	LUTGERTIEN	OOSTERSTR
1649 08 26	AK	JAN	PHILIPS		DAM,V	BARBARA ISEBRANTS	JACOBAINERST
1646 10 07	AK	PIETER	JAN		DAM,VAN	LUTGERT	OOSTERSTR
1642 08 28	AK	HANS JURJEN	BARTHELT		DANCK?	MARIA	SLEMENNERSTAR
1641 11 10	AK	JAN	ADRIAEN		DEIJPUN?	HILLE	COSTERSGANG
1641 12 04	AK	JACOB	JAN/JONGE		DERENTER,VAN	AGNEETJEN	GELTINGESTAR
1644 06 25	AK	AUSANNA	CHRISTOFFER		DEUNTENAER?	CATHARINA EVERTS	POELESTR
1647 08 11	AK	ELISABETH	ANTHONIUS		DEUSINGIUS	SOPHIA OOSTERWIJLKS	BOTTRSTR
1648 08 22	MK	SARA	JAN	JANSEN	DIACON?	MAGDALENA	EBBSTR
1641 01 15	AK	AELTIEN	JAN	ROTGERS	DIARON?	JR STARKENBORCHS	?
1642 10 16	AK	EERNST	JAN		DIEMER	STIJNTIEN	VOLTINGESTR
1648 02 15	AK	ANNA	COERT		DIEPHOLE,V	TRIJNTIEN	UIJVWERKSGANG
1648 02 15	AK	LUTGERT	COERT		DIEPHOLE,V	TRIJNTIEN	UIJVWERKSGANG
1641 12 01	MK	FREDERICK	HANS		DIESHOLT	ANNEKE CLAESSEN	JACOBIJNERST
1643 01 19	AK	LUCAS	ALBERT		DIETERINCK	TRIJNTIEN RIJKENS	SWANESTR
1641 06 08	MK	ELSJEN	JAN	HANSEN	DIEUWES D.D.	SIBBE	VISSCHERSTR
1646 10 23	AK	GILBERT	JOHAN		DIEWER	BEERTIEN	VOLTINGESTR
1647 11 28	MK	JORIS	JAN	PIETERS	DIJCKZON	TRIJNTIE	POELESTR
1648 05 17	AK	ANNE MARG.	WARNER	WILLEMS	DIJKMAN	METTIEN	MUER
1644 11 03	AK	ANNA URSELE	JAN		DIJMER	STIJNTIEN	VOLTINGESTR
1647 10 08	MK	EERNST	JAN		DIJMER	STIJNTIEN	VOLTINGESTR
1644 11 24	AK	HILLETIEN	JOHANNE		DIJMER	BEERTIEN DERX	LAMHUINGESTR
1644 02 11	MK	ANNA	HANS		DILCHER	ANNA MARIA	MEULENSTR
1641 08 22	AK	MARGRETE	ALBERT		DILLINCK	TRIJNTIEN	MARTINIKERKHOFF
1643 03 08	MK	HARMEN	ALBERT		DILLING	TRIJNTIEN LAMBERTS	MLKERKHOF
1647 10 26	AK	ABRAHAM	ALBERT		DILLING	TRIJNTIEN	HEERSTR
1645 07 13	AK	LAMBERT	ALBERT		DILLLING	TRIJNTIEN	HEERSTR
1642 06 05	AK	GEERTRUIJT	HILLEBRANDT		DINGEN,VAN	DOROTHEA	PLUIMERGN
1644 10 23	AK	ANNEKEN?	HINDRICK		DITMAER	ANNEKE	PRINCENSTR

Year Mo Da	Chr	Child's Given Name	Father/Child's Patronymic	Father's Patronymic	Father's Surname	Mother	Address
1642 11 20	MK	MARIA	CHRISTIAEN		DITTEL	CATHARIJNE VLAMERS	HEMSINGSWAL?
1648 06 30	AK	VREEDE	CHRISTIAN		DITTEL	CATHARINA	SLEMENNERSTR
1640 12 30	AK?	EMMERENTZ	ABRAHAM		DIURKLAIJE,V	--	EBBSTR
1646 06 15	MK	MARIA	JAN	PIETERS	DIXSON	TRIJNTIEN	POELESTR
1641 07 11	NK	CORNELIS	HINDRICK	HANS	DOCKUM,VAN	MAIJE	PRINCENSTR
1646 02 11	AK	ABRAHAM	JAN		DOLBIER	BARBIER	ROESNSTR
1643 11 01	AK	HARMEN	JAN		DOLCHER	BARBER	ROSENSTRATE
1641 05 30	MK	VALENTIJN	MARTEN		DOLGE	STIJNE HINDRIX	DRIST/HEEREPRT
1644 10 20	MK	CRIJN	JAN		DON	AELTIEN	DAMSTERDIEP
1649 04 29	AK	JACOB	ARIAEN		DONGEN,VAN	ANNA ANDRIES	WOERT
1646 09 29	NK	EVA	ARIAEN		DONGER,VAN	ANNA	WOERT
1645 07 15	AK	JACOB	AARJAEN		DONGIEN,VAN	ANNA ANDRIES	WOERT
1647 04 04	MK	GEERTRUIT	HENRICUS		DORGELLOU?	HINDRICKJEN	N.EBBSTR
1649 03 11	AK	HELENA	HENRICUS		DORGELO	HENRICKJEN	TORFTOORNSTR
1649 03 11	AK	WESSEL	HENRICUS		DORGELO	HENRICKJEN	TORFTOORNSTR
1649 03 23	AK	HINDRICK	HINDRICK		DRENT	WEMELE	SCHUTNDP
1641 12 05	AK	ALLERT	JAN		DRENTELMAN	EBELTIEN	JADTSTR
1644 01 14	AK	TAMME	JAN		DRENTELMAN	EBELTIEN JANS	N.JADTSTR
1645 12 21	AK	TAMME	JAN		DRENTELMAN	EBELTIEN	JANSBRUGGE
1646 08 23	AK	ELIZABETH	JOCHEM		DRESELAER	ELSJEN	JEMCKEBARKERSGN
1645 01 24	MK	ISAAC	THOMAS		DRIJHOFF	JANTIEN	NIJESTADT
1644 09 06	AK	MAGDALENA	JOHAN		DROGE	MAGDALENE PIETERS	HOOCHSTR
1649 11 11	AK	AGNES	JOCHIM		DROSLER	ELSJEN	VISSSTR
1648 11 30	AK	TRIJNTIEN	JAN		DRUNTELMAN	EEBELTIEN	JADT
1648 09 03	AK	MARIA	JACOB		DUIDING	DIANA	GELTINGESTR
1646 09 06	MK	JOHAN-ANTONI	JACOBUS		DUIJDINGH	DIANA	OOSTERSTR
1641 01 31	MK	WESSEL	NICOLAUS		DUIJFF	--	EBBSTR
1644 02 04	MK	JAN	NICOLAES		DUIJST?	AELTIEN	EBBINGESTR
1642 04 11	AK	JAN	JAN	JANSSEN	DUININCK	AELTIEN ASSENS	VISSCHERST
1648 10 20	AK	QUIRINUS?	HANS		DUN?	AELTIEN	MOESKERSGNG
1645 01 30	AK	ANNECHIEN	GEERT	WESSELS	DURCK	SERNNEIJE	VOLTERPRTE
1645 08 24	DK?	LAMMECHIEN	STORTZ?		DURENBORCH,V.	GESE	JANSBRG
1644 11 03	AK	MARIA	JURJEN		DUTSELER	AELTIEN HELMERS	VOLTINGESTR
1643 01 26	AK	SUSANNA	CHRISTOFFER		EBERSBACH	FOLSTE	DRAPOORTE
1647 03 11	AK	JOHAN CONRAET	CHRISTOFFER		EBERSLACH	FOLSTE	MESINAKERSST
1648 10 11	AK	JAN	CHRISTOFFER		EBERSLACH	FOLSTE MARIA?	HEERSTR
1642 11 13	MK	JAN	COERT		ECKEMEIJER	FENNE JANSEN	GELTINGESTR
1646 07 28	AK	HARMTJEN	JACOBUS		ECKHUIJS	MARGRETA JANS	MARTINIKERKHOFF
1648 10 12	AK	ISZO	AIJTIO		EDZEMA	MARIA OVINGE	LAMHUINGESTA
1646 02 19	MK	AELTIEN	B./SECR:	F.	EECK	AELTIEN ASSERHUIS	MART.KERKHOF
1644 01 10	MK	LAMBERT	J./SECR:		EECK	AELTIEN ASSERHUIJS	M.KERKHOFF
1649 08 12	AK	REGINA	HINDRICK		EECKHORST	ANNA	PRINCENSTR
1644 09 29	AK	HANS	BARTHOLT		EELMAN	GRIETJEN	HOFSTRAT
1643 09 17	MK	ANNECHIEN	DERCK/SOLD.		EGRINCK?	DIEWERTIEN	--?
1644 02 23	AK	MARIA	WILLEM	WILLEM	EICK	ANNA ELISABET	PRINCENSTR
1649 09 04	AK	CHRISTINA	JAN		EICKLOF?	TRIJNTIEN	PRINCENSTR
1642 09 01	AK	HICRONIJMUS?	HICRONIJMUS/RAET		EIJBEN	CHRISTINA ALTING	A KERK
1644 06 07	AK	EGBERT	/RAATSH.		EIJBEN	CHRISTINA ALTING	A KERCK
1648 01 07	AK	CHRISTOFFER	MARTEN		EIJCK	GRIETE	HEERSTR
1646 02 12	AK	TRIJNE	MARTEN		EIJDERMAN	TRIJNE	RAAMSTR
1644 10 27	MK	RISSART	LENERT		EIJKE,VAN	MARIE	BOTTRINGESTR
1641 11 10	AK	HILLETIEN	MARTEN		EIJLEMAN	TRIJNE WOLTERS	RAAMSTR
1644 01 31	AK	RENSKE	MARTEN		EIJLERMAN	TRIJNE	RAAMSTR
1649 12 26	MK	JOANNES	JAN		EIJSINGE	FROUKE	STEENTILSTR
1648 09 28	AK	WEMELTIEN	HENRICUS		EISONIUS	LIJSEBETH	AKERKE
1644 10 27	MK	JACOB	JACOB		ELBRECHT	FENNE	TIJMENSMEULLEN
1641 09 11	AK	JANTIEN	JAN	JANSEN	ELDERCAMP	ANENTIEN	TORSTOORNST
1643 10 08	AK	CHRISTOFFER	JAN	JANS	ELDERCAMP	ANNECHIEN	TORFTOORNSTR
1645 09 13	AK	GRIETJEN	JAN		ELDERCAMP	ANNECHIEN HIJLKENS	JADT
1649 07 19	MK	JAN	JAN		ELDERCAMP	ANNECHIEN	JAT
1641 09 11	AK	BERENT	JAN	JANSEN	ELDERCAMP	ANNETIEN	TORSTOORNST
1642 12 18	AK	GEERTRUIT	BARTHELT/SOLD.		ELEMAN	GRIETIEN	A POORTE
1647 02 28	MK	GEERTRUIT	JACOB		ELLEBRECHT	FENNE	TIMMERWERF
1647 07 03	AK	LENART	JAN	JANS	ELLERCAMP	ANNETIE	JADT
1643 10 22	AK	JOOST	HANS	JURJEN	ELSEN,VAN	MARIA BERGERS	VISSCHERSTR
1642 04 05	AK	BARBER	MICHEL/SOLDAET	N. (soldeet under Rensen)	ELSSE		DRAE
1641 03 16	MK	HERMANNUS	GUALTER		ELVERING	ELSJEN IPENS	DRA
1648 10 15	AK	KATHARINA	W.		ELVERING	ELSIEN IPENS	LANE
1644 04 02	MK	BERHART	WOLTER		ELVERING	ELSJEN IPENS	LANE
1645 01 28	AK	MARIA	JURJEN	WESSELS	EMMENS	MARIA WILLEMS MUMCKHOF	EBB.
1642 12 25	AK	MAGDALENE	TIJS		EMRAET,VAN	PIETERTIEN	VISSCHERSTR
1646 01 07	AK	GEESJEN	HANS	JARJEN	ENGEL	ANNE JURJENS	3 MEULENS
1641 01 10	AK	GRIETE	WILLEM	HUMME	ENGELSMAN	ANNEKE	HEERPRT
1645 01 28	AK	BRUUNE	FORBE	LUITIENS	ENTAPP?	MARRECHIEN	MERCKT
1643 09 15	AK	ANNECHIEN	JAN		ESSEN,VAN	GRIETE	RAAMSTR
1645 12 30	AK	ANNEKE	JAN		ESSEN,VAN	GRIETE	RAAMSTR
1642 03 06	MK	TRIJNTIEN	TONNIS		ESSEN,VAN	SWAENTIEN HINDRIX	BOTTERDIEP
1647 04 11	AK	ARIAENTIEN	GERRIT		ETTERCAMP?	WILLEMTIEN	JADT
1644 08 09	MK	JOANNES	LUITJEN		EUCKEMA	TRIJNTIEN ROELEFS	WINSUM
1649 08 31	AK	ANNA BERNS?	ULRICH		EUSUM,V	JOANNA EMILIA MAGD	VISMERKT
1642 09 08	AK	CLAES	JAN		FACHER?	ELISAB. GARD.SCHOTTEN	N.WECH
1646 12 15	AK	ELLE	JAN		FEERWERT,VAN	CATARINA WESSELS	A POORTE
1649 01 11	AK	GEERTRUIT	JAN		FEERWERT,VAN	CATHRIJNE	DRA
1642 01 09	AK	ROTGER	ROTGER		FEERWERT,VAN	HIJMA	JADT
1647 11 14	AK	GARBRANT	TOBIAS	JACOB	FENES,V	LIEFJEN	KERK
1642 01 23	MK	AELTIEN	TOBIAS		FERGEHEM,VAN	TRIJNTIEN	BLOEMKERSSTR
1643 10 28	MK	SWAENTIEN	JOHAN		FERMSUM,VAN?	GRIETIEN HELINGHE?	OOSTERPOORT
1642 05 18	AK	MAGDALEENTIEN	JACOP		FERRE	MARIA	MUERE
1643 10 08	MK	WESSEL	JAN		FERWERE,VAN	TRIJNTIE	N.KERKHOFF
1641 01 04	AK	WESSEL	JAN		FERWERT/VAN	CATHRIJNE	N.--
1647 07 02	MK	REBECCA	JACOB		FIERSEN,VAN	TIETE	PRINCENSTR
1647 07 02	MK	SARA	JACOB		FIERSEN,VAN	TIETE	PRINCENSTR
1643 04 20	AK	CHRISTINA	CONRAET		FIJDE?	MARIA LAMBERTS	KIJCK/JATSBRUG
1646 10 29	AK	HINDRICK	JURJEN		FINCK	TRIJNTJEN	BOTTERDIEP
1648 08 13	AK	ANNA	JAN		FLACK?	NIESJEN	W.BREGANG
1649 04 24	AK	ANNA MARIA	MATTHIJS		FLEIJSCHER	MARIA	MEULENSTR
1648 03 03	AK	MARIA	PHILIPS		FLORIJN	ANNETIE	STOELDRSTR
1642 06 04	AK	CORNELIS	PHILIPS		FLORIJN	ANNETIEN CORNELLIS	STOELDREIJRS
1649 06 24	AK	RASMER	JAN		FLUGGER	AELHEIJT	CRAEME
1648 01 14	AK	DIRCK	JAN		FLUGGER	ALEIJT	CRAENDIEP
1645 02 26	AK	MARIA	TOBIAS		FOCHEIM	TRIJNTIEN	NOORDERDIEP
1646 01 14	AK	PIETER	WIJLEN/SOLD.	PIETER	FOLKERS(deed)	VRONKE	VISSCHERSTR
1648 12 28	MK	ABRAHAM	HANS		FOLST	SOPHIA	PAPENPOORTIE
1648 12 28	MK	ISAAC	HANS		FOLST	SOPHIA	PAPENPOORTIE
1644 03 01	AK	JAN	TOBIAS		FORTHEIJM	TRIJNTIEN LAMBERTS	BOTTERDIEP

Year Mo Da	Chr	Child's Given Name	Father/Child's Patronymic	Father's Patronymic	Father's Surname	Mother	Address
1644 01 26	AK	PIETER	JAN		FREDEBORCH,V	CUNNE	JOCIBINERSTR
1641 10 01	AK	AAFJEN	HARMEN/SOLDAET		FREIJDACH	EESJEN	BREGANG/SCHUTNDP
1649 06 10	MK	ROELEFJEN	JACOB		FREWOLT	TRUITE	DAMSTERDP
1649 05 06	AK	CLAES	JACOB		FRIES	WIJPKE	BEULSTOORN
1642 10 23	AK	BIEKE	DIRCK		FRIESE	MARIE	A POORTE
1648 10 17	AK	GEESIEN	JAN	JANS	FRIESE	TRIJNTIE	SUIDERDP
1642 05 19	MK	JAN	WOLTER		FRIESE	CATRIJNE MAGD HAKENS	STEENTILSTR
1648 10 05	AK	HINDRICK	JOCHIM		FRILING	GEESJEN MENSING	HOGESTR
1647 08 08	MK	THOMAS	CAREL		FROLICH	AELTIEN	NIJEWECH
1649 10 04	AK	PIETER	DAVID		FROOM	HERMTIEN	SWANESTR
1647 06 18	AK	WILLEM	DAVID		FROON	HARMTIEN PIETERS	SWANESTR
1644 08 25	AK	MARGRIETE	HINDRICK		FROON	GEESJEN EIJSSINGHE	BRUGGESTR
1644 02 06	AK	HANS	HANS		FUNLINGH?	MARRIE PIETERS	MEULENSTR
1648 02 08	AK	JAN	BAERLT		FUUST	TRIJNTIEN JACOBS	BRUGSTR
1641 07 27	AK	JACOB	JACOB		FUUST	DIEWERTIEN	VISCHMERKT
1645 14 23	AK	JAN	ROELEF		GANSEVOORT	LAMMECHIEN	OOSTERSTR
1646 11 08	MK	JOANNES	ROELEF		GANSEVOORT	LAMMECHIEN WARNERS	OOSTERSTR
1648 12 31	MK	TIJMENTIEN	ROELEF		GANSEVOORT	LAMMECHIEN	OOSTRST
1644 01 10	MK	GERRIT	ELIAS	JANSSEN	GARDENIER?	ANNEKE JANS	M.KERKHOFF
1641 10 24	MK	EWEKE	JACOB		GAREDDE	EWECKE	stranger/MEULENSTR
1645 01 03	AK	AELTIEN	ANTHONIUS		GEERMAN	TRIJNTIEN	VISSCHERDP
1646 04 19	MK	HENNINUS	JURJEN	HENNINUS	GEESKE	MEULENSTR	
1642 11 11	AK	LOUWIJX	GOVERT?		GELIJN	LIJSEBETH BOLLENS	SCHUITENDP
1641 01 31	MK	BERENT	GEERT	BERENTS	GEMMAGA	--	POELPRT
1645 09 24	AK	MARIA	GEERT	BERENTS	GEMMINGA	HINDRICKJEN WESSELS	POELEPOORTE
1642 05 31	AK	ANNEKE	ANTHONIJ		GERMAEN	TRIJNTIEN	VISSCHERST
1647 10 03	MK	MICHAEL	ANTHONIJ	"goltsmit"	GERMAN	TRIJNTIE MICH.	VISSCHERST
1643 10 17	AK	TONNIS	GANDELEIF		GESICK?	ENGELE DERX	HEERPOORT
1642 02 13	AK	ROELEF	JAN	HINDRIX	GETEN,VAN	NEELTIEN ULBEN	LANE
1644 12 20	AK	JAN	JAN	ARENTS	GEWALDIGE	GEESJEN	EBBINGSTR
1643 11 14	MK	HINDRICK	HIERONIJMUS	/SOLD	GIJSOLF	RENSKE	VOLTINGESTR
1644 11 30	AK	LIJSABETH	HIERONIJMUS	/SLD	GIJSOLF	RENSKE	BREDEGANG
1643 06 30	AK	CHRISTOFFER	ROEBERT		GILLERS-HOFF	TRIJNTIEN	PRINCENSTR
1645 10 03	AK	LUITJEN	JACOB	WILKENS	GLAEFR--?	GRIJNTIEN	CARBBS?WECH
1645 01 26	AK	MARGRIETIEN	JURJEN	DAM	GLAESEMU?	IDEKE BERENTS	TORFTWALE
1641 02 16	AK	REIJNOU	CLAES	TIDDENS	GLAESMAKER	--	POELESTR
1642 08 23	AK	LIJSEBETH	JACOB	WILKENS	GLAESMAKER	TRIJNTIEN	KARELSWECH
1645 02 27	AK	JOANNES	THOMAS	ESSICH	GLAESMUR?	STIJEN	SCHUTMFKSTR
1642 01 30	AK	EVERTIEN	MAXIMILIEN		GLASEMAKER	MARRECHIEN	WOERT
1643 11 02	AK	AELTIEN	THOMAS		GLASEMAKER	STIJNE PIETERS	SCHUTEMRSTR
1641 10 03	MK	HEMMICHJEN	JOCHEM	JURJENS	GLASEMAKER?	HAESJEN GEERTS?	O.EBBINGSTR
1643 12 03	MK	WILKE	JACOB	WILKENS	GLASEMR.	TRIJNTIEN WARMELTS	CARELSECH
1642 05 08	AK	JACOB	JURJEN	DAM	GLASEMR.	IDEKE	TORFTOORNSTR
1642 02 11	AK	LAMMECHIEN	EPPO		GOCKINGA	SIBILLA VERSPEECK	HARDINGESTR
1642 11 01	AK	ANNETIEN	HARMEN		GOCKINGE	DEDDA HARMENS	SUIDERDP
1647 03 07	MK	GERHARDUS	ARNOLDUS		GOLTSMIT	HEIJLTIEN ROELEFS	N.EBBSTR
1641 06 29	MK	AEFJEN	HARMEN	HINDRIX	GOLTSMIT	AELTIEN	STOELDREIJERSTR
1643 12 19	AK	ARENT	HARMEN	HINDRIX	GOLTSMIT	AELTIEN ARENTS	STOELDREIJERSTR
1645 03 21	MK	ARENT	HARMEN	HINDRIX	GOLTSMIT	AELTIEN ARENTS	STOELDRSTR
1647 11 16	AK	LIJSABET	JAN	JANS	GOLTSMIT	GRIETIEN	STOELDRSTR
1643 10 12	AK	JACOB	LAMBERT		GOOR,V	WOBBECHIEN	VOLTINGESTR
1648 10 29	AK	EGBERT	LAMBERT		GOOR,V	WOBBETIEN	VOLTINGSTR
1645 07 30	AK	HARMEN	LAMBERT		GOOR,VAN	WOBBERNT?	POPKENSTR
1640 12 30	AK?	ANNA CATRINA	HINDRIK		GOSLER	MARGRIET GROEVEN	EBBSTR
1641 05 20	AK	HARMEN	CLAES	HARMENS	GOUTSMIT	AELTIEN	VOLTINGESTR
1643 03 29	AK	ELSJEN	JAN	JANSSEN	GOUTSMIT	GRIETIEN TIARCKS	STEENTILSTR
1648 03 15	AK	FRANSJEN	EDWART		GOWER	TRIJNTIEN	DOSTERSGANG
1646 03 22	MK	AELTIEN	JAN		GRAEP	MARRECHIEN	COSTERSGANG
1643 03 29	AK	JANTIEN	ABRAHAM		GRAEVE,DE	HILTIEN JANS	OOSTERSTRATE
1643 09 10	MK	WIJEKE	LAURENTS/SOLD.		GRAMBOUT	AELTJEN JACOBS	OOSTERPOORT
1648 08 16	AK	MANGENIJS	LOUWERENS		GRANBOUE	AELTJEN	SUIJDERDP
1645 06 15	AK	HANS WILLEM	JURJEN		GRAVMERAET	MARRECHJEN	PRINCENSTR
1648 02 02	AK	JAN	ABRAM		GREVE	HILLECHIEN JANS	OOSTRST
1642 12 09	AK	EDZART FREDERICH	JAN		GREVING	ELTEKE TONGEREN,V.	EBBSTR
1641 05 13	AK	LIJSEBET SIJBILLA	JAN		GREWINGH	ELTEKE TONIJENEN,VAN	VISCHMERKT
1645 06 15	AK	HINDRICKJEN	ABRAHAM		GROENE?	HILLECHIEN	OOSTERSTR
1641 01 17	MK	CLAES	ARENT	CLAESSEN	GROENOUW	--	EBBSTR
1646 04 23	AK	JACOB	JORIS		GROENOUW	TALLECHIEN	RAAMSTR
1647 02 17	AK	WEMEL	HINDRICK	JANS	GROETE,DE	MAERINA	STEENTILSTR
1642 01 16	MK	PETER	HINDRICK	JANSEN	GROEVE,DE	MARRECHIEN	STEENTILSTR
1644 06 05	AK	WEMEL	HINDRICK	JANS	GROEVE,DE	MARRIJE	STEENTILSTR
1644 06 05	AK	ANNECHIEN	HINDRICK	JANS	GROEVE,DE	MARRIJE	STEENTILSTR
1648 03 26	MK	CORNELISJEN	JACOB		GROEVE,DE	GEERTIEN	WOLBORGH
1648 11 12	MK	JAN	GARELT		GROOTHUIJS	JANTIEN	LUTKE
1647 11 21	MK	OTTE	GERRIT		GROOTHUIJS	JANTIEN	CL.BUTIENSTR
1644 07 09	AK	ANNEKE	MARTEN		GROOTMAN	MARGRIETE	RAAMSTR
1642 02 01	AK	HINDRICK	HANS		GROSMAN	GEERTRUIT	PLUIMERSGNAG
1645 10 15	AK	JAN	JACOB		GROUN,DE	GRIETE	SUIDERDP
1641 03 24	AK	MARGRIETEN	MARTEN		GROUTEMAN	GRIETJEN	HOMANSGANG
1641 03 24	AK	BARBER	MARTEN		GROUTEMAN	GRIETJEN	HOMANSGANG
1644 11 24	MK	ALBERT	ALBERT/SERG.?		GRUBBE	GESE JANS	N.BOTTRSTR
1647 08 29	MK	JUVIEN	ALBERT/SERG.		GRUBE	GEESKE	N.BOTTRST
1645 06 24	AK	ENGELE	JURIEN		GRUITER	STIJNE HEMMERS	RAAMSTR
1642 01 23	AK	ELIAS	MARTEN		HAACK	LEENTJEN	MUERE
1646 05 24	AK	ELSJEN	HANS		HABESTADT	TRIJNTIEN HINDIRX	BEULSTOORN
1641 09 07	AK	HEMME	JAN/SOLDAET		HAERBLINCK	WOPKE	NIEUWESTADT
1643 07 23	MK	JOHANNA	DAVID		HAIG	BERNHART SCHOLES	OOSTERSTR
1647 12 15	AK	PIETER	HARMEN		HAIJENOU?	AELTIEN	COSTERSGANG
1647 09 16	AK	ANNA MARGRIETE	HANS		HAISER?	HILLETIE JANS	VISSCHERSTR
1642 01 19	AK	LUCAS	JAN		HALLENBAUCH	HILLETIEN	LUTKE DRA
1647 07 08	AK	MARIA	JACOB		HAMERSMIDT	MARGARETA	VISCHMERKT
1645 02 28	AK	DAVID	JACOB		HAMERSMIT	MARGRIETE SPRINGERIM	HAVENSTR
1647 05 30	MK	JANTIEN	EGELBERT		HAMMING	AELTIEN SAS	GELTINGESTAR
1644 11 06	AK	ABRAHAM	ENGELB.		HAMMING	AELTJEN SAS	GELT:STR
1642 07 01	AK	HANS SAS	ENGELBERTUS		HAMMING	AELTIEN SAS	geltingestr
1644 02 20	AK	FREDERICK	JACOB		HANSMAN	MACHTELTIE	LEELJENSTR
1642 05 06	AK	EGBERT	BERENT	EGBERTS	HARBERGIER	TRIJNTIEN	HEERPRT
1641 08 29	AK	TRIJNTIEN	ROELEF	NIENX	HARBERGIER	HILLETIEN	DRA
1644 03 31	MK	HINDRICK	HINDRICK		HARDERWIJK	GEERTRUIJT	ANTH.G.HUIS
1644 09 27	AK	ANNEKE	DERCK		HARMELING	TEUBE	RAAMSTR
1643 01 17	AK	GEERT	JOHAN		HARMELING	ANNEKE GEERT	NIJESTAT
1643 01 17	AK	TOEBEKE	JOHAN		HARMELING	ANNEKE GEERT	HIJESTAT
1645 03 16	AK	ANNECHIEN	JAN		HARMLICK	MENCKE	NIJE STADT
1642 07 31	MK	HANS	FRANS		HARNVIT?	LUTGERT FRANS	N.EBBSTR
1641 06 16	MK	HINDRICK	ARENT		HARSFELT	GRIETE	SCHUTEND/PIJP

Year Mo Da	Chr	Child's Given Name	Father/Child's Patronymic	Father's Patronymic	Father's Surname	Mother	Address
1649 12 19	AK	ABRAHAM	GERRIT		HARTELEN	AELTIEN	GEESTM.STR
1641 07 30	AK	JACOBJEN	MICHEL		HARTMAEN	MARRECHIEN JANSEN	WOEET
1643 01 17	AK	GRIETIEN	HANS		HARTMAN	AELTIEN	HOFSTRATE
1644 05 26	AK	JAN	MICHEL		HARTMAN	MARRECHIEN JANS	WOERDT
1647 05 09	AK	ANNECHIEN	MICHEL		HARTMAN	MARRECHIEN JANS	WOERT
1645 08 02	AK	MICHIEL	MICHIEL		HARTMAN	JANTIEN	MEULENSTR
1643 12 06	AK	HEMME	ROELEF		HASELUNNE,VAN	GRIETJEN	LEELJENSTR
1644 01 14	AK	BERENT	JAN		HASENCAMP	AELTIEN ALBERTS	TORFTOORNSTR
1642 07 29	AK	TEETJEN	JAN		HASEWINCKEL	EWE	GEESTLIJCKE/MAECH
1646 08 17	MI	ROELEF	ARENT		HASSELT	GRIETE ROELEFS	DAMSTERDP
1644 06 02	AK	ADAM	JURJEN		HASSENSTEEN	TRIJNE ADAMS	DAMSTERDIEP
1649 11 21	AK	MARIA	JAN		HATTEM,V	EPKE	HARDINGESTR
1641 11 12	AK	REBECCA	JAN		HATTINGEBOD,V	EPPEKEE	GELTINGESTR
1648 04 16	MK	HINDRICK	KARST		HAVEMAN	IDA	BEULSGANG
1646 04 29	AK	JELTIE	WARNER		HAVENER	BAAUCH WATNERS	GOSTERPOORTE
1648 10 13	AK	GEERT RUDOLPH	GERARD		HAVENKEN	BELE MANNINGA	MM.
1645 09 02	AK	MARIE	JACOB		HAVENNER	MECHTELT	LELIENSTR
1646 09 18	AK	JOHANNES	HARMEN		HAVERCAMP	BARBER	SUIJDERDP
1647 04 20	AK	MARGRIETE	JACOB		HAVERMAN	MARGRIETE	CORMELBOGEN
1643 08 14	AK	ELSJEN	HANS		HAVESTADT	TRIJNTIEN	BEULIJE
1642 12 30	AK	MARIA	JACOB		HAXENAER	MECHTELT PELSERS	N.JADTSTR
1641 10 31	MK	HENRICUS	HENRICUS/E:RCH		HECK,VAN	ANNA HOENDRIX	BOTTRSTR
1644 04 14	MK	JOHAN	HIND./BORGEMR.		HEECK,V.	ANNA HOENDRIX	BOTTRSTR
1642 11 06	MK	ASSUERUS	H.		HEECK,VAN	ANNA HOENDRIX	BOTTRSTR
1645 06 17	AK	SICKO	HENRICK/BRGEMR		HEECK,VAN	ANNA HOENDRIX	BOTT.ST
1646 07 23	AK	JOHAN	HINDRICK/BORG.		HEECK,VAN	ANNA HAENDRICKS	BOTTRINGSTR
1649 03 04	MK	JOHAN	HENDRICK	/BORGMR.	HEEK,V.	ANNA HOENDRIX	BOTTSTR
1648 01 26	AK	ALEGONDA	H./BORGEMR		HEEK,VAN	ANNA HOEND.	BOTTRSTR
1649 12 10	AK	LIJSABETH	HARMEN		HEEP	ANNE	A POORTE
1642 01 23	MK	MARGRIETE	WILLEM		HEEP	JACOBJEN PAULS	PRINCENSTR
1644 01 10	MK	WILLEM	WILLEM		HEEP	JACOBJEN PAULS	BOTTERDIEP
1646 07 26	MK	GERHARDUS	WILLEM		HEEP	JACOBJEN POUWELS	N.POELSTR
1648 11 19	MK	ANNA	WILLEM		HEEP	JACOBJEN ROULS	BOTTRDP
1648 11 19	MK	ELSJEN	WILLEM		HEEP	JACOBJEN ROULS	BOTTRDP
1644 09 29	MK	GRIETE	MATTHIJS/SOLD.		HEGELER	TRIJNE	COSTERSGANG
1644 09 06	MK	REIJNER	CONRAET		HEIJDEMAN	AELTIEN REIJNERS	POELSTR
1641 01 10	MK	GRIETIEN	JAN		HEIJDE,VANDER	JANTIEN	BOELSGANG
1642 04 22	AK	MARGRIETA	HANS		HEIJL	MARIA	POELPRT/SIJNDICUS
1647 03 07	MK	APPOLLONIJE	ANDRIES		HEIJLBRON,V.	TRIJNE	MEULENSTR
1648 04 14	AK	APOLLONIE	ANDRIES		HEIJLBROU,V	TRIJNE	SUIDDIEP
1642 03 20	MK	BERTIOLI?	ANDRIES		HEIJLBRUN,VAN	TRIJNE	OOSTERPRT
1649 05 22	MK	EGBERT	EGBERT		HEIJSING	MELTIIEN	POELEPOORTE
1645 09 28	MK	METJEN	EGBERT		HEIJTINUS	NEELTIEN DERKERK	POELSTR
1649 09 23	MK	ANNA CATHRINA	ANDRIES		HEILBROU,V	TRIJNTE	BOTTRPRT
1649 09 23	MK	SUSANNA	ANDRIES		HEILBROU,V	TRIJNTE	BOTTRPRT
1645 10 12	MK	PIETER	ANDRIES		HELBRON	TRIJNTIEN	MEULENSTR
1644 09 06	MK	GEERTRUIT	HINDRICK		HELDERVELDT	ANNA ARENTS	MOUKEHOLM
1649 02 01	AK	HARMEN	GEERT		HELLING	EVA	SLEMENNERSTR
1647 01 14	AK	LUCAS	HANS		HELMICH	JANTIEN JURJENS	PRINCENSTR
1641 11 23	AK	JEIJTIEN (older)	JAN	WABBENS	HELPEN,TOT		VISSCHERSTR
1649 03 13	AK	ADAM LODUWICH	ADAM		HELWICH	CATRIJNA	NIJEWECH
1642 05 18	AK	ANNE	HANS		HELWICH	ELSJEN HARMENS	RADEMERCKT
1644 11 26	AK	JAN	HANS/SOLD.		HELWICH	JANTIEN	KROMELLEBOGHE
1649 01 01	MK	WILLEM	HANS		HELWICH	JANTIEN	RADEMERKT
1642 03 23	MK	FENNECHIEN	JAN	HIDNRIX	HENDIJCK	HINDRICKJEN	PELSERSTR
1644 09 29	AK	GEERT	JAN		HENNERINCK	ANNECHIEN GERTS	PELSERSTR
1649 10 17	AK	ABRAHAM	BERENT		HERWICH	GRIETIEN	CRURENHOF?
1643 09 29	AK	TRIJNTIEN	DERCK		HEVER	TANNEKE	3 MEULENS
1642 02 20	MK	JANTIEN	LAMBERT		HIDDINCK	LAMMECHIEN DILLINCK	N.EBBSTR
1646 05 31	AK	JANTIEN	HARMEN		HIDDINGE	GRIETIEN	VISSCHERSTR
1649 08 23	AK	JAN	HINDRICK		HIDDINGE	GRIETIEN	HEERSTR
1645 03 25	AK	HINDRICKJEN	LAMBERT		HIDDINUS	LAMMETIE DILLINGS	MONNEKE
1649 09 23	AK	JAN	HINDRICK		HIJEMAN	MARRETIEN	WONENDE LA?
1647 04 21	AK	CLAESJEN	CLAES		HIJVINUS	LUCKE JANS	OLDEMEUWEWERF
1646 05 19	AK	HINDRICK	HINDRICK		HILDERVELT	HILLE	COSTERSGANG
1641 07 11	MK	BARBER	LULEF		HILDEVELT	MAIJE	BEULSGANG
1642 07 21	AK	NIESJEN	JURJEN		HILLEN	CLAERTJEN	VOLTINGESTR
1649 04 23	MK	SWAENTIEN	HINDRICK/SOLD.		HILLERBELT	HILLE	COSTERG.
1642 02 20	MK	BARBER	HINDRICK		HILLERVELT	HILLETIEN	PRINCENSTR
1649 08 10	AK	HARMEN	HARMEN		HILLING	FENNE	SCHUTENDP
1646 08 16	MK	RIJCKE	MEENT		HOEDEMAKER	ELSJEN	PRINCENSTR
1641 02 07	MK	AGNETIEN	AIJLT		HOEDENBORCH	GEESJEN	GELTINGESTR
1644 06 13	AK	JANTIEN	AIJLT		HOEDENBORCH	GEESJEN	GELTINGESTR
1643 04 30	MK	CATHARIJNE	CLAES		HOESSMIDT	MARIA	SCHUITENDIEP
1646 10 06	AK	HANS HERMAN	CLAES		HOESSMIT	MARIA	BOTTINGEGANG
1647 11 24	AK	ADAM	JACOB		HOFFENER	MACHELT?	N.EBBINGSTR
1642 12 07	AK	FRANS	WILLEM		HOFFIUS	HILLE HORST	HARDINGESTR
1644 03 24	MK	HINDRICK	HINDRICK		HOFFSTEDE	MARRECHIEN	N.POELESTRATE
1644 09 28	MK	GEERTRUIT	CLAES		HOFSMIT	MARRECHIEN	SCHUTENDIEP
1641 06 27	MK	JOHANNES	HINDRICK		HOFSTE	MARRECHIEN	N.POELESTR
1647 07 03	MK	ROELEF	HINDRICK		HOFSTEE?	MARRECHIEN	POELESTR
1647 08 05	AK	HINDRICK	JAN		HOFWINKEL	EVA	DRA
1649 07 27	AK	CLAES	DERCK		HOGER	TAMME DERX	TIJMENSMEULEN
1647 12 09	AK	ANNA MARIJ	DERK		HOIJER	HANNE	DAMSTERDP
1644 12 15	MK	TRIJNE	DERCK/SOLD.	COERTS	HOIJE,VAN	TANNE	TIJMENSMEULE
1642 03 08	AK	PETER	DERCK/SOLDAET	COERTS	HOIJE,VAN	TANNECHIEN PIETERS	MEULLEN
1644 06 18	AK	JAN	JAN		HOIJTMAN	ROELEFJEN	SUIDERDIEP/POELSTR
1644 06 18	AK	PIETER	JAN		HOIJTMAN	ROELEFJEN	SUIDERDIEP/POELSTR
1641 07 06	AK	JACOB	CHRISTOFFER	(deed)	HOLDT	widow confined at Hans Barker's/BEULSGANG	
1647 11 09	MK	SIJMEN	CLAES		HOLFMAN	HILE	VISSCHERSTR
1645 14 27	AK	ELSJEN	JAN	JACOBS	HOLSTEIJN	LUMKE MEIJNERTS	CRANERIPE
1644 03 10	AK	GRIETJEN	JAN	JACOBS	HOLSTEIJN	LUNKE MEIJNERTS	VISCHMERKT
1643 01 20	AK	JOHANNA	GEORG		HOLTE,TEN	ALDEGONDA CLANDT	A KERK
1641 12 12	MK	JAN	JURJEN		HOLTE,TEN	AELTIEN CLANDT	JADT
1649 10 02	AK	CORNELIS	JAN		HOLTHOFF	WENNETIEN CORNELIS	BIJTERSTR
1642 10 19	AK	AELTIEN	JAN	REIJNERS	HOLTKOPER	LIESKE JANS	STEENTILPRT
1644 06 25	AK	JOANNES	HANS	SPIGT	HOLTSAGER	OETE JANS	SUIDERDIEP
1647 08 01	MK	SARA	JOANNES		HONHIUS?	ANNA HEECK,VAN	OOSTERSTR
1642 04 24	AK	DIEVERTIEN	FREERCK	OTTENS	HOOGBOOTSMAN	AELTIE JANS	CRANEPRT
1642 09 29	AK	JAN	JACOB		HOORBEECKE,V	TRIJNTIEN JANSEN	DAMSTERDP
1646 08 28	AK	DAVID	SIMON		HOORENBECK	IDICHJEN ASEHENDORPS	STADTSHALLE
1645 05 14	AK	IDECHIEN	JACOB		HOORENBEECK	GEERTRUIT	STEENTILSTR
1646 05 29	AK	CIJRIACUS	CIJRIACUS		HOORN	AEFJEN	OLDE EBBPOORTE
1648 02 02	AK	CIJRIACUS	CIJRIACUS		HOORN	AEFJEN	OLDE EBBPOORTE
1646 05 24	MK	GEERT ROELEF	GEERT/JR		HOORNKEN	BELE MAMNGA	MERKT

Year Mo Da	Chr	Child's Given Name	Father/Child's Patronymic	Father's Patronymic	Father's Surname	Mother	Address
1645 03 14	AK	AGNES	GERHARD		HOORNKEN	BELE MANNINGA	BRENNER
1647 10 03	MK	MARIA	GERHARDT		HOORNKEN	BELE MANNINGHA	MERKT
1644 02 25	MK	AMERENTIANA	GEERT		HOORNKENS	BELE MANNINGA	MERCKT
1641 07 15	AK	TRIJNTIEN	HARMEN	WOLTERS	HOPMAN	BRECHTJEN	VISCHMERKT
1644 10 11	AK	JAN	CLAES		HOPPENBROUWER	WENDELTIEN	HEERSTR
1643 04 19	AK	JOHANNES	MOISES		HORA	FOKELTIEN JETSES	M.KERCK
1642 02 06	MK	WILLEM	MOISES		HORA	FOKELTJE JETSES	BREDEMERCKT
1649 06 03	MK	JOANNES	MOSES		HORA?	FOKELTIE	MARTENSTOORN
1648 07 05	AK	ADRIAEN	JACOB		HORENBECK	TRIJNTIEN JANSEN	DAMSTERDP
1648 08 16	AK	GEESJEN	SIJMON		HORENBECK,V	IDETIE	HALLE
1645 07 19	AK	ANNECHIEN	HIJME		HORENBEECK,V	IDEKE AKECHENDORP	HATKE?
1649 09 12	MK	CATELEIJNTIE	JACOB		HORENBEECK,V	GEERTRUIT	HEERSTR
1646 05 20	AK	DAVID	JACOB		HORENBEECK,V	GEERTRUIT	STEENTILSTR
1648 04 13	AK	JACOB	JACOB		HORENBEECK,V	GEERTRUIT	STEENTILSTR
1646 03 22	MK	JAN	JACOB		HORENBEECK,V	TRIJNTIEN JANS	DAMSTERDP
1641 08 01	MK	JACOB	JAN	BERGES	HORENBORG,VAN	GEESJEN SCHRITDERS	PLUMERSGNG
1643 03 17	MK	EMERENTIANA	GEERT		HORENHEN?	BEELE MANNINGHA	MERKT
1641 03 26	AK	SIBILLE	GEERT		HORENKEN	BELE MANINGHA?	MERKT
1643 11 15	MK	FENNECHIEN	JACOB		HORNBEECK,VAN	GEERTRUIT	HEERSTR
1644 04 24	AK	JAN	HINDRICK		HORST	TRIJNTIEN	SUIDERDIEP
1648 08 26	MK	GEERT	JAN		HORST	GEERTIEN	SUIDERDP
1643 10 24	AK	CORNELLIS	JAN		HOSEWINKEL	EVE CORNELLIS	NIJESTADT
1649 09 16	MK	JOANNES	HINDRICK		HOSSTER?	MARRECHIEN	POELSTR
1644 01 10	MK	EGBERT	EGBERT		HOUBOIJS?	HEIJLTIEN VERKERCK	BOTTRSTR
1646 01 07	MK	WILLEM	MOSES		HOVA	FOKELTIE JETSES	WERK--?
1647 02 28	MK	CLAES	LUITJEN		HOVINGE	TETTIEN WALDRICHS	HELPEN
1646 12 02	AK	MARGRIETE	HINDRICK		HUFMAN	ANNECHIEN	BOTTRPRT
1648 01 16	MK	REIJNT	HARMEN		HUISING	SIJBEN CAHTR?	MUSKENGANG
1649 01 14	MK	JOANNES	HINDRICK		HUISING	FENNETIEN LUCAS	CARELSWECH
1648 01 16	MK	AELTIEN	JACOB		HUISINGE	ELLE	HEERPOORTE
1649 08 16	AK	JANTIEN	TONNIS		HUISINGE	SWAENTIEN	RAAMSTR
1647 05 30	MK	LIJSEBETH	HENRICUS		HUISINUS	FENNECHIEN HANS	POELPOORTE
1643 05 26	MK	RIJCHELTIEN	EDZART		HUISMAN	HELLENA SAS	MERKT
1646 12 04	AK	REMBERTUS	EEZERT		HUISMAN	HELENA SAS?	MERKTEN
1641 08 15	MK	JANTIEN	EPSART?		HUISMAN	HELENA SAS	HEERSTR
1643 07 09	MK	ELSJEN	GERRIT		HUISMAN	ANNECHIEN HINDRIX	TIJMENSMEULEN
1645 12 06	AK	DERCK	GERRIT		HUISMAN	ANNECHIEN	DRENKLERS
1644 02 16	AK	CHRISTIAEN	HINDRICK		HULSEMAN	EVERTIEN	PRINCENSTR
1647 04 14	MK	HARMEN	HINDRICK	(barker)	HULSEMAN	EVERTIEN	PRINCENSTR
1649 05 22	MK	GEESJEN	CLAES		HULSMAN	SWAENTIEN	CRANE
1646 02 22	AK	GISSELE	L./RAADTS	V.	HULTEN	LUMMECHIEN HEIJMENS	VOLT.STR
1643 05 21	AK	GIJSSELE	LUCAS/R.		HULTEN,V	LUMMETIEN HEIJNENS	BOLT.STR
1648 09 12	AK	HINDRICK	/RAETSH L?		HULTEN,V	CUMMETIE HEIJMMMANS	VOLT
1641 03 21	AK	GERRIT	LUCAS/HOPMAN		HULTEN,VAN	--	VOLTST
1644 08 29	AK	GIJSSELE	LUCAS/R.		HULTEN,VAN	LUMMETIE HEIJMENS	VOLT:STR
1645 02 26	AK	AELTIEN	EDZART		HUNSMAN	HELENA HAS	MERKEN
1644 06 23	AK	MARGRIETA	HARMEN		HUP	ANNA	RAAMSTR
1647 12 29	AK	JAN	JAN		HURST?	GEERTIEN	SUIDERDP
1645 10 07	AK	TRIJNTIEN	JAN		HUSEN,VAN	BEIJE	N.JAT STR
1643 06 11	MK	GEESJEN	GEERT		HUSSEN	GEERTIEN	HOORNSCHDIJK
1642 03 08	AK	GEESJEN	JACOB		IIJNE?	LUCKE JANSEN	SCHUITEMAKERSWAL
1642 03 08	AK	ELSJEN	JACOB		IIJNE?	LUCKE JANSEN	SCHUITEMAKERSWAL
1642 08 24	AK	JACOB	JOSOT		INGOLDT,VAN	ANNE	HOECK/EBBSTR
1641 07 21	AK	ALBERT	JARMEN	JANSEN	IPPING	JANTIEN JANSEN	SCHUITENDP
1648 08 08	MK	AAEFJEN	JAN		IRSSING?	MARIA	JADT
1643 05 17	AK	JAN	STOFFEL		ISSELAER	FENNE	OOSTERPOORTE
1646 01 14	AK	BAAUCHIEN	MAIEUR/SERG		ISSELEMNIDEN	JOHANNA WELUEREN/VAN?	SCHOOLEN?
1642 09 23	AK	LUCRETIA	MAIENR/CAPT		ISSELMUIDEN	--	HOLM
1643 11 16	MK	LUCRETIA	S:MAJEUR?		ISSELMUIDEN	N.N.	SCHOOLHOLM
1641 06 13	AK	EERNST BERNHART	WIGBOLT/CAPT.		ISSELMUIDEN,V	JOHANNA ---,VAN	--
1641 06 13	AK	LUCRETIA	WIGBOLT/CAPT.		ISSELMUIDEN,VAN	JOHANNA ---,VAN	--
1649 01 21	MK	HANS PHILIP	HANS	COERT	ISSERT	ANNE	LEGEWECH
1642 04 11	MK	CORNELIS	HINDRICK		JALINGE?	ALE ALBERTS	RAAMSTR
1643 06 01	AK	ANNA	BERENT		JEUGT?	TEUBECHIEN	GULDENSTR
1641 07 04	AK	MARGRIETE	BARTELT		JONCKBLOET	TRIJNE	SCHUTEMKR
1643 01 29	MK	CLAES	HARMEN		JONCKBLOET	HARTIEN	NOORDERDIEP
1641 09 26	AK	HINDRICKJEN	HINDRICK		JONCKBLOET	JETSKE	PELSERSTR
1642 09 29	AK	HANS	BERENT		JONG-BLOET	SUSANNA	WIPSTRATE
1648 01 18	AK	JACOB	BERENT		JONGBLOET	SUSANNA	BOTERDP
1643 08 20	AK	METTE	GEERT	JANS	JONGBLOET	JANTIEN	NIJESTADT
1644 11 05	AK	METTE	GEERT	JANS	JONGBLOET	JANTJEN	NIJESTADT
1643 08 13	AK	GRIETIE	HINDRICK		JONGBLOET	GEERTRUIT	HARD:STR
1643 09 06	AK	DERCK	HINDRICK		JONGBLOET	JETSKE ROEBERS	PELSERSTR
1645 06 16	AK	GEERT	HINDRICK		JONGBLOET	JETSKE	PELSERSTR
1648 07 21	AK	LIJSEBET	JURIEN		JONGBLOET	JELKEROEBERTS	PELSERSTR
1646 01 13	AK	JAN	JAN	JANSSEN	JONGE,DE	BAUWE	LAMHUINGESTR
1646 03 08	AK	TRIJNTIEN	NANNE	WALRICHS	JONGE,DE	EISE NOMDES	JADTBRUG
1649 04 14	MK	ANNECHIEN	GERRIT		JONGERING	GEERTIEN	KL.PEPSTR
1644 11 29	AK	TRIJNTIEN	BERENT		JONGLOEDT	SUSANNA JACOBS	BOTTERDIEP
1645 08 10	AK	JURJEN	HINDRICK		JOUCKBLOET	GEERTRUIT	VISSCHERST
1649 12 21	AK	BERENT	REIJNER		JULSING	ANNA LUCIA GLINSRA?	A KERK
1643 11 28	AK	BARBARA	HANS		JUNGER	ANNA	MEULENSTR
1643 06 30	AK	HANS	HANS		JURG	ANNETIE	PRINCENSTR
1644 01 16	AK	TRIJNE	HANS		JUTMAN	GRIETE	HOFFSTR
1644 03 12	AK	ZACHARIAS	HANS		KAMER	AELTIEN HARMENS	LANE
1647 09 22	AK	JAN	JAN		KAMNER	TIJTE ECHTE	PAULSBLEIJKE
1649 10 04	AK	GEERTRUIT	GERRIE?	JANS	KAMPER	ANNETIE	SCHOOLHOLM
1642 10 02	MK	HANS	PIETER		KAN	TRIJNE	BREEGANG/SCHUTND
1643 07 20	AK	HINDRICK	BATSASAR		KANT	JANNEHIEN	NIJEWECHE
1647 02 24	AK	MARIA	EVERT		KAP	EVA JACOBS	DAMSTERDP
1649 04 17	MK	ANNETIEN	DAVID		KAPPELER	WALBERCH	N.STR
1647 11 28	MK	HINDRICK	BALTZAR		KAURT	JANTIEN	N.POELSTR
1643 02 01	AK	ANNA MARGR:	JOHAN	PHILIPP	KECK	ANNA JUSTINA SILTMAN	POELSTR
1646 01 06	AK	JAN	JURJEN		KEETTEIJER?	GRIETJEN	ANTHONIJGSTHUIS
1648 03 21	AK	GRIETIEN	JACOB		KEEWE?	MEIJNOU?	LEELJENSTR
1648 12 09	MK	CATRINE	HINDRICK		KEIJSER	AELTIEN	KARPEERN?
1642 04 03	AK	MARIA	MICHIEL		KEMMENA	URSELE HEERENS	SWANESTR
1644 03 05	AK	ANTHONIUS	JAN		KEMMER?	TIETE	3 MEULLEN
1643 11 19	MK	ADAM	ROELEF		KEMPER	GEERTRUIT	MUSCHSNGANG
1641 09 22	AK	ANNA MARIA	WOLF		KEMPER	GEERTRUIT	KOSTERSGANG
1646 12 09	AK	JACOB	WOLF		KEMPER	GEERTRUIT BRUISSELER	JACOBINSTR
1648 12 13	AK	GRIETIEN	WOLFF		KEMPER	GEERTRUIT	JACOBINERST
1645 12 12	AK	JACOB	WOLF		KEMPERS	GEERTRUIT	MUSKENGANG
1646 01 02	MK	ELSJEN	MICHEL		KENNEMA	URSELE HERES	SWANESTR
1648 12 01	AK	WILLEM	MICHIEL		KENNEMA	URSELS?	SWANEST

Year Mo Da	Chr	Child's Given Name	Father/Child's Patronymic	Father's Patronymic	Father's Surname	Mother	Address
1648 08 15	AK	JAN	JAN		KENNER?	CIJTIE	3 MEULENS
1644 06 02	AK	LODUWICK	STEVEN	MELIS	KERK	GEERTRUIT	A KERK
1647 10 31	MK	SIJE	HINDRIK		KERKHOFF	GEESJEN SICKMAN	OOSTST
1642 09 07	AK	VREDERICK	JURJEN		KESSEL	GRIETE	MEULLENSTR
1644 06 20	AK	MIA CHRISTINA	D.		KESTERINCK	TIJTIEN GROOTHUIJS	BOTTRSTR
1648 08 17	AK	RUDOLPH HENDRICK	/DR.		KESTRING	IDA	BOTTRSTR
1646 10 30	AK	GEESJEN	JOHAN		KESTRING	IDA GROOTHUIJS	BOTTRSTR
1646 09 11	AK	CRACHTJEN	CRACHT (decd)		KETEL	[WEDUWE]	VISCHMERKT
1645 04 18	AK	JOANNES	HINDRICK		KETTINUS	JANTIEN ROMELINGH	BOTTRSTR
1646 12 05	AK	CASPER	HINDRICK		KIJVERS?	ELSIEN	HOGEBROERSTR
1642 09 10	AK	BARBER	HINDRICK		KIJVERT	ELSJEN	NIEUWE SUIDERDP
1643 08 18	AK	WIGGEL	COERT	WIGGELS	KIMSTEM.	EMMERENS BRANDER,DE	N.STADT
1641 04 04	AK	JAN	JAN		KINDERMAN	ANNA	HEERPRTE
1648 06 06	MK	LUCIA	JAN		KINDERMAN	ANNE HARMENS	HEERSTR
1647 08 01	MK	WENDELTIEN	AEIJND	DIETLEFF	KIPHUIJSEN	HILLETIE ELBERI	JUTROLDS
1642 12 25	MK	JAN	ARENT	JANSSEN	KISTEMAKER	DIGNA LUCAS	GELTINGESTR
1642 12 13	AK	GERHARDUS	HINDRICK		KISTEMAKER	JANTIEN ROMMERTS	TORSTOORNSTR
1643 10 13	AK	NICLAES	DERCK		KLANG	ANNECHIEN	SUDIERDIEP
1647 03 02	AK	LIJSABETH CATHR.	HANS/SOLD.		KLEEN	LIJSABETH	BEULSGANG
1641 01 17	MK	HILLETIEN	JAN	LAMBERTS	KLEERMAKER	HARMTIEN DERX	HEERSTR
1641 06 11	MK	ANNETIEN	JETJEN	ALTENS	KLEERMAKER	GRIETIE BOELENS	BOTTRSTR
1645 03 21	MK	ELSJEN	HANS		KLEIJN	LIJSBETH	MUSSCHERSGANG
1642 06 08	AK	PIETER	JAN		KLEIJN	MARIJE PIETERS	SUIDERDP
1645 09 12	AK	ANNE MARIE	JOANNES		KLEIJN	LIJSABETH JOANNES	3 MEULEN
1642 03 03	MK	WENSSEL	WENSEL		KLEIJNSMIDT	CHRISTIJNE	MEULEN
1645 08 17	MK	HANS	JOCHIM		KLEPER	ANNEKE	GOSTERPOORTE
1641 08 26	AK	CATALINA	HINDRICUS		KLINGE	JOHANNA ARNU	MARTINIKERKHOFF
1644 06 07	AK	WATSE	HARMEN		KLIVINCK?	JANNEKE SOOR?	VOLT:STRATE
1643 02 12	AK	MARIA	WILLEM	JACOBS	KLOKGIETER	METTIEN JANS	EBBINGESTR
1643 01 08	AK	ADAM	JURJEN		KLOOSTERBOEL	EVA JURJENS	DRA
1641 12 03	AK	TRIJNTIEN	TIJES	KROEN	KLOPPENBORCH	TRIJNTIEN	PRINCENSTR
1642 12 25	MK	SIBILLA	TIJS	KROON	KLOPPENBORCH	CATHARINA	MEULENSTR
1643 02 21	MK	TATEKE	JAN	RICKELS	KLOPPENBRCH,V	SIJEKE	SCHUTENMRSWAL
1646 01 25	AK	HINDRICK	JAN		KNACHTING	EVA HINDRIX	UIJRWERKERSGANG?
1643 03 08	MK	GEERTRUIT	JAN		KNIDERMAN?	ANNA	HEERPOORTE
1643 03 16	MK	IDE	CLAUS	JANSEN	KNOOPMAKER	JACOBJEN	HARDINGESTR
1645 06 27	AK	ODOLPH	CLAES	JANS	KNOOPMUR?	JACOBJEN	HARDRINGESTR
1648 09 17	AK	HENRICH	HANS	PETER	KNOPENS	TRIJNTIEN	SCHUTE.ST
1643 12 17	AK	STIJNTIEN	HANS	PETER	KNOPEUS	TRIJNTIEN	SCHUTEMAKERSSTR
1645 09 09	AK	ELSIEN	HANS	PETER	KNOPEUS?	TRIJNTIEN	SCHUITMRSSTR
1641 11 28	AK	JANTIEN	JAN/SOLDAET		KNORF	HARMTIEN WILLEMSA	NIJESTADT
1643 09 19	AK	FRERICK	JAN		KNORF	HARMTIEN WILLEMA	GASTHUIJS
1645 08 31	AK	ANNA	JAN		KNORF	HARMTIEN	GEESTEGASTHUIS
1649 10 03	AK	CORNELISJEN	LUITIEN		KNOT	ETJEN LAMBERTS	HELPEN
1647 12 05	MK	JANTIEN	JAC./VAEND.		KNOTTE	JANTIEN	HEERSTR
1649 01 11	AK	CONRADUS	HANS		KOCK	GRIETE	NIJEWECH
1645 07 01	MK	CORNELIS	HARMEN	DEPKES	KOCK	GIJSSELS	JADT
1643 06 23	AK	MARIA	HINDRICK		KOCK	MARIA	BOTTERMERCKT
1642 10 26	AK	JANTIEN	LOURENS		KOELENEN?	DOROTHEA JURJENS	SLEMENNERSTAR
1646 06 18	AK	JURJEN	LAURENS		KOELER	DORETHEA	OVERDTA
1644 05 24	AK	JACOB	ARENT/SOLD.		KOIJT	ELISABETH	SCHUTDNDIEP
1644 12 29	AK	JANTIEN	LOURENS		KOLDER	DOROTHEA	SLEMENDERSTR
1643 10 08	AK	HANS WILLEMS	LAURENS		KOLMAN	BARBER	SCHUTM.W.
1647 05 04	AK	ANNA CATHRIJNE	LAURENS		KOLMAN	BARBER	3 MEULLENS
1647 04 25	AK	CORNELIS	JAN	CLAESSEN	KOLTHOF	WEIJNTIEN CORNELIS	CORELL
1648 06 20	AK	TRIJNTIEN	JAN		KOLTHOFF	NICHIEN? CORNELIS	BOTTRSTR
1648 09 10	MK	ANNA CAT:MARG.	JACOB		KOOLHAES	BARBER	OOSTERPRT
1642 03 01	MK	MICHEL	LEENERT		KOOLHAES	TRIJNTIEN	SCHIEDAMSGNG
1646 11 30	AK	JANTIEN	LENERT		KOOLHASE	TRIJNE	CRANEPOORTE
1644 11 24	AK	GEESJEN	DAVID/SOLD.		KOPPELAER	WALBURCH	WOERT
1646 12 13	AK	HANS	DAVID		KOPPELUER	WALBRECHT	NIJESTRAETJEN
1641 10 24	MK	JORIS	DERCK	JORIS	KORSMAKER	EESJEN ANDRIES	GELTINGSTR
1641 01 24	AK	LUCAS	WILLEM	JANS	KORSMAKER	--	POELSTR
1644 12 26	MK	JAN	JAN		KRAN	MARIA	HEERSTR
1641 11 10	AK	ANNECHIEN	HANS/SOLDAET		KRECET	AELTIEN	NIEUWEWECH
1641 12 11	MK	BERENTIEN	HARMEN		KRIJT	WEMELTIEN	GELTINGESTR
1647 05 02	AK	CATHARIJNA	ANDRIES		KROEGER	GEERTIEN MARZELIS	SCHOOLHOLM
1644 09 29	MK	ALBERT	ALBERT		KRUISSE	ANNA	PRINCESTR
1642 01 09	MK	ENNE	ALBERT		KRUISSE	ANNE	PRINCENSTR
1644 07 26	AK	ANNECHIEN	JAN	GEERTS	KUIPER	BERENTIEN	POELEPOORTE
1642 08 31	AK	JEIJE	JAN	GEERTS	KUIPER	BERENTJE	POELEPRT
1648 10 03	AK	MARGRIETA	REGNERUS		KUNNING	LIJSABETH	HARDSTR
1645 02 11	AK	ANNE MARIE	ANDRIES		KURST	CHRISTINE	SCHUTE.WAL
1649 03 27	AK	JAN	JAN	JANSSEN	KUS	GESE	LUTKEPEPRST
1643 01 27	AK	JAN	JAN	JANSSEN	KUUTSE	GESE JANSSEN	PEPERSTR
1648 10 10	AK	WILLEMTIEN	CORNELIS		LAAR,VAN	FENNECHIEN	MUERE
1644 07 17	MK	GEERTRUIT	HINDRICK		LAAR,VAN	GEERTRUIT HOFS	KOORNMERCKT
1642 04 13	AK	ABRAHAM	HINDRICK		LAAR,VANT	MARRECHIEN	SWANESTR
1644 02 04	MK	SWAENTIEN	HINDRICK		LAER,VAN'T	MARRICHJEN	SWANESTR
1646 11 06	AK	HINDRICKJEN	HINDRICK		LAER,VANT	GEERTRUIT HOFS	KOORNMERCKT
1642 12 04	MK	MATTHIAS MARIJN	PIETER		LAGLAS	ELLETIE JANS	J.TESART T'HUIJS
1646 09 01	AK	HANS	ARENT		LAIDIJSEL?	DOECKE	DRIST/3 MOLENS
1642 06 10	AK	PIETER	D.		LAIJE	JOHANNA GOMARA	NIJE MERCKT
1646 10 13	AK	JACOB	FRANS		LAM	ANNECHIEN	3 MEULENS
1648 01 02	MK	JONNES	WILLEM		LAMBECK	GAETZJEN? HINDRIX	DRAE
1646 08 03	MK	ANTHONIUS	ALBERTUS		LAMBERCH	CATHARINA CLEVE,V.	EBBSTR
1647 03 24	MK	MEENTIEN	ALBERTUS?		LAMBERCH	CATHARINA CLEVE,V	EBBINGESTR
1649 04 17	MK	OTTO	ALBETUS		LAMBORCH	CATARINA CLEVE,V	MKERCK
1642 04 20	AK	ANNA GEERTRUIT	LUERT		LAMKENA	CATHRIJNE	ANTHONIJGASTHUIS
1644 02 18	MK	ROELEF	HARMEN	CLAESSEN	LANDMETER	GRIETIEN	N.EBBSTR
1641 06 16	AK	ALBERT	ALBERT		LANDT	GRIETIEN LANDT	MESMAKERSSTR
1643 07 19	AK	LAMBERT	ALBERT		LANDT	GRIETIEN MUNTING	MESSEMRSSTR
1643 03 13	AK	LOUWE	ALBERT		LANDT	GRIETIEN MUNTING	N BOTRSTR
1648 08 06	AK	ROELEF	ALBERT		LANDT	GRIETIEN MUNTING	N.BOTTRSTR
1644 11 15	AK	METJEN	ARNOLDUS		LANDT	CATHARINA EPPEN	BOTTRSTR
1646 06 19	MK	LIJSBETH	BERENT		LANDT	SAERTIEN WIRUERS?	OOSTERSTR
1644 06 21	AK	JACOB	EBBING	(surgeon)	LANDT/CHIRURGUS	ANNECHIEN JANS	POELESTR
1646 07 26	MK	AELTJEN	EBBINGH		LANDT	ANNICHJEN JANS	MERKT
1648 11 29	AK	HILLETIEN	EBBINK		LANDT	ANNETIEN	BREMERKT
1642 09 27	AK	TRIJNTIEN	HINDRICK		LANDT	GRIETIE HINDRIX	BOTTERDP
1648 06 25	MK	GRIETIEN	HINDRICK		LANDT	GRIETIEN THOMAS	BOTTERDIEP
1646 07 29	AK	MAIJKE	HANS		LANGE	ANNETIE	A.
1642 08 31	AK	HINDRICK	JOCHIM		LANGE	GIJSSELE	POELESTR
1649 12 11	AK	HARMEN	PAULUS		LANGEN?	TRIJNTIEN	SUIDERDP
1644 12 25	AK	REIJNER	DREUS		LANGEN,VAN	AELTIEN	WILKENSKAMER

Year Mo Da	Chr	Child's Given Name	Father/Child's Patronymic	Father's Patronymic	Father's Surname	Mother	Address
1646 06 28	MK	MARIA	REIJNER	JANSSEN	LANGEN,VAN	AELTIEN	HARDSTR
1649 11 21	AK	TRIJNTIEN	ALBERT		LANT	IDA BRONGERSMA	BREEMKT
1641 07 21	AK	GEERT	HINDRICK		LANT	TRIJNTIEN	HEERPRT
1644 11 15	AK	ANNECHIEN	ALBERT		LANTING	TRIJNTIEN	HERSTR
1641 07 18	MK	CLAES	HARMEN	CLAESSEN	LANTMETER?	GRIETIEN	N.EBBSTR
1645 05 11	MK	HANS	HANS		LAST?	WIEESKE JANSSEN	MEULENSTR
1641 02 09	AK	MARGARETE	ARNOLDUS	WIGGERINUS	LATIJNSCHE MR	--	TORFTOORNST
1645 10 05	MK	HANS CHRISTOFFER	ADAMUS		LATOR	ANNA CATRINA DERDREREN	LUIJDEN
1648 11 08	AK	ALBERTUS	CHRISTOFFER		LAUDENBOCH	WOLTERTIEN	OOSTPRT
1644 01 17	AK	JOANNES	HANS		LAUWERMAN	GRIETIEN GOETKES	HARDINGESTR
1643 08 22	AK	THOMAS	THOMAS		LECRLER?	JANNETIEN SWEERS	KIJK/JAT
1641 06 04	MK	FENNETIEN	JAN	JOCHEMS	LEIJDERKER	AELTIEN	WOERT
1642 05 08	AK	LAMBERT	EGBERT	LAMBERTS	LEIJENDECKER	MARRETIEN HERMENS	NIJESTADT
1646 04 07	AK	JAN	CLAES	JANS	LEIJENDERKER	AELTIEN	WOERT
1644 06 30	AK	HEIJLTJEN	CLAES	JANSSEN	LEIJENDERKES	AELTIEN	WOERT
1646 08 14	MK	ANNA	JAN		LESIJN	GRIETE JANSEN	THONNIJS GASTHUIJS
1641 08 08	AK	TRIJNTIEN	HINDRICK	(RUITER)	LEUNINCK	AELTIEN	LEELJENSTR
1643 02 16	AK	GRIETIEN	JAN/SOLD.	BRUINS	LIER,VAN	AELTIEN JANS	PLUIMERSGANG
1643 01 27	AK	ELSKE	CLAES/SOLD.		LIJP	TRIJNE	RADEMERCKT
1643 06 18	AK	WARNER	WILLEM		LINDEMAN	MARRECHIEN	PLUIMERSGANG
1649 05 14	MK	ANNECHIEN	EGBERT		LINGEN,V	AELTIEN	WAGE
1649 05 14	MK	GEERTRUITA	EGBERT		LINGEN,V	AELTIEN	WAGE
1643 07 27	AK	JACOB	EVERT		LINGEN,VAN	JANTIEN HOVINGE	CROMMEJADT
1644 12 24	AK	BALTSAR	DIDERICH		LIPHART?	CATELINA ARNU?	NIJESTADT
1648 04 14	AK	GEESJEN	BERENT		LIPPE,VAN	JANTIEN	HEERSTR
1641 09 24	AK	ELSJEN	BERENT		LIPPE,VANDER	JANTIEN OTTENS	HEERSTR
1643 10 15	AK	ZACHARIAS	BERENT		LIPPE,VANDER	JANTIEN	HEEREPOORTEPIJP
1645 10 24	AK	GEESJEN	BERENT		LIPPE,VANDER	JANTIEN	HEERSTR
1649 04 13	AK	LUCAS	CLAES		LISSEBOU	AGNETE	DONKERSGNG
1645 14 30	AK	AELTIEN	JACOB		LODDEN	GESE	MOESKERSGANG
1643 10 03	AK	JACOB JAN	JAN		LODEWICH	GRIETIEN	MERKT
1642 11 06	AK	WIJEKE	ANTONIUS/SOLD		LOMAN	RENSKE	SCHUTEMRSWAL
1649 05 29	AK	ABRAHAM	JAN		LOMAN	MARRETIE JANS	VOLTSTR
1644 06 09	AK	JAN	JOHAN		LOMAN	TRIJNTIEN	JONKERENSTR
1645 08 03	MK	HENRICUS	PHILIPS		LOMEIJER?	FENNETE? HUIBERTS	HOFF
1647 10 12	AK	STEFFEN	JAN/SOLD.		LOOGMAN	TRIJNE	JONKERENSTR
1641 01 22	AK	GEESJEN	LAMBERT		LOON,VAN	LEENTIEN	PRINCENSTR
1642 02 20	AK	MARIA CLARA	CORNELIS		LOOR	FRONEKE	HOGEBROERSTR
1643 09 20	AK	JOHANNES	FLIPS		LOUMAN	FENNETIEN HUIBERTS	SCHUITENDIEP
1643 09 03	MK	HANS	ANDRIES		LOUTTER	ANNECHIEN	PLUIMERSGANG
1642 02 20	MK	AVENT	JAN	EVERTS	LUBBERS,OF	ANNE	KOSTRGNG/OOSTRPRT
1640 12 27	AK?	GERRIT	JAN		LUBECK	ELSE GERRITS	SLEMENNERSTR
1646 12 17	AK	GEELTIEN	CHRISTOFFER		LUDENBACH	WOLTERTIEN	PRINCENSTR
1643 10 06	AK	WIGBOLT	JURJEN		LUIBECK	ELSJEN	SLEMENNERSTR
1641 03 05	MK	JAN	JAN		LUSSINCK	LIJSEBETH JANS	N.MERKTST
1643 01 01	AK	GEERT	JAN	GEERTS	MAAN	LUBBETIEN	JADT
1642 05 04	AK	HANS JACOB	JACOB		MACKER	SOPHIA	PRINCENSTR
1649 07 25	AK	HINDRICK	JAN	GEERTS	MAEN	LUBBETIEN	JADT
1647 04 11	AK	TIJTE	FECKE		MAERHUSEN	WENDELE REUSEN,V	N.STADT
1649 09 27	AK	JACOB	JAN		MAIJE	TRIJNE	A POORTE
1647 08 01	MK	MARGRIETE	GODEFROIJ		MAIRE,LE	JUDITH DRENTWEDDE?	POEL
1644 09 08	MK	JACOB	JAN	GEERTS	MANE?	LUBBECHIEN	JADT
1640 12 29	AK?	HINDRICK	OTTO		MANTHEU?	--	VISSCHRSTR
1646 07 14	AK	CLAES	THOMAS		MANTINCK	ANNEKE	HEERSTR
1647 07 09	AK	CAREL	PAULUS		MARCH,VANDER	CUNNE ROGEN,VAN	N.EBBSTR
1643 08 25	AK	HINDRICK	HINDRICK		MARCKGRAEF	BARBER	MEULENSTR
1641 09 02	AK	GRIETIEN	PAUL		MARGENSTEUVE	ANNE PAULS	NIEUWESTADT
1643 10 15	AK	PIETER	FEIJKE		MARHUISEN	WENDELA RENSEN	HARDINGESTR
1642 11 27	MK	METJEN	CHRISTIAEN		MARTERSTECK	MARGRIETE ARENTS	JACOBINERSTR
1644 01 07	MK	JURJEN	CHRISTIAENS		MARTERSTEECK	MARGRIETE ARENTS	STEENTILPOORT
1642 09 08	AK	JACOB	JAN		MASMAN	DIEWER	STOELDREIJERSTR
1645 10 15	AK	GRIETIEN	JAN		MASMAN	DIEWER JACOBS	STOELDRSTR
1647 09 23	AK	ENGELBERT	JAN		MASTMAN	DIEWER JACOBS	STOELDRSTR
1644 03 05	AK	GRIETIEN	JAN		MASTMAN	DIEWERTIEN JACOBS	STOELDRSTR
1649 10 28	AK	FENNETIEN	JAN		MASTMAN	DIEWES JACOBS	STOELDRSTR
1643 01 10	AK	ALBERTUS	HANS/SERGEANT	OND.GISAU	MECHLIJN	N.	CRANERRUHOE
1648 02 04	AK	JANTIEN	JACOB		MEENCK	TRIJNTIE	HELPEN
1645 14 20	AK	SALOMON	BERENT		MEIJER	ANNE	SCHUTEMAKERSWAL
1646 12 02	AK	MARIA	BERENT		MEIJER	MARIA	SCHUTEMAKERSWAL
1646 04 05	MK	PIETER	DERCK		MEIJER	AGNETA	KL.BUTJENSTR
1642 09 28	AK	JAN	DERCK		MEIJER	AGNETE	BUTJENSTR
1643 12 06	AK	GERARD JAN	DERCK		MEIJER	AGNETE	BUTJENSTR
1641 05 02	MK	ANNECHIEN	DERCK		MEIJER	AGNIETE	BUTJENSTR
1641 09 19	MK	FENNETIEN	DERCK		MEIJER	DERCKJEN	BOTTERDP
1641 09 19	MK	HINDRICKJEN	DERCK		MEIJER	DERCKJEN	BOTTERDP
1643 09 29	AK	HENDRICKJEN	DERCK		MEIJER	DERCKJEN	BOTTERDIEP
1648 05 11	MK	JAN	DIRCK		MEIJER	AGNETE	BORGER WEESHUIS
1643 01 06	AK	JAN	EERNST		MEIJER	AELTIEN	MOESKERSGANG
1646 10 08	AK	TRIJNE	EVERT		MEIJER	MARIA	VISSCHRSTR
1644 04 16	AK	IHNE? (son)	EVERT		MEIJER	MARIJE	NIJE DIEP
1648 02 15	AK	TRIJNTIEN	EVERT		MEIJER	MARRECHIEN	VISSCHERSTR
1642 01 28	AK	ANNETIEN	FREDRICK		MEIJER	GEESJEN DREWES	KLEIJNEGANCK
1643 05 17	AK	ANNA MARGRETA	FREERK		MEIJER	GEESJEN DREEUS	SCHUITENDP
1648 09 12	AK	ALBERT	FREERK		MEIJER	GEESJEN DREEWS	LANE
1646 07 16	AK	GERRITS	FRERICK		MEIJER	GEESJEN DREEUWES	LAEN
1648 11 08	AK	GEESJEN	FRITS		MEIJER	ANNETIEN	NIJEPOELST
1643 09 02	MK	PIETER	GEERT		MEIJER	STIJNE	BOTTERDIEP
1644 01 07	MK	AELTIEN	HANS (decd)		MEIJER	GEESJEN HANS	MOESKERSGANG
1644 02 28	AK	HAN	HANS	HEIJN	MEIJER	WOPKE	SLEEMENNEERSSTR
1644 04 21	AK	ANNA MARGRIETA	HARMEN		MEIJER	ANNA JANSSEN	SUIDEDIEP
1648 03 12	MK	JAN	HARMEN		MEIJER	ANNA	SCHUITNDP
1642 06 21	MK	LUCAS	HARMEN		MEIJER	ANNE	HEERPOORTE
1648 12 15	AK	HARMEN	HARMEN		MEIJER	ARNE?	NIEUWEWECH
1649 08 26	MK	HILLE	HARMEN		MEIJER	CLARA	SCHUTNDP
1647 10 27	AK	LUBBERT	HARMEN		MEIJER	CLARE	SCHUTNDP
1644 11 17	AK	ANNECHIEN	HINDRICK		MEIJER	AELTIEN	NIJEJADT
1647 09 19	AK	HEIJLTIEN	HINDRICK		MEIJER	AELTIEN	JADTSTR
1642 07 29	AK	ANNA	HINDRICK		MEIJER	AELTJEN	NIEUWEJADTSTR
1642 07 31	AK	ANNETIEN	HINDRICK		MEIJER	GEESJEN	VISSCHERSTR
1646 01 28	AK	KOEST	HINDRICK/SOLD.		MEIJER	GEESJEN	MUER
1645 10 08	AK	GEERT	HINDRICK		MEIJER	JANTIEN JACOBS	STEENTILPOORTE
1646 12 23	AK	JACOB	HINDRICK		MEIJER	JANTIEN JACOBS	NIJEWECH
1648 09 29	AK	FRANS	HINDRICK		MEIJER	JANTIEN JACOBS	SUIDERDP
1647 01 31	AK	JANNEKE	HINDRICK		MEIJER	NN	MUERE
1647 12 11	AK	TRIJNTIEN	HINDRIK		MEIJER	JANTIEN	O.MEULENDRIST

Year Mo Da	Chr	Child's Given Name	Father/Child's Patronymic	Father's Patronymic	Father's Surname	Mother	Address
1642 09 27	AK	KARSTEN	JAN		MEIJER	EESE	WOERT
1645 04 11	MK	GEESJEN	JAN		MEIJER	ELSJE	WOERT
1641 06 04	AK	CARSTIEN	JAN		MEIJER	ELSJEN	WOERT
1643 05 07	AK	JAN	JAN		MEIJER	HARMTIEN JANS	O.BREDEGANG
1646 05 07	AK	JAN	JAN		MEIJER	HARMTIEN	SUIDERDP
1640 01 30	AK	TIESJEN	JURIEN		MEIJER	LUCKE	JONKERNST
1643 04 09	MK	DORETHEA	JURJEN		MEIJER	HIDDE	TIJMENS MEULLE
1642 08 02	AK	ANNEKE	JURJEN		MEIJER	LUCKE THIJES	WOERT
1642 08 02	AK	MARGRIETE	JURJEN		MEIJER	LUCKE THIJES	WOERT
1644 10 27	AK	SOPHIA	JURJEN		MEIJER	LUCKE	WOERT
1646 12 30	AK	TRIJNTIEN	JURJEN		MEIJER	LUCKE	JUNKERENSTR
1645 14 30	AK	JAN	LUCAS/SOLD.		MEIJER	ANNA	DONCKERSGANG
1648 01 06	AK	HARMEN	LUITIEN		MEIJER	ANNA	JONKERSGANG
1646 09 08	AK	JANTJEN	PHILIPS		MEIJER	GRIETJEN	N.STADT
1641 10 01	AK	MAGDALEENTIEN	PHILPIS		MEIJER	GRIETIEN	NIJESTADT
1643 12 17	MK	JAN	REIJNER		MEIJER	WIBBE	BOTTINGEGANCK
1649 11 04	AK	TALLE	VREERCK		MEIJER	GEESJEN	LANE
1649 04 04	AK	VICTORIJN	PIETER		MEIJER,D'	JOSINA ALBOUT,V	JANSSTR
1641 10 24	AK	DERCK	ROTGER	JOANNES	MEINARDI	ELLETIEN DERX	SWANESTR
1646 10 04	MK	JANTIEN	HARMEN/SOLD.		MENER	ANNE	SCHUTENDP
1647 05 30	AK	JAN	JACOB		MENNINGH	GRIETJEN FUUST	A KERKE
1649 12 05	AK	JOANNES	MATTHIAS	JANS	MENRS,V	HINDRIKJEN	PRINCENSTR
1649 12 25	MK	HINDRICK	GEERT		MENSING	JANTIEN?	BOTTRSTRAET
1649 12 25	MK	REIJNER	HINDRICK		MENSING	ELLETIEN?	OOSTRSTR
1641 08 01	AK	JAN	GERBRANT		MEPPEN,VAN	JANTIEN PETERS	CRAANPROORTEBRUGGE
1646 07 09	AK	FROUCKE	LUINDER/VAENDR		MEPSCHE,DE	AGNES HOORENTIEN	CREMERRIJPE
1641 07 30	AK	ALMOEIJT	GEORG/SOLDAET		MERFS,VAN	ANNEKE	PRINCENSTR
1647 05 30	MK	TRIJNTIEN	HINDRICK		MERKIJRATE?	BARBARA	MEULENSTR
1644 12 20	AK	AELTIEN	JAN		MESTERINCK	TRIJNTIEN	EBBINGSTR
1642 08 06	AK	GRIETIEN	WILLEM	GEERTS	METELEN	ELISABETH HINDRIX	VISCHRSTR
1647 12 26	AK	MARIA	TONNIS	HINDRIX	METER	STIJNE	CRANEPRT
1641 12 09	AK	FENNE	TONNIS	HINDRIX	METER	SWANE	KRANEPRT
1641 12 09	AK	HINDRICK	TONNIS	HINDRIX	METER	SWANE	KRANEPRT
1644 06 04	AK	GEBKE	BERENT	BERENTS	METJELER	JANTIEN	VOLTINGESTR
1646 05 12	AK	CORNELIS	JOAN	JAN	MEURS	BEERTJEN	TORFTOORNSTR
1643 11 19	AK	ROELEF	JAN		MEURS,VAN	BEERTIEN	TORFTOORNSTR
1642 03 29	AK	GEESJEN	JAN		MEURS,VAN	BEERTJEN JANS	TORFTOORNSTR
1649 02 22	AK	TRIJNTIEN	JAN		MEUVS,V	BEERTIEN	TORFTOORNST
1649 04 17	MK	STIJNTIEN	LUITIEN		MIDDENDORP	GEESJEN	SLJANSSTR
1648 06 28	AK	MARIA	JOH:		MIGNON?	AELTIEN GERRITS	CROMELBOGEN
1645 06 25	AK	JAN	EVERT		MIJER	MARIJE MEIJERS	VISSCHERSTR
1641 12 19	AK	HARMEN	HANS		MILLER	BAUWE	WOERT
1641 10 26	AK	JAN	HINDRICK	JONGE	MINDEN,VAN	GEERTRUIT	HARDINGESTR
1641 04 30	AK	AGNESJEN	JAN	GERRITS	MINDEN,VAN	ANNE	NIJEWECH
1641 08 10	AK	ELIJSABETH	JURJEN/SOLDAET		MOER	BEATRIX	MUERE
1642 08 21	AK	JURJEN	JURJEN		MOER	BEATRIX	MUER/GOLDEN
1643 12 29	AK	BETHSKE	DERCK	GABBES	MOESKER	HINDRICKJEN	OOSTERPRT
1643 12 29	AK	AAFKE	DERCK	GABBES	MOESKER	HINDRICKJEN	OOSTERPRT
1647 05 25	AK	EVERT	JACOB	FREERX	MOESKER	WILLEMTIEN	OOSTERPOORTE
1641 09 10	AK	BERENT	JAN	JANSEN	MOESKER	GEBBETIE	HEERPRT
1644 04 12	AK	ETJEN	TONNIS	JANS	MOESKES	ANNE EILLEMS	MEULENSTR
1647 08 01	AK	JACOB	JACOB		MOET	CATHARINA	SCHUITMRSWAL
1647 11 04	AK	HENDRIC	JACOB		MOL	GRIETIEN CONRADTS	LEELIJNSTR
1646 12 11	AK	HANS HINDRICK	DANIEL		MOLLER	MARIA	COSTERSGANG
1644 11 10	AK	ANNA	JOHAN		MOLLER	HARMTIEN	MEULENSTR
1646 10 11	MK	SUSANNA	MICHEL		MOLLER	ELISABETH	RADEMERKT
1642 07 26	AK	MARIA	WILLEM		MOLLER	ANNA	PRINCENSTR
1647 04 16	MK	ANNA MARIA	J./PROF.	CONRADUS	MONAUS	ANNA CATH.	JADT
1648 07 20	AK	JOANNA MARGRIETA	W. (deced)/PROF		MONAUS	ANNA CATHRINA MONAS	
1646 02 22	AK	CHRISTINA MARGR.	JOANNES	COUR.	MONGUS?	ANNA M. WIPPINA	JAT
1646 01 16	AK	AGNES	JAN		MONNINCK?	TRIJNTIEN HINDRIX	EBBINGSTR
1644 09 18	AK	AGNES	JAN		MONNING	TRIJNTIEN HINDRIX	EBBINGSTR
1645 03 28	AK	AGNES	JACOB		MONNINUS	GRIETJEN VOUST	A KERCK
1645 01 19	AK	GRIETIEN	PAUL/SOLD.		MORGENSTEEN	ANNA	NIJESTADT
1646 12 23	AK	HINRICUS	BERENT		MULDER	GEERTRUIT DRAPER	POELSTR
1642 02 18	AK	BERTHOLT	HARMEN	HINDRIX	MULDER	LIJSBETH	RAAMSTR
1649 02 25	MK	HINDRICK	ANTHONIJ		MULLER	ELSKE	BOTTRINGGANG
1645 03 20	MK	DOROTHEA	ANTHONIS		MULLER	ELFJEN	RAAMSTR
1648 05 09	AK	MATHIJS	BALTSER		MULLER	CATRIJNE	OOSTBREEGANG
1649 05 09	AK	DERCKJEN	BERENT		MULLER	GEERTRUIT DRAPERS	POELSTR
1648 01 06	AK	GEERTRUIT	BERNART		MULLER	GEERTRUIT DRAPER	POELSTR
1643 11 26	MK	GRIETJEN	BERNHART		MULLER	GEERTRUIT DRAPERS	POELESTR
1643 05 12	AK	CHRISTIAEN	CHRISTOFFER		MULLER	GEERTRUIT	JATSBRUG
1648 03 08	MK	MARGRIETA BARBARA	DANIEL		MULLER	MECHTELT STEENTGEN	M.STR
1642 02 16	AK	FENNETIEN	GEERT	WESSELS	MULLER	--	KRANEPRT
1644 01 19	AK	TRIJNTIEN	GEERT		MULLER	AELTIEN	DAMSTERDIEP
1647 01 10	AK	WILLEMTIEN	HANS		MULLER	ELSKE	HEERNKAMERS
1641 12 07	AK	HEMMECHIEN	HARMEN	TIJMENS	MULLER	GEESJEN GERRITS	HEERPRT
1643 09 19	AK	DIEWERT	HARMEN	HINDRIX	MULLER	LIJSEBET WILLEMS	HEERPOORT
1646 02 10	AK	HANS DANIEL	HINDRICK		MULLER	CATHRINE	MEULENSTR
1645 04 03	AK	TRIJNTIEN	HINDRICK		MULLER	GRIETE HINDRIX	JUDERAAMSTRAETE
1644 10 02	AK	CATHARINE	HINDRICK		MULLER	MAGDALENE	MEULENSTR
1646 04 05	MK	OTTE CASPER	HINDRICK		MULLER	MARIE	MEULENSTR
1643 08 01	AK	LUCKE	HINDRICK		MULLER	TIETE	SCHOOLHOLM
1648 04 13	AK	ALBERT	JAN		MULLER	HARMTIEN	N.EBBSTR
1642 07 26	AK	HILLICHJEN	JAN		MULLER	HERMTJEN	MUIRE/SCHIEDAMSGN
1642 07 17	MK	JANTJEN	LENART		MULLER	GEERTRUIJT	POELSTR
1642 07 17	MK	GRIETJEN	LENART		MULLER	GEERTRUIJT	POELSTR
1646 01 18	AK	FENNECHIEN	WESSEL	JANS	MULLER	JANTIEN	OLD RONDEEL
1642 08 14	AK	AIJBE	JAN	BOELENS	MULLER?	AUCKE	JONKERENSTR
1642 09 16	AK	FENNETIE	LOBENS/SERGNT.	SCHRIJVER	MULLER,ONDER	ANNA	N.MERKTSTR
1642 01 16	AK	AELTIEN	JACOB		MUNNINCK	GRIETIEN VUIST	A KERKE
1648 02 06	AK	ALBERT	JACOB		MUNNING	GRIETJEN	AKERKE
1647 11 10	MK	AGNES	JAN		MUNNING	TRIJNTIEN HINDRIX	EBBSTR
1640 04 13	AK	HINDRICK	JAN		MUNNING?	TRIJNTIEN HINDRIX	EBBSTR
1643 07 21	AK	JANTIEN	JACOB		MUNNINGH	GRIETIEN VOUST?	DRAKERKE
1640 02 19	MK	CATHARINA MARGR.	CLAES		MUNSTERMAUS?	WOBBETIE	O.EBBPRT
1641 12 19	MK	GEERTRUIT	JAN		MUNSTER,VCSTR	STIJNTIEN	JANSSTR
1642 10 16	MK	AELTIEN	ROSIER	RITSZMA	MUNTEUR	RENEKE LURLOFS	EBBPRT
1644 03 20	AK	ELSJEN	LAMBERT		MUNTINCK	ANNETIE	CRAMERSRIJPE
1643 10 18	AK	MARRECHIEN	ALBERT		MUNTING	AELTIEN FRONE	BOTTRSTR
1642 03 06	AK	FRANS	LAMBERT		MUNTING	ANNECHIEN MUNTINGS	KRAMERSTIJPE
1646 01 28	AK	CORNELIA	THOMAS		MUNTING	ANNECHIEN LEUSSINGH	HEERSTR
1642 12 08	AK	PIETER	ANDRIES	KROEGER	MUSICANT	GEERTIEN MARELLES?	LAMHUINGESTR
1642 10 25	AK	TIJES	JACOB		NAGEL	GRIETE JACOBS	PRINCENSTR

Year Mo Da	Chr	Child's Given Name	Father/Child's Patronymic	Father's Patronymic	Father's Surname	Mother	Address
1642 12 07	AK	HINDRICK	MICHEL		NAGEL	JANTIEN	HEERE/OOSTERPRT
1649 01 13	AK	WILHELMUS	MICHEL		NAGEL	JANTIEN	BOTTRSTR
1644 09 23	AK	ENNE	RODOLPH		NANSSUM	MARIA SCHAFFERS	HEERSTR
1645 10 29	AK	BEERTIEN	RUDOLPH		NASSUM,TE	MARIA SCHAFFERS	HEERSTR
1644 06 07	AK	ELIAS	HANS/SERGEANT		NECHLIJN	GEERTRUIT	JADT
1645 10 28	AK	JOANNA HILLENA	HANS/SAL:SERG:		NECHLIJN	GEERTRUIT PIETERS	JADT
1644 04 28	MK	JUTTE	HINDRICK		NEEVINCK	WEMELTIEN	NIJEWECH
1647 03 14	MK	GRIETJEN	HINDRICK		NERINCK	WEMELE	SCHUITEND.
1649 06 27	MK	GRIETJEN	HINDRICK		NERING	WEMELTIEN	N.WECH
1641 10 24	MK	TRIJNTIEN	JAN		NEVINCK	HARMTIEN JANS	SCHUITNDP
1641 08 17	MK	LAURENTZ	VALENTIJN		NICKEL	ANNA	DRISTE/BRUGGE
1649 06 11	AK	LIJSABETH	JAN		NIENDORP,VAN	GRIETIEN	PRINCENSTR
1641 11 17	MK	AELTIEN	ALBERT		NIJEBORCH	GESE	MUSKENGANCK
1644 06 10	AK	SOPHIA	HANS (decd)		NIJEMAN	RIJXTE STEVENS	BOTTERDIEP
1648 06 17	AK	IDETIEN	HINDRICK		NIJEMAN	MARRETIEN	HEREPOORTE
1646 06 24	AK	LUTGERTJEN	HARMEN	HINDRIX	NIJENHUIJS	GEERTRUIT	JAT/N STRAT
1647 01 22	AK	KUNNEKE	FRITZ		NIJERAEDT	ANNEKE FRITS	NIJEWECH
1645 11 28	AK	JAN	N./DOCTOR		NIJKERCK	ALBERTIEN JANS	JOCOBIJNERSTR
1649 12 05	AK	GRIETIEN	GEORG/DR.		NIJKERK	ALBERTIEN	JACOBINERSTR
1641 11 28	MK	JOHANNES	GEORGIUS/DR.		NIJKERK	ALBERTIEN JANSEN	MART.KERCKHOF
1643 07 21	AK	BASTIAEN	GEORGIUS/DR		NIJKERK	ALBERTIEN JANS	JACOBINERSTR
1647 11 07	MK	LUDOLPH	GEORGIUS		NIJKERK	ALBERTIEN	JACOBIJNERST
1644 10 16	AK	HILBRANT	HINDRICK		NIJSENGE	HARMTIEN ALBERTS	HEERSTR
1642 02 15	AK	JURIEN	HINDRICK		NOOIJE,TER	JANTIEN	PRINCENSTR
1641 08 26	AK	MARGRETE	JAN		NORTHOORN	FENNECHEN EVERTS	OOSTERPRT
1643 12 13	AK	RENSKE	JAN		OERSSING	LUTGERT HINDRIX	MUSKENGANG
1642 06 18	AK	ANNECHIEN	ROELEF	FREDERIKS	OEVER,TEN	ANNA EICK,VAN	MERCKT
1646 06 16	AK	FRERICK	ROELEF	PRORIX?	OEVER,TEN	ANNEKE EIJCK,VAN	BREDEMERCKT
1644 06 09	AK	BARBER	JOANNES		OFFENBERGER	ELSJEN	PAPEN-POORTIE
1643 07 23	MK	ANNA CATHRINE	GEERT		OHSTERMEIJER	MARGRIETE	COSTERSGANG
1645 11 16	AK	HINDRICK	EERNST		OLDENBUTTEL	BEKE JANS	WOERT
1643 10 17	AK	HINDRICK	GERFREST?		OLDENBUTTEL	BEKE	WOORDT
1649 03 04	MK	JAN	KOERT	CLAESSEN	OLSJEN	HINDRIX	DAMSTERDP
1641 02 18	AK	JAN	ARENT	trompetter	ONEZ,VAN	ABELTIEN	EBBSTR
1643 08 18	AK	JAN	VIJT		ONNA	GEBBECHIEN BERENTS	BREDEMERKT
1643 10 19	AK	JAN	PAUL		ONNEKEN	AELTIEN JANS	NIJESTRATJEN
1647 11 04	AK	HEIJLKE	BORRIS		ONRUIT?	GRIETJEN	PRINCENSTR
1649 03 09	AK	JOCHIM	TOBIAS		ONVEUW?	GEBBEKE	S.WOLB.STR
1643 04 16	MK	JANTIEN	PIETER	MEIJNERTS	OOPSLAIJER	JANTIEN	O.EBB.POORTE
1647 12 30	AK	MARGRIETE	JAN		OOSTERMAN	SWAENTIE	JADTSTR
1649 05 08	AK	PIETER	JAN		OOSTERMAN	SWAENTIEN	KIJK/JAT
1646 03 10	AK	EMMERENTIANA	JONAS		ORGANIST	GEERTRUDT STALPEERTS	JADT
1643 12 20	AK	JOANNES	JONAS	JACOBS	ORGANIST	GEERTRUIT STALPEERT	JADT
1641 02 04	AK	JOON EDELOFS	M	JONAS	ORGENIST	GEESJEN STALP	JAT
1648 12 31	MK	HINDRICK	JAN		ORRSING?	LUTGERTIEN	MUSKENGNG
1642 04 27	AK	RENSKE	JAN		ORSING	LUTGERT	MUSKENGANG
1644 01 07	MK	LUBBERT	JAN		OSENBRUGGE,V	GRIETIEN WILLEMS	PRINCENSTR
1644 10 20	AK	MARGRIETE	BASTIAEN		OSENDORCK	IDECHJEN TONNIS	N.JADTSTR
1649 03 18	AK	TRIJNTIEN	BASTIAEN		OSKENDONCK?	JEIJTIEN	N.JATSTR
1646 10 16	AK	TONNIS	BASTIAEN		OSSENDORP	ISECHIEN?	N.JADT
1642 09 11	MK	BASTIAEN	BASTIAEN		OSSENDORP	TONNIS	N.KERKSTR
1644 10 11	AK	HINDRICKJEN	BORRIS		OUCRUIT?	GRIETIEN	PRINCENSTR
1642 02 09	AK	BERENT	VIJT		OUMAN	GEBBE BERENTS	BREDEMERCKT
1648 09 20	AK	ELSABE	LAURENS		OVERCAMP	NEELTIEN	HEERSTR
1648 10 04	AK	ANNA	ROELEF		OVER,TER	ANNA EIJCK,VAN	DRUWE
1643 03 03	MK	HARMEN	JAN		OVING	MEDINA SCHAFFERS	POELESTR
1649 11 06	AK	SOPHIA	JAN		OVING	MEDINA SCHAFFERS	HARDINGESTR
1644 11 24	MK	EERNST	JAN		OVING	MEIDINA SCHAFFERS	N.BOTTRSTR
1647 04 07	AK	ENNE	JAN		OVINUS	MEIJDINA SCHAFFERS	NIJEKERKHOFF
1641 01 15	AK	TOEBETIEN	ADRIAEN/SCHRV.	GEERTS	PAAP	--	S.JANSSTR
1646 03 11	AK	ANNA CATHRINA	MICHEL		PAASCHEN	GEBBE HARMENS	JADT
1649 06 20	AK	TEUBEEIEN?	MICHEL		PAESSCHEN?	GEBBE	N.JATSTR
1644 01 09	AK	ELISABETH	GUILLIAEM		PALMER	MARGRIETE	BOTTRSTR
1643 12 29	AK	HUBERTUS	EVERWINUS		PALTENIUS	MAGDALENA BRUCHERI	SWANESTR
1642 03 25	MK	ELISABETH	EVERWINUS		PALTENIUS	MAGDALENA BRUCHERI	SWANESTR
1645 05 01	AK	JOANNES	EVERWIJN		PALTER	MAGDELENA BRUCHERI	GELTINGSTR
1642 03 10	AK	WILLEM	WILLEM		PAMER?	MARGRIETE	JAPELSERSTR
1645 14 23	AK	ALBERTIEN	JAN	HINDRIX	PASKENENTIER?	AELTIEN	HEERSTR
1646 12 11	AK	AELTIEN	JAN	HINDRIX	PASMENT?	AELTIEN	HEERSTR
1641 12 27	AK	HINDRICKJEN	JAN	HINDRIX	PASSEMENTUNE?	AELTIEN JANS	HEERSTR
1641 04 13	AK	JACOB	AUDLE	HIJLKENS	PASSEMENTUR?	SWAENTIEN DUERTS	PRINCENSTR
1644 02 01	AK	AELTIEN	JOANNES	EDING	PASTR/POST &C	ANNECHIEN LAAR,VAN'T	--
1646 06 17	MK	ELISABETH	EVERWIJN		PATENIUS	MAGDALENE BRUCHERI	GELTINGSTR
1644 05 10	AK	TIJES	HINDRICK		PATER	ELSJEN	BREEGANGSCHUTENDIEP
1647 01 08	AK	MARGRIETE	HINDRICK		PATER?	ELSE	SCHUITENDP
1641 10 17	MK	ANNETIEN	JOOST	WARS	PATERBORN,VAN	STIJNTIEN	CORDEMKRSGNG
1647 01 12	AK	BEATERIS	ALB./DNO?	THOMA	PDIGER ALHIER	AAFJEN ENG.	HARDING
1641 05 25	AK	ULSERT	POPKE		PEEUSUM,VAN	HILLE BARNDA	NERKT
1647 09 09	AK	ANNECHIEN	GARBRANT		PENNING	GEERTRUIT BOELENS	POELESTR
1644 09 24	AK	OEDE	HANS		PENNING	ELSKE	PLUIMERSGANG
1646 06 26	AK	MARRECHIEN	CHRISTIAEN		PEPER	ANNETIE	P.LUMME/STEENTL
1648 05 23	AK	ALBERTIEN	WOLTER	JANS	PEPPINUS	TRIJNTIEN	WOMMEJAT?
1646 04 17	MK	MECHTELTJEN	CHRIANUS	/med.doctor	PERIZONIUS	MARGRIET HETZINGE	HEERSTR
1649 08 30	MK	ANTHONIUS	CHRIANUS?		PERZONIUS	MARGR. HETZINGE	GULDENSTR
1641 01 21	AK	ADOLPH	GERRIT		PHELTEN?	--	VISSCHRSTR
1646 08 02	MK	OCCO	GUALTERO		PICARDO	CATHARINA BAUCKES	BOTTRINGESTR
1649 12 06	AK	OCKO?	GUTELT?		PICCARDUS	CATRINA BAUKES	BOTTRSTR
1646 12 04	AK	CAREL	SAMUEL		PIEMAN	SUSANNA	BOTTERMERKT
1649 12 09	AK	PAUL	SAMUEL		PIEMAN	SUSANNA	HEERSTR
1643 09 01	AK	HARMTIEN	MARTEN	HINDRIX	PIJPMR.	EETIEN	STEENTILSTR
1641 11 26	AK	GRIETIEN	LAURENS		PIMPERLING	AELTIEN REMMERTS	VISSCHRPIJP
1643 09 26	AK	BRECHTIEN	LAURENS		PIMPERLING	AELTIEN REMMERTS	VISSCHERPIJP
1644 03 22	AK	BRECHTIEN	MENSE		PIMPERLING	AELTIEN PIETERS	SCHUTENDIEP
1642 07 31	AK	MENSO	MENSO		PIMPERLING	AELTIEN PIETERS	SCHUITNDP
1648 02 02	AK	PIETERTIEN	MENSO		PIMPERLING	AELTIE	CAME.
1647 09 21	AK	MENSO	LAURENS		PIMPERLINUS	AELTIE	VISSCHERSPIJP
1645 12 28	MK	ANNA	MENSO		PIMPERLINUS	AELTIEN PIETERS	STEENTILSTR
1644 11 14	AK	GRIETIEN	HINDRICK		PLOECHMAN	MARRECHIEN EVERTS	BOTTRSTR
1648 12 07	AK	JEIJTIEN	HINDRICK		PLOECHMAN	MARRECHIEN	BOTT
1646 10 25	MK	JAN	HINDRICK		PLOEGMAN	MARRETIEN EVERTS	BOTTRSTR
1646 08 06	AK	PHILIPS	JOEST		PODT	HARMTJEN	HARDRINGESTR
1642 05 31	AK	ANNEKE	JOOST		PODT	HARMTIEN HANSENS	HARDINGESTR
1643 10 29	AK	DANIEL	DANIEL/SOLD.		POELIJ	LIJSABETH	VISSCHERSTR
1648 04 02	AK	JAN	CHRISTOFFER		POLANDER	AELTIEN	SLEMMENSTR
1643 01 01	AK	JANTIEN	JAN	ROELEFS	POLITIJ-MR.	TRIJNTIEN	SCHUITMRSSTR

Year Mo Da	Chr	Child's Given Name	Father/Child's Patronymic	Father's Patronymic	Father's Surname	Mother	Address
1644 03 03	MK	AELTIEN	ROELEF		POLLING	FENNE	BOTTERDIEP
1642 11 23	AK	WILLEM	ROELEF		POLLING?	FENNE	BOTTERDIEP
1642 08 11	AK	POPKE	WESSELUS/DR.		POMPEJUS	WIJKE STEEBMANS	A KERKHOFF
1645 03 16	AK	CONRAET	STOFFER		POOL	AELTIEN	JADTSTR
1648 06 14	MK	CORNELIA MARIA	CHRIANUS		PORIZONIUS?	MARG. HOTZINGE?	BOTTRSTR
1641 08 22	AK	ANNECHIEN	HANS		PORRE?	GRIETJEN	N.STRAATJEN/A
1644 02 06	AK	FIJE	JOOST		POT	HARMTIEN	HARDINGESTR
1641 01 10	AK	GRIETIEN	MARCUS	JANSEN	POT	ENGELTIEN	
1646 02 20	MK	AELTIEN	MARCUS/RAERDR?	JANS	POT	ENGERTIEN RETS	DRA
1649 11 19	AK	AASJEN	ROELEF		POT	GRIETIEN HARMENS	A
1641 10 24	MK	GEESJEN	EGBERT	GEERTS	POTBACKER	GEERTIEN LUCAS	PELSERSTR
1642 06 17	AK	DIEWERTIEN	JAN	JANSEN	POTBACKER	AELTIEN	DAMSTERDP
1645 05 04	MK	JAN	JAN	JANSSEN	POTBACKER	AELTIEN TIJES	DAMSTERDP
1648 08 26	AK	LUBBERT	EGBERT	GERTS	POTS?	HILLETIE	PELSERST
1647 04 07	AK	MARCUS	MARCUS (deed)	JANS	POTT	ENGELTIE	DRA
1642 01 14	AK	WEMELTIEN	WILLEM		POTT	TRIJNTIEN EIJSENS	OOSTERSTR
1645 01 12	MK	BERENT	ALEF	AARENTS	POUTIER	BEELTIE BERENTS	EBBROORT
1644 11 24	AK	ALBERTUS	ALB.	THOMAS	PREDIGER?	AEFJEN	HARDINGESTR
1642 11 27	AK	AEFJEN	ALBERTO	THOMA	PREDIGER?	AEFJEN GERRITS	HARDINGESTR
1649 01 28	MK	PIETER	ALB.:/D.	THOME	PREDIGNER?	AEFIEN	HARDINGEST
1642 05 22	MK	TRIJNE	MICHAEL		PRESSEL	ANNA	BEULSGANG
1645 14 30	AK	REMMERT	LOURENTS		PRINPERLINUS?	AELTIEN	VISCHERPIJP
1646 12 27	MK	ANNETIEN	MENSE		PUMPERLINUS?	AELTIEN PIETERS	STEENTILSTR
1643 04 30	MK	ELISABETH	GILLIS		PUTTO,VANDEN	ANNA MARIA BUSSERS	BOTTRSTR
1646 03 11	AK	FOCKE	FOCKE		RAARDA	JANTIEN	MESMAKERSSTR
1647 08 19	AK	TRIJNTIE	FOCKE		RAARDA	JANTIEN	CLEIJNEPELSERST
1645 10 08	AK	JURJEN	BALTZAR		RABENSTIJS	AELTIEN	N.JADT STRATE
1649 11 14	AK	WESSEL	HARMEN		RADA	JANTIEN CRANS	EBBSTR
1648 03 26	AK	TRIJNTIE	MICHEL		RAEJCHE	GEBBEKE	JATSTR
1644 04 09	AK	LUTGERT	SIJMON	JANS	RAEVEMAKER?	ANNECHIEN HINDIRX	HEERSTRATE
1648 07 28	AK	RAMONT	DANIEL		RAMANT	MARGRIETE	BREEGANG
1648 12 22	AK	WILLEM	BALTSAR		RASENSTEIJN	AELTIEN	BOTTRPRT
1649 09 26	AK	GERRIT	PIETER		RASKE	JANTIEN	SCHUTNDP
1644 08 09	MK	ELIAS	ELIAS		RASKER	MARRECHIEN	GEESTL.MAAGDESTR
1642 06 26	MK	LAMBERT	ELIAS		RASSER	MARRETIEN LAMBERTS	GEESTEMAGDESTR
1649 01 09	AK	TAMME LUITIEN	JOOST		RASVELT	BEERTIEN TOAMMES	EBBSTR
1642 04 17	AK	HARMEN	ALBERT	HANSSENS	RASWEVER	JACOBJEN HAMMINGHE	MUERE
1649 04 20	AK	REBECKA	FOCKE		RAURDA	JANTIEN JANS	PELSERSTR
1641 11 10	AK	MARIA	JOOST		RAVEN	MARRECHIEN	POELVERPL.
1645 11 30	AK	TRIJNE GEERTRUIT	HANS		RAVENBORCH	ANNA	RAAMSTR
1645 03 25	AK	MAGDALENA	ADOLPH		RAVENSBERCH	JOANNA HEMSINGHE	HEERSTR
1642 08 04	AK	ROELEF	BALTSAR		RAVENSTEIJN	AELTIEN	ROSENSTR
1644 04 17	AK	DANIEL	JOOST		RAVO?	MARRECHIEN	PRINCNESTAL
1644 08 28	AK	JANTIEN	JURJEN		RECHTER	TIJSSJEN	3 MEULENS
1644 10 18	AK	MAGDALENE	ANDRIES		RECKEWECH	ANNE	JACOBIJNESTR
1642 03 27	AK	MICHAEL	JOACH:/D.	BORGESIUS	RECTOR.	GEERTRUIT HOUBING	SWANESTR
1642 03 27	AK	JACOB	JOACH:/D.	BORGESIUS	RECTOR.	GEERTRUIT HOUBING	SWANESTR
1642 10 30	MK	GERLACUS	JAN		REDEKER	MARIA VERRUCIA	MART.KERKHOF
1646 10 29	AK	MARIA	DEWOLT		REDIJE?	ELSEBE	PRINCENSTR
1644 08 25	MK	HANS	PIETER	VARCH	REES,VAN	EBELTJEN	SUIDERDIEP
1645 14 20	MK	HANS	ANDRIES		REFSET	MARGRIETE	MEULENSTR
1644 04 17	AK	TRIJNTIEN	MARCUS		REGNELL	ANNA	MEULENSTRATE
1648 06 13	MK	HANS	MARCUS		REGUL	ANNEKE	DAMSTERDP
1647 06 11	AK	HINDRICK	JURJEN/SOLD.		REIJNKE	GRIETE	JONKERENST
1649 11 07	AK	MARTEN	HANS	MARTENS	REIJNMAN	IDE	MONKEHOLM
1647 10 13	AK	HARMEN	HANS		REIJT	EETE	SCHUTENDP
1645 07 23	AK	MICHEL	HANS		REIJT	EIJTJEN HANSSES	WIJENOECH?
1642 10 07	AK	JOHANNES	HANS		REIJTER	ETTIEN HANSES	N.WECH
1643 09 17	MK	GEERTRUIT	ELIAS		REKENAER,D'	SWAENTIEN GEERTS	EBBINGESTR
1641 11 17	MK	ELISABET	ELIAS		REKENER,DE	SWAENTIEN	EBBSTR
1641 03 12	AK	GEESJEN	JAN		RENE,VAN	GEESJEN	MART.KERKHOF
1649 04 10	AK	ANNA MARIA	HINDRIK		RENTING	METJEN	A./
1641 10 20	AK	WESSLE	JAN	JANSEN	RENTMRS.DIEWR	LUTGERT	KATTENHAGE
1642 01 26	AK	MARIA	DIONGS	MARTIJN	RETAIN	TRIJNE EGBERTS	BOTTERDP
1643 10 06	AK	HANS ANDRIES	ANDRIES		RETZEL	GRIETE	VREMDELINGEN
1643 04 28	MK	FREERICKJEN	HARMEN		REUNST	SIBBEL EGGENS	KIJCKK/JADT
1646 01 25	MK	WENNECHIEN	HARMEN		RHODA	JANTIEN CRANSSEN	EBB.STRATE
1642 06 10	AK	FROUKE	ALBERT		RIBERINGE	GEERTIEN	PAPENPRT
1648 10 03	AK	GRIETJEN	PIETER		RICHEL	MARRECHIEN	CROMELBOGEN
1643 09 03	MK	LEENERT	JACOB		RICHTER	ANNA CLAES	PLUIMERSGANG
1641 06 16	MK	HANS REIJNERT	GEORGIUS		RIDDEL	from Poland, pessengers/WesteIndich	
1646 10 28	AK	HARMEN	HARMEN		RIDDER	CATARIJNA	PLUIMERSGANG
1646 10 28	AK	ELSJEN	HARMEN		RIDDER	CATARIJNA	PLUIMERSGANG
1646 08 07	AK	REIJNERTJEN	JAN		RIDDER	SOPHIA TIASSENS	HEERSTR
1649 06 25	AK	JANTIEN	JAN		RIDDER	SOPHIA TIASSEN	HEERSTR
1642 10 07	AK	LUITIEN	JOHAN		RIDDER	SOPHIA TIASSENS	N.WECH
1643 12 26	AK	JURJEN	JURJEN/SOLD.		RIDDER	CATHARIJNE	NIJESTADT
1649 02 16	AK	LIJSEBET	PIETER		RIDDER	LAMMEKE	HEERPRTE
1641 09 14	AK	MARIA	NOEL		RIJCHART	ANNETIEN	PELSERSTR
1646 10 06	AK	WILLEN	THOMAS	SCHOOS	RIJCKRAAET,V	FIJE	BEULDGANG
1642 01 23	MK	ANNA SOPHIA	CHRISTIAEN		RIJKEN	AELTIEN WILKES	COLLEGIE
1642 01 23	MK	BARBER	CHRISTIAEN		RIJKEN	AELTIEN WILKES	COLLEGIE
1648 01 06	AK	TIJE	HARMEN		RODA	JANTIEN CRANS	EBBSTR
1642 12 18	MK	TRIJNTIEN	HARMEN		RODA	WEMETIEN BEECK,TER	EBBINGESTR
1648 10 03	AK	MAGDALENE	MICHAEL		RODE	MARIA	HARDINGESTAR
1646 10 09	AK	MICHEEL	MICHEEL		RODE,DE	MARIJA	NIEUWESTADT
1642 07 27	AK	ELISABET	GEREMIJN?		RODENBURGH	GEERTRUIJT	HELPEN
1642 03 20	AK	ELSJEN	JOCHIM		RODEVAEN	FENNE GEERTS	NIEUWESTADT
1642 12 30	AK	CHRISTOFFEL	HINDRICK		ROEL	MARIJE BRUCKE	SHCUTEMRSWAL
1642 09 11	MK	LUTGERTIEN	SIJMON		ROEREMAKER	ANNE	HEERSTR
1647 09 17	AK	ETJEN	SIJMON		ROEREMAKER	ANNECHJEN HINDRIX	HEERSTR
1648 06 15	AK	HINDRICKJEN	SIJMEN		ROERMAKER	ANNETIEN	HEERSTR
1642 07 05	MK	NIESJEN	ADRIAEN		ROERSTER,VAN	CORNELIJS (sic)	DRAEDIEP
1641 08 08	MK	SARA	KOERT		ROESEBROECK	JEIJE	DONKERSGANG
1649 03 11	AK	DIRCK	HANS		ROEST	ANNA	SCHUTENWAL
1644 09 10	AK	ANNECHIEN	GIJSBERT		ROIJEN,VAN	ANNECHIEN	JADT
1645 08 01	AK	KLAES	CASPAR		RONDE	BARBER	HOSTRATE
1649 09 08	AK	JANTIEN	CASPER		RONDER	BARBER	HOFFSTR
1647 09 12	AK	BRECHTJEN	GISBERT		ROOIJEN,V	ANNETIE	JADT
1646 03 10	AK	CATARINA	HINDRICK/SOLD		ROOPKERCH?	FENNE	N.EBBSTR
1644 07 04	AK	AELTIEN	OCKE	JANS	ROOS	FENNETIE MENSSENS	BRUGGESTR
1643 11 19	AK	HARTMAN	HINDRICK		ROSBORCH	FENNE DERX	DRA
1643 01 20	AK	CONRAET	COERT		ROSEBROECK	JEIJE CARST	DONKERSGANG
1644 09 01	MK	JEIJE	KOERT		ROSEBROECK	IDE	VISSCHERSPIJP
1645 12 05	AK	MARGRIETE	JOANNES		ROSTORP	GEESKE-MAGDALENA SCHRODERS	JADT STR

Year Mo Da	Chr	Child's Given Name	Father/Child's Patronymic	Father's Patronymic	Father's Surname	Mother	Address
1649 01 05	MK	HEBBEL	GEERT		ROVEST?	AELTIEN VREEX	SMAKERSGNG
1644 11 22	AK	ANNECHIEN	JAN	JANSSEN	RUBBE?	AELTIEN	VISSCHERSTR
1646 11 17	AK	LIJSEBETH	HINDRICK		RUEL?	MARIJE	SCHUITEMRSWAL
1641 10 27	AK	ANNA MARGRETA	JAN	LUSSENS	RUIJTER	ARMGAERT	BLOEMSTR
1648 07 09	MK	JAN	JOANNES		RUISMAN	TRIJNTIEN JANS	A
1645 07 16	AK	PIETER	JANS		RUISTEBIJL	ANNA	SUIDERDP
1641 02 09	AK	ADDE	DOEDE	ADDES	ruiter onder Graff Frits		
1647 10 20	AK	EVERT	ASNNES?	WILTS	RUITER	FENNE	N.EBBINGEPOORTE
1647 12 01	AK	AELTIE	ASSE	HERMENS	RUITER	MAGDALENA	GMAAGDENSTR
1648 04 16	MK	MARIA	BORCHERT	ZEGEL	RUITER	ANNA	N.EBBPOORT
1642 10 11	AK	JURJEN	HAIJE	WEIJERTS	RUITER	ELSJEN	N.MERKTSTR
1646 12 01	AK	GEESJEN	HANS	LOURENTS	RUITER	GEESJEN	BENTHEIM
1641 12 28	AK	GEESJEN	HARMEN	HINDRIX	RUITER	TRIJNTIEN	SUIDERDP
1641 06 16	MK	TRIJNTIEN	JAN	BORGERS	RUITER	GRIETE	PRINCENSTR
1647 08 17	AK	BERENTIEN	JAN	BORCHERS	RUITER	GRIETJEN	PRINCENSTR
1642 10 19	AK	JANTIEN	JAN	BASTENAER	RUITER	JANTIEN	KIJK/JADT
1642 10 04	AK	EETIEN	JAN	HINDRICKS	RUITER	MAAIJKE JANS	NOORDERDIEP
1647 12 08	AK	JACOB	JAN	SAEL	RUITER	MAIJKE	HOORNSTRATE
1643 07 09	MK	MARIA	MELCHER	OBBENS	RUITER	GRIETE	NIJEKERKHOFF
1643 01 22	AK	ELSJEN	SWIJTERT	JANSSEN	RUITER	LUTGERTJEN	HEERESTR
1642 09 02	AK	ANNA MARGRIETE	WALDRICH	JACOBS	RUITER	AGNETA	BLOEMSTR
1642 09 18	MK	JAN	GEERT	JANSEN	RUITER?	TRIJNTIEN GEERTS	GELTINGESTR
1644 11 13	AK	ENGELTIEN	HANS		RUL	HIDTIE ROELEFS	DAMSTERDIEP
1649 12 16	AK	MICHIEL	HINDRICK		RULLEN	MARIA	SCHUTMKRWAL
1644 12 04	MK	ELISABETH	MATTHIAS		RUNNA?	JANNEKEN ADAMS	PRINDENSTR
1648 05 14	AK	ANNETIE	HINDRICK		RUSTBACH	FENNETIEN	N.JATSTR
1643 03 15	MK	BARTELIJN	HANS		RUSTEBIJL	ANNA	GEERTR.GASTHUIJS
1641 08 01	AK	GRIETIEN	JAN	TONNIS	RUSTMESTER	GRIETIEN	VOLTINGESTR
1643 12 24	MK	TIETIEN	HARMEN	JANS	RUSTMR.	ANNE	N.EBBINGESTR
1642 12 04	MK	BENEDICTUS	VALENTIJN	GROSS	RUSTMR.	GEBBEKE ALLERTS	BREDEM.
1647 04 02	AK	FENNETIEN	JAN	DERX	SADELER	TRIJNTIEN	POELESTR
1647 03 31	MK	ANNETIE	HINDRIK	JACHLE?	SADELER?	AELTIE	POELESTR
1647 02 17	AK	ELLECHJEN	BARTOLT	JANSSEN	/SADELM.?	JITJEN	POELESTR
1644 10 18	AK	ANNECHJEN	BARTHOLT	JANS	SADELMAKER	EIJTJEN	POELESTR
1641 09 08	AK	MARIJE	HINDRICK	JANSEN	SADELMAKER	AELTIEN	POELESTR
1641 01 01	MK	HINDRICKJEN	HINDRICK	SCHULTENS	SADELMAKER	OOSTERSTR	
1644 06 12	AK	FREDERICH	JAN	DERX	SADELMAKER	TRIJNTIEN FREERX	POELESTR
1642 08 10	AK	JANTIEN	JAN	DERX	SADELMR.	TRIJNTIEN	POELESTR
1642 09 14	MK	MARTHA	PHILIPS	HOPSMER	SADELMR.	LIJSEBETH	EGGSTR
1646 10 11	MK	SOPHIA	HINDRICK		SAFFRAEN	REMKE	HEEREPIJP
1646 10 23	AK	MAGDALENE	WILLEM		SAMBECK	GRIETIEN	HEERESTR
1641 10 19	AK	GIJSBERT	JAN		SAMBEECK,VAN	TRIJNTIEN HARMENS	JADT
1645 01 22	MK	JANTIEN	HINDRICK	JANSSEN	SANDLER?	AELTIEN	POELESTR
1641 06 23	AK	JAN	ARNOLDUS		SANDT?	CATHARINE EPPENS	BOTTRINGESTR
1645 08 03	AK	JAN	JAN/SOL:		SANDTBEECK	TRIJNTIEN	NIJEJADTSTR
1642 06 26	AK	DERCK	JAN	CLAESSEN	SANDWEER,VAN	JEIJTIEN	VISCHMERCKT
1645 14 30	AK	JURJEN	WILLEM		SAPNDOU	GANNETIEN	VOLTINGESTR
1647 04 23	AK	PIETER	ANDRIES/SOLD.		SASCH?	AELTIEN	GELTINGESTAR
1644 05 07	AK	EVERT	HINDRICK		SASSRADIJ	REMKE	SUIDERDIEP
1642 01 07	AK	HINDRICK	HINDRICK		SASSRAEN	REMKE HARMENS	SUIDERDP
1643 01 15	MK	JURJEN	ANDRIES		SCHADE	MARIJE	PLUIMERSGANG
1643 12 12	AK	HANS	HANS/SOLD.		SCHADE	AELTIEN	NIJESTADT
1646 11 11	AK	MICHEL	HANS		SCHADE	AELTIEN	POELEPOORTE
1641 10 13	MK	CATHRIJNE	PIETER		SCHAEL	MARIA	PRINCENSTR
1642 07 29	MK	JURJEN	HANS		SCHAER	AELTJEN	RAAMSTR
1647 03 19	AK	ANNECHIEN	HINDRICK		SCHAINK	TETJEN JANS	HEERSTR
1646 03 25	AK	JAN	HINDRICK		SCHAMCK	TETJEN JANS	HEERSTR
1644 02 09	AK	TIJMENTIEN	HINDRICK		SCHAMCK?	GRIETIEN	MONCKEHOLM
1645 08 01	AK	ANNA CAT. BARB.	BASTIAEN		SCHAMPER	ELISABETH	MEULENSTR
1647 06 20	AK	JURJEN	HANS		SCHARFF	JANTIEN	BLOEMSTR
1642 06 12	AK	HILLEBRANDT	CHRISTOFFER		SCHAVENNOMBER	HILLE JACOBS	KALKWERK?
1647 06 05	AK	GEERT	JAN	BERENS	SCHEEMAKER	GEERTRUIT	DRAKERK
1648 11 19	MK	DERCK	JAN		SCHELBART	ANNA	BEULSGANG
1641 06 13	MK	GRETTIEN	HARMEN	ABBRINGE	SCHELDER	GRIETIEN	STEENTILSTR
1647 10 20	AK	NOMNO?	REMMERT		SCHELMAN	RIXTE OSFERS	N.MERKTSTR
1642 09 23	AK	VALENTIJN	BASTIAEN		SCHEMPER	ELSE	MOESKERSGANG
1646 11 25	AK	GEESJEN	BOELE	PIETERS	SCHENUR?	JANTIEN	OOSTERSTR
1648 06 25	AK	JOANNES	CHRISTIAEN		SCHERK	CRIJNTIEN RECHTS	SLEMENNERST
1646 09 27	NK	GEESJEN	CHRISTIAEN		SCHERK	TRIJNTJEN RECHTS	SLEEMENDERSSTR
1643 08 17	MK	MECHTELT	HANS		SCHERP	JANTIEN	BLOEMKERSTR
1646 07 24	AK	HAIJE	JACOB	JANS	SCHIFFER	TRUIJ HAJENS	VISCHERSPIJP
1646 01 30	AK	DERCK	JAN	JANSSEN	SCHIJPER	FENNE DERX	MEULENSTR
1645 06 15	AK	JOACHIMUS	HARMEN		SCHIJVINCK	JANTIEN	VOLTINGESTR
1643 05 18	AK	JOCHIM	HARMEN		SCHIJVING	JANTIEN	VOLTINGESTR
1647 12 26	MK	BARBER MARGR.	HANS/SOLD.		SCHILDER	TRIJNE	OOSTERPOORT
1641 04 04	MK	FREDERICK	LAURENTZ	HELLEWICH	SCHILDR	--	BOTTREPRT
1641 03 30	MK	PIETER	JACOB	GERRITS	SCHIPP	AELTIEN	CRANEPRT
1644 11 27	AK	JAN	HEMME	JANSSEN	SCHIPP.	SWAENTIEN	KRANE
1641 10 14	MK	GEERTRUIT	BERENT	ANNENS	SCHIPPER	DUIF JACOBS	TIMMERWERF
1641 12 05	AK	ONNE	ELLE	ONNENS	SCHIPPER	TRIJNTIEN HOLKES	
1641 10 17	AK	ALLE	GERRIT	ALLENS	SCHIPPER	ENGELE	VISSCHRSTR
1641 02 11	AK	HOLKE	JAN	HINDRICKS	SCHIPPER	--	DRA
1644 07 04	AK	AEGTJE	JAN	BERENTS	SCHIPPER	AEFJEN	KRANE
1646 10 13	AK	MENSE	JAN	MENSENS	SCHIPPER	ANNECHIEN	CRANE
1641 08 27	AK	MARRECHIEN	JAN	BERENTS	SCHIPPER	GRIETE HINDRIX	VISSCHRSPIJP
1641 08 27	AK	BERENT	JAN	BERENTS	SCHIPPER	GRIETE HINDIRX	VISSCHRPIJP
1641 04 27	AK	ROELEF	JAN	ROELEFS	SCHIPPER	LIJSEBETH	VISSCHRST
1643 02 07	AK	GEERTRUIT	JAN	ROELEFS	SCHIPPER	LIJSEBETH JANS	VISSCHERSTR
1643 06 27	AK	IDEKE	JAN	HINDRIX	SCHIPPER	RINDT JANS	DRA
1644 03 12	AK	SAARTIEN	MEIJNT	JANSSEN	SCHIPPER	HINDRICKJEN	DRA
1641 02 26	MK	FENNETIEN	GERLEF	HARMENS	SCHIPSTIMMER	--	N.STRATJEN
1642 02 13	AK	OBBE	PIETER	ONNES	SCHIPTIMMERMN	JONCK	LEELJENSTR
1648 11 14	AK	GEESJEN	HARMEN		SCHIVING	JANTIEN SOOR?	VOLTSTR
1644 02 09	AK	ANNA MARGR.	JOHAN	NICLAES	SCHOEFFER	MARGRIETE	MEULENSTR
1647 11 21	AK	JACOBUS	JAN	JANS	SCHOEM	GEESJEN JACOBS	SLEM.STR
1644 01 10	MK	HEBBELTIEN	GEERT	JANS	SCHOEMAKER	GEESJEN STEVENS	BOTTRSTR
1642 04 05	AK	HINDRICK	GEERT	HINDRIX	SCHOEMAKER	MERRECHIEN	LUTKEDRA
1645 10 19	AK	WILLEM	JACOB	JANS	SCHOEMAKER	JANTIEN	A KERKE
1647 06 10	AK	FENNECHIEN	JACOB	JANS	SCHOEMR.	JANTIEN ROELEFS	A KERK
1642 10 06	AK	GRIETIEN	HINDRICK	MENSENS	SCHOENMAKER	GRIETIEN	EBBSTR
1641 03 21	AK	JAN	JACOB	JANSEN	SCHOENMAKER	--	DRAKERK
1642 08 14	AK	ROELEF	JACOB	JANS	SCHOENMAKER	JANTIEN	A KERK
1641 10 05	AK	JACOB	PIETER	PIETERS	SCHOENMAKER	MARCHIEN JACOBS	RAAMSTR
1646 12 13	MK	REMBERTUS	HINDRICK	MENSSES	SCHOENMER	GRIETJE	POELESTR
1642 09 28	AK	MARIJKE	JURJEN		SCHOESTER	MARGRIET	M.KERKHOFF

Year Mo Da	Chr	Child's Given Name	Father/Child's Patronymic	Father's Patronymic	Father's Surname	Mother	Address
1648 06 09	MK	MARGRIETE ELIS.	CHRISTOF.		SCHONBACH	SUSANNA SAMGIJ?	MEERL.?
1642 10 30	MK	JOHAN CHRISTOFF.	JOHAN	CHRISTOFF.	SCHONBARCH	SUSANNA ELISABETH LANGEN A?	
1644 07 07	MK	JOHAN	WILLEM		SCHONINCK	ANNECHIEN	QUINQUENPLAAETS?
1645 01 16	AK	JACOBUS	M./PROF.		SCHOOCK	ANGELICA MENK,VAN DER?	HEERD:STR
1641 10 03	MK	ALETTA	/HEER PROFSR		SCHOOKIUS	ANGELINA MERCK,VAN	HARD:STR
1642 06 03	AK	RIEMERT	JOHAN	RIEMERTS	SCHOOL.M.	TRIJNTIEN EGBERTS	VISSCHERSTR
1648 11 07	AK	HANS JURJEN	HANS		SCHREIJDER	AAFJEN	PLUIMERSGAGN
1642 07 17	AK	MARIA	HANS		SCHRIJVER	ANNE	HEERPRT
1643 01 03	AK	GEBBETIEN	HINDRICK	TIJMENS	SCHRIJVER	GEERTRUIT RIJKENS	TORSTOORSTR
1644 03 06	AK	GEBBECHIEN	HINDRICK	TIJMENS	SCHRIJVER	GEERTRUIT RIJKENS	TORFTOORN
1642 11 06	AK	JANTIEN	JAN	JACOBS	SCHRIJVER	GEERTRUIT MENTINX	NOORDERDP
1644 11 03	AK	ANTHONIJ	JAN	JACOBS	SCHRIJVER	GEERTRUIT	CRANE
1642 06 21	MK	IDE	JOHAN	EIJLERTS	SCHRIJVER	AELTIEN	SWANESTR
1644 09 13	MK	WILLEM	LIBORIUS		SCHRIJVER	ANNETIE	N.KERKHOFF
1647 10 26	AK	CHRISTIAEN	HANS		SCHRINER	ANNE	JONKERENSTR
1641 06 17	MK	HARMEN	PIETER		SCHROE	ANNE	HEERSTR/DRENTSCHEPL
1641 06 17	MK	BARTELMEUS	PIETER		SCHROE	ANNE	HEERSTR/DRENTSCHEPL
1648 04 09	MK	MARIA	JOHAN		SCHUILENBORCH	GREETIEN	NOORDDIEP
1648 01 07	AK	GERRITIEN	HINDRICK		SCHUIRING	JANTIEN	BOTTRPRT
1649 11 18	MK	EVERT	HINDRICK	EVERTS	SCHUIRING	JANTIEN	HEEREPIJP
1645 06 19	AK	BARELT	JAN		SCHUIRING	GEERTIEN HARMENS	POEL
1647 01 24	MK	JAN	JAN		SCHUIRMAN	JANTIEN	BOTTRINGESTR
1641 04 11	MK	BARTHELT	CHRISTOFFER		SCHUIT	BEKE	COSTERSGANG
1641 01 08	AK	JAN	GOSSEN	ROELEFS	SCHUITENS	AELTIEN	SCHUITEND.
1641 03 12	AK	JANTIEN	REIJNER	HARMENS	SCHUITENSCHTR	--	DAMSTERDP
1641 06 18	MK	JANTIEN	EGBERT	HARMENS	SCHUITENSCHVR	HEIJLKE	MUSKENGAGN
1641 03 16	MK	GRIETIEN	JAN	HAIJENS	SCHUITENSCHVR	--	MUSSCHENGANG
1642 10 27	AK	CLAES	JAN	CLAESSEN	SCHUITESCHVR	AASJEN	SCHUITENDP
1647 04 18	AK	MARRECHJEN	JAN		SCHUIVINCK	GEERTRUIT	SLEMENNERSSTR
1644 10 27	MK	JOANNES	JOANNES		SCHULENBORCH	GRIETJEN JANS	NOORDERDIEP
1649 08 29	AK	MARIA	JOHAN		SCHULENBORCH	GRIETIEN	NOORDERDP
1646 08 12	AK	HANS	HANS		SCHULLER	ANNA	JUDE RAAMSTR
1642 03 20	MK	GEESJEN	JOANNES		SCHULONBORCH	HARMTIEN WINSHEMIJ	OOSTERSTR
1644 11 29	AK	ANNA MARGRETE	HANS/SOLD.		SCHULTE	ANNA JANS	PLUIMERSGANG
1644 09 05	AK	HINDRICKJEN	JAN	ROELEFS	SCHULTE	TRIJNTIEN	SCHUTMRSSTR
1644 10 25	AK	TITIA	EVERT	JORIS	SCHUPHAM	RENSKE	VISCHMERKT
1643 11 26	AK	AMERENTIA	JOANNES		SCHUPHAM	CORNELIA GEERTS	JATSBRUGGE
1642 03 13	MK	JORIS	JOHANNES		SCHUPHAN	CORNELISJEN	MERKT
1646 05 19	AK	JORIS	JOHAN		SCHUPTHAM	CORNELIA	HEEREPOORTE
1644 07 25	AK	HANS HINDRICK	KILIAEN		SCHUSEELER	KATHARINA KOCKS	COSTERSGANG
1649 10 02	AK	HANS	VALENTIJN		SCHUSSERT	STIJNTIEN	PRINCENSTR
1644 06 01	AK	ENGEL	HARMEN	JANS	SCHUTENSCH	EGBERTIEN	SCHUTENDIEP
1644 07 19	MK	MARRECHIEN	JAN	HARMENS	SCHUTENSCH	HILLE HELMERS	SCHUTENDIEP
1645 03 26	AK	HILLE	ROELEF	BERENTS	SCHUTENSCH	ANNETIEN JANS	WOLBORCHBRUG
1645 12 19	AK	MARRECHIEN	JAN	JANSSEN	SCHUTENSCH.	HINDRICKJEN	HOPMANSGANG
1644 03 01	AK	CORNELISJEN	JAN	JANSSEN	SCHUTENSCHE	AVE	SUIDERDIEP
1649 06 07	MK	MARIA	HANS		SEEST,V	GEESJEN	OOSTERPRT
1641 04 15	AK	PIETER	JAN	SIJWERS	SEIJLMAKER	JANNETIE	DRA
1648 10 29	AK	HANS	ECKHERT?		SELTER	ANNETIEN	CRANE
1645 01 16	AK	ANNA MARTA	ECKHART/SOLD		SELTZER	ANNECHIEN	MUER/JAT
1645 12 13	MK	MICHEL	HANS		SHARP	JANTIEN	BLOEMSTR
1644 03 06	AK	JAN	HINDRICK	TIJMENS	SHCRIJVER	GEERTRUIT RIJKENS	TORFTOORN
1643 09 12	AK	ROELEF	FEIJO		SICKINGA	SOPHIA ECHTEN,V.	HEERESTR
1642 03 02	MK	JOHAN	FEIJE		SICKINGHE	SOPHIA ECHTEN,VAN	EBBSTR
1646 03 23	MK	PETER	FEIJE		SICKINGHE	SOPHIA ECHTEN,V.	HEERSTR
1647 03 02	AK	ANNA	FEIJE		SICKKNIGHE	SOPHIA ECHTEN,V	HARDINGESTR
1642 09 13	MK	JANTIEN	ROELEF		SIENCK?	BIEKE	BROERESTR
1648 07 12	MK	SARA	JOANNES		SIGLER	BARBER JANS	ANTHONIJ GSTHUIS
1645 02 16	AK	GRIETIEN	ROELEF		SINCK	BIEKJEN	JADT
1647 02 21	MK	AARENT	ROELEF		SINCK?	BETKJEN	BUTJENSTR
1644 03 05	AK	JAN	ALBERT	ENGELBERTS	SLACHTER	FENNETIE JANS	DRA
1641 04 09	AK	AELTIEN	FREDRICK	HINDRIX	SLD UND MERWE	TAELKE	
1642 03 18	MK	MARGRETE	JOANNES		SLEPER	MARGRETE	PLUIMERSGANG
1642 03 27	AK	TRIJNTIEN	JAN	WARMELTS	SLOTEMAKER	HARMTIEN	STOELDRSTR
1647 09 05	AK	ADOLPHUS	GEERT	BEERTS	SLOTMAKER	HESTER	VISSCHERSTR
1641 02 26	MK	HINDRICK	HARMEN	HINDRIX	SLOTMAKER	--	EBB/BOTTRPT
1647 04 30	AK	GEERTRUIT	JAN	GEERTS	SLUCHER?	ELLEKE?	OOSTERSTR
1643 03 29	AK	JACOB	PIETER	JACOBS	SLUER?	SWAENTIEN JANS	BROEREKERK
1643 08 27	AK	ENGELTIEN	CLAES	HARMENS	SLUITER	ALETIEN	VOLTINGESTR
1647 12 21	AK	MAGDALENE	HARMEN		SLUITER	JANTIEN PIETERS	SWANSTR
1643 10 01	MK	GRIETIEN	JAN	BASTIAENS	SMAELS?	AELTIEN	BREDEMERKT
1642 04 12	AK	MARTEN DANIEL	CASPER		SMEISSER	GEERTRUIT	PLUIMERSGANG
1643 06 27	AK	HANS	HANS		SMIDT	JANTIEN	N.JADTSTR
1644 12 06	AK	JURJEN	HANS		SMIDT	LIJSEBETH JACOBS	BOTTRDIEP
1644 09 29	MK	HARMEN	HARMEN		SMIDT	GEERTIEN	HEERPOORTE
1647 08 05	AK	GRIETIEN	HARMEN	HARMENS	SMIDT	GEERTIEN	HEERPOORTEN
1641 01 24	MK	STIJNTIEN	HINDRICK	HERMENS	SMIDT	LUTGERTIEN	EBBSTR
1649 04 06	AK	TRIJNTIE	HINDRICK		SMIDT	TIETIEN TAMMENS	OOSTRSTR
1642 03 27	MK	KASPAR	HUIBERT		SMIDT	ANNE MARIA	PRINCENSTR
1642 06 02	AK	MARIA	PIETER		SMIDT	BEEKE HINDRIX	VOLTINGESTR
1646 01 28	AK	HANS	HANS		SMIT	JANTIEN	JADT STR
1642 06 08	AK	BARBER	HANS		SMIT	MAGDALENE	SCHUTENRSWAL
1648 11 30	AK	AELTIEN	HANS		SMIT	MAGDALENE	HEREN
1648 02 16	AK	ELSJEN	HINDRICK		SMIT	GEBBE	BEULSGANG
1642 09 22	AK	BORCHERT	HINDRICK		SMIT	GRIETE	ROSENSTR
1642 12 16	AK	TAMME POPKENS	HINDRICK		SMIT	TIETIEN TAMMENS	PELSERSTR
1645 02 09	MK	JORJEN	HUBERT		SMIT	ANNECHIEN	PRINCENSTR
1645 03 12	AK	ANNECHIEN	JAN	VOS	SMIT	AELTIEN JAIJNES	N.EBBSTR
1642 12 04	AK	GEERT	JAN	GEERTS	SMIT	ANNETIEN MEES	EBB.STR
1646 03 22	MK	HINDRICK	JAN	HINDIRX	SMIT	EEBELTIEN HANSEN	MART.KERKHOF
1643 12 03	MK	JAN	JAN	FOS	SMIT	ETJEN JOCHIMS	EBBINGESTR
1647 01 06	AK	FENNETIEN	JAN	VOS	SMIT	ETJEN	N.EBBINGESTR
1641 06 12	AK	FENNETIEN	JAN	VOS	SMIT	GETTIEN	N.EBBSTR
1641 03 23	AK	EVA	JAN	EFBERTS	SMIT	LUMMETIEN	GELTINGESTR
1645 03 14	MK	LAMMECHIEN	JAN	PIETERS	SMIT	MARRECHIEN	JADT
1646 11 01	MK	ARENT	JAN	ARENTS	SMIT	REIJNOU?	POELEPOORTE
1648 06 04	MK	HINDRICK	JAN	AARENS	SMIT	REMMELT	POELESTR
1642 01 25	AK	GEERTRUIT	JAN	SANDERS	SMS BEREIJDER	TRIJNTIEN	BRUGGESTR
1641 10 17	MK	AELTIEN	DERCK	JANSEN	SNICKVAERDER	HINDRICKJEN	DAMSTERDP
1642 03 11	AK	HINDRICK	GERRIT	JANSEN	SNICKVAERDER	MARRECHIEN STEVENS	VISSCHRSPIJP
1644 11 29	AK	JANTIEN	JAN	BERENTS	SNICKVARER?	GRIETE HINDRIX	VISSCHERSPIJP
1642 03 27	MK	BARBER	WILLEM	BONTE	SNIJDER	ASSELE	RECHTHUIJS
1641 02 14	MK	JAN	ADAM	JANS	SOLDAET	ANNA	DAMSTERDP
1641 04 11	MK	LUMMECHIEN	HARMEN	JANS	SOLDAET	GRIETIEN	COSTERSGNG
1641 02 10	AK	ANNEKE	JAN	JURJENS	SOLDAET ONDER HUININGA		

Year Mo Da	Chr	Child's Given Name	Father/Child's Patronymic	Father's Patronymic	Father's Surname	Mother	Address
1644 11 03	MK	ROELEF	POUWEL	HEIJNENS	SOLICITEUR	--	EBBINGESTR
1648 04 30	MK	HANS MICHEL	HANS		SONDACH	CATHARINA	COSTERSGAGN
1646 02 12	AK	JOCHIM	JOCHIM		SOOR	ELLECHIEN CLAESSEN	TORFTOORNSTR
1644 08 25	AK	ELISABETH	MICHEL		SOULAGE	FRENIJ	NIJEJADTSTR
1648 01 18	AK	TRIJNTIEN	JOCHIM		SOUR	AELTIEN CLAES	DAMSTERDP
1641 07 22	AK	ANNE	EEDE	SIJMENS	SPAN./STOELMK	ELSJEN	MERCKT
1649 09 02	AK	WILLEM	JURJEN		SPANDOU	FENNETIEN BOELENS	A KERCK
1644 02 01	AK	ANNA CATHRINA	WILLEM		SPANDOU	HANNETIE HEIJNENS	VOLTINGESTR
1647 03 07	AK	ANNA CATRIJNA	WILLEM		SPANDOU	HARMETIEN	VOLTINGSTR
1641 07 21	AK	JOHAN	WILLEM		SPANDOUW	HARMTIEN	S.JANSSTR
1644 05 15	AK	HINDRICK	HINDRICK		SPANG	ANNECHIEN	RODEWEESHUIJS
1642 01 05	AK	ANNE	HINDRICK		SPANGE	ANNE	BORGERWEESHUIJS
1649 06 09	MK	HINDRICK	HINDRICK		SPANGE	FENNE	RODEWEESHUIS
1642 06 26	AK	ANNETIEN	DEDE	SIJMENS	SPANS/STOELMR	ELSIEN	BREDEMERKT
1646 04 12	MK	HARMEN	JACOB		SPEELMAN	TRIJNE	CARELSWECH
1642 07 21	AK	GEESJEN	HANS		SPICHT	EETE	MIEUWEDIEP
1643 08 20	AK	WILLEMTIEN	JAN	CORNELIS	SPIEL	MARGRIETE EUSUM,V.	SWANESTR
1642 09 14	MK	GEERTRUIT	WILLEM	JANSEN	SPOORM.R	NIESJEN	PEPERSTR
1642 06 10	AK	IDEKE	TOBIAS		STAPPEN, V D	ANNEKE	BREDEMERCKT
1643 12 13	AK	JAN	HAIJE		STAPPEN,V D	HINDRICKJEN	BREDEMERKT
1643 01 10	AK	LAMMETIEN	LUITIEN		STAPPEN,V D	JACOBJEN	HEERESTR
1641 04 28	AK	GEERT	HAIJE		STAPPEN,VD	HINDRICKJEN GEERTS	BREDEMERKT
1642 02 02	AK	HINDRICKJEN	EGBERT	ALBERTS	STATS-BODE	SIADDE POULS	PELSERSTR
1645 03 20	MK	BEERTIEN	EGBERT	ALBERTS	STATSDIENER	SIADDE POUWLS	PELSERST
1649 11 27	AK	MARIA	JELMER		STEENBERGEN	BARBERTIEN	NIJESTAD
1647 01 24	AK	TRIJNTIEN	MAURITX/SOLD.		STEENMAN	AELTIEN	JADT
1643 07 18	AK	FRERICK	CORNELLIS	DERX	STEENMETS.	HIELLE DEDENS	PRINCENST
1643 10 04	AK	ANNEKE	ALBERT	EBBENS	STEENMETSELR?	GEERTRUIT	N.KERKHOF
1649 04 26	AK	EGBERT	HINDRICK		STEIJNHOFF	JANTIEN	PRINCENSTR
1641 03 17	MK	GEERT	HANS	CLEEN	STEIJN,VAN	LIJSEBETH	COSTERSGNG
1643 05 07	MK	HENRICUS	STEFFEN		STEIJSSER	GEESJEN	ROSENSTR
1641 10 03	MK	MICHEL	HARMEN	JANSEN	STELLEMAKER?	MARRECHIEN	N.EBBSTR
1649 01 03	MK	HARMEN	HANS		STELLER	EMETRIN?	LANTSIJNDICUS?
1645 10 10	AK	ANNERIEN?	HANS		STELLER	TRIJNE HARMENS	SCHEDAMSGANGE
1647 12 11	AK	FRERICK	HANS		STELLER	TRIJNTIE	POELESTR
1644 04 23	AK	JANTIEN	HINDRICK		STENVORDEN,V.	TRIJNTIEN	HARDINGESTRATE
1642 08 18	AK	MICHEL	MATTHIJS		STETRICH	MARIE	VISSCHERSTR
1642 02 13	AK	GRIETIEN	HINDRICK		STEUVERDEN,V	TRIJNTIEN	HARDINGESTR
1644 03 01	AK	HARMEN	WILLEM		STEW?	SIBILLA	SUIDERDP/H.G.GAST
1646 08 06	MK	JAN	JAN		STINCK	LUTGERT HINDRIX	SCHUITENDP
1649 11 21	AK	JAN CLUNDER	LUDOLPH		STINT	GEESJEN CLUNDER	HEERPRT
1647 02 14	MK	ROELEF	LUDOLPHUS		STINT	GEESJEN CLUNDERS	HELPEN
1648 04 12	AK	JANTIEN	LUDOLPHUS		STINT	GEESJEN CLUNERS	HELPEN
1644 08 28	AK	ELFJEN	CASPAR		STOCKEN?	ELSJEN COSTERS	PAULBLIEKERSGANG
1648 06 30	AK	LUIRT	LUIRT		STOLLINGE	ANNA BIRZA	OOSTERSTR
1649 05 02	AK	TEUBE	CONRAET		STOLT	HILLE HARMENS	HEERPRT
1648 11 28	AK	ANNA	DANIEL		STOOSWENDER?	REBECCA	MKERKE
1646 04 09	AK	ROSINA	DANIEL		STOSWENDER	REBECCA	PELSERSTR
1645 02 13	AK	GEERT	GEERT		STOTMAKER	HESTER	VISSCHERSTR
1649 04 22	MK	CATHARINA MODESTA	PAULUS		STRAATSBURG	MARG.CAM.	--
1647 03 07	AK	GEERTRUIT	JAN		STRAETMMAN	MARGRIETE HOLBEEK	WAL
1643 07 23	MK	PAUL LODEWICH	PAULUS		STRASBORG	ANNA CATH. CAMERARIJ	M MERKT?
1647 09 29	AK	JOCHIM LODEWIG	PAULS		STRASBURGH	ANNA CATH. CAMORARI?	N.
1646 05 02	AK	ANNA MARIA	PAULUS		STRASBURGH	ANNA CATH. CAMERARUS	OSSM.
1644 05 19	AK	PIETER	JOANNES		STRATEN,V D	AGNES	JADT
1644 05 19	AK	MARIA	JOANNES		STRATEN,V D	AGNES	JADT
1649 02 26	AK	GEERT	EVERHARD		STRATING	ITIEN SIBRANTS	EBBSTR
1646 12 26	MK	SIJBRANT	EVERHARDUS		STRATING	IDETIE SIJBRANTS	SNORRET.
1641 12 27	MK	HANS PIETER	ULRICH		STRIJKER	LIJSABETH	MUERE
1647 02 07	MK	MATHIJES	HARMEN		SUCK?	ANNETIEN MULLUM	PELESTR
1648 02 23	AK	SIJMON	SIJMON		SUERHOFF	IDETIEN	OOSTBOEGANG
1645 04 09	MK	WILLEM	BERENT	WILLEMS	SUICKVANER	ANNE	VISSCHERPIJP
1641 12 10	AK	TRIJNTIEN	GEERT	WILLEMS	SUICKVARER	ANNETIEN	DAMSTERDP
1647 06 09	AK	JURJEN	CLAES	JURJENS	SUIJDER	CUNNETIE	N.EBBSTR
1641 08 25	AK	ELSJEN	GEERT	ALBERTS	SUIJDER	GEERTRUIT HINDRIX	PELSERSTR
1643 08 04	AK	GEERT	GERRIT	JANSSEN	SUIJDER	HINDRICKJEN	BOTTRSTR
1641 11 07	AK	DERCK	HARMEN	JURJENS	SUIJDER	TRIJNTIEN	VISSCHERSTR
1644 05 08	AK	ABRAHAM	HINDRICK	ROTTENAN	SUIJDER	ANNECHIEN	N.BOTTRSTR
1641 02 12	AK	JAN	FREERCK	LUBBERTS	SUIKVARDR	GEESKE	OLDAMSTERD
1641 02 10	AK	HOOMEN	TIACKE	HOOMENS	SUIKVARER	JEIJE	OLDAMSTERDP
1642 04 06	AK	PAUL	JAN		SUINCK	AMKE POUWELS	HARDINGESTR
1642 04 06	AK	ALBERT	JAN		SUINCK	AMKE POUWELS	HARDINGESTR
1643 08 01	AK	ALBERT	JAN		SUINCK	ANNE POUWELS	PELSERSTR
1643 01 01	MK	HANS	FEDELAER/SOLD.		SUISING	WENDELE	COSTERSGANG
1647 01 07	AK	GERRIT	JACOB		SUIST?	DIEWER	VISCHMERKT
1646 06 06	AK	EGBERT	JAN	EGBERTS	SUIST?	LUMMECHIEN	GELTINGSTR
1641 07 18	MK	MARIJE	MICHEL		SULAGE	FREE FRANSEN	N.JADTBRUGGE
1643 07 12	MK	JOANNES	MICHEL		SULAGE?	FRENIJ MICHELS	N.JADTSTR
1646 01 18	MK	AELTIEN	ROELEF	HARMENS	SWAEN	LUITIEN JANS	GOSTERSTR
1641 04 02	MK	WIJTSKE	GERH./DOCT.		SWARTE	HELENA RENEMAN	BREDEMERKT
1643 12 13	AK	JOANNES	J./DOCTOR		SWARTE	HELENA RENEMANS	BREDEMERKT
1641 12 27	AK	HANS JURJEN	JANS		SWARTE	GEERTRUIT	PRINCENSTR
1642 08 26	AK	ABRAHAM	ABRAHAM		SWARTWOLDT	WILLEMTIEN	GELTINGSTR
1641 07 13	AK	HILLETIE	VOLTER		SWARTWOLT	MARRECHIEN HELMIGE	OOSTERPRT
1643 08 11	AK	HARMEN	CHRISTOFFER		SWEERBERGER	ENGELE	PRINCENSTR
1643 01 01	MK	GERRIT	DERCK	HARMENS	SWEERTVEIJER	LUMMETIEN	BREDEMERKT
1649 03 07	AK	ANNA APOLLONIA	CLAUDE		SWIJND	APOLLONIA	CLOSTER
1643 03 08	MK	GELLINCK	BERENT	TIAERS	SWIJTERA	JANTIEN CLAES	STEENTILPOORT
1646 12 30	AK	ANNE BARBERE	CLAUDI		SWING	APOLONI	A
1641 08 06	AK	GEESIEN	HARMEN		TALLEE	REGINA SCHRANCKMULLERS	CORPORAELSGNG
1643 09 13	AK	GEERTRUIT	JAN		TAMBEEK,VAN	TRIJNTIE HERMENS	N.JADT
1643 03 15	MK	HINDRICK JULSING	HINDRICK		TAMBEN	TRIJNTIEN	POELESTR
1642 08 07	AK	HARMEN OLTMAN	BERENT	LENERS	TAMBOER	GRIETE	MONCKEHOLM
1645 14 28	AK	TONNIS	GANLEIJF	TONNIS	TAMBOER	ENGEL	ANTHONIJGASTH
1647 10 03	MK	GRIETIEN	JAN	PIETERS	TAMBOER	MARIA HARMENS	HERENCAMERS
1646 03 30	AK	MARRECHIEN	LIPPE	FOLKERTS	TAMBOER	AELTIE	SCHIEDAMSGANGH
1645 12 09	AK	MARIA	MEIJNERT	JANSSEN	TAMBOER	"MOEDER"	SHCUITMERSWAL
1643 12 29	AK	MARIA	MEIJNERT	JANSSEN	TAMBOER	MOEDERTIEN	JONKERENSTR
1641 12 04	AK	EILARDUS	MEIJNT	JANSEN	TAMBOER	MOEDER? DIRX	HEERNSTR
1647 12 28	AK	ANNETIE	BERENT	LEENERTS	TAMBOES?	MARGRIETE	MONKEHOLN
1643 09 24	AK	GEERTRUIT	LIPPE	FOLKERTS	TAMBOIR?	AELTIE	SCHIEDAM
1641 01 03	AK	GEERTRUIT	BERENT	LENERTS	TAMBOUR	GRIETE	MON?
1642 10 11	AK	ELISABETH	EGBERT	SELTER	TAMBUER	ELISABETH	CRANE
1645 11 19	MK	PIETER	JOHAN	GLIXIER?	TAMBUER	MAIJE	3 MULLENS
1643 09 17	AK	VELTEN	ROELEF	VELTENS	TAMBUER	FENNETIE	PELTSERSTR

Year Mo Da	Chr	Child's Given Name	Father/Child's Patronymic	Father's Patronymic	Father's Surname	Mother	Address
1647 06 09	AK	SIJMON	HINDRICK		TAMKEN	TRIJNTIEN	MESMAKERSTR
1648 06 14	MK	SIJMON	HINDRICK		TAMKEN	TRIJNTINE	MESMAKERSTR
1644 07 21	MK	TRIJNTIEN	H.		TAMMEKEN	TRIJNTIEN	BOTTRSTR
1644 11 27	AK	JOHAN	SCHOTTO		TAMMINGA	CATHARINE SICKINGHE	BOTT.STR
1643 09 20	AK	CECILIA	SCHOTTO		TAMMINGHA	CATHRINA SICKINGE	BOTTRSTR
1646 01 29	AK	AELTIEN	JAN	JANSSEN	TANNENDRAIJER	TALKE	SCHUITENRSWAL
1641 06 04	MK	JANTIEN	FOLKERS		TATTEMA	HEMMETIEN	BREDEMERCKT
1645 11 02	MK	JOHANNES	HARMEN		TEBER	REGINE	EBBPOORTE
1645 10 26	MK	WIBBETIEN	JOOST		TEGEDER	SARA BERENTS	GELTINGSTR
1648 06 24	AK	GRATIA?	JOOST		TEGEDER	SARA	GELTINGESTR
1641 09 22	AK	ANN	GEERT	JANS	TEKLENBORCH,V	ANNE	BUTJENSTR
1642 06 26	MK	JOANNES	JAN		TEKLENBORCH,V	MARRETIEN GERRITS	PELSERSTR
1643 08 16	AK	JOHANNES	HARMEN		TELLER	REGINA	BOTTERDIEP
1644 02 11	MK	HINDRICK	HINDRICK		TERNOOIJ	JANTIEN	PRINCENSTR
1647 08 01	MK	JOANNES	JEAN		TESTART	TETEKE WISSINGS	MEERLT?
1642 11 22	AK	GRIETIEN	ISAAC		TETARRE	ELSJEN	NIJESTADT
1643 11 05	AK	SUSANNA	ISAAC		TETARRE	ELSKE	NIJESTADT
1643 10 22	MK	HARMEN	JELES		TETELER	CIJEKE HARMENS	HEERPOORTE/DRIST
1646 08 26	AK	HERMANNUS	HAN		TETTART?	TETEKE TETTART	BREDEMERCT
1644 06 22	AK	HEBBELTIEN	FOLCKERUS		TETTEMA	HEMMECHIEN BAUKENS	BREDEMERKT
1646 11 03	AK	EPPJEN	FOLKERUS		TETTEMA	HEMMECHIEN BLUWENS	TORSTSTR
1648 07 23	MK	EPPO	P./SECR:		TETTEMA	ELSJEN WILLEMS	OOSTRSTR
1643 12 13	AK	EPPE	PETRUS	I.V.D.?	TETTEMA	ELSKE WILLEMS	BOTTRSTR
1646 04 02	AK	EPPE	PIETER/SECR		TETTEMA	ELSE WILLEMS	SWANESTR
1642 01 21	AK	ISABELLE	SECRETARIS		TETZMA	ELSJEN	BOTTRINGSTR
1643 10 17	AK	GRATIA	JOOST		THEGECER	SARA BERENTS	POELSTR
1642 03 13	MK	HILDEBRANT	JUSTING		THEGEDER	WIBBECHIEN JURJENS	BREDEMERKT
1643 01 31	AK	ALBERT	HARMEN		THILMAN	TRIJNTIEN	VISSCHERSTR
1645 10 19	AK	GRIETE	HANS		THOON	STIJNE ETERIJN	HARDINGESTR
1646 09 08	AK	GERRIJTS	JOHAN		THORVELDE	ANNA	SCHUIJTENDP
1645 04 04	AK	CHRISTIANUS	CHRISTIAEN		TIDDELEREN?	CATARINA FLAMMERS	NIJETOECKENGANG
1645 03 09	AK	MARIA	HARMEN		TIJLMAN	TRIJNTIEN	VISSCHERSTR
1648 11 05	AK	VRERICK HINDRICKS	HARMMEN		TIJLMAN	TRIJNE	MURE
1644 01 03	AK	THOMAS	GISSEN	JAN	TIJSSEN	LIJSEBETH	BOTTERDIEP
1641 09 26	AK	AUSKE	BONNE	FUWERS	TIMMERMAN	DEEUKE JANS	HAVENSTR
1647 10 17	MK	MICHEL	CHRISTOFFER		TIMMERMAN	ANNETIE	OOSTBREEGANG
1641 06 29	MK	JAN	GEERT	JANSEN	TIMMERMAN	ANNE	MUER/BOTTRST
1642 06 08	AK	TOEBETIEN	GEERT	JURJENS	TIMMERMAN	HIJLKE	JONKERNSTR
1642 05 03	AK	PIETER	HARMEN	HINDRIX	TIMMERMAN	ANNEKE PIETERS	3 MEULEN
1643 12 17	AK	TRIJNTIEN	LUCAS	JOANNES	TINNEGIETER?	GRIETIEN	AKERKE
1641 08 22	MK	MARIA	WILLEM		TITZINGE	ELISABETH HOORN	WAEGEN?
1647 07 29	AK	ANNETIEN	EVERT		TOEL	ANNETIEN	ROSENSTR
1643 12 20	AK	GRIETIEN	MICHEL	CASPERS	TOORNBLASER	BARBER	MART.KERKHOFF
1647 06 06	AK	TRIJNTIEN	LUCAS	TONNIS	TOUGIETE	GRIETIEN	STOELDRDRIST
1643 04 25	MK	GRIETIEN	JAN	TONNIS	TOUSLAGER	TRIJNE	EBBINGEPOORTE
1643 12 25	AK	AEFJEN	LAMBERT	GEERTS	TOUWFL.	ANNECHIEN	A POORTE
1646 08 28	AK	ANNA	BRON		TRAMPETTER	JANTJEN	BLEOMSTR
1648 11 28	AK	GEERTRUIT	BRONNE		TROMPETTER	JANTIEN	BLOEMKERSTR
1641 11 03	AK	BERENT	BRONNE		TROMPETTER	JANTIEN	BLEOMKERSTR
1648 07 26	AK	GEERTIEN	BRONNE	LUITJENS	TROMPETTER	JANTIEN BERENTS	BLOEMSTR
1648 07 26	AK	ANNA MARIA	HANS	LEST	TROMPETTER	MARIA	BOTTERDIEP
1645 11 27	AK	NOELKE	CHRISTOFFER		TROMTENER	CATHARINE	A.KERKE
1645 10 29	AK	ELISABET	PAULUS		TRUNCK?	ELISABET ROEN	COSTERSGANG
1645 11 16	MK	SAMUEL	HINDRICK	JANS	TUIGIETER	REBECCA	STEENTILSTR
1647 02 26	AK	UBBO	HUMMO/DR.		UBBEN	GEERTRUIT WESSELS	A
1643 06 18	AK	ARENT	HARMEN		UDINCK,VAN	JANTIEN JURJENS	SHCOOLHOLM
1647 08 10	AK	ANNETIE	HARMEN		UDMIUS?	JANTIEN	SCHOOLHOLM
1649 12 02	AK	NICOLAES	HARMEN		UDRUCK?	JANTIEN	SCHOOLHOLM
1648 06 22	AK	JAN	PETER		ULHOORN?	LIJSABETH JANSEN	WOERT
1649 03 30	AK	LENERT	HINDRICK		ULSEN,VAN	ANNEKE	POELSTR
1647 08 26	AK	BURNHART	HINDRICK		ULSSEN,VAN	ANNETIEN	STEENTILSTR
1642 10 20	AK	GEERTRUIT	ALBERT/SOLD.	HARMENS	und.Alberda	WOBBETIEN	RAAMSTR
1642 08 18	AK	TETJEN	ABEL	GREVINGE	VAENDRICH	RIXT	BOTTRSTR
1642 08 18	AK	GEERTRUIT	ABEL	GREVINGE	VAENDRICH	RIXT	BOTTRSTR
1642 10 02	MK	PAVE?	REIJNT	ALBERDA	VAENDRICH	HILLENA KETWICH	EBBSTR
1641 04 22	AK	STIJNTIEN	JAN	PIETERS	VAENDRICK	SWAENTIEN	VOLTINGESTR
1641 07 11	AK	ROELEF	HANS		VALCK	HELLENA HOSMANS	RAAMSTR
1641 07 11	AK	MARGRIETE	HANS		VALCK	HELLENA HAFMANS	RAAMSTR
1642 10 07	AK	ENNE EDSART	UDO		VALCK	MEDINA MAJART	EBBSTR
1645 11 30	MK	ONNE	UDO		VALCK	MEDINA VALCK	NIJE BOTTRSTR
1647 04 28	MK	HINDRINA	UDE		VALCKE	MEDINA MAJORS	OSSEMERCKT
1643 08 20	AK	JAN	PETER		VARGER	TRIJNE JANS	WOERT
1641 03 04	MK	JAN	JOHAN		VASTENOUWE	ALBERTIEN	DRIST
1644 02 25	AK	JOHAN	JOHAN		VASTENOUWE	ALBERTIEN	3 MEULLENS
1641 03 26	AK	GEERTRUIT	GEERT		VASTENOUWE,VD	--	BOTTRINGSTR
1648 08 04	AK	LUCRETIA	LUCAS		VECHTER	ANNE JANS	CERELSWECH
1643 10 08	MK	LUCAS	LUCAS		VECHTER	GRIETIEN	BOTTRSTR
1649 10 12	AK	GRIETIEN	LUCAS		VECHTER	LAMMECHJEN	CARELSWECH
1647 04 25	MK	LUCAS	LUCAS		VECHTER?	GRIETIEN	CARELSWECH
1644 06 08	AK	JAN CHRISTOFFER	JAN		VEELEN,VAN	ANNA CATHRIJNE	MOESKERSGANG
1641 08 29	MK	WILLEM	JACOB		VEERSEN,VAN	TIETE	RAAMSTR
1647 12 10	AK	MARIJE	JAN		VELDE,TE	ANNE	SMACKERSGAGN
1644 06 10	AK	CATHARINA	GILLIAEM		VELDE,VANDEN	GEERTRUIT	VISSCHERSTR
1642 12 18	MK	CHRISTINA	BARTHOLOMEUS		VELDTKLUIGEN	APOLLONIA	COLLEGIE
1649 09 09	AK	EVA	WILHELMUS	BROUWS	VELT	TRIJNE	HEERPRT
1648 04 02	MK	PHILIPPINE	BARTHOLMEUS		VELTKLINGE	APOLLONIA	--DIEP
1644 09 27	AK	JOHAN DANIEL	BARTHOLMEUS		VELTKLINGEN	APPOLLONIA	SHCUITENDIEP
1645 12 19	AK	JACOBINA	BARTHOLOMEUS		VELTKLUIGER,V	APOLONIA	N.DIEP
1648 11 12	AK	BEIJTSKE	JOANNES		VENEMAN?	IDECHIEN	CRANEPRRT
1648 02 13	MK	JAN	DEWOLT/SOLD.		VERDEGER	ELSEBE	PRINCENSTR
1643 10 15	AK	HINDRICK	JAN	JANSSEN	VERHOLT	HILLE	VISSCHERSTR
1643 01 22	AK	TRIJE	JACOB		VERKERCK	ROELEFJEN REIJNERS	BRUGGESTR
1644 04 09	AK	JACOB	JACOB/SOL:		VERKERCK	ROELEFJEN VERKERCK	BRUGGESTRATE
1641 11 12	AK	JOHANNES DORTMONT	JAN/SCHRIJVER		VERNER	GRIETIEN	HEERSTR
1643 04 16	AK	HILLEGONDE	J./RENEMR		VERRUCIUS	ISABELLA CANTORS	MART.KERK
1643 03 23	AK	IDEKE	JACOB		VIECSSER,VAN	TIETE	PRINCENSTR
1648 11 05	AK	JURIEN	CONRAET		VIJT	AUCKE	JADT
1646 09 27	MK	ROELFF	HILLEBRANT	GRUIJS	VIRDUM,VAN?	ELTKE GRUIJS	BREDEMERCT
1649 03 30	AK	JOANNES	JAN		VISBACH	ANNECHIEN	PELSERSTR
1643 11 10	AK	AELTIEN	JAN		VISCHBACH	ANNECHIEN HINDRIX	WOERT
1646 07 29	AK	PETER	JACOB	PETERS	VISCHER	GRIETJEN JANS	VISCHERSPIJP
1647 04 28	AK	GEESJEN	JACOB	FREERX	VISSCHER	AUCKE	VISSCHRSTR
1641 10 03	AK	HILLE	JACOP	VREERCKS	VISSCHER	AAUCKE	MUERE
1644 03 20	AK	ROELEF	HINDRICK		VISSCHR	MARRECHIEN	OOSTERPOORTE
1649 10 30	AK	HIERONIJMUS	JAN		VLAECK	MARRECHIEN	BREGANG

Year Mo Da	Chr	Child's Given Name	Father/Child's Patronymic	Father's Patronymic	Father's Surname	Mother	Address
1645 09 24	AK	LIJSEBETH	ANDRIES		VOCHT	SWAENTIEN	SWANESTR
1641 01 17	MK	EVERT	HARMEN	EVETS	VOERMAIJ?	TRIJNE	BOTTRDP
1641 07 04	MK	JAN	BARTHOLT	JANSEN	VOERMAN	JANTIEN	RAAMERCKT
1641 04 09	AK	MARRECHIEN	GEERT	WILLEMS	VOERMAN	GEESE	N.WECH
1642 09 27	AK	HANS	HINDRICK	HANSEN	VOERMAN	HILLE	LANE
1641 03 04	MK	RIJCKE	REMT	RIJKES	VOERMAN		KRANEPRT
1642 05 29	AK	GEERTIEN	ROELEF	JANSEN	VOERMAN	ANNEKE	KRANEPRT
1645 02 06	AK	JAN	ROELEF	JANSSEN	VOERMAN	ANNEKE	CRANEPRT
1648 07 04	AK	JACOBUS	JOANNES		VOOREMAN?	ANEKE SERBAES	CRANEPOORTE
1645 07 23	AK	COOP	JAN		VOOS	GEESJEN WOLFS	SCHOOLHOLM
1646 01 28	AK	MARIA	ANDRIES/SOLD.		VOS	AELTIEN	LEELJEN STR
1641 04 09	AK	HINDRICK	DERCK		VOS	GEESJEN STAELS	BENTHEM
1645 08 24	DK?	EGBERT	DERCK		VOS	GEESJEN STAELS?	N.VISMERKT
1641 01 06	AK	GERRIT	EERNST/SOLDAET		VOS	--	PRINCENSTR
1649 12 19	AK	GEESJEN	EERNST	JURJENS	VOS	WIJPKE	HEERPOORTE
1645 12 07	MK	BOELE	ELIAS		VOS	HILLECHIEN BOELENS	BRETHEM?
1647 11 07	MK	HINDRICK	ELIAS		VOS	HILLETIE BOELENS	OOSTERSTR
1642 12 23	AK	JANTIEN	ELIAS		VOS	IMMECHIEN	BENTHEM
1641 03 28	MK	GRIETIEN	ELIAS	(KISTEMKR)	VOS	JANNETIE	MUERE
1642 10 27	AK	FENNECHIEN	HINDRICK/SOL.		VOS	GEERTIEN	GELTINGESTR
1646 12 05	AK	JOANNES	HINDRICK		VOS	GRIETIEN	GELTINGESTR
1641 02 24	MK	ANNETIEN	JAN	GIJSBERTS	VOS	CATHRIJNE	SWANESTR
1645 06 10	AK	HILLECHIEN	JAN	GIJSBERTS	VOS	CATRIJNE HOORN	SWANESTR
1649 11 04	AK	GRIETIEN	JAN		VOS	GEESJEN JANS	3 MEULEN
1646 11 15	MK	JAN	JAN		VOS,DE	MAGDALENE	O.BOTTRPOORTE
1642 02 13	AK	SERVAES	PHILIPS		VOS,DE	GEERTIEN	BEULSTOORN
1644 08 18	AK	CATELIJN	PHILIPS		VOS,DE	GRIETIEN	LANE
1642 09 28	AK	TEELKE	CORNELIS		VOX	ASSELE	HELPEN
1648 07 14	MK	HINDRICK	JAN		VREBERCH	CUNNECHIEN	JACOBINERSTR
1641 06 25	AK	ANNETIEN	JAN	ABRAMS	VREEMTMAN,EEN	LIJSEBETH	PRINCESTR
1643 12 24	MK	ANNECHIEN	ARENT	JANSEN	VRESE,DE	HINDRICKJEN MINNES	BREEMERKT
1644 06 04	AK	MATTHIJAS	ANDREAS		VRIDACH	MARGRIETE	MEULENSTR
1643 02 14	AK	ADRIAEN	ADRIAEN		VRIESE	MARIA RODE	PLUIMERSGANCK
1644 09 29	AK	CASPER	DERCK		VRIESE	MARIA CASPERS	A POORTE
1642 09 18	AK	LIJSEBETH	LUITIEN		VRIESE	LUTGERTIEN	BRUGGESTR
1647 10 06	MK	LIJSEBETH	LUITIEN (deod)		VRIESE	LUTGERTJE	BRUGGESTR
1644 11 07	AK	JAN	LUITJEN		VRIESE	LUTGERTJEN	BRUGGESTR
1642 06 26	MK	FENNETIEN	ARENT	JANSEN	VRIESE,DE	HINDRIKJEN	BREEMERKT
1648 04 18	MK	HARMEN	HARMEN		VRIJDACH	ELSJEN	DAMSTER
1646 12 13	AK	REBECKA	TONNIS		VRIJHOF	JANTIEN	NIJESTADT
1643 01 08	AK	ANNE	THOMAS		VRIJHOFF	JANTIEN	HEERWEE/MONNKEHLM
1648 10 11	AK	TOBIAS	THOMAS		VRIJHOFF	JANTIEN	VOLTINGESTAR
1649 02 11	MK	JOANNES	JURJEN		VRUCK?	TRIJNTIEN	SUIDERDP
1645 01 28	AK	ANNECHIEN	JAN	VLAECK?	VUIER:?	NIESJEN JANS	VOLTINGSTR
1643 01 10	AK	GEESJEN	JURJEN		VUINCK	TRIJNTIEN	BOTTERDIEP
1642 05 08	AK	ANNECHIEN	BARELT		VUIST	TRIJNTIEN JACOBS	BRUGGESTR
1649 02 09	MK	LAMMETIEN	JACOB		VUIST	DIEUWERTIEN	VISCHMERKT
1644 06 25	MK	RIJCKJEN	RIJCKE/SOL:	(deed)	VUIST	ENICKE	VISCHMERCKT
1646 08 19	AK	ANNA-CATHARINA	CHRISTOPHER		VULLER	CUME	SCHEDAMSGANCK
1648 07 20	AK	FROUCK	HANS		VUSTELIJ	ANNA HANS	NIEUWEDIEP
1645 05 04	AK	JANTIEN	JACOB		VUUST	DIEWER JACOBS	VISCHERMERKT
1644 09 25	AK	CHRISTINA	CONRADUS		WAGENAER	LAMME	HEERSTR
1646 08 11	MK	LAMBERT	CONRADUS		WAGENAES	LAMINAE?	HEERSTR
1648 03 03	AK	ELISABETH	CONRAET		WAGENER	LAMMETIE	HEERSTR
1641 06 03	MK	HANS WILLEM	WILLEM		WAGENER	CATHARINE	BREEGANG
1641 10 19	AK	ARENT	TONNIS	HUISMAN	WAGENVEEDT,VAN	MARGRETE LODUWIJX	3 MEULEN
1646 01 16	AK	HINDRICK	HINDRICK/SOLD		WALBOOM	GRIETE	COPERSGANG
1647 09 20	AK	HINDRICK	HINDRICK		WALBOOM	GRIETE	SUIDERDP
1649 06 06	MK	METJEN	HINDRICK		WALBOOM	GRIETIEN	CLUIKHAMGNG
1642 06 26	MK	HARMEN	BARTELT		WALLIM	GRIETIE HARMENS	HOPMANSGANG
1647 10 17	MK	HANS ADAM OTTO	PIETER		WALTMAN	GRIETJEN	MEULENSTR
1644 02 11	MK	FEELKE?	HARMEN	CLAESSEN	WANTSCHEER	GEPKE	GULDENSTR
1643 04 20	AK	WILLEM	JAN	HINDRIX	WANTSCHEER	ANNEKE	N.STRAATJEN
1641 01 04	AK	TRIJNE JANSDR(old	JAN		WAT?	MET JAN BOELENS BIJ DRA TOT DILLICHT	
1641 01 04	AK	TOMAS JANSEN(oldr	JAN		WAT?	MET JAN BOELENS BIJ DRA TOT DILLICHT	
1646 06 07	MK	MARIA	JAN	JANSSEN	WATERHUSEN	ANNECHJEN	VISSCHMERKT
1643 12 29	AK	JACOB	HANS		WEBER	BARBARA	A POORTE
1649 04 05	AK	PHILIPUS	HANS		WEBER	BARBER	HOFFSTR
1647 03 28	MK	JOANNES	HANS		WEBER	CATHARINA	AVJAENCRUID.GANG
1647 06 10	AK	HANS ADAM NICLAUS	LEBITH?		WECHELER	MARGRETE HOSSEN?	MEULENSTR
1646 02 28	AK	SAMUEL	LUCAS		WECHTER	GRIETIEN	EBBINGESTR
1647 09 26	AK	ARNOUT	ENGELBERT/LT.	GEERTS	WEDDA	AEDRIANA SCHILDERS	SCHOOLHOLM?
1641 01 13	AK	EEBELTIE	ANDRIES		WEDEMEIJER	--	BOTTRDP
1641 12 10	AK	ANNE	CHRISTOFFER		WEDIGE?	BERENTIEN HANSEN	N.KERKHOFF
1642 06 03	AK	DERCKJEN	DERCK		WEERLE,VAN	JANTIEN	BOTTINGEGANG
1648 09 29	AK	BERENTIEN	CHRISTOFFER		WEIJ	BERENTIEN	WOORT
1646 01 23	AK	ELSE CATRINE	JURJEN		WEIJDEMAN	ELSE	MEULENSTR
1641 12 09	AK	ALBERTIEN	JAN	OTTENS	WEIJER	HEBBELTIEN	A
1646 12 20	AK	ANNEKE	BERENT		WEIJNELT?	BARBER	HAVENSTR
1643 01 01	AK	ENGELTIEN	HANS		WEIJTER	ELSIEN	HERENKAMERS
1649 05 18	AK	JURJEN	JURJEN		WEIJTMAN	ELLKE	MEULENSTR
1643 11 12	MK	MARTINUS	JURJEN		WEIJTMAN	ELSEBE	MEULENSTR
1643 01 19	AK	JOHANNA	OTTO		WELEVELT,V	PIETERTIEN DERX	MERKTSTR
1643 01 22	MK	HINDRICKJEN	HENRICUS		WELMAN	MARIA BONNEMA,V.	BOTTRSTR
1649 02 13	AK	PIETER	ABRAHAM		WERNUMUS?	LIJSABET PIETERS	A.
1649 12 02	AK	ARENT	HENR/DR.		WERUMAUS	HESTER BAUKENS	SWANESTR
1646 06 23	AK	LAMBERT	ABRAHAM	LAMB.	WERUMAUS?	LIJSBETH PIETERS	AKKERK
1643 07 27	AK	LAMBERT	HENR:/DR.		WERUMEUS	HESTER BAUKENS	SWANESTR
1649 03 11	MK	DAVID	GEERT		WESELINEN	N.N.	BOTTINGEGANG
1642 12 27	AK	HANS WILLEM	JAN	TOESELDT	WESEL,VAN	ANNA CATHRIJNA	HEERPOORTE
1646 08 14	MK	ENNECHIEN	TOMAS		WESTERBEIJ	GEESKE	SCHUTENDP
1649 07 29	MK	JAN	GERARD		WESTERBORCH	GEERTRUIJT BRONGERSMA	MERKT
1641 04 02	MK	HARMEN	HINDRICK		WESTERHOF	GEESKE	RAAMSTR
1642 02 13	AK	BERENT	ALBERT	BERENTS	WESTERHOLT	WIJPKE	3 MEULENS
1646 11 17	AK	HELENE	HARMEN		WESTERVOLT	HILLETIE	VOLTINGESTR
1649 01 06	MK	MECHTELT	HARMEN		WESTERWOLT	HEIJLE	VOLTINGESTR
1642 03 08	MK	HINDRICK	HARMEN/SOLDAET		WESTERWOLT	HEIJLTIEN	WOERT
1642 04 03	AK	GABRIEL	GABRIEL/SAL:	SEERPS	WEVER	AELTIEN HINDRIX	NIEUWESTADT
1641 11 18	AK	ABEL	JAN	ABELS	WEVER	EETJEN	NIEUWESTADT
1641 03 16	MK	ANNA	LAURENTZ		WEVER	TRIJNE OSEWOLTS	PLUIMERSGANG
1642 10 07	AK	JACOB	ALBERTUS		WIARDA	BAUCK AITSMA	TURFTOORNSTR
1648 11 28	AK	ENGELE	/DR.		WICHEL	JANTIEN MIES	BOTTRINGESTR
1645 11 02	MK	PIETER	S./DR.		WICHEL	JANTIEN MEES	BOTTRSTR
1642 04 11	MK	LODEWICK	SIMON	I.V.S.?	WICHEL	JANTIEN MEES	BOTTRINGESTR
1643 06 14	MK	LODUWICH	S/DOCTOR		WICHGEL	JANTIEN MEES	BOTTRSTR

Year Mo Da	Chr	Child's Given Name	Father/Child's Patronymic	Father's Patronymic	Father's Surname	Mother	Address
1647 12 08	AK	MARRECHIEN	BALTZAR		WICHMAN	GEERTIEN	RAAMSTR
1648 03 30	AK	GEERTIEN	JACOB		WICHRAM	GIESJEN	PRINCENSTR
1641 03 05	MK	BOUWE	BARTELT		WICHRINGE	EVERTIEN HILLEBRANTS	HEERSTR
1649 08 05	AK	GEERTRUIT	BARTHOLT		WICHRINGE	EVERTIEN HELLES	MSTR?
1643 04 18	AK	OEDE SOPHIE	BARTHOLT/H.LT		WICHRINGE	O.SOPHIA CLANT?	BOTP
1645 02 23	MK	LUIRT	BARTOLT		WICHRINGE	EVERTIE HILLES	BOTTR.STR
1645 10 02	AK	ROBINA?	MEENE		WICHRINGE	HELENA CLAUS	BEERSTR
1647 08 19	AK	LUCAS	MENNE/JR		WICHRINGE	HELENA CLAUS	BOTTRSTR
1649 01 23	AK	LUCAS	MENNO/JR		WICHRINGE	H CLANT	VISMERKT
1649 01 23	AK	LUERT	MENNO/JR		WICHRINGE	H CLANT	VISMERKT
1647 11 19	AK	EEBELTIE	ANDREAS		WIDEMANIJ?	HARMTIE BERENS	POELPOORT
1643 04 25	MK	BERENT	ANDRIS		WIDEMEIJER	HARMTIEN	POELPOORTENBRUGGE
1641 09 21	AK	HARMEN	OTTE	HEIJNENS	WIELDRAEIJER	JANTIEN	N.EBBINGESTR
1648 11 14	AK	CARST	HILLEBRANT		WIERINGEN	AELTIEN	VOLTSTR
1643 01 18	AK	HILLECHIEN	HILLEBRANT		WIERINGEN,VAN	AELTIEN OTTENS	SCHUITEN
1644 09 22	MK	WENNICHJEN	HILLEBRANT		WIERINGEN,VAN	AELTJEN OTTENS	SCHUTENDIEP
1647 03 16	AK	CARST	HILLEBRANT		WIERINGE,V	AELTIEN OTTENS	VOLTSTR
1642 05 01	AK	EGBERTUS	ARNOLDUS		WIGGERINCH	GESE DERX	TORSTOORNSTR
1644 07 05	AK	LODEWIG	/DR.		WIJCHGEL	JANTIEN MEES	BOTTRINGESTR
1649 06 05	MK	PIETIE	HARMEN		WIJGER	HIDTIE WIJGERS	HEERSTR
1643 05 07	MK	JOHANNES	JURJEN		WIJLCK	URSELE JANS	POELEPOORTE
1648 11 19	AK	CATHRIJNE	CHRISTOFFER		WIJLER	AAIJT	3 MEULEN
1644 01 16	AK	BARBER	BERNARD		WIJNARDT	BARBER	HAVENSTR
1646 11 20	AK	MARIA	DANIEL		WIJNGOET	CATARIJNE	COSTERSGANG
1648 01 09	MK	MARIA	DANIEL/SERG.		WIJNGOET	TRIJNTIE	HEERSTR
1645 02 20	AK	THOMAS	ASMUS		WIJSE	JANTIEN GEERTS	SCHUTEMWAL
1649 02 20	AK	GEERT	ASMUS		WIJSE	JANTIEN GEERTS	W.J.HUIJS.
1648 10 11	AK	ALBERT	ALB/HOOSTMAN		WIJSRINUS	ELISABET CAMING,DE	HEERSTR
1641 12 28	AK	CATHRIJNTIEN	ADAM		WILDEBAES	ANNECHIEN WELICH	BEULSGANG
1646 08 02	AK	CLAES	JURJEN		WINCKELMAN	ENGELE JANS	SLEEMENDERSTR
1648 04 16	MK	HANS JURJEN	ARENT		WINKELMAN	GEERTRUIT	GANG
1643 12 07	AK	GEERTIEN	GEERT	WEESTZUIDER	WINSCHOTEN,V	ANNE	SCHEDAMSGANG
1642 11 30	AK	FREDERICUS	HENDRICK		WINSHEMIUS	HISJEN SIJBINGA	EBBINGESTR
1643 01 17	AK	JACOB	JAN		WINSSUM	GRIETIEN BERENTS	STEENTILSTR
1641 08 22	AK	ANNETIEN	JURJEN		WINTELMAN	ENGELE JANSEN	SLEMENNERSTR
1643 01 26	AK	HARMEN	HINDRICK		WINTER	GEERTRUIT COERTS	NIJEJADT
1645 14 29	AK	CONRAET	HINDRICK		WINTER	GEERTRUIT	BRUGGESTR
1647 04 16	MK	CONRADUS	HINDRICK		WINTER	GEERTRUIT	BRUGGESTR
1649 08 26	AK	JOANNES	HINDRICK		WINTER	GEERTRUIT	BRUGGESTR
1647 11 12	MK	JURJEN	JAN		WINTER	MARIA	POPKENSTR
1645 07 30	AK	JURJEN	JAN		WINTER	SARA	MARTINIKERKE
1644 09 20	AK	MARIA	AMELINCK		WINTHOFF	ANNA	NIJEKERKHOFF
1641 07 18	AK	CEBES	HENRICUS/DR		WIRUMAEUS	HESTER BAUCKENS	VISCHMERKT
1647 06 24	MK	CEBES	HENR/DR.		WIRUMAEUS?	HESTER BAUKENS	SWANESTR
1643 05 24	MK	ENGELBERT	JOANNES		WISMAN	MARGRIETE	SCHUITENDIEP
1645 03 05	AK	AUGUSTA	JOANNES		WISMAN	MARGRIETE	SCHUTENDP
1642 11 15	AK	ADRIAENTIEN	CASPARUS		WISSUM	NEELTIEN EPPINGA	N.STRATJEN
1646 11 13	AK	GRIETIEN	HILLEBRANDT		WISSUM	MEENTIEN HINDRIX	VISCHERSTR
1649 04 03	AK	ANNA ELISABET	CHRISTOFFER		WISTEMSTEIJN	CATRINA	CRANEPRT
1643 06 06	AK	BARBERA	ERASMUS		WIT	FENNETIEN	BOTTERDIEP
1644 01 24	AK	DOROTHEA	HANS/SOLD.		WITGREVEN	DOROTHEA	BOTTERDIEP
1646 03 18	AK	EBELTIEN	ANDREAS		WITMANUS	HARMKE BERENTS	POELESTR
1646 11 26	AK	ANNA MARIA	AARENT		WITTE	ELSE	SCHOEMAKERS
1649 10 17	AK	BERETN	CONRAET		WITTE	ANNETIEN	HELPEN
1644 11 22	AK	AELTIEN	HANS		WITTE	TRIJNE	OOSTERPOORTENPIJP
1644 07 14	MK	ELSEBE	CONRAET		WITTEN	AMME	M/EBBOMGESTR
1641 01 16	AK	JANTIEN	ARENT		WOLF	--	SLEMENNERSTR
1641 01 16	AK	LAMMETIEN	ARENT		WOLF	--	SLENENNERSTR
1642 01 05	AK	LEENERT	HANS		WOLF	SUSANNA	BREEDEMERCKT
1641 06 22	AK	JOHANNES	JAN	GEERTS	WOLF/SCHOENMR	AVE	HEERSTR
1641 06 22	AK	BIJWE	JAN	GEERTS	WOLF/SCHOENMR	AVE	HEERSTR
1643 07 30	MK	ENGELTIEN	TONNIS		WOLF	FENNE	NIJEWECH
1644 11 30	AK	GEERT	TONNIS		WOLF	FENNE	NIJEWECH
1641 10 29	AK	GEERT	MARTENS	MARTEN	WOLTERS	FENNETIEN	HOGEBROERSTR
1646 09 26	AK	AELTJEN	CASPARUS		WUSSIM	NEELTJEN EPPINGA	OUDE EBB.PRT
1643 08 04	AK	CASPAR	JACOBUS		WUSSIN?	GRIETIEN	VISCHMERKT
1648 12 24	AK	MICLAES	CASPAR		WUSSUM	RENSKE	VISSCHST
1648 07 14	MK	CIJE	CASPARUS		WUSSUM	MEELTIE	GEWALDINGPRT
1645 02 21	AK	HINDRIK	CASPARUS		WUSSUM	NEELTIEN JANSSEN	BOTTRSTR
1649 11 08	AK	JAN	CASPER		WUSSUM	NEELTIEN JANS	EBBSTR
1649 08 17	AK	CORNELISJEN	HILLEBRANDT		WUSSUM	MEENTIEN	VISSCHRSTR
1644 07 10	AK	CLAES	HILLEBRANT		WUSSUM	MEIJNE	NIJEWECH
1647 03 16	AK	HINDRICK	JACOB		WUSSUM	GRIETIEN PIETERS	EBB.STR
1645 02 07	AK	PIETER	JACOB		WUSSUM	GRIETJEN PIETERS	CRAMERRIJPE
1649 04 06	AK	HARMEN	JACOB		WUSSUM	GRIETJEN HARMENS	EBBSTR
1646 03 13	AK	AELTIEN	A./SCHR.		ZANDT	CATHARINA EPPES	BOTTRINGESTR
1647 10 06	MK	METJEN	ARNOLD		ZANDT	CATHARINA EPPEN	BOTATRINGSTR
1649 01 31	AK	EDZE	ARNOLDUS		ZANDT	CATHARINA EPPE	BOTTRINGST
1643 04 05	AK	METTIEN	ARNOLDUS		ZANT	CATHARINA EPPEN	BOTTRINGESTR
1642 05 18	AK	JOANNES	JAN	JANSEN	ZEEUW/SCHLMR	TRIJNTIEN	GELTINGESTR
1644 02 11	MK	JOANNES	JOANNES	JOANNES	ZEE,VAN	TRJINTIEN JANS	MARTINIKERKHOFF
1643 12 19	AK	HANS HINDRICK	HANS		ZEGELER	MARGRIETE	BUTJENSTRATE
1645 12 28	MK	MATTHIAS	JOANNES		ZIEGLER	BARBER JANS	PRINCENSTR
1648 08 10	AK	CONRAET	HENRI/DR		ZIRENBORCH	BEERTIE	BOTTRSTR
1641 10 31	MK	CASPER	CLAES		ZWICKHAVER	LIJSEBETH	S.JOHANNESSTR

Heritage Books by JoAnn Riley McKey:

Accomack County, Virginia Court Order Abstracts, Volume 1: 1663–1666

Accomack County, Virginia Court Order Abstracts, Volume 2: 1666–1670

Accomack County, Virginia Court Order Abstracts, Volume 3: 1671–1673

Accomack County, Virginia Court Order Abstracts, Volume 4: 1673–1676

Accomack County, Virginia Court Order Abstracts, Volume 5: 1676–1678

Accomack County, Virginia Court Order Abstracts, Volume 6: 1678–1682

Accomack County, Virginia Court Order Abstracts, Volume 7: 1682–1690

Accomack County, Virginia Court Order Abstracts, Volume 8: 1690–1697

Accomack County, Virginia Court Order Abstracts, Volume 9: 1697–1703

Accomack County, Virginia Court Order Abstracts, Volume 10: 1703–1710

Accomack County, Virginia Court Order Abstracts, Volume 11: 1710–1714

Accomack County, Virginia Court Order Abstracts, Volumes 12 and 13: 1714–1719

Accomack County, Virginia Court Order Abstracts, Volume 14: 1719–1724

Accomack County, Virginia Court Order Abstracts, Volume 15: 1724–1731

Accomack County, Virginia Court Order Abstracts, Volume 16: 1731–1736

Accomack County, Virginia Court Order Abstracts, Volume 17: 1737–1744

Accomack County, Virginia Court Order Abstracts, Volume 18: 1744–1753

Accomack County, Virginia Court Order Abstracts, Volume 19: 1753–1763

Accomack County, Virginia Court Order Abstracts, Volume 20: 1764–1765

Accomack County, Virginia Court Order Abstracts, Volumes 21, 22, 23: 1765–1769

Accomack County, Virginia Court Order Abstracts, Volumes 24 and 25: 1769–1773

Accomack County, Virginia Court Order Abstracts, Volumes 26 and 27: 1773–1777

CD: *Accomack County, Virginia Court Order Abstracts, Volumes 1–10: 1663–1710*

*Baptismal Records of the Dutch Reformed Churches in the
City of Groningen, Netherlands, Volume 1: 1640–1649*

*Baptismal Records of the Dutch Reformed Churches in the
City of Groningen, Netherlands, Volume 2: 1650–1659*

CD: *Baptismal Records of the Dutch Reformed Churches in the
City of Groningen, Netherlands*

Wenches, Wives and Widows: Sixteen Women of Early Virginia